ISBN 978-0-365-61608-5
PIBN 11052842

Geschichte

des

neueren Dramas.

Von

Robert Prölß.

Zweiter Band.

Erste Hälfte.
Das neuere Drama in Frankreich.

Leipzig,
Verlag von Bernhard Schlicke
(Balthasar Elischer).
1881.

Das

eutere Drama

in

Frankreich.

Von

Robert Prölß.

Leipzig,
Verlag von Bernhard Schlicke
(Balthasar Elischer).
1881.

Inhalt.

Das neuere Drama in Frankreich.

I.

Entwicklung des nationalen Geistes in Politik, Sprache und Dichtung.

Entwicklung der nationalen Einheit. — Centralisation des französischen Geistes. — Entwicklung der Sprache. — Entwicklung des Skepticismus. — Kirchliche Reaction. — Gleichzeitiger Einfluß der Renaissance. — Unterdrückung der mittelalterlichen Spiele.

Im Gegensatze zu Italien hatte Frankreich schon früh, wenn auch erst nach längeren blutigen Kämpfen, seine nationale Einheit gewonnen, früher selbst noch als Spanien, doch nicht wie dieses in enger Harmonie und Verbindung mit der römischen Kirche, sondern in einem bestimmten Gegensatze zu dieser. Es war hierdurch der Grund zu einer dem Geiste des Mittelalters abgewendeten Richtung gelegt worden, in welcher sich der Geist einer neuen Zeit früher als in irgend einem anderen Lande ankündigte. An die Stelle der Herrschaft der Kirche wurde die Herrschaft der weltlichen Macht gesetzt. Wenn diese sich auch von der Kirche nicht lossagte, so hatte sie sich dieselbe durch Compromiß doch in fast allen weltlichen Dingen untergeordnet.

Schon Ludwig VI. (1108—1137) hatte sein Streben hauptsächlich auf die Centralisation seines Besitzes und die Einigung der französischen Stämme gerichtet; Philipp II. (1180—1223) aber den Grund zu der Macht und Einheit des französischen Staats durch Eroberung der englischen Provinzen, der Normandie, und anderer Gebietstheile, sowie durch kluge Benützung der Parlamente gelegt und ihm hierdurch das Uebergewicht im Rathe der europäischen Völker verschafft. Ludwig IX. eignete sich dann noch den Süden Frankreichs durch seine Einmischung in die Albigenserkriege an. Philipp IV. (1285—1314) benützte zur weiteren Stärkung der Macht und Unabhängigkeit des französischen Königthums den inzwischen erwachten,

ben mittelalterlichen Satzungen und Einrichtungen abgewendeten Geist
der neuen Wissenschaft, indem er einer rücksichtslosen Nützlichkeits-
lehre huldigte, Religion und Kirche zu einem bloßen Mittel des
Staatswesens herabsetzte, die Centralisation der Regierung vervoll-
kommnete und von den Einflüssen der Feudalität mehr und mehr befreite. Weniger erfolgreich waren zwar seine Nachfolger in ihren
hierauf gerichteten Bemühungen, zumal es ihnen theilweise an den
dazu nöthigen Eigenschaften, besonders an Charakterfestigkeit fehlte.
Doch wurden den Engländern unter Karl VII. (1422—61) alle von
ihnen noch in Frankreich innegehabten Besitzungen bis auf Guines
und Calais entrissen. Dagegen verstand Ludwig XI. (1461—83)
mit den Mitteln einer kalten, treulosen Politik sich nach Karl des Kühnen Tode eines großen Theils von Burgund zu bemächtigen, an welchem
der Widerstand des unruhigen Adels bisher noch den kräftigsten Rückhalt gefunden, diese reiche Provinz mit der französischen Krone fest
zu verbinden und den hohen Adel des Reichs auf heimtückische, grausame Weise zu Boden zu drücken. Auch Karl VIII. trug noch zur
nationalen Einheit des Staates bei, indem er sich mit der Erbin des
Herzogthums der Bretagne ehelich verband und auch diese Provinz
auf friedliche Weise demselben einverleibte. Im Uebrigen war die
Thätigkeit der Nachfolger Ludwigs XI. mehr durch die äußere Politik bestimmt, was hier nur insofern von Wichtigkeit ist, als es
besonders durch die damit herbeigeführten Familienverbindungen des
französischen Hofes mit den Höfen Italiens und Spaniens einen von
diesen Ländern ausgehenden Einfluß auf die Entwicklung des französischen Geistes zur Folge hatte, der für die Sitten, den Geschmack, die
Literatur der französischen Nation, daher auch für deren Drama von
Bedeutung war.

Die Wirkungen dieser Einflüsse traten schon unter Ludwig XII.
(1498—1515), noch mehr unter Franz I. (1515—47) hervor, der
Wissenschaften, Poesie und Künste vielfach förderte und begünstigte, die
sich überhaupt unter diesen beiden Königen in reicher und zum Theil
volksthümlicher Weise entfalteten, wozu der Kampf Ludwigs XII. mit
dem Papstthum und der erwachende protestantische und antikirchliche
Geist wesentlich beitrugen. Die Entwicklung dieser Verhältnisse mußte
natürlich der Ausbildung einer nationalen Literatursprache außerordentlich förderlich sein, und da Natur und Geist derselben nie ohne

Einfluß auf die Literatur eines Landes und Volkes und ihrer einzelnen Erscheinungen sein können, so soll ihr auch hier ein wenn schon nur flüchtiger Blick geschenkt werden.

Die Römer fanden in Gallien drei durch Sprache, Gebräuche, und Sitten getrennte Völker vor;*) im Südwesten die Aquitaner, im Nordosten die Belgen, zwischen ihnen inne die Gallier oder Celten. Die beiden letzten waren einander stammverwandt, wogegen die Aquitaner iberischen Ursprungs gewesen sein sollen. Außerdem hatte sich noch im Süden die griechische Sprache und Bildung befestigt. Diese Sprachen verschwanden aber unter dem Eindringen der Römer sämmtlich als selbständige. Nur hier und da in den Gebirgen und entlegenen Gegenden mögen bis ins 6. Jahrhundert sich Reste von ihnen erhalten haben. Dagegen übten sie auf die Bildung der neuen Landes- und Dialektsprachen einen wichtigen Einfluß aus; mehr als sie aber freilich die Sprachen der im 5. und im 10. Jahrhundert eindringenden germanischen Völker, der Burgunder, Gothen und Franken. Diez hält es für möglich, daß sich zunächst eine einzige, gemeinsame Sprache durch ganz Gallien ausgebildet habe, natürlich mit den unvermeidlichen dialektischen Unterschieden. Die beiden Mundarten, welche etwas später in Frankreich hervortraten, sollen nach ihm im Wesentlichen aus gleichem Stoffe entstanden sein. Nur daß sich die ursprüngliche Sprache im Provençalischen reiner erhalten habe. Dafür steht sie in einer gewissen Verwandtschaft zum Spanischen und Italienischen, mit denen sie gewisse Sprachelemente theilt. Das Provençalische ist diejenige romanische Sprache, welche am frühesten eine grammatikalische Form gewann. Die auf uns gekommenen gallischen Wörter sollen sich fast zur Hälfte im Französischen, Provençalischen oder anderen romanischen Mundarten finden. Im Uebrigen enthält der französische Sprachstoff weniger lateinische, aber mehr deutsche Wörter als der spanische und italienische. Von den 930 deutschen Wörtern, welche das etymologische Wörterbuch behandelt, besitzt, nach Diez, Gallien allein 450 Wörter, die jedoch der nordfranzösischen Sprache in größerem Umfange zukommen, als den südlichen französischen Sprachen, weil diesen die aus dem Normannischen kommenden Wörter, die cymbrischen und bretonischen, fehlen.

---

*) Ich folge hier Diez, Grammatik der romanischen Sprachen. Bonn 1870.

1*

Der Einfluß, den dies auf den Geist der Nation und den ihrer Literatur ausgeübt hat, läßt sich am besten daraus erkennen, daß letztere bei aller Verschiedenheit uns doch näher als jede andere romanische steht. Francica hieß übrigens anfänglich nur die fränkische Sprache. Erst nach dem Untergange derselben vererbte der Name sich auf das Romanische des Nordens, obschon man unter Franzosen im Mittelalter nur die Bewohner von Isle de France verstand, die auch die Sprache am reinsten sprachen.

Wir sahen bereits, wie weit die Denkmale der französischen Sprache zurückreichen. Aus dem 11. und 12. Jahrhundert liegen nur das Alexiuslied, das Rolandslied und eine Uebersetzung der Psalmen, neben verschiedenen anderen Uebersetzungen vor, wogegen eine reiche poetische Literatur aus dem 12. und 13. Jahrhundert erhalten geblieben ist. Bis dahin reicht der mit dem Namen des Altfranzösischen bezeichnete Zeitraum. Das Mittelfranzösische fällt in die Zeit vom 14. Jahrhundert (in dem sich ein bedeutender Umschwung in den Flectionen der Sprache und in der Aussprache vollzog) bis zum Anfang des 16. Jahrhunderts. Hier fängt die grammatische Literatur der Sprache an.

Die französischen Mundarten lassen sich auf drei große Zweige vertheilen, den normannischen, den picardischen und den burgundischen. Zu letzterem gehört auch der Dialekt von Isle de France, aus welchem die heutige Schriftsprache der Franzosen hervorging, was mit der Herstellung der nationalen Einheit und der Centralisation des politischen und des geistigen Lebens in der Hauptstadt zusammenhängt, zu welcher Paris seit 987 von Hugo von Capet erhoben worden war. Indem aber die Mundart von Isle de France zur allgemeinen und Hauptsprache gemacht wurde, war sie zur Aufnahme verschiedener Formen von den übrigen Mundarten des Landes gezwungen.

Buckle, in seiner Geschichte der Civilisation in England,*) ist der Meinung, daß Frankreich sich erst um ein ganzes Jahrhundert später als England auf eine bedeutendere Kulturstufe erheben konnte, weil hier der Skepticismus sich später als dort entwickelt habe. Er hält zwar mit Recht Montaigne für den ersten systematischen Skeptiker in

---

*) Henry Thomas Buckle's Geschichte der Civilisation in England. Deutsch von Arnold Ruge. 2. Aufl. Leipzig und Heidelberg 1864.

französischer Sprache; legt aber zu wenig Gewicht darauf, daß es
schon lange vor diesem ausgezeichneten Denker, dessen Einfluß nur
darum ein so außerordentlicher war, weil er der Skeptik zuerst einen
allgemein verständlichen Ausdruck und eine weittragende Richtung auf
das Praktische verlieh, kühne Männer gegeben hatte, welche, wenn auch
noch in scholastischer Form, skeptische Ansichten in systematischer Weise
vortrugen, sich aber freilich dabei der Sprache der Gelehrten bedienten, sowie daß bereits lange vorher volksthümliche Dichter in der
Nationalsprache die Skepsis zu leckem Ausdruck gebracht hatten, wenn
sie sich auch auf die Geistlichkeit und deren Anmaßungen einschränken,
das Dogma der Kirche und den göttlichen Glauben aber unberührt
lassen mußten. Die Wirkungen Montaigne's lassen sich daher auch
daraus erklären, daß er bereits den Boden dafür vorbereitet fand.
War doch Paris schon seit lange der Sitz einer freien, sich von der
kirchlichen Bevormundung lossagenden und gegen den Geist der Scholastik gerichteten Philosophie gewesen. Hier entbrannte bereits im 11.
und 12. Jahrhundert der Kampf zwischen Nominalisten und Realisten,
der, wenn auch zum Schweigen gebracht, in anderer Form bald wieder
aufloderte. Hier lehnte sich Abälard mit ungeheurem Erfolge gegen
verschiedene der damals besonders hoch gehaltenen kirchlichen Dogmen
auf. Hier lehrte Albert von Köln, hier Buridan, Occam, Peter von
Ailly, welche letztere den Nominalismus wieder aufs Neue zur Geltung brachten, in dem, wie ich an anderer Stelle schon sagte, die
Keime, die entscheidenden Gesichtspunkte und Grundsätze zu unserer
ganzen neueren Philosophie liegen, die sich dann unter dem Einflusse der
durch die Entwicklung der Naturwissenschaften gewonnenen Kenntnisse
in verschiedenen Stadien aus ihnen entwickelt hat. Wie ungeheuer der
skeptische Einfluß der nominalistischen Anschauungen und Lehren, wie
allgemein deren Verbreitung damals schon war, läßt sich am besten
daraus erkennen, daß es nach den, wenn auch wohl etwas übertriebenen Angaben des Marcus Mesennus zu Anfang des 15. Jahrhunderts,
also schon 150 Jahre vor dem Erscheinen der Schriften Montaigne's,
zu einer Zeit, da Paris etwa 300 000 Einwohner zählte, 50 000
Atheisten in dieser Stadt gegeben haben soll.

Auch halte ich diese Erscheinungen keineswegs nur für zufällig,
vielmehr bin ich der Ansicht, daß Paris vorzüglich deshalb der Ausgangspunkt der freien Bewegung der Geister gewesen ist, weil es der

Mittelpunkt des ganzen französischen geistigen Lebens war und jene
Erscheinungen im Allgemeinen in dem Naturell des französischen Geistes
begründet liegen, der gegen Alles, was seine freie Bewegung einengt,
reagirt; daher auch von hier von Zeit zu Zeit immer wieder mächtige,
gewaltsame und epochemachende Bewegungen gegen die kirchliche oder
staatliche Bevormundung desselben ausbrachen. Und dieser Geist trat
damals auf allen Gebieten des Lebens, bei allen Ständen, vom einfachsten Bürger bis zum König hinauf, hervor. Er nahm jedoch im
Süden des Reichs einen anderen Charakter als im Norden an. Dort
trat er zunächst ernst und strafend in den Rügeliedern der ritterlichen
Sänger, der Troubadours und Jongleurs, dann aber auch todes-
muthig in den verzweifelten Kämpfen der Albigenser, denen sich das
dortige Ritterthum anschloß, gegen kirchliche und religiöse Verfolgungs-
sucht und in dem unerschrockenen Märtyrerthum beider vor den
scheußlichen Ketzergerichten auf. Hier reagirte er dagegen nur in der
Spottlust und Satire eines sich rüstig emporarbeitenden, seiner Kraft
bewußten und in ihr sich genießenden Bürgerthums, welche sich gegen
Alles kehrten, was mit der verstandesmäßigen Auffassung des Lebens
und seiner Zwecke in Widerspruch stand. Hier trat er in den Dispu-
tations und Batailles, in den Dits und Sermons, in den Fabliaux
und Romanen, in den weltlichen Theaterstücken des Rutebeuf und
Adam de la Hale, vor allem in dem Roman du Renart, sowie später
in dem von der Rose hervor. Auch fehlt es dabei nicht an Symp-
tomen einer skeptischen Lebensauffassung. Konnte Villemain doch schon
hierauf in dem Dit du croisé et du non croisé, zugleich aber darauf mit hinweisen, wie sehr die Dichter sich damals noch vorzu-
sehen hatten, da dieses kleine Stück nur kurze Zeit nach der blutigen
Unterdrückung der Albigenser geschrieben worden ist. Auch aus dem
Schlusse der Ankündigung zu Jean-Bodel's Jeu de St. Niclas klingt,
wie ich schon andeuten konnte, eine gegen den Wunderglauben gerichtete Skepsis leise hindurch. Später trat dieser Geist dafür um so
zügelloser in den Liedern, den Farcen und Sotties der Dichter hervor.

Dies war nur möglich, weil es unter dem Schutze der weltlichen
Macht, ja, wie unter Ludwig XII, ganz unmittelbar auf Veranlassung
des Königs selber geschah. Die Könige Frankreichs hatten in Verfolgung ihrer auf die nationale Einigung und die Stärkung ihrer
Souveränitätsrechte gerichteten Zwecke, sich immer unabhängiger vom

Klerus und dessen römischem Oberhaupte zu machen gewußt, indem sie die Selbständigkeit der nationalen Kirche, zu der schon Karl der Große den Grund gelegt hatte, fort und fort mehr erweiterten und festigten. Durch die auf den Concilen von Pisa, Konstanz und Basel von ihren Rechtsgelehrten und Staatsmännern verfochtenen Rechte und Grund= sätze war aber auch die reformatorische Bewegung, welche die Geister ergriffen hatte, nicht wenig gefördert worden. Wie die französischen Regenten den Zwecken der Politik und dem Staatsgedanken nicht selten ihr individuelles, religiöses Empfinden hierbei zum Opfer brachten, denn nicht alle theilten die gewissenlose, gegen religiöse Dinge völlig indifferente Klugheit Philipp's IV., die meisten von ihnen waren viel= mehr von wahrer Frömmigkeit oder doch von mechanischem Bigottis= mus erfüllt, so bedienten sie sich auch dieses reformatorischen Geistes nicht selten nur widerwillig zu jenen Zwecken. Eine Reaction gegen denselben konnte um so weniger ausbleiben, falls es der Kirche ge= lang, ihr Interesse, wenn auch nur vorübergehend, mit jenen Staats= zwecken der französischen Machthaber in Einklang zu bringen. Dies war schon zur Zeit der Albigenserkriege unter Ludwig VIII. und IX. geschehen. Diese Verbindung des französischen Königthums mit der Kirche, welche dem Staat zum Erwerb der Provence verhalf, hatte damals eine längere kirchliche Reaction zur Folge, welche noch tief= greifender gewesen sein würde, wenn das Papstthum nicht kurze Zeit später so sehr an Ansehen verloren und Ludwig IX. trotz seiner Frömmigkeit und trotz seiner Kreuzzüge gegen die Albigenser, Sarazenen und Türken den Eingriffen und Herrschaftsgelüsten der Geistlichkeit nicht so kraftvoll gesteuert hätte. So aber kam es, daß gerade zur selben Zeit, da die Kirche die Frohnleichnamsfeste zu ihrer Verherrlichung einführte, verschiedene der dramatischen Putz= des nordwestlichen Frankreichs einen weltlichen Charakter anneh= men konnten. Es scheint jedoch, daß die Spiele derselben keine längere Entwicklung hatten. Wenigstens sind die der zu Anfang des 14. Jahrhunderts von Philipp IV. privilegirten Bazoche von wesentlich anderer Art und anderem Charakter. Sie entsprachen aber dem Geiste dieses mit allen mittelalterlichen Traditionen brechenden und die Anmaßungen der Kirche der königlichen Autorität unter= werfenden Fürsten. Unter Carl VI. erhielten, wie wir schon wissen, auch die Enfans sans souci noch ein königliches Patent, das fie zu ihren übermüthigen fatirifchen Spielen autorifirte. Wir fahen, wie die Zügellofigkeit derfelben häufigen Verboten begegnete, die aber unter gewiffen Einfchränkungen immer wieder aufgehoben wurden. Ludwig XII. bediente fich ihrer fogar in feinem Kampfe gegen das Papftthum. Doch gerade in jenem Pierre Gringoire, welcher einen fo kecken rückfichtslofen Ton dabei anfchlug, follte fich zugleich der Rückfchlag veranfchaulichen, der fich auch jetzt wieder, kurz nach dem Regierungsantritte Franz I. vollzog, da wir denfelben als einen eben= fo bereitwilligen Diener und Vertheidiger des kirchlichen Glaubens und des Papftthums dann wiederfinden. (Siehe I. Th. S. 132.)

Unmittelbar nach dem Tode Ludwig XII. (1515) wurden die Spiele der Enfans sans souci unterfagt. Einem von Clement Marot, welcher vielleicht damals denfelben noch angehörte, an Franz I. ge= richteten Bittfchreiben*) gelang es zwar, die Aufhebung des Ver= bots, aber nur unter großen Einfchränkungen zu erwirken, die fpäter noch bedeutend verfchärft wurden. Dies fiel in die Zeit, da von Italien aus die Einwirkungen der Renaiffance anfingen fich in Frank= reich geltend zu machen und allmählich einen völligen Umfchwung des Gefchmacks bewirkten. Es wurde theils durch die verwandtfchaftlichen Beziehungen des franzöfifchen Hofs zu Mailand und durch die wenn auch nur vorübergehende Befitzergreifung diefes letzteren, fowie auch Neapels, unter Ludwig XII., in Folge der Erbanfprüche, die diefer auf beide Länder zu haben glaubte, theils durch feine Vermählung mit der Prinzeffin Louife von Savoyen gefördert, welche auf die Regierung ihres Sohnes Franz I. großen Einfluß gewann. Doch fcheint unter letztem die Einwirkung der Renaiffance auf die Literatur fich hauptfächlich noch auf das Studium der griechifchen und römifchen Schriftfteller befchränkt, die italienifche Dichtung aber noch keinen zu fichtbaren Einfluß ausgeübt zu haben. Gleichwohl wird man den= felben nicht unterfchätzen dürfen, da die hervorragendften Schrift= fteller Italiens damals fchon ficher in den gebildeten Kreifen der franzöfifchen Hauptftadt bekannt waren. Schon die Univerfität mußte ja viele Italiener nach Paris ziehen, was für die Wechfelwirkung beider Länder von Wichtigkeit war. Hier ftudierten fchon Thomas

*) Es fteht bei St. Beuve. Tableau historique et critique de la poésie française et du théâtre français au 16. siècle. Paris 1838. I. S. 258.

von Aquino und Brunetto Latini, der sogar seinen Trésor in französischer Sprache hier schrieb. Daß italienische Schauspieler (z. B. Ruino) bereits gegen Ende des 15. Jahrhunderts in Frankreich waren, Franz I. zu den Bewunderern Aretino's gehörte und Luigi Alemanni, dessen Antigone 1533 in Lyon erschien, mit großer Wahrscheinlichkeit die Kenntniß der italienischen Dichter am Pariser Hofe und in der Pariser Gesellschaft vermittelte, hat von mir schon berührt werden können. (I. Th. II. Hbbb. S. 98. 121 und 156.) Der italienische Einfluß auf den Geschmack und die Ausbildung der bildenden Künste in Frankreich steht dagegen ganz außer Zweifel.[*]) Die Berufungen Lionardo da Vinci's, der in den Armen Franz I. starb, Andrea del Sarto's, Rossi's, Primaticcio's, Ruggieri's, Fontane's, Bellini's und vieler Andrer sprechen dafür schon allein. Doch auch an spanischen Einflüssen fehlte es damals schon nicht, wozu in jüngster Zeit das Verhältniß Franz I. zu Carl V., so wie die Beziehungen dieses letzteren zu der Partei der Guisen mit beitrugen.

Was der Einwirkung der italienischen Renaissanceliteratur und ihrer Verbreitung in Frankreich hindernd im Wege stand, war, daß hier die Geister von den Ideen der Reformation und überhaupt von den Interessen der Religion und Kirche zu mächtig ergriffen und bewegt waren. Auch war ihr das im Jahre 1516 abgeschlossene Concordat mit dem Papste nicht günstig, welches die Freiheiten der gallikanischen Kirche so gut wie vernichtete und den Grund zu den furchtbaren Religionskriegen legte, welche die französische Nation im 16. Jahrhundert zerreißen, eine Reaction in geistigen Dingen mit sich führen, die Eigenthümlichkeit des französischen Nationalgeistes für lange unterdrücken und daher auch auf die Entwicklung der Poesie und insbesondere des Dramas nachtheilig einwirken sollten. Der Stepticismus, der sich in Frankreich früher, als in allen andern Ländern geregt hatte, und der so recht eine eigenthümliche Seite des französischen Geistes bildet, wurde für länger zum Schweigen gebracht, so daß es später allerdings den Schein gewann, als ob Montaigne denselben hier zum ersten Male frei und offen und in systematischer Weise zum Ausdruck brächte.

Die Einschränkungen, welche die Theaterfreiheiten unter Franz I.

---

[*]) Siehe darüber Capefigue. François I. et la renaissance

erfuhren und die sich jedenfalls mit unter dem Einflusse der kirchlichen Reaction vollzogen, fanden also zur selben Zeit statt, da sich unter der Einwirkung der Renaissance ein neuer Kunstgeschmack vorbereitete. Während jedoch in Italien die mittelalterlichen Mysterienspiele in den großen Städten bereits so in den Hintergrund traten, daß Cecchi zu seiner Zeit (1518—57) sie schon misteri di zazzeri nennen konnte (s. S. 130. I. Th. 2. Hlbbb.), suchten die Paſſionsbrüder zu Paris im Winter 1540—41 denselben einen ganz neuen Aufschwung zu verleihen (s. ebend. S. 123). Nichtsdestoweniger oder vielleicht eben deshalb wurde ihnen ganz unmittelbar darauf verboten, während der hohen Feiertage und selbst noch an einigen Donnerstagen öffentlich Vorstellungen auf ihrem Theater zu geben. Ja im Jahre 1542 widersetzte sich der Procureur général troß der dazu von Seiten des Königs und des Prévôt's von Paris erlangten Erlaubniß in der heftigsten Weise der Aufführung des Mystère du vieux testament. Der Protest hebt hervor, daß die Vorsteher dieses Theaters, als ganz ungebildete und in ihrem Fache ununterrichtete Leute von niederer Herkunft, bestehend aus einem Tischler, einem Gerichtsdiener, einem Tapezierer und einem Fischhändler, um die Aufführung des Mysteriums des Actes des Apôtres zu verlängern, ganz ungehörige Dinge in daſſelbe aufgenommen und vor und nachher lascive Poſſen und Mummereien an- und eingefügt hätten, so daß diese Aufführung 6—7 Monate in Anspruch genommen und Störungen und Vernachläſſigungen des Gottesdienstes, Erkaltung in Werken der Wohlthätigkeit, Ehebruch und grobe Sittenverletzungen, Scandale und Spöttereien aller Art zur Folge gehabt habe. Auch deutete diese Verordnung bereits die völlige Unterdrückung der Mysterienspiele an.

Es scheint zwar nicht, daß die Spiele der Paſſionsbrüder damals aufgehoben wurden; wohl aber führte 1543 die Abtragung des Hôtel de Flandre eine Unterbrechung derselben herbei. Die Unternehmer ließen sich hierdurch nicht abschrecken, sondern erwarben einen Theil des Hôtel de Bourgogne, den sie zu einem neuen Theaterbau verwendeten. Erst im Jahre 1548, bis zu welcher Zeit sie wahrscheinlich in einem anderen, interimistischen Lokale spielten, waren diese Verhältnisse so weit geordnet, daß ihre Vorstände*) beim Parlamente um

---

*) Die damals aus Jasques et Jean le Roy, maitres maçons, Hermant Jambefort, maitre paveur und Nicolas Gendreville conducteur du charoy et de

die Bestätigung ihrer Privilegien einkamen. Es wurde ihnen zwar
das Geredtsam wieder zugestanden, ganz allein innerhalb des
Weichbildes von Paris Vorstellungen auf ihrem Theater geben zu
dürfen, nur daß ihnen dabei die Aufführungen aller der heiligen
Schrift entnommenen Stücke untersagt wurden. Wie wenig sie sich
dessen versehen hatten, bewies ein Basrelief in ihrem Theatersaal,
welches sich gerade auf die Passion als den vornehmsten Gegenstand
ihrer Aufführungen bezog. Früher als in Italien wurden demnach
in Frankreich, wenn auch nur für Paris, die Mysterienspiele sowohl außerhalb als innerhalb der Kirchen verboten. Doch ist kaum zu
bezweifeln, daß dies mit der von Italien ausgehenden sogenannten
Gegenreformation, der Renaissance der mittelalterlichen Kirche, zusammenhing, da die Unterbrüdung jener Spiele mit dem Beginn dieser
letztern zusammenfiel. Dies wird auch nicht dadurch widerlegt, daß der
protestantische Heinrich VIII. in England und die protestantische Geistlichkeit in Deutschland ebenfalls gegen die kirchlichen Spiele einschritten.
Als eine mittelalterliche Kunstform schien sie in der That eher noch
dem Katholicismus als dem Protestantismus förderlich sein zu können,
zumal dieser letztere einen großen Theil ihres Stoffes aufgeben mußte.
Daher die katholische Marie zur Förderung ihres Glaubens die Einführung dieser Spiele auch wieder anordnen konnte. Wogegen für
Katholiken und Protestanten zwei Gesichtspunkte für die Unterbrüdung
derselben entscheidend waren. Erstlich durch sie die heiligen Dinge
nicht profaniren zu lassen und durch Duldung einer solchen Profanation
dem Gegner Waffen wider sich in die Hand zu geben. Sobann dem
Mißbrauche zu steuern, welcher von den religiösen Parteien zu gegenseitiger Herabsetzung und zur Aufregung gegeneinander von diesen
Spielen gemacht wurde. Denn ohne Zweifel haben sich Katholiken
wie Protestanten, ja selbst die der Kunst und dem Theater so feindlich
gesinnten Calvinisten derselben vielfach zu diesen Zwecken bedient.

Das weitaus Wichtigste an diesem Verbote für die vorliegende
Darstellung aber ist, daß es der Entwicklung des weltlichen Dramas
und der besonderen Form, welches dieses zur selben Zeit unter dem

l'artillerie du roi bestanden. (Siehe hierüber Histoire universelle des théâtres
de toutes les nations. Paris 1780. T. 12. p. 750.— Frères Parfait. Histoire du
théâtre français, Paris 1745. T. 1. 56 und T. III. p. 224. — Beauchamps,
Recherches sur les théâtres de France. Paris 1735. p. 91.)

Einfluß der Renaissance in Frankreich gewann, förderlich werden mußte. Wobei bemerkenswerth ist, daß das, was in Paris gefährlich und verderblich erschien, in den Provinzen noch längere Zeit stillschweigend geduldet wurde, weil es theils auf den wesentlich anderen Geist der Hauptstadt, theils aber auch darauf schließen läßt, daß das Theater zu dieser Zeit in Paris schon eine ganz andere Bedeutung als in den übrigen Städten des Landes gewonnen hatte. Dies wird einer näheren Betrachtung bedürfen, weil es entscheidend für die ganze Entwicklung des Drama's und Theaters in Frankreich gewesen ist.

II.
Entwicklung des Dramas bis zum Auftreten Corneille's.

Gegensätzliche Entwicklung des Dramas in Italien und Frankreich. — Einwirkung der Centralisation des geistigen Lebens auf die Entwicklung des Dramas. — Einfluß der Renaissance. — Die Uebersetzungen antiker und italienischer Dramen. — Jodelle und das erste französische gelehrte Renaissancedrama: Jodelle's Nachfolger: de la Péruse, Grévin, de la Taille, Belleau, Baïf, Robert Garnier. — Einfluß Seneca's und der Theorie. — Theaterverhältnisse. — Die italienischen Schauspieler. — Entstehung des Theaters du Marais. — Einfluß der italienischen Schauspieler auf das Drama. — Die Lustspielübersetzungen Larivey's. — Die Uebersetzungen des Aminta. Bergeries. — Das romantische Drama. — Das Tendenzdrama. — Tragödie und Tragikomödie. — Einwirkungen Malherbe's. — Reaction der Bühne gegen das gelehrte Drama. — Alexandre Hardy. — Einfluß des Hôtels de Rambouillet. — Marini und die Asträa. -- Théophile de Biau. — Das Schäferdrama des Marquis de Racan. — Seine Nachfolger. — Mairet.

Drama und Theater haben in Frankreich eine völlig entgegengesetzte Entwicklung wie in Italien und zwar aus zwei Gründen genommen. Zuerst weil es in Italien nicht wie in Frankreich zu einer Centralisation des politischen und geistigen Lebens in einer Hauptstadt kam, was den Theatern der letzteren schon allein ein Uebergewicht über die des übrigen Landes hätte geben müssen; wenn letzteres auch nicht wie in Paris durch die frühzeitige Errichtung eines stehenden Theaters noch bedingt worden wäre. Sodann, weil, was dieses Uebergewicht noch vermehrt hat, das neue Renaissancedrama, nachdem es von der Volksbühne und den Gewerbsschauspielern ergriffen worden, sich in Frankreich sehr bald eines langandauernden Schutzes, einer langandauernden Pflege des Hofes zu erfreuen hatte, während es in Italien, obschon von den Höfen und Gelehrten seinen Ausgang nehmend, allmählich ganz der Volksbühne und den Erwerbsschauspielern überlassen ward. Die Entwicklungsgeschichte des Theaters von Paris ist daher zugleich die Entwicklungsgeschichte des Dramas und Theaters von ganz Frankreich. Dies läßt sich in einem ähnlichen Umfange höchstens noch für England vom Londoner Theater sagen. Italien und Deutschland bieten aber hierin völlig entgegengesetzte Verhältnisse dar.

Auch ist in Frankreich selbst noch die Tragödie nie in dem Maße wie in Italien in den Händen der Gelehrten gewesen, obschon auch hier das Renaissancedrama von ihnen ausging und sie auch später wieder lange einen bestimmenden Einfluß auf dasselbe ausübten. Sehr bald traten hier aber Dichter auf, welche in einem gewissen Gegensatz zu den gelehrten Dichtern standen und sich dem Geschmacke der Volksbühne und des Volks wieder näherten. Mehr von Hardy und Larivey als von Jodelle und Garnier nahmen Rotrou, Corneille, Molière ihren Ausgang. Und obgleich das erste französische Drama der Renaissance vom Hofe in Schutz genommen wurde und die Könige von Frankreich gelegentlich die Aufführungen der Collèges von Rheims oder Boncour mit ihrem Besuche beehrten, so gehörte dies doch lange nur zu ihren außergewöhnlichen Belustigungen und Kunstgenüssen, welche zu dieser Zeit vielmehr in Caroussels, Maskeraden, Tänzen, Ballets und Pastoralen bestanden. Das Renaissancedrama war lange in der Pflege gewisser Collegien nur eine festliche Uebung der gelehrten begeisterten Jugend, die gelegentlich wohl an den Hof und in die Paläste der Prinzen und vornehmen Herren gezogen, und von jenen Dichtern wohl auch noch weiter angebaut wurde, nur kurze Zeit später aber von den Berufsdichtern und Berufsschauspielern ergriffen ward und erst von ihnen aus in die bleibende, stehende Gunst des Hofes und der Großen genommen wurde, was, verbunden mit dem Einfluß der französischen Akademie, dem Drama, besonders der Tragödie, hier für lange den höfisch conventionellen Charakter verleihen sollte.

Auf das mittelalterliche kirchliche Drama hatte die Centralisation des staatlichen und geistigen Lebens einen besonderen Einfluß nicht ausüben können, weil dessen Pflege theils an die Hauptsitze kirchlicher Macht gebunden war, theils zu sehr von der Theilnahme und dem

Geiste des Bürgerthums, oder der einzelnen Städte im Lande und dem
ihrer kirchlichen und weltlichen Obrigkeit abhing. Es war noch immer
mehr eine Sache des kirchlichen religiösen Eifers und des bürgerlichen
Ehrgeizes, eine allgemeine festliche, feierliche Angelegenheit, als ein wahrer
Kunstgenuß oder eine bloße Schaustellung. Selbst nachdem in Paris
ein stehendes Theater entstanden war, konnte dies dem kirchlichen
Drama hier kein wesentliches Uebergewicht über das der Provinz geben.
Vielmehr überragten, wie es scheint, einzelne Darstellungen von Bourges,
Metz, Valenciennes, Orleans rc. bis zu der famosen Aufführung des
Mystère des Actes des Apôtres von J. 1540 an Glanz alle Dar-
stellungen dieser Art in Paris. Auch war das kirchliche Drama,
nachdem es vom Gottesdienst ausgeschieden worden und die Kirchen
verlassen hatte, viel zu sehr zu einer Pflege des bürgerlichen Dilettantismus geworden, als daß sich von ihm aus eine eigentliche Schauspielkunst hätte entwickeln können. Ganz anders mußten sich diese
Verhältnisse aber gestalten, als das weltliche Drama einen andauernden Aufschwung nahm und in der Hauptstadt des Reiches einen festen
Stützpunkt der Entwicklung gewann.

Denn für die Entwicklung dieser Art Spiele mußte die Hauptstadt, in der sich das politische und geistige Leben der Nation concentrirte,
von um so größerer Bedeutung sein, sie mußte ihnen um so mehr ein
Uebergewicht über die ähnlichen Spiele der Provinz geben, als der
Charakter derselben, der Farces und Sotties, dem Hange der Zeit entsprechend ein satirischer und spottlustiger und der Geist der Hauptstadt
ein ungleich freierer, zur Opposition geneigterer war, daher sie denselben
nicht nur ungleich bedeutendere Gegenstände und Angriffsobjecte darbot,
sondern auch eine kühnere Behandlungsweise derselben zuließ, zumal
sich die Dichter hierin bald von dem Hofe, bald von den streitenden Parteien, bald von der städtischen Obrigkeit aufgemuntert, unterstützt und
geschützt fanden. Auch unterliegt es wohl keinem Zweifel, daß sich von
diesen Spielen aus eine, wenngleich anfangs nur einseitig gerichtete,
aber immerhin durch einen phantastischen, grotesken Realismus ausgezeichnete Schauspielkunst entwickelt hat, so daß z. B. Pierre Gringoire
vielleicht ein noch größerer Schauspieler als Dichter war. Doch sollte
die Zeit auch dieser Spiele vorübergehen. Die Spottlust und die
Satire wurden mehr und mehr auf das Gebiet des bürgerlichen Lebens
eingeschränkt. Selbst hier mußten sie den persönlichen Charakter auf-

geben. Die Sottie verſchwand, wie die ihr durch die Allegorie verwandte Moralität verſchwunden war.

Es war unter dieſen Umſtänden keine geringe Verlegenheit für
die Paſſionsbrüder, als ihnen im Jahre 1548 plötzlich die Aufführung
jeder Art kirchlicher Spiele unterſagt wurde, da es ihnen nun nicht
nur an Stücken, ſondern auch für die neuen Spiele, welche jetzt unter
dem Einfluß der italieniſchen Renaiſſance entſtanden, an den geeigneten
Darſtellern fehlte.

Schon im Jahre 1491 waren die Tragödien des Seneca zu Paris
im Drucke erſchienen. Ihnen reihte ſich 1528 eine Ausgabe der Dramen
des Sophokles an. Quinziano Stoa, der Lehrer Franz I. verfaßte
neben verſchiedenen religiöſen Dramen auch 14 Tragödien weltlichen
Inhalts in klaſſiſcher Form und in lateiniſcher Sprache. 1537 trat
die wörtliche Proſaüberſetzung der Hekuba des Euripides, ſowie eine
metriſche, aber ebenfalls noch wortgetreue Ueberſetzung der Elektra
des Sophokles von Lazare de Baïf, dem Vater des Antoine de Baïf,
ſowie die der Andria des Terenz von Bonaventura des Perriers hervor. 1539 ſchloß ſich ihnen Octavien St. Gelais mit ſeiner Ueberſetzung der ſämmtlichen Komödien dieſes römiſchen Luſtſpieldichters an.

Um dieſe Zeit begann der italieniſche Geſchmack ſich durch die
Heirath des nachmaligen Königs Heinrich II. mit Katharina von
Medicis immer mehr in Frankreich auszubreiten. Die Stadt Lyon
berief zu den Empfangsfeierlichkeiten derſelben italieniſche Schauſpieler.
1540 begegnet man der erſten Ueberſetzung eines italieniſchen Stücks,
der Ingannati, unter dem Titel Les abusés von Charles Etienne (einem
Bruder des berühmten Buchdruckers) welche 1543 und 1556 neu
aufgelegt werden mußte. 1543 erſchien die große Dichtung des Arioſt,
wenn auch vorerſt nur in einer Proſaüberſetzung. Zugleich war das
Gefühl für den Werth der eignen Sprache durch die Schriften Rabelais'
und die Dichtungen Marot's geſtiegen. 1539 hatte Franz I. das
Franzöſiſche als Gerichtsſprache eingeführt. Auch der Institution
chréstienne des Calvin legt Lotheiſſen *) dafür hohe Bedeutung bei.
Von beſonderer Wichtigkeit für die Entwicklung des neuen Dramas war
aber endlich die Ueberſetzung des Ariſtophaniſchen Plutus von Pierre

---

*) Geſchichte der franzöſiſchen Literatur im 17. Jahrhundert. Wien 1877.

Ronſard, inſofern er ſie mit ſeinen Mitſchülern im Collège Coqueret unter dem berühmten Gelehrten Dorat zur Aufführung brachte, wozu Buchenau im Collège de Guienne zu Bordeaux das Beiſpiel gegeben hatte. Ihr ſchloſſen ſich, 1550, die Ueberſetzungen der Iphigenia des Euripides von Thomas Sibilet, und der Hekuba desſelben Dichters von Guillaume Bouchetel und 1552 die der Arioſto'ſchen Suppoſiti von Jean Pierre de Mesmes an.

Die Bedeutung dieſer verſchiedenen Ueberſetzungen lag vornehmlich darin, daß den Franzoſen durch ſie in der eignen Sprache Muſter einer ganz von der des mittelalterlichen Dramas abweichenden Form, einer Form, die in ihrer Art ſchon eine hohe Vollendung zeigte, vor Augen geſtellt wurde. Die Anregung zur eignen, ſelbſtändigen Nach- ahmung war hierdurch gegeben. Es hätte daher kaum noch des Er- folges bedurft, welcher die Aufführung des Ronſard'ſchen Plutus be- gleitete, und dem Joichim Dubellay einen ſo beredten Ausdruck verlieh, um den Gedanken hierzu anzuregen. Er trat zuerſt im Geiſte eines jungen Mannes hervor, der ihn mit dem Enthuſiasmus, den nur ein entſchiednes Talent verleiht und mit dem unbedenklichen leichten Sinne ſeines Alters ergriff.

Etienne Jodelle*), Herr von Lymodin, wurde 1532 zu Paris geboren. Schon mit 16 Jahren bethätigte er ſich als lyriſcher Dichter. Die um dieſe Zeit im Entſtehen begriffne neuere Dichterſchule, die ſpäter unter dem Namen der Pleïade francaise, der er ſelbſt noch mit angehören ſollte, berühmt wurde, übte den mächtigſten Eindruck auf ihn aus. Ihre Grundſätze waren gerade von Du Bellay in ſeiner La défense et illustration de la langue française im Jahre 1549 offen verkündet worden. Sie erſtrebte nichts Geringeres als in der nationalen Dichtung eine ideale Kunſtform nach den Muſtern der Antike und der unter ihrem Einfluſſe entſtandenen Werke der italie- niſchen und ſpaniſchen Poeſie in der nationalen Sprache herzuſtellen. Die außerordentlichen Fortſchritte, welche dieſe in den letzten Zeiten gemacht, legten es um ſo näher mit ihnen zu wetteifern, als Marot

---

*) Siehe über ihn La Motte, Einleitung zu der Ausgabe der Werke Jodelle's v. J. 1574, 1583 und 1597. — Parfait a. a. v. X. III. 277. — Saard, histoire du théâtre français. — Ebert, Entwicklungsgeſchichte der franz. Tragödie S. 90; ſowie die literargeſchichtlichen Werke von La Harpe und Villemain, auf die ich hier ein für allemal hinweiſe.

und Rabelais schon mit so großem Beispiel darin vorangegangen waren.
1552, im Alter von nur erst 20 Jahren überraschte Jodelle die ge=
lehrte und vornehme Welt von Paris mit seiner Cléopâtre captive,
dem ersten nationalen Drama der Franzosen im Stile der Renaissance,
welches zunächst vor Heinrich II. im Hotel de Reims und dann im
Collège Boncour öffentlich von ihm und seinen Mitschülern aufgeführt
wurde. Es scheint, daß er die Titelrolle zunächst selbst zur Darstellung
brachte. Bei der zweiten Aufführung ist sie jedoch von De la Péruse
dargestellt worden. Auch Remy Belleau war unter den Spielern.
Der Dichter soll dieses Stück nur in wenigen Tagen vollendet haben;
seine späteren Dramen aber beweisen, daß er auch bei längerer Arbeit
kaum etwas Besseres zu leisten vermocht haben würde. Noch in dem=
selben Jahre schrieb er das Lustspiel Eugène, der Erfolg war ein
fast eben so großer. Beide Stücke wurden auch hintereinander vor
Heinrich II. gegeben.

Die Cléopâtre ist theils in Alexandrinern (1. und 4. Akt) theils
in dem alten fünffüßigen heroischen Verse verfaßt. Die Reime sind
im ersten Akt alle weiblich, in den übrigen Akten gemischt. Ebert*)
glaubt aus dem Umstande, daß der erste und vierte Akt vorzugsweise
pathetischer Natur sind, den Schluß ziehen zu sollen, daß der Alexan=
driner der für die Franzosen geeignetste Vers sei. Auch ist er der
Meinung, daß die gebundene Rede in der französischen Sprache nicht
des Reimes entbehren könne, weil die Versuche mit reimlosen Versen
(Philone schrieb z. B. 1583 in ihnen das Drama Josias) noch niemals
geglückt seien. Dies schließt, nach meiner Meinung jedoch keines=
wegs aus, daß der Alexandriner, wenigstens für die Tragödie, kein
zweckmäßiges Versmaß ist, weil er den Rhythmus und die Accente
der Empfindung und Leidenschaft allzusehr einengt. Doch auch der
Reim, besonders bei durchgängig unmittelbar verbundenen Reimpaaren,
wie der Alexandriner sie fordert, wird in der Tragödie meist nur als
Zwang und als Fessel empfunden werden. Er wird zwar den musi=
kalischen Wohllaut vermehren, hier und da den Ausdruck der Empfin=
dung, das Gewicht einzelner Aussprüche und Sentenzen steigern, aber
noch öfter eine gewisse Monotonie nicht überwinden können. Im Lust=
spiele, wo der Dichter dem Zusammenfallen der Reimworte einen geistigen,

---

*) Entwicklungsgeschichte der französischen Tragödie. Gotha 1856.

witzigen Funken entlocken kann, wird sich der Reim dagegen als komisches
Hilfsmittel verwenden lassen.   Hier wird auch die künstliche dem
dramatischen Ausdruck widerstrebende Form des Alexandriners weniger
schaden, ja in ähnlichem Sinne benutzt werden können. — Jodelle's
Eugène war dagegen in vierfüßigen gereimten Versen geschrieben, wie
sich deren die alten Mysterienspiele, Farcen, Sotties schon bedient
hatten. Dies blieb lange ein charakteristischer Unterschied für die metrische
Behandlungsweise der Komödie und der Tragödie.   Die Bergerie
wurde hierin jener mit zugesellt.

Jodelle war durch diese beiden Dichtungen plötzlich in die Reihe
der bevorzugtesten Geister seiner Nation erhoben.   Die Begeisterung
der poetisch gestimmten gelehrten Jugend war eine so große, daß man
nach der ersten Aufführung im Collège Boncour zu Arcueil ein Fest
feierte, bei welchem in Nachahmung der Griechen dem jungen Tragöden
ein Bock geweiht wurde. Man glaubte den classischen Parnaß bereits
erstiegen zu haben. — Jodelle hatte sich in der That nicht blos als
ein gewöhnlicher, äußerlicher Nachahmer gezeigt. Er hatte, indem
er die classischen Formen ergriff zugleich aus dem eignen Innern
geschaffen. Es fehlte seiner Cleopatra keineswegs an innerer Wärme,
wohl aber noch an Macht und Freiheit des Ausdrucks, es fehlte ihr
nicht an Pathos, wohl aber an individualisirender Gestaltungskraft.
Das Pathos ist fast nur ein rhetorisches.   Man hat auf den Unterschied hingewiesen der zwischen dem rhetorischen Pathos Jodelle's und
dem des Seneca obwalte. Dieses habe hauptsächlich den Verstand, jenes
die Empfindung zur Quelle. Man fand hierin einen nationalen Charak-
terzug, welcher der tragischen Dichtung der Franzosen daher auch weiterhin niemals gefehlt habe. Ich will es nicht anfechten. Nur fragt es sich,
warum dieser Zug sich dann noch so wenig gezeigt hatte? Sollte daher
jenes Pathos sich nicht doch vielleicht mehr aus der schon damals herrschenden Doctrin und dem Hange der Franzosen zu dieser erklären?
Oder hätte eine Tragödie, welche sich in den Fesseln des Alexandriners bewegte, welche die Sentenz für ein nothwendiges Erforderniß des tragischen
Stils hielt und die tragische Charakteristik in die Verallgemeinerung der
Individualität, in die Verflüchtigung in's Abstracte setzte, wohl anders
als rhetorisch sein können? Und diese Grundsätze galten schon in der
Ronsard'schen Schule. Schon er erhob den Alexandriner zum tragischen
Vers, wie ihm ja auch das Verdienst zukommt, diesem den regel-

mäßigen Wechsel männlicher und weiblicher Reime zum Gesetze gemacht
zu haben. Man braucht aber nur zu beachten, um wie viel freier
sich Jodelle in seinem in demselben Jahre wie die Cleopatra entstandenen
Lustspiele Eugène bewegt, um wie viel entschiedener und erfolgreicher
er hier nach individueller Charakteristik strebt. Wozu dann noch die
durch die Einheit der Zeit und des Orts geforderte Enge und Einfachheit der Handlung kommt, welche den Zuschauer meist gleich mitten
in die Katastrophe, in die tragische Situation versetzt. Auch in der
Cleopatra ist sie sehr dürftig. Antonius ist bereits todt. Sein Schatten,
welcher der Königin im Traume erscheint, fordert, nachdem er sein
Schicksal erzählt, auch diese zu sterben auf, um sich der ihr drohenden
Schmach zu entziehen, den Siegeszug seines Gegners als Gefangne
verherrlichen zu helfen. Sie ist, erwachend, auch hierzu bereit. Ein
tiefes Schuldgefühl spricht sich dabei aus, was gleich diese erste
französische Tragödie vortheilhaft von der italienischen Renaissance-
tragödie unterscheidet, die dieses Moment des Tragischen meist nur
wenig beachtet hat. Antonius sucht Cleopatra durch Schmeichelei zu
gewinnen, um sie vom Tode zurückzuhalten und seinen ehrgeizigen
Wünschen gefügig zu machen. Schwankend in ihren Entschlüssen,
erfleht sie die Gnade des Siegers, der sie des Lebens ihrer Kinder versichert, ihr ihre Reichthümer überläßt, und, ihr die Gefangenschaft als
ein goldenes Glück schildernd, dieselbe annehmbar zu machen sucht. Sie
geht scheinbar auch darauf ein, hat ihre Kraft aber inzwischen zurückgewonnen. Muthig bringt sie der Liebe und Ehre ihr Leben
zum Opfer.

Das Lustspiel Eugène schließt sich noch eng an die alten Farcen
an, hat aber den Vorzug einer unmittelbareren Beziehung zum Leben
der Zeit, das es satirisch beleuchtet. Eine leichtfertige Schöne,
Alix, welche während der Abwesenheit ihres Galans, eines jungen
Soldaten Namens Florimond, ein neues Verhältniß mit dem reichen
Abbé Eugène eingegangen ist, wird von diesem, damit er sich dessen
unverdächtiger erfreuen könne, an einen Einfaltspinsel, den doppelten
Hahnrei Messir Jean verheirathet. Florimond findet also bei seiner
Rückkehr sein Schätzchen nicht nur an einen anderen verheirathet,
sondern erfährt auch von des Abbé's Schwester, mit der er früher
eine Liebelei unterhalten, von dessen Beziehungen zu Alix. Aus diesen
Verhältnissen entwickeln sich nun die komischen Situationen des

2*

Stücks, das, seinem leichtfertigen Inhalt entsprechend, in allgemeines Wohlgefallen sich auflöst. Nicht ganz ohne Grund urtheilt La Harpe,*) daß wenn Jodelle nicht genug in der Schule des Sophokles und Menander gelernt habe, diese doch in der seinen gar nichts zu lernen vermocht haben würden.

Von seinen übrigen Dramen sind noch die Tragödie Didon, das Lustspiel Le recontre und die Maske Les argonautes bekannt. Die beiden letzten erschienen niemals im Druck. Das gab Veranlassung zu dem Glauben, das Eugène und Le recontre nur doppelte Titel für dasselbe Stück seien. Etienne Pasquier hat jedoch das Irrige dieser Annahme nachgewiesen.**) Auch ist kaum zu bezweifeln, daß Jodelle noch andere dramatische Arbeiten hinterlassen, da er selbst bekennt, noch verschiedene Stücke im Auftrage der Königin geschrieben, aber meist nicht vollendet zu haben. Nur die Cléopâtre, Eugène und Didon erschienen in einer von seinem Freunde Charles de la Motte erst nach seinem Tode veranstalteten Ausgabe.***)

Die Maske Les Argonautes hatte Jodelle 1558 für die bei Rück-kehr des Herzogs von Guise nach der Eroberung von Calais statt-findenden Festlichkeiten im Auftrage der Stadt Paris geschrieben. Er erlangte aber keineswegs den erwünschten Erfolg damit, ja man nimmt sogar an, daß er dabei die Gunst des Königs verscherzt habe. Dies wurde aber wohl nur daraus geschlossen, weil er die Kühnheit gehabt, den König darin vor der Heuchelei und dem Eigennutz seiner Hof-leute zu warnen, was ihm natürlich Feinde zuziehen mußte, die bei der Leichtfertigkeit und Unabhängigkeit seines Charakters leichtes Spiel gegen ihn hatten. In der That zerfiel er allmählich ganz mit dem Hofe. Die aufgeregten Zustände der Zeit, sowie die Zerrüttung seines Vermögens, trugen wohl auch dazu bei. Er starb 1573 in ärmlichen Verhältnissen.

Jodelle war eines der bedeutendsten Mitglieder des schon oben erwähnten Dichterbundes, des französischen Siebengestirns, das eine Revolution in der ganzen französischen Poesie hervorzurufen beabsichtigte, aber zu sehr an äußerlichem Formenwesen hing, und durch die Auf-

---

*) Licée ou cours de littérature ancienne et moderne. T. IV. Paris. An VII de la république p. 188.
**) Recherches historiques.
***) Les oeuvres et mélanges poétiques d'Etienne Jodelle I. Paris 1574.

nahme einer Menge der claſſiſchen und der italieniſchen Renaiſſance=
poeſie angehörigen Formen in die franzöſiſche Sprache vielfach zu einer
neuerungsſüchtigen Manier des ſprachlichen Ausdrucks verleitet hat.
Dieſem Bunde gehörte außer Ronſard auch Antoine du Baïf, Joach.
du Belley, Ponthus de Thyard, Belleau und Jean Dorat noch an.
Von ihnen ſind nur Baïf und Belleau hier von Intereſſe, doch
betraten ſchon vor ihnen eine Menge anderer junger und ihnen be=
freundeter Dichter im Kothurn und im Soccus die Bühne, von denen
zunächſt Jean de la Péruſe, geb. 1530, geſt. 1550, mit ſeiner
Medée, die in das Jahr 1553 oder 54 geſetzt wird und 1556 im
Druck erſchien, genannt werden mag, obſchon ſie wenig mehr als eine
freie Uebertragung der gleichnamigen Tragödie des Seneca iſt.

Wichtiger iſt Jaques Grévin*), 1538 zu Clermont geboren,
ein Schüler Ronſards, der ſchon mit 15 Jahren ein Luſtſpiel La
Maubertine, ſchrieb, das aber verloren gegangen iſt. Ein anderes
La tresorière, welches er im Auftrag Heinrich II verfaßte, kam 1558
im Collège Beauvais zur Aufführung. Ihm folgte 1561 ein drittes
unter dem Titel Les ébahis, nachdem er im vorausgehenden Jahre
auch ſchon mit einer Tragödie: Jules César ou la liberté vengée
hervorgetreten war. Er ſtand in beſonderer Gunſt bei der Prinzeſſin
Marguerite, der Tochter Franz I, ſpäteren Herzogin von Savoyen
die ihn an ihren Hof nach Turin zog, wo er 1570 auch ſtarb. Seine
Dramen erſchienen bereits 1562 in Paris unter dem Titel Le
théatre de Jacques Grévin. Er gehört zu den begabteſten Drama=
tikern der Zeit. Seine Luſtſpiele ſind zwar nicht reich an Erfindung,
aber gut gebaut, die Charakteriſtik iſt nicht ohne Leben und die
Sprache natürlich. Seiner Tragödie fehlt es auch nicht an be=
deutenden Gedanken, worauf man ſo viel zu dieſer Zeit hielt. Ob=
wohl die Dichter ſchon darum meiſt auf Seiten der katholiſchen
Partei ſtanden, weil ſich die Calviniſten zu ablehnend, ja feind=
lich gegen alle Kunſt und weltliche Dichtung, beſonders aber gegen
das Theater verhielten, ſo war doch Grévin ein entſchiedener Anhänger
der calviniſtiſchen Lehre und trat offen für dieſe ein, beſonders in der
heftigen mit Roche=Chandieu und Florent Chrétien gegen die Schmäh=

---

*) Tivier, Hist. de la litt. de France au moyen âge. Paris 1873 p. 480.
Ebert, a. a. O. S. 120.

schrift Discours sur les misères du tems verfaßten Satire seines
Lehrers Ronsard, was auch zu einem Bruche mit letzterem führte.
Ueberhaupt war der calvinistische Rigorismus gegen die Bühne kein
Hinderniß, daß die Protestanten sich ihrer oder doch der dramatischen
Form zu Angriffen auf das Papstthum bedienten. Beweis dafür sind
die Satires chrestiennes de la cuisine papale (1560) in denen die
Comédie du pape malade enthalten ist, die 1584 auch in einem
Separatabdruck erschien. Ebenso gehört die ohne Jahreszahl erschienene
La comédie du marchand converti mit hierher.

Im Jahre 1558, in welchem er starb, hatte Mellin de St.
Gelais (geb. 1491 zu Augoulême), einer der unterrichtetsten Männer
der Zeit, die Sofonisba des Trissino übersetzt, welche im nächsten Jahre
zu Blois vor Heinrich II zur Aufführung kam und im Druck erschien.
Sie ist bis auf die Chöre in Prosa.

Auch die Brüder Jean und Jacques de la Taille*) ge-
hören, obschon Anhänger der calvinistischen Lehre, besonders der erste,
zu den bedeutenderen dramatischen Dichtern der Zeit. Sie entstammten
einer angesehenen Familie zu Bondarais und waren einander in inniger
Liebe verbunden. Der ältere, Jean, 1540 geboren, studierte die Rechte
zu Paris und Orleans, widmete sich aber bald ausschließlich der
Poesie. Doch nahm er an den Kämpfen seiner Glaubensgenossen
theil, wobei er sich die Gunst Heinrich's von Navarra erwarb. Sein
hauptsächlichstes Werk ist die Tragödie Saul, le furieux, welches 1562
mit einer Abhandlung über die tragische Kunst im Druck erschien.
Erst 1573 folgte noch ein andres biblisches Drama: La famine ou
les Gabaonites. Auch übersetzte er zwei Ariosto'sche Lustspiele unter
den Titeln Les corrivaux und Le nécromant für die Bühne in
Prosa. Er starb 1608. Viel früher, im Jahre 1562 wurde sein
jüngerer 1542 geborener Bruder Jacques, von der Pest hingerafft.
Seine drei Tragödien Daïre, Alexandre und Achille sind bei allem
Talent mit der Unreife seines jugendlichen Alters behaftet.

Erst jetzt und hierdurch im Gegensatz zu fast allen andern dramatischen Dichtern der Zeit, welche sich fast durchgehend im jugendlichsten
Alter auf der Bühne versuchten, traten die obenerwähnten beiden Mitglieder des französischen Siebengestirns mit dramatischen Werken her-

---

*) Tivier, a. a. O. S. 10. — Ebert, a. a. O. S. 134.

vor. Zunächst der 1528 zu Nogent le Rotrou geborene Remy Belleau. Er hatte eine gelehrte Bildung empfangen und bereiste dann im Gefolge des Marquis d'Elbeuf Italien. Später zeichnete er sich durch verschiedene Dichtungen aus, zu denen die Comédie: La reconnue gehört, welche Gebrüder Parfait, die eine Inhalts- angabe derselben darbieten, in das Jahr 1563 oder 64 setzen. Ein Druck liegt erst von 1588 vor. Auch einige Bergeries gehören ihm an, die zu dieser Zeit schon mehrfach hervortreten. Vielleicht, daß auch sie es gewesen sind, die ihm von Ronsard den Namen eines Malers der Natur eiugetragen haben, obschon er darin wenig mehr als ein kalter Nachahmer der Italiener ist. Er starb 1577 zu Paris.

Antoine de Baïf, der zweite jener plejadischen Dichter, wurde 1532 als der natürliche Sohn des gelehrten französischen Diplomaten Lazare de Baïf, den wir als Uebersetzer schon kennen lernten und der längere Zeit als französischer Gesandter in Venedig lebte, von einer Venetianerin daselbst geboren. Mit großer Sorgfalt erzogen, ein Mit= schüler Ronsard's, that er sich bald als lyrischer Dichter hervor. Doch wird ihm der Vorwurf gemacht, die französische Sprache durch fremdartige Einmischungen geschädigt zu haben. Auch wird ihm der freilich erfolglose Versuch beigemessen, die lateinischen Maße auf letz= tere anzuwenden. Obschon ein nur mittelmäßiger Dichter, war er doch Mittelpunkt eines großen literarischen Kreises. 1570 hatte ihm Karl IX. ein Patent zur Errichtung einer Academie der Poesie und Musik ver= liehen, die er auch wirklich ins Leben rief, so daß er als der erste Begründer einer literarischen Gesellschaft in Frankreich angesehen werden darf. Er starb 1592 zu Paris. Als Dramatiker trat er zuerst mit der Comédie: Le brave ou le taille-bras auf, einer freien Bearbeitung des Plautinischen Miles gloriosus. Ihr folgten die Be= arbeitungen der Antigone des Sophokles und des Eunuchen des Terenz. Einige andere Uebersetzungen blieben ungedruckt.

Einen gewissen Fortschritt zeigen die Arbeiten des Robert Garnier,*) insofern sich dieser schon etwas über den platten und dabei doch oft so geschmacklos affektirten Ton seiner Vorgänger er= hebt, einer freieren Lebensauffassung huldigt und sich für seine Zeit einer größeren Klarheit, einer größeren Eleganz des sprachlichen

---

*) Siehe über ihn Ersch und Gruber. — Biographies universelles. — Ebert. a. a. O. S. 142. — Tivier. a. a. O. S. 586.

Ausdrucks befleißigt. Er wurde 1534 zu La Ferté Bernard in der Provinz Maine geboren, studierte zu Toulouse die Rechte, trug hier bei den jeux floraux einen Preis davon, wurde später Gerichtsrath zu Mans und übersiedelte 1584 nach Paris, wo er zum Mitgliede des großen Rathes erhoben wurde. Er kehrte jedoch bald wieder nach Mans zurück, wo er 1590 starb. 1568 war er mit seiner ersten Tragödie: Porcie hervorgetreten, bei der ihm Seneca als Muster gedient,[*) der ihm auch später Vorbild blieb. Schon der Titel: Porcie, tragédie française avec des choeurs, représentant les guerres civiles de Rome propre pour y voir dépeintes les calamités de ce temps beweist, daß der Dichter ein inneres Verhältniß zu seiner Zeit und seiner Dichtung hatte, was auch durch viele einzelne Zeitbeziehungen derselben bestätigt wird. Man kennt außer dieser noch sieben Tragödien von ihm, Hippolyte (1573), Cornélie (1574), Marc Antoine (1578), La troade (1579), Antigone (1580), Bradamante (1582) und Sedécie (1583), von denen den beiden letzteren weitaus der Vorzug gegeben wird. Auch Sedécie, wie Cornélie und Marc Antoine sind von zeitbezüglichen Stellen erfüllt, fast immer aber nur im Geiste des monarchischen Prinzips, das mehr und mehr Wurzeln schlug. Daß für Garnier, wie für die meisten tragischen Dichter der Zeit, Seneca Muster war, beruht wohl mit darauf, daß damals nicht sowohl Aristoteles wie Horaz, dessen Ars poetica schon 1545 übersetzt worden war, und der von ihm beeinflußte Julius Cäsar Scaliger, dessen Poetik 1561 in Lyon erschien, die tragischen Lehrmeister waren. Doch entsprach Seneca den französischen Dichtern auch aus innern Gründen. Sein rhetorisches auf die Hervorbringung des Staunens und der Bewunderung gerichtetes Pathos mußte sie ja besonders ansprechen.

Garnier wurde zu seiner Zeit als der bedeutendste dramatische Dichter seiner Nation geschätzt. Sein Ruf war aber auch ins Ausland gedrungen. Thomas Kyd, der gefeierte Dichter der Spanish tragedy, hat das leider schwächste Werk desselben, die Cornélie, ins Englische übersetzt und großes Lob damit eingeerntet. Man hat in Garnier eine größere Verwandtschaft mit Corneille finden wollen, als

---

[*) Ganze Stellen derselben sind der Octavia entnommen, die freilich nur fälschlicher Weise dem Seneca beigemessen worden ist.

in irgend einem der diesem vorausgegangenen Dramatiker. Jedenfalls
hat er es gleich diesem geliebt, Stoffe zu wählen, in denen sich ein
edles Pathos in glänzender Weise entfalten läßt. Bemerkenswerth
dafür ist, daß er zuerst einen romantischen, dem Ariost entnommenen
Stoff in seinem Brabamante behandelte. Er nannte ihn eine Tragikomödie; und da er ohne Chöre war, so empfahl er „Entremets"
zwischen die Akte zu legen, um nicht das in unmittelbarer Folge zu
bringen, was seiner Natur nach einigen Zeitabstand fordert. Während
der Brabamante poetischer wirkt als diejenigen seiner Stücke, welche
der griechischen Mythe und römischen Geschichte entnommene Stoffe
behandeln, zeigt sich in Sedécie ou les Juives ein energischeres
Streben nach Charakterzeichnung, besonders in den Figuren des Ne-
bucadnezar und des Amital. Auch hält Garnier in seinen Tragödien
zum ersten Mal an dem von Ronsard geforderten regelmäßigen Wechsel
von männlichen und weiblichen Reimen fest, was von ihm an dann
feststehend wurde, leider aber auch an der Abgeschlossenheit des einzelnen Verses und an der gleichmäßigen Cäsur des Halbverses, was
dem dramatischen Ausdruck eine neue hemmende Fessel auferlegte. Seine
Dramen erschienen einzeln von 1568—1580, in diesem Jahre auch
gesammelt unter dem Titel: Tragédies de R. Garnier.*)

Die Stücke der vorbenannten Dichter sind anfänglich wohl nur
in den Collèges de Reims, Boncour, Coqueret, Beauvais, dann und
wann auch bei Hofe, und später vielleicht sogar auf den Theatern der
Provinz gespielt worden. Daß sie alle von den Passionsbrüdern oder
auf deren Theater damals zur Aufführung gebracht worden wären,
ist nirgend dargethan und auch zu bezweifeln, da nach der Histoire
universelle des théatres die Passionsbrüder wiederholt um die Erlaubniß einkamen, die alten Mirakelspiele wieder aufnehmen zu dürfen,
die ihnen auch, wenn schon nur vorübergehend 1559 von Carl IX.
gewährt worden sein soll. 1572 begegnet man dagegen einem Gesuche der Geistlichkeit bei dem Gerichtshof, den Schauspielern nicht
mehr gestatten zu wollen, vor der Vesper zu spielen. Daß dieses
Gesuch eine Beschränkung enthielt, geht aus dem Widerstande hervor,
welchen die Passionsbrüder dagegen erhoben. Die Beschränkung erklärt

---

*) Die Ausgabe von 1582 ist aber die erste vollständige; bis zum Jahre
1619 zählt Brunet 30 Gesammtausgaben.

sich nur aus dem damaligen Zustande der Bühne, welcher die Dar=
stellung bei künstlicher Beleuchtung erschweren mochte, zumal die tech=
nischen Hülfsmittel dafür noch nicht entwickelt waren. Auch erlangten
die Passionsbrüder 1577 die Erlaubniß wieder zu den bisher üblichen
Stunden, das ist Nachmittags, spielen zu dürfen; aber nur unter der
ausdrücklichen Bedingung, daß sie für jede Unordnung, welche ihre
Spiele etwa herbeiführen sollten, zu haften hätten. Das Alles weist
nicht auf eine Hebung ihres Repertoires und ihrer Kunst hin. Ja 1584
scheinen sie so weit herunter gekommen zu sein, daß sie von einzelnen
Truppen der Provinz überflügelt waren und es für zweckmäßig hielten,
ihr Theater an eine derselben zu verpachten. Das hängt mit dem
Erscheinen italienischer Schauspielergesellschaften in Frankreich und
Paris zusammen, denn nicht sowohl den Dramen der Gelehrten, sondern
diesen Gesellschaften, ist der Aufschwung zuzuschreiben, welchen die
Schauspielkunst zu dieser Zeit genommen haben muß.

Ich habe bereits erzählt, daß schon im Jahre 1533 die Kauf=
mannschaft Lyon's zu den Empfangsfeierlichkeiten, die man der Katha=
rina von Medicis bereitete, auch eine Gesellschaft italienischer Schau=
spieler berufen hatte. 1570 ward zuerst einer derartigen Gesell=
schaft unter dem Director Ganassa in Paris gedacht. Es scheint
jedoch, daß sie schon mehrere Jahre in den Provinzen Frankreichs
herumgezogen war. 1577 wurde dann die berühmte Gesellschaft der
Gelosi von Heinrich III. aus Venedig nach Blois berufen. Da sie,
von hugenottischen Kriegsleuten aufgehalten, aber zu spät daselbst
eintraf, erhielt sie Erlaubniß in Paris spielen zu dürfen. Es wurde
ihr zu diesem Zweck das Hôtel du petit Bourbon angewiesen, in
welchem sie am 19 Mai d. J. ihre Vorstellungen, die damals noch
nicht blos die Commedia dell'arte, sondern alle Gattungen des Dra=
mas umfaßten, eröffnete. Ihr Erfolg war ein ganz außerordentlicher.
Zunächst suchten die Passionsbrüder sich dieser gefährlichen Concur=
renz zu entledigen, die nicht nur die Schwäche ihrer Leistungen, son=
dern auch das völlig Unzeitgemäße, das die Entwicklung der Schauspiel=
kunst und des Theaters geradezu Hemmende des ihnen ertheilten
Privilegs ins volle Licht stellen mußte.

In der That gelang es ihnen auch, die Italiener im folgenden
Jahre zur Rückkehr nach Italien zu nöthigen, wo diese vielleicht noch
überdies eingegangene Verpflichtungen zu erfüllen hatten. Es scheint

aber, daß nun auch von Seiten französischer Truppen Versuche ge=
macht wurden, das Privileg der Passionsbrüder zu durchbrechen oder
doch zu umgehen. Um 1584 miethete eine solche Truppe das Hôtel
Clugny in der Rue Mathurin und eröffnete darin, ohne weiter zu
fragen, ihre Vorstellungen. Natürlich wurden dieselben aber (durch Ver=
ordnung vom 6. Octbr. d. J.) bald wieder aufgehoben. Dafür erschien
zu dieser Zeit eine neue italienische Gesellschaft (unter Fabrizio di
Fornaris). Da auch sie im Hotel Clugny gespielt haben soll, so ist
es immerhin möglich, daß die Berichterstatter, welche von jener fran=
zösischen Gesellschaft sprechen, nur diese italienische gemeint haben,
welche den Vorstellungen der Passionsbrüder ebenfalls wieder weichen
mußte. Daß aber in diesem Jahre auch eine französische Truppe in
Paris auftauchte, geht hinlänglich daraus hervor, daß die Passions=
brüder gerade zu dieser Zeit ihr Theater an eine solche verpachteten. Die
kriegerischen Unruhen, welche die Jahre 1588 — 93 erfüllten und denen
1588 auch eine neue in Paris erschienene italienische Gesellschaft wieder
weichen mußte, unterbrachen aber nur zu oft diese Vorstellungen. Erst
mit dem Regierungsantritte Heinrich IV. begann für die Entwicklung
des Theaters eine günstigere Zeit.

In den religiösen Kämpfen des 16. Jahrhunderts war sowohl
das Freiheitsgefühl des aufstrebenden Bürgerthums, wie der Trotz
eines widersetzigen Adels gebrochen worden. Nur das Königthum
ging neu gestärkt aus ihnen hervor, zumal die Nation nur noch
in dieser Stärkung einen Schutz gegen die Wiederkehr ähnlicher Zu=
stände finden zu können glaubte. Den Absolutismus der Monarchie
mehr und mehr zu befestigen, die Centralisation des geistigen Lebens
immer energischer durchzuführen, das war die Aufgabe, welche dem
von keinem Vorurtheile religiöser Meinungen, sondern einzig von dem
Interesse des Staats bestimmten Heinrich IV. gestellt war. Er nahm
diese Aufgabe in einem wohlwollenden Sinne auf, indem er vor Allem
die Gleichberechtigung der verschiedenen Confessionen (durch das Edict
von Nantes) sicher zu stellen und den zerrütteten Wohlstand des Reichs,
die Steuerkraft und die Finanzen des Staats wieder zu heben suchte.
Fest und beharrlich in Jedem, was ihm zur Durchführung seiner Pläne
nothwendig erschien, übte er in allem Übrigen wohlwollende Duldung
und Milde. Obschon er für das Theater keine persönlichen Neigungen
hatte und sich höchstens an den Possenreißereien der Komiker erfreute,

hat er gleichwohl zur Hebung desselben viel beigetragen. Die Ver=
hältnisse drängten dazu. Wenn es wahr ist, daß wie Lotheissen sagt*)
die Dichter der Satire Ménippée Heinrichs IV. beste Bundesgenossen
bei der Beruhigung der fanatisch erregten Parteien waren, so mußten
ihm unstreitig auch die Theater ähnliche Dienste zu leisten im Stande
sein. Diese günstige Lage wurde denn nun von einer der Schauspieler=
gesellschaften, welche im Lande herumzogen, benutzt, indem sie im Jahre
1596 die Freiheiten in Anspruch nahm, welche der Kaufmannschaft
von Paris während der Jahrmärkte (Foires) von Alters her zustanden
und die Aufhebung aller Privilegien während derselben einschlossen.
Sie hatte sich hierauf berufend ein eignes Theater im Quartier du
Marais du Temple im Hôtel d'Argent erbauen lassen, in welchem sie
während der Märkte von St. Germain zu spielen beabsichtigte, wahr=
scheinlich mit dem heimlichen Hintergedanken das Privileg der Passions=
brüder endlich ganz zu durchbrechen. Das führte natürlich mit diesen
zu Conflicten, welche jedoch unter dem Einflusse der Parteinahme
der Pariser Bevölkerung für die ungleich geschickteren fremden
Schauspieler zu Gunsten der letzteren entschieden wurden. Doch ward
ihnen später (1610) die Verpflichtung auferlegt, an die Schauspieler
des Hôtel de Bourgogne für jeden Tag, an welchem sie spielten drei
Livres tournois Entschädigung zu zahlen. Letztere hielten sich aber durch
diese Concurrenz noch immer für so benachtheiligt, daß sie anfangs
sogar aufs Neue um die Erlaubniß einkamen, die alten kirchlichen
Spiele wieder aufnehmen zu dürfen, was ihnen jedoch nicht gewährt
wurde. Beweis genug, daß sie in den neuen Spielen mit den fremden
Schauspielern zur Zeit noch nicht wetteifern konnten, vielleicht noch
gar nicht dafür ausgebildet waren und sich noch immer mit den alten
Farcen oder mit Stücken behalfen, in denen romanhafte oder auch
historische Stoffe in einer an die alten Mirakelspiele sich anlehnenden
Weise behandelt waren; doch scheinen damals auch Schäferspiele von
ihnen dargestellt worden zu sein.

Im Jahre 1600, in welchem die fremden Schauspieler ihr neues
Theater eröffneten, veranlaßte die Vermählung des Königs mit Maria
de Medicis aufs Neue die Berufung einer italienischen Schauspieler=
gesellschaft. Es war wieder die Compagnia dei Gelosi unter Flaminio

---

*) A. a. O. I. 84.

Scala. Die Passionsbrüder trafen mit ihnen ein Uebereinkommen, nach welchem sie abwechselnd auf der Bühne des Hôtel de Bourgogne spielten. Nach vier Jahren brach diese Gesellschaft aber wieder nach Italien auf; aus Gründen, die ich später noch zu berühren haben werde. Der plötzliche Tod ihrer gefeiertsten Darstellerin, Isabella Andreini, gab wie wir schon wissen, den traurigen Anlaß zu ihrer Zersplitterung.

Der Einfluß der italienischen Schauspieler auf die Entwicklung des französischen Dramas, würde trotz der mannichfachen Unterbrech= ungen und der kurzen Dauer ihres Verweilens noch in ungleich stärkerem Maße hervorgetreten sein, wenn diese Entwicklung durch die furchtbaren religiösen Bürgerkriege nicht überhaupt völlig gehemmt worden wäre. Doch lassen sich die seit dem ersten Auftreten der Italiener in Paris erschienenen Ueberseßungen italienischer Dramen, insbesondre die des Pierre de Larivey sicher auf sie zurückführen.

Pierre de Larivey (oder La Rivey, L'Arrivey), 1550 zu Troyes geboren, ist nach den Erhebungen Sainte Beuve's (a. a. O.) wahr= scheinlich italienischen Ursprungs, insofern ein Zeitgenosse von ihm, Grosley, der Verfasser einer Geschichte der Stadt Troyes ebenfalls eines Pierre de l'Arrivey gedenkt, welcher Domherr von St. Etienne daselbst war, und der bekannten Buchdruckerfamilie Giunti in Florenz und Venedig entstammte, diesen Namen aber ins Französische übertragen und in l'Arrivey verwandelt hatte. Pierre Larivey gab im Jahre 1579 in Paris die Uebertragungen von sechs italienischen Lustspielen unter dem Titel: Les comédies facétieuses de Pierre de la Rivey, Champenais, à l'imitation des anciens Grecs et Latins et modernes Italiens heraus, von denen Le laquais dem Ragazzo des Lod. Dolce, La veuve der Vedova des Florentiners Nic. Bonaparte, Les esprits der Aridosia des Lorenzino*) bei Medici, Le morfondu der Gelosia des Grazzini, Les jaloux den Gelosi des Gabbiani und Les écoliers der Zecca des Girolamo Razzi nachgebildet, in der Hauptsache aber nur, und zwar in Prosa, übersetzt sind, da sich die Aenderungen fast blos auf die Verlegung der Scene nach Frankreich, auf Abschwächung verschiedener cynischer Stellen und auf Kürzung der Frauenrollen beschränken, die damals in Frankreich noch von Männern dargestellt wurden. Das

---

*) Daher nicht wie Larivey in dem Vorwort zu seinen Werken und hier= nach neuerdings Lotheissen sagt: der Vater Leo's X.

letzte, wie auch eine Stelle in der an den Dichter François d'Amboise
gerichteten Widmung beweist, daß diese Stücke für die Darstellung
geschrieben waren. Wenn sie auch nicht, wie man wohl gesagt hat,
die ersten französischen Lustspiele in Prosa, noch wie Larivey selbst
glaubte, die ersten Prosaübersetzungen ausländischer Lustspiele waren,
welche man darstellte, so haben sie doch fast alles überboten,
was das französische Lustspiel bis dahin hervorgebracht hatte. Dies
wird dadurch bestätigt, daß sie trotz der Ungunst der Zeit 1601 be=
reits in dritter Auflage erschienen. Auch fuhr der Dichter in diesen
Uebersetzungen fort, nur daß es lange nicht zur Herausgabe kam.
Erst 1611 ließ er von noch sechs andern übersetzten Lustspielen, die
folgenden drei wieder drucken: La Constance nach der Costanza des
Razzi, La fidèle nach der Fedela des Pasquaglio und Les tromperies
nach den Inganni des Secchi. Sie erschienen in Troyes.

Die Art, wie Larivey es rechtfertigt, diese Lustspiele in Prosa
geschrieben zu haben, beweist zugleich, daß es von ihm mit vollem
Bewußtsein zu Gunsten einer größeren Natürlichkeit geschah. Im
Uebrigen stützt er sich auf das Beispiel Bibbiena's, Machiavelli's und
Aretin's. Da man den Einfluß Larivey's bis auf Molière und Regnard
ausgedehnt hat, die doch wohl ebenso gut aus den italienischen Quellen
selbst geschöpft haben könnten, so wird es wohl nicht zu kühn sein, es
auch für möglich zu halten, daß er auf die Lustspiele Leloyer's,
Chappuy's, seines Freundes François d'Amboise*), des Jerome d'Avost
(les deux courtisanes 1584), Odet de Tournebu's (Les contens 1584)
auf die Reconnue (1585) des Belleau, die Ecoliers (1589) des
François Perrin, die Deguisés (1594) des Jean Godard von Einfluß
gewesen sei.

Es war aber nicht der einzige Einfluß, den das französische
Drama damals von Italien empfing. Kaum minder wichtig war die
Uebersetzung des Tasso'schen Aminta, zuerst 1583, von Henriette de
Clèves, Tochter des Herzogs von Cleve und Gemahlin des Lodovico
Gonzaga, der 1584 eine andre von Pierre de Brach, 1591 die von
La Brosse und 1596 die von Guill. Beliard folgten, für die Ent=

---

*) Er schrieb außer dem Lustspiele Les néapolitaines (1583) noch drei
ungedruckte Tragödien und vier ungedruckte Komödien. Auch hielt man ihn für
den Herausgeber der Werke Abélard's v. J. 1616.

wicklung des Schäferspiels, dessen erstes Erscheinen in Frankreich sich
bis zum Jahre 1563 zurückverfolgen läßt. Erst jetzt scheint es aber
bei Hofe und bei dem hohen Adel entschiedener in Aufnahme gekommen
zu sein. Zu voller Blüthe gelangte es jedenfalls erst im Anfang des
nächsten Jahrhunderts unter dem Einflusse des preciösen Tons, welcher
vom Hôtel de Rambouillet ausgehend in der feineren Gesellschaft Mode
wurde, und des hierdurch mit bedingten Erfolgs von Urfé's Moderoman
Astrée. Doch waren die Bergeries wahrscheinlich schon früher von der
Bühne der Passionsbrüder aufgenommen worden, da eines ihrer Mitglieder Jacques de Fonteny, Confrère de la Passion, von 1578—87
mit verschiedenen Stücken dieser Art hervortrat (La chaste bergère,
le beau pasteur, la Galatée divinement delivrée). Auch ist es
zweifellos, daß die italienischen Schauspieler in Paris neben der
Commedia dell'Arte vorzugsweise in den Pastoralen, insbesondere
dem Aminta, excellirten.

Verhältnißmäßig selten hat man dagegen noch in dieser ganzen
Periode dramatischen Bearbeitungen romantischer Stoffe zu begegnen.
Außer Garnier's Bradamante sind hier nur noch die Lucille des
Le Jars (1576) die Uebersetzung von Giraldi's Orbecche von Edouard
du Monin unter dem Titel Orbec et Oronte (1584), eine dem Ariosto
entnommene Tragödie Isabelle des Nicolas de Montreux (1595), ein
Gegenstand, der auch schon 1576 von Mathieu de Laval bearbeitet worden war, sowie eine ungedruckte Tragödie Romeo et Juliette von
Chateauvieux hier zu nennen. Das letztgenannte Stück führt mich noch
auf ein anderes dem Shakespeare verwandtes, den Stoff von Maß
für Maß, daher auch den von Giraldi's Epitia behandelndes Drama,
die Philanire des Claude Rouillet, welche 1563 erschien, 1577 aber
neu aufgelegt wurde. Ebert glaubt jedoch nicht, daß Rouillet's Quelle
Giraldi's Hecatomiti sei, da diese erst 1565 herauskamen, vielmehr
sei diese Erzählung nach Dunlop's Geschichte der Prosadichtungen
bereits im 15. Jahrhundert in Frankreich bekannt gewesen. Giraldi
würde sie demnach nicht erfunden, sondern sie wahrscheinlich selbst
erst durch französische Ueberlieferung erhalten haben.

Häufiger ist eine andere Gattung von Stücken vertreten, in der
sich wenigstens theilweise ein nationaler Zug offenbart, der ja schon in
den Sotties vorherrschte und auch wieder später so entschieden im
französischen Drama hervortreten sollte, die unmittelbare tendenziöse

Beziehung auf sociale oder politische Ereignisse der Zeit, ich meine diejenigen Stücke, welche unmittelbar der Zeitgeschichte entnommene Stoffe behandeln. Als erstes Stück dieser Art darf bis jetzt die Tragikomödie L'homme justifié par la foi von Henri de Barran (1554) angesehen werden. Erst 1574 tritt ein neues aber um so auffälligeres Beispiel davon hervor: La tragédie de feu Gaspar de Coligny, das demnach ein Ereigniß behandelte, das nur zwei Jahre früher stattgefunden hatte. Ihm folgte die ihrem Stoffe nach etwas weiter zurückliegende Histoire tragique de la Pucelle de Dom Remi von Jean Barnet; 1588 Le petit rosaire des ornements mondaines von Philippe Basquier, welche den Kampf des Herzogs von Parma mit den niederländischen „Ketzern" in allegorischer, an die spanischen Autos anklingender Form behandelte; 1589 La double tragédie du duc et du cardinal de Guise, welche in Blois, also wahrscheinlich bei Hofe, am 23. und 24. December 1588 zur Aufführung kam. 1607 erschien auch von Pierre Matthieu wieder eine Guisiade und Le triomphe de la ligue. Louis Léger's Chilperic de France, second du nom, gehört in sofern hierher, als sich unter dem alten Stoff ein Angriff auf Heinrich III. verbarg, und der Verfasser, der ihn als einer der Vorsteher (régent) des Collège des Capettes 1594 daselbst hatte zur Aufführung bringen lassen, dafür in Haft genommen ward. Wie frei man in der Ergreifung zeitgenössischer Stoffe im Uebrigen dachte, beweist auch das 1605 zur Aufführung gekommene und vielfach wiederholte Trauerspiel l'Ecossaise des Antoine de Monchretien, eines Zeitgenossen Harby's, welches den Tod der Maria Stuart behandelte, insofern es der Dichter dem Sohne derselben, Jacob I, gewidmet hat; noch mehr aber Billard de Courgenay's Mort de Henri IV., welcher 1610 vor seiner Wittwe Maria de Medici's aufgeführt wurde. Ihnen reihte sich 1617 Guillards La mort du maréchal d'Ancre an. Beide waren also ganz unmittelbar unter dem Eindruck der Ereignisse geschrieben. Auch die bereits früher hervorgetretenen Stücke in türkischem Costüm verdanken ihre Entstehung diesen Beziehungen zur Zeitgeschichte. Die in Folge einer Intrigue der Sultanin Roxalane vollzogene Hinrichtung Mustapha's, des ältesten Sohnes des damals noch lebenden Sultans Soliman, gab die Veranlassung zu Gabriel Bonin's oder Bounin's Soltane welche im Jahre 1560 vor Catharina de Medicis zur Aufführung kam und im folgenden Jahre im Drucke erschien.

Wie alle von den gelehrten Dichter ausgehenden ernsten Dramen sind auch diese fast durchgehend nach den Vorbildern der Alten, meist des Seneca, verfaßt und nicht selten mit Chören versehen. Die Einheit der Zeit und des Orts ist nicht principiell festgehalten, wohl aber fast immer im dunklen Nachahmungseifer zu wahren gesucht. Doch glaubte man sich gelegentlich der Beobachtung derselben auch entbinden zu können. Möglich, daß dies zur Unterscheidung von Tragödien und Tragicomödien führte; denn keineswegs verstand man unter letzteren nur Tragödien mit komischen Beimischungen oder Tragödien mit glücklichem Ausgang. Ein durchgreifender Unterschied zwischen beiden läßt sich überhaupt von den mit diesen Namen unterschiedenen Stücken nicht ableiten, da man zu jener Zeit die verschiedenen Bezeichnungen des Dramas höchst willkürlich anwendete. Doch wird es wohl am richtigsten sein mit Ebert unter der Tragicomödie das ernste Drama freieren Stils zu verstehen.

Ein Hauptübelstand für die von den Gelehrten ausgehende Entwicklung des neuen Dramas war, daß man die dafür aufgestellten Regeln zu äußerlich auffaßte, ohne sie in einen inneren lebendigen Zusammenhang mit einander zu bringen, und dabei fast das ganze Gewicht auf die Behandlung der Sprache und des Verses legte. Auch die Fortschritte, welche die Ausbildung der Sprache zu Anfang des 17. Jahrhunderts machte, wurden für das Drama unmittelbar nur wenig förderlich. Denn die Verdienste Balzac's, welcher der Prosa Würde, Abrundung und harmonischen Wohlklang gab, und Voiture's, welcher die Leichtigkeit und gefällige Anmuth des scherzhaften Plaudertons lehrte, fielen zunächst weniger dafür in Betracht, als die peinlichen Vorschriften, welche Malherbe für die Behandlung des Verses aufstellte, und welche dem Geist des Dramatischen völlig zuwiderliefen. Er ächtete alle poetischen Licenzen und Inversionen. Er verlangte, daß die metrische Sprache der Prosa so nahe wie möglich kommen, jeder Vers ein für sich abgeschlossenes Ganze bilden und ebenso richtig für das Auge als für das Ohr erscheinen solle. Es half nichts, daß d'Aubigné und Régnier sich dieser Fesselung des Geistes durch die Form widersetzten, sie unterlagen der Richtung der Zeit.

Es war unter diesen Umständen immerhin wohlthätig, daß die Volksbühne, nachdem sie sich des neuen Dramas bemächtigt hatte, dasselbe zum Zwecke größerer theatralischer Wirkung in einem freieren

Sinne zu behandeln begann und es sich dabei mehr angelegen sein
ließ, dem Geschmack ihres Publikums nahe zu treten, als die Gelehrten zu befriedigen und ihren Regeln zu entsprechen.

Diese Bewegung ging aber keineswegs vom Theater der Passionsbrüder oder, wie man jetzt sagen muß, vom Theater des Hôtel de
Bourgogne, sondern vom Theater du Marais aus, welches nicht nur
wie es scheint ausgezeichnete Kräfte dafür vereinigte sondern auch
einen Dichter gewonnen hatte, welcher an Fruchtbarkeit des Talents
von keinem anderen dramatischen Dichter Frankreichs je übertroffen
worden ist. Dieser Dichter war Alexandre Hardy*). Trotz seiner
Berühmtheit kennt man von ihm weder Geburts= noch Todesjahr.
Doch stammte er aus Paris, wo er, wie man glaubt, um 1560 (?)
geboren ward. Es scheint, daß seine Erziehung, die eine gelehrte ge=
wesen sein mag, früh unterbrochen und er durch die Noth des Lebens
gezwungen wurde, sein außergewöhnliches Talent zu einer, wenn auch
gewiß nur nothdürftigen Erwerbsquelle zu machen. Bis zum Ende
des 16. Jahrhunderts stand er auf diese Weise im Solde irgend einer
der im Lande herumziehenden Schauspielertruppen. Um 1600 aber
erscheint er im Dienste des Theaters du Marais. Obschon er wesentlich
zu dem Aufschwunge desselben beigetragen und unermüdlich in ganz
beispielloser Weise dafür thätig gewesen ist, kann diese Stelle doch nur
eine dürftige gewesen sein, da die Schauspielerin Beauprè klagt, daß
Corneille den Schauspielern großen Abbruch gethan, insofern diese früher
ein ganzes Theaterstück, das bisweilen in einer einzigen Nacht geschrieben
werden mußte, für nur 3 Thaler erhalten hätten; Corneille sich dagegen
ganz anders bezahlen lasse, so daß ihnen nur wenig Vortheil bleibe.

Die Fruchtbarkeit Hardy's war eine ganz außerordentliche. Nach
einer Stelle im Vorwort zum I. Theile seines Theaters (1624) müßte
man annehmen, daß er sei nedramatische Laufbahn im Jahre 1594 be=
gonnen habe, doch ist die Erwähnung eine so beiläufige, daß man auf die
Genauigkeit derselben wohl schwerlich wird rechnen können. Mir scheint,
daß er entweder zu dieser Zeit noch viel jünger war, als das muth=
maßliche Geburtsjahr (1560) ergeben würde, oder daß seine dramatische Carrière früher begann. In demselben Vorwort bekennt er sich

---

*) Siehe über ihn Parfait IV. 2. — Sainte Beuve, Tableau hist. et criti-
que de la poésie française au 16. siècle I. S. 304. — Ebert, Entwicklungsge=
schichte 2c. S. 185.

selbst zu 500, an einer andern Stelle sogar zu 600 Stücken, doch war seine dramatische Produktivität damals noch nicht völlig beschlossen. Einzelne Geschichtsschreiber geben die Zahl seiner dramatischen Werke auf 600, andere wohl übertreibend auf 800, einige sogar auf 1200 an. Ich halte die erste Zahl für die wahrscheinlichere, da Hardy spätestens 1632 gestorben sein muß.*) Auch so erscheint seine Thätigkeit als eine ganz eminente, besonders wenn man berücksichtigt, daß seine Stücke alle in gereimten Versen geschrieben sind und soweit man sie kennt, für seine Zeit und als bloße Bühnenstücke sich auf einer gewissen Höhe halten. Wie geringschätzig man heute über sie auch urtheilen mag, damals erregten sie große Bewunderung. Ohne ihn mit Goldoni im Uebrigen vergleichen zu wollen, hat er doch darin eine ähnliche Bedeutung für das Theater seiner Nation gehabt, daß er die Volksbühne aus einem Zustande der Versunkenheit erhob und ihr, ganz allein, ein entsprechendes Repertoire für die Dauer eines ganzen Menschenalters schuf. Hardy hat, nachdem die Drucker sich unbefugt der Herausgabe seiner Dramen zu bemächtigen anfingen, von 1624—28 eine Auswahl derselben in 6 Theilen herausgegeben. Sie umfaßt im Ganzen 41 Dramen (worunter auch 6 Pastoralen), von denen das früheste Les chastes et loyales amours de Théagène et de Cariclée (1601) nach dem Roman des Heliodor allein aus 8 Dramen besteht, was darauf hinweist, wie sehr bei ihm das epische Element des Begebenheitlichen wieder bevorzugt ist. Die spätesten Stücke der Sammlung sind Phraates ou les vrais amants und Le triomphe d'amour aus dem Jahre 1623.**)

Es scheint, daß Hardy der erste Dramatiker war, bei welchem der spanische Einfluß auf das französische Theater bestimmter hervortritt. Dies ist jedoch auch bei ihm, so weit es sich heute beurtheilen läßt, nicht vor dem Jahre 1612 der Fall gewesen, in welchem seine Tragikomödie La force du sang, eines seiner besten Stücke, zuerst gegeben worden ist. Es behandelt den Stoff der gleichnamigen Cervantes'schen Novelle. Auch die Tragikomödien Felismène (1613), La belle Egyptienne (1615), Lucrèce ou l'adultère punie (1617), Frégonde (1621) sind dem Spanischen nachgebildet.

---

*) In diesem Jahre ist nämlich von seiner Wittwe die Rede.

**) Bei Parfait IV. p. 20. findet sich ein chronologisches Verzeichniß der in jenen sechs Bänden enthaltenen Stücke.

Spanischer Einfluß zeigt sich auf dramatischem Gebiete zuerst in den Uebersetzungen der spanischen Celestina. Mit dem Erscheinen des Cervantes und Lope de Vega's mußte er wachsen. Durch die Vermählung Ludwigs XIII. mit Anna von Oestreich kam der spanische Geschmack sogar längere Zeit in die Mode, zumal er auch noch von Richelieu begünstigt wurde. Doch hatte er immer mit dem italienischen Einfluß zu kämpfen, der durch Maria von Medicis, der Gemahlin Heinrichs IV., bei deren Ankunft in Frankreich sich auch Rinuccini in ihrer Gefolge befand, und durch das Hôtel Rambouillet, wennschon in sehr verschiedener Weise, zur Herrschaft gebracht worden war.

Die Verletzung der Einheit von Ort und Zeit, sowie die freie Behandlung der geschlechtlichen Liebe, deren man Hardy beschuldigt, braucht er dem spanischen Drama aber nicht erst entlehnt zu haben. Dies dürfte bei ihm wohl mehr mit dem mittelalterlichen Drama zusammen hängen, an dessen epischer Darstellungsweise und zum Theil roher Naivetät die Volksbühne immer noch festgehalten hatte. Wenn er in einem seiner Stücke eine Courtisane auf die Bühne bringt und sie ihrem Gewerbe gemäß sprechen läßt, wenn in einem andren eine Frau in offnem Ehebruch von ihrem Manne überrascht wird, wenn in der Scedase zwei Mädchen fast vor den Augen der Zuschauer Gewalt erleiden, wenn die Liebhaber und Liebhaberinnen in ihren Liebkosungen fast bis an die letzte Grenze des Natürlichen gehen, so wird man dabei nicht blos zu berücksichtigen haben, daß Scenen dieser Art nur nebenher laufen, sondern auch, daß sowohl Publikum wie Darsteller damals ausschließlich aus Männern bestanden. Im Wechsel der Scene ist Hardy besonders weit in den Amours de Théagène et de Cariclée, sowie in der Elmire ou l'heurese bigamie (1615) gegangen, worin sich die Geschichte des Grafen Gleichen behandelt findet.

Wie vielen Ungereimtheiten und Geschmacklosigkeiten, wie vieler Rohheit und Grausamkeit, wie vieler Trivialität und Schwülstigkeit man bei Hardy auch immer begegnet, eine gewiße dramatische Lebendigkeit, eine gewisse Kraft und Natürlichkeit wird man ihm für seine Zeit doch nicht absprechen können. Wenn es vielen seiner Stücke auch an einem plan- und kunstmäßigen Aufbau, an geschlossener Motivirung, an Concentration des Interesses fehlt, so verstand er doch fast immer die Theilnahme seiner Zuschauer zu erregen und festzuhalten. Hardy selbst wendet gegen die Angriffe seiner gelehrten Gegner ein, daß der äußere

Zwang, unter welchem seine vielen Arbeiten entstanden, ihn wegen der Unvollkommenheiten derselben wohl entschuldigen dürfte. „Nos champignons rimeurs — setzt er im Avertissement des III. Bandes seiner Dramen hinzu — trouvent étrange, qu' en des poëmes si laborieux et de si long étendue il se trouvent quelques rimes licentieuses ou forcées; mais lorsque ces vénérables censeurs auront pu mettre au jour cinq cens poëmes de ce genre, je crois qu' on y trouvera bien autrement à reprendre; non que la qualité ne soit icy préférable à la quantité, et que je fasse gloire du nombre, qui me déplaît: au contraire et à ma volonté, que telle abondance se pût restraindre dans les bornes de la perfection." Hardy hatte jedenfalls weniger Unrecht mit Selbstgefühl auf den Einfluß hinzuweisen, welchen er auf die Entwicklung der französischen Bühne ausgeübt hat, als diejenigen, welche ihm diesen Einfluß ganz absprechen wollen, da kein Geringerer als Corneille (in seinem Examen de Mélite) zugestehen konnte, daß er bei seinen ersten theatralischen Versuchen nichts als ein Wenig gesunden Sinn (un peu de sens commun) und die Muster Hardy's zu Führern gehabt.

Hardy's Stücke zerfallen in Tragödien, Tragicomödien und Schäferspiele (Bergeries). Auch er hat noch an der Gewohnheit festgehalten, die letztern in vierfüßigen gereimten Versen zu schreiben, wogegen jene in gemischten 5 und 6 füßigen Versen verfaßt sind. Auch bei ihm läßt sich der Unterschied zwischen Tragédie und Tragicomédie nicht durchgehend auf feste Merkmale zurückführen. Doch gehören den letzteren meist die romanhaften Stoffe an, die wohl auch die beliebteren waren. Der Roman beherrschte damals die Phantasie der vornehmen Welt. Dies theilte sich den übrigen Kreisen mit. Auch den historischen Stoffen mußte ein galanter Anstrich gegeben werden, damit sie allgemeiner gefallen konnten. Doch war es bei einem so großen Repertoire, wie demjenigen Hardy's, natürlich, daß er die ganze Stoffwelt der Mythologie, der Geschichte, der epischen Dichtung noch mit heranzog.

Lange vermochte keiner der zeitgenössischen Dichter, von denen Antoine de Montchrétien noch der bedeutendste ist, seinen Ruhm irgend zu trüben, endlich sollte aber doch sein gerade im Zenith stehende Stern vor neuen am dramatischen Himmel aufgehenden Gestirnen noch während seines Lebens erbleichen.

Schon das Erscheinen der Amours tragiques de Pyramus et

Thisbé des Théophile de Viau im Jahre 1617 bezeichnet einen ganz
außerordentlichen Erfolg. Dies hing mit dem Umschwunge zusammen,
welcher sich mit dem ersten Decennium des 17. Jahrhunderts in dem
gesellschaftlichen Tone der Kreise des höheren Lebens vollzogen hatte.
Trotz der von Italien kommenden Einflüsse hatten die Bürgerkriege,
welche Frankreich so lange verheerten, die Sitten verwildert, den
Geschmack vergröbert. Der Ton des gesellschaftlichen Lebens war ein
überwiegend rauher geworden. Mit Heinrich IV., welcher die Gewohn=
heiten des Lagers an den Hof gebracht hatte, hörte dieser letztere auf,
tonangebend zu sein. Selbst Maria von Medicis, obschon sie den
italienischen Einfluß begünstigte, besaß nicht den Geist und die persön=
liche Feinheit, um hierin eine wesentliche Besserung herbeizuführen.
Was aber weder sie, noch Anna von Oesterreich vermochte, das sollte
einer jungen Dame von seltenem Adel des Geistes und Herzens ge=
lingen, welche ihr Haus neben der Hofhaltung dieser Königinnen zu
einem Hofe des guten Geschmacks und des guten Tones zu machen
verstand.

Cathérine de Rambouillet war die Tochter des Jean
de Vivonne, Marquis de Pisani, eines der reichsten und angesehensten
französischen Cavaliere. Ihre Mutter entstammte dem alten römischen
Geschlecht der Savelli. Edelstes italienisches Blut war demnach
in ihr mit edelstem französischen gemischt, was ihrem sein gebildeten
Geist, der sich an den Dichtungen Tasso's, Montemayor's und Mal=
herbes geschult und berauscht hatte, die vorzüglichsten Eigenschaften
beider Nationen verlieh. 1588 geboren, wurde sie im Jahre 1600
im Alter von nur 12 Jahren dem Marquis von Rambouillet, Charles
d'Angennes, vermählt. Der am französischen Hofe herrschende Ton
stieß sie bald in einem Grade ab, daß sie nach der 1607 erfolgten
Geburt einer Tochter eine davon zurückbleibende Schwäche zum Anlaß
nahm, ihn völlig zu meiden, und sich ganz auf ihre Häuslichkeit
zurückzuziehen. Ihr Salon, in dem sie die ausgezeichnetsten Männer
und Frauen der Hauptstadt zu versammeln und festzuhalten verstand,
wurde sehr bald zum Mittelpunkte des geistigen Lebens und zum Aus=
gangspunkte eines neuen Geschmacks, einer neuen gesellschaftlichen
Bildung, welche mit reizvoller, zwangloser Natürlichkeit der geselligen
Unterhaltung geistiges Interesse, Feinheit der Empfindung und besonders
eine hohe Achtung vor der Natur und Würde des Weibes verband.

Der Abel des Herzens und des Geistes war hier gleichberechtigt mit dem der Geburt. — Die Bedeutung dieses gesellschaftlichen Kreises, welcher allmählich gesetzgeberisch nicht nur in den Dingen des Geschmacks, sondern selbst der Literatur wurde, sollte sich noch steigern, nachdem die Marquise das von ihrem Vater ererbte Palais Pisani in der Rue Thomas du Louvre in einer den Zwecken dieser Gesellschaft ent- sprechenden Weise nach ihren Plänen hatte umbauen und nach ihrem Geschmacke einrichten lassen, was in der Zeit von 1610—1617 geschah.*) In diesem, allseitige Bewunderung erregenden Gebäude, welches nun den Namen des Hôtel de Rambouillet erhielt,**) und von dem das Fräu- lein von Scudéry in dem Roman Cyrus eine enthusiastische Schilde- rung gegeben, war jeden Mittwoch in den Mittagsstunden großer Empfang, was den vertraulicheren Umgang mit den bevorzugten Freunden des Hauses an den übrigen Tagen nicht ausschloß. Fast alle berühmten Namen der Hauptstadt waren vertreten. Selbst die Prinzen des kö- niglichen Hauses, Conbé und Conti, und Mademoiselle de Bourbon kamen, dem guten Geschmack und der liebenswürdigen Marquise zu huldigen, sowie der geistigen Anregungen der Conrart, Gombauld, Scudéry, Chapelain, Racan, Maynard, besonders aber Malherbe's theilhaftig zu werden, welcher den Mittelpunkt dieses Kreises bildete, zu dessen Zierden besonders noch Mónage, Balzac und Voiture gehörten, wie auch das Fräulein von Rabutin=Chantal, spätere Frau von Sevigny und die damals noch unverheirathete, durch ihre Erzählungen berühmte Gräfin von Lafayette.

So sehr dieser Kreis aber auch eine schöne Natürlichkeit und Klar- heit in Leben, Sprache und Dichtung anstrebte, so wurde, wie dies der tonangebende Malherbe, noch mehr aber die enthusiastische Bewun- derung der Schäfer=Dichtungen Tasso's, Guarinis, Montemayors schon erwarten läßt, doch auf die Form ein zu großes Gewicht gelegt, daher der Einfluß, welchen derselbe auf die Literatur jener Tage ausübte, auch mehr auf die Form des sprachlichen Ausdrucks, als auf den Inhalt

*) Siehe über die Marquise und das Hôtel de Rambouillet: Victor Cousin, La société française au 17. siècle. Paris 1858. — Tallément des Reaux Histo- riettes, 3. éd. Paris 1854. — P. L. Roederer, Memoire pour servir à l'histoire de la société polie en France. Paris 1835. — Lotheissen, a. a. O.

**) Das alte Hôtel de Rambouillet wurde von Richelieu angekauft und in das Palais Cardinal verwandelt, das später den Namen Palais royal erhielt.

gerichtet war und den eigenthümlichen Charakter derselben mit fördern half, den Guizot in die Worte zusammenfaßt, „daß trotz der Mannich=faltigkeit, welche sie zeige, der Mangel an jeder wahren, tiefen Em=pfindung und an jener Inspiration, welche unmittelbar aus der Wirk=lichkeit geschöpft, sich erst in das Gebiet der Phantasie erhebt, ehe sie in die Verse des Dichters übergeht, ihr charakteristisches Merkmal sei"*).

Für eine solche Disposition des Geistes lag nichts so nahe, als wenn auch ganz wider Willen, eine künstliche und erkünstelte Natür=lichkeit an die Stelle der echten zu setzen und in einer gesuchten und verdunkelnden Bildlichkeit des Ausdrucks, in ein zierliches aber doch nur halb conventionelles, halb spitzfindiges Spiel mit Worten zu gerathen. Es kann daher auch nicht Wunder nehmen, daß eine Erscheinung wie d'Urfé's Astrée von der 1610 der erste Theil erschien**) und welche eine Art Revolution in den Empfindungen und Anschauungen der höheren Lebenskreise des ganzen gebildeten Europas herbeiführte, auch auf den Kreis des Hôtel de Rambouillet einen ganz berauschenden Ein=druck ausübte, noch daß ein Schriftsteller wie Marini, welcher 1615 von dem Italiener Concini, Marschall d'Ancre, dem erklärten Günst=ling der Königin Mutter, nach Paris berufen worden war und die Gunst der Lage trefflich auszubeuten verstand,***) auch von ihm mit Be=wunderung aufgenommen wurde, ja daß Affectation und Prüderie all=mählich, wenn auch in unmerklicher Weise in ihn eindrangen und den an=fänglichen Ehrennamen der Précieux und Précieuses endlich in einen

---

*) Guizot, Corneille et son temps. Paris 1858. S. 85.

**) 1616 folgte der zweite, 1620 der dritte, 1627 der vierte. Der fünfte Theil rührt von Balth. Baro, dem früheren Secretär d'Urfé's her, der ihn nach Aufzeichnungen dieses letzteren ausführte. Baro, 1600 zu Valencia geb., 1650 gest., hat auch eine ziemliche Zahl dramatischer Werke geschrieben und wurde später Mitglied der Academie.

***) Gleich als Marini seinen ersten Besuch bei Concini gemacht und dieser ihm beim Abschied gesagt hatte, sich 500 Goldthaler bei seinem Schatzmeister auszahlen zu lassen, ließ er sich statt ihrer 1000 geben. Teufel! sagte Concini bei seiner nächsten Begegnung mit ihm, welch ein Neapolitaner ihr seid. Excellenz können sich gratuliren, erwiderte Marini, daß ich nicht 3000 verlangt habe. Ich verstehe das Französische nicht. — Obwohl der Marschall im nächsten Jahre ermordet wurde, wußte sich Marini doch in der Gunst der Königin Wittwe zu halten und kehrte erst 1622 nach Italien zurück. Siehe über diese Verhältnisse Chasles. Le Marino, sa vie et son influence in La France, l'Espagne et l'Italia. Paris 1877.

Spottnamen verwandelten, was freilich erst unter dem Einfluß der
kleineren Nebenkreise geschah, welche den Ton des Hôtel Rambouillet
nachahmten und ihn dabei übertreibend carrikirten. Der Marinismus,
in dem spanischer und italienischer Geist sich mischte, kam rasch in
Frankreich in Aufnahme, er wurde eine Sache der Mode, wie ihn ja
Chapelain ausdrücklich in dem spanischen Dichter Gongora empfahl.
Der Erfolg von Theophile's Pyrame et Thisbé beruht wesentlich mit
auf ihm, da dieser ihn hier zuerst auf das französische Drama übertrug.

Théophile de Biau wurde 1590 zu Clérac geboren. Einer alten
Hugenottenfamilie angehörend, hoffte er sein Glück in Paris bei Hein=
rich IV. zu machen und wurde von diesem auch freundlich aufgenommen,
doch bereitete die Ermordung desselben diesem aussichtsreichen Verhält=
nisse zu bald nur ein Ende, da Biau sich Concini nicht anschließen mochte.
Er fand jedoch einen Rückhalt an dem lebenslustigen Herzog Henry
de Montmorency. Ein freundschaftliches Verhältniß zu Balzac, mit
dem er damals eine Reise nach den Niederlanden unternahm, hatte
gleichfalls nur kurze Dauer. Nach Concini's Tode näherte er sich
wieder dem Hofe. Der freie antikirchliche Ton, den er in der Unter=
haltung und in seinen Satiren anschlug, zog ihm jedoch Verfolgungen
zu, gegen die selbst der Herzog ihn nicht immer zu schützen vermochte, so
daß er im Jahre 1619, um sich zu retten, ins Ausland fliehen und um
später zurückkehren zu können, wie man behauptet, den calvinistischen
Glauben abschwören mußte. (?) Im Hause Montmorency's hatte er
auch den Dichter Jean Mairet kennen gelernt, mit dem ihn bald die
engste Freundschaft verband. 1623 wurde er wegen einer Sammlung
anstößiger Gedichte, die unter dem Namen Le parnasse satirique*) du
Sieur Théophile erschienen war, von der ihm aber nur einige wenige
Stücke angehörten, des Atheismus beschuldigt, zum Feuertode verur=
theilt, in effigie verbrannt, kurze Zeit später auch selber ergriffen und
zwei Jahre gefangen gehalten. Seine Vertheidigungsschriften hatten
wenigstens eine Milderung des Urtheilsspruches zur Folge, der nun
auf Verbannung lautete. Théophile's Gesundheit war aber erschüt=
tert, so daß er bereits im nächsten Jahre, 25. September 1626, im
Palast seiner Schützers und Freundes, des Herzogs von Montmo=
rency, starb. Théophile war eine edle, freimüthige Natur, treu,

---

*) Sie erlebte mehr als zehn Auflagen.

kühn, furchtlos, phantasievoll und abenteuerlich. Er fiel der kirch=
lichen Reaction zum Opfer, der es auch gelang, das Bild dieses
Mannes zu fälschen, der zu den interessantesten Persönlichkeiten der
Zeit gehört.*)

Sein vorgenanntes Trauerspiel, welches wahrscheinlich 1617 zum
ersten Male auf dem Theater du Marais gespielt wurde und vielleicht
auf dieses die Aufmerksamkeit der vornehmen Welt zuerst hingelenkt
hat, behandelt einen ähnlichen Stoff wie Shakespeare's Romeo und
Julia, aber die große, in ihrer Heftigkeit sich selber verzehrende Leiden=
schaft des britischen Dichters erscheint hier ins schäferlich Schmachtende
und Gekünstelte und dabei Platte herabgezogen. Dramatisch und selbst
theatralisch ist dieses Stück in der That von geringerem Werth als
die Hardy'schen Dramen, aber die Rohheit des Ausdrucks ist hier
verschwunden, die Plattheit gemildert. Die Sprache strebt nach ge=
wählter Feinheit und erreicht sie zum Theil. Die Empfindung ist,
wenn auch gekünstelter, jedenfalls edler. Im Uebrigen erklärt sich
der Erfolg**) dieser Dichtung nur aus der Moderichtung und der
eigenthümlichen geistigen Atmosphäre der Zeit, denen sie entsprach
und die sie in bestimmter Weise zum Ausdruck brachte.

Epochemachender noch war eine andere Erscheinung. Das Schäfer=
drama Les bergeries ou Arténice von dem Marquis de Racan
(1618), welches, wie es den Schäfernamen der Marquise von Ram=
bouillet trug, auch vorzugsweise die in ihrem Kreise herrschenden An=
schauungen poetisch verherrlichen wollte und daher von diesem, dem
Racan ja selbst angehörte, auch mächtig gefördert wurde.

Honoret de Bueil, Marquis de Racan***) wurde 1589 zu
Schloß Roche=Racan in der Tourraine geboren. Er hatte zwar nicht
studirt, die Bekanntschaft Malherbe's weckte jedoch das in ihm
schlummernde poetische Talent, welches ihn in die literarische Laufbahn
riß. Malherbe schätzte von seinen Schülern Maynard als denjenigen,
welcher die meiste Durchbildung hatte, Racan aber als den, welchem
die größere poetische Kraft innewohnte. Boileau stellte ihn als lyrischen
Dichter sogar noch über Malherbe; auch gehörte er später zu den
ersten Mitgliedern der Academie. Er starb 1670 zu Paris.

---

*) Siehe über ihn: Chasles, a. a. O.
**) Beauchamps giebt von 1621—56 fünf verschiedene Ausgaben an.
***) Parfait, a. a. O. IV. 309. — Tallémant des Reaux. Paris 1834. II. 127.

Trotz all ihrem Ruhm und all ihren Erfolgen*) hat die Ber=
gerie des Racan nur einen sehr geringen dramatischen Werth und
wenn man zu ihrer Zeit die Sprache als eine besonders gesunde und
angemessene rühmte, so beweist dies nur wie sehr sich die damalige
gebildete Welt der Natur entfremdet hatte, womit nicht in Abrede ge=
stellt werden soll, daß diese Dichtung nicht auch Stellen von wahrer
und tiefer Empfindung enthält.

Der Erfolg derselben drängte ein ganzes Decennium die Tra=
gödie in den Hintergrund und erst durch den Cid wurde der in
ihr herrschende, durch die Romane Montemayor's und d'Urfé's in die
Mode gebrachte Geschmack von der Bühne wieder verscheucht. Doch
halte ich die Behauptung Eberts**) für zu weitgehend, daß seit
ihrem Erscheinen bis zu Mairet's Sophonisbe kein Trauerspiel mehr
gespielt worden sei, als ausnahmsweise Theophile's Pyrame et Thisbé
und einige der älteren Tragödien Hardy's. Es ist vielmehr mit
Sicherheit anzunehmen, daß Hardy mindestens bis zum Jahre 1628
für die Bühne thätig blieb und seine Stücke auch noch nach seinem
Tode gespielt wurden, da es z. B. in der Comédie des Comédiens
des Scudéry vom Jahre 1635 auf die Frage: „Quelles pièces avez-
vous?" heißt: „Toutes celles de feu Hardy." Auch würde Corneille sich sonst schwerlich noch 1630 auf ihn als sein Muster be=
rufen haben. Beauchamps und Gebrüder Parfait machen aber außer=
dem noch eine ziemliche Zahl in diese Zeit fallender Tragödien und
Tragikomödien namhaft, unter deren Verfassern sich die Namen
Montchrestien, Gelardon, Gibois, Bellone, Toustain, Costignon,
Mamefray, Mairet, Troterel, Borée, de la Croix, Rotrou, Auvray
befinden.

Unter den Pastoraldichtern des Zeitraums zeichnen sich Mairet
durch seine Silvie (1621) und Silvanire (1625), Gombauld durch
seine Amaranthe (1625), De la Croix durch seine Climène (1628),
Pichou durch Les folies de Cardenis (1629, nach Cervantes), Du Cros
durch die Uebersetzung des Bonarelli'schen Fillis de Scire (1629;
(auch Pichou lieferte 1630 eine Uebersetzung davon, die viel Aufsehen

---

*) Beauchamps giebt von 1625 bis 1698 7 Ausgaben an. Auch sagt er,
daß Racan in der Arténice eine Dame aus Termes, Cathérine Chabot, verherrlicht habe.

**) A. a. O. S. 199.

erregte), Ranssiguier durch Les amours d'Astrée et de Céladon
(1630) und Baro durch seine Cloris aus. Von ihnen allen kann
hier aber nur Mairet eine kurze Betrachtung zu Theil werden.

Jean de Mairet oder Mayret[*]), einer alten, streng katho=
lischen Familie Westphalens entstammend, wurde am 4. Januar 1604
zu Besançon geboren, das damals noch nicht zu Frankreich gehörte,
wohin sich aber sein Großvater vor dem in seine Heimath eindringen=
den Protestantismus geflüchtet hatte. Jean verlor frühe Vater und
Mutter und wurde hierdurch in seinen Studien unterbrochen, die er
jedoch später im Collège des Grassins zu Paris wieder aufnahm.
Unter dem Einflusse Theophile's de Biau, mit welchem er näher
bekannt ward, schrieb er im Alter von nur erst 16 Jahren die Tragi=
komödie Chriséide et Arimand, in welcher er einen der Asträa ent=
nommenen Stoff behandelte und den schäferlichen Ton in die Tragödie
einführte. 1621 folgte dann La Silvie, 1625 La Silvanire, 1627
das Lustspiel Les galanteriers du duc d'Ossone, 1628 die Virginie
und 1629 sein Meisterwerk Sophonisbe.[**]) — Im Jahre 1625 hatte
Mairet sich dem Großadmiral Herzog von Montmorency, auf dessen
Zug gegen den Herzog von Soubise angeschlossen, sich auch durch
Tapferkeit ausgezeichnet, so daß er nach beendetem Feldzug in das
Gefolge desselben aufgenommen wurde. Richelieu, dem er mittlerweile
auch bekannt worden war, ließ ihm die zwischen ihm und Montmorency
ausgebrochene Feindseligkeit nicht entgelten. Er nahm ihn nach dessen
Tode in seine Dienste auf. Der Streit, in den Mairet später mit
Corneille gerieth und in dem er keine glückliche Rolle gespielt hat,
verleidete ihm Paris und die Bühne. Die im Jahre 1637 zur Auf=
führung gekommene Sidonie war sein letztes dramatisches Werk. Nur
kurze Zeit später zog er sich nach Maine zurück, wo er sich 1648
verheirathete und dann nach Besançon übersiedelte. Hier widmete er
sich den Angelegenheiten seines Landes, was ihn zu verschiedenen

---

[*]) Parfait, Gebr., a. a. O. IV. S. 338. — Gaston Bizos, Etude sur la
vie et les oeuvres de Jean de Mairet. Paris 1877. — Lotheissen, a. a. O. I.
S. 327. — Ebert, a. a. O. S. 206.

[**]) Im Druck erschien die Sylvie 1629 und erlebte bis 1681 sechs Auflagen;
La Silvanire 1631, Virginie 1635, Les galanteries 1636, Sophonisbe 1655 (?).
Ihr folgten noch 6 Stücke, die in der Gesammtausgabe der Dramen von 1650,
Paris. 3 Bde., enthalten sind.

Malen in diplomatischen Sendungen nach Paris führte, wo er vom Jahre 1659 aufs Neue für längere Zeit seinen Wohnsitz nahm. Erst 1668 zog er sich wieder nach seinem Geburtsort zurück, in dem er zwei Jahre später verschied.

Man hat gesagt, daß Chapelain einer der ersten Gelehrten gewesen sei, welcher die Lehre, die Dauer der dramatischen Handlung dürfe vier und zwanzig Stunden nicht überschreiten, in Frankreich aufgestellt und insbesondere Mairet bestimmt habe, dieselbe praktisch in Anwendung zu bringen, was dann in dessen Sophonisbe geschehen sei.*) Indessen ist andrerseits schon darauf hingewiesen worden, daß Mairet diese Regel bereits früher kannte, da er in seiner Vorrede zur Silvanire erklärt, letztere auf Anregung des Grafen Carmail und des Cardinals de la Valette geschrieben zu haben, welche ihn aufgefordert hätten, eine Pastorale zu dichten, bei welcher die Regeln der italienischen Dramatiker genau beobachtet wären. Mairet, ohne Chapelain's hierbei im geringsten zu erwähnen, nimmt vielmehr die Miene an, als ob er die Regeln der Einheit von Ort und Zeit erst selbst von den Werken der Italiener und Griechen abgeleitet habe und ist nicht wenig stolz darauf, ihnen in seiner Dichtung so völlig entsprochen zu haben, daß die Handlung derselben mit dem Morgen des einen Tages beginne und mit dem des folgenden schließe. Auch enthalte sie die vier wesentlichen Theile, aus denen nach den alten Grammatikern jedes der uns bekannten Werke des Terenz bestehe, nämlich den Prolog, die Prothese, die Epithese und die Katastrophe. Allein um wie vieles früher die Regel der 24 Stunden in Frankreich schon aufgestellt worden war, beweist u. A. die Art poétique des Vauquelin de la Fresnay (Caen 1605), in welcher es heißt:

> Le théâtre jamais ne doit être rempli
> D'un argument plus long que d'un jour accompli.

Vielleicht nicht so bestimmt formulirt, lag überhaupt schon den frühesten Versuchen der Franzosen, die Alten und die Italiener im Drama nachzuahmen, die Lehre von den Einheiten zu Grunde, nur

---

*) D'Olivet, welcher die Pelisson'sche Geschichte der französischen Academie fortgesetzt hat, berichtet sogar, daß Chapelain unmittelbar nach einer Conferenz beim Cardinal Richelieu, in der er die Nothwendigkeit der drei Einheiten bewiesen, eine Pension von 1000 Ecus von diesem ausgesetzt worden sei.

daß sie gleich von Beginn selbst noch von solchen Dichtern, sei es aus Ungeschicklichkeit und Leichtfertigkeit oder absichtlich verletzt wurde, von denen man die Kenntniß derselben gerade erwarten durfte. So klagt bereits Jacques Grévin um 1661 über die groben Fehler, die man sich täglich bei den Spielen der Universität zu Paris zu Schulden kommen lasse, die statt Muster für jede Art der Vervollkommnung in den Wissenschaften zu sein, in der Manier der herumziehenden Comö=dianten bluttriefende Stücke zur Darstellung brächten, welche oft zwei oder drei Monate umfaßten.

Der Erfolg der Silvie und der Silvanire war ein ganz außer=ordentlicher, obschon Mairet die besten Werke der Italiener in dieser Gattung, ja selbst die Bergerie Racan's damit nicht erreichte, welche sie in Bezug auf Geschmack, Adel der Empfindung und Anmuth des sprachlichen Ausdrucks doch so weit überragt. Konnten von ihr Gebrüder Parfait doch sagen, daß sie durch edle Einfachheit der Gedanken und durch Correctheit und Eleganz der Sprache sich wie ein Werk ausnehme, das erst um die Mitte des 17. Jahrhunderts geschrieben worden sei. Auch Les galanteries du duc d'Ossone sind heute fast nur durch das im Jahre 1635 geschriebene Vorwort wichtig, insofern eine Stelle desselben den damaligen Zustand der Bühne, der gesellschaftlichen Sitten und des Geschmacks, sowie den Entwicklungsgrad des damaligen Lustspiels beleuchtet. Obschon es nämlich in dieser Stelle heißt, daß das Theater jetzt so viel von seiner früheren Rohheit verloren habe, um ehrbaren Frauen den Besuch desselben ebenso unbedenklich erschei=nen zu lassen, wie den des Gartens des Luxembourg, enthält es doch eine Scene in welcher ein Cavalier, ein nächtliches Rendezvous bei einer Schönen suchend, in deren Bette ein andres ihr zur Wächterin gestelltes Mädchen findet, die Stelle der inzwischen einem Liebesabenteuer nachgegangenen Schönen dort einnimmt, dem die erwachende Schläferin aufs Gefügigste zustimmt, ihm einzig empfehlend, hübsch verständig zu sein; worauf sich der Vorhang, dieser Verständigkeit freien Spiel=raum zu geben, gutmüthig schließt. Daß derartige Scenen nicht ver=einzelt standen, beweisen die etwas späteren Stücke La bague de l'oubli von Rotrou und der Clintandre Corneille's.

Das Lustspiel war seit Larivey von den gelehrten Dichtern nur wenig angebaut worden. Man wird in den Verzeichnissen der drama=tischen Werke der ersten drei Decennien des 17. Jahrhunderts nur

selten einem reinen Lustspiel begegnen. Unter den 41 erhalten ge=
bliebenen Stücken Hardy's befindet sich auch nicht ein einziges. Nicht
nur das Volk, auch die Vornehmen hielten an den alten Farcen und
Possen und an den durch die Italiener in Aufnahme gekommenen
Stegreifspielen fest. Heinrich IV. ließ sich zu seiner Kurzweil die
Possenreißer des Hôtel de Bourgogne und des Théâtre du Marais
in sein Cabinet kommen. Auch Richelieu fand noch an diesen Späßen
Gefallen. Wozu dann noch kam, daß die Poetik des Aristoteles,
welche nun einmal den Gebildeten der Zeit als ästhetisches Evangelium
galt, über das Lustspiel nur einige wenige Bemerkungen enthielt. So
waren denn die Theater neben den gezierten und affectirten Bergeries
und den bei aller Plattheit gespreizten Tragödien und Tragicomödien
immer noch hauptsächlich von Farcen und Possenreißereien erfüllt, die
sich wohl kaum über die früheren erhoben, aber mittelst der nach dieser
Richtung hin durch den Einfluß der Italiener außerordentlich entwickel=
ten Schauspielkunst mit einem gewissen Recht Gefallen erregen konnten.*)

Einen epochemachenden Erfolg erzielte Mairet nur noch mit seiner
Sophonisbe. Derselbe beruhte aber nicht nur auf der darin beobach=
teten Regelmäßigkeit. Das Stück erhob sich durch eine edle Sprache
und eine höhere Behandlung der Leidenschaften und Charaktere wirklich
über die bis jetzt erschienenen Tragödien der Zeit, wenn es auch
Trissino's Dichtung noch entfernt nicht erreichte. Dabei macht sich ein
entschiedeneres Streben nach Composition und dramatischer Gliederung
und eine freiere, künstlerischeren Zwecken entsprechende Auffassung des
Stoffes bemerkbar; obwohl es möglich ist, daß Mairet zu letzterem nur
durch die Absicht bestimmt wurde, soviel wie möglich von Trissino's Dar=
stellung, der sich ängstlich an den historischen Stoff gebunden hatte, ab=
zuweichen, um originell zu erscheinen. Er folgte dem Berichte Appian's,
welcher dem Ehebunde der Sophonisbe mit Syphax ein Verlöbniß mit
Masinissa vorausgehen läßt, an dessen Vollziehung dieser durch die Po=
litik Karthago's gehindert worden. Syphax bleibt bei Mairet in der
Schlacht, so daß Sophonisbe zwar unmittelbar nach seinem Tode, aber
doch erst nach diesem, ihrem früheren Verlobten zum neuen Bunde
die Hand reicht. Es ist keine Frage, daß Mairet seine Heldin hier=
durch dem tragischen Mitleid um Vieles näher gerückt hat. Sein

---

*) Man findet einige dieser Farcen bei Gebrüder Parfait mitgetheilt.

Stück wurde selbst neben den Meisterwerken des Corneille noch lange geschätzt. Auch unterlag dieser, als er 1663 denselben Stoff behandelt hatte. Mairet, der damals wieder in Paris lebte und sich mit ihm wieder ausgesöhnt hatte, wurde hierdurch aufs Tiefste erregt und verletzt; es waren ihm neue Waffen gegen den alten Gegner in die Hände geliefert, was Corneille wahrscheinlich veranlaßte, sich im Vorwort zu seiner Sophonisbe zu entschuldigen, diesen Stoff nochmals behandelt zu haben, der, wie er wohlwisse, Mairet die Unsterblichkeit sichere.

Das Erscheinungsjahr der Mairet'schen Sophonisbe ist eins der denkwürdigsten in der Geschichte des französischen Dramas. In ihm wurde der erste Grund zur Bildung der französischen Academie gelegt, in ihm, das vielleicht auch das Todesjahr Hardy's ist, betrat neben verschiedenen andren Autoren, der große Corneille zum ersten Mal die französische Bühne.

III.

Pierre Corneille und die zeitgenössischen Dramatiker bis Racine.

Pierre Corneille. — Erstes Debut. — Das Gesetz der drei Einheiten. — Der Cid. — Scudéry's Angriffe. — Gründung der französischen Academie. — Urtheil derselben über den Cid. — Richelieu's Verhalten dabei. — Sein Verhältniß zu Corneille. — Verhältniß des Cid zu den Dichtungen Guillen de Castro's und Diamante's. — Charakter der Corneille'schen Tragödie. — Ihre Schwächen und Vorzüge. — Corneille's Compositionsweise; sein Pathos, seine Charakteristik. — Horace und Cinna. — Einfluß der Theorie auf Corneille's Dichtung. — Polyeucte. — Verhältniß Corneille's zum spanischen und altclassischen Drama. — Corneille's Größe und nationale Bedeutung. — La mort de Pompée; Le Menteur; Rodogane; Lessings Beurtheilung der letzteren. — Eintritt in die Academie und theilweise Uebersiedelung nach Paris. — Charakteristik von Corneille's Persönlichkeit. Héraclius; Andromède; Don Sanche d'Aragon; Nicomède. — Die Bewunderung als tragisches Princip. — Erster Rücktritt vom Theater. — Wiederaufnahme der dramatischen Thätigkeit. — Sophonisbe. — Neue literarische Fehden. — Corneille's dramaturgische und kritische Abhandlungen. — Verhältniß zu Molière und Racine. — Sinken der poetischen Kraft. — Rücktritt vom Theater und Tod. — Rotrou. Boisrobert. Duville. Colletet. — Richelieu. — Desmarets. Scudéry. Ryer. Calprenède. Tristan l'Hermite. Mesnadière. Aubignac. Benserade. Thomas Corneille. Scarron. Quinault.

Die großen Entwicklungsepochen der dramatischen Poesie sind immer von dem einzelnen dichterischen Genius, zugleich aber auch von

dem Verhältniſſe desſelben zur Bühne ausgegangen und von beiden
beſtimmt worden. Immer wurde aber dieſe hierbei mit emporgehoben.
Dies war auch bei Corneille der Fall, der ganz unmittelbar für die
Bühne dichtete, deren Zuſtand dabei feſt in's Auge faßte, bei ſeinen
erſten Werken mehr den Bühnendichter Hardy, als irgend einen der
claſſiſchen und gelehrten Dichter zum Vorbilde nahm, ſich aber ebenſo
wenig den Unterſuchungen über das Weſen des Dramas verſchloß,
nicht um den Ergebniſſen derſelben blindlings zu folgen, ſondern mit
freiem Geiſt und Urtheil ſich dasjenige davon anzueignen, was er
darin als wahr und brauchbar erkannte.

Pierre Corneille*) entſtammte einer angeſehenen Familie der
Normandie. Er wurde am 6. Juni 1606 zu Rouen geboren, wo
ſein Vater Avocat du roi à la table de marbre de Normandie
und maître du particulier des eaux et forêts war. Seine Mutter,
Marthe le Peſant des Boisguilbert, war die Tochter eines maître
des comptes. Für die geiſtliche Laufbahn beſtimmt, erhielt er ſeine
Erziehung in Rouen bei den Jeſuiten. Nach beendeten Studien wählte
er gleichwohl den Beruf ſeines Vaters und trat 1627 in den Advo-
catenſtand ein. Corneille ſagt ſelbſt, daß ihn die Liebe zum Dichter gemacht und Fontenelle hat einer Anecdote den Schein der Wahrheit gegeben, nach welcher er in ſeiner Mélite ein Ereigniß ſeines Lebens
geſchildert haben ſoll. Dies widerſpricht jedoch der Thatſache, daß die
erſte und einzige Liebe ſeiner Jugend, der er nach ſeiner eigenen
Verſicherung bis zu ſeiner ſpäten Verheirathung treu geblieben zu ſein
ſcheint, inſofern eine unglückliche war, als ihr vergötterter Gegenſtand,
die ſpätere Madame Dupont, die Frau eines andern, eines Maître
des comptes wurde, ihn aber immer eine treue Freundſchaft bewahrt
haben muß, da er faſt alle ſeine Arbeiten vor der Veröffentlichung
ihrem Urtheile vorlegte, dem er, nach ſeinem eigenen Bekenntniſſe,

---

*) Fontenelle, der Neffe Corneille's, Vie de Corneille T. II. Oeuvres de
Fontenelle. Paris 1818. Auch in der mir vorliegenden Voltaire'ſchen Ausgabe
des Théâtre de Corneille, Paris 1774, enthalten. — Parfait, a. a. O. V. S. 294. —
La Harpe a. a. O. T. IV. u. V. — Taschereau, Histoire de la vie de Corneille
Paris 1829. — Villemain, Cours de littérature du 17. siècle. Paris 1829. — Guizot,
Corneille et son temps Paris 1852. — Nisard, Histoire de la littérature fran-
çaise. III. Ed. 1863. II. p. 97. — St. Beuve, Portraits littéraires. Nouv. édition.
Paris 1876. I. p. 29. — Lotheiſſen, a. a. O. II. Bd.

vieles verdankte. Auch sonst sieht der in der Mélite geschilderte Vor=
fall dem sittlichen, treuen Corneille nicht eben ähnlich. Nach ihm
würde ihn einer seiner Freunde bei seiner Geliebten eingeführt haben, da=
mit er deren Schönheit bewundere, welchem Verlangen er jedoch in solchem
Umfange entsprochen hätte, daß er sich selbst an die Stelle desselben gesetzt.
Wenn ihm in diesem Lustspiele von schäferhaftem Inhalt die Liebe die
Feder geführt, so hat ohne Zweifel die in ihm inzwischen erwachte
Neigung für das Theater das ihre doch ebenfalls beigetragen.

Ich habe erwähnt, daß die Gesellschaft des Theater du Marais
zuweilen auch in Rouen spielte. Dies geschah wahrscheinlich jetzt um
so öfter, weil zu dieser Zeit die Spiele im Theater du Marais wegen
Mangels an Besuch unterbrochen gewesen sein müssen.*) Es heißt,
daß Mondory, der Director einer Gesellschaft, die damals in Rouen
spielte und wahrscheinlich die des Theaters du Marais war, die Mélite
von Corneille empfangen, aber für Paris aufgespart habe, wohin er
sich eben zu wenden entschlossen war und wo sie 1629**) an diesem·
Theater mit größtem Erfolge zur Darstellung kam. Corneille selbst
sagt in seinem Examen de Mélite, der Erfolg sei ein so großer ge=
wesen, daß er die neue Schauspielergesellschaft, die dieses Stück ge=
geben, bestimmt habe, sich in Paris niederzulassen, trotz der Verdienste
derjenigen, welche bisher hier allein gespielt hatte.

Corneille hat in seinem Examen die Fehler des Stücks sehr frei=
müthig hervorgehoben. Er bekennt, damals sehr nachsichtig beurtheilt
worden zu sein, da die Motive schwach, die Schürzung und Lösung

---

*) Die Darstellung der Histoire de la ville de Paris, nach welcher die
Schauspieler des Hôtel du Marais sich aus diesem Grunde mit denen des Hôtel
de Bourgogne vereinigt hätten, ist mindestens ungenau. Möglich, daß einzelne
Darsteller des Marais damals zum Théâtre de l'hôtel de Bourgogne übergingen,
doch begab sich die übrige Gesellschaft wahrscheinlich in die Provinz. Jedenfalls
ist es unrichtig, daß die Mélite zuerst auf dem Theater des Hôtel de Bourgogne
gespielt worden sei und ihr Erfolg eine Theilung der Gesellschaft veranlaßt habe.
Vielmehr trat eine Gesellschaft, an deren Spitze Mondory stand, mit diesem Stück
von Rouen kommend, wieder im Marais auf, gleichviel ob diese Gesellschaft die
frühere war oder nicht.

**) Fontenelle sagt zwar 1625, aber Gebrüder Parfait haben das Irrige
dieser Annahme dargethan. Wie würde auch Corneille nach einem solchen Er=
folge sieben Jahre für die Bühne unthätig geblieben sein können? — Als ersten
Druck giebt Beauchamps den von 1633 an.

der Verwicklung aber mangelhaft wären. Wenn er gegen die Regeln ge=
fehlt, so sei das daraus erklärbar, daß er sie noch gar nicht gekannt,
und wenn er einige derselben gleichwohl befolgt zu haben scheine, so
habe er dies dem Bischen gesunden Verstand (bon sens) zu danken,
der ihn bei seiner Arbeit geleitet. „Er ließ mich die Einheit der Hand=
lung finden, welche durch eine einzige Intrigue die Zerwürfnisse von
vier Liebenden herbeiführt, er gab mir einen natürlichen Widerwillen
gegen die abscheuliche Verwirrung ein, welche die Vorgänge eines ein=
zigen Stücks zugleich nach Paris, Rom und Constantinopel verlegt,
so daß ich die des meinigen sich in einer einzigen Stadt ereignen ließ.“
Den Erfolg erklärt er aus der Neuheit seiner Behandlungsweise und
aus der Naivetät seines Stils. Man hatte bisher keine andere Art
des Komischen gekannt, als dasjenige, welches aus der burlesken Ueber=
treibung der äußeren Erscheinung der Charaktere und aus possenhaften
Späßen, Witzen und Zoten entsprang. Corneille entwickelte es dagegen
aus den Verirrungen des menschlichen Herzens. Er führte Charaktere
vor, die über dem geistigen Niveau selbst noch des römischen Lustspiels
standen und bediente sich der Sprache der guten Gesellschaft, die er
jedoch von dem Gezierten und Schwülstigen reinigte und auf eine
edlere Natürlichkeit zurückführte. Auf der einfachen Natürlichkeit des
Empfindungsausdrucks, welche diese Dichtung vor allen andren gleich=
zeitigen Dramen auszeichnet, beruhte wohl hauptsächlich der Zauber,
welchen sie ausübte, wenn heute auch selbst noch in ihr vieles allzu
reflectirt und gesucht erscheinen mag.

Als Corneille fast drei Jahre später mit seinem Clitandre hervor=
trat, hatte er sich die Regeln des Dramas bereits zu eigen gemacht.
Er hatte ihnen in diesem Stücke völlig entsprechen wollen, wohl um
den Einwürfen vorzubeugen, die sich gegen seine Mélite erhoben
hatten, nicht aber, wie es in seinem Examen des Stücks nachträglich
heißt, um zu zeigen, daß man in dem Zeitraum von 24 Stunden eine
Menge Ereignisse zusammenhäufen, in einem erhabneren Ton vor=
tragen und auch den Schauspielern gerecht werden könne, welche,
wie später die Sänger Arien, recht viel Monologe und lange Reden
zu haben wünschten, ohne daß das Ganze trotz alledem etwas zu
taugen brauche, was ihm trefflich gelungen sei. Er sagte dies sicherlich
nur, um die Niederlage des Stücks zu bemänteln. Dagegen mag es
ihm damals noch Ernst mit der Versicherung gewesen sein, daß, wenn

auch in diesem Stück die Handlung der Regel von den 24 Stunden
angepaßt erscheine, er deshalb noch keineswegs entschlossen sei, sich hieran
für die Zukunft zu binden. „Einige schwören heute auf diese Regel,
andere mißachten sie. Was mich betrifft, so habe ich nur zeigen
wollen, daß wenn ich sie doch einmal nicht beobachten sollte, dies nicht
aus Mangel an Kenntniß derselben geschieht." Er protestirt hier über=
haupt gegen die Unfehlbarkeit der Regeln der Alten, weil er nicht einzu=
sehen vermöge, warum die heutigen Dichter sich nicht ebenso gut Regeln
aufstellen könnten, wie sie. „Da die Wissenschaften und Künste niemals
beschlossen sind, so muß es erlaubt sein, zu glauben, daß die Alten
noch nicht Alles gewußt und man aus ihren eigenen Lehren noch
Schlüsse zu ziehen vermag, die sie nicht kannten. Ich achte sie als
diejenigen, die uns die Wege gebahnt, und nachdem sie ein noch un=
cultivirtes Land entdeckt, es uns überlassen haben, es zu bebauen. Ich
schätze aber auch die Neuen, ohne auf sie eifersüchtig zu sein, und
werde das, was sie auf Grund der Erkenntniß und nach einigen ab=
gelernten Regeln gemacht haben, niemals für ein bloßes Produkt der
Willkür ausgeben."

Corneille hatte den Clitandre als Tragikomödie bezeichnet. Es
ist aus den Benennungen, die er seinen verschiedenen Dramen gegeben,
aber schwer zu erkennen, was er darunter verstand. Fontenelle sagt,
daß es ein gemischtes Genre von Ernstem und Heiterem gewesen sei.
Oft habe man aber auch ganz ernsten Stücken diesen Namen gegeben
falls nur der Ausgang ein glücklicher war. Das letzte war Corneille's
Fall aber nicht, dessen von ihm als Tragödien bezeichnete Stücke
meist von glücklichem Ausgang sind. Endlich seien auch Dramen
deren Gegenstand ganz erfunden und romantisch, gleichviel welchen
Ausgang sie nahmen, als Tragikomödien bezeichnet worden. Der Be=
griff war daher also noch immer ein schwankender, daher der Clitan=
dre in einer späteren Ausgabe (1663) auch wieder als Tragödie be=
zeichnet werden konnte.

Das Jahr 1633 brachte La veuve. Corneille stellte hier ein
neues Princip in Bezug auf die Zeit auf, nach welchem ein jeder
Act keinen wesentlich längeren Zeitraum umschließen sollte, als den,
welchen die Darstellung in Anspruch nimmt, wohl aber jeder Akt an einem
verschiedenen Tag stattfinden konnte. Er hat sich dieses Princips,
zwar mehrfach bedient, es aber zuletzt, wie seine Abhandlungen über

das Drama beweisen, doch wieder fallen gelassen. Er erklärt, mit dieser Auffassung keine Verachtung des Alterthums an den Tag legen zu wollen. Da man aber alte Schönheiten nur ungern heirathe, so glaube er genug zu thun, wenn er ihre Gesetze blos da befolge, wo es ihm gut scheine.

Obschon diese vorgenannten Stücke uns heute recht schwächlich vorkommen, so war doch schon damals Corneille's Ruf dem aller anderen Dramatikern der Zeit weit überlegen. Dies hatte die Eifersucht derselben bis jetzt aber nur wenig erregt. Vielmehr trugen sie selbst durch die Widmungen, welche sie nach der Sitte der Zeit seinen Dramen vordrucken ließen, zu seinem Ruhme noch bei. Nur in den folgenden Worten Rotrou's, seines selbstlosesten Freundes, läßt sich davon schon jetzt ein, wenn auch noch ganz ungefährliches Symptom erkennen:

> Que par toute la France on parle de ton nom
> Et qu'il n'est plus estime égale à ton renom,
> Depuis ma muse tremble et n'est plus si hardie
> Une jalouse peur l'a longtems refroidie.
> Et depuis, cher Rival, je serais rebuté
> De ce bruit specieux dont Paris m'a flatté
> Si ce grand Cardinal — — —
> La gloire où je prétens est l'honneur de lui plaire
> Et lui seul reveillant mon génie endormi,
> Mais la gloire n'est pas de ces chastes maitresses
> Qui n'osent en deux lieux repandre leurs caresses.
> Cet objet de nos voeux nous peut obliger tous
> Et faire mille amans, sans en faire un jaloux.

Viel trug hierzu bei, daß Corneille sich bisher fast nur auf dem Gebiete des Lustspiels bewegt und mit seiner einzigen Tragödie eine Niederlage erlitten hatte, sowie daß er nur vorübergehend in Paris war, daher auch der Erfolg seiner Galérie ou l'amie rivale, seiner Suivante und seiner Place royale, die sämmtlich 1634 gedichtet sein müssen, von denen aber die letzte erst 1635 auf der Bühne erschien, an diesen Verhältnissen nichts änderte. Zu dieser Zeit sehen wir Corneille unter den von Cardinal Richelieu in Gunst genommenen fünf Dichtern, denen dieser die Ausführung seiner dramatischen Entwürfe übertrug, so daß jeder von ihnen einen Act jedes Stücks zu liefern hatte, — ein Verfahren, das schon allein für die geringe Kenntniß zeugt,

welche der berühmte Staatsmann von der Natur und dem Wesen der
Dichtung und von der Bedeutung der künstlerischen Individualität im
Kunstwerk, insbesondere im Drama, hatte und das wohl überhaupt
einzig in der Geschichte des Dramas dasteht. Denn die aus den
Compagniefabriken, denen wir weiterhin noch zu begegnen haben, her=
vorgegangenen Stücke beruhten theils auf einem wesentlich andren
Verfahren, theils traten sie nicht mit solchem künstlerischen Anspruche
auf. Taschereau glaubt, daß eine Reise, die Richelieu im Jahre 1634
mit Ludwig XIII. nach der Normandie unternommen, die Veranlassung
zu jener seltsamen Auszeichnung dargeboten haben dürfte. Corneille
war nämlich bei dieser Gelegenheit vom Erzbischof von Rouen auf=
gefordert worden, das Ereigniß in einer Ode zu feiern. Er lehnte
dies zwar bescheidentlich ab, aber in einer Form, welche für eine
höchst schmeichelhafte Ausführung des Auftrags angesehen werden
konnte und von Richelieu jedenfalls auch so aufgenommen worden ist.

Außer mit seinem Antheil an der solcher Art entstandenen Co=
médie des Thuilleries (1635) trat Corneille in diesem Jahre zum
ersten Mal mit einer Tragödie im höheren Stil, mit seiner Medée,
auf. Es liegen ihr die gleichnamigen Tragödien des Euripides und
des Seneca zu Grunde. Dem letzteren sind ganze Stellen entlehnt.
Corneille suchte nur das, was ihm darin schwach oder fehlerhaft schien,
zu verbessern und das Ganze in seine Empfindungs= und Darstellungs=
weise zu übertragen. Obschon sich dabei die großen Eigenschaften des
Dichters im Einzelnen zeigten und besonders die Sprache sich über
die aller Tragödien der Zeit erhob, war der Erfolg doch kein zu
großer. Der Stoff war zu abstoßend, die langen Monologe und
Reden ermüdeten. Auch hier fand also der Neid und die Eifersucht
seiner poetischen Nebenbuhler noch keine Veranlassung hervorzubrechen.
Um so mehr regte der beispiellose Erfolg dazu auf, den Corneille mit
seinem Cid im folgenden Jahre errang.

Man sagt,[*]) daß M. de Chalon, der frühere secrétaire des com=
mandemens de la reine-mère, welcher sich nach Rouen in's Privat=
leben zurückgezogen hatte, Corneille zuerst auf die Spanier, insbeson=
dere auf Guillen de Castro's Las Mocedades del Cid aufmerksam

---

[*]) Beauchamps erzählt es dem Jesuitenpater Tournemine in Rouen nach,
von dem wohl auch Voltaire manches Anecdotische über Corneille bezogen hat.

gemacht habe, deſſen erſter Theil bekanntlich ſeinem Cid zu Grunde liegt und dem er eine ganze Reihe kleiner Stellen entlehnte. Corneille eröffnete ſeinen Landsleuten in dieſem Gedicht eine Welt ganz neuer Empfindungen, die um ſo mehr zur Bewunderung hinriſſen, als ſie ſich in einer Sprache von einem ſo erhabenen Schwunge, von einem ſo lichtvollen Glanze entfalteten und ſich in einer ſolchen Fülle von Lebensweisheit offenbarten, wie man ſie noch nie von der Bühne herab gehört hatte, zumal die damalige Schauſpielkunſt alle Mittel beſeſſen zu haben ſcheint, ſie zu vollſter Wirkung zu bringen. War doch der Zuſtand des Theaters in den letzten Jahren ein ſo vorgeſchrittener geworden, daß Corneille in ſeinem dem Cid kurz vorausgegangenen Luſtſpiele L'Illusion ſagen konnte:

> A présent le théâtre
> Est en un point si haut que chacun l'idolâtre
> Et ce que votre temps voyait avec mépris
> Est aujourd'hui l'amour de tous les bons esprits,
> L'entretien de Paris, le souhait des provinces.
> Le divertissement le plus doux de nos princes,
> Les délices du peuple et le plaisir des grands;
> Il tient le premier rang parmi leurs passe-temps;
> Et ceux dont nous voyons la sagesse profonde
> Par leurs illustres soins conserver tout le monde,
> Trouvent dans les douceurs d'un spectacle si beau
> De quoi se délasser d'un si pesant fardeau.
> Même notre grand roi, ce foudre de la guerre,
> Dont le nom se fait craindre aux deux bouts de la terre,
> Le front ceint de lauriers, daigne bien quelquefois
> Prêter l'oiel et l'oreille au théâtre françois.
> C'est là que le Parnasse étale ses merveilles.
> Les plus rares esprits lui consacrent leurs veilles;
> Et tous ceux qu'Apollon voit d'un meilleur regard
> De leurs doctes travaux lui donnent quelque part.
> D'ailleurs, si par les biens on prise les personnes,
> Le théâtre est un fief dont les rentes sont bonnes.

„Der Enthuſiasmus, welchen der Cid erregte,“ — heißt es bei Peliſſon — „grenzte geradezu an Verzückung. Man konnte ſich nicht ſatt an ihm ſehen. Man hörte von nichts als von ihm in den Geſellſchaften ſprechen. Die ſchönſten Stellen desſelben gingen von Mund zu Munde. Man ließ ſie den Kindern auswendig lernen und in ein=

zelnen Gegenden Frankreichs war es sprichwörtlich geworden zu sagen:
Schön, wie der Cid!" Je berauschender dieser Eindruck aber war, um
so tiefer mußten sich diejenigen verletzt fühlen, welche sich dadurch zu-
rückgesetzt fanden und, bei der Selbstverblendung, welcher der künstlerische
Geist so leicht unterworfen ist, das Streben nach einem ähnlichen
Ruhm mit dem berechtigten Anspruch darauf verwechselten.

Scudéry war der erste, welcher in seinen Observations sur le
Cid (Paris 1637) mit einem Angriff, anfänglich aber nur anonym, hervortrat und hiermit einen der denkwürdigsten und heftigsten literarischen
Kämpfe eröffnete, über welchen man die Literatur bei Taschereau über-
sichtlich zusammengestellt und von der man das Wichtigste in der Voltaire'-
schen Ausgabe abgedruckt findet. Es ist fraglich, ob ein im Jahre 1637
erschienenes Gedicht Excuse à Ariste wirklich von Corneille herrührt[*]
und wenn es der Fall, ob es vor oder erst nach dem Cid erschienen
ist. Dem ersteren scheint fast die Stelle „J'ai peu de voix pour
moi" — nach dem geschilderten Erfolge des Cid zu widersprechen.[**]
Jedenfalls wurde es Corneille zugeschrieben und gegen ihn benutzt,
was aus einem andern Libell hervorgeht, welches Mairet, der sich
besonders durch ihn in seinem Dichterruhm geschmälert fühlte, durch
Claveret, einen unbedeutenden Dramatiker der Zeit, auch wieder ano-

---

[*] Es ist ungewiß, ob eine Stelle in Corneille's Lettre apologétique, in
welcher er sich gegen die Autorschaft eines Schriftstücks verwahrt, durch welches
sich Scudéry beleidigt fühlte, sich auf die Excuse à Ariste bezieht.

[**] Es heißt darin:

Je sais ce que je vaux, et crois ce qu'on m'en dit.
Pour me faire admirer je ne fais point de ligue,
J'ai peu de voix pour moi, mais je les ai sans brigue,
Et mon ambition, pour faire plus de bruit,
Ne les va point quéter de réduit en réduit.
Mon travail sans appui monte sur le théâtre;
Chacun en liberté l'y blâme ou l'idolâtre.
Là, sans que mes amis prêchent leurs sentimens,
J'arrache quelque fois leurs applaudissemens.
Là, content du succès que le mérite donne,
Par d'illustres avis je n'éblouis personne,
Je satisfais ensemble et peuple et courtisans
Et mes vers en tous lieux sont mes seuls partisans:
Par leur seule beauté ma plume est estimée,
Je ne dois qu'à moi seul toute ma renommée.

nym, in die Welt schleudern ließ. Es war betitelt: l'Auteur du Cid
espagnol à son traducteur français sur une lettre en vers qu'il
a fait imprimer intitulée Excuse à Ariste, où après cent traits
de vanité il dit de soi-même:

Je ne dois qu'à moi seul toute ma renommée.

Es folgte als Antwort darauf ein Rondeau, das ebenfalls wieder
Corneille zugeschrieben wurde und sowohl mit den Worten beginnt als
auch wieder schließt: „Qu'il fasse mieux ce jeune jouvencel", dem
darin auch noch der Name eines feierlichen Narren zu Theil wird.

Wie es sich nun immer um die Autorschaft dieser beiden Gedichte
verhalten mag, so schrieb Corneille doch jetzt auch noch offen einen
Lettre apologétique du Sieur Corneille contenant sa réponse aux
observations faites par le Sieur Scudéry sur le Cid (1637).

„Es genügt Ihnen nicht — heißt es hier — daß Ihr Tadel mich öffentlich zerreißt, Sie dringen mit ihren Angriffen bis in mein Cabinet und über-
häufen mich noch mit ungerechten Beschuldigungen, wo es Ihnen besser anstände,
mich um Verzeihung zu bitten. Ich habe die Schrift nicht geschrieben, die
Sie beleidigt.*) Ich habe sie von Paris aus nebst einem Brief erhalten, der
den Namen des Verfassers enthält. Was ich Ihnen aber sagen kann ist, daß ich
weder an Ihrem Adel, noch an Ihrer Tapferkeit zweifle, nur daß es sich
hier nicht um die Frage, wer von uns edler und tapferer, sondern um die
handelt, um wie viel besser der Cid als L'amant libéral ist. Haben Sie denn
nicht überlegt, daß der Cid dreimal im Louvre und zweimal im Hôtel Richelieu gespielt worden ist? Wenn Sie meiner armen Chimène Unkeuschheit, Prostitution, Vatermord, ja alles Abscheuliche vorwerfen, haben Sie sich da gar
nicht erinnert, daß die Königin, die Prinzessinnen und alle tugendhaften Frauen
des Hofs und der Stadt sie als eine ehrenhafte Jungfrau gewürdigt und gefeiert haben? Sie wollen mich für einen bloßen Uebersetzer ausgeben wegen
der 72 Verse, die ich einem Werke von 2000 Versen entlehnt habe, was Alle,
die sich darauf verstehen, gewiß nicht als bloße Uebersetzung beurtheilen werden.
Sie haben sich gegen mich ereifert, weil ich den Namen des spanischen Autors
verschwiegen hätte, obschon Sie den Namen desselben nur erst durch mich kennen
und sehr wohl wußten, daß ich ihn gegen niemand verheimlicht, sondern dem
Herrn Cardinal, Ihrem und meinem Herrn, das Original davon selbst überbracht
habe."

Scudéry wendete sich nun, sei es aus eigenem Antriebe, sei es
auf Veranlassung Richelieu's an die von letzterem gegründete und in

---

*) Entweder die Excuse à Ariste oder La défense du Cid die ebenfalls
inzwischen anonym erschienen war.

seinen Schutz genommene französische Akademie, indem er die von ihm
gegen den Cid erhobenen Einwände der Beurtheilung derselben unterwarf. Sie lassen sich auf folgende sechs Punkte zurückführen. 1. daß
das Sujet des Cid nichts tauge; 2. daß es die wesentlichsten Regeln
der dramatischen Dichtung verletze; 3. daß es der Führung der Handlung an Folgerichtigkeit fehle; 4. daß diese Dichtung viel häßliche
Verse enthalte; 5. daß fast alle ihre Schönheiten gestohlen seien, und
6. daß der Werth, den man ihr beilege, hiernach als ein durchaus
ungerechtfertigter erscheine.

　　Inzwischen ging der Libellenkampf immer fort. Ja, es ist möglich,
daß Richelieu's offenes Eintreten für das an die Academie gerichtete
Gesuch, welches als Unterstützung der Angriffe auf Corneille gedeutet
werden konnte, die Gegner des letzteren immer kühner und rücksichtsloser machte. Der Streit, an dem sich neben verschiedenen anonymen
Schriftstellern Claveret und Mairet auf's Neue betheiligten und in
dem besonders Le jugement du Cid composé par un bourgeois de
Paris bemerkenswerth ist, gewann solche Heftigkeit, daß Richelieu an
Mairet durch Boisrobert schreiben ließ: er habe sich zwar mit Ver-
gnügen Alles vorlesen lassen, was über den Cid geschrieben worden
und sich besonders an seinem Briefe erfreut, doch nur so lange der
Streit sich in den Grenzen geistvoller Einwände und unschuldiger
Spöttereien bewegt habe. Da er jedoch den Charakter der Beleidigung,
Schmähung und Drohung annehme, sei er entschlossen, demselben ein
Ende zu machen. Obschon er das letzte Libell Corneille's nicht kenne
und im Voraus überzeugt sei, daß diesem die hauptsächlichste Schuld
dabei treffe, er ihm auch bei Gefahr seines Mißfallens weitere Schritte
habe verbieten lassen, müsse er doch andrerseits fordern, daß auch
Mairet sich aller weiteren Beleidigungen enthalte und der früheren
Freundschaft mit Corneille eingedenk sei, wenn er die Gnade des
Cardinals nicht verlieren wolle.

　　Die Geschichte jener Zeit ist so mit Anecdoten erfüllt und die
Urtheile über sie und ihre Persönlichkeiten so vielfach auf diese gegründet, daß es, um zu einem nur einigermaßen billigen Urtheile gelangen zu können, nöthig erscheint, die wirklichen Thatsachen streng
von den anecdotischen Ueberlieferungen zu sondern, die in der damaligen Memoirenliteratur eine so ergiebige Quelle haben. Dies wird
auch bei der Beurtheilung des Verhältnisses nöthig sein, in welchem

Richelieu zu diesem Streite gestanden und in welcher man ihn gewöhn=
lich halb die Rolle eines kleinlichen Intriganten, halb die eines eitlen
Narren spielen läßt. Da wird man vor Allem einen Blick auf die
von ihm gegründete Academie und seine mit dieser Schöpfung ver=
bundenen Absichten werfen müssen.*)

Neben der Politik und den religiösen Parteikämpfen waren es
die literarischen Interessen, welche seit Anfang des 17. Jahrhunderts
die höheren gesellschaftlichen Kreise der französischen Hauptstadt be=
wegten. Fast jedes ihrer Mitglieder strebte nach literarischem Ruhm
oder Einfluß. Neben der tonangebenden Gesellschaft des Hôtel de
Rambouillet waren verschiedene kleinere Vereinigungen entstanden,
welche hierfür einen Mittelpunkt zu bilden suchten oder Sprache und
Literatur zum hauptsächlichsten Gegenstand der Unterhaltung machten.
Derartige Kreise hatten sich um Melle Gournay, um Balzac, um
Malherbe, obschon dieser auch schon die Seele des Hôtel de Ram=
bouillet war, gebildet. Auf diese Weise pflegte sich auch etwas später,
um 1629, eine kleine Gesellschaft im Hause Valentin Conrart's **),
eines an sich nicht gerade hervorragenden Mannes, zu versammeln. Man
hatte dasselbe nur deshalb erwählt, weil es für die in der Stadt
zerstreut wohnenden Mitglieder am bequemsten gelegen war. Zu ihnen
gehörten Jobeau, Gombauld, Chapelain, Giry, Habert, Malleville
Serizay, der Abbé Cerisy und dessen Bruder. Der Zweck dieser
Zusammenkünfte war ursprünglich nur wechselseitiger Austausch
der Meinungen, Mittheilung literarischer Arbeiten, sowie überhaupt
gegenseitige geistige Anregung und Förderung. Obschon man überein=
gekommen war, diesen Verein geheim zu halten, erfuhren doch nach
und nach Faret, Desmarest und Boisrobert davon. Als nun der
letztgenannte um Eintritt in die Gesellschaft bat, glaubte man ihm
das um so weniger abschlagen zu sollen, als er in der besonderen
Gunst des Cardinals Richelieu stand, der nun natürlich ebenfalls von

---

*) Siehe darüber Pelisson et d'Olivet, Histoire de l'Académie. Paris 1858.
— König, Wilh. Zur französischen Literaturgeschichte. Halle a/S. 1877. — Lotheissen, a. a. O. S. 239.

**) Conrart (1603—75) stammte aus Valenciennes. Er hatte keine acade-
mische Bildung genossen, nahm aber, ohne sich selbst thätig an ihr zu betheiligen,
ein lebhaftes Interesse an der Literatur. Er war Secretär des Königs und
wurde auch zu dem der französischen Akademie ernannt.

der Existenz dieses literarischen Vereins erfuhr. Es ist wahrscheinlich,
daß er, dessen ganzes Streben auf Centralisation der Macht, Ge=
walt und des geistigen Lebens gerichtet war, sich schon lange mit
dem Gedanken getragen hatte, auf diese Weise einen Einfluß auf die
Literatur, ja selbst auf den Geschmack zu gewinnen und diesem herbei
eine gewisse Einheit zu geben. Wenigstens ließ er fast unmittelbar
darauf bei jener Gesellschaft anfragen, ob sie sich nicht unter seinen
Schutz stellen wolle, wogegen er ihr einen königlichen Freibrief aus=
zuwirken und jedem Einzelnen seiner Gunst zu versichern bereit sei.
Trotz einiger Bedenken ging die Gesellschaft, um sich den mächtigen
Cardinal nicht zum Feinde zu machen, auch darauf ein (1633). Sie
suchte durch Heranziehung einiger ·Mitglieder von bevorzugter ge=
sellschaftlicher Stellung ihr Ansehn zu mehren, ernannte Serizay zum
Präsidenten, Desmarest zum Kanzler und Conrart zum Secretär und
beschloß nun regelmäßig Sitzungsberichte abzufassen. Die erste Sitzung
der also reformirten Gesellschaft fand am 13. März 1634 statt. Sie
nahm nun den Namen der Académie française an, entwarf Statuten,
welche die Zahl der Mitglieder, ihre Funktionen und den Zweck der
Vereinigung näher bestimmten. Als Hauptzweck wurde die Reinigung und
Feststellung der Sprache bezeichnet, daher auch die Herstellung eines
Wörterbuchs und einer Grammatik, sowie weiterhin die einer Rhetorik
und Poetik in Aussicht genommen. Dagegen wollte man sich mit der
Beurtheilung der Werke einzelner Schriftsteller nur soweit befassen,
als die Autoren derselben etwa selbst darauf anträgen. Am 29.
Januar 1635 erhielt die neue Akademie das königliche Patent, welches
ihren Mitgliedern große Freiheiten gewährte; wogegen die Registrirung
desselben beim Pariser Parlamente auf großen Widerstand stieß, der erst
nach zweijährigem Kampfe besiegt wurde (9. Juli 1637).

Es ist kein Zweifel, daß die französische Academie einen großen
Einfluß auf Form und Geist der französischen Literatur, und was
uns allein hier angeht, auf das französische Drama ausgeübt hat.
Sie hat, je nachdem man diesen Einfluß geschätzt, ihre begeisterten
Vertheidiger und Lobredner, wie ihre heftigen Gegner gefunden. Diese
legen ihr die Starrheit der sprachlichen Formen, den Formalismus
der Dichtung zur Last und weisen darauf hin, daß weder Descartes
noch Pascal, weder Molière, Rousseau noch Diderot Mitglieder der
Academie waren. Wogegen ihr jene wieder die Reinheit und Schön=

heit der Sprache, die Klarheit der Form, die lichtvolle Anordnung in
den Werken der französischen Literatur zuschreiben. Lotheissen ist zwar
der Meinung, daß die Academie weder so viel Tadel, noch so viel Lob
verdiene. Er glaubt, daß der französische Geist auch ohne sie diesel=
ben Formen gewonnen haben würde, zu denen er ja die Richtung
lange schon vor ihr eingeschlagen habe. Allerdings war der acade=
mische Geist bereits früher da, als die Academie, sie hat ihn so wenig
geschaffen, daß sie vielmehr selbst erst ein Product desselben mit ist.
Er ist mit der Renaissance entstanden, weil diese von den Gelehrten
ausging, denselben Gelehrten, welche früher in der Scholastik eine ganz
einseitige Verstandescultur gepflegt hatten, und auch jetzt wieder
mit dieser die natürlichen Antriebe des französischen Geistes einengten
und unterdrückten. Die Poetik des Aristoteles würde nie das unge=
heure Ansehen, das sie behauptete, haben gewinnen können, wenn dieser
Philosoph nicht einen der Grundpfeiler der scholastischen Philosophie
gebildet und dieses Ansehen noch fortdauernd behauptet hätte.

Nicht aus der Natur des französischen Volkes und Geistes, nur
von den Gelehrten und ihren Traditionen ging der academische Geist
der Renaissance aus. Er entwickelte sich noch überdies längere Zeit
unter fremdem, unter italienischem Einflusse. Die französische Academie
aber förderte ihn, sie gewöhnte die französische Nation daran, ein so
großes Gewicht auf die Ausbildung der überlieferten Formen, auf das
Festhalten an diesen zu legen. Nur zu lange hemmte sie jeden Fort=
schritt, wobei sie sich besonders feindlich gegen das Lustspiel verhielt.
Nicht aus ihr gingen die selbständigeren Geister eines Molière, La
Rochefoucauld, Rousseau, Diderot und der romantischen Schule hervor.
Vielmehr beweist deren Auftreten, daß in der Natur des französischen
Volksgeistes auch noch andere Antriebe lagen, als die, welche die aca=
demische Schule in Frankreich verfolgte. Es gereicht ihr aber zum Lobe,
ihre Herrschaft mit so viel Maß ausgeübt zu haben, daß neben ihr
derartige Erscheinungen noch immer entstehen und Wirkungen ver=
breiten konnten und sie in die Reihe ihrer Mitglieder Gegner wie An=
hänger Shakespeare's und der romantischen Schule aufnahm, sobald
diese nur correct und schön französisch zu schreiben verstanden.

Nachdem Richelieu sein Werk, und wie wir gesehen, nicht ohne
Mühen und Kampf endlich zur staatlichen Anerkennung gebracht, mußte

ihm vor allem daran liegen, die Bedeutung desselben in einer
imponirenden und epochemachenden Weise hervortreten zu lassen. Er
ergriff hierzu die erste Gelegenheit, welche sich bot. Und in der That
mußte der zwischen den gelehrten Dichtern und Corneille ausgebrochene
Streit, an dem so zu sagen die ganze Nation mit betheiligt war, dazu
eine treffliche Handhabe bieten, wobei ich es ganz unentschieden lasse,
ob Scudéry selbst auf den Gedanken kam, die Academie als oberste Instanz in Dingen der schönen Literatur und des guten Geschmacks
anzurufen, oder ob ihm dieser Gedanke, sei es unmittelbar oder nur
mittelbar von Richelieu eingegeben war.

Man hat freilich die Triebfeder zu dem Verfahren des großen
Cardinals in dieser Angelegenheit lieber in dem kleinlichen Neide seiner
durch Corneille's Ruhm ebenfalls tief beleidigten Dichtereitelleit gesucht
und hier auch zu finden geglaubt. An sich würde ich eine solche Eitel-
leit keineswegs für geradezu unverträglich mit den ohne Zweifel großen
Eigenschaften dieses Mannes halten. Aber alles was man davon
erzählt beruht auf nur wenigen darüber in Umlauf gebrachten Anecdoten,
die sich zum Theil widersprechen, zum Theil nur geringe innere Wahrscheinlichkeit haben. Wie es damals ganz allgemein zum guten Tone gehörte, liebte auch Richelieu die Dichtung und die schönen Wissenschaften,
und mehr noch, als sie, das Theater. Wie es seiner Stellung zukam
hatte er zugleich den Ehrgeiz als Förderer derselben erscheinen zu wollen,
nebenbei aber die Schwachheit, sich gelegentlich selbst als Dichter
zu versuchen und als dieser angesehen und anerkannt zu werden. Doch
schätzte er sich selbst viel zu hoch, um sich jemals durch den Dichterruhm eines Andren berührt fühlen zu können, daher er auch nicht
mit eignem Namen als Dichter hervortrat. Um von ihm annehmen zu können, daß er in dem Maße, wie es von ihm verbreitet
worden, auf den Ruhm eines Andren eifersüchtig und auf die eigne
Dichtereigenschaft eitel gewesen sei, würde er sich zur Ausführung seiner
Erfindungen nie andrer Hülfe haben bedienen dürfen oder diese Mit-
hülfe doch zu verdecken versucht haben müssen. Ein Mann, der
bereit ist, seinen Ruhm mit noch fünf andren Dichtern zu theilen, von
denen wenigstens einer, Corneille, wie wir gesehen, schon damals, als
erster dramatischer Dichter anerkannt war, wird unmöglich einer so
empfindlichen und kleinlichen Eifersucht fähig sein können. Richelieu
suchte seinen Stolz vielmehr darin, daß er die gewöhnlichen Ehren des

Dichters verschmähte und wenigstens äußerlich andern überließ, wie er dies ja auch ebenso mit den Gelehrten seiner Academie hielt, trotz der Abhängigkeit, in welcher sie von ihm standen. Ganz unmöglich ist es mir aber, von einem Manne seines scharfen Verstandes annehmen zu können, daß er, der an der ihm zugeschriebenen Dichtung, der Comédie des Thuilleries, vielleicht nicht einen einzigen Vers selbst geschrieben hatte,*) einen andren Dichter öffentlich gerade deshalb mit hätte anklagen lassen sollen, weil er bei einer Dichtung von 2000 Versen 72 zugestandenermaßen von einem andren entlehnt, dabei aber doch wieder in eine ganz neue Form gebracht hatte.

Man fühlte auch ohne Zweifel die Schwäche dieser Behauptungen, daher man sie durch andere Motive zu stützen suchte. Corneille soll hiernach den Zorn des Cardinals noch in zwiefacher Weise erregt haben. Zuerst durch eine Aenderung, die er im Plane von Richelieu's Les Thuilleries sich eigenmächtig erlaubt hätte, was ihm schon damals von diesem den Verweis zugezogen habe: „Qu 'il fallait avoir un esprit de suite;**) sodann durch die beleidigende Beziehung, welche man in der Stelle:

Je ne dois qu'à moi seul toute ma renommée

des ihm zugeschriebenen Gedichts an Ariste auf Richelieu fand. Daß man Corneille bei diesem wegen dieser Stellen verdächtigte, ist zweifellos. Corneille scheint sich eben darum gegen die Autorschaft dieses Gedichts in seinem lettre apologétique ausdrücklich verwahrt zu haben, jedenfalls stellt er darin auf das Bestimmteste in Abrede, daß es ihm je in den Sinn kommen konnte, eine so hohe und mächtige Person wie den Cardinal irgend beleidigen gewollt zu haben.

Daß Richelieu anfänglich zum Ruhme des Cid noch mit beitrug, geht daraus hervor, daß er denselben zweimal in seinem Palais zur Aufführung bringen ließ. Doch halte ich es immer für möglich, daß sich später in sein Verhalten in dieser Angelegenheit eine gewisse persönliche Animosität einmischte, die aber, wie ich noch zeigen werde, nur

---

*) Erst bei seiner Grande Pastorale soll er auch an der Ausführung betheiligt gewesen sein und gegen 500 Verse geschrieben haben. Mirimare und das Gelegenheitsstück Europe, von dem das erste unter Desmarest's Namen erschien, sollen ganz von ihm sein.

**) Diese Anecdote ist erst nachträglich von Voltaire ans Licht gezogen worden.

vorübergehend gewesen sein kann, und jedenfalls nicht das eigentliche
bewegende Motiv seines Verhaltens war. Am wenigsten möchte dafür der wohl nicht einmal sicher gestellte Umstand sprechen, daß er
in seinem Hotel auch eine travestirte Aufführung des Cid habe veranstalten lassen. Richelieu glaubte sicher, selbst über dem größten Dichter
der Zeit noch so hoch zu stehen, um ihn gelegentlich zu seiner und
Anderer Kurzweil verspotten zu können.*) Auch war er, so hoch er den
Cid immer stellen mochte, mit vielem darin doch nicht principiell
einverstanden. Und wenn er es selbst gewesen wäre, würde er keineswegs angestanden haben, denselben preiszugeben, falls dies seine
Zwecke zu fördern schien. Männer, wie er, sind immer bereit, Alles,
was diesen im Wege steht, rücksichtslos wegzuräumen oder das, was
sich ihnen als Mittel eines erstrebten Erfolgs darbietet, ebenso zu
benutzen.

Den meisten Widerstand, das Ansehen der Academie bei dieser
Gelegenheit in's volle Licht zu stellen, fand aber Richelieu bei letzterer
selbst. Man mochte der Worte eingedenk sein, die Balzac an Scudéry
in Bezug auf seine Observations sur le Cid geschrieben hatte: daß
die Erfolge, die man durch Aristoteles erringe, keineswegs die einzigen
seien, und daß „savoir l'art de plaire ne vaut pas tant que savoir plaire par art". Man wollte sich daher nicht durch eine Parteinahme und ein Urtheil verhaßt machen, welches wenigstens eine der
beiden streitenden Parteien, wenn nicht beide verletzen mußte. Auch
schützte man vor, daß man nach den Statuten nur über solche Werke
zu richten befugt sei, deren Verfasser darum nachgesucht hätten.

Richelieu beauftragte Boisrobert, Corneille hierzu zu bestimmen.
Doch dieser, der einsah, daß für ihn dabei nur zu verlieren, aber nichts
zu gewinnen sei, wich dieser Aufforderung aus, bis Boisrobert sie
ihm diese als dringlichen Wunsch des Cardinals darstellte. Auch jetzt
(Brief vom 13. Juni) lehnte er noch die Zumuthung ab, fügte aber
hinzu: „Die Herren von der Academie können ja thun, was ihnen
beliebt und da Sie mir schreiben, daß Se. Herrlichkeit ihr Urtheil
gern sehen möchte und dieses sie unterhalten (divertir) wird, so habe

---

*) Entging er doch selbst derartigen Verspottungen nicht, wie die Titel fol-
gender in Antwerpen gedruckter Stücke beweisen: Le Cardinal de Richelieu
tâche d'entrer en Paradis. T. C. en 5. actes. — Le cardinal chassé du paradis.
C. — Le cardinal aux enfers, farce.

ich nichts weiter zu sagen (je n'ai rien à dire)." Da dies die Academie
nur als ein nothgedrungenes Zugeständniß ansehen konnte, so bedeutete
Richelieu einen seiner Vertrauten, ihre Mitglieder wissen zu lassen,
daß er hinfort sie ganz nur so lieben würde, wie sie ihn hierin liebten.

Chapelain, Desmarest und Bourzeys wurden nun mit dem Entwurfe betraut, welcher dann Richelieu vorgelegt ward, seinen Beifall
aber nicht ganz erhielt. Er fand einiges nicht genau und mild genug
ausgedrückt. Er wollte noch einige Hände voll Blumen darüber aus-
gestreut sehen; woraus genügend erhellt, daß eine andre Randbemerkung:
es handle sich hier nicht wie bei der Beurtheilung der Gerusalemme
liberata und des Pastor fido um Differenzen zwischen den Leuten
von Geist, sondern um die zwischen den Gelehrten und den bloßen
Liebhabern (entre les doctes et les ignorants) — nicht zu einer
strengeren Beurtheilung des Cid auffordern sollte. Allerdings fand
die zweite Redaction noch weniger Beifall. Man war — wie er jetzt
sagte — zu sehr in das andre Extrem gefallen; man hatte zu viel
Blumen verschwendet. Daher man zuletzt doch wieder ziemlich auf den
ersten Entwurf zurückkam.

Die Academie hatte sicher so gerecht wie möglich zu verfahren
geglaubt. Sie hatte sich ganz nur auf die Prüfung der ihr von
Scudéry vorgelegten Einwürfe beschränkt. Sie hatte dieselben theils
verworfen, theils gemildert, theils, nur gerade freilich die wesentlichsten,
zu den ihren gemacht. Hatte doch Scudéry mit einzelnen seiner Einwendungen gar nicht so Unrecht. Allein die Academie hätte vor Allem
den durchaus gehässigen, Alles nur geflissentlich herabsetzenden Ton derselben zu rügen gehabt. Gerade hierüber ging sie schweigend hinweg.
Die Wirkung war, daß auch ihre Beurtheilung als eine sehr gering-
schätzende erscheinen mußte, wie sie etwa ein Scudéry verdient hätte,
nicht aber ein Corneille. Besonders hielt auch sie an der Ansicht
fest, daß der Charakter der Chimène als ein sehr schwächlicher aus
dem Kampfe zwischen Pflicht und Liebe hervorgehe. Sie eignete sich
zwar nicht die Vorwürfe der Unkeuschheit, des Vatermords und der Ungeheuerlichkeit an, mit der Scudéry diesen Charakter überhäuft hatte,
aber sie glaubte doch, daß das Stück durch ihn nicht diejenige sittliche
Wirkung auszuüben vermöge, die man von der Tragödie zu fordern
berechtigt sei. Sie tadelte nicht, daß Chimène den Mörder ihres Vaters
noch liebe, wohl aber erklärte sie es für unnatürlich und abstoßend,

daß diese den Cid heirathe und sich hierzu sogar noch an demselben Tage entschließe, an dem ihr Vater getödtet worden war.

Es ist wahr, daß Corneille zu diesen Einwürfen Veranlassung gegeben hatte; daß seine Tragödie gegen den Schluß hin Motive auf nimmt, die fast einen lustspielartigen Charakter haben, daß ihr Aus gang nicht ohne eine tiefe Dissonanz bleibt. Die Beschuldigung der Unsittlichkeit aber beweist, wie wenig die Herren von der Academie, wie wenig Richelieu, der ihre Ansicht doch sicherlich theilte, die wahre Absicht des Dichters begriffen hatte, der gerade für das natürliche Ge fühl gegen die Unsittlichkeit der aus dem conventionellen Ehrbegriff ent springende Forderungen eintrat, freilich in einer etwas zweideutigen Weise, weil diese Forderungen zugleich mit einer Pflicht verbunden er schienen, die in dem heiligsten Verhältnisse der Natur, in der kind lichen Pietät, wenn auch nur gegen einen Vater wurzelt, welcher das Glück seines Kindes rücksichtslos einem aufwallenden und ebenfalls unberechtigten Ehrgefühl opferte. Doch sollte Richelieu zur Rechtfer tigung Corneille's selbst wieder beitragen, indem er kurz nach dem Cid ein erneutes Verbot gegen die Duelle erließ, was man gewiß nur den Wirkungen dieses Stücks, und gewiß nicht unsittlichen, zurechnen darf.*)

Natürlich war Scudéry ungleich mehr von den Sentiments de l'académie française sur le Cid befriedigt als Corneille. Auch dieser machte aber zuletzt zum bösen Spiel gute Miene. Er hatte dem vor ausgesehenen Schiedsspruch die Spitze schon dadurch abzubrechen ge sucht, daß er die erste Ausgabe des Cid (Anfang 1637) der Nichte und Geliebten des Cardinals Richelieu, der Herzogin von Aiguillon, widmete, was ohne Zweifel mit Billigung Richelieu's geschah. Jetzt, am 23. December 1637, schrieb er an Boisrobert, indem er ihn für Einsendung der ihm von Richelieu ausgeworfenen Pension dankt: „Da Sie mir rathen der Academie nicht zu antworten in Rücksicht auf die Personen, die dabei interessirt sind, so bedarf es für mich keines weiteren Aus legens. Ich bin etwas mehr von dieser Welt, als Heliodor, der lieber sein Bisthum, als sein Buch preisgab. Mir ist das Wohlwollen meines Herrn lieber, als aller Beifall der Welt. Ich werde schweigen, nicht aus Verdruß, sondern aus schuldiger Achtung."

---

*) Man sagt, daß allein seit der Thronbesteigung Heinrichs IV. bis zum Jahre 1607 tausend Edelleute im Duell gefallen seien. Trotz verschiedener gegen diese Duellwuth erlassener Verbote grassirte dieselbe immer noch fort.

Aus dieser Stelle geht deutlich hervor, daß Richelieu Corneille sein Wohlwollen niemals entzogen, wohl aber in seiner herrischen und rücksichtslosen Weise von ihm gefordert hatte, sein Stück und seinen Dichterruhm in einem bestimmten Umfange seinen Zwecken zu opfern. Damit stimmt überein, daß Corneille's Vater (der schon im folgenden Jahre starb) Anfang 1637 mit seiner Familie in den Adelstand erhoben ward; ein Ereigniß, dem Richelieu sicher nicht fern stand; daß dieser Corneille im Jahre 1638 wieder mit der theilweisen Ausführung eines von ihm neu entworfenen dramatischen Stückes, L'aveugle de Smyrne, betraute, daß der Horace, nach einem Briefe Chapelains, zuerst im Palais Cardinal zur Aufführung kam*) und nach der Erzählung Fontenelle's, der hierin gewiß nicht verdächtig sein kann, Richelieu Corneille's Heirath in derselben herrischen Weise unterstützte, mit der er ihn früher in seiner Dichterehre gekränkt.**)

Es erklärt sich hieraus die überschwängliche Widmung, mit welcher Corneille dem Cardinal 1641 den Druck seines Horace überreichte, und beweist zugleich, daß jene angeblich einem von Corneille nach der ersten Aufführung seines Horace geschriebenen Brief entnommene Stelle: „Horace fut condamné par les Duumvirs, mais il fut absout par le peuple" entweder erfunden ist oder sich doch nicht auf Richelieu beziehen kann.

Indessen ist anzunehmen, daß Richelieu's Verfahren in Corneille's Streit mit Scudéry Corneille aufs Tiefste verwundet und empört haben mochte und er dieses Gefühl trotz der Wohlthaten, die er fort und fort von dem großen Cardinal empfing und auch annahm und der Dankbarkeit, die er ihm dafür zollte, nie überwunden hat; wovon Fontenelle wohl aus Ueberlieferungen wissen konnte. Ich halte es daher auch für möglich, daß Corneille nach Richelieu's Tode (1642) jenes Quattrain verfaßt habe, das man ihm zuschreibt:

---

*) Ich folge hier Royer a. a. O. III. S. 25.

**) Richelieu, heißt es hier, fragte Corneille eines Tages (im Jahre 1640), ob er wieder an einem Drama arbeite. Corneille erwiderte, daß es ihm dazu an der nöthigen Ruhe fehle, weil ihm die Liebe den Kopf verdreht habe, die Liebe zu der Tochter des Lieutenant Général des Andelys, der sie ihm aber verweigere. Richelieu ließ diesen sofort nach Paris kommen, der mit Zagen vor dem gefürchteten Manne erschien und herzlich froh war, daß es sich nur um die Befriedigung Corneille's handelte. Mit Freuden gab er seine Tochter nun einem Manne, der so mächtige Fürsprecher hatte.

Qu'on parle mal ou bien du fameux cardinal,
Ma prose ni mes vers n'en diront jamais rien:
Il m'a fait trop de bien pour en dire du mal,
Il m'a fait trop de mal pour en dire du bien.

Wiewohl ihn auch schon dieses, seiner erst kürzlich geschriebenen Wid-mung gegenüber compromittirt.

Dagegen sträube ich mich gegen die Annahme, daß er der Ver-fasser folgenden Sonetts sei, welches Voltaire auf einem in ein Exemplar der Granet'schen Ausgabe der hinterlassenen Poesien Corneille's ein-gehefteten Flugblatt abgedruckt fand. Es ist dem Grabe Ludwigs XIII. gewidmet, welcher seinem großen Minister schon im folgenden Jahre (1643) nachgefolgt war und lautet:

Sous ce marbre repose un monarque sans vice,
Dont la seule bonté déplut aux bons François:
Ses erreurs, ses écarts, vinrent d'un mauvais choix
Dont il fut trop long-temps innocement complice
L'ambition, l'orgueil, la haine, l'avarice,
Armés de son pouvoir, nous donnèrent des lois.
Et bien qu'il fût en soi le plus juste des rois,
Son règne fut toujours celui de l'injustice.
Fier vainqueur au dehors, vil esclave en sa cour,
Son tyran et le nôtre à peine perd le jour,
Que jusque dans sa tombe il le force à le suivre;
Et par cet ascendant ses projets confondus,
Après trente-trois ans sur le trône perdus,
Commençant à regner, il a cessé de vivre.

Denn abgesehen, daß dieses Sonett jenem Quattrain widerspricht, kann es Corneille schon deshalb kaum geschrieben haben, weil er nach der Widmung seines Horace das Recht so zu schreiben verwirkt hatte. Auch würde er, wenn er es damals bekannt gegeben hätte, seinen Gegnern nur neue Waffen gegen sich in die Hand gespielt haben, die man, als er einige Jahre später (1646) von Ludwig XIV. mit der poetischen Verherrlichung seines Vaters betraut wurde, sicher benutzt hätte.

Corneille hatte, wie schon gesagt, den Stoff seines Cid, dem ersten Theile von Guillen de Castro's Jugendthaten des Cid entnommen. Er war dem Gange der Handlung dieses Dramas im Allgemeinen gefolgt, hatte demselben sogar eine größere Anzahl einzelner Gedanken und Charakterzüge fast wörtlich entlehnt. Gleichwohl war er kein bloßer Uebersetzer. Diese Verläumdung würde aber zur Wahrheit werden, wenn seinem Cib, wie Voltaire es annahm, auch noch Diamante's El honrador de su padre zu Grunde läge, der in den ersten Akten fast ganz mit ihm übereinstimmt. Selbst spanische Beurtheiler sind lange in Zweifel gewesen, welcher der beiden Dichter den anderen benutzt, ob Corneille, ob Diamante? Neuerdings hat es aber nicht nur der mit der spanischen Literatur sehr vertraute Puibusque höchst warscheinlich gemacht, daß Diamante später als Corneille gelebt, jedenfalls aber von ihm kein Druck vor 1659 erschienen sei,[*] sondern auch Fée die Priorität der Dichtung dieses letzteren aus inneren Gründen in überzeugender Weise erwiesen.[**]

Corneille hat von Guillen de Castro die Kunst durch die Schilderung großer Gemüthsbewegungen, durch die Entwicklung erhabener Grundsätze und Entschlüsse auf das Herz der Zuhörer zu wirken und dabei den Nachdruck auf die lebendige Darstellung der Situation zu legen gelernt. Die Art, wie er diese Zwecke erreichte, die Form, in der es geschah, war jedoch eine andere. Während der Spanier auf eine möglichst mannichfaltige, reiche und dabei phantasievolle malerische Darstellung ausging und hierbei besonders die äußere Situation betonte, war es Corneille, an die früheren Darstellungen der französischen Bühne anknüpfend, mehr um die gegensätzliche Entwicklung der inneren Motive, um die möglichste Klarstellung und Herausarbeitung der inneren Situation, mehr um das, was in dieser der Dichter gedacht haben würde, als um die aus ihr zu entwickelnde Handlung und eben deshalb um möglichste Vereinfachung der äußeren Situation zu thun. Woraus sich z. B. erklärt, daß er eine Gestalt, wie die der Prinzessin Urague in einer von der übrigen Handlung fast losgelösten und auf deren Entwicklung ohne allen Einfluß bleibenden Weise mit einer Ausführlichkeit behandelt hat, die ihn sogar mit dem Gesetze der Einheit des Orts in Conflict brachte. Kam für ihn die innere Lage seiner Personen mehr in Betracht, als die äußere, lag ihm mehr daran, dieselben über ihre Lebensansichten, ihre Grundsätze und Beweggründe sprechen, als aus den letzteren handeln zu lassen, so mußte ihm

---

[*] Es ist im 11. Theil der Comedias de varios von diesem Jahre enthalten.
[**] Etudes sur l'ancien théâtre espagnol. Paris 1873.

auch die faſt nur auf ihr eigenes Empfinden bezogene Lage dieſer
Prinzeſſin genügen und die in dieſem Sinne ausgeführte Darſtellung
derſelben, ſo undramatiſch ſie immer war, doch intereſſant genug
erſcheinen.

Wie ſehr Corneille in ſeinem Cid die Einheit des Orts auch
verletzte, ſo hat doch die Abſicht den reichen, mannichfaltig bewegten
Stoff des Spaniers den Principien der claſſiſchen Tragödie ſo viel
wie möglich zu nähern, viel zur Vereinfachung der einzelnen Situationen mit beigetragen. Ein andrer Grund hierzu lag aber noch in
dem Zuſtand der damaligen Schauſpielkunſt, welche im ernſten Drama
ihre ganze Stärke in der rhetoriſchen Declamation gehabt zu haben
ſcheint und daher immer nach langen Monologen und Dialogen verlangte. Selbſt wenn die Scene einmal figurenreicher wird, herrſcht
der Dialog und in dieſem die Streitrede vor, die dann oft nur auf
mehrere Perſonen vertheilt erſcheint und gelegentlich durch eine andere
ſei es ſchlichtende oder entſcheidende Anſicht und Stimme unterbrochen
wird — eine Methode, der Corneille auch ſpäter noch treu blieb und
die beſonders auffällig in der berühmten Scene zwiſchen Auguſte,
Maxime und Cinna, im 2. Akte des Cinna und in der Eingangsſcene
von La mort de Pompée hervortritt.

Corneille führte die Sprache des Herzens, die Sprache der Empfindung und Leidenſchaft auf der franzöſiſchen Bühne ein, aber ſie
ſtand bei ihm faſt immer unter dem Einfluß des Verſtandes und
der Reflection, ja hier und da ſelbſt noch unter dem der Vorurtheile
der Zeit, ſo daß jene Empfindungen und Leidenſchaften nur zu oft
gegen den erhabenen Schwung zurücktreten mußten, mit dem er die ſie
leitenden Anſchauungen und Grundſätze zu entwickeln und zu verherrlichen ſtrebte, wobei es an ſpitzfindiger Sophiſtik nicht fehlte.

Man braucht nur die Schlußſcene der erſten Jornada bei Guillen
de Caſtro*) mit den entſprechenden Scenen bei Corneille zu vergleichen,
um zu erkennen, wie jener vorzugsweiſe durch die Mittel der Phantaſie,
dieſer durch die des Verſtandes auf das Gefühl zu wirken ſucht, daß
jener auf eine regelloſere, maleriſche, ſtimmungsvolle, dieſer auf eine
architektoniſch geordnete, plaſtiſche, ſtilvolle Anordnung ausgeht.
Guillen de Caſtro konnte zu ſeiner Darſtellungsweiſe die Natur ſo

---

*) Man findet die freie Uebertragung bei Fée, a. a. O. S. 113.

brauchen, wie sie ist, er konnte sie unmittelbar nachahmen. Corneille mußte sie stilisiren. Wie unmittelbar auf die Handlung bezogen und individuell erscheint dort meist der Ausdruck der Empfindung. Corneille konnte nicht generell, nicht abstract genug dabei werden. Es scheint dies noch ein Rest des alten scholastischen Geistes zu sein, der übrigens wie wir gefunden auch der spanischen Dramatik keineswegs fremd war, bei dieser aber doch mehr als Beiwerk und Schmuck erscheint. Bei Corneille hat aber das rhetorische Element fast immer eine abstracte lehrhafte Tendenz.

Der Dramatiker kann immer nur wirken, indem er Gegensätze ins Spiel bringt; es sollen dies aber lebendige Gegensätze, individuelle Charaktere, individuelle Empfindungen und Leidenschaften sein. Corneille's Charaktere werden dagegen immer nur erst durch die Principien und Ansichten, die sie vertreten und mit denen sie innerlich oder äußerlich im Kampfe liegen, näher bestimmt. Es handelt sich in jeder Scene vor Allem um irgend einen Gegensatz dieser letzteren und nur erst durch sie auch um einen Widerstreit lebendiger Motive und Charaktere. Kaum noch ein andrer Dichter hat diese Gegensätze so abstract herausgearbeitet und ein großer Theil der Wirkungen welche er ausübt, beruht auf der glänzenden, immer auf die Erregung einer staunenden Erhebung des Gemüths gerichteten Art und Weise in der es geschehen, sowie in der epigrammatischen Zuspitzung dieser Gegensätze, die sich bis auf die Behandlung des einzelnen Verses erstreckt.

Wenn uns heute diese zwar glänzende, aber doch undramatische, reflectirte, rhetorische Behandlungsweise kalt erscheint, so war dies doch nicht zur Zeit des Dichters der Fall. Die Fehler, die seine Gegner im Cid entdeckten, hatten sie auch durch Reflection erst gefunden. Scudéry selbst mußte ja zugeben, daß der Bühneneindruck ganz allgemein ein überwältigender war, wenn er dies auch nur auf Rechnung der Schauspieler stellte. Die Fehler und Schwächen des Cid waren allen Stücken der Zeit eigen, sie waren das, wodurch er mit ihr zusammenhing, seine Vorzüge aber sucht man vergeblich in ihr. Sie waren das, was sein Publikum in eine ganz neue Welt der Empfindungen und Anschauungen hob und was noch heute elektrisch auf fast jeden Franzosen wirkt. War es doch erst Corneille, welcher ihnen, wenn auch vielleicht noch nicht einen wahrhaft tragischen, so doch einen wahrhaft heroischen Stil schuf.

Zu seinen Fehlern aber gehört, daß er bisweilen aus dem erhabenen heroischen Ton in den platteren des Lustspiels herabfällt,
daß seine Helden und Heldinnen der Vorzeit bisweilen die Sprache
des Hôtel de Rambouillet und der Schäferspiele der Zeit sprechen.
Er stand überhaupt noch zu sehr unter dem Einflusse der Zeit, als
daß er überall eine ganz freie Kritik an den von ihm in seinen Stücken
vertretenen Ansichten, Grundsätzen und Empfindungen hätte ausüben
können, so daß er für manches die Bewunderung in Anspruch nahm,
dem man sie bei besonnener Ueberlegung verweigern muß. Nicht nur
seine Gegner, auch billige Beurtheiler haben gegen die sittliche Bedeutung, gegen die Angemessenheit und Schicklichkeit einzelner der von
ihm erhobenen Lebensansichten, Charakterzüge und Handlungen Bedenken geäußert, wie ja der Ausgang seiner Tragödien, z. B. gleich
der Ausgang seines Cid, nicht allseitig und vollkommen befriedigen konnte.

Dies hängt auch noch damit zusammen, daß Corneille um jeder
seiner Figuren eine bestimmte Theilnahme zu sichern, auch seine böswilligen Charaktere mit hierauf gerichteten Zügen ausstattete oder ihre
schlimmen Handlungen sophistisch mit einem Schein der Berechtigung
uz verschleiern suchte. Ja, da er mehr selbst durch seine Figuren
sprach, als sie aus ihrer eignen Individualität, aus ihrem eignen individuellen Zustand sprechen ließ, so kann es nicht Wunder nehmen,
daß sie fast alle dieselbe glänzende Eloquenz, dieselbe dialektische Gewandtheit und selbst Spitzfindigkeit zeigen; was seinen Dichtungen
trotz aller Verschiedenheit der darin dargestellten Vorgänge eine gewisse Aehnlichkeit und Monotonie giebt.

Die Einwürfe, welchen Corneille mit seinem Cid begegnete, blieben
nicht ohne Einwirkung auf seine weitere Dichtung. Er wollte auch
jetzt den Beweis wieder liefern, daß er das, was seine Gegner an ihm
tadelten, sehr wohl zu vermeiden verstehe, wenn dies nur sonst seinem
Zwecke entsprach und der Gegenstand, den er darstellte, es forderte.
Besonders scheint ihm die Beurtheilung, welche der Charakter der Chimène und der Ausgang des Cid erfahren, große Bedenken erregt zu
haben, da er von jetzt an der Liebe, der er später überhaupt die Bedeutung einer tragischen Leidenschaft abspricht, in der Tragödie nur
noch die zweite, wenn auch oft sehr umfängliche Rolle vergönnt und
sie, was gleich in seinem nächsten Drama, Horace,*) der Fall, welches

---

*) Er wurde 1639 zum ersten Male gegeben und erschien 1641 im Druck.

hierin im vollsten Gegensatze zum Cid steht, wie überhaupt die Gefühle des Herzens und die Forderungen der Familie, den Pflichten gegen die allgemeineren Mächte des Lebens, als die Vaterlandsliebe, den Glauben, die Bürgertugend, ganz unterwirft.

Auch hat sich der Dichter in seinem Horace und seinem Cinna, welcher noch in demselben Jahre (1639) nachfolgte*) wieder von den Spaniern ab und den Alten zugewendet, und wenn er im Cid zwar die Einheit der Zeit, doch nur in einer gegen die innere und äußere Wahrscheinlichkeit verstoßenden und den Charakter der Chimène empfindlich bloßstellenden Weise, die Einheit des Orts aber gar nicht gewahrt hatte, so glaubte er jetzt der Forderung der drei Einheiten nach allen Seiten aufs vollständigste genügt zu haben. Einen noch größeren Werth aber legte er darauf, daß er, was auch mit Recht als ein großer Fortschritt in der Entwicklung des Dramas zu betrachten ist, zum ersten Mal den Versuch machte, die Handlung während der einzelnen Acte in einen ununterbrochenen organischen Zusammenhang zu bringen, eine Aufgabe, die er zwar noch nicht vollkommen gelöst hat, wohl aber vollkommen gelöst zu haben glaubte. Ein Fortschritt im dramatischen Sinn würde nämlich nur darin gelegen haben können, daß jede folgende Scene mit einer gewissen innern und äußeren Nothwendigkeit aus der vorausgegangenen hervorginge. Noch aber arbeitet der Dichter hierbei mit äußeren Nothbehelfen, so daß die einzelnen Personen zum Theil unter einem ungenügenden Vorwande die Bühne verlassen oder auf ihr erscheinen. Auch hier wird man sich billiger Weise nicht an die nur zu erklärlichen Unvollkommenheiten, sondern an den Fortschritt zu halten haben, der gleichwohl ein ungeheurer war. Auch er hing mit dem Problem der drei Einheiten zusammen.

Es ist ohne Zweifel schwerer ein Stück, welches allen dramatischen Anforderungen entspricht, innerhalb der Grenzen zu schreiben, welche die drei Einheiten auferlegen, als in voller Freiheit von dieser Fessel. Nur wolle man in der bloßen Ueberwindung der durch eine Beschränkung auferlegten Schwierigkeit noch kein ästhetisches Moment sehen. Dies würde in vielen Fällen einem Kunststück weit ähnlicher erscheinen, als einem Kunstwerke. — Nichts ist dagegen wieder leichter, als die drei Einheiten einzuhalten, wenn man dabei andere und vielleicht

---

*) Er erschien 1648 im Druck.

wesentlichere dramatische Forderungen umgeht, oder diese verletzt und
gegen die Wahrscheinlichkeit fehlt, in deren Interesse wenigstens die
der beiden Einheiten der Zeit und des Orts einzig aufgestellt wor=
den sind. Nichts ist leichter, als eine Menge Ereignisse in den
Raum von 24 Stunden zu pressen, wenn man nicht darnach fragt, ob
sie schicklicher oder auch möglicherweise in so kurzer Zeit so geschehen
konnten, oder ob die Charaktere, durch welche sie sich vollziehen hier=
durch ganz anders erscheinen, als man es nach ihrem übrigen Ver=
halten erwarten dürfte, wie dies z. B. bei Corneille der Fall, wenn
er den Entschluß der Chimène den Mörder ihres Vaters zu heirathen,
welchen Guillen de Castro erst drei Jahre nach dem Tode stattfinden
läßt, auf den Tag des Mordes zurücksetzt. Nichts ist leichter bei
den verschiedensten Ereignissen an der Einheit des Orts festzuhalten,
wenn man den größten Theil der Handlung hinter die Scene verlegt
oder sie da stattfinden läßt, wo sie schicklicher Weise nicht hingehört,
was z. B. in Corneille's Horace geschieht, wenn Tullius Gericht zu
halten in das Haus des alten Horace kommt, oder falls sich der
Dichter, wie in den meisten der regelmäßigen Tragödien, nur auf die
Darstellung der Katastrophe beschränkt.

Es werden immer nur wenige tragische Handlungen sein, welche
sich in ihrer vollen Totalität innerhalb der durch die drei Einheiten
gezogenen Schranken darstellen lassen. Der Dichter wird, wenn er sie
zum Gesetz erhebt, entweder auf die meisten derselben verzichten müssen
oder sie doch nur mangelhaft darstellen können. Corneille durchbrach
diese Schranke als er die Einheit des Orts, er hätte auch noch hinzu=
fügen können die Einheit der Zeit, nur auf den einzelnen Act beschränkt
sehen wollte, wie denn z. B. in Cinna die Handlung abwechselnd im
Palast des Auguste und in der Wohnung der Emilie spielt. Allein
auch diese Einrichtung hat ihre Nachtheile, weil sie nicht selten einen
Theil der handelnden Personen actweise von der Scene ausschließt.
Corneille gab sie und vielleicht mit aus diesem Grunde späterhin
principiell wieder auf.

Voltaire hat gegen Horace eingewendet, daß derselbe eine dop=
pelte Handlung zeige, daß mit dem Streit, welcher die Ermordung
der Schwester zur Folge hat, ein neues Stück, ein neues Interesse
beginne. Dies ist jedoch irrig. Nur die ungenügende Motivirung
des Mordes bei Corneille hat diesen Schein erzeugt. Horace kommt

aus dem Kampfe mit den Curatiern nicht nur als der Retter des
Vaterlandes, sondern auch als der Mörder des Bruders seiner Gattin,
als der des Geliebten der Schwester zurück. Der Conflict in den
ihn das letztere bringt, war mit dem Kampfe, den er siegreich durch=
fochten, gegeben. Er ist nothwendig und unauflöslich mit diesem ver=
knüpft. Horace hatte ihn daher auch voraus gesehen. Er glaubte ihm
jedoch die Schärfe genommen zu haben. Gerade hierbei hat es der
Dichter an tragischer Kraft fehlen lassen. Gerade hier zeigt es sich
wie wenig er auf eigentlich tragische Spannung hinarbeitete. Denn
schon in der Abschiedsscene der Kämpfer von den Frauen, hätte
das tragische Verhängniß sich drohender ankündigen sollen. Der
Gegensatz von Pflicht und Liebe ist dagegen im Horace ein ungleich
reinerer als im Cid. Bemerkenswerth aber ist, daß wie in diesem
der Dichter kein Gewicht darauf legt, daß Chimène's Vater ihr Glück
seinem aufbrausenden Ehrgefühl so rücksichtslos opfert und hierdurch
selbst die nächste Pflicht der Natur gröblich verletzt, er hier wieder
ganz aus den Augen verliert, daß Horace gegen die Curatier nicht
nur sein Vaterland vertheidigt, sondern auch den Tod der gefallenen
Brüder rächt. Camille hätte daher in Horace nicht nur den Mörder
ihres Geliebten, sondern auch den Rächer ihrer Brüder zu sehen gehabt.

Man hat Cinna das vollendetste Werk des Dichters genannt.
Wenn man nur die äußere Form ins Auge faßt, sowohl was Com=
position, als Sprache und die einzelnen Gedanken betrifft, so will
ich es zugeben. Die Handlung und Charaktere, sowie die Motivirung
beider vermag ich indeß so hoch nicht zu stellen. In dieser Beziehung
erscheint mir der Cid, erscheint mir Horace viel bedeutender, wie ich
überhaupt den zweiten Akt von Horace für das im dramatischen Sinne
bedeutendste halte, was Corneille geschrieben. Aus ihm spricht wirklich
alte römische Größe, wogegen selbst noch in diesem Stück die ersten
Gespräche der Frauen kaum wesentlich anders klingen könnten, wenn
sie der Dichter den Damen des Hôtel de Rambouillet in den Mund
zu legen gehabt hätte.

Horace und Cinna hatten einen unbestrittenen Erfolg. Es war
als ob sich nie eine Gegnerschaft wider Corneille geregt hätte. Erst
der Polyeucte (1640)*) stieß wieder auf Widerspruch. Er ging aber

---

*) Der erste Druck ist vom Jahre 1642.

nicht von den Gegnern, sondern von den Freunden des Dichters, vom Hôtel
de Rambouillet aus, wo er ihn vor der Aufführung vorgelesen hatte. Ich
halte die Einwürfe, die man dort gegen den in seiner Maßlosigkeit ganz
abstracten und unmotivirten religiösen Fanatismus Polyeucte's erhob,
wenn auch aus andern Gründen, für völlig berechtigt. Ein solcher Fanatismus ist seiner Unzurechnungsfähigkeit wegen gar keine tragische Leidenschaft. Er tritt viel zu unvermittelt, zu brutal und zwecklos auf, um
irgend ergreifen zu können. Daß er schließlich die Bekehrung so vieler An-
dersgläubiger zur Folge hat, ist mehr nur ein Wunder, als eine irgend
wahrscheinliche Consequenz, wie die tragische Handlung sie fordert.
Auch Richelieu soll sich gegen den Polyeucte ausgesprochen haben.
Der Bühnenerfolg war gleichwohl ein ungeheurer und selbst noch viele
der heutigen französischen Literarhistoriker, wie z. B. Nisard, stellen
das Stück sehr hoch.

Die dem Martyre du Saint Polyeucte des Surius entnommene Handlung ist aber folgende. Paulina, die Tochter des römischen Statthalters von Armenien, Felix, hat sich, von ihrem Vater
gedrängt, dem reichen und angesehenen Polyeucte vermählt, obschon
ihr Herz dem Sevère gehört, von dem sie glaubt, daß er im Kriege
umgekommen sei. Dies ist jedoch ein falsches Gerücht gewesen. Vielmehr hat sich Sevère inzwischen durch Tapferkeit zum Günstling des
Kaisers emporgeschwungen. Er kommt, von Paulinas Vermählung
nichts ahnend, ihr Herz und ihre Hand nun in Anspruch zu nehmen.
Vater und Tochter zittern vor der Ankunft des jetzt allmächtigen
Mannes, jener weil er den Zorn desselben fürchtet, diese weil in
ihrem Herzen der Kampf zwischen Liebe und Pflicht aufs Neue erwacht. Inzwischen ist Polyeucte, dem sie ihr Herz nicht verbirgt, zum
Christenthum übergetreten und verlangt sofort nach nichts andrem,
als die Wahrheit seines neuen Glaubens vor aller Welt durch seinen
Märtyrertod zu erweisen, um hierdurch dem Christenthum neue Anhänger zuzuführen. Trotz der Abmahnung des Néarque, welcher ihn
doch erst selbst zum Christenthum überredet hatte, lästert er öffentlich die
Götter der Römer und wirft ihre Altäre um. Felix glaubt sich jetzt
vor dem Zorn des Sevère nicht anders retten zu können, als indem
er Polyeucte opfert. Paulina sucht ihn dagegen zu retten. Polyeucte
weist sowohl die Rettung, als Paulinas Liebe zurück. Er verlangt nach
nichts als seinem Tode und will Paulina nur als die Seine ansehen,

wenn sie seinen Glauben und seinen Märtyrertod theilt. Auch Severe, heimlich dem Christenthume geneigt, sucht Polyeucte vom Tode zu retten, Felix in seiner Verblendung erblickt aber nur eine List darin, ihn selbst zu verderben. Er läßt daher seinen Eidam hinrichten. Diese That erzeugt eine innere Wandlung in ihm, so daß er nun ebenfalls sich offen zum Christenthume bekehrt. Paulina folgt seinem Beispiel, ein großer Theil des Volkes hat schon vorher Sympathie für den neuen Glauben gezeigt und auch Severe deutet zuletzt seinen baldigen Uebertritt an.

Die Charaktere wachsen in Horace, Cinna und Polyeucte noch mehr über das gewöhnliche Maß hinaus, als im Cid. Sie fordern zum Theil zu noch größerer Bewunderung auf, die des letzteren aber stehen uns näher. „Corneille, sagt la Bruyère, besitzt die Kunst uns seinen Charakteren und seinen Ideen zu unterwerfen. Er stellt die Menschen so dar, wie sie sein könnten." Nisard*) setzt hinzu, daß ihre Größe darum doch nicht so außerhalb der Grenzen des Erreichbaren liege, um nicht den Wunsch empfinden zu lassen, sich ihnen zu nähern oder sich wenigstens zu schämen, daß man ihnen so fern stehe. Indessen ist diese Größe zum Theil auch nur Schein, mit welchem die glänzende Rhetorik des Dichters täuscht. Oder welchen Werth hat wohl die Freiheitsliebe eines Maxime und Cinna neben der eines Cassius und Brutus bei Shakespeare? Verlieren nicht all die glänzenden Reden welche sie halten, ihre Bedeutung, nachdem wir wissen, daß sie nur von dem Egoismus der Liebe zu einer That fortgerissen werden, vor welcher der eine im entscheidenden Momente wieder zurückscheut, weil ihr Pathos seinem Herzen innerlich fremd ist, und an welcher der andere sogar zum Verräther wird? Und worin besteht wohl die so hoch gepriesene Größe des Corneille'schen Auguste, der nachdem er dem Königthum blutige Opfer gebracht, in einer plötzlichen Anwandlung von Gewissenhaftigkeit schwankend wird, ob er ihm weiter folgen oder zum Republikanismus zurückkehren soll? der nie aus eignen Beweggründen seine Entschlüsse faßt, sondern sich hier durch die Sophistik Cinna's zum Königthum, dort durch die politischen Rathschläge seiner Gemahlin zur Milde bestimmen läßt?

Nisard hält mit dem Polyeucte die große Schöpfungsperiode Corneille's für abgeschlossen, und sieht in Rodogune, La Mort de

---

*) Histoire de la littérature française. Paris 1863. 3. éd. II.

Pompée, Sertorius, Nicomède, Don Sanche und Héraclius nichts als
einen allmählichen Niedergang. Ich halte dies, wenn man den dramatischen Werth dieser Stücke in's Auge faßt, für zu weitgehend. Es
zeigen sich in jenen vier Stücken ebenso große dramatische Fehler, wie
in den späteren und in diesen, wenn auch nicht in so glänzender Fülle
immer noch große einzelne Züge und Scenen. Ja, da das Tragische
nicht die eigentliche Stärke des Dichters ausmacht, so möchte ich glauben,
daß eine Dichtung wie Don Sanche, wenn sie auch an heroischer
Größe und an Glanz des Gedankengehalts weit hinter jenen zurücksteht, im Ganzen, wenn auch nicht im Einzelnen, nach ihrem dramatischen Werth fast noch am meisten befriedigt.

Nisard glaubt den jähen von ihm behaupteten Rückgang daraus
erklären zu sollen, daß der Dichter bisher unter dem doppelten Einfluß
der Alten und der Spanier stehend, von jetzt an dem dieser letzteren
allzusehr nachgegeben habe. Er sieht den Hauptunterschied des antiken
und spanischen Theaters nämlich darin, daß jenes seine Situationen
aus den Charakteren entwickle, dieses aber die Charaktere aus den
Situationen, wobei es die letzteren nicht wechselnd und überraschend
genug, aber fast immer auf Kosten der Wahrscheinlichkeit gestalten
könne. Dies ist, wenngleich nicht in dem von diesem geistvollen
Geschichtsschreiber angenommenen Umfange zwar zutreffend, nur irrt
er, wenn er das erste für das allein Richtige hält und dem andren
selbst noch eine beschränkte Berechtigung abspricht. Schon Aristoteles,
der doch das Drama der Alten kannte, behauptet, daß nicht die
Charaktere, sondern die Handlung das erste und maßgebende im
Drama sei. Handlung ist freilich ohne Charaktere nicht denkbar, aber
sie umfaßt außer ihnen auch noch die Situationen, die beide in ihr
nicht nur zugleich gegeben, sondern auch ganz auf einander bezogen
sein müssen, so daß die Handlung eben entsteht, indem beide sich an-
und auseinander entwickeln. Charaktere und Situationen sind also
der Handlung untergeordnet, aber sie constituiren dieselbe, sie müssen
zu diesem Zwecke überall lebendig und folgerichtig auseinander hervorgehen und sich überall ebenso selbst, wie einander entsprechen.
Es wird nicht geleugnet werden können, daß die guten spanischen
Dichter in ihren besseren Werken dies zu ungleich reicherer Entwickelung gebracht haben, als die Alten, nur daß sie dabei ihr besonderes
Augenmerk auf das malerische und stimmungsvolle der äußeren Situa-

tion legten, während die Alten vorzugsweise die innere Situation be-
rücksichtigten und dieser entsprechend die Charaktere in einer gewissen
sich isolirenden Abgeschlossenheit, in einem mehr plastischen Sinne ausbildeten. Auch faßten die Spanier allzusehr die einzelne Scene ins
Auge, daher sich bei ihnen wohl diese, nicht aber die Scenen in
ihrem Zusammenhange mit der nothwendigen Folgerichtigkeit entwickeln. Vielmehr beruht diese Entwicklung oft auf gekünstelten und
spitzfindigen Voraussetzungen oder auf dem Hinzutritt äußerer und
mitunter sehr gesuchter und unwahrscheinlicher Zufälligkeiten. Ich will
nicht in Abrede stellen, daß Corneille von diesen Fehlern der spanischen Bühne manches mit herübergenommen hat; aber wichtiger ist
doch, daß er durch das Studium derselben ein Gefühl für die lebendige dramatische Situation überhaupt gewann. Es ist eines seiner
großen Verdienste als Dramatiker, die Gestalten der französischen
Tragödie, die noch immer an einer steifen Unbeholfenheit krankten, in
eine lebendige Beziehung zu einander gebracht, der französischen tragischen Bühne die lebendige dramatische Situation geschaffen zu haben.

Ein ganz unmittelbarer Nachahmer der Spanier in Bezug auf
Situation konnte aber Corneille, wie ich bereits bei dem Vergleiche des
Cid mit dem Guillen de Castro'schen Vorbild bemerkte, schon wegen
der Verschiedenheit seines Compositionsprincips nicht sein. Dies wird
durch einen Vergleich seines Menteur mit der Alarcon'schen La verdad sospechosa auf's Neue bestätigt. Am entschiedensten dafür aber
würde sein Heraklius sprechen, wenn dieser wirklich, was ich bezweifle,
eine Nachbildung von Calderon's En esta vida todo es verdad y
todo mentira sein sollte.

Corneille, der außerordentliche Charaktere zu schildern liebte, mußte
natürlich auch suchen sie in außerordentliche Situationen zu bringen
und dies wurde durch das bei ihm mit den Jahren immer mehr hervortretende Streben, seinem Publikum neu und originell zu erscheinen,
gefördert, wobei sich ergiebt, daß Unwahrscheinlichkeiten der Situation
nicht immer eine Folge davon zu sein brauchen, daß der Dichter aus
ihnen seine Charaktere entstehen läßt, sondern sie ebenso gut entstehen
können, wenn er das umgekehrte Verfahren einschlägt. Doch auch das
Gesetz der drei Einheiten trug hierzu bei, wie es den Dichter ja vielfach zur Vereinfachung seiner Situationen nöthigte, wozu er noch dadurch gedrängt wurde, daß es ihm mehr um die innere, als um die

äußere Situation seiner Charaktere zu thun war. Die Situation war
ihm, wie schon gesagt, nicht sowohl das Mittel dieselben handeln, als
sprechen, als sie ihre Ideen und Ansichten entwickeln, vertheidigen, zur
Geltung bringen zu lassen. Gegen dieses dialektisch-rhetorische Moment
seiner Darstellung mußte die individuelle Situation nur zu häufig zu-
rückzutreten, sie bleibt oft längere Zeit ganz unverrückt bei ihm stehen.

Eine gewisse Wahrheit liegt aber doch dem Nisard'schen Ausspruche
zu Grunde, welcher die Corneille'sche Glanzperiode auf die vier Dramen: Cid, Horace, Cinna und Polyeucte, eingeschränkt sehen will. Was
Corneille zum großen nationalen Dichter gemacht, liegt allerdings fast
ganz in jenen vier Werken beschlossen. Der Menteur mag ein besseres
bürgerliches Lustspiel, Don Sanche ein besseres heroisches Lustspiel sein,
als Cinna oder der Cid gute Tragödien sind, gleichwohl würden weder
sie, noch alle seine übrigen Dramen zusammen, wie viel auch noch sie an
den Vorzügen jener vier andren theilnehmen möchten, ihn zu dem großen
nationalen Dichter gemacht haben, als der er noch heute gefeiert wird.
Denn dies ist nicht sowohl das, was er als dramatischer Dichter, als
was er als Dichter überhaupt ist — es ist die große ethische Weltanschauung, der große ethische Ideengehalt, die allerdings nur im Drama
den erhabenen, mit sich fortreißenden Ausdruck, die große stilvolle Form
gewinnen konnten, in welcher sie der Nation zum Maß und Gesetz
wurden. Corneille nimmt hierin, trotz der übrigen Verschiedenheit beider,
bei den Franzosen ganz dieselbe Stelle ein, wie Schiller bei uns
Deutschen. Daher auch Nisard mit Recht sagen konnte: „Gott wolle
verhüten, daß der große Corneille aufhöre, auf unsrem Theater volksthümlich zu sein. Mit diesem Tage würden wir aufgehört haben;
eine große Nation zu heißen." Der Einfluß, den Corneille auf das
Empfindungsleben seiner Nation ausgeübt hat und noch heute ausübt,
ist ein ganz ungeheurer. Er hat ihr ihre sittlichen Ideale gegeben,
die opfermüthige Begeisterung für alles Große und Erhabene, für
Liebe, Ehre und Ruhm. Doch auch die Verirrungen ihres leicht erregbaren Selbstgefühls, ihre fanatische Begeisterung für die äußere Gloire
lassen sich schon mit auf diesen Dichter und auf jene vier, oder wie
ich noch lieber sagen möchte, auf die drei Meisterwerke, den Cid
Horace und Cinna zurückführen.

Gleich der nächsten dramatischen Dichtung Corneille's La mort de Pompée (1641)*) gebricht es nicht nur mehr, als den früheren an wahrhafter tragischer Kraft, sondern auch an diesem zur Bewunderung hinreißenden Elemente des Heroischen, an welchem jene so reich waren. Weder César noch Ptolomée, weder Cornelie noch Cleopâtre, am wenigsten aber Photin, vermögen wahrhaft zu ergreifen und zu fesseln. Daher sich auch das Interesse in diesem Stück in dem Maße zersplittert, daß eine Schauspielerin jener Zeit von ihm sagen konnte: „Es sei wohl sehr schön, nur daß es zu viele Helden habe". Es hat nämlich eigentlich keinen, daher es der Dichter wohl auch nach dem gar nicht auf der Bühne erscheinenden Pompée benannt hat.

Um so größer und verdienter war die Anerkennung, welche Corneille im nächsten Jahre (1642) mit seinem Menteur errang.**) Bellerose spielte die Titelrolle und Richelieu, der in diesem Jahre noch starb, soll ihm dazu einen kostbaren Anzug geschickt haben, was ein neuer Beweis für die Gunst sein würde, in welcher Corneille auch noch jetzt bei dem Cardinal stand. Neben diesem sein organisirten und stilisirten Lustspiel nimmt sich die Dichtung Alarcon's, die ihm zum Vorbild gedient wie ein Naturkind neben einer salonfähigen Dame aus.***) An einfacher Natürlichkeit der Charakteristik erreichte Corneille sie nicht. Risard, welcher den Spaniern jede durchgeführte und folgerichtige Charakterzeichnung abspricht, wird schon durch dieses eine Lustspiel widerlegt; auch erscheint Alarcon Corneille an echtem Lustspielgeist überlegen, insofern er die Gewohnheit des Lügens in seinem Helden als einen Fehler erscheinen läßt, der seinen Ursprung mehr in der Phantasie, als im Herzen hat, während bei Corneille das umgekehrte Verhältniß obwaltet. Aber das Corneille'sche Lustspiel ersetzt dies durch andere Vorzüge und wenn es auch nicht wahr sein sollte, daß Molière gesagt, es sei dieses Stück gewesen, welches ihm zuerst gezeigt, wie Leute von Bildung mit einander verkehren, so daß er ohne dasselbe schwerlich seinen Etourdi, seinen Dépit amoureux, vielleicht selbst nicht seinen Mysanthrope geschrieben haben würde, so ist doch so viel gewiß, daß Corneille damit das erste wahre Muster eines französischen Charakter-Lustspiels aufgestellt hat.

---

*) Es erschien 1644 im Druck.
**) Es erschien 1644 im Druck.
***) Corneille, welcher irregeführt durch eine jener unrechtmäßigen Ausgaben das spanische Stück dem Lope de Vega zuschrieb, schätzte dasselbe sehr hoch.

Das nächste Jahr (1643) brachte den erſten Druck des Cinna. Er war einem Herrn von Montauron, einem reichen receveur général, vom Dichter gewidmet worden. Der Ton dieſer Widmung war ein ſo überſchwänglicher, daß man das Gerücht verbreitete, Corneille habe dafür 1000 Piſtolen erhalten und um dieſen Preis dem reichen Spe-culanten den Vorzug vor dem ſich um die gleiche Ehre bewerbenden Cardinal Mazarin eingeräumt. Dies wird jedoch durch das freundliche Verhältniß widerlegt, das er nur kurze Zeit ſpäter zu dieſem gewann.*) Die Maßloſigkeit der in jener Widmung enthaltenen Schmeicheleien hatte aber zur Folge, daß das Lob à la Montauron dafür ſprüch-wörtlich wurde.

Der große Erfolg des Menteur bewog den Dichter zu einer Fortſetzung, La suite du menteur**), der er wieder ein ſpaniſches Luſtſpiel, Lope de Vega's Amar sine saber a quien zu Grunde legte. Corneille hielt die Intrigue deſſelben für noch intereſſanter, auch ge-hört ſie in der That zu Lope's glücklichſten Luſtſpielerfindungen, gleich-wohl hatte es nur geringen Erfolg.

1644 betrat ſeine Rodogune die Bühne.***) Er gab ihr vor all ſeinen andern Stücken den Vorzug. Ein faſt gleichzeitiges Stück von Gilbert zeigt bis auf den Schluß eine völlige Uebereinſtimmung in der Compoſition, der Anlage der Charaktere, der Folge und dem Inhalt der einzelnen Scenen. Da das Gilbert'ſche Stück etwas eher als das Corneille'ſche erſchien, ſo lag der Verdacht nahe, daß dieſer es benutzt haben könnte. Fontenelle erklärt dieſen Umſtand jedoch daraus, daß Corneille ſeinen Plan einem Freunde mitgetheilt habe, Gilbert denſelben erfuhr und ihn dann, indiscret genug, zu einer eige-nen Dichtung benützte. Den Stoff hatte Corneille den ſyriſchen Kriegen des Appianus Alexandrinus entnommen. Die Ausführung war im großen Stile gehalten. Voltaire nannte die Dichtung furchtbar und groß. Auch hier aber iſt das Intereſſe getheilt. Iſt die ſyriſche Cleopâtre oder Rodogune die Heldin? Dem Titel nach ſoll es zwar dieſe ſein, der Handlung nach iſt es gleichwohl aber jene. Der Dichter ſagt,

---

*) Noch in demſelben Jahre widmete er ſeinen Mort de Pompée, den berühmteſten Mann der alten Welt, wie er ſagte, dem berühmteſten Manne der neuen.

**) Die erſte Aufführung fand 1648 ſtatt, der erſte Druck erſchien 1648.

***) Der erſte Druck fällt in das Jahr 1647.

daß er dem Stücke den falschen Titel aus Rücksicht auf den Namen der Cleopâtre gegeben habe, die man mit der ägyptischen leicht würde haben verwechseln können. Dem war jedoch durch die bloße Anfügung, „Königin von Syrien", leicht vorzubeugen. Wahrscheinlicher ist daher, daß sich der Dichter immer noch scheute, einen so verbrecherischen Charakter, wie die Cleopâtre, offen zur Heldin zu machen. Dagegen wagte er hier einen Mord auf offener Scene. Cleopâtre trinkt vor den Augen des Publikums das Gift, mit dem sie aus Herrschsucht und Haß ihren Sohn und Robogune ermorden will. Auch die ersten Wirkungen des Giftes werden noch sichtbar, nur der Tod wird den Blicken des Zuschauers entzogen und hinter die Scene verlegt. Man hat Gewalt und Kühnheit dieses Auftritts gerühmt — es war aber doch vielleicht mehr die Kunst der Darstellerin, als die Größe des Dichters, die man bewunderte. Mit Recht hat man dagegen die Alternative getadelt, welche Robogune den Söhnen der Cleopâtre stellt, die beide nach ihrem Besitz streben, indem sie sich nur demjenigen zur Gemahlin geben will, welcher den Tod seines Vaters an seiner Mutter rächt; nicht sowohl deshalb, weil, wie man gesagt, ein solcher Vorschlag einer so tugendhaften (?) Person, wie Robogune, unwürdig sei, sondern weil er auch im höchsten Grade unklug und zweckwidrig erscheint. Das ist zugleich ein neuer Beweis, daß sich unwahrscheinliche Situationen auch aus den Charakteren entwickeln lassen.

Lessing hat in seiner Dramaturgie den Inhalt dieser Dichtung eingehend beleuchtet und an ihr eigentlich nur zu tadeln gefunden. Er nennt sie das Werk eines Stümpers, ein bloßes Product des auf den Bühneneffect ausgehenden Verstandes oder, wie er sich ausdrückt, des Witzes. Man kann dieses zum Theil übertreibende, zum Theil geradezu unbillige Urtheil nur damit entschuldigen, daß es Lessing vor allem darauf ankam, das deutsche Theater aus den Fesseln des französischen Academismus zu befreien. Er übersah oder wollte vielleicht nur übersehen, daß Corneille das Stück, so wie er es von ihm forderte, gar nicht dichten konnte, weil dies dem Gesetz der drei Einheiten widersprochen haben würde. Corneille, der nur die Katastrophe behandeln konnte, mußte schon deshalb, und nicht blos aus Originalitätssucht oder um des bloßen Bühneneffects willen, Vieles verändern. Ich glaube daher, daß so sehr Lessing mit einzelnen Einwänden im Rechte ist, Corneille doch einen andren Ton der Beurtheilung verdient hätte.

Doch, wie schon gesagt, der Schlag war mehr gegen die gedankenlosen Bewunderer Corneille's, als gegen ihn selber gerichtet.

Die erste Niederlage erlitt Corneille 1645 mit seinem Théodore Vierge et Martyre chrétienne. Der Stoff ist dem 2. Buche des heiligen Ambrosius entnommen, und wenn nicht derselbe, so doch ein ganz ähnlicher, wie der, den wir bereits in dem provençalischen Mysterienspiele des 14. Jahrhunderts: Le Martyre de Ste Agnèse behandelt finden. Noch ein paar Jahrzehnte zuvor würde die französische Bühne einen solchen Stoff ruhig ertragen haben. Die Nothzucht erregte zu dieser Zeit, wie wir aus einem Stücke des guten Hardy gesehen, damals noch gar keinen Anstoß. Auch Corneille hatte damals ganz wunderliche Dinge, ohne Einspruch zu erfahren, darbieten können. Man war inzwischen aber ehrbarer geworden, was sicher zu loben ist; wenn es sich auch im Munde Voltaire's etwas lächerlich ausnimmt, daß er es sich nicht zu erklären vermöge, wie der Autor des Cinna durch die Wahl eines derartigen Sujets sein Talent so zu entehren vermocht habe und die Schauspieler es zu spielen wagen durften. Der Autor der Jeanne d'Arc muß als er dies schrieb eine sehr bescheidene, um nicht zu sagen niedrige Meinung, von sich und seinem Talent gehabt haben. Der Herr von Voltaire war eben ein seltsamer Heiliger und ein fast ebenso seltsamer Kunstverständiger dazu. Das letzte geht u. A. aus einer Note zur 4. Scene des 4. Aktes des Théodore hervor, in welcher es heißt: „man weiß nicht, ob man hiernach Stücke des Lope de Vega und Shakespeare verdammen kann". Das schien also der höchste Trumpf der Herabwürdigung zu sein, deren Voltaire überhaupt fähig war.

Diese Niederlage war aber ohne Zweifel für die Entwicklung der französischen Bühne sehr wohlthätig. Wo wäre sie wieder hingekommen, wenn derartige Situationen unter religiösen Vorwänden und gestützt auf ein so großes Muster wie Corneille beifällige Aufnahme gefunden hätten! Sie wurde dem Dichter durch folgende gleichzeitige von Ludwig XIV. der damals fast noch ein Kind war, an ihn gerichtete Aufforderung aufgewogen:

„M. de Corneille, comme je n'ai point de vie plus illustre à imiter que celle du feu roi, mon très-honoré seigneur et père, je n'ai point aussi un plus grand désir que de voir en un abrégé ses glorieuses actions dignement représentées, ni un plus grand soin que d'y faire travailler promptement. Et comme j'ai cru que pour rendre cet ouvrage parfait, je devais vous en laisser l'expression, et à Valdor les dessins, et que j'ai vu par ce qu'il a fait, que son invention avait répondu à mon attente, je juge par ce que vous avez accoutumé de faire que vous réussirez en cette entreprise, et que, pour éterniser la mémoire de votre roi, vous prendrez plaisir d'éterniser le zèle que vous avez pour sa gloire. C'est ce qui m'a obligé de vous faire cette lettre par l'avis de la reine régente, Madame ma mère, et de vous assurer que vous ne sauriez me donner des preuves de votre affection plus agréables que celles que j'en attends sur ce sujet. Cependant je prie Dieu qu'il vous aie, M. de Corneille, en sa sainte garde."

Corneille entſprach dieſem ehrenvollen Auftrage gewiß mit der größten Hingebung, ohne jedoch, wie Taſchereau ſagt, ſeinen Ruhm hierdurch zu vermehren*).

In dieſem Jahre war Corneille zum Mitgliede der Academie vorgeſchlagen worden. Da er jedoch noch immer ſeinen Wohnſitz in Rouen hatte, ſo wurde dem in Paris wohnenden Hrn. de Salamon der Vorzug gegeben. Daſſelbe wiederholte ſich im Jahre 1646 mit Hrn. de Ryer. Corneille ließ nun der Academie wiſſen, daß er ſeine Angelegenheiten in der Weiſe geordnet habe, um in Zukunft einen Theil des Jahres in Paris zubringen zu können. Dies hatte im Jahre 1647 ſeine Wahl endlich zur Folge. Corneille beſaß, wie ſeine Antrittsrede beweiſt, welche ſehr mittelmäßig war, aber nicht die nöthigen Eigenſchaften, um in Paris eine Rolle zu ſpielen. Er war nur bedeutend, wenn er ſchrieb und ſelbſt dann eigentlich nur, wenn er ſich dabei auf dem Gebiete des Dramas bewegte. Sein Wiſſen war ſicher nicht unbeträchtlich, aber faſt ganz auf ſeinen Beruf, die Bühne, bezogen. Eine Eigenthümlichkeit, die er mit Racine und Boileau, wie die Schweigſamkeit, die er mit Molière gemein hatte. „Wer Herrn von Corneille ſieht, — ſagt einer ſeiner Zeitgenoſſen**), würde ihn nicht für fähig halten, die Römer ſo gut ſprechen laſſen und den Empfindungen und Gedanken der Helden einen ſo erhabenen Ausdruck geben zu können. Als ich ihn das erſte Mal ſah, hielt ich ihn für einen Kaufmann aus Rouen. Sein Aeußeres verrieth nichts von dem ihm innewohnenden Geiſt. Er vernachläſſigte ſich zu ſehr oder beſſer geſagt: die Natur, die ſo

*) Triomphes de Louis le Juste, XIII. du nom, Roi de France et de Navarre. Paris 1649.
**) Vigneul de Marville, Mélanges d'histoire et littérature. 1725. I. 193.

verschwenderisch gegen ihn in den außerordentlichen ihrer Gaben war,
hatte ihm selbst noch die gewöhnlichsten versagt." Auch ein so begeisterter
Verehrer wie La Bruyère spricht sich keineswegs hierin günstiger über
ihn aus. „Einfach, zaghaft, langweilig in der Unterhaltung, verwechselt er die Worte und beurtheilt die Güte seiner Stücke nach dem
Ertrag. Er weiß seine Schriften weder gut zu lesen, noch vorzutragen
— aber laßt ihn nur sich beim Schaffen über sich selbst erheben, so
wird er euch nicht unter Auguste, Pompée, Nicomède oder Héraklius
erscheinen. Er ist dann ein König und zwar ein großer König!"
Daher er auch trotz all jener gesellschaftlichen Unfähigkeit in hohem
Ansehen stand. Er genoß, wie seine Dedicationen beweisen, die Gunst
der höchsten Personen des Landes. Dem Hôtel de Rambouillet galt
er für eine Berühmtheit, die ihm zur Zierde gereichte. Der Herzog
von Guise war ihm befreundet. Man sagt, daß jeden Tag ein Couvert
an dessen Tafel für ihn bereit lag. Condé bewunderte ihn. Vom
Publikum ward er vergöttert. Kein Wunder, daß er ein starkes Bewußtsein seines Werthes hatte. Es haben sich verschiedene Anekdoten
darüber erhalten. Seine Vertheidigungsschriften, die Examen seiner
Stücke sprechen dafür, in denen er sich nicht scheute, diese zugleich zu
loben und einer strengen Selbstkritik zu unterwerfen. Man würde ihn
hiernach für eine der wahrsten Naturen halten können, wenn einige
seiner Widmungen nicht dagegen zu sprechen schienen. Man hat sie
durch den Ton der Zeit zu entschuldigen versucht, aber ein so großer
Mensch hätte sich über diesen erheben sollen. Auch verpflichtete ihn
dieser keineswegs zu solchen Excessen der Schmeichelei. Die finanzielle Lage
in der sich der Bühnendichter noch damals befand, ist auch kein genügender Grund der Entschuldigung. Doch andrerseits zeigte Corneille wieder eine Kühnheit und Unabhängigkeit des Urtheils und
Geistes, welche des höchsten Lobes würdig erscheinen. Im Cinna hören
wir den Sévère sich folgendermaßen über die Lehren der Priester aussprechen:

> Peutêtre qu'après tout ces croyances publiques
> Ne sont qu'inventions de sages politiques,
> Pour contenir un peuple ou bien pour l'émouvoir,
> Et dessus sa faiblesse affermir leur pouvoir.
> (dernière Scène du 4. acte.)

Im Don Sanche fanden die folgenden Verse immer rauschenden Beifall:

> Lorsque le déshonneur souille l'obéissance,
> Les rois devraient douter de leur toute-puissance.
> Qui le hazarde alors est sûr d'en abuser
> Et qui veut tout prévoir ne doit pas tout oser.

Sie wurden später gestrichen. Kühner noch war folgende Stelle welche er 1661 Ludwig XIV. in seinem Toison d'or zu hören gab, wo sie der allegorischen Figur der France in den Mund gelegt sind:

> A vaincre si long temps mes forces s'affaiblissent.
> L'état est florissant, mais les peuples gémissent;
> Leurs membres décharnés courbent sous mes hauts faits,
> Et la gloire du trône accable ses sujets.

Campistron wendete sie 30 Jahre später aufs Neue an und mußte sie unterdrücken.

Mehr noch ist die Treue und Zuverlässigkeit von Corneille's Charakter zu rühmen. So fest wie seiner ersten Liebe, hing er auch seiner Vaterstadt, seiner Familie an. Erst 1647 vermochte er es über sich zu gewinnen, theilweise nach Paris zu übersiedeln. Mit allen seinen Geschwistern blieb er innig verbunden, aber geradezu rührend ist sein Verhältniß zu Thomas, dem jüngsten der Brüder. Es hatte durch die Verheirathung des letzteren mit der jüngeren Schwester seiner Frau womöglich noch an Zärtlichkeit gewonnen. Die Brüder bewohnten zwei mit einander verbundene Häuser, es herrschte fast Gütergemeinschaft zwischen ihnen. Erst als Pierre gestorben war, mußte man daran denken, das Vermögen der beiden Schwestern zu trennen. Thomas hörte nie auf, zu seinem Bruder wie zu einem Wesen einer höheren geistigen Ordnung emporzublicken. Pierre war um den Dichterruhm seines Bruders besorgter noch fast, als um den eignen.

Die erste Frucht von Corneille's theilweiser Uebersiedelung nach Paris war der Héraklius (1647)*). In keinem anderen Stücke des Dichters herrscht die Situation so über die Charakteristik vor. Es beruht auf den wunderlichsten Voraussetzungen, auf einer Intrigue,

---

*) Es erschien noch in demselben Jahre im Drucke.

die an sich selbst zu Schanden wird. Die glückliche Lösung wird schließlich nur durch ein ganz äußerliches Moment herbeigeführt. Augenscheinlich war es Corneille in diesem Stücke darum zu thun, die Kraft
seiner Originalität und Erfindung zu zeigen; ein Streben, welches so
verhängnißvoll für ihn wurde. Er spricht nicht ohne Selbstgefühl
von den Freiheiten, die er sich hier mit der Geschichte erlaubt. Auch
würde er seinen Gegenstand, selbst wenn er dazu von Calderon's En
esta vida todo es verdad y todo mentira angeregt worden wäre,
noch immer ganz selbständig aufgefaßt haben, da eigentlich nur eine
einzige Situation beiden völlig gemein ist und selbst noch diese bei
ihm ganz anders behandelt erscheint. Ueberhaupt sind Form und
Geist dieser Dichtungen von Grund aus verschieden. Andrerseits ist
es freilich nicht gerade wahrscheinlich, daß eine so untergeordnete Stelle
des Baronius wie die, nach welcher die Amme, der Héraklius anvertraut worden war, um diesen vor den Verfolgungen des Usurpators
Phokas zu retten, ihr eigenes Kind für ihn aus- und preisgegeben
haben soll, zwei Dichter unabhängig von einander Anlaß zu Erfindungen gegeben habe, denen bei aller Verschiedenheit doch gewisse
Grundzüge gemein sind. Corneille weist in seinem Examen des Héraclius auf die schönen Nachahmungen hin, die seine Dichtung gefunden und der Pater Tournemine erzählt, daß Calderon zur Zeit des
Erfolges derselben in Paris gewesen sei, was auf eine Priorität der
Corneille'schen Dichtung schließen lassen würde. Voltaire, welcher das
spanische Stück theilweise übersetzt und dem Corneille'schen Héraklius
in seiner Ausgabe vorgedruckt hat, erklärt dagegen mit ziemlicher
Sicherheit den letzteren für eine Nachbildung des Calderon'schen, wobei er sich vornehmlich auf eine Angabe Emmanuel de Guera's (1682)
stützt, nach welcher des letzteren schon 1641 in einer Romanze gedacht
wird. Auch lag seiner Uebersetzung ein alter Quartdruck zu Grunde;
wahrscheinlich die Ausgabe von 1647. Schon diese beweist, daß das
Calderon'sche Stück früher als das Corneille'sche geschrieben sein muß.*)
Nichtsdestoweniger glaube ich kaum, daß letzterer jenes gekannt hat.
Wohl aber dürften ihm die Hauptzüge desselben mitgetheilt worden
sein, die er dann in seiner Weise an die geschichtliche Ueberlieferung
mit den entsprechenden Veränderungen anknüpfte und selbständig weiter
entwickelte.

*) Hartzenbusch glaubt das Entstehungsjahr auf 1622 feststellen zu können.

Voltaire, der kein Organ für das Malerische und für das Stim-
mungs- und Phantasievolle hatte, vermochte die Bedeutung der romantischen Dichtung überhaupt nicht zu würdigen. Er legte daher einen
ganz falschen Maßstab an die Dichtung des Spaniers, der um bei
der dichterischen Umkleidung eines tiefsinnigen Gedankens ganz frei in
der Erfindung zu sein, den Stoff auf das Gebiet der Fabel verlegt
hatte. Es ist lächerlich, von dieser eine Wahrscheinlichkeit zu fordern,
die sie ihrer Natur nach ganz von sich abweist. Voltaire übersah,
daß, was bei dem Spanier phantastisch wirkte, durch seine innere
Bedeutung aber ergriff, in der historischen Behandlungsweise Corneille's
gekünstelt und willkührlich erscheinen mußte. Indem er die Erfindung
des Ersteren lächerlich zu machen und aus der beschränkten Bildung
desselben zu erklären sucht, zeigt er daher nur die Beschränktheit seines
eignen, in conventionellen Vorurtheilen und dürren Verstandesbegriffen
befangenen ästhetischen Urtheils. Gleichwohl erkannte auch er, daß
die genialen Gedankenblitze des Spaniers in dieser von ihm nur für
chaotisch gehaltenen Dichtung gelegentlich Schönheiten enthüllen von
einer Kraft und Bedeutung, die er vergeblich in der regelmäßigeren
und glätteren Dichtung Corneille's suchte. Mit jener verglichen erscheint diese in der That nur dürftig, kalt, gemacht und gekünstelt.
Der volle Strom der Phantasie, der jene durchzieht, wird hier durch
eine construirte Intrigue ersetzt. Für sich allein betrachtet, bietet aber
auch sie einzelne Schönheiten dar. Beim Publikum erfreute sie sich
eines großen Erfolges; die Kritik fand sie allzu verwickelt.

Gegen Ausgang des Jahres 1647 war Corneille im Auftrag
des Hofes, der gern ein durch Tanz, Musik und Verwandlungen ge-
hobenes Drama, in der Art des 1640 zur Aufführung gebrachten
Orphée et Euridice sehen wollte, mit der Dichtung der Andromède
beschäftigt. Die Aufführung, welche ursprünglich im Jahre 1648 stattfinden sollte, hatte sich bis Januar 1650 verzögert.*) Sie fand mit ungeheurem Erfolge in dem dazu eingerichteten Theater des Petit Bourbon
statt; die dem Stück von Torelli gegebene Ausstattung, sowie das Sujet
hatten den größten Antheil daran. Quinault hat es daher noch einmal behandelt. Voltaire sagt, daß wenn die Corneille'sche Andromède
auch alle ähnlichen Dichtungen seiner Zeit in Schatten gestellt habe,

---

*) Es erschien 1651 mit den Abbildungen der Decorationen im Druck.

man sie doch nach der des Quinault nicht mehr zu lesen vermöge.
Heute verzichtet man wohl am liebsten auf das eine und andre.

Mit einem wesentlich anders gearteten, aber ebenfalls auf die
Vorliebe seiner Landsleute für das Neue berechneten Werke trat
Corneille noch in demselben Jahre in seinem schon öfter erwähnten
Don Sanche d'Aragon auf.*) Dem als Comédie héroique bezeichneten
Stücke liegt El palacio confuso des Lope de Vega und der Roman
des Pélage zu Grunde. Obschon es an ethischer Idealität, an Gedankengehalt und an poetischem Glanz weit hinter Cid, Horace und
Cinna zurücksteht, so glaube ich doch, daß diese Gattung der dramatischen
Dichtung Corneille's Beanlagung besonders entsprach. Es behandelt
die Geschichte eines Königssohns, der zwar als armer Fischer erzogen
wurde, in dem sich jedoch die edlere Natur unbewußt regt, so daß er
die kriegerische Laufbahn erwählt und durch außergewöhnliche Thaten
eine glänzende Stellung erringt. Er gewinnt sich hierdurch die heimliche Neigung zweier fürstlichen Damen, von denen die eine seine
Schwester ist, während die andre, durch politische Rücksichten zur
Wahl eines Gatten gedrängt, diese in seine Hand legt, indem sie
ihm einen Ring giebt, welchen er demjenigen reichen soll, den er dafür
als den würdigsten erachtet. Man hat mit Recht besonders den Moment gerühmt, da Don Sanche an die drei Freier sich wendend sagt:

> Comtes, de cet anneau l'or vaut un diadème,
> Il vaut bien un combat, Vous avez tons du coeur
> Et je le garde —
>
>   Don Lope:
>   A qui, Carlos?
>   Don Sanche:
>   A mon vainqueur.

Die Auflösung ist wie Corneille selbst zugesteht aber schwächlich. Das Stück mehr fein und liebenswürdig, als spannend und fort-
reißend, fand zwar zunächst eine günstige Aufnahme, die jedoch bald
ermattete; wie Corneille glaubt, weil Condé sich dagegen erklärt hatte,
wahrscheinlicher aber wohl, weil das Publikum nach stärkeren Erregungen oder nach glänzenderer Erhebung verlangte.

Reiner und bedeutender suchte Corneille das Heroische in seinem

---

*) Es erschien 1651 im Druck.

Nicomède (1652)*) herauszuarbeiten, von dem er alles Zärtliche und
Rührende ausschloß. Er nannte das Stück eine Tragödie, obschon
er aus dem dem 34. Buche der Justinus'schen Geschichte entnommenen Stoff die hauptsächlichsten tragischen Momente ausschied und durch
mildere ersetzte. Nirgend wird es entschiedner bemerklich, als hier, daß
er nicht sowohl Furcht und Mitleid, als Bewunderung zu erregen
bestrebt war, welche, wie er glaubte, ein noch besseres Mittel, als sie
zur Reinigung der Leidenschaften sei. Wenn die Bewunderung aber
auch nicht, wie Boileau und nach ihm Voltaire gesagt hat, ein kaltes
und zu tragischen Wirkungen ungeeignetes Gefühl ist, so ist doch gewiß, daß sie die letzteren nur unter Mitwirkung jener beiden andren
Empfindungen, dann aber wohl in erhöhterem Grade zu erregen
fähig ist.

1653 folgte die Tragödie Perthatrite.**) Die Niederlage, die er
durch sie erlebte, bestimmte ihn, sich ganz von der Bühne zurückzuziehen, nicht ohne den Hintergedanken, daß dieser Entschluß kein unver-
brüchlicher sei. Er ging nach Rouen zurück, obschon er erst kürzlich
all seine Aemter daselbst niedergelegt hatte, und widmete sich hier der
religiösen Dichtung. Auch ging der erste Schritt zur Wiederannäherung
an das Theater, nicht von ihm selbst aus. Es war der damals mächtige Fouquet, der ihn zur Wiederaufnahme seiner dramatischen Thätigkeit aufforderte und ihn auch zur Wahl verschiedene Gegenstände vorschlug, von denen er dann den Oedipe wählte. Die gleichzeitige Anwesenheit der Molière'schen Truppe in Rouen regte die alte Theater-
lust wohl auch noch mit auf. Der Erfolg der 1659 stattfindenden
Aufführung***) war ein glänzender. Der Weg war also wieder gebrochen.
Da Corneille inzwischen auch noch die Mutter verloren hatte, Thomas sich
einer dramatischen Thätigkeit wegen aber gern nach Paris wenden wollte,
so fand im Jahre 1662 die völlige Uebersiedelung der beiden Brüder dahin
statt. Voltaire hat freilich gesagt, daß es für den Autor des Cinna besser
gewesen sein würde, in Rouen mit Schwarzbrod, aber ruhmvoll zu
leben, als sich in Paris von einem Geschöpfe des Königs Geld für
schlechte Verse zahlen zu lassen — und die Gehässigkeit und Ungerech-

----

*) Erschien in demselben Jahre im Druck.
**) 1654 erschien sie im Druck.
***) Der erste Druck ist vom selben Jahre.

tigkeit, welche in diesen herzlosen Worten liegt, abgerechnet, muß so
viel doch zugestanden werden, daß Corneille wohl noch einige vorübergehende Erfolge zu erringen vermochte, aber nichts, das noch wesentlich zur Vermehrung seines Ruhmes beigetragen hätte. Ich gehe daher
rasch über die weiteren dramatischen Stücke des Dichters hinweg, über
das Ausstattungsstück Le toison d'or, das er im Auftrag des Marquis
de Sourdéac, des Mitbegründers der französischen Oper schrieb, und
welches zuerst 1660 auf dessen in der Normandie gelegenen Schlosse
Neuburg, später aber mit ungeheurem Erfolge im Theater Marais
zur Aufführung kam, der freilich zum Theil der Musik und den Decorationen zuzurechnen ist — über seinen noch einzelne große Züge ent-
haltenden Sertorius (1662), der Türenne zu dem Ausruf veranlaßte:
„Wo in aller Welt hat Corneille die Kriegskunst erlernt!" — über die
einen neuen literarischen Streit entzündende Sophonisbe (1663), über
Othon (1664), Agésilas (1666), Attila (1667), Bérénice, Pulchérie
(1672) und Suréna (1674), womit er seine dramatische Laufbahn beschloß. Ich will mich über sie nur auf folgende wenige mit seinen
späteren Lebensschicksalen im Zusammenhang stehende Bemerkungen
beschränken.

Corneille hatte sich, wie mit allen seinen früheren Gegnern, so
auch mit Mairet wieder versöhnt. Es ist daher nicht recht begreiflich,
daß er sich des Sujets der Sophonisbe bemächtigte, auf welcher vorzugsweise der Ruhm dieses Dichters beruhte. Er hätte sich denken
können, daß dieser hierdurch aufs Neue verletzt werden mußte. In
der That heißt es in den Nouvelles nouvelles des De Visé, daß
Mairet vor Alteration darüber erkrankte. Auch gab es diesen Schriftsteller den Anstoß, den Kampf gegen Corneille neu zu eröffnen, dem
sich verschiedene Andere, besonders d'Aubignac anschlossen. Dieser
veröffentlichte 1656 seine gegen Corneille gerichteten Dissertations con-
cernant le poëme dramatique. Man sagt, er habe es übel genommen, daß Corneille seiner niemals ehrend gedacht und der Rathschläge dankend erwähnt habe, die er ihm, wie es in seiner 1657
erschienenen Pratique du théâtre heißt, in verschiedenen Fällen gegeben. Corneille antwortete aufs Heftigste, was aber nur einen neuen
Angriff d'Aubignac's zur Folge hatte.

Im Jahre 1660 veranstaltete Corneille eine erste Gesammtausgabe seiner dramatischen Werke. 1663 erschien eine neue. Es wird

daher hier der Ort sein, seiner drei Discours: Du poëme dramatique, de la tragédie und des trois unités zu gebenken, die nebst
den Examen seiner Stücke hier zum erften Male veröffentlicht wurden.*)

Corneille hatte sich, wie wir gesehen, sehr früh mit der Theorie
des Drama's vertraut gemacht. Er hatte anfänglich einen gewiffen
Widerftand gegen ihre Forderungen gezeigt, um diesen später doch
mehr und mehr nachzugeben. Er erscheint demnach hier mehr im Ein-
klange mit den Regeln der noch im scholastischen Geifte befangenen
Aefthetik, als sich dies bei früheren Gelegenheiten zeigte, doch giebt er
noch immer einzelnen Forderungen der Ariftotelischen Poetik eine freiere
Auslegung als deren übrige Vertreter. Ich glaube jedoch nicht, daß
dies nur darum geschehen sei, um, wie Leffing behauptet, seine Werke
mit ihr in Einklang zu bringen. Diese verftoßen noch viel zu sehr
gegen die von ihm gegebenen Auslegungen, und er selbft weift mit
viel zu großer Offenheit auf diese Widersprüche hin, als daß man
dies annehmen dürfte. Dagegen ist es ganz richtig, daß seine Auslegungen zum Theil sehr mangelhaft sind. Besonders war der Begriff, welchen er sich hiernach vom Tragischen gebildet hatte, ungenügend und irrig. Die Folge davon war, daß er die schwäch-
lichere Form der Tragödie mit glücklichem Ausgang begünftigte und
durch eine Bewunderung erregende Größe die höchften tragischen Wirkungen hervorbringen zu können glaubte. Eine weitere Irrung war,
daß er der Liebe die Bedeutung einer tragischen Leidenschaft absprach
und ihr doch einen so breiten Raum in seinen Tragödien geftattete,
wo sie nun häufig als bloßer Schmuck behandelt, zur Galanterie abgeschwächt oder zum Mittel der Politik herabgesetzt erscheint.

Andrerseits hat aber Corneille in diesen Abhandlungen nicht nur
gezeigt, wie ernst er es mit dem Wesen und der Bedeutung seiner
Kunft nahm, sondern auch ganz unmittelbar aus seinen Erfahrungen
manche noch heute zu beherzigende Aufschlüffe und Lehren gegeben
und darin für seine Zeit ebenso vorzügliche Mufter aufgeftellt, wie
für die bramaturgische Kritik in seinen Examen. Besonders zeichnen
sie sich in ihrer Klarheit, Kürze und Anspruchslosigkeit vor den ihnen
vorausgegangenen weitschweifigen und anspruchsvolleren Werken Mes-
nabiére's (La Poëtique, Paris 1640) und d'Aubignac's (f. o.) vor-

---

*) Die neuefte Ausgabe der Oeuvres de Corneille ist von Marty-Laveaux 1862.

theilhaft aus.*) Welchen Einfluß sie ausübten, kann der Umstand beweisen, daß Voltaire noch fast ganz auf dem Standpunkte der Corneille'schen Dramaturgie stand und ihr gegenüber fast immer des Lobes voll ist.

Wie mit allen bedeutenderen Schriftstellern von Paris war Corneille auch mit Molière und Racine bekannt worden. Mit jenem früher als mit diesem. Auch war das Verhältniß zu ersterem ein innigeres. Trotz der mannichfaltigen Versuche, dasselbe zu stören, bewahrte es bis zu Molière's Tode diesen Charakter. Sie lernten einander schon 1658 in Rouen kennen; noch in demselben Jahre spielte dann Molière mit seiner Truppe Corneille's Nicomède vor Ludwig XIV. Nach seiner Rückkehr nach Paris gehörte Corneille ununterbrochen zu den Besuchern des Molière'schen Hauses. Dagegen war das Verhältniß zu Racine gleich im Entstehen ein gespanntes geworden. Dieser hatte Corneille seinen Alexandre zu lesen gegeben, der das darin hervortretende poetische Talent nicht verkannte, dramatisches dagegen vermißte. Dies wurde ihm als Furcht oder Neid ausgelegt. Es bildete sich eine Parteigängerschaft, welche die beiden Dichter von einander zu trennen suchte. Dies gelang um so leichter, als Racine's Talent sich jetzt in überraschendster Weise entfaltete, dasjenige Corneille's aber ermattete und allmählich erstarb. Besonders hatte es diesen verdrossen, daß Racine in seinen Plaideurs ein paar Stellen seines Cid parodirt hatte, indem er den alten Chicanau die Worte

Viens mong sang, viens ma fille,

und dem Intimé die anderen in den Mund legte:

Les rides sur son front gravaient tous ses exploits.

„Ziemt es wohl einem Neuling" — soll Corneille gesagt haben — „sich über Leute von Ansehen lustig zu machen?" Die Verbitterung mußte durch den Mißerfolg seines Tite et Bérénice wachsen, den er im Auftrage Henriette's von England gedichtet hatte. Auch Racine war gleichzeitig von dieser aufgefordert worden, denselben Gegenstand zu

---

*) Erwähnt mögen hier noch die einschlagenden Schriften d'Evremond's und Chappuzeau's werden.

behandeln und hatte sich der Schauspieler des Hôtel de Rambouillet
zu versichern gewußt, welche im Tragischen für die besten Darsteller
galten. Corneille mußte sich demnach mit der Molière'schen Truppe
begnügen. Doch würde Racine auch ohne diesen Vortheil den Sieg davon getragen haben, da das Corneille'sche Stück zu seinen schwächsten,
kältesten Arbeiten gehört. Es fehlte übrigens nicht an Parodien auf
beide. Chapelle machte auf die Frage, wie ihm das Racine'sche Stück
gefallen habe, den Witz: „Marion pleure, Marion rit, Marion veut qu'on
la marie." Die Niederlage der Pulchérie und der Suréna überzeugten
den alternden Dichter, daß seine Rolle zu Ende war. Er zog sich
zum zweiten Male, nun aber für immer, vom Theater zurück und überließ dem jüngeren Rivalen das Feld.

Racine scheint übrigens nie die Bedeutung Corneille's verkannt
zu haben. Die Gedächtnißrede, welche er ihm nach seinem in der
Nacht vom 30. September zum 1. October 1684 in seiner Wohnung,
Rue d'Argenteuil, erfolgten Tode in der französischen Academie hielt,
darf wohl als ein im Ganzen aufrichtiger Meinungsausdruck angesehen
werden. Am 1. October trat Racine die Präsidentschaft derselben an,
doch machte ihm sein Vorgänger, der Abbé Lavau, bei dieser Gelegenheit die Ehre, Corneille's Gedächtniß zu feiern, noch streitig. Die
Besetzung der Corneille'schen Stelle durch seinen Bruder Thomas, bot
aber dafür eine neue dar. „Wenn man in späteren Zeiten" — heißt
es in Racine's Beantwortung der Antrittsrede dieses letzteren — „mit
Staunen auf die wunderbaren Siege und auf die großen Dinge zu-
rückblicken wird, welche unserem Jahrhundert die Bewunderung aller
Zeitalter sichern, so wird Corneille, daran zweifle ich nicht, seinen
Platz unter all diesen Zauberern behaupten. Frankreich wird sich mit
Freuden erinnern, daß unter der Regierung seines größten Königs
sein größter Dichter geblüht. Man wird selbst den Ruhm jenes
Königs zu steigern glauben, wenn man sagt, daß er diesen geachtet."
— Auch eine Stelle aus einem Briefe Racine's an seinen Sohn mag
hier Platz finden: „Glaube nur nicht" — schreibt er diesem noch vor
Corneille's Tode, indem er ihn vor dem Dichterberufe warnt — „daß
es meine Dramen sind, welche mir den Beifall der Großen zuziehen.
Corneille hat Verse gedichtet, die hundertmal schöner als die meinigen
waren, und doch sieht ihn niemand mehr an. Man liebt sie nur im
Munde der Schauspieler."

Schon gegen Ausgang des Jahres 1662 hatte der Minister Colbert an Costar und Chapelain den Auftrag ertheilt, Verzeichnisse derjenigen Schriftsteller und Gelehrten zu entwerfen, welche begründeten
Anspruch auf königliche Vergünstigungen zu machen hätten. Beide
Listen, die nicht nur charakteristisch für jene beiden Männer, sondern
auch von Interesse für die literarischen Verhältnisse der Zeit sind und
die man bei Taschereau (a. a. O. S. 346) abgedruckt findet, enthalten
auch Corneille's Namen. Bei Chapelain heißt es: „Corneille ist ein
Wunder von Geist und eine Zierde des französischen Theaters. Er
hat Methode und Verstand (de la doctrine et du sens). Im Uebrigen
würde er wohl weder in gebundener, noch in ungebundener Rede
etwas Bedeutenderes hervorbringen können, da es ihm an Lebenserfahrung gebricht und er sich kaum um etwas Anderes als seinen Beruf kümmert." — Costar nennt Corneille den ersten Bühnenschriftsteller der Welt. — Gleichwohl erhielt dieser nur eine Pension von
2000 Livres, während Chapelain 3000, Mezeray sogar 4000 Livres
empfing. Corneille zeigte keine Mißstimmung über diese Zurücksetzung,
sondern dankte in schlechten Versen.

Von den gleichzeitig mit ihm aufstrebenden Dichtern gebührt Jean
de Rotrou,[*]) die erste Stelle. Corneille soll ihn seinen Vater genannt
haben. Dies müßte ohne Beziehung auf das Alter geschehen sein;
denn Rotrou war drei Jahre jünger als er. Er wurde 19. Aug. 1609 zu
Dreux bei Chartres geboren und gehörte einer der ältesten Familien
des Orts an, deren Mitglieder schon seit lange städtische Aemter bekleidet hatten. Sein poetisches Talent entwickelte sich früh. Auch scheint
er zeitig nach Paris gekommen zu sein und hier ein ziemlich leichtfertiges Leben geführt zu haben. Besonders hebt man seine Spielwuth hervor. Er hatte noch nicht das 19. Jahr erreicht, als er ein
Jahr vor Corneille (1628) mit der Tragicomödie L'hypocandriaque
ou le mort amoureux[**]) im Theater de Bourgogne die Bühne betrat. Trotz der Schwäche des Stücks, welches im Schäfertone der

---

[*]) Siehe über ihn Parfait, a. a. O. IV. S. 405. — Guizot, a. a. O.
— La Harpe, a. a. O. — Villemain, Cours de la littérature française. 17. Siècle.
— Ebert, a. a. O. — Alph. Royer, Hist. univ. du théâtre. Paris 1870. III.
S. 86. — Lotheissen, a. a. O.

[**]) Erschien 1631 im Druck. Beauchamps und Parfait geben über die Er-
scheinungszeit seiner Werke umfassende Auskunft.

Zeit die Geschichte eines jungen Mannes behandelt, den die Liebe so
melancholisch gemacht, daß er sich für todt hält und den hiervon gerührt, die grausame Geliebte aus diesem Zustand errettet, hatte es
einen großen Erfolg. Das war auch mit den folgenden Stücken
des Dichters der Fall, so daß sich derselbe in der an den König gerichteten Widmung seines Bague de l'oublie vom Jahre 1635 glaubte berühmen zu können, wesentlich dazu beigetragen zu haben, daß die Komödie zur Zeit mit den edelsten Vergnügungen zu wetteifern im Stande
sei. Er habe sich nun in der vorliegenden bemüht, sie so anständig
und rein in der Sitte erscheinen zu lassen, daß wenn sie auch nicht
für schön, so doch für weise gelten werde. Er habe aus einer leichtfertigen Schönen eine Heilige gemacht. — Wie es mit dieser Heiligkeit beschaffen war, mag eine Scene beweisen, in welcher ein Liebhaber
seine Braut im Bette findet und ihr alle Liebkosungen mit einziger
Reserve des letzten bräutlichen Zugeständnisses entringt. Dieses Lustspiel war, wie er selbst sagt, nur die Bearbeitung eines spanischen
Stückes. Le Grand hat die Idee desselben in veränderter Weise zu
seinem Roi de Cocagne benützt. Es wirkte wie die meisten der
Rotrou'schen Dramen durch das Abenteuerliche der darin aufgehäuften
Begebenheiten.

Rotrou besaß die Leichtigkeit eines mittelmäßigen Talents. Die
33 von ihm bekannt gewordenen Stücke, zum größten Theil Lustspiele
und Tragikomödien, sind meist dem Spanischen nachgebildet; zuweilen
sind es auch nur Ueberarbeitungen, wie die dem Römischen entnommenen Menèchmes (1632), Les Sosies (1636), Les captifs (1638).
Er genoß zu seiner Zeit eine ungewöhnliche Anerkennung, was die Ueberschätzung erklärt, welche ihm auch die meisten der späteren Literarhistoriker
noch zu Theil werden lassen. Besonders gerühmt wurden das Lustspiel La
soeur (1645), welches jedoch nur die Nachbildung eines italienischen
Stückes zu sein scheint, sein St. Genest (1646), welcher das Marty-
rium des bekannten Schauspielers behandelt, aber nur eine schwächliche Nachahmung des Polyeucte ist, und die dem No hay ser padre
siendo rey des Rojas nachgebildete Tragödie Venceslas (1647),
jedenfalls sein bedeutendstes Stück, im Grunde aber doch kaum mehr
als eine academische Vernüchterung des phantasievollen spanischen
Dramas. Es ist jedoch ein Zug jener glänzenden heroischen Erhabenheit darin, welche Corneille die Bewunderung der Welt erwarb, nur

daß es Rotrou an der rhetorischen Gewalt des Ausdrucks und Schönheit der Versification seines Freundes gebrach.

Trotz seines früheren Leichtsinns war Rotrou ein durchaus ehrenhafter, edler und aufopferungsfähiger Charakter. Kein Zweifel, daß
ihm nur dies jenen Ehrennamen Corneille's verschafft haben konnte.
Er hat sich stets als treuer, uneigennütziger Freund desselben bewährt.
In seinem Kampf mit Scudéry und den andern gelehrten Dichtern
der Zeit stand er ihm treulich zur Seite. Auch später ließ er sich
keine Gelegenheit, ihn zu feiern, entgehen. So heißt es z. B. in der
obenerwähnten Tragödie St. Genest:

> Nos plus nouveaux sujets les plus dignes de Rome
> Et les plus grands efforts des veilles d'un grand homme,
> A qui les rares fruits que sa muse produit
> Ont acquis dans la scène un légitime bruit
> Et de qui certes l'art, comme l'estime est juste,
> Portent les fameux noms de Pompée et Auguste:
> Ces poëmes sans prix où son illustre main
> D'un pinceau sans pareil a peint l'esprit romain,
> Rendront de leurs beautés votre oreille idolâtre
> Et sont aujourd'hui l'âme et l'amour du théâtre.

Sein Tod, ein Opfer der Pflichttreue, trug wohl auch zur Verherrlichung von Rotrous Namen noch bei. Er lebte schon längere
Zeit wieder in Dreux, wo er neben verschiedenen Aemtern auch das
des Lieutenant particulier et civil mit solcher Gewissenhaftigkeit bekleidete, daß er bei einer die Einwohner decimirenden Seuche, trotz
aller Aufforderungen seines Bruders, nicht zu bewegen war, seinen
Posten zeitweilig zu verlassen. Er erkannte es als die Pflicht eines
ersten Beamten, auf diesem fest auszuhalten. „Nicht, daß die
Gefahr hier nicht groß wäre" — fügt er in dem Antwortschreiben
hinzu — „da in diesem Augenblicke die Todtenglocke heute zum 22.
Male ertönt. Wenn es Gott will, möge sie es denn auch für mich!"
Nur wenige Tage später erfüllte sich ihm diese Ahnung (27. Juni 1650).

Rotrou gehörte zu den fünf Schriftstellern des Cardinal Richelieu,
von denen Boisrobert in dem vertrautesten Verhältnisse zu diesem
stand. Ein witziger Kopf, die lebendige Chronik der Zeit, spottsüchtig
und voll Anekdoten, hatte er sich ihm bald unentbehrlich zu machen
gewußt.

François le Métel de Boisrobert*) ward 1592 zu Caen geboren. Sein Vater stammte aus Rouen, wo er die Stelle eines Procureur de la Cour des Aides bekleidet hatte. François studirte Theologie und kam nach Paris, wo er bald eine Rolle zu spielen begann. Er gab, wie wir fanden, die erste Veranlassung zur Gründung der französischen Academie. Wir sahen ihn auch sonst noch im Dienste des Cardinals seine Rolle spielen. Dieser erwies sich ihm dankbar. Er verlieh ihm das Priorat von La Ferté sur Aube, die Abtei von Chatillon sur Seine und andere Benefizien. Später fiel er in Ungnade. Doch wußte er sich zuletzt wieder in Gunst zu setzen; was ihm auch nach Richelieus Tode bei Mazarin wieder gelang. Er hatte drei Leidenschaften: Das Spiel, die Tafel und das Theater. Besonders liebte er Mondory zu sehen, was ihm den Spottnamen des Abbé Mondory eingebracht hat. Er hat eine große Zahl Theaterstücke geschrieben, die ohne seine gesellschaftliche Bedeutung bis auf die Namen vergessen sein würden. Es waren theils Lustspiele, theils Tragikomödien. Er liebte das Traurige nicht. Auch sie sind zum Theil dem Spanischen nachgebildet, so La jalousie d'elle même (1649) der Zelosa de si misma des Tirso de Molina, La folle gageure (1650) dem El mayor imposible des Lope de Vega. Sein erstes Stück war Pyrandre et Lysandre ou l'heureux tromperie (1633), sein letztes Théodore, Reine de Hongrie (1657). Er starb 1662.

Auch ein jüngerer Bruder von ihm, Antoine le Métel, Sieur d'Ouville genannt,**) der sich besonders durch seine Contes du Sieur d'Ouville bekannt gemacht hat, widmete sich später als Dichter der Bühne. Er trat 1637 mit Les trahisons d'Arbiran auf. Seine Stücke sind fast alle dem Spanischen nachgebildet und wie die seines Bruders meist Lustspiele und Tragikomödien. Besonderen Beifall erwarb sein Esprit follet (1641) nach Calderon's Dame Kobold ***) (bei Parfait heißt es nach dem italienischen Canevas von La dama demonio ou Arléquin persécuté par la dame invisible), La dame suivante (1645), Les morts vivants (1645), Aimer sans savoir qui (1645), welches denselben Gegenstand wie Corneille's Suite du menteur

---

*) Pélisson et d'Olivet. a. a. O. II. 89. — Gebr. Parfait a. a. O. V. 10. — Tallémant des Reaux II. 144. — Fournel, Les contemporains de Molière I. 61.

**) Parfait. a. a. O. V. 353.

***) Es wurde später von Hauteroche neu überarbeitet.

behandelt, und Jodelet Astrologue (1646), der dem Feint Astrologue des Thomas Corneille zu Grunde liegen dürfte. Alle diese Stücke
sind nach spanischen Vorbildern und ich erwähne sie nur, um den Einfluß des spanischen Theaters auf das Französische deutlich zu machen.

Der Academiker Guillaume Colletet*), der vierte der fünf
Dramatiker Richelieu's wurde 1596 zu Paris geboren, wo er auch
1659 in Armuth starb. Er hat eine Menge poetischer Werke hinterlassen, die man bei Pélisson verzeichnet findet, darunter ein einziges
selbständiges Drama: Cyminde ou les deux victimes (1642). Er
war, wie sich schon hieraus ergiebt, kein dramatisches Talent. Dasselbe gilt von dem fünften dieser Dichter, Claude de l'Estoille, Sieur
de Sauffay, einer alten Pariser Familie entstammend, 1602 geboren,
1652 gestorben.

Richelieu selbst kann in einer Geschichte des französischen Dramas nicht übergangen werden, so schwach auch dasjenige war, was er
durch die fünf in seinem Solde stehenden Dichter nach seinen Entwürfen verfassen ließ, oder unter anderm Namen etwa selber verfaßte. Seine eigene Lebensgeschichte kann aber hier keinen Platz finden.
Außer der Comédie des Thuilleries (1635 mit großem Glanze im
Palais Cardinal aufgeführt), dem Aveugle de Smyrne (1638) und
La Grande Pastorale (der Tag der Aufführung ist hier unbekannt),**)
welche von jenen fünf Schriftstellern nach seinen Entwürfen ausgeführt worden sind und von denen er nur an den letzten selbst mit-
gearbeitet haben soll, werden ihm auch noch zwei unter Desmareft's
Namen erschienene Stücke, die 1639 mit großem Pomp im neuen
Theater der grande salle du Palais Cardinal aufgeführte Tragicomödie Miramare und die Comédie héroique Europe ganz und gar
zugeschrieben. Die letzte ist eine Art politisch allegorisches Gelegenheitsstück. Die Politik Frankreichs und Spaniens ist darin in den
Gestalten Francion und Ibère personificirt.

Die leidenschaftliche Vorliebe Richelieus für das Theater hat aber
in anderer Weise noch viel zur Entwickelung desselben beigetragen. Er

---

*) Parfait, a. a. O. IV. 193. — Pélisson et d'Ollivet, a. a. O. II. 5.

**) Nach Beauchamps erschienen die beiden ersten Stücke 1638 im Druck,
das zweite unter dem Titel L'aveugle de Smyrne ou la grande Pastorale. Unter
dem letzten Titel führt er gar kein besonderes Stück auf. Möglich also, daß La
grande pastorale überhaupt nur dasselbe Stück wie L'aveugle de Smyrne ist·

regte die Theilnahme dafür in den höchsten Kreisen an, unterstützte die Talente nicht nur durch Jahrgelder, sondern auch dadurch, daß er ihre Stücke in glänzender Weise in seinem Hause zur Darstellung bringen ließ. Die Gründung der Academie und der Streit, den er durch sie zur Entscheidung brachte, ist für die Entwickelung des französischen Dramas und Theaters nicht nur von einem zum Theil verhängnißvollen, sondern auch von einem fördernden Einfluß gewesen. Man muß sich nur vergegenwärtigen mit welcher Geringschätzung zu dieser Zeit noch die dramatische Literatur in England von den gelehrten Dichtern und in dessen Folge auch von einem großen Theil der guten Gesellschaft angesehen wurde, um zu begreifen, welchen Werth es für sie hatte, daß sie in Frankreich umgekehrt durch das Interesse, welches auf diese Weise für sie erregt wurde, an die Spitze der ganzen literarischen Bewegung der Zeit kam. Das Drama und das Theater waren hierdurch zu einer nationalen Angelegenheit gemacht worden. Es ist daher kein Zweifel, daß der Tod des außerordentlichen Mannes auch in dieser Beziehung weithin empfunden wurde.

Jean Desmarest de St. Sorlin*), der spätere literarische Beirath und Vertraute des Cardinals, war um 1595 in Paris geboren. Obschon er eine bedeutende Stellung im Staatsdienst bekleidete — er war General-Controleur der außerordentlichen Angelegenheiten des Kriegswesens und Generalsecretär der levantinischen Abtheilung der Marineverwaltung — so pflegte er doch mit Vorliebe die schönen Künste. Der dramatischen Thätigkeit widmete er sich dagegen nur aus Gefälligkeit für den Cardinal, daher er nach dessen Tode auch nichts mehr für die Bühne schrieb. Gleichwohl haben seine dramatischen Arbeiten zum Theil Erfolg gehabt; vor Allem sein Lustspiel Les visionnaires, welches sogar den Ehrennamen der Comédie inimitable erhielt. Molière hat es später in seinen Facheux nichtsdestoweniger übertroffen. Es ist ein Stück, welches in einzelne, gewisse Modethorheiten geißelnde Charakterbilder zerfällt, die nur nothdürftig zusammengehalten sind. Möglich daß Rojas' Lo que son mujeres die Anregung hierzu gab. Alcidon, welcher drei Töchter besitzt, hat in der Zerstreuung an vier verschiedene Freier je eine von ihnen versprochen. Er muß also suchen, einen derselben wieder los zu werden, was ihn in

---

*) Parfait, a. a. O., V. 407.

um so größere Verlegenheit bringt, als er sie alle sehr schätzt. Er wird
letzterer aber dadurch enthoben: daß einer der Freier nach dem andern
sein Wort selber zurückzieht und die Mädchen sich gar nicht verheirathen
wollen. Der eigentliche Spaß besteht freilich erst darin, daß sowohl
sie, wie die Freier, visionär, d. i. von irgend einer Modeeinbildung
besessen sind, auf deren Verspottung es überhaupt nur angelegt ist.

Desmarest war, wie wir sahen, Mitglied und erster Kanzler der
französischen Academie. In dem obenerwähnten Verzeichnisse Chapelain's heißt es über ihn: „Desmarest gehört zu den leichten Talenten
der Zeit, die ohne besondere Tiefe sind, Vieles wissen und es in gefälliger Weise wieder anwenden. Sein Stil ist in der Prosa rein,
doch ohne sich zu erheben; in der gebundenen Rede je nach seiner Absicht erhaben oder niedrig. Er ist unerschöpflich in dem einen und
andern und rasch in der Ausführung. Seine Phantasie ist sehr fruchtbar. Dagegen läßt er es oft an Urtheil fehlen. Er wendete sie früher
nicht ohne Erfolg zu Romanen und Komödien an, später wurde er
aber fromm und zeigte hierin denselben Eifer, wie früher in der pro-
fanen Schriftstellerei.“

Vor ihm und zwar in demselben Jahre mit Corneille traten
Balthasar Baro geb. 1600 zu Venaisin, gest. 1650, von welchem
schon früher die Rede war, Jean Claveret aus Orleans, Rayssiguier
Scudéry und Ryer auf, von denen jedoch nur den beiden letzten
hier eine kurze Betrachtung zu Theil werden kann.

George de Scudéry[*]), einer edlen Familie der Provence angehörend, erblickte 1601 zu Havre de Grâce das Licht der Welt. Er
zeigte zwar früh poetische Anlagen, ergriff aber, den Beruf seines
Vaters folgend, die militärische Laufbahn. Er trat in das Regiment
der französischen Garden ein, betheiligte sich an verschiedenen Feld-
zügen, ging dann auf Reisen, bis er sich endlich in Paris niederließ
und die Poesie halb als Liebhaberei, halb als Erwerbszweig betrieb.
Die kampflustige Ader zeigte sich auch hier in seinem Angriff auf
Corneille; ein gewisser militärischer Tic trat in um so lächer-
licherer Weise dabei hervor, als er zunächst anonym war. Später
erhielt er das Amt des Gouverneurs von Château de Notre Dame

---

[*]) Pélisson et d'Olivet, a. a. D., I. S. 306. — Parfait, a. a. D., IV. 430.
Tallémant des Reaux. V. 265. — Tivier, Hist. dram. en France. Paris 1873,
p. 623. — Royer, a. a. O., III. p. 27. — Lotheissen, a. a. O. II. 97.

de la Garde bei Marseilles und starb 1667 zu Paris. Die Leichtigkeit und Fruchtbarkeit seines Talents täuschten ihn wohl selbst über
die Bedeutung desselben, doch war es nicht gerade Neid, was ihn zu
seinem Angriff auf Corneille bewegte, da er für Hardy und Théophile
de Biau, dessen Werke er nach dem Tode desselben sammelte und
herausgab, ebenso bereitwillig als Vertheidiger auftrat. Es fehlte ihm
also keineswegs an edlen ritterlichen Eigenschaften. — Man kennt 16
Stücke von ihm. Das erste war die Tragikomödie Ligdamon et
Lydias ou la ressemblance (1629.) Das letzte die Prosa-Tragikomödie
Axiane (1643). Boileau urtheilte sehr geringschätzig über sie. Italienischer und spanischer Einfluß zeigt sich darin von der schlechteren
Seite.

Pierre de Ryer*) 1605 zu Paris geboren, genoß eine gute
Erziehung. 1646 wurde er Mitglied der Academie. Obschon er später
eine Pension erhielt, hatte er doch fast sein ganzes Leben mit Mangel
zu kämpfen. Er starb 1658. Die poetische Ader hatte er von seinem
Vater, Isaac de Ryer, geerbt. Seine Lage machte ihn aber zum
Vielschreiber. Als Dramatiker trat er 1630 mit der Tragikomödie
Argenis et Polyarque ou Théocrine auf. Sein letztes dramatisches
Werk war die Tragikomödie Anaxandre (1654). Er hat, außer dem
Lustspiel Les vendanges de Surênes, nur Tragikomödien und Tragö-
bien geschrieben. Seine Alcionée ou le combat de l'honneur et de
l'amour wurde zu seiner Zeit sehr gelobt. Man sagt, daß die Königin
Christine sich dieses Stück dreimal an einem Tage habe vorlesen
lassen; sie vertrug also etwas, denn es ist nichts als eine schwächliche
Nachahmung Corneille's.

Im Jahre 1635, also noch vor Erscheinen des Cid, trat Gaultier de Coste, Chevalier Seigneur de Calprenède**) zum ersten
Male als tragischer Dichter auf. Er wurde zu Schloß Toulgon im
Jahre 1610 geboren. Seine Studien machte er zu Toulouse
trat aber dann zu Paris in das Regiment der Garden ein, wo sein
Erzählertalent die Neugier der Königin erregte, die ihn in ihre Gunst
nahm. 1648 widmete er ihr sein erstes Theaterstück La mort de

---

*) Parfait, a. a. O, IV. 538. — Royer, a. a. O., III.
**) Parfait, a. a. O., V. 148. — Tallémant des Reaux. Paris 1834. V.
89. — Royer, a. a. O., III. 43. — Lotheissen, a. a. O. II. 365.

Mithridate das jetzt erst im Druck erschien. Zwei Jahre später ward er zum Kammerherrn des Königs ernannt. Er starb 1663. Calprenède war noch mehr als Romanschriftsteller, wie als dramatischer Autor geschätzt. Doch erward ihm jenes erste Stück, sowie Le Comte d'Essex (1639) viel Beifall. Heute erscheinen auch sie recht unbedeutend und leer. Doch verdient es Hervorhebung, daß er, einer der ersten, die Stoffe der Tragödie nicht nur dem Alterthum, sondern auch der neuern Geschichte wieder entlehnte, wie seine Johanna Gray und Eduard III. von England beweisen. Sein letztes Drama war Belissaire, Tragicomödie, 1659.

Ungleich bedeutender erscheint Tristan l'Hermite in seiner Mariamne, wobei zu berücksichtigen ist, daß sie noch vor dem Cid erschien, also keine Einwirkung von diesem erfahren haben konnte, obschon der edle Stolz, mit welchem Mariamne in ihrer Unschuld jede Vertheidigung ablehnt und der rührende Kampf der Liebe und der wildaufflammenden Eifersucht des Herodes dies wohl sonst könnte annehmen lassen.

François Tristan,*) der sich der Abkunft von Pierre l'Hermite rühmte und deshalb diesen Beinamen annahm, wurde 1601 zu Schloß Souliers in der Provinz de la Marche geboren. Er hat seine Jugendgeschichte, wenn auch nicht ohne Ausschmückung, in seinem Page disgracié erzählt. Hiernach kam er früh an den Hof und erlangte die Stellung eines Ehrencavaliers im Gefolge des Marquis de Vernueil, eines natürlichen Sohnes Heinrichs IV. Ein unglücklich verlaufendes Duell trieb ihn ins Ausland, zuerst nach England. Von hier wollte er über Frankreich nach Spanien. Er kam so incognito in den Dienst des Herzogs Gaston's von Orleans, dem er sich entdeckte und durch dessen Vermittelung er die Verzeihung und Gunst Ludwigs XIII. erward (um 1620). Von seinem späteren Leben weiß man nur wenig. 1648 wurde er als Mitglied in die Academie aufgenommen. Auch erward er sich um die Ausbildung Quinault's Verdienste. Er starb 1655. — Seine Mariamne ist eines der wenigen Stücke, welche den Arbeiten Corneille's sich nähern. Es enthält Stellen von wirklicher Schönheit und Kraft. Auch hielt sie sich lange neben dem Cid in der

---

*) Pélisson et d'Olivet, a. a. O. I. S. 308. Parfait, a. a. O. V. S. 196. Royer, a. a. O. III. S. 39. — Fournel, a. a. O. III. 8.

Gunſt der Nation. Mondory, welcher die Rolle des Herodes muſter-
haft geſpielt haben ſoll, wurde, wenigſtens ſcheinbar, ein Opfer derſelben, da ihn bei einer Vorſtellung dieſes Stücks beim Cardinal Richelieu
im Jahre 1637 der Schlag rührte. Triſtan ſchrieb neben verſchiedenen anderen poetiſchen Werken noch fünf Dramen, darunter das Luſtſpiel Le parasite, von benen La folie du sage (1644) das letzte war.
Sie ſtehen jedoch alle ſeiner Mariamne nach. Er ſtarb 1655.

Gleichzeitig mit ihm ſtrebten auch Meſnadière und Aubignac, Ben-
ſerade, Thomas Corneille und Scarron empor. Die beiden erſten ſind
hier eigentlich nur ihrer Bedeutung als Theoretiker wegen zu nennen.

Hippolyte Jules Pilet de la Meſnadière,*) zu Laudun
geboren, hatte in Nantes Medicin ſtudirt. Er wendete ſich dann nach
Paris, prakticirte daſelbſt und lernte Richelieu kennen, der ihn in
ſeine Gunſt nahm. Später, nachdem er das Studium der Medicin
mit dem der ſchönen Wiſſenſchaften vertauſcht, erward er das Amt
eines Haushofmeiſters und Vorleſers des Königs. Er verſuchte ſich
nun auch im Drama und ſchrieb ſeine Poétique, die aber auf den
erſten, das Drama behandelnden Theil beſchränkt blieb.

François Hedelin,**) Sohn des Lieutenant Général de Ne-
mours, war aus Paris gebürtig. Er ergriff den Beruf ſeines Vaters,
ſtudirte die Rechte, ward Advocat und überſiedelte dann nach Paris,
wo er in den geiſtlichen Stand übertrat. Er erward ſich die Gunſt
Richelieu's, der ihm die Abtei Aubignac überwies, deren Namen
er annahm. Wie es der Ton der vornehmen Welt damals forderte,
ſetzte er ſich mit allen literariſchen Berühmtheiten in Verbindung und
errang ſich bald eine einflußreiche Stellung hierdurch. Sein Streit
mit Ménage, ſeine kritiſchen Angriffe auf Corneille vermehrten ſein
Anſehen, das er noch durch ſeine Pratique du théâtre befeſtigte.
1642 war er bereits mit ſeiner Pucelle d'Orléans hervorgetreten, welcher
er eine Abhandlung über die Regel des Drama's vorausſchickte. 1645
folgte die Zénobie, reine des Palmyriennes, in der er ein Muſter
der Regelmäßigkeit aufſtellen wollte. Befremdend iſt es, daß er dieſelbe in Proſa ſchrieb. Man erzählt ſich ein Witzwort Conti's darüber, welcher geſagt haben ſoll: es ſei zwar ſehr löblich von d'Aubig-

---

*) Parfait, a. a. O. VI. 190.
**) Parfait, a. a. O. VI. 395.

nac, bie Regeln bes Ariftoteles fo forgfam zu beobachten, aber er
könne es bem Ariftoteles nicht verzeihen, Aubignac hierburch zu einer
fo schlechten Tragöbie veranlaßt zu haben.

Isaac be Benferabe,*) geboren 1612 zu Lyons in ber Haute
Normanbie, widmete sich nach vollenbeten Studien ber Poesie. Nach
Paris gekommen, übte bas Theater balb seine Anziehungskraft auf
ihn aus und man sagt, baß es bie schöne Schauspielerin Bellerose
gewesen sei, welche ihn zum bramatischen Dichter gemacht. Die
Cléopâtre (1635) soll er für sie geschrieben haben. Eine Zahl ande=
rer Stücke folgte, von benen bie Komöbie Iphis et Jante (1636) unb
bie Tragöbie Méléagre (1640) bie besten gewesen sein sollen.
Richelieu, mit bem er verwandt war, setzte ihm eine Penfion aus.
Später wurde er besonbers burch bie lyrischen Dichtungen zu ben
höfischen Ballets berühmt. Er war ber höfische Dichter par excellence
1674 wurde er auch noch Mitglied ber Academie und starb 1701 nach
einem langen behaglichen Leben. Man rühmte brei Talente an ihm:
bie Kunst mit ben Großen zu scherzen, ohne sie je zu beleidigen, mit
grauen Haaren galant zu sein, ohne je lächerlich zu werden, und mit
Versen Gelb zu verdienen.

Im Jahre 1647, fast in bemselben Alter wie einst sein um
zwanzig Jahre älterer Bruder, trat Thomas Corneille**) (ber sich
später ben Namen Sieur be Lisle, wie sein Bruder ben bes
Sieur Damville beilegte), zum ersten Male öffentlich als bramatischer
Dichter auf. Er war am 20. August 1625 zu Rouen geboren und
erhielt baselbst bei ben Jesuiten eine sorgfältige Ausbildung. Schon
hier zeichnete er sich burch ein Drama aus, welches bie Schüler zur
Aufführung brachten. Nachbem er seine Studien in Paris beenbet,
vermochte er nicht mehr ber Versuchung zu wiberstehen, welche bie
Werke und ber Ruhm seines Bruders auf ihn ausübten. Seine
ersten Versuche waren lediglich Bearbeitungen spanischer Stücke; fo
bas Lustspiel Les engagemens du' hazard,***) mit welchem er be=

---

*) Péliffon et b'Olivet, a. a. O. II. 236. Parfait, a. a. O. VI. 112.

**) M. Boze, Eloge be Mr. Corneille 1710. — Parfait, a. a. O. VIII.
S. 344. — Journel, a. a. O. — Oeuvres des deux Corneilles de C. Louandre,
Paris. 1865.

***) Es enthält auch Motive aus Les fausses verités von b'Ouville und aus
ber Inconnue bes Boisrobert.

butirte, nach Les empeños de un acaso des Calderon, sein Le feint
Astrologue (1648), nach dem gleichnamigen Lustspiele desselben Dich=
ters, Don Bertrand de Cigarral (1650), nach Entre bobos an-
da el juego des Rojas, L'amour à la mode (1651) nach Antonio
de Solis, Le charme de la voix (1653) nach Lo que puede la
aprehension des Moreto, Le géolier de soi-même nach Calderon.
Obschon diese Lustspiele fast alle freundliche Aufnahme fanden, so
war doch erst der Erfolg seiner Tragödie Timocrate (1656) ein durch=
schlagenderer. Sie wurde im Marais 24 Mal hinter einander wieder=
holt, bis einer der Schauspieler folgende Anrede an das Publikum
hielt: „Sie sind zwar noch keineswegs müde, das Stück zu sehen,
wohl aber wir, es zu spielen. Wir laufen Gefahr, all unsre andren
Stücke zu verlernen, daher wir Sie bitten, uns weiterer Wieder=
holungen entheben zu wollen." In der von M. de Boze in der
Academie des Inscriptions zum Gedächtniß Thomas Corneille's ge=
haltenen Rede aber heißt es, daß dieses Stück sechs Monate hinter=
einander gespielt worden sei. Der Stoff war sehr glücklich gewählt,
was überhaupt einer der Vorzüge dieses Dichters war. Er sprach
besonders durch das Zärtliche und Rührende an. Doch auch sein
Commode (1658), Stilicon (1660), besonders aber Ariane (1672) und
Le comte d'Essex (1678) hatten große Erfolge. Nur die beiden
letzten erhielten sich länger auf dem Repertoire. Voltaire hat sie in
die Ausgabe der Werke seines Bruders mit aufgenommen.

Thomas Corneille gehörte zu den beliebtesten dramatischen
Dichtern der Zeit. Die Theater du Marais und de l'hôtel
de Bourgogne machten seine Werke sich streitig. Auch behaupteten
sich diese nicht nur neben den Werken seines berühmten Bruders,
sondern auch neben denen des eben aufglänzenden Racine. Der Erfolg
der Ariane fiel mit dem des Bajazet in ein und dasselbe Jahr. Die
Vorzüge des jüngeren Corneille lagen außer in der glücklichen Stoff=
wahl, hauptsächlich in der von ihm beobachteten Regelmäßigkeit, in der
im Ganzen verständigen Führung der Handlung und in der spannen=
den und zugleich befriedigenden Auflösung. Hauptsächlich dem glück=
lichen Stoff schreibt Voltaire den Erfolg der Ariane zu. „Wie un=
dankbar die Männer auch sind, so nehmen sie doch immer Antheil an
einer von einem Undankbaren verlassenen Frau und die Frauen, welche
in einem solchen Gemälde ihr eigenes Schicksal sehen, beweinen sich selbst."

Voltaire weist dann auf die Aehnlichkeit der Sage der Ariane mit
der der Medea hin, indem er hervorhebt, um wie viel mehr die erstere
Anspruch auf unsere Theilnahme hat, als die zweite. Andrerseits fehlte
dem jüngeren Corneille die Tiefe und Kraft seines genialen Bruders.
Seine Sprache, obschon zum Theil reiner und klarer, ist ungleich
schwächlicher, sie hat weder die phantasievolle Fülle, noch die glänzende
Erhabenheit der Gedanken, noch die rhetorisch-dramatische Kraft des
Ausdrucks, die Schönheit der Versifikation, die wir an diesem letzteren bewundern. — Essex war schon vor Corneille, nicht nur von dem
Spanier Coello und von Calprenède, sondern auch erst kürzlich wieder von
dem Abbé Boyer *) behandelt worden. Die Corneille'sche Dichtung verdrängte aber alle früheren und stand noch zu Lessings Zeit in ge-
waltigem Ansehen, der sie eingehend beurtheilt hat.

Thomas arbeitete mit großer Leichtigkeit. Man sagt, daß ihm die
Ariane nur 17 Tage gekostet; die Zahl seiner Stücke, man kennt
deren 37, ist daher keine zu große. Seine schriftstellerische Thätigkeit
umfaßte aber noch viele andere Gebiete. Besonders seit er Mitglied
der Academie geworden war, widmete er sich vielen und großen wissenschaftlichen Arbeiten. Von ihnen seien nur das Dictionnaire pour
servir de supplément au dictionnaire de l'Académie française (1694),
seine Ausgabe der Remarques de Vaugelas (1687), seine Uebersetzung
der Metamorphosen des Ovid (1697) und sein Dictionnaire universelle géographique et historique (1708) hervorgehoben, (eine Vor-
arbeit für die Diderot'sche Encyclopädie), an welcher er fast erblindet, gearbeitet hat. Er starb in der Nacht vom 8. zum 9. Decbr. 1709.

Schon immer war das Burleske eine Form gewesen, in der sich
der zur Satire und Spottlust neigende französische Geist darzuleben
liebte. Wir sahen es schon Raum in den Mysterien, Mirakelspielen

*) Claude Boyer, 1618 in Alby geboren, seit 1660 Mitglied der Academie,
gestorben 1698, war einer der fruchtbarsten, aber mittelmäßigsten Bühnendichter
der Zeit. Trotz seiner geringen Erfolge konnte er nicht satt werden, zu dichten.
Sein erstes Stück, Porcie romaine, widmete er der Mad. de Rambouillet (1646).
Der Glaube, daß der Mißerfolg seiner Arbeiten nur an seinem Namen hänge, bewog ihn 1680 seinen Agamemnon unter dem Namen des Pater d'Assezan erscheinen zu lassen, der im Schutze Racine's stand. In der That fand das Stück Beifall. Boyer rief mitten hinein: „Es ist aber doch von Boyer, trotz dem Herrn von
Racine". Die Folge war, daß der Agamemnon am nächsten Tage ausgezischt
wurde. Um so größer, wenn auch nur kurz, war der Erfolg seiner Judith (1695).

und Moralitäten gewinnen. In den Sotties bildete es sich zu einer
ganz selbständigen Form aus. In das neue Lustspiel mußte es aber
um so leichter einbringen, als die Italiener und Spanier dafür bereits
Muster darboten. Doch würde die heroische Erhabenheit Corneille's
wohl ohnedies einen entsprechenden Gegensatz gefordert haben, gleichwie der Ausschluß der Liebe von den heroischen Leidenschaften die
tragische Behandlung der zärtlichen Gefühle wieder ins Leben rief.
Beides wurde auch noch durch den auf heitern, leichtfertigen Lebensgenuß gerichteten Sinn begünstigt, welcher zur Zeit der Regentschaft
Anna's von Oesterreich das Leben der höheren und gebildeten Kreise
zu beherrschen begann. Zu den Dichtern der ersten dieser beiden
Richtungen gehört Scarron, zu der letzteren Quinault.

Paul Scarron,[*] um 1610 zu Paris geboren, entstammte
einer alten, wohlhabenden Familie. Er sollte sich ursprünglich dem
geistlichen Stande widmen, was an der Lebenslust des im Ueberfluß
aufgewachsenen Jünglings aber scheiterte. Er gab sich derselben zügellos hin und legte hierdurch den Grund zu den entsetzlichen Leiden,
denen er den größten Theil seines Lebens verfallen sollte. Kaum
30 Jahre alt, war er durch sie in die bedauernswertheste Mißgestalt
verwandelt worden. Sein Kopf hing fast auf den Leib herab, Beine,
Arme und Finger waren krumm gezogen und verkürzt. Dabei wurde
er zeitweilig von den furchtbarsten Schmerzen gequält. Eine zweite
Heirath des Vaters führte für ihn noch überdies den Verlust des
erhofften väterlichen Erbtheils herbei. Aber die Heiterkeit seines
Geistes überwand all dieses Ungemach, er wurde durch einen trefflichen Appetit unterstützt und für diesen sorgte sein Witz, der ihm von
allen Seiten reiche Zuschüsse schaffte. Man kennt keine anderen
Schriften von ihm, als die, welche er in diesem Zustand geschrieben
und welche ihres Witzes wegen leidenschaftlich gelesen wurden. Daneben beutete er die Modethorheit der literarischen Widmungen in beispielloser Weise aus. Auch soll er sich noch durch allerlei finanzielle
Operationen Erträgnisse zu verschaffen gewußt haben. Man sagt,
daß eine von ihm ins Leben gerufene Organisation des Lastträger-
dienstes ihm jährlich an 6000 Livres eingebracht habe. Dies Alles
gab ihm die Mittel an die Hand, sein Haus, trotz seiner Leiden, zu

---

[*] Biographie in der Ausgabe von Bruzen de la Martinière (1717). —
Parfait, a. a. O. VI. 341. — Guizot, a. a. O. S. 407. — Fournel, a. a. O.

einem Centralpunkte des geistigen Verkehrs und des Frohsinns zu
machen, wobei außer seinem Witz und seiner Kunst des Erzählens,
auch noch zwei schöne, leichtfertige Schwestern eine Anziehungskraft
ausübten, von denen die eine den Wein, die andere die Männer liebte.
Das Aufsehen, das er hierdurch hervorrief, erregte die Neugier der
Königin. Der Malade à la mode mußte in einer Chaise zu ihr getragen werden. Das kleine Canonicat von Mans war das praktische
Ergebniß davon. Aber mehr noch als das. Der armselige Krüppel
erwarb sich auch noch das Interesse und die Neigung eines zwar
armen, aber schönen, ehrbaren, geistvollen Mädchens. Er hatte die
Kühnheit, ihm einen Heirathsantrag zu machen und Melle Aubigné,
spätere Frau von Maintenon und Beherrscherin des glänzendsten
Thrones von Europa, wurde sein Weib. Scarron hat um die Entwicklung ihres Geistes sicher große Verdienste. Was sie ihm gewesen
beweisen dagegen die Worte, die er auf seinem Sterbebette an einen
seiner Freunde gerichtet. „Der einzige Vorwurf, den ich mir mache,
ist, daß ich meiner Frau nichts zu hinterlassen vermag, die unendliche Verdienste um mich hat und die ich in jeder Beziehung nur
loben kann." Seine Heiterkeit verließ ihn auch jetzt nicht: „Kinder,
sagte er fast schon gebrochen zu den ihn Umweinenden, ihr werdet
nicht so viel weinen, als ich euch lachen gemacht." Er starb 1660.

Scarron ist sicher ungleich bedeutender, als wunderbares
Phänomen in der Entwicklungsgeschichte des menschlichen Geistes,
denn als Poet und besonders als dramatischer Dichter. Was er
unter den geschilderten Umständen geschaffen, ist in Anbetracht ihrer
jedenfalls staunenswerth, doch ist es fraglich, ob sein Talent unter
günstigeren Verhältnissen einen viel höheren Aufschwung zu nehmen
vermocht haben würde. Seine komischen Schriften, so geschätzt auch
zu ihrer Zeit, sind nicht entfernt mit denen von Rabelais zu vergleichen. Sein komischer Roman ist vielleicht das einzige, was heute
von ihm noch lesbar ist. Auf dem Gebiete des Dramas ist er natürlich nur im Lustspiel thätig gewesen, dem er einen burlesken Anstrich
gegeben hat. Wenn Gebrüder Parfait sagen, daß er der erste gewesen sei,
welcher den komischen Dialog auf der Bühne eingeführt habe, so kann
sich das nur auf den burlesken Stil desselben beziehen. Denn für
das feinere Lustspiel hatte der große Corneille in seinem Menteur
auch hierin ein ungleich bedeutenderes Muster gegeben. Andrerseits

dürften die geringschätzigen Urtheile, welche man neuerdings über die
Lustspiele Scarron's fällt, doch wieder zu weitgehend sein. Sein Jodelet
ou le maître valet, der wie fast alle Stücke desselben dem Spanischen
und zwar dem Donde hay agravio no hay zelos des Rojas nachgebildet ist, hatte einen unglaublichen Erfolg. Er beruhte freilich
hauptsächlich auf der zwar rohen, aber glänzenden Rolle der Haupt-
person und ihres ersten Darstellers, der ihr den Namen gab. Sie wurde
für lange zu einer stehenden Figur der französischen Lustspielbühne und
rief eine Menge Stücke hervor. Wenn Scarron's Lustspiele durch
Molière auch völlig in Schatten gestellt wurden, so gehört er für
den burlesken Theil der Stücke des letzteren doch unstreitig zu seinen
Vorläufern. Der Jodelet erhielt sich aber auch noch neben ihm fort.
Er trat mit demselben 1645 auf und beschloß seine dramatische Laufbahn, auf der er sich durch keine Regel einengen ließ, 1656 mit seinem
Le marquis ridicule ou la comtesse faite à la hâte.*)

Eine ganz andere Stellung nahm Philippe Quinault**) ein.
Nicht wie von Vielen angenommen worden, der Sohn eines Fleischers,
obschon möglicherweise sein Großvater diesem Stand angehörte, sondern
einer jetzt schon den bessern Ständen angehörenden Familie entstammend,
wurde er 1635 zu Paris geboren. Er war auch nie, wie man gesagt, der Diener Tristan's l'Hermite, wohl aber hat dieser sich seiner
Ausbildung angenommen, indem er ihn nach dem Tode seiner Gattin
gemeinsam mit seinem Sohne erziehen ließ. Die Dankbarkeit Quinault's kam diesen Bemühungen fördernd entgegen. Sein poetisches
Talent entwickelte sich in so überraschender Weise, daß er bereits mit
18 Jahren ein Lustspiel, Les rivales (1653), verfaßte, welches einen
außerordentlichen Erfolg erzielte. Quinault hatte die Rechte studirt,
trat auch in den Advocatenstand ein, widmete sich aber von 1656 an
völlig der Bühne. Es war besonders die Tragödie, die er jetzt
pflegte und die ihn zu einem bevorzugten Rivalen Corneille's machte,
wozu die maßgebendste kritische Stimme der Zeit, das Urtheil Boi-

---

*) Seine übrigen Stücke sind: Les boutades du capitain Matamore (1646)
Les trois Dorothées ou Jodelet souffleté (1646), L'héritier ridicule ou la dame
interessée (1649), Don Japhet d'Arménie (1653), L'écolier de Salamanque (1654),
Le gardien de soi-même (1656) und zwei nicht aufgeführte.

**) Vie de Quinault in der Edition seines Theaters von 1715. — Péllisson
et d'Olivet a. a. O. II. 225. — Parfait, a. a. O. VII. 430.

leau's wesentlich beitrug. Seinen größten Triumph brachte ihm 1663 die Tragödie Astrate, doch auch Les coups de l'amour et de la fortune und La Mort de Cyrus (1656), seine Stratonice (1660), und Agrippa, Roi d'Albe (1661) fanden viel Beifall.

Diese Erfolge beruhten hauptsächlich darauf, daß zu derselben Zeit, da Corneille auch noch die heroischen Leidenschaften gegen die Reflection in seinen Dramen zurücktreten ließ und mehr seinen Ehrgeiz darein zu setzen schien, politische und staatsmännische Weisheit und Kenntnisse, als poetische Empfindung und dramatisches Leben zu zeigen, Quinault gerade die Liebe und die zarteren Herzensconflikte zum Gegenstand seiner Darstellungen machte und hierdurch gewissermaße nan den Cid, von dem Corneille mehr und mehr abgewichen war, wenn auch in ungleich schwächlicherer Weise wieder anknüpfte. Was bedurfte es da weiter als eines Mannes, der mit wahrhaft großem Talent die von ihm eingeschlagene Richtung ergriff, um ihn auch selbst wieder in Schatten zu stellen. Ein solcher erschien in Racine, um den sich rasch eine starke, leidenschaftlich für ihn eingenommene Parteigängerschaft bildete und auf dessen Seite sich auch noch derjenige stellte, der ihn bisher noch gestützt hatte, und sich nicht scheute, seinem bisherigen Schooßkind in fast cynischer Weise jedes Talent zu bestreiten. Mit Racine's Andromaque (1666) war Quinault's Niederlage auf dem Gebiete der Tragödie entschieden.

Wenn es auch wirklich die Gattin Quinault's, der sich um diese Zeit verheirathet hatte, gewesen sein sollte, die ihn, dem Theater zu entsagen und eine Stelle, das Amt eines Auditeur des comptes, zu erkaufen bestimmte, so haben doch jene Verhältnisse hierauf sicher mit eingewirkt. Auch hatten sie vielleicht einigen Antheil daran, daß die Herren von der Chambre des comptes Quinault den Eintritt anfangs aus dem Grunde verweigerten, weil er seit mehreren Jahren nichts weiter als ein Bühnenschriftsteller gewesen sei.*) Erst 1671 erhielt er den erbetenen Platz, nachdem er im vorausgehenden Jahre Mitglied der französischen Academie geworden war.

*) Die geht aus dem Quattrain hervor:
　　Quinault, le plus grand des auteurs
　　Dans votre corps, Messieurs, a dessein de paraitre.
　　Puis qu'il a fait tant d'auditeurs
　　Pourquoi l'empêchez-vous de l'être?

Um diese Zeit wendete sich Quinault der lyrischen Poesie zu, welche sich als das eigentliche Feld seines poetischen Talentes erwies. Die Oper hatte sich eben zu entwickeln begonnen und Lully gab Qui= nault den Vorzug vor allen lyrischen Talenten der Zeit. Hier sollten ihm denn neue Lorbeeren erblühen und kein Geringerer als Boileau, der sich ihm jetzt wieder zuneigte, sollte sie ihm um die Stirne mit winden. Doch gehört dieser Theil seines Wirkens erst einem späteren Ab= schnitte an; wie wir ihn ja auch noch im Lustspiel zu begegnen haben.

Quinault war eine wohlwollende, neidlose Natur. Die gehässigen Angriffe Boileau's und des Racine'schen Kreises, wie tief sie ihn auch verwundeten, rangen ihm nie eine feindselige Erwiderung ab. Ein= fach in seinen Lebensgewohnheiten, ein trefflicher Gatte und Familien= vater, quälte ihn bei seinem langsam herannahenden Tode nur der Gedanke, die Oper durch eine zu weichliche Moral vergiftet zu haben. Er starb 1688. Auch Boileau griff in dieser Beziehung einige Jahre später (1693) den dahingeschiedenen Dichter noch einmal an (in seiner 10. Satire), wobei er sich auf folgende Stelle der Oper Atys bezog (Akt III, Scene II.):

> Dans l'empire amoureux
> Le devoir n'a point de puissance.
> Il faut souvent, pour devenir heureux,
> Qu'il coûte un peu d'innocence.

IV.
Racine und die zeitgenössichen Dramatiker.

Gegensatz von Racine und Corneille. — Verschiedenheit der Verhältnisse beim
Auftreten Beider. — Leben Jean Racine's; Aufenthalt in Port Royal und im
Collège Harcourt; erste poetische Versuche und Beziehungen zur Bühne; versuchter
Uebertritt zur Theologie; Rückkehr zur Poesie und zum Drama; Verkehr mit Boi-
leau, Lafontaine, Chapelle und Molière; Beziehungen zum Hofe. — Die Thébaide.
— Alexandre le Grand; Zerwürfniß mit Molière. — Charakter der weltlichen
Dramen Racine's. — Andromaque. — Zerwürfniß mit Port Royal. — Les
Plaideurs. — Brittanicus. — Bérénice. — Bajazet. — Iphigénie. — Kabalen
der Gegner. - Phädre. — Die Phädre des Pradon und die Kabale des Hôtel de
Bouillon. — Nicole Boileau und sein Verhältniß zu Racine. — Rücktritt Racine's
von der Thätigkeit für die Bühne. — Seine Heirath. — Seine Versöhnung mit
Port Royal. — Boileau und Racine als Historiographen des Königs. — Esther
und Athalie. — Charakteristik Racine's. — Sein Tod. — Zeitgenössische tragische
Dichter. — Chapelle; Abeille; Campistron; Péchentrés; d'Aubigny und Duché
de Banzy.

Racine und Corneille waren lange noch Zeitgenossen. Die Verhältnisse, unter denen sie auftraten und in denen sie sich entwickelten,
aber waren wesentlich andere. Sie stellen sich für Racine als in
vielen Beziehungen günstigere dar.

Corneille fand die Bühne noch halb im Zustande der Verwilderung, halb in den einer unter den Einflüssen des Marinismus und
Gongorismus erkünstelten Ueberfeinerung vor. Er hatte die natürliche Empfindung, die nationale Eigenthümlichkeit erst aus den conventionellen Fesseln dieser letzteren zu befreien, um einen eignen nationalen
Stil aus ihnen entwickeln zu können. Indem er demselben einen erhabenen, heroischen Charakter, einen glänzenden, fortreißenden Ausdruck verlieh und den Geschmack seiner Zeit hierdurch läuterte und
hob, ahmte er weniger fremde Muster nach, als daß er eigene aufstellte.

Racine fand diese Muster, diesen Stil, diesen veränderten Zustand des Geschmacks und der Bühne, wenn auch jene pretiöse Richtung daneben noch fortdauerte, dagegen schon vor. Doch dies nicht
allein. Welch außerordentlichen Fortschritt hatten von Malherbe
bis Descartes und Pascal Sprache und Stil überhaupt gemacht!
Zu welcher Entwickelung war nicht inzwischen das, was man den
französischen Geist nennen kann, unter dem Einflusse des Cartesianis-

mus gekommen, der, wie Nisard sich ausdrückt, die Methode dieses
Geistes, wie dessen Zweck „die gesuchte, gefundene und vollkommen aus-
gedrückte Wahrheit" war. Von diesem Geiste war auch Pascal, der Gründer jener Vereinigung von Männern, die, dem Jansenismus ergeben,
sich in der Einsamkeit von Port Royal zu gemeinsamen Studien zu-
sammenfanden, waren überhaupt diese Männer, ein Le Maistre, Arnauld und Nicole durchdrungen, welche nicht nur auf religiösem und
kirchlichem, sondern auch auf dem Gebiete der Sprache und Literatur
lange einen so großen, ja fast größeren Einfluß ausgeübt haben, als
die französische Akademie und bei denen auch Racine, der erste Geschichtsschreiber von Port Royal, einen Theil seiner geistigen Bildung empfing.

Eine ungleich größere Veränderung noch hatte sich aber im Leben
des Staates vollzogen, an dessen Spitze jetzt nicht wie bei Corneille's
Auftreten ein schwacher Monarch und nach dessen Tode eine ver-
gnügungssüchtige Regentin, beide unter der Herrschaft allmächtiger
Minister, sondern ein junger siegreicher König stand, dem sich der
Trotz aufstrebender Vasallen sehr bald hatte beugen müssen und der,
zugleich von Glück, von Ruhm und von Liebe bekränzt, ein neues
Augusteisches Zeitalter herbeiführen zu wollen schien. Und während
Corneille nach seinem ersten großen Erfolge von den bedeutendsten
kritischen Stimmen der Zeit, von der neugegründeten Akademie, und
von dem ersten Manne des Staats, von Richelieu, nahezu fallen gelassen wurde, hatte Racine, obschon es auch ihm an Anfeindungen
niemals gefehlt, sich doch der Gunst des damals mächtigsten Herrschers
der Welt und der begeisterten Schutznahme desjenigen Mannes zu erfreuen, welcher so lange die Rolle des aesthetischen Gesetzgebers Frankreichs gespielt hat, der Schutznahme Boileau's.

Nicht aber um die Verdienste und die Bedeutung Racine's herabzusetzen, habe ich die Verschiedenheit der Verhältnisse etwas zu beleuchten versucht, unter denen er im Gegensatze zu Corneille seine
dramatische Laufbahn begann, sondern einzig um darzuthun, daß jeder
dieser beiden Dichter einen andren Maßstab der Beurtheilung verlangt. Hat sich doch trotz dieser Gunst der Verhältnisse kein andrer
der vielen Dramatiker der Zeit auch nur annähernd auf eine gleiche
Höhe zu schwingen vermocht. War diese Gunst der Verhältnisse doch
zugleich noch mit Schwierigkeiten verbunden, welche Corneille nicht
einengten. Gerade weil dieser die dramatische Form, den dramatischen

8 *

Stil für die französische Bühne erst noch zu schaffen hatte, war es
ihm leichter hierin neu, originell und eigenthümlich zu erscheinen, als
Racine, der, weil er ihn bereits vorfand, in einem bestimmten Umfange daran gebunden blieb. Auch war es Corneille bei seiner größeren Unabhängigkeit vom Hofe minder erschwert, ein nationaler und
nicht ein höfischer Dichter zu sein. Sein lange zurückgezogenes
Leben in der Provinz begünstigte ihn hierin in demselben Maße, als
es ihn zum Hofmann untauglich machte. Ein ganz besonderes Hinderniß aber mußte für jeden Nachfolger Corneille's der wohlbegründete
und durch die Zeit schon gefestigte Ruhm dieses letzteren und das
hierdurch bedingte Vorurtheil sein. Wie groß dieses letztere war,
läßt sich allein aus den Briefen der Frau von Sevigné an ihre
Tochter erkennen, die ich später noch zu berühren haben werde. Corneille
hatte wohl mit dem Neide der durch ihn in Schatten gestellten mit-
strebenden Dichter, nicht aber mit dem Ruhme eines großen Vorgängers zu kämpfen, dessen sich die Neider Racine's dagegen als einer
gefährlichen Waffe bemächtigen konnten und auch wirklich bemächtigten.
Wenn von diesem schon hierdurch ein Theil der Jugend abgewendet wurde,
welche doch sonst der natürliche Verbündete des neuen aufstrebenden
Talentes ist, so lag es noch überdies in der besonderen Natur der
Corneille'schen und der Racine'schen Dichtung, daß jene, obschon männlicher und strenger, doch die Nation im Ganzen und die Jugend noch
insbesondere mehr elektrisiren und mit sich fortreißen mußte, als diese,
welche, obwohl sie die zarteren Gefühle und Leidenschaften zum hauptsächlichsten Gegenstand ihrer Darstellung machte, mehr nur durch ihre
künstlerische Meisterschaft und Formvollendung, durch tiefere Charakteristik und reicheren Gedankengehalt wirkte und daher vorzugsweise
die künstlerisch und philosophisch Gebildeten zu ihren bewundernden
Parteigängern zählte.

Wenn sich die Stimmen der Kenner lange Zeit mehr für Racine,
als für Corneille entschieden und es jenem ebensowenig an Bewunderern,
wie an Gegnern fehlte, so hat er doch nie, wie ich glaube, die Popularität Corneille's zu erreichen vermocht. Die Parteiung, die sich
für diese beiden Dichter während ihres Lebens herausbildete, sollte
sich aber auch über ihr Grab hinaus fortsetzen. Noch immer giebt es
unter ihren Beurtheilern solche, die, wie wir dies ja bei uns an den
Beurtheilungen Goethe's und Schiller's gleichfalls erlebten, den einen
nur auf Unkosten des Andern loben zu können scheinen.

Jean Racine[*]) wurde am 21. Dec. 1639 zu la Ferté Milon geboren, wo sein Vater das Amt eines Controleur du grenier à sel verwaltete. Seine Mutter, Jeanne Sconin, gehörte ebenfalls einer angesehenen Familie des Ortes an, doch sollte er, kaum erst geboren, sie auch schon wieder verlieren (Jan. 1641). Der Vater verheirathete sich zwar (Nov. 1642) zum zweiten Male. Madelaine Vol nahm sich aber der Kinder ihrer Vorgängerin nur wenig an und nach ihres Gatten sehr bald erfolgendem Tode (6. Febr. 1643) verzichtete sie sowohl auf die unansehnliche Erbschaft, als auf die Pflichten der Mutter. Jean Racine und seine etwas jüngere Schwester, kamen unter die Obhut der Großeltern, Jean de Racine und Marie des Moulins. Besonders die letztere nahm sich seiner aufs Zärtlichste an, wie auch er ihr die aufrichtigste Dankbarkeit wieder widmete. Nach dem 1649 erfolgten Tod ihres Gatten zog sie sich gleichwohl nach Port Royal zurück, dessen Mauern eine Tochter von ihr, Agnes Racine, umschlossen. Dies fand wahrscheinlich um 1652 statt, zu welcher Zeit Racine dem Collège de Beauvais anvertraut wurde, wo er bis 1655 verblieb. Dieses Collège stand in einem gewissen Zusammenhang mit den Schulen von Port Royal, in welche Racine dann eintrat, obschon er noch nicht das dazu vorgeschriebene Alter erreicht hatte.

Port Royal[**]) war ursprünglich nur ein (bereits 1204 gegründetes) Cisterciensernonnenkloster in der Nähe von Versailles. St. Cyran,

---

[*]) L. Racine, Memoires sur la vie et les ouvrages de Jean Racine Oeuvres de L. Racine 6. éd. T. I. — Pélisson et d'Olivet, a. a. O. II. 327. — St. Beuve, Histoire de Port Royal. 10. et 11. châpitres du livre siième. —. St. Beuve, Portraits littér. T. I. p. 69. — Risard, a. a. O. besonders aber Notice biographique und Notices historiques in der Ausgabe von Paul Mesnard. Paris. 1865. 8. Bde., welche auch ein umfassendes bibliographisches Verzeichniß aller Ausgaben des Dichters, sowie der über ihn veröffentlichten Schriften und der Uebersetzungen seiner Werke (im 7. Theile) und ein Verzeichniß der Aufführungen der Corneille'schen und Racine'schen Dramen in Paris von 1650—1870 (im 8. Theile) enthält. — Die erste Gesammtausgabe ist die von 1675. Paris. (Die Berliner Bibliothek besitzt davon ein Exemplar.) Die letzte von Racine selbst veröffentlichte und revidirte Ausgabe ist die von 1697, Paris. Von den unzähligen übrigen Ausgaben seien hervorgehoben die von Luneau de Boisgermain 1768, die von Petitot 1807, die von J. L. Geoffroy 1808 und die von Garnier frères 1869. Deutsche Uebersetzungen der Dramen erschienen 1766 zu Braunschweig und 1840—43 von Heinrich Viehoff, Emmerich.

[*]) Racine, Reuchlin, St. Beuve haben die Geschichte von Port-Royal geschrieben.

ein janseniftischer Theolog, machte es aber, als Superior desselben, auch noch zu einem Mittelpunkte des Jansenismus, insofern eine Zahl von Anhängern dieses letzteren sich zum Zwecke gelehrter Studien hier um ihn schaarten. Sie ahmten das Leben der Anachoreten nach, daher sie ihre neue Einsiedelei auch die Wüste nannten. Zu den Mitgliedern dieser Vereinigung gehörten Pascal, Lemaistre, de Sacy, Claude Lancelot, die beiden Arnaults und Nicole. Die Racines waren, und zwar gerade zur Zeit der Geburt unsres Dichters durch die Verfolgungen, welche Port Royal schon damals von den Jesuiten erfuhr und durch ihre Verwandtschaft mit der ebenfalls in Ferté Milon angesessenen Familie der Vitarts, bei welcher einige der Väter der Anstalt Schutz gesucht und gefunden hatten, in nähere Beziehung zu dieser getreten, was gewiß auch den Eintritt der Agnes Racine und ihrer Mutter, Marie des Moulins, in jenes Kloster zur Folge hatte. — Erst um 1640 waren aber die kleinen Schulen der Anstalt errichtet worden, zunächst für die Kinder der Anhänger derselben. Sie erlangten jedoch durch Lehrer wie Nicole, Antoine Lemaistre und Lancelot, und die von ihnen ausgehenden Lehrbücher (Grammaire générale, Logique etc.) bald einen so bedeutenden Ruf, daß sie nun auch von andrer Seite besucht wurden.

Racine machte unter der Leitung Claude Lancelot's die überraschendsten Fortschritte im Griechischen, so daß er nach dreijährigem Aufenthalt einen großen Theil der griechischen Schriftsteller kannte, die er auf seinen einsamen Spaziergängen verschlang, wobei er sich wohl auch seinen poetischen Träumereien überlassen mochte und hierdurch den ihm innewohnenden Hang zu zärtlicher Empfindsamkeit weiter ausbildete. Er hatte bei dieser Lectüre auch manches Verbotene mit in sich aufgenommen. Vor allem die griechischen Tragiker, sowie den Roman Theagenes und Charikles des Heliodor. Zweimal schon hatte der Lehrer ihm diesen entrissen, gleichwohl hatte Racine sich ein drittes Exemplar davon zu verschaffen gewußt, das er auswendig lernte und dann selbst zu Lancelot hintrug, indem er ihm sagte: „Hier, verbrennen Sie auch noch dies, wie die andern."

Von Port Royal wurde der junge Racine nach Paris in das Collège Harcourt geschickt, um Philosophie zu studieren. Die religiösen Eindrücke, welche er dort in sich aufgenommen, schwächten sich hier im Umgange mit jungen Leuten, wie dem späteren Abbé Le Vasseur,

ab. Auch mit La Fontaine wurde er hier schon bekannt. Der Umgang mit seinem Onkel Vitart, welcher ein wachsames Auge auf ihn
haben sollte, und mit dem ihn bald eine enge, andauernde Freundschaft verband, schränkte den rege gewordenen weltlichen und poetischen Hang des Jünglings kaum ein. Trotz der Mahnungen, die er
von den Frauen und den Vätern von Port Royal erhielt, wo man
ihn fast schon verloren gab, fuhr er fort galante Sonette und Schauspiele zu dichten, von denen nichts als die Namen — l'Amasie und
Les amours d'Ovide — erhalten geblieben sind, und mit dem Theater
du Marais und des Hôtel de Bourgogne und dessen Schauspielerinnen in Unterhandlung darüber zu treten.

Die 1660 stattfindende Heirath Ludwigs XIV., welche die Federn
fast aller Dichter in Bewegung gesetzt, veranlaßte auch ihn eine Ode,
La nymphe de la Seine, zu schreiben, die er dem damals so ein-
flußreichen Chapelain vorlegte, der sie dann Colbert empfahl. Der
Erfolg war eine Gratification von 100 Goldstücken von Seiten des
Königs.

Indeß gewannen es die Ermahnungen der Frauen in Port Royal
zuletzt doch über ihn. Er fühlte die Nothwendigkeit, sich eine Stellung
im Leben zu schaffen und eine ihm von seinem Oheim, Antoine Sconin,
dem Generalvicar der Hauptkirche zu Uzès, in Aussicht gestellte Pfründe
bewog ihn endlich, zu diesem zu gehen, um sich dem geistlichen
Stande zu widmen. Wenn er auch jetzt noch neben den Schriften
des heiligen Thomas Ariost und Euripides las und, wie man glaubt,
sich sogar schon mit der Dichtung seiner Thebaide beschäftigte, jedenfalls aber, wie man aus seinen Briefen ersieht, mit seinen Gedanken mehr bei den schönen, üppigen Mädchen und Frauen des
Languedoc und bei den Freunden in Paris, als bei seinem Berufe
war, so trug er dem Gewande, in welches er all diese Wünsche und
Neigungen hüllte, doch so weit Rechnung, daß er, wie er an Le Vasseur
einmal schrieb, sich jetzt ebenso régulier avec les réguliers zu erscheinen bemühte, als er vorher mit ihm „et avec les autres loups
vos compères" den Wolf gespielt hatte. Zuletzt hielt das freilich und
zwar um so weniger aus, als alle Bemühungen seines Oheims, ihm
die versprochene Pfründe zu verschaffen, vergeblich waren, und dieser
dem ausgesprochenen Talente seines Neffen zwar Vorstellungen, aber
keinen ernsthaften Widerstand entgegen zu setzen vermochte. Noch vor

Ausgang des Jahres 1662 war er daher wieder zurück in Paris, wo ihm die Ode La renommée aux Muses, in welcher er die Munificenz des Königs besang, die Bekanntschaft Molière's und Boileau's eintrug, mit welchem letzteren ihn eine bis über das Grab hinaus reichende Freundschaft verband. Sie führte ihn aber auch bei Hofe ein und erwirkte ihm zur Fortsetzung seiner poetischen Studien eine Pension seines Königs.

Der freundschaftliche Verkehr, den er zu dieser Zeit mit Boileau, Lafontaine, Chapelle und Molière unterhielt, hatte unter anderem die Aufführung seiner Thébaide ou les frères ennemis auf dem Theater des letzteren (20. Juni 1664) zur Folge.*) Es scheint, daß Racine sie ursprünglich im Hôtel de Bourgogne hatte aufführen lassen wollen, Molière ihn aber dieselbe ihm zu überlassen bestimmte. Racine nahm durch die Anerkennung Chapelain's, Perrault's, Boileau's, sowie als Pensionair Ludwigs XIV. damals unter den jungen Dichtern schon eine so geachtete Stellung ein, daß Molière, welcher seinen Ehrgeiz noch immer darauf gerichtet hatte, die Schauspieler des Hôtel de Bourgogne auch in der Tragödie zu übertreffen, natürlich begierig sein mußte, ein so vielversprechendes und begünstigtes Talent zu sich herüber zu ziehen. Dies erklärt vollständig, warum Molière, wie man behauptet, dieses Erstlingswerk gegen die Ueblichkeit honorirte. Der Vortheil war ja ein gegenseitiger.

Die Thebaide, auf welche nicht nur Euripides, sondern auch Seneca und Rotrou eingewirkt haben mögen, erlangte ohne Zweifel einen gewissen Erfolg, da der Schauspieler La Grange in seinem Journal de la Comédie française 15 Vorstellungen derselben verzeichnet. — Auch die Tragödie Alexandre le grand wurde im nächsten Jahr (4. December 1665) zuerst im Molière'schen Theater gespielt. Im Gegensatze zur Thebaide, welche ihrem Gegenstande nach noch nichts von der Meisterschaft des Dichters in der Schilderung der zarten Gefühle und Leidenschaften ahnen läßt, ist diese Dichtung ganz von ihnen erfüllt. Hieraus würde sich allein schon erklären, warum Corneille das Stück wohl nach seinem allgemein poetischen Werth, nicht aber in Bezug auf seinen dramatischen Werth zu loben vermochte. Racine verlegte schon hier, wie in allen seinen späteren

---

*) Sie erschien noch in demselben Jahre im Druck.

weltlichen Tragödien die ganze Kraft seiner Darstellung gerade auf
das Gebiet, welches Corneille von ihr ausgeschlossen sehen wollte.
Das Urtheil Corneille's mochte Racine aber um so ungerechter er=
scheinen, als die Vorlesung der ersten drei Akte seines Stücks im Hôtel
de Nevers den Beifall einer auserwählten Gesellschaft in dem Maße
erhalten hatte, daß man dem Erscheinen des Stücks, nach Subligny's
Muse de la Cour vom 29. November, mit den gespanntesten Erwar=
tungen entgegensah. Die Aufführung scheint dem aber nicht recht ent=
sprochen zu haben, da schon die vierte Darstellung eine nur schwach be=
suchte war. Racine's schriftstellerische Ehre war im höchsten Grad dabei
engagirt. Er mochte, und wohl mit Recht, der Meinung sein, daß
das Stück auf dem Theater des Hôtel de Bourgogne einen ganz
anderen Erfolg gehabt haben würde. Ob er mit Molière wegen der
Uebertragung auf dieses verhandelt, wissen wir nicht. In dem Re=
gister von La Grange, 18. Januar 1866, heißt es zwar „Ce mesme
jour la troupe fust surprise que la mesme pièce d'Alexandre
fust jouée sur le théatre de l'hôtel de Bourgogne; comme la
chose s'estait faite de complot avec Mr. Racine la troupe ne
crut pas devoir les parts d'autheur au dit. M. Racine, qui en
usait si mal". Allein Lagrange, welcher den Alexandre spielte, war
hier Partei, auch verschweigt er, daß die königliche Truppe das
Stück schon am 14. im Hause der Gräfin d'Armagnac und zwar mit
größtem Erfolge vor dem König gespielt hatte. Es scheint also, daß
wenigstens dies im, wenn auch nur nothgedrungenen Einverständniß
mit Molière geschah und Racine, der Versuchung dieses Erfolgs nicht
zu widerstehen vermögend, ein weiteres Recht für sich daraus abge=
leitet haben dürfte. Es ist wahrscheinlich, daß er hierbei im Unrechte
war und die Schuld des Zerwürfnisses trägt, das dieser Vorfall
zwischen den beiden bedeutendsten Dichtern der Zeit herbeiführte. Es
wurde noch dadurch verstärkt, daß die Duparc kurze Zeit später von
Molière zum Theater des Hôtel de Bourgogne überging, wie man
behauptet auf Veranlassung Racine's. Daß dieser seinem früheren
Freunde hierdurch nicht nur seine erste tragische Darstellerin, sondern
auch seine Geliebte abwendig gemacht habe, ist jedoch sicher Ver=
läumbung.*)

*) Nirgend ist dargethan, daß Molière ein Verhältniß zur Duparc gehabt.
Es heißt wohl in einem 1788 erschienenen Romane, La fameuse comédienne, daß er

Der Alexandre erschien Anfang 1666 im Druck und erfuhr eine
eingehende Würdigung von St. Evremond,[*]) in welcher es heißt, daß
nachdem er denselben gelesen, er nicht mehr befürchte, daß die
französische Tragödie mit Corneille aussterben werde, nur möchte er
wünschen, daß dieser seinen Nachfolger unter seine Obhut nehme, um
dessen Talent mit der Zärtlichkeit eines Vaters auszubilden und besonders den Geist des Alterthums auf ihn zu übertragen. Ein Wunsch,
der, wie wir wissen, an dem Antagonismus der beiden Dichter schon
scheiterte.

Wenn Racine neben Corneille groß und eigenthümlich erscheinen
und doch die durch die drei Einheiten vorgeschriebene Enge der Tragödie nicht verlassen wollte, so war es ihm fast geboten, vorzugsweise
dasjenige Gebiet derselben zu bebauen, welches jener grundsätzlich von
seiner Thätigkeit ausgeschlossen hatte, das Gebiet der zärtlichen Empfindungen und der Leidenschaften des Herzens. Er fand aber hierzu
die Antriebe auch noch in seiner eigenen Natur, so wie in einem Zuge
der Zeit, und in den Vorbildern, welche der Hof Ludwigs XIV. und
dessen eigenes Beispiel hierzu an die Hand gaben. Schon Quinault
war diesem Zuge gefolgt.

Doch liegt die Bedeutung der Racine'schen Tragödie und der

um 1653 ein solches zu ihr zu gewinnen gesucht, aber von ihr abgewiesen worden sei.
Er habe sich dafür in gleicher Weise gerächt, als die Duparc es später bereut und
ihm sich genähert habe. 1658 sollen die beiden Corneille sich dann ebenso vergeblich
um ihre Neigung bemüht haben, worauf man sogar zwei von ihnen erhalten gebliebene Gedichte bezieht. Sollte Molière aber auch wirklich in einer intimeren
Beziehung zur Duparc gestanden haben, so müßte dieses Verhältniß doch bereits
vor 1659 wieder aufgelöst worden sein, da sie in diesem Jahre die Molière'sche
Truppe verließ und zum Theater du Marais trat. Sie kehrte zwar 1660 wieder
zurück, doch kam nur kurze Zeit später das Verhältniß Molière's zu Armande
Béjart in Gang, welches schon 1662 zur Ehe mit letzterer führte. In der
nächsten Zeit ist ein derartiges Verhältniß Molière's daher sicher nicht anzunehmen. Spätestens in das Jahr 1664 muß aber Racine's Bekanntschaft mit derselben
schon fallen. Falls die Liebe bei ihrem Uebertritt zum Theater des Hôtel de
Bourgogne überhaupt eine Rolle gespielt, müßte sich diese doch schon vor Racine's
Zerwürfniß mit Molière, also vor 1665, entwickelt haben. Es ist hiernach nicht
abzusehen, wie Melle Duparc um diese Zeit die Geliebte Molière's gewesen sein
könnte. Auch bleibt zu berücksichtigen, daß Duparc schon vor seiner Gattin zu
diesem Theater übergetreten war, und sie ihm daher jetzt nur dahin folgte.

  [*]) Oeuvres melées de St. Evremond, Londres 1709. II. p. 36.

Fortschritt, den man ihr beimißt, nicht hierin allein, sondern, wie St. Beuve schon dargelegt hat, auch noch darin, daß dieser Dichter die heroischen Persönlichkeiten des Dramas, die Corneille theilweise ins Uebermenschliche zu steigern gesucht hatte, auf natürlichere Proportionen zurückführte, sowie in der größeren Vollendung der Form, sowohl was die Sprache, wie die Composition, die folgerichtige Entwicklung der Charaktere, den ununterbrochenen Zusammenhang der Ideen und der Empfindungen betrifft. St. Beuve bezweifelt freilich, daß hierdurch allein schon das Wesen des Dramatischen erfüllt werde, da selbst die sorgfältigste Entwicklung der Empfindungen und Leidenschaften oft mehr ein psychologisches Interesse, als ein dramatisches befriedige und den Fortgang der Handlung nicht selten sogar zu hemmen vermöge. Gleichwohl ist sicher, daß die zweckmäßige Anwendung einer derartigen folgerichtigen Anordnung und Entwicklung zur Durchführung einer vollkommnen dramatischen Handlung ganz unentbehrlich ist und dem Geiste jener von Descartes eingeführten und auf das künstlerische Schaffen angewendeten Methodik, jener auf das Erkennen und den Ausdruck der Wahrheit ausgehenden Richtung des Geistes noch insbesondere entsprach.

Es ist daher nicht zu verwundern, daß der ganz von diesem Geiste durchdrungene Boileau seiner Bewunderung für Racine's Andromaque,[*] in welcher jene Vorzüge zum ersten Male in glänzender Weise hervortraten, den rückhaltlosesten Ausdruck gab. Natürlich fehlte es aber auch nicht an Einwürfen. Schon Condé griff die Liebe des Pyrrhus an. Schlegel stimmt hierin ein; doch nimmt er noch überdies an der befremdenden Rolle Anstoß, die hier dem muttermörderischen Orest zu Theil worden ist, wogegen er die Charakterzeichnung der Andromache und der Hermione rühmt. Das Stück behandelt nämlich die Geschichte von Hektors Wittwe, Andromache, die in die Hände des Pyrrhus, eines Sohnes Achills gefallen, der, obschon der Tochter des Menelaos, Hermione, verlobt, sie zu seiner Gattin begehrt. Sie weigert sich deß aber standhaft, bis Pyrrhus, um seinen Zweck zu erreichen, das Leben ihres Sohnes bedroht. Nach langem Kampf geht sie scheinbar auf

---

[*] Zum ersten Male am 17. November 1667 gegeben. Die Duparc spielte die Titelrolle meisterhaft. Leider sollte sie im nächsten Jahre der Bühne entrissen werden, sie starb, wie Boileau sagt, im Kindbett. 1668 erschien die Andromaque im Druck. Eine metrische deutsche Uebersetzung von Ayrenhoff erschien. Preßburg 1804.

seine Forderung ein, mit dem heimlichen Vorsatz jedoch, sofort nach
vollzogener Vermählung ihrem Leben ein Ziel zu setzen. Hermione,
um sich für die ihr von Pyrrhus widerfahrene Schmach zu rächen, be=
dient sich der Leidenschaft des für sie entflammten Orest, der ihn
zu morden verheißt. Die That wird aber erst von diesem voll=
zogen, nachdem Andromache von Pyrrhus zur Königin des Reichs
erhoben und gekrönt worden ist. Sie wird in Folge dessen von
dem über den Mord empörten Volke als Herrscherin anerkannt. Her=
mione tödtet sich auf der Leiche des Pyrrhus, Orest aber entflieht.
— Andromache vertritt demnach die Wittwentreue und Mutterliebe
im Kampfe gegen den Egoismus der Liebesleidenschaft, welche in drei
verschiedenen Gestalten durch Pyrrhus, Hermione und Orest vertreten
wird. Die Entwicklung dieser Leidenschaften riß trotz der mancherlei
Unwahrscheinlichkeiten des Stücks nicht nur damals in der Dar=
stellung der Duparc als Andromache, der Melle des Ouillets als
Hermione und Floribor's, als Pyrrhus das Publikum zu enthusiastischer
Bewunderung hin, sondern fand auch noch später eine ähnliche An=
erkennung. Doch macht sich in diesem Stück des Dichters Absicht, seine
Charaktere in immer neuer und glänzender Weise in's Spiel zu setzen,
schon störend bemerkbar, nicht minder das Sinken des dramatischen
Interesses gegen den Schluß hin; hauptsächlich herbeigeführt durch das
starre Festhalten an der Einheit des Orts und an der Gewohnheit
der Alten, die Tödtungen hinter die Scene zu verlegen. Welcher
großen dramatischen Wirkungen begab sich der Dichter nicht, indem
er die bei der Vermählung und Krönung Andromache's stattfindenden
Vorgänge nicht unmittelbar vorführte, sondern nur berichten ließ, so
daß nach und nach alle Personen, bis auf Orest, von der Scene ver=
schwinden, Andromache selbst schon nach dem ersten Auftritt des vier=
ten Aktes (!), Pyrrhus mit dem Schlusse desselben. Trotz der An=
griffe, welche die Dichtung erfuhr (Subligny, ein Bühnenschrift=
steller der Zeit hatte sogar eine Parodie, das erste Beispiel davon
auf dem französischen Theater, La folle querelle ou la critique
d'Andromaque, gegen dieselbe geschrieben, die Molière noch in dem=
selben Jahre zur Aufführung brachte) erwarb sie dem Verfasser doch
große Berühmtheit.

Dieser Erfolg hatte sein Selbstgefühl in dem Grade gesteigert,
daß ein allerdings sehr heftiger und wie er glaubte vorzugsweise auf

ihn hinweisender Angriff Nicole's auf das Theater und die Bühnen=
schriftsteller ihn zu einer nicht minder heftigen Erwiderung hinriß, in
welcher er selbst seine todten Freunde von Port royal (Antoine le
Maitre und die Mutter Angelica) nicht schonte, was, und gewiß nicht
mit Unrecht, großes Aergerniß gab und einen längeren Bruch zwischen
ihm und dieser Anstalt herbeiführte. Man ist aber zu weit gegangen,
wenn man eine Pfründe, welche er in diesen Jahren empfing, damit
in Verbindung gebracht und als einen ihm vom Erzbischof von Paris
für seine Angriffe auf Port Royal gezahlten Preis bezeichnet hat.
Paul Mesnard hat dargethan, daß Racine schon vor dieser Zeit
(3. Mai 1666) in den Besitz dieser Pfründe, des Priorats de l'Epinay,
kam, das ihm von seinem Oheim in Uzès endlich verschafft worden
war. Es wurde ihm jedoch, weil er nicht Geistlicher war, wieder
streitig gemacht, und es scheint, daß er dasselbe noch im Laufe des
Jahres 1668 wieder aufgeben mußte, oder, des Streites müde, doch
selbstwillig aufgab.*)

d'Olivet und Louis Racine haben aus einer Stelle im Vorwort
zu Racine's Plaideurs, welche wahrscheinlich im November 1668 zur
Aufführung kamen,**) geschlossen, daß jener Prozeß zu diesem Lust=
spiel Veranlassung gab. Andrerseits sagt Racine jedoch selbst, daß
ihm die Wespen des Aristophanes den Gedanken dazu eingegeben
hätten und vieles Einzelne darin bei den geselligen Zusammenkünften,
welche er damals mit Boileau, Chapelle, Furetière und La Fontaine
unterhielt, besprochen und vereinbart worden sei. Die Scene zwischen
Chicaneau und der Gräfin soll sogar auf einem Vorfall beruhen, der
sich bei Boileau abspielte. Racine, dem das Molière'sche Theater
verschlossen war, wollte das Stück anfangs für die Italiener schreiben,
welche damals anfingen, in ihre italienischen Stregreifspiele Scenen
in französischer Sprache zu mischen; daher es wohl auch in drei
Akte getheilt ist. Insbesondere hatte er die Rolle des Richters dem
berühmten Scaramuccia zugedacht. Die Italiener verließen aber plötzlich
Paris und so kam das Stück an die Schauspieler des Hôtel de Bour=
gogne, die sich der Aufgabe auch sehr gut entledigt zu haben scheinen.

---

*) Doch findet er sich in verschiedenen späteren Aktenstücken aus den Jahren
1671—73 wieder im Besitze ähnlicher Pfründen.

**) Der erste Druck erschien Anfang 1669; eine deutsche Uebertragung: Die
Rechtenden oder die Prozeßsüchtigen, 1752.

Namentlich soll Hauteroche als Chicanneau excellirt haben. Nichts destoweniger hatte es bei den ersten Vorstellungen keinen Erfolg. Es scheint, daß die geistvolle, aber etwas chargirte satirische Behandlung des Dichters das Publikum anfangs fremdartig berührte. Der Beifall, den dieses Lustspiel aber hierauf bei Hofe fand, machte rasch dafür Stimmung. Es wurde nun eines der beliebtesten Stücke der französischen Bühne und hat fast allseitig eine überaus günstige, ich möchte fast sagen, überschätzende Beurtheilung gefunden. Kein andres Stück von Racine, keines von Corneille hat bis zum Jahre 1715 gleich viel Vorstellungen erlebt.*) Nach einer der vielen über ihn coursirenden Anekdoten soll Molière es sehr gelobt, nach einer anderen es dagegen geringschätzig beurtheilt haben. Racine, der in den Vorreden zu seinen Dramen sich meist darauf beschränkte, die Einwürfe seiner Gegner zu widerlegen oder zu verspotten und nicht wie Corneille zugleich offen zugestehen, was er für mangelhaft darin hielt, hatte am Schlusse der Vorrede zu seinen Plaideurs gesagt: „Ce n'est pas que j'attende un grand honneur d'avoir assez longtems réjoui le monde. Mais je me sais quelque gré de l'avoir fait, sans qu'il m'en ait coûté une seule de ces sales équivoques et de ces malhonnêtes plaisanteries, qui coûtent maintenant si peu à la plupart de nos écrivains et qui font retomber le théâtre dans la turpitude d'où quelques auteurs plus modestes l'avaient tiré. Man hat den in dieser Stelle enthaltenen Angriff auf Molière bezogen. Warum aber sollte Racine Molière nicht, wie es den Thatsachen doch gerade entsprach, mit unter den bescheideneren Dichtern verstanden haben? Wo wären wohl sonst die auteurs plus modestes, von denen er spricht, wenn er Molière und vielleicht auch noch Corneille, davon hätte ausschließen wollen? Ganz aus der Luft gegriffen ist aber die Unterstellung Royer's: Racine habe nur deshalb kein weiteres Lustspiel geschrieben, weil er die Concurrenz mit Molière zu fürchten gehabt. Der ungeheure Erfolg der Plaideurs widerlegt es allein. Trotz Molière stand aber damals das Lustspiel in der Werth=

---

*) Von 1680—1715 wurde es 288 Mal gegeben. Phädra steht ihm von den Racine'schen Dramen am nächsten. Sie erlebte während dieser Zeit 212, Andromache 198, Mithridat 162, Iphigenia 158 Vorstellungen. Corneille's Cid steht mit 219, der Lügner mit 164, Cinna mit 139, Nicomède mit 138, Rodogune mit 133 verzeichnet.

schätzung noch tief unter der Tragödie, was von den frommen Freunden des Dichters wohl geltend gemacht werden mochte, um ihn wenigstens hiervon zurückzuhalten, was sie dann auch erreicht zu haben scheinen.

Der am 15. December 1669 zur Aufführung gelangte Britannicus läßt Racine bereits auf der vollen Höhe seines Talentes er= scheinen.*) Ich halte ihn bis auf den letzten Akt für das bedeutendste dramatische Werk des Dichters. Kein Geringerer als Tacitus hatte ihm freilich die Umrisse und Farben zu seinem Gemälde ge= liefert. Die sich darin offenbarende Gestaltungskraft ist gleichwohl noch immer eine ganz außerordentliche. Die Charaktere des Nero, des Burrhus, der Agrippina und des Narcissus sind von ergreifender Wahrheit. Von besonderer dramatischer Kraft und Bewegung ist die Scene zwischen Nero und Junia im zweiten Akte. Zu loben ist fer= ner, daß Racine die Rollen der Vertrauten in Burrhus und Nar= cissus zu wirklich in die Handlung eingreifenden Personen umge= staltete. Andrerseits läßt das Stück aber auch mancherlei Einwürfe zu. An diesen hat es denn in keiner Weise gefehlt. „Die Kritik" — sagt Racine, der es für sein durchgearbeitetstes Werk hielt, in seiner Vorrede dazu — „schien es zerreißen zu wollen, zuletzt geschah aber doch, was mit Werken von einem gewissen Werth zu geschehen pflegt, die Kritiker verschwanden, das Werk selbst aber blieb." Racine hatte hier ohne Zweifel den mit viel Laune und Witz von Boursault in der Einleitung zu seinem Roman Artémise et Polianto gegebenen satirischen Bericht mit im Sinne, welcher die Wahrheit zwar streift, aber die Schwächen des Stücks so übertreibt, daß Gebrüder Parfait mit Recht sagen konnten: „Müßte man den Britannicus nicht für ein ganz mittelmäßiges Stück halten, wenn von ihm nichts weiter übrig geblieben wäre, als diese Beurtheilung?" Es ist dieses Stück, von dem eine Stelle Ludwig XIV. bestimmt haben soll, nicht mehr öffentlich in den Ballets seines Hofes zu tanzen. Es heißt hier nämlich geringschätzig von Nero:

> Il excelle à conduir un char dans la carrière.
> A disputer des prix indignes de ses mains,
> A se donner lui-même en spectacle aux Romains,

*) Der erste Druck ist vom Jahre 1670. Melle des Ouillets spielte die Agrippina, Melle Ennebaut die Junia, Floridor den Nero.

A Venir prodiguer sa Voix sur un théâtre,
A réciter des chants, qu'il veut, qu'on idolâtre.

Von der Veranlassung, welche Racine und Corneille gleichzeitig
zur dramatischen Bearbeitung der Liebesgeschichte des Titus und der
Berenice bestimmt haben soll, ist schon früher die Rede gewesen.
P. Mesnard weist aber mit Recht auf den befremdenden Umstand
hin, daß beide Dichter in ihren Vorreden davon nichts erwähnen, ob=
schon Henriette von England bereits vor Erscheinen der Dichtungen
gestorben war; so wie auch noch darauf, daß die Handlung sich
mehr auf das Liebesverhältniß Ludwig XIV. zu Maria Mancini
als auf das zu Henriette bezieht. — Von der Niederlage des Cor=
neille'schen Stückes ward schon berichtet. Sie wirkte aber auch un=
günstig auf die Beurtheilung des Racine'schen ein.

Von den Einwürfen, die man dagegen erhob, war der bedeu=
tendste, daß Titus Berenice nicht allzusehr geliebt haben könne, da
er nicht wenigstens abwartete, ob der Senat sich der Verbin=
dung mit ihr auch wirklich widersetzen werde. P. Mesnard wendet
dagegen zwar ein, daß Racine dies ohne die Geschichte zu fälschen,
nicht thun konnte. Ich glaube jedoch, daß Racine sich deshalb nicht
würde davon haben abhalten lassen, was zu thun er auch sicher
nicht brauchte. Er wollte hier aber nicht die Stärke des Egoismus
der Liebe, sondern den Sieg über diesen zur Darstellung bringen.
In Berenice: durch eine reinere Liebe, welche sich durch die Rücksicht
auf die Pflichten des Geliebten bestimmen läßt; in Titus: durch die
Pflicht gegen das Gesetz, dessen Hüter er ist. Titus schien in seinen
Augen unstreitig um so höher zu stehen, je weniger er sich durch
äußern Zwang, je mehr er sich durch die Stimme der Pflicht be=
stimmen ließ. Allerdings machte der Dichter hierdurch den Kampf
zwischen Pflicht und Liebe ganz nur zu einem inneren. Er begab
sich der größeren dramatischen Wirkungen, welche ein Kampf, der zu=
gleich ein äußerer und innerer ist, nothwendig hätte ausüben müssen,
sobald er vollkommen zur scenischen Anschauung kam. Gingen die
französischen Bühnendichter diesen letzteren aber nicht selbst noch dann
geflissentlich aus dem Wege, wenn sie einen solchen Kampf darzustellen
beabsichtigten? Wurden sie hierzu durch die unglückselige Einheit
des Ortes und andere scenische Unzuträglichkeiten (auf die ich noch

später zurückkommen werde) gezwungen. Racine aber legte noch überdies den größten Werth auf die außerordentliche Einfachheit seines
Stoffs und die Kunst, ihn dennoch interessant gestaltet zu haben. Auch
gestattete ihm diese Einfachheit, die Vorgänge seines Dramas, insbesondere die Katastrophe, in ihrem ganzen Verlaufe unmittelbar darzustellen, was den letzten Act dieser Dichtung gegen verschiedene
andere seiner Dramen im Vortheil erscheinen läßt. Mesnard, der
sie überhaupt sehr hoch stellt, vergleicht sie darin mit Recht der Esther
des Dichters, daß in ihr, wie in dieser, dessen eigenste Natur am
vollsten und freiesten zur Erscheinung gekommen sei.

Bajazet, welcher in den ersten Tagen des Januar 1672 zur Aufführung kam,[*] bezeichnete zwar nicht gerade einen Fortschritt, war
aber darum epochemachend, weil die Roxelane eine große schauspielerische Aufgabe darbietet, die von einer neuen Darstellerin des Hôtel
de Bourgogne, Melle Champsmelé, in ausgezeichneter Weise gelöst
wurde. Corneille soll gegen das Stück den Mangel an nationalem
Colorit eingewendet haben, wogegen sich Racine gerade auf die Costümtreue desselben nicht wenig einbildete. Ich finde, daß der Hauptfehler
desselben in dem Grundmotiv liegt, das seiner Anlage nach ein Lustspielmotiv mit noch dazu künstlichen Voraussetzungen ist, und dem
nur durch die äußeren Umstände und die besondere Natur der Charaktere weiterhin eine tragische Wendung zu Theil wird. Ein junges
Mädchen giebt sich nämlich den Schein, als ob sie ein Liebesverhältniß zwischen einem andren Mädchen und einem jungen Manne ver-
mittle, ohne daß dieser doch davon weiß, während es in Wahrheit
mit ihm selbst ein solches Verhältniß unterhält. Frau v. Sévigny
schrieb damals über dieses Stück an ihre Tochter: „Je vous envoye
Bajazet, je voudrais aussi vous envoyer la Chammêlay pour re-
chauffer la pièce. Il y a des choses agréables, rien de parfaite-
ment beau, rien qui elève, point de ces tirades de Corneille qui
font frissoner. Ma fille, gardons-nous bien de lui comparer
Racine. Sentons-en la différence! (Hier sieht man z. B., mit welchem
Vorurtheile der jüngere Dichter zu kämpfen hatte!) Jamais il n'ira
plus loin qu'Andromaque. (Was freilich von ihm in verschiedenen

---

[*] Der erste Druck erschien 1672. Die erste deutsche Prosaübersetzung von
Bröstedt, Leipzig 1756; metrisch, Bode, Berlin 1803.

Beziehungen in seinem Britannicus schon geschehen war.) Il fait des comédies pour la Chammêlay et non pour les siècles à venir." Das Letzte gilt, wenn überhaupt für Racine, allerdings für Bajazet eher, als für irgend ein anderes seiner Stücke.

In Mithridate, der wahrscheinlich am 13. Januar 1673 zur Aufführung kam,[*] erhob sich Racine wieder bedeutend. Er wollte darin ganz augenscheinlich den Vorwurf Corneille's widerlegen, da er vorzugsweise der Charakteristik darin seine Aufmerksamkeit zuwendete. Mithridat und Monime sind vortrefflich gezeichnet. Diese gehört zu seinen anmuthigsten, edelsten Frauengestalten, Mithridat zu seinen wuchtigsten heroischen Charakteren. Ludwig XIV. zog dieses Stück allen anderen Dramen des Dichters vor. Voltaire hat zwar gemeint, daß das Grundmotiv viel Aehnlichkeit mit Molière's Geizigen habe und Schlegel steigert dieses abfällige Urtheil noch dadurch, daß er die durch die Rückkehr des Mithridat geschaffene Situation für unglaublich komisch erklärt. Sie erhält aber nur dadurch einen komischen Schein, weil sie etwas schwächlich ist, weil Pharnace und Xiphares kein hinlängliches ästhetisches Gegengewicht zu ihres Vaters gewaltiger Persönlichkeit darbieten. Von ihnen, besonders dem Xiphares gilt, was Voltaire von verschiedenen der schöngefärbten Helden Racine's, vom Britannicus, Orest, Hippolyte, gesagt:

> Tendres galants doux et discrets,
> Ils ont tous le même mérite.
> Et l'amour qui marche à leur suite
> Les croit des courtisans français.

Die Situation ist eine ähnliche, wie in Phädra nach der Rückkehr des Theseus, nur daß hier die Charaktere und ihre Stellung eine verschiedene und das Verhältniß Hippolyt's zu einem Doppelverhältniß geworden ist. Dergleichen Aehnlichkeiten in den Motiven bieten alle Racine'schen Stücke dar, wie in ihnen allen die Eifersucht eine bald mehr, bald minder große Rolle spielt. Es ist als ob der Dichter seine Kunst gerade darin zu zeigen beabsichtigt habe, ähnliche Motive und Verhältnisse in immer wieder neuer, überraschender Weise zu ge-

---

[*] Der erste Druck ist von demselben Jahre. Die erste deutsche Uebersetzung Straßburg 1731.

stalten. Doch trieb die Enge des Gebiets, auf welchem er sich bewegte, wohl auch dazu hin. Jenes Doppelverhältniß des Hippolyt, welches an Rodogune erinnert, finde ich nicht gerade glücklich gewählt, weil es das Interesse theilt. Um so lobenswerther ist hier die Katastrophe. Obschon auch von ihr ein Theil nur erzählt wird, so betrifft es doch Vorgänge, die, weil zu epischer Natur, besser und wirkungsvoller erzählt, als unmittelbar scenisch dargestellt werden können. Das Stück ist bei seinem Erscheinen nicht nach seinem vollen Werthe gewürdigt worden. Auch später blieben die Stimmen getheilt. Geoffroy hält es, wenn auch nicht für das glänzendste, so doch nach der Athalie für das vollkommenste der Werke des Dichters.

Dagegen vermag ich von Racine's Iphigénie, welche am 24. Aug. 1674 zuerst in Versailles bei Hofe und Anfang Januar 1675 in Paris dargestellt wurde,*) nicht ganz so gut zu denken, wie fast durchschnittlich alle Franzosen. Voltaire nannte sie sogar das Trauerspiel par excellence aller Zeiten und Völker. Die Einführung der Erisphile, auf welche Racine so stolz war, hat nicht nur eine Doppelhandlung, sondern auch ein zwiefaches Interesse derselben bedingt und da nun die ganze tragische Handlung auf einer Namensverwechslung beruht, also in ein Lustspielmotiv umschlägt, so wirft dies einen so komischen Schein auf dieselbe zurück, daß man ihr als zweiten Titel sehr wohl noch den Namen: „Viel Lärmen um nichts" beilegen könnte. Der unglückliche Ausgang, den es mit Eriphile nimmt, kann hieran um so weniger ändern, als sie nicht interessirt und ihr Tod, noch ehe sie irgend eine Schuld auf sich genommen hat, schon eine bei den Göttern beschlossene Sache ist. Was aber hiernach gegen die Handlung im Ganzen auch einzuwenden, die eigenthümlichen Vorzüge der Dichtung, die vollendete Sprache und die edle Charakteristik, läßt es doch unberührt. Auch hat man gerühmt, daß der Dichter in ihr nicht wie gewöhnlich die erotische Liebe, sondern die Kindesund Elternliebe zum hauptsächlichsten Gegenstand seiner Darstellung machte.

Nur kurze Zeit später, im Monat Mai, erschien eine andere Tragödie desselben Gegenstandes und Namens von Nicolas Leclerc.

---

*) Der erste Druck ist von 1675. Die erste deutsche Uebersetzung (Prosa) von Bröstedt, Leipzig 1756 — metrisch von Ayrenhoff, Preßburg 1804.

Sie scheint durch eine gegen Racine gerichtete Kabale veranlaßt worben zu sein; fiel aber bei ihrer Darstellung im Theater Guénégaub
vollständig ab. Prabon behauptet bei einer späteren Gelegenheit, daß
Racine die Aufführung berselben zu hintertreiben gesucht habe. Dies
ist schon beshalb sehr unwahrscheinlich, weil nicht einzusehen, welchen
Einfluß er auf ein Theater hätte ausüben können, zu welchem er in
gar keinem Verhältnisse stand.

Phèdre, welche am 1. Januar 1677 im Theater bes Hôtel bu
Bourgogne zum ersten Male aufgeführt wurde*), wird nächst der
Athalie ziemlich allgemein für Racine's Meisterwerf erklärt. Sie ist
es auch in vieler, wennschon nicht in jeder Beziehung. Die Dämonie
einer unerwiderten und verbrecherischen Liebesleidenschaft, die im Kampfe
mit weiblicher Scham und ehelicher Pflicht unaufhaltsam dem tragischen Untergange zubrängt, war wohl noch nie mit dieser tiefen Kenntniß bes menschlichen Herzens, mit dieser Meisterschaft ber Ausführung
bargestellt worden. Inzwischen lassen sich aber auch gegen sie gewisse
Bebenken erheben. Die Frage Arnault's, warum Racine seinen Hippolyt als Liebhaber bargestellt habe, berührt eine der schwachen Stellen
bes Stücks. Nicht minder berechtigt waren die Einwürfe, welche man
gegen die sprachliche Ausführung, besonders gegen die Beschreibung
von Hippolyt's Tobe erhob, in welcher der Dichter, mehr schön, als
angemessen zu sprechen beabsichtigt habe. Auch wird zu erwägen
bleiben, daß, obschon er ausdrücklich mit seiner Darstellung eine
sittliche Tenbenz verbinden wollte, sie doch nicht ohne Peinlichkeit ist.

Die Kabale, welche sich schon gegen bes Dichters Iphigénie geregt,
hatte biesmal eine sorgfältigere Organisation gewonnen. Sie ging ohne
Zweifel von den literarischen Reidern und Gegnern besselben aus,
die sich jedoch hinter einer Anzahl Personen aus den höchsten Gesell-
schaftskreisen versteckt hatten. Das Hôtel de Bouillon bilbete den
Sitz der Intrigue, deren Fäden in den Händen bes schöngeistigen
Philipp Mancini, Herzogs von Revers, seiner ihm geistesverwandten
Schwester, der Herzogin von Bouillon und der Schriftstellerin Antoinette Ligier de la Garbe, verehelichte bes Houillières, zusammen-

---

*) Erster Druck im selben Jahre. — Erste beutsche Ueberfetzung (Profa)
von Börstebt, Leipzig 1756, metrisch, Schiller, Tübingen 1805. Abolf Böttiger,
Leipzig 1853.

liefen. Sie hatten sich der Feder des Nicolas Prabon versichert,
welcher der Racine'schen Phädra gleichzeitig eine andere von seiner
Mache entgegenstellen sollte. Daß man ihm selbst die Kraft keineswegs zutraute, seinen großen Gegner im ehrlichen Kampfe zu über-
winden, beweisen die Mittel, welche man außerdem anstrengte. Die
Gesellschaft des Hôtel de Bouillon kaufte nämlich für die ersten sechs
Vorstellungen die Logen beider Theater, welche bei dem Racine'schen
Stücke ganz leer gelassen wurden, während sie bei Prabon mit enra-
girten Claqueurs gefüllt waren. Mad. de Houillières war die ein-
zige Person des Hôtel de Bouillon, welche der ersten Vorstellung des
Racine'schen Dramas beiwohnte und einen spöttischen Bericht in einem
Sonett davon machte, welches am folgenden Tag in Paris coursirte.
Es erhielt eine beißende Erwiderung, die den Herzog von Nevers,
noch mehr aber seine galante Schwester, Hortense de Mancini, Her-
zogin von Mazarin, aufs rücksichtsloseste bloßstellte. Man schrieb sie
Racine selbst und Boileau zu, die dies jedoch, und mit Recht in Abrede stellten, da das Sonett von dem Chevalier de Nantouillet, dem
Grafen Fiesque, dem Marquis d'Effiat, M. de Guillerayes und M. de
Manicamp herrührte. Nevers griff aber ohne Weiteres Racine und
Boileau in der gröblichsten Weise an, indem er sie mit Stockschlägen
im offenen Theater bedrohte. Die Drohung war zwar so ernst nicht
zu nehmen, aber Boileau und Racine mochten sich gleichwohl dadurch
nicht wenig eingeschüchtert fühlen. Indeß blieb ihnen auch jetzt, und
zwar aus den höchsten Kreisen, Hilfe nicht aus, da sie (nach Valin-
cour) vom Sohne des großen Conbé die Aufforderung erhielten,
Schutz im Hause des letzteren zu suchen, sei es nun, daß sie unschuldig oder schulbig an jenem Gedichte wären. Dies reichte hin, um die
Intrigue zum Schweigen zu bringen.

Prabon beschuldigte später Racine, die gleichzeitige Aufführung
seines Stücks verhindert zu haben, die überhaupt nur durch die Zwi-
schenkunft Ludwig XIV., welcher sie anbefohlen, möglich geworden sei.
Prabon würde dies wohl kaum zu veröffentlichen gewagt haben, wenn
nicht etwas wahr an der Sache gewesen wäre. Auch war, einer so
nichtswürdigen Kabale gegenüber, wie sie Racine und seinen Dichtungen hier drohte, eine derartige Abwehr sicher erlaubt. Gleichwohl
scheint es kaum denkbar, daß sich der König in die Angelegenheiten
eines von ihm nicht weiter abhängigen Theaters in dieser Weise ein-

gemischt haben sollte, daher ich glaube, daß es sich nur um die Auf=
führung seines Stückes bei Hofe hier handelte, die allerdings statthatte,
und welcher der König selbst Beifall geschenkt haben soll. Man spricht
zwar häufig von einer Gegenkabale Racine's und Boileau's, doch ist es
auffällig, daß die Feinde der beiden Dichter nie näher anzuführen gewußt,
worin sie bestand—man müßte es denn schon als Kabale betrachten,
daß Racine bessere Stücke, als seine Neider schrieb, Boileau dieselben
für lobenswerther erachtete und das Publikum sich davon hinreißen ließ.

Die Feindseligkeit, mit welcher Racine zu kämpfen hatte, ver=
dankte er nicht zum kleinsten Theile seiner Freundschaft mit Boileau,
dessen Satiren und beißende Urtheile um so mehr verletzten, je größer
die Autorität war, welche er sich durch seine scharfen, meist aber sicher
treffenden Urtheile erworben.

Nicole Boileau, nach einer kleinen Wiese, welche den väter=
lichen Garten begrenzte, und auf der er als Kind oft gespielt haben
soll, auch Despréaux genannt, wurde am 1. November 1636, der
jüngste von 11 Geschwistern, zu Crône, einem kleinen Dorfe bei Ville=
neuve St. George geboren, wo sein Vater, welcher das Amt eines Greffier
du Palais bekleidete, ein kleines Grundstück besaß, auf dem er die
Ferien zuzubringen pflegte. Wie Racine, hatte auch er das Unglück
die Mutter schon früh zu verlieren, daher er bei seiner Kränklichkeit
eine sehr stille, einförmige Kindheit verlebte, was seinem Geist die
Richtung auf die Beobachtung des äußeren Lebens gab. Dagegen
zeigte er damals so wenig Hang zur Verspottung, daß sein Vater zu
sagen pflegte: "Was Colin betrifft, so wird er ein guter Bursche wer=
den, der von Niemandem etwas Schlimmes sagt." Das ihm innewoh=
nende Talent zur Poesie, Kritik und Satire brach sich aber doch end=
lich Bahn, was ihn bestimmte, sowohl der Jurisprudenz, zu der er
sich ausgebildet hatte, sowie der Theologie zu entsagen, zu welcher er
später noch übergegangen war. 1640 trat er mit seiner ersten Satire
hervor. Der Erfolg war ein so großer, daß er schon vier Jahre
später im vertrautesten Verkehr mit den bedeutendsten Männern der
Zeit und im bedeutendsten Ansehen stand, daß er ein geehrter Gast in
den Häusern der Rochefoucauld, Lamoignon, Vivonne und Pompone,
ja selbst wohlgelitten bei Hofe war, obschon er wenig Anlage zu
einem Hofmann besaß. 1677 hatte er bereits fast alle seine Satiren
und auch sein berühmtestes Werk L'art poëtique (1673) geschrieben.

Bei aller satirischen Schärfe des Geistes war Boileau doch eine treue und fromme, bei all seiner Schlichtheit eine vornehme Natur. Er verschenkte das Einkommen seiner Pfründen an Arme, überließ den Buchhändlern seine Werke ohne jedes Honorar, und als er vernommen, daß sich der greise Corneille in Noth befand, weil man ihm die königliche Pension entzogen oder doch nicht ausgezahlt hatte, trug er sofort darauf an, ihm seine eigne zu überweisen. — Boileau hatte zu wenig künstlerische Sinnlichkeit, zu wenig Phantasie, um ein Kunstwerk in allen seinen Beziehungen vollkommen würdigen zu können. Er legte ein zu großes Gewicht auf die Form und sah fast Alles nur auf diese hin an. Die geistigen Gesetze, auf denen dieselbe beruht, interessirten ihn vor allem Andern, nur daß er sie in zu einseitiger Weise auf die von den Werken der Griechen und Römer abgeleiteten Regeln einengte. Boileau hat hierdurch, wie auf seine Nation, so auch auf Racine, einen zugleich sehr wohlthätigen und verhängnißvollen Einfluß ausgeübt. Er hat diesen dazu angehalten planvoll, maßvoll und natürlich, doch zugleich auch allzu gewählt, ja gesucht zu schreiben. Er hat Racine wohl vor dem Ueberstiegenen und Platten, nicht aber davor bewahrt, zuweilen gegen das Angemessene und Charakteristische zu fehlen. Boileau hat ihn bestimmt, ein zu großes Gewicht auf den Bau und die Gliederung des Verses, auf den sprachlichen Ausdruck des Gedankens zu legen, was dazu geführt hat, daß er mehr einen sprachlich reinen und schönen, als einen wahrhaft dramatischen Stil ausbildete, welcher die Schönheit vorzugsweise in dem individuell Charakteristischen, in dem der äußeren und inneren Situation Angemessenen zu suchen hat. Boileau hat es vornehmlich verschuldet, daß die Dramen Racine's eine zwar elegante, dabei aber ermüdende Monotonie zeigen, wozu freilich, wie ich schon andeutete, das unglückliche Versmaß des Alexandriners mit beitrug. — Boileau schätzte an der Kunst zwar Alles, was ihm in seiner Art bedeutend erschien, aber auch nur das Bedeutende. Dies machte ihn öfter ungerecht, nicht nur gegen das kleinere, gegen das fragmentarische Talent, sondern auch gegen gewisse Seiten selbst noch des größten, wie überhaupt gegen das Eigenthümliche. Insbesondere konnte er kein rechtes Verständniß für die mittelalterliche und diejenige Kunst haben, welche man vorzugsweise die romantische nennt, so daß er Shakespeare gewiß noch viel einseitiger als Voltaire beurtheilt haben würde.

Von diesem seinem beschränkten Standpunkte aus erscheinen aber seine
Urtheile fast immer abgewogen und sein, daher sie von den Franzosen,
ja selbst von den übrigen Völkern, lange als Orakelsprüche verehrt
wurden. So lange dieser Gesichtspunkt der herrschende blieb, war
auch das Wort Voltaire's berechtigt: Ne disons pas de mal de Nicolas, cela porte malheur. Was Boileau zum begeisterten Lobredner
Racine's machte, war nicht nur Freundschaft, am wenigsten Cameraderie, es war innigste Ueberzeugung. Dies läßt sich am besten
daraus erkennen, daß er Molière doch noch für den größeren Dramatiker hielt, und sein Verhältniß zu letzterem, trotz der Zerwürfnisse
zwischen diesen beiden Dichtern aufrecht erhielt.

Mit Phädra schloß die erste dramatische Dichtungsperiode Racine's
großartig ab. Mit ihr entsagte er für immer der weltlichen Bühne.
Man hat diesen Entschluß auf verschiedene Weise zu erklären versucht. Einige, wie P. Mesnard, glauben, daß vorzugsweise die wiederholten Angriffe, denen er ausgesetzt war, denselben herbeiführten,
andere, daß er sich durch religiöse Bedenken dazu bestimmen ließ,
noch andere, daß ihn die Untreue der Champsmelé die Bühne völlig
verleitet habe, oder daß ihn Ludwig XIV. derselben zu entsagen bestimmte, als er ihn zu seinem Hofgeschichtschreiber ernannte.

Angriffe, wie Racine zu erleiden gehabt, können einen Dichter von
seiner Bedeutung wohl verstimmen, wohl vorübergehend die Dichtung
verleiden, aber sie werden nicht mächtig sein, ihn dauernd bei diesem
Entschlusse zu erhalten. Daß Racine bei der Herausgabe der Phädra
seinen Frieden mit den Frommen zu machen erstrebt, beweist eine
Stelle aus dem Vorwort zu ihr. Aber dieselbe Stelle beweist auch,
daß er damals noch nicht im geringsten der Bühne zu entsagen gedachte. Allerdings kam, seit Frau von Maintenon Einfluß auf Ludwig XIV. gewann, eine frömmelnde, dem Theater ungünstigere Anschauung bei Hofe und in der vornehmen Gesellschaft in Aufnahme
und in die Mode. Dies gehörte aber doch erst einer etwas späteren
Zeit an. Forderte ihn doch Frau von Montespan, der er seine Ernennung zum Hofhistoriographen hauptsächlich verdankte, und wie es
scheint mit Wissen des Königs, um 1780 sogar noch selbst dazu auf,
eine Oper zu schreiben. Wenn die Ernennung Racine's zum Hofhistoriographen auch an die Bedingung geknüpft gewesen sein sollte,
nicht mehr für die Bühne zu arbeiten, so ist das doch wohl erst in

Folge seines Entschlußes, dieser fortan zu entsagen, geschehen. Dagegen weist nichts darauf hin, daß der König diesen Entschluß nicht vollständig gebilligt oder ihn von demselben zurückzuhalten gesucht habe. — Noch weniger Gewicht aber kann ich auf das Verhältniß Racine's zur Champmeslé legen. Daß er ein solches Verhältniß gehabt, beweisen, nicht sowohl die darauf anspielenden Epigramme der Zeit, als es aus einer Stelle eines Briefes Boileaus an Racine hervorgeht. Daß ihn aber die Eifersucht dabei wenig zu schaffen gemacht, läßt sich aus einem scherzhaften Epigramm des letzteren erkennen, welches die Flatterhaftigkeit der schönen Schauspielerin bespöttelt. Es wird ihm daher auch keine zu große Aufregung bereitet haben, als der Graf Clermont Tonnère mit in die Reihe ihrer Begünstigten trat, selbst wenn Racine wie dies von einem Spottgedicht angedeutet wird,*) ganz gegen diesen hätte zurücktreten müssen. Jedenfalls würde sich Racine über diesen Verlust sehr bald zu trösten gewußt haben, da er sich nur kurze Zeit später verheirathete. Mit dieser Heirath berühre ich aber zugleich den Punkt, der wie ich glaube, für seinen Rücktritt von der Bühne entscheidend gewesen ist und den, so viel ich weiß, bisher nur d'Olivet bestimmter in den Worten hervorhob: Seine Heirath, die Vorstellungen der Mutter Agnès und die Ehre sich zum Historiographen des Königs ernannt zu sehen, bestimmten ihn, dem Theater zu entsagen.

Es ist kein Zweifel, daß von Port Royal, besonders von den Frauen, ununterbrochen Anstrengungen gemacht wurden, ihn zu diesem Schritt zu bewegen. Racine selbst spricht es aus, daß Marie des Moulins es gewesen sei, welche ihn wieder zurück auf den Weg des Heils geführt habe. Ich glaube jedoch, daß ihr dies nur durch jene Heirath gelang, bei welcher sein mit Port Royal in vertrautem Verhältnisse stehender Vetter, Nicolas Vitart, den Vermittler gespielt. Am ersten Juli 1677 veröffentlichte der Mercure galant die Vermählungsanzeige Racine's mit Melle de Romanet in den Worten: „Sie hat Vermögen, Geist und ist von edler Geburt. Herr Racine verdiente es wohl, alle diese Vorzüge in einer liebenswürdigen Per-

---

*) Es heißt:

A la plus tendre amour elle fut destinée,
Qui prit long temps Racine dans son coeur
Mais pour un signe malheureux
Le Tonnère est venu, qui l'a dé Racinée.

sönlichkeit vereinigt zu finden." Vermögen, Schönheit und Geist werden
von andrer Seite aber nicht grade als besonders hervortretend an ihr
geschildert; desto größer war ihre Frömmigkeit und ihre Abneigung gegen
das Theater, das sie niemals besucht haben kann, da sie auch nicht
eine einzige Zeile der weltlichen Dramen ihres Gatten gekannt. Daher
wohl die Annahme zulässig ist, daß es Racine mit dieser Heirath geradezu zur Bedingung gemacht wurde, der Bühnenthätigkeit hinfort zu entsagen. Unmittelbar nach derselben war er nachweislich um seinen
Frieden mit den Vätern von Port Royal bemüht und gerade bei
dieser Gelegenheit sollte sich zeigen, daß er auch jetzt, trotz der Frömmigkeit, welche ihn überkommen haben mochte, in der Thätigkeit für
die Bühne noch nichts Sündhaftes sah, da er nach der Erklärung,
der dramatischen Dichtung für immer entsagt zu haben, doch noch eine
Rede zur Rechtfertigung derselben hielt und erst hierauf Arnauld ein
Exemplar seiner Phädra überreichte, um dessen zustimmendes Urtheil
darüber einzuholen, welches ihm auch, vielleicht freilich nur auf Grund
jener vorausgegangenen Erklärung, von diesem zu Theil wurde.

Es entsteht hier die Frage, warum, wenn Racine so fest zum
Rücktritt von seiner dramatischen Thätigkeit entschlossen war, ihm an
diesem Urtheil überhaupt noch so viel gelegen sein konnte? Ich glaube,
daß er damit sowohl diejenigen Bedenken niederzuschlagen beabsichtigte,
welche seine junge Frau noch immer wegen seiner früheren Verbindung mit dem Theater beunruhigen mochten, als auch die, welche
daraus entstehen konnten, daß er an seinen dramatischen Dichtungen
noch fortdauernd Interesse nahm, noch immer in einer, wenn auch
nur losen, Verbindung mit dem Theater blieb. Denn Racine war
nicht nur an der weiteren Herausgabe seiner dramatischen Schriften betheiligt, er bezog nicht nur noch immer Honorare dafür, sondern er
übte auch weiterhin Einfluß auf die Besetzung seiner Stücke aus, wie
er das Theater ja noch immer besuchte. Erst als der König sich
ganz von demselben zurückzog, fing auch er sich demselben mehr und
mehr zu entfremden an. Doch beweist sein Epigramm auf Boyer's
Judith (1695), daß er fast noch bis zu seinen letzten Jahren Antheil
an den neuen Erscheinungen desselben nahm.*) Auch entsprechen

---

*) Auch bei La Grange-Chancel heißt es gelegentlich der Aufführung
seines Adharbal 1694 „Racine, à qui la dévotion ou la politique ne permettait

die Jahreszahlen der hier gegebenen Darstellung. Am ersten Januar
1677 erschien die Phädra auf der Bühne, am 15. März d. J. aber
im Druck, am ersten Juli wurde Racine's Heirath veröffentlicht und
erst im October desselben Jahres erfolgte seine und Boileaus Ernennung zum Hofhistoriographen des Königs. Die Bedenken, die ihm
von Frau von Montespan bestellte Oper zu schreiben, entstanden nicht
aus ihm selbst; da er nach dem Zeugnisse Boileau's diese Arbeit sogleich mit Eifer begonnen hatte, sie kamen also von Außen. Doch
würden sie kaum eine günstige Aufnahme bei Hofe gefunden haben, falls
sie nur von Port Royal ausgegangen wären. Wahrscheinlich konnte er
sich aber auf die gegen seine Frau eingegangenen Verpflichtungen berufen.
Racine bildete sich jetzt mit demselben Talente zum Hofmann aus, das
er früher als Dichter gezeigt. So heißt es z. B. schon im nächsten Jahre in einer Rede, welche er als Director der Academie hielt,
in die er 1673 Aufnahme gefunden hatte: „Tous les mots de la langue, toutes les syllabes nous paraissent précieuses, parce que nous
les regardions comme autant d'instruments qui doivent servir à la
gloire de notre auguste protecteur." Doch entsprangen derartige Aeußerungen sicher aus innerster Ueberzeugung bei ihm. „Rien du poëte dans
son commerce — sagt von ihm der Herzog von St. Simon — et
tout de l'honnête homme et de l'homme modeste."

Es konnte nicht fehlen, daß Racine und Boileau auch in ihrer
neuen Stellung, welche diese nicht gerade muthigen Männer nöthigte,
den König auf seinen Zügen nach dem Kriegsschauplatz zu begleiten,
dem Spotte der Gegner verfielen, welche sie nun als „Messieurs de
Sublime" verhöhnten. Prabon that es hierin allen Anderen in seinen
Nouvelles remarques zuvor, in denen es z. B. von ihrer historio-
graphischen Thätigkeit heißt:

> C'est ce que dit un jour un commis de finances:
> Nous n'avons encor vu rien d'eux que leurs quittances.
> Que ce qu'ils ont écrit soit bien ou mal conçu
> Ils écrivent fort bien du moins un „J'ai reçu."

Das ist selbstverständlich nur Bosheit, da die Précis historiques
des Campagnes de Louis XIV. nur eine Einleitung, die Rélation

---

plus de fréquenter les spectacles depuis que le roi s'en était privé, vint à
cette première représentation.

du siège de Namur und die Fragments historiques aber nur Neben-
arbeiten des großen historischen Werkes dieser beiden Männer waren,
welches sich freilich jeder Beurtheilung entzieht, da es 1726 bei einer
Feuersbrunst verloren gegangen ist.

1684 hatte Frau von Maintenon das ablige Stift von St. Cyr
gegründet. Nicht nur die Dichtkunst und Musik, sondern auch drama-
tisch-musikalische Uebungen wurden in den Unterrichtsplan der jungen
Damen mit einbezogen.   Man hatte anfangs einige der Meisterwerke
Corneille's und Racine's dazu mit gewählt, bald aber Bedenken gegen
den Inhalt derselben getragen.   Die Versuche, welche hierauf die
Superiorin des Instituts, Mad. de Brinon, gemacht, waren aber
wieder zu geschmacklos befunden worden. Frau von Maintenon, welche
diese Uebungen nicht aufgeben mochte, und selbst eine Anzahl Proverbes
dramatiques für dasselbe geschrieben hat, unterhielt sich darüber eines
Tags mit Racine, dem sie sehr wohlwollte und richtete die Frage an
ihn, ob er es nicht für möglich halte, ein Drama zu dichten, in welchem Musik und Gesang in vollkommenem Einklang mit den Forderungen der Frömmigkeit ständen. Racine, eingedenk der Kämpfe, welche
er wegen der von Frau von Montespan an ihn gestellten Aufgabe zu
bestehen gehabt, ging nur zögernd auf diese Aufforderung ein. Indessen scheint man dem Wunsche der frommen und allmächtigen Frau
sich nicht zu entziehen gewagt zu haben. Es entstand die Esther,
welche am 26. Jan. 1689 zum ersten Male in St. Cyr vor dem König
zur Aufführung kam*), dann aber noch oft vor·demselben wiederholt
werden mußte, da er nicht müde wurde, die Großen des Reichs und
die Jesuitenpater der Stadt, sowie alle Fremden von Distinction dazu
einzuladen und sich an ihrem Entzücken zu weiden.   Melle Caylus,
welche die Esther spielte, soll nach dem Urtheile der vornehmen Welt,
selbst noch die Champmeslé darin völlig in Schatten gestellt haben.

Racine erschien in dieser Dichtung auf einem neuen Gebiete auch
selbst als ein Neuer.   Erst hier schien er das Eigenste seiner Natur
und seines Talentes in der unmittelbarsten und reinsten Weise entfaltet zu haben. Nicht daß der dramatische Werth dieses Werkes, in
dem er zu mannigfaltigerer Ergözung des Auges auch die Einheit des

---

*) Erster Druck 1689. Erste deutsche Uebersetzung von Bröstedt, Lüne-
burg 1745.

Orts nicht völlig gewahrt hatte, ein so großer gewesen wäre. Es nimmt vielmehr nur eine Mittelstellung zwischen Tragödie und Oratorium ein. Allein das lyrische Element, welches ja ohnehin bei diesem Dichter stets vorherrschte, fand, besonders in den Chören, hier einen überaus günstigen Spielraum zu freiester und selbständiger Entwicklung vor. In der That gehören diese letzteren, zu denen der Organist von St. Cyr, Jean Baptiste Moreau, die Musik componirte, zu dem Reinsten, Anmuthigsten und zugleich Erhabensten, was in dieser Gattung geschrieben worden ist. Das Ganze aber übt einen überaus harmonischen und weihevollen Eindruck aus.

Der Erfolg bestimmte den Dichter im Einverständniß mit Frau von Maintenon noch ein zweites Stück dieser Art, jedoch in einem gewaltigeren und dramatischeren Stile zu schreiben. Inzwischen hatte dieser Erfolg aber auch neue Angriffe hervorgerufen. „Alle Klöster — so hieß es — haben die Augen auf St. Cyr gerichtet; sie werden dem Beispiele folgen und statt Nonnen Comödiantinnen erziehen." Ja, holländische Pamphlete erklärten sogar St. Cyr für ein Serail, welches die alternde Sultanin dem modernen Ahasverus eingerichtet habe. Man brach daher die Vorstellungen ab. Athalie, das neue und letzte dramatische Werk Racine's wurde nur zweimal im Zimmer der Frau von Maintenon (Jan. und Febr. 1691) von den Fräulein von St. Cyr, doch nur in ihren Stiftskleidern zur Aufführung gebracht.*) Erst 1702 wurde es bei Hofe, doch nicht von den Schauspielern, und erst 1716 nach dem Tode Ludwig XIV., von letzteren und dabei öffentlich dargestellt.**)

Diese Dichtung, welche von Vielen als das bedeutendste Werk Racine's gefeiert wird, übertrifft an dramatischer Bedeutung entschieden die Esther, ohne doch hierin den Britannikus oder die Phädra ganz zu erreichen. Die Totalwirkung ist aber eine imposante, der Grundzug ein feierlicher. Dem Zwecke der Darstellung durch die jungen Damen von St. Cyr entsprach die Esther jedenfalls besser, wie sie in ihrer größeren Schlichtheit und Innigkeit auch mehr zu Herzen spricht.

---

*) In demselben Jahre erschien es im Druck. Die erste deutsche Uebersetzung ist von Cramer, St. Gallen 1790.

**) Diese Angaben finden sich bei Royer. Beauchamps berichtet dagegen, daß die ersten Darstellungen bei Hofe 1717 und 1721, die ersten öffentlichen aber erst 1728 und 1729 stattfanden.

Wie Corneille hat auch Racine zweimal der Bühne entsagt, aber beidemal nach großen Triumphen. Er hatte das seltene Glück in seinem letzten Werke noch in der vollen Kraft seines poetischen Ingeniums zu stehen. Doch sonderbar, dieser Dichter, welcher dem Ruhm so leicht zu entsagen vermochte, war unfähig, den Verlust der königlichen Gnade verschmerzen zu können. L. Racine giebt als Grund desselben ein Memoire an, welches sein Vater im Auftrage der Frau von Maintenon über die Volksnoth geschrieben habe. Ein von Racine an diese letztere gerichteter Brief (vom Jahre 1798), der dieses Memoire nur flüchtig berührt, läßt aber erkennen, daß es vielmehr sein mit den Jahren immer inniger gewordenes Verhältniß zu dem gefürchteten und verfolgten Port Royal war, welches ihm den Unwillen und das Mißtrauen seines Königs zugezogen hatte. Es ist daher anzunehmen, daß jenes Memoire den König zunächst nur als eine lästige Einmischung in die Regierungsangelegenheiten unangenehm berührt habe, die Jesuiten in der Umgebung desselben diese Stimmung aber benützten, um sich an Racine für die Dienste zu rächen, welche er den Vätern von Port Royal vielfach geleistet. Es geht aus einem Briefe von Frau von Maintenon an Madame de la Maisonfort deutlich hervor, daß man ihn jetzt in der That für einen gefährlichen Menschen zu halten begann. Wie tief ihn aber auch diese Vorfälle aufgeregt haben mögen, so ist man doch wohl zu weit gegangen, wenn man seinen Tod ihnen beimißt, obschon sie immerhin zur Beschleunigung desselben mit beigetragen haben dürften.

Racine war von mittlerer Gestalt, seine Gesichtsbildung edel und offen, sein Ausdruck gewinnend. Er beherrschte die Umgangsformen mit dem Takte des vollendeten Weltmanns. Seine Sprache war wohlklingend, seine Unterhaltung lebhaft und witzig. Der Rede war er vollkommen mächtig. Ein vorzüglicher Kenner der Literatur, konnte er insbesondere die vorzüglichsten Werke der griechischen Tragiker auswendig. Es giebt kaum einen französischen Dichter, der sich so sehr mit der Schönheit des griechischen Geistes durchdrungen, und keinen Dramatiker seiner Zeit, der sich so frei vom spanischen Einflusse gehalten, wie er. Auch dem Einfluß des Marinismus und Gongorismus hat er sich, wie groß das Gewicht, das er auf die Form und das Gewählte des Ausdrucks legte, auch war, fast völlig entzogen. Er ist der lebensvollste von den Tragikern der französischen klassischen Schule

und hat das Drama derſelben auf dem Gebiete der Tragödie zur
vollendetſten Ausbildung gebracht. Er erſcheint ſtärker in der Ge-
ſtaltung der weiblichen, als in der der männlichen Charaktere. Dies
lag aber mit in der Richtung, welche ſein Drama genommen. Die
Geſtalten des Nero und des Mithridat, ſo wie ſeine beiden letzten
Dramen, laſſen erkennen, wie Vieles in ſeinem Geiſte noch ſchlummerte,
das nur der Geburt und des äußeren Anſtoßes harrte.

Man hat viel von Racines Spottſucht geſprochen und in der
That ſind einige ſeiner Epigramme von einer beißenden Satire durch-
tränkt. Auch mag er dieſer Seite ſeines Geiſtes im vertraulichen
Geſpräche noch mehr nachgegeben haben. Allein man überſah, daß
dies weniger eine perſönliche, als eine nationale Eigenſchaft und ganz
beſonders eine charakteriſtiſche Eigenſchaft der Zeit war. Noch heute
übt jeder geiſtreiche Franzoſe dieſe Art des Witzes aus und damals
wird es wohl keinen gegeben haben, der ſich nicht in Epigrammen verſucht hätte. Jedenfalls entſprangen ſie bei Racine nicht
einem böswilligen, neidiſchen Herzen. So weit es ſich beurtheilen
läßt, waren ſie immer nur gegen ſolche gerichtet, die ihn zuvor angegriffen hatten und ſelbſt noch dann meiſt nur gegen die anmaßliche,
aufdringliche Mittelmäßigkeit. War er im Grunde der Seele doch
eine wohlwollende Natur, hilfreich und bei jedem Mißgeſchick ein
zuverläſſiger, im Unglück treu ausharrender Freund, beſonders lobens-
werth in ſeinem ſpäteren Verhalten zu den verfolgten und geächteten
Vätern des Port Royal. Und wie er manchem der ihm vorausgegangenen Freunde in ſeinen letzten ſchweren Stunden tröſtend und
helfend zur Seite ſtand, ſo war auch ſein Leidens- und Sterbebette
von treuen Freunden umgeben. Boileau war natürlich mit unter
denſelben und was dieſer ihm war, geht aus den letzten Worten, die
Racine an ihn gerichtet, hervor: „C'est un bonheur pour moi de
mourir avant vous.“ Mit ſeltener Seelenſtärke, ganz durchdrungen
von den Segnungen der Religion, ertrug er die über ihn verhängten
Leiden und verſchied am Morgen des 21. April 1699 in frommer
Ergebung. Auch der Hof hatte ihm wieder ſeine Theilnahme zugewendet. Als Boileau zu Ludwig XIV. kam, um deſſen Befehle
wegen der Weiterführung der Biographie dieſes letzteren in Empfang
zu nehmen, rief ihm derſelbe entgegen: „Despréaux, nous avons
beaucoup perdu, vous et moi, à la mort de Racine.“ Auch überwies

er der Wittwe und den sieben Kindern des Dichters eine Pension von 2000 Livres. Racine wurde nach seiner testamentarischen Anordnung in Port Royal begraben. Nachdem dieses 1709 zerstört worden war, wurden die Gebeine desselben 1711 in die Kirche St. Etienne du Mont übertragen.

Keiner der zeitgenössischen Dramatiker, mit Ausnahme Corneille's, läßt sich Racine auf dem Gebiete der Tragödie irgend vergleichen. Auch nimmt die Zahl der tragischen Dichter gegen Ausgang des Jahrhunderts mehr und mehr ab, was sich zum Theil aus der immer mehr hinschwindenden Theilnahme des Hofs am Theater erklärt. Es mögen davon nur Edmond Boursault, Mad. de Villedieu, Jean de Chapelle, Abeille, Genest, Campistron, Péchantré, La Grange Chaucel, De la Fosse und Duché de Vancy genannt werden. Nur einige wenige Bemerkungen sind über sie noch hinzuzufügen.

Edmond Boursault, den ich beim Lustspiel noch zu berühren habe, schrieb nur zwei Tragödien, Germanicus (1670) und Marie Stuart. Die erste wurde, nach Beauchamps, von Corneille sehr hoch geschätzt, doch glaube ich, daß er damit den jüngeren Corneille gemeint, welcher sehr befreundet mit Boursault war.

Marie Cathérine Hortense des Jardins (1632—88) war dreimal verheirathet. Sie behielt aber als Schriftstellerin den Namen ihres ersten Gatten, de Villedieu, bei. Ihr erstes Stück war Manlius (1662). Sie machte sich jedoch mehr durch ihre Romane bekannt.

Jean de la Chapelle, Seigneur de St. Port, 1655 zu Bourges geboren, 1723 zu Paris gestorben, versuchte zugleich im Staatsdienst und in den schönen Wissenschaften sein Glück. Er brachte es dort bis zum Receveur général des finances und hier bis zum Doyen de l'Académie. Er trat zuerst mit einem Lustspiel, dann 1681 mit der Tragödie Zaïde auf. Ihr folgten Cleopâtre (1681), Téléphonte (1682) und Ajax (1684). Er nahm Corneille und Racine in academischer Weise zum Muster, indem er zugleich durch neue Stoffe oder durch neue Wendungen, die er bekanntern Stoffen gab zu überraschen suchte. Cleopâtre hatte einen ziemlichen Erfolg. Téléphonte behandelt das Sujet der Merope. Auch Ajax fand eine gute Aufnahme, aber wie es scheint, hauptsächlich durch die Darstellung Baron's. Man sagt, daß die gute Tafel des Financiers auf den Beifall seiner Stücke mit eingewirkt habe.

Gasparb Abeille (1648—1718) war einer der vielen Abbé's, mit denen die Academie damals gesegnet war*) und von denen nicht wenige wie er an der Krankheit litten, als tragische Dichter berühmt werden zu wollen. Er trat 1674 mit seiner Argélie auf. Sein academischer Lobredner preist aber weislich nur die niemals gedruckten Stücke Sylanus, Danaus und Caton von ihm. Es werden ihm auch die unter dem Namen Thorillière's erschienenen Tragödien mit aufgebürdet.

Von gleichem Werthe sind die Tragödien eines anderen Abbé und Mitglieds der Academie, Charles Claude Geneft (1635—1719), obschon sie nicht nur von dem unvermeidlichen academischen Lobredner, sondern auch von dem freilich kaum zuverlässigeren be Visé in seinem Mercure galant übermäßig gepriesen wurden.

Bedeutend über die Vorgenannten erhebt sich Jean Gilbert Campistron, geboren 1656, gestorben 1738. Er gehörte einer angesehenen Familie von Toulouse an, genoß eine vorzügliche Erziehung, schwang sich zum Generalsecretär der Galeeren empor und wurde Mitglied der französischen Academie und der Academie von Toulouse. Er kam früh nach Paris, lernte den Schauspieler Raisin kennen und wurde hierdurch zur Bühnenschriftstellerei verlockt. Er nahm sich Racine zum Vorbild, der ihn auch geschätzt haben soll. Sein erstes Stück war die Virginie (1683). Größern Erfolg hatten sein Alcibiade (1684), sein Andronique (1685) und besonders seine letzte Tragödie Tiridate (1690). Diese Stücke zeichnen sich besonders durch den gelungenen Aufbau der Handlung aus, doch auch die Ausführung der einzelnen Scene ist zum Theil sehr fein und sorgfältig, besonders in den zärtlichen und pathetischen Situationen. Schwächer ist er in der Charakteristik und in der Versification.

Auch Péchantré (1638—1708) war aus Toulouse, auch er wendete, sich zeitig Paris und der Bühne zu. Der Erfolg seiner ersten Tragödie Géta war viel versprechend, sie bezeichnet aber zugleich den Höhepunkt dieses Dichters und seines doch nur schwachen Talents.

---

*) Im Jahre 1709 bestanden ihre Mitglieder nach Despois aus 43 Geistlichen. Unter 17 weltlichen Mitgliedern befanden sich 1 Herzog, 3 Marquis, 1 Graf und verschiedene königliche Räthe. Von Berufsschriftstellern finden sich damals nur Boileau, Th. Corneille, Fontenelle, Tourreil, Dacier, de Sacy und Campistron verzeichnet.

Einer der begabtesten und gebildetsten tragischen Dichter am Ausgang des 17. Jahrhunderts war Antoine de la Fosse, Sieur d'Aubigny, geboren 1653 zu Paris, wo er auch 1708 starb. Er machte seine Carrière durch den Marquis de Créqui und den Herzog von Aumont, denen er nacheinander als Secretär diente. Daneben widmete er sich der Dichtung und Schriftstellerei. Sein erstes Stück war die Tragödie Polixène (1696). Es wurde sehr streng beurtheilt; nichts bestoweniger erkannte man aber, daß der vor kurzem gestorbene Campistron durch ihn wieder ersetzt werden würde. Einen ungleich größeren Erfolg hatte sein 1698 zur Aufführung gekommener Manlius. Er wird ganz allgemein als dasjenige Stück bezeichnet, welches den Arbeiten Racine's, am nächsten steht. Man verübelte aber dem Dichter, daß er zwar seine römische, nicht aber seine englische Quelle genannt, da er verschiedene Motive und Situationen dem Venice preserved des Otway entlehnt hatte. Zwar hat man es dadurch zu entschuldigen versucht, daß dieser selbst erst aus einer französischen Quelle, der Histoire de la conjuration de Venise des Abbé de St. Réal geschöpft hat. Der Erfolg der beiden letzten Werke des Dichters: Thésée (1700) und Corésus et Callirhoé (1703) blieb weit zurück hinter dem seines Manlius. In Corésus et Callirhoé behandelte de la Fosse denselben Stoff, wie Guarini in seinem Pastor fido, jedoch mit ungleich weniger Glück.

Auch die geistlichen Dramen Duché de Vancy's (1668—1704) verdienen Hervorhebung. Sie waren wie Boyer's Judith durch die beiden gleichartigen Meisterwerke Racine's hervorgerufen, die überhaupt eine größere Nachfolge hatten. Sie wurden sowohl in St. Cyr wie in Paris gegeben. Nur der Absalon (1702) aber hatte einen nachhaltigen Erfolg. Duché de Vancy zeichnete sich auch unter den Operndichtern aus.

Ungleich reicher als die Tragödie ist in den letzten Decennien des Jahrhunderts das Lustspiel vertreten. Ehe ich mich dessen Darstellung aber zuwende, wird es nöthig sein, der Entwicklung der französischen Bühne und Schauspielkunst einen flüchtigen Blick zu vergönnen.

V.

Die Entwicklung der Bühne und Schauspielkunst im 17. Jahrhundert.*)

Die Troupe royale des Comédiens des Hôtel de Bourgogne. — Die Troupe du Marais. — Bühneneinrichtung. — Zuschauer auf der Bühne. — Einfluß der Italiener auf die Schauspielkunst und das Decorationswesen. — Die Theater de la Foire. Das Theater de Mademoiselle. Das Theater du Dauphin. — Einrichtung des Theaters du petit Bourbon. — Die Troupe de Monsieur, spätere Troupe du Roi. — Entstehung der Ausstattungsstücke und der Oper. — Der Marquis von Sourdéac. Der Abbé Perrin. Lambert. Lully. — Das Theater Guénégaud. — Uebersiedelung der Molière'schen Truppe in letzteres. — Vereinigung mit der Troupe du Marais. — Einfluß Lully's. — Kampf mit den Theatern de la Foire. — Vereinigung der Truppe des Theaters Guénégaud mit der des Hôtel de Bourgogne. — Kämpfe mit der Geistlichkeit. — Uebersiedelung der Comédiens français nach der Rue neuve des Fossés St. Germain. — Schwindendes Theaterinteresse des Königs. — Die Comédie française unter der Oberaufsicht der Grande-Dauphine. — Die Schauspieler des 17. Jahrhunderts. — Frauen auf der Bühne. — Aelteste Farcenspieler. — Die Schauspieler unter Mondory und Bellerose. — Floridor. — Die Schauspieler Molière's. — Zusammenhang der französischen Schauspielertruppen nach Molière's Tode. — Michel Baron. — Melle Champmeslé. — Raisin. — Theatersubventionen. — Theaterpreise und Einnahmen. — Einnahmen der Autoren und Schauspieler. — Theatercostüme. — Kritik und Reclame. — Censur.

Die Nachrichten, welche bis jetzt über die Entwicklung der französischen Bühne seit Gründung des Théâtre du Marais bis zur Ankunft Mondory's daselbst vorliegen, sind noch immer sehr dürftig. Die Schauspieler des Hôtel de Bourgogne hatten in den ersten Jahren der Regierung Ludwigs XIII. die Erlaubniß erlangt, sich die Troupe royale des comédiens nennen zu dürfen. 1615 reichten sie das Gesuch ein, ihnen für alle Zeit die Benutzung des Theaters in jenem Gebäude zuzugestehen und sie fortan von der an die Confrères de la Passion (die sie in einem sehr gehässigen Lichte dar-

---

*) S. Parfait, a. a. O., sowie Memoires pour servir à l'histoire des spectacles de la foire, Paris 1743. — Parfait, Hist. de l'ancien théâtre italien en France. Paris 1753. — Beauchamps, a. a. O. — Sand, Masques et Bouffons. — Ludovic Celler, Les décors, les costumes et la mise en scène au 17. Siècle, Paris 1869. — Eugène Despois. Le théâtre français sous Louis XIV. Paris 1874. — Ed. Moland. Oeuvres de Molière. Paris 1873. — Fournel. Les contemporains de Molière. Paris 1875.

stellten) bisher geleisteten Vergütung zu befreien. Nur der erste
Theil dieses Gesuchs wurde bewilligt. Erst 1677, unter Ludwig XIV., kam auch die in dem zweiten Theil aufgeworfene Frage zu
endgiltiger Entscheidung. Das Privileg der Passionsbrüder wurde
zwar aufgehoben, die Comédiens aber bedeutet, für die Benützung
des Saals eine Abgabe an das allgemeine Krankenhaus von Paris
zu entrichten.

Das Theater des Hôtel de Bourgogne hatte durch die vorge-
dachte Ernennung eine Art von officiellem Charakter erhalten; wie
es denn später auch subventionirt wurde. Die erste bestimmte Nachricht einer Subvention datirt aus dem Jahre 1641. Sie hatte damals die Höhe von 12 000 Livres, die sie dann lange behalten zu
haben scheint. In diesem Jahre erließ Ludwig XIII. gelegentlich der
Adelserneuerung des Schauspielers Floridor, eine Erklärung, in welcher
es heißt: „Nous voulons que l'exercice des comédiens, qui peut
innocemment divertir nos peuples de diverses occupations mauvaises, ne puisse leur être imputé à blame, ni préjudicier à leur
réputation dans le commerce public." Die troupe royale wurde
auch durch den Besuch des Hofes und in den Engagements der Darsteller unterstützt. Die von Richelieu gegründete Gazette besprach
lange nur ihre Darstellungen. Dies gab ihr ein Uebergewicht
in der Meinung des Publikums, welches dem Theater du Marais
fühlbar wurde, dessen Schauspieler daher im Geheimen meist darnach
strebten, Mitglieder des Hôtel de Bourgogne zu werden. Auch scheint
es, als ob das Theater du Marais wiederholt genöthigt gewesen wäre,
seine Vorstellungen wegen Mangel an Besuch einzustellen. Eine solche
Unterbrechung muß auch vor Ankunft Mondory's stattgefunden haben,
wobei es geschehen sein mag, daß ein Theil der Schauspieler zum
Hôtel de Bourgogne übergegangen war, der andere sein Heil in der
Provinz gesucht hatte; die Nachrichten weisen auf beides hin.

Es scheint, daß Mondory 1629 das alte Theater du Marais im
Hôtel d'Argent bezog. 1632 befindet sich ein Theater dieses Namens
in der Rue Michel-le-Comte. Von hier vertrieben taucht es 1635 in
der Rue Vieille du Temple auf. 1634 traten die sechs besten Schauspieler des Marais zu dem Theater des Hôtel de Bourgogne über,
wie man sagt, auf Befehl des Königs.*) Dies kann wohl nur

---

*) Hierauf bezieht sich wohl auch die Mittheilung der Gazette, daß Mon-

heißen, daß letzteres den Befehl erhielt, dieselben zu engagiren, denn daß Ludwig XIII., welcher die Rechte der Passionsbrüder geachtet hatte, so willkürlich in die Rechtsverhältnisse des Theaters du Marais eingegriffen haben sollte, ist nicht recht wahrscheinlich. Alles dies mußte dem letztgenannten Theater aber allmählich [die Theaterdichter entfremden. Die Lage des Marais war mithin eine schwierige. Es besaß jedoch in Mondory einen trefflichen Leiter; den Mann der Initiative, welcher die großen schauspielerischen und dramatischen Talente ausfindig zu machen, sie zu sich heranzuziehen und ihnen Bahn zu brechen verstand. Die Concurrenz dieser beiden Theater konnte daher der Entwicklung des Dramas und der Schauspielkunst nur förderlich sein. Sie war ihnen aber auch materiell keineswegs nachtheilig, weil sie das Theaterinteresse in ungewöhnlicher Weise anregte und steigerte.

Seit das Theater auf die Darstellungen von Mysterien hatte verzichten müssen, hatte die Bühne ohne Zweifel große Veränderungen erfahren. Noch mehr wurde dies durch die Einfachheit des in Aufnahme gekommenen regelmäßigen Dramas bedingt, wenn letzteres auch anfänglich den Wechsel der Scene nicht vollständig ausschloß. Jules Benasster[*]) behauptet, daß die Scene im Theater das Hôtel de Bourgogne nicht mehr als 15 Fuß Breite gehabt, die sich in der Tiefe auf 11 Fuß verjüngt habe. Diese Angabe scheint aber auf keiner sehr zuverlässigen Ueberlieferung zu beruhen. Wie hätten auf diesem kleinen Raum wohl noch mehrere Reihen Zuschauer zu beiden Seiten der Spieler Platz finden sollen? Besonders anfänglich mußte die Breite dieser Bühnen viel größer sein, da die Passionsbrüder ja vornehmlich Mysterienspiele auf ihr darstellen wollten. Nach Wegfall dieser Spiele konnte man aber um so eher auf eine Vereinfachung und Verengerung des Schauplatzes denken, je einfacher selbst noch diejenigen Stücke wurden, welche den Wechsel der Scene nicht vollkommen ausschlossen. Ein in der Pariser Nationalbibliothek befindliches Manuskript[**]), welches eine ganze Reihe von Decorationsskizzen der ersten Stücke Corneille's, sowie

dort 1634 die Sophonisbe des Mairet mit seiner Truppe encore ralliée pour cette fois gespielt habe.

[*]) La comédie française. Paris 1868. S. 10.

[**]) Mémoire de plusieurs décorations — commencé par Laurent Mahelot continué par Michel Laurent en 1673.

derjenigen Hardy's, Ryer's und Andrer enthält, giebt über die Bühneneinrichtung jener Zeit nähere Aufschlüsse. Nach ihnen stellte die Decoration etwa so viel einzelne in einem Halbkreis angeordnete Schauplätze dar, gewöhnlich drei, wie es scheint nie über fünf, als das
Stück forderte. Enthielt dies aber noch eine darüber hinausgehende
Zahl von Ortsveränderungen, so wurden diese durch Verwandlung
der Decoration des einen oder andren dieser Schauplätze herbeigeführt, die sich hinter Vorhängen vollzog, da jeder Schauplatz durch
diese geschlossen werden konnte und nur dann und so lange geöffnet
worden zu sein scheint, als das Stück denselben gerade bedingte. So
heißt es z. B. in der Bühnenanweisung zu Lisandre et Caliste von
Du Ryer (1639) „in der Mitte des Theaters steht das kleine Ca-
stell aus der Rue St. Jacques zu Paris, daneben muß man eine
Straße darstellen, in welcher die Fleischer wohnen und in der Bude
eines der letzteren muß ein Fenster angebracht sein, das einem vergitterten
Kerkerfenster gegenüberliegt, damit Lisandre mit Caliste sprechen könne.
Im ersten Akt muß dies verborgen bleiben und erst im zweiten Akt
vorkommen, nach diesem wieder verhüllt werden. Der Vorhang stellt
dann einen Palast dar. Auf der einen Seite erhebt sich ein Berg,
auf dessen Gipfel eine Einsiedelei steht. Aus einer zweiten Einsiedelei am Fuße des Berges tritt der Eremit hervor. Auf der andern
Seite sieht man ein Zimmer, zu dem einige Stufen hinaufführen und
in das man von hinten eintreten kann…" Diese Schauplätze waren
also keineswegs immer perspectivisch gemalt, sondern zum Theil
auch praktikabel, so daß einzelne Scenen nicht blos auf dem allgemeinen Sprechplatze vor ihnen, sondern auch in ihnen stattfanden. Dies
geht u. A. aus einer Anweisung in Mesnabière's Poetik hervor
welche sich auf die Darstellung von Gefängnissen bezieht: „Le spectacle des prisons étant assez ordinaire parmi les actions tragiques,
il faut que l'endroit de la scène, qui réprésente les cachots, soit
fermé par des clostures, qui puissent vrai-semblablement arre-
ster les prisonniers. Jamais la personne captive ne doit sortir
en parlant hors des bornes de sa prison, pour se jetter de ce
lieu là sur le devant du théâtre." Corneille kämpfte dagegen wider die
Anwendung von Gittern vor den Gefängnissen an. — Es ist gewiß
daß diese Darstellungsweise in Bezug auf Veranschaulichung der äußeren Situation ohne allen malerischen, ja ohne künstlerischen Reiz,

überhaupt war, daß sie dieselbe mehr nur symbolisch andeutete, als
den Zuschauer unmittelbar in sie einführte, der in seiner Illusion durch
die gerade leeren oder verhüllten Schauplätze fortwährend gestört
werden mußte.

Inzwischen drangen die Gelehrten aber immer entschiedener auf die
Einheit der Zeit und des Ortes, so daß die Dichter mehr und mehr
darauf ausgingen die Handlung auf einen einzigen Schauplatz, wenn
auch nicht für das ganze Stück, so doch für jeden einzelnen Akt zu
beschränken. Auch lernte man die Bühneneinrichtung der Italiener
und deren Vorzüge kennen, so daß man sich bald mit der einfachen,
durch Vorhänge verschließbaren Hinterbühne begnügte, hinter welchen
die etwa nöthigen Verwandlungen stattfinden konnten. Da die Vor-
bühne seitlich wahrscheinlich auch nur durch Vorhänge oder Teppiche
geschlossen wurde, so bildete die Vorderbühne bei geschlossener Hinter=
bühne einen ganz nur von Vorhängen oder Teppichen umgrenzten
Schauplatz, an dem sich die Schauspieler wohl auch, von jeder weiteren Decoration und allem Scenenwechsel absehend, um Kosten zu
sparen, genügen ließen.

Es ist irrig, wenn Perrault*) diese letzte Einrichtung für die ur=
sprüngliche der französischen Bühne hält und behauptet, daß erst mit
Mairet's Sylvie die gemalten Decorationen auf den Pariser Theatern
eingeführt worden seien, da es überhaupt fraglich ist, ob diese Darstellungsweise hier zu irgend einer Zeit allgemein bräuchlich war. Wohl
aber dürfte sie in den Theatern der Collèges und in denen der im
Lande herumziehenden Truppen die übliche gewesen sein, und sich von
hier aus auch zeitweilig auf die Pariser öffentlichen Bühnen mit über=
tragen haben. Aus dem Manuscripte der Laurent Mahelot und Michel
Laurent in der Pariser National=Bibliothek geht unwiderleglich hervor,
daß die von ihnen darin verzeichneten Stücke sämmtlich mit gemalten
Decorationen der allerdings einfachsten Art und später mit Umgehung
von allem Decorationswechsel**) selbst noch da zur Darstellung kamen,

---

*) In seinem Parallèle des anciens et modernes. Paris 1682.

**) So heißt es z. B. beim Cid: Le théâtre est une chambre à quatre
portes. Il faut un fauteuil pour le roi; und bei Cinna: Le théâtre est un palais. Au second acte il faut un fauteuil et deux tabourets; au cinquième il
faut un fauteuil et un tabouret à gauche du roi u. s. f. Der Einwurf d'Aubig-

wo die Handlung, wie im Cid oder Cinna, eine Verschiedenheit des
Schauplatzes forderte. Die Theaterdirectoren durften sich der Kosten-
ersparung wegen diese gegen die Wahrscheinlichkeit streitende Vereinfachung erlauben, weil das Publikum auf das Aeußere der Inscene
damals noch gar keinen Werth legte.

Immerhin näherte sich aber die Einrichtung der Bühne allmälich
der heutigen an, wenn auch nur, in der einfachsten, abstractesten Form.
Die Scene wurde in der Tiefe durch einen gemalten Hintergrund, an
den Seiten aber wahrscheinlich durch Vorhänge abgeschlossen, die in
der Nähe des Hintergrunds je einen Zugang freiließen; wenigstens heißt
es, daß die Schauspieler stets nur vom Hintergrund aus auftraten, was
später schon dadurch bedingt war, daß zu beiden Seiten der Bühne
Zuschauer saßen. Man hat öfter gesagt, daß dieser Gebrauch von
der ersten Vorstellung des Cid herrührte, bei welcher der Andrang
des Publikums ein so großer gewesen sei, daß man nach dieser Auskunft gegriffen habe. Aber weder Mesnabière (1640) noch d'Aubignac
in seiner Prátique du Théâtre (1657) gedenkt dieses Uebelstandes und
der mit ihm eingerissenen Mißbräuche; wohl aber Tallémant, der nur
kurze Zeit später, als letzterer schrieb. Scarron (1648) sagt nur, daß
sich die Autoren zuweilen auf die Bühne geflüchtet hätten und auch
Tallémant bezeichnet den Platz auf der Bühne noch als einen solchen,
welcher von jungen Leuten benutzt werde, denen die Logen zu theuer
seien, die aber doch nicht in's Parterre gehen wollten. Erst später
wurde es der Platz der vornehmen Herren, der Précieux und der
Offiziere; doch auch Damen müssen sich zeitweilig hier eingefunden
haben, da sie im Jahre 1695 in Boyer's Judith durch ihre hier zur
Schau gestellte Empfindsamkeit Furore machten und das Gelächter des
Parterres herausforderten. Eine Scene des Stückes hat hiervon den
Spottnamen der Scène à mouchoirs erhalten. Der Andrang zu
diesen Plätzen war oft ein so großer, daß wie Chappuzeau sagt, die Schauspieler nicht Raum fanden, sich in zweckmäßiger Weise aufstellen zu
können. Wir vermögen heute kaum zu begreifen, wie eine derartig
gestörte und beengte Vorstellung eine bedeutendere Illusion auszuüben

---

nac's gegen die Ungereimtheit die Verschwörung in Cinna in das Empfangszimmer des Augustus zu verlegen, trifft also nicht den Dichter, sondern die
Theater.

im Stande war; doch ist es wohl zu weit gegangen, wenn man von
dieser Gewohnheit, welche eine lebendige Action allerdings ganz unmöglich machte, den beclamatorischen Charakter der französischen Bühne
hergeleitet hat, da das französische Drama diesen Charakter schon
lange vor Einführung dieses Uebelstandes gewonnen hatte.

Ich halte es nicht für unwahrscheinlich, daß diese Einrichtung von
Spanien aus, wo sie jedoch lokalen Ursachen entsprang, auf Paris
übertragen wurde. Der spanische Einfluß war zu Scarrons Zeiten
noch immer sehr groß. Er wuchs später noch durch die Königin Marie
Therèse, die, wie wir wissen, sogar für längere Zeit ein spanisches
Theater in Paris unterhielt. Größer, besonders auf das Lustspiel,
sowie auf die Schauspielkunst, war aber der italienische Einfluß.

Die Erfolge der verschiedenen nach Paris berufenen italienischen
Schauspielergesellschaften, die im Zusammenhang standen mit der
größeren Verbreitung der italienischen Sprache, erklären dies schon
allein. Doch blieb selbst bei ihnen die Sprache noch immer ein Hinderniß, um festen Fuß fassen zu können. Größer noch freilich war das,
welches sie in den Privilegien der Schauspieler des Hôtel de Bourgogne fanden, die sich dieser gefährlichen Concurrenz in jeder Weise
zu entledigen suchten. Die Gesellschaft der Fedeli unter J. B. Andreini,
welche von Marie de Medicis nach Paris berufen worden war,
kehrte schon 1618 nach Italien zurück; erschien zwar 1621 aufs Neue,
um aber auch jetzt und zwar nicht ohne Unterbrechung, nur bis 1625
zu bleiben. Erst 1639 erschien eine neue Truppe, bei welcher der
berühmte Schauspieler Tiberio Fiorillo, genannt Scaramuccia war.
Auch sie blieb nur wenige Jahre. 1645 wurde dann von Mazarin
die erste italienische Operettengesellschaft nach Paris berufen, für die
er ein besonderes Theater im Hôtel du Petit Bourbon von dem berühmten Architekten Torelli erbauen und einrichten ließ; was, da
Torelli eine feste Anstellung als Hofarchitekt erhielt, für die Entwicklung des Pariser Decorationswesens ebenso epochemachend wurde,
wie die Vorstellung der Finta Pazza grundlegend für die Entwicklung
der französischen Oper. Aber selbst noch diese Truppe, welche den Titel
der grande troupe royale des comédiens italiens erhielt, blieb nur
kurze Zeit in Paris. Erst der im Jahre 1653 unter Scaramuccia
erscheinenden Gesellschaft gelang es dauernd Fuß hier zu fassen, sie
kehrte nur einmal für einige Zeit (1659—62) nach Italien zurück.

Auch ihr wurde dies aber nur möglich, weil sie ihre italienischen Spiele allmählich mit Scenen in französischer Sprache vermischte, worin ihr die Schauspieler de la foire vorangegangen waren, welche die Freiheiten der Jahrmärkte von St. Germain und St. Laurent benützend, inzwischen hervorgetreten waren. Zu ihnen gehörte auch das Theater de Mademoiselle (1661), an dessen Spitze der Schauspieler Dorimon stand und das Théâtre de la troupe du Dauphin (1664), welches längere Zeit von dem Schauspieler Raisin geleitet wurde. Die Italiener hatten 1653 das Theater du petit Bourbon angewiesen erhalten, welches sie von 1658 mit der Molière'schen Truppe zu theilen hatten, diese erhielt die schlechteren Spieltage, wofür sie den Italienern eine jährliche Entschädigung von 1500 Livres zu zahlen hatte, ein Verhältniß, welches schon 1659, durch den oben erwähnten Weggang der Italiener, sein Ende erreichte. Molière erhielt jetzt dieses Theater ausschließlich zu seiner Benützung. Auf kurze Zeit nur jedoch, weil schon im nächsten Jahre, wegen der nöthig gewordenen Erweiterung des Louvre, das Hôtel de Bourbon abgetragen wurde, ohne daß Molière davon auch nur vorher in Kenntniß gesetzt worden war. Das letzte beruhte auf einer Intrigue, zu der sich der Intendant der königlichen Gebäude, de Ratibon, hatte gebrauchen lassen. Molière legte natürlich Beschwerde ein, worauf ihm der Saal des Palais royal angewiesen wurde, den er sich aber theilweise neu einrichten lassen mußte. Inzwischen erhielt er dadurch einen zugleich zweckmäßigeren und räumlicheren Schauplatz.

Der Saal des Petit Bourbon hatte eine Länge von 108 Fuß auf eine Breite von 48 Fuß. Der Saal des Palais Royal, früher Palais Cardinal genannt, war schon von Richelieu zum Theater eingerichtet worden, jetzt aber ziemlich verfallen. Er hatte eine Länge von 126 Fuß auf 63 Fuß Breite. In 27 mäßigen Abstufungen, von nur 4—5 Zoll Höhe erhoben sich die Sitze der Zuschauer, die ihren räumlichen Abschluß durch zwei Reihen von Logen erhielten. Dieses Theater galt damals für das größte der Welt. Doch faßte es bei weitem nicht die Zuschauerzahl, welche ihm gewöhnlich beigemessen wurde und die sich auf 3—4000 belaufen sollte.

1662 kehrten die Italiener zurück. Molière wurde angewiesen, mit ihnen zu alterniren. Sie traten nun ganz in dasselbe Verhältniß zu ihm, welches er früher ihnen gegenüber eingenommen hatte. Es scheint immer ein gutes gewesen zu sein.

Schon mit der Privilegierung der dritten, der Molière'schen Gesellschaft, welche zunächst den Titel der Troupe de Monsieur erhalten hatte, später (1665) aber den der Troupe du Roi erhielt, war das Privilegium der beiden älteren Theater durchbrochen worden. Sie erhielten nun jedoch alle noch eine ungleich stärkere Concurrenz durch die Entstehung der Oper.

Der Aufführung der Finta pazza war 1647 die von Orfeo e Euridice, 1650 die der Andromède des Corneille, 1651 das Singballet Cassandre von Benserade und 1654 die italienische Gesangskomödie Le nozze di Tetis e Peleo gefolgt, welche im Theater des Petit Bourbon zur Aufführung kam und in welcher Ludwig XIV. selbst öffentlich tanzte. Das Ballet gehörte, wie ich bereits sagte, seit lange zu den beliebtesten Hoffestlichkeiten. Auch schon Ludwig XIII. betheiligte sich persönlich daran und componirte sogar selbst solche Spiele. Auch waren sie immer mit einem außergewöhnlichen Glanze ausgestattet worden. Je mehr das regelmäßige Drama vor dem Eindringen des Decorationsprunkes geschützt war, desto mehr suchten sich die Architekten und Maschinisten dieser dramatischen Form zu bemächtigen, um ihre decorativen und mechanischen Künste entfalten zu können. Auf Torelli war Vigarini gefolgt, der nun mit dem Bau eines neuen Theaters in den Tuillerien, der sogenannten Salle à machines, beauftragt wurde. Er war es, der unter dem Vorwand, sie für diesen Neubau benützen zu können, Molière die ihm anfänglich zugewiesenen, noch von Torelli herrührenden Decorationen des Theaters des Palais Bourbon vorenthielt, doch nur, um sie und mit ihnen eine der Erinnerungen an seinen berühmten Vorgänger vernichten zu können.

Von den Franzosen, welche sich um die Entwicklung des Decorations- und Maschinenwesens am Theater verdient gemacht haben, muß in erster Reihe Alexandre de Rieur, Marquis de Sourdéac genannt werden, der durch die Ausstattung des Corneille'schen Toison d'or, welches er 1660 auf seinem Schloße zu Neubourg aufführen ließ, eine gewisse Berühmtheit erlangte.

Um diese Zeit hatte der Abbé Perrin den ersten Versuch gemacht, eine Oper in französischer Sprache zu schreiben. Er war sehr schlecht ausgefallen, aber die Musik Cambert's, des Organisten von

St. Honoré und Kapellmeisters der Königin Mutter, erregte Interesse. Der Tod Mazarins (1661), welcher das neue Unternehmen geför- dert hatte, unterbrach für einige Zeit den Fortgang desselben. Die durch die ersten Erfolge geschmeichelte Eitelkeit des Abbé Perrin ließen aber diesen nicht ruhen. Im Jahre 1669 hatte er es wirklich so weit gebracht, ein Patent zu erlangen, welches ihn auf 12 Jahre ausschließlich zur Aufführung von musikalischen Dramen, wie sie in Italien, Eng- land und Deutschland üblich waren, in Paris privilegirte. Er ver- band sich zu diesem Zwecke mit Cambert und Sourdéac und schon 1671 traten diese drei Männer in dem eigens dazu erbauten Theater des jeu de paume (Ballspielhauses) de la Rue Mazarin, vis-à-vis de la rue Guénégaud, nach der es gewöhnlich genannt wird, mit ihrem gemeinschaftlichen Werke, der Oper Pomone, hervor.

Es brachen jedoch bald Differenzen zwischen den drei Unternehmern aus, welche von Lully benutzt wurden, sich gegen eine geringe Ab- findungssumme in den Besitz des Privilegiums zu bringen, welches er dann zu verlängern und zu erweitern verstand. Kurze Zeit später (1673) starb Molière. Lully benutzte auch dieses Ereigniß, um so- wohl dessen Truppe, wie seine Landsleute aus dem schönen Theater des Palais Royal zu verdrängen und dieses sich anzueignen. Die Molièrsche Truppe erwarb jetzt das Theater Guénégaud mit den Maschinen und Decorationen Sourdéac's. Gleichzeitig hob Ludwig XIV., vielleicht auf Betrieb der Geistlichkeit, das Theater du Marais auf, so daß nur noch zwei französische Schauspielergesellschaften, neben der Oper, den Italienern und der seit 1660 mit den königlichen Schau- spielern im Hotel Bourgogne alternirenden spanischen Truppe unter dem berühmten Schauspieler Prado*) spielten. Die Schauspieler des Marais vereinigten sich theils mit der Molière'schen Truppe, theils gingen sie zum Hotel de Bourgogne über oder zogen sich auch in's Privat- leben zurück. Das Theater Guénégaud warf sich nun neben dem Lustspiel und Trauerspiel besonders auf die Pflege der Ausstattungs- stücke (pièces à machines); welche das Theater du Marais schon seit lange begünstigt hatte. Sie waren durch den Erfolg, welchen der Abbé Boyer 1648 mit seinem Ulysse dans l'île de Circé erzielt, in die Mode gekommen. Andere Dichter, besonders De Visé und der

---

*) Diese Truppe verließ im folgenden Jahre Paris.

jüngere Corneille, folgten diesem verlockenden Beispiele. Jetzt wurde namentlich die von diesen beiden Dichtern verfaßte Circé epochemachend, obschon man der Forderung Lully's entsprechend, die Musik dabei hatte unterdrücken müssen. In diesem Stücke wurden, der Darstellung halber, die Zuschauer wieder einmal, wenn schon nur ausnahmsweise, von der Bühne entfernt.

Lully, dessen Einfluß so groß war, daß er sogar das Privileg erworben hatte, ganz allein in Frankreich musikalische Dramen nicht nur aufführen, sondern auch komponiren zu dürfen*), und dessen ältester Sohn von Ludwig XIV. als Pathengeschenk die Ernennung zum Nachfolger seines Vaters als Oberhofkapellmeister erhielt (was beides eben nicht für die künstlerische Einsicht des großen Königs spricht) gestattete den übrigen Theatern nicht mehr als sechs Violinen für ihre Zwischenspiele zu halten. Auch den Theatern de la foire, ja selbst den Marionettentheatern wurde von ihm aus Habsucht der Krieg erklärt. Der Mechanismus der Marionetten war nämlich allmählich so vervollkommnet worden, daß im Jahre 1676 ein neues Theater dieser Art eröffnet wurde**), welches eine ganze Oper Les Pygmées durch sie zur Ausführung bringen ließ.

Der Mercure galant bemerkte prophetisch dazu, daß diese Marionetten zu hoch sängen, um lange singen zu können. In der That erwirkte Lully auch gegen sie das Verbot des Gesanges. Bedurfte es doch damals sogar einer Genehmigung zur Errichtung eines Liebhaber- oder Privattheaters. Dieses Beispiel fiel bei den Comédiens français auf keinen unfruchtbaren Boden. Obschon die Theater de la foire in St. Germain alljährlich nur vom 3. Februar bis zur Passionswoche, die in St. Laurent nur während der Monate Juli, August und September spielten, erwirkten sie doch eine Ordonnanz, die diesen Theatern das Sprechen verbot. Anfangs setzten letztere es wenigstens durch, daß ihnen, Monologe zu recitiren, erlaubt wurde,

---

*) Dies kann sich aber doch nur auf das gesungene Drama bezogen haben, weil man unter den in diese Zeit fallenden Ballets andere Componisten findet Diese müßten denn von ihm dazu autorisirt worden sein.

**) Magnin (a. a. O. S. 119) giebt an, daß es schon zwischen 1590 und 1606 Marionettentheater in Paris gab. Tubary Jehan de Bignes und Franca-Trippa waren damals berühmt. Später excellirten die beiden Brioché, Vater und Sohn, am pont neuf.

da sie dies aber benutzten, um ganze Stücke zu spielen, indem sie jeden
Darsteller derselben, nachdem er seine Rede gesagt, von der Bühne
abtreten und die zunächst Sprechenden dafür hervortreten ließen, so
wurde ihnen das Sprechen überhaupt untersagt. Die Tänzer wollten
natürlich hierbei nicht zurückbleiben und verboten ihnen auch noch den
Tanz. Gleichwohl ließen sich die kleinen Theater nicht abschrecken;
sie erfanden besondere pièces à la muette, in welche man kleine
Couplets einstreute, die man auf Leinwandstreifen mit großen Lettern
gedruckt vor dem Publikum aufrollte, welches sie nun selbst bei Begleitung der kleinen Violinenorchester sang, während der Arlequin den
Sinn der Worte pantomimisch zum Ausdruck brachte — ein Auskunftsmittel, welches das Publikum, das sich hierbei auf die Seite der
kleinen Theater stellte, in solchen Massen herbeizog, daß die großen
Theater nach noch einigen nutzlosen Chikanen ihre Verbote zurückzogen
und ihnen das Singen, Sprechen und Tanzen wieder gestatteten. Im
Jahre 1714 schloß eines dieser kleinen Theater mit der großen Oper
einen Vertrag ab, welcher es zur Darstellung von komischen Opern
berechtigte. Inzwischen hatten sich freilich auch große Veränderungen
in den übrigen Theaterverhältnissen vollzogen.

Die wichtigste war die im Jahre 1680 auf Befehl Ludwigs XIV.
bewirkte Vereinigung der Truppe des Theaters Guénégaud mit der
des Hôtel de Bourgogne, so daß nun nur noch eine einzige französische Schauspielergesellschaft bestand, die sich im Gegensatze zu den
Italienern die Comédie française nannte. Dies hing ohne Zweifel
zusammen mit den Anfeindungen des Theaters durch die Geistlichkeit
und der unter dem Einflusse der frömmelnden Richtung immer stärker
hervortretenden Abnahme des Theaterinteresses des Königs. Die neue
Gesellschaft der Comédiens français entretenus par le Roi behielt das
Theater Guénégaud inne. Den Italienern, welche bisher mit ihnen dasselbe getheilt, wurde das Theater des Hôtel de Bourgogne angewiesen.

Die Eröffnung des Collège des Quatre Nations gab aber der
Geistlichkeit neuen Vorwand zu Einmischungen. Die Sorbonne erklärte die allzugroße Nähe des Theaters für unzuträglich und erwirkte
einen Befehl, durch welchen die Schauspieler der Comédie française
gezwungen wurden, sich einen neuen Schauplatz zu suchen. In jedem
Kirchspiel machte die Geistlichkeit ähnliche Bedenken geltend, so daß
die Vertriebenen erst nach langen Irrfahrten und Kämpfen und mit

großen Verlusten und Kosten endlich ein neues Theater im Jeu de paume de l'Etoile, rue neuve des Fossés St. Germain errichten und 1688 eröffnen konnten. Dieselbe Geistlichkeit, welche Molière die Beerdigung verweigert und den Comédiens entretenus du Roi diese Chicanen bereitet hatte, entblödete sich aber nicht, unmittelbar darauf die Mildthätigkeit derselben in umfaßendster und demüthigster Weise in Anspruch zu nehmen. „Les pères cordeliers vous supplient très-humblement" heißt es in einem ihrer Bittgesuche, „Les religieux Augustins reformés du Faubourg St. Germain vous supplient très-humblement", in dem andern. Gleichzeitig wurden die französischen Schauspieler aber einer großen Concurrenz enthoben. Lully starb am 12. März 1687, was, in Folge seines wunderlichen Privilegs natürlich einen beträchtlichen Rückgang der französischen Oper zur Folge haben mußte. 1697 wurde dann das italienische Theater, wegen eines gegen die Frau von Maintenon gerichteten Stückes: La fausse prude wieder aufgelöst Erst 1716 erschien eine neue italienische Gesellschaft unter Louis Riccoboni, welche das Hôtel de Bourgogne nun bezog.

So sehr sich in den letzten Decennien des Jahrhunderts die Geistlichkeit auch gegen das Theater erhoben hatte, so blieben doch viele ihrer Mitglieder heimlich und offen für dasselbe thätig. Wie ja schon zwei große Cardinäle die mächtigsten Förderer desselben gewesen, und es auch wieder Geistliche waren, welche ihm seine Gesetze gegeben hatten, der Abbé d'Aubignac der dramatischen Kunst überhaupt, Menestrier der Oper und dem Ballet. Am wenigsten hätten die Jesuiten etwas Sündhaftes im Theater erblicken sollen, welche in den Collèges de Clermont und St. Ignace selbst öffentliche dramatische Darstellungen gaben, zu denen sogar Damen zugelassen wurden und für die man dieselben Preise, wie im Theater des Hôtel de Bourgogne zahlen mußte. Die Bekämpfung der Theater ging denn auch in der That gerade von ihren Gegnern den Jansenisten aus. Despois sagt, daß Nicole seinen Tractat gegen die Komödie hauptsächlich deshalb geschrieben habe, um Port Royal an Corneille, für die von ihm gegen dieses erhobenen Angriffe zu rächen. Die Jesuiten betheiligten sich erst an der Bekämpfung des Theaters, nachdem sie von Molière in seinem Tartüffe bloßgestellt worden waren. Um diese Zeit erschien auch Le traité de la comédie et des spectacles selon la tradition de l'église, von

dem ehemals für das Theater doch so sehr eingenommenen Schützer
Molière's, dem Prinzen von Conti, sowie etwas früher die Observations sur une comédie de Molière intutilé le festin de Pierre,
par le Sieur Rochemont. Gewiß gab das Leben der Schauspieler,
gaben die Unordnungen in den Theatern, die, hauptsächlich von den
Mousquetairs ausgehend, zuweilen selbst zu Verwundungen und Tödtungen führten, gab endlich die Zügellosigkeit einzelner Lustspieldichter
genügenden Grund zur Klage, doch rechtfertigte dies noch in keiner
Weise den Rigorismus, welchen z. B. Bossuet, gereizt durch einen von
Boursault seinen Komödien vorgedruckten Brief (Lettre d'un théolo-
gien) des Pater Caffaro, in seinen gegen das Theater gerichteten
Schriften oder der Pater Lebrun in seinem 1694 auf Befehl des
Erzbischofs von Harlay veröffentlichten Discours sur la comédie an
den Tag legte.

Obschon der König seit seiner Verheirathung mit Frau v. Maintenon das Schauspiel immer seltener besuchte, wurden die theatralischen Vorstellungen bei Hofe doch fortgesetzt. Auch führt Despois als
Beweis, daß jener Erkaltung weder Prüderie, noch eine zu große
religiöse Bedenklichkeit zu Grunde gelegen habe, die Thatsache an,
daß neben den geistlichen Schauspielen, welche durch Frau von Maintenon eingeführt worden waren, nicht nur die Meisterwerke Corneille's
und Racine's, sondern auch vorzugsweise Stücke wie Le cocu imaginaire, Le medicin malgré lui, Tartuffe, La comtesse d'Escarbagnac
und Les femmes savantes bei Hofe beliebt waren. Daß die Stücke
Scarron's gleichfalls nicht fehlten, zeugt für die Vorurtheilslosigkeit des
Königs nach einer anderen Seite. Zu dieser Zeit standen die Schauspiele unter dem Befehle der Grande-Dauphine. Ihre Erlasse waren
der Prosperität derselben aber nicht immer günstig. So heißt es in
einem derselben: „In Bezug auf die Truppe im Allgemeinen und auf
die Besetzung der Stücke insbesondere hat man sich streng nach den
Befehlen der ersten Herren des Königlichen Haushalts zu richten."
Der Begünstigung und Intrigue war hierdurch ein freier Spielraum
gegeben, der um so verderblicher werden mußte, als das Theater nicht
mehr wie früher durch die Concurrenz zur Aufbietung all seiner Kräfte
genöthigt war. Es fehlte nicht viel, daß auf diese Weise im Jahre
1684 die beiden besten Schauspieler, Baron und Raisin, entlassen
wurden. Nur in selteneren Fällen waren diese Einmischungen dem

Theater auch förderlich, wie z. B. die Darſtellung des Turcaret von
Le Sage nur dem unmittelbaren Eingreifen des Dauphins zu danken
geweſen ſein ſoll.

Das Coſtüm der Tragödie war faſt durchgehend das Staats-
kleid der Zeit. Die großen Perrücken ſollen für die Götter und Helden
der Bühne um das erſte Viertel des Jahrhunderts in Aufnahme gebracht worden und erſt von hier auf die Geſellſchaft übergegangen und in
die Mode gekommen ſein. Einzelne Andeutungen weiſen jedoch darauf
hin, daß man für die römiſchen und im Orient ſpielende Stücke ein
etwas modificirtes Coſtüm anwendete, welches indeß noch weit entfernt
vom hiſtoriſchen geweſen ſein mag. Auf das Coſtüm des Luſtſpiels hatten
ohne Zweifel die italieniſchen Stegreiffſpiele eine große Einwirkung ausgeübt, wie man von ihnen wohl auch die Maske entlehnt hat, welche
ſich für einzelne Rollen bis zu Molières Zeit erhielt, der ja noch ſelbſt
den Mascarille in ſeinen Précieux ridicules in der Maske ſpielte.
Der Charakter des Coſtüms war auch hier derſelbe, nämlich ein con-
ventionell-traditioneller, was keineswegs ausſchloß, daß einzelne Dar-
ſteller ſich für eine beſtimmte Art Rollen ein eigenes Coſtüm erfanden,
an welchem man dann wieder für kürzere oder längere Zeit tradi-
tionell feſthielt. Je mehr aber das Luſtſpiel zu einem unmittelbaren
Abbilde des Lebens wurde, je mehr es das Charakteriſtiſche betonte,
deſto mehr mußte auch das Coſtüm dem in ihnen dargeſtellten Perſonen des wirklichen Lebens entſprechen. In dieſer Beziehung iſt das
Inventar von Intereſſe, welches nach Molière's Tode von der Hinter-
laſſenſchaft deſſelben aufgenommen worden iſt, inſofern es auch die
Theatergarderobe des großen Dichters enthält.

Was den ſchauſpieleriſchen Vortrag betrifft, ſo wird auch hier
das Conventionelle und Traditionelle vorgeherrſcht, dabei aber der des
Luſtſpiels in einem gewiſſen Gegenſatz zu dem der Tragödie geſtanden
haben. Denn der Vortrag der letzteren war ohne Zweifel ungleich
conventioneller, als der des Luſtſpiels, weil dieſes ſeinem Weſen
nach ſich ungleich mehr auf die Nachahmung der Natur und des
wirklichen Lebens verwieſen ſah. Im Luſtſpiel mag daher der
mimiſche Theil des ſchauſpieleriſchen Vortrags, das jeu de théâtre, um

---

*) Mitgetheilt bei Soulié, welcher es aufgefunden. Siehe auch Moland,
Oeuvres de Molière VII.

vieles ausgebildeter, als in der Tragödie gewesen sein, welche fast
alle Aufmerksamkeit auf die stilisirte Declamation legte, die nicht aus
der Natur des Gegenstandes und der Charaktere, sondern aus einem
falschen Begriffe der Wohlanständigkeit und Klangschönheit entwickelt
war und sich als ein Mittelding von Gesang und Rede darstellte,
während die mimische Bewegung mehr und mehr in die Fesseln
höfischer Etikette geriethen. Der tragische Darsteller spielte in der
That mehr für sich, als mit den anderen, daher er wie später der
Opernsänger nach Arien, nach Monologen und langathmigen Dialogen
verlangte. Der Alexandriner hat diese Richtung ohne Zweifel
begünstigt, daher auch ein Unterschied zwischen der Darstellung
der Lustspiele in Versen und der in Prosa gewesen sein wird. Die
letzteren kamen überhaupt erst zur Geltung, nachdem durch Molière
wieder ein natürlicherer Ton, eine natürlichere und lebendigere schauspielerische Action auf der Bühne Eingang gefunden hatte. Nicht erst
die Unsitte, den Zuschauern Platz auf der Bühne einzuräumen, hatte
das Spiel der Darsteller in diese Enge getrieben; vielmehr würde dieselbe kaum haben einreißen können, wenn es die Spielweise der Darsteller
nicht schon gestattet hätte. Wohl aber mußte diese Gewohnheit jeder freieren
Entwicklung der schauspielerischen Action hinderlich werden. Wie viel
daher Molière auch ohne Zweifel dafür gethan und wieviel er hierbei durch die größere Breite seiner Bühne begünstigt wurde, so wird
man sich doch die Spielweise selbst noch seines Theaters um vieles
eingeschränkter und conventioneller, als die der heutigen Bühne zu denken haben. Ueberhaupt scheinen die Unzuträglichkeiten, welche jene
Gewohnheit mit sich brachte, erst nach Molière ihre Höhe erreicht zu
haben. Man sagt, daß in der ersten Hälfte des 18. Jahrhunderts
die Zahl der Zuschauerreihen der Bühne auf jeder Seite bis zu neun
gestiegen sei, die durch eine niedrige Balustrade von dem Sprech-
platz der Schauspieler geschieden waren. Auch diese scheint dem An-
brange aber haben weichen müssen, da Crebillon in seinem Lettre
sur les spectacles klagt, daß man oft nicht gewußt habe, ob die
Herren, welche auf der Bühne Platz nahmen, nicht zum Spiele gehörten. Der berühmte Ruf: Place au spectre! dem diese Unsitte
endlich weichen mußte, hatte schon lange vorher ein Seitenstück in
dem Rufe: Place au facteur! welcher 1736 bei einer Vorstellung der
Tragödie Childéric den Zuschauern auf der Bühne aus dem Parterre

entgegenscholl, weil sich ein mit einem Briefe auftretender Bote nicht durch sie Bahn zu brechen vermochte.

Von den Schauspielern selbst sind aus den ersten Jahrzehnten des 17. Jahrhunderts nur wenige Namen erhalten geblieben. Es ergiebt sich aber aus ihnen, daß wenigstens im Theater du Marais schon sehr früh, wahrscheinlich gleich von Beginn ihrer Vorstellungen an, Frauen mitwirkten, da der Abbé Marolles in seinen Memoiren (1616) von Marie Bernier, der Gattin Mathurin le Fèbre's gen. la Porte, als einer Darstellerin spricht, die früher am Marais neben Valéran le Comte geblüht habe, jetzt aber bereits am Ende ihrer Carriere stehe. Doch wurden gewisse Frauenrollen noch immer von Männern dargestellt, besonders die alten, frechen, chargirten Rollen. So spielte damals ein Schauspieler unter dem Namen der Dame Gigogne. — Jobelet und Hugues Guéru, gen. Gaultier Garguilles gehörten zu den ältesten Schauspielern des Marais. Sie gingen jedoch später mit Valéran le Comte zu dem Hôtel du Bourgogne über. Guéru spielte hier auch unter dem Namen Flèchelles. Zu den ältesten der namhaft gemachten Schauspieler des Hôtel de Bourgogne aber gehören Henri le Grand, gen. Belleville und Turlupin, welcher schon 1583 eingetreten sein soll, Jacques Resneus (in einer Parlamentssitzung vom 19. Juli 1608 genannt) und ein als Docteur Boniface bezeichneter Schauspieler. Auch Robert Guérin, Lafleur und Gros Guillaume genannt, muß zu den älteren Schauspielern dieses Theaters gehört haben, da Gaultier Garguille, Turlupin und Gros Guillaume unzertrennlich als komisches Kleeblatt im Volksmunde lebten und so aneinander hingen, daß, wie man erzählt, der plötzlich eintretende Tod des einen von ihnen, Guillaume, der im Gefängnisse, ein Opfer seines Witzes, starb, auch die beiden andern in derselben Woche dahingerafft habe (wahrscheinlich 1634). Die Schriftsteller der Zeit sind voll ihres Lobes und die späteren haben wohl unrecht, sie für gewöhnliche Possenreißer zu halten, obschon ihr eigentliches Feld allerdings nur die Farce war. Gros Guillaume war schon durch seine Beleibtheit, die er künstlich zu steigern wußte, eine komische Figur, besonders im Gegensatz zu dem hageren und beweglichen Gaultier Garguilles. Dieser und Turlupin spielten in Masken. Jener rieb sich das Gesicht nur mit Mehl ein. Gaultier wird besonders in alten Rollen und seines Gesanges

11*

wegen gelobt, in dem er seine beiden Collegen übertroffen haben soll. Seine Frau war die Tochter des durch seine Späße berühmten Tabarin, des Ausrufers Mondor's, eines zu jener Zeit geschätzten Operateurs. 1629 müssen jene drei Komiker mit an der Spitze der Truppe des Hôtel de Bourgogne gestanden haben, da eine Eingabe der letzteren aus diesem Jahre von ihnen neben Bellerose unterzeichnet ist. Letzterer wird als der Direktor derselben genannt.

1634 bestanden die beiden Truppen nach Parfait aus folgenden Mitgliedern:

Marais: Mondory, d'Orgemont, Gandolin, Belle Ombre, Beau Soleil, Beau Séjour, Bellefleur, L'Epy, Le Noir, Jodelet, La France, Jabot, Melle Le Noir. Es ist ersichtlich, daß hier noch Namen von Damen fehlen. Die letzten sechs Darsteller gingen zum Hôtel de Bourgogne über, welches damals noch über folgende Darsteller verfügte:

Bellerose, Belleville, den Capitän, Beauchasteau, Guillot Gorju, St. Martin, Alizon; Melle Bellerose, Melle Beaupré und Melle Beauchasteau. Die Schauspielerinnen nannten sich nämlich, auch wenn sie verheirathet waren, noch Demoiselle.*)

Pierre le Messier, genannt Belle Rose (fast jeder Schauspieler hatte seinen Theaternamen, manchmal sogar zwei, für das tragische und das komische Fach), war einer der ausgezeichnetsten tragischen Schauspieler der Zeit, doch spielte er auch im Lustspiel, in dem er z. B. die Rolle des Menteur creirte. Er zog sich schon früh vom Theater zurück (1643), starb aber erst 1670. — Melle Beaupré galt für eine vorzügliche Darstellerin, die ihren Ruf hauptsächlich den früheren Stücken Corneille's verdankte. — Bertrand Hordouin de St. Jacques, genannt Guillo Gorju, hatte Medicin studirt und dann die Provinzen als Quacksalber durchzogen. Sein komisches Talent gelangte hierbei zur Ausbildung und zwar in dem Maße, daß er zum Theater ging und hier Gaultier Garguilles' Stelle mit Glück zu ersetzen vermochte. Er excellirte besonders in der Verspottung seines früheren Standes, zu dem er jedoch später wieder zurückkehrte. Auch er spielte, weil er sehr häßlich war, in der Maske. Er starb 1648 zu Paris. — Alizon war besonders in chargirten Frauen-

---

*) Chappuzeau nennt noch: Beaulieu, Bellemore, Gaucher Médor und die Delles La Cadette, Du Clos und de la Roche.

rollen berühmt. Die Sitte, diese durch Männer darstellen zu lassen, erhielt sich noch lange. Noch Hubert spielte solche Rollen bei Molière, und Beauval nach Huberts Tode. — Julian Geoffrin, genannt Jodelet, soll schon 1610 beim Theater du Marais gewesen sein. In Corneille's Lügner spielte er den Cliton. Der Dichter hatte diesem folgende, ihn charakterisirende Worte in den Mund gelegt:

Le héros de la Farce, un certain Jodelet,
Fait marcher après vous votre digne valet.
Il a jusqu'à mon nez et jusqu'à ma parole
Et nous avons tous deux appris en même école.
C'est l'original même, il vaut ce que je vaux,
Si quelqu' autre se mêle, on peut s'inscrire en faux
Et tout autre que lui, dans cette comédie
N'en fera jamais qu' une fausse copie.

Scarron schrieb später für ihn und benannte nach ihm einen Theil seiner Stücke. Er soll von einer so urwüchsigen Komik gewesen sein, daß er durch eine einzige Miene oder Bewegung das ganze Theater zum Lachen brachte. Er starb 1660. — Beauchasteau und dessen Frau sind von Molière in seinem Impromptu de Versailles zwar verspottet worden, das war jedoch in einer viel späteren Zeit (1663). Sie hatten auch ihre Bewunderer.

Mondory war aus Orleans. Obschon nicht grade groß, war er in seiner Erscheinung doch immer bedeutend und einnehmend. Er bediente sich nie der Perrücke. In der Rolle des Herodes traf ihn der Schlag, was ihn zum Rücktritt von der Bühne nöthigte (1636). Richelieu, der ihn sehr schätzte, bewog ihn zwar noch einmal in seinem Aveugle de Smyrne zu spielen. Mondory mußte die Darstellung aber abbrechen. Er starb schon im nächsten Jahr. Neben Mondory, welcher den Cid creirte, spielte Melle de Villiers die Chimène. — Es ist wahrscheinlich, daß der Verlust Mondory's Corneille bestimmte, seine nächsten Stücke im Hôtel de Bourgogne aufführen zu lassen. Das Marais fand erst durch Floridor (1640) wieder einen entsprechenden Ersatz für ihn.

Josias de Saules, Sieur de Prine Josse, gen. Floridor, trat nach Beendigung seiner Studien, als Soldat in das Regiment der französischen Garden ein, wendete sich aber sehr bald der Bühne zu. Er spielte zunächst bei einer im Lande herumziehenden Truppe, so 1638 in Saumur; 1640 trat er in die Truppe des Marais ein, um jedoch schon 1643 zum Ersatz des damals ausscheidenden Bellerose zum Hôtel de Bourgogne überzugehen, an dem er bis 1671 spielte. Er starb wahrscheinlich zwei Jahre später. Die Zeitgenossen sind voll seines Lobes. Er ist einer der drei Darsteller, welche die großen Corneille'schen Rollen schufen. Scarron wußte freilich an jedem derselben noch etwas auszusetzen. Mondory war ihm zu rauh, Bellerose zu affectirt und Floridor endlich zu kalt. Chappuzeau rühmt an letzterem Natürlichkeit, sowie Abel. Am Marais trat damals La Roque für ihn ein, welcher 1673 zur Troupe du Roi überging. Er war einer der bedeutendsten Schauspieler jenes Theaters.

Schon vor Floridor war Zacharie Jacob, gen. Monfleury zum Hôtel de Bourgogne getreten. Er hatte eine gute Erziehung genossen, ergriff zunächst die militärische Laufbahn, gab aber ebenfalls der Lust zum Theater bald nach. Von seinen vier Kindern gingen drei zur Bühne. Eine der Töchter zeichnete sich als Melle. Ennebaut, die andere als Melle. Du Pin aus. Den Sohn, welcher sich als Theaterdichter versuchte, werden wir noch mit dem Vater in dessen Streite mit Molière zu begegnen haben. Etwas später trat Michel Boiron oder Baron, der Vater des berühmten Baron, im Hôtel de Bourgogne auf. Auch er gehörte zu den bedeutendsten Schauspielern der Zeit, und fiel ein Opfer seines Berufs, indem er sich im Cid als Don Diego mit dem Degen eine Verletzung beibrachte, die einen tödtlichen Ausgang nahm.

Im Jahre 1658 eröffnete die Molière'sche Truppe ihre Vorstellungen im Petit Bourbon. Zu ihren Darstellern gehörten anfänglich nur der ältere und jüngere Béjart, Madelaine Béjart, Duparc und Frau, De Brie und Frau, Dufresne und Geneviève Hervé, eigentl. Béjart; 1659 traten noch Jodelet und dessen Bruder l'Espy, La Grange, Du Croisy und Frau; 1662 Armande Béjart, Brécourt, (vom Marais), La Thorillière; 1664 Hubert, vom Marais; 1670 Baron, Beauval und Frau; 1671 Marie Raguenau de l'Estang, welche sich noch in demselben Jahre mit Lagrange verheirathete; 1672 Aubry, Angèlique du Croisy und Rosincourt hinzu. — Von ihnen schied der ältere Béjart 1659, der jüngere 1670 wieder aus. Madelaine Béjart, 1618 geb., war eine echte Theaternatur. Schon mit

18 Jahren war sie mit ihrem älteren Bruder zum Theater gegangen. Daß sie an der Spitze der Schauspielertruppe gestanden habe, in und mit welcher Molière seine schauspielerische Carriere begann, ist jedoch unrichtig, wohl aber gehört sie zu den Darstellern, welche diese (1643) constituirten. Sie blieb derselben bis zu ihrem Tode (1671) treu und war eines der thätigsten Mitglieder derselben. Sie spielte sowohl komische, wie tragische Rollen, die Dorine im Tartuffe, wie die Jocaste in der Thebaide, mit großem Erfolg. — Melle Duparc, von welcher schon vielfach die Rede war, gehörte bereits 1653 mit ihrem Gatten zur Molière'schen Truppe. Sie verließen dieselbe vorübergehend 1659, kehrten aber schon im folgenden Jahr wieder zurück. Melle Duparc trat, nachdem ihr Mann ihr hierin schon etwas früher vorausgegangen, 1667 zum Hôtel de Bourgogne über, starb aber bereits im folgenden Jahr. Sie war sowohl im Lustspiel, wie in der Tragödie bedeutend, doch lag ihre Stärke in letzterer. Auch als Tänzerin machte sie Aufsehen. Melle Poisson, die Tochter Du Croisy's, die es freilich wohl kaum aus eigener Erfahrung wissen konnte, da sie beim Tode der Duparc erst 7 Jahr alt war, erzählt in dieser Beziehung: Elle faisait certaines caprioles remarquables, car on voyait ses jambes et parties de ses cuisses par le moyen d'une jupe, qui était ouverte des deux cotés avec des bas de soie attachés au haut d'une petite culotte. — Dufresne zog sich schon 1659 wieder vom Theater zurück. Jodelet starb 1660. L'Epy, sein Bruder entsagte hochbetagt 1663, Herr und Melle du Croisy, geb. Claveau 1665 der Bühne; wogegen Brécourt 1664, Le Noir, Sieur de la Thorillière mit seinem Schwiegersohn Baron, sowie Jean Pitel, Sieur de Beauval und Frau nach Molière's Tode zum Hôtel de Bourgogne übergingen.

Du Croisy creirte die Rolle des Tartuffe. Brécourt hatte besonderen Erfolg in der Rolle des Alain (Ecole des femmes); er schrieb auch verschiedene Stücke. Beauval spielte die Einfaltspinsel und excellirte als Thomas Diafoirus; seine Frau zeichnete sich besonders als Nicole im „Bourgeois Gentilhomme" aus. Charles Varlet de La Grange aus Amiens, war einer der vorzüglichsten Schauspieler der Truppe, sowohl im Tragischen, wie im Komischen. Neben ihm ist noch Delle De Brie, geb. Cathérine le Clerc, hervorzuheben, welche die Isabella in der Ecole des maris, die Eliante im Mysanthrope und ganz vorzüglich die Agnes in der Ecole des femmes spielte.

Nach Molière's Tode blieben noch Melle Armande Molière, Herr und Frau De Brie, Hubert, Herr und Frau La Grange, Delle Aubry, Delle Du Croisy und Rosimont übrig, die sich mit einem Theile der Truppe des Marais: Herr und Frau D'Auvilliers, Estriché, Herr und Frau Du Pin, La Roque, Verneuil, Melle Guyot und Melle l'Disillon,*) vereinigten.

Die Truppe des Hôtel de Bourgogne bestand damals aus: Du Hauteroche, La Fleur, Herr und Frau Poisson, Herr und Frau Brécourt, Herr und Frau Champmeslé, La Thorillière; Herr und Frau Thuillerie, Baron, Herr und Frau Beauval, Melle Beauchasteau und Melle Ennebaut.

Die Veränderungen, welche diese beiden Truppen bis zu ihrer Vereinigung im Jahre 1680 erfuhren, geht theilweise aus dem Mitgliederverzeichnisse der vereinigten Truppe von diesem Jahre hervor Sie bestand hiernach aus: Herrn und Frau Champmeslé, Herrn und Frau Baron, Poisson, D'Auvilliers, Herrn und Frau La Grange. Hubert, La Thuillerie, Rosimont, Hauteroche, Herrn und Frau Guérin (Molière's Wittwe, welche den Schauspieler Guérin Estriché geheirathet hatte), Herrn und Frau Du Croisy, Herrn und Frau Raisin, Devilliers, Verneuil, Herrn und Frau Beauval, Melle Belonde, Melle De Brie, Melle Ennebaut, Melle Du Pin und Melle Guyot.

Michel Baron, Sohn des gleichnamigen Schauspielers des Hôtel de Bourgogne, begann seine theatralische Laufbahn bei einer Truppe der Foire de St. Germain, les petits comédiens du Dauphin genannt, welcher der Schauspieler Raisin vorstand. Sie hatte theils der Neuheit wegen, theils durch die Anziehungskraft, welche das Wunderkind Baron ausübte, einen solchen Zulauf, daß es hieß, Ludwig XIV. habe Molière befohlen, Baron zu sich herüber zu ziehen. Nach Voltaire's Darstellung müßte Baron schon einmal vor 1670 in die Molière'sche Truppe eingetreten sein, dieselbe aber wieder verlassen haben, jedenfalls wurde er in diesem Jahre als Mitglied mit einem vollen Antheile aufgenommen, obschon er nur etwa 17 oder 18 Jahre

---

*) Marie Vallée und das Ehepaar Des Urlis waren kurz vorher abgegangen. Etienne des Urlis aber heirathete Brécourt und ging ans Hôtel de Bourgogne.

alt war. Molière mag Baron seine schauspielerische Ausbildung gegeben haben, aber dieser brachte ihm nicht nur ein sehr bildsames
Material entgegen, sondern war selbst ein schauspielerisches Genie. Er
spielte mit zwanzig Jahren meisterhaft den Alcest im Misanthrope
und riß ein Jahr später als Achill in Racine's Iphigénie Alles zur
Bewunderung hin. Auch schrieb er, wie jetzt so viele Schauspieler,
verschiedene Stücke für das Theater. Seine Frau, die Tochter des
Schauspielers Thorillière, gehörte zu den Zierden des Hôtel de Bourgogne, sie war ausgezeichnet in tragischen, wie in komischen Rollen
und von bezaubernder Schönheit. Leider starb sie noch jung. Neben
ihr glänzte vor Allem Melle Champmeslé, geb. Desmarest. Sie
war 1641 zu Rouen geboren und trat 1669 mit ihrem Gatten
zum Theater du Marais. La Roque bildete sie hier weiter aus, so
daß sie in Kurzem das erste Fach übernahm. Wir lernten sie als
die gefeierte Darstellerin der Racine'schen Heldinnen kennen. Daß sie
nur Rollen zu spielen gewußt, die dieser ihr einstudirt habe, widerlegt sich schon dadurch, daß sie auch ohne ihn in Rollen wie die
Ariane des jüngeren Corneille die größten Triumphe gefeiert. Sie blieb
bis zuletzt im Besitz der ersten tragischen Rollen und starb 1698. —
Zu den berühmtesten Schauspielern der Zeit gehörte ferner Jean
Baptiste Raisin, der Sohn jenes älteren Raisin, geb. 1656 zu
Troyes. Er kam 1679 mit seiner Frau an das Theater des Hôtel de
Bourgogne und ging 1680 mit zu dem Theater Guénégaud über.
Er starb 1693. Ausgezeichnet in Mantel- und Bedientenrollen, sowie als petit maître war seine Gestaltungskraft eine so außerordentliche, daß er in jeder Rolle anders und dabei ganz charakteristisch erschien. Auch seine Frau, Françoise Pitel, geb. 1661,
war eine vorzügliche Darstellerin. Sie war mit ihrem Vater, der
einer Truppe vorstand, 1676 nach England gegangen und hatte dort
ihre ersten Triumphe als Schauspielerin und weibliche Schönheit gefeiert. Campistron verdankte ihr später wesentlich den Erfolg seiner
Stücke.

Auch Poisson, vortrefflich in dem Fach des Crispin und
Rosimont, welcher in hochkomischen Rollen Molière mit Erfolg ersetzte, verdienen hervorgehoben zu werden. Von den späteren Schauspielern dieses Jahrhunderts sei nur noch Dancourt erwähnt, dem
wir, wie so Manchem der hier genannten auch noch als Bühnenschrift-

steller begegnen werden. Im Ganzen sank in den beiden letzten Jahrzehnten, wie das Drama, besonders die Tragödie, so auch die Schauspielkunst.

Die hier vorgeführten verschiedenen Gesellschaften waren zum Theil
subventionirt. Die höchste Pension bezogen, wie es scheint, die spanischen Schauspieler, da sie allein im Jahre 1663 für 73 Vorstellungen
bei Hof 32 000 Livres erhielten. Die Italiener bezogen zu Zeiten
15 000 Livres jährlich. Das Hôtel de Bourgogne empfing wie schon
erwähnt 12 000 Livres; die Molière'sche Truppe erst vom Jahr
1665 an, in welchem sie den Titel der comédiens du Roi erhielt,
6000 Livres Zuschuß, die von 1671 auf 7000 Livres erhöht wurden.*)
Das Theater du Marais scheint sich nur unter Mazarin einer Pension
zu erfreuen gehabt zu haben. Das Theater Guénégaud bezog nach
der Vereinigung mit den Schauspielern des Hôtel de Bourgogne, die
diesem bisher zu Theil gewordenen 12 000 Livres fort.

In der Hauptsache waren also die Schauspieler umsomehr auf
die täglichen Einnahmen angewiesen, als den königlichen Offizieren
unentgeltlicher Einlaß eingeräumt worden war, eine Last, welche erst
Molière, doch nicht ohne blutige Kämpfe, beseitigte. Man hatte zweierlei
Preise, einfache und erhöhte. Die Erhöhung betrug dann gewöhnlich das Doppelte. Die einfachen Preise waren bis Ende des Jahrhunderts:

	℔.	s.
Parterre	—	15
Loges du 3. rang	1	—
Gallerie	1	10
Théâtre, Loges, Amphithéâtre	3	—.**)

---

*) Doch ist es möglich, daß es sich bei dieser Zahl nicht um eine Erhöhung
des Zuschusses, sondern nur um die Zurechnung der persönlichen Pension von
1000 Livres handelt, die Molière schon seit 1664 bezog.

**) Dies sind die Angaben von Despois für das Theater Guénégaud. Nach
dem Register De la Thorillière's waren die Billetpreise des Theaters du Palais
royal für die Plätze auf der Bühne und in den Logen bedeutend höher, nämlich
auf 5 L. 10 s. normirt. Alle übrigen aber wie bei Despois. Im Anfang des
Jahrhunderts scheinen die Preise weit niedriger gewesen zu sein, wenigstens
findet sich für das Parterre der Preis von 8 s. erwähnt.

Die Einnahme einer Vorstellung überstieg selten 2000 Livres. Die höchste Einnahme erbrachte die erste Vorstellung des Tartuffe; sie betrug 2860 Livres. Die Durchschnittseinnahme, selbst in den besten Monaten, belief sich selten auf mehr als 1000 Livres. Die Schauspieler waren theils auf ganze, theils auf halbe, wohl auch dreiviertel Antheile gestellt, die sie nach jeder Vorstellung erhoben nachdem die allgemeinen Kosten in Abzug gebracht worden waren. Zu diesen gehörte seit Molière, der sie einführte, auch eine Abgabe an den Pensionsfond. Der erste Schauspieler, welcher eine Pension bezog, die für alle Schauspieler ohne Ausnahme die gleiche Höhe von 1000 Livres jährlich betrug, war der jüngere Béjart. Auch die Autoren waren auf einen bestimmten Antheil von einer bestimmten Zahl von Vorstellungen angewiesen. Nur in seltenen Fällen kaufte man ihnen dies Recht ein für alle Mal ab. Es wurde dann wohl ausnahmsweise bis zu 200 Goldstücken bezahlt. Hatte das Stück einen ganz außergewöhnlichen Erfolg, so brachten die Schauspieler dem Dichter noch einen Ehrensold dar. In einzelnen Fällen trug dem Autor sein Stück bis zu 3000 Livres ein. Der bestbezahlte Autor war Quinault, dem Lully für jede seiner Operndichtungen contractmäßig 4000 Livres zu zahlen hatte. Die ersten Werke wurden den Autoren gewöhnlich nicht honorirt, sie mußten sich schon an der Ehre der Aufführung genügen lassen. — Die Einnahmen der Schauspieler waren keineswegs unbedeutend. La Grange nahm z. B. in den 14 Jahren, die er unter Molière gewirkt hatte, durchschnittlich 3600 Liv. jährlich ein, was etwa 14000 Frcs. heute entspricht. Nach der Vereinigung der beiden Theater stiegen die Einnahmen sogar bis zu 7500 Liv. per Antheil, doch mußten die Schauspieler für das Costüm sorgen, was ihnen eine ziemlich bedeutende Last aufbürdete, womit es wohl auch zusammenhängt, daß man so lange am conventionellen Costüm festhielt. — Die einzelnen Gesellschaften spielten nicht alle Tage. Im Jahr 1673 fanden in Paris nur 16 Vorstellungen wöchentlich statt, von denen 9 auf die französischen Gesellschaften, 4 auf die Italiener und 3 auf die Oper kamen. Zu Anfang des 17. Jahrhunderts begannen die Vorstellungen um 2 Uhr. Unter Ludwig XIII. um 3 Uhr, unter Ludwig XIV. wurden sie zuletzt bis 5 Uhr hinausgeschoben. 1713 begann die Oper 5¼ Uhr präcis.

Es fehlte den französischen Theatern schon damals nicht an Parteiung,

Kritik und Reclame. Nicht nur standen die einzelnen Theater in einem gewissen Gegensatz zu einander, nicht nur hatte ein jedes derselben ein etwas anders zusammengesetztes Publikum, auch die Inhaber der verschiedenen Plätze standen in einer gewissen Opposition; besonders die des Parterre zu denen der Logen. Ingleichen hatte die Tragödie und die Komödie jede ihre besonderen Liebhaber und Parteigänger. Die Art, wie die Zuschauer der Theater Kritik übten, war oft eine tumultuarische. Racine, in seinem Epigramm auf Fontenelle's Asgar führt den Gebrauch des Pfeifens auf die erste Vorstellung dieser Tragödie (27. December 1680); Gebrüder Parfait auf Thomas Corneille's: Baron de Fonbrières, zurück. Das Pfeifen verdrängte das Werfen mit Aepfeln und anderen Wurfgegenständen. Es wurde längere Zeit zur wahren Manie. Doch wurde die Kritik nicht nur in den Theatern und Gesellschaften, sondern auch durch Flugschriften, Epigramme, Vorreden, ja selbst von der Bühne herab, in besonders dafür bearbeiteten Stücken, vor Allem aber in den in diesem Jahrhundert hervortretenden Zeitungen ausgeübt. Die letzteren wurden schon damals neben den Theateranzeigen der Redner (orateurs), welche den Cri ersetzt hatten, und den Affichen*) auch als Mittel der Reclame benutzt. Das letztere geschah hauptsächlich von De Visé in seinem Mercure galant. — Die älteste dieser Zeitungen ist die von Richelieu gegründete Gazette, ihr folgte Loret's gereimte Muse historique, fortgesetzt von Charles Robinet, sowie Subligny's Muse de la cour, zuletzt De Visé's Mercure galant. Bei der Machtvollkommenheit der Regierung war diese immer im Stande gegen die Uebergriffe der Theater einzuschreiten. Eine Theatercensur gab es gleichwohl damals noch nicht, sie wurde erst 1702 gelegentlich eines Stückes von Bondin: Le bal d'Anteuil, in welchem die Herzogin von Orleans eine „lesbische Situation" zu erblicken glaubte, officiell eingeführt. Einer polizeilichen Erlaubniß zur Aufführung eines Stückes scheint es schon vorher bedurft zu haben, doch wurde dies wohl bisher meist nur als bloße Formalität behandelt. Jetzt erschien eine Verordnung an die Polizei, welche die genaue Durchsicht der aufzuführenden Stücke mit den Worten einschärfte: L'intention de S. Maj. étant, qu'ils n'en puissent représenter

---

*) Die Affichen nannten erst seit Théophile de Viau den Namen des Verfassers des Stücks und erst seit 1749 die Namen der Schauspieler.

aucune, qui ne soit dans la dernière pureté. Bisher hatte man Vieles auf den Theatern geduldet, weil man sich derselben in geeigneten Fällen selbst wieder als Waffe des Angriffs oder der Vertheidigung bediente. Als Molière in seinen Fâcheux eine Galerie der wunderlichsten Erscheinungen der damaligen vornehmen Gesellschaft vorgeführt und verspottet hatte, wies Ludwig XIV. nach der Vorstellung selbst auf den Marquis de Soyecourt hin, indem er sagte: „Da ist ein sehr großes Original, das Sie zu copiren vergessen haben." Die nächste Vorstellung enthielt noch die Scene des Jägers Dorante, und Molière konnte sich in der Widmung des Stücks an den König berühmen, von diesem einen Charakter empfohlen erhalten zu haben, qui a été le plus beau morceau de l'ouvrage.

VI.

Molière und das Lustspiel bis zum Schluß des 17. Jahrhunderts.

Entwicklung des Lustspiels der Renaissance. — Einfluß der Spanier. — Einfluß der Toleranz. — Zurücksetzung des Lustspiels gegen die Tragödie. — Jean Baptiste Poquelin, gen. Molière. Seine Studien. — Uebergang zum Theater — Verhältniß zu den Béjarts. — Gründung des Illustre théâtre. — Verfall desselben. — Wanderleben. — Rückkehr nach Paris. — La Troupe de Monsieur. — Der Étourdi und Le dépit amoureux. — Der pretiöse Geschmack. — Les précieux ridicules. — Molière's Natürlichkeitsprincip. — Sganarelle. — Uebersiedelung in's Palais royal. — Don Garcia de Navarre. — L'école des maris. — L'école des femmes. — Molière's Heirath. — Armande Béjart. — Die Kämpfe mit den comédiens du théâtre de Bourgogne. — L'impromptu de Versailles. — Les Facheux; Le mariage forcé und La Princesse d'Elide. — Die drei ersten Akte des Tartuffe. — Anfeindungen und Verbot. — Don Juan. — Neue Angriffe. — Der Misanthrope. — Le médecin malgré lui. — L'amour peintre. — Aufhebung des Verbots gegen den Tartuffe. — Amphitrhon und George Dandin. — l'Avare. — Monsieur de Pourceaugnac und Le bourgeois gentilhomme. — Les femmes savantes. — Le malade imaginaire. — Krankheit und Tod. — Molières Bedeutung und Mängel. — Sein Einfluß auf die übrigen Länder. — Die zeitgenössischen Lustspieldichter: Thomas Corneille, Quinault, De Visé, La Fontaine, Chappuzeau, Boursault, Montfleury, Dancourt, Paleprat und Brueis, Dufresny und Regnard.

Das Drama der Renaissance hatte in Frankreich eine wesentlich andre Entwickelung als in Italien gewonnen. Während sich hier zuerst das Lustspiel ausbildete und in Aufnahme kam, die Tragödie aber selbst später noch eine nur beschränkte Ausbreitung auf der Bühne fand, und wie das Renaissancedrama überhaupt im 17. Jahrhundert durch den Einfluß des spanischen Dramas fast wieder verdrängt wurde, vermochte in Frankreich das den Mustern der Römer nachgebildete Lustspiel lange nur eine sehr untergeordnete Stellung gegenüber der classischen Tragödie zu gewinnen. Es hatte sich gegen dasselbe ein Vorurtheil herausgebildet, mit welchem selbst noch Molière zu kämpfen hatte. Hier aber war es grade der Einfluß des spanischen Dramas, unter dem sich nach einigen Schwankungen das Renaissancedrama überhaupt zur Blüthe entwickelte, und aus dem auch das Lustspiel zunächst seine Nahrung gezogen hat.

Der Grund dieses Gegensatzes liegt aber nicht darin, daß sich der italienische Geist mehr als der französische dem Lustspiel zugeneigt hätte. Auch die Franzosen haben auf dem Gebiete des letzteren ihre Stärke im Drama. Dieser Gegensatz erklärt sich vielmehr aus dem Umstande, daß die Entwickelung des Dramas in Italien gerade in die üppigste Zeit der Renaissance, in Frankreich dagegen in die Zeit der kirchlichen Reaction fiel; daß dort das dem Geiste jener Zeit entsprechende übermüthige Lustspiel von den Höfen und Vornehmen, ja nicht am wenigsten selbst von der Geistlichkeit, hier aber die dem Geiste dieser Zeit angemessenere Tragödie zunächst nur von den Gelehrten ergriffen worden war, sowie, daß dort das Lustspiel sich rasch auf die Volksbühne übertrug, und von dieser aufgenommen und fortgebildet wurde, hier dagegen die Tragödie längere Zeit auf die Collèges beschränkt blieb. Selbst nachdem die Gebildeten Frankreichs durch die dieses durchreisenden und sich in Paris zeitweilig niederlassenden italienischen Schauspielergesellschaften mit dem italienischen Lustspiel bekannt gemacht worden waren, blieben die Versuche l'Arrivey's, dasselbe auf die französische Bühne zu verpflanzen, erfolglos, theils weil es derselben noch an geeigneten Darstellern fehlte, die es mit den Italienern hierin hätten aufnehmen können, theils weil das große Publikum und darum auch die Theater noch fest an den alten nationalen Sotties und Farcen hielten. L'Arrivey verzögerte aus diesem Grunde die Herausgabe der zweiten Folge seiner Uebersetzungen um nicht weniger als 30 Jahre

und gab fie auch davon nur die Hälfte heraus. Erst die mit dem
Ausgang des 16. Jahrhunderts unter dem Einfluß des spanischen
Dramas in Aufnahme kommende Tragicomödie bahnte, wie dem Re-
naiffancedrama überhaupt, auch dem Luftspiele den Weg auf die Volksbühne. Doch fand letzteres zunächst noch ein neues Hinderniß in dem
faft gleichzeitig in Aufnahme gekommenen pretiöfen, vom Gongorismus
und Marinismus beeinflußten Modegeschmack.

Die dem Spanischen nachgebildeten Galanteries du Duc l'Ossone
des Mairet, so grob fie auch find, und die anmuthigeren Dichtungen
Corneille's waren die erften regelmäßigen Luftspiele, welche so weit
wir es wiffen, auf der franzöfischen Bühne Fuß faßten; und wenn
diesen Dichtern nun Beys, Claveret, Demareft u. A. und auch wieder
meift unter spanischem Einfluß, nachfolgten, so verschwanden diese Ver-
fuche doch immer noch in der Menge der damals hervortretenden
Tragödien. Mairet hat trotz seines Erfolges kein zweites Luftspiel
geschrieben, Corneille trotz des noch größeren seines Menteur nur
noch ein einziges. Das Luftspiel erschien eben der Tragödie noch
immer nicht ebenbürtig.

Inzwischen hatte der epochemachende Erfolg des Cid doch das
Ergebniß, daß die dramatischen Dichter fich immermehr der realen
Bühne zuwendeten und dabei vorzugsweise die Anregung und die Erfindungen bei den Spaniern suchten. Wozu der dem Luftspiel günfti-
ger werdende Umschwung des Geiftes der Zeit jetzt noch kam. Das
Edict von Nantes hatte den religiösen Kämpfen Frankreichs ein Ziel
gesetzt. An die Stelle des religiösen Fanatismus war der Geift der
religiösen Duldung getreten. Die kirchlichen Interessen wurden denen
des Staates jetzt wieder untergeordnet. Schon Heinrich IV. hatte einzelne
Protestanten mit hohen Staatsämtern betraut. Von Richelieu war
es in noch weit größerem Umfang geschehen. Er machte den Pro-
teftantismus sogar gegen die katholischen Mächte zu seinem Verbünde-
ten. — Dieser Geift der Duldsamkeit konnte der Entwicklung einer
freieren, kritischen, fkeptischen Philosophie nur förderlich sein. Man
gewöhnte fich die Moral noch unter einen andren Gefichtspunkt als
den theologischen zu stellen. Montaigne war dafür bahnbrechend gewesen. Er bereitete die Nation auf Charron (Abhandlung über die
Weisheit), Descartes und Gaffendi vor und ebnete diesen den Weg.

Eine freiere Anschauung aller Verhältniffe gewann hierdurch

Raum, andre Gesichtspunkte der Beurtheilung eröffneten sich, andere Maßstäbe boten sich dar. Satire und Spottlust wurden aufs Neue entfesselt, der Geist des Lustspiels fing an sich stärker zu regen und fand einen überaus fruchtbaren Boden vor. Mit dem vierten Jahrzehnt kommt es daher entschiedner in Aufnahme. Die alten Farcen verlieren an Zugkraft. Boisrobert, der bisher fast nur Tragödien gedichtet, schreibt jetzt eine ganze Reihe von Lustspielen, meist Nachbildungen spanischer Stücke, ebenso d'Ouville. Scarron aber erscheint als der erste Dichter, welcher sich als Dramatiker, ausschließlich dem Lustspiele widmete.

Wie sehr bis zu Molière's Zeit das Lustspiel in der Werthschätzung der Gelehrten und Gebildeten aber noch immer zurückstand, geht daraus hervor, daß in der Saison, d. i. während des Winters für gewöhnlich nur Tragödien, Lustspiele aber fast nur im Sommer gespielt wurden;*) daß die offizielle Gazette (denn schon damals kannte man den Kunstgriff des Todtschweigens) von den Lustspieldichtern nur wenig oder keine Notiz nahm;**) daß die vornehmen Dichter sich lange noch scheuten Komödien unter ihren Namen erscheinen zu lassen und sich die der schriftstellernden Schauspieler dazu borgten; daß kein eigentlicher Lustspieldichter, weder Molière noch Regnard, Dancour, Lesage Aufnahme in die Academie fanden. Stellte man Molière, um seine Werke herabzusetzen, doch immer die Tragödien Corneille's entgegen. Durfte der Schauspieler Du Villiers doch noch 1664***) mit Aussicht auf Beifall schreiben: „Um Helden sprechen zu lassen, muß man selbst eine große Seele haben oder vielmehr selber ein Held sein, da die großen Empfindungen, die man ihnen in den Mund legt, und die erhabenen Handlungen, welche man sie begehen läßt, oft mehr aus der Seele des Dichters, als aus der Geschichte genommen sind. Es ist nicht dasselbe mit den Narren, die man nach der Natur malt,

---

*) Erst Molière brachte hierin eine Veränderung hervor, da sein Repertoire zum größten Theile aus Lustspielen bestand, doch wurden auch noch die meisten der seinigen zum ersten Male während des Sommers gegeben.

**) Als Molière's Princesse d'Elide gegeben worden war, widmete sie demselben zwar ganze 16 Seiten, doch ohne sich dabei um Molière zu kümmern, dafür wurden der Herzog de St. Aignan, Lulli's Musik und Vigarini's Maschinen gelobt.

***) Lettre sur les affaires du théâtre.

diese bieten der Nachahmung wenig Schwierigkeit dar. Man sieht,
wie sich dieselben bewegen, hört, wie sie sprechen, weiß, wie sie sich
kleiden und kann daher ohne viel Mühe ein Porträt davon machen.
Wenn es um Helden darzustellen und in ihren Charakter einzugehen
aber nöthig ist, ihre Gedanken zu haben, so ist leicht zu errathen,
welche herrliche Eigenschaften derjenige zu besitzen braucht, welcher
die lächerlichen Personen nachahmt."

Dies waren die Verhältnisse, unter denen Frankreichs größter
komischer Dichter, unter denen Molière auftrat.

Jean Baptiste Poquelin*) wurde am 15. Januar 1622 zu
Paris geboren, wo sein Vater Jean Poquelin Marchand tapissier war
und 1631 auch noch das Amt eines tapissier valet de chambre du
Roi erhielt, welches schon länger erblich bei der Familie gewesen war,
so daß es für den Fall des Ablebens des Vaters, 1637 auch wieder
auf Jean Baptiste übertragen wurde. Ueberhaupt nahm die Familie
eine geachtete Stellung ein. Wiederholt waren Richter und Räthe der
Stadt Paris aus ihr hervorgegangen.

Jean Baptiste war das älteste von acht Kindern und kaum 10 Jahr
alt, als er bereits die Mutter verlor. Obschon sich der Vater 1633 aufs
Neue verheirathete, entbehrte doch der Knabe fortan der mütterlichen
Liebe, worauf Moland als einen möglichen Erklärungsgrund für die
Thatsache hinweist, daß Molière die Familienmutter und die bürgerliche Matrone in ihrem edlen Wirkungskreise von seiner Komödie so
gut wie ausgeschlossen habe.

Eine Ueberlieferung sagt, daß Molière seine ersten Theaterein-
drücke seinem Großvater von mütterlicher Seite zu danken gehabt, der

---

*) Ausgabe der Werke von La Grange und Binot im Jahre 1682. —
Grimarest, Vie de Molière, Paris 1705. — Voltaire, Vie de Molière 1739. —
Bessara, Dissertation sur Molière, Paris 1821. — Taschereau, Histoire de la
vie et des ouvrages de Molière, Paris 1825. — Eudore Soulié, Recherches sur
Molière et sur sa famille, Paris 1863. — Moland, Oeuvres de Molière, Paris
1863. 7 Bde. — Moland, Molière et la comédie italienne, 1867. — Lindau, Molière,
Leipzig 1872. — St. Beuve, Portraits littéraires II. p. 1. 1876. — Registre de
la Grange, Paris 1876. — Loiseleur, Les points obscurs de la vie de Molière,
Paris 1877. — Lotheissen, Molière, Frankfurt a. M. 1880. Von den übrigen
Ausgaben der Molière'schen Werke sei nur noch die von Auger, 1819, hervor-
gehoben. Die älteste deutsche Uebersetzung ist die von Velthen (Nürnberg, 1694).
Die neuesten sind die von Baudissin (Leipzig 1865) und Laun (Leipzig 1865).

ihn bisweilen mit in's Theater genommen habe. Sie können indeß nicht allzu tiefe gewesen sein, da nichts darauf hinweist, daß Molière sich vor dem Jahre 1642 oder 43 mit dramatischen Versuchen beschäftigt hat, obschon es ihm hierzu im Collège Clermont, welches er 1635 oder 36 bezog, durch die daselbst stattfindenden theatralischen Uebungen an Anregungen nicht gefehlt haben wird. Molière empfing hier, wo er die Söhne der größten Familien, unter andern den Bruder des großen Condé, Prinz Conti, zu Mitschülern hatte, eine gute Erziehung. Er schloß sich besonders eng an Chapelle, François Bernier und Hesnault an und hatte nach fünf Jahren sein Studium zum Abschluß gebracht, von denen er mit diesen Freunden das letzte noch dazu benutzte, bei dem 1641 nach Paris übersiedelten Gassendi Philosophie zu hören, was also nicht vor diesem Jahre stattgefunden haben kann. Dies führte ihn auch noch mit Cyrano de Bergerac zusammen, lauter jungen Leuten von freiem Geist und auf Selbständigkeit bringender Lebensauffassung.

Mit Hesnault übersetzte er damals das Lehrgedicht von der Natur der Dinge des römischen Schriftstellers Lucrez, wovon die von der Verblendung der Liebe handelnde Stelle des 4. Buches in veränderter Form in die 5. Scene des 2. Aktes seines Misanthrope übergegangen und hier der Eliante in den Mund gelegt worden sein soll.

Nach beendeten philosophischen Studien soll Molière nach Einigen die Sorbonne bezogen haben, was schon der Zeit nach sehr unwahrscheinlich ist, da er jedenfalls noch im Jahre 1642 nach Orleans ging um dort seine lettres de licence zu erwerben; um so unwahrscheinlicher, wenn man noch einer anderen Nachricht Glauben schenkt, welche ihn im zweiten Drittel desselben Jahres, in der Eigenschaft eines Kammerdieners des Königs diesen nach Narbonne begleiten läßt. Eine Nachricht, die wohl zu verwerfen, weil Molière diese Stellung noch gar nicht inne hatte, und falls sein Vater, der damals noch ein rüstiger Mann war, an den ihm durch sie auferlegten Functionen auch behindert gewesen sein sollte, durch den nächsten der Kammerdiener des Königs zu ersetzen gewesen wäre. Damit würde auch die weitere Combination hinfällig werden, daß Molière bei dieser Gelegenheit in ein näheres Verhältniß zu Madeleine Béjart getreten sei. Wohl aber mußte Molière noch in demselben Jahre sich dem Theater genähert haben. In einem Briefe vom 6. Januar 1643 an seinen Vater, worin er über eine aus der Hinterlassenschaft seiner Mutter erhaltene Summe von 630 Livres quittirt, verzichtet er nämlich auf das erbliche Recht welches er auf die Stelle eines tapissier valet de chambre du Roi hatte zu Gunsten eines seiner Brüder, um den Schauspielerberuf ergreifen zu können.

Ob Molière schon damals Madeleine gekannt, ob diese einen bestimmenden Einfluß auf diesen Entschluß mit ausgeübt hat, läßt sich nicht mit Gewißheit bestimmen. Jedenfalls unterhielten die Béjarts zu dieser Zeit kein eigenes Theater. Es ist daher eben so unrichtig, daß Madeleine demselben vorgestanden habe, als unwahrscheinlich, daß Molière durch die Liebe zu ihr zur Bühne geführt worden sei. La Grange und Vinot, die zuverlässigsten seiner früheren Biographen, die alles Anecdotische bei Seite gelassen haben, sagen mit voller Bestimmtheit, daß der Gedanke ein Theater in Paris zu gründen, von Molière selbst ausgegangen sei. Jedenfalls aber müßte Molière die Bekanntschaft der Béjarts nur kurze Zeit später gemacht haben, weil sich ein Actenstück vom 30. Juni 1643 erhalten hat, welches einige der Bestimmungen eines zwischen ihm, den Béjarts und verschiedenen anderen Mitgliedern, unter dem Namen L'illustre théatre zu gründenden Theaters enthält.

Madeleine Béjart mußte Molière nicht nur wegen ihres schauspielerischen Talentes und ihrer persönlichen Eigenschaften, sondern auch aus anderen Gründen als ein sehr begehrenswerthes Mitglied seines neuen Theaters erscheinen. 1618 geboren, die Tochter eines Pariser Bürgers, des huissier ordinaire du Roi Joseph Béjart, hatte sie sich schon früh mit einem um nur ein Jahr älteren Bruder der Bühne gewidmet. 1636 war sie in ein Verhältniß zu dem Grafen Modène, dem Kammerherrn des Herzogs von Orleans, getreten, dem sie, wie es scheint, 1638 eine Tochter gebar, da einer seiner ehelichen Söhne bei letzterer Pathenstelle vertrat. Obschon der Graf 1640 aus politischen Gründen Frankreich verlassen mußte, bestand das Verhältniß zwischen ihm und Madeleine noch fort und es war ohne Zweifel gerade dieses und nicht ein eignes zärtliches Verhältniß, welches hierdurch vielmehr ausgeschlossen wurde, was Molière die Verbindung mit Madeleine Béjart so werthvoll erscheinen lassen mußte; zumal der Graf nach Ludwig XIII. Tode (im Mai 1643) wieder zurück nach Paris kam und seinen Einfluß zu Gunsten des zu begründenden neuen

Theaters verwenden konnte. Denn wie wir wissen standen einem solchen Unternehmen die Privilegien der Schauspieler des Theater be Bourgogne entgegen, welche das Aufkommen einer derartigen Concurrenz niemals geduldet haben würden, es wäre denn, daß sie unter den besonderen Schutz des Königs oder eines der Prinzen des königlichen Hauses unternommen worden wäre. Daher es auch immer nur solchen Truppen, wie denen der Theater de Mademoiselle und du Dauphin gelang, sich hierdurch einige Zeit in Paris neben ihnen zu erhalten. Auch Molière dachte bei seiner späteren Rückkehr nach Paris vor Allem wieder an die Erwerbung eines derartigen Schutzes und würde ohne denselben gewiß den Comédiens de l'hôtel du Bourgogne haben weichen müssen. Ein solcher Schutz war denn auch eine Lebensfrage jenes neuen Unternehmens und das Recht sich als die Schauspieler des Herzogs von Orleans bezeichnen zu dürfen, welche das illustre théâtre durch das Verhältniß der Madeleine Béjart zu dem Grafen von Modène erwarb, war ohne Zweifel der einzige Grund, warum es von dem Theater de Bourgogne unangefochten blieb. Doch auch noch anderer Hülfsquellen bedurfte das Unternehmen, auch diese bot Madeleine Béjart in einem gewissen Umfange dar. Zwar war ihr Vater in so zerrütteten Vermögensverhältnissen gestorben, daß seine Familie auf den Antritt der Erbschaft verzichtete, aber nicht nur besaß sie nachweislich im Jahre 1636 selbst schon ein kleines Vermögen, welches wahrscheinlich noch etwas weiter gewachsen sein mochte, sondern auch ihre Mutter war keineswegs mittellos. In der That finden wir Marie Hervé, die Wittwe des Joseph Béjart gleich von Anfang an bei dem schauspielerischen Unternehmen Molière's engagirt und betheiligt.*)

Molière hatte ohne Zweifel große Kämpfe mit seinem Vater zu bestehen gehabt. Zu einem völligen Zerwürfniß zwischen beiden kann es indeß kaum gekommen sein, da Molière von seinem mütterlichen Erbtheil, welches 5000 Livres betrug, noch eine größere Summe zu

---

*) Am 12. September 1643 leistete sie Caution für die Miethe des Jeu de Paume dit des Métayers indem sie sich selbst zur „principale preneure" erklärte. Am 19. September und 19. December 1644 verbürgte sie sich auch noch für die Summe von 1100 Livres, indem sie ihr Haus in der Rue de Perse dafür belastete, bei welcher Gelegenheit sich herausstellte, daß sie dasselbe innerhalb des letzten Jahres schon mit 2400 Livres belastet hatte, was sicher nur dem

fordern hatte, die ihm der Bater, der damals noch in guten Berhält-
nissen war, dann sicher ausgezahlt haben würde, obschon Molière
noch nicht münbig war. Auch trat der alte Poquelin später wieder
verschiedene Mal für ihn ein.*)

Das neue Theater wurde am 31. December 1643 eröffnet, doch
spielte die Gesellschaft schon vorher in der Provinz. Sie bestand nach
einem Bertrag vom 28. dieses Monats aus folgenden Mitgliedern:
Dénis Beys, Germin Clérin, Jean Baptiste Poquelin, Joseph Béjart,
George Pinel, Nicolas Bouenfant, und den Dēlles Madeleine Béjart,
Madeleine Malinger, Cathérine des Urlis, Geneviève Béjart und
Cathérine Bourgeois. Nach der Reihenfolge dieser Namen zu schließen,
würde nicht Molière, sondern der Dichter Denis Beys, der Director
der Truppe gewesen sein. Schon nach 6 Monaten scheint sich dieses
Berhältniß jedoch verändert zu haben, da Molière von jetzt an und
zwar mit diesem Namen immer den ersten Platz bei den Unterschriften

Illustre Théâtre zugeflossen und gewiß noch nicht Alles war, was sie demselben
geopfert. Dies Alles erklärt es, daß Madeleine Béjart sofort eine bevorrechtete
Stellung bei dem neuen Theater einnahm, wie ihr denn z. B. die Prärogative
eingeräumt warb, sich ihre Rollen selber zu wählen (Act v. 31. Juni 1643). Die
Leitung der Truppe war aber, so weit es erkennbar ist, nie in ihren Händen,
anfangs auch nicht in denjenigen Molière's.

*) So verbürgte sich derselbe 1646 am 24. December für eine von Molière
gegen Léon Aubry eingegangene Schuld und am 14. April 1651 beliefen sich
die dem Sohne auf sein mütterliches Erbtheil gemachten Vorschüsse bereits auf
1965 Livres, welche Summe sich später noch bis auf 3500 Livres erhöhte.
Im Jahre 1651 war Molière selbst in Paris, auch ist die Annahme unrichtig,
daß er seit seinem Weggange in die Provinz bis zu seiner Rückkehr 1658 nur
dieses eine Mal in Paris gewesen sei, vielmehr scheint er schon aus geschäftlichen Gründen, wegen des Ankaufs von Bühnenwerken, des Engagements von
Schauspielern u. s. w. wiederholt besuchsweise in seiner Baterstadt gewesen zu
sein. Sobald seine Berhältnisse sich gebessert hatten, zahlte er seinem Bater die
ihm geleisteten Vorschüsse zurück, obschon er gerade jetzt das gesetzliche Recht
gehabt haben würde, die Auszahlung der vollen 5000 Livres zu verlangen.
Doch mehr noch als das. Er ließ demselben sogar, als dessen Bermögensver-
hältnisse sich verschlechtert hatten, durch den berühmten Arzt Jacques Rohault
10 000 Livres so vorschießen, als ob sie von diesem kämen und machte diese
Forderung selbst nach dem Tode des Baters nicht geltend, da Molière's Wittwe
diese Schuldanerkenntnisse noch ungetilgt unter den Papieren ihres Mannes fand.
Ein weiterer Beweis für das Einverständniß zwischen Bater und Sohn ist, daß
ersterer als Zeuge bei dem Heirathsvertrag und Theact Molière's fungirte.

der Gesellschaft einnimmt, Denis Beys aber, soweit wir sie kennen, zum letzten Mal am 9. September 1644, darunter erscheint. Die Geschäfte gingen aber sehr schlecht, wozu wohl der Umstand beitrug, daß der Herzog von Orleans im Sommer 1644 Paris verlassen mußte, um zur Armee zu gehen. Die Gesellschaft gerieth in Schulden, die Mittel der Béjart's schienen erschöpft, der alte Poquelin scheint nichts mehr vorschießen gewollt zu haben, so daß Molière wegen einer Forderung von etwa 320 Livres in's Gefängniß des Châtelet wandern mußte, bis ihm (August 1645) die Bürgschaft des Léonard Aubry daraus befreite, für welchen dann später wieder Molière's Vater eintrat. Es war nicht die einzige Schuld der Gesellschaft, eine größere von 1700 Livres war dieselbe gegen einen Wucherer, Namens Pommier, eingegangen, für welche, wenigstens theilweise, der alte Poquelin ebenfalls aufgekommen sein mag. Alle Anstrengungen, welche die Gesellschaft machte, die schon zu Anfang 1645 nach dem Port de St. Paul übersiedelt, Ende des Jahres aber wieder nach dem Faubourg St Germain zurückgekehrt war, blieben erfolglos. Daß der Herzog von Orleans ihr schon in diesem Jahre seinen Schutz entzogen hatte, glaube ich nicht, gewiß aber hat er nichts mehr für sie gethan. Auch ist es immerhin möglich, daß er, dem zerrütteten Zustand gegenüber, in welchem sich dieselbe befand, ihr mit dieser Entziehung gedroht. Schon am 13. Aug. 1645 bestand die Truppe nur noch aus Germain Clérin, Joseph Béjart, dessen zwei Schwestern, Cathérine Bourgeois und dem inzwischen hinzugetretenen Germain Rabel. Gegen Ende des folgenden Jahres vermochte sie sich nicht länger in der Hauptstadt zu halten und entschloß sich zum Aufbruch in die Provinz.

Das Wanderleben Molière's bis zum Jahre 1658 ist durch die emsigen Bemühungen der Wissenschaft in neuerer Zeit etwas aufgehellt worden. Es ist hier aber nicht Raum darauf näher einzugehen. Die ersten Spuren, welche man davon aufgefunden, weisen auf Bordeaux, Nantes und Fontenay le Comte (1648), die nächsten Jahre auf Limoges, Angoulême, Agen und Toulouse hin. 1650 zeigt sich die Truppe auch in Narbonne, 1651 in Poitiers und gegen Ende 1652 in Lyon, wo Molière nach dem Zeugnisse von La Grange und Vinot im folgenden Jahre seinen Etourdi gespielt haben soll. *) Hier

---

*) In den Registern von La Grange ist dagegen 1655 als das Jahr be-

hatte die Truppe große Erfolge, welche inzwischen neben noch verschiednen Andren Duparc und seine spätere Frau Delle Gorla, Dufresne, die De Brie's, Raguenou de l'Estang mit seiner Tochter und
Melle de Bauselle erworben hatte. ·Hier soll Armande Béjart als
10jähriges Kind in der Rolle einer Nereide unter dem Namen einer
Delle Menou zum ersten Mal aufgetreten sein. Auch lernte Molière
hier Corneille kennen. Lotheissen ist sogar der Meinung, daß es
die Eindrücke, die letzterer von dieser Truppe empfangen, gewesen seien,
welche denselben wieder der Bühne zurückgewannen. Endlich trat
aber hier auch noch Croisy hinzu, nachdem er länger, doch vergeblich,
mit der Molière'schen Truppe als Director einer eignen gekämpft.
In das Jahr 1655 fällt die Begegnung mit dem Prinzen Conti,
der eben Frieden mit Mazarin geschlossen hatte und zum Befehlshaber der Truppen in Roussillon ernannt worden war. Er hatte
sein Standquartier zunächst in La Grange genommen, wo seine Maitresse, Melle de Calvimont, zu ihrer Unterhaltung Schauspieler zu
sehen verlangte. Die Molière'sche Truppe muß damals schon einen
gewissen Ruf besessen haben, damit der Abbé Daniel de Cosnar
gerade sie zu diesem Zwecke berufen konnte. Eine andere Truppe war
ihr aber zuvor gekommen. Obschon Melle Clavimont diese begünstigte,
gelang es Molière dennoch, die gefährliche Concurrenz zu besiegen
und sich in der Gunst seines früheren Schulkameraden festzusetzen.
Dieses Verhältniß dehnte sich bis in das Jahr 1656 aus, in welchem
er auch sein Lustspiel Le dépit amoureux zur erstmaligen Aufführung
brachte, dann aber nordwärts zog und nach beendetem Krieg sich Paris
langsam näherte. Der Carneval 1658 sah ihn in Grenoble, etwas
später war er in Rouen. Moland glaubt, daß er von hier seine
Pariser Freunde in Bewegung gesetzt habe, um in seinem Interesse
in der Hauptstadt zu wirken. So viel sich aber erkennen läßt, ist
ihm auch jetzt wieder nur sein alter Schützer Daniel de Cosnar,
welcher inzwischen Bischof von Valence und erster Almosenier von Monsieur, dem Herzog Philipp von Anjou geworden war, nützlich gewesen.
Er empfahl ihn dem letzteren, einem verzogenen, unreifen, weibischen
Bürschchen von 18 Jahren, der sich zur Abwechslung eine Truppe
von Schauspielern zu halten den Einfall hatte.

zeichnet, in welchem dieses Lustspiel entstanden sein soll. Die Truppe war allerdings auch in diesem Jahr wieder in Lyon.

Man hat die Wanderjahre Molière's seine Lehrzeit genannt und Moland behauptet, daß er dabei immer Paris als sein letztes Ziel im Auge behalten und Alles aufs Besonnenste vorbereitet habe, um nicht eher daselbst zu erscheinen, bis er seines Erfolges sicher sein konnte. Einer solchen Annahme widerspricht bei Molière's Genialität und der Energie seines Charakters allein schon die Länge der Lehrzeit, widerspricht die Zufälligkeit seines Engagements bei dem Prinzen Conti, welche für seine Pariser Carrière doch so entscheidend war, widersprechen endlich die von ihm zunächst in Paris verfolgten Ziele. Denn es ist zweifellos, daß Molière hier seinen Wirkungskreis nicht auf das Lustspiel einschränken wollte, sondern seinen Ehrgeiz vornehmlich darauf richtete, mit dem Hôtel de Bourgogne und dem Theater du Marais auch in der Tragödie zu wetteifern, auch als tragischer Dichter und Schauspieler Triumphe zu feiern. Wohl hatte er auf seiner 13jährigen Wanderschaft eine größere Zahl kleiner Nach- und Zwischenspiele, wie die erhalten gebliebenen: Le médecin volant und La jalousie du Barbouillé*), aber nur erst zwei eigentliche Lustspiele geschrieben. Wogegen man von mehreren Trauerspielen spricht, die er damals verfaßt haben soll. Wie hätte er auch wohl hoffen dürfen, ohne diese in Paris auskommen zu können, wo man während des Winters fast nur Tragödien spielte. War aber die Tragödie vornehmlich das Ziel, worauf er während seiner Wanderschaft unabläffig hingearbeitet hatte, so würden diese langjährigen Vorbereitungen sich als ziemlich verfehlt herausgestellt haben, da er in Paris nur zu bald die Erfahrung machen sollte, daß sowohl sein schauspielerisches, wie sein dichterisches Talent fast ganz auf der Seite des Komischen lag; daß er den Franzosen zwar den großen komischen Stil, nicht aber einen neuen großen tragischen Stil zu schaffen vermochte; so daß es fast erlaubt ist, zu sagen, er habe sich hier, wenn auch gewiß nicht als komischen Dichter überhaupt, so doch als den großen komischen Dichter, der er thatsächlich war, erst selber entdeckt, wie ja ganz augenscheinlich sein schauspielerisches Talent sich früher entwickelt hat, als das dichterische.

Molière spielte am 24. Oct. 1658 vor den Majestäten und dem Hof; eine Vorstellung, welche über seine Anstellung bei dem Bruder

---

*) Gebrüder Parfait nennen noch Le docteur amoureux, den er auch in Paris spielte, sowie Les trois docteurs rivaux und Le maitre d'école.

des Königs entscheiden sollte. Er hatte jedoch keines seiner beiden
Lustspiele dazu gewählt, sondern eine Tragödie, den Nicomède, des
ersten tragischen Dichters der Zeit. Erst nach der Vorstellung desselben, suchte er um die Ehre nach, auch einen seiner kleinen dramatischen Scherze zur Aufführung bringen zu dürfen, die sich in der
Provinz eines gewissen Rufes zu erfreuen gehabt. Es war der
Docteur amoureux, dessen Darstellung den König in dem Maße
belustigte, daß Molière's Anstellung noch am selben Abend entschieden
war. Die Truppe erhielt den Titel: Troupe de Monsieur le frère
unique du Roi. Der Herzog sicherte jedem der Schauspieler eine
jährliche Pension von 300 Livres zu, die freilich, wie La Grange
berichtet, nie ausgezahlt worden ist. Nichts destoweniger waren der
Schutz und die Autorität, welche diese Ernennung und Stellung Molière gewährte, von großer Bedeutung

Die ersten Erfolge, welche derselbe auf dem ihm angewiesenen
Theater im Hôtel de Bourbon errang, hatte er ebenfalls wieder dem
Lustspiel, dem Etourdi und dem Dépit amoureux, nicht aber der
Tragödie zu verdanken.

Dem Etourdi*) liegt Barbieri's Inavertito ovvero Scapino
disturbato a Mezzetino travagliato zu Grunde, der ursprünglich
all'improvviso gespielt, später aber vom Verfasser desselben scenisch
ausgeführt und hiernach (1629) in Venedig gedruckt worden war.
Aus ihm hat wahrscheinlich auch Quinault zu seinem Amant indiscret geschöpft, daher die überraschende Aehnlichkeit der beiden fast
gleichzeitig und doch wohl unabhängig von einander erscheinenden
Stücke. Auch soll Molière noch außerdem einige Züge Luigi Groto's
Emilia, sowie der Angelica des Fabrizio de Fornaris entlehnt haben,
verschiedener Reminiscenzen an Terenz und Plautus im Dialog nicht
zu gedenken. Man wird in dem Nachspüren der Aehnlichkeiten indeß
nicht zu weit gehen dürfen. Oder warum könnten zwei Dichter nicht
unabhängig von einander ähnliche Charaktere in ähnliche Situationen
gebracht, warum nicht in ähnlichen Situationen für ähnliche Charaktere ähnliche Gedanken gehabt haben? Die Benutzung Barbieri's ist
aber nicht zu bezweifeln. Wie sehr auch Molière im Ganzen sein
Vorbild übertroffen haben mag, so ist doch zu bedauern, daß er die

---

*) Der erste Druck ist vom Jahre 1663.

treffliche Auflösung des Italieners nicht beibehielt. Bekanntlich beruhen die Verwicklungen des Stücks auf der Unbedachtsamkeit, mit
welcher der Herr hier immer wieder die in seinem Interesse vom
Diener in's Spiel gesetzten Listen kreuzt. Barbieri läßt seinen Bruder
Ungeschick zuletzt so an sich selber verzweifeln, daß er gerade in dem
Momente, da alles auf seine Gegenwart ankommt, davon läuft, um
das Gelingen der List seines Dieners nicht wieder auf's Spiel zu
setzen, daher ihn dieser verfolgen, einfangen und auf seinen Schultern
gewaltsam seinem Glücke zutragen muß. Bei Molière dagegen wird der
glückliche Ausgang nur durch einen äußeren Zufall herbeigeführt.

Auch Le dépit amoureux ist einem italienischen Stücke, Niccolo
Secchi's Interesse, nachgebildet.*) Ein junges Mädchen, welches
als Knabe aufgezogen worden, entdeckt sein Geschlecht und faßt, ohne
die Maske noch abgeworfen zu haben, eine lebhafte Neigung zu einem
jungen Manne, welcher um die Schwester des Mädchens wirbt, von
der er jedoch abgewiesen worden, weil sie bereits einen anderen liebt.
Das Mädchen verabredet nun unter dem Namen der Schwester ein
nächtliches Rendezvous mit dem Geliebten, zu dem es natürlich in
Frauenkleidern erscheint und in der Dunkelheit die Rolle der Schwester
spielt, der Sicherheit wegen aber die Verabredung trifft, sich hiervon bei Tage nichts merken zu lassen, sondern das Spiel mit dem
zweiten Liebhaber scheinbar noch fortzusetzen, damit das Verhältniß
nicht offenkundig werde. Die Künstlichkeit und das Unhaltbare dieser
Voraussetzung liegt auf der Hand. Die geistvolle Leichtigkeit der
Molière'schen Behandlung hilft aber um so eher darüber hinweg,
als sein Stück in Bezug auf dieses Verhältniß nur auf amüsante
Unterhaltung gerichtet erscheint. Auch fehlt es schon dem Secco'schen
Vorbild nicht an gesunder und treffender Lebensbeobachtung, die
zuweilen fast wörtlich in das Molière'sche Lustspiel übergegangen,
aber von diesem noch außerordentlich bereichert worden ist. Letzteres
zeichnet sich nicht nur durch eine ungleich feinere Durchbildung des
Stoffes, sondern auch durch die reizvolle Ausführung des zweiten der
vorliegenden Liebesverhältnisse aus, welches von Secco ganz fallen
gelassen worden ist. Dieser Theil des Stückes ist es denn auch, auf
den sich der Titel desselben hauptsächlich bezieht und auf den der

---

*) Der erste Druck ist vom Jahre 1663.

Ruf desselben vorzugsweise beruht. Ja, die heutige französische Bühne, welche Anstoß an der Darstellung des Ganzen nimmt, bringt überhaupt nur ihn noch zur Aufführung. Hier zeigt sich Molière bereits als Meister in der Kunst der Charakterzeichnung, hier entfaltet er schon seine tiefe Kenntniß des menschlichen Herzens. Möglich, daß ihm die Liebe dabei selbst die Hand geführt hat. Will man darin doch einen Reflex des Verhältnisses sehen, in dem er damals zur schönen Duparc gestanden haben soll. Doch ist auch für diesen Theil der Dichtung nach dramatischen Vorbildern gesucht worden, wofür man auf einen italienischen Canevas Gli sdegni amorosi, sowie auf Lope de Vega's El perro del ortolano hinzuweisen pflegt. Der Reiz und die Bedeutung dieser Scenen liegt aber sowohl in der Erfindung der Situationen, wie in der Entwicklung der Charaktere und in der Ausführung des Dialogs, welche sicher Molière's Eigenthum sind.

Noch in demselben Jahre (18. November 1659) trat er mit einem kleinen Nachspiele hervor, mit welchem er eine neue Bahn, die der satirischen Sittenkomödie, einschlug. Nichts mußte den für Wahrheit und Natürlichkeit eintretenden Dichter zugleich peinlicher und lächerlicher berühren, als der geschraubte pretiöse, verlogene und unnatürliche Ton, welcher die höheren Kreise seiner Vaterstadt damals beherrschte, das gesellschaftliche und das Familienleben derselben zu vergiften drohte, das ästhetische Urtheil fälschte und auch auf der Bühne schon Platz gegriffen hatte. So berechtigt anfangs das vom Hôtel de Rambouillet ausgehende Streben gewesen war, die Empfindung, die Sprache, die gesellschaftlichen Umgangsformen, besonders in dem Verkehr der beiden Geschlechter, zu läutern, zu veredeln und zu heben, so hatte es doch sehr bald eine so exclusive und einseitige Richtung eingeschlagen, daß es nothwendig zu Verirrungen führen mußte. Das Gewählte war in das Wählerische, Gesuchte, Bizarre ausgeartet. Mit dem Gewöhnlichen, über das man sich zu erheben beabsichtigte, hatte man auch das Einfache, Gerade, Wahre, Natürliche aufgegeben. Man war gekünstelt geworden, weitschweifig, gespreizt, dunkel und unverständlich. Und da man, je mehr dieser Ton in die Mode kam, das Gewicht auch um so mehr auf das Aeußerliche und Nebensächliche legte, so gerieth man sogar ins Geschmacklose und Fratzenhafte. Kein Zweifel, daß Molière hiervon persönlich berührt worden war, daß dieser pretiöse Geist mit Geringschätzung auf seine Leistungen herab=

sehen mochte, daß er in ihm ein Hinderniß für die freie Entfaltung
seines Talents, sowie überhaupt für die gedeihliche Entwicklung seiner
Kunst erblickte. Auch war er nicht der Erste, welcher das Verderbliche und Lächerliche dieses Gebahrens empfand, nicht der Erste der
es verspottete und auf die Bühne brachte. Schon Sorel hatte eine
Satire dagegen in seinem Berger extravagant, der Abbé de Pure in
seiner Précieuse ou le mystère des ruelles, geschrieben, ja der letztere
hatte den Italienern sogar einen Canevas L'académie des femmes
geliefert, um jene Manie von der Bühne herab verspotten zu lassen.
Dasselbe war von Desmarest in seinen Visionnaires; von St. Evremond in seinen Académiciens geschehen. De Visé glaubt, daß Molière
in seinen Précieuses ridicules sich an den Canevas des Abbé de Pure
sogar angelehnt habe. Eine gewisse Aehnlichkeit hat auch die Handlung
derselben, welche noch überdies auf Chappuzeau's: Le cercle des
femmes ou le secret nuptial, entretiens comiques (wahrscheinlich
1656 erschienen) hinweisen dürfte. Doch liegt die Bedeutung derselben nicht in der Handlung, deren Erfindung höchst unbedeutend ist,
sondern in der ausgezeichneten Sittenschilderung, in der frappanten
Charakteristik und in der geistvollen und dabei ganz charakteristischen
Natürlichkeit des Dialogs, welcher diesmal in einer musterhaften Prosa
behandelt ist. Besonders treten diese Eigenschaften in dem größeren
ersten Theile des Stückes hervor. Selbst in der Charge des Mascarillo läßt sich hier nirgends Natur- und Lebenswahrheit vermissen.
Von dem Auftreten Jodelets an beginnt aber der Ton zu sinken.
Bemerkenswerth ist, daß Molière schon in diesem Stück (X. Sc.) die
Schauspieler des Hôtel de Bourgogne verspottet. Auf die Frage,
welcher Truppe Mascarillo sein neues Lustspiel zur Aufführung an-
zuvertrauen beabsichtige, antwortet dieser: „Belle demande! Aux
grands comédiens. Il n'y a qu'eux qui soient capables de faire
valoir les choses, les autres sont des ignorants, qui recitent comme
l'on parle; ils ne savent pas faire ronfler les vers et s'arrêter
au bel endroit et le moyen de connaître où est le beau vers, si
le comédien ne s'y arrête et ne nous avertit par là qu'il faut
faire le brouhaha." Auch die Art wie damals im Theater der Beifall
künstlich gemacht wurde, findet sich hier satirisch beleuchtet.

Der Erfolg war ein ganz außerordentlicher. Die unmittelbare
Beziehung zum Leben, verbunden mit der ächt künstlerischen Behand-

lung weckte und befriedigte ein ganz neues Interesse. Dies wurde noch durch ein Verbot gesteigert, welches die mächtige Partei der Pretiösen, die ja selbst in der Academie vertreten war, wenn schon nur vorübergehend, ausgewirkt hatte. Der Sieg machte Molière aber nicht übermüthig. In einer witzigen Vorrede zu der schon im Januar des nächsten Jahres erschienenen Ausgabe führt er einlenkend aus: „daß die ächten Pretiösen Unrecht haben würden, sich getroffen zu fühlen, wenn man die falschen, welche sie so übel nachahmten, lächerlich mache.“ Auch ließ er von Gilbert ein Stück: La vraie et la fausse précieuse verfassen, welches diesen Unterschied präcisirte und welches er aufführen ließ. Ich glaube daher auch nicht, daß der pretiöse Ton damals so schnell verschwunden ist, wie man gewöhnlich annimmt, wenngleich die wildesten Auswüchse desselben sicher zurücktraten. Eine Neigung zum Pretiösen liegt überhaupt in der Natur des französischen Geistes. Sie zeigt sich in dem Gewicht, welches derselbe auf die Form legt, sowie in dem vorherrschenden Bestreben, möglichst distinguirt und geistreich erscheinen zu wollen. Nicht nur eine Menge der Ausdrücke aus dem grand dictionnaire des précieuses von Somaize, sondern selbst solche, die Molière damals noch lächerlich machen konnte, haben allmählich Aufnahme in die französische Sprache gefunden und gelten heute für gut und gewählt.

Molière vermied es zunächst seine Angriffe auf die Gesellschaft weiter fortzusetzen. Er lenkte vielmehr wieder in die Bahn des italienischen Imbroglio zurück und schrieb nach einem Canevas: Il ritratto ovvero Arlechino cornuto per opinione (über welchen das Nähere bei Moland) seinen Sganarelle ou le cocu imaginaire, welcher am 28. Mai 1660 mit ungeheurem Erfolg zu erster Aufführung kam. Er gehört in seiner Art zu den abgerundetsten Stücken. Auch ist der alte Gegenstand darin feiner, als von all seinen Vorgängern behandelt. Gleichwohl halte ich ihn für überschätzt. Ein Beweis für den Enthusiasmus, den er erregte, ist die Thatsache, daß einer der Verehrer desselben ihn aus dem Gedächtnisse niederschrieb und so drucken ließ (1660) und Molière, welcher dagegen zwar einschritt, sich damit begnügte, die Ausgabe nun als von sich ausgehend bezeichnen zu lassen. In der That sind die Abweichungen der 1665 von ihm selbst veranstalteten Ausgabe verhältnißmäßig nur unbedeutend.*)

*) Als Curiosum mag hier erwähnt werden, daß Scarron in seinem, bald

Das Jahr 1660 brachte zwei Ereignisse, welche für die weitere Entwicklung der Molière'schen Unternehmung nicht ohne Bedeutung waren. Ludwig's XIV. Vermählung mit der spanischen Maria Theresia und die Verdrängung der Molière'schen Truppe aus dem Theater du petit Bourbon. Die junge Königin brachte nämlich aus Spanien eine Schauspielertruppe mit, welche schon vor dem feierlichen Einzuge der ersteren (26. Aug.) ihre Vorstellungen im Hôtel de Bourgogne eröffnete. Der spanische Einfluß, welcher nie aufgehört hatte, erhielt hierdurch einen neuen Schwung und wenn auch die Darstellungen dieser Gesellschaft nur geringen Zulauf fanden, so übten sie doch auf die Kenner einen großen Eindruck besonders dadurch aus, daß sie die literarischen Kreise der Hauptstadt mit vielen Stücken bekannt machten, die ihnen bisher noch fremd geblieben waren. Die Aus= weisung der Molière'schen Truppe, obschon sie zunächst als schwere Calamität empfunden wurde, erwies sich, wie bereits angedeutet derselben nur günstig. Das Palais royal eröffnete ihr einen er= weiterten, zweckmäßigeren und glänzenderen Schauplatz. Die erste Novität, die Molière hier brachte, war das heroische Lustspiel Don Garcie de Navarre ou le prince jaloux, welches am 4. Februar 1661 zum ersten Male gegeben wurde, aber nur eine kühle Aufnahme fand.[*]

Es waren ohne Zweifel verschiedene Einflüsse, welche den Dichter zu dieser Wahl bestimmt hatten. Zunächst der Erfolg seines Cocu imaginaire, da auch hier wieder die grundlose Eifersucht, nur in einer edleren und vertiefteren Weise zum Gegenstand gemacht worden ist, dann der Ehrgeiz, seinen Gegnern zu zeigen, daß er auch des höheren heroischen Tones mächtig sei und endlich der spanische Ein= fluß. Doch ist der Stoff, obwohl spanischen Ursprungs, von ihm keineswegs unmittelbar dem spanischen Muster, sondern dem diesem nachgebildeten italienischen Drama: Le gelosie fortunate del principe Rodrigo des Giacinto Andrea Cicognini entnommen, mit dem, bis auf wenige Abweichungen, der Gang der Handlung, ja selbst einzelne Stellen des Dialogs übereinstimmen.[**]

---

nach Erscheinen des Sganarelle, verfaßten Testament en vers etc., Molière dafür le cocuage vermachte, obschon dieser damals noch nicht verheirathet war.

[*] Der erste Druck ist vom Jahre 1682. (Ausgabe von La Grange.)

[**] Dieses Stück ist von mir bei Besprechung Cicognini's übergangen wor=

Es ist, als ob Molière in diesem Stücke mit Corneille auf dem
diesem letzteren eigensten Gebiete habe wetteifern, als ob er noch überdies habe beweisen wollen, daß er, sobald er dies nur beabsichtige, der
Sprache der vraies précieuses ebenfalls mächtig sei. Sowohl die
Empfindung, wie der sprachliche Ausdruck, ist nicht frei von Erkün-
steltem. Doch hat vielleicht mehr, als alles andere zu der kalten Aufnahme dieser Dichtung der Umstand beigetragen, daß man gerade von
ihm etwas ganz anderes, sowohl als Dichter wie als Darsteller, erwartet hatte. Molière muß das Stück auch selbst völlig aufgegeben
haben, da er keinen Druck desselben veranstaltet und einzelne Stellen
und Scenen in seine späteren Lustspiele (Misanthrope, Tartuffe, Femmes
savantes) aufgenomen hat.

Dieser gewiß nicht geahnte Mißerfolg mußte ihn aber zu neuen
Anstrengungen auffordern. Die Frucht derselben waren zwei größere
Lustspiele, in welchen ebenfalls wieder die thörichte, wenn auch nicht
grundlose Eifersucht die Hauptscene bildet. Das dreiactige Lustspiel
L'école des maris, welches am 24. Juni 1661 in Scene ging[1]),
lehnte sich an die Adelphi des Terenz an. Es ist wie diese gegen
die falsche Erziehung der Kinder, doch hier nur der Mädchen, gerichtet
und mit jenem Eifersuchtsmotive verbunden. Die Intrigue des Stückes
ist dagegen, sei es der dritten Novelle des Boccaccio'schen Decamerone,
sei es dem ihr nachgebildeten Lustspiele La discreta enamorada des
Lope de Vega entnommen, welches letztere schon Dorimon (vom Theater de Mademoiselle) zu seiner femme industrieuse, einer sehr unbedeutenden Arbeit, zum Vorbilde nahm. „Dieses Lustspiel — sagt Moland von l'école des maris — eröffnet eine neue Epoche des Dichters,
welche den großen Unterschied deutlich macht, welcher, nach Nisard,
zwischen Situationen, die blos durch Intriguen künstlich herbeigeführt
werden, und solchen, die sich naturgemäß aus den Charakteren entwickeln, besteht. Der Sieg, welchen die Wahrheit und das Leben auf
der Bühne durch sie errungen; kündigt sich hier bereits an." Auch
weist Moland auf die Bedeutung des Titels hin, in welchem das
Wort „Schule" zum ersten Male gebraucht erscheine und die Absicht

---

ben, da mir weder die von Moland angegebene Ausgabe desselben von Perugio
1654, noch die von Bologna 1666 zugänglich war.

[1]) Der erste Druck ist von 1661.

ausbrücke, die Menschen, indem er vergnügt, zu belehren und einen
Einfluß auf die Sitten der Zeit auszuüben." Hält aber das Stück
wohl Alles, was es in dieser Beziehung durch den Titel verspricht? Giebt es in ihm doch gar keinen Ehemann und Sganarelle
und Ariste, die dies zwar zu werden beabsichtigen, leiten den Einfluß,
den sie auf ihre vermeintlichen Zukünftigen ausüben, aus einem ganz
andern Rechte als dem des Gatten oder Geliebten, nämlich aus dem
des Vormundes ab.

Ihre Lage ist also ebenso wenig die eines Ehemannes, wie die
der Mädchen die einer Frau, sie ist überhaupt eine ganz exceptionelle. Für das Lope'sche Stück würde der Molière'sche Titel ungleich
besser gepaßt haben, da bei ihm das Verhältniß, welches sich hier
nur zwischen Mündel und Vormund abspielt, wirklich zwischen Gattin
und Ehemann obwaltet. Molière veränderte es, theils um Isabelle
und Valère in eine edlere, reinere Sphäre zu heben, theils um sich
in Sganarelle eine seinem Talente entsprechende Rolle zu schreiben.
Das Verhältniß zwischen den beiden ersteren hat aber hierdurch gegen
Boccaccio an poetischem Reiz, gegen Lope de Vega an komischer Kraft
verloren. Dafür ist die Auflösung bei Molière wieder ungleich witziger, dramatisch belebter und wirkungsvoller. Auch die von Molière
festgehaltene Einheit des Ortes hat dem Stück noch Abbruch gethan.
Die Situationen zeigen hierdurch in den ersten zwei Acten zu wenig
Abwechslung. Sie sind überhaupt nur möglich, weil Isabelle trotz
der angeblichen Absperrung und Ueberwachung zu jeder Zeit, selbst in
der Dunkelheit, frei auf der Straße herumlaufen kann. Auch hat
Molière keineswegs die letzten Consequenzen aus dem Erziehungssysteme
der klösterlichen Strenge gezogen. Dagegen hat er eine Nachgiebigkeit
in der Erziehung empfohlen, welche in solchem Uebermaß nicht selten
noch weit schlimmere Früchte tragen würde, und den Unterschied der
Jahre in der Ehe in einer so auffälligen Weise befürwortet, daß man
es auf seine Bewerbung um die Hand der schönen, 20 jährigen Armande bezogen hat, welche damals im Gange war. Diese Beziehung
hat aber wenig Wahrscheinliches. Ein Mann wie Molière, kaum 40
Jahre alt, in der Fülle seiner Kraft und seines Ruhms stehend, hatte
ohne Zweifel ein zu großes Selbstgefühl, um den Abstand der Jahre als
etwas Bedenkliches fühlen zu können und sich das Vermögen nicht zutrauen zu sollen, ein junges Weib zu beglücken. Ja, falls er solche Be-

denken wirklich gehegt hätte, wie unvorsichtig und thöricht wäre es
dann gewesen, sie der Geliebten in so übertreibender Weise auf offener
Scene zur Schau zu stellen. Bei einer Ausführung wie sie die Molière'sche Truppe zu geben im Stande war, konnte das Stück der Erfolgs um so sicherer sein, als seinen Mängeln ungleich größere Vorzüge
gegenüberstanden und es jedenfalls eine wunde Stelle im Familienleben des französischen Volkes berührte, welche noch heute nicht völlig
geschlossen ist.

Auch dem im folgenden Jahre (26. Dec.) hervortretenden Seitenstück L'école des femmes *) ist ein Theil der eben ausgesprochenen
Einwürfe zu machen. Moland meint, es hätte richtiger den Titel
L'école des maris, seconde partie, erhalten sollen. Doch handelt
es sich hier ebensowenig um Verhältnisse zwischen Gattin und Gatten.
Auch hier ist Arnolphe, wenn nicht der Vormund, so doch der Pflege-
vater eines jungen Mädchens, welches er sich erst zur Gattin zu erziehen beabsichtigt. Nur als dieser übt er eine Macht auf sie aus. Der
Fall ist also noch exceptioneller. Wenn der Dichter dort das Verwerfliche und Thörichte der egoistischen Strenge darlegen wollte, so war
er dies hier in Bezug auf die die geistige Entwicklung niederhaltende
weibliche Erziehung zu thun bemüht. Durch lebensvolle Vertiefung
glücklicher Gegensätze ist dieses Stück dem vorigen aber weit überlegen.
Die Gestalten heben sich in charaktervoller Lebendigkeit auf das
wirksamste von einander ab. Ich zähle es daher, wie schon Schlegel,
zu den vorzüglichsten Arbeiten des Dichters. Arnolphe würde noch
gewonnen haben, wenn Molière ihm nicht zu Gunsten des Bühneneffects und der leichteren Führung der Intrigue wieder eine Leichtgläubigkeit verliehen hätte, die mit seiner gewitzigten Lebenserfahrung
sich nicht recht verträgt.

Bei diesem Stück haben die französischen Beurtheiler eine Menge
Beziehungen zu Werken anderer Dichter, wie Rabelais, Rojas,
Machiavell, Régnier ausfindig gemacht, die sie dann benutzen um des
Dichters Belesenheit und seine Kunst in der freien und schöpferischen
Bearbeitung fremder Züge und Motive ins hellste Licht zu setzen.
Doch liegt ihm wohl nur mit Sicherheit Scarron's La précaution in-
utile zu Grunde, die Darimon schon ein Jahr früher zu seinem ein-

---

*) Der erste Druck ist von 1663.

actigen Lustspiele L'école des cocus ou la précaution benützt hatte.
Noch weniger bin ich geneigt in diesem Stücke Beziehungen auf des
Dichters eheliches Leben zu sehen.

Zwischen diesen beiden Lustspielen liegt das kleine Nachspiel
Les fâcheux, welches der Dichter sehr rasch im Auftrage Fouquet's
geschrieben, und in welchem, wenn es auch durch Desmaret's Visionnaires oder durch den italienischen Canevas: Le case svaliggiate
ovvero gli interrompimenti di Pantolone angeregt worden sein sollte,
doch das erste französische Muster einer Art von Stücken ist, welche
die Franzosen pièces à tiroir genannt haben, und die aus lauter einzelnen aneinander gereihten Scenen bestehen, hier durch nichts weiter
zusammengehalten, als den gemeinsamen Charakter der darin vorgeführten Personen.

Doch auch die Heirath Molières fällt noch in diese Zeit. Obschon fast alles, was über dieselbe gesagt worden ist, aus den unsicher-
sten und verdächtigsten Quellen stammt, so wird doch auch hier die
Berührung dieses Ereignisses nicht ganz zu umgehen sein. Die hauptsächlichste Quelle für Molière's Liebesverhältnisse ist ein 1688 in Holland erschienenes, gegen die Wittwe Molière's gerichtetes Pamphlet in
biographischer Form: La fameuse comédienne ou histoire de la Guérin,
auparavant femme et veuve de Molière. Kaum minder bedenklich
aber ist es Aufschluß darüber in den Zeitungen, Epigrammen, Vorreden,
Theaterstücken der Zeit oder in einzelnen Stellen der Dramen des
Dichters zu suchen. Die wichtigste der über die Heirath Molière's in
Umlauf gebrachten Behauptungen ist die Verläumdung, daß Armande
Béjart eine Tochter der Madeleine Béjart und Molière's selber gewesen sei. Le Boulanger de Chalussay hat sich nicht entblödet dieser
Verläumdung in seinem Elemir offenen Ausdruck zu geben. Montfleury, der Aeltere, hat in seinem Haß gegen Molière, sogar eine an
den König gerichtete Anklage darauf gegründet und selbst in einem Memoire Guichard's gegen Lully klingt sie 1676 noch nach. Und doch
hat diese Verläumdung in jener Zeit, so viel wir wissen, keine
öffentliche Widerlegung gefunden. Grimarest, der Biograph des Dichters stellt sie (1705) zwar in' sofern in Abrede, als er Armande
Béjart für die Tochter der Madeleine und des Grafen von Modène
erklärt, ohne damit die Wahrheit doch irgend zu treffen. Auch fügt
er hinzu, daß Madeleine, die noch immer gehofft, selber Frau Mo-

lière zu werben, sich der Heirath Armande's mit allen Kräften wider=
setzt habe, so daß diese sich eines Tages in Molière's Zimmer geflüchtet
und ihm erklärt hätte, dasselbe nicht eher wieder verlassen zu wollen,
bis er ihr ein festes Eheversprechen gemacht. Wogegen in La fameuse comédienne Madeleine die Heirath ihrer vermeintlichen Tochter
mit Molière begünstigt und gefordert haben soll.

Alle diese Insinuationen wurden durch den von Beffara in den
Registern der Kirchenbücher von St. Germain Auxerrais aufgefundenen
Eintrag widerlegt, nach welchem Molière am 20. Februar 1662 mit
Armande Béjart, der Tochter Joseph Béjart's und der Marie Hervé,
als des letzteren Gattin, getraut wurde, was unterschriftlich durch
Molière's Vater, durch Armande's Geschwister, Madeleine und Louis,
und Molière's Schwager, André Boudet, bezeugt ist. Dieses Docu-
ment wurde dann noch durch den von Soulié ans Licht gezogenen
Heirathsvertrag Molières mit Armande Béjart bestätigt.

Ein lange festgehaltenes Vorurtheil wird aber so leicht nicht
beseitigt. Es wird immer Einzelne geben, welche mit Begier jeden
Anhalt ergreifen, um es aufs Neue begründen zu können. Diesen
Anhalt bot erstens das Alter von Marie Hervé, Wittwe des Joseph
Béjart, welche nach neueren Erhebungen älter als man bisher angenommen, nämlich schon 50 Jahre alt bei der Geburt Armande's (1643)
gewesen sein soll, sowie eine am 10. März und 10. Juni 1643 von
Marie Hervé ausgestellte Erbschaftsentsagungsurkunde, welche eine falsche
Angabe des Alters Josephs und Madeleine Béjarts zu enthalten scheint,
aus der man auf die Fälschung jener beiden von Beffara und Soulié ans
Licht gezogenen Documente geschlossen, was noch dadurch verstärkt wird,
daß Marie Hervé, ihrer vermeintlichen Tochter Armande eine Mitgift von
10,000 Livres, verschrieb, die sie, wie Einige meinen, damals gar nicht
besitzen konnte, ihrer Tochter Geneviève dagegen keinerlei Mitgift gab;
Madeleine ihre vermeintliche Schwester Armande aber zur Universal=
erbin einsetzte, was alles darauf hinweisen soll, daß Armande nicht die
Tochter der Marie Hervé, sondern der Madeleine Béjart sei und die
entgegengesetzte Angabe in den von Beffara und Soulié entdeckten
Documenten auf Unterschiebung beruhe. — Obschon ich diese Schluß=
folge keineswegs für so bindend halte als neuerdings Jules Loiseleur
(a. o. a. O.) und nach ihm Lotheissen (in seinem Molière), so ist hier
doch um so weniger Raum, auf diese Frage näher einzugehen, als

beide Schriftsteller andrerseits der Anschuldigung, daß Armande zugleich
Molière's Tochter gewesen sei, entschieden entgegentreten, freilich aus
keinem anderen Grunde, als weil sie den großen Dichter des Verbrechens der Blutschande nicht für fähig erachten, denn nach ihren
Darstellungen, die es wahrscheinlich zu machen suchen, daß Molière
aus Liebe zu Madeleine zur Bühne ging und mit ihr im zweiten
Drittel des Jahres 1642 in Narbonne zusammengetroffen und in ein
näheres Verhältniß getreten sei, würde im Uebrigen dem Verdachte,
daß er der Vater der, nach ihnen, im Monat Januar oder Februar
von Madeleine geborenen Armande sei, nur neuer Spielraum gegeben
werden. Ich habe jedoch die Unwahrscheinlichkeit dieses Zusammen-
treffens und eines so frühen Verhältnisses zwischen Molière und Madeleine oben schon nachgewiesen.

Es ist wohl möglich, selbst wahrscheinlich, daß Molière vor der
Zeit seiner Verheirathung zärtliche Verhältnisse zu Madeleine und zu
Delle De Brie unterhielt, ein fester Anhalt dafür liegt aber keineswegs vor. Alle darüber vorhandenen Nachrichten kommen aus un-
sicherer Quelle. Nur ein Brief Chapelle's an Molière, welcher wie
Loiseleur dargethan, aus dem Jahre 1659 stammt, also lange vor der
Verheirathung Molières geschrieben ist, enthält eine Stelle, welche von
dem weiblichen Einfluß handelt, unter dem er damals gestanden und
gelitten haben muß. Es ist hier von drei Frauen die Rede und Moland glaubt darunter Madeleine, Delle De Brie und Delle Du Parc verstehen zu dürfen. Eine andere Stelle des Briefs nimmt aber noch auf
eine gewisse Delle Menou Bezug, welche man für identisch mit Armande hält, die damals 16 Jahre zählte. Die Conflicte, um die es sich
dort aber handelt, beziehen sich nur auf die Schwierigkeit der Rollen-
besetzung, womit es ohne Zweifel zusammenhing, daß Melle Du Parc
noch in demselben Jahre die Molière'sche Truppe zeitweilig verließ.
Molière selbst muß dagegen nach diesem Briefe schon damals in einem
zärtlichen Verhältniß zu Armande gestanden haben, von welcher
Chapelle ein anmuthiges Bild entwirft.

Dies alles wird uns vorsichtig in der Aufnahme der über das
eheliche Verhältniß Molière's, über den Leichtsinn und die Herz-
losigkeit Armande's, über die Eifersucht und die Liebesqual ihres
Gatten auf uns gekommenen Ueberlieferungen machen müssen. So
viel sich übersehen läßt, haben sie fast sämmtlich ihren Ursprung in

dem obengenannten Romane, der Grimarest'schen Lebensgeschichte Molière's und in gehässigen oder spöttischen Anmerkungen und Anspielungen der Zeitschriftsteller. Zuverlässige Nachrichten besitzen wir auch hierüber nicht. Und da wir nicht einmal einer Widerlegung der infamirenden und gewiß vollkommen nichtigen Beschuldigung bewußter Blutschande zu begegnen hatten, so wird uns auch hier der Mangel von Widerlegungen nicht wohl als vollgültiger Beweis des Zugeständnisses erscheinen dürfen. — Madeleine starb am 19. Februar 1672, wie es in La fameuse comédienne heißt, aus Gram über die schlechten Verhältnisse in Molières Hause. Gleichwohl hat sie Armande zur Universalerbin ihres Vermögens eingesetzt. Auch ist bemerkenswerth, daß jener Roman bald Armande, bald Molière der ehelichen Untreue beschuldigt, letzteren überhaupt in fast noch verwerflicheren Beziehungen darstellt. Gegen das Verhältniß, welches Armande mit dem jungen Schauspieler Baron unterhalten haben soll, sprechen die Thatsachen, da Baron nach Molière's Tode die Molière'sche Truppe mit La Thorillière, verließ, wahrscheinlich weil er schon damals ein Verhältniß mit dessen Tochter hatte, die er bald darauf heirathete. Dagegen ist es gewiß, daß Molière die letzte Zeit vor seinem Tode in völligem Frieden mit Armande gelebt. Boileau schildert den Schmerz derselben mit lebhaften Farben. Als man ihrem Gatten die Beerdigung verweigerte, soll sie in der Stadt herumgelaufen sein und darüber geklagt haben, daß man demjenigen das Grab verweigere, dem man doch Altäre errichten sollte. Dies widerspricht dem Urtheile Moland's, der von ihr sagt: „Sie scheint nie die Größe des Mannes erkannt zu haben, mit dem sie das Schicksal verbunden hatte." Auch hat die Schmähsucht der Zeit von hier an nur noch wenig an ihr auszusetzen gewußt, woraus sich ergiebt, daß es hauptsächlich Molière gewesen ist, den man in ihr anzugreifen suchte. Man weiß jetzt fast nichts mehr von ihrer Koketterie, ihren erwerbsmäßigen Buhlschaften zu berichten. Im Jahre 1677 verheirathete sie sich zum zweiten Male mit dem als Schauspieler unbedeutenden Guérin Estriché, welcher erst nach dem Tode Molière's, bei der von Ludwig XIV. anbefohlenen Auflösung des Theaters du Marais, zu dem Theater Guénégaud übertreten war. Ihr ferneres Leben bot den Zeitgenossen aber gar keinen Grund mehr zur Klage, da es vielmehr als ein musterhaftes gerühmt wird. Als Schauspielerin glänzte sie noch längere Zeit durch die Grazie ihres Talents, besonders in den Rollen, die Molière für sie geschrieben.

Erst 1694 verließ sie die Bühne und starb 1700. Ihr Bild soll in demjenigen zu finden sein, welches Molière in seinem Bourgeois Gentilhomme von Lucille entworfen, wonach sie mehr pikant und anziehend, als schön gewesen sein müßte.

Molière's Ecole des femmes erregte einen Sturm des Beifalls und des Mißfallens zugleich. Hof und Stadt — heißt es bei Moland — zerfielen in zwei feindliche Lager darüber. Fast Alles nahm für oder wider Partei. Ludwig XIV. und Boileau standen auf Seite des Dichters. Die Gegner fanden darin den Anstand, die Sittsamkeit und die Frömmigkeit aufs Gröbste beleidigt. Aber die es am lautesten schmähten, ergötzten sich vielleicht heimlich am meisten daran. Molière beantwortete diese Angriffe, an denen der Neid keinen geringen Antheil gehabt haben wird, mit einer dramatischen Causerie, in welcher er seine Gegner in genialer Weise verspottet.

La critique de l'école des femmes, ein Meisterstück seiner Gattung, blieb ein unerreichtes Muster für eine Menge von Nachahmungen. Sie wurde am 1. Juni 1663 zum ersten Male mit so großem Erfolge gegeben, daß sie bis 12. August 32 Mal wiederholt werden mußte. Der Dichter benützte auf diese Art das, was ihn doch gerade herabsetzen sollte, zu neuen Triumphen, von denen seine Feinde und Neider die Kosten zu tragen hatten. Die Berufung auf den Beifall des Publikums, welche Molière derjenigen auf Aristoteles und Horaz darin entgegenstellt, indem er Dorante sagen läßt: „Je voudrais bien savoir, si la grande règle n'est pas de plaire! Moquons nous donc de cette chicance où ils veulent assujetir le goût public et ne consultons dans une comédie que l'effet qu'elle fait sur nous" — hat zwar ihr Bedenkliches, war aber, worauf es hier lediglich ankam, ihres augenblicklichen Erfolges im Theater gewiß.

Natürlich rief dieser Erfolg aber neue Angriffe hervor, zu denen die comédiens de la troupe royale, welche, wie wir gesehen, schon einmal von Molière öffentlich angegriffen und verspottet worden waren, und sich von ihm in der königlichen Gunst für überflügelt hielten, willig die Hand boten. Zwar lehnten sie es ab, die Zélinde zu geben, mit welcher de Villiers*) Molière's Critique zu schlagen

---

*) De Villiers schrieb auch noch La vengeance des marquis und Lettre sur les affaires du théatre.

gedachte, doch nur weil sie derselben die rechte Bühnenwirkung nicht zutrauten. Wogegen sie sich nun selbst von einem der jüngeren Dichter ihrer Bühne ein Stück zu diesem Zwecke bestellten. Boursault's Le portrait du peintre trug in der That vorübergehend einen Erfolg davon. Doch sollten die Herren und Damen der königlichen Truppe dessen nicht froh werden, da Molière, und zwar, wie es im Stücke wiederholt heißt, im besonderen Auftrag des Königs, die Antwort nicht schuldig blieb.

Es entstand so sein Impromptu de Versailles, welches zuerst bei Hofe, dann aber auch vom 4. November an mit großem Erfolg im Palais Royal dargestellt wurde.*) Der Dichter fingirt darin eine Theaterprobe seiner eigenen Truppe und nimmt dies in geistvoller Weise zum Vorwand, die verschiedenen Darsteller des Hôtel de Bour= gogne, ihre Manier und ihre persönlichen Schwächen, durch paro= distische Nachahmung dem Gelächter zu überliefern. Doch auch die Marquis, welche er schon wiederholt zum Stichblatt seines Witzes ge= macht und die man im Portrait du peintre ganz offen gegen ihn aufgehetzt hatte, kamen nicht besser davon. „Vous prenez garde — sagt Molière darin zu La Grange — à bien représenter avec moi votre rôle de marquis. —

Mad. Molière: Toujours des marquis!

Molière: Oui, toujours des marquis! Que diable voulez-vous qu'on prenne pour un charactère agréable de théatre? Le marquis aujourd'hui est le plaisant de la comédie et comme dans toutes les comédies anciennes on voit toujours un valet bouffon qui fait rire les auditeurs, de même dans toutes nos pièces de maintenant il faut toujours un marquis ridicule qui divertisse la compagnie."

Es läßt sich hieraus erkennen, wie fest sich Molière schon jetzt in der Gunst des Königs gefühlt haben muß. Auch hatten die Gegen= stücke der troupe royale, Montfleury's L'impromptu de l'hôtel de Condé und de Villiers La vengeance des marquis, von denen das erste Molière's Privatleben geißelte, das letzte aber die Marquis zur Rache aufforderte — wie es scheint nichts weiter zur Folge, als daß Ludwig XIV. dem beneideten Dichter einen neuen Beweis

---

*) Es erschien jedoch erst nach Molière's Tode in der Ausgabe von 1682 im Druck.

seiner Gunst in der Bewilligung einer jährlichen Pension von 1000
Livres zu Theil werden ließ. Eine andere Gunstbezeugung läßt sich
darin erkennen, daß Molière beauftragt wurde, eine jener Balletkomödien zu schreiben, die damals bei Hofe besonders beliebt waren,
und in denen der König sogar selbst sein Talent in der Kunst des
Tanzes von diesem bewundern ließ.

Molière hat zu diesem Spiele, welches am 15. Februar 1664
unter dem Titel: Le mariage forcé zum ersten Male öffentlich aufgeführt wurde, die Motive theils dem Pantagruel des Rabelais,
theils einem italienischen Stegreifspiele entlehnt. Es ist uns in zwei
verschiedenen Formen überliefert worden, als Balletlibretto und als
Lustspiel. Jenes erschien 1664, dieses 1668 im Druck.

Die glänzenden Feste, welche der auf der Höhe seines Glückes
stehende König im Mai 1664 zu Versailles feierte, wurden die Veranlassung zu neuen Beweisen königlicher Gunst, da Molière in der Hauptsache die Ausführung derselben mit übertragen worden war. Außer
Les fâcheux und Le mariage forcé wurden von ihm bei dieser Gelegenheit auch noch ein neues Ballet La Princesse d'Elide und die
drei ersten Akte des Tartuffe zur Darstellung gebracht.

Der Princesse d'Elide lag Moreto's El desden con el desden zu Grunde. Doch konnte Molière keinesfalls mit dem Spanier
zu wetteifern beabsichtigen, da bei der beschränkten Zeit, die ihm zu
dieser Arbeit vergönnt war, sie so überhastet werden mußte, daß es
ihm nicht möglich wurde, mehr als den ersten Akt metrisch zu bearbeiten. Auch war er schon durch die Form, in die der Stoff hier eingeschränkt werden mußte, hieran behindert. Denn nicht, wie dem spanischen Dichter, war ihm der Spielraum freier Gestaltung vergönnt, da
ihm vielmehr die Aufgabe wurde, ein zur Verherrlichung eines fürstlichen Festes mit allerlei geheimen Beziehungen, sowie mit Musik und
Ballet ausgestattetes, pomphaftes Schaustück zu liefern, weshalb er
den Schauplatz auch zurück auf den conventionellen Boden derartiger
Festspiele, in das alte Hellas, verlegte. Wenn sich daher auch nicht
verkennen läßt, daß der Gegenstand in seiner Behandlung viel von
dem phantasievollen Reiz und der psychologischen Feinheit der spanischen Dichtung eingebüßt hat, so erscheint es doch keineswegs angemessen, beide in einem auf die Werthschätzung der beiden Dichter bezüglichen Sinne miteinander zu vergleichen.

Was die bei jener Gelegenheit beliebte Darstellung der ersten drei Akte des Tartüffe betrifft, so ist sie häufig als ein diplomatischer Coup Molière's angesehen worden, um dieser gewagten Dichtung durch eine Art von Ueberrumpelung den Weg zur Veröffentlichung zu bahnen. Ich glaube jedoch, daß der Dichter sich anfangs nur nothgedrungen zu dieser Darstellung bereitwillig finden ließ. Gewiß würde er lieber das Ganze gegeben, der Hof es auch lieber empfangen haben. Dieser wünschte zweifellos ein ganzes Lustspiel zu diesem Feste von ihm, und begnügte sich wohl nur, weil es dem Dichter an Zeit, es zu schaffen, gebrach, mit dem Bruchstück.

Der Coup, den man dem Dichter hier zuschreibt, würde des diplomatischen Scharfblicks übrigens grade entbehrt haben, da der Erfolg, den die Dichtung selbst noch in dieser fragmentarischen Form hatte, Alle, die sich durch sie in ihrer Person und ihren Interessen verletzt fühlten, zum Widerstand gegen die Veröffentlichung derselben, in Bewegung setzte, und in Bewegung setzen mußte, worin sie natürlich von den zahlreichen Neibern und Gegnern des Dichters nach Kräften unterstützt wurden. In der That gab dieser Erfolg das Signal zu einem Sturme, der heftiger und feindseliger, als alle früheren war. Die Staatsgewalt wurde geradezu gegen Molière, als einen Verächter der Religion und des Glaubens angerufen, welcher die Sicherheit von Kirche und Staat ernstlich gefährde.

So sehr sich Ludwig XIV. auch an dem Stücke belustigt hatte, gab er diesem Andrängen doch so weit nach, die Veröffentlichung desselben zu verbieten. Fünf Tage nach der Vorstellung in Versailles hieß es bereits in der Gazette officielle: „Der König, immer bereit, allen Samen der Zwietracht in der Kirche zu unterdrücken, hat dies auch jetzt wieder durch das Verbot eines den Titel L'hypocrite tragenden Stückes gezeigt, dessen die Religion verletzender Charakter und dessen gefährliche Wirkungen von ihm in frommer Erleuchtung erkannt worden sind.*)

---

*) Ungleich milder drückt sich darüber die unter dem Titel Les plaisirs de l'Ile enchantée (1665) erschienene Beschreibung der Versailler Feste aus: Le soir Sa Majesté fit jouer les trois premiers actes d'une comédie, nommée Tartuffe, que le Sieur de Molière avait faite contre les hypocrites; mais, quoiqu' elle eût été trouvée fort divertissante, le Roi reconnut tant de conformité entre ceux qu'une veritable dévotion met dans le chemin du ciel et ceux qu'une

Es war um so mehr für Molière zur Ehrensache geworden, die Aufführung dieses Lustspiels doch endlich durchzusetzen, als er ohne Zweifel erkannte, daß es nicht nur in seinen Wirkungen auf das Leben, sondern auch in Bezug auf seinen dramatischen Werth das bedeutendste aller seiner bisherigen Werke war. Er ergriff zunächst das Auskunftsmittel, es in Privatkreisen vorzulesen. Auch entstand in der vornehmen Welt von Paris ein förmlicher Wetteifer, dieser Auszeichnung theilhaftig zu werden. Am 25. September erlangte Molière sogar die Erlaubniß, die ersten drei Akte in Villers Cotterets, bei dem Bruder des Königs, vor diesem nochmals zur Aufführung bringen zu dürfen, und am 29. November fand eine Privatvorstellung des inzwischen fertig gewordenen ganzen Stücks im Hause des Prinzen von Condé statt. Doch gelang es gleichwohl dem Dichter zunächst nicht, die Aufhebung jenes Verbots zu erlangen, da die Anfeindungen und Machinationen der Gegner ebenfalls ihren Fortgang nahmen. Wie weit sich diese verstiegen, beweist eine unter dem Titel: „Le roi glorieux au monde" vom Pfarrer von St. Barthélmy verfaßte und dem König gewidmete Schrift, in welcher Molière als „un homme ou plutôt un démon" geschildert wird, „vêtu de chair et habillé en homme et le plus signalé impie et libertin qui fût jamais dans les siècles passés, et qui avait eu assez d'impiété et d'abomination pour faire sortir de son esprit diabolique une pièce toute prête d'être rendue publique etc." „Il méritait par cet attentat sacrilège et impie un dernier supplice exemplaire et public et le feu même avant-coureur de celui de l'enfer pour expier un crime si grief de lèse-majesté divine etc." Molière vertheidigte sich in einem Placet an den König, welches ein Meisterstück des Stils und ein glänzendes Denkmal des kühnen, freimüthigen Geistes ist, mit dem er den Kampf gegen die Gebrechen und Laster der Zeit aufnahm und durchfocht. „Les tartuffes sous main — heißt es darin — ont eu l'adresse de trouver grâce auprès de Votre Majesté et les origi-

---

vaine ostentation de bonnes oeuvres n'empêche pas d'en commettre de mauvaises, que son extrême délicatesse pour les choses de la réligion ne pût souffrir cette ressemblance du vice avec la vertu, qui pouvaient être pris l'un pour l'autre. Et quoiqu'on ne doutât point des bonnes intentions de l'auteur, il la défendit pourtant en public et se prive soi même de ce plaisir, pour n'en pas laisser abuser à d'autres moins capables d'en faire un juste discernement.

naux enfin ont fait supprimer la copie, quelque innocente qu'elle
fût et quelque ressemblante qu'on la trouvât."

Die Stimmung, in die er durch dies Alles verſetzt wurde, bricht
hier und da in ſeinem nächſten Werke: Don Juan ou le feſtin de
pierre, hervor*), welches in ſeinen Angriffen auf die Zuſtände der
damaligen Geſellſchaft kaum minder kühn, wenn auch vielleicht nicht
ganz ſo offen iſt. War der Tartüffe gegen den unter dem Deckmantel
der Frömmigkeit heimlich um ſich freſſenden Mißbrauch der prieſter-
lichen Seelſorge und des kirchlichen Einfluſſes gerichtet, ſo erhob ſich
der Don Juan gegen die Gefahren des unter dem Deckmantel einer
glänzenden, aber vom Unglauben zerſetzten Bildung verſteckten, durch
dieſe verführeriſche Außenſeite beſtechenden und in der Brutalität ſeiner
Lüſte ſich auf die Vorrechte der Geburt und des Reichthums ſtützen-
den, Himmel und Hölle trotzenden Egoismus. In gewiſſem Sinne
iſt alſo der Don Juan das Gegenbild zum Tartüffe. Der Scheinheiligkeit iſt hier der Unglaube gegenübergeſtellt.

Man hat den prophetiſchen Blick gerühmt, welchen der Dichter
in dieſen beiden Stücken gezeigt. „Molière — ſagt Moland — créant
le Tartuffe a découvert les dangers et les désastres qui allaient
naître de l'ambition hypocrite dirigeant et exploitant la piété
étroite et mal entendue. Pour se rendre compte de l'opportunité
de la satire, il faut se placer à une trentaine d'années à l'époque
où elle parut, on se trouve alors dans le milieu pour lequel
elle a été faite à l'avance. La France était devenue la maison
d'Orgon." Dies mag für den Tartüffe gelten: Dagegen war der Gedanke, welcher den Don Juan beſeelt, dem Dichter ſchon in der ſpaniſchen Quelle gegeben, ſo daß es ſchwer wird, mit Moland anzunehmen, Molière habe hier ſchon Zuſtände im Geiſte vorausgeſehen, wie
ſie erſt unter der Regentſchaft über Frankreich verhängt wurden und

---

*) So z. B. in der Stelle: Il n'y a plus de honte maintenant à cela
l'hypocrisie est un vice à la mode et toutes les vices à la mode passent pour
vertus. Le personnage d'homme de bien est le meilleur de tous les personna-
ges qu'on puisse jouer; la profession d'hypocrite a de merveilleux avantages.
C'est un art de qui l'imposture est toujours respectée et quoiqu'on la découvre,
on n'ose rien dire contre elle. Tous les autres vices des hommes sont exposés
à la censure; mais l'hypocrisie est un vice privilégié qui de sa main ferme la
bouche à tout le monde et jouit en repos d'une impunité souveraine.

in der Scene mit dem Armen den endlichen Sieg der Humanität über
die Schrecken derselben vorausgeahnt.

Wie groß die Wirkungen des Tartüffe und des Don Juan auch
immer gewesen sein mögen, so hat der erste weder das Umsichgreifen
der religiösen Heuchelei, noch der letzte das der schamlosesten und
brutalsten Egoität, des frivolsten Unglaubens zu hindern vermocht.
Sollte dieses nicht lehren, daß die unmittelbaren Wirkungen des
Dramas und der Bühne auf bestimmte Zustände des Lebens doch
nicht unter allen Umständen so bedeutende sind, wie man gewöhnlich
glaubt, daß es hierzu vielmehr immer noch anderer Bedingungen
bedarf?

Don Juan ou le Festin de Pierre wurde am 15. Februar 1665
zum ersten Male mit großem Erfolge gegeben. Die Angriffe, die
auch diese Dichtung wieder hervorrief, führten zur sofortigen Unterdrückung verschiedener Stellen, unter denen auch die Scene zwischen
Don Juan und dem Armen war. Das Stück wurde dann aber unbeanstandet bis zum Schluß des Theaterjahrs wiederholt, von hier
an jedoch nicht wieder aufgenommen. Wogegen nun eine Schrift:
Observations sur une comédie de Molière intitulée: Le festin
de Pierre, par le Sieur Rochemont voll der heftigsten Anschuldigungen, erschien, die zwei Gegenschriften hervorrief: Lettres sur les
observations etc. und Réponse aux observations etc. Daß aber
Molière durch seine letzten poetischen Veröffentlichungen in der Gunst
des Königs nichts eingebüßt hatte, geht deutlich aus der Thatsache
hervor, daß seine Truppe noch im August d. J. den Titel der Comédiens du Roi und eine jährliche Pension von 6000 Livres erhielt *), was Molière gewiß nicht entmuthigen konnte, auf der von
ihm eingeschlagenen Bahn weiter vorzuschreiten. Seine Gesuche um
die Erlaubniß zum Druck des Don Juan blieben dagegen erfolglos. Erst nach seinem Tode gelangte das Stück in der von La Grange
veranstalteten Ausgabe (1682) in abgeschwächter Gestalt zur Veröffentlichung und erst die 1694 in Brüssel bei Georges de Backer
erschienene Ausgabe brachte den unverkümmerten Text. Auf der Bühne
erschien es schon etwas früher, 1677, also immer noch erst nach Mo-

---

*) Es scheint, daß seine persönliche Pension von 1000 Livres bestehen blieb
was also zusammen 7000 Livres ergab, mit denen die Truppe in den Rechnungen später subventionirt erscheint.

lière's Tode in einer von Thomas Corneille unternommenen, von allen verfänglichen Stellen gereinigten Ueberarbeitung in Alexandrinern, wodurch schon allein dem Geist dieser Dichtung, deren Kraft, Lebendigkeit und natürliche Frische unstreitig mit auf der vorzüglichen Behandlung der Prosa beruht, verändert und abgeschwächt werden mußte. Es ist hier vielleicht am Ort, an einen hierauf mit bezüglichen Ausspruch Schillers zu erinnern. „Die Eigenschaft des Alexandriners — schreibt er an Goethe — sich in zwei gleiche Hälften zu trennen und die Natur des Reimes, aus zwei Alexandrinern ein Couplet zu machen, bestimmt nicht blos die Sprache, sondern auch den ganzen innern Geist dieser (der französischen) Stücke. Die Charaktere, die Gesinnungen, das Betragen der Personen, alles stellt sich dadurch unter die Regel eines Gegensatzes, und wie die Geige des Musikanten die Bewegungen der Tänzer leitet, so auch die zweischenklige Natur des Alexandriners die Bewegungen des Gemüths und die Gedanken. Der Verstand wird ununterbrochen aufgefordert und jedes Gefühl, jeder Gedanke in diese Form, wie in das Bette des Prokrustes gezwängt."

Der Erfolg, welchen diese neue Bearbeitung auf der französischen Bühne errang, von der De Visé sagen konnte, daß sie nichts von der Schönheit des Originals verloren, wohl aber neue Schönheiten gewonnen habe und die sich bis 15. Januar 1847 auf ihr erhielt, würde freilich allein schon beweisen, daß der Alexandriner dem französischen Geiste besonders gemäß ist, wenn nicht ein Theil dieses Erfolgs mit auf Rechnung des Stoffs käme.

Spanischen Ursprungs, wurde derselbe soviel wir wissen, zuerst von Tirso de Molina dramatisch behandelt, dann von Cicognini und etwas später von Onofrio Giliberti de Solofra, in Prosabearbeitungen auf die italienische Bühne gebracht und hier sehr bald von den Stegreifspielern ergriffen. In dieser Gestalt kam er auch nach Paris. Gebrüder Parfait haben in ihrem italienischen Theater den Entwurf dazu mitgetheilt. De Villiers, vom Hôtel de Bourgogne, und Dorismond, vom Théâtre de Mademoiselle, waren dann Molière mit Uebertragungen des Giliberti'schen Stückes vorausgegangen, während fast gleichzeitig die Pariser spanische Truppe das Tirso de Molina'sche Original spielte. Alle diese Fassungen, die sämmtlich einen, nur mehr oder weniger großen Erfolg hatten, waren ohne Zweifel Molière bekannt. Wenn er sich überwiegend an die italienische Ueberlieferung hielt, so

ist doch das Werk des Spaniers ebenfalls fruchtbringend für ihn gewesen. Molière hat gegen diesen die Handlung beträchtlich vereinfacht,
weil er die Einheit der Zeit möglichst wahren und wenigstens im einzelnen Akt sich keinen Scenenwechsel gestatten wollte, wenn er diesen im
Uebrigen auch nicht ganz von sich abzuweisen vermochte. Dafür hat
er einige dem ursprünglichen Stoffe fremde Elemente in seine Handlung eingeführt: die Scenen mit Don Carlos, deren Motive ebenfalls
spanischen Ursprungs sind, und die Scene mit dem Armen. Er hat
sie benützt, um seinem Helden, obschon er in ihm gerade darstellen
wollte, welch ein furchtbares Ding „un grand seigneur méchant
homme" sei, doch einige Züge der Ritterlichkeit und der Menschlich-
keit zu leihen, und hierdurch der Theilnahme der Zuschauer etwas
näher zu bringen. Er hat den phantasievollen Reichthum der Erfindung des Spaniers und den Glanz seiner bilderreichen Lyrik, durch
eine Fülle von Witz und Satire, durch reicheren philosophischen Gehalt der geistvollen, dialektisch gewandten Sprache und ein kunstvolleres
jeu de théâtre ersetzt, welches letztere sich besonders in der Scene Don
Juan's mit den beiden Landmädchen zeigt. Die Behandlungsweise
Tirso de Molina's ist ungleich, doch herrscht darin das Pathetische
vor, bei Molière dagegen der Lustspielton. Dies thut aber der Gewalt
der Tragik, die sich bei ihm aus den Scenen eines frivolen und frevel-
haften Uebermuthes und Trotzes entwickelt, durchaus keinen Abbruch.
Diese wirkungsvolle Mischung des Komischen, ja selbst des Burlesken
mit dem Tragischen, welche die französischen Theoretiker der Zeit noch
so entschieden ablehnten und in der er seine Vorbilder in der Commedia dell' arte so weit übertraf, weisen dieser Dichtung nicht blos
unter den Werken Molière's, sondern unter den Werken der französischen Bühne überhaupt, eine besondere Stellung und einen hohen
Rang ein, wenn ich sie auch keineswegs, wie einzelne der neueren
französischen Literarhistoriker, auf eine Linie mit Werken wie Hamlet
oder Faust stellen kann, von denen sie vielmehr noch durch eine ge-
waltige Kluft getrennt ist.

Nur von der Balletcomödie L'amour médecin unterbrochen,
welche am 15. September 1665 erstmalig in Versailles zur Aufführung
kam *) und zu den Stücken gehört, welche die Zustände und die Aus-

---

*) Die erste Ausgabe ist vom Jahr 1666.

übung der ärztlichen Wissenschaft jener Tage satirisch beleuchten und geißeln, schließt sich an die genannten beiden großen Arbeiten des Dichters, diejenige an, welche fast ohne Ausnahme von den Franzosen als der Höhepunkt nicht nur seiner dramatischen Kunst, sondern auch als der des ganzen modernen Lustspiels betrachtet wird: Le misanthrope.

Die Beurtheilung, welche dieses Stück von A. W. Schlegel erfahren, ist dagegen eine sehr absprechende. Schlegel hat Molière überhaupt nicht nach Verdienst gewürdigt, er hat namentlich seine Bildung, die Höhe und den Umfang seiner Weltanschauung weit unterschätzt. Es ging ihm mit Molière, wie Lessing mit Corneille und Voltaire. Gleich ihm hatte er mit der Ueberschätzung zu kämpfen, welche diesen Dichtern damals nicht nur in Frankreich, sondern auch in Deutschland zu theil wurde. Nicht mit Unrecht sahen beide darin eines der Hindernisse einer eigenthümlichen Entwicklung ihrer vaterländischen Bühne. Lessing hatte sich in seinem Kampfe nur gegen die Tragödie der Franzosen und deren Theorie gewendet, das Lustspiel aber fast unberührt gelassen, ja eher empfohlen, das bürgerliche Drama Diderot's sogar bei uns eingeführt. Schlegel glaubte sich nun berufen den französischen Einfluß auch noch nach dieser Seite zu brechen. Es konnte nicht fehlen, daß er dabei ebenfalls wieder über das Ziel schoß, die Mängel allzusehr beleuchtete und die Vorzüge in Schatten stellte. Nirgend erscheint mir sein Urtheil jedoch zutreffender als gerade bei der hier vorliegenden Dichtung: „Der Misanthrop — heißt es bei ihm — der, wie man weiß, Anfangs kalt aufgenommen wurde, ist noch weniger lustig als der Tartüffe und die gelehrten Frauen; die Handlung rückt noch weniger, oder vielmehr es ist gar keine darin, und die dürftigen Vorfälle, welche der dramatischen Bewegung nur scheinbar das Leben fristen, der Zwist mit Oronte über das Sonett und dessen Schlichtung, die Entscheidung des Processes, wovon man immer nur hört, die Entlarvung der Celimène durch die Eitelkeit der beiden Marquis und durch die Eifersucht Arsinoë's: diese Vorfälle hängen nicht unter einander zusammen.“

Molière hatte bisher die Fabel fast immer nur anderen Dichtern entlehnt. Er hat nach dieser Seite seine Erfindungskunst nur wenig entwickelt, die sich doch in seiner auf der intimsten Naturbeobachtung

beruhenden Darstellung der Charaktere, ihrer Wechselbeziehungen und
Situationen so überaus reich und treffend gezeigt. Jetzt tritt er zum
ersten Male auch hierin noch selbständig auf und es kann kaum
befremden, wenn man ihn etwas weniger glücklich dabei als auf dem
ihm schon so geläufigen Gebiete findet — ein Contrast, der um so
auffälliger hervortreten mußte, je höher die dabei gestellte Aufgabe
war, je vollendeter er sich darin in der Zeichnung und Entwicklung einzelner Charaktere und einzelner Situationen, so wie in der Behandlung des Verses und der Sprache zeigte, je feiner die Satire und
der Witz, je reicher und tiefer der Gedankengehalt dieser neuen Dichtung war.

Wenn die heutigen französischen Literargeschichtschreiber sich meist
an diesen, gewiß nicht zu unterschätzenden, Vorzügen in dem Umfange
genügen lassen, um dieses Lustspiel für den Gipfel der ganzen komischen dramatischen Literatur zu erklären, so vergessen sie doch, daß ihm
nach den von ihnen noch immer hoch gehaltenen Vorschriften des Aristoteles, eines der wesentlichsten Merkmale dazu fehlt; insofern dieser
Philosoph nicht unmittelbar in den Charakteren und Situationen, sondern
erst in der Handlung d. i. in einer bestimmten Art der Verknüpfung
der einzelnen Charaktere und Situationen zu einem einem bestimmten
Zweck entsprechend geordneten Ganzen, das erste Erforderniß eines
jeden Drama's gesehen hat. Denn obschon Handlung ohne Charaktere
und Situationen nicht denkbar ist, so können diese doch in sehr vollendeter Weise zur Darstellung kommen, ohne deshalb dramatische Bedeutung gewinnen zu müssen, ohne eine dramatisch entwickelte, in sich
abgeschlossene Handlung zu bilden. Das ist nun gerade in dem vorliegenden Stücke der Fall, in welchem der Dichter die aus einer zu
hohen Meinung von sich selbst entspringende Einseitigkeit einer in
Menschenfeindlichkeit ausartenden ideellen Lebensauffassung im komisch
satirischen Lichte darzustellen beabsichtigte. Es scheint jedoch, daß er
selbst allzusehr auf der Seite des Alceste stand, um dies völlig erreichen zu können. Das Unbefriedigende und Peinliche des Stücks
liegt nicht sowohl, wie man öfter gesagt hat, darin, daß ein im Grunde
edler und ehrenhafter Charakter wegen einer ihm anhaftenden Einseitigkeit in ein komisches Licht gestellt wird, da dies ja in so vielen
Stücken mit Erfolg geschieht, als darin, daß dieses Licht ein so unsicheres
schwankendes ist, und den Beschauer in Zweifel läßt, ob der Dichter

die Einseitigkeit seines Helden auch wirklich satirisch beleuchten wollte oder dieselbe nicht doch zuletzt bis zu einem bestimmten Grade selbst für berechtigt hielt. Auch hat Alceste in der That vollkommen Recht mit der Welt, in der man ihn bisher leben gesehen, zu brechen, selbst mit Elianten, die sich so rasch für die ihr von ihm verweigerte Liebe zu entschädigen weiß. Sein Unrecht und seine Beschränktheit besteht einzig darin, daß er in dieser Welt, schon die Welt überhaupt sieht, daß er sie gerade vorzugsweise in diesen flachen, zweideutigen Elementen gesucht und in ihnen allein schon zu finden geglaubt, daß er sich von ihr durch Climène und Philinte so mächtig angezogen gefühlt hat. Gerade diese Beschränktheit und Einseitigkeit hat aber der Dichter ins volle Licht zu setzen versäumt oder doch die dafür ins Spiel gebrachten Mittel nicht glücklich gewählt. Eine zweite Schwäche des Stücks liegt aber in der schon von Schlegel hervorgehobenen Armuth der Handlung und in dem geringen thätigen Antheil, den Alceste selbst an dieser noch nimmt. Einen Menschenfeind verliebt und verliebt in einen seiner unwürdigen Gegenstand darzustellen, bot ohne Zweifel ein Motiv von komischer Wirkung dar. Da die Liebe in ihren Wirkungen ganz unberechenbar, so nehme ich auch an diesem Verhältnisse durchaus nicht den Anstoß, den Schlegel genommen hat. Allein dieses Verhältniß, welches bis zu seinem endlichen, gleich von Anbeginn drohenden Bruche eine nur mäßige Entwicklung hat, ist für fünf Akte doch wohl zu unbedeutend. Wie gering aber ist selbst an ihr noch der Antheil Alceste's. Was trägt er zu dieser Entwicklung eigentlich bei? Ja, wie unbedeutend ist selbst noch die seines eigenen Charakters, der bis zu dem Entschlusse, die Welt zu verlassen und sich in Einsamkeit zu begraben, keine weitere Steigerung erfährt. Auch die schließliche Entlarvung der koketten Celimène und der daraus entstehende Bruch wird, wie Schlegel schon richtig bemerkt, weniger durch ihn, als durch andere Personen herbeigeführt. Alceste erscheint darin ganz nur als eine träge, contemplative, theoretische Natur, die zwar eine strenge Kritik an ihren Umgebungen ausübt, ohne doch selbst irgend bemüht zu sein, Besseres aufzusuchen oder Besseres aus ihnen zu entwickeln, weil er an dem Erbübel der französischen Tragödienhelden leidet, mehr zu reflectiren, als zu handeln. Alceste hat hierin einen verwandten Zug mit Hamlet und gewiß würde der Dichter diese Seite seiner Natur und seines Charakters eben so gut zum Gegenstande einer

komischen Handlung von großer Wirkung haben machen können, wie
sie Shakespeare in so mächtiger Weise zum Gegenstande einer tragischen Handlung gemacht hat. Die Aehnlichkeit Hamlets und Alceste's
ist aber nur eine äußerliche. An dramatischer Bedeutung stehen sie
weit von einander ab.

Der Misanthrope wurde am 4. Juni 1666 zum ersten Male
gegeben und erschien auch in diesem Jahre im Druck. Die Kritik
sprach sich ganz ungetheilt lobend darüber aus. Er hatte 20 Wiederholungen, denen nach einiger Unterbrechung noch fünf weiterefolgten.
Dies war ohne Zweifel ein gutes Ergebniß, es blieb aber doch
hinter dem, den die meisten der übrigen Hauptwerke des Dichters
bei ihrem Erscheinen gefunden, zurück.

Dem Misanthrope folgte noch in demselben Jahre Le médecin
malgré lui*), also wie der Titel schon andeutet, wieder eins der gegen
die Aerzte gerichteten Stücke, dem zwei frühere kleine Farcen des
Dichters: Le Fagotier und Le médecin par force zu Grunde liegen
sollen, wie diesen selbst wieder Stegreifspiele des italienischen Theaters.
Doch sind wohl noch einzelne Züge einer alten französischen Farce
entlehnt, deren Quelle ein von Moland mitgetheiltes fabliau zu sein
scheint. Das auf das volle Lachen ausgehende, ins Possenhafte
schweifende Stück erreichte vollständig diesen Zweck und hatte einen
unbestrittenen Erfolg.

Ein so großer Dichter Molière auch war, ordnete er sein poetisches
Interesse dem des Theaterdirectors doch vielfach unter. Dem schauspielerischen Effecte brachte er nur zu oft manche höhere Forderung
zum Opfer und wie er, um seinen Dichtungen auf der Bühne eine
größere Anziehungskraft zu geben, sie in ganz unmittelbare Beziehung
zu bestimmten Persönlichkeiten des Lebens zu bringen liebte, nahm
er bei ihrer Ausführung aus gleichem Grunde auch wieder Rücksicht
auf das besondere Talent, auf die Persönlichkeit seiner einzelnen
Darsteller. Größer noch waren die Rücksichten, die er auf die Neigungen, den Geschmack und die Wünsche seines Königs zu nehmen
hatte. Sie rissen seine poetische Thätigkeit öfter in eine Bahn,
die er sonst schwerlich verfolgt haben würde. Wenn diese Nachgiebig-

---

*) Erste Ausgabe 1667.

keit aber auch einen Theil seiner dichterischen Kraft absorbirte, so kam sie seinen ernsteren Arbeiten doch wieder zu Gute, weil er hierdurch für sie in der Gunst des Königs einen mächtigen Rückhalt gegen die Anfeindungen seiner unzähligen Neider und Feinde gewann. Doch hat Despois *) theils nachgewiesen, theils wahrscheinlich gemacht, daß das Verhältniß Molière's zu Ludwig XIV. keineswegs ein so vertrauliches war, wie es verschiedene darüber in Umlauf gebrachte Anecdoten glauben lassen möchten.

In Folge dieser Rücksichten waren nun auch in den Jahren 1666 und 67, neben den schon berührten ernsteren Arbeiten die Balletcomödie Mélicerte und das Ballet des muses mit der Pastorale comique und dem kleinen reizenden Lustspiel: Le sicilien ou l'amour peintre entstanden, welches letztere, wie man sagt, Beaumarchais zu seinem Barbier von Sevilla mit angeregt haben soll.

Inzwischen hatten aber die Anstrengungen Molière's nicht hingereicht, den Tartuffe zur Aufführung bringen zu dürfen. Doch scheint es ihm endlich gelungen zu sein, mündlich die Genehmigung des König dazu unter gewissen Bedingungen zu erlangen, so daß er, eine Abwesenheit des letztern benutzend, der sich auf den Kriegsschauplatz nach Flandern begeben hatte, ihn am 5. August 1667 öffentlich unter dem Titel L'imposteur zur Aufführung bringen ließ. Obschon er den Tartuffe in einen Weltmann verwandelt und die anzüglichsten Stellen unterdrückt oder gemildert hatte, erhob sich doch sofort ein neuer Sturm gegen ihn, welcher schon am nächsten Tage ein polizeiliches Verbot dieses Stücks, zur Folge hatte. Erst zu Anfang des Jahres 1669 erlangte der Dichter endgiltig das Recht zur öffentlichen Aufführung desselben, welche am 9. Februar d. J. mit ungeheurem Erfolg endlich statt hatte.

Die Scheinheiligkeit war schon von Alters her, sowohl in Frankreich, wie in Italien ein Gegenstand der Verspottung gewesen. Molière erhielt daher die Anregung zu seiner Dichtung nicht nur vom Leben. Er kannte den Charakter der Scheinheiligen und seine Verspottung schon in den alten Fabliaux und Farcen, im Gedichte vom Fuchs, im Roman von der Rose, in der Satire Ménippée, im Decamerone des Boccaccio, in der Mandragola des Machiavelli und in

---

*) Le théâtre français sous Louis XIV. S. 30 ff.

ben Luftspielen Aretinos finden. Moland weift auf verschiedene Aehn=
lichkeiten des Tartuffe mit einzelnen diefer Dichtungen hin, besonders
auf bie mit Aretin's Lo ipocrito.*)

Obschon bie Angriffe auch jetzt noch nicht schwiegen, war der
Erfolg boch ein zu großer, als baß die Dichter unb Theater sie offen
ausgeübt hätten. Die bramatische Satire, La critique du Tartuffe,
ein sehr mittelmäßiges Machwerf, kam, wie es scheint, gar nicht zur
Aufführung. Wohl aber bemächtigten sich die Geistlichen dieses Streits,
beren Feinbseligkeit sich bis weit über das Grab des Dichters hinaus
erstrecke. Keine Geringeren als Bourdaloue unb Bossuet betheiligten
sich baran.

Molière's Tartuffe ist zu allgemein bekannt, um auf ben Inhalt
bessen näher hier einzugehen. Er ist voll bramatischer Bewegung,
voll bramatischen Lebens. In der Zeichnung unb Entwicklung der
Charaktere, bie hier tiefer, als in allen seinen übrigen Stücken von
ihm erfaßt worden sind, erscheint er auf seiner vollen Höhe. Dagegen
sind gegen die Auflösung mit Recht Bedenken erhoben worden. Ob
Molière in biesem Stück die eigentliche Sphäre des komischen Dichters
nicht überschritten, ist eine Frage, die gewiß zu allen Zeiten in ver=
schiedenem Sinne beantwortet werden wird. Es wird immer einen
gemischten unb getrübten Eindruck machen, wenn Dinge, welche vor=
zugsweise unter den sittlichen Gesichtspunkt fallen unb eine ernste Be=
urtheilung forbern, unter ben des Lächerlichen gestellt und hiernach
behandelt werden. Nicht, baß ernste Gegenstände nicht ebenfalls ihre
lächerlichen Seiten barbieten unb biese hervorgekehrt werden können,
sondern nur weil bie Schwierigkeit biese allein und nicht zugleich bas,
was eine ernste Behandlung forbert, ins komische Licht zu ziehen, eine
so große ist. Ich glaube, baß Molière dieser Schwierigkeit burch eine
übertreibende Darstellung des Lächerlichen begegnen zu können glaubte,
so baß bas Stück hierburch zuweilen an bas Chargirte streift. Sha=
kespeare ist in der komischen Behandlung ernster Gegenstände vielleicht
weiter, als Molière gegangen, aber er hat jene Gefahr glücklicher
zu umgehen gewußt. Die Schlechtigkeit Don Juans (in Viel Lärm
um nichts), der Egoimus und die Rachsucht Shylocks bleiben unsrer
Berurtheilung vollständig preisgegeben, obschon die Verkehrtheit ihrer

---

*) Moland, Molière et la comédie italienne. II. édit. Paris. 1867. S. 209.

Handlungsweise ins komische Licht gerückt ist. Und während Molière gerade das Gefährliche seines Gegenstandes hervorhebt, ist Shakespeare immer bemüht, der Gefahr, mit welcher die Situationen drohen, im Voraus die Spitze abzubrechen und uns einen heiteren Abschluß erwarten zu lassen. So zittern wir nicht vor Shylock's Messer, weil die Gegenwart Porzia's im Gewande des Richters uns einen heiteren Ausgang verbürgt. So brauchen wir um das Schicksal Hero's nicht allzu bekümmert zu sein, weil wir bereits wissen, daß ihre Unschuld an's Licht kommen wird.

Die ästhetischen Bedenken, welche sich hiernach gegen den Molière'schen Tartuffe erheben lassen, werden aber durch die Vorzüge dieser Dichtung niedergeschlagen, welche immer als ein Meisterstück der französischen Bühne, ja der ganzen neueren Bühne zu betrachten sein wird.

Zwischen den beiden ersten öffentlichen Vorstellungen dieses Stücks trat der Dichter mit seinem Amphitryon (13. Juni 1668) und seinem George Dandin (18. Juli 1668) hervor. *) Beide Stücke machen in übermüthiger Weise den Ehebruch zum komischen Gegenstande der Darstellung, nur daß in jenem das Weib ihn bewußtlos in der vollen Unschuld der Liebe, in diesem aber in bewußter Auflehnung gegen die Pflichten der Ehe vollzieht. Beide geben den betrogenen Ehemann unbarmherzig dem allgemeinen Gelächter Preis. Es ist hier allerdings nichts oder nur sehr wenig von dem zu finden, was Molière doch selbst in seinem 1664 an den König gerichteten Placet als die Aufgabe (devoir) der Komödie bezeichnet hatte, nämlich indem sie vergnüge, zu bessern. Eher könnte man im George Dandin, welchem wahrscheinlich Boccaccio's vierte Novelle des siebenten Tages zu Grunde liegt eine Aufforderung zu schamloser Leichtfertigkeit finden. Der sophistischen Lobpreisung fehlt es aber auch hier nicht an Gründen der Rechtfertigung. Au dénouement — (heißt es in einer Schrift von E. Rombert) — „le vice representé par Angélique quitte la partie impuni et triomphant, tandis que la sottise representée par George Dandin est seule châtiée. Il est vrai; mais une oeuvre d'art n'embrasse pas le monde entier, on ne saurait tout dire à la fois." „Molière,

---

*) Die erste Ausgabe des Amphitryon erschien 1668, die des George Dandin 1669.

heißt es dann weiter, wollte eben nur die Thorheit des über seine Verhältnisse hinausgehenden George Dandin, nicht aber die übrigen dargestellten Gebrechen angreifen, das war sein Recht, nur dort, nicht aber hier, habe man also Belehrung von ihm zu fordern."

Amphitryon steht beträchtlich höher als George Dandin. Er ist dem Plautus nachgebildet, worin Molière übrigens in Rotrou schon einen Vorläufer hatte. Er übertrifft aber das Vorbild an Feinheit und Reichthum der komischen Erfindung. Bemerkenswerth ist noch die metrische Behandlung des Stückes, welches in freien Versen mit gekreuzten Reimen geschrieben ist.

Auch dem ebenfalls in diese Zeit fallenden Avare, — er wurde zum ersten Mal am 9. September 1668 gegeben *) — diente Plautus zum Vorbild. Er ist, wie der Aridosio des Lorenzino be' Medici, den Larivey unter dem Titel: Les Esprits, ins Französische übertrug, der Aulularia nachgebildet. Moland weist noch überdies auf einige Aehnlichkeiten des Molière'schen Stückes mit Ariosto's I suppositi, mehreren Canevasi der Commedia dell' Arte und La belle Plaideuse des Boisrobert hin. Anfänglich hatte das Stück übrigens nicht den erhofften Erfolg und es ist immerhin wahrscheinlich, daß J. J. Rousseau den Grund davon traf, indem er sagte: „Es ist ein großes Laster, geizig zu sein und Wucher zu treiben, aber es ist ein noch viel größeres, daß ein Sohn seinen Vater bestiehlt, ihm alle Ehrfurcht verweigert, ihm tausend beleidigende Vorwürfe macht und als dieser hierdurch aufgebracht, ihn mit seinem Fluche bedroht, mit der Miene eines Possenreißers antwortet, daß er mit seinem Geschenke nichts anzufangen wisse." Goethe hielt es dagegen mit Recht für einen großen Zug in Molières Geizigen, daß dieses Laster das natürliche Gefühl zwischen Vater und Sohn zerstört habe, allein er bezeichnete diesen Zug zugleich als einen tragischen. Dem Tragiker würden zwei Wege offen gestanden haben, diesen Zug zu benützen, er würde die Schuld des Vaters in dem Sohne haben fortwirken und diesem hierdurch seinem Untergange mit zutreiben, oder ihn tugendhaft aus dem Conflicte, in den ihn des Vaters Schuld verstrickt, hervorgehen lassen gekonnt haben. Daß aber von Molière dies Verbrechen und die Unnatur des Sohnes nicht nur — wozu er berechtigt war — als die Folge der Verbrechen

---

*) Der erste Druck ist von 1669.

und der Unnatur des Vaters hingestellt, sondern zugleich die Lacher auf des ersteren Seite gezogen werden und dieser gewissermaßen triumphirend aus den Conflicten des Stücks hervorgeht, wird auf jedes natürliche Empfinden einen peinlichen Eindruck machen.

Molière hat der Handlung seines Stücks eine ungleich reichere, kunstvollere Entwicklung gegeben, als sie es bei Plautus hatte. Dies hat ihn aber genöthigt, die Lebensumstände der Hauptfigur zu compliciren. Harpagon ist kein gewöhnlicher Geiziger, der sich auf die äußerste Nothdurft zurückzieht. Er glaubt seiner Geburt, seinem Stand, seinem Reichthum gewisse Rücksichten schuldig zu sein. Diese Rücksichten und die ihm noch überdies verliehene Verliebtheit gerathen mit seinem Geiz in einen lächerlichen Conflict. Doch wenn dies auch dazu beigetragen, dem Lächerlichen eine größere Mannichfaltigkeit zu geben, so wird man doch Schlegel einräumen müssen, daß die Anhäufung so vieler verschiedener, sich hier und da sogar widersprechender Züge den Charakter etwas Chargirtes und Gesuchtes giebt. Immerhin gehört der Geizige zu den bedeutendsten Schöpfungen Molière's und hat durch die der Schauspielkunst in dem Hauptcharakter gestellte bedeutende und glänzende Aufgabe einen ausdauernderen Erfolg, als die meisten anderen seiner Stücke auf der Bühne, besonders der deutschen, gehabt.*)

Es folgte jetzt wieder eine Reihe für den Hof gearbeiteter Festspiele und Balletkomödien: Monsieur de Pourceaugnac (6. October 1669), Les amants magnifiques (4. Februar 1670), Le bourgeois gentilhomme (13. October 1670) und Psyché (17. Januar 1671)**). Unmittelbar nach der Darstellung des ersten dieser Stücke, erschien das schon früher erwähnte Pamphlet: Elomire hypocondre ou les médecins vengés von dem Pseudonym: Le boulanger de Chaloussay. Es ist nicht wie der Titel annehmen läßt, zur Vertheidigung der Aerzte geschrieben, sondern ein Angriff auf den Privatcharakter des Dichters. Der Verfasser, welcher mit den Verhältnissen desselben, die er geflissentlich entstellt hat, vertraut gewesen sein muß, ist gleichwohl unerkannt geblieben.

---

*) Der Geizige wurde zweimal in Versen bearbeitet. Das erstemal 1775 von Maihol. Das zweitemal in Blankversen von dem Grafen St. Leu, (Louis Bonaparte) Rom 1825, mit einem Essai sur la versification.

**) Sie erschienen der Reihenfolge nach zuerst 1670, 1682, 1671 und 1671 in Druck.

Zu Les amants magnifiques gab Ludwig XIV. selbst die allgemeinen Umrisse an: Zwei fürstliche Nebenbuhler sollten bei einem
Aufenthalte während der pythischen Spiele im Thale von Tempe in
der mit allem Aufwand der Galanterie ausgestatteten Bewirthung einer
schönen Prinzessin wetteifern. Molière lehnte sich bei seiner Darstellung an Corneille's Don Sanche de Aragon und seine eigne
Princesse d'Elide an. — An der Psyché arbeitete er im Verein mit
Corneille, Quinault und Lully. Lully war überhaupt der musikalische
Mitarbeiter an all seinen höfischen Spielen. — Den bedeutendsten
selbständigen Werth der vier hier vorliegenden Stücke hat aber entschieden Le bourgeois gentilhomme. Er ist im Genre der spanischen Comedias de figuron gearbeitet und streift dabei an das der
pièces à tiroir, wobei er vielfach, besonders am Schluß, in die Burleske übergeht. Auch gehört er zu denjenigen Stücken Molière's, in
denen die Zeitfarbe zu sehr dominirt, als daß es heute ganz unmittelbar die frühere Wirkung noch ausüben könnte. Es wird den Eindruck des Veralteten machen, wenn man es nicht unter den historischen
Gesichtspunkt rückt und ihm hierdurch ein neues, der ursprünglichen
Absicht fremdes Interesse verleiht.

Les fourberies de Scapin, welche am 24. Mai 1671*) zu erster
Aufführung kamen, sind dem Phormion des Terenz verwandt. Auch
sollen ein paar Scenen eines von seinem Schulfreund Cyrano de
Bergerac verfaßten Stücks, Le pédant joué, darauf eingewirkt haben.
Der Vorwurf Boileau's, daß Molière seiner Kunst zuweilen durch possen-
hafte Uebertreibung geschadet**), bezog sich vor allem auf dessen Scapin.
In der That geht dieses Stück sehr ins Burleske über und beweist, welchen
Einfluß die Commedia dell' arte bis zuletzt auf Molière ausgeübt hat.
Doch war die Charge hier sicher beabsichtigt und in der Natur der
Gattung begründet. Der Tadel würde sich daher mit mehr Recht
auf diejenigen Stücke anwenden lassen, in denen letzteres der Fall
eben nicht ist.

La comtesse d'Esbargnas (2. Dec. 1671) bildete einen Theil

---

*) Es erschien noch in demselben Jahre im Druck.
**) Peutêtre de son art eût remporté le prix,
　　Si moins ami du peuple, en ses doctes peintures
　　Il n'eût point fait souvent grimacer ses figures.
　　Quitte pour le bouffon l'agréable et le fin
　　Et sans honte à Terence allie Tabarin.

des Ballet des ballets, zu dessen Erfindung Molière ebenfalls wieder
vom König beauftragt war. Derselbe hatte sogar die beliebtesten
Stellen der in den letzten Jahren aufgeführten Ballete ausgewählt,
Molière sollte dieselben durch seine Dichtung in eine geschmackvolle
Verbindung bringen. Den Prolog und die Intermedien entnahm er
dazu seinen früheren Ballettkomödien. Als völlig neu erschien aber
das oben genannte einactige Lustspiel darin, welches die Lächerlichkeit
einer Kleinstädterin geißelt, welche bei einem flüchtigen Besuche der
Hauptstadt etwas von dem Tone der vornehmen Welt aufgeschnappt
hat und nun in der Provinz damit renommirt.

Das Jahr 1672 brachte wieder eines der berühmtesten Werke
des Dichters: Les femmes savantes (11. März). Er hatte darin
den Gedanken seiner Précieuses ridicules wieder aufgenommen, um
ihn zu bedeutenderer Ausführung zu bringen. Auch hat man gelobt,
daß dem Begriff der Familie von ihm darin eine höhere Auffassung,
als sonst, gegeben worden ist. Doch ist der unmittelbare Genuß auch
an dieser Dichtung heute vielfach durch das Dunkel der Zeitbeziehungen
und durch die Zeitfarbe erschwert. Gegen den Tadel Schlegel's, daß
das, was Molière darin als die richtige Denkart angesehen wissen
wollte, ebenfalls wieder eine satirische Behandlung verdiene, wendet
Moland zwar ein, daß Molière die ihm hierbei untergelegte Absicht
gar nicht gehabt. Ja Goethe meint sogar, Schlegel habe es Molière
nur nicht verzeihen können, die Affectation gelehrter Frauen lächerlich
gemacht zu haben, weil er wahrscheinlich gefühlt, daß dieser, wenn er
ihn nur gekannt, ihn auch selbst mit verspottet haben würde. Die
Richtigkeit dieser letzten Bemerkung zugegeben, wird man doch einräumen
müssen, daß auch Schlegel in seiner Beurtheilung „die Ziererei einer
falschen Geschmacksbildung" und „die Aufgeblasenheit eines leeren
Wissens" als Narrheit bezeichnet hat und seinem Einwande eine, wenn
schon nur beschränkte Wahrheit zu Grunde liegt, welche gerade das
trifft, worin sich Molière und Shakespeare unterscheiden und was
trotz der großen Bedeutung eines jeden von ihnen, eine so große Kluft
zwischen ihnen reißt.

Molière war bereits seit einigen Jahren leidend gewesen. Die
außerordentlichen geistigen und körperlichen Anstrengungen, welche er
so lange Zeit auf sich genommen, hatten die Kräfte seiner sein orga=
nisirten Natur endlich erschöpft, wozu seine häuslichen Wirren mög=

licherweise mit beigetragen haben, wenn es überhaupt wahr, daß, wie
Moland berichtet, Molière längere Zeit in offenem Zerwürfnisse mit
seiner Gattin gelebt hat und dieses nur durch die Bemühungen seiner
Freunde gegen Ausgang des Jahres 1670 wieder ausgeglichen worden
ist. Bei den unreinen Quellen, aus denen fast alle diese Nachrichten
fließen, vermag ich aber auch hier mein Bedenken nicht zu unterbrücken.

Obschon Molière bereits mehreren Ausbrüchen der traurigen Krankheit ausgesetzt gewesen war, welche sein frühzeitiges Ende herbeiführte, vermochten die Vorstellungen seiner Umgebung, sich zu schonen, doch nichts
über ihn. Das Interesse für seine Kunst, die Pflichten seines Berufs
hielten ihn unerschütterlich auf seinem Posten fest. Es beweist eine be-
wundernswürdige Freiheit des Geistes, daß er in der Zeit, da ihm der
Tod schon drohend zur Seite ging, ein Stück, wie Le malade imaginaire,
zu schreiben und die Titelrolle zu spielen vermochte. Es wurde am 10.
Februar 1673 gegeben und war sein Schwanengesang. Am 17. Februar,
dem Tage der vierten Wiederholung fühlte er sich so unwohl, daß er
darin die Annäherung seines Todes erkannte. Gleichwohl gab er es nicht
auf, die Rolle am Abend zu spielen. Mitten in der Rede bei dem
Worte juro, wurde er von einem Krampfe ergriffen, den er unter
einem convulsivischen Lachen zu verbergen suchte. Noch in derselben
Nacht, in den Armen zweier barmherzigen Schwestern, unter der Pflege
Baron's und seiner Frau, gab er den Geist auf.

Der Pfarrer von St. Eustache verweigerte dem Todten die Beerdigung an geweihter Stätte und unter den Feierlichkeiten der Kirche,
weil ihn sein Stand von den Segnungen derselben ausschlösse und er
es versäumt hätte, seinen Frieden mit ihr zu machen. Die Wittwe
wendete sich im Vereine mit Molière's Schwager und Levasseur an
den Erzbischof von Paris, Harley von Champvallon, indem sie geltend
machten, daß Molière vergeblich nach zwei Geistlichen geschickt, die
ihm den Trost der Kirche ausdrücklich verweigert hätten, sowie daß
er noch letzte Ostern die heiligen Sakramente zu St. Germain empfangen habe. Der Erzbischof bewilligte, sei es aus eigenem Antriebe,
sei es auf Wunsch des Königs, an den Mad. Molière sich ebenfalls
in ihrer Bedrängniß gewendet hatte, die Beerdigung an geweihter
Stelle mit der Einschränkung, daß sie erst nach Sonnenuntergang
stattfinden dürfe und nur zwei Priester dabei assistiren, auch keine
Messen für ihn gelesen werden sollten.

Am 21. Febr. um 9 Uhr Abends fand die Beerdigung statt. Vier Geistliche trugen den Sarg, drei andre begleiteten den Zug, 6 Kinder trugen brennende Kerzen auf silbernen Leuchtern voran, einige Diener folgten mit brennenden Fackeln. Es scheint also, daß die Geistlichkeit doch noch weitere Zugeständnisse gemacht. Die Leiche wurde unter einem ungeheuren Andrang von Menschen auf dem Kirchhof von St. Joseph begraben. Wahrscheinlich befürchtete man Unruhen, da man der Wittwe rieth, Geld unter die Leute zu werfen, was auch von ihr unter den rührendsten Bitten geschah, für ihren todten Gatten zu beten.*)

Molière hinterließ eine einzige Tochter, Esprit Marie Madelaine Poquelin-Molière, die 1665 geboren, sich in ihrem 40. Jahre mit dem Sieur Montaland verheirathete und 1723 kinderlos starb.

Ludwig XIV. nahm, wie es scheint, an dem Tode des großen Dichters nicht den Antheil, welchen man von ihm nach den Beziehungen, in den dieser zu ihm gestanden, erwarten konnte. Im Uebrigen war aber die Theilnahme eine sehr große. War Molière doch schon, da er lebte, trotz der Anfechtungen, die er erfuhr, zu den bedeutendsten Männern der Zeit, zu den größten Dichtern der Welt gerechnet worden. Eine ungeheure Menge von Nachrufen und Epitaphen, sowie verschiedene Schriften und Stücke über ihn, traten hervor. Gleichwohl wußte man zu Anfang des 18. Jahrhunderts seine Grabstätte nicht mehr mit Sicherheit anzugeben. 1750 sollen die Gebeine Molière's und Lafontaine's vom Kirchhofe in die Kirche von St. Joseph überführt worden sein, doch ist es, wie Moland sagt, wahrscheinlich, daß als man dieselben 1799 nach den Petits Augustins und 1817 von da nach dem Père la Chaise übertrug, es nur die Reste zweier Unbekannten waren. In der ersten Hälfte des 18. Jahrhunderts war das Ansehen Molière's in Frankreich überhaupt gegen die Comédie larmoyante zurückgetreten, so daß selbst der Tartüffe keine vollen Häuser mehr machte. Eine Wendung zum besseren ging von der Akademie aus, welche 1769 die Darstellung der Verdienste Molière's zur Preisaufgabe und das Studium seiner Werke zu einem Gegenstande gelehrter Untersuchung machte. Von dieser Zeit mehrten sich

---

*) Siehe den Bericht des Geistlichen Boivin, Doctor der Theologie an St. Joseph in den Considérations historiques et artistiques sur les monnaies de France 1851. p. 193, der sich bei Moland VII p. 389 abgedruckt findet.

die Schriften über ihn und die Ausgaben seiner Werke.*) Auch die
Bühne nahm die Darstellung derselben wieder auf. Die Bemühungen des
Schauspielers Lekain, Molière ein Denkmal zu setzen, scheiterten (1773)
gleichwohl noch an der Theilnahmlosigkeit der reicheren Klassen. 1778
wurde jedoch im Sitzungssaal der Academie wenigstens die Büste des
Dichters mit der Inschrift: „Rien ne manque à sa gloire, il man-
quait à la notre"; zur Aufstellung gebracht; Chamfort bemerkte dazu:
„Il faut qu'un corps illustre attende cent années pour apprendre
à l'Europe que nous ne sommes pas de barbares." Auch rief
dieser Vorgang wieder verschiedene lateinische Schriften und Stücke
hervor, so wie eine Menge solcher, deren Held Molière war oder
welche Seitenstücke zu den seinigen und Fortsetzungen derselben bildeten.
Trotz dieser erneuten Vogue, von welcher Molière's Andenken ergriffen und auf den Gipfel bewundernder Anerkennung gehoben ward,
wurde demselben doch erst im Jahre 1844 durch Nationalsubscription
ein Denkmal gegenüber dem Hause, in welchem er starb, errichtet.
Régnier, ein Mitglied der Comédie française, hatte 1829 die Anregung hierzu gegeben.

Die Franzosen haben Recht, auf Molière stolz zu sein. Er gehört
zu den vorzüglichsten Dichtern ihrer Nation, zu den vorzüglichsten
komischen Dramatikern aller Zeiten. Wenn es auch eine Uebertreibung
ist, ihn auf dieselbe Höhe mit Shakespeare zu stellen, so ist es doch
ebenso unangemessen, ihn diesem schlechthin unterzuordnen. Jeder von
ihnen bezeichnet den Gipfel einer ganz verschiedenen Ordnung der
Geister, einer verschiedenen Kunstanschauung. Shakespeare schrieb für
die Menschheit, weil er jede einzelne Erscheinung iu ihrer Wurzel zu
erfassen strebte und diese nur im Allgemeinmenschlichen suchte. Es
war ihm bei seiner Darstellung wesentlich um diese Ergründung
und bei dieser Ergründung immer nur um seine Darstellung zu thun.
Molière schrieb vor Allem für die Gesellschaft, welche er vorfand, die
er durch seine Vorstellungen von ihren Verirrungen, Gebrechen und
Lastern zu heilen, ihr aber dabei auch zu gefallen, sie zu belustigen

---

*) Ein möglichst vollständiges Verzeichniß derselben findet sich in der
Bibliographie im 7. Bde. der Moland'schen Ausgabe.

**) Soulié, Eudore, Recherches sur Molière. Paris 1863. giebt sowohl
hierüber, wie über eine Menge persönliche Verhältnisse des Dichters und seiner
Familie actenmäßige Auskunft.

strebte. Obschon er weder einen so universalen Standpunkt einnimmt
wie Shakespeare, noch diesen an Tiefsinn erreicht, so drang er
doch tief genug in das Leben, welches er schilderte, ein, um seinen
Darstellungen eine Lebendigkeit zu geben, die selbst heute nur wenig
von ihrer ursprünglichen Bedeutung eingebüßt hat. Er stand in vieler
Beziehung so hoch über den Vorurtheilen seiner Zeit, daß es uns
bisweilen anmuthet, als ob sie erst hundert Jahre später geschrieben
sein könnten. Er war von einem so freien und reinen Kunstgeschmack,
daß fast alles, was er geschrieben, noch heute für musterhaft gilt. Er
hat dem Alexandriner ein so großes dramatisches Leben gegeben, als
es wohl überhaupt möglich ist. Er hat dem Reime eine reizende
Mannichfaltigkeit und treffende Pointen verliehen. Am ausdrucksvollsten,
am charakteristischesten finde ich ihn jedoch in der Prosa, die immer
voll Geist, sprühendem Leben und anmuthigster, leichter Beweglichkeit
ist. Doch wird man zur völligen Richtigstellung des Bildes auch
einiger Mängel mit zu gedenken haben. Daß er das dichterische
Interesse zuweilen dem des Schauspieldirectors und Schauspielers
unterordnete, hat schon berührt werden müssen. Das letzte hat vielleicht dazu beigetragen, daß ihm die Ausführung der einzelnen Charaktere, Situationen und Scenen immer mehr als die Handlung galt.
Sein Beispiel ist vielleicht Ursache, daß die meisten französischen Beurtheiler dem Komischen des Charakters den ersten Rang zuerkennen. Die
Pièces à Episodes oder à tiroir sind eine weitere Folge davon und
einzelne seiner Lustspiele nehmen wohl hier und da auch unbeabsichtigt
den Charakter der letzteren an.

Bei aller Freiheit des Geistes war Molière doch mehr, als er
dachte, in den akademischen Regeln z. B. der Einheit des Orts und
der Zeit befangen, denen er bisweilen die Wahrscheinlichkeit der Vorgänge, welche er darstellte, opferte. Auch macht sich bei aller Lebendigkeit und Natürlichkeit seiner Darstellung hie und da ein gewisser
Conventionalismus bemerkbar. Befremdender noch ist die Besangen-
heit in der blinden Verehrung Ludwigs XIV., welche bisweilen in
geradezu störender Weise aus seinen Stücken hervortritt, wie z. B. in
der Rede des am Schluß des Tartuffe als Deus ex machina agiren-
den Polizeibeamten:

Nous vivons sous un prince ennemi de la fraude,
Un prince, dont les yeux se font jour dans les coeurs
Et qui ne peut tromper tout l'art des imposteurs etc.

Dies erklärt sich nur daraus, daß der Glaube an die Unfehlbarkeit des Königs unter Ludwig XIV. ganz allgemein zu einem Axiom
geworden war, daher es z. B. in Chappuzeau's 1674 erschienenem
Théâtre français zur Rechtfertigung der Schauspielkunst geradezu
heißt: „Il n'y point de profession au monde autorisée par le
souverain qui ne soit juste et utile et qui n'ait pour but le bien
public." Dagegen halte ich es doch für zuweitgehend, wenn man
behauptet, Molière habe in seinem Amphitryon die Maitressenwirth-
schaft des Königs rechtfertigen und glorificiren wollen, wennschon es
wahr ist, daß er gelegentlich den königlichen Geliebten gehuldigt, sich
zur Verschönerung der ihnen gewidmeten Feste hergegeben und den
Ehebruch in einem dem Geiste der Zeit entsprechenden leichtfertigen
Sinne behandelt hat.

Ludwig XIV. hat ohne Zweifel viel dazu beigetragen, daß sich
der Genius von Dichtern, wie Racine und Molière frei entfalten
konnte, er hat sicher Verständniß für ihre Bedeutung und großes
Verdienst um ihre Anerkennung gehabt. Doch ist es irrig zu glauben,
daß seine Regierung es war, welche diese und ähnliche Geister hervorgebracht habe. Die Ursachen des Hervortretens des Genies sind
zu allen Zeiten in ein tiefes Naturgeheimniß gehüllt, selbst die Entwickelung desselben geht unter den entgegengesetztesten Verhältnissen
und Bedingungen vor sich, sie wird nicht nur durch die Gunst, sondern auch oft durch den Widerstand derselben gefördert. Eher ließe
sich sagen, daß der bevormundende Einfluß, welchen Ludwig XIV.
wie auf fast Alles, auch auf die Literatur und Kunst ausübte, und
die durch sein Beispiel um sich greifende Pracht- und Genußliebe
erschlaffend auf die Geister einwirkten, ihnen die Richtung auf ganz
äußerliche Zwecke und Ziele geben und ihre Werke hierdurch verflachen
mußte. Wie wenig tiefgehend der Antheil war, den dieser König an
den Werken des Genies nahm, beweist der Umstand, daß er die
geistige Kraft Racines in einem Werke, das der Natur und dem Vermögen seines Geistes gar nicht entsprach, daß er das Talent Molière's
in nichtigen Festspielen vergeuden konnte. Auf diese Weise ist Ludwig XIV. der Entwicklung der Dichtung und Kunst nicht blos förderlich, sondern auch nachtheilig geworden, wozu der in der zweiten
Hälfte seiner Regierung immermehr überhand nehmende Geist der
Frömmelei und Heuchelei, unter deren Gewand sich eine heimlich

immer weiter um sich fressende Sittenlosigkeit barg, natürlich noch
beitrug. Er hatte hauptsächlich das tiefe Sinken der Kunst und
Dichtung in den letzten Decennien seiner Regierung zur Folge.

Der Einfluß, welchen das Molière'sche Drama auf die Theater
der übrigen Länder Europas ausgeübt hat, denen es doch selbst erst vielfach
verschuldet war, ist ein ganz ungeheurer. Deutschland scheint denselben
früher, als alle anderen Länder erfahren zu haben. Schon 1670 erschien eine zwar schlechte und unvollständige Uebertragung der Werke
des Dichters in Frankfurt a. M.; 1694 eine schon bessere, von Velt-
heim. Gleichzeitig noch eine andre, der eine französische Ausgabe zur
Seite ging. In England gab man seit 1670 ebenfalls schon einzelne
Stücke Molière's auf den Londoner Bühnen, meist in vergröberter
Umarbeitung. Erst im ersten Viertel des 18. Jahrhunderts wurde er
hier in reiner Gestalt allgemeiner bekannt. Seit 1732, in welchem
Jahre eine Prachtausgabe der Werke des Dichters in London erschien, gingen aber gerade von hier die ersten Anregungen aus, die
Theilnahme für sie in dessen Vaterlande wieder zu wecken. — In Italien
sahen wir Molière ebenfalls schon um das Ende des 17. Jahrhunderts durch Riccoboni in Aufnahme gebracht. 1698 erschien eine
italienische Uebersetzung der Werke von Castelli in Leipzig. 1756 die
von Gozzi. Der Nachahmungen Gigli's wurde bereits in der Geschichte des italienischen Dramas gedacht. — Am spätesten tritt der
Einfluß Molières beim spanischen Theater hervor. Erst um die
Mitte des 18. Jahrhunderts erschien der Tartuffe auf der Bühne in
Lissabon, etwas später der Misanthrope auf der von Madrid. Von
jetzt an breitete sich der französische Einfluß mehr und mehr aus, bis
er zuletzt die spanische Bühne für länger fast völlig beherrschte.

Die Erfolge und das Beispiel Molière's zogen eine Menge französischer Schriftsteller in seine Bahnen, sei es, daß sie ihm einfach nachahmten, sei es, daß sie auf seinem Wege neue Wirkungen
hervorzubringen suchten. Besonders sind es die Schauspieler, welche
ähnliche Vortheile, ähnlichen Ruhm zu erwerben trachteten. Von ihnen
seien nur Poisson (v. 1657 an), Dorimond (v. 1658 an), De Villiers
(v. 1659 an), Brécourt und Chevalier (v. 1660 an), Rosimont und
Hauteroche (von 1668 an), Champmeslé (v. 1671 an), Baron und
Dancourt (v. 1685 an), hervorgehoben; aus den Reihen der neben
ihnen auftretenden Dichter und Schriftsteller aber Thomas Corneille,

Quinault v. 1653 an, Lafontaine (v. 1656 an), Saumaise und Chappuzeau (v. 1656 an), Montfleury (v. 1660 an), Boursault (v. 1661 an), De Bisé (v. 1663 an), Bruies und Palaprat (v. 1689 an), Dufresny (v. 1692 an), Regnard (v. 1694 an.)

Wie Pierre Corneille und sein jüngerer Bruder Thomas ist auch Quinault zuerst mit Komödien aufgetreten. Sie waren meist unter spanischem Einfluß entstanden, ja oft nichts weiter als freie Ueberarbeitungen spanischer Stücke; so La Fantôme amoureuse nach Calderon's Galan fantasma, Les coups de l'amour et de la fortune, nach desselben Dichters Lances de Amor y Fortuna ꝛc. Thomas Corneille versuchte sich überhaupt in den verschiedensten Gattungen, sodaß er sich später auch noch auf die pièces de machines warf, von denen ich seine Circé schon zu berühren gehabt habe. Auch das in dieses Genre einschlagende Lustspiel L'inconnue (1675) hatte einen ungeheuren Erfolg. Von anderer Art war jedoch der, welchen das Lustspiel La devineresse erzielte. Er hing mit dem Interesse zusammen, welches damals ein bedeutender Criminalprozeß erregte, der sich vor den gegen das Verbrechen der Hexerei und Giftmischerei eingesetzten Chambres ardentes abgespielt hatte. An allen diesen drei Stücken war Jean Dauneau de Bisé mit betheiligt, welcher überhaupt in den literarischen Angelegenheiten der Zeit eine nicht unbedeutende Rolle spielte. 1645 geboren und einer alten Pariser Familie entstammend, war er ursprünglich zum geistlichen Stande bestimmt worden, aber seine poetischen Neigungen führten ihn zur Schriftstellerei. Er schrieb Novellen und Bühnenstücke, gab 1672 die Zeitschrift Le Mercure galant heraus, die er mit einer nur kurzen Unterbrechung bis 1710 fortsetzte. Sein erster dramatischer Versuch war die Zélinde, sein bedeutendstes Werk dieser Art das Lustspiel La mère coquette ou les amants brouillés. Es wurde aber durch das gleichnamige Stück Quinault's, dem er den Plan dazu mitgetheilt hatte, weit überflügelt, obschon das seinige mehrere Züge enthält, die man bei letzterem ungern vermißt. Quinault's Mère coquette ist dasjenige dramatische Werk dieses Dichters, das sich am längsten auf der Bühne erhalten hat. Es ist auch das bedeutendste, wie es ganz allgemein als dasjenige bezeichnet wird, welches sich dem Molière'schen Charakterlustspiel am meisten nähert. Geoffroy hat*) das Quinault'sche

---

*) A. a. O. II. S. 171.

Stück mit dem De Bisé'schen näher verglichen und einige sehr feine
Bemerkungen darüber gemacht.

Jean de Lafontaine, geb. 8. Juli 1621 zu Château Thierry,
gest. 31. März 1695 zu Paris*), der als Erzähler und Fabeldichter
eine so hervorragende Rolle spielt, nimmt als Dramatiker nur eine
sehr untergeordnete Stellung ein. Es scheint, daß es ihm hierzu an
Charakter fehlte, da er fast durch sein ganzes Leben von fürsorgen=
den Freunden und Freundinnen geleitet worden ist. Gleichwohl
hat er vielleicht mehr, als man gewöhnlich annimmt, auf den Charak=
ter des französischen Luftspiels eingewirkt. Freilich nicht durch seine
Luftspiele. Oder sollten seine Fabeln und Erzählungen nicht vorzugs=
weise den Anstoß dazu gegeben haben, daß das französische Luft=
spiel seit der Mitte des 17. Jahrhunderts ein so großes Gewicht auf
die moralische Tendenz legte, und doch zugleich einer gewissen Leicht=
fertigkeit huldigte? Wußte doch Lafontaine ebenfalls ganz vortrefflich
den schlüpfrigen Inhalt mit der moralisirenden Tendenz zu verbinden
und durch diese zu decken. Zuletzt weisen freilich beide Erscheinungen
gleichmäßig auf eine besondere Seite der Zeit und des französischen
Geistes hin, die sie zum Ausdrucke brachten.

Auch hatte das Luftspiel schon von Alters her sich durch die
bessernden Wirkungen, die es vorgab, hervorzubringen, gegen die An=
griffe der Frommen vertheidigt; wobei noch der Zusammenhang zu
berücksichtigen ist, in welchem es nicht blos mit den Farcen und Sotties,
sondern auch mit den alten Moralitäten stand. Das Lehrhafte bildete
überhaupt immer eine besondere Seite des französischen Geistes, in
welchem die Verstandeskräfte ja vorherrschen. Die Satire war nur eine
bestimmte Form dieses Lehrhaften, in welcher derselbe durch Witz und
Spottlust brilliren konnte. Auch die neue Philosophie, welche in Frank=
reich aus gleichem Grunde sofort eine praktische Richtung einschlug, hatte
vorzugsweise die Moral zum Gegenstande ihrer Untersuchungen gemacht.
Schon Montaigne war Moralist. Nachdem aber Descartes mit dem Geist
der Methode auch den der Kritik in die Wissenschaft eingeführt hatte,
dehnte man die Untersuchungen auf den Charakter des Menschen aus.
Dies wirkte auf die künstlerische Auffassung und Darstellung ein, welche

---

*) St. Beuve, Portraits littéraires I. p. 51. — Geoffroy a. a. O. II. p. 184.
Parfait a. a. O. VIII. p. 40.

nun das Charakteristische besonders bevorzugte. Die Philosophen gaben
Anregung und Beispiel hierzu. Pascal war in seinen Provinciales
darin vorausgegangen. Er hatte die satirische Form gewählt; wogegen
in seinen Pensées das moralische Element reiner hervortrat. 1665 gab
Rochefoucauld seine Maximen, 1688 La Bruyère seine Caractères de
Théophraste traduits du grec avec les caractères ou les moeurs de
ce siècle heraus. Der Einfluß auf die Geschichtschreibung tritt daneben in der Reichhaltigkeit der Memoirenliteratur der Zeit hervor.

Von den verschiedenen kleinen Stücken, welche Lafontaine verfaßte,
hat sich Le florentin am längsten auf der Bühne erhalten, weil einige
große Schauspielerinnen, nach dem Vorgang der Adrienne Lecouvreur,
die Rolle der Hortense mit in ihr Repertoire aufgenommen hatten.
Geoffroy giebt Ragotin, Le veau perdu und La coupe enchantée
weitaus den Vorzug, von denen die letzten beiden zuweilen, aber doch
wohl mit Unrecht, dem Champmeslé zugeschrieben worden sind.

Samuel Chappuzeau*) verdient hier nur wegen seines
Théatre français, dem ersten Versuche einer geschichtlichen Darstellung
des französischen Theaters, besondere Hervorhebung. Er scheint in
Paris geboren worden zu sein. Sein protestantisches Glaubensbekenntniß
veranlaßte ihn aber, sein Glück in anderen Ländern zu suchen, was ihn
in ein ebenso unstetes wie wechselvolles Leben riß. Er widmete sich
bald der Schriftstellerei, bald der ärztlichen Praxis, bald dem Lehrfache.
1664 im Bade Pyrmont soll er sich mit seinem Lustspiele Les eaux
de Pyrmont und der in dasselbe eingelegten Huldigung die Gunst
der Herzogin von Braunschweig-Hannover zu erwerben gewußt haben,
welche ihn zeitweilig mit der Leitung einer in den königlichen Dienst
genommenen französischen Schauspielertruppe in Hannover betraute.
Auch wird er als Lehrer Wilhelms III. von England genannt. Er
starb, nach Fournel, 1701 in Armuth zu Zell (wohl bei Coblenz).
Außer seiner Geschichte des französischen Theaters und vielen andern
historischen Schriften, schrieb er auch eine Reihe Lustspiele, von denen
Fournel La Dame d'intrigue (1663) mitgetheilt hat, die aber heute
ohne Werth sind.

Wichtiger ist Edmé Boursault**), der 1638 geboren, einer der

---

*) Fournel, a. a. O. I. 358.
**) Parfait, a. a. O. XII. S. 370. Geoffroy, a. a. O. II. S. 187. Fournel,
a. a. O. I. 93. Seine Werke erschienen 1725. 2 Bde. Paris.

erften Familien von Muffi l'Evêcque in Burgund entsprang. Seine
Erziehung wurde gleichwohl vernachläffigt. Wie so viele junge Leute
der Zeit ergriff er die schriftstellerische Carrière. 1661 mit dem kleinen
Stück Le médecin volant betrat er die Bühne. Kurze Zeit später
wurde er, wie wir gesehen, in den Kampf der troupe royal mit Molière
gezogen, was ihm eine heftige Abfertigung Boileaus zuziehen sollte.
Er beantwortete sie mit einer kleinen satirischen Komödie, La satire des
satires. Boileau vermochte zwar die Aufführung, nicht aber den Druck
derselben zu hindern. Die harmlose Satire wurde aber noch durch das
maßvolle Vorwort gemildert, so daß Boileau öfter sagte, Boursault
sei der einzige, den er, angegriffen zu haben, bedaure. Von Boursault's
Stücken sind Le mercure galant ou la comédie sans titre (1683),
Esope à la ville (1690) und Esope à la Cour (1701) weitaus die
besten. Das letztgenannte wurde erst nach des Dichters Tode gespielt,
der in diesem Jahre starb. — Boursault war ein Mann von Geist,
aber ohne Erfindungs- und Gestaltungskraft. Er nahm sich dasjenige
Genre zum Muster, welches diese am mindesten fordert und für das
Molière in seinen fâcheux das Muster aufgestellt hatte. Er brachte
durch den Erfolg dieser Stücke die pièces à tiroir in weitere Aufnahme. Zu diesem Erfolg, der sich hauptsächlich an seinen Esope à
la ville knüpfte, trug viel dazu bei, daß er in der Titelrolle dieses
Stücks eine überaus dankbare schauspielerische Aufgabe geschaffen hatte,
welche von einer Reihe der bedeutendsten Darsteller ergriffen wurde.
Zuerst glänzte Raisin darin, späterhin Quinault, Montménil, Lenoue
und Monval. Welche Bedeutung diese beiden Stücke hierdurch aber
auch auf der Bühne gewannen, so nehmen sie sich doch beim Lesen
sehr dürftig aus. Der Schauspieler muß ihnen eben das Beste, das
Leben, die charakteristische Eigenthümlichkeit, erst noch hinzubringen.

Auch Antoine Jacob de Montfleury *) haben wir schon
bei den Streitigkeiten mit Molière zu begegnen gehabt. Er war der
Sohn des Schauspielers Jacob de Montfleury, von welchem Chappuzeau sagt, daß er, der einzige Schauspieler der Zeit, gleich groß im
Tragischen wie im Komischen gewesen sei. 1540 zu Paris geboren,
erhielt Antoine eine sehr sorgfältige Erziehung. Dem Wunsche des

---

*) Parfait, a. a. O. IX. p. 200. Geoffroy, a. a. O. II. p. 194. Fournel,
a. a. O. I. p. 213.

Vaters nachgebend, widmete er sich der Jurisprudenz, obschon sein Herz
beim Theater war. Schon mit 20 Jahren betrat er als dramatischer
Dichter die Bühne mit der Posse Le mariage de rien. Später machte
er noch im Finanzfach Carrière, wobei er sich das Vertrauen des Ministers Colbert zu erwerben verstand. Er starb 1685 zu Aachen. In
die Händel mit Molière wurde er wohl nur durch die Pietät gegen
seinen Vater gerissen.

Ohne eigentliche dichterische Begabung, besaß Montfleury ein gewisses
Bühnentalent und eine muntere Natürlichkeit des sprachlichen Ausdrucks, was seinen Stücken zu ihren Erfolgen verhalf. Besonderen
Beifall erhielt La femme juge et parti*), obschon es in demselben
Jahre (1669) mit dem Tartüffe erschien, daher mit dem Erfolge desselben zu kämpfen hatte. Der Inhalt ist folgender: Eine Frau von
ihrem Manne, eines falschen Verdachts wegen, auf einer wüsten Insel
ausgesetzt, wird durch die Gunst des Zufalls gerettet. Sie hat als Mann
verkleidet im Gefolge des Herzogs von Modena Aufnahme gefunden
und kehrt mit diesem in ihre Heimath zurück, wo ihr Mann gerade
im Begriffe steht, sich aufs Neue zu vermählen. Es gelingt ihr jedoch,
durch die Gunst des Herzogs, die eben erledigte Stelle des Richters
zu erhalten, worauf sie ihren Gatten wegen der an seinem Weibe vollzogenen Gewaltthat zur Verantwortung zieht. Die komische Situation
besteht darin, daß dieser nun alles in Bewegung setzt, die Schuld
seiner Frau zu erweisen und die vermeintlich durch sie erlittene Beschimpfung offenbar zu machen, während doch alles, was er für diesen
Zweck thut, nur dazu dient, ihre Unschuld ans Licht zu ziehen. Natürlich giebt sie sich ihm nun zu erkennen.

Dieses seinem Stoffe nach wieder ganz romantische Lustspiel hielt
sich lange Zeit auf der Bühne, was auch von ein paar Arbeiten des
Schauspielers Noel le Breton, Sieur de Hauteroche**) gilt, nämlich
von dessen Crispin médecin, obschon dieses Stück als Nachspiel zu
Corneille's Heraclius ausgepfiffen worden war und von L'esprit follet,
einer amüsanten Bearbeitung der Calderon'schen Dama duende. Auch
von Baron erzielte ein Lustspiel L'homme à bonnes fortunes, mit

---

*) Fournel hat Les bestes raisonables (1661) mitgetheilt, welche einige
sehr komische Scenen enthalten. Er lobt auch L'école des Jaloux (1664). Seine
Werke erschienen mit denen seines Vaters. Paris 1705. 2 Bde.

**) Fournel, a. a. O. II. 91.

dem er 1686 hervortrat, einen so großen Erfolg, daß es verschiedene Nachahmungen zur Folge hatte, unter Anderen Dancourts Chevalier à la mode, welcher jedoch sein Vorbild weit übertraf und Regnard's Homme à bonnes fortunes, in welchem der Gegenstand in der grotesken Weise der commedia dell' arte behandelt erscheint. Baron's homme à fortunes ist ein Libertin, der sein Glück bei den Frauen sucht und es im Genuß und Wechsel des Lebens findet. Dancourt's Chevalier à la mode will dagegen sein Glück d u r c h die Frauen machen, indem er sich ihrer, gleichviel ob alt oder jung, zu diesem Zwecke bedient.

F l o r e n t C a r t o n D a n c o u r t *) wurde 1661 zu Fontainebleau geboren. Er studierte in Paris bei den Jesuiten, um sich zum geistlichen Stand auszubilden; das Verhältniß, in welches er zu der Schauspielerin Therese le Noir de la Thorillière gerieth, die er entführte, um sowohl seine, wie ihre Familie zur Einwilligung in die Verbindung mit ihr zu zwingen, bewog ihn aber zur Bühne zu gehen. Er debütirte 1685 auf dem Theater français als Schauspieler und mit seinem Notaire obligeant auch als Dichter. 1718 zog er sich aus religiösen Bedenken wieder von der Bühne zurück und starb 1725 fast gleichzeitig mit seiner Frau. Er ist einer der fruchtbarsten Bühnendichter der Zeit. Gebrüder Parfait geben von ihm nicht weniger als 56 Stücke an, von denen die beiden letzten aus den Jahren 1724 und 25 herrühren.**) La Harpe hat Dancourt jedenfalls zu niedrig geschätzt, vielleicht weil er seine besseren Stücke gar nicht gelesen hatte, da er weder den Chevalier à la mode, noch Les bourgeoises à la mode, noch Les vacances, L'été des coquettes und Les curieux de Compiègne erwähnt, die doch sicher zu ihnen gehören. Nur Le mari retrouvé und Les bourgeoises de qualité finden noch neben Le galant jardinier und Les trois cousines bei ihm Gnade. Dancourt war aber wirklich ein Mann von Talent und Geist, voll glücklicher Einfälle und ächter Lustigkeit, wenn auch sein Geschmack nicht gerade schwierig war und seine Intentionen nicht in die Tiefe gingen. Er kennt weder die Zwecke und Ziele der Kunst, noch die des Lustspiels, die er nur zu oft beide ver-

---

*) Parfait, a. a. O. XV. p. 51. La Harpe, a. a. O. VI. p. 46. Geoffroy, a. a. O. II. p. 231.

**) Die mir vorliegende Ausgabe der Oeuvres de M. Dancourt. 2. Edit. Paris 1711—14 enthält sie natürlich nicht alle.

letzt. Er greift aber frisch in das Leben hinein und knüpft keck an irgend
einen Vorfall des Tages an, wobei er wahr in der Schilderung ist.
Da er bis in die Zeiten der Regentschaft schrieb und um die Sittenlosigkeit und Verderbniß derselben satirisch zu geißeln, dieselbe bei ihrer
schlechtesten Seite erfaßte, ja ihre Gebrechen zum Theil übertrieb, so
muß freilich vieles bei ihm durch die Rücksichtslosigkeit der Schilderung
beleidigen, vieles auch selbst wieder den Eindruck des Leichtfertigen
machen. Nicht weniges erscheint darin auch platt oder unverständlich,
was es zu seiner Zeit keineswegs war, weil es durch unmittelbare
Beziehung auf das Leben interessirte und zündete. Besonders glücklich
war er in der Schilderung der Sitten und Zustände des damaligen
Pariser Bürgerthums. Wer diese studiren will, wird sich seiner Stücke
immer mit Vortheil bedienen. So läßt sich z. B. aus La femme
d'intrigues, welches Stück 1692 erschien, auf's deutlichste erkennen,
wie tief die Sitten schon in der späteren Zeit Ludwigs XIV. gesunken
waren.

Jean Palaprat,*) 1650 zu Toulouse geboren, wo er auch
seine Studien machte, widmete sich der Jurisprudenz. Die Bekanntschaft mit dem Schauspieler Raisin weckte in ihm die Lust zum
Theater. Der mit ihm befreundete Abbé de Brués theilte mit ihm
diese Neigung. David Augustin Brués**) war 1640 zu Aachen
geboren und ursprünglich Protestant. Er trat aber später zur römischen Kirche über und widmete sich dem geistlichen Stande. Außer
verschiedenen geistlichen Werken schrieb er auch eine Geschichte des
Theaters und, wie Palaprat, mehrere Stücke für die Bühne, von
denen die besten: Le grondeur (1691) und Le muet (1691) mit diesem gemeinsam gearbeitet sind.

Der Grondeur behandelt einen Charakter, welcher zwar keine
Ursache hat mürrisch und unzufrieden zu sein, der es aber aus einer
zur Gewohnheit gewordenen Disposition des Gemüths ist. Die
Schauspieler, besonders Champmeslé, setzten der Aufführung dieses
Stückes große Schwierigkeiten entgegen, obwohl Palaprat mit Le
ballet extravagant und mit Le concert ridicule bereits Bühnen-

---

*) Parfait, a. a. O. — La Harpe, a. a. O. — Geoffroy, a. a. O. II.
p. 270.

**) Parfait, a. a. O. XIV. p. 123. — Le Sage, a. a. O. IV. p. 2. —
Geoffroy, a. a. O. II. p. 270.

erfolge erzielt hatte. Die Dichter mußten es von 5 auf 3 Afte zurückführen und selbst dann noch Verschiedenes daran ändern, was eine
gewisse Ungleichheit in der Behandlung und ein Sinken gegen den
Schluß hin zur Folge hatte. Gleichwohl gehörte es mit zu den besseren und lustigsten Stücken der Zeit, wie die Arbeiten dieser Autoren,
welche alles Zweideutige und Schlüpfrige verschmähten, überhaupt meist
von einer reinen Lustigkeit sind. Voltaire, welcher den Grondeur,
nach Palaprat's eigner Angabe, hauptsächlich dem Abbé de Bruéis
zuschreibt, sagt, daß die zehn Bände Streitschriften, die dieser hinterlassen, seinen Namen der Vergessenheit nicht zu entreißen vermocht
haben würden; die kleine Komödie Le grondeur, welche allen Farcen
Molière's, ja selbst dem Advocat Pathélin überlegen sei, diesem alten
Denkmal gallischer Ursprünglichkeit (naiveté), den Bruéis ebenfalls
durch seine Ueberarbeitung verjüngt habe; werde ihn aber lebendig erhalten so lange es noch ein Theater in Frankreich giebt. Das Stück
wurde nichtsdestoweniger bei seinem ersten Erscheinen mit Zischen begrüßt und 120 Jahre später mit Zischen von der Bühne verjagt,
weil, wie Geoffroy sagt, das Parterre plötzlich Anstoß an dem Namen
einer Dienstmagd, Cateau, dem Diminutiv von Cathérine nahm; nachdem es inzwischen die größten Erfolge erlebt und das Publikum aufs
Beste erheitert hatte. Palaprat selbst, der, wie schon bemerkt, das
Hauptverdienst von sich ablehnte, sagt, „daß außer den göttlichen
Werken Molière's kein Stück nach dem ersten Pathélin zu so viel
Sprichwörtlichkeiten Veranlassung gegeben habe, als dieses, was
immer in gewissem Sinne ein Zeugniß für die Güte eines Werkes
sei." Palaprat starb 1721, sein Freund und poetischer Gesellschafter
Bruéis nur zwei Jahre später.

Charles Rivière Dufresny[*] war 1648 zu Paris geboren. Er stammte in gerader Linie von jener Bäuerin Annet ab,
welche unter den Geliebten Heinrichs IV. als la belle jardinière bekannt ist. Er wurde daher von Ludwig XIV. unterstützt und gefördert, der ihn auch als valet de chambre in seine Dienste nahm. Vielseitig begabt, wie Dufresny war, zeigte er Talent und Geschmack für verschiedene Künste und versuchte sich sowohl in der Poesie, wie in der

---

[*] Parfait, XV. p. 397. — Le Sage, a. a. O. VI. p. 41. — Geoffroy,
a. a. O. II. p. 331.

Muſik, in der Zeichnen- und Gartenkunſt. Seine zahlreichen Luſtſpiele ſtellen ſich in ihrer Ungleichheit als die Producte eines gefälligen, fruchtbaren Naturtalents, eines geiſtvollen Dilettantismus dar.
Es fehlt ihnen durchgehend an Vertiefung. Von ihnen ſeien hervorgehoben L'esprit de contradiction (1700), Le double veuvage (1702),
La réconciliation normande (1719) und Le mariage fait et rompu
(1721). Das letzte hat ſich längere Zeit auf der Bühne erhalten.
Le Sage ſtellt Dufresny weit über Dancourt, doch liegen ſeine Vorzüge faſt immer im Detail, nur daß es dieſem Detail häufig an dem
fehlt, was es erſt bühnenwirkſam gemacht haben würde. Um zu ſeiner Zeit recht gefallen zu können, war Dufresny, wie Geoffroy ſagt,
theils zu einfach und natürlich, theils wieder zu ſein. Die gedrungene
Kürze ſeines Dialogs und ſeiner Sprüche kam auf der Bühne nicht
immer zur Wirkung. Die Schauspieler verſtanden es nicht, das Originelle
und Pikante genügend darin hervortreten zu laſſen. Seine Arbeiten
gefielen daher beſſer beim Leſen. Dufresny, der 1724 ſtarb, war
lange mit dem in ſeinen Erfolgen ungleich glücklicheren Regnard befreundet. Das Luſtſpiel Le joueur aber entzweite ſie. Dufresny behauptete, Regnard den Stoff dazu mitgetheilt zu haben, und dieſer
kam ihm nicht nur mit ſeinem Stücke zuvor, ſondern verdunkelte auch
das ſeines Freundes, das 1696 nur wenige Monate ſpäter unter dem
Titel Le chevalier joueur erſchien.

Jean François Regnard,[*] 1656 zu Paris geboren, wird
als derjenige bezeichnet, welcher Molière am Nächſten gekommen ſei.
Einer ſehr wohlhabenden Familie entſtammend, konnte er ſich ſorg-
los dem Hange ſeiner Natur überlaſſen. Seine Jugend verbrachte er
im Ausland auf Reiſen. Die Liebe aber führte ihn endlich, und zwar
in ſehr romantiſcher, abenteuerlicher Weiſe in die Heimath zurück,
wovon er in einer Erzählung Le provençal ſelber berichtet hat.[**]
Er ließ ſich nun in Paris nieder, richtete ſich hier aufs Behaglichſte
ein und führte das Leben eines Epikuräers. Erſt jetzt, in ſeinem 38.
Jahr, trat er mit einem dramatiſchen Verſuche La sérénade (1694)
hervor. Das Luſtſpiel Le joueur, das man ſein Meiſterwerk nennt

---

[*] Parfait, a. a. O. XIV. p. 19. — Le Sage, a. a. O. VI. p. 17. —
Geoffroy, a. a. O. II. p. 386.

[**] Im II. Theil der Oeuvres de M. Regnard, Paris 1731. Ein Auszug
davon bei Parfait.

und welches von Manchem ganz dicht neben Molière's Schöpfungen
gestellt wird, von dessen Charakterlustspielen es aber noch immer
durch eine tiefe Kluft getrennt ist, begründete seinen Ruf. Kaum
minderen Beifall erwarb sein Légataire universal, ein Stück gegen
dessen Immoralität Rousseau später mit so viel Heftigkeit auftrat.
Zwei Liebesleute, die einen gebrochenen Greis zu beerben suchen, und
in dem Wahn, daß er bereits mit dem Tode ringt, ein Testament
fälschen, bilden den Hauptgegenstand dieser Darstellung. Geoffroy
mag Recht haben, daß die Leute, welche darüber gelacht, doch noch
gerade so ehrlich aus dem Theater herausgegangen sein werden, als
sie hineinkamen, doch wird andrerseits nicht geleugnet werden können,
daß sie an Feinheit der Empfindung und des Geschmacks unmöglich
gewonnen haben können. Das Stück stieß daher schon zu seiner Zeit
vielfach auf Widerspruch. Dies veranlaßte die letzte dramatische Arbeit
des Dichters, La critique du légataire. Le distrait (1697) von
Lessing besprochen, verdient deshalb Erwähnung, weil es ein auf-
fälliges Beispiel für die Unsicherheit des Werths theatralischer Erfolge
ist. Er fiel bei seinem ersten Erscheinen durch, wogegen er bei der um
34 Jahre späteren Wiederaufnahme viel Beifall fand. Les Menèchmes
(1705) sind vielleicht das bestgearbeitetste der Regnard'schen Stücke, Les
folies amoureuses (1704) das gefälligste und lustigste. Regnard starb
1709. Leichtlebig, wie er war, strebte er vor allem darnach, zu erheitern und die Lacher auf seine Seite zu ziehen. Er gab dafür nicht
nur die Moral, sondern nicht selten die Folgerichtigkeit und Wahrscheinlichkeit der Charaktere und Handlung mit preis. Doch ist er
voll treffender und pikanter Züge, voll lächerlicher Einfälle und
Witzworte. „Wer sich an Regnard nicht zu erfreuen vermag," sagt
Voltaire, „der ist Molière nicht werth".

VII.
Entwicklung der französischen Oper.

Quellen der nationalen französischen Oper. — Die Chansons und Tänze. — Die Baudevilles. — Die Ballets. — Das Ballet de la Reine. — Italienischer Einfluß. — Balthasar Baltazzerini. — Die Finta pazza. — Chapoton und sein Orphée. — Louis de Mollier und Benserade. — Der Abbé Perrin und Cambert. — Der Serse des Cavalli. Der Marquis von Sourdéac. — Die Académie de Musique. — Pomone. — Jean Baptiste Lully. — Quinault. — Campra. — Die Theater de la foire. — Kampf derselben mit den Comédiens français und der Académie de Musique. — Die Spiele mit Ecriteaux. — Die Baudevilles und Anfänge der Entwicklung einer nationalen komischen Oper. — Fuselier, Le Sage, d'Orneval, Piron; Panard und Favart. — Gillier und Dumoulin. — Rameau. Kampf der Ramisten und Lullisten. — Die Serva padrone des Pergolese. — Kampf zwischen den Anhängern der italienischen und der französischen Oper. — Weiterentwicklung der komischen Oper unter den Componisten d'Auvergne, Laruette, Duni, Monsigny, Philidor, Dalayrac, und den Dichtern Favart und Babé, Sédaine und Anseaume. — Rousseau's Devin du Village. — Die Sänger der Rameau'schen Periode. — Gretry, Boieldieu, Auber. — Gluck. — Noverre. — Kämpfe Gluck's mit den Anhängern der Italiener. — Piccini. — Méhul. — Wandlungen der Académie de Musique. — Die Sänger der Gluck'schen Periode.

Die französische Oper ist keineswegs blos ein auf Nachahmung beruhender Seitenzweig der italienischen. Wie sehr auch diese auf ihre Entwicklung eingewirkt hat, ist sie doch noch aus eigenen, nationalen Wurzeln entsprungen.

Die römische Kirche hatte zwar die Musik zu einer Weltsprache zu machen beabsichtigt. Es war ihr aber nicht in dem Maße, wie sie es wünschte, gelungen, weil die individuelle und darum auch die nationale Eigenthümlichkeit nun einmal die letzte und ursprünglichste Quelle, wie aller Kunst, so auch der Musik ist. Die Kirche suchte für die letztere zwar unabänderliche, kanonische Formen aufzustellen und durch Ueberlieferung festzuhalten; die individuelle, nationale Eigenthümlichkeit aber strebte, ihrer Natur gemäß, nach Mannichfaltigkeit der Form und des Ausdrucks. Obschon sie sich hierbei zunächst fast ganz auf die weltliche Musik eingeschränkt sah, die jedenfalls durch das ganze Mittelalter ununterbrochen neben der kirchlichen in den Liedern, Gesängen und Tänzen des Volks und der fahrenden Leute herlief, so gewann diese weltliche Musik doch allmählich auf die

kirchliche einigen Einfluß und auch in dieser entwickelten sich nach und
nach Keime individueller und nationaler Eigenthümlichkeit, wenngleich
nur in einem noch ganz auf die Ausbildung der überlieferten Form
gerichteten scholastischen Sinne und Geiste. Nicht minder mußte aber
auch wieder diese kirchlich-scholastische Musik, bei der Bedeutung, welche
das kirchliche Leben in jener Zeit hatte, auf die sich nach zwei Richtungen hin als höfisch aristokratische und als volksthümliche, entwickelnde weltliche einwirken, die · hierdurch zunächst, besonders die
erste, gleichfalls einen überwiegend formalen Charakter gewann.

Ich habe in dem ersten Theil dieser Darstellung schon darauf
hindeuten können, wie sich auf diese Weise in Frankreich die Trouba-
bours und Jongleurs, die Trouvères, Joueurs oder Instrumenteurs
und eine ganz zunftmäßige Menestrandie ausbildeten, wie die Jeux
sous l'ormel, die Puy's und Chambres rhetoriques und neben den
kirchlichen, mehr und mehr mit weltlichen Elementen, daher auch mit
weltlichen Gesängen untermischten Dramen, auch ganz weltliche und
unter ihnen sogar eine Art von Singspiel (das Jieu de Robin
et Marion) entstanden, welches noch in das letzte Viertel des
13. Jahrhunderts fällt, das ist also in eine Zeit, da es nach
der bisherigen Forschung noch in keinem anderen Lande ein weltliches Singspiel gab. „Die Musik zu Robin et Marion — sagt Gustave
Chouquet, der preisgekrönte Geschichtsschreiber der dramatischen
Musik in Frankreich*) — ist anmuthig, leicht, ausdrucksvoll und
gefällig, das Gefühl für moderne Tonalität bricht schon an manchen
Stellen hervor, ja es zeigt sich darin schon ein Musiker, welcher
auf pikante Effekte ausgeht." Auch glaubt dieser Autor, daß die
comédie à ariettes mehr als jede andere dramatische Composition
des 13. Jahrhunderts den Sieg des weltlichen über den kirchlichen
Geist bezeichne. Nichtsdestoweniger scheinen diese Spiele bald wieder
erstorben zu sein.

Dafür lagen in den Tanzweisen der Menestrandie und in den
Chansons der volksthümlichen Sänger ungeahnt die Keime zu dem
nationalen musikalischen Drama der Zukunft. Wir sahen (I. Band
S. 93) wie die Menestriers unter Philipp August, welcher die Jongleurs aus Paris verwies, eine privilegirte Stellung daselbst gewan-

---

*) Hist. de la musique dramatique en France. Paris, 1873.

nen. Sie erwarben noch größere Rechte unter Ludwig dem Heiligen,
zu dessen Zeit sie sich bereits als ménéstriers joueurs d'instruments
und als ménéstriers diseurs unterschieden. In der Mitte des 14.
Jahrhunderts mußten sie in einem bestimmten Verhältnisse zum Hofe
stehen, da zu dieser Zeit ihr Vorsteher Pariset sich als Menestrel du
Roi unterzeichnet findet. Schon Philipp August hat ménéstriers
in seinem Dienst gehabt und es ist wohl kein Zweifel, daß die spätere
Chapelle musicale der Könige Frankreichs, wenigstens theilweise, aus
der Menestrandie hervorging. Unter Carl VII., der ihre Privilegien
bestätigte, nahmen die Mitglieder derselben den Titel Joueurs d'instruments hauts que bas, ihre Vorsteher den von Königen an. Unter
dem Schutz ihrer Privilegien, rissen sie endlich das ausschließliche
Recht an sich, in Frankreich instrumentale Musik betreiben und lehren
zu dürfen, so daß alle diejenigen, die ihr nicht zugehörten und doch
auf das eine oder andere Anspruch machten, sich mit ihnen darüber zu
vernehmen und sie zu entschädigen hatten. Dies hatte natürlich lange
Kämpfe, besonders mit den Organisten des Reichs zur Folge. Sie
endeten 1695 mit dem zwar nur vorübergehenden Siege der Ménéstriers, welche die ausschließliche Berechtigung erhielten, den Tanz und
das Spielen von Instrumenten zu lehren. 1707 wurde dieses Ge-
rechtsam aber wieder beschränkt. Von hier an erhalten sie die Bezeichnung von Maîtres à danser und von Joueurs d'instruments
tant hauts que bas et hautbois, das letztere jedoch nur in Bezug
auf den Tanz, auf dessen Domaine sie also eingeschränkt wurden. Es
ist hiernach nicht zu bezweifeln, daß sie an der Ausbildung des französischen Tanzes und der französischen Balletmusik den größten Antheil gehabt.

Von ihnen zu unterscheiden sind die poètes musiciens, welche
frei aus dem Volke hervorgehend den Volksgesang, das chanson,
weiter ausbildeten. Doch mußten beide einander vielfach beeinflussen,
da Tanz und Gesang noch innig mit einander verbunden waren.

Dies ist von Wichtigkeit, weil es erkennen läßt, wie der höfischen
Kammer- und Balletmusik ununterbrochen volksthümliche Einflüsse zu-
kamen. Von diesen poètes musiciens zeichnete sich in der zweiten
Hälfte des 14. Jahrhunderts besonders der Walkmüller Olivier
Basselin (1350—1408), sowie später der Pariser Volksdichter
François Villon (1431—61) aus. Die Lieder des ersteren ver-

breiteten sich rasch über ganz Frankreich, wobei sie nach dem Thale, in dem sie entstanden waren, Chansons de Val oder Vau de Vire genannt wurden, ein Name, der sich wohl auch mit auf andere ähnliche Lieder, ja auf alle in volksthümlichem Tone gehaltenen Lieder der heiteren, übermüthigen, spottsüchtigen Lebenslust übertrug und sich wie man behauptet, allmählich in den Namen von Vau de Ville verändert haben soll. Ich lasse die Entstehung der letztgenannten Bezeichnung dahingestellt; gewiß aber ist, daß derartige Lieder gegen Ende des 17. Jahrhunderts ganz allgemein so benannt wurden.

Die, wie ich darlegte, mit aus den Menestriers hervorgegangenen königlichen Kapellen hatten bei Tafel und bei den Festen des Hofes aufzuwarten und überhaupt für die musikalischen Unterhaltungen desselben Sorge zu tragen. Franz I. führte aber noch eine besondere Kammermusik ein, wie unter dessen Regierung auch schon der erste, wenn gleich nicht erfolgreiche Versuch, eine musikalische Academie zu gründen, gemacht wurde.

Es hatte sich auf solche Weise eine national-französische weltliche Musik entwickelt, welche verschiedene Zweige trieb und eine theils ganz volksthümliche, theils eine höfische Richtung verfolgte, letztere nicht ohne einen gelehrten Anflug, die aber beide trotz der Verschiedenheit ihres Charakters einen gemeinsamen Grundzug hatten, da sie ja ebenso, in einer nur noch viel innigeren Wechselwirkung mit einander standen, wie die weltliche Musik überhaupt mit der kirchlich gelehrten. Das letztere läßt sich zu dieser Zeit vielleicht an nichts so deutlich, als an dem Umstand erkennen, daß die kirchlichen Tonsetzer, besonders die niederländischen und französischen dem Tenor zu ihren Messen mit großem Erfolge Motive der Volkslieder zu Grunde legten. Wogegen die höfische Concertmusik der Zeit, z. B. die Inventions musicales des Clément Jannequin (1538) den Einfluß der gelehrten Theorien der kirchlich-scholastischen Tonsetzer nicht ganz verleugneten.

Wenn italienischer Einfluß sich auf diese national-französische Musik, wenigstens auf die höfische, gewiß schon seit länger geltend gemacht, so ist doch nicht weniger dargethan, daß auch die französische weltliche Musik nur in ungleich schwächerem Maß auf die italienische einwirkte, wie die kirchlichen französischen Tonsetzer und Theoretiker auf die kirchliche Musik in Italien ja ebenfalls eingewirkt hatten. Französische Instrumentisten entzückten an den Höfen der Herzöge von Ferrara

und Galeazzo Visconti's von Mailand *). Die descriptiven, dem
Chanson sich annähernden Chöre Jannequin's fanden vielfachen Wider=
hall in Italien. Noch zu Ausgang des 16. Jahrhunderts ahmte der
Kapellmeister Giovanni Croce zu Venedig sie nach. Während von
Monteverde berichtet wird, daß er den stilo francese in Italien ein=
führte, was sich hauptsächlich auf die französischen Chansons, Baude=
villes und Tänze bezogen haben wird.

Die Festlichkeiten des französischen Hofs, bei denen die Musik
eine Rolle spielte, bestanden in Entremets, Pantomimen, Mascaraden,
Caroussels, Tournieren und Tänzen. Aus letzteren, in der Verbin=
bung mit den Mascaraden und Pantomimen, entwickelte sich das
Ballet.

Das erste französische Ballet, von bem sich der Name erhalten
hat, die Momerie des hommes sauvages, wurde am 29. Januar 1392
zu Ehren der Vermählung der Königin Isabeau von Baiern von dem
Chevalier von Vermandois aufgeführt. Es ist denkwürdig durch den
Umstand, daß eine dabei stattfindende Feuersbrunst Veranlassung
zu dem Ausbruch von Irrsinn gab, welchem König Carl VI. für
immer verfiel.

Erst unter dem italienischen Einfluß, welchen die Kriegszüge
Carls VIII. und Ludwigs XII. nach Italien zur Folge hatten, nah=
men diese Vergnügungen einen höheren Aufschwung. Noch zu Anfang
des 16. Jahrhunderts bestanden dieselben in nichts, als einem kleinen
choreographischen und musikalischen Divertissement, in welchem zwei
ober drei verkleidete und maskirte Personen mit oder ohne Begleitung
von Stimmen und Instrumenten tanzten und ihre Rollen theils
mimisch, theils singend ausführten. Die Geschlechter waren dabei
noch getrennt. Die Männer führten derbe und lustige, die Damen
elegante und anmuthige Scenen auf.

Einen ganz anderen Charakter gewannen die Ballets seit 1533
unter Cathérine de Medicis. Die Tänze, welche bisher meist langsam
feierlich waren, wurden nun lebhafter, freier, ausgelassener und dabei
kunstvoller. Le branle, la pavane, la courante, la gaillarde, la ga-
votte und besonders la volta waren die beliebtesten. Sie entsprachen
der eingerissenen Sittenlosigkeit der Zeit, zu welcher der Hof das Bei=

---

*) Chouquet, a. a. O. p. 53.

spiel gab. Tabourot in seiner Orchéographie (1588) war übel auf sie zu sprechen. Auch die Prediger erhoben sich gegen sie und die durch sie eingeführten Moden. Die Frauen begannen jetzt so kurze Röcke beim Tanze zu tragen, daß falls sie dieselben nicht mit der Hand am Flattern verhinderten, sie alles zeigten, was anständiger Weise verstedt bleiben sollte*). Die Damen nahmen so wenig Anstoß daran, daß z. B. die Gemahlin Heinrichs IV., die Königin Mar= garethe, in dem leichtfertigsten dieser Tänze, der Volta, so excellirte, daß Ronsard sowohl sie, als die Schönheit ihrer dabei ganz sichtbar werdenden Beine besingen konnte.

Die Ballets, die bisweilen von den ersten Personen des Hofs entworsen wurden und an deren Ausführung sich nicht selten die Prinzen des königlichen Hauses, ja die Königin und der König selber betheiligten**), hatten nun einen zugleich theatralischen und dramatischen Charakter gewonnen, welcher letztere der dabei in Anwendung kom= menden Musik aber noch jedenfalls abzusprechen ist. Nur die im Sep= tember 1581 bei der Feier der Vermählung eines seiner Mignons, des Herzogs von Joyeuse mit Marguerite de Lorraine, welche 17 Tage um= faßte, mit zur Aufführung gebrachte und als ballet comique de la Reine bezeichnete Circé soll nach dem Urtheile französischer Musikhistoriker hiervon eine Ausnahme machen. Sie sehen darin zum Theil schon die erste französische Oper, ja das erste Werk überhaupt, das diesen Namen verdient, unter dem sie eine Verbindung musikalischer, poetischer, choreographischer und decorativer Elemente verstanden wissen wollen. Das Ballet und die Decoration gilt vielen französischen Geschichts= schreibern für ein so wesentlicher Bestandtheil des Begriffs der Oper, daß sie musikalisch=poetische, mimische Darstellungen von dramatischem Charakter nicht dazu rechnen. Celler und Chouquet legen noch be= sonderen Werth darauf, daß hier zum ersten Mal der Versuch ge= macht worden sei, den Chor in die Handlung selber mit eingreifen zu lassen. Geschah dies aber nicht schon ein ganzes Jahrhundert früher im Bachanale von Poliziano's Orfeo? Auch glaubt Chouquet,

---

*) Siehe hierüber Celler, Les origines de l'Opéra etc. Paris, ohne Jahreszahl.

**) Beauchamps, Recherches etc., hat ein chronologisches, die Jahre 1548— 1733 umfassendes Verzeichniß derselben gegeben. — Siehe auch den vorzüglichen Abschnitt Le Ballet de la cour in Fournel's Les Contemporains de Molière III.

daß erst dieser Vorgang auf Guarini bei der Behandlung der Blin=
dekuhscene seines Pastor fido eingewirkt habe. Doch wenn dieser
auch erst 1583 beendet worden sein sollte, so spricht doch alles dafür,
daß gerade diese Scene schon vor seinem Weggange von Ferrara
(1582) componirt und gedichtet worden ist.

Den hauptsächlichsten Fortschritt, welchen Celler in der Musik des
Ballet de la Reine wahrnimmt, ist ein gewisses Gefühl für das
Dramatische, welches sich in der größeren rhythmischen Bewegung, der
energischen Accentuation und in der Anwendung theils vorbereiteter,
theils unmittelbar eintretender Septimenaccorde geltend mache. Auch
soll es nicht an noch anderen bis dahin unbekannten musikalischen
Effecten darin fehlen *). Das hing zum Theil mit der Zusammen=
setzung des Orchesters zusammen, welche für jene Zeit allerdings eine
ganz ungewöhnliche war. Ein national=französisches Element ist in
dieser Musik nicht zu verkennen, doch vermögen Celler und Chouquet
ebensowenig italienischen Einfluß zu leugnen. Letzterer ergiebt sich
schon daraus, daß mit dem Entwurf und der theilweisen Ausführung
dieses Ballets der Italiener Balthasar Baltazzerini, wegen seines
heiteren Temperaments auch Beaujoyeux genannt, ein ausgezeichneter
Violinspieler, betraut worden war, welcher mit dem Marschall Brissac
aus Piemont an den französischen Hof gekommen, sich hier die Gunst
der Catharina von Medicis in dem Grade erworben, daß sie ihn zu
ihrem ersten Kammerdiener und zum Intendanten ihrer Musik ernannt
hatte. An der Musik waren noch außerdem der Sänger Sieur de
Beaulieu und Meister Salmon betheiligt. Es ist schwer zu ent=
scheiden, wie groß der Antheil Beaujoyeux' daran ist, doch scheint es,
daß gerade ihm der instrumentale Theil, insbesondere die Composition
der Tänze zugefallen war. Als Dichter wird De la Chesnaye
genannt, welcher den Text der gesprochenen und gesungenen Stellen
verfaßt haben soll, deren Urheberschaft aber auch noch von Agrippa
d'Aubigny in Anspruch genommen wird.**)

---

*) So folgt dem Gesange der Tugenden im dritten Akt, die zweistimmig
und ohne Begleitung sind, ein Ensemble von 12 Instrumenten zunächst ohne Ge=
sangbegleitung, denen sich nun in dauernder Gradation andere Instrumente und
Sänger anschließen bis bei der Erscheinung des Jupiter ein Tutti von 28 In=
strumenten und 12 Sängern zusammen wirkt.

**) Ueber das Verhältniß der gesungenen und mimischen Partien der alten

Wie groß die dramatische und musikalische Bedeutung der Circé
aber auch sein möchte, in der Entwicklung der Oper hat sie keine Rolle
gespielt, wie sich an sie überhaupt kein weiteres Moment der Entwicklung knüpft. Sie blieb ohne jede directe Nachahmung. Man
kehrte vielmehr zu den alten Ballets zurück. Der Grund lag theils
in den ungeheuren Kosten ihrer Aufführung, theils in den mißlichen
und drohenden Zeitverhältnissen, unter denen diese stattgefunden hatte.
Das Land, schon seit länger vom wildesten Bürgerkriege zerrissen, bot
theilweise ein Bild der Verwüstung dar. Der Wohlstand war aufs
tiefste erschüttert, die Bevölkerung durch verheerende Krankheiten geschwächt. Die glänzenden Feste, welche der König, einen Moment der
Ruhe in jenen Kämpfen benutzend, bei jener Veranlassung in der ver-
schwenderischsten Weise zu Ehren eines jener Schmarotzer gab, welche
das Mark des Landes aussaugten, mußten ein erschreckendes Zeugniß
ablegen von der Frivolität des Hofs und der Regierung und die Unzufriedenheit der Nation in bedrohlicher Weise herausfordern. Soll
doch allein die Vorstellung der Circé, die alles bisher in dieser Art
Dagewesene übertreffen sollte, mehr als 1,200,000 Thaler verschlungen
haben. Kein Wunder, daß selbst ein so rücksichts- und gewissenloser
Fürst wie Heinrich III. über die Wirkung erschrack, die dies im Lande
hervorbrachte. Die Pamphlete der Zeit, welche die Corruption der
Sitten schonungslos darlegten, und die Leere seiner Kassen sprachen
zu deutlich. Dazu kam der Wiederausbruch des furchtbaren Kriegs,
der nun auch die Hauptstadt ergriff. Es war jetzt lange keine Zeit
mehr zu Festlichkeiten und wenn diese auch hier und da wieder aufgenommen wurden, so geschah es doch nur in den älteren, bescheidenen
Formen.

Dies war auch noch meist unter Heinrich IV. der Fall, unter
dessen Regierung zwar nicht weniger als 80 Ballets bei Hofe
zur Aufführung kamen. Michel Henri de Bailly, einer der 24
Violinisten des Königs, war der hauptsächlichste ihrer Componisten.
Seine Ballets sind in einem Recueil gesammelt. Pierre Guedron,
Jacques Mauduit, Antoine Boesset, Gabriel de Bataille werden daneben genannt. Das erste Ballet, welches sich dem

---

Ballets findet man Auskunft bei Fournel (a. a. O.), der an ihnen die vers, die
recits und die entrées unterscheidet.

Glanze der Circé wieder nähert, war das Ballet de la Delivrance
de Renaud, welches unter Ludwig XIII. 1617, zur Aufführung kam.
Es übertraf dieselbe noch in der Stärke des Orchesters und der Gesangskräfte, da nicht weniger als 92 Sänger, 28 Violinen und 24
Lauten dabei mitwirkten. Guedron, Boesset und Bataille waren die
Componisten, Durand der Dichter. Maubuit stand an der Spitze der
Sänger. In den zwanziger Jahren begegnet man unter den Dichtern
der Ballets besonders l'Etoile, doch auch Théophile, Boisrobert, Colletet, Sorel u. A.

Doch nicht unmittelbar vom Ballet aus, obschon auch in ihm
ein Theil der Wurzeln der französischen Oper liegt, sondern von der
italienischen Oper sollte die Entwicklung derselben zunächst den Ausgang nehmen. 1645 ließ, wie schon erwähnt, Mazarin zur Unterhaltung der Königin, eine italienische Truppe nach Paris kommen,
welche im Saale des Petit Bourbon die Festa teatrale della finta
pazza von Strozzi, zu welcher Torelli die Decorationen und Maschinen geliefert, zur Darstellung brachte. Wohl klagen verschiedene
Stimmen der Zeit über die Langweiligkeit dieser Vorstellung, welche
durch die eingelegten Ballets — denn ohne Ballet konnte man sich
damals eine Vorstellung dieser Art am französischen Hofe nicht denken,
wie es ja noch lange einen wesentlichen Bestandtheil der französischen
Oper bildete und auch noch jetzt der französischen großen Oper nicht
fehlen darf — eine unerträgliche Länge erhalten hatte. Gleichwohl
gab sie und eine Vorstellung der Italiener, die des Orfeo (1647) den
Anstoß zu selbständigeren Versuchen im Melodrama, worin 1640 schon
Chapotou in seinem Orphée ou la descente d'Orphée aux enfers, in
freilich sehr schwächlichen und ebenfalls von den Italienern beeinflußter
Weise vorangegangen, aber fast unbeachtet geblieben war. Allerdings
hatte man bei diesen Versuchen weniger die dramatischen, als die decorativen Wirkungen im Auge. Wenigstens war bei dem ersten derselben der
große Corneille nur beauftragt worden zu den vorhandenen Maschinen
und Decorationen Torelli's ein, besonders mit Gesängen und Tänzen
ausgestattetes, neues Drama zu schreiben, was bekanntlich in der
Andromède geschah.

Noch längere Zeit brachte man es nicht über derartige musika-
lisch-poetische und choreographische Ausstattungsstücke hinaus. Am
meisten wurde durch sie das Ballet noch gefördert, insofern dieses jetzt

ein größeres Gewicht auf dramatische Handlung und auf den musika=
lischen Theil zu legen begann; was durch den Umstand begünstigt wurde,
daß das Ballet jetzt gerade in Louis de Mollier ein Talent besaß,
welches nach damaligen Begriffen sich gleichmäßig im Tanz, in der
Musik und in der Dichtkunst auszeichnete, in letzterer aber von
Isaac de Benserade bald übertroffen wurde, welcher von 1639
an zwanzig Jahre lang die Dichtung zu den Ballets des Hofes lieferte,
wozu er in der That eine ganz ungewöhnliche Begabung besaß.

„Niemand — sagt Fournel*) — hat besser als er den Glanz
dieses Hofes zurückzustrahlen und seine Sprache zu sprechen verstanden.
Achtzehn Jahre sprachen die Marquis und Herzoginnen, die Nymphen
und Halbgötter von Versailles durch seine Lippen und die Königssonne
hat sich seine Verse entliehen, um sich dem geblendeten Volke im
vollen Glanze zu zeigen. Zart und erfinderisch, fein und galant,
leicht und graziös war er wie für diese Art Dichtung gemacht, die
unter seinen Händen eine ganz neue Gestalt gewann ...“ Das Eigen=
thümlichste seines Talentes aber bestand darin, daß er die Kunst, die
Person des Darstellers mit der darzustellenden Persönlichkeit zu einem
Typus zu verschmelzen, in erstaunlichster Weise besaß. Die Züge,
durch die er eine jede von ihnen charakterisirt, die Farben, mit denen
er sie malt, sind so geschickt gewählt, zu so feinen Anspielungen zu=
gespitzt, so geistvoll durch den Doppelsinn der Worte gehoben, daß sie
sich immer auf beide beziehen.

Erst die Pastorale des Abbé Perrin, von Cambert in Musik
gesetzt und ohne Decorationen in einem Landhaus zu Issy (1659),
dann aber auch vor dem Hof in Vincennes zur Aufführung gebracht,
darf als ein ernsterer Versuch, eine nationale französische Oper ins
Leben zu rufen, betrachtet werden, wie sie ja auch den Namen der
Opéra d'Issy erhielt. Gerade sie aber stand wieder sichtlich unter dem
Einflusse der Italiener; auch hatte sie im Widerspruch mit dem ausge=
sprochenen Geschmack der Franzosen auf die Beihilfe des Tanzes und
des Maschinenwesens völlig verzichtet. Der Erfolg bestimmte Perrin
und Cambert auf dem beschrittenen Wege muthig weiterzugehen,
obschon derselbe bereits im nächsten Jahre durch die für die Vermäh=
lung Ludwigs XIV. (1660) stattfindenden Feste völlig verdunkelt wurde,

---

*) A. a. O. II. 189 und 190.

zu denen eine neue italienische Sängertruppe unter dem berühmten
Componisten Fr. Caletti, gen. Cavalli, nebst den Architekten Aman-
bini und Vivarini berufen worden war. Die Vorstellung des Sersé
von Cavalli, zu der Lully besondere Ballete geschrieben hatte, verschlang trotz der ermüdenden Länge, welche sie hierdurch erhielt, (sie
soll an 8 Stunden gedauert haben) das Interesse des Tages. Doch
ließen sich Perrin und Cambert nicht abschrecken. Wir sahen vielmehr,
wie es ihnen zuletzt doch noch das Privileg zur Bildung eine Academie
de Musique zu erwerben und in dem um die Entwicklung des Maschinenwesens verdienten Marquis des Sourdéac einen Partner und
Förderer ihres Unternehmens zu finden, gelang, so daß sie am 19. März
1671 in ihrem neuen Theater mit der von Perrin gedichteten, von
Cambert componirten Operpastorale Pomone debütiren konnten, die
sich, allerdings nur durch Camberts Musik und Sourdéac's Maschinen
eines großen Erfolgs zu erfreuen hatte.*) Die Unternehmer sollten
dessen aber nicht froh werden. Zerwürfnisse, welche zwischen ihnen
ausbrachen, hinderten den Fortgang des Unternehmens, was, wie ich
schon andeutete, von einem vielleicht noch bedeutenderen musikalischen
Talente als Cambert sofort in ihnen verderblicher Weise benutzt wurde.

Jean Baptiste Lully (oder Lulli), 1633 in der Nähe von Florenz
geboren, wurde im Alter von 13 Jahren von dem Chevalier de Guise
nach Paris gebracht, der ihn der Mademoiselle de Montespan zuführte,
die ihn gebeten, ihr einen kleinen Italiener von seiner Reise nach Italien
mitzubringen. Es ist kaum ein Zweifel, daß es die Intelligenz und
das musikalische Talent des Knaben gewesen, das sich schon damals
entschieden gezeigt haben soll, was die Aufmerksamkeit des Ritters
von Guise auf sich gezogen hatte. Es muß daher billig Verwunderung erregen, daß Mademoiselle zunächst keinen besseren Gebrauch von
ihm zu machen gewußt haben sollte, als ihn zu den Küchenjungen in ihre
Küche zu stecken und daß erst ein Fremder, der Graf von Nogent,
sie auf das gar nicht zurückhaltende Talent des Knaben hätte aufmerksam machen müssen. Wie es sich aber mit dieser Erzählung auch
immer verhalten mag, so ist doch soviel gewiß, daß Lully's Violin-
spiel bald Aufsehen erregte und der König, der davon hörte, denselben

---

*) On voyait — heißt es bei St. Evremond in der Comödie Les opéras,
II. A. IV. Sc. — les machines avec surprise, les danses avec plaisir, on enten-
dait le chant avec agrément, les paroles avec dégoût.

in seine eigenen Dienste nahm. Lully wußte sich die Gunst seines neuen Herrn in dem Grad zu erwerben, daß dieser ihn mit der Bildung einer zweiten Kapelle betraute, die im Unterschiede von den 24 violons des Königs den Namen der petits violons desselben erhielt, und das ältere Institut nur zu bald überflügeln sollte. Die Namen Alouette, Colasse, Verdier, Baptiste, Jaubert, Marchand Rebel und La Lande, die zu den Mitgliedern zählten, geben hinlänglich Zeugniß von dem Glanz ihrer Leistungen. Kein Wunder, daß es Lully gelang, sich bald an die Spitze des ganzen Musikwesens am Hofe Ludwigs XIV. emporzuschwingen. 1658 scheint er zum ersten Male, mit dem Ballete Alcidiane, als Componist im größeren Maßstab aufgetreten zu sein. 1660 war nichtsdestoweniger sein Ruf als solcher bereits so groß, daß er mit der Balletmusik zur Oper des großen Cavalli betraut werden konnte. Nur kurze Zeit später sah er seinen Namen und sein Talent auch noch mit denen Molière's vereinigt und nachdem es ihm Cambert ganz zu verdrängen und sich an die Spitze der eben von diesem gegründeten französischen Oper zu stellen gelungen war, fand er in Quinault den Mann und das Talent, welches wesentlich mit dazu beitrug, ihn, den Ausländer, als den Schöpfer der nationalen französischen Oper, vor welcher die italienische für lange zurückweichen mußte, erscheinen zu lassen.

Lully besaß im vollsten Umfange die geistigen Eigenschaften, welche zu einer erfolgreichen Lösung der ihm hierbei gestellten Aufgabe nothwendig waren: eine vor keiner Schwierigkeit, keinem Hinderniß zurückschreckende, ihr Ziel fest im Auge behaltende Energie, die geschmeidige Biegsamkeit, das glückliche Anempfindungsvermögen, kraft dessen er sich nicht nur dem herrschenden Geschmacke der höfischen Kreise, sondern auch dem Naturell und dem nationalen Charakter des französischen Volks erfolgreich anzupassen verstand. Er würde hierdurch in Italien sicher ein andrer als in Frankreich geworden sein, doch nur weil er dort wie hier gleichmäßig das eigentliche nationale Element eines jeden dieser beiden Länder mit Berücksichtigung der geistigen Bedürfnisse der Zeit und seiner Umgebung in der Musik zum Ausdruck gebracht haben würde. Diese Biegsamkeit des Anempfindungsvermögens zeigte sich schon bei Gelegenheit der zu dem Cavalli'schen Serse von ihm im Geiste dieses Componisten, wie in dem des französischen Geschmacks gelieferten Balletmusik. Der Ton der

Gesänge war feierlicher, die rhythmische Bewegung der Tanzweisen mannichfaltiger geworden. Er war in die Art der Cavallischen Vortragsweise, einer dem Wortsinn und der in diesem ausgedrückten Empfindung
sich durch bezeichnende Anwendung der Accente anpassenden Declamation, aufs glücklichste eingedrungen. Cavalli ward überhaupt von
großem Einfluß auf ihn, doch behielt Lully bei der Nachahmung desselben immer im Auge, die Vorzüge seiner Musik in einer dem französischen Geiste entsprechenden Weise anzuwenden. Die Declamation
der großen französischen tragischen Dichter und ihrer vorzüglichsten
Darsteller, waren ihm nicht minder ein fruchtbarer Gegenstand des
Studiums, wie die Chansons und Tanzmelodien des Volks.

Cambert war Lully an musikalischer Gelehrsamkeit, vielleicht
selbst in der Kunst der Instrumentation überlegen, die letzterer, wie
es heißt, zum Theil seinen Schülern, L'Alouette und Colasse, überließ. Doch gilt das jedenfalls nur von der Orchesterbegleitung der
Recitative. In allen anderen Beziehungen, besonders aber an genialer Beanlagung stand Cambert gegen Lully zurück. Dies gilt auch
von der Wahl der Stoffe und Texte. Nach Lully sollte die dramatische Musik immer nur das, was durch das Wort gegeben war, zu
erhöhterem Ausdruck bringen. Welcher Unterschied mußte da nicht allein
zwischen einer nach diesem Principe componirten Dichtung von Quinault
und einer solchen von Perrin sein. Dies kann freilich heute nicht mehr
völlig empfunden werden, da Lully's Musik schon zu Rameau's Zeit
einförmig und schwerfällig befunden wurde. Gleichwohl machte sich,
wie Otto Jahn*) sagt, ein großer Fortschritt zur dramatischen Wahrheit und zu lebensvollerer Charakteristik schon darin geltend, „daß Lully
den declamatorischen Accent der französischen Sprache in einer ihr
durchaus angemessenen Weise musikalisch wiedergegeben und den Ausdruck des Pathetischen in der einzelnen Phrase charakteristisch getroffen
hat." Kaum minder groß ist das Verdienst den Tänzen und den selbständigen Instrumentalsätzen ein wärmeres, lebhafter pulsirendes Leben
eingehaucht und dem Rhythmus charakteristischeren Ausdruck gegeben
zu haben.

Lully verdankte seine großen Erfolge aber nicht allein seinen
musikalischen Vorzügen, die vielleicht zu seiner Zeit nur von Wenigen

---

*) W. A. Mozart II. S. 193.

vollständig geschätzt wurden, sondern, wie schon angedeutet, den Dichtungen Quinaults, so daß Boileau, der ihn allerdings nicht wohlwollte, dieselben sogar hauptsächlich nur letzterem zuschrieb. Auch
spielte die Intrigue, in welcher Lully Meister war, eine nicht zu unterschätzende Rolle dabei. Nicht weniger der Reiz seiner Persönlichkeit
und die Art seines Charakters. Lully war heiter, unterhaltend, ja
selbst voller Possen; gefällig gegen Jeden, der ihm zu nützen im Stande
war, hoffährtig gegen Alle, die ihn weder schaden, noch nützen konnten,
rücksichtslos gegen die, welche seinen Bestrebungen irgend im Wege
standen. Cambert mußte sich vor ihm nach England zurückziehen, wo
er am Hofe Carls II. zwar eine ehrenvolle Aufnahme und Stellung
fand, aber bald darauf starb. Die Molière'sche Gesellschaft, die so
viele Jahre mit an Lully's Triumphen gearbeitet hatte, ja seine eignen
Landsleute vertrieb er aus ihrem Theater, nur weil er es sich zum
Schauplatze seiner Opern ausersehen hatte. Er schonte selbst der kleinen
Vorstadttheater bei ihrem armseligen Erwerbe nicht. Oder hätte er
wirklich vorausgesehen, daß aus ihnen sich eine neue Oper entwickeln
würde, die die seinige einst überflügeln sollte? Ja es war ihm schließlich gelungen, sich so die ganze musikalische Welt Frankreichs tributpflichtig zu machen und die Nachfolge in seinem Amte an seine Familie zu
binden. „Prenez le — sagte Boileau von ihm, — tête-à-tête, ôtez
lui son théatre. Ce n'est plus qu'un coeur bas, un coquin téné-
breux, Son visage essuyé n'a plus rien que d'affreux." Das ist
freilich zu viel gesagt. Sein Verhältniß zu Molière selbst war bis
zu dessen Tode ein ganz ungetrübtes. Quinault ward von ihm aufs
Glänzendste honorirt. Seine Kapelle zitterte zwar vor ihm, aber sie
liebte ihn auch. In seiner Kunst ging er auf, sie wurde sogar die
Ursache seines Todes. Er verletzte sich mit dem seiner Hand ent-
gleitenden Taktirstock die kleine Zehe, und erlag 1687 zu Paris den
Folgen der Vernachlässigung dieser Beschädigung. Für seine Hauptwerke gelten Cadmus, Alceste, Thesée und Atys. Sein Ruhm war
aufs Engste mit dem seines Dichters verbunden.

Quinault war vermöge seines zarten und anmuthigen lyrischen
Talents und seiner, wenn auch beschränkten Einsicht in das Wesen
der Oper, vorzugsweise für diese Dichtungsgattung geschaffen. Er
begriff, daß hier die Dichtung der Musik sich unterzuordnen habe und,
dem Wesen der Oper nach, von einem romantischen Inhalte sein,

d. h. vor allem die Phantasie in einer auf die Empfindung und die geistigen Sinne bezogenen Weise befriedigen müsse. Indem er diese Zwecke verfolgte, vernachlässigte er jedoch die eigentlichen dramatischen Forderungen, die folgerichtige Entwickelung der Charaktere und Hand- lung. Auch geschah es noch überdies in einer allzusehr auf den Ge- schmack des damaligen französischen Hofs gerichteten Weise. „Nächst Racine, sagt Chouquet, doch mehr um ihn zu loben von ihm, hat es kein Dichter des 17. Jahrhunderts, wie er verstanden, die Schwächen der Zeit zu entschuldigen und sie zu verschönen." Er hielt einer ver- dorbenen, zur Heuchelei geneigten Gesellschaft den schmeichlerisch ver- schönernden Spiegel vor. Die Reinheit seines Stils, die Grazie seiner melodischen Verse, der harmonische Fluß des Ganzen, sind Ur- sache, daß einzelne seiner Werke (deren Stoffe theils der Mythologie, theils der mittelalterlichen Romantik entlehnt sind), wie Armide, Roland, Atys, noch heute in Frankreich mit Genuß gelesen werden.*)

Ludwig XIV., welcher der Oper besonderes Interesse zuwendete, ließ sich die Pläne Quinault's immer erst vorlegen. Er billigte oder verwarf und machte auch eigene Vorschläge. Doch war das fertige Libretto selbst dann noch der Prüfung der Academie der Inschriften zu unterwerfen, was so lange Lully lebte, wohl kaum mehr als eine bloße Form war.

Nach Lully's Tode theilten sich seine beiden Söhne in das Amt der Surintendance de la musique de la chambre du Roi. Jean Nicolas de Francini, sein Schwiegersohn, erhielt dagegen, zunächst auf 10 Jahre das Privileg der Académie de Musique oder der Oper, das aber bis 1804 verlängert wurde. Von da an ward es der Fa- milie Lully's entzogen. Wenn die von diesem begründete musikalische Dynastie aber auch nur von kurzer Dauer war, so war diese doch lang genug, die Entwicklung der französischen Oper zu hemmen. Die von Lully geschaffenen und durch Tradition befestigten Formen blieben auch für die Nachfolger bindend, unter denen Colasse, Destouches, Marais und besonders Campra hervortreten, ohne doch einen wesentlichen Fortschritt zu bezeichnen. Von den Dichtern mögen Tho- mas Corneille, Campistron, Fontenelle, Duché de Vancy,

---

*) Seine übrigen Opern heißen: Fétes de l'Amour et de Bacchus, Cadmus, Alceste, Thesée, Isis, Proserpina, Le triomphe de l'amour, Persée, Phaëton, Amadis, Le temple de la paix.

der ältere Rousseau, La Motte, Regnard, Danchet, Vol=
taire und Marmontel genannt werden.

Die Zeit zwischen Lully und Rameau ist demnach, was die
französische Oper betrifft, eine Periode der Stagnation; die einem Rück=
gang fast gleich kam. Doch sollte sich gerade innerhalb dieser Zeit
die Entwicklung eines neuen Zweiges der nationalen französischen Oper
vorbereiten, der seine Kraft viel unmittelbarer, als jener aus natio=
nalen Wurzeln geschöpft hat und ihn daher auch rasch überwuchs.

Diese neue Entwicklung ging von den volksthümlichen Spielen
der Theâtres de la foire aus, die Lully und die Comédiens français,
wie wir gesehen, zum Schweigen gebracht. Sie hatten sich seitdem
wieder länger auf die Künste des Springens, des Seiltanzes, der
stummen Marionettenspiele und des Abrichtens und Vorführens von
Thieren beschränken müssen. Erst um das Jahr 1690 scheinen von
ihnen die Versuche dramatischer Spiele wieder aufgenommen, aber
rasch wieder unterdrückt worden zu sein. Die Aufhebung des ita=
lienischen Theaters (1697) legte ihnen aber den Gedanken nahe, für
dieses einen Ersatz zu bieten. Es spielten damals drei Truppen
auf diesen Theatern, die der Gebrüder Allard, die ihres Schülers
Maurice Vondrebeck und die des Marionettenspielers Bertrand. Sie
alle traten jetzt mit Spielen, wie sie die Italiener zu spielen pflegten,
die sich zuletzt auch nur der französischen Sprache dabei bedient hatten,
hervor. Die Comédiens français protestirten unverzüglich dagegen.
Die Sache kam zum Proceß und der Proceß wurde von beiden Seiten
mit großer Erbitterung durch alle Instanzen geführt. Dies nahm eine
ziemliche Zeit in Anspruch, während welcher die Theâtres de la foire
bei steigendem Zuspruch ihre Spiele fortsetzten. Endlich, 1704, kam
es aber doch zur Entscheidung: Den Theâtres de la foire wurde die
Aufführung von Comödien und Farcen bei hoher Strafe verboten.
Sie suchten sich damit zu helfen, daß sie nun losgerissene Scenen
spielten, von denen aber jede ein bestimmtes Interesse bot. Auch rief
man, da dieses ebenfalls wieder Einsprüche und Verbote zur Folge
hatte, die Geistlichkeit von St. Germain, deren Interesse durch diese
Verbote berührt wurde, zu Hilfe. Dies verschleppte die Angelegenheit
zwar, änderte aber nichts an der schließlichen richterlichen Entscheidung.
Um allen Ausflüchten zuvorzukommen, wurde den fremden Theatern
1707 die Recitation aller Dialoge überhaupt untersagt. Dies führte zur

Erfindung von monologischen Stücken, in denen ein einziger Darsteller sprach, die andern aber nur pantomimisch agirten. Die inzwischen erschienene Truppe von La Place und Dolet war aber noch auf ein andres Auskunftsmittel gekommen. Sie ließ jeden Schauspieler, nachdem er gesprochen, in die Coulisse zurück und dafür denjenigen, den die Reihe nun traf aus dieser hervortreten. Natürlich verfehlten diese Darstellungen ihren künstlerischen Zweck, sie amüsirten aber das Publikum auf eine andere Weise, das überhaupt für sie Partei ergriff und sie mit Eifer besuchte. Die Comédiens machten daher auch diesen Stücken wieder den Proceß und erhielten das Recht, diejenigen Theater, welche sie weiterhin aufführen sollten, schonungslos niederreißen zu dürfen. Es ist auffällig, daß während die Comédiens Bertrand, Dolet und Laplace mit solcher Härte verfolgten, sie diesmal ihre früheren Gegner, die Gebrüder Allard, die Wittwe Maurice u. A. verschonten und ihnen freie Hand ließen, diese und ähnliche Stücke zu spielen. Dies läßt sich nur daraus erklären, daß sich dieselben mit dem Théâtre français darüber verglichen hatten, wie sie im nächsten Jahre (1708) ein ähnliches Abkommen auch mit der Académie de Musique, zu treffen bemüht waren. Schon damals erhielten sie von dieser gegen eine bestimmte Entschädigung die Erlaubniß, Gesangsdivertissements und Ballete mit decorativer Ausstattung zur Aufführung bringen zu dürfen.

Nachdem Dolet und Laplace sich noch dadurch zu decken gesucht hatten, daß sie ihre Theater scheinbar an zwei Schweizer (die damals besondrer Freiheiten in Frankreich genossen) abtraten und auch diese Hoffnung wieder fehl geschlagen war, sie aber gleichwohl mit der Darstellung dramatischer Spiele fortfuhren, kam es zuletzt wirklich zur Execution. 1709 wurde ihr Theater erstürmt und zerstört.

Sie verloren den Muth aber nicht, protestirten gegen dieses Verfahren, stellten ihr Theater rasch wieder her und führten eine Art von Stücken ein, Pasquinaden genannt, in denen die Comédiens français durch karrikirte Nachahmung dem Gelächter preisgegeben wurden, indem man den Darstellern sinnlose, aber zu Alexandrinern verbundene Worte in den Mund legte und diese im tragischen Tone und in ihrer Manier vortragen ließ, was eine ungeheure Anziehung ausübte.

Inzwischen hatte die Academie der Musik ihren Vertrag mit den Truppen Allard und Veuve Maurice wieder gelöst, so daß diese sich

ebenfalls wieder auf die stummen Spiele verwiesen sahen, wobei man
jedoch auf den Einfall kam, das was gesprochen werden sollte, auf
Papierrollen zu schreiben, welche der betreffende Schauspieler bei sich
trug und an den entsprechenden Stellen vor den Augen des Publikums
zum Ablesen entfaltete. Diese Écriteaux, welche anfänglich in Prosa
abgefaßt waren, erhielten jedoch bald eine Verbesserung. Man arbeitete
die Reden in Couplets nach bekannten Vaudeville-Melodien um, ließ
sie auf Tafeln geschrieben und von zwei Amoretten getragen aus den
Suffiten hernieder, wobei das Orchester die betreffende Melodie spielte,
das Publikum aber den Gesang selbst übernahm und der Schauspieler
diesen nur mit seinen parodirenden Gesten begleitete. Es sind diese
Spiele, aus denen sich allmählich das französische Vaudeville und die
französische komische Oper entwickelt hat.

Ich habe die verschiedenen Phasen ihrer Vorgeschichte*) etwas
näher beleuchtet, weil dieselben in anschaulicher Weise erkennen lassen,
auf welche Abwege die künstlerische Production durch Privilegirung
einzelner Künstler und Kunstinstitute und durch polizeiliche Maßrege-
lung getrieben wird und wie nachtheilig dies auf den Geschmack des
Publikums einwirkt.

So unkünstlerisch diese neuen Spiele unzweifelhaft waren, so
hatten sie doch den Beifall des Publikums für sich, daher sie auch
bald von den übrigen Theatern de la foire nachgeahmt wurden, von
denen die bedeutendsten damals das des Dominique, Sohn des berühmten italienischen Komikers, das der Dame Baron, Tochter der
Wittwe Maurice und Gattin des berühmten Schauspielers Baron,
das des Jean Baptiste Constantini, der unter dem Namen Octavio
spielte, und endlich das des Sieur de St. Edmé und seiner Gattin
waren. Der Aufschwung, den diese Theater nahmen, führte ihnen
die besten schauspielerischen Talente und die noch hier und da im
Lande zerstreut lebenden Mitglieder des früheren italienischen Theaters zu, so daß sie zum Theil wirklich ganz Ungewöhnliches leisteten,
wozu auch noch beitrug, daß sich für diese Art Spiele gleichzeitig
einige wirkliche poetische und musikalische Talente zeigten.

Im Jahre 1713 schloß die Gesellschaft der Wittwe Baron und

---

*) Die man ausführlich in Gebr. Parfait's Memoires pour servir à l'his-
toire des spectacles de la foire, Paris 1743 nachlesen kann.

bie des Ehepaares Cbmé eine Uebereinkunft ab, unter wechselseitiger
Rechnungablegung alle etwa erworbenen Vortheile mit einander zu
theilen. Die Wittwe Baron trat hierauf in neue Unterhandlungen
mit der Académie de Musique, welche ihr auch einige Freiheiten
zugestand, die 1718 noch erweitert wurden. In diesem Jahr eröffneten beide Gesellschaften unter dem Titel der Nouvel opéra comique
ihre Theater und die Spiele mit Ecriteaux wichen denen, welche aus
lauter gesungenen Vaudevilles bestanden, zwischen die man jedoch kurze
Zeit später Dialoge in Prosa legte.

Das Vaudeville und die Charaktere der italienischen Masken-
komödie bildeten die Grundelemente dieser neuen Spiele, in denen
Rede, Gesang und Tanz mit einander wechselten und die sich, um der
Phantasie und dem Auge noch größeren Reiz zu bieten, hauptsächlich
auf dem Gebiet des Wunderbaren bewegten, um aber auch die
Verstandeskräfte in angenehmer Weise zu beschäftigen sich der Satire
und Parodie bemächtigt hatten. Die Parodie der heroischen Oper
war eines der hauptsächlichsten Anziehungsmittel dieser sogenannten
neuen komischen Oper.*) Ein anderes lag in der witzigen Verwendung der Vaudevillemelodien.

1717 suchte die Wittwe Baron das Privileg der komischen Oper
ganz allein zu erwerben. Sie bot der Académie musicale eine
jährliche Abfindungssumme von 35000 Lire. Da sie die Zahlungen
derselben aber nicht einhielt, so mußte sie sich doch wieder mit der
Gesellschaft Cbmé verbinden. Diese Verhältnisse führten im folgenden
Jahre eine völlige Unterbrechung der Opéra comique herbei. Erst
1721 trat sie unter Lalauze aufs Neue ins Leben. In diesem Jahr
eröffneten auch die Italiener, die seit einiger Zeit wieder in der
früheren Weise im Hôtel de Bourgogne spielten, ein besonderes
Theater de la foire de St. Laurent, welches bestimmt war dieser
neuen komischen Oper Concurrenz zu machen. Le Grand war ihr
hauptsächlichster Dichter. Das Privileg der komischen Oper wechselte

---

*) In Lajarte, Bibliothèque du Théâtre de l'opéra, welche ein Verzeichniß
aller im Besitze derselben befindlichen musikalischen Werke mit genauer Angabe
des Tags und Orts der ersten Aufführung und die Besetzung derselben mit geschichtlichen Notizen und Anecdoten enthält, finden sich auch die zu jeder von ihnen
erschienenen Parodien mit angeführt, deren Zahl eine ganz erstaunliche ist. Siehe
auch Parfait, Mémoires etc. in dem angefügten Cathalogue des opéras comiques.

jetzt unter den Besitzern der verschiedenen Théâtres de la foire und
rief Streitigkeiten zwischen ihnen hervor. Einen besonderen Aufschwung
nahm sie unter der Leitung des Sieur Pontou, welcher ihr 14 Jahre,
von 1728—1742, ununterbrochen vorstand, doch hielt sie bis zum Erscheinen der Serva padrona in Paris ihren früheren Charakter mit nur
geringen Variationen fest.

Die Dichter Fuselier, Lesage und d'Orneval, sowie der
Musiker Gillier hatten ihr die eigenthümliche Gestalt gegeben. Sie
schrieben sogar noch Stücke à écriteaux. Später traten verschiedene
andere Dichter und Componisten hinzu. Von ersteren sind die bedeutendsten Piron, Panard und Favart.

Obschon Gillier das musikalische Factotum der Opéra comique,
wie Dumoulin das ihres Ballets war, (Lesage behauptet sogar, daß
man ihm die besten der Vaudevilles zu verdanken hatte, welche seit
vierzig Jahren durch Europa verbreitet gewesen seien) so ist doch noch
eine ganze Reihe andrer Componisten für sie thätig gewesen, unter
denen sich sogar derjenige, welcher der heroischen französischen Oper
einen neuen Aufschwung zu geben berufen war, findet.

Jean Philippe Rameau (geb. 25. Sept. 1683 zu Dijon gest.
1764 als königlicher Kapellmeister) scheint sich seit 1721 in Paris
niedergelassen zu haben, wo er sich als Organist am Jesuitencollegium
den Ruf eines der ersten Orgelspieler erwarb. Nicht minder bedeutend war er als Violinist. Ein in die Tiefe bringender Denker
gehört er durch seinen Traité de l'harmonie (Paris 1722) auch zu
den Begründern der Theorie der Harmonie der Musik. „In der
Kunst, das Orchester zu behandeln — heißt es bei Jahn,[*] — ist in
ihm nicht allein gegen Lully ein Fortschritt, sondern auch der italienischen Oper gegenüber eine Ueberlegenheit zu erkennen." Er war der
Erste, welcher jedem Instrument eine besondere Rolle in der Bewegung
und im symphonischen Zusammenwirken des Orchesters ertheilte. Im
Uebrigen war seine Musik nur eine geistvolle Weiterentwickelung der
Lully'schen, auf die er den Fortschritt der italienischen Musik, soweit er
sie kannte, immer aber in ganz selbständiger Weise anwendete und die
Accentuation und Rhythmik erweiterte und vertiefte. Von vielen seiner
Zeitgenossen ward dies jedoch als eine Neuerung aufgefaßt, gegen

[*] A. a. O. II. S. 197.

welche man die Tradition der Lully'schen Oper vertheidigen zu sollen
glaubte. Rameau hatte auf Veranlassung seines Landsmanns Alexis
Piron zuerst auf dem Theater de la foire von Monnet, welcher das
Privileg der komischen Oper damals besaß und bei dem er eine Zeitlang
Dirigent gewesen zu sein scheint, mit den Opern La Rose, L'enrôle-
ment d'Arléquin, L'endriaque etc. debütirt, von denen einzelnes in
seiner Nouvelle suite de pièces de clavecin (1731) und in Les
Indes galantes erhalten geblieben sein dürfte. Ohne die Protektion
des reichen Finanziers De la Popelinière würde er weder einen namhaften
Dichter, noch seine Oper Aufnahme in das Repertoire der Académie de
Musique gefunden haben. La Motte lehnte es ab, ihm eine Oper
zu schreiben und der Abbé Pelegrin wurde nur durch eine Abschlags=
zahlung von 500 Livres auf den Erfolg dazu bewogen. Rameau's
erste Oper Hippolyte et Aricie (1733) hatte zwar einen entschiedenen
Erfolg, erfuhr aber doch große Anfechtungen. Doch bildete sich für
ihn rasch eine Partei, die unter den Eindrücken seiner Indes galantes,
seiner Fêtes de Hébé und seines Meisterwerkes Castor et Pollux,
(berühmt ist die Arie Tristes apprêts etc. und das Menuett Dans ces
doux asiles etc.) immer mehr anwuchs. Doch fehlte es auch nicht
an Gegnern, zu denen Rousseau und Grimm gehörten, obschon letz=
terer unter dem ersten Eindrucke an Gottsched geschrieben hatte: „Mr.
Rameau wird von allen Kennern für einen der größten Tonkünstler
die jemals gewesen, gehalten und mit Recht." Chouquet glaubt, daß
die Musik Lully's sich nicht mehr gegen Rameau würde haben be=
haupten können, wenn dieser eine größere Einsicht in das Dramatische
bei der Textwahl gezeigt hätte.

Der Streit zwischen den Lullisten und Ramisten wurde durch
eine Erscheinung in den Hintergrund geschoben, welche die ganze fran=
zösische Oper für einige Zeit in Schatten stellte. Im Jahre 1752
kam nach langer Unterbrechung auf den Ruf der Académie de Musique
zum ersten Mal sogar selbst wieder eine Gesellschaft italienischer Sänger
nach Paris, welche die italienische komische Oper in Aufnahme brachte
und besonders mit der Serva Padrona des Pergolese einen unge=
heuren Erfolg errang.*) Ein Ruf des Entzückens aller derer ertönte,
die wie Rousseau der „trainantes et ennuyeuses lamentations" des

---

*) Schon früher hatte die Riccobonische Gesellschaft den Versuch gemacht,
die italienische komische Oper einzuführen. Insbesondere wurde von ihr auch

Repertoires der Académie musikale müde waren. Die tonangebenden Lullisten und Ramisten vereinigten sich dieser ihnen gleichmäßig drohenden Gefahr gegenüber in dem Coin du Roi (dem Platze unter der königlichen Loge), die enrangirtesten Enthusiasten der italienischen Oper in dem Coin de la Reine. Das Theater wurde zur Arena. Es brach jener Kampf aus, der in der Geschichte der französischen Oper la guerre des bouffons genannt worden ist. Grimm in seinem Petit prophète de Boehmischbroda (1753), Rousseau in seiner Lettre sur la musique française, Diderot in seinem Neveu de Rameau, Holbach und andre Academiker, die sich durch Rameau's Angriffe auf die Academie (in seinen Observations sur notre instinct pour la musique et sur son principe 1754) beleidigt fühlten, traten mit größter Entschiedenheit gegen die französische für die italienische Oper ein — ja selbst der neidlose, freidenkende Rameau bekannte: „Wenn ich dreißig Jahre jünger wäre, so würde ich nach Italien gehen und Pergolese mein Vorbild werden. Ich würde meine Harmonie dieser Wahrheit des beclamatorischen Ausdrucks dienstbar machen, welche der einzige Führer des Musikers sein sollte. Wenn man jedoch schon mehr als 60 Jahre zählt, so fühlt man, daß man bleiben muß, was man geworden." *)

Ein ähnliches Gefühl hatten ohne Zweifel verschiedene der jüngeren Musiker. Das Beispiel der Italiener, der Kampf, der sich um ihre Musik entspann, waren für die Entwicklung der französischen Oper nicht verloren. Schon vom Jahre 1753 an traten im Theater Monnet, die ersten Früchte dieser wohlthätigen Einwirkung in den Texten Favart's und Vabé's und in den Compositionen der b'Auvergne, Larouette und Duni, unterstützt von dem berühmten Choreographen Noverre, hervor. Auch Rousseau's Devin du village, der einen so großen Erfolg hatte, und über welchen noch Gluck gegen Salieri äußerte: „Wir würden es anders gemacht, aber Unrecht gehabt haben", wurde schon 1753 zum ersten Male (in Fontainebleau) gegeben. Er war keineswegs, wie man ihm vor-

---

die Serva padrona schon 1646 mit Beifall gegeben. Jetzt aber traten die Wirkungen besserer Stimmen (Manelli und Anna Tonelli) und die Bravour der italienischen Gesangschule dazu.

*) Einen sehr schätzenswerthen Aufschluß über die Verhältnisse dieser Periode geben die Mémoires de Jean Monnet.

warf, nichts als eine verblaßte Nachahmung der italienischen Inter=
medien. Es pulsirte warmes französisches Leben darin. — So ent=
wickelte sich denn unter dem Einfluß der Italiener, unter den Händen
begabter, von einem ganz neuen Geiste erfüllter Dichter und Musiker
in kurzem eine neue französische Oper, welche nicht nur die ältere des
Lully, Campra und Rameau, sondern auch die italienische zuletzt fast
überwuchs. Im Jahre 1762 vereinigte sich die Opéra comique mit
der Comédie italienne, die schon seit länger nur diesen Namen
trug. Sie hatte nämlich die pièces à ariettes (ohne Musikbeglei=
tung) aufgenommen, die sich allmählich zur Oper entwickelt hatten.
Von Italienern hatte sie damals nur noch **Calalto, Carlin** und
Camerani zu Mitgliedern, daneben glänzte **Caillou, Melle Fa=**
vart und **Melle Bilette.** Von der Opéra comique traten hinzu
Claivar, Laruette, Trial, Michu, Melle Lefèvre und
Melle Gautier. Was diese Gesellschaft in den Compositionen
d'Auvergne's, Laruett's, Duni's leistete, zu denen später **Monsigny,**
Gossec, Philidor, Dalayrac, Gretry und Dichter wie **Sedaine,**
Anseaume und **Marmontel** noch gesellten, würde die Académie
de Musique bald völlig in Schatten gestellt haben, wenn sie nicht ein=
zelne dieser Talente zu sich herübergezogen, über zum Theil bedeu=
tendere Darstellungskräfte,[*] besonders im Ballet, das sie damals be=
sonders pflegte, verfügt und endlich in Gluck einen Componisten ge=
wonnen hätte, welcher die heroische Oper in dem von Lully und
Rameau angebahnten Stile auf ihren Gipfel erhob. Gretry hatte
die komische Oper aber inzwischen zu einer Höhe gebracht, daß Chou=
quet sagen konnte, er habe hierdurch die Triumphe des Schöpfers der
Iphigénie und des Orphée vorbereitet. Auch haben die genannten
Componisten den Franzosen in der That ihre nationale Oper ge=
schaffen, die sich nicht sowohl von der tragischen Oper, als von der
komischen Oper aus entwickelt, durch die Aufnahme ernsterer Em=
pfindungselemente allmählich eine immer größere Vertiefung gewonnen
und sich auf diese Weise unter Wechselwirkung mit der Rameau=
Gluck'schen Oper zum Theil wieder zur tragischen Oper erweitert hat.
Was man an dieser neuesten tragischen Oper national nennen kann,

---

[*] Zu den bedeutendsten Darstellern der Rameau'schen Epoche gehören,
was den Gesang betrifft, Jelyotte, Tribou, de Chassé, l'Arrivey, le Gros und
die Melles Enemans, Fel, Antier, Jacques, l'Arrivey, Sophie Arnould.

hat seine besten Kräfte aus der komischen Oper gezogen, die ihren
Gipfel in Boieldieu und in Auber erreichte, in deren Werken
sie jene reizende Mischung französischer Heiterkeit, französischen Esprits
und Sentiments, mit einem Anflug von romantischer Ritterlichkeit ge=
wann, zu der schon Gretry und Dalayrac den Grund gelegt hatten.*)
Was von der Lully=Rameau'schen, durch Gluck auf den Gipfel ge=
hobenen Oper in der neuesten französischen großen Oper noch übrig
geblieben, hat wenig mehr als ein formales Interesse. Es bezieht
sich, wie Jahn sagt, hauptsächlich auf das Gerüst und den Zuschnitt,
auf gewisse Wendungen in der Melodiebewegung und in der rhyth=
mischen und harmonischen Behandlung.

Christoph Willibald Gluck,**) am 2. Juli 1724 auf der
Lobkowitz'schen Herrschaft Weidenwang bei Neumarkt in der Oberpfalz
geboren, 15. November 1787 zu Wien gestorben, hatte in Prag unter
dem Einfluß der Italiener seine ersten musikalischen Studien gemacht,
die er dann in Mailand unter Battista Samartini erweiterte und ver=
vollständigte. Seine ersten Opern (von 1741 an) standen noch ganz
unter der Einwirkung italienischer Vorbilder. Nach seiner Ueber=
siedelung nach Wien nahm sein Geist aber einen selbständigeren Flug.
Er fing an, tiefer über die Natur und die Gesetze der dramatischen
Musik nachzudenken, wovon das Ergebniß in dem Widmungsschreiben
zu seiner Alceste (1769) niedergelegt ist. Wahrheit und einfache Größe
galten ihm für die wahren Ziele der Kunst, als erstes Gesetz des

---

*) 1783 übersiedelte die Comédie italienne (diesen Namen behielt die Opéra
comique jetzt noch bei) in ihr neues Theater. Erst 1793 verwandelte sich dieser
Titel in den der Opéra comique nationale. 1801 vereinigte sie sich mit der im
Jahre 1791 hervorgetretenen Concurrenzgesellschaft des Feydeau, die sie in den
damals üblichen patriotischen Gesängen überflügelt hatte. Sie bestand hiernach
aus folgenden Mitgliedern Elleviau, Martin, Juliet, Solié, Gavoudon, Moreau,
Lesage und den Damen St. Aubin, Le Sage, Gontier, Gavoudon, Dugazon und
Desbrosses. Das Theater Feydeau war durch die Decretirung der Theaterfreiheit
hervorgerufen worden und wurde nach der Straße, auf welcher es lag, benannt.
Es trug ganz wesentlich zur Entwicklung und Blüthe der Oper bei. Lesueur,
Kreutzer, Cherubini, Berton, Steybelt, Méhul ließen hier verschiedene ihrer Werke
aufführen. Auch ein leichteres Genre kam hier wieder in Aufnahme, die co-
médies à ariettes.

**) Marx, Gluck und die Oper, Berlin 1863. — Jahn, Mozart ꝛc. II. S. 218.
— Chouquet, a. a. O. p. 152.

dramatischen Musikers aber: die Unterordnung der Musik unter die Dichtung, wobei sie in jedem Momente das der Situation Gemäße auszudrücken und allen überflüssigen Schmuck, alles Neue, was nicht hierzu dient, zu verschmähen habe. Gluck's Ansichten stimmten in vieler Beziehung mit den in Frankreich zur Herrschaft gekommenen musikalischen Theorien, die er ohne Zweifel auch kannte, zusammen; daher ihm der französische Gesandtschaftssecretär de Rollet, der ihm auch den Text zu seiner Iphigenia in Aulis nach Racine schrieb, rathen konnte, den Erfolg, den er in Deutschland noch immer vermißte, in Paris zu suchen, da seine Opernreform im Grunde doch nur eine Weiterentwicklung der französischen Oper sei.

Ohne den Schutz der Königin Marie Antoinette, seiner früheren Schülerin, ohne den Einfluß de Rollets auf die Pariser Presse, die für ihn Stimmung zu machen suchte und ohne den Umstand, daß sein Talent und Genie sich der durch die Opéra comique bedrohten Acabémie de Musique dringend empfahl, würde er wohl kaum den beispiellosen Erfolg gehabt haben, den er, zwar nicht ohne Kämpfe, errang. So aber rief sein Erscheinen eine musikalische Revolution hervor, deren Interesse längere Zeit jedes andere verschlang.*)

In der Reform des Tanzes war ihm, nachdem schon Lully dem Ballet durch Einführung der Tänzerinnen (1681 Le triomphe de l'amour) ein neues Interesse zugeführt und einen neuen Aufschwung gegeben hatte, Jean George Noverre (geboren 1727, gestorben 1810) zwar vorausgegangen. Auch er verlangte, daß das Ballet der Oper mit der Handlung in engster Verbindung zu stehen habe, ja, daß das Ballet auch selbst Handlung besitzen müsse, da dessen Aufgabe ja nur der charakteristische, schöne Ausdruck einer solchen nach dem Vorbild der Natur sei.

Das Gluck'sche Compositions- und Darstellungsprincip begegnet in der Ausführung einer Schwierigkeit, welche schon Rameau gefährlich wurde. Es setzt vorzügliche, und zwar im dramatischen Sinne

---

*) Depuis quinze jours — heißt es im April 1774 bei Grimm (Correspond. littér. VII. p. 320.) — on ne rêve plus à Paris que musique. C'est le sujet de toutes nos disputes, de toutes nos conversations, l'âme de tous nos soupers et il paraîtrait même ridicule de pouvoir s'intéresser à autre chose. Est-il besoin de dire encore que c'est l'Iphigénie de Mr. le chevalier Gluck qui cause toute cette grande fermentation?

vorzügliche, Texte voraus. Auch er war in der Wahl derselben nicht immer glücklich. Was aber seine Werke dieser Periode vor denen fast aller anderen dramatischen Musiker auszeichnet, ist, wie Jahn es ausgedrückt hat, die tiefe Empfindung für alles Große. Sie hat ihn zu dem Schöpfer eines erhabenen dramatischen Styls gemacht, in dem er ganz einzig dasteht.

Die Franzosen haben einen gewissen Anspruch auf Gluck erhoben, theils weil ihnen das große Verdienst gebührt, seine Größe erkannt und zur Anerkennung gebracht zu haben, theils weil er durch seine musikalischen Principien der Lully-Rameau'schen Schule verwandt war. Zu dieser selbst gehört Gluck aber nicht. Er ist eine ganz originelle und dabei deutsche Natur. Daher auch die nähere Würdigung seiner Bedeutung, soweit sie überhaupt in diese Darstellung gehört, erst bei der Entwicklung des deutschen Dramas Platz finden kann.

Der Abbé Arnaud und Suard traten sofort, etwas später der überwundene Rousseau, enthusiastisch für Gluck bei ihren Landsleuten ein. Die Gegner kamen aus dem Lager der Italiener sowohl, wie aus dem der Lullysten und Ramisten. Die Führer der ersteren waren Marmontel und La Harpe; zu ihnen hielt sich auch Grimm. Sie setzten, um Gluck aus dem Felde zu schlagen, mit Hilfe des neapolitanischen Gesandten Caraccioli, die Berufung des damals berühmtesten italienischen Operncomponisten, Piccini, durch. Gluck hatte mit seiner Iphigenia in Aulis, mit seinem Orpheus, seiner Armide, das anfangs widerstrebende Publikum zuletzt unwiderstehlich mit sich fortgerissen, jetzt errang auch Piccini mit seinem Rolando gleichen Erfolg. Der Kampf sollte durch die gleichzeitig von beiden Componisten componirte Iphigenia in Tauris entschieden werden. Der Sieg war für Gluck. Ich konnte auf Piccini's würdiges Verhalten dabei früher schon hinweisen. Es zeigte sich auch wieder bei der Nachricht von Glucks im Jahre 1789 zu Wien, wohin er 1779 zurückgekehrt war, erfolgendem Tode. Piccini, der bis 1792 in Paris blieb und noch manche Triumphe hier feierte, forderte zu einer Subscription auf, „nicht um den Todten — wie es bei ihm heißt — ein Denkmal zu setzen, sondern um zu seinen Ehren ein jährlich an seinem Todestage zu gebendes Concert zu stiften, in dem nur Compositionen des Dahingeschiedenen aufgeführt werden sollten, damit der Geist und Vortrag seiner Werke den Jahrhunderten überliefert würden, die demjenigen

folgen, welches die Meisterstücke habe entstehen sehen und um ein
Vorbild des Stils und der Entwicklung der dramatischen Musik vor
den jungen Künstlern aufzurichten, die sich dieser Musikgattung wid=
men würden."

Man hat viel von den Schülern Gluck's gesprochen; in dem,
worin seine Größe bestand, hat ihn aber keiner von ihnen erreicht,
am meisten noch Cherubini. Gewiß ist es ein ernsterer, tieferer Ton,
den Méhul angeschlagen, von der Stilgröße Glucks zeigen aber
seine Werke nur wenig. Auch er, wie alle französischen Tonsetzer,
die, wie Auber, Herold, neben und nach ihm die heroische Oper
pflegten, hat noch gewisse Berührungen mit dem Geiste der komischen
Oper. Ueberhaupt aber hatte die französische heroische Oper nach
Gluck's Weggang noch lange mit der italienischen Oper zu kämpfen.
Die Namen Sacchini, Spontini, Rossini, Bellini, Donizetti und
Verdi bezeichnen ebensoviele Siege der italienischen Oper, die sich
schon lange neben der großen französischen Oper*) ein eigenes
Theater in Paris gegründet hatte und immer über die vorzüglichsten
Gesangskräfte verfügte. Nur der deutsche Meyerbeer hat über sie
einen nachhaltigen Triumph zu verzeichnen gehabt, während Halévy,
Ambroise Thomas und Charles Gounod ihren Erfolgen nur

---

*) Nach dem Brande des Palais Royal wurde die Académie de Musique in
die Salle à machines der Tuillerien verwiesen. Que cette nouvelle salle est sourde!
sagte einer im Publikum. Elle est bien heureuse, erwiderte ihm sein Nachbar, der
schlagfertige Abbé Galiani. Das Theater des Palais Royal wurde zwar wieder
hergestellt und 1770 bezogen, brannte aber 1781 aufs Neue ab. Die Académie
wurde nun in den Saal der Menus Plaisirs du Roi und kurze Zeit später in
das inzwischen hergestellte Theater der Porte St. Martin überführt (1781). 1794
übersiedelte sie in das Théâtre national und nahm den Titel Opéra national
sowie etwas später den des Théâtre de la Republique et des Arts an, der sich
unter dem Kaiserreich in den der Académie impériale de musique und nach dessen
Ende in den der Académie royale de musique verwandelte. Die Ermordung
des Herzogs von Berry in ihren Räumen, veranlaßte einen neuen Umzug in den
Saal Favart, bis das von Debret gebaute Theater in der Rue Pelletier und
neuerdings der von Garnier aufgeführte Prachtbau das Domicil der französischen
großen Oper wurde, und 1848 den Namen des Théâtre de la Nation, unter
Napoleon III. den des Théâtre impérial de l'Opéra und seit 1870 den des
Théâtre nationale de l'Opéra erhielt. Als Sänger traten bei der Académie de
musique in der Gluck'schen Periode hinzu: Mdlles Rosalie Levasseur, St. Huberti,
Maillard, Gavaudon, Laguerre, Dozon, sowie die Herren Moreau, Lainé, Chéron,

nothdürftig das Gleichgewicht zu halten vermochten. Doch auch die komische Oper sank nach Auber und Adam allmählich immer tiefer herab. Als Dichter ragten im 19. Jahrhundert Jouy, Hoffmann, Planard, Aumer, Deschamps, Germain Delavigne, St. Georges Mellesville und besonders Scribe hervor.

Die Tragödie im 18. Jahrhundert bis zur französischen Revolution.

Umschwung der Zeit. — Erste Proteste gegen den Academismus der Bühne. — Perrault's Kampf gegen die Alten. — Houdard de la Motte. — Crébillon. — Voltaire. — Charakter der Zeit unter der Regentschaft. — Einfluß derselben auf Voltaire's Charakter. — Dessen Jugendgeschichte. — Oedipe. — Verbannung nach England. — Einfluß des englischen Geistes auf ihn. — Voltaire's dramaturgische Ansichten; sein Verhältniß zu Shakespeare. — Zaire. — La Mort de César; Voltaire der Vertheidiger Shakespeare's; Abschwächung seines Enthusiasmus für diesen. — Mahomet. — Merope. — Verhältniß zu Crébillon. — Le Kain und die Théatres de Cabinet. — Voltaire's Uebersiedelung an den Hof Friedrichs des Großen. — Voltaire im Exil. — Kampf mit der Genfer Orthodoxie und Rousseau über das Theater. — Theatralisches Leben bei Voltaire. — L'Ecossaise. — Tancrède. — Bruch mit Mad. de Pompadour. — Adoption von Melle Corneille. — Die Ausgabe der Corneille'schen Werke. — Die Uebersetzung des Shakespeare'schen Julius Cäsar. — Voltaire als Gegner Shakespeare's. — Irène. — Voltaire in Paris. — Seine Triumphe. — Sein Tod. — Sein Begräbniß und die Ueberführung seiner Leiche nach Paris. — Voltaire's Bedeutung als dramatischer Dichter. — Chateaubrun. — Piron. — Pompignan. — Marmontel. — Dorat. — Saurin. — Du Belloy. — Le Mierre. — La Harpe. — Ducis.

Buckle hat es mit Recht als ein Verdienst Richelieu's bezeichnet, den Geist religiöser Dulbung so viel als möglich festgehalten zu haben. Mazarin und anfänglich auch Ludwig XIV. sind dieser Anschauung treu geblieben. Wenn Richelieu sich sogar gelegentlich mit protestan-

---

Rousseau, L'Arrivée, Le Gros, Charbini, Lays; in der Revolutions- und Kaiserzeit: Delles Rousselois, Chéron, Branchu, Henry, Sophie Cruvelli, Poinsot, Albert, Armand, sowie die Herren Dérivis, Nourrit, Bertin, Roland, Laforêt, Lavigne; bis zur Julirevolution, Delles Gressari, Cinti, Dababie, Mori, sowie die Herren

tischen Fürsten gegen katholische alliirte, so verband sich Mazarin mit dem republikanisch-puritanischen Cromwell, so suchte Ludwig XIV. die Macht der katholischen Geistlichkeit auf alle Art zu beschränken, so zog er Anfangs gerade solche Männer zu sich heran, welche die neuen Anschauungen, den Geist der neuen rationellen Methode auf Verwaltung und Regierungskunst anwendeten.

Wenn diese Duldsamkeit die großen Geister auch nicht ins Leben rief, welche damals auf den verschiedensten Gebieten der Kunst und des Wissens in Frankreich hervortraten, so hat sie doch zu der freieren, kühneren Entwicklung, welche sie nahmen, wesentlich beigetragen und den von ihnen ausgehenden Wirkungen eine größere Verbreitung gegeben.

Andrerseits — und dies hat Buckle zu wenig ins Auge gefaßt — war aber Richelieu auch wieder derjenige, welcher die Centralisation des geistigen Lebens und aller Kräfte zur Stärkung der königlichen Gewalt in einem solchen Umfange herbeiführte und auch hierin von Mazarin nachgeahmt wurde, daß Ludwig XIV., die Erbschaft dieser großen Männer antretend, deren Einheitsbestrebungen in seiner Person nur noch zum Abschluß zu bringen brauchte. Dies mußte jenem Geiste der Duldung aber in einer Weise entgegenwirken, die eine Abschwächung desselben nothwendig zur Folge hatte und endlich zur völligen Unterdrückung desselben führte.

Denn unmöglich konnte man in einem Staatswesen, welches in Allem auf Einheit in der Person des Monarchen zurückgeführt werden sollte, so wichtige Gebiete, wie es die der Religion und des Glaubens waren, auf die Dauer der Parteiung, welche die Verschiedenheit der Ansichten hier hervorrief, frei überlassen. War die Duldung der Gegensätze von Katholicismus, Protestantismus und Jansenismus in den Augen der Staatsmänner doch immer nur als ein Mittel erschienen, die Macht und den Einfluß der römischen Kirche im Staate zu brechen. Daher man sich jene Duldung auch nie als eine zu weitgehende denken muß. Die Jansenisten waren

---

Dababie, Massol, Dupont, Levasseur, Lafont. Bis 1848, D^{elles} Falcon, Damoreau, Dorus-Gras, Stolz, Nau, sowie die Herren Duprez, Marié, Bouché, Barroilhet; bis 1870, Mmes Biardot, Laborde, Alboni, Masson, La Grua, Bosio, Tedesco, Gueymard, Marie Sax, Christine Nilsson, Carvalho, sowie die Herren Roger, Chapuis, Morelle, Obin, Gueymard, Faurre.

nicht minder strenggläubig, als die katholischen Kirchenlehrer, ja selbst
die Philosophen suchten sich damals noch ganz mit der Kirche zu
stellen, und doch würde Descartes seine Werke kaum alle in
Frankreich zu schreiben gewagt haben. Schon 1629 war er nach
Holland gegangen, 1649 folgte er einer Einladung der Königin von
Schweden, wo er im nächsten Jahre schon starb, 1669 untersagte
Ludwig XIV. die diesem Philosophen zugedachte öffentliche Gedächtnißrede und nur kurze Zeit später wurde durch die Universität von Paris
ein Verbot seiner Lehre erlassen.

Doch ist es wieder zu weitgehend, wenn Buckle behauptet, Frankreich habe während der ersten 60 Jahre nach dem Tode des Descartes auch nicht einen Mann besessen, der selbständig zu denken gewagt habe. Gassendi, den wir als Lehrer Molière's, Chapelle's
und Cyrano's de Bergerac kennen lernten, starb zwar nur 5 Jahre
später als Descartes, aber seine Lehre, seine Ansichten und Gedanken
lebten in seinen Schülern doch fort. In ihm aber sehen wir nicht
nur einen Erneuerer der atomistischen Lehre des Epikur, sondern auch
einen Geistesverwandten von Hobbes, mit dem er befreundet war,
und einen der ersten Vertreter sensualistischer Ansichten. Doch auch
Bayle lehrte bis 1681 unbeanstandet in Frankreich und Männern, wie
Mallebranche, La Bruyère, Fénelon, Lemontoy, Boisguilbert, Evremond, wird man selbständiges Denken nicht absprechen dürfen, obschon eingeräumt werden muß, daß sie nur so lange unangegriffen
blieben, als sie zugleich für Religion und kirchlichen Glauben eintraten. In der zweiten Hälfte der Regierung Ludwigs XIV. brach
sich dann allerdings eine Reaction Bahn, die jede freisinnigere Aussprache mit Verfolgung bedrohte.

Ludwig XIV., von der Natur sowohl körperlich, wie geistig in
außergewöhnlicher Weise begabt, vom Glück anfangs in allen seinen
Unternehmungen begünstigt, das Herz vom Glauben an die Göttlich-
keit seines Berufs, von Machtgefühl und von heftiger Ruhmbegierde
geschwellt, suchte diesen Ruhm zunächst vorzugsweise in der Größe
der Nation, der Kraft des Staats, dem Wohlstande seines Volkes,
dem Glanze der Künste und Wissenschaften, der Blüthe der Industrie
und Bodencultur. Kein Wunder, daß er nicht nur auf seine Umgebung, die er durch eine ihm gleichsam angeborene und sorgfältig
ausgebildete Würde, in einer ehrfurchtsvollen Entfernung von sich zu.

halten verstand, sondern auch auf die Nation eine fascinirende Wirkung ausübte, so daß diese, den Glauben an seine göttliche Einsetzung
theilte, in ihm die Seele, den Inbegriff des ganzen Staatswesens
sah, in seinem Ruhm und Glanze sich sonnte und im Gefühl des
Wohlstands und der Sicherheit das Joch der Bevormundung, das er
ihr auferlegte, nicht drückend empfand, sondern darin einen goldenen
Ehrenschmuck sah. Der Glaube an seine Unfehlbarkeit war ein so
großer, daß sie lange die schwersten Lasten willig ertrug und sich von
den Gefahren des verhängnißvollen Weges nicht überzeugen konnte,
welchen der ruhmberauschte König beschritt.

Das Gefühl, der unbeschränkte Herrscher eines blühenden Landes
zu sein, vermochte ihn nur zu bald nicht mehr voll zu befriedigen.
Die Bewunderung Europa's genügte seinem stolzen Herzen nicht mehr,
es sollte ihm auch noch tributpflichtig werden. Er wollte sein Reich
zu einem Weltreiche erweitern. Wie aber der Glanz seines Hofs allmählich verderblich für die Sitten der höheren Kreise der Hauptstadt,
für Kunst und Wissenschaft wurde, so wurden die fortgesetzten Kriege
es auch für den Wohlstand der Unterthanen. Sie entzogen der Industrie
die rüstigsten Hände, sie entvölkerten die Nation, sie verbreiteten Jammer,
Unglück und Krankheiten in ihren Wohnungen, und erschöpften allmählich die Steuerkraft des einst blühenden Landes. Der Friede von
Nymwegen (1678) hatte Ludwig XIV. auf eine Machthöhe gestellt,
welche es ihm nicht mehr nöthig erscheinen ließ, die Rechte Andrer zu
achten. Die Zeit schien gekommen, um auch noch die letzte Macht,
die sich im Staate neben ihm regte, die Macht der Kirche völlig zu
brechen. Die nationalen Concile, die er berief, hoben alle ihr noch
zustehenden Vorrechte auf. Wie hätte man da den Protestantismus
wohl schonen sollen, dessen Unterdrückung der also geschädigten römischen Kirche einen gewissen Ersatz bot! Wozu noch bedurfte man
seiner, da man sich diese nun ganz unterworfen sah? Der Einheits-
gedanke des Staats verlangte auch Einheit des Glaubens. Schon
länger hatte man die Protestanten durch allerlei Bedrückungen zum
Uebertritt zur katholischen Kirche zu bestimmen gesucht und den Rückfall mit peinlichen Strafen belegt. Jetzt aber begann man, einzelnen
Orten das Recht der freien Religionsübung ganz zu entziehen. 1684
führte man die berüchtigten Dragonaden ein und ein Jahr später
wurde das Edict von Nantes wieder aufgehoben, was den betrieb-

samsten Theil der Bevölkerung zur Auswanderung nach Holland, Deutschland und England nöthigte. Hierin sowohl, wie in den Verfolgungen,
denen die Jansenisten jetzt ausgesetzt waren, die Ludwig dem XIV.
wegen ihrer rigoristischen Sittenstrenge sehr unbequem wurden, weil
ihre Vorschriften und Lehren fast ebensoviele Verurtheilungen seines
Hofes und seines Privatlebens waren, läßt sich der Einfluß erkennen, welchen die katholische Geistlichkeit sich trotz jener Concessionen wieder verschafft hatte und der in dem Maße wuchs, als sie sich
der frommen und frömmelnden Frau von Maintenon zu bemächtigen
wußte. Die religiöse Heuchelei wurde zu einer Sache der Weltklugheit,
die affektirte Decenz zu einer Sache des guten Tons und der Mode
und beide zur Maske und zum Deckmantel jener Sittenlosigkeit, jener
Frivolität, jenes spottsüchtigen Unglaubens, die unter der Regentschaft
so schamlos hervortreten sollten.

Wohl erhoben sich einzelne Warnungsstimmen. Fenelon, der
Erzieher des Duc de Bourbon, hielt in seinen Aventures de Télé-
maque sowohl seinem Schüler, wie der Zeit den warnenden Spie-
gel vor. Er gab in seinen Directions pour la Conscience d'un
Roi, dem ersteren Rathschläge, die einer Verurtheilung der Regierung
Ludwigs XIV. fast gleichkamen. Fontenelle trat für die Wahrheit im
Leben, St. Evremond für die christliche Sittenlehre, Vauban und
Boisguillebert für eine Reform des Finanz- und Steuerwesens ein.

Diese Opposition gegen die Unfehlbarkeit des bisherigen Régimes
konnte nicht ohne allen Einfluß auf das Gebiet der Dichtung bleiben.
Auch hier erhoben sich Proteste gegen die herrschenden Vorurtheile, gegen
den auch hier seine Tyrannei ausübenden Autoritätsglauben. Er betraf hier
vor allem die von den Alten theils überlieferten, theils auch nur abgeleiteten Regeln. Schon früher hatten einige der größten Dichter, insbesondere Corneille und Molière, sich gelegentlich dawider aufgelehnt,
den Widerstand aber nicht consequent fortgesetzt, sondern, vorzüglich
der erste, sogar selbst wieder zur Befestigung jenes Autoritäts-
glaubens beigetragen. 1670 hatte der Akademiker und Lustspieldichter Desmarets sich zwar entschiedener gegen denselben hervor-
gewagt, war aber hiebei von Boileau zur Ordnung gerufen worden.
Charles Perrault, welcher mit seinen Contes de ma mère de l'oye
(1697) die Volksmärchen in die französische Literatur eingeführt
hat, gab durch ein das poetische Zeitalter Ludwigs XIV. ver-

herrlichendes und dieses über das classische Zeitalter der Alten setzendes Gedicht, welches er 1687 in der Academie vorlas, Anlaß zu
einem heftigen Streit über den Vorrang der Alten und Neuen.
Auch diesmal warf sich Boileau vor allen andern zum Vertheidiger
der ersteren auf, wobei er besonders von Racine unterstützt wurde.
Dieser Widerspruch bestimmte nun Perrault zu seinem, damals
großes Aufsehen erregenden Werke, Parallèle des anciens et des
modernes, welches insofern von Wichtigkeit war, als sich darin ein
in der Poesie nach eigenthümlicher Lebensauffassung verlangender
Geist ankündigte, freilich in einer die wichtigste Seite seines Gegenstandes nur leise berührenden Weise. Es handelte sich nämlich Perrault
weniger darum, darzuthun, daß die eigenthümlichen Verhältnisse einer
jeden Zeit, die eigenthümliche Natur jedes Volkes, ihre besonderen
geistigen Bedürfnisse, ihren besondern Lebensinhalt und dieje daher
einen Anspruch hatten, auf eine bestimmte Eigenthümlichkeit der künstlerischen Formen und des künstlerischen Ausdrucks; ihm war es
hauptsächlich nur um die Befriedigung des nationalen Selbstgefühls,
um die der französischen Literatur so nachtheilig gewordene Selbstverherrlichung zu thun, wenn es auch seinen Werken im Einzelnen gewiß
nicht an sehr richtigen und für jene Zeit sehr fruchtbaren Bemerkungen
fehlte. Boileau antwortete ihm mit seiner in einem gereizten persönlichen Tone geschriebenen Réflexion de Longin. Die Academie befand sich in einer schwierigen Lage. Sie fühlte sich durch das Lob,
welches Perrault den Neuen zollte, selbst mit geschmeichelt, sie
wußte, daß dieses bei Hofe sich einer beifälligen Aufnahme zu erfreuen
hatte, und konnte doch andrerseits die von ihr zu Gesetzen erhobenen Grundsätze nicht aufgeben. Dazu kam, daß der leidenschaftliche, fast beleidigende Ton, welchen Boileau angeschlagen hatte, nicht
gerade günstig von der ruhigen, wenn auch oberflächlichen Behandlungsweise des im persönlichen Umgange liebenswürdigen Perrault
abstach.

Der Streit, obschon endlich zur Ruhe gekommen, sollte nicht
schlafen und es war ein dramatischer Dichter, der ihn aufs Neue
in Gang brachte.

Antoine Houdard de la Motte, am 17. Januar 1672 zu Paris
geboren, ebendaselbst 1731 gestorben, studierte die Rechte, widmete
sich seinem Hang zum Theater nachgebend, aber bald der Schrift

ſtellerei. Am Theater des Italiens betrat er mit einem Luſtſpiel:
Les originaux, die Bühne, erlitt aber damit eine Niederlage. Er
fühlte ſich hierdurch ſo gedemüthigt, daß er ſich dem geiſtlichen Stande
zu widmen beſchloß, ſich jedoch bald eines Andern beſann und die
dramatiſche Laufbahn wieder ergriff. Sein Talent ging aber nicht
auf das Komiſche. Von ſeinen verſchiedenen Luſtſpielen haben nur
Le magnifique und L'amant difficile einen ausbauernberen Erfolg
erzielt. Sein dramatiſches Hauptwerk Inès de Castro (1723), von
welchem behauptet wird, daß ſeit dem Cid kein anderes einen gleichen
Erfolg hatte, liegt auf dem Gebiete der Tragödie. Es verdunkelte
ſeine übrigen tragiſchen Dichtungen, Les Machabées, Romulus und
Oedipe*), die ſeinen Ruf ſchon begründet hatten. 1719 war er in die
Academie aufgenommen worden, nachdem lange vorher der Streit
über den Vorzug der Alten und Neuen durch ihn wieder auf=
gelebt war. Er brach im Salon der Melle Lambert aus und La
Motte ſah ſich in ſeiner Vertheidigung der Neuen von Fontenelle
unterſtützt, der ſchon ein Parteigänger Perraults geweſen war. Von den
neuen Lehrſätzen, welche er aufſtellte, war einer der wichtigſten der, daß
der Vers und der Reim, beſonders für den dramatiſchen Autor, nur eine
Feſſel ſei. La Motte ließ es ſich einfallen, dies im Télémaque an einem
Beiſpiele darzuthun, und ſtellte der Ueberſetzung des Homer der Madame
de Dacier eine Uebertragung entgegen (1714)**), in der die 24 Geſänge
derſelben von ihm in 12 zuſammengezogen worden waren. Auf einer
Vignette des Titelblatts erblickt man Mercur, wie er die Leier Homers
in die Hände Lamotte's legt. Eine zweite Schrift: Le discours sur
Homère ſollte dieſe Uebertragung nur rechtfertigen. So große
Blößen Lamotte ſich durch dieſelbe gegeben hatte, ſo viele Anhänger
erwarb er ſich wieder durch dieſe zweite Schrift. Die 63jährige
Mad. Dacier war die erſte, welche ihm in ihren Considérations sur
le cours de corruption (1714) offen entgegentrat, obſchon er ihr in
ſeiner Ueberſetzung viel Schmeichelhaftes geſagt und auch ihrem Gatten
ſich zu verbinden geſucht hatte. So leidenſchaftlich und verletzend ihr

---

*) Die Oeuvres complètes erſchienen Paris 1754 in 10 Bänden.

**) Die Jahreszahl beweiſt, daß Boileau diesmal nicht aus dem Grunde
ſchwieg, den Riſard ihm unterlegt, welcher behauptet, daß La Motte dieſes
Schweigen durch einige ihn verherrlichende Oden erkauft habe. Boileau war
damals ein ſtiller Mann geworden, weil er bereits ſeit 1711 im Grabe lag.

Angriff auch war, so ließ sich die liebenswürdige Natur La Motte's nicht davon hinreißen. Er strebte vielmehr eine Aussöhnung an und unterwarf sich dem Schiedsspruche Fénélon's, welcher folgendermaßen lautete: „Ich glaube, daß man die Neueren nicht genug loben kann, welche sich anstrengen, die Alten zu übertreffen. Wie viel ein so edles Bestreben aber auch verspricht, so würde ich es doch für gefährlich halten, wenn man darin so weit ginge, die großen Vorbilder gering zu schätzen und aufhören wollte, sie zu studieren." In Bezug auf das Drama hat Lamotte in seinem Discours sur la tragédie verschiedene gute Bemerkungen gemacht, die aber nicht alle neu waren. Er verwirft die Exposition durch Erzählen; er empfiehlt die langen Reden durch lebendige Handlung zu ersetzen; er verwirft das Gesetz der Einheit von Zeit und von Ort, sowie die Vertrauten und Monologe. Leider hat er praktisch aber nur selten Gebrauch von dieser Einsicht gemacht. Obschon er den Vers für das Drama verwarf, hat er doch nur eine einzige seiner Tragödien, den Oedipe, in Prosa geschrieben. Dies Beispiel war aber nicht einmal glücklich.

Eine ungleich bedeutendere Rolle als tragischer Dichter, war Prosper Jolyot de Crébillon*) (geb. 13. Jan. 1674 zu Dijon, gest. 17. Juli 1762 zu Paris) zu spielen beschieden. Er begann seine Studien in seiner Vaterstadt bei den Jesuiten, worauf er das Collège Mazarin zu Paris bezog. Dem Wunsch seines Vaters entsprechend, trat er zwar in die advocatorische Praxis ein, sein Vorgesetzter, welcher seine Neigung für die Bühne bemerkte, soll ihn aber selbst, sich der schriftstellerischen Carrière zu widmen, empfohlen haben. Er debütirte 1705 mit der Tragödie Idoménée im Théâtre français und errang damit einen großen Triumph. Es folgten mit immer gleichem Succeß Atrée et Thyeste (1707), Electre (1709) und Rhadamiste et Zénobie (1711). Wogegen er mit seinem Xerxes (1714) und seiner Sémiramis (1717) zwei empfindliche Niederlagen erlitt. Diese Mißerfolge entmuthigten ihn so, daß er neun Jahre der Bühne völlig entsagte. Dazu trat noch häusliches Unglück. Er hatte den durch die Wahl seines Berufs schon schwer gekränkten Vater auch noch durch eine gegen dessen Willen abgeschlossene Heirath erzürnt,

---

*) Siehe La Harpe a. a. O. — Nisard, a. a. O. IV. S. 162. — Georffoy, III. S. 295.

was seine Enterbung zur Folge hatte. Die Noth trieb ihn zu einem neuen Versuch mit der Bühne. Doch auch sein Pyrrhus fand keine günstige Aufnahme. Dies und der Tod seiner Gattin verdüsterte sein Gemüth und machte ihn menschenscheu. Grade jetzt aber sollte sich sein Geschick durch die Anstrengungen seiner Freunde aufhellen. Die Ernennung zum Mitgliede der Academie rief ihn aus seiner Vergessenheit wieder hervor. Seine Stücke wurden der Bühne zurückgewonnen. Auch erhielt er nur kurze Zeit später das Amt eines Censors. Es ist unrichtig, wenn man sagt, daß Crébillon's Ruhm nur ein künstlich gemachter gewesen sei, daß er ihn nur den Cabalen des Hofs und der Frau von Pompadour zu danken gehabt habe. Seine Erfolge lagen lange vor dieser Zeit. Hätten sich seine Stücke nicht selbst neben den Erfolgen Voltaire's behauptet, so würde dieser ihn weder zu bekämpfen nöthig gehabt haben, noch Ludwig XV. und Madame Pompadour daran haben denken können, sich seiner gegen Voltaire zu bedienen. Voltaire schätzte Crébillon anfänglich sehr hoch, doch glaubte er später, feindlich von ihm, als Censor, behandelt worden zu sein und von dieser Zeit an sah er in den Erfolgen desselben nichts als Beleidigungen und feindliche Angriffe. Erst diese Gereiztheit Voltaire's spielte seinen Feinden und Madame Pompadour, die diesem anfänglich ja gar nicht so feindlich gesinnt war, Waffen gegen sich in die Hand. Voltaire hatte, wie sich später noch zeigen wird, gegen Crébillon bereits seine Sémiramis ausgespielt, als dieser, der damals schon 72 Jahr alt war, den von Frau von Pompadour und noch weit mehr vom Könige favorisirten Catilina zur Aufführung brachte. Allerdings entwickelten sich hieraus Parteiungen, welche von Voltaire's Feinden aufs Schmählichste ausgebeutet wurden und Crébillon in eine bedauernswürdige Selbsttäuschung wiegten. Die Erfolge der letzten Stücke desselben: Catilina und Le triumvirat waren in der That nur gemachte, und dabei immer noch sehr mäßige, doch haben sie auch zu seinem Ruhme nichts beigetragen.

Die Crébillon unmittelbar vorausgehenden Tragiker, Campistron, La Grange Chancel, Duchs Lafosse, standen fast ganz unter dem Einflusse Racine's, wie man in dem letzten Jahrzehnte des 17. Jahrhunderts nach Schluß der Novitäten überhaupt häufig nach Corneille und Racine verlangte. Da es den mittleren Talenten aber völlig unmöglich war, mit diesen zu wetteifern, so sannen sie, um Erfolge erzielen

zu können, auf neue Effecte. Crébillon bemächtigte sich hierzu des Schrecklichen. Das Auskunftsmittel war nicht eben neu. Es beruhte auf
der mißverstandenen Auslegung des Aristotelischen Begriffs vom
Tragischen. Die Italiener hatten seit lange die Muster dazu geliefert.
Auch war es fast ein mit Nothwendigkeit hervortretender Gegensatz
zu der von Quinault in die Mode gebrachten zärtlichen und weichlichen
Behandlungsweise der Tragödie. Ich glaube sogar, daß Crébillon's
Erfolge sich hauptsächlich aus dem Contraste zu Quinault und aus
der Geschicklichkeit erklären, mit welcher er das Schreckliche wieder zu
mildern und den damals herrschenden Begriffen von Wohlanständigkeit und von Delicatesse anzupassen verstand. Auch besaß er die Kunst
seine Wirkungen zu concentriren und sie mit scheinbar einfachen
Mitteln herbeizuführen, sowie seinen Darstellungen ein stimmungs-
volles Colorit zu geben, wenn dieses auch in fast allen seinen Tragöbien von demselben düsteren Charakter ist. Auf die Versification verwendete er großen Fleiß. Sind seine Verse auch nicht gerade schön,
so prägen sich doch viele derselben, durch die Kühnheit und Originalität
der Gedanken und den kräftigen, männlichen Ausdruck dem Gedächtnisse
ein. Besonders aber hat man an seinen Stücken die Erkennungen
gerühmt. In Atrée et Thyeste fand er Gelegenheit seinem Hange
zum Schrecklichen am Freiesten nachzugehen. Rhadamiste et Zenobie
wird aber allgemein für seine beste Dichtung erklärt. Der Streit der
sich über Voltaire und Crébillon zur Zeit ihres Lebens erhob, klingt
noch in den Urtheilen der heutigen Literarhistoriker über letzteren
nach. Sie sind so widersprechend als möglich*). Gleichwohl gebührt
von allen tragischen Dichtern der ersten Hälfte des 18. Jahrhunderts
Crébillon der nächste Platz neben Voltaire.

Voltaire betrat in seinem 24. Jahr zum ersten Male mit ungeheurem Erfolge die tragische Bühne, er griff von hier an immer wieder
aufs Neue, ja selbst noch in seinem sechs Decennien späteren Todesjahr
nach dem tragischen Siegeskranz. Wie angesochten immer zu seiner
Zeit, wurde er von ihr doch auch wieder in seinem Oedipe über Sophokles, in seiner Zaïre und Merope über Corneille und Racine, und

---

*) Man sehe z. B. die durch die Thatsachen so völlig widersprechende Dar-
stellung, welche neuerdings Royer (a. a. O.) IV. S. 76 dem Verhältnisse Crébillon's zu Voltaire gegeben.

was damals freilich in Frankreich noch kaum eine Frage war, auch
über Shakespeare gestellt. Selbst heute, obschon die Zahl seiner un-
bedingten Verehrer beträchtlich zusammengeschwunden ist, wird er von
Vielen in ähnlicher Weise, jedenfalls aber als der dritte der tragischen
classischen Dichter Frankreichs gefeiert. Wenn aber sein Ehrgeiz auch vor
Allem auf das Gebiet der Tragödie gerichtet gewesen sein mag, so liegt
doch nicht hier seine Stärke, wie er das Drama, ja die Poesie überhaupt,
nur selten rein als Selbstzweck, meist zugleich als ein Mittel zu anderen, ihm
noch höher stehenden Zwecken ergriffen hat. Es ist hier daher nicht der
Ort, diesen Dichter nach seiner Bedeutung im vollen Umfange zu würdigen.
Es kann hier von seinem Leben und Wirken vielmehr nur soviel zur
Darstellung kommen, als zur Würdigung und zum Verständniß seines
dramatischen Schaffens und seiner Bedeutung im Entwicklungsgange des
französischen Drama's etwa nöthig erscheint. Selbst hierzu wird aber
ein Blick auf die Zeit, in welcher er lebte, unter deren Einflüssen er sich
entwickelte, auf deren Veränderungen er einwirkte, geboten erscheinen,
da, wie sehr er seinem Zeitalter den Stempel seines Geistes auch aufgedrückt hat, er doch zugleich selbst wieder mit ein Product seiner Zeit
war. Dies ist auch der Grund der Zweitheiligkeit der geistigen Natur
dieses Mannes und der mannichfachen Widersprüche, denen wir in
seinem Leben, Wirken und Werken, nicht am wenigsten in den dramatischen, zu begegnen haben.

Ludwig XIV. war am 10. September 1715 gestorben, nachdem
er seine ganze Familie bis auf einen Urenkel, den nachmaligen Ludwig XV., vor sich in's Grab hatte steigen sehen. Der Glanz seines
Hofs war verblaßt, die Dichter waren verstummt, welche einst seinen
Ruhm und seine Triumphe besangen, das Land von dem letzten Kriege
völlig erschöpft, bot ein Bild des Jammers und Elends dar. Eine
dumpfe, ohnmächtige Verzweiflung hatte sich der decimirten Bevölkerung bemächtigt. Keine Klage tönte dem einst vergötterten Könige
nach. Die Lüste, welche schon lange heimlich unter dem Deckmantel
der Decenz und Heuchelei ihr Wesen getrieben hatten, traten jetzt offen
und schamlos hervor, der Unglaube erhob frech neben dem crassesten
Aberglauben das Haupt, die lange verhaltenen Lästerungen und Ver-
wünschungen machten sich Luft und selbst von der Kanzel herab sollte
aus dem Mund eines Massillon in das Ohr des noch kindlichen Nachfolgers die Verurtheilung des Verstorbenen tönen, dessen Glanz und

Ruhm hier einer Ansteckung und Schmach verbreitenden Eiterbeule
verglichen wurde.

Es waren wohl nur diese Umstände, welche es dem genial bean=
lagten, hochgebildeten, aber sittlich völlig verdorbenen Philipp von Or=
leans möglich erscheinen ließen, mit Hilfe des Parlaments einzelne
testamentarische Bestimmungen des einst allgewaltigen Königs beseiti=
gen zu können, was indeß nicht ohne bedeutende Zugeständnisse an
letzteres geschah. Dies war von höchster Bedeutung, nicht nur weil
es der Regierung des Regenten eine Rücksicht und einen Zwang auf=
erlegte, ohne welche diese noch ungleich verhängnißvoller gewesen sein
würde, sondern auch, weil hierbei zum ersten Male von den ursprüng=
lichen Rechten des Volkes die Rede war und somit der Grund zu den
Principien der Volkssouveränetät gelegt wurde.

So sehr sich der neue Regent auch den schamlosesten Ausschwei=
fungen überließ, so frech und wild unter seiner Regierung die Sitten=
losigkeit um sich griff, so zeichneten sich die ersten Jahre derselben
gleichwohl durch manche wohlthätigen Einrichtungen und Bestrebungen
aus. Dem Handel und dem Gewerbfleiße wurden neue Wege eröffnet
und selbst die ersten Maßnahmen des genialen, aber waghalsigen Law,
welcher an die Spitze der ganzen Finanzverwaltung trat und diese in
großartigster Weise als Spiel betrieb, brachten zunächst eine kurze Blüthe
des Landes, freilich nur um, mit dem Zusammenbruch der von ihm
gegründeten Creditinstitute, eine neue ungeheure Zerrüttung des Wohl=
standes nach sich zu ziehen. Indessen haben aber diese Ereignisse
wohl auch nicht wenig dazu beigetragen, das Vermögen der Nation
in andere Hände, in die Hände des dritten Standes zu bringen und
diesen erstarkt aus jenen Wirren hervorgehen zu lassen. Was den
tiers état gegen die Corruption, von welcher die beiden oberen Stände
zersetzt waren, bisher noch geschützt, waren einestheils die Betriebsamkeit
und der Fleiß, mit denen er sich aus seiner bisherigen Niedrig=
keit herauszuarbeiten hatte, anderentheils aber auch die Vorurtheile
und Standesunterschiede, welche eine fast unübersteigliche Schranke
zwischen ihm und diesen gezogen hatten. Beides hatte gehindert, daß
sich der Bürger dem frivolen und erschöpfenden Lebensgenusse, den
zügellosen Ausschweifungen der Bevorrechteten im größeren Umfange
hingeben konnte, wenn er auch gewiß nicht frei von den vergiftenden
Einwirkungen derselben blieb. Um so tiefer sanken nun freilich alle

diejenigen des dritten Standes herab, welche von den Vortheilen des
Wohlstandes und Reichthums ausgeschlossen blieben. Sie waren bei
dem Mangel an jedem Rechtsschutze und dem Mißbrauch der obrig-
keitlichen Gewalten, dem furchtbarsten Elende preisgegeben. Zunächst
war freilich dies Elend der mächtigste Bundesgenosse des reich gewordenen Bürgerthums in dem Kampfe gegen die Vorrechte, die Macht
und die Uebergriffe der Geistlichkeit und des Adels, in welchem dieses
die Abschaffung der Standesunterschiede und die Gleichberechtigung
aller Staatsbürger als Ziel seiner Bestrebungen hinstellte.

Indessen ging diesem Kampfe, der sich nur langsam entwickelte,
erst noch ein anderer auf dem Gebiete der Religion und des Glaubens voraus. Die römische Geistlichkeit hatte, wie wir gesehen, in
den letzten Zeiten Ludwigs XIV. wieder einen ungeheuren Einfluß,
eine ungeheure Macht gewonnen. Sie hatte zwar nicht verhindert, daß
der Unglaube bei den höheren Ständen mehr und mehr um sich
griff, da sie ihn selbst mit beförderte, wohl aber neben dem Geiste
der religiösen Heuchelei dem der Bigotterie durch 90,000 Mönche
und 250,000 Weltgeistliche die weiteste Verbreitung gegeben. Wie
übermüthig der Unglaube sich in den Tagen des Glücks auch ge-
berdete, so ging er doch meist Hand in Hand mit dem krassesten Aberglauben. Neben den Courtisanen, Spielern und Glücksrittern spielten
die Wahrsager, Geisterbeschwörer, Stern- und Traumdeuter, Karten-
schläger und Adepten damals die einträglichsten Rollen. Es sind diese Zustände, die es zum Theil erklären, daß die von England herüberkommen-
den neuen philosophischen Ideen, trotz der Freiheit, die ihrer Verbreitung unter der Regentschaft gegeben war, zur Zeit noch keine rechte
Wurzel hier fassen konnten. Die Ungläubigen lehnten sie ab, weil sie
ihnen zu ernst und zu theistisch waren, die Gläubigen, weil sie in
abergläubischer Scheu vor ihnen zurückschreckten. Besonders abweisend
verhielt sich der Jansenismus gegen dieselben, der immer noch heimlich in Frankreich fortbestanden hatte und jetzt seinen Kampf gegen
den Jesuitismus mit neuer Kraft wieder aufnahm. Die Wahl zwischen
ihnen konnte dem Regenten, nachdem er dieses Kampfes müde geworden, natürlich nicht schwer fallen. Unter seinem, inzwischen zum
Cardinal erhobenen Lehrer und Gesinnungsgenossen Dubois kamen
die Jesuiten wieder völlig zur Herrschaft.

Dies waren die Verhältnisse und Zustände, in welche der sieb-

zehnjährige Voltaire trat, nachdem er die Schule der Jesuiten durch=
laufen hatte. Er fühlte sich von ihnen ebenso sehr angezogen, wie
abgestoßen. Letzteres machte ihn den Ideen der englischen Forscher und
Freidenker, den Ideen der Humanität und Freiheit zwar so zugänglich,
daß seine Seele gegen die Uebel der Gesellschaft und Zeit nicht selten
in wilder Empörung aufloderte, gleichwohl waren diese Eindrücke,
diese Gefühle nicht stark genug, der Versuchung zu widerstehen, mit
der ihn der Glanz dieser Uebel zugleich wieder anzog. Der Trieb
nach Ruhm, Reichthum, Ansehen, Macht war ein so großer in ihm,
daß er seinen Humanitäts= und Freiheitsbestrebungen immer ent=
gegenarbeitete, und diese nur zu oft gegen ihn unterlagen. Dem
jesuitischen Grundsatze huldigend, daß bei Verfolgung der Zwecke
nicht nach der Güte, sondern nur nach der Wirksamkeit der Mittel
zu fragen sei, sehen wir ihn die verschiedensten, einander wider=
sprechendsten Mittel in Anwendung bringen. Tugend und Laster,
opfermüthige Freundschaft und hämische Feindseligkeit, Freigebigkeit
und schmutzige Habsucht, offene Kühnheit und zaghaftes Verleugnen,
ritterlicher Edelmuth und tückische Hinterlist — liegen in seinem Leben
dicht beiander und erklären sich aus den Widersprüchen der Zeit und
jener Zweitheiligkeit seiner Natur.

François Marie Arouet, gen. Voltaire,*) wurde am 21. Nov.
1694 zu Paris geboren, wo sein Vater damals Notar am Châtelet
war, eine Stellung, die dieser jedoch 1701 mit der eines Sportel=
cassirers an der Pariser Rechnungskammer vertauschte. 1704 wurde
der junge Arouet dem Jesuitencollegium Louis le Grand übergeben.
Pater Thoulin, der spätere Abbé d'Olivet, war sein Präfect. Pater
Tournemine, mit dem er lange in vertraulichen Verhältnissen blieb,
gehörte zu seinen Lehrern. Hier wurde der Grund zu der Freund=
schaft mit den Brüdern d'Argenson und mit dem Grafen d'Argental
gelegt. Schon hier trat sein poetisches Talent in der der St. Geneviève
gewidmeten Ode hervor. 1710 trat er in die Rechtsschule ein. Allein

---

*) Wagnière und Longchamp, Mémoires sur Voltaire et ses ouvrages
1826. 2 Bde. — Strauß, Voltaire. Leipzig 1870. 2. Aufl. — Desnoiresterres,
Voltaire et la société du XVIII. Siècle. 8 Bde. — Hettner a. a. O. 132. — Oeuvres
de Voltaire. Paris 1859—62. 40 Bde. Die neueste Ausgabe von Moland 1877.
45 Bde. ist mir nicht zugänglich gewesen. Deutsche Uebersetz. von Mylius u. A.
Berl. 1783. Gleich u. A. Leipz. 1825. 30 Bde. Ellissen. Auswahl. Leipz. 1846. 12 Bde.

seine Neigungen waren auf die schriftstellerische Carrière gerichtet, wofür seine Besuche der Gesellschaft du Temple, in die er durch seinen
Pathen, den Abbé de Chateauneuf Zutritt erhalten hatte, entscheidend
waren. Diese Gesellschaft wurde aber auch noch dadurch verhängnißvoll für ihn, daß sie ihn in den Umgang mit den zugleich glänzendsten,
geistvollsten und frivolsten, schwelgerischesten Männern der vornehmen
Welt von Paris brachte. Sein Vater, der von seinen beiden Söhnen,
die später gar nicht mehr mit einander verkehrten, zu sagen pflegte,
daß der eine ein Narr in Versen, der andere ein Narr in Prosa
sei, suchte vergebens von diesem Wege ihn abzubringen. Ein Ausflug
nach Holland, im Gefolge des französischen Gesandten Chateauneuf,
eines Bruders des Abbé, entsprach den davon gehegten Erwartungen
ebensowenig, als ein längerer Aufenthalt auf dem Gute eines Herrn
von Caumartin. Zurück nach Paris gekommen, ward er von der
Woge des vornehmen frivolen Lebens sofort wieder ergriffen. Inzwischen war er auch mit dem Theater vertrauter geworden. Wie
auf die meisten jungen Poeten, übte auf ihn die Tragödie zunächst
ihre Anziehungskraft aus. Es war kein geringerer Stoff, als der des
Oedipe, der ihn reizte. Der Gedanke mit Sophokles wetteifern zu
müssen, erschreckte ihn nicht. Er scheint dazu den Plan schon 1714
gefaßt, die Tragödie aber erst 1718 beendet zu haben, obschon er bereits 1715 wegen der Aufführung mit dem Théâtre français unterhan-
delte. Ein Pasquill auf den Regenten, wegen dessen er in Untersuchung gerieth, unterbrach diese Arbeit. Hier bediente sich Voltaire
zuerst jenes Auskunftsmittels, das er später so oft in Anwendung
brachte, er leugnete ruhig die Autorschaft ab. Man glaubte ihm aber
nicht. Doch kam er mit einer zweijährigen Verbannung nach Sulli
sur Loire davon, die ihm auf dem Schlosse des Herzogs zu einer Zeit
des reizendsten Lebensgenusses gemacht wurde. Nach manchen Veränderungen, zu denen er sich auf Rath seiner Freunde, sowie der
Schauspieler willfährig herbeigelassen, kam der Oedipe endlich am
18. November 1718 zur Aufführung. Der Erfolg war ein ganz
außerordentlicher. Er hatte 45 Vorstellungen hintereinander und trug
ihm die Gunst des Herzogs von Orleans, eine goldene Medaille und
ein Geldgeschenk ein. Auch nahm die Herzogin im folgenden Jahre
die Widmung des Werkes entgegen, bei der er sich das erste Mal als
Arouet de Voltaire unterschrieb. Carlisle hält den zweiten Namen,

der hinfort sein Schriftstellername geblieben ist, für eine Umstellung des ersten mit Zufügung der Buchstaben l. j., als einer Abbreviation von le jeune. Voltaire hat sich in seinem Oedipe, besonders im 4. Akte, der auch den reichsten Beifall erhielt, vielfach an Sophokles angeschlossen. Am meisten trug zum Erfolge aber der Umstand wohl bei, daß er sein Stück aus dem Geiste der Zeit geschrieben hatte, daß man in seinen Versen den Pulsschlag der letzteren fühlte, und zuweilen selbst da eine Beziehung zum Leben zu finden glaubte, wo der Dichter sie kaum mit bewußter Absicht hineingelegt hatte. Ueberhaupt faßte man dieses Stück als einen Angriff gegen die Geistlichkeit auf. Wie sicher Voltaire seines Erfolges war, mit welchem Uebermuth er das Priesterthum darin zu verspotten suchte, geht daraus hervor, daß er bei der ersten Aufführung selbst auf der Bühne als Schleppträger des Hohenpriesters erschien. Dufresne, der sich am meisten der Aufführung widersetzt hatte, und Delle Desmarest feierten große Triumphe darin.

Eine unter dem Titel Les Philippiques erschienene Satire hatte eine neue Entfernung des Dichters von Paris und neue Festtage auf Schloß Sulli zur Folge — ein Aufenthalt, den er zur Dichtung der Tragödie Artemise benützte, die 1719 entstand und am 15. Februar 1720 zur Aufführung kam, aber trotz Melle Lecouvreur, welche die Titelrolle spielte, eine nur laue Aufnahme fand und nach acht Vorstellungen wieder verschwand.*)

Um diese Zeit machte Voltaire die Bekanntschaft Lord Bolingbroke's, der, verbannt von London, seit 1719 in Anjou lebte. Bolingbroke wird häufig als derjenige bezeichnet, welcher die Franzosen mit der Aufklärungsphilosophie der Engländer bekannt gemacht habe. Er hat ohne Zweifel auch viel zur Verbreitung derselben beigetragen, wie er ja selbst eine bedeutende Rolle in der Geschichte des englischen Deismus gespielt. Jedenfalls waren die Ideen Hobbes aber seit lange, die Newton's und Locke's wenigstens vor ihm nach Frankreich gedrungen. Durch die Vertreibung der Protestanten und Jansenisten waren nicht wenige der aufgeklärteren Franzosen nach England gekommen, welche Verbindungen mit ihrem Vaterland unterhielten. Doch war in den letzten Zeiten Ludwig XIV. eine allgemeinere Verbreitung jener Ideen

---

*) Die Artemise erschien damals nicht im Druck. Es existirt nur ein Fragment derselben. Einzelne Stellen gingen in die Mariamne über.

wenn nicht unmöglich gemacht, so doch erschwert. Da aber Bolingbroke's Uebersiedlung nach Frankreich gerade in die Zeit des freiesten
Austausches der kühnsten Gedanken fällt, so gewinnt es den Anschein,
als ob das Auftauchen und die weitere Verbreitung derselben vorzugsweise hierauf zurückzuführen sei. Uebersetzungen einzelner Schriften
Newton's und Locke's traten hervor. Maupertuis war der Erste,
welcher die Kenntniß der englischen Philosophie dem übrigen Europa
vermittelte, die Newton'schen Hypothesen wissenschaftlich zu begründen suchte und die Wissenschaft auf dieser Grundlage weiter entwickelte. Montesquieu und Voltaire aber waren diejenigen, welche
die neuen Ideen popularisirten und ihnen eine ganz unmittelbare Anwendung auf das staatliche und sociale Leben gaben. Dies sand jedoch
erst nach dem Aufenthalt beider in England statt, wo Voltaire 1726
eine Zuflucht bei dem inzwischen dahin zurückgekehrten Bolingbroke fand.*)

Am 1. Januar 1722 war Voltaire's Vater gestorben. Dieses
Ereigniß brachte die beiden Brüder, die sich niemals geliebt hatten,
ganz auseinander. Es handelte sich dabei um die Loslösung des
Voltaire'schen Erbtheils. Voltaire hatte eine kleine Pension vom
Könige, eine andere vom Regenten angewiesen erhalten. Dies, mit
seinem väterlichen Erbtheile, würde zu seinem Unterhalt hingereicht
haben, wenn er sich nicht an das Leben der großen Herren gewöhnt
gehabt hätte. So aber bedurfte er des kleinen Capitals zu den
Spekulationen, in die er sich damals zu schnellerer Bereicherung
bereits eingelassen hatte. Er wollte wohl mit den großen Herren als
großer Herr, doch nicht von der Gunst derselben leben und unabhängig
sein, und da er einsah, daß dies auf dem Wege der Schriftstellerei
nicht zu erreichen sei, er diese zur Spekulation aber auch nicht erniedrigen mochte, so warf er sich der finanziellen, ebenso unbedenklich wie
gewissenlos in die Arme. Auch sollte es ihm auf diesem gefährlichen
Wege, ein großes Vermögen zu erwerben, gelingen.

---

*) Im Jahre 1722 schreibt Voltaire über den letzteren: Ich habe in diesem
berühmten Engländer die ganze Gelehrsamkeit seines und die ganze Feinheit
unseres Landes gefunden. Ich habe nie unsere Sprache mit so viel Energie und
mit solcher Sicherheit sprechen gehört. Dieser Mann, der sein ganzes Leben in
Zerstreuungen und Geschäften verbracht, hat doch die Muße zu gewinnen gewußt,
Alles zu lernen und Alles sich anzueignen (Lettre à Thiériot. 2. Januar 1723).

1724 erlitt der Dichter eine neue Niederlage mit seiner Mariamne
welche jedoch im folgenden Jahre durch einige Veränderungen einen
um so größeren Erfolg nach sich zog. Voltaire meint im Vorwort
des im selben Jahre erschienenen Drucks, daß das erste Urtheil das
verdientere gewesen sei. „Die erste Regel ist, daß der Dichter seine Hel=
den so schildern muß, wie sie bereits in der Phantasie der Zuschauer
leben. Dies habe ich auch beobachtet, insofern ich Herodes grausam
und argliftig, Mariamne als ein von einem unklugen Stolze erfülltes
Weib und Barus (Sohème) mit jener Würde ausgestattet habe, welche
die Römer Königen gegenüber anzunehmen pflegten. Der Erfolg war
jedoch, daß Mariamne uninteressant, Herodes empörend und in seiner
Unterredung mit Barus verächtlich erschien. Ich fühlte, daß es unter
Umständen die erste Regel sei, von der vorgeschriebenen Regel abzu=
weichen." Die Stelle ist wichtig; obschon dabei zu bemerken ist, daß
der Fehler hier weniger in der Befolgung der Regel, als darin lag,
sie nicht in der rechten Weise befolgt zu haben, denn gewiß kann
man auch ein von einem unklugen Stolze erfülltes Weib sehr interessant
schildern, wenn dieser Stolz nicht blos die Unklugheit, sondern irgend
eine große Eigenschaft der Seele zur Quelle hat.

Das folgende Jahr sollte dem Dichter, der sich bisher mit so viel
Glück und Eifer in die vornehme Welt gedrängt hatte, den Abstand aufs
Grausamste fühlbar machen, den diese, sobald es ihr räthlich scheint,
zwischen sich und den gesellschaftlichen Emporkömmling setzt, wäre
auch dieser zugleich der erste Geist und das erste Talent der Nation.
Es scheint, daß Voltaire den Chevalier de Rohan=Chabot durch eins
seiner scharfen Witzworte verletzt hatte, worauf ihn dieser verächtlich
gefragt „Herr Arouet, wie nur heißen Sie eigentlich?" eine Frage,
die er in Gegenwart der Schauspielerin Lecouvreur dann noch
wiederholte. Ueber Voltaire's Antwort curfiren verschiedene Versionen;
doch scheint es, daß sie den Chevalier den Stock gegen Voltaire zu
erheben bewog und Melle Lecouvreur dem Aeußersten schon damals
nur vorbeugte, indem sie sich mit einer Theaterohnmacht zwischen die
Gegner warf. Die Sache ward aber hierdurch nur aufgehalten, da
wenige Tage später der Chevalier seine Rache um so tückischer nahm.
Voltaire, beim Herzog von Sulli zu Gast, wurde abberufen und aus
dem Thor des Palastes tretend von zwei Miethlingen erfaßt, die ihn
auf Commando des Chevalier tüchtig durchprügeln mußten, wobei

dieser sie spottend ermahnte, des Kopfes zu schonen, damit nichts Kostbares verloren gehe. Voltaire schäumte vor Wuth. Er suchte Beistand bei seinen vornehmen Freunden, die sich jedoch achsel-zuckend von ihm zurückzogen. Er ging nun ernstlich mit dem Ge-danken um, volle Revanche zu nehmen. Er übte sich in den Waffen. Die Rohans, hiervon in Kenntniß gesetzt, wurden bedenklich, und um das Leben ihres Verwandten sicher zu stellen, erwirkten sie gegen Voltaire einen Verhaftsbefehl. Am 17. April 1726 wurde er auch in die Bastille gebracht. Der König verfügte jedoch seine Freilassung, verbannte ihn aber, Excessen vorzubeugen, nach England.

Der Aufenthalt Voltaire's in diesem Lande wurde, wie schon angedeutet, von folgenreichster Bedeutung, sowohl für seine weitere geistige Entwicklung, als auch für die des literarischen und socialen Lebens von Frankreich, ja selbst von Europa. Obschon er nur eben den Proceß gegen seinen Bruder und in seinen Speculationen sein ganzes Vermögen verloren hatte, wurde er doch von der vornehmen Gesellschaft Englands mit offnen Armen empfangen. Er fand Unter-stützung von allen Seiten, selber vom König. Mit fast allen bedeuten-den Männern der Wissenschaft vertraut geworden, durchdrang er sich mit den Anschauungen, zu denen Newton und Locke den Grund gelegt hatten. Die englische Verfassung wurde sein Ideal, die englische Dichtung sein Studium. Hier wurde sein großes Heldengedicht, das er schon auf dem Landgut des Herrn von Caumartin begonnen, zum Abschluß gebracht und unter dem Schutze der königlichen Familie herausge-geben, die sich selbst an die Spitze einer dafür eröffneten Subscription gestellt hatte. Hier wurde die Geschichte Carls XII. begonnen und mitten aus dem Studium Addisons und Shakespeare's heraus, auf dem Landsitze Wondsworth des Londoner Kaufherrn Falkener, das Trauerspiel Brutus in Prosa begonnen.

Die Einwirkungen, die Shakespeare auf ihn ausübte, konnten damals so große nicht sein, wie sie es heute gewesen sein würden, weil dieser Dichter und ·sein Darstellungsprincip auf der englischen Bühne seit lange durch den französischen Einfluß die Herrschaft ver-loren hatte. Addison mußte ihnen um so mehr das Gegengewicht halten, als er der verstandesmäßigen Klarheit, dem doctrinären rhe-torischen Geiste der französischen Tragödie so völlig entsprach und

Voltaire nicht frei von dem Vorurtheile war, welches bei seinen Landsleuten von der Unübertrefflichkeit dieser letzteren bestand.

Zweierlei hatte Voltaire nach seiner Rückkehr aus England im Auge: die hier in sich aufgenommenen neuen Ideen für das sociale, staatliche und literarische Leben seines Landes fruchtbar zu machen und sich mit dem Ertrage der aus der Subscription auf die Henriade erworbenen Gelder so rasch wie möglich ein großes Vermögen zu gründen.*)

Es mag befremden, daß Voltaire bei der ersten sich hierfür darbietenden Gelegenheit, in der Vorrede zur Ausgabe des Oedipe v. J. 1730, sich wieder ganz für die alte academische Auffassung des Drama's und für die überlieferten Regeln erklärte. Seine Darlegung war aber hauptsächlich gegen La Motte gerichtet, der, wie wir sahen, diese Regeln zu durchbrechen suchte, den Reim als undramatisch verwarf und selbst noch den Vers als Fessel im Drama empfand. Die Veranlassung hierzu gab dessen inzwischen (1716) erschienener Oedipe, das einzige Stück La Motte's, welches in Uebereinstimmung mit seiner Doctrin in Prosa geschrieben ist und dessen Erfolg Voltaire ohne Zweifel verdroß. Hinsichtlich der drei Einheiten steht Voltaire noch ganz auf dem Corneille'schen Standpunkt. Des Reimes würde er sich gern begeben, wenn es die Natur und der Geist der französischen Sprache erlaubte. Dagegen tritt er mit vollster Entschiedenheit für den tragischen Vers gegen die Prosa ein.

---

*) Noch später äußerte er sich hierüber: „Man fragt mich, durch welche Kunst ich dahin gelangt bin, wie ein Generalpächter leben zu können; es mag gut sein, es auszusprechen, damit mein Beispiel Anderen diene. Ich habe so viel Männer der Literatur arm und verachtet gesehen, daß ich seit lange beschlossen hatte, ihre Zahl nicht zu vermehren. Man muß in Frankreich Amboß oder Hammer sein, ich war als Amboß nicht als Hammer geboren. Ein schmales Erbtheil wird täglich schmäler, weil Alles mit der Zeit theurer wird und die Regierung oft Renten und Gelder antastet. Man muß aufmerksam auf alle Operationen sein, die ein stets verschuldetes und schwankendes Ministerium in den Staatsfinanzen macht. Es giebt immer Gelegenheiten, aus denen ein Privatmann Vortheile ziehen kann, ohne Jemand dafür verbindlich zu werden und nichts ist so angenehm, als seinen Wohlstand selbst zu begründen. Der erste Schritt kostet einige Mühe, die weiteren sind leicht. Wenn man in der Jugend haushälterisch ist, so findet sich im Alter ein Fonds, über den man sich selber verwundert. Das ist die Zeit, wo man des Vermögens am meisten bedarf; wo ich mich desselben erfreue. Nachdem ich bei Königen gelebt, habe ich mich selbst zum König daheim gemacht, trotz ungeheurer Verluste."

Noch in demselben Jahr erschien aber sein Brutus, welcher am 11. December zur erstmaligen Aufführung kam. Voltaire hatte das Stück den Schauspielern vorgelesen, es aber wieder zurückziehen wollen, weil er gehört, daß Crébillon dagegen zu cabalisiren beabsichtige. Dies war ohne Zweifel ein Irrthum, da es ja ganz unbeanstandet dargestellt wurde. Der Erfolg war am ersten Abend ein durchgreifender, erschöpfte sich aber bald, weil man trotz der schönen Verse genügendes Interesse vermißte. Das Stück ist hauptsächlich durch den der ersten Ausgabe (1731) vorgedruckten Discours sur la tragédie von Interesse, in welchem Voltaire nun selber die Fesseln anerkennt, in die der Reim den französischen Tragiker schlägt. „Der Franzose ist ein Sclave des Reimes — heißt es darin — und wird, um einen Gedanken auszudrücken, nicht selten durch ihn zu vier Versen gezwungen, wo dem Engländer eine einzige Zeile genügt. Der Engländer kann alles sagen, was er will, der Franzose nur das, was er kann." — Ueber die Zulässigkeit der Prosa in der Tragödie spricht Voltaire sich hier schon weniger verneinend aus, doch zweifelt er am Erfolg ihrer Einführung. Wenn es ihm aber auch unmöglich erscheint, die Vortheile der englischen Tragödie in Bezug auf die Sprache in die französische einzuführen, so bekennt er sich doch zu dem Wunsche, dies rücksichtlich anderer Schönheiten der englischen Bühne zu thun. Denn obschon diese zur Zeit noch keine gute Tragödie besitze, so erfreue sie sich doch bewundernswerther einzelner Scenen. Es fehle den englischen Stücken wohl an Regelmäßigkeit der Anordnung, an Eleganz und Feinheit des Vortrags, an Angemessenheit von Handlung und Stil — ihr großes Verdienst aber sei, daß ihre Stücke voll wirklicher Handlung, voll wirklichem Leben sind. Die französische Tragödie erscheine dagegen nur als eine Art Unterhaltung (conversation) über eine Handlung, nicht aber als eine unmittelbare Darstellung derselben. „Ein italienischer Schriftsteller, fügt er hinzu, habe gesagt, daß einer ihrer Kritiker, der den Pastor fido als eine Sammlung prächtiger Madrigale bezeichnete, wenn er noch lebte, die französischen Tragödien für Sammlungen schöner Elegien und kostbarer Hochzeitsgedichte erklären würde — und ich fürchte er hat leider ganz Recht gehabt." Ein großes Zugeständniß, welches er freilich sofort wieder abschwächte, indem er Addisons Cato die einzige gut geschriebene Tragödie der Engländer nennt.

Entschieden bekämpft Voltaire ferner den Uebelstand, den Zu=
schauer auf der Bühne zu dulden — er weist darauf hin, wie sehr
der Dichter und Schauspieler durch ihn beschränkt wird. „Mit welchem
Vergnügen — fährt er dann fort — habe ich in London die Tragödie
Julius Cäsar gesehen, die seit 150 Jahren das Entzücken der britischen
Nation ist. Ich bin fern davon, die barbarische Regellosigkeit billigen
zu wollen, von der sie angefüllt ist, obschon zu bewundern bleibt, daß
sich nicht mehr davon in einem Werke findet, welches in dem Jahr=
hundert der Unwissenheit (!) von einem Dichter hervorgebracht wurde,
der nicht einmal Lateinisch verstand und dessen einziger Lehrmeister
sein Genie war. Mit welchem Entzücken habe ich aber zwischen all
diesen groben Irrungen Brutus und Antonius ihre Reden halten ge=
hört. Möglich, daß die Franzosen einen Chor von Arbeitern und
römischen Plebejern auf ihren Theatern nicht dulden würden, noch
daß der blutende Leichnam Cäsars den Blicken des Volkes unmittel=
bar bloßgestellt und das Volk von der Tribüne herab zur Rache
aufgeregt werden dürfte — es ist der Gebrauch der Beherrscher der
Welt, der den Geschmack der Nationen verändert und die Gegenstände
des Widerwillens in die des Vergnügens verkehrt." Wenn aber Vol=
taire dem Zeitalter Shakespeare's und selbst noch den Griechen auch
vorwirft, gegen die Forderungen des Maßes und der Wohlanständigkeit
vielfach gefehlt zu haben, so rechnet er es dagegen seinen Landsleuten
wieder zum Fehler an, aus Furcht gegen die Wohlanständigkeit die
Wahrheit der Natur zu verletzen und nicht bis zum Tragischen vor=
zudringen.

Auch macht er es der neueren Tragödie zum Vorwurf: durch
die einseitige Bevorzugung der zärtlichen Leidenschaften, und die zum
Theil unangemessene Anwendung von Liebesscenen im historischen
Drama, den Geschmack verweichlicht zu haben. Das Hauptübel aber
sieht er darin, daß die Liebe der Theaterhelden bei den Fran=
zosen meist nur Galanterie, bei den Engländern freilich meist nur Ge=
nußsucht ist.

So sehr Voltaire noch immer in dem formalen Schönheits=
begriffe und in der Regelmäßigkeit der französischen Tragödie befangen
erscheint, so würde diese bei seinen Ansichten doch sehr an innerem
Leben und äußerer Mannichfaltigkeit haben gewinnen müssen, wenn es
ihm gelungen wäre, dieselben wirklich zur Ausführung zu bringen.

Dies war aber weder in seinem Brutus noch in seiner Eriphyle der Fall, welche am 7. März 1732 ohne jeden Erfolg zur Aufführung kam.*) Wogegen er mit seiner Zaïre (13. August 1732) plötzlich auf die volle Höhe seines tragischen Dichterruhms gehoben erscheint. Voltaire wollte, wie es im Avertissement der ersten Ausgabe (1733) heißt, durch sie beweisen, daß auch er, wenn er es beabsichtige, eine Liebestragödie zu schreiben vermöge. Lessing, der sie einer sehr eingehenden, und wie es sein Standpunkt verlangte, absprechenden Beurtheilung unterwarf, hat freilich gefunden, daß nicht sowohl die Liebe, als die Galanterie dem Dichter die Feder geführt, daß er sich zwar trefflich auf den Kanzleistil, doch nicht auf den Naturlaut dieser Empfindung verstanden habe. Indeß bleibt zu berücksichtigen, daß letzterer in Alexandrinern viel schwerer als in reimlosen Jamben zu treffen ist und Voltaire nicht sowohl mit Shakespeare, als mit den Nachahmern Racine's und Quinault's wetteiferte und über diese in Bezug auf natürlichen Ausdruck sich wirklich erhob. Voltaire, welcher so sehr auf Einheit der Handlung hielt, hat letztere in diesem Stücke aus so viel verschiedenen Motiven hervorgehen lassen, daß die Einheit des Interesses darunter gelitten hat. Handelt es sich darin doch nicht nur um den Kampf der Kindes-, Geschwister- und Elternliebe mit der geschlechtlichen, nicht nur um den Kampf zwischen Liebe und Eifersucht, sondern auch noch um denjenigen zwischen Glauben und Liebe. Voltaire hat seine Handlung in die neuere Zeit verlegt und es ist ein Interesse derselben, das sie bewegt. Dies ist sicher ein Vorzug, wenn Voltaire auch nicht der Erste, an dem es zu beobachten, ist. Wohl aber hat er das Verdienst, hierauf zuerst ein besonderes Gewicht gelegt und wenn auch die antiken Stoffe nicht von der Bühne ausgeschlossen, so diese ihnen doch zu Gunsten der neueren streitig gemacht zu haben, was gleich in seinem nächsten Stück Adélaide de Guesclin (18. Januar 1734) wieder geschah.**)

Voltaire, der inzwischen außer mehreren Lustspielen und musikalischen Dramen verschiedene andere poetische, wie historische

---

*) Die erste Ausgabe erschien erst 1772.

**) Voltaire hat dieses Stück, das keinen Erfolg hatte, später wiederholt überarbeitet. 1751 erschien es unter dem Titel: Le duc d'Alençon, 1752 unter dem Amélie ou le duc de Foix. 1765 erschien es aufs Neue unter dem ursprünglichen Titel, aber mit verschiedenen Varianten.

unb literarische Werke, barunter bie Lettres philosophiques, in benen
er auch bas englische Drama unb Shakespeare aufs Neue beleuchtete,
ebirt hatte, trat jetzt mit ber breiactigen Tragöbie La Mort de César
hervor, in welcher er sich im britten Acte soviel wie möglich
bem britten Acte bes Shakespeare'schen Drama's, mit welchem er
schließt, anzunähern versuchte. Voltaire legte bei bieser Gelegenheit
großes Gewicht barauf, ben Schriftstellern seines·Vaterlanbes bie
Anregung zur Erlernung ber englischen Sprache gegeben zu haben.
Das Stück wurbe zuerst 1735 im Collège Harcourt, 1743 aber
auf bem Théâtre français gegeben.   1736 erschien bie erste recht-
mäßige Ausgabe bavon, nachbem schon 1735 ein fehlerhafter unb
vielfach entstellter Druck in Umlauf gebracht worben war, ber
eine sehr scharfe Kritik von Seiten bes Abbé Desfontaines erfahren hatte, obschon bieser Voltaire vielfach zu Danke verpflichtet
war.   So zugänglich sich Voltaire fast jebem ihm privatim gemachten Einwurfe zeigte, so empfinblich war er gegen jeben öffentlich ausgesprochenen Tabel, besonbers wenn er von einer Seite kam,
ber er überhaupt bas Recht über ihn zu urtheilen bestritt, ober
wenn er barin einen gehässigen Angriff, eine Undankbarkeit zu erkennen glaubte.   Gleichwohl bewahrte er biesmal eine ziemliche Ruhe.
Desfontaines hatte Voltaire hauptsächlich wegen seiner Parteinahme für
Shakespeare angegriffen unb Voltaire ließ sich hierburch nicht abhalten
seine Werthschätzung bieses Dichters nun fast noch stärker, als früher
zu betonen.   Noch in einem Briefe an M. be Cibeville vom 3. Nov.
1735 hieß es: „Ich senbe Ihnen bie letzte Scene bes Julius Cäsar.
Sie ist, wie mir scheint, von einer großen Eigenthümlichkeit — bas
macht, weil sie eine ziemlich getreue Uebersetzung eines englischen Autors
ist, ber vor 150 Jahren gelebt.   Es ist Shakespeare, ber Corneille
Lonbon's, ein großer Narr zugleich, ber öfter noch Gilles, als Corneille gleicht, aber bewundernswerthe Stellen enthält." Wogegen man
in einem Briefe vom 14. November b. J. an ben Abbé Desfontaines
folgendes liest: „Frankreich ist nicht bas einzige Land, wo Tragöbien
geschrieben werben unb unser Geschmack, ober vielmehr unsere Gewohnheit, nichts als lange Liebesgespräche auf bie Bühne zu bringen, gefällt nicht bei allen Nationen.   Unser Theater ist meistens arm an
Handlung unb an großen Interessen.   Der Grund von ersterem ist,
baß bie Bühne von unseren petits-maîtres eingenommen wirb, ber Grund

von letzterem aber, daß unsere Nation solche Interessen nicht kennt. Die Politik gefiel zu Corneille's Zeiten, weil diese von den Kriegen der Fronde erfüllt waren. Heute geht man aber nicht mehr in seine Stücke. Wenn Sie jene ganze Scene von Shakespeare so gesehen hätten, wie ich sie gesehen und nur annähernd übersetzt habe, so würden Ihnen unsere Liebeserklärungen und unsere Vertrauten sehr armselig vorkommen."

Man kann in der That für jene Zeit als Franzose nicht vorurtheilsfreier über Shakespeare sprechen, als es hier von Voltaire geschah. Die Anschuldigungen, die ihm darauf aber zu Theil wurden, und die auf nichts geringeres als auf den Vorwurf hinausliefen, sein Vaterland und dessen größten Geister herabgesetzt zu haben, trugen wohl dazu bei, daß Voltaire sich in der der Ausgabe von 1736 vorausgeschickten Vorrede bereits wieder minder enthusiastisch äußert: „Shakespeare — heißt es hier — ist ein großes Genie, aber er lebte in einem rohen Zeitalter und man findet in seinen Stücken mehr noch die Rohheit der Zeit, als das Genie des Autors. Statt das ungeheuerliche Werk Shakespeare's zu übersetzen, hat Herr von Voltaire vorgezogen, diesen Julius Cäsar im Geschmack der Engländer selber zu dichten."

Die Aufführung von La Mort de César fällt bereits in die Zeit von Voltaire's Verhältniß zu Frau von Châtelet, welches wahrscheinlich 1733 angeknüpft wurde und bis zu deren Tode (1749) bestand. Die Schilderung des letzteren liegt nicht im Interesse der vorliegenden Darstellung, ebensowenig die Beleuchtung der Verfolgungen, denen er innerhalb dieser Zeit, wegen verschiedener freier, satirischer, philosophischer und politischer Schriften ausgesetzt war, von denen die wichtigsten La Pucelle; Le mondain; Les éléments de la philosophie de Newton; L'essai sur la nature; l'Anti-Machiavelli und Les droits des hommes sind.

Das Theater blieb natürlich auch nicht vergessen. Schon das Jahr 1736 brachte Alzire und L'enfant prodigue. Alzire ou les americains wurde am 27. Januar 1736 mit großem Erfolge gegeben. Voltaire wollte darin zeigen, wie sehr der ächte religiöse Geist über die natürliche Liebe zur Tugend erhaben ist. „Die Religion des wahren Christen — heißt es im Vorwort — ist, alle Menschen als Brüder zu achten, ihnen wohl zu thun und ihnen ihr Unrecht zu

vergeben. — In allen meinen Schriften wird man diese Humanität
gelehrt finden, welche das erste Kennzeichen eines denkenden Wesens
sein sollte. Man wird in ihnen immer dem Wunsche menschlicher
Wohlfahrt, dem Abscheu gegen Ungerechtigkeit und Unterdrückung be=
gegnen. Auch ist es dies wohl allein, was meine Werke bis jetzt der
Dunkelheit entzogen hat, in die ihre Fehler sie sonst gewiß würden
versinken lassen.“

Am 8. Juni 1740 wurde Zulime mit der Quinault gegeben und
am 19. April des folgenden Jahres Le fanatisme ou Mahomet, le
prophète. Er war bereits 1736 entstanden und ist eines der bedeu=
tendsten tragischen Werke des Dichters, nicht nur wegen der Kühnheit in
der Wahl seines Gegenstandes und der Behandlung desselben, sondern
auch wegen seines dramatischen Werths, obschon in der Erfindung, die
sehr an Zaire erinnert, manches abstoßende ist und der geschichtliche
Charakter des Helden, der Absicht des Dichters gemäß, sehr erniedrigt
erscheint. Das Stück war gegen den religiösen Aberglauben und
Fanatismus und gegen den Mißbrauch der geistlichen Gewalt über
die Gewissen der Menschen geschrieben. Daß es zugleich gegen die
christliche Religion, ja gegen die Persönlichkeit Christi gerichtet gewesen
sei, ist immerhin möglich, wenn auch nicht nachweisbar. Der Dichter
konnte sich mit einiger Scheinbarkeit auf das Gegentheil berufen, da
vom christlichen Standpunkte aus, Mohamet, wenn auch nicht noth=
wendig als Betrüger, so doch nur als religiöser Schwärmer aufgefaßt
werden kann. Voltaire selbst nannte das Stück, den Tartüffe mit
dem Schwerte. Es erregte wie dieser einen Sturm der Frommen.
Voltaire zog es daher nach der 3. Vorstellung wieder zurück und
schrieb am 22. Aug. spöttisch an d’Argental: „Da ich das Opfer der
Jansenisten geworden bin, so werde ich den Mahomet dem Papste
widmen, wobei ich darauf rechne zum Bischof in partibus infidelium
ernannt zu werden, wenn das meine wahre Diöcese ist.“ Dies sollte
kein bloßer Scherz bleiben. Nachdem Voltaire 1743 bei einer Neu=
wahl in der Academie hauptsächlich wegen seines angeblichen Atheis=
mus unterlegen war, setzte er Alles in Bewegung, in dieser Beziehung
seinen Ruf wieder herzustellen. Nachdem er des Erfolges so ziemlich
sicher schien, hatte er 1745 in der That die Kühnheit, dem ebenso
wohlwollenden als klugen Papst Benedict XIV. seinen Mahomet zu wid=
men. Man hat zwar gesagt, daß dieser dabei in eine Falle gegangen

sei; es ist aber leicht zu erkennen, daß es nur klug war, sich, da
das Werk es zuließ, die Voltaire'sche Auffassung gefallen zu lassen,
wenn diese gewiß auch nur erheuchelt war, und sich hierdurch den
gefährlichsten Feind der Kirche zu verbinden, zumal es in einer
Weise geschah, welche auf Inhalt und Tendenz der Dichtung gar kein
Gewicht legt, sondern sie nur als ein Produkt des Geistes und den
Verfasser als geistvollen Kopf behandelt.

Schon seit 1737 war Voltaire mit der Ueberarbeitung der Maf=
fei'schen Merope beschäftigt, deren Ruhm ihn nicht ruhen ließ. Ich
glaube kaum, daß Voltaire sie ursprünglich nur zu übersetzen beab=
sichtigte. Wahrscheinlicher ist, daß er darthun wollte, wie sehr Maffei
noch hinter dem zurückgeblieben sei, was er aus diesem Stoffe zu
machen im Stande war. Die Art, wie er das Werk später einführte,
(1. 2. Hlbb., I. Th. S. —), weist zu sehr darauf hin. Aus diesem
Grunde durfte er den Stoff aber auch nicht ganz frei auffassen und
behandeln, sondern mußte die Maffei'sche Auffassung und Behandlung
der seinen zu Grunde legen. Es ist ebenso unrichtig, die Voltaire'sche
Dichtung für eine bloße Ueberarbeitung der Maffei'schen, als sie für
eine ganz selbständige Arbeit auszugeben. Man sagt, daß er das Stück
vier Mal überarbeitet habe, jedenfalls trat er erst am 20. Februar
1743 mit demselben hervor*). Der Erfolg überstieg die kühnsten Er=
wartungen. „Das Parterre — heißt es im Journal de Police — hat
nicht nur applaudirt, daß das Haus zitterte, sondern auch an tausend
Mal verlangt, daß der Dichter auf der Bühne erscheine, um ihm seine
Freude und seine Zufriedenheit zu erkennen geben zu können. Frau
von Boufflers und Frau von Luxembourg boten alles auf, um ihn
zu bestimmen, den Wünschen des Publikums zu entsprechen, Voltaire
aber zog sich davon niedergedrückt in ihrer Loge zurück, nachdem er
der letzteren die Hand geküßt hatte." Hierdurch erledigen sich die Aus=
lassungen Lessing's über das Erscheinen Voltaire's auf der Bühne.
Ein Theil des Erfolgs kam auf Rechnung von Delle Dumesnil. Fon=
tenelle soll sogar spitzig gesagt haben: Les réprésentations de Mérope
ont fait beaucoup d'honneur à Mr. Voltaire et la lecture en fait
encore plus à Melle Dumesnil." Andererseits wird wieder behaup=

*) Die Hachette'sche Ausgabe der Oeuvres de Voltaire enthält in 3 Bänden
die Briefe Voltaire's an Abbé Tournemine, an Scipio Maffei, den Brief de la
Lindelle's und die Antwort darauf dem Stücke mit vorgedruckt.

tet, daß Melle Dumesnil, welche den den Proben beiwohnenden Voltaire anfangs gar nicht befriedigte, diesem vieles zu danken hatte.
„Il faudrait avoir le diable au corps — soll sie gesagt haben —
pour arriver au ton que vous me voulez faire prendre" — worauf
ihr Voltaire erwidert: „Eh vraiment, oui Mademoiselle, c'est le
diable au corps, qu'il faut avoir pour exceller dans tous les
arts." —

Dies fiel in die Zeit, da Crébillon, der ihn als Censor schon
früher dadurch aufgebracht hatte, daß er die Aufführung seines Mahomet anfangs beanstandet, ihn durch die Schwierigkeit, welche er der
Wiederaufnahme seines Julius Cäsar in den Weg legte, aufs Neue
erzürnte. Es ist aber mindestens zweifelhaft, ob Crébillon in dem
einen und anderen Fall vom Neid gegen seinen glücklicheren Rivalen
oder von den Pflichten seiner Stellung geleitet wurde. Es ist insbesondere gar nicht so unwahrscheinlich, daß das Verbot von Julius
Cäsar auf höhere Weisung erfolgte. Gewiß aber ist, daß Voltaire in
seiner überall Feinde und Neider witternden Art, das erste annahm
und darüber um so zorniger war, als er Crébillon früher wohl gewollt hatte. Jedenfalls machte er die Sache nur schlimmer, da seine
Feinde diese Stimmung benützend, Crébillon zum Aushängeschild ihrer
Partei machten, was besonders vom König, der Voltaire nicht leiden
konnte, gern gesehen wurde. Die Begünstigungen, die Crébillon bei
Hofe, besonders von Madame Pompadour erfuhr, versetzten Voltaire
in die größte Aufregung. Er schwor dem alternden Rivalen seine
Ueberlegenheit fühlen zu lassen, und jedes seiner vermeintlichen Meisterwerke, wie die Maffei'sche Merope, durch eine neue, denselben Gegenstand behandelnde Tragödie in Schatten zu stellen. Sémiramis machte
den Anfang. Doch wurde die Ausführung durch eine Reise an den
Hof Friedrichs des Großen, durch eine andere nach Luneville, durch
seine Aufnahme in die Academie und verschiedene Arbeiten hinausgeschoben.

Frau von Pompadour, zu klug sich die Freundschaft eines Mannes
wie Voltaire ganz zu verscherzen, hatte bisher ihre Gunstbezeugungen
zwischen ihm und Crébillon sorgsam getheilt. Zur selben Zeit, da diesem die Vergünstigung eingeräumt wurde, seinen Catilina bei Hofe vorlesen zu dürfen, erhielt Voltaire zur Aufführung seiner Semiramis eine
kostbare Decoration vom König geschenkt. Und als später dem Crébil-

lon'jchen, vom Hofe in jeder Weife geförderten Stück diefelbe Gunft widerfuhr, wurde Voltaire zum Hofhiftoriographen und Gentilhomme ordinaire de la chambre du roi ernannt. Gleichwohl war Voltaire so unklug gewesen, den Zorn der mächtigen Frau durch ein Pasquill herauszufordern, wodurch nun die Parteinahme für Crébillon noch um vieles prononcirter hervortrat.

Am 29. Auguft war die so lange vorbereitete Sémiramis endlich zur Aufführuug gekommen. Voltaire hatte, um den Erfolg sicher zu stellen, diesmal Alles in Bewegung gesetzt. Gerade der furchtbare An=drang aber wurde dem Stücke verderblich. Der Dichter hatte den in feiner Eriphyle gemachten Verfuch erneut, einen Geift auf der französischen Bühne erscheinen zu laffen. Wir wiffen, daß Lessing die Voltaire'sche Geiftererscheinung schon ohne jeden Zwischenfall lächerlich fand, indem er sie an den Shakespeare'schen Geiftern maß, doch selbst diese letz=teren würden zwischen den Modeherren, welche die Bühne des Théâtre français an diesem Abende überfüllten, einen schweren Stand gehabt haben. Der Erfolg der Vorstellung, bei der nach Desnoiresterres die Zuschauer in zwei einander bekämpfende Lager zerfielen, (die „Soldats de Corbúlon" von Piron, die Partisanen und Freibillets Voltaire's von Thiériot, Dumolard, Lambert und dem Chevalier de la Morlière, dem Schrecken des Théâtre français, geführt) kam ins Schwanken, als die am Grabe des Ninus ftehende Wache den zu=brängenden Petits=maitres der Bühne die Donnerworte: Place à l'ombre! entgegen rief. „J'ai trouvé la pièce mauvaise, urtheilte gleichwohl der Dichter Collé, mais c'est du Mauvais-Voltaire. Je n'en ferais pas autant, ni M. l'abbé Le Blanc non plus." Ein solcher Erfolg konnte Voltaire freilich nicht anstehen. Zunächft hatte der Zwischenfall aber zur Folge, daß die Zuschauer in Zukunft von der Bühne entfernt wurden*) und Voltaire, nach seiner Gewohnheit, das Stück noch einmal überarbeitete. Auch war es für ihn eine, wenngleich nur geringe Genugthuung, daß Crébillon's Catilina, trotz der Anstrengungen des Hofs, ebenfalls nur eine kühle Aufnahme fand. Er schrieb nun auch seinerseits einen Catilina ou Rome sauvée, und als weitere Gegenstücke Oreste und Les Pélopides.

---

*) Freilich, wie man fagt, nur baburch, baß Voltaire zu den Vorftellungen feines Stücks alle Plätze auf berfelben bezahlte.

Oreste wurde am 12. Januar 1750 mit der Clairon gegeben. Voltaire ließ im Prolog durch einen der Schauspieler ankündigen, daß der Verfasser der Tragödie nicht die Verwegenheit habe, mit der Eleçtre (des Crébillon) kämpfen zu wollen, welche mit Recht sich des allgemeinsten Beifalls erfreue. Ob die Antwort Crébillon's auf dieses Compliment: Monsieur, j'ai été content du succès d'Eleçtre, je souhaite que le frère vous fasse autant d'honneur que la soeur m' en a fait — wohl von derselben Aufrichtigkeit war? Trotz Voltaire's Anstrengungen, welcher der Claque sogar zugerufen haben soll (?): „Battons des mains, mes chers amis, applaudisons mes chers Athéniens! — brachte es der Orest nicht über 9 Vorstellungen.

Das Theater war damals so in der Mode, daß nahezu jedes größere Haus sein Privattheater besaß. Man nannte diese Theater Théâtres des cabinets. Voltaire pflegte wohl selbst auf ihnen bei seinen Freunden zu spielen. Eine größere Zahl seiner Lustspiele sind ursprünglich nur für diese Theater gedichtet worden. Auch seine Nichte, Mad. Denis, die nach dem Tode der Marquise du Châtelet sein Hauswesen führte, zeichnete sich hierbei aus. Daneben hatten sich verschiedene Liebhabertheater gebildet, deren Mitglieder aus jungen Leuten des Kleinbürgerstandes zusammengesetzt waren. In einem derselben, welches im Saale des Hôtel Clermont spielte, zeichnete sich besonders der Sohn eines Goldschmieds, Le Kain, aus. Voltaire, der sich für denselben interessirte, nahm ihn zu seiner weiteren Ausbildung bei sich auf. Ein Theater wurde im zweiten Stock seines Hôtels eingerichtet und das erste Stück, das man darauf darstellte, war der Mahomet; Rome sauvée *) folgte. Voltaire feierte mit diesem Theater neue Triumphe, die seine Abreise von Paris an den Hof des Königs von Preußen aufs Glänzendste illustrirten. Er hatte freilich gehofft, daß ihn der Hof von Paris nicht fortlassen würde. — Der Aufenthalt Voltaire's bei Friedrich dem Großen aber gehört umsoweniger in diese Darstellung, als er für die Entwicklung des Dramas so gut wie bedeutungslos war.

Voltaire kehrte vorübergehend nach Frankreich, doch nicht nach Paris zurück. Er war, wenn auch nur mündlich, bedeutet worden, daß ihn der unter dem Einfluß der Geistlichkeit stehende König in Paris, am liebsten selbst in Frankreich, nicht mehr zu sehen wünsche.

---

*) Dieses Stück wurde 1752 im Théâtre français gegeben.

Nur um Eclat zu vermeiden ließ man ihm seine Titel. Er siedelte daher 1754 nach der Schweiz über, wo er zwei kleine Besitzungen, Monrion, auf Bernischem Gebiete, und St. Jean, von ihm Les Délices getauft, in der Nähe des Genfer Sees, erwarb. 1758 kaufte er auch noch die an dem französischen Grenzlande Gex gelegenen Herrschaften Tourney und Ferney an, welche letztere sein Lieblingsaufenthalt wurde, so daß er sich nach und nach der übrigen Besitzungen wieder entäußerte.

Wie abgelegen er hier auch lebte, blieb er doch in der lebendigsten Wechselwirkung mit der Welt, so wie mit den Brettern, welche die Welt bedeuten. Eine ausgedehnte Correspondenz, welche erhalten geblieben und ein reger geselliger Verkehr vermittelten beides.

Auch hier hatte er wieder ein Theater errichtet, wodurch er eine wahre Revolution in den Anschauungen und Lebensgewohnheiten der unter der calvinistischen Orthodoxie in strenger Zucht stehenden Genfer Gesellschaft hervorbrachte, die zu diesen Darstellungen strömte und Aehnliches nun auch bei sich selbst einzuführen versuchte. Voltaire glaubte sogar in der Schaulust der Genfer ein Mittel zu finden, ihre engherzige Orthodoxie in wirksamer Art zu bekämpfen. Er war mit Diderot und d'Alembert in nahe Beziehungen getreten und hatte sich, obwohl deren materialistische Ansichten nicht theilend, doch in umfassender Weise an ihrem philosophischen Wörterbuche betheiligt. So veranlaßte er denn nun d'Alembert in den von diesem für dasselbe geschriebenen Artikel „Genf" folgenden Satz aufzunehmen:

„Man duldet in Genf kein Theater; nicht sowohl, weil man die Schauspiele an sich für verwerflich hält, als weil man die Neigung zu Putz, Verschwendung und Leichtfertigkeit fürchtet, welche die Schauspieler unter den jungen Leuten verbreiten. Sollte es aber nicht möglich sein, diesem Uebelstande durch strenge und gut gehandhabte Gesetze, welche das Verhalten der Schauspieler regeln', Abhilfe zu schaffen? Auf diese Weise würde Genf sowohl Schauspiele, wie gute Sitten haben und die Vortheile der einen und anderen genießen. Die theatralischen Darstellungen würden den Geschmack seiner Bürger bilden und ihnen eine Feinheit des Tactgefühls, eine Zartheit der Empfindungsweise geben, die man ohne ihre Beihilfe nur schwer zu erreichen vermag. Die Literatur würde hiervon Nutzen ziehen, ohne daß die Leichtfertigkeit gewänne und Genf die Weisheit der Lacedämonier mit der Feinheit der Athener in sich vereinigen."

Dieser Artikel brachte in Genf große Aufregung hervor, da ein großer Theil der Bürger für die darin ausgesprochenen Ansichten

19*

Partei nahm, ein anderer, das Consistorium an der Spitze, sich in heftiger Weise dagegen erhob. Dies rief nicht nur einen Protest Rousseaus gegen die Schauspiele (La lettre à Mr. d'Alembert sur les spectacles) hervor, welcher nicht unbeantwortet blieb (Lettre à Mr. J. J. Rousseau, citoyen de Genève) sondern es ward auch der hauptsächliche Grund zu der Feindseligkeit Rousseau's und Voltaire's, die letzterer zwar lange auszugleichen suchte, doch immer ohne Erfolg.

Die Vorstellungen im Voltaire'schen Hause, von denen Gibbon in seinen Erinnerungen eine Beschreibung giebt, aus der unter Anderem hervorgeht, daß Voltaire selbst hier den Lusignan, Alvarès, Benasser und Euphémon spielte, waren 1755 vom Genfer Consistorium ganz untersagt worden, was hauptsächlich den Anlaß zum Ankauf des der Machtsphäre desselben entzogenen Tourney gab. Auch hier wurde rasch ein Theater errichtet, wie Voltaire sagt, das zwar kleinste, aber hübscheste Theater der Welt. Immerhin faßte es an 200 Personen und trotz der Verbote des Consistoriums kamen die Genfer auch hier wieder in Menge herbei. Ein Besuch Le Kain's frischte die Pariser Theatererinnerungen auf. Fast die ganze Zaïre wurde gespielt. Le Kain spielte den Orosman, Mad. Denis die Titelrolle, nach Voltaire à merveille, er selber den Lusignan. Er legte Le Kain eine neue Liebestragödie L'orphelin de la Chine vor, welche der „Halbsterbende" — so früh gingen diese affectirten Klagen schon an — bereits 1753 nach der Uebersetzung eines chinesischen Dramas: Die Waise von Tchao des Pater Prémare begonnen hatte. Es wurde am 20. August 1755 mit großem Erfolg in Paris gegeben. Melle. Clairon als Idamé entzückte darin. Es gefiel auch bei Hofe, wo Voltaire einer Partei immer gewiß sein konnte. Mißfiel es dem Könige, so gefiel es der Königin, mißfiel es der Königin, so gefiel es dem Könige.

In diese Zeit fallen verschiedene von Voltaire's witzigsten und bissigsten Pamphleten. Er war fast niemals der Angreifende, aber der unbarmherzigste und perfideste Gegner, wenn man ihn angriff. Er hatte bisher halb aus Dankbarkeit, halb aus Klugheit ein freundschaftliches Verhältniß mit den Jesuiten zu unterhalten gesucht. Jetzt waren diese plötzlich so unklug gewesen, ihn im Journal de Trévoux angreifen zu lassen. Die Erwiderung war die famose Rélation de la maladie, de la confession et de l'apparition du jésuite P. Berthier, der dann noch die Rélation du voyage de Grassin, neveu de frère Garasse, successeur de frère Berthier folgte. Es waren aber nicht die einzigen literarischen Hinrichtungen, die Voltaire damals vollzog, vielmehr steht uns diejenige hier näher, welche den Herausgeber der Année littéraire, Elie Catherine Frèron betraf, der sich seit lange mit herausforderender Anmaßung, in nicht selten giftiger und gehässiger Weise zum Richter über die bedeutendsten Männer der Zeit, besonders auch über Voltaire, aufgeworfen hatte. Dieser züchtigte ihn zunächst in seinem Pauvre diable, da aber Frèron's Angriffe nicht auf- hörten, bediente er sich auch noch der dramatischen Form dazu. Wie der 1759 erschienene Socrates, scheint auch anfangs L'Ecossaise nicht für die Bühne bestimmt gewesen zu sein, da sie früher als auf dieser im Druck und wie jener unter fremdem Namen, als Uebersetzung aus dem Englischen erschien. Der Socrates als „Ouvrage dramatique de feu Mr. Thomson, traduit par feu M. Fatana, comme on sait" — l'Ecossaise als „Comédie en 5 actes par M. Hume, traduite par Jerome Carré." Voltaire hatte darin Frèron in der Figur des Journalisten Frèlon auf die gehässigste und dabei doch unver- kennbarste Weise gezeichnet. Er wird darin als fripon, crapaud, lézard, couleuvre, araignée, langue de vipère, esprit de travers, lâche coquin, coeur de boue, méchant, faquin, impudent, espion titulirt. Frèron parirte zunächst diesen Streich nicht ohne Geschick. Er wies nach, daß Hume der Dichter nicht sein könne, und gab Gründe an, warum er nicht zu glauben vermöge, daß, wie man be- haupte, Voltaire der Dichter sei, Gründe, die freilich ebensoviele sati- rische Stiche waren. Voltaire antwortete mit seinem Pamphlet A Messieurs les Parisiens,*) welches unter dem Namen Carré's ge- schrieben ist und vom giftigsten Spotte überfließt. Vernichtender noch war die Aufführung am 26. Juli 1760, und der ungeheure Erfolg, den sie hatte. Voltaire entschloß sich zu einigen Milderungen und hatte den Namen Frèlon in Wasp umgeändert. Frèlon, der es gehört, ersuchte dagegen die Schauspieler den Namen Frèlon unverändert zu lassen, oder lieber noch seinen eignen, Frèron, gleich an die Stelle zu setzen weil — wie es in der Année littéraire 1760 t. V. p. 215 heißt —, „unser Theater hierdurch eine kleine ehrliche Freiheit gewinnen würde, was für die Vervollkommnung der dramatischen Kunst einen Auf-

---

*) In der Ausgabe von Hachette dem Stücke vorgedruckt.

schwung verspricht.*) Voltaire seinerseits reizte das Publikum gegen
Fréron noch durch ein zweites à Messieurs les Parisiens gerichtetes
und unmittelbar vor der Vorstellung verbreitetes Flugblatt auf. Die
Ecossaise hatte 16 Vorstellungen in dieser Saison und wurde auch in
der nächsten wieder aufgenommen.

Am 28. Aug. 1760 schreibt Voltaire im Rückblick auf die Campagne des letzten Jahres an d'Argental: „Mon vieux corps, mon
vieux tronc a porté quelques fruits cette année, les uns doux,
les autres amers, mais ma sève est passée, je n'ai ni fruits, ni
feuilles, il faut obéir à la nature et ne pas la gourmander. Les
sots et les fanatiques auront bon temps cet automne et l'hiver
prochain, mais gare le printemps!"

Schon am 3. September d. J. feierte er aber durch die Aufführung seines Tancrède neue Triumphe. Der Dichter nahm alles
im Sturme durch Rührung und Thränen gefangen. Doch begegnet
man auch hier wieder bei ihm einem gewissen Mangel an Erfindungskraft. Das ohnedies sehr schwache Motiv eines Briefs ohne
Adresse, das Voltaire schon in Zaire und in der Ecossaise verwendet
hatte, findet sich hier zum dritten Male benützt. Fréron, der feurige
Kohlen auf das Haupt seines Gegners sammelte, wog Lob und Tadel
mit so viel Einsicht und Gewissenhaftigkeit ab, daß selbst Voltaire sich
mit beiden einverstanden erklärte. Er hielt die Motive für die schwache
Seite des Stücks, wies einzelne Fehler in der Charakteristik nach, die
nicht überall folgerichtig sei und vermißte die Energie und Feinheit
der Sprache, die Voltaire's frühere Dichtungen auszeichneten. Dagegen giebt er zu, daß das Stück reich an schönen und dramatischen
Situationen sei, daß man in den Empfindungen der Einfachheit und
schönen Natürlichkeit begegne, welche die Werke der Griechen so bewundernswerth machten, daß es frei von geistreicher und sentenziöser
Absichtlichkeit erscheine und ein ritterlicher Zug durch die Dichtung
gehe, welcher zur Begründung einer ganz neuen Gattung des Dramas
hinführen dürfte. Viel hatte die Darstellung zum Erfolge mit beigetragen. Wurde der Tancred doch la tragédie de Mademoiselle Clairon
genannt.

---

*) Hier, wie bei Denoiresterres V. 488, findet man auch den Bericht Fréron's
über die Vorstellung. Auch Voltaire berichtet über den Erfolg in dem der
Hachette'schen Ausgabe vorgedruckten Avertissement.

Voltaire, welcher die freundlichen Beziehungen zu Madame Pompadour wieder hergestellt hatte, und ihr für die königliche Be-stätigung seiner Käufe von Tourney und Ferney zu Danke verpflichtet war, beschloß die erste Ausgabe seines Tancred dieser Dame zu widmen, mit der heimlichen Hoffnung vielleicht, den glühendsten Wunsch seines Herzens, die Erlaubniß zur Rückkehr nach Paris hier-durch erwirken zu können. Indessen befand er sich in einer schwierigen Lage dabei. Es galt einer allgemein verhaßten und verachteten Frau öffentlich in einer Weise zu huldigen, welche die Freisinnigkeit seines Charakters nicht bloßstellte. Er schickte, um sicher zu gehen, seine Widmung an Choiseul zur Begutachtung ein. Obschon sie von ihm, wie von Mad. Pompadour, die vollste Zustimmung erhalten hatte, sollte sie gleichwohl der Anlaß zu einem völligen Bruch mit letzterer werden. Sie begann nämlich:

„Madame, toutes les épitres dédicatoires ne sont pas de lâches flatteries, toutes ne sont pas dictées par l'intérêt, celle que Vous reçûtes de M. de Cré-billon, mon confrère à l'académie et mon premier maître dans un art que j'ai toujours aimé, fut un monument de sa reconnaissance; le mien durera moins, mais il est aussi juste. J'ai vu dès Votre enfance les Grâces et les talents se développer, j'ai reçu de Vous, dans tous les temps, des témoignages d'une bonté toujours égale. Si quelque censeur pouvait désapprouver l'hommage que je vous rends, ce ne pourrait être qu'un coeur né ingrat. Je vous dois beau-coup, Madame, et je dois le dire, j'ose encore plus. J'ose Vous remercier publiquement du bien que Vous avez fait à un très grand nombre de Véritables gens de lettres, de grands artistes, d'hommes de mérite en plus d'un genre.“

Voltaire hatte die Marquise sicher in keiner Weise beleidigen, aber er hatte sich vor dem Vorwurfe der Schmeichelei so viel wie nur möglich sicher stellen, so viel wie nur möglich die Grenzen der Wahrheit inne halten wollen. Von diesem Standpunkte aus war seine Widmung auch in vieler Beziehung sehr geschickt abgefaßt, so daß Mad. Pompadour, die keine Zweideutigkeit darin suchte, sich völlig einverstanden damit erklären konnte. Gleichwohl bot sie den Feinden Voltaires einige Blößen dar, die diese aufs Perfideste zu seinem Nachtheile ausbeuteten. Mad. Pompadour erhielt in dessen Folge nachstehenden anonymen Brief:

„Madame, Monsieur de Voltaire vient de Vous dédier sa tragédie de Tan-crède: ce devrait être un hommage inspiré par le respect et la reconnaissance,

mais c'est une insulte, et vous en jugerez comme le public, si vous la lisez
avec attention. Vous verrez que le grand écrivain sent apparemment que l'objet
de ses louanges n'en est pas digne et qu'il cherche à s'en excuser aux yeux
du public. Voici ses termes: ‚J'ai vu, dès votre enfance les grâces et les talents se développer, j'ai reçu de vous dans tous les temps des témoignages
d'une bonté toujours égale. Si quelque censeur pouvait désapprouver l'hommage que je vous rends, ce ne pourrait être qu'un coeur né ingrat. Je vous
dois beaucoup et je dois le dire.' — Que signifient au fond ces phrases, si ce
n'est que Voltaire sent, qu'on doit trouver extraordinaire, qu'il dédie son ouvrage à une femme que le public juge peu estimable, mais que le sentiment de
la reconnaissance doit lui servir d'excuse? Pourquoi supposer que cet hommage
trouvera des censeurs tandis que l'on voit paraître chaque jour des épitres dédicatoires adressées à des caillettes sans nom ni état, ou à des femmes d'une
conduite répréhensible, sans qu'on y fasse attention."*)

Auch Crébillon scheint nicht von der Aufrichtigkeit des Lobes,
das ihm Voltaire hierbei gezollt, überzeugt worden zu sein. Wenigstens
legte er der am 18. Jan. 1762 erfolgenden Aufführung von Voltaire's
Droit du seigneur anfänglich Schwierigkeiten in den Weg. Auch
trat Voltaire's wahre Meinung in dem kurz nach des alten Rivalen
Tode anonym von ihm herausgegebenen Eloge de Crébillon (1762) an
den Tag, durch welches ein feiner, doch bitterer Spott hindurchgeht.

In diesem Jahr wurde die in sechs Tagen entstandene Olympia
auf dem Theater zu Ferney gegeben. Der vom Erfolge entzückte
Dichter schrieb, 25. März 1762, an den Herzog von Villars: „Mad.
Denis spielte die Statira wie Melle Dumesnil die Merope; Mad.
b'Hermanche führte die Olympia mit der Stimme, der Betonung, der Seele
der Melle Gaussin aus, was mich aber noch mehr in Erstaunen gesetzt,
war unser Freund Cramer. Ich übertreibe nicht, aber nie sah ich
noch einen Schauspieler, Baron mit eingerechnet, der den Cassandre
wie er zu spielen im Stande gewesen wäre." Voltaire sprach freilich
immer nur in Hyperbeln von seinem Theater.

1763 erschien die Tragödie Saul als eine Uebersetzung aus dem
Englischen im Druck. Dies ließ vermuthen, daß sie aus noch anderen
als poetischen Motiven hervorging. In der That war es einer der
vielen Angriffe Voltaire's auf die Bibel. 1764 fand die ebenfalls
anonym erschienene Tragödie: Le Triumvirat bei ihrer Aufführung

---

*) Desnoiresterres a. a. O. VI. p. 17.

am 5. Juli eine nur kühle Aufnahme. Die Zeit von 1760—64 ist
aber ausgezeichnet durch einige andere Werke des Dichters, die zu
seinen bedeutendsten zählen und durch verschiedene Handlungen des=
selben, welche die großen und hochherzigen Eigenschaften seines Cha=
rakters im hellsten Lichte erscheinen lassen. Ich führe von ersteren
nur die Herausgabe der Werke Corneille's und den Traité sur la
tolérance, von letzterm die Adoption der Enkel=Nichte Corneille's und
die Wiederherstellung des guten Namens der Calas, Sirvens und de
la Barres an, wodurch der Kampf gegen die Mißbräuche der Kirche
und Geistlichkeit auch auf das Gebiet der Rechtspflege und Gesetz=
gebung übertragen wurde, in dem Voltaire als der Vorkämpfer für
Freiheit und Humanität im besten und edelsten Sinne erscheint.

Die Adoption von Fräulein Corneille führte zu einem neuen Zu=
sammenstoße mit Frèron. Frèron hatte sich auf Anregung Titon du
Tillets nicht ohne Erfolg für die in bedrängte Verhältnisse gerathenen
Nachkommen Corneille's verwendet. Als Voltaire auf eine öffentlich
in Gestalt einer Ode an ihn gerichtete Aufforderung Fräul. Corneille
im Nov. 1760 adoptirt hatte, wagte es Frèron diesen Act der Men=
schenfreundlichkeit in der gemeinsten Weise zu verdächtigen. Indeß
hatte dieses Ereigniß noch andre für die vorliegende Darstellung wich=
tige Folgen. Nachdem von der Academie schon wiederholt der Ge=
danke erwogen worden war, unter ihrem Schutze eine Ausgabe der
classischen Schriftsteller Frankreichs erscheinen zu lassen, wurde diese
Idee jetzt von Voltaire praktisch gefördert, indem er sich zu einer von
ihm commentirten Herausgabe der Werke Corneille's zum Besten der
von ihm adoptirten Enkelnichte bereit erklärte. Er übernahm die
Kosten des Drucks, empfahl das Unternehmen der Theilnahme Frank=
reichs und Europa's und ging mit voller Begeisterung an's Werk.
Allein die Dichtungen Corneille's stellten sich ihm jetzt, da er sie Scene
für Scene, Vers für Vers einer sorgfältigen Kritik unterwerfen mußte,
doch etwas anders als früher dar, da er sich ihren Wirkungen noch
ganz unbefangen hingegeben hatte — und wenn ich auch nicht behaupten
will, daß sich in seine Beurtheilung eine bewußte dichterische Eifersucht
mischte, so fürchte ich doch, daß sich dieselbe unbewußt mit in sie
eingeschlichen haben dürfte.

Dies scheint auch d'Alemberts Ansicht gewesen zu sein, der im
Auftrag der Academie, Voltaire auf die ihr von diesem vorgelegten

Noten zum Cid, zu den Horatiern, dem Tod des Pompejus, zum Polyeucte und zum Cinna Folgendes schrieb:

„Wir sind sehr von Ihren Anmerkungen zu den Horatiern befriedigt gewesen, weniger freilich von denen zu Cinna, die uns etwas übereilt erscheinen.
Die Anmerkungen zum Cid sind besser, bedürfen aber auch noch der Durchsicht.
Es scheint, daß Sie nicht immer so sehr auf die Schönheiten, als auf die Fehler
des Dichters achteten, die nicht Jedermann sichtbar sind. Wenn Sie Corneille
berichtigen, werden Sie immer ganz unwiderleglich im Rechte sein müssen, sonst
ist es besser, gar nichts zu sagen. Nehmen Sie mir meine Aufrichtigkeit nicht
übel, Sie haben mich dazu aufgefordert, auch ist es von großer Wichtigkeit, sowohl für Sie, wie für Corneille, für die Academie und für die Ehre der französischen Literatur, daß Ihre Anmerkungen selbst gegen eine übelwollende Kritik
noch geschützt sind. Schließlich, mein theurer College, können Sie diesem Werke
nie genug Sorgfalt und Genauigkeit widmen. Dieses Monument, welches Sie
Corneille errichten, muß auch eins für Sie selbst werden, und es hängt einzig
von Ihnen ab, daß es dies wird.“

Voltaire vertheidigte sich. Er meinte, daß eine falsch verstandene
Ehrfurcht, den Zweck, den man mit diesem Werke verfolge, völlig verfehlen
würde. Es handle sich nicht blos darum, dem Dichter des Cid ein Denkmal zu errichten, man habe auch Rücksicht auf den Leser, besonders auf
den Ausländer zu nehmen, der Alles zu bewundern geneigt sei und
wenn er nicht von den Fehlern unterrichtet werde, welche nur zu oft
mit den Schönheiten verbunden sind, in Irrthümer verfallen könne,
gegen die man ihn schützen müsse. Voltaire stand mit dieser Ansicht
gewiß nicht allein. So schreibt ihm der Cardinal Bernis: „Was Ihre
Bemerkungen zu Cinna betrifft, so adoptire ich sie alle. Sie könnten
noch strenger sein. Mit dem Worte, daß Cinna eher ein schönes
Gedicht, als eine gute Tragödie sei, ist alles gesagt.“ Auch Diderot
meint, daß er alles wahr, gerecht, interessant und schön, aber nachsichtiger fände, als er gewesen sein würde. Voltaire habe nicht alles
getadelt, was zu tadeln sei.

Ungleich mehr persönliche Einflüsse dürften sich dagegen in den
Noten zu der Uebersetzung der ersten drei Acte von Shakespeare's
Julius Cäsar geltend gemacht haben, welche Voltaire neben dem Corneille'schen Cinna zum Abdruck brachte, wenn auch Byron sicher zu
weit ging, als ihm beim Durchlesen dieser Uebersetzung das geflügelte
Wort Traduttore traditore! entfuhr. Ich glaube vielmehr, daß Voltaire in dieser Uebersetzung, mit Ausnahme der Prosastellen, nicht nur

so treu wie möglich erscheinen, sondern auch seine Uebersetzungskunst
zeigen wollte. Wenn er gleichwohl tief unter seinem Vorbilde im Ausdruck blieb, so lag dies theils in der Verschiedenheit des Geistes und
der Mittel der französischen Sprache, theils in einem gewissen Mangel
von Voltaire's Natur, welche die charakteristische dramatische Schönheit
im Ausdruck des englischen Dichters nicht überall nachzuempfinden
und nachzuahmen vermochte. Dagegen scheinen die Prosastellen allerdings ganz absichtlich ins Platte herabgezogen zu sein, um die vermeintliche Gemeinheit und Rohheit derselben entschiedener fühlbar zu
machen. Wenn Voltaire den von ihm behaupteten Mangel an Bildung, an Kenntnissen, Geschmack und Wohlanständigkeit des britischen
Dichters hier noch schärfer als früher betont, so ist er doch noch immer
voll Bewunderung für dessen Genie. Obschon er in den Römern
derselben nichts als Bauern (campagnards) früherer Zeiten erblickt,
die sich in einer Schenke verschwören, und der sie zu einer Flasche auf-
fordernde Cäsar nach ihm gewiß nicht dem wirklichen gleicht, so will
er dies ungeheuerliche Schauspiel doch lieber ansehen, als die langen
Tiraden einer kalten Liebe oder die noch kälteren politischen Auseinander-
setzungen so vieler französischer Stücke mit anhören.

Inzwischen wurden in Ferney die dramatischen Spiele ununterbrochen fortgesetzt. Selbst hier war der Erfolg einer neuen Tragödie
des 72 jährigen Dichters: Les Scythes, ein nur schwacher; bei der
am 26. März 1767 stattfindenden Aufführung in Paris blieb er natürlich völlig aus. Nicht besser erging es einem anderen Stücke desselben: Charlotte ou la Comtesse de Chivry. Das Jahr 1769
brachte das Lustspiel Le dépositaire und die Tragödie Les guèbres,
die letztere anonym mit einer an sich selbst gerichteten Widmung eines
angeblich noch jungen Autors, der nicht den Beifall des Theaters erstrebte, sondern, so viel an ihm liege, Ehrfurcht vor dem Gesetze,
Humanität und Duldung einzuflößen beabsichtigt habe. Auch die
Sophonisbe und Les lois de Minos stammen aus diesem Jahr.
Nur die erste ward aufgeführt (15. Jan. 1774). Ihnen folgten 1773
Les Pélopides.

Die Mißerfolge, welche alle diese Dichtungen hatten, die vergeblichen Anstrengungen, welche er machte, die Erlaubniß zur Rückkehr
nach Paris zu erwirken, die stets an der unüberwindlichen Abneigung
Ludwig XV. scheiterten, die Angriffe, mit denen er fort und fort

und nicht am wenigsten von solchen zu kämpfen hatte, welche ihm, wie neuerdings Clément, zu Danke verpflichtet waren, hatten Voltaire in eine überaus reizbare und mißtrauische Stimmung versetzt. Nur aus ihr kann es erklärt werden, daß ihn das Vorwort zu einer im Jahre 1776 erschienenen Uebersetzung der Shakespeare'schen Dramen von Letourneur, Cathuélan und Fontaine Malherbe in sonst fast unbegreiflicher Weise aufregte, da hier doch nur das, was er selbst, allerdings mit gewissen Einschränkungen, und entschiedener nach ihm La Place (1645) in der Vorrede zu seinen Uebersetzungen, dargelegt hatte in uneingeschränkterer Weise ausgesprochen ward. Auch Voltaire hatte Shakespeare in vieler Beziehung über die französischen Tragiker gestellt, sich aber stillschweigend ausgenommen, weil er die an ihnen von ihm gerügten Fehler vielleicht vermieden zu haben glaubte. Jetzt aber wurde der englische Dichter bedingungslos über alle französischen Tragiker gestellt und zwar zu einer Zeit, da Shakespeare in seinem Vaterlande wieder neue Triumphe feierte und sich in Frankreich die Diderot'sche Schule offen für ihn erklärte, Voltaire's eigne tragischen Triumphe aber verstummten.

Es war jedenfalls unrichtig, wenn Voltaire glaubte, daß die Erhebung Shakespeare's hauptsächlich gegen ihn und seinen wohlerworbenen Ruhm gerichtet sei, aber es war ein sehr richtiges Vorgefühl welches ihm sagte, daß wenn von diesem Dichter der Maßstab der Beurtheilung dramatischer Werke in Zukunft abgeleitet werden sollte, es mit dem Ruhm nicht nur seiner Werke, sondern mit dem der klassischen französischen Tragödie überhaupt so gut wie vorbei sei. Voltaire ergriff ausgesprochenermaßen die Waffen zwar nur zur Vertheidigung Corneille's und Racine's, zur Vertheidigung des tragischen Ruhms seines Vaterlandes, für die Heilighaltung der Grundgesetze der tragischen Dichtung. Würde man es ihm aber verdenken können, wenn er sie zugleich für die Vertheidigung seines eignen Ruhms, für das Werk seines ganzen Lebens ergriffen hätte? Nicht daß er sie ergriff, nur wie er sie führte, ist hier zu tadeln.

„Haben Sie — schreibt er am 19. Juli 1776 an d'Argental — die zwei Bände jenes Elenden gelesen, in denen er Shakespeare als das einzige Muster der wahren Tragödie aufstellt? Er nennt ihn den Gott des Theaters! Er opfert seinem Idole alle Franzosen ohne Ausnahme; er hält es nicht einmal der Mühe für werth, Corneille! Racine! zu nennen. Diese beiden großen Männer schließt er in die allgemeine Verwerfung mit ein! Giebt es wohl einen Haß

der stark genug wäre, für diesen schamlosen Tropf? Ist der Schimpf, den er
Frankreich zufügt, zu dulden? Das Blut kocht in meinen alten Adern, da ich
davon spreche. Denn das Furchtbarste ist, daß das Ungeheuer in Frankreich eine
Partei hat und daß ich es gewesen bin, welcher zuerst von diesem Shakespeare
gesprochen, der den Franzosen zuerst einige Perlen gezeigt, die ich in diesem ungeheuren Misthaufen fand. Ich ahnte es nicht, hierdurch die Ursache zu werden,
daß man Corneille und Racine die Kronen vom Haupte reißt, um die Stirn
eines barbarischen Histrionen damit zu schmücken!"

Aus diesen Worten ergiebt sich, daß seine dermalige Auffassung
Shakespeare's, wie sie von seiner eigenen früheren um ein Beträchtliches abwich, dem Sentiment seiner Zeit nicht mehr so allgemein entsprach, wie einige Schriftsteller dies uns heute noch glauben
machen möchten. Bei den Herren der Academie und deren Anhängern
durfte er auf Uebereinstimmung wohl rechnen. Nicht an die Nation,
sondern an sie richtete daher Voltaire auch damals sein Schreiben,
oder wie er es nennt, sein Factum, gegen „Gilles Shakespeare" und
gegen „Pierrot Letourneur."

„Ihre Betrachtungen über Shakespeare" — erwiderte d'Alembert — „sind
uns sehr interessant für die Literatur im Allgemeinen erschienen und für die
Aufrechterhaltung des Geschmackes in der französischen so wichtig, daß das Publikum die Vorlesung derselben in der Sitzung am 25. dieses Monats, bei
welcher die Preisvertheilung stattfinden soll, mit Vergnügen anhören wird."
„Nur könnten Sie statt der aus Shakespeare angeführten Gemeinheiten (grossie-
retés), die öffentlich völlig unlesbar, leicht einige andere lächerliche, doch lesbare
Stellen, an denen es nicht fehlen wird, ausziehen. Ueberhaupt können Sie Ihrer
Abhandlung noch zufügen, was sie pikanter zu machen verspricht, obschon sie
dies schon jetzt genug ist."

Voltaire wußte sofort noch ein besseres Auskunftsmittel. „Wäre
es nicht gut — erwidert er ihm — an jenen bedenklichen Stellen
nur etwas innezuhalten und die Worte nicht auszusprechen, so daß
im Publikum gerade hierdurch der Wunsch rege würde, den göttlichen
Shakespeare in seiner ganzen Ungeheuerlichkeit, in seiner unglaublichen
Niedrigkeit kennen zu lernen." — „Mr. d'Alembert, schreibt Voltaire
einige Tage darauf, wird das Publikum benachrichtigen, daß er nicht
Alles beim wahren Namen zu nennen wagt, was den ehrbaren Shakespeare in seiner vollen Kraft und Stärke erscheinen lassen würde. Ich
glaube, daß diese Enthaltsamkeit der Versammlung gefallen und man
sich noch Schlimmeres denken wird, als was man verschweigt."

Voltaire erreichte zwar zunächst seinen Zweck, die Lacher und die öffentliche Meinung auf seine Seite zu ziehen, das Aufsehen, das er hierdurch erregte, hat aber vielleicht mehr, als alles Andere zur Verbreitung der Shakespeare'schen Dichtungen beigetragen, die Viele jetzt kennen lernen wollten. Von den Erwiderungen, die das Voltaire'sche Pamphlet hervorrief, mögen nur Baretti's: Discours sur Shakespeare et Mr. Voltaire, des Chevalier Rutlibge's Observations à Messieurs de l'académie française und Lady Montague's Apology of Shakespeare in reply to the critic of M. de Voltaire erwähnt werden.

Voltaire, der seinem Ferney ein Wohlthäter und in den Zeiten der Noth ein väterlicher Fürsorger war, der dessen Bewohnern durch die Hebung der Bodencultur zu einem so allgemeinen Wohlstand verholfen hatte, daß er in seinem Testamente bei einem verhältnißmäßig kleinen Vermächtnisse für die Armen seiner Herrschaft hinzufügen konnte „wenn es deren überhaupt giebt" — hatte ihnen unter Anderen auch eine Kirche und ein Theater erbaut. Lekain war zur Eröffnung des letzteren gewonnen worden. Doch sollte sich gerade bei dieser Gelegenheit so recht der Egoismus dieses Künstlers zeigen, der doch Voltaire so viel zu danken hatte, indem er es dem greisen Dichter verweigerte, in dessen Olympia aufzutreten, weil ihm die ihm darin zufallende Rolle nicht zusagte. Voltaire sollte aber noch schmerzhaftere Erfahrungen an ihm machen. Am 2. Januar 1778 war seine Irène mit Stimmeneinheit von den Schauspielern der Comédie française angenommen worden. Auch diesmal widersetzte sich Le Kain, die ihm von Voltaire darin zugedachte Rolle zu übernehmen, weil ihm dieselbe nicht dankbar genug erschien. Vergebens waren die Bitten der Freunde, vergebens die rührenden Briefe des fast 84jährigen Dichters.*) Le Kain beharrte auf seiner Weigerung.

---

*) J'y travaillais — heißt es in dessen Briefe vom 19. Januar — nuit et jour malgré ma mauvaise santé et j'esperai qu'à Pâques j'aurais pu par ma docilité et ma déférence à leurs lumières, rendre la pièce moins indigne de vous. Je me flattais même que Vous pourriez jouer le rôle de Leonce qui n'est pas fatigant et que Vous auriez rendu très imposant par vos talents sublimes. Es ist nöthig, auf ein so eclatantes Beispiel der Ueberhebung des schauspielerischen Egoismus nachdrücklich hinzuweisen, weil man das Bestehen derartiger Uebergriffe fortwährend leugnet und den Klagen über den Nachtheil, den die Entwicklung der Bühne hierdurch erleidet, mißtraut.

Der Tod Ludwigs XV. hatte Voltaire den Gedanken nach Paris zu gehen, bestimmter ins Auge fassen lassen. Ludwig XVI. theilte zwar die Abneigung seines Vorgängers gegen ihn. Voltaire aber rechnete auf seine weißen Haare, auf die gerühmte Milde des Königs und die Güte der Königin und war entschlossen auch ohne besondere Erlaubniß die Reise zu unternehmen, „Es ist nie von einer formellen Ausweisung die Rede gewesen, — schrieb er schon 1775 — ich habe immer meine Charge und das Recht, sie auszuüben, behalten. Wenn ich um die Erlaubniß nachsuchen wollte, würde man glauben, daß ich diese Rechte gar nicht besitze." Nichtsbestoweniger war die Ausführung immer wieder verschoben worden. Endlich am 2. Februar 1778 trat er die Reise unter den Segenswünschen der Bevölkerung seiner Besitzungen an. Er traf Le Kain nicht mehr am Leben; da ein hitziges Fieber am 8. Febr. denselben plötzlich hingerafft hatte. Er selbst aber schien durch die Aufregung fast wie verjüngt. Wie lange er schon über seine Hinfälligkeit und das Gefühl des nahenden Todes geklagt hatte, so fand ihn La Harpe, der ihn zehn Jahre nicht gesehen, doch weder verändert, noch gealtert. Sein Geist, sein Gedächtniß hatten von ihrer wunderbaren Kraft nichts verloren. Aber auch Paris gerieth in Aufregung. Die Kämpfe der Gluckisten und Piccinisten, die noch eben Alles in Athem gehalten hatten, traten vor seiner Erscheinung ganz in den Hintergrund. Man dachte an nichts als an ihn, ihn zu sehen, zu sprechen oder sprechen zu hören. Natürlich daß der Hof und die Frommen erschraken, daß sie ihn nur zu gern wieder entfernt hätten, aber doch nichts gegen ihn zu unternehmen wagten.

Allein diese Aufregungen sollten dem kränklichen Mann in andrer Weise verderblich werden. Es ist hier nicht der Ort auf die unerhörten Triumphe, die fast abgöttische Verehrung, die ihn aller Orten erwarteten, auf die Kämpfe, welche er mit der Eitelkeit und der Empfindlichkeit der Schauspieler hier zu bestehen hatte, auf die beides unterbrechende Krankheit des Dichters und die Anstrengungen einzugehen, welche die Geistlichkeit machte von letzterer Nutzen zu ziehen. Es mag hier genügen, nur einige Momente aus diesem bewegten wechselvollen und erschöpfenden Leben hervorzuheben.

Am 25. Februar wurde Voltaire, nachdem er schon länger an einem Bluthusten gelitten, von einem Blutsturz betroffen. Er ließ den Abbé Gaultier herbeirufen, der seinen Zustand benutzt hatte, ihn

zu einem reuigen Bekenntniß zu drängen. Voltaire, von dem Gedanken
geängstet, nach seinem Tode dem Hasse der Geistlichkeit preisgegeben
zu sein, zeigte sich hierzu enblich bereit. Es lautete also:

„Ich Unterzeichneter erkläre, baß ba ich, seit 4 Wochen an einem Bluthusten leibenb, mich im Alter von 84 Jahren noch bis zum Altar fortschleppen
kann unb der Pfarrer von St. Sulpice seinen guten Werken auch noch das zugefügt hat, mir ben Priester, Herrn Abbé Gaultier, zu schiden, ich biesem ge-
beichtet habe, so baß, wenn Gott mich abrufen sollte, ich in bem katholischen
Glauben sterbe, in dem ich geboren wurde, von der göttlichen Barmherzigkeit
hoffenb, daß sie mir alle meine Sünden vergeben werde, unb die Kirche, falls
ich diese jemals beleidigt, beshalb um Vergebung anslehenb.“

Die Geistlichkeit war mit biesem Bekenntniß nicht einverstanden,
sie erkannte es auch später nicht für ausreichend an. Auch war es
jedenfalls nur ein Scheinbekenntniß, durch welches sich Voltaire eines
ehrlichen Begräbnisses versichern wollte. Sein wahres Bekenntniß
hatte er in die Hände seines Secretärs Wagnière niedergelegt. Es
befindet sich jetzt in der Nationalbibliothek und lautet: „Ich sterbe, in-
bem ich Gott anbete, meine Freunde liebe, meine Feinde nicht hasse
unb den Aberglauben verabscheue.“

Indeß erholte sich Voltaire wieder und das frühere aufregende
Leben begann aufs Neue. Er konnte zwar dem ungeheuren Erfolge
der ersten Vorstellung seiner Irène (am 19. März) nicht beiwohnen.
Am 30. März nahm er aber an einer Sitzung der Academie Theil.
Die Fahrt war ein wahrer Triumphzug, die Sitzung wurde zur glänzendsten Ovation. Die unmittelbar barauf folgende sechste Vorstellung der Irène, welcher er ebenfalls beiwohnte, schloß mit einer
Apotheose des von Seligkeit trunkenen Dichters. Die Damen bildeten
nach der Vorstellung eine Haye, durch welche er unter Thränen
lächelnd dahin schritt. Das Volk war außer sich. — Voltaire war wie
verjüngt unb wie einst wieder die Seele der Pariser Gesellschaft geworden, die er mit seinem Geist, seinem Witz, seinem Enthusiasmus
elektrisirte. Er hatte der Academie, die ihn zu ihrem Präsidenten
ernannte, den Plan zu einem neuen Dictionnaire unterbreitet. Er
hatte für sich den ersten umfänglichsten Buchstaben in Anspruch genommen. Mit Feuer wendete er dieser Arbeit sich zu. Allein das
konnte nicht dauern. Am 11. Mai brach er wieder und nun für

immer zusammen; erst am 30. b. Mts. aber erlag seine starke Natur
nach schwerem Kampf ihren Leiden.

Die Bosheit, die er selbst so oft im Leben, doch nie ungereizt
geübt, bemächtigte sich nun der Geschichte seines Todes, von welchem
die furchtbarsten Dinge in Umlauf gebracht wurden. Es ist ,nur
nöthig diesen böswilligen Entstellungen und Erfindungen den einfachen
Bericht der edlen Frau von Villette entgegen zu halten, in deren
Hause er wohnte und starb und die fast immer an seinem Kranken-
bett war. „Bis zu seinem letzten Augenblick,“ erzählte sie Lady Mor-
gan, „bewährte sich das Wohlwollen und die Güte seines Charakters.
Alles zeugte von der Ruhe, dem Frieden, der Ergebung seiner Seele,
bis auf den kleinen Ausbruch von Ungeduld, die er gegen den Pfarrer
von St. Sulpice äußerte (der ihn zu einer neuen Erklärung drängen
wollte), indem er ihn mit den Worten: „Lassen Sie mich in Frieden
sterben“, zurückwies.“

Die Pariser Geistlichkeit verweigerte die Beerdigung an heiliger
Stätte. Voltaire's Neffe, der Abbé Mignot, erwirkte jedoch die Erlaubniß des Pfarrers von St. Sulpice, die Leiche nach seiner Abtei
von Scellières in der Champagne überführen zu lassen. Dies wurde
zwar widerrufen, aber glücklicherweise zu spät. Den Todten seiner
Ruhestätte wieder zu entreißen, wagte man nicht. Den Zeitungen
war untersagt worden, über den Tod des Dichters zu schreiben, den
Schauspielern, seine Stücke zu spielen, so sehr fürchtete man jeden
Anlaß zur Aufregung. Erst im Monat Juni wurden diese Verbote
wieder zurückgenommen. Am 20. Juni spielte man die Nanine, am
folgenden Tage den Tancred. Auch die Zeitungen nahmen das Recht,
über das Leben und Wirken des todten Dichters zu sprechen, nun auf.
Am 7. Mai 1779 wurde die letzte Tragödie Voltaire's von den
Schauspielern der Comédie française angenommen, am 31. Mai
zur Aufführung gebracht. Es war ein Act der Pietät, der nur einen
Achtungserfolg haben konnte.

Im Jahre 1778 unternahm der Buchhändler Panckoucke eine
Gesammtausgabe von Voltaire's Werken — eine Arbeit von solcher
Schwierigkeit und solchem Umfange, daß dieser verdiente Mann sie
nicht zu Ende zu führen vermochte. Beaumarchais war es vorbehalten, dies zu thun.

Der Geist des Todten aber regte sich fort. 1790 führte die
Wiederaufnahme des Brutus zu den stürmischsten Scenen im Theater.
Nach der dritten Vorstellung betrat der Marquis von Villette die
Bühne und forderte im Namen des Vaterlandes die Uebertragung
der Gebeine Voltaire's nach Paris. Dies hing mit der Einziehung
der Abteien und Klöster zusammen. Nach langen Kämpfen erst ward
diese Erlaubniß erlangt, die Ausführung auf den 11. Juli 1791 fest-
gesetzt. Nur wenig fehlte also, daß dieser Triumphzug den am 2. Juli
als Gesangenen in seine Hauptstadt zurückkehrenden Ludwig XVI.
begegnete! Denn im Triumph zog die Leiche des großen Dichters
jetzt ein. Es war die Siegesfeier eines großen Princips, vor dem
die alte Ordnung des Staats und der Gesellschaft in Trümmern zu-
sammensinken sollte.

Die Stürme, welche jetzt über Frankreich hereinbrachen, die Ver-
heerungen, die sie verbreiteten, hatten aber andere Anschauungen zur
Folge. Die Begeisterung und Bewunderung für den Mann, welchem
man diesen Umschwung der Dinge hauptsächlich mit beimaß, verwandelte sich in Schrecken und Abscheu. Noch heute wirken diese Gegensätze in den Urtheilen über ihn nach, die schon durch die Widersprüche
seines Charakters zwischen Lob und Tadel hin- und herschwanken
müssen. Es ist hier nicht der Ort, dieselben gegen einander abzuwägen,
nur darauf will ich hier hindeuten, daß seine Fehler mehr Fehler der
Zeit sind, in welcher er lebte, seine Vorzüge dagegen mehr in der
Eigenheit seiner Natur wurzelten, sowie daß die Schrecken der Revolution, vor denen er kaum minder zurückgebebt sein würde, als wir,
wohl hätten vermieden werden können, wenn ein großer kräftiger Geist
an der Spitze des damaligen Staatswesens gestanden hätte, welcher
das Humanitäre in Voltaire's Bestrebungen zu verstehen, zu würdigen
und durchzuführen fähig gewesen wäre. Was Grimm über die Huldigung aussprach, welche das Publikum dem 84jährigen Greis nach
der sechsten Vorstellung der Irène im Théâtre français am Ende
seines langen kampf- und arbeitreichen Lebens gleichsam im Namen
der ganzen Nation darbrachte, mag hier eine Stelle finden: „Dieser
Enthusiasmus war die gerechte Belohnung nicht nur für die Wunder-
werke, welche sein Genius hervorgebracht, sondern auch für die glückliche Revolution, die er in den Sitten und in dem Geiste seines Jahrhunderts hervorgerufen, indem er die Vorurtheile jeder Art auf allen

Gebieten bekämpfte und den Wissenschaften eine größere Bedeutung und Würde gab."

Die Vorurtheile jeder Art und auf allen Gebieten! Auch auf dem tragischen? Muß es nicht vielmehr Wunder nehmen, daß dieser große unbedenkliche Geist gerade hier vor den conventionellen Ueberlieferungen fast ängstlich zurückwich, und diesen Vorurtheilen gegenüber die Freiheit seines Blickes und Urtheils nicht selten verlor? Wohl hat er seine Landsleute darauf hingewiesen, daß es noch andre Schönheiten, als die des französischen Theaters gebe, wohl hat er einzelne Mängel ihrer Dichter und ihrer poetischen Sprache erkannt, wohl hat er sich einzelnen Neuerungen, dem pathetischen Lustspiel, dem bürgerlichen Familiendrama, der Behandlung des Dramas in Prosa bereitwillig angeschlossen, und dem Drama durch die Einführung neuerer Stoffe, durch die unmittelbare Beziehung zur Gegenwart einen lebendigeren Inhalt zu geben gesucht. Gleichwohl aber ist sein Drama im Großen und Ganzen doch mehr ein zwar voller und eigenthümlicher Nachklang der Tragödie des vorigen Jahrhunderts, doch mehr ein glänzender Abschluß der sogenannten classischen Tragödie der Franzosen, als der Beginn und das Muster einer neuen dramatischen Aera. Ja am Schlusse seiner Laufbahn trat er mit einem Eifer, als ob es die heiligsten Güter der Nation und seine eigenen Werke vor drohendem Untergange zu retten gelte, für den Conventionalismus und die Regelmäßigkeit der alten französischen Bühne ein.

Wie heftig wir ihn aber auch hier die alten Götter und den alten Glauben der Bühne vertheidigen sehen, so hat er dieser doch dadurch für lange eine neue und eigenthümliche Richtung angewiesen, daß er das Drama den Zwecken des socialen, religiösen, politischen Lebens dienstbar gemacht. Voltaire führte die außer der Kunst liegende Tendenz in das Drama ein, was, ein an sich unkünstlerisches Element, dasselbe zwar nothwendig von den eigenthümlichen Zwecken der Kunst mehr oder weniger ablenken, ihm aber jedenfalls eine bestimmte Richtung auf das Leben geben mußte und vielleicht mehr als alle Theorien zum endlichen Bruch mit dem Conventionalismus und zur Ausbildung einer neuen, der realistischen dramatischen Kunst hingeführt hat.

Indeß wurde Voltaire bei den meisten seiner dramatischen Schöpfungen nicht blos von dieser außerkünstlerischen Tendenz, sondern auch

von wahrhaft poetischen Antrieben bestimmt, und sie waren in seinen
besten Werken so groß, daß man diese dicht zu den Werken Corneille's
und Racine's hinstellen konnte. Obschon einige Tragiker neben ihm
vorübergehend einzelne große Triumphe errangen, so traten sie doch
alle vor dem Glanze seines Talentes zurück.

Von den vielen Mitbewerbern um den tragischen Siegeskranz
seien hier nur Chateaubrun, Piron, Pompignan, Marmontel, Dorat,
De Belloy, Lemercier, Saurin, La Harpe und Ducis genannt.

Jean Baptiste Vivien Chateaubrun, 1686 zu Angoulême geboren, 1775 gestorben zu Paris, trat 1714 mit seinem Mahomet II.
als dramatischer Dichter auf. Nachdem er längere Zeit als Haushofmeister im Dienste des Herzogs von Orleans gestanden, erhielt er
eine Anstellung als Beamter des Kriegsministeriums. Mit seinem
Hauptwerk: Les Troyennes (1754), in dem er als ein talentvoller
Nachahmer Racine's erscheint, errang er durch das Rührende der Situationen und durch das Feuer des Pathos großen Erfolg. Er schrieb
außerdem einen Philoctète, einen Ajax und eine Antigone; die
beiden letzteren gingen verloren.

Alexis Piron, dem wir schon bei der komischen Oper begegneten, wurde 1689 zu Dijon geboren. Er hatte die Rechte studirt, widmete sich aber schon früh der Schriftstellerei. Eine Ode auf die Unsterblichkeit, die ihm Verfolgungen zuzog, lenkte zuerst die Aufmerksamkeit
auf ihn hin. Später machte er sich durch seine Epigramme bemerklich. Die Leichtigkeit des epigrammatischen Ausdrucks ist immer
seine Stärke geblieben. Er gehörte zu den lustigsten und liebenswürdigsten der satirischen Dichter der Zeit, was ihn nach seiner
Uebersiedlung nach Paris (1719) sehr bald in Verkehr mit den geistreichsten Männern der Hauptstadt brachte. Nur zu Voltaire gerieth
er gleich bei der ersten Begegnung in ein gespanntes Verhältniß. Er
hatte lange mit Mangel zu kämpfen, bis ihn Lesage für die komische
Oper gewann, bei der er gleich mit seinem ersten Versuch, Arléquin
Deucalion, eines außerordentlichen Beifalls genoß. Sein Ehrgeiz war
aber höher gerichtet. 1730 trat er mit der Tragödie Callisthène,
1733 mit Gustave Wasa, 1744 mit Ferdinand Cortez hervor. Bemerkenswerth ist der Griff nach Stoffen der neuen Geschichte. Für
die Aufgaben der Tragödie mußte sein Talent um so mehr als ein
zu leichtes befunden werden, als er es ablehnte, sich zu sammeln und

zu vertiefen. Obschon ein Gegner der Comédie larmoyante versuchte er sich doch auch in ihr mit seinem Drama L'école des pères. Sein Hauptwerk liegt auf dem Gebiete des Lustspiels, wo wir ihm daher noch begegnen werden. Er starb am 17. November 1773 zu Paris. Seine Werke erschienen Neuchatel 1778 und neuerdings mit einem Vorwort von Edouard Fournier, Paris, 1864.

Jean Jacques le Franc, Marquis de Pompignan, geboren 1709 zu Montauban, gestorben 1784 zu Paris, hatte seine Ausbildung im Collège Louis le Grand erhalten. 1759 wurde er Mitglied der Academie. Seine für die Kirche und die Orthodoxie eintretende, von lächerlicher Eitelkeit überfließende Antrittsrede wurde von Voltaire satirisch gegeißelt, was eine ganze Menge satirischer Flugschriften, die Car, Pour, Qui?, Quoi?, Ah!, Oh!, Si —, Pourquoi? nach sich zog. Obwohl Pompignan hierdurch zur lächerlichen Figur wurde, war er nicht ohne Geist und ohne Verdienste. Er lieferte unter Andrem die erste französische Ueberfetzung des Aeschylos. Bereits 1734 war er mit einer Tragödie, Didon, hervorgetreten, die in der Hauptsache von Vergil und Metastasio beeinflußt war, in dem Charakter der Farbe aber selbständige Dichterkraft zeigte.

Auch Jean François Marmontel versuchte sich in der Tragödie. Am 11. Juli 1723 zu Bort (Limousin) in ärmlichen Verhältnissen geboren, erhielt er seine Erziehung bei den Jesuiten zu Meuriac. Sein ganzes Streben war zunächst darauf gerichtet, seine Familie dem Elend, in welchem sie schmachtete, zu entreißen. Er betheiligte sich zu diesem Zwecke an den Preisbewerbungen der jeux floraux. Da er mit seiner Arbeit über die Erfindung des Schießpulvers aber zurückgewiesen worden war, wendete er sich in einem freimüthigen Schreiben an Voltaire, dessen Schutz zu erbitten. Voltaire antwortete ihm in seiner Art freundlich und schenkte ihm seine Schriften, was eine Verbindung zwischen beiden Männern einleitete, die erst der Tod unterbrach. Auch rieth ihm Voltaire, nach Paris zu gehen, wo er sich seiner ebenfalls wieder freundlich und hilfreich annahm. 1748 trat Marmontel mit seiner Tragödie Denys, le tyran, auf. Sie hatte ihres romanhaften Inhalts wegen großen Erfolg. Auch seine Aristomène erntete durch das glänzende Spiel der Clairon viel Beifall. Von hier an folgte aber Niederlage auf Niederlage, so daß Marmontel 1753 der Tragödie für immer entsagte. Er errang jedoch

später in seinen für Piccini und Gretry geschriebenen Opern auch auf
der Bühne noch große Erfolge. Die Gunst der Marquise von Pom-
pabour hatte ihm inzwischen eine Stellung im Bauwesen, später die
Concession zur Herausgabe des Mercure eingetragen. Dies gestattete
ihm, sich demjenigen Gebiete sorgenlos zuzuwenden, auf welchem seine
wahre Bedeutung liegt. Seine Contes moraux begründeten seinen Ruf.
In dem Romane Bélisaire (1767) trat er unter dem Einflusse Voltaire's als Vertheidiger der religiösen Toleranz auf. Die Verurtheilung desselben durch die Sorbonne vermehrte nur seinen Ruhm.
1763 wurde er Mitglied der Académie, 1783 trat er an die Stelle
d'Alembert's als Secretär derselben. Er gehört auch zu den Mitarbeitern der Encyclopédie. Nachdem er in der Revolution eine
Rolle gespielt, zog er sich nach dem Sturze seiner Partei in das Dorf
Abbeville bei Evreux zurück, wo er am 31. Dec. 1799 starb. Seine
Oeuvres complètes erschienen zu Paris 1818 und 1819. Seine Tragöbien, schon zu seiner Zeit nur noch wenig geschätzt, sind heute vergessen.

Dasselbe gilt von den vielen Tragödien Claude Joseph Dorat's
geb. 1734, gest. 1780 zu Paris. Er war an der Année littéraire
Fréron's betheiligt, was ihm die Feindschaft der Encyclopädisten zuzog; so daß er vielfach härter beurtheilt worden ist, als es sonst wohl
geschehen sein würde. .

Ungleich bedeutender in Bezug auf das Drama war Bernhard
Joseph Saurin, 1706 zu Paris geboren und ebenda 1781 gestorben.
Er studirte die Rechte, wurde dann Parlamentsabvocat und zeichnete
sich als solcher auch aus. Der Umgang, den er im Hause seines
Vaters, eines protestantischen Theologen, der, nach Holland verbannt,
sich durch viele freisinnige Schriften auszeichnete, mit verschiedenen
der bedeutendsten Schriftsteller fand, riß auch ihn in die literarische
Carrière, zu welchem Zwecke ihm von Helvétius, der in dieser
Weise so viel für die Förderung der Literatur und Wissenschaften
gethan, eine jährliche Pension von 3000 Livres angewiesen ward.
Als Dramatiker trat er zuerst (1743) mit einem Lustspiele auf. Es
hatte ebensowenig Erfolg als seine erste Tragödie Aménophis (1752).
Einen um so glänzenderen errang er sich 1760 mit seinem Spartacus,
einem Werke, welches ganz unmittelbar der von Voltaire en vogue
gebrachten Philosophie entwuchs. Sein Spartacus ist der Träger
des Voltaire'schen Humanitätsgedankens und mehr ein philosophischer,

als ein dramatischer Held. Natürlich trug Voltaire's Kritik viel
zum Erfolge des Stückes mit bei. Bedeutender erscheint Saurin aber
noch als Vertreter des in dieser Zeit schon in Aufnahme gekommenen
Rührdrama's, bei welchem wir ihn nochmals zu berühren haben werden.

Auch Pierre Laurent Buirette, gen. Du Belloy, geb. 1672 zu
St. Fleur, gest. 1775 zu Paris, studirte die Rechte, gab aber später
ebenfalls der in ihm erwachenden Leidenschaft für die Bühne nach.
Er ward zunächst Schauspieler, ging als solcher nach Rußland und
trat nach der Rückkehr von dort (1758) auch als tragischer Dichter
mit seinem dem Metastasio nachgebildeten Titus hervor. Es folgten
dann Gaston et Bayard und Gabriele de Vergy. Einen ungeheuren
Erfolg aber erzielte er 1765 mit der Tragödie Le Siège de Calais,
mit der er in dem Momente der tiefsten nationalen Erniedrigung das
patriotische Gefühl zu verherrlichen und aufs Mächtigste anzuregen
strebte. Sie wurde vom Könige selbst zu einem nationalen Ereigniß
gemacht, so daß sogar ein Stück L'Apothéose du Belloy den Dichter
selbst auf der Bühne glorificirte. Le Siège de Calais ist nicht
nur deshalb von Wichtigkeit, weil der Stoff derselben der neuen
vaterländischen Geschichte entnommen ist, was nach Voltaire's Vorgang jetzt wieder öfter geschah, sondern weil die Vertreter des ihn
bewegenden Pathos einfache Bürger waren. Das bürgerliche Fami-
lienbrama wirkte also bereits auf die historische Tragödie mit herüber.
Belloy's Werke erschienen 1776 zu Paris.

Aehnliche Erscheinungen bot auch das Drama Antoine Marie
Le Mierre's. 1733 zu Paris in armseligen Verhältnissen geboren, war er nach Beendigung seiner Studien genöthigt, die Stelle
eines Hilfs-Sakristans an St. Paul anzunehmen, als welcher er für
die unwissenden oder trägen Abbés Predigten für's Geld fertigte.
D'Olivet, welcher seine Kenntnisse schätzen gelernt, vermittelte ihm
dann einen Platz am Collège d'Harcourt als Unterlehrer. Später
erwarb er die Gunst des reichen Generalpächters Dupin, welcher
für seine Unabhängigkeit sorgte. Er errang jetzt mehrere Preise der
Academie, in welche er 1781 auch Aufnahme fand. 1758 hatte er
mit seiner Hypermnestre die allgemeine Aufmerksamkeit auf sich gezogen, deren Gang und Sprache etwas Fortreißendes hatten und deren
Situationen lebendig ergriffen. Keine seiner späteren Tragödien zeigte
diese Eigenschaften wieder in gleich hohem Grade. Selbst sein

Guillaume Tell ward anfangs (1766) kühl aufgenommen. Um so überraschender war der Erfolg, welchen derselbe bei Wiederaufnahme 1786 erzielte. Das Pathos desselben traf jetzt aufs Glücklichste mit der Stimmung und Bewegung der Zeit zusammen, die er gleichsam zum Ausbruck brachte. Aehnlich, doch aus wesentlich andren Gründen, erging es ihm mit La Veuve de Malabar. Auch diese Tragödie blieb anfangs wenig beachtet. Einige auf gewisse malerische Effecte abzielende Aenderungen bewirkten jedoch, daß sie später einen unglaublichen Zulauf hatte. Jeder wollte die Wittwe von Malabar den brennenden Scheiterhaufen besteigen sehen. Auch hierzu hatte Voltaire das Beispiel gegeben.

Eine hervortretende Rolle in der Geschichte des damaligen Drama's spielte ferner Jean François de la Harpe. Am 20. November 1739 geboren, der Sohn armer Eltern und frühe verwaist, fiel er der Pflege barmherziger Schwestern anheim, welche später für seine Aufnahme im Collège b'Harcourt sorgten, deren Schule er in der glänzendsten Weise durchlief. Seinen ersten großen schrift= stellerischen Erfolg errang er mit seiner Tragödie Warwick. Voltaire stellte dem Verfasser derselben eine glänzende Zukunft in Aussicht; er habe darin den Flug eines Adlers genommen. Kein Wunder, daß La Harpe seit dieser Zeit der treueste Anhänger Voltaire's blieb und sich dessen Schüler zu nennen liebte, sowie daß das Selbstbewußtsein des Schülers ein so großes ward, um gelegentlich selbst seinen Meister noch meistern glauben zu können. Als 1767 La Harpe in Ferney war und Voltaire'n eine seiner Arbeiten vorlas, schlug dieser ihm eine Aenderung vor. La Harpe widersetze sich und schnitt den Streit da= durch ab, daß er erklärte: Sprechen wir nicht weiter davon, denn hieran wird gewiß nichts geändert. Wogegen er sich in einer Rolle, die er in Voltaire's Adélaide du Guesclin zu spielen übernommen hatte, ohne Voltaire auch nur zu fragen, verschiedene Aenderungen er= laubte. „Papa — sagte er ihm vor der Vorstellung — ich habe einige Verse, die mir schwach schienen, geändert." „„Laß doch hören, mein Sohn,"" erwiderte Voltaire. La Harpe recitirte. „Schön, sagte Voltaire, sie sind wirklich besser geworden. Aendre nur immer zu, ich kann dabei nur gewinnen".*) Immer war freilich Voltaire so

---

*) S. Denoiresterres, a. a. O. VII. S. 189.

dulbsam nicht. Als La Harpe sich 1778 dergleichen Verbesserungen auch in der Irène, auf Andringen der Schauspieler und der Freunde Voltaire's, während der Krankheit des Dichters erlaubt hatte und dieser es später plötzlich erfuhr, flammte der erst von den Todten wieder Auferstandene so furchtbar auf, wie Wagnière es sich in den 24 Jahren, die er ihm diente, nicht zu erinnern vermochte. Er stieß Madame Denis, die ihn beschwichtigen wollte, mit solcher Kraft von sich weg, daß sie sicher zu Boden gestürzt wäre, wenn sie Herr Duvivier, ihr zukünftiger Gatte, der ahnungslos in einem Fauteuil saß, nicht glücklich in seinem Schooß aufgefangen hätte. Ein Glück, daß La Harpe in diesem Momente nicht da war. — Der Erfolg des Warwick war übrigens des Letzteren einziger großer tragischer Triumph, obschon er noch eine Menge Tragödien: Timoléon, Pharamond, Gustave Wasa, Menzicoff, les Barmécides, Coriolan, Jeanne de Naples, Philoctète, Virginie und les Brames, sowie auch ein rührendes Drama, Mélanie, und ein Lustspiel, Molière à la nouvelle Salle, geschrieben hat. Sein Hauptwerk ist Le Lycée ou Cours de littérature, welches seinen Gegenstand zwar von dem einseitigen academischen Standpunkt und ziemlich ungleich behandelte, nichts destoweniger aber viele selbst heute noch werthvolle Urtheile enthält und zu jener Zeit jedenfalls auf seinem Gebiete eine bedeutende Erscheinung war.

Den Schluß dieses Abschnitts mag der seinen Erfolgen und Wirkungen nach vielleicht bedeutendste Tragiker der hier behandelten Periode, Jean Francois Ducis, geboren am 22. August 1733 zu Versailles, gestorben 31. März 1816, bilden. Seine savoyische Herkunft macht sich in den Haupteigenschaften seines Charakters, einer ernsten Strenggläubigkeit und einem stark ausgeprägten Unabhängigkeitsgefühl geltend. Er trat 1768 unter dem Namen d'Ussy mit der Tragödie Amélisa auf, welcher 1769 eine Nachbildung des Shakespeare'schen Hamlet folgte, den er freilich nur aus der Uebersetzung des La Place kannte. Lekain weigerte sich die seltsame Rolle zu spielen, Molé errang darin einen ungeheuren Erfolg. Nicht minder glänzend war (1772) die Aufnahme von Roméo et Juliette. Sie wurde jedoch noch weit von derjenigen übertroffen, welche 1783 dem Lear und später unter Talma dem Othello zu Theil ward, welchen der Dichter mit Phrasen der Zeit effectvoll verbrämt hatte. Man wird freilich nur wenig von dem Shakespeare'schen Geiste in diesen, nach den Mustern

der conventionellen französischen Tragödie gearbeiteten Stücken finden,
gleichwohl verdankten sie hauptsächlich diesem Wenigen ihre großen
Wirkungen. Auch haben sie mittelbar sicher viel zur Kenntniß des
großen britischen Dichters beigetragen, den man nun auch im Originale
oder in den direkten Uebersetzungen kennen zu lernen wünschte. 1801,
mit Phédor et Wladamir, zog sich Ducis ganz von der Bühne zurück. Napoleon wollte ihn zum Senator machen, er schlug jedoch
jede Gunstbezeugung aus. Aufrichtigkeit ist, wie der Grundzug seines
Lebens, so auch der seiner Dichtung. Obschon er im Ausdruck nicht
selten platt erscheint, hatte er doch, wie er selbst es bezeichnet, in
seinem Clavecin poétique: des jeux de flûte et de tonnerre. Dies
zog ihn wohl auch bei Shakespeare an, den er verehrte, obschon er sich
nicht zu ihm zu erheben und ihn zu verstehen, noch weniger ihn nachzuahmen vermochte. Seine Werke erschienen 1827 gesammelt in Brüssel.

XL

Das Lustspiel und Schauspiel des 18. Jahrhunderts in Frankreich bis zum Ausbruch der Revolution.

Lesage; Turcaret. — Favart und Madame Favart. — Destouches. — Marivaux.
— Louis Boissy; d'Allainval; Fagan. — La Chaussée und die comédie larmo-
yante. — Voltaire; L'enfant prodigue, Nanine und l'Ecossaise. — Jean Jacques
Rousseau. — Diderot und seine Theorie des Dramas; Bedeutung derselben. Das
Malerische im Drama. — Madame de Graffigny; Saurin. — Gresset; La Noue;
Pelissot. — Carmontel und die Proverbes dramatiques; Poinsinet, Barthe;
Collé. — Mercier und seine Theorie; Sédaine; Desforges. — Beaumarchais. —
Collin d'Herville, Andrieux, Fabre d'Eglantine.

Je mehr gegen Ende des 17. Jahrhunderts das Lustspiel in die
Hände von Schriftstellern gerathen war, welche, wie talentvoll auch
immer, doch nur dem Geschmack der Schauspieler zu entsprechen und
das Publikum zu unterhalten suchten, um so flacher, äußerlicher mußte
es werden. Molière, indem er die Sitten der Zeit in satirisch-komi-
scher Weise zur Darstellung brachte, hatte es eben darum hauptsächlich
nach der Seite des Charakteristischen auszubilden und zu vertiefen und

die individuellen Beweggründe der lächerlichen Erscheinungen des menschlichen Lebens zu erforschen gesucht. Wie er die Situationen aus den Charakteren zu entwickeln bemüht war, dienten sie ihm auch vorzugsweise nur dazu, letztere zur Erscheinung zu bringen. Jetzt aber war die drastische Situation und der Dialog, der sie trug, Hauptzweck der Darstellung geworden, die Charaktere wurden ihr untergeordnet, sie mußten zu ihrer Herbeiführung dienen.

Dies war um so bedenklicher, als die Sitten, besonders unter der Regentschaft immer tiefer herabsanken, hiermit zusammenhängend die Trachten der Frauen immer schamloser wurden, und die mißverstandne Lehre, daß die Bühne ein Spiegel des Lebens sein solle, den Vor- wand abgab, die Zügellosigkeit dieses letzteren zum hauptsächlichsten Gegenstand der Bühne, zu einer Sache der Unterhaltung zu machen und hierdurch weit mehr zu ihrer Verbreitung, als zu ihrer Unter- drückung beizutragen.

Nur hier und da treten noch einzelne Erscheinungen hervor, welche sich den Molière'schen Vorbildern annähern, doch wenn dieser letztere schon selbst hinsichtlich der Behandlung des Unsittlichen nicht immer die künstlerischen Grenzlinien einhielt, so mußte dies den ge- ringeren, leichtfertigen Talenten noch um Vieles schwerer werden. In der That verletzen selbst noch die besten Lustspiele dieser Zeit meist durch die Art ihres Inhalts und durch die Frivolität der Be- handlung desselben.

Von ihnen ist zunächst das fünfactige Lustspiel, Turcaret, des Lesage hervorzuheben, der ohne Zweifel die Absicht hatte, eines der Hauptübel der damaligen Staatsverwaltung, die finanzielle Ausbeutung des Landes durch die Steuerpächter, in satirischer Weise zu geißeln und in seiner ganzen Verwerflichkeit darzustellen. Auch wurden aus diesem Grunde der Aufführung allerlei Hindernisse in den Weg gelegt und dem Erfolge mit allen Mitteln entgegengewirkt. Wenn Frontin dem Parterre darin zuruft: J'admire le train de la vie humaine; nous plumons une coquette, la coquette mange un homme d'affaire, l'homme d'affaire en pille d'autres, cela fait un ricochet de four- beries le plus plaisant du monde — so lagen in dieser Rede wohl ebenso viele zündende Funken, als später in irgend einer des Beaumar- chais'schen Figaro, nur daß jetzt der Zündstoff noch fehlte. Der satirischen Wirkung des Stücks mußte es Eintrag thun, daß das

Publikum zum großen Theile aus Leuten bestand, welche an der Aus=
beutung des Staats und der Aemter, einen gewissen, wenn auch nur
entfernten Antheil hatten, und die Satire das Uebel, welches sie
geißeln wollte, doch nicht im Innersten traf; der ästhetischen Wirkung
aber, daß die vorgeführte Gesellschaft, mehr vor das Forum der Sitten=
polizei und des Criminalrichters, als vor das des komischen Dichters
gehörte. Es fehlt dieser Darstellung durchaus nicht an Witz, Geist
und dramatischer Beweglichkeit. Die Gestalten, ohne gerade besonders
vertieft zu sein, treten aufs Lebensvollste aus ihr hervor. Allein es
ist eine abscheuliche Gesellschaft, in die sich der Zuschauer vom Dichter
gebracht findet, um so unerträglicher je mehr sich der Hauptcharakter
in seiner Verworfenheit und Erbärmlichkeit enthüllt. Dazu kommt,
daß die Verwicklung und Auflösung des Stücks weit weniger aus den
verwerflichen Eigenschaften des letzteren, die doch der Dichter haupt=
sächlich zu geißeln beabsichtigte, als aus der Leichtfertigkeit und Dumm=
heit desselben hervorgeht. Es mochte ohne Zweifel Generalpächter
wie Turcaret geben; wie ja überhaupt keine besondere Intelligenz
dazu gehört, die Menschen auf eine so plumpe, schamlose und gewalt=
thätige Weise auszubeuten, und gewiß mögen manche dieser nicht allzu=
schlauen Köpfe, der Schlauheit andrer wieder zum Opfer gefallen sein.
Wenn aber dieser wuchernde Krebs am Marke des Landes nur aus
solchen Elementen bestanden hätte, so würde er sich glücklicherweise
sehr rasch selbst wieder aufgezehrt haben. Der größere Theil dieser
Generalpächter verband aber mit jenen gefährlichen Eigenschaften eine
kluge Berechnung, eine große Geschäftskenntniß, ja zum Theil selbst große
Bildung und Geist. Grade von diesen hatte der Wohlstand des Landes am
meisten zu leiden und doch blieben sie von der Satire des Turcaret unbe=
rührt, welche nur die Ungeschickten unter ihnen traf. Der Dichter konnte
sich daher in seiner Critique de la comédie de Turcaret sehr wohl
darauf berufen, daß seine Satire nicht auf den Stand der gens
d'affaires im Allgemeinen gehe, unter denen es, wenn auch vielleicht
nicht allzuhäufig, je auch ehrliche Leute gebe.

Alain René Lesage,*) welcher so großen Antheil an der ersten
Entwicklung der französischen Oper genommen, wurde am 8. Mai 1668

---

*) Oeuvres complètes. Paris 1827. Recueil des pièces mises au théâtre
français. 2 Bde. 1734. Eine deutsche Uebersetzung der Werke von Wallroth,
Stuttg. 1839. 12. Bde.

zu Sargeau in der Bretagne geboren. Er verlor früh die Eltern und durch die Gewissenlosigkeit seines Vormunds später auch sein Vermögen. 1692 wendete er sich nach Paris, wo er bald seinem Berufe, der advokatorischen Thätigkeit, entfremdet wurde und, zur Schriftstellerei übergehend, sich anfänglich seinen Lebensunterhalt mit Uebersetzungen aus dem Spanischen zu erwerben suchte. 1700 trat er mit einem Drama Le traître puni nach Rojas, dann mit Don Felix de Mendoce nach Lope de Vega hervor, die er unter dem Titel Théâtre espagnol veröffentlichte. 1702 wurde von ihm Le point d'honneur nach Rojas, 1707 Don César Ursin, beide ohne Erfolg gegeben. Wogegen er sich noch in demselben Jahre mit seinem Crispin rival, (eine Art Jodelet ou le maître valet und nach demselben Vorbild wie dieser (Rojas) gearbeitet, eines ungewöhnlichen Beifalls erfreute. Inzwischen hatte er 1704 auch den Don Quijote des Avellanedo noch übersetzt und 1707 mit seinem Diable boiteux seinen schriftstellerischen Ruf für immer begründet. 1709 folgte sein vorzüglichstes dramatisches Werk, Turcaret, mit dem er aber keinen durchgreifenden Erfolg zu verzeichnen hatte und 1715 sein Hauptwerk, der satirische Roman Gil Blas, der rasch in alle Sprachen des gebildeten Europas übersetzt wurde. Von hier an widmete er sich neben der Romanschriftstellerei hauptsächlich der Operndichtung, indem er das unter dem Namen der Opéra comique entstandene Theater mit einer Menge von Stücken versorgte.*) Sie sind von sehr ungleichem Werth, doch zeichnen sich die meisten durch frische Heiterkeit, Mannichfaltigkeit der Erfindung und eine natürliche Leichtigkeit des Vortrags aus. La princesse de la Chine (1729) hatte einen der größten Erfolge. Lesage hatte das Unglück frühzeitig taub zu werden. Es hat seiner Bühnenthätigkeit und der Heiterkeit seiner Bühnenwerke aber keinen Abbruch gethan. Er starb 1747 zu Boulogne sur Mer.

Die Opéra comique des Lesage hatte bei aller Einfachheit schon durch die Aufnahme der italienischen Maskenfiguren und des Wunderbaren einen burlesken, phantastischen Charakter. Favart gab ihr den der ländlichen Anmuth und der naiven bürgerlichen Lebenslust, worin

---

*) Eine Sammlung derselben, zum Theil mit seinem Freund d'Orneval zusammen gearbeitet, erschien 1711 zu Paris unter dem Titel: Le théâtre de la foire ou l'opéra comique.

er von seiner Gattin nicht unwesentlich unterstützt wurde. Charles Simon Favart, am 13. Nov. 1710 zu Paris geboren, war der Sohn eines Pastetenbäckers. Er hatte von diesem, der ihn seine guten Lehren in Versen nach bekannten Vaudevillemelodien vorzusingen und einzuprägen pflegte, den munteren Sinn und die Lust zum Gesange ererbt. Er erhielt eine gute Erziehung im Collège de Louis le Grand, lernte daneben das Theater kennen, versuchte sich gelegentlich selbst in der dramatischen Dichtung und errang im Jahre 1733 bei den Jeux floraux einen Preis. Der kurz darauf erfolgende Tod seines Vaters legte ihm die Pflicht auf, für seine Mutter und Schwester zu sorgen, die dieser in keineswegs günstigen Verhältnissen hinterlassen hatte. Dies nöthigte ihn, das Geschäft des Vaters zu übernehmen. Doch ward die Dichtung keineswegs darüber vernachlässigt, vielmehr ebenfalls als Erwerbszweig ergriffen. 1735 trat er mit seiner ersten Opéra comique: Les deux jumelles auf, die eine rasche Nachfolge hatte. Erst mit seiner Chercheuse d'esprit errang er aber einen durchgreifenden Erfolg. Die eben in Aufnahme gekommene italienische komische Oper übte ohne Zweifel einen sehr wohlthätigen Einfluß auf ihn aus. Er war die Stütze des Theaters Monnet geworden und als die Académie de musique auf Grund ihrer Privilegien diesem die Concession entzog, ward er von dieser beauftragt, das Unternehmen für ihre Rechnung noch einige Zeit weiter zu führen. Dies bot ihm Gelegenheit ein junges talentvolles Mädchen, Melle Justine Duroncerey, zu engagiren, die Tochter eines Musikers der Kapelle des Königs Stanislaus Lescinsky zu Lüneville, das mit seiner Mutter nach Paris gekommen war, um sich der Bühne zu widmen. Melle Duroncerey eroberte sich rasch durch das Anziehende ihrer Persönlichkeit, die anmuthige Natürlichkeit und unverfälschte Naivetät, durch die geistige Frische ihres Spiels die Gunst des Publikums und das Herz des jungen Theaterdirektors, der sie noch in demselben Jahre heirathete. Die Auflösung seines Theaters fiel glücklicherweise mit einem Anerbieten des Marschalls von Sachsen zusammen, ihn auf seinem Feldzuge nach Flandern als Direktor einer Schauspielertruppe zu begleiten. Allein was ihm anfangs als eine Gunst des Himmels erschien, sollte ihm bald zur Hölle werden, da der kein Bedenken kennende Marschall seine Gattin sehr bald mit seiner Liebe verfolgte. Der Widerstand, welchen Madame Favart derselben entgegensetzte, reizte die Leidenschaft

des vornehmen Herrn nur noch mehr, so daß Favart und seine
Gattin vier Jahre unter seinen Bedrängungen und Verfolgungen zu
leiden hatten, bis Justine halb der Angst ihres Herzens, halb der
Versuchung erliegend eine Beute seiner Sinnlichkeit wurde. Nur
wenige Monate später (1750) erlag ihr hartherziger Ueberwinder einem
noch unbarmherzigeren Bedränger, dem Tode. Der Wiedervereinigung
der Gatten stand jetzt nichts mehr im Wege und die Kunst war der
Boden, auf dem die Herzen sich wiederfanden und die Wunden dieser
Herzen vernarbten. Sie gingen jetzt beide (1751) an das Théâtre
Italien, dessen Zierde Mad. Favart lange noch war und dessen Re-
pertoir sie beide mit einer Menge damals geschätzter, heute freilich
verblaßter Stücke bereicherten, von denen nur Ninette à la cour,
Bastien et Bastienne (eine Parodie auf Rousseau's Devin du village)
Annette et Lubin, La fée Urgèle genannt werden mögen, an denen
Mad. Favart zum Theil mit gearbeitet haben soll. Man rühmte an
ihrer Darstellung die charakteristische Lebenswahrheit, die pikante Beweglichkeit und Mannichfaltigkeit des Spiels, die Meisterschaft in der
Behandlung der Dialekte. Auch war sie die Erste, welche das conventionelle Theatercostüm mit dem charakteristischen der Rolle vertauschte. Sie starb 1771.

Inzwischen war eine neue Richtung im Drama hervorgetreten.
Sie ging von England aus, wo die Reaction gegen die Frivo-
lität der Zeit und der Bühne die moralisirende Dichtung in's
Leben rief. Das 1708 erschienene Collier'sche Buch, A short view
of the immorality and profaneness on the English stage, gab
den ersten Anstoß dazu. Es wirkte in einer 1715 erschienenen
Uebersetzung von Courbeville nach Frankreich herüber, in dessen
Literatur und Theorie des Drama's das Lehrhafte schon immer eine
Rolle gespielt. Wie in England trat auch hier diese lehrhaft-morali-
sirende Richtung zunächst in den Wochenschriften und Theaterstücken,
bald auch in Romanen hervor. Sie fand in der eben erwachenden und
gleich ihr dem Gemüthsleben, sowie der dem auch nach dieser Seite
nach Befreiung ringenden subjectiven Geistes entsprungenen Sentimentalität einen mächtigen Bundesgenossen. Die letztere wurde
insbesondere dem Drama zu einer ganz neuen Quelle mächtiger
theatralischer Wirkungen. Auch gewann sie in Frankreich bald eine
Stärke des Ausdrucks, die sie in England niemals erreichte, ja artete

hier zu einem wahren Cultus der Natur und der natürlichen An=
triebe, Empfindungen, Leidenschaften aus, der später sogar einen re=
volutionären Charakter gewann.

Philipp Néricault Destouches,*) geb. 1680 zu Tours, gest.
4. Juni 1754 zu Paris, wurde nach einer bewegten Jugend, die er
theils als Soldat, theils als Schauspieler verlebt hatte, von dem fran=
zösischen Gesandten be Puhsieux als Secretär nach der Schweiz ge=
nommen. In diese Zeit fallen bereits die Stücke Le curieux im-
pertinent (1709) L'ingrat (1712) und L'irrésolu (1713). 1717
wurde Destouches der Gesandtschaft des späteren Cardinal Dubois
nach London attachirt, wo er, nach dessen Rückkehr bis 1723 als Ge=
schäftsträger blieb. Er studirte nebenbei die englische Bühne, trat
in nähere Beziehung zu Addison, Johnson, Dryden und Congreve.
Daß er nach seiner Rückkehr seinen Landsleuten die Kenntniß der eng=
lischen Bühne vermittelte, geht schon aus seiner Uebersetzung von Abbi=
son's Trommler, Le tambour nocturne (1736) und einiger Scenen aus
einer Bearbeitung des Shakespeare'schen Sturm genügend hervor. Des=
touches lebte nach seiner Rückkehr von London fast immer auf seinem
Landgute Fortoisens bei Melun, wo er sich ganz nur seiner Familie,
dem Landbau und seiner Schriftstellerei widmete. Sein erstes unter dem
Einfluß der damals in England hervorgetretenen moralisirenden Rich=
tung geschriebenes Lustspiel dürfte Le philosophe marié sein. Seine
Spiele erschienen 1745 in einer noch von ihm selbst veranstalteten
Ausgabe.**)

Destouches war kein gewöhnlicher Bühnenschriftsteller; er suchte
das Lustspiel nach Form und Inhalt zu heben. Ihm war die
dramatische Kunst nur von Werth, wenn sie, indem sie vergnügte,
belehrte. „Wie belustigend eine Komödie auch immer sein möchte —
heißt es im Vorwort zu seinem Glorieux — so ist sie doch etwas
Unvollkommnes, ja etwas Gefährliches, wenn sie nicht die Sitten zu
bessern, das Laster herabzusetzen und die Tugend zu erheben beabsich=
tigt, um sich die Achtung und Verehrung des Zuschauers hierdurch zu

_____

*) Lessing's Dramaturgie und theatr. Bibliothek. — Vinet, Hist. de la
littérature au 18. Siècle. Paris 1853. I. 176. — Hettner, Gesch. d. franz. Lite=
ratur im 18. Jahrhundert. Braunschweig 1860. S. 95.

**) 1755 erschien ein Nachdruck in Amsterdam; 1758 eine vollständigere Aus=
gabe seines Sohnes; eine deutsche Uebersetzung 1756 sowohl in Berlin (5 Bde.),
wie in Leipzig (4 Bde.)

verdienen." Er beglückwünscht das Publikum, daß es Werke beifällig
aufnimmt, die, wie die seinen, darauf ausgehen, „die Bühne von den
frivolen Witzen, den Ausschweifungen des Geistes, den falschen Brillanten, den schmutzigen Zweideutigkeiten, den faden Wortspielen, den
verderbten Sitten zu reinigen und sie der Achtung und Theilnahme
ehrbarer Leute würdig zu machen." Unstreitig hat Destouches hierdurch wohlthätig auf die Entwicklung des Lustspiels eingewirkt, aber
wohl nur in einem negativen Sinne. Er hörte nicht auf, an seinen
Werken zu bessern, bei denen ihm die besten Stücke Molière's zum
Vorbilde dienten, ohne entfernt das dramatische Talent, die Feinheit
und die Schärfe der Lebensbeobachtung, die Einsicht in das Wesen
des Dramatischen zu haben, um diesen großen Dichter erreichen
zu können. Doch nicht nur, daß gegen die lehrhaften Zwecke, welche
Destouches verfolgt, die aesthetischen, die er fast nur in die Glätte
der Form setzte, allzu kurz kamen, ist die Moral, welche er lehrte,
auch meist eine schwankende und schwächliche. Dies läßt sich selbst
noch an seinem besten Stück, Le Glorieux (1732), erkennen. Voltaire,
welcher Destouches sehr hoch schätzte und ihn gelegentlich seinen berühmten Freund, seinen theuren Terenz nannte, ist gleichwohl der
Meinung, daß der Charakter des Glorieux völlig verfehlt sei. Destouches stellt hier einen jungen Mann von hoher Abkunft dar, der
in seinen Verhältnissen aber so herabgekommen ist, daß er ihnen
durch eine Mesalliance wieder aufzuhelfen sucht, und obschon er die
Vorrechte seiner Geburt in der anspruchsvollsten und beleidigendsten Weise
geltend macht, sich doch dabei falscher, ja geradezu betrügerischer Vorspiegelungen bedient und seinen vermeintlich im Elende lebenden Vater verleugnet. Ob ein solcher Charakter, der weniger thöricht, als
verderbt erscheint, überhaupt zum Helden eines Lustspiels sich eignet,
sei hier dahingestellt, jedenfalls aber hätte er eine andere Behandlung
gefordert. Die Sympathie, die der Dichter für ihn in Anspruch nimmt
und die man ihm doch nicht zuwenden kann, hat auch noch einige
andere Figuren des Stücks in eine schiefe Stellung gebracht. Isabella,
die von ihm überhaupt als ein sehr unselbständiger Charakter hingestellt worden ist, so wie Lisette, verlieren durch ihre Parteinahme für Tufière an Achtung; doch auch Philinte spielt eine wenig haltbare Rolle
dabei, wie die schärfer gezeichneten Figuren des Dichters überhaupt
etwas Gekünsteltes und Gemachtes haben. Der Glorieux hatte gleich-

wohl einen ganz ungewöhnlichen Erfolg, der ohne Zweifel außer auf
der einfach eleganten Behandlung des Verses, auf der Neuheit der
Verbindung des Rührend=Pathetischen mit einer gehaltenen Komik beruhte. Dies gilt auch vom Philosophe marié, den Lessing sehr hoch=
gestellt und als ein Meisterwerk der französischen Bühne bezeichnet
hat.*) Ich kann in dieses Lob nicht mit einstimmen, schon weil
es mit der Philosophie Ariste's äußerst schwach bestellt ist. Ariste
ist ein Weiberfeind. Er hat sich mit solcher Entschiedenheit gegen
die Ehe ausgesprochen, daß er eine lächerliche Rolle zu spielen fürchtet,
wenn er sich offen zu ihr bekennen wollte. Und doch ist er heimlich
verheirathet, daher fortwährend in Sorge, daß das Geheimniß ent=
deckt wird. Gegen das Komische des etwas gesuchten Motivs läßt sich
ohne Zweifel nichts einwenden. Es mochte dem Dichter aber nicht
stark genug oder zu einfach erscheinen, um die Entwicklung eines länge=
ren Stückes darauf gründen zu können. Er verband es daher mit
noch einem anderen Motive. Ariste hat einen Oheim, den er beerben
soll, und dem er seine heimliche Heirath gleichfalls verschweigt. Die
Furcht vor Enterbung ist aber das zweite Motiv, welches den verhei=
ratheten Philosophen zu weiterer Geheimhaltung zwingt. Es ist die
Verschiedenheit dieser beiden Motive, welche dem Interesse des Stücks
schadet, da Ariste sich bald nur von diesem, bald nur von jenem
im Handeln bestimmen läßt, so daß er wie ein Storch blos ein
einziges Bein zu haben scheint, doch nur, weil er bald das eine,
bald das andere versteckt. Zu den vorzüglicheren Stücken des Dichters
gehört endlich noch Le dissipateur ou l'honnête friponne (1736). Die
ehrliche Spitzbübin ist eine junge Wittwe, Julie, welche ihren Geliebt=
ten Cléon, einen übelberathenen Verschwender, durch ein gewagtes Spiel
zur Vernunft bringt und angeblich von dieser Leidenschaft heilt. Man
hat einzelne Züge aus Shakespeare's Timon darin erkennen wollen.
Für das bestgebaute und folgerichtigste seiner Stücke halte ich aber
seine Bearbeitung des Addison'schen Trommler.

Destouches wurde nicht nur von seinen Landsleuten, sondern auch
in Deutschland sehr hoch geschätzt und von der Gottschedin, Gotter und
Chr. F. Weiße für die Bühne bearbeitet. Lessing mußte sich bei seiner
Hinneigung zum sentimentalen lehrhaften Drama besonders angezogen

---

*) Er erschien 1727 und erlebte in diesem Jahre 36 Vorstellungen.

von ihm fühlen und wenn er seine Schwächen auch nicht ganz übersah, so hat er ihn doch überschätzt. Die heutigen Literarhistoriker, besonders die französischen, haben dagegen das Urtheil über ihn sehr herabgestimmt. So heißt es z. B. bei Nisard: „Nach Destouches braucht man an der Besserung keines Menschen mehr zu verzweifeln. Sein bestes Werk, Le glorieux, ist wie für ein Parterre von Kindern geschrieben, obschon es darin nicht an wahren und feinen Zügen fehlt, von denen auch die Eltern noch Nutzen ziehen können. Die Komödie des Destouches hat dem Lachen ein Ziel gesetzt, sie bildet den Uebergang zu derjenigen, welche weinen machen sollte."

Die Bedeutung seines Lustspiels lag aber noch darin, daß er die Verirrungen und Conflicte des Herzens zum hauptsächlichsten Gegenstand seiner komischen Darstellungen machte und diese Conflicte nicht blos aus den Charakteren der Individuen, sondern, z. B. in seinem Glorieux, zugleich aus dem gesellschaftlichen Zustande, hier aus den Standesunterschieden und Vorurtheilen entwickelte.

In diesen beiden letzten Beziehungen war ihm ein ungleich begabterer dramatischer Dichter, bei aller sonstigen Verschiedenheit beider, verwandt, nur daß er dabei sich entschiedener auf dem Boden und im Tone des Lustspiels erhielt und das Rührende fast immer nur dem Komischen dienstbar machte.

Pierre Carlet de Chamblain de Marivaux*), am 4. Februar 1688 zu Paris geboren, gestorben ebendaselbst am 12. Februar 1763, gehörte einer angesehenen Familie Rouen's an; vernachlässigte jedoch seine Studien. Durch den Law'schen Sturz um sein ganzes Vermögen gekommen, ergriff er die Schriftstellerei als Erwerbszweig. Er betheiligte sich an dem Streit La Motte's über die Neuen und Alten, und veröffentlichte einen Homère travesti (1716); was ihm wegen Unkenntniß des Gegenstandes eine literarische Niederlage zuzog. Auch sein erster dramatischer Versuch, die Tragödie Annibal (1720), war nicht eben glücklich. Um so rascher brach sein Talent sich im Lustspiele Bahn. Er gehört hier zu den talentvollsten und liebenswürdigsten

---

*) Lessing, Dramaturgie. Vinet, a. a. O. I. S. 254. Hettner, a. a. O. S. 93. Seine Oeuvres complètes erschienen Paris 1789; sein Theater ebend. 1754 in 4 Bdn. Eine Auswahl von Moland. Paris 1875. Deutsch erschienen von Joh. Chr. Krüger eine Sammlung von Luftspielen des Hrn. v. Marivaux. Hamburg 1747. 2 Thle.

Erscheinungen der französischen Bühne, wenn er auch, wie aus seinen stehenden Maskenfiguren (Arlequin, Trivelin, Colombine u. A.) erhellt, noch immer im Conventionalismus derselben mehr als zu wünschen gefangen lag, und sich daher sehr oft in den Situationen mit nur geringen Varianten wiederholt. Daß er das Gefühl für das Heitere und Komische im Lustspiel so festzuhalten verstand, ist um so mehr anzuerkennen, als er, wie es scheint, der erste war, welcher in Frankreich, und zwar — worauf H. Hettner schon hinwies — zehn Jahre vor Richardson's Pamela (1731--42) den empfindsamen, die Tugend verherrlichenden Roman Marianne schrieb. Auch war er der erste, welcher den englischen Einfluß zu popularisiren suchte, indem er (1722) nach englischem Vorbild eine Zeitschrift Le spectateur français herausgab, welche freilich später von Prevost's Le Pour et le Contre (1733—40) in Schatten gestellt wurde. Letzterer machte seine Landsleute in größerem Umfange mit den englischen Dichtern und Schriftstellern Wicherley, Savage, Dryden, Steele und auch Shakespeare bekannt. Er war der erste Uebersetzer der Richardson'schen Romane, denen seine Histoire du chevalier des Grieux et de Manon Lescaut lange vorausging und kaum weniger, als sie zur Entfesselung des Empfindungslebens beitrug.

Fast keinem Dichter ist das Nachschreiben der ursprünglich über ihn im Umlauf gebrachten Urtheile nachtheiliger geworden als Marivaux, gegen fast keinen ist man hierdurch ungerechter gewesen. Man hat ihn nicht nur der Monotonie, nicht nur einer gespreizten Manier der Sprache, einer gesuchten Ausdrucksweise beschuldigt, sondern auch behauptet, daß er die Gefühle nicht darzustellen, sondern nur zu commentiren und seinen Personen nicht ihre, sondern immer nur seine Gedanken in den Mund zu legen fähig gewesen sei.

Gewiß ist Marivaux von diesen Fehlern nicht völlig frei zu sprechen, doch hat man sie sehr übertrieben. Auch sind sie mehr seinen Romanen, als seinen Lustspielen eigen, besonders was den Stil und die Ausdrucksweise betrifft, die in dem Spottnamen Marivaudage sogar sprichwörtlich wurde. Schon Jules Janin hat sich aber dagegen treffend geäußert: „Man hat das Wort Marivaudage lange in einem schlechten Sinne angewendet, man verstand darunter eine Ausdrucksweise, welche mehr nach Geziertheit, als nach Kraft, mehr nach Raffinement, als nach Charakter strebt. Man überzeugte

sich aber endlich, daß dieser Stil sehr schwer nachzuahmen und Mari=
vaux jedenfalls ein Schriftsteller von charakteristischem Gepräge und
großer geistiger Beweglichkeit sei, ja daß so zu schreiben, wie er, viel
Geist, Grazie und Phantasie bedinge." Vinet hat eine Anzahl Stellen
ausgehoben, welche mit Recht als abgeschmackt zu verwerfen sind, aber
sie gehören sämmtlich den Romanen Marivaux' an. Ich will nicht
behaupten, daß es seinen Lustspielen ganz daran fehle, aber sie kom=
men hier doch viel seltener vor. Fast durchgängig sind diese, wie
geistig auch immer belebt, von natürlicher Anmuth erfüllt, zum Theil
selbst von volksthümlicher Naivetät, wie er ja alle seine Lustspiele in
Prosa schrieb und in der Behandlung der Sprache des Volks und
der Landleute geradezu unübertrefflich ist. Ich brauche mich für das
letztere nur anf das kleine Lustspiel L'héritier du village und auf
Lessing's Urtheil darüber zu beziehen, der ihn sonst nicht eben zu
günstig beurtheilt hat.

„Diese Fabel*) — heißt es bei ihm — hätte jeder erfinden
können, aber wenige würden sie so unterhaltend zu machen gewußt
haben, als Marivaux. Die drolligste Laune, der schnurrigste Witz,
die schalkhafteste Satire, lassen uns vor Lachen kaum zu uns selbst
kommen, und die naive Bauernsprache giebt Allem eine ganz eigene Würze."

Auch finde ich nicht, daß Marivaux die Empfindungen mehr
commentirte, als darstellte. Dieses Urtheil klingt geistreicher, als es
zutreffend ist. Seine Personen sprechen, selbst wenn sie reflectiren,
fast immer aus ihrem Zustand und aus ihrem Charakter heraus. Nur
hier und da, in den vertraulichen Gesprächen, die dieser Dichter noch
allzusehr liebt, wird er durch Länge ermüdend. Fast immer treten
uns seine Personen lebendig entgegen und wenn einzelne Verhältnisse
und Persönlichkeiten auch oft wiederkehren, so hat er ihnen doch meist

---

*) Hier ist sie nach ihm im Auszuge: Jürge (im Original Blaise) kommt
aus der Stadt zurück, wo er einen reichen Bruder begraben lassen, von dem er
100,000 Mark geerbt. Glück ändert Stand und Sitten. Nun will er leben, wie
vornehme Leute leben, erhebt seine Lise (Claude) zur Madame, findet geschwinde
für seinen Hans (Colin) und für seine Grete (Colette) eine ansehnliche Partie.
Alles ist richtig, aber der hinkende Bote kommt nach. Der Makler, bei dem die
100,000 Mark gestanden, hat Bankerott gemacht. Jürge ist wieder nichts wie
Jürge, Hans bekommt den Korb, Grete bleibt sitzen und der Schluß würde
traurig genug sein, wenn das Glück mehr nehmen könnte, als es gegeben hat;
gesund und vergnügt waren sie, gesund und vergnügt bleiben sie.

eine neue Seite abzugewinnen gewußt. In Le préjugé vaincu (dem
letzten Stücke des Dichters, 1746), giebt Durante, um sich nicht selbst
einer abschläglichen Antwort auszusetzen, vor, bei einem jungen Mäd=
chen, welches er liebt und dessen Herz er prüfen will, für einen seiner
Freunde, einen angeblich sehr reichen und angesehenen Mann, zu
werben. In L'épreuve thut Lucidor zwar dasselbe, nur daß er hier
Frontin, seinen Diener, zugleich die Rolle des angeblichen Freundes
spielen läßt. In Le jeu de l'amour et du hazard kommen endlich
zwei für einander bestimmte junge Leute, die sich noch nicht kennen,
gleichzeitig auf den Einfall, er mit seinem Diener, sie mit der
Zofe die Rollen zu tauschen, um unter dieser Maskirung einander
kennen zu lernen und einander zu prüfen. Das Spiel wird um so
komischer, als der Vater und Bruder des Mädchens mit beiden Theilen
im Einverständniß sind. In wie verschiedener Weise hat demnach der
Dichter das alte auf Jodelet ou le maître valet zurückweisende Mo=
tiv benutzt, wie verschieden sind die Charaktere, die er durch dasselbe
ins Spiel gesetzt, wie verschieden die inneren und äußeren Situationen,
die er aus demselben entwickelt hat. Es ist wahr, seine Voraussetzungen
sind nicht selten gekünstelt, die Entwicklung ist aber fast immer von
großer Natürlichkeit und die Situationen sind nicht selten von einem
ganz entzückenden Reize, wie gleich in dem letztgenannten dieser drei
Stücke. Außer ihm gehören noch La surprise de l'amour und Les
fausses confidences zu seinen vorzüglicheren Arbeiten. Marivaux
selbst hat gesagt, daß es sich in seinen Lustspielen meist um nichts als
eine Liebe handle, die entweder jedem der Liebenden unbekannt sei, oder
die sie sich wechselseitig zu verbergen suchen oder doch nicht zu erklä=
ren wagen. Ist hiernach das Gebiet dieses Dichters auch sehr beengt,
so ist der Reichthum von Charakteren und Verhältnissen um so größer,
den er auf demselben entwickelt. „Ein wahrer Kallipipedes seiner
Kunst — heißt es bei Lessing — weiß er den engen Bezirk derselben
mit einer Menge so kleiner und doch so merklich abgesetzter Schritte zu
durchlaufen, daß wir am Ende einen noch so weiten Weg mit ihm
zurückgelegt zu haben glauben."

Nur kurze Zeit später, als Marivaux führte sich Louis de Boissy,
1694 zu Vic in der Auvergne geboren, auf der Bühne ein. Er war einer
der fruchtbarsten Dichter des Zeitraums.*) Aus armer Familie, zum

---

*) Sein Theater erschien 1766 in 9 Bänden.

geiftlichen Stande erzogen, wandte er sich, sein Glück zu machen, nach Paris, wo er sich anfangs durch satirische Dichtungen hervorzuthun suchte. Das Theater übte aber bald seine Anziehungskraft auf ihn aus. 1725 trat er mit seinem ersten Stücke hervor. Später erlangte er aber auch als Redacteur der „Gazette de France" und des „Mercure" einen nicht unbedeutenden literarischen Einfluß, wie er denn 1754 sogar Aufnahme in die Academie fand. Gleich Marivaux suchte auch er dem Lustspiel seine Heiterkeit zu erhalten. Er schloß das Sentimentale sogar ganz davon aus und neigte zu einer derben, chargirten Behandlung, wozu es fast wie in Widerspruch steht, daß er fast alle seine Lustspiele in Alexandrinern schrieb und das Hauptgewicht seiner Darstellung auf die sorgfältige Versbildung legte, wegen welcher er auch vornehmlich geschätzt wurde. Von seinen vielen Stücken, von denen Le Babillard, Le Français à Londres, L'époux par supercherie und Le sage étourdi zu seiner Zeit sehr gefielen, hat sich nur Le dehors trompeur ou l'homme du jour längere Zeit auf der Bühne erhalten. Die Franzosen zählen es den besten Charakterlustspielen des Zeitraumes zu. Der Boiffy'sche „Mann des Tages" ist der Gesellschaftsmensch seiner Zeit, niemanden liebend, aber Allen zu gefallen suchend. Er wird zum Dupe seiner Selbstliebe.

Auch Léonor Jean Christian Soules d'Allainval, 1700 zu Chartres geboren, 1753 zu Paris gestorben, hatte sich wie Boiffy aus ärmlichen Verhältnissen empor zu arbeiten, es gelang ihm aber nicht so wie diesem. Er lebte im Elend und starb im Spital. Der Titel eines seiner beliebtesten Lustspiele: L'embarras de richesses klingt wie eine Satire darauf. Am höchsten ist seine Ecole des Bourgeois geschätzt worden. Geoffroy nennt sie das kühnste und tiefste Theaterwerk, welches bis dahin nach dem Tartuffe und nach Turcaret erschienen sei. D'Allainval tritt darin gegen die Verdorbenheit des damaligen Adels, die Servilität des Bürgerthums und gegen dessen stupide Bewunderung des ersteren auf.

Als letzter der damals noch unbeirrt für das heitere Lustspiel eintretenden Dichter mag hier noch der 1742 zu Paris geborne, 1785 ebendaselbst gestorbne Christophe Barthélemy Fayan erscheinen. Ein kleiner Beamter, betrieb er die dramatische Schriftstellerei nur als Nebenberuf, was ihn zwar nicht an einer gewissen Productivität, wohl aber an einer sorgfältigen Ausbildung seines Talents und seiner

Dichtungen hinderte. Von seinen ziemlich zahlreichen kleinen Stücken*)
verdienen nur vier der Berücksichtigung. Le Rendez-vous (1733),
welches in Versen geschrieben ist und die drei Prosacomödien La
pupille (1734); L'étourderie (1753) und Les originaux (1753).
Besonders die beiden ersten Stücke zeichnen sich durch pikante Heiterkeit und Natürlichkeit der Darstellung aus.

In einem ganz andren Sinne faßte gleichzeitig Pierre Claude
Nivelle de la Chaussée, geboren 1692 zu Paris, gestorben den
14. März 1754, die Aufgabe des Lustspieldichters auf, indem er die
von Destouches angebahnte Richtung weiter verfolgend, unter dem
Einflusse Lillo's und Richardson's die Comédie larmoyante, wie
sie von ihren Gegnern genannt wurde, oder wie es dessen Anhänger nannten, das Drame sérieux, zur Ausbildung brachte.
Wenn das Lachen das wesentlichste Kennzeichen und der wesentlichste
Zweck der Komödie wäre, so würde das Weinen das der Tragödie
sein müssen und eine weinerliche Komödie selbst nur ein lächerlicher
Widerspruch sein können. Allein die Dichter der neuen Gattung
glaubten entweder die Grenzen der Komödie durch die Aufnahme des
Rührenden, als des natürlichen Gegensatzes des Lächerlichen nur
zu erweitern, oder faßten den Namen Komödie in dem allgemeinen
Sinne der Spanier auf, die, wie wir wissen, unter ihren Comedias
jede Art des Schauspiels verstanden. Die ersteren, welche sich auf
die Natur beriefen, weil in dieser das Lächerliche auch oft ganz
dicht neben dem Rührenden, ja Tragischen liegt, geriethen freilich meist
mit sich selber in Widerspruch, weil sie für die Tragödie das Recht
einer solchen Berufung in Abrede stellten, und z. B. die Verbindung
von komischen und tragischen Elementen in den Shakespeare'schen Tragödien für barbarisch und geschmacklos erklärten.

La Chaussée, der als der Sohn eines Generalpächters in glänzenden Verhältnissen lebte und sich erst spät, in seinem 40. Jahre, dem
Theater widmete, ging von der Ansicht aus, die Gesunkenheit der Sitten
könne unmöglich schon dadurch gebessert werden, daß man sie auf die
Bühne bringe, sondern daß es hierzu noch nöthig sei, das Gefühl und
die Liebe für Pflicht und Tugend durch die Darstellung des Kampfes

---

*) Sein Théâtre erschien 1760 zu Paris in 4 Bänden, mit einem Eloge
von Pelissier.

und Sieges beider in den Gemüthern der Menschen zu wecken und zu
befestigen. Das Motiv und der Zweck seiner dramatischen Thätigkeit
war also vor Allem ein moralischer. Die besondere poetische Form
wurde von ihm nur als ein möglichst wirksames Mittel ergriffen.
Als hauptsächlichstes Agens wurde dabei die Rührung erkannt. Es
ist jene an sich zwar sehr löbliche, aber unkünstlerische Tendenz, es
sind die nur zu leicht über das Gebiet des Künstlerischen hinausgrei-
fenden Wirkungen dieses mehr dem Gebiete der physischen als der
psychischen Functionen angehörenden Mittels, worin die Gefahren der
neuen Gattung lagen. Erstere begünstigte die Einführung eines wenn
auch nicht immer geradezu unkünstlerischen, doch der dramatischen Darstellung unangemessenen stofflichen Interesses, wie es z. B. das romanhafte ist; letzteres konnte zu leicht nur, statt des Mittels, zum Zweck
werden, gegen welchen die lehrhafte Absicht zurücktreten und zum
bloßen Vorwand herabsinken mußte. Das Rührende blendete das
Urtheil des Zuschauers und machte ihn immer unempfindlicher
gegen die unzureichende Motivirung der Behandlung, gegen das
Schillernde der Beweggründe, gegen die Forderungen einer gesunden
Moral. Die nervöse Aufregung und Ueberreizung trat an die Stelle
seelischer Erschütterung und Läuterung.

La Chaussée trat 1733 mit seinem ersten Drama La fausse an-
tipathie auf. Wie alle späteren Dramen des Dichters war es, der
feindlichen Stellung gemäß, die er gegen La Motte in dem Streite
über die Anwendung des Reims und der Prosa im Drama eingenommen hatte, in Alexandrinern geschrieben. Das Romanhafte der
Voraussetzung, welches bei ihm eine so große Rolle spielt, daß der
Abbé Desfontaines den Vorschlag machen konnte, die von ihm in die
Mode gebrachte Gattung, als Drame romanesque zu bezeichnen, tritt
schon hier in voller Stärke hervor. Schon hier ist die Wahrschein-
keit den rührenden und spannenden Wirkungen der Situationen zum
Opfer gebracht, welche verlangen, daß zwei Liebende, unmittelbar nach
erfolgter Vermählung auseinandergerissen, sich gegenseitig für todt halten,
um sich nach zwölfjähriger Trennung, ohne einander zu erkennen, wieder-
zufinden, und sich aufs Neue von einander angezogen, zugleich aber
auch durch den Gedanken, daß sie bereits verheirathet sind, von ein
ander abgestoßen zu fühlen. Diese Situation ist allerdings rührend und
komisch zugleich. Der Dichter hat sich aber fast nur an das Rührende

gehalten und dieses im Sinn einer lehrhaften Tendenz behandelt.
Collé und Piron verspotteten dies, was la Chaussée zu einer Ver=
theidigung seines Stücks in dramatischer Form, La critique de la
fausse anthipathie, veranlaßte, die, weil sie nicht eben glücklich war,
Stoff zu neuen Anfechtungen bot.   Um so günstiger war der Erfolg
des Stückes beim Publikum, der aber noch weit durch denjenigen
übertroffen wurde, welchen der Dichter 1735 mit Le préjugé à la
mode errang. Es trug ihm wohl auch die Ernennung zum Mitglied
der französischen Academie ein.   Dieses Stück ist jenem ersten Ver=
such allerdings weit überlegen.   Die Voraussetzungen sind weniger
unwahrscheinlich und complicirt, das Komische der Hauptsituation läßt
sich klarer erkennen, obschon es auch hier dem Rührenden noch un=
tergeordnet erscheint. Das Vorurtheil, um das es sich handelt, ist
nicht bloß ein individuelles, es ist ein gesellschaftliches, gegen die
Heilighaltung der Ehe, gegen das vitalste Interesse des Familienlebens
gerichtet, so daß, obschon sich die Handlung ganz auf dem Boden
des letzteren bewegt, doch ein sociales Interesse mit in sie eingreift.
La Chaussée hat also hier, wenn auch unbewußt, mit die Keime zu
dem späteren gesellschaftlichen Drama gelegt.   Das préjugé à la mode
schließt die Liebe von der Ehe, als einer bloßen Sache der Con=
venienz, aus.   Durval, obschon ganz unter dem Bann dieses Vorur=
theils stehend, liebt aber seine Frau, ohne es ihr merken lassen zu
wollen. Auf dieser Grundlage entwickeln sich die komischen Situa=
tionen des Stücks in einer immer auf Erregung und Rührung der
Zuschauer abzielenden Weise. 1737 folgte l'École des amis; 1741
La Mélanide; 1743 die nach dem Richardson'schen Romane gearbeitete
Paméla; 1744 L'école des mères; 1747 La gouvernante.   Nur
über die Mélanide seien hier ein paar Worte gesagt, weil in ihr
der Ausschluß jedes komischen Elementes vollzogen erscheint und das
Drame sérieux abgesehen von seinem sentimentalen Charakter nun
auf nichts anderes, als auf die ins Privatleben verlegte Tragödie
mit glücklichem Ausgang hinausläuft. Das Stück leidet außerordent=
lich unter den Unwahrscheinlichkeiten der romanhaften Voraussetzung,
sowie unter dem Zwange der auch von La Chaussée immer noch fest=
gehaltenen Einheit von Ort und Zeit, welche obschon angeblich nur
der äußeren Wahrscheinlichkeit dienend, doch so viel Unwahrschein=
liches, Unangemessenes und Undramatisches mit sich brachte, so viel

dramatisch Wichtiges hinter die Scene zu verlegen nöthigte und hier=
durch das französische Drama, besonders das ernste, so stark geschä=
digt hat.

Ueberhaupt ist die Structur des la Chaussée'schen Drama's noch
immer die durch Bühnentradition gefestigte alte. Die Handlung ent=
wickelt sich fast nur in der Form von Zwiegesprächen und Monologen,
blos hie und da tritt eine figurenreichere, durch äußere Aktion beleb=
tere Scene dazwischen.

Mit Recht sagte Voltaire, als er die Gattung dieses neuen Dra=
ma's vertheidigte, daß die Fehler der einzelnen Stücke noch nichts gegen
dieselbe bewiesen. So viele Fehler die Mélanide und andere Stücke dieser
Art haben, so sehr sie auch noch unter dem Banne der alten acade=
mischen Vorurtheile stehen, so führten sie doch einen entschiedenen
Fortschritt in der Entwicklung des französischen Dramas herbei, nicht nur
weil sie das Stoffgebiet der Tragödie erweiterten und das unmittelbare
Leben der Gegenwart in dieselbe mit aufnahmen, sondern auch weil sie
ein größeres Gewicht auf die Handlung statt auf die bloße Charak=
terzeichnung und die rednerische Darstellung legten. Man vergleiche
z. B. das zwar nicht immer rein künstlerische, aber doch lebendige
Interesse, welches der Dichter der Mélanide für seine Handlung zu
erregen versteht, mit der dürftigen und ziemlich interesselosen Hand=
lung des Molière'schen Misanthrope. Auch muß es noch als
Verdienst des La Chaussé'schen Drama's hervorgehoben werden, daß
es die traditionellen und conventionellen Figuren der Diener und Zofen
verbannte. Es geht zwar auch in ihnen nicht ohne Vertraute ab,
doch hat er ihnen eine lebendigere Beziehung zur Handlung zu geben
gewußt.

Es war ohne Zweifel von Wichtigkeit, daß sich die bedeutendste
kritische Stimme der Zeit, daß sich Voltaire für die neue Gat=
tung entschied nnd 1736 auch selbst mit einem Versuche, mit seinem
L'enfant prodigue, dafür eintrat. Noch mehr aber erklärt sich der
Erfolg derselben aus der Stimmung der Zeit. Ich habe bereits
früher (II. Halbband I. Theil S. 378) darauf hinweisen können, wie
die Befreiung des subjectiven Denkens durch die sensualistische Philo=
sophie auch eine Entfesselung der Subjectivität des Empfindens nach
sich zog. Der Drang dazu trat in den verschiedensten Arten und in
den verschiedensten Formen hervor, er pflanzte sich mit erstaunlicher

Schnelligkeit fort. Der Aufklärung trat die Empfindsamkeit an die
Seite. Wie oft sie mit einander in Streit geriethen, so waren sie
doch aus einer Quelle hervorgegangen, daher sie sich zeitweilig auch
mit einander vertrugen. Wir finden sie in jener Zeit nicht selten
in denselben Geistern vereinigt. Rousseau, welcher die Aufklärung
so mächtig gefördert hat, zugleich einer der kühnsten Apostel des
Naturevangeliums, hat der Empfindsamkeit die weiteste Verbreitung
und ein große Vertiefung gegeben. Diderot, welcher die äußersten
Consequenzen der sensualistischen Grundsätze zog, hat gleichzeitig das
sentimentale Drama auf seinen Gipfel zu heben gesucht.

Nicht also das ist befremdlich, daß Voltaire, bei dem die Kräfte
des Geistes um so viel entwickelter, als die des Gemüths waren, das
sentimentale Drama gleichfalls begünstigte, wohl aber, daß er, der
erste witzige Kopf seiner Zeit und ihr größter Satiriker, im eigentlichen
Lustspiele fast nur Mittelmäßiges geleistet hat, und das Beste dessen,
was er mit dem Namen von Comédie bezeichnete, fast nur auf Seiten
des rührenden Dramas liegt. Sein Indiscret (1725), seine Originaux
(1732), L'échange (1734), L'envieux (1738), La princesse de Navarre
(1745), La Prude (1747), La femme qui a raison (1749) sind theils
nur Gelegenheitsstücke oder doch nur für das Privattheater gemacht,
während L'enfant prodigue (1736), Nanine (1749) und l'Ecossaise
(1760) in der dramatischen Entwicklung der damaligen Bühne eine
Rolle spielen. Gewiß trug hierzu mit bei, daß trotz Molière der
eigentliche Lustspieldichter von den tragischen Dichtern noch immer mit
einer gewissen Geringschätzung angesehen wurde.

Voltaire hält es in seinem Vorwort zu L'enfant prodigue zwar
für angemessen, daß das Lustspiel, welches die Sitten zum Gegenstand
der Darstellung habe, ernste Elemente zu sich herüberziehe, daß das
Komische darin mit dem Rührenden wechsele, weil auch im Leben diese
Mischung vorhanden sei, aber er läßt für die Tragödie eine solche
Berufung nicht zu, obgleich er ebenso wenig genügende Gründe
dafür gehabt haben wird, als für die Verwerfung einer rein ernsten
Darstellung bürgerlicher Verhältnisse, die er einzig der historischen
Tragödie vorbehalten wissen will. Konnte doch Diderot Voltaire's
Enfant prodigue, und, wie ich glaube, mit größerem Rechte, eines
der frühesten Beispiele der häuslichen oder bürgerlichen Tragödie
nennen.

Nanine war aus demfelben Richardfon'fchen Romane Paméla geschöpft, den auch Boiffy und La Chauffée zu ihren gleichnamigen Stücken benußten. In feiner Ecossaise muß er fich dagegen der= felben Quelle bedient haben, die Leffing's Miß Sara Sampfon zu Grunde liegt. Die Aehnlichkeiten find fo groß, daß ich verwundert bin, wie Leffing, der doch das Voltaire'fche Stück befprach, fie ganz überfehen konnte. In beiden Stücken finden fich Vater und Tochter in einem Wirthshaufe wieder, in beiden einem Liebhaber, der über eine neue Geliebte die alte verlaffen hat, in beiden wird jene von diefer mit Rache bedroht. Das Leffing'fche Stück ift in feinen Vorausfeßungen einfacher, in feiner Entwicklung natürlicher und fchon, weil es einem tragifchen Ausgange zuftrebt, in der Schilde= rung der Leidenfchaften und Conflicte bedeutender. Voltaire zeigt dagegen eine ungleich größere Bühnengewandtheit. Die langen Gefpräche mit Vertrauten, der Parallelismus der Handlung ift hier vermieden. Es greift alles lebendiger in die Action. Die Schott= länderin ift übrigens von diefen drei Dramen Voltaire's das einzige, welches in Profa gefchrieben ift, was wahrfcheinlich unter dem Einfluß Diderot's ftattfand.

Diderot war mit Jean Jacques Rouffeau fo lange aufs Engfte verbunden, daß fie auch hier zufammen genannt werden mögen. Das Leben und Wirken Rouffeau's *) zu würdigen, fehlt es mir freilich an Raum. Sein unmittelbarer Antheil am Drama ift zu unbedeu= tend dafür. Die Oper: Le devin du village ift fein bedeutendftes dramatifches Werk. **) Der Einfluß, den er durch feine übrigen Schriften auf das Denken und Empfinden der Zeit und dadurch auch indirekt auf das Drama ausübte, verlangt aber doch, daß ihm eine, wennfchon nur kurze, Betrachtung zu Theil werde. Rouffeau trat für das natürliche Recht gegen das hiftorifche, für die Natur gegen die Cultur ein, und trug vielleicht mehr als irgend ein anderer Schrift= fteller zur Revolutionirung feines Zeitalters bei, weil er durch das Gemüth auf den Verftand wirkte. Er gab hierdurch dem fentimentalen

---

*) Er wurde am 29. Juni 1712 zu Genf geboren und ftarb 3. Juli 1778 zu Ernonville.

**) Er fchrieb noch außerdem folgende dramatifche Werke: 1742 die Oper Les muses galantes; 1747 das Luftfpiel L'engagement téméraire; 1753 das ein= actige Luftfpiel Narcisse und 1764 das Melodrama Pygmalion.

Hange der Zeit einen schwärmerischen Aufschwung und eine Vertiefung, die dieser in England niemals erreichte. Wie fast alle großen Männer derselben, war auch er in ihren Widersprüchen befangen. Der Widerspruch lag überhaupt in seiner Natur. Er gefiel sich im Paradoxen. Er, der 1749 in seinem Discours sur les sciences et les arts in den Wirkungen der Wissenschaften und Künste die drohendste Gefahr für die Moral erblickte, hat ihnen doch fast sein ganzes Leben gewidmet; er der 1758 seinen Brief gegen die Schauspiele schrieb, fuhr auch noch jetzt fort gelegentlich für die Bühne und über die Bühne zu schreiben.*) In seinem Pygmalion stellte er ein Muster für die Benützung der Musik zur Verstärkung und Erweiterung der auf die Erregung der Empfindung abzielenden Wirkungen des gesprochenen rührenden Dramas auf. Der Werth dieses kleinen melodramatischen Stücks war an und für sich von keiner Bedeutung, wohl aber der darin liegende Hinweis auf das Stimmungsvolle im Drama und auf den Gebrauch, der sich von der Musik dafür machen läßt, wo dessen eignen Mittel nicht ausreichen.

Diderot ist für die Geschichte des Dramas von ungleich größerer Wichtigkeit; gleichwohl bildet die dramatische Production nur einen sehr untergeordneten Theil der vielseitigen literarischen Thätigkeit dieses merkwürdigen Mannes. Diderot's Wissen war ein viel umfassenderes, als dasjenige Rousseau's. Stand es bei diesem im Dienste einer hochfliegenden Phantasie, einer überschwänglichen Empfindung, was den Ideen, die er vertrat, eine so fortreißende Gewalt gab, so standen bei Diderot umgekehrt Phantasie und Gemüth im Dienste seines Wissens und Geistes. Er hat kein einziges Werk von der epochemachenden Wirkung des Contrat social oder der Nouvelle Héloise geschrieben, obschon auch er verschiedene Meisterwerke schuf, aber in der Totalität ihrer Wirkungen steht die literarische Thätigkeit Diderot's kaum hinter der Rousseau's, vielleicht selbst nicht Voltaire's zurück. Auch auf Diderot blieben die Widersprüche der Zeit nicht ganz einflußlos, aber sie traten minder grell aus seinem Leben und seinen Schriften hervor. Er war nach einander Offenbarungsgläubiger, Deist und Materialist, jederzeit aber einer der rechtschaffensten Menschen; ein Beweis, daß man dieses bei den verschiedensten Weltauf-

---

*) Die Abhandlung De l'imitation théatrale 1764.

faffungen fein kann. Er trat überall für die Moral, für Pflicht und Tugend ein, obschon es gewiß ist, daß sich der Materialismus ebensowenig mit irgend einer Art der Freiheit des Willens, wie der absolute Mangel an Freiheit des Willens mit dem Begriffe der Moral, der Tugend und Pflicht verträgt. Er vertheidigt das Institut der Familie, so wenig es seinem Streben nach Unabhängigkeit entsprach, und so sehr er auch selbst mit den Pflichten, die es ihm auferlegte, in Widerspruch kam. Auch hier zeigte sich wieder, daß die Männer, welche die Uebel der Gesellschaft bekämpften, in dieselben doch selbst mit verstrickt waren. Wie Rousseau schleppte auch Diderot die Ehe wie eine Kette hinter sich her, wenn aber jener seine Kinder dem Findelhause übergab, liebte dieser dagegen seine Tochter aufs Zärtlichste. —

Denis Diderot *) wurde am 5. October 1713 zu Langres in der Champagne geboren. Er entstammte einer ehrsamen Bürgerfamilie, bei der sich das Messerschmiedehandwerk durch zwei Jahrhunderte vom Vater zum Sohn fort vererbt hatte. Sein Vater war das Muster eines Familienoberhaupts. Er liebte seine Kinder, besonders Denis aufs zärtlichste und wurde gewiß auch von ihm mit kindlicher Liebe verehrt. Gleichwohl sollte schon früh ein tiefer Bruch zwischen beiden entstehen, der sie fast fürs ganze Leben von einander getrennt hielt. Es war ein Zug der Ungebundenheit, der Unabhängigkeit des Charakters, der Diderot früh aus dem elterlichen Hause nach Paris trieb, wo er für immer verblieb. Der Vater wollte, daß er sich einem bestimmten Lebensberuf widmen sollte. Diderot konnte sich aber für keinen entscheiden, er wollte auch hier seine Unabhängigkeit völlig bewahren. Er studierte alles durcheinander, besonders Mathematik und Philosophie, und überließ sich dabei dem freiesten Lebensgenusse. Der Vater, um ihn zur Wahl eines Standes zu zwingen, drohte seine Hand von ihm abzuziehen. Diderot zog ein

---

*) Madame de Vandeul (seine Tochter) Mémoires pour servir à l'histoire de la vie et des ouvrages de Diderot. (Deutsch in Schelling's Zeitschrift für Deutschland. Bd. 1. 1833.) — Mémoires, correspondences et ouvrages inédits. Paris 1830 (enthalten den Briefwechsel mit Dem. Volland). — Rosenkranz, Diderot's Leben und Werke. Leipzig 1866. — Hettner, a. a. O. S. 277. — St. Beuve, Portraits littéraires. I. 239. — Oeuvres de Diderot par Naigeon. Paris 1798. 15 Bde. Vollständiger ist die Ausgabe von 1821.

Leben der Entbehrung und Noth dem der Gebundenheit vor. Doch
auch noch in anderer Weise trat er dem Willen des Vaters entgegen.
Er machte die Bekanntschaft des Fräulein Champion, eines vortreff-
lichen Mädchens aus guter Familie, das aber mit der Mutter in den
beschränktesten Verhältnissen lebte. Die Art, wie er sich bei ihnen einführte und das Herz des liebenswürdigen Wesens gewann, ist bei
allem romantischen Uebermuth nicht frei von Vermessenheit und Frivolität. Er zog sich jedoch als Mann von Herz und Ehre aus diesem
Handel, indem er, dem Willen des Vaters trotzend, sich mit Fräulein
Champion vermählte. Es war der erste Anstoß zur literarischen
Thätigkeit. Doch nicht, wie man bei seinem Geist wohl erwartet
hätte, mit selbständigen Arbeiten, sondern mit Uebersetzungen aus dem
Englischen eröffnete er, schon über 30 Jahre alt, seine literarische
Laufbahn. Inzwischen ward der Versuch, sich dem Vater zu versöhnen, aufs Neue gemacht. Es war seine Gattin, welche diese schwierige Aufgabe und mit glänzendem Erfolg, doch leider zu ihrem Unglück unternahm, weil die dreimonatliche Abwesenheit des zwar liebenswürdigen, aber Diderot geistig nicht ebenbürtigen Weibes dazu gedient
hatte, diesen in die Netze einer geistreichen, aber seiner ganz unwürdigen Kokette, der Madame de Puysieux, fallen zu lassen, die seine
Arbeitskraft ausbeutete. In ihrem Interesse entstanden die Pensées
philosophiques (1746), sein erstes selbständiges Werk, dem dann rasch
La promenade du sceptique, die Mémoires sur différents objets
de mathématique (1748) und (unter dem Einfluß von Mad. Puysieux)
der geistvolle, aber schmutzige Roman Les Bijoux indiscrets (1748),
sowie die Lettres sur les aveugles (1749) und die sur les sourds
et les muets (1751) folgten. Mit fast jedem dieser Werke zeigte sich
Diderot von einer neuen Seite, in fast jedem gab er die fruchtbarsten
Anregungen, warf er neue, kühne Gedanken auf. Mit einmal war
er ein Mann von bedeutendem literarischem Ruf, das Haupt einer
neuen Schule und einer der hauptsächlichsten Mittelpunkte des
geistigen Lebens von Paris, ja von Frankreich geworden. Rousseau
hatte sich ihm angeschlossen, d'Alembert sich ihm aufs engste befreundet. Die Herausgabe der Encyklopédie brachte ihn in Verbindung mit allen freisinnigen Geistern der Zeit, daher auch mit Voltaire. Im Jahre 1751 erschien bereits der erste Band des großartigen
Unternehmens, dessen Leitung nicht nur die ungeheure Vielseitigkeit

eines Geistes wie Diderot, sondern auch die Kraft, Ausdauer und Energie eines Riesen beanspruchte. Es war ein Kampf mit der Welt, mit Verwegenheit zwar, aber in bester Absicht und mit einer seltenen Unerschrockenheit des Charakters geführt. Trotz der Verdächtigungen und Verfolgungen, denen es ihn aussetzte, trotz des Rücktrittes d'Alemberts von der Redaction, trotz der Hindernisse, die man dem Fortgang des Werks in den Weg legte, war es bereits 1765 beendet, während dazwischen noch immer die Pensées sur l'intreprétation de la nature (1757—58), die Dramen und dramaturgischen Abhandlungen, die Romane: Jacques, le fataliste und La réligieuse (1760), Le petit neveu de Rameau (1760) und l'Essai sur la peinture (1766) entstanden.

Theils durch sein Wörterbuch, theils durch das ihm von seinem Vater zugefallene Erbe, so wie durch die Munificenz der Kaiserin Katharina von Rußland war Diderot zu einem Wohlstand gekommen, von dem er den trefflichsten Gebrauch machte. Er war der Freund jedes Unglücklichen und zeichnete sich überhaupt durch Herzensgüte, Pflichtgefühl und Aufrichtigkeit aus. Es war ihm ernstlich darum zu thun, daß, was er lehrte, auch zu bethätigen. Als Schriftsteller hat man an ihm den Kritiker, Dichter und Philosophen zu unterscheiden. Ohne auf irgend einem dieser Gebiete gerade das Höchste geleistet zu haben, gehört er doch auf jedem zu den bedeutendsten Erscheinungen. Sein Stil gewinnt durch die Unmittelbarkeit seiner Darstellung oft einen sprühenden Glanz und Reiz, den Goethe hinreißend nannte. Sein Geist hatte etwas Eruptives. Am 19. Februar 1784 erlitt er einen leichten Schlaganfall, von dem er sich nicht wieder erholte; doch war ihm die alte geistige Lebhaftigkeit erhalten geblieben. Noch am 29. Juli unterhielt er sich aufs Wärmste mit einigen Freunden, wobei er unter Anderem die Aeußerung that: „Der Unglaube ist der erste Schritt zur Philosophie!" Er starb am Morgen des folgenden Tages.

Diderot hatte nicht nur tiefe Einsicht in das Wesen der Kunst und des Dramas, er besaß auch künstlerisches und insbesondre dramatisches Talent. Das letztere zeigt sich nirgend bedeutender, als in der satirischen Charakterstudie: Le neveu de Rameau, von welcher uns Goethe eine so vollendete Uebersetzung gegeben hat. In ihr zeigt sich seine Gestaltungskraft in der bewundernswerthesten Weise. Was

Diderot mitten in seinen philosophischen Arbeiten den Anstoß zu seinen dramatischen Werken gab, wissen wir nicht. Rosenkranz wies darauf hin, daß die 1773 zu London erschienene Ausgabe seiner Werke ein Drama L'humanité ou le tableau de l'indigence, Triste drame par un aveugle Tartare enthält, welches, in Prosa und im Geiste seiner anderen Stücke geschrieben, sehr wohl von ihm herrühren und schon um 1749 entstanden sein könnte. Dies würde dann seine erste dramatische Dichtung sein. Schon etwas früher deutete er den Charakter an, welchen sein Drama, falls er ein solches hervorbrächte, annehmen würde. Es geschieht in einer Stelle der Bijoux indiscrets, welche eine gegen die Unnatur der französischen Bühne und die Emphase ihrer gereimten Sprache gerichtete scharfe Polemik enthält. Die Einführung der Prosa ins ernste Drama ist keine Neuerung Diderot's. Schon La Motte hatte damit den Versuch gemacht. Auch Lillo's Merchant of London, der sehr auf Diderot eingewirkt hat, und einige Stücke des Destouches waren in Prosa geschrieben. 1741 hatte Landois sogar ein einactiges bürgerliches Trauerspiel, Silvie, welches in Prosa geschrieben war, aufführen und drucken lassen. Diderot selbst bezieht sich darauf. Was dieser bei der ersten Ausgabe seines Fils naturel (1757) aber verschwieg, ist daß Goldoni's Lust= spiel Il vero amico demselben zur Grundlage diente. Auch letz= teres enthält manches Rührende, in der Hauptsache aber ist es ein Lustspiel. Diderot bildete dagegen die Lustspielmotive in's Pathe= tische um, was ihn in der zweiten Hälfte des Stücks zur Aufnahme noch eines andren Motivs und zu Aenderungen nöthigte, die nicht gerade Verbesserungen sind.

Trotz der unleugbaren Schwächen des Stücks, das auf wenig mehr als ein Rührstück im gewöhnlichsten Sinne des Worts hinaus= läuft, hat es in der Geschichte des Dramas doch eine ungewöhnliche Bedeutung gewonnen, weniger allerdings durch sich selbst, als im Zusammenhang mit Diderot's Père de famille und den dramatur= gischen Abhandlungen, die er beiden Stücken mit auf den Weg gab. Konnten diese doch Lessing sogar zu dem Ausspruch bewegen, daß seit Aristoteles sich kein philosophischerer Geist, als Diderot, mit dem Drama befaßt habe.

Von allem, was Diderot hier über das Drama gesagt, scheint

mir keine Stelle wichtiger als folgende zu sein, die wie ich glaube bis=
her nicht nach ihrer vollen Bedeutung gewürdigt worden ist:*)

„Die theatralische Action muß noch sehr unvollkommen sein, weil man auf
der Bühne fast keine einzige Stellung findet, aus welcher sich eine erträgliche
Composition für die Malerei machen ließe. Ist denn die Wahrheit hier weniger
unentbehrlich, als auf der Leinewand? Sollte es ein Grundsatz sein, daß man
sich von der Sache selbst um so viel weiter entfernen müßte, je näher ihr die
Kunst ist, und daß man in einen lebenden Auftritt, wo man wirkliche Menschen
handeln sieht, weniger Wahrscheinlichkeit legen müsse, als in einen gemalten
Auftritt, wo man, so zu reden, nur die Schatten von ihnen erblickt? Ich meines=
theils glaube, die Bühne müßte, wenn ein dramatisches Werk gut gemacht und
gut aufgeführt würde, eben so viele wirkliche Gemälde darstellen, als brauchbare
Augenblicke für den Maler in der Handlung vorkommen."

Diese Stelle betont zum ersten Male den Mangel des französischen
Dramas an malerischem, weil an wirklichem der Natur und Wahrheit
entsprechendem handelnden Leben. Sie stellt zuerst die Forderung
des malerischen, auf Natur und Wesen der Handlung beruhenden und
diese lebensvoll zur Erscheinung bringenden Elementes auf. Nicht
des Malerischen der Decoration, sondern der dichterischen und schau=
spielerischen Action. Ist es doch überhaupt eine besondere Art des
Stimmungsvollen, auf die das gefühlvolle rührende Drama, wenn
auch ganz einseitig ausgeht, die aber hier der umfassende künst=
lerische und hoch über seiner Zeit stehende Geist Diderot's in einer
Weise in's Auge faßt, welche weit über die Grenzen des bürgerlichen
Rührdrama's hinausgeht, sich auf alle Formen, auf jede Gattung der
dramatischen Darstellung bezieht und dieser, wie der Schauspielkunst,
eine neue Richtung, einen neuen unendlich erweiterten Wirkungkreis
anweist.

Dies läßt sich aus einer anderen Stelle (S. 203) besonders
deutlich erkennen:

„Wir reden in unsren Schauspielen zu viel und folglich spielen unsre
Acteurs zu wenig. Wir haben die Kunst, welche die Alten so vortrefflich zu
nutzen wußten, ganz verloren. Der Pantomime spielte ehemals alle Stände:
Könige, Helden, Reiche, Arme, Städter und Landleute und wählte aus jedem
Stande für die Action das, was am Meisten in die Augen fiel." „Der Cyniker

*) Ich führe hier, wie bei allen folgenden Gelegenheiten, die Uebersetzung
Lessing's in dessen Theater des Herrn Diderot (Berlin 1760. I. S. 181) an.

Demetrius schrieb alle Wirkung davon den Instrumenten, den Stimmen und der
Verzierung in Gegenwart eines Pantomimen zu, der ihm jedoch antwortete:
„Sieh mich erst ganz allein spielen und alsdann sage von meiner Kunst, was
du willst." Die Flöten schwiegen, der Pantomime spielt und der entzückte Philosoph ruft aus: „Ich sehe dich nicht blos. Ich höre dich — du sprichst zu mir
mit den Händen." „Welche Wirkung müßte diese Kunst vollends haben, wenn
sie mit der Rede verbunden würde? Warum haben wir Dinge getrennt, welche
die Natur verbunden hatte? Begleitet nicht die Geberde die Rede alle Augenblicke? Ich habe es nie so deutlich empfunden als bei Verfertigung dieses Werks."

Und nun kommt Diderot auch auf das musikalische Element
des schauspielerischen Vortrags zu sprechen, ohne jedoch dabei, wie
Rousseau, zu den Instrumenten seine Zuflucht zu nehmen. Er sucht
es einzig im Empfindungsausdruck der Rede, in deren Accenten und
Tönen. Aber diese Töne und Accente sind für ihn nur dann von
dramatischem Werth, wenn sie dem Sinne der Rede, den Gefühlen des
Redenden, und dem mimischen Ausdruck entsprechen. Diese Wahrheit
des Ausdrucks setzt er der conventionellen Declamation, die durch den
Vers und Reim so sehr unterstützt und gefördert wurde, entgegen.

Wie sehr bisher die malerische Seite der dramatischen Darstellungskunst vernachläffigt worden war, geht schon allein aus dem
Umstand hervor, daß bis vor Kurzem ein großer Theil der
Bühne noch mit von den Zuschauern eingenommen wurde und
diese daher gar keinen Raum dafür bot. Daß man aber selbst jetzt
diese Forderungen Diderots als eine Revolution des ganzen Schauspielwesens auffaßte und ihm gerade von der Seite hemmend entgegentrat, wo er am ehesten auf ein bereitwilliges Entgegenkommen hätte
rechnen sollen, von Seiten der Schauspieler, denen er ein ganz
neues Feld künstlerischer Thätigkeit eröffnete, geht aus dem Briefe
hervor, welchen die Schauspielerin Riccoboni an ihn richtete. Es
waren die Einwände, welche die Schauspieler den Dichtern und Theo-
retikern jederzeit machen, wenn diese im Interesse des Fortschritts das
Aufgeben irgend einer traditionellen Gewohnheit verlangen.

Sie behauptet, daß die von ihm verlangten Neuerungen aus
praktischen Gründen nicht möglich seien, daß die Beschaffenheit der
Bühne sie nicht zulasse, sondern die Schauspieler, um vom Publikum
verstanden werden zu können, nach wie vor in einer Linie, dem Zuschauer immer mit dem Gesicht zugewendet, vorn an der Rampe stehen
und ihren Part recitiren müßten. Diderot blieb aber die Antwort nicht

schuldig. Sie lautete im Wesentlichen dahin, daß falls die Bühneneinrichtungen wirklich die Darstellung einer wahrhaft dramatischen Handlung unmöglich machten, man nicht die Handlung, sondern die ver-
kehrte Einrichtung der Bühne und das hiervon abhängige falsche
System des Vortrags abändern müßte.

Nicht in seiner Theorie des Dramas, welche in ihrer Willkürlichkeit nur zu neuen Verwirrungen führte, nicht in seiner Bevorzugung
des bürgerlichen rührenden Familiendramas, welche die Dichter in eine
falsche einseitige Bahn lockte, liegt also, wie ich glaube, die eigentliche
Bedeutung Diberot's für die Entwicklung des modernen Dramas, sondern darin, daß er die malerische Seite der dramatischen Darstellungskunst zuerst schärfer ins Auge faßte, daß er erkannte, wie ohne die
Ausbildung derselben die wahrhafte Darstellung einer lebendigen dramatischen Action für den Dichter sowohl, wie für den Schauspieler gar
nicht möglich sei, daher der conventionelle beclamatorische Vortrag der
lebendigen, ganz aus der Action fließenden, ganz auf diese bezogenen Rede weichen und diese immer und überall mit mimischer
Darstellung verbunden und dem stummem Spiel der übrigen Darsteller angepaßt sein müsse. Diberot begnügte sich aber nicht mit der
Aufstellung dieser Lehre, er machte in seinen Stücken davon auch sofort die praktische Anwendung. Man braucht, um das zu erkennen,
seine Dramen in dieser Beziehung nur mit den Dramen La Chaussée's
zu vergleichen. Wie fruchtbringend sein Beispiel aber war, welchen
ungeheuren Fortschritt in der Bühnentechnik des Dramas es nach
dieser Seite hin nach sich zog, werden wir an Beaumarchais zu erkennen haben, der anfangs ganz in den Bahnen Diberot's ging, diesen
aber hierin weit hinter sich ließ.

Diberot ging bei seiner Eintheilung des Dramas von der Ansicht aus, daß sich das Dramatische im Komischen und Tragischen nicht
erschöpfe und — worin er freilich irrte — da das Komische und
Tragische keine Berührungspunkte habe, es zwischen beiden noch
ein Gebiet geben müsse, welches der dramatischen Action einen
besonderen, freien, bisher noch nicht benutzten Spielraum gestatte,
ohne dabei auf das Komische oder Tragische gerichtet zu sein.
Dieses Gebiet schien ihm das Ernste zu bilden, obschon dieses
im Tragischen schon mit enthalten war. Er meinte aber vielleicht nur diejenige Form des Ernsten, welche eben das Rührende

ist, obwohl auch dieses sowohl mit dem Komischen wie mit dem
Tragischen verbunden sein kann, wenn auch nicht immer verbunden
sein muß. Voltaire hatte, wie wir gesehen, zwar eine Verbin=
dung des Komischen und Ernsten, doch nur für das Lustspiel zu=
gegeben. Diderot, hierin nicht weniger willkürlich, aber doch conse=
quenter, verwarf jede Verbindung des Heiteren und Ernsten, des
Komischen und des Tragischen, indem er behauptete, daß beide sich
schlechthin ausschlössen.

Was Diderot in seiner Eintheilung bestärkte, war der Umstand,
daß die Tragödie sich bisher fast nur auf die Schicksale der großen
öffentlichen, d. i. historischen, mit dem Schicksal der Staaten und Völ=
ker verknüpften Personen beschränkt hatte, gleichviel ob dieselben einen
glücklichen oder unglücklichen Ausgang nahmen, die Komödie aber auf
die Darstellung der Thorheiten und Laster des privaten, bürgerlichen
Lebens. Warum, fragte er nun, sollen die Tugenden und Pflichten
des letzteren, und das häusliche Unglück, welches es birgt, nicht eben=
falls ihre Darstellung finden?

Diderot hätte eben so gut fragen können: warum die Thorheiten
und Laster des öffentlichen Lebens, wie sie ja einst von den griechischen
Komikern schon gegeißelt worden waren, nicht ebenfalls eine komische
und satirische Darstellung zulassen sollten? Schloß die Bejahung
dieser Fragen aber auch schon die Nothwendigkeit ganz neuer Gebiete,
ganz neuer Gattungen des Dramas ein? War die alte Komödie der
Griechen weniger eine Komödie, als ihre mittlere und ihre neue ge=
wesen? Da man schon immer eine Tragödie mit unglücklichem
und mit glücklichem Ausgang gehabt, was bedurfte es mehr, als noch
ihr Stoffgebiet zu erweitern, um das ernste bürgerliche Drama mit
in sie aufzunehmen. Und wenn dieses letztere auch wirklich eine andere
sprachliche Behandlung, die Anwendung der Prosa gefordert hätte,
so hatte man doch schon längst auf Seiten der Komödie die gebundene
und ungebundene Rede zur Anwendung gebracht, ohne darauf einen
Unterschied der Gattung begründen zu wollen. Diderot selbst mußte
zugeben, daß die von ihm angeblich entdeckte neue Gattung des Dramas
sich immer entweder mehr dem Lustspiel, oder der Tragödie nähere.
Statt aber hieraus zu schließen, daß sie eben deshalb keine besondere von
der Komödie und der Tragödie auszuschließende Gattung sein könne,
sondern theils dem Gebiete der einen, theils dem der anderen zuge=

höre, theilte er sein angeblich neu entdecktes Drama noch in zwei
Unterarten ein, so daß er zu vier verschiedenen Arten des Dramas
gelangte, der heiteren Komödie, welche das Lächerliche und die Laster (?)
zum Gegenstand der Darstellung habe, das ernste Lustspiel (?), welches die Tugenden und Pflichten des Menschen, die bürgerliche Tragödie, welche das häusliche Unglück und die hohe Tragödie, welche die
öffentlichen Katastrophen und das Unglück der Großen behandeln sollte.
Ist es nicht wunderbar, daß Diberot, der seine vermeintlichen beiden
neuen Gattungen nur mit dem Namen der alten zu bezeichnen vermochte,
gleichwohl auf der Grundverschiedenheit derselben von diesen bestand?

Soviel Diberot auch dazu beigetragen, seine beiden mittleren
Gattungen, denen er die weitaus größte Bedeutung zuschrieb, durch
die Wirkungen des Rührenden, die er in seinem Hausvater schon
selbst in einer allzu beabsichtigten und hierdurch geschmacklosen
Weise anwendete, in Aufnahme zu bringen und zu herrschenden zu
machen, so glaube ich doch, daß sie sich damals auch ohne sein
Beispiel und seine Lehre entwickelt haben würden. Ich brauche mich
neben den schon früher erwähnten Erscheinungen hierfür nur noch auf
La Chaussée, Thompson, Goldoni, Chiari, die Frau von Graffigny
und Lessing zu beziehen, welcher letztere schon 1755 mit seiner bürgerlichen Prosatragödie „Miß Sara Sampson" hervorgetreten war, auf
welche Diberot im Journal Étranger aufmerksam machte. Letzterer
hinterließ verschiedene dramatische Pläne und Bruststücke.

Françoise d' Issembourg d' Happoncourt de Graffigny, geboren am 13. Februar 1695 zu Nancy, stammte aus einem alten Grafen-
geschlechte, und gehörte zu den geistreichsten, literarisch gebildetsten
Frauen der Zeit. Der Schriftstellerei widmete sie sich aber erst in
ihrem 58. Jahre und begründete ihren Ruf mit dem Romane Les
lettres Peruviennes. Im Drama wählte sie La Chaussée zu ihrem
Vorbilde, entschied sich jedoch für die Behandlung in Prosa. Ihre
Cénie wurde von Lessing sehr hoch gestellt. Sie beruht aber auf einer
allzu verwickelten und künstlichen Voraussetzung, bei der die Unterschiebung eines Kindes und die abenteuerliche Trennung einer ganzen
Familie, die später Gatte, Gattin und Kinder sich ohne einander zu
erkennen wieder zusammen finden und so längere Zeit neben einander
leben, von Wichtigkeit sind. Sie klingt hierdurch an die Fausse anti-
pathie des La Chaussée an, ohne doch diese an dramatischen Ge-

halt zu erreichen. Der Vorzug des Stücks liegt in der geschmackvollen
Behandlung.

Dramatisch bedeutender ist Saurin's Blanche et Guiscard, (1763),
in welchem man schon einem Stoff unseres neuesten Gesellschafts=
dramas zu begegnen glaubt. Es handelt sich darin um ein Mädchen,
das einen Mann heirathet, ohne denselben zu lieben, um sich an
dem zu rächen, welchen es liebt, von dem es sich aber verrathen wähnt,
und das nun zu spät diesen verhängnißvollen Irrthum erkennt. Auch
seinem Beverley, einer freien Bearbeitung des Moore'schen Gamster,
ward 1768 ein Erfolg zu Theil. Die Leidenschaft des Spiels erscheint
hier von der tragischen Seite behandelt. Saurin schrieb noch mehrere
Stücke dieser Art, aber immer in Versen und mit Berücksichtigung
der Einheiten.

Neben dem sentimentalen Drama hatte das heitere Lustspiel auch
jetzt wieder seine Vertreter gefunden, unter denen zunächst Gresset,
La Noue und Palissot genannt werden mögen.

Jean Baptiste Louis Gresset, geboren 1709 zu Amiens, ge=
storben 1777 zu Paris, hatte eine vortreffliche Bildung genossen. Er
lehrte auf den Academien zu Molins, Tours und Rouen. Nachdem
er mit seiner satirischen Dichtung Vert-vert, einem Meisterstück der
scherzhaften Gattung, einen sensationellen Erfolg errungen hatte, wid=
mete er sich ganz der Schriftstellerei. 1740 trat er mit einem Trauer=
spiel, Eduard III. hervor. Es war eine Verkennung seines Talents.
Auch sein Sidney (1745) fand trotz der glänzenden Behandlung der
Sprache und des Verses nur eine kühle Aufnahme. Dagegen erward ihm
das fünfactige Lustspiel Le méchant viel Beifall. Es ist voll Geist
und feiner Lebensbeobachtung und eröffnet einen tiefen Einblick in die
innere Verdorbenheit der sich in den feinsten Formen bewegenden hö=
heren Pariser Gesellschaft. Auch hier liegt aber die Stärke des Dichters
in den vollendeten Versen und dem sprachlichen Vortrag, der den Ton
der vornehmen Welt, welchen der Dichter hier geißelt, auf's Glücklichste
traf, eben deßhalb aber bisweilen pretiös erscheint. Die Intrigue hat
Aehnlichkeit mit der von J. B. Rousseau's Flatteur.*) Der méchant
ist ein Mann, der unter der Maske der Freundschaft, sich in den Besitz

*) Jean Baptiste Rousseau, geb. 6. April 1670, gest. 17. März 1741 zu
Paris, war einer der vorzüglichsten lyrischen Dichter seiner Zeit. Er gehörte der
Schule Boileau's an, und war ebenso berühmt durch seine religiösen, als berüch=

der Geliebten eines Anderen zu setzen sucht. Greffet's Werke erschienen 1803 gesammelt zu Paris.

Auch Jean Baptiste Sauvé La Noue, geb. 1701 zu Meaux, gestorben 1761 zu Paris, ist nur eines einzigen Stückes wegen hier zu erwähnen. Er war Schauspieler und Dichter zugleich. Als ersterer trat er 1742 bei dem Théâtre français ein. Als Dichter begann er mit tragischen Versuchen, welche ohne Bedeutung sind. Mit seinem fünfactigen Versluftspiel La coquette corrigée (1756) erzielte er dagegen einen nachhaltigen Erfolg. Geoffroy glaubt, daß demselben Marivaux' Heureux stratagème zu Grunde liege. Bei diesem wird die Koketterie einer Frau durch Eifersucht geheilt, bei La Noue aber eine Kokette durch die scheinbare Gleichgültigkeit und Geringschätzung eines jungen Mannes, welcher sie liebt, zur Liebe gereizt. Das Luftspiel La Noue's, wohl überschätzt, hat die Sentimentalität des Diderot'schen Drama's mit in sich aufgenommen.

Dagegen suchte Charles Paliffot de Montenay, geboren 1730 zu Nancy, gestorben 1814 zu Paris, den reinen Luftspielton völlig aufrecht zu erhalten. Nachdem er mit seinen ersten Stücken, der Tragödie Ninus und dem Luftspiel Les tuteurs (1754) Niederlagen erlitten, erntete er in demselben Jahr durch den luftigen Dialog seines Barbier de Bagdad viel Beifall ein. Später benützte er die dramatische Form auch noch zu literarischen Satiren. Ein kleines Stück Le Cercle ist gegen Rousseau, das dreiactige, in der Manier der Molière'schen femmes savantes gearbeitete Drama Les philosophes (1760) gegen die Encyklopädisten gerichtet. Paliffot hatte Voltaire dabei geschont, was ihm dieser vergalt, indem er ihn bei nächster Gelegenheit lobte. Paliffot erwiederte diese Höflichkeit mit seinem Génie de Voltaire apprécié dans toutes ses ouvrages. Er schrieb noch verschiedene Komödien. Von seinen literargeschichtlichen Schriften seien die Mémoires pour servir à l'histoire de la littérature française (1771) erwähnt. Seine Oeuvres erschienen zu Paris 1788 in 4 Bänden, 1809 in 6 Bänden.

Daneben wucherten aber auch kleinere Formen des Luftspiels

---

tigt durch seine unzüchtigen satirischen Dichtungen. Die letzteren hatten ihn wohl vorzugsweise in die Gunst der Reichen gebracht. Später machte er noch Aufsehen durch seine literarischen Händel mit Voltaire, in denen er keine glückliche Rolle spielte. Er versuchte sich auch im Luftspiel, doch mit nur geringem Erfolg. Von diesen Versuchen ist Le flatteur (1696) der bedeutendste.

empor. Collé, Carmontel, Poinſinet, Barthe ſind hier vor allen
Anderen zu nennen.

Carmontel, 1717 zu Paris geboren, 1806 geſtorben, wird gewöhnlich als Erfinder der dramatiſchen Proverbes bezeichnet. Dies
iſt jedoch irrig. Dieſelben laſſen ſich bis in die Zeiten Ludwigs XIII.
verfolgen. Urſprünglich waren es Stegreiffſpiele, durch welche ein
Sprichwort zur Darſtellung gebracht werden ſollte. Madame de
Maintenon ſchrieb ſpäter 40 dergleichen Spiele für ihre jungen
Damen zu St. Cyr, welche 1829 im Druck erſchienen. Madame
Durand gab ebenfalls einen Recueil ſolcher Spiele heraus. Sie charakteriſirt dieſelben in folgender Weiſe: Il y a dans un proverbe un
accord de mille petits riens qui concourent cependant à l'effet
de l'ensemble. Auch Moiſſy (1777 geſtorben) dichtete noch vor Carmontel neben ſeinen Luſtſpielen eine ganze Reihe Proverbes, von denen
mehrere Bände erſchienen. Carmontel führte ſie als Vorleſer des
Herzogs von Orleans zunächſt wieder als Stegreiffſpiele bei deſſen
Unterhaltungen ein. Erſt ſpäter arbeitete er dieſelben auch aus.
Seine Proverbes dramatiques erſchienen geſammelt 1768—81. Sie
behandeln Scenen des ländlichen und bürgerlichen Lebens. Le mari
absent; Le poulet; Les deux anglais; L'après-diner; Le valet de
chambre et le paysan waren beſonders beliebt. Carmontel ſchrieb
aber auch Luſtſpiele, die theils unter dem Titel Théâtre de campagne,
theils von Mad. de Genlis geſammelt als Proverbes et comédies
posthumes de Carmontel (Paris 1825. 3 Bde.) erſchienen. Die
meiſten derſelben ſprechen durch Friſche und Natürlichkeit des Vortrags
und geſunde Lebensbeobachtung an.

Antoine Henri Poinſinet, geboren 1735 zu Fontainebleau, ge-
ſtorben 1769 zu Paris, ſchrieb ſchon vom 18. Jahre an für's Theater.
Von ſeinen vielen kleinen Stücken erfreute ſich das einactige Luſtſpiel
Le cercle ou la soirée à la mode (1771), welches das damalige
Salonleben ſatiriſch beleuchtete, beſonderen Beifalls.

Auch Nicolas Thomas Barthe, 1734 zu Marſeilles geboren,
1785 zu Paris geſtorben, zeichnete ſich durch ein leichtes, gefälliges
Talent aus. Obſchon er eine bis ans Lächerliche ſtreifende hohe
Meinung von ſich hatte, was ihm eine derbe Zurechtweiſung Voltaire's
zuzog, war er doch von einem ſehr gutmüthigen Charakter. Er hatte
bereits mit dem einactigen Luſtſpiel Les fausses infidélités (1768)

und dem dreiactigen Luftspiele La mère jalouse (1772) Erfolge erzielt, als er mit seinem neuesten Werke L'homme personnel nach Ferney kam, um Voltaire's Lob damit einzuholen. Voltaire behandelte ihn aber, gegen seine Gewohnheit, sehr hart. Nichtsdestoweniger zog Barthe nur kurze Zeit später seinen homme personnel, der vom Théâtre français angenommen worden und zunächst an der Reihe war, auf- geführt zu werden, aus freiem Antrieb zurück, um Voltaire's Irène den Vorrang zu lassen.

Eines der größten komischen Talente der Zeit und voll ächtester Heiterkeit war Charles Collé, geboren 1709, gestorben 1783 zu Paris. Er gehörte dem Kreise Piron's und Panard's an und spielte auch als Kritiker eine Rolle. Besonders aber machte er sich mit seinen Liedern durch ganz Frankreich bekannt und beliebt. Sie er- warben ihm die Gunst des Herzogs von Orleans, der ihn längere Zeit als Vorleser, Dramaturg und Secretär an seinen Dienst fesselte. Er schrieb für das Theater desselben eine Menge kleiner Paraden und Komödien, welche zum Theil sehr leichtfertig, aber von großer Luftigkeit sind.*) Zu den besten gehören La verité dans le vin und La tête à perruque. — 1763 betrat Collé auch das Théâtre français; zu allgemeinster Ueberraschung aber mit einem Versdrama im Ge- schmack des La Chaussée, dem dreiactigen Luftspiel Dupuis et Des- ronais. Es behandelt die Eigenliebe eines Vaters, welcher, um sich nicht von seiner Tochter trennen zu müssen, die Hochzeit derselben unter allerlei Vorwänden aufschiebt, endlich aber doch durch die Zärtlichkeit derselben überwunden wird. Einen noch größeren Erfolg hatte: La partie de chasse de Henri IV. Ein Stück von zugleich rührendem und volksthümlichem Charakter, dem eine Anecdote aus dem Leben des beliebten französischen Königs zu Grunde liegt. Es war die Zeit, wo diese Art Stücke, welche schon immer auf der spa- nischen Bühne Glück gemacht hatten, ganz allgemein in die Mode kamen. Collé überarbeitete auch verschiedene ältere Stücke, wie Le menteur; La mère coquette; L'esprit follet, für den Geschmack seiner Zeit.

Inzwischen wurde das sentimentale Familien=Drama besonders

---

*) Sie erschienen unter dem Titel Théâtre de société. Paris 1768. 2 Bde. und 1777 3 Bde.

von Mercier, Sedaine, Desforges und Beaumarchais weiter fortgebildet.

Louis Sebaftian Mercier am 7. Juni 1740 zu Paris geboren
und eben dafelbft am 25. April 1814 gestorben, nannte sich selbst
einen Vielschreiber. Er begann mit epischen Dichtungen, ging dann
zum Roman über, betrat 1769 auch das Theater und erwarb mit
seinen vielen vom englischen, deutschen und italienischen Drama beeinflußten Stücken viel Beifall. Es mögen von ihnen nur Jenneval
ou le Barnevelt français, Le déserteur; La brouette du vinaigrier;
L'habitant de Guadeloupe; La maison de Molière; Jean Hennuyer
genannt werden.*) Durch seinen Essai sur l'art dramatique (Amsterdam 1773) hatte er die Schauspieler des Théâtre français beleidigt,
was ihn nöthigte, seine Stücke längere Zeit in der Provinz aufführen
zu laffen. Die genannte Schrift ift weniger eine Theorie des Dramas,
als ein rhetorisches Raisonnement über das letztere zu Gunften des gefühlvollen Dramas. Der vornehmfte Zweck des bramatischen Dichters
ift nach ihm nämlich der, das Herz der Menschen dem Mitleid zu
öffnen. Diefes kann ihm nicht weich genug gestimmt werden. Der
Dichter kann dafür nicht Mittel genug in Bewegung setzen. Die
Empfindsamkeit ift ihm das heilige Feuer, das man niemals verlöschen
laffen soll. Auf ihr beruht nach ihm das ganze moralische Leben.
„Die Seele des Menschen, heißt es S. 12, läßt sich nach dem Grade
der Erregung beurtheilen, den sie im Theater zeigt.“ Mercier hat
sich auch in der That in Wirkungen diefer Art überboten. Er hat
die Kunst, zu rühren, zu einer Gefühlsquälerei gemacht.

Eine andere Seite der Mercier'schen Principien ift die Forderung,
das Volksleben, die Gegenwart auf die Bühne zu bringen. Es kün-
bigt sich ein revolutionärer Zug darin an. Daher auch, wie sehr
man sein Buch damals anfeindete und verspottete, manche von seinen
Lehren später zur Ausführung gebracht werden sollten. Mit
seiner Vorliebe für das Volksthümliche und das Individuelle hängt
auch sein Enthusiasmus für Shakespeare zusammen. Das Volksthümliche in diesem Dichter ift das, was demselben, nach ihm, die
Unsterblichkeit sichert. Er erscheine den Franzosen nur lächerlich,
weil der Neid, die Beschränktheit und der böse Wille ihnen ben-

---

*) Sein Théâtre erschien Amsterdam 1778—84. 4 Bbe.

selben entstellt gezeigt hätten. „Jede Individualität, heißt es an einer andern Stelle, hat ihre besondere Eigenthümlichkeit. Lest Richardson, lest Shakespeare und seht, was Alles in der Seele eines einzigen Menschen vorgeht und ob es deren zwei giebt, die genau dasselbe Gesicht und dieselbe Haltung haben." Mercier's Ansichten wirkten wie seine Stücke damals besonders nach Deutschland herüber. 1802 übersetzte er Schiller's Jungfrau von Orleans. Seine Satire Contre Racine et Boileau (1808) trug später ohne Zweifel nicht wenig dazu bei, das französische classische Drama um seine Herrschaft zu bringen. Sein bedeutendstes Werk ist sein Tableau de Paris (12 Bde. Amsterdam 1782—88) worin er die Sitten des Pariser Lebens in zum Theil frischen und kräftigen Zügen schildert. Es nöthigte ihn zur Flucht nach der Schweiz, von wo er erst bei Ausbruch der Revolution zurückkehrte. Er redigirte nun die Annales patriotiques und La chronique du mois. Als Mitglied des Convents stimmte er gegen den Tod Ludwigs XVI. Im Rath der 500 zählte er zur republikanischen Partei. Er war ein Schriftsteller von Geist, Enthusiasmus und Feuer, aber zu oberflächlich und zu sehr von Widersprüchen bewegt, die ihm zum Bizarren und Geschmacklosen verleiteten. Man hat ihn wegen seiner Neigung zum Paradoxen wohl auch den Affen Rousseau's genannt.

Michel Jean Sébaine, geboren zu Paris 4. Juli 1719, gestorben ebendaselbst 17. Mai 1797, gehört auf diesem Gebiete zu den liebenswürdigsten und frischesten Erscheinungen der Zeit. Er hat nur wenige Dramen geschrieben, von denen Le philosophe sans le savoir (1765) und La gageure imprévue (1768) besonders beliebt waren. Das erste wird zu den besten Lustspielen der französischen Bühne gerechnet. George Sande gab in Le mariage de Victorine (1851) dazu eine Fortsetzung. Man kennt auch noch ein fünfactiges Drama, Paris sauvé, von ihm. Sébaine war von ärmlicher Herkunft, hatte nur eine mangelhafte Erziehung genossen, und mußte, um seine Familie zu erhalten, nach seines Vaters, eines Architekten, Tode zum Maurerhandwerk greifen. Der Architekt Buron, bei welchem er arbeitete und der sein Talent erkannte, hob ihn allmählich empor. Sébaine hatte später die Genugthuung, den Enkel desselben, den berühmten Bildhauer David, erziehen zu können. Seine Opern, an denen man die schöne Natürlichkeit rühmt, machten ihn zu einem der beliebtesten Schriftsteller von Paris. Philibor, Monsigny, Gretry haben ihm zu nicht

geringem Theil ihre Triumphe zu danken. Besonders wurde an ihm die
Originalität noch geschätzt; daher Voltaire, als er vorgestellt diesem
wurde, zu ihm gesagt haben soll: „Ah, Monsieur Sédaine! c'est vous qui
ne volez rien à personne?" „„Je n'en suis pas plus riche"", habe
der philosophe sans le savoir dem, der es von sich wußte, erwidert.
Sédaine's Werke erschienen Paris 1760 und 1776 4 Bde., eine
Auswahl Paris 1813. David und die Fürstin Salm haben Lobreden
auf denselben geschrieben.

Pierre Jean Baptiste Choudard Desforges, 1746 zu Paris
geboren und ebendaselbst 1806 gestorben, studirte Arzneiwissenschaft,
versuchte sich dann als Maler, fristete längere Zeit sein Leben mit
Copiren von Noten, wurde Polizeioffiziant und beschloß seine wechsel=
volle Laufbahn als Schauspieler und Bühnendichter. Als ersterer
war er drei Jahre in Petersburg (1779—82.) Nach seiner Rückkehr von
dort, verließ er die Bühne und widmete sich nur noch der Schrift=
stellerei. Sein Hauptwerk ist das fünfactige Lustspiel Tom Jones
à Londres (1782). Es ist nach dem Fielding'schen Roman gearbeitet
und wie fast alle seine Lustspiele, von denen Les marins und Le
sourd ou l'auberge noch genannt werden mögen, in Versen geschrieben.
Es interessirt durch die lebendige, spannende Führung der Handlung,
durch packende Situationen und den leichtflüssigen Dialog.

Eine der bedeutendsten Erscheinungen auf dem Gebiete des franzö=
sischen Drama's im 18. Jahrhunderte und eine der interessantesten und
eigenthümlichsten auf dem des geistigen Lebens dieser Zeit überhaupt,
ist Beaumarchais. So viele Vergleichungspunkte sein Charakter
und sein Leben mit denen Voltaire's auch darbietet, so groß ist doch
andrerseits wieder die Verschiedenheit beider, was sich zum großen
Theil aus der Stärke der Eigenthümlichkeit eines jeden von ihnen, zum
Theil aber auch daraus erklärt, daß sie, obschon Kinder und Pro=
ducte desselben Jahrhunderts, doch fast durch ein Menschenalter von
einander getrennt sind. Beiden war jene leichtbewegliche Vielseitigkeit
des Geistes gemein, welche sie der Frivolität und den Mißbräuchen der
Zeit, die sie mit so scharfen Waffen bekämpften, doch wieder so zugänglich
machte. Aber Voltaire, zum Gelehrten erzogen, besaß bei einer um=
fassenderen und zum Theil auch anders gerichteten geistigen Begabung
zugleich eine tiefere Bildung und war bei einer ungleich größeren
Frivolität doch eine tiefere Natur, als Beaumarchais, der ursprünglich

nur für den Stand und Beruf seines Vaters erzogen worden war. Beide
waren ihr ganzes Leben bemüht, sich eine unabhängige einflußreiche,
glänzende Stellung zu schaffen, bei Voltaire traten diese Anstrengungen aber gegen die idealeren Bestrebungen seines Geistes zurück.
Er fühlte sich vor Allem zum Vertreter und Vorkämpfer des literarischen und geistigen Lebens seiner Zeit berufen und erkannte in dem
Kampf für die Freiheit und Unabhängigkeit dieses letzteren gegen den
Mißbrauch der Gewalt und Autorität seine vornehmste Aufgabe,
die zu erfüllen, ihm innerstes Bedürfniß war. Beaumarchais war
dagegen vor Allem ein kühner, großartig angelegter, unternehmungs-
lustiger Geschäftsmann, welcher die übrigen Talente seines reichen
Geistes mehr nur zum Schmuck seines Lebens, zur Befriedigung ge-
legentlicher künstlerischer und poetischer Anwandlungen oder als Waffe
gegen die wider ihn gerichteten Angriffe verwendete.

Wie Voltaire führte auch er, und fast noch energischer, als dieser,
einen unbarmherzigen und vernichtenden Krieg gegen seine Widersacher,
und gegen gewisse Mißbräuche und Uebelstände der Zeit, letzteres aber
nur, wenn er von ihnen vorher selber betroffen war, während Voltaire sich auch zum Anwalt anderer Unterdrückten, zum Kämpfen
gegen das Unrecht überhaupt machte.

Pierre Augustin Carron,*) am 24. Jan. 1732 zu Paris geboren, entstammte einer alten protestantischen Familie. Obschon sein
aus Lay (Provinz Brie) gebürtiger Vater bei seiner Uebersiedelung
nach Paris (1721) dem calvinistischen Glauben entsagt hatte und zum
Katholicismus übergetreten war, so scheint sich doch etwas vom dem
Geiste des ersteren in seiner Familie erhalten zu haben und auf seine
Kinder, insbesondere auf Augustin, übergegangen zu sein. André
Charles Carron, der Vater, war Uhrmacher, ein Handwerk, welches
schon lange in der Familie gewesen war und für welches auch Augustin,
der einzige Sohn von sechs Kindern, wieder bestimmt wurde. Er
hatte nur kurze Zeit die Schule von Alfort besucht, als er bereits
in das Geschäft des Vaters eintreten mußte, aber gerade genug gelernt, um, wie aus einer an seine in Spanien lebende Schwester

---

*) Loménie, Beaumarchais et son Temps, Paris 1856. 2 Bde. — b'Heylli
und de Marescot, Oeuvres complètes und Théâtre complet de Beaumarchais. Paris
1869. 4 Bde. — St. Beuve, Causeries du lundi 6 v. — Hettner, a. a. O. II.
— St. Beuve, Mémoires de Beaumarchais. Paris 1857.

gerichteten poetischen Epistel hervorgeht, sich als ein ebenso frühreifes
Bürschchen, wie später sein Page Cherubim, selber zu zeigen. Die
Folge war, daß ihn der Vater, der ihn sehr liebte, zum Schein aus
dem Hause wies, und nicht eher wieder bei sich aufnahm, als bis er
sich schriftlich verbindlich gemacht, sich fortan einem ziemlich strengen
Hausreglement aufs Unweigerlichste zu unterwerfen. Die Liebe und
Achtung für seinen Vater und die Energie seines Willens waren so
groß, daß sie den leichtfertigen Hang seiner Natur überwanden. Ohne,
wie es scheint, weiteren Grund zur Klage zu geben, widmete er sich nun
mit Beharrlichkeit dem ihm aufgedrängten Berufe, und gab auch hierin
Beweise seiner seltenen Intelligenz, da er mit einigen in jener Zeit
Aufsehen erregenden Erfindungen in demselben hervortrat. Er hatte
dieselben aber unvorsichtigerweise einem andern Uhrmacher mitgetheilt,
der, dieses Vertrauen mißbrauchend, diese Verbesserungen für seine eigenen Erfindungen ausgab. Dies rief ihn zum ersten Mal und gleich
mit großem Erfolg in die publicistische Arena, in die er so oft noch
zum Kampfe herabstieg, aus der er so oft noch als Sieger hervorgehen
sollte. Der hieraus entspringende Rechtsstreit, der zu seinen Gunsten
entschieden wurde, hatte ihn zu einer Art öffentlicher Persönlichkeit
gemacht, und sogar die Aufmerksamkeit des Hofes auf ihn gezogen.
Der König ließ sich seine Erfindung persönlich von ihm erklären und
nachdem er ihn mit Bestellungen darauf beehrt, gehörte es zum
guten Ton, diesem Beispiel zu folgen. Zu diesem geschäftlichen Siege
sollte sich aber noch ein anderer gesellen, den er durch seine anziehende,
jugendliche Erscheinung über das Herz der schönen Frau eines alten,
hinfälligen Hofbeamten, des königlichen controleur clerc d'office Mr.
Francquet, gewann. Dieses Verhältniß, dem Beaumarchais keinen
Widerstand entgegensetzte, sollte verhängnißvoll für seine ganze Zukunft
werden, da es den Anfang einer Kette bildet, an die sich Glied für
Glied die weiteren Begebenheiten seines abenteuerlichen, wechselvollen
Lebens anschlossen. Mr. Francquet trat ihm nach einigen Monaten
seine Stelle gegen eine lebenslängliche Rente ab, die er jedoch nicht
lange genießen sollte, da er nur kurze Zeit später verschied. Beaumarchais trat, soweit dies noch nöthig war, in dessen ehelichen Rechte
nun ein, indem er am 22. November 1756 sich Madame Francquet
vermählte, und nach einer kleinen Besitzung derselben den Namen eines
Sieur de Beaumarchais annahm. Erst im Jahre 1761, nach

dem schon 1757 erfolgten Tod seiner ersten Frau, erlangte er aber durch die käufliche Erwerbung des Amts eines königlichen Secretärs den mit demselben verbundenen Adel, was seinen Vater zur Aufgabe des Uhrmacherhandwerks zwang. Doch nicht nur durch seine mechanische Geschicklichkeit, nicht durch das Anziehende seiner liebenswürdigen Persönlichkeit allein sollte Beaumarchais bei Hofe sein Glück machen. Mehr noch trug sein, schon von früher Jugend gepflegtes und ent= wickeltes Talent zur Musik hierzu bei. Besonders war es sein vorzüg= liches Harfenspiel, welches das Interesse des Königs und seiner Töchter erregte. Er wurde der Lehrer der letzteren. Die Gunst, in welche er hierdurch bei diesen Damen trat, rief aber Neid und mancher= lei Intriguen hervor, bei deren Bekämpfung er ebenso seine geistige Ueberlegenheit, wie seine ritterlichen Eigenschaften zu zeigen Gelegen= heit fand. Sie hatte aber auch die Verbindung mit dem großen Ge= schäftsmanne Paris Du Verney zur Folge, welche, so vielversprechend sie anfangs war, später noch so verhängnißvoll für ihn wurde. Du Verney, welcher die Aufmerksamkeit des Königs bisher vergeblich auf eine von ihm gegründete Militärschule zu ziehen bemüht gewesen war, bediente sich jetzt und mit raschem Erfolg jenes Einflusses Beaumar= chais'. Die Dankbarkeit des Finanziers riß diesen nun mit in die Vogue der Speculation, die er sofort im großen Stile erfaßte und hierdurch unter andrem auch die Mittel zu jenem Ankauf des könig= lichen Secretariats erwarb.

Beaumarchais war schon ein wohlhabender angesehener Mann geworden, als das Zerwürfniß Clavijo's mit seiner Schwester Louise in Madrid zum Ausbruche kam. Die Liebe zu seiner Familie, die eine der schönsten Seiten in seinem Leben bildet, trieb ihn sofort zur Wiederherstellung der beleidigten Ehre der Schwester an. Die Sache verlief anfangs in der von Goethe geschilderten Weise, nur daß sie in Wirklichkeit nicht den tragischen Ausgang nahm. Beaumarchais verlangte von Clavijo nichts, als eine Ehrenerklärung, um seine Schwe= ster an einen seiner Freunde in Frankreich verheirathen zu können. Clavijo stellte dieselbe nach längerem Zaudern aus. Louise kehrte nach Frankreich zurück, ohne daß es jedoch zu der geplanten Heirath kam. Sie ging in ein Kloster.

Bei dieser Gelegenheit zeigte sich, wie noch so oft, die Beweglichkeit des Beaumarchais'schen Geistes im glänzendsten Lichte. Denn nicht nur

als der ritterliche Vertheidiger der Ehre der Schwester, auch als der
kecke unternehmende Geschäftsmann war er, mit den weitfliegendsten
Plänen, nach Madrid gekommen, wo er daher noch lange nach Schlichtung des Clavijo'schen Handels verweilte und wie es bei Loménie
heißt, sich in einem Wirbel von Geschäften, Unternehmungen, Vergnügungen, Festen, Liebes- und anderen Abenteuern bewegte. Er war
hier Figaro und Almaviva zugleich. „Je travaille, schreibt er an seinen
Vater, j'écris, je confère, je répresente, je combats — voilà ma
vie." Er ist mit einmal der Mittelpunkt der ganzen vornehmen Gesellschaft der Hauptstadt, immer bereit, wie sein Handel mit dem dortigen russischen Gesandten beweist, jede gesellschaftliche Zurücksetzung
in eklatanter Weise zu ahnden und sich die glänzendste Genugthuung
zu ertrotzen.

Erst nach der Rückkehr aus Spanien wendete sich Beaumarchais,
der sich bisher nur ganz gelegentlich poetisch und literarisch versucht
hatte, dem Drama zu. Das Sujet seiner Eugénie, mit welcher er
1767 hervortrat, zeigt eine gewisse Aehnlichkeit mit der Hauptbegeben-
heit des Goldsmith'schen Vikar of Wakefield; die letzten Akte weisen
noch überdies auf die Novelle Le Comte de Belflor in dem Diable
boiteux des Le Sage hin. Beaumarchais erscheint darin als ein
Schüler und Nachfolger Diderot's, wozu er sich auch im Vorwort
bekennt. Wenn er hier gegen das heitere Lustspiel bemerkt, daß dieses
entweder der Moral völlig entbehre, oder letztere wenigstens nie tief
sein könne und ihren Zweck daher meistens verfehle, so ist letzteres
seiner Eugénie auch selbst zum Vorwurf zu machen, da die aus
ihr zu ziehende Moral eine sehr bedenkliche ist. Das war es denn
auch, was der Herzog von Nivernois, den Beaumarchais noch vor der
Aufführung um sein Urtheil befragt hatte, hauptsächlich dagegen ein-
wendete. „Ich gestehe — heißt es bei ihm — daß ich alle Mühe
habe, mich mit der Rolle des Verführers in Einklang zu bringen,
welcher im ersten Acte ein Nichtswürdiger ist, der nachdem er mit
Ueberlegung und ohne Gewissen ein tugendhaftes Mädchen durch
eine falsche Heirath betrogen und zur Mutter gemacht, eine Andere
heirathen will, und für den man sich schließlich doch, ebenso wie er
Gnade vor Eugenien findet, interessiren, ja, den man entschuldigen soll.
Es wird noch vieler Vermittlungen bedürfen, um diesen Zweck zu
erreichen."

Beaumarchais beherzigte, wie in noch verschiedenen anderen Punkten, die Einwände des einsichtigen Herzogs. Er fügte daher jenen Zug der 9. Scene des letzten Aktes noch ein, daß Eugénie den reuigen Grafen anfangs zurückweist. Indeß entkräftet dies jene Einwände noch nicht. Die vom Dichter vorgespiegelte Möglichkeit einer so raschen Umkehr des gewohnheitsmäßigen Lasters zur Tugend dürfte auf schwache Gemüther mehr im Sinne einer Aufforderung zu jenen, als zu dieser wirken. Beaumarchais hatte die Handlung ursprünglich in Frankreich spielen lassen, obschon er Voraussetzungen wählte, welche auf englischen Sitten beruhen, in Frankreich aber nicht vorkommen konnten. Erst auf den Rath des Herzogs machte er England zum Schauplatze seiner Begebenheit. Auch jetzt sind die Voraussetzungen noch immer gewagt, die Situationen gekünstelt. Die Schwächen treten gegen den Schluß hin um so stärker hervor, als die ersten drei Akte ungleich besser und sorgfältiger gearbeitet sind. Immer aber zeigt sich darin gegen die Diderot'schen Dramen ein bedeutender Fortschritt. Die bürgerliche Schwerfälligkeit und Breite, die sentimentale Rhetorik und Dialektik des letzteren ist hier verschwunden. Es weht uns der Geist einer neuen Zeit an, welcher es kaum glaubhaft erscheinen läßt, daß der Père de famille und die Eugénie nur neun Jahr auseinander liegen und fast unter den gleichen Verhältnissen entstanden sind. Der Ton ist weltmännischer, freier, eleganter, die Sprache bündiger, belebter, dramatischer. Dabei fehlt es dem Stück nicht an bedeutenden einzelnen Zügen. Besonders bemerkenswerth aber ist, mit welchem Eifer Beaumarchais sich Diderot's Winke über das Malerische der dramatischen und schauspielerischen Action zu Nutze gemacht. Zwar ging er vielfach dabei ins Kleinliche, besonders in den pantomimischen Spielen, welche er zwischen die Akte gelegt.*) Fréron, der gefürchtete Kritiker der Année littéraire, spottete mit Recht über diese und ähnliche nichtssagende scenische Vorschriften. Er übersah aber ganz die eigentliche Bedeutung des Diderot'schen Prinzips, dessen Vorzüge später

---

*) So besteht z. B. das dem ersten Akte folgende Jeu d'entreacte nur in Nachstehendem: Ein Diener tritt ein. Er setzt die um den Theetisch stehen gebliebenen Stühle an den ihnen zukommenden Ort und rückt den Tisch an die Wand, nachdem er das Cabaret fortgetragen. Hierauf nimmt er die auf den Fauteuils herumliegenden Pakete weg und entfernt sich, indem er nochmals gesehen, ob Alles in Ordnung ist.

in Beaumarchais' Barbier von Sevilla, noch mehr aber in dessen Figaro's Hochzeit so glänzend und wirkungsvoll hervortreten sollten.

Das Publikum war in hohem Grade auf das Stück eines Mannes gespannt, welcher zwar schon so oft das öffentliche Interesse erregt hatte, als Schriftsteller bis jetzt aber völlig unbekannt war, durch allerlei künstliche Mittel jedoch eine gewisse Spannung auf sein Werk zu erzeugen verstanden hatte. Die Aufnahme der ersten, am 29. Januar 1767 stattfindenden Vorstellung war eine getheilte. Die beiden letzten Akte schädigten die Wirkung der ersten. Die Kritik sprach sich meist ungünstig darüber aus. *) Indessen gewann sich das Stück durch die Wiederholungen in immer rückhaltloserer Weise den Beifall des Publikums.

Dem Berichte Fréron's ist in diesem Punkte ganz zu vertrauen. „Eugénie — heißt es bei ihm — welche am 29. Januar zum ersten Mal dargestellt wurde, fand eine ziemlich ablehnende Aufnahme, so daß der Erfolg einer Niederlage fast gleich kam. Das Stück hat sich aber seitdem durch Kürzungen und Besserungen in glänzender Weise gehoben. Es hat das Publikum lange beschäftigt und dieser Erfolg gereicht unseren Schauspielern zu großer Ehre." Dieses nicht gerade wohlwollende Urtheil hebt sich noch vortheilhaft von demjenigen Grimm's ab, bei welchem es heißt: „Es wäre ohne Zweifel besser gewesen, gute Uhren zu machen, als eine Stelle bei Hofe zu kaufen, den Eisenfresser zu spielen (was sich wohl auf Beaumarchais' Duell mit dem Chevalier des C., und seine Stellung als Lieutenant général des Chasses bezog, die er inzwischen erworben hatte), und schlechte Stücke zu schreiben." Das schlechte Stück, in welchem Grimm nur einen einzigen guten Zug, der aber wirklich ein guter ist, zu finden gewußt, nämlich den Ausruf Eugénie's beim Anblick Clarendon's im letzten Akte: „J'ai cru le voir!" hat sich gleichwohl bis heute auf der französischen Bühne erhalten.

Wenn Loménie sagt, daß bereits durch dieses Stück der Geist einer gewissen Opposition gegen die gesellschaftlichen Vorrechte und deren brutale Ausbeutung gehe, so tritt doch diese Opposition lange nicht so offen und entschieden, wie aus manchem früheren Stücke hervor.

---

*) D'Heyllie und De Marescot haben in dem oben angeführten Werke einen Theil der Urtheile über die einzelnen Stücke zusammengestellt.

Noch weniger läßt sich eine solche Tendenz von seinem zweiten, am 13. Januar 1770 zu erster Aufführung gelangten Stücke, Les deux amis, behaupten, welches vom Dichter ebenso wie das vorige als Drama bezeichnet worden ist. Es leidet zu sehr an der Spitzfindigkeit des darin zur Darstellung gebrachten Ehrbegriffs und an dem Erkünstelten der aus ihm entwickelten Empfindungen — auch wird hier und da die Schwäche der Motive zu fühlbar, als daß es sich eine andauernde Theilnahme hätte gewinnen können. Erlitt es auch nicht gerade eine Niederlage, so war doch die Aufnahme Seitens der Kritik eine ablehnende, Seitens des Publikums eine kühle, so daß mit der 11. Vorstellung die Wiederholungen desselben geschlossen wurden. Ein im Jahre 1783 gemachter Versuch der Wiederaufnahme blieb gleichfalls ohne Erfolg.

Obschon das in diesem Drama aufgeworfene Problem keineswegs glücklich behandelt ist, so war es doch an sich von einem ganz neuen Interesse, was, wie ich glaube, nicht genug anerkannt worden ist. Beaumarchais wollte darin den Widerspruch, in welchen das natürliche Gefühl eines edelmüthigen Herzens mit dem Wortlaut des Gesetzes und den davon abgeleiteten conventionellen Begriffen der bürgerlichen Ehre gerathen kann, in ergreifender Weise zur Darstellung bringen. Auch in Bezug auf die technische Behandlung der Sprache und einzelner Scenen hätte das Stück zu seiner Zeit nicht so geringschätzig beurtheilt werden sollen. So sagte Fréron z. B. „Wenn Herr von Beaumarchais nicht das enge und platte Genre verläßt, für welches er sich entschieden zu haben scheint, rathe ich ihm nicht, nach den Ehren der Bühne weiter zu trachten." Die originelle Schönheit des Verhältnisses zwischen Pauline und dem jüngeren Melac, in welchem vielleicht eigene Erlebnisse nachklingen mochten, ist dagegen schon immer gewürdigt worden (z. B. von Bachaumont, Mémoires secrets).

Kurze Zeit nach Erscheinen der Deux amis, am 17. Juli 1770, starb Paris Duverney. Beaumarchais, der ununterbrochen mit ihm in Geschäftsverbindung gestanden, hatte sein Conto bei ihm am 1. April d. J. soweit beglichen, daß ihm noch ein Guthaben von 15 000 fr. bei demselben verblieb, worüber er einen von ihm unterschriebenen Schein besaß. Der Graf von La Blache, Duverney's Erbe, erklärte jedoch diese Unterschrift für gefälscht, wogegen er selbst den Anspruch auf eine Forderung von 139 000 fr. erhob. Es kam zum Proceß

und die von Loménie über diesen Gegenstand mitgetheilte Correspondenz zwischen Duverney und Beaumarchais, welche damals den Ge-
richten vorlag, läßt keinen Zweifel darüber, daß Beaumarchais völlig
im Rechte war. Auch ward dies in erster Instanz anerkannt. Allein
La Blache wendete sich nun an's Parlament, von welchem Beaumarchais verurtheilt wurde, obschon er sich den Berichterstatter Goëzmann gewonnen zu haben glaubte. Die Beeinflussung dieses letzteren
war aber nicht von Beaumarchais ausgegangen, vielmehr hatte sich
die Gattin Goëzmann's durch den Buchhändler Lejay erboten, für ein
Geschenk von 200 Louisd'or und eine Vergütung von 15 Louisd'or
an den Secretär ihres Mannes, diesen zu seinen Gunsten zu stimmen,
im Weigerungsfalle aber das ihr dafür gezahlte Geld wieder zurück-
zuzahlen. Madame Goëzmann zahlte jedoch nur die 200 Louisd'or
zurück; was Beaumarchais nun zum Ausgangspunkte eines ganz
neuen Prozesses machte, bei dem es sich natürlich nicht um die von
jener Dame widerrechtlich zurückgehaltenen 15 Louisd'or sondern darum handelte, die Bestechlichkeit des Parlaments und die Hinfälligkeit des gegen ihn erlassenen Urtheilsspruchs darzuthun. Denn gewiß
hatte Beaumarchais Grund zu der Annahme, daß sein Proceß nur
deshalb verloren ging, weil der Graf von La Blache an Goëzmann
noch eine größere Summe, als er, gezahlt hatte.

Goëzmann war in eine verzweifelte Lage gekommen, er leugnete
die Bestechung seiner Gattin geradezu ab und reichte dann seinerseits
eine Klage auf Verläumbung gegen Beaumarchais ein. Es war vor-
auszusehen, daß das Parlament alles aufbieten würde, sich durch die
Verurtheilung eines seiner bedeutendsten Mitglieder nicht selbst mit
zu comprimittiren. Allein die Streitschriften, welche Beaumarchais
jetzt gegen Goëzmann und das Parlament, sowie gegen deren Vertheidiger schleuderte und in denen er sie mit allem Aufwand seines
reichen Geistes, seines vielseitigen Talentes und mit der Begeisterung
für das beleidigte Rechtsgefühl dem Spott, dem Gelächter, der Verachtung seiner Landsleute preisgab, gewann dem von der öffentlichen
Meinung bereits ganz Fallengelassenen diese in einem solchen Grade
wieder zurück, daß sich einer der flammendsten Sätze seiner vierten
und letzten Streitschrift in dieser Sache bewahrheiten sollte, der Satz:
„Die Nation sitzt zwar nicht auf den Bänken derer, die Recht sprechen,
aber ihr majestätisches Auge wacht über ihren Versammlungen. Wenn

sie auch nie der Richter der Parteien ist, so ist sie doch jederzeit der Richter der Richter."

Madame Goëzmann wurde zur Zurückerstattung der 15 Louisb'or und zur Blame verurtheilt, aber auch Beaumarchais ward wegen Bestechung für infam und hierdurch aller seiner bürgerlichen Rechte für verlustig erklärt, was indeß keineswegs hinderte, daß am folgenden Tage fast das ganze vornehme Paris, der Prinz Conti und der Herzog von Chartres an seiner Spitze, bei ihm vorfuhr und das Volk ihn als Märtyrer feierte. Das Parlament hatte mit dieser Verurtheilung sich selber den Todesstoß gegeben. Seine Mitglieder sanken zu solcher Verachtung herab, daß sie sich kaum öffentlich zeigen konnten, und wenn es auch unter Ludwig XV. das Leben noch kümmerlich fristete, so war seine Auflösung doch eine der ersten Regierungshandlungen seines Nachfolgers.

Dieser Erfolg erklärt sich freilich zum großen Theil aus der Mißliebigkeit dieser Körperschaft selbst, welche im Jahre 1771 vom Kanzler Maupeou zur Stärkung der königlichen Macht nach vorausgegangener Auflösung der alten oppositionellen Parlamente interimistisch an deren Stelle gesetzt worden war. Denn mit so viel Uebelständen die letzteren auch immer behaftet waren, so sah doch in ihnen das Volk noch eine Art von Schutz gegen die Uebergriffe des Hofs und der Geistlichkeit, wofür die wenigen Verbesserungen, mit denen man die neuen gefügigeren Parlamente ausgestattet hatte, um sie der Nation annehmbarer zu machen, keinen Ersatz boten. Die nur eben etwas zum Schweigen gebrachte Mißstimmung flammte daher unter dem Einflusse der Beaumarchais'schen Vertheidigungsschriften aufs Neue empor und es darf wohl gesagt werden, daß der Sturz des Parlaments Maupeou eine Niederlage des Königthums und der Anfang der gegen die königliche Autorität gerichteten Bewegungen war, aus denen die Revolution endlich hervorwuchs.

Merkwürdigerweise zog Ludwig XV., sowie später sein Nachfolger, denselben Mann, welcher ohne es zu wollen, dem Königthum diesen Schlag versetzt hatte, und ihm auch noch andere Niederlagen beibringen sollte, um eben der Eigenschaften willen, die er dabei entfaltet hatte, fast unmittelbar darauf in seinen persönlichen Dienst.

Wie hoch Beaumarchais sich auch von der öffentlichen Meinung getragen sah, war seine Lage durch die doppelte Verurtheilung, die er

erfahren, doch eine verzweifelte. Seines Vermögens, seiner Ehren
und bürgerlichen Rechte, ja aller Errungenschaften langjähriger Arbeit
verlustig, sollte er nun mit dem Haß gegen seine Feinde, mit der
brennenden Ehrbegier, dem Streben nach Macht und großer um-
faffender Wirksamkeit im Herzen den Kampf mit der Welt und dem
Leben aufs Neue beginnen. Er war der Mann nicht, sich die Ziele
dabei niedriger, als früher zu stecken, aber aller Hilfsmittel beraubt,
die mit einiger Wahrscheinlichkeit dazu hinführen konnten, glaubte er,
nicht allzu wählerisch bei denjenigen sein zu dürfen, die sich ihm darboten, zumal er auf seine Thätigkeit als dramatischer Dichter zu
rechnen nicht in der Lage war, da er bisher keinen Ertrag davon
bezogen hatte und mit seinem neuesten Erzeugnisse, dem Barbier de
Seville, welcher mitten in den Wirren seines mit dem Grafen von
La Blache geführten Prozesses entstanden war, nach allen Seiten auf
Widerstand stieß.

So trat denn Beaumarchais für einige Zeit als geheimer Agent
in den persönlichen Angelegenheiten Ludwigs XV. und Ludwigs XVI.
unmittelbar in deren Dienste. Es handelte sich dabei um Unterdrückung gewisser gegen Madame du Barry, sowie später gegen Maria
Antoinette gerichteten und noch im Entstehen begriffenen Schmähschriften.
Was den Ministern Ludwigs XV. nicht gelungen war, hoffte nun
dieser von der Geschäftsgewandtheit und Energie des in seinen Augen
doch wohl nur für einen gefährlichen Abenteurer geltenden Mannes
zu erreichen, und irrte sich hierin nicht. Beaumarchais gab sich diesen
Geschäften mit einer Geschmeidigkeit und Umsicht, mit einer Zähigkeit
und Opfermüthigkeit hin und führte, besonders das zweite, unter den
wunderlichsten Abenteuern und Gefahren in so selbstloser und ehrenhafter Weise durch, daß er sich, wenn auch nicht das Vertrauen Ludwigs XVI., so doch das seiner Minister erwarb. Allerdings hatte
Beaumarchais hierbei unausgesetzt das Ziel im Auge, sich nicht nur
seine verlorenen Rechte und Besitztitel zurückzuerwerben, sondern sich
eine Stellung und einen Einfluß zu schaffen, der ihn noch weit über die
früheren hob und seinem unternehmungseifrigen Geiste volles Genüge
bot. Der Ausbruch des nordamerikanischen Freiheitskrieges, an den er
sofort die großartigsten Pläne knüpfte, gab hierzu willkommene Gelegenheit. War es doch Beaumarchais, welcher der Regierung Ludwigs XVI.
zuerst den Gedanken einer heimlichen Unterstützung der aufständischen

Amerikaner einflößte, worin er ein Mittel erkannte, Frankreich von
der durch den Pariser Frieden (1763) auferlegten Schmach zu befreien. Obwohl Ludwig XVI. diesem Gedanken sich anfangs verschloß, so gewann er durch die unablässig von Beaumarchais gemachten Vorstellungen doch sehr bald Einfluß auf die Politik seiner Regierung, deren geheimer Rath, im wirklichen Sinne des Wortes, jetzt
Beaumarchais wurde, so daß man zuletzt, wenn auch nicht direkt, so doch
indirekt darauf einging, indem man sich bereit erklärte, eine von ihm
zum Zwecke der geheimen Unterstützung der kriegführenden Amerikaner
zu gründende Compagnie, deren Mitglieder sich in dem einzigen
Beaumarchais concentrirten, in jeder Weise zu unterstützen — eine
Unternehmung, welche unstreitig sehr viel zu den Erfolgen der amerikanischen Waffen beigetragen, aber trotz der Kühnheit und der begeisterten Opfermüthigkeit, die Beaumarchais dabei entwickelte, von
der Regierung der Vereinigten Staaten mit einem in der Geschichte
vielleicht einzig dastehenden kleinlichen, krämerhaften Undank vergolten worden ist.

Es war dieser gegen Ende 1774 sich vollziehende Umschwung in
der Lage und Stellung Beaumarchais, mit welchem wahrscheinlich die
am 12. November dieses Jahres erfolgte Aufhebung des Maupeou's-
schen Parlaments, jedenfalls aber die am 6. September 1776 erfolgende Aufhebung des von ihm gegen Beaumarchais ausgesprochenen
Urtheils zusammenhing, durch welche dieser in alle seine früheren Rechte
eingesetzt wurde. Auch beseitigte er endlich die Hindernisse, welche
der Aufführung des Barbier de Seville im Wege gestanden hatten,
der nun am 23. Februar 1775 im Théâtre des Tuileries, in welchem
die Comédiens français damals spielten, zur Aufführung kam.

Man hat dieses Stück fast allgemein als das geistreichste, lustigste
und pikanteste Lustspiel des ganzen 18. Jahrhunderts bezeichnet. Was
aber mochte Beaumarchais, welcher der heiteren Komödie vor Kurzem
noch allen moralischen Werth abgesprochen hatte, wohl jetzt so völlig
in diese seinen ersten dramatischen Versuchen abgewendete Richtung gedrängt haben? Sollte es jener Ausspruch Fréron's gewesen sein,
welcher ihn auf dem Wege des sentimentalen bürgerlichen Drama's mit
so viel Zuversicht jeden Erfolg absprechen zu sollen glaubte? Wahrscheinlicher erklärt es sich aber doch wohl schon daraus, daß Beaumarchais seinen Barbier de Seville ursprünglich als Oper geschrieben hatte.

In dieser Form war er bereits im Jahre 1772 entstanden, vom italienischen Theater, für welches er ihn componirt, aber zurückgewiesen worden. Er arbeitete ihn nun zu einem vieraktigen Lustspiele um, welches
am 3. Jan. 1773 von den Schauspielern der Comédie française auch
mit Acclamation angenommen wurden. Die Prozesse La Blache und
Goëzmann verzögerten aber die Aufführung und als sie nun endlich für den 12. Februar 1774 angesetzt war, wurde sie plötzlich auf
Grund der gegen ihren Inhalt erhobenen Anklagen polizeilich untersagt, weil man darin eine Menge auf das Parlament gerichteter Angriffe fürchtete. Beaumarchais, welcher ursprünglich nichts weiter als
eine lustige Komödie zu schreiben beabsichtigt hatte, fügte erst jetzt
verschiedene Anspielungen auf die Rechtszustände der Zeit, seinen Proceß
und seine Gegner u. s. w. noch in sie ein. Der größere Umfang, welchen
seine Comédie hierdurch erhielt, veranlaßte ihn aber auch, die Handlung statt auf vier, auf fünf Akte zu vertheilen, wodurch die Composition etwas aus ihren natürlichen Proportionen kam. Doch glaube
ich kaum, daß Letzteres zum Mißerfolge des ersten Abends wesentlich
beitrug, wohl aber dürfte eine gewisse Enttäuschung darauf eingewirkt haben, weil die darin verstreuten satirischen Anspielungen weit
unter der hochgespannten Erwartung befunden wurden. Der Haupt-
grund aber lag in der an diesem Abend mit großem Erfolg thätig
gewesenen Kabale. Auch ohne die Kürzungen und die Rückführung
auf die frühere Eintheilung in vier Akte würde der Erfolg am zweiten Abend ein besserer gewesen sein; er ward nun ein ganz außerordentlicher und die Beliebtheit des Stücks eine dauernde.*)

Die Fabel desselben und die meisten der darin vorgeführten
Charaktere waren zwar nicht gerade neu. Nur die Figur des Figaro
machte davon eine Ausnahme. Die Erfindung und Gestaltungskraft des
Dichters zeigte sich hauptsächlich in der Eigenthümlichkeit und Frische
der Behandlung des alten Stoffs und der alten traditionellen schema-
tischen Theaterfiguren, die hierdurch ein neues Leben gewonnen hatten,
ja überhaupt erst lebendig geworden zu sein schienen und eine geradezu sensationelle Wirkung und Anziehungskraft ausübten. Die spani-

---

*) Die Darstellung war ebenfalls eine vorzügliche. Préville spielte den
Figaro, Bellecourt den Almaviva, Desessarts den Bartholo, Auger den Basilio,
Melle Doligny die Rosine. Bei d'Heylli und de Marescot findet man auch die
hauptsächlichsten späteren Besetzungen.

schen Beurtheiler haben zwar viel an den Sitten auszusetzen gehabt,
die sie durchaus nicht als spanische anerkannten. Auch hat das Stück
in Spanien nie recht gefallen. In Frankreich hat dagegen das fremdartige, südliche Colorit und Costüm gewiß nicht wenig zu dem Reiz
dieser Dichtung mit beigetragen.

Besonders die späteren Beurtheiler haben in diesem Lustspiel
schon einen starken revolutionären Zug und eine tendenziöse Gegen-
überstellung des aufstrebenden dritten Standes und der beiden anderen,
bevorrechteten, Stände erkennen wollen. Ich kann dieser Ansicht nicht
beipflichten. Was das Verhältniß Figaro's zu den übrigen Figuren
des Stückes betrifft, so ist das ihm verliehene übermüthige Selbstgefühl, so ist seine geistige Ueberlegenheit eine ganz individuelle. Sie
hat mit dem Gegensatze der Stände nichts oder doch nur sehr wenig
zu thun, da er seinen Hauptangriff ja nicht auf den Grafen, in dessen
Dienste er tritt, sondern auf den gleichfalls dem dritten Stande
angehörigen Musiklehrer Basilio und den ärztlichen Charlatan Bartholo richtet. Figaro ist so wenig eine revolutionäre Natur als Beaumarchais selbst, wenn sie sich auch gelegentlich beide über bestehende
Mißbräuche lustig machen, sie geißeln oder bekämpfen. Wohl aber
ist von der Natur des Dichters selbst manches auf dessen Figaro mit
übergegangen; sein lebhaftes Selbstgefühl, welches ihn antrieb seine
geistige Ueberlegenheit ohne Rücksicht auf Stand und Rang gegen
beide überall geltend zu machen, welches gegen jede gesellschaftliche Zurücksetzung, jede Verletzung der Ehre oder des Rechts reagirte
und mit leidenschaftlicher Rücksichtslosigkeit, mit unermüdlicher Energie
auf deren Wiederherstellung drang. Je tiefer er seinen Figaro gesellschaftlich herabgedrückt hat, je übermüthiger, spottlustiger dessen Naturell, je mehr dessen Umgebung gleichfalls mit Verstand und Schlauheit ausgestattet erscheint, um so wirkungsvoller und bedeutender mußte
seine geistige Ueberlegenheit aber hervortreten.

In diesem letzten Umstand, in dieser seinen Behandlung der
Gegensätze, die der ausgebildetsten Lebensklugheit nicht schlechthin die
Dummheit, sondern nur den durch die Enge der Lebensanschauung
beschränkteren Verstand, eine nur einseitiger gerichtete Schlauheit und
Berechnung entgegenstellt, liegt zugleich noch ein weiterer Grund des
ausdauernden Erfolgs dieser Dichtung, welche auch wiederholt auf
dem Familientheater der Königin zu Trianon von den hohen Herr-

schaften selber gespielt worden ist. Es war jedoch gerade dieser Erfolg, welcher ein Zerwürfniß Beaumarchais' mit der Comédie française
verursachen sollte.

Beaumarchais hatte der letzteren seine beiden ersten Stücke zum
Geschenk gemacht. Er glaubte nun um so sicherer darauf rechnen zu
sollen, daß man ihm diesmal das ihm gesetzlich zustehende Erträgniß aus
eignem Antriebe anbieten werde. Gleichwohl waren 30 Vorstellungen vor-
übergegangen, ohne daß die Schauspieler dazu nur Miene gemacht. Endlich, am 30. Novbr. 1776, forderte Beaumarchais, durch dies ungentile
Verfahren gereizt, aber die Abrechnung. Die Antwort ließ lange auf
sich warten, bis er, doch ganz en passant nur, gefragt wurde, ob er denn
wirklich Anspruch auf sein Autorenrecht zu machen beabsichtige, oder den
Schauspielern sein Stück als Geschenk überlassen wolle. Er gab lachend
zur Antwort: „Ob ich es gebe; ob nicht, das hat mit der Abrechnung gar
nichts zu thun. Ein Geschenk wird erst dann zum Verdienst, wenn der
Geber den Werth desselben vollkommen kennt." So schickte ihm denn die
Comédie française im Januar 1777 nothgedrungen 4506 frcs. als den
seinen Autorrechten entsprechenden Antheil an 32 Vorstellungen. Beaumarchais schickte das Geld aber zurück, indem er auf einer ausführlichen
Abrechnung bestand. Die Comédiens sandten nun zwar eine solche,
welche ein Erträgniß von 5400 frcs. für ihn ergab, jedoch augenscheinlich noch immer auf falschen Angaben beruhte. Beaumarchais, von
diesem Betragen indignirt, machte jetzt seine Sache zu einer Angelegenheit
der Autoren überhaupt. Er verlangte eine Sicherstellung der Rechte
dieser letzteren, ein Ziel, welches er mit seiner gewöhnlichen Energie
verfolgte. Auch erlangte er im Jahre 1780 eine neue gesetzliche
Bestimmung darüber, welche für die Autoren aber doch nicht so
befriedigend ausfiel, wie sie erwartet hatten, daher diese Angelegenheit in den Jahren 1791 und 1797 von ihm neu aufgenommen wurde,
was endlich zu der Verordnung führte, welche noch heute das Verhältniß der Autoren zu den Theatern regelt, worauf ich später zurückkommen werde.

Marescot hat es wahrscheinlich gemacht, daß La folle journée
bereits im Jahre 1778 verfaßt, aber erst im Jahre 1781 (jedenfalls
vor 1. October) bei den Comédiens français eingereicht worden ist,
welche das Stück gegen Ende des Jahres einstimmig annahmen. Auch
scheint Melle Doligny, welche ursprünglich darin spielen sollte, das-

selbe schon 1779 in Händen gehabt zu haben. Diese Verzögerung
würde sich hinreichend durch den eben berührten Streit zwischen
Beaumarchais und den Schauspielern erklären, der erst 1780 zum
Austrage kam. Diese Zahlen sind deshalb von Wichtigkeit, weil
sie erkennen lassen, daß der Dichter dieses Stück gerade in der
Zeit seines höchsten Ansehens bei Hofe und bei der Regierung geschrieben hat, was den freien Ton zwar erklärt, den er sich darin
herauszunehmen zu dürfen glaubte, nicht aber annehmen läßt, daß er
damit in bewußter Weise irgend eine revolutionäre Tendenz verbunden habe. Hatte er doch ursprünglich sogar die Absicht gehabt, das
Stück dem Könige und der Königin selber zu widmen. Gleichwohl verbreitete sich kurz nachdem es der Censur zur Begutachtung vorgelegt
worden war, welche mit nur einigen unbedeutenden Strichen die Erlaubniß zur Aufführung gab, das Gerücht, daß dieses Stück die destruc-
tivsten Tendenzen verfolge. Schlimmer noch war, daß dieses Urtheil vom
Hofe, ja von Ludwig XVI. selbst mit ausgehen sollte. Dies läßt sich
bei dem Verhältnisse, in dem Beaumarchais auch noch jetzt zur Regierung stand, nur daraus erklären, daß Ludwig XVI., obschon er
sich der Talente und Gewandtheit des Dichters mit so großem Erfolge
bedient hatte, doch ein geheimes Mißtrauen gegen ihn hegte, welches
von den vielen Gegnern desselben bei Hofe geschäftig unterhalten wurde,
denen es daher auch leicht fallen mußte, ein ungünstiges Vorurtheil
gegen das Stück daselbst zu erwecken. Gewiß wenigstens ist, daß man
dem König davon gesprochen und dieser es kennen zu lernen gewünscht
hatte, worauf es ihm und zwar ohne Wissen des Autors gebracht worden war. Madame Campan erzählt, daß sie es ihm und der Königin
vorlesen mußte. Obschon sich diese, wie man behauptet, sehr daran
amüsirt haben soll, lautete das Urtheil des Königs doch abfällig; ja nach
dem großen Monolog des letzten Aktes erklärte er sogar auf's Bestimmteste, daß dieses Stück niemals gespielt werden werde.*) Ohne Zweifel
war dies sehr unklug, da es genügt hätte, vom Dichter die Unterdrückung der im Ganzen doch spärlichen politischen Stellen zu for-

---

*) Im Anfange hatte der König nur über schlechten Geschmack geklagt.
Bei der Stelle über die Staatsgefängnisse aber rief er aus: Das ist abscheulich!
Das wird niemals gespielt! Man müßte die Bastille zerstören, wenn die Dar-
stellung dieses Stückes nicht als gefährliche Inconsequenz erscheinen soll. Dieser
Mensch verspottet Alles, was man bei einer Regierung zu achten hätte.

bern, worauf dieser sicherlich eingegangen sein würde. Auch hatte der
König, wie dies überhaupt von den meisten Beurtheilern gesagt werden
muß, ganz übersehen, daß Figaro gerade bei dem so anstößigen Monologe,
selbst in ein komisches Licht vom Dichter gestellt worden ist. Erhitzt er sich
doch hier aus Eifersucht gegen etwas, das gar nicht stattfinden kann, weil
es, schon ohne sein Zuthun, durch die List Susanne's und der Gräfin
hintertrieben worden; daher ihm seine sich so heroisch aufspielende Einmischung auch nichts weiter einträgt, als eine tüchtige Ohrfeige vom
Grafen, die er sehr kleinlaut incognito einsteckt, und eine ganze Serie
derartiger Denkzettel von Seiten Susanne's, die diese ihm offenkundig
überreicht. Fand es der König aber einmal angemessen, das Stück
zu unterdrücken, so war es mindestens thöricht, die Darstellung,
nachdem sie auf diese Weise zu einem politischen Ereigniß gemacht
worden war, dem Anbringen des Publikums nachgebend, schließlich
doch zu erlauben, da nun nicht nur die Beziehungen, welche der
Dichter wirklich hineingelegt, eine weit größere Bedeutung und Tragweite gewonnen hatten, sondern nun auch hinter Allem eine Beziehung gesucht und gewittert werden mußte.

　　Beaumarchais ließ sich durch das Verbot des Königs nicht abschrecken. Er folgte vielmehr dem von Molière bei dem Verbot des
Tartuffe gegebenen Beispiele. Er las das Stück in den Salons zum
Beweis seiner Ungefährlichkeit vor. Die Vorlesungen wurden Mode,
die höchsten Kreise machten sich diese Vergünstigung streitig. Die
Prinzessin Lamballe, die Marschallin Richelieu, der gerade in Paris
anwesende russische Großfürst Paul, buhlten um diese Auszeichnung.
Man führte das Stück sogar heimlich in Privatcirkeln auf. Selbst
im Theater der Menus plaisirs wurde die Darstellung nur kurz vor
Beginn unterdrückt. Doch hatte der König die vornehme Welt von
Paris gerade hierdurch in dem Maße erbittert, daß er endlich doch soweit nachgeben zu müssen glaubte, eine Aufführung auf Schloß Genne-
villiers zu Ehren des Grafen Artois zu gestatten, woran Beaumarchais
seinerseits wieder die Bedingung geknüpft hatte, das Stück auf's Neue
censirt zu sehen. Das Urtheil Desfontaines', der hiermit betraut wurde,
fiel wieder auf's Günstigste aus. Noch immer war aber der Widerstand Ludwigs XVI. nicht ganz gebrochen. Das Stück hatte vielmehr
noch verschiedene Censuren, der Kampf noch manche Stadien zu durchlaufen, bis es der unbeugsamen Energie des Dichters nach dreijährigen

Anstrengungen endlich gelang, die Aufführung durchzusetzen, welche am 27. April 1784 stattfand.

Kann man sich wundern, daß der Andrang ein ganz ungewöhnlicher war, daß man um die Billets sich riß, die Wachen überwältigt, die Thüren eingedrückt, die Gitter durchbrochen wurden und die Einnahme die höchste Ziffer (5698 fr. 19 sous) erreichte, die man aus jener Zeit kennt?*)

Der Ton, welchen Beaumarchais in diesem Stücke anschlug, war allerdings ein außerordentlich freier, besonders was die Behandlung der geschlechtlichen Verhältnisse betrifft. Doch glaube ich nicht, daß er das Maß dessen, was die Bühne bisher schon geleistet hatte, wesentlich überschritt. Was die Damen der vornehmsten, gebildetsten Gesellschaft damals hierin vertrugen, läßt sich aus dem Vorwort erkennen, mit dem Beaumarchais seine Vorlesungen des Stücks gewöhnlich eingeleitet hatte (bei Loménie mitgetheilt).

Ueber den Verdacht revolutionärer Tendenzen hielt sich der Dichter wohl ursprünglich schon durch seine Stellung zur Regierung erhaben. Er glaubte sich darum eben etwas erlauben zu dürfen. Wenn damals die Meinung wirklich eine so allgemein verbreitete gewesen wäre, daß es darin auf die Herabsetzung, ja auf den Sturz des Adels abgesehen war, so würde dieser letztere wohl kaum so andauernd und so enthusiastisch für ihn und sein Werk eingetreten sein.*) Sollte sich diese Parteinahme im folgenden Jahre doch sogar zu einer Demonstration gegen den König selber noch steigern. Die Veranlassung gab eine Recension Suard's im Journal de Paris, in welcher dieser das Beaumarchais'sche Lustspiel für unanständig und obscön erklärt hatte. Beaumarchais blieb die Antwort nicht schuldig. Sie war im Ganzen

---

*) Molé spielte den Almaviva, Melle Contat die Susanne, Melle Sainval die Gräfin, Melle Olivier den Cherubim, Dazincourt den Figaro.

**) Er selbst erklärt sich darüber in der Vorrede zu seinem Stücke in folgender Weise: „Ich bin der Meinung gewesen, daß man weder wahrhaft pathetisch, moralisch noch komisch auf der Bühne sein könne, ohne starke Situationen, die den gesellschaftlichen Uebelständen entspringen. — Indem ich mich meinem fröhlichen Naturell überließ, habe ich in meinem Barbier de Seville die alte französische Heiterkeit mit dem Scherzhaften unsrer eignen Zeit zu verbinden gesucht. Weil ich aber damit ein neues Genre begründet, hat man mich heftig verfolgt. Es schien, als ob ich den Staat erschüttert hätte. Er wurde vier Mal

ziemlich gemäßigt, doch wurde eine Stelle derselben von seinen Gegnern in verleumberischer Weise ausgebeutet. Quand j'ai dû vaincre lions et tigres" — lautet dieselbe — pour faire jouer une comédie, pensez-vous après son succès me réduire ainsi qu'une servante hollandaise à battre l'oreiller tous les matins sur l'insecte vil de la nuit?" Man hatte dem König nämlich beizubringen gewußt, daß unter den lions et tigres er und die Königin zu verstehen sei, worauf Ludwig XVI., vom Scheine getäuscht, die sofortige Verhaftung Beaumarchais anbefahl und ihn zu besondrer Demüthigung nach St. Lazare, einem Correctionshause für junge Taugenichtse und liederliche Dirnen, abführen ließ. Ebenso willkührlich wie diese schmähliche Strafe, wurde auch nach 6 Tagen die Freilassung des Dichters wieder verfügt. Beaumarchais wollte jedoch das Gefängniß nicht eher verlassen, bis er eine richterliche Untersuchung und Freisprechung durchgesetzt hatte. Nur mit Mühe überredete man ihn, sich wieder zurück nach seiner Wohnung zu begeben, wo er sich bis zu dem von ihm geforderten Austrag dieser Angelegenheit als Gefangener zu bleiben erklärte. Dies gab den Anlaß zu einer Demonstration, welche dem König zu denken geben mußte. Ueber hundert Equipagen fuhren am andern Morgen bei Beaumarchais vor, deren Inhaber ihm ihre Glückwünsche darbrachten. Hier, und nicht wie Napoleon im Rückblicke auf diese Verhältnisse gesagt haben soll, in dem Beifalle, den man der folle journée entgegenbrachte, lag der Anfang der Revolution; hier, in dieser Demonstration, die nicht Beaumarchais, sondern der König selbst und dessen Rathgeber hervorgerufen hatten, durch welche man ersteren geradezu fallen ließ und die von denselben Leuten ausging, gegen deren Vorrechte das Beaumarchais'sche

censirt, dem Parlamente denuncirt, ich aber bestand darauf, daß das Publikum, welches ich damit zu erheitern beabsichtigte, auch Richter darüber sein solle. — Hatte ich mit dem Barbier den Staat nur erschüttert, so sollte ich nun mit diesem neuen schändlichen und hochverrätherischen Versuche ihn völlig gestürzt haben. Und doch that ich nichts, als aus dem lebhaften Streit zwischen dem Mißbrauch der Macht, der Pflichtvergessenheit, der Vergeudung und dessen, was die Versuchung Hinreißendes hat, mit dem Feuer, dem Geist, den Hilfsmitteln, welche der gereizte Niedere diesen Angriffen entgegenzusetzen vermag, ein gefälliges Intriguenspiel zu entwickeln, in welchem der gekreuzte und erschöpfte ehebrecherische Gatte genöthigt wird, an einem und demselben Tage seiner Frau dreimal zu Füßen zu fallen, die sanft und gefühlvoll (Beaumarchais hätte hinzusetzen können, auch selbst etwas schuldbewußt) ihm verzeiht.

Stück doch gerichtet sein sollte, während es sich in diesem in Wahrheit nur um ein Vorrecht handelt, welches der Abel damals gar nicht
besaß, vielleicht überhaupt niemals besessen hatte.

Erst nach sechs Monaten zeigte sich aber der König zur voll-
ständigen Rehabilitation Beaumarchais' bereit. Das neuerdings gegen
La folle journée erlassene Verbot ward wieder aufgehoben. Alle
Minister wohnten der nächsten Vorstellung bei. Beaumarchais erhielt
eine Pension aus der Privatschatulle des Königs und wurde zwei
Tage nach jener Vorstellung zu einer Aufführung seines Barbier de
Seville, bei welcher Marie Antoinette die Rosine spielte, nach Tria-
non eingeladen.

Wie groß auch der Beifall war, den einzelne Stellen der folle
journée, die eine Beziehung auf die Uebelstände der Gesellschaft und
des Staats zuließen, erhielten, so wurde das Stück doch bald
für so wenig gefährlich erachtet, daß es sogar noch bei Hofe gespielt
wurde.*)

Der Erfolg desselben beruht aber keineswegs nur auf den mit
seiner Erscheinung verbundenen Umständen, oder auf der politischen
und socialen Tendenz, die man ihm gleichviel mit wie großem Rechte
beigelegt hat. Wie man über den sittlichen Werth dieser Comödie auch
urtheilen mag, den Fortschritt, der sich darin in Bezug auf Composition und Behandlung der Charakteristik und Scene zeigt, sollte
man nicht darüber verkennen. Es war schon allein damals eine
sensationelle Wirkung hervorzubringen hinreichend, obschon das
Stück übermäßig lang ist und das Sinken des Interesses in den
beiden letzten Acten hierdurch um so fühlbarer wird. Diderot hatte
geklagt, daß in den französischen Stücken nichts enthalten sei, was
den Maler zu unmittelbarer Nachbildung reizen könnte. Die hauptsächlichsten Scenen der folle journée wurden dagegen in mannichfaltiger Weise nachgebildet. Die vorerwähnte eigene Ausgabe des Dichters
enthält fünf schöne Stiche von St. Quintin und ein Ofenschirmfabri-

---

*) Les nôces de Figaro ou la folle journée erschien in einer Menge un-
berechtigter Drucke; im Jahre 1785 aber zuerst rechtmäßig in einer in Beaumarchais' eigner Druckerei zu Kehl gedruckten Ausgabe. Das Stück war so in
die Mode gekommen, daß es viele Parodien hervorrief, die man bei d'Heylli et
Marescot. III. LXXXIV. verzeichnet findet.

tant, Namens Petit, brachte sich durch seine Ofenschirme mit Bildern
aus dem Beaumarchais'schen Lustspiele in Aufnahme.

Mitten in dem Tumulte dieses Erfolgs schrieb dieser aber seinen
Tarare, mit welchem er auf dem Gebiete der Oper eine ähnliche Sensa=
tion hervorzubringen gedachte. Beaumarchais verzichtete diesmal auf
die musikalische Composition, zu welcher er keinen Geringeren als Gluck
ausersehen hatte, der ihm jedoch Salieri empfahl. Dieser übernahm sie
denn auch, obschon Beaumarchais es sich zur Bedingung gemacht, daß
die Musik der Dichtung untergeordnet erscheinen müsse. Trotz der Un=
gelegenheiten, welche ihm die Affaire Kormann zu dieser Zeit wieder be=
reitete, fand die Aufführung doch schon am 8. Juni 1787 statt. Der
Andrang war kaum minder groß, als bei der ersten Aufführung von
la folle journée, aber die Aufnahme kühler, man war mehr erstaunt
und verwundert, als hingerissen. Gleichwohl hatte Tarare viele Wie=
derholungen und erhielt sich mit mehreren Pausen bis 1819 auf der
Bühne.*) Das Stück ist hier nur wichtig, weil sich an ihm der Ein=
fluß recht deutlich machen läßt, welchen die Parteien während der
Revolution auf das Theater ausübten. Dem Inhalte nach könnte
man Tarare das revolutionärste der Beaumarchais'schen Dramen nennen.
Ein Tyrann wird gestürzt und der aus der Niedrigkeit emporgestie=
gene, aber durch Herrschereigenschaften ausgezeichnete Tarare an seine
Stelle gesetzt. Auch hier handelte es sich aber nur um denselben, in
den beiden vorausgegangenen Stücken schon behandelten Gedanken,
daß die geistige Ueberlegenheit, von wie dunkler Herkunft sie sei, über
der Geburt stehe und den Rang, den diese sich nicht selten unverdient
angemaßt habe, wirklich verdiene. Dies spricht sich aufs deutlichste in
folgenden Versen der Dichtung aus:

> Mortel, qui que tu sois, prince, brahme ou soldat,
> Homme, ta grandeur sur la terre
> N'appartient point à ton état,
> Elle est toute à ton caractère.

Im Jahre 1790 machte Beaumarchais aus dem Tarare einen
konstitutionellen König, wobei er das konstitutionelle Königthum mit
einem Seitenblick auf Ludwig XVI. verherrlichte.

---

*) St. Beuve spricht sogar von einer Wiederaufnahme 1821.

Nous avons le meilleur des rois,
Jurons de mourir sous ses lois.

Diese Stelle wurde im Juni d. J. von dem Censor Bailly bereits beanstandet. Im August gab sie Anlaß zu einem furchtbaren Tumult zwischen Aristokraten und Patrioten, so daß die Nationalgarde einschreiten mußte. Doch erhielt sich das Stück bis 10. August 1792. Im Jahre 1795, bei der Wiederaufnahme desselben, wurde in Beaumarchais' Abwesenheit an die Stelle des constitutionellen Königs das die Freiheit bringende Gesetz gerückt. Auch 1802 wird es eine neue Metamorphose erlebt haben. 1819 kehrte Tarare zum absoluten Königthum wieder zurück.

Beaumarchais hatte die Revolution so wenig vorausgesehen, er glaubte so fest an eine glückliche Entwicklung der Dinge, daß er im Jahre 1789 auf dem jetzt nach ihm benannten Boulevard, einen Prachtbau aufführen ließ, welcher 1 663 000 fr. verschlang, als ein Wunderwerk des Geschmacks und der Kunst angestaunt wurde, seinen Feinden aber nur zu bald Gelegenheit bot, ihn dem Volk und den extremen Parteien verdächtig zu machen. Zu dieser Zeit schrieb er auch den dritten Theil seiner Figaro-Trilogie: L'autre Tartuffe ou La mère coupable, welcher im folgenden Jahre beendet wurde, und in dem die Heiterkeit, die in den beiden andren Theilen geherrscht, völlig erstorben und die Erfindungskraft des Dichters schon beträchtlich geschwächt erscheint. Wenn es darin auch nicht an einzelnen bedeutenden und wirkungsvollen Momenten fehlt, so macht doch das Ganze einen allzu absichtlichen, hier und da sogar einen erquälten, müden Eindruck. Auch fühlt man es diesem dritten Theile allzusehr an, daß er durchaus nicht im Plane und in der Conception der beiden ersten Theile mit lag. Es ist fast keine der in ihnen schon thätig gewesenen Personen wiederzuerkennen, am wenigsten Figaro. Der Dichter griff darin auf das Rührdrama, von welchem er ausging, zurück.

Beaumarchais war durch den Streit mit Colasse, der sich aus dem Prozesse Kormann entwickelt hatte, wieder sehr in der öffentlichen Meinung gefallen. Er hatte wohl das Bedürfniß, sich zu rehabilitiren, doch fehlte es ihm an dem Antriebe, sich seinem Widersacher mit dem alten kecken Uebermuthe entgegenzuwerfen. Es kam ihm daher vor Allem darauf an, sich in einem so moralischen Lichte als möglich

zu zeigen. „Kommt — ruft er im Vorwort der mère coupable seinen
Landsleuten zu — überzeugt euch, daß jeder Mensch, der nicht gleich
als elender Bösewicht geboren wurde, damit aufhört, sich zu bessern,
sobald nur die Leidenschaften verraucht sind, besonders wenn er das
Glück hat, Vater zu sein. Dies euch zu zeigen, ist der hauptsächlichste
Zweck meines Stücks." Beaumarchais kannte dies Glück. Er besaß
eine Tochter, die er aufs zärtlichste liebte, und die Rücksicht auf sie,
trieb ihn wohl auch in die lehrhafte Richtung zurück.

Im Januar 1791 beendet, wurde das Stück von den Schauspielern des Théâtre Français sofort angenommen. Gleichwohl ver-
schob sich die Aufführung. Es war in der Zeit, da die Theater-Pri-
vilegien aufgehoben und die Theaterfreiheit proclamirt wurde. Beaumarchais benutzte dies, um aufs Neue für die Autorenrechte in den
Kampf gegen die Schauspieler zu treten. Dies führte natürlich zu
einem Bruche mit diesen, der ihn nöthigte, sein Stück wieder zurückzuziehen. Er übertrug die Aufführung einer kleinen Truppe, welche mit
seiner Unterstützung ein Theater, das Théâtre du Marais, eröffnet hatte.
Schwach gespielt, hatte es auch nur einen schwachen Erfolg, der aber
einen bedeutenden Aufschwung nahm, als es im Jahre 1797 von den
wieder versöhnten Comédiens Français dargestellt wurde.

Das Verhältniß Beaumarchais' zur Revolution kann hier nur berührt werden. Es genügt darauf hinzuweisen, daß er seit 1796, obschon im Auftrage der Regierung in's Ausland gegangen, von dieser
als Emigrirter behandelt, sein Vermögen mit Beschlag belegt und seine
Frau und Tochter vor Gericht gezogen wurden. Nur durch den Sturz
der Terroristen entgingen diese dem Tode. Beaumarchais kehrte
am 5. Juli 1796 aus seinem Exil zu seiner Familie zurück, fand aber
sein Haus ruinirt, seinen Garten verwüstet, seine Papiere eingezogen,
sein Vermögen confiscirt. Auch dieser Glückswechsel beugte ihn nicht.
Er rief die alte Kampflust, den alten Unternehmungsgeist in ihm wach.
Er errang sich durch seine Vertheidigungsschrift: Mes six époques
aufs Neue die Gunst des Publikums, auch gelang es ihm nach und
nach einen Theil des ihm geraubten Vermögens zurückzuerkämpfen.
Er starb am 9. Mai 1799.

Die Bedeutung von Beaumarchais' Lustspielen, der Fortschritt,
der in ihnen sich zeigte, ist in den Wirkungen aufs Tiefste empfunden
und zum Theil auch anerkannt worden; eine unmittelbare, ihm einiger-

maßen ebenbürtige Nachfolge hat Beides aber nicht herbeizuführen
vermocht. Die zwei bedeutendsten Lustspieldichter des neunten Decenniums des 18. Jahrhunderts neben ihm waren Collin d'Harville und
Fabre d'Eglantine.

Jean François **Collin d'Harville***) wurde am 30. Mai 1755
zu Ménoisins geboren. Nachdem er die Rechte studirt, wendete er sich
den Hängen seines Geistes nachgebend, ganz der Schriftstellerei zu.
Das Lustspiel L'inconstant (1784) war sein dramatisches Erstlingswerk. Es hatte nur einen getheilten Erfolg; ein voller ward 1788
seinem Optimiste zu Theil. Der Dichter zeichnete seinen eigenen
Charakter darin. Die Güte, Milde und Liebenswürdigkeit desselben
tritt auch aus seinen Châteaux d'Espagne und Le vieux célibateur
gewinnend hervor. Letzterer erschien mitten in der Zeit des Terrorismus und bildete dazu einen ergreifenden Gegensatz. Fast all seinen
Stücken fehlt es aber an eigentlicher Komik. Es sind Charaktergemälde,
die, ohne larmoyant zu werden, Herz und Gemüth zu befriedigen suchen.
Sein Optimiste führte einen Bruch zwischen ihm und Fabre d'Eglantine herbei, der ihn in der Vorrede zu seinem Philinte de Molière in
einer Weise angriff, die ihn unter den damaligen Verhältnissen leicht
aufs Schaffot bringen konnte. Ein Freund Ducis' und Andrieux',
wurde er von beiden besungen. Er starb am 24. Februar 1806.

Philippe François Nazaire **Fabre**, geboren 28. December 1755
zu Carcasonne, legte sich den Namen d'Eglantine nach dem Preise
der wilden Rose bei, den er schon früh bei den jeux floraux gewann.
Er wendete sich später der Bühne zu, die er als Schauspieler in Genf,
Lyon und Brüssel betrat. Nach seiner Uebersiedlung nach Paris,
1785, widmete er sich der Schriftstellerei und der Politik. Sein dramatisches Hauptwerk ist das fünfaktige Versluftspiel: Le Philinte de
Molière ou la suite du misanthrope. Er geißelt darin den Egoismus der civilisirten Gesellschaft. Philinte ist hier völlig zum Egoisten
geworden. Doch hatten auch seine übrigen Stücke Erfolg, besonders
L'intrigue épistolaire (1792), Le convalescent de qualité, Les pré-
cepteurs und Le presomptueux ou L' heureux imaginaire. Heute
sind sie freilich völlig vergessen. Fabre verfolgte in seinen Stücken
die von Diderot und Beaumarchais eingeschlagene Richtung des mora-

---

*) Sein Théâtre, herausgegeben von L. Moland. Paris 1876.

lisirenden Rührbramas, obschon seine eigne Moral die bedenklichsten
Lücken zeigte. Er gehörte zu den exaltirtesten Männern der Revolu=
tion und stimmte für den Tod Ludwigs XVI. Obschon selber ein
Geldspeculant der schlechtesten Sorte und der Bestechung beschuldigt,
klagte er als Mitglied des Wohlfahrtsausschusses die Wucherer im
Nationalconvent an. Er gehörte zur Partei Danton's und Des=
moulin's. Sie desavouirten ihn jedoch, als er in ihren Sturz mit
verwickelt, mit ihnen auf demselben Schaffot hingerichtet wurde. (5.
April 1794). Seine Oeuvres melées erschienen Paris 1802.

Wie die beiden vorgenannten Dichter ragten auch noch einige
ältere, dem Lustspiel angehörende, in die Revolutionszeit herein; so
Nicolas Chamfort*) (1741—94), welcher schon 1764 mit dem
Lustspiel La jeune indienne debutirte und besonders mit dem satiri=
schen Lustspiel Le marchand de Smyrne großen Beifall erhielt. 1776
bestieg er mit Mustapha et Zéangir sogar den Kothurn. Es ist eine
nicht ganz unglückliche Nachahmung des Bajazet und der Zaire. Cham=
fort schrieb auch einen Précis de l'art dramatique ancien et moderne
(Paris 1808) und mit dem Abbé de la Porte einen Dictionnaire
dramatique (1776). — Auch Desfontaines Lavallier (1733
bis 1825) mit seinen Vaudevilles, Paraden und patriotischen Scenen,
sowie Carbon de Flins des Oliviers (1757—1806), wegen seiner
späteren politischen Gelegenheitsstücke, mag hier genannt werden.

<hr />

X.
Das Drama der Revolutions- und der Kaiserzeit.

Ursachen der Revolution. — Politische Bedeutung der Theater. — Die Theater-
freiheit. — Die politischen Gelegenheitsstücke und patriotischen Gesänge. — Kampf
der Parteien in den Theatern. — Die Tragiker: Marie Joseph Chénier; Vincent
Arnault; Lemercier; Raynouard. — Die Lustspieldichter: Andrieux; Duval;
Picard; Pigault Lebrun; Etienne. — Die kleinen Theater und ihre Spiele. —
Das Melodrama: Pixérécourt; Caigniez; Ducange.

Die Revolution, von langer Hand vorbereitet, so daß schon Lud=
wig XV. in einzelnen Momenten den Zusammensturz der alten ge=

<hr />

*) Ginguené gab 1795 die Werke desselben mit einem biographischen Vor=
wort heraus. — St. Beuve, Causeries du lundi. Bd. 4.

sellschaftlichen Ordnungen ahnte, sollte die sich immer wieder aufs
Neue in gefährliche Selbsttäuschungen einwiegende Gesellschaft, zuletzt
doch, wie fast ahnungslos, überraschen. Sie war nicht sowohl ein
Kind der Aufklärung, als eine Folge der besonderen Form, welche diese
unter dem Einflusse der die höheren Gesellschaftskreise der Hauptstadt beherrschenden Frivolität gewonnen, und des Mangels an einer
einsichtsvollen starken Regierung, die sich derselben zu bemächtigen
und sie in geregelte Bahnen zu lenken versucht und verstanden hätte.
Denn jene Frivolität bewirkte einestheils, daß die Untersuchungen,
welche die neuen Philosophen anstellten, nicht mit der nöthigen Umsicht, Strenge und Gewissenhaftigkeit angestellt wurden und man aus
den hierdurch gewonnenen, zum Theil sehr unsicheren Erkenntnissen in
der abstractesten Weise, ohne jede Rücksicht auf die concreten Verhältnisse des wirklichen Lebens, die weitgehendsten Folgerungen zog, ja
daß man sich endlich bei ihrer Anwendung auf das letztere nicht selten
der sophistischesten Mittel bediente. Sodann war jene Frivolität
noch eine der Ursachen der schnellen und weiten Verbreitung von Anschauungen und Lehren, die doch gerade von denjenigen Klassen der Gesellschaft vorerst nur aufgenommen werden konnten und aufgenommen
wurden, denen sie zunächst so gefährlich werden sollten, von den Kreisen
der Vornehmen und Gebildeten, die sie theils als ein bloßes Spiel
des Geistes und als gesellschaftliches Unterhaltungsmittel, theils zu
wechselseitiger Bekämpfung ergriffen. Denn Geistlichkeit, Parlament
und Adel lagen fast das ganze Jahrhundert um Einfluß, Vorrechte,
Herrschaft, im Kampf miteinander, sowie mit dem Hof, was nicht am
wenigsten zur Untergrabung des Throns und jeder Autorität beigetragen hat. Auch hatte keine einzige dieser verschiedenen Mächte
eine sichere Stütze in der anderen, daher jede einzelne, wie wir dies
schon an dem Parlamente gesehen, leicht zu Fall kommen mußte,
wenn sich die übrigen Klassen der Nation, das Bürgerthum und der
gemeine Haufe gegen dieselbe erklärten, zumal in der Armee ein genügender Schutz noch nicht lag. Was die Ausbreitung der radicalen
Ideen bisher noch beschränkt hatte, war die Bildungslosigkeit der unteren Klassen. Allmählich fanden aber doch gewisse Schlagworte bei
ihnen Eingang, die um so bereitwilligere Aufnahme fanden, je mehr
sie den Interessen und der Nothlage derselben entsprachen, und um
so gefährlicher zu werden drohten, je unverstandener und urtheils-

loſer ſie ergriffen, je willkürlicher ſie auf die Verhältniſſe des Lebens angewendet wurden. Sie waren ſpäter im Munde der Demagogen eine furchtbare Waffe, mit der ſie die Leidenſchaften der von ihnen geblendeten Menge aufs Heftigſte aufzuregen und fortzureißen verſtanden.

Die Cenſur und die willführlichen Verbote des Königs, welche, wie wir bei Beaumarchais ſahen, den davon betroffenen Stücken gelegentlich eine Wichtigkeit gaben, die ſie ohnedies nicht gehabt haben würden; die Wirkungen, welche einzelne Stellen derſelben in deſſen Folge auf die Zuſchauer ausübten, hatten nicht nur die Dichter und Schauſpieler, welche die älteren tendenziöſen Stücke, ſelbſt wenn ſie wie Guillaume Tell, bei ihrem erſten Erſcheinen keinen Erfolg gehabt, wieder hervorſuchten oder ähnliche Stücke ſchrieben, ſondern auch die Parteimänner und Demagogen, die politiſche Bedeutung erkennen laſſen, welche die Bühne gewinnen konnte. In der That wurde ſie während der Revolution, ja ſelbſt noch während des Directoriums, des Conſulats und des Kaiſerreichs in dieſem Sinne als Macht für deren Zwecke, benutzt, beſonders ſeit Aufhebung der den Bühnen bisher auferlegten Armenſteuer und der Theaterprivilegien, 1791; was die Zahl der Pariſer Theater vorübergehend auf 60 anwachſen ließ, bis Napoleon I. 1807, die damals noch vorhandenen 27 Theater auf acht wieder einſchränkte. Denn die Concurrenz, welche dieſelben ſich machten, rief nicht nur eine Zahl ganz neuer und eigenthümlicher Formen des Dramas, wie z. B. das Melodrama, in's Leben, ſondern ließ ſie auch in mannichfaltiger Weiſe um den Beifall der verſchiebenen einander bekämpfenden Parteien buhlen. In dieſer Zeit kamen die politiſchen Tendenz = und Gelegenheitsſtücke auf, von denen Le reveil d'Epiménide à Paris ou les étrennes de la liberté (1790) von Carbon de Flins eines der früheſten iſt, ſowie die patriotiſchen Geſänge, von denen damals die Theater allabendlich ertönten und worin ſich beſonders das Théâtre Favart und das der Rue Feydeau zu überbieten ſuchten.*)

Gleichwie zur Zeit, da die Stimmung noch eine überwiegend

---

*) Von den Gelegenheitsſtücken ſeien hier nur hervorgehoben: Le siège de Lille (1792) von Kreutzer; Le reveil du peuple (1793) von Trial d. i.; Le premier martyr de la république (1793) von Blaſius; Le triomphe de la république (1793) von Goſſec; Le mariage patriotique (1793) von Deshayes; La

royaliſtiſche war, den royaliſtiſchen Tendenzſtücken ſchon revolutionäre
zur Seite gingen, die das Königthum verhaßt und verächtlich zu machen
ſtrebten, ſo traten ſelbſt in der Zeit des blutigſten Terrorismus neben
den Stücken der äußerſten revolutionären Zügelloſigkeit auch ſolche
von royaliſtiſcher oder doch antirevolutionärer Tendenz, wie L'ami
des lois des Laya (3. Januar 1793) hervor. Daneben fehlte es aber
auch nicht an Novitäten, welche, wie wir dies ſchon an der Mère
coupable des Beaumarchais und an den in dieſe Zeit fallenden Luſtſpielen Collin d'Harville's geſehen, ſich von jeder politiſchen Tendenz
und Farbe freihielten.   Zu ihnen gehört Legouvé's*) Abel (1792),
ein ganz einzig daſtehendes Stück, welches unter dem Einfluß der
Geßner'ſchen Dichtung und der Tramelogedia Abele Alfieri's entſtanden
zu ſein ſcheint. Auch die erfolgreiche Aufnahme, die Kotzebue's Men-
ſchenhaß und Reue fanden, und die kaum denjenigen nachſtand, welche
den Schiller'ſchen Räubern (1792) zu Theil worden war, gehört mit hierher. Dieſe Erſcheinungen erklären ſich theils aus dem Bedürfniſſe, welches
ein großer Theil des Publikums empfand im Theater nicht neue Aufregungen, ſondern Erholung von den Erſchütterungen und Schrecken des
Tages zu ſuchen, theils aber auch dadurch, daß es von 1793 an, bei dem
raſchen Wechſel der herrſchenden Parteien, ſowohl für den Dichter, wie für
den Schauſpieler, ja ſelbſt für den Zuſchauer immer gefährlicher wurde,
Stücke von prononcirter politiſcher Geſinnung zu ſchreiben, zu ſpielen,
ihnen Beifall zu ſpenden oder ſie auch nur zu ſehen. So wurde Laya
wegen ſeines Ami des lois gerichtlich verfolgt. Nach einer Vorſtel-

---

rosière républicaine (1793) von Grétry; La prise de Toulon (1794) Les épreuves
du republicain (1794) von Champein; Josephe Barra (1794) von Grétry; Les
vrais sansculottes (1794); La réunion du 10 août (1795) von Porte; La journée
du 10 Août 1792 (1795) von Kreutzer; Le souper des Jacobins (1795) von
Arnac Charlemagne; Le pompe funèbre du général Hoche (1797) von Cherubini. Von den Geſängen: Veillons au salut de l'empire nach einer Melodie
d'Alayrac's; die Marſeillaiſe des Rouget de l'Jsle; Le chant du départ von
Marie Joſeph Chénier und Méhul; L'offrande à la liberté von Goſſec; Le
chant de vengeance von Rouget de l'Jsle.
   *) Gabriel Marie Jean Legouvé, der Vater des mit Scribe öfter zuſammen-
arbeitenden Dichter dieſes Namens, am 23. Juni 1764 zu Paris geboren, am
20. October 1812 geſtorben, ſchrieb noch zwei andere Dramen, Epicharis ou la
mort de Néron (1793) und La mort de Henri IV, welche als gut gebaute, rhe-
toriſche Exercitien im Stile der claſſiſchen Richtung charakteriſirt werden.

lung der Paméla des François Neufchateau, in welcher sich die Schau-
spieler reactionäre Anspielungen erlaubt hatten, wurden diese gefäng-
lich eingezogen, ihr Theater geschlossen, ein Theil von ihnen zum
Tode verurtheilt und nur durch Zufall gerettet. 1795 erregte eine
Stelle des Cajus Gracchus von Chénier, der doch 1792 einen
Sturm revolutionärer Begeisterung hervorgerufen hatte, in solchem
Grade den Unwillen des anwesenden Conventsmitgliedes Billaud
Varennes, daß er emporsprang und dem applaudirenden Parterre mit
der Faust drohte. Die Nennung seines Namens war hinreichend, daß
sich der Saal leerte und die Schauspieler die Vorstellung abbrachen.
Am nächsten Tage wurde das Stück denuncirt.

Marie Joseph de Chénier*) war der Sohn des französischen
Staatsmanns und Gelehrten Louis Chénier, welcher 1753—64 als
französischer Generalconsul in Konstantinopel amtirte, wo Joseph,
gleichwie sein um zwei Jahre älterer Bruder Marie André, der berühmte Gründer einer neuen lyrischen Dichterschule, am 28. August
1764 geboren wurde. Er empfing seine Ausbildung im Collège de
Navarre zu Paris, trat früh in den Kriegsdienst, den er jedoch
nach zwei Jahren schon wieder aufgab, um sich fortan fast ausschließlich der Literatur zu widmen. Er versuchte sich zunächst in der lyrischen
Dichtung, für die er jedoch das Talent seines Bruders nicht hatte.
Daher er auch bald eine andere Richtung einschlug. Schon im Sommer 1785 machte er sein erstes theatralisches Debut mit Edgar ou le
page supposé, aber ohne Erfolg. Auch sein nächster Versuch, die
Tragödie Arzémire, war nicht glücklich. Besonders ward sie bei Hof
verächtlich behandelt. Doch auch die Kritik spielte dem Dichter aufs
übelste mit. Chénier, gekränkt und gereizt, legte den Adelstitel ab und
schloß sich den freiesten Geistern der Hauptstadt an. 1788 hatte er
dem Theater bereits wieder zwei neue Stücke übergeben: Henri VIII.
und Charles IX., welche jedoch, und nicht mit Unrecht, zurückgewiesen
wurden. Das Königsthum war darin aufs Gehässigste dargestellt und
die Art und Weise, wie Chénier die Aufführung derselben doch endlich
durchsetzte, läßt deutlich erkennen, daß es in revolutionärer Absicht ge=

---

*) St. Beuve, Causeries du lundi. — Julian Schmidt, Geschichte der franz.
Literatur seit der Revolution 1789. Leipzig 1858. I. S. 111. Siehe auch die
Einleitung Arnault's zu den Oeuvres des Dichters. Paris 1824—26. 8 Bde.

schah. Es war am 9. August 1789 bei Aufführung eines Stückes
von Fontenelles, als es von allen Seiten Placate ins Publicum reg-
nete, in welchen die Frage aufgeworfen wurde, warum das Theater
dem Publikum so lange Chénier's patriotische Tragödie Charles IX.
vorenthalte. Danton, der zugegen und ohne Zweifel im Einverständ-
nisse war, fuhr auf, um mit Donnerstimme dieselbe Frage an die
auf der Bühne befindlichen Schauspieler zu richten. Fabre d'Eglantine
und Collot d'Herbois stimmten mit ein. Es entstand eine ungeheure
Aufregung, die sich vom Theater auf die Stadt übertrug. Die Folge
war, daß das Stück nun wirklich, am 4. November, zur Aufführung
kam und diese zu einem politischen Ereignisse wurde. Mirabeau und
Danton leiteten den Applaus, indem sie die aufregendsten Stellen des
Stücks hierdurch heraushoben. Das wunderbare Spiel Talma's, dessen
Erscheinung aufs Unheimlichste an die bekannten Bilder von Karl IX.
erinnerte, brachte eine ungeheure Wirkung hervor, welche durch die
leidenschaftliche Rhetorik des Stücks noch gesteigert wurde. Der Ein-
segnung der Dolche folgte ein Applaus, welcher die Vorstellung auf
zehn Minuten ganz unterbrach. „Wenn Figaro den Adel getödet,“ soll
Danton gerufen haben, „so wird Karl IX. das Königthum tödten!“
Der Dichter wurde im Triumphe nach Hause gebracht. Er hat nie
einen größeren wieder gefeiert, obwohl sein Heinrich VIII. und sein
Cajus Gracchus ebenfalls großen Erfolg hatten. Er erschien jedoch in
keinem andren so wie hier auf der Höhe der Situation. Die revolutionäre Bewegung, die ihn mit seinem Bruder für längere Zeit völlig
entzweit hatte, begann ihn zu überwachsen. Der Terrorismus der
Jacobiner stieß ihn zurück. In seinem Fénélon trat diese Wandlung
entschiedener hervor. Er wurde verdächtig. Man unterwarf daher
sein nächstes Stück, den Timoléon (1793) einer strengen Censur. Es
wurde verboten, er mußte es selber in's Feuer werfen. Doch gelang
es ihm, ein Exemplar desselben zu retten, so daß es doch noch gespielt
worden ist (am 9. Thermidor). Aus dieser Zeit stammt auch der von
Méhul componirte, von ihm gedichtete Chant du départ. Joseph, der
seinen Bruder trotz ihrer Gegnerschaft, im Jahre 1793 vor den ihm
drohenden Verfolgungen geschützt hatte, bedurfte nun selber des Schutzes.
Ja, man glaubt, daß, als André im Jahre 1794 verhaftet wurde,
dies auf einer Namensverwechslung mit seinem Bruder beruhte. Die
Gegner haben Joseph sogar vorgeworfen, den Tod André's veranlaßt

zu haben. Jenes ist zweifelhaft, dieses sicher Verleumbung.
Chénier wies letztere in seiner Satire Epitre sur la calomnie mit
Erfolg zurück. Es gereicht seinem Charakter serner zur Ehre, daß er
sich weder dazu hergab, Marat zu verherrlichen, was man ihm zumuthete,
noch sich zu einem Werkzeuge Napoleons zu erniedrigen. Er schloß
sich vielmehr unter letzterem der Opposition an und wurde dafür
1802 aus dem Tribunat gestoßen. Inzwischen hatte er die dramatische
Dichtung ganz mit der Satire vertauscht und errang sich mit seinen
gegen Chateaubriand und die kirchliche Reaction gerichteten Nouveaux
Saints (1802) auch hierin große Erfolge. Er versuchte daher wieder
den Kothurn zu besteigen. Zuerst auf Veranlassung Fouché's in seinem
Cyrus (1804), welcher für die Krönungsfeierlichkeiten des Kaisers
bestimmt war, aber durch einige mahnende und warnende Stellen
den Unwillen desselben in solchem Grade erregte, daß die Aufführung unterblieb. Sobann im Tiberius, der aber erst 33 Jahre nach
seinem Tode (10. Jan. 1811) also 1844, zur Aufführung kam. Es ist das
reifste seiner Stücke und Napoleon, der es sich von Talma vorlesen ließ,
sprach seine Anerkennung aus. Gleichwohl verbot er die Aufführung.
Chénier rächte sich in seiner Epistel an Voltaire, die sich mit glühen-
dem Haß gegen die Willkürherrschaft erhob. Dem Dichter wurde dafür
seine Stelle als Generalinspector des Unterrichts, mit der ihn der Kaiser
betraut gehabt hatte, entzogen. Die Organe der Regierung griffen ihn
aufs Heftigste an. Trotz bitteren Mangels ertrug aber Chénier diese
Unbill mit Gelassenheit und mit Würde. Erst die Krankheit seiner
Mutter zwang ihm einen Brief an den Kaiser ab, worin er in edlem
Tone dessen Hilfe in Anspruch nahm. Napoleon überwies ihm eine
Pension. Diese Erfahrung verwandelte seine Lebensauffassung. Er
wurde jetzt bulbsam und milde; was auch die Veranlassung sein mochte,
daß ihm die Academie, deren Mitglied er seit 1802 war, die Bearbeitung eines Tableau de la littérature depuis 1789 übertrug.

Man hat Chénier den bedeutendsten der dramatischen Dichter
der Revolutionsperiode genannt und in gewissem Sinne war er das
auch. Seine Rhetorik, die sich noch ganz in den Formen der Voltaire'schen Tragödie bewegte, übertraf die aller anderen Dichter der
Zeit an leidenschaftlicher Glut, womit er eine große theatralische
Verve verband. Er war, wie aus seinem Discours sur le théâtre
français hervorgeht, ein entschiedener Vertheidiger des Academismus

ein heftiger Gegner Shakespeare's, obschon er, sowohl von diesem zu
seinem Brutus und Cassius, wie von Schiller zu seinem Philippe II.
angeregt wurde. Mad. de Staël urtheilte über ihn: Chénier war
ein Mann von Geist und Phantasie, aber so von Eigenliebe beherrscht,
daß er sich selbst bestaunte, statt an seiner Vervollkommnung zu
arbeiten."

Mit den republikanischen Ideen und der Republik, die man mehr
und mehr, wenn auch nur äußerlich, nach römischem Vorbilde modelte,
kam nicht nur das Bürgerthum, sondern auch das Römerthum in die
Mode, bis dieses zuletzt im Geschmacke der Zeit völlig obsiegte. Ganz
waren die Römerbramen ja nie von der Bühne verschwunden, doch gehörten z. B. die Stoffe der Chénier'schen Dramen bis zu seinem Cajus
Gracchus (1792) alle der neueren Zeit an. Antoine Vincent Arnault*),
am 22. Januar 1766 zu Paris geboren, trat dagegen sofort mit einem
Römerbrama, Marius à Minturne (1791), hervor, das großen Erfolg hatte und bei einer Untersuchung, in die er gerieth, auch seine
Freisprechung bewirkte. Seine nächsten Stücke: Lucrèce (1792) und
Cincinnatus (1793) waren ebenfalls Römerstücke. Sie alle zeichneten sich durch die Strenge des Stils aus, der nur die historischen
Leidenschaften zuließ, die Liebesepisoden und Vertrauten ausschloß
(Marius enthielt keine einzige Frauenrolle) und die rhetorische Phrase
von sich abwies. Dagegen ist freilich die dramatische Bewegung in
diesen Stücken gering. Gegen die Terroristen verhielt sich auch Arnault gegnerisch. Er griff sie muthig in seinen Epigrammen an;
gegen Napoleon dagegen anfänglich vorsichtig. Er übernahm zwar
1797 den Auftrag, die jonischen Inseln zu organisiren, lehnte dann
aber jeden weiteren Antheil an der Regierung ab. Seine in diese
Zeit fallenden Tragödien behandeln meist, wie gleich sein berühmtestes
Werk: Blanche et Montcassin ou les Vénitiennes neuere Stoffe.
Napoleon, der sich fortdauernd für ihn interessirte, soll auf die Composition dieses Stücks, das die Geschichte zweier Liebenden behandelt,
welche der Staatsinquisition zum Opfer fallen, einen wie man sagt
wohlthätigen Einfluß ausgeübt haben. Geoffroy hat freilich sehr viel
gegen dasselbe einzuwenden. Er tadelt den Gegenstand, den barba-

---

*) Julian Schmidt, a. a. O. I. 125. — Arnault, Souvenier d'un sexagé-
naire. Paris 1833. — Geoffroy, a. a. O. 444. — Seine Oeuvres erschienen
Paris 1824.

rischen Ausgang und die Mängel des Stils. 1804 wurde Arnault
vom Kaiser zum Generalsecretär des Universitätsraths ernannt. Von
dieser Zeit an zog er sich länger vom Drama zurück, erwarb aber
neue Erfolge auf dem Gebiete der Fabel, der er, vom Epigramme
ausgehend, in welchem er Meister war, eine ganz neue Form gab.
Er blieb Napoleon, dessen Leben er schrieb (1822), auch im Unglücke
treu, verlor in Folge davon nach dessen Sturz seine Stelle, und mußte
1816 sogar das Land verlassen. Dies war vielleicht mit der Grund,
warum er die dramatische Dichtung jetzt wieder aufnahm. Sein Germanicus, den er 1817 von Belgien aus an das Théâtre français
sandte, rief bei der Aufführung einen heftigen Kampf der Parteien
hervor. Auch später, nach seiner 1819 erfolgten Rückkehr, gab er
noch wiederholt seinen dramatischen Neigungen nach, ohne doch einen
ausdauernden Erfolg zu erzielen. Obschon er den classischen Formen
treu blieb, gewann in seinen letzten Stücken, Guillaume de Nassau
(1826) und Les Guelfes et les Ghibelins, die romantische Strömung
der Zeit doch einigen Einfluß. 1833 gab er die für die Geschichte
seiner Zeit höchst werthvollen Souvenirs d'un sexagénaire, so wie
zwischen 1824—27 seine gesammelten Werke heraus. Er starb hochgeehrt am 16. September 1834 zu Godeville bei Havre.

Zu den bedeutenderen und fruchtbareren der in der Revolutionszeit
aufstrebenden tragischen Dichter, gehört ferner Louis Jean Nepomu-
cène Lemercier*), am 21. April 1773 zu Paris geboren. Auch
er ragt, wie Arnault, bis tief in die nächste Periode hinein. Seine
Dramen vertheilen sich auf die zwischen 1788 (Méléagre) und 1830
(Les serfs polonais) liegenden Jahre. Ein Freund der Freiheit, war
er zugleich ein Gegner ihrer Excesse, was sich unter Andrem aus dem
Lustspiele Le tartuffe révolutionnaire erkennen läßt. Für sein Hauptwerk gilt gewöhnlich der Agamemnon (1796). Das Stück ist gut gebaut, die Charaktere sind verständig entwickelt. In der Sprache macht
sich, um mit Julian Schmidt's Worten zu reden, die Atmosphäre der
Revolution bemerklich, sie ist kraftvoll. Der Erfolg war in der Tragödie der bedeutendste des ganzen Zeitraums. Ein wesentlicher Fortschritt läßt sich jedoch nicht in ihm nachweisen. Er schließt sich im

---

*) Victor Hugo, Discours de réception à l'académie. — Julian Schmidt
a. a. O. I. 133. — Royer, a. a. O. V. 26.

Ganzen doch noch der traditionellen Form der classischen Tragödie
wieder an. Bemerkenswerther in dieser Beziehung ist Pinto ou la
journée d'une conspiration, ein fünfactiges Prosadrama, welches
jedoch erst 1834 mit großem Erfolge zur Aufführung kam. Lemercier
gedachte damit sogar die folle journée noch zu überflügeln. Es behandelt die Erhebung des Herzogs von Braganza durch die Revolution auf den portugiesischen Thron. Der Dichter hat darin in ge-
schickter Weise komische und tragische Elemente mit einander verbunden.
Es war ein Versuch, die wieder zur Herrschaft gekommene Regelmäßigkeit zu durchbrechen. Der Dichter erneuerte ihn in seiner Démence
de Charles VI. und in seinem Colomb (1809), dem er den Titel
comédie Shakespearienne gab. Von A. W. Schlegel freudig begrüßt,
zog er dem Dichter bei seiner Aufnahme in die Academie (1810) dagegen eine Zurechtweisung des Grafen Merlin, der ihn begrüßte, zu.
Ungleich größere dramatische und tragische Kraft zeigte sich in der
1816 erschienenen Tragödie Frédégonde et Brunéhaut. Die dämonische Leidenschaft der Heldin, die aus tiefster Niedrigkeit zum Throne
erhoben wird, bewog die Rachel sogar, das Stück, und nicht ohne
Erfolg, 1842 wieder aufzunehmen. Nicht minder verdient auch noch
Richelieu ou la journée des dupes hier Erwähnung, eines der ersten bedeutenderen Beispiele des poetischen Intriguenspiels. Julian
Schmidt tadelt, daß die darin dargestellte Genialität allzusehr auf Kosten
der Moral in's Licht gestellt werde, erkennt aber die Geschicklichkeit
in der Führung der Intrigue an. Das Stück lag von 1804, dem Entstehungsjahr, bis 1828 unter ministeriellem Siegel. Neben verschiedenen andren Dramen, die Lemercier später noch dichtete, erschien 1823
eine Bearbeitung der Rowe'schen Jane Shore von ihm. Sogar im
Melodrama versuchte er sich wiederholt.

Lemercier war eine freimüthige Natur. Als Napoleon im Begriff stand, sich zum Alleinherrscher aufzuwerfen, soll er diesem gesagt haben, daß er in dem Bette der Bourbonen, welches er sich zu-
recht mache, keine zehn Jahre schlafen werde. Auch schickte er nach
der Erklärung des Kaiserreichs den Orden der Ehrenlegion zurück.
Napoleon erwiederte dies dadurch, daß er dem Erscheinen der Stücke
des Dichters, wie ich zum Theil schon berührt habe, die größten
Schwierigkeiten in den Weg legen ließ. Doch hörten, wie wir gesehen,
auch unter der nächsten Regierung die Chicanen der Censur nicht

gegen ihn auf. Er rächte sich mit dem Vorspiele Dame Censure,
welches er 1821 seinem Lustspiele Le corrupteur vorausschickte. Le=
mercier schrieb auch einen Cours analytique de littérature géné=
rale (Par. 1817. 4 Bde.) Nach seinem am 7. Juni 1840 erfolgten
Tode nahm Victor Hugo seine Stelle in der Academie ein, dessen
Aufnahme er sich jederzeit mit Entschiedenheit widersetzt hatte.

Ein ungewöhnliches Aufsehen machte die am 14. Mai 1805 zur
Aufführung gelangte Tragödie Les Templiers von Reynouard, welche
denselben Stoff, wie Werner's „Söhne des Thals" behandelt, den
Zuschauer aber in eine völlig andere Welt der Anschauungen und
Empfindungen, wie dieser, versetzt.

François Juste Marie Reynouard*), am 18. September
1761 zu Brignolles in der Provence geboren, gehört zu den bedeu=
tendsten Forschern auf dem Gebiete der französischen Sprache und
Poesie, besonders auf dem seines engeren Vaterlandes. Als drama=
tischer Dichter erhob er sich zwar zu keiner höheren Bedeutung, ob=
schon er zu seiner Zeit auch als solcher gefeiert wurde und der Er=
folg seiner Templiers ihm die Aufnahme in die Academie eintrug.
Reynouard schloß sich darin den Dichtern der Regelmäßigkeit an und
hatte sich die Sprache Corneille's mit ihren epigramatischen Schlag=
worten und zugespitzten Antithesen zum Vorbild genommen. Napoleon,
der gegen das Stück manches einzuwenden hatte, gab ihm bei späterer
Gelegenheit, bei seiner von der Censur verbotenen Tragödie Les états
de Blois, einige Rathschläge, die Reynouard auch befolgte. In dieser
Gestalt kam sie 1810 zu St. Cloud zur Aufführung. Sie gefiel an=
fänglich nicht, gewann sich jedoch später noch Anerkennung. In der
Ausgabe von 1814 spricht sich Reynouard schon für die Nothwendig=
keit einer freieren Bewegung des französischen Dramas aus. Er
fordert darin seine Landsleute auf, die Literatur der anderen Nationen
mehr zu studiren. Auch erkannte er von allen Einheiten nur die des
Grundgedankens an. Es ist kaum zu bezweifeln, daß diese Winke
auf die Entwicklung des späteren romantischen Dramas nicht ganz
ohne Einfluß geblieben sind. Um so schärfer glaubte sich Reynouard
aber gerade gegen die Neuerungen aussprechen zu sollen, welche letzteres
mit sich brachte, zumal, wie er sagt, von allen Einheiten die sittliche

---

*) Julian Schmidt, a. a. O. I. 128.

von den Romantikern am meiſten verletzt werde. Reynouard hinter=
ließ bei ſeinem, am 27. October 1836 zu Paſſy erfolgten Tode noch
verſchiedene andere dramatiſche Arbeiten.

Von den übrigen tragiſchen Dichtern des Zeitraums mögen noch
Collot d'Herbois (1750—96), Jean Laya (1761), deſſen Ami
des loix ſchon erwähnt wurde, mit ſeinem Falkland ou la conscience,
welcher durch das Spiel Talma's Aufſehen erregte und Luce de
Lancival mit ſeinem Hector erwähnt werden.

Obſchon die Tragödie, beſonders während des Kaiſerreichs weit
höher im Anſehen ſtand, als das Luſtſpiel, ſind hier die Talente doch
zahlreicher und fruchtbarer. Auch hier aber fehlt ein wirklich bedeu=
tendes Talent, das einen entſchiedenen Fortſchritt in der Entwicklung
der Gattung bezeichnete. Auch das Luſtſpiel gerieth wieder in die
alten academiſchen Feſſeln.

Hier iſt zunächſt Jean Stanislaus Andrieux*), geb. am 6. Mai
1759 in Straßburg, zu nennen. Er kam früh nach Paris, widmete
ſich hier dem Rechtsfach, betrieb aber nebenbei auch die Schriftſtellerei.
Bereits 1781 trat er mit dem Luſtſpiel Anaximandre hervor. Von
royaliſtiſcher Geſinnung, nahm er 1793 ſeine Entlaſſung aus dem
Staatsdienſt, in dem er ſchon zu höheren Aemtern emporgeſtiegen war,
um ſich mit ſeinem Freunde Collin d'Harville in die Muße des Privat=
lebens zurück zu ziehen, die er ausſchließlich literariſchen Arbeiten weihte.
Der Umſchwung der Verhältniſſe rief ihn 1795 aber wieder in den
Staatsdienſt zurück. Er wurde zum Richter im Caſſationstribunale und
1798 zum Mitglied der Fünfhundert erwählt. 1802 gab er jedoch
zum zweiten Mal ſeine Stellungen auf. „On ne s'appuit que sur
ce qui résiste" ſoll er Napoleon geantwortet haben, als dieſer ſich
über Mangel an Gefügigkeit bei ihm beſchwerte. Das Amt eines
Cenſors, das ihm der Kaiſer dann anbieten ließ, wies er zurück.
Wohl aber nahm er die Stelle eines Bibliothekars bei Joſeph Bo=
naparte, ſowie beim Senate an. 1814 wurde er zum Profeſſor der
Literatur am Collège de France ernannt, in welcher Stellung er bis
zu ſeinem, am 10. Mai 1833 erfolgenden Tode verblieb. Er war
ein beredter Vertheidiger des Claſſicismus und einer geſunden Moral,

---

*) Chénier, Tableau de la littérature française depuis 1789—1808. —
Taillandier, Notices sur Andrieux. Paris 1850. — Julian Schmidt, a. a. O. I.
142. — Oeuvres de Andrieux. Paris 1818—33. 4 Bde.

ein entschiedener Gegner der romantischen Schule. 1829 ward er
auf Lebenszeit zum Secretär der Academie erwählt, der er schon länger
angehörte. Von seinen vielen dramatischen Arbeiten, die zum Theil
wie Le souper d'Anteuil; Helvétius; Le trésor; La comédienne
und Le manteau viel Glück machten, werden Les étourdis, Lustspiel
in 3 Akten, ganz allgemein für das Beste erklärt. Die Idee ist ein=
fach genug. Der Etourdi ist ein junger Mann, welcher sich todt
stellt, damit sein Onkel die Schulden für ihn bezahle. Der Dichter
hat aber verstanden, seinem Gegenstande eine Fülle des amusantesten
Details abzugewinnen, worin überhaupt seine Stärke besteht. Fein=
heit des Geistes ist seine Haupteigenschaft. Tieferes Gefühl und Lei=
benschaft sind ihm fremd. Seine Stücke sind sämmtlich in Versen ge=
schrieben, auf die er viel Sorgfalt verwendete. Als Dramatiker aber
war er kaum mehr als ein mittelmäßiges Talent.

Letzteres gilt auch von Alexandre Duval*), geb. 1767.
Nachdem er den amerikanischen Freiheitskrieg mitgemacht hatte, wen=
dete auch er dem Theater sich zu. Zunächst, 1791, wurde er Schauspieler,
ein Beruf, den er aus Gesundheitsrücksichten bald wieder aufgab; später
auch Bühnendichter. Von den 49 Stücken seiner in 9 Bänden erschienenen
Komödien, die fast alle in Versen geschrieben sind, haben sich nur ein
paar kleine Nachspiele auf der Bühne erhalten. Er gerieth schon bei
Lebzeiten in Vergessenheit, was ihn zu heftigen Klagen über Undank=
barkeit hinriß. Den ersten Erfolg hatte er mit seinem Edouard en
Ecosse erzielt, größeren noch mit Le tyran domestique (1805) und
La fille d'honneur (1818), in welcher Melle Mars excellirte. Zu
seinen besten Arbeiten gehören Le chevalier d'industrie, La femme
misanthrope und La jeunesse de Henri V. 1808 ernannte ihn Na=
poleon zum Director des Theaters Louvois, dann zu dem des Odéon.
Die Leichtigkeit seines Talents war zum Theil mit die Ursache des
Mangels an Vertiefung. Es fehlte seinen Arbeiten zwar nicht an
einer gewissen Schärfe der Lebensbeobachtung, an Heiterkeit und an
Witz, aber an jeder Erhebung. Seine Sprache, durch die metrische Be=
handlung gehemmt, ist fast immer gewöhnlich. Er war ein Anhänger der
academischen Richtung, ein Vertheidiger der Moral und ein entschiedener
Gegner der Romantiker, die er aufs heftigste angriff. Er starb 1842.

---

*) Royer, a. a. O. V. 178.

Auch Louis Benoît Picard*) (geb. 29. Juli 1769 zu Paris) war von diesem Geiste beseelt. Er bewegte sich jedoch nicht in derselben Enge. Ein leichtbewegliches Talent, schlug er eine etwas freiere Richtung ein, was sich schon daraus erkennen läßt, daß er seine Lustspiele nicht durchweg in Versen schrieb. Seine Prosacomödien sind weitaus die besseren. Mit Le badinage dangereux trat er 1789 im Théâtre de Monsieur als Bühnenschriftsteller auf. Seinen Ruf begründete er 1791 mit Encore les menechmes. 1797, demselben Jahre, in dem sein gerühmtestes, aber überschätztes Stück Mediocre et rampant (Schiller's Parasit) erschien, versuchte er sich auch noch als Schauspieler. Das geringe Talent, das er hierbei entwickelte, ließ ihn diese Carrière jedoch bald wieder aufgeben (1801); ein Entschluß, der wohl mit seiner in diesem Jahre erfolgenden Ernennung zum Mitgliede der Academie und zum Director des Theatre Louvois noch zusammenhing, welches seit seiner Gründung (1793) schon so viele Wandlungen durchlebt hatte. Auch die Opera buffa, welche drei Mal wöchentlich darin spielte, ward seiner Direction unterstellt, bis er 1804 mit der Administration der Académie de Musique betraut wurde, die bis 1816 in seinen Händen verblieb. Er übernahm nun die Leitung des Obéon dafür, von der er 1821 wieder zurücktrat. In dieses Jahr fällt auch sein letztes Stück: Les trois quartiers. Er starb 1828.

Picard hat an 80 Stücke geschrieben. Eine glückliche Beobachtungsgabe, natürliche Heiterkeit, die Kunst, das Lächerliche einer Situation zu entwickeln, sind die Vorzüge, welche diesen Schriftsteller auszeichnen, aber leider allzusehr mit Leichtfertigkeit und Oberflächlichkeit verbunden sind; daher man ihn öfter mit Kotzebue verglichen hat. Folgerichtigkeit und Angemessenheit der Charaktere und Handlung sind bei ihm nur vereinzelt zu finden. Seine Verse sind schwach und oft holperig, seine Sprache ist meist banal und da er mehr Sittenals Charakterschilderer war, so konnten sich seine Stücke um so weniger länger auf der Bühne erhalten. In L'entrée dans le monde (1801) geißelt Picard die Unverschämtheit der Emporkömmlinge jener Zeit, ihre Gier nach Genuß; in Duhautcours ou le contrat d'union

---

*) St. Beuve, Causeries du lundi. 9. Bd. — Royer, a. a. O. V. 171. — Julian Schmidt, a. a. O. I. 145. — Seine Oeuvres erschienen von ihm selbst gesammelt 1812 in 6 Bdn.; 1821 in 8 Bdn.

die Spielwuth an der Börse. Später zog er sich mehr auf die
Schilderung des Familienlebens zurück. Unter diesen Stücken zeichnet
sich besonders La petite ville (1801) aus, eine Satire auf die Klein=
städterei. Sie ist in Prosa geschrieben. Der Erfolg rief die Provin=
ciaux à Paris (1802) hervor. Les marionettes (1806) behandeln
den Gegensatz zweier Menschen, von denen der eine plötzlich zu großem
Glücke kommt, der andere aber gleichzeitig ruinirt wird. Dieses Stück
trug dem Dichter eine Pension aus der Privatcasse des Kaisers ein;
Geoffroy bespricht es sehr günstig. Auch Julian Schmidt zählt es zu
den besten Arbeiten des Dichters.

Die derbere, der Posse zuneigende Form des Lustspiels wurde
von einem anderen, nicht minder fruchtbaren Dichter, von Char=
les Antoine Guillaume Pigault de l'Epinoy, gen. Lebrun, geb.
8. April 1753 zu Calais, gepflegt. Eine der abenteuerlichsten Erschei=
nungen der Zeit, wurde er durch seine Liebeshändel wiederholt ins
Gefängniß geführt. Sie brachten ihn auch zur Bühne, auf der er als
Schauspieler eine nur mittelmäßige Rolle gespielt. Um so mehr gefiel
er als Bühnenschriftsteller. Der Plan seiner Stücke ist meist verstän=
dig, die Charakterschilderung lebensvoll, der Ton aber niedrig, der
Witz nicht selten plump und frivol. Nur eines seiner vielen Stücke,
das einactige Les rivaux d'eux-mêmes (1793) hat sich noch auf der
Bühne erhalten. Zu seiner Zeit fanden aber auch Le pessimiste (1789),
Mon oncle Thomas (1797), Mr. Botta (1802), L'homme à projets
und verschiedene andere seiner Lustspiele viel Beifall. Er starb am
24. Juni 1835.

Der bedeutendste und beliebteste Lustspieldichter des ganzen Zeit=
raums aber war Charles Guillaume Etienne**), geboren am 6. Ja=
nuar 1778 zu Chamouilly (Haute Marne.) Er wendete sich 1796,
arm wie er war, auf gut Glück nach Paris, fand auch bei einem
Kaufmann ein Unterkommen als Buchhalter und widmete sich daneben
der Schriftstellerei. 1799 wurde auf dem Théater Favart sein erstes
Lustspiel, Le rêve, gegeben, welches, leicht und voll Geist, die Auf=
merksamkeit der Kenner erregte. Er bildete nun in weiteren Ver=
suchen seinen Stil und die Form immer sorgfältiger aus, ward immer

---

*) Seine Oeuvres complètes erschienen 1821—24. Paris 20 Bde.
**) St. Beuve, Causeries du lundi. VI. — Léon Thiesse M. Etienne, essai
biographique 1853. — Seine Oeuvres erschienen Paris 1846. 4 Bde.

gewissenhafter in der Beobachtung, immer wahrer und lebensvoller in der Schilderung der Charaktere und Sitten. Mit La jeune femme colère (1804) errang er zuerst einen durchschlagenden Erfolg, der durch den seines Brueys et Palaprat (1807) aber noch weit überboten wurde, welches eine Episode aus dem Leben der beiden Dichter behandelt, die an sich zwar nur unbedeutend ist, aber durch ansprechendes Detail, glückliche Züge und gute, witzige Verse sehr ansprach; wie denn sein Ruf sich hauptsächlich auf seine Behandlung der Sprache und des Verses gründet. Palaprat läßt sich statt seines Freundes ins Gefängniß führen, Brueys, der es erfährt, läuft Palaprat zu befreien. Der Herzog von Vendôme, den sie zu Tische geladen, findet Niemanden vor, als einen huissier, den er für einen Schriftsteller hält. Das Mißverständniß klärt sich natürlich auf, der Herzog setzt die beiden Freunde in Freiheit, indem er sich für sie verbürgt. — 1810 wurde Etienne zum Censor ernannt. Das in diesem Jahre erschienene Versluftspiel Les deux gendres, welches nicht nur für sein bestes, sondern auch für das beste des Kaiserreichs gilt, trug ihm die Aufnahme in die Academie ein. Es rief aber einen heftigen Streit hervor, da er beschuldigt wurde, dasselbe einem älteren Lustspiele, Conaxa ou les deux gendres, in vielen Theilen fast wörtlich nachgebildet zu haben. Etienne läugnete, dieses Stück überhaupt nur zu kennen. Allein ein anderer Schriftsteller, der ihm sogar befreundet gewesen war, machte in einer Flugschrift: „Mes rélévations sur M. Etienne, les deux gendres et Conaxa" bekannt, daß er das letztgenannte Stück als Manuskript im Polizeiarchive entdeckt und Etienne mitgetheilt habe. Dies rief gegen letzteren einen Sturm von Angriffen und Pamphleten, sowie die Aufführung des älteren Stückes hervor; was aber grade wieder zu seiner theilweisen Rechtfertigung diente. Es ergab sich nämlich hierbei, daß Etienne den selbst erst einem alten Fabliau entlehnten Stoff dieses Stücks ganz frei und selbständig behandelt und dabei bedeutend vertieft, ihm aber sonst kaum noch 12 Verse entlehnt hatte. Schon Piron hatte zu seinen Fils ingrats aus diesem Stoffe geschöpft, der eine gewisse Verwandtschaft mit der Learsage hat. Bei Piron vertheilt der Vater bei Lebzeiten sein Vermögen unter drei Söhne, die ihn dann aus ihrem Hause verstoßen; worauf er sich stellt, als ob er sie nur habe prüfen wollen und den größten Theil seines Reichthums noch

immer befiße. Die Söhne, um fich das Erbe nicht zu verfcherzen, er-
heucheln nun Reue und geben dem Vater zum Beweife der Aufrichtigkeit derfelben, die ihnen von ihm überlaffenen Güter zurück. Eine
harte Zurechtweifung bildet den Schluß. Etienne hat fich etwas
enger an die Darftellung in Conaxa angefchloffen, indem er, wie hier,
den Vater fein Vermögen an feine Schwiegerföhne vertheilen läßt,
mit dem Beding, ihn abwechfelnd bei fich wohnen zu laffen. Auch hier
wird er aber mit Undank belohnt. In Conaxa läßt er durch eine mit
Steinen gefüllte Kifte den Glauben entftehen, daß er noch immer einen
beträchtlichen Schatz befitze, was die Schwiegerföhne zu ihrer Pflicht
zurückführt. Etienne aber läßt den Alten die öffentliche Meinung
für fich aufregen, vor welcher die Schwiegerföhne erfchrocken zurückweichen, in fich gehen und fich beffern.

Etienne zeichnete fich auch als Operndichter aus. 1810 machte
Condrillon, 1814 Joconde viel Glück. Eine Bearbeitung des deut-
fchen fentimentalen Familienftücks „Nur fechs Schüffeln" erfchien 1813
von ihm unter dem Titel l'Intrigante, machte aber nur durch das Po-
lizeiverbot einiges Auffehen.

Als Anhänger Napoleon's wurde Etienne nach des letzteren
Sturze mißliebig, was fogar feine Ausfchließung aus der Academie
zur Folge hatte. Er fchloß fich als Redacteur des Conftitutionel
der Oppofition an. 1822 und 1827 wurde er zum Deputirten erwählt. 1829 trat er auf's Neue in die Academie ein, wobei er eine
Rede gegen den Romanticismus hielt. Außer feinen ziemlich zahlreichen dramatifchen Werken, gab er 1802 auch eine Gefchichte des
Theaters der Revolution heraus. Er ftarb 1845.

Unter den vielen nebenherlaufenden Dichtern zeichneten fich einige
befonders in den kleineren Formen aus, welche durch die Concurrenz
der vielen neu entftandenen Theater und den Umftand in Aufnahme
gekommen waren, daß die auf den Ausgleich des Unterfchieds der
Stände hinwirkende Revolution der Entwicklung des Charakterluft-
fpiels nicht eben günftig war. Befonders wurden die kleinen einaktigen Schwänke und Situationsftücke, die Vor- und Nach-
fpiele, fowie auch das Vaudeville gepflegt. In jenen thaten fich
neben Andrieux, Picard und Pigault Lebrun, Melle Bawr und
Georges Duval hervor, während im Vaudeville und in der komi-
fchen Oper zugleich noch Benoît, Hoffmann, Barré, Piis,

Radet, Dupaty, Desfontaines, Dieulafoy, Désaugiers, neben vielen anderen Erfolge hatten.

Pierre Yves Barré (1749·1832), ursprünglich Advokat wendete sich schon früh dem Theater zu und gründete 1792 mit Pierre Antonio Piis das Theater du Vaudeville. Piis zog sich jedoch bald von der Direction zurück, welche nun Barré bis 1815 fortführte, sie dann aber an Désaugiers überließ. Barré, Desfontaines, Radet und Piis arbeiteten ihre Stücke öfter zusammen, die übrigens auch auf verschiedenen anderen Theatern, besonders dem Theater Aubinot und dem italienischen Theater, gespielt wurden.*) Am meisten gefiel Arléquin afficheur (der 800 Wiederholungen erlebte), Colombine, Le mariage de Scarron, René le sage und die mit Piis geschriebenen Stücke: Aristote amoureux, Les mariages in extremis, Le savetier et le financier.**) Barré entwarf gewöhnlich nur das Scenarium und überließ die Ausführung seinen Mitarbeitern.

Charles Mercier Dupaty (1775—1851) begann seine Laufbahn als Matrose, was nicht verhinderte, daß er sich bis zum Mitglied der Academie emporgearbeitet hat. Er schrieb seit 1798 für die kleinen Theater Harlekinaden (Arléquin journaliste; Arléquin sentinelle etc.) Die Eleganz und die Leichtigkeit seines Vortrags verwiesen ihn auf das Vaudeville und die komische Oper, in denen er sich durch Natürlichkeit, Frische und Grazie auszeichnete. Er gehörte später auch zu den Mitarbeitern Scribe's. Am bekanntesten ist er durch die Musik Boieldieu's zu seiner Oper Les voitures versées geworden. Für sein bestes Vaudeville wurde La leçon botanique gehalten.

Marc Antoine Désaugiers (1772—1827) errang als Chansonnier großen Ruf. Seit 1797 arbeitete er aber auch für das Theater des Vaudeville und das Theater des Variétés, dessen Direction er 1815 übernahm und das in der Geschichte des Vaudeville und der Operette eine große Rolle spielte. Damals erfreute es sich durch Brunet und Melle Montasier großen Zulaufs. Von Désaugiers' zahlreichen Stücken hat sich jedoch kein einziges lebendig erhalten. Wie so viele andere ihrer Art vergingen sie ebenso rasch, als sie entstanden. Die Welle des Tages warf sie empor und verschlang sie auch wieder.

---

*) Brazier, Histoire des petits Théâtres du Paris.
**) 1781 erschien Théâtre de Barré. Paris. 2 vol.; 1784 Théàtre de Fiis et Barré, Paris. 2 vol.

Wer weiß heute wohl noch von einem Stücke etwas, das wie
die Comödie Folie: Le désespoir de Jocrisse von Darvigny 1792
ganz Paris in Bewegung setzte und eine ganz Literatur von
Jocrisse-Spielen: Jocrisse congédié; Jocrisse jaloux; Jocrisse sui-
cidé; Jocrisse aux enfers etc. ins Leben rief, oder von Cadet Roussel
professeur, welcher 1798 einen ähnlichen Erfolg erzielte?

Eine andere dramatische Form, welche damals in Aufnahme kam
und wie das Vaudeville eine Verbindung mit der Musik einging, war
das Melodrama. Diese Verbindung war aber hier eine andere.
Im Vaudeville unterbrach die Musik die Rede und löste diese durch
den Gesang vaudevilleartiger Liederchen ab, die von einem leichten
und meist auch heiteren Charakter waren. Im Melodrama wurde die
Musik zwar auch zu Hilfe gerufen, aber um die Wirkungen der Empfindung, Leidenschaft, Situation und Stimmung noch zu verstärken, die
dann fast immer von einem ernsten, ja düsteren, grauenhaft unheimlichen Charakter waren. Hier begleitete sie also nur die Rede oder das
stumme Spiel oder füllte auch wohl die Pausen in beiden aus. Das
Melodrama war unter dem Einfluß der Revolution aus dem Bestreben hervorgegangen, eine volksthümliche Tragödie zu schaffen. Erst
1800 aber gelang es Guilbert de Pixérécourt ihm durch seine Coelina
ou l'enfant du mystère eine epochemachende Stellung zu geben.
Dieses Stück wurde im Theater de l'Ambigu comique 387 Mal
hintereinander gespielt.

Pixérécourt, 1773 zu Nancy geboren, 1844 gestorben, war
in der Revolution aus Frankreich geflohen, kehrte aber heimlich unter
fremdem Namen zurück und ging nach Paris, wo er sich nun der
dramatischen Schriftstellerei widmete, anfänglich ohne Erfolg. Gleich
sein erstes Stück, La forêt de Sicile (1798) war melodramatischen
Charakters. Noch in demselben Jahre errang er aber mit Victor ou
l'enfant de la forêt einen Erfolg. Von hier an bis 1834 hat er
eine Menge Stücke dieser Art geschrieben, von denen er auch eine
Auswahl, Théâtre choisi, Nancy 1841—42, herausgab, zu welcher
Charles Nodier die Einleitung schrieb. Pixérécourt zeigte sofort die
im ästhetischen Sinne bedenklichen Eigenschaften, welche das Melodrama
überhaupt so sehr in Verruf gebracht haben: das Streben nach gewaltsamen, rohen, zum Theil mit den brutalsten Mitteln erzielten Effecten
auf Kosten der Schönheit, Wahrheit, selbst Wahrscheinlichkeit. Um

das Gemüth zu erregen, zu quälen, zu foltern hielt man jedes Mittel
für erlaubt, keinen Gegensatz stark genug, keine Farbe zu schreiend und
brennend. In Bezug auf moralische Absicht erschien es dagegen in
seinen Anfängen rein. Es galt ihm jetzt noch, die Tugend auf
Unkosten des Lasters zu feiern und nicht, wie später so oft, letzteres
zu entschuldigen, zu beschönigen, zu glorificiren. Das Melodrama
hatte, wie Royer sagt, damals drei feststehende Typen: die verfolgte
Unschuld, den ausgemachten Schurken und den meist gutmüthigen Einfaltspinsel. Es war ursprünglich in drei Akte getheilt, hielt aber nicht
hieran fest, sondern zerfiel in eine bald mehr oder minder große Zahl
von Tableaur, in welchen die Hauptsituationen einer wechselvollen,
meist romanhaften Begebenheit zur Darstellung kamen. Auch hierbei
sah man auf möglichst starke wirkungsvolle Contraste. Die Rolle,
welche die Musik dabei spielte, ist von Jules Janin folgendermaßen
charakterisirt worden: „Die Musik hatte alle diese Beängstigungen zu
begleiten und so gut sie konnte den Seelenzustand der gerade gegenwärtigen Personen zu vertreten. Erschien der Tyrann, so schrie die
Trompete in kläglicher Weise auf. Verließ die verfolgte Unschuld die
Bühne, so wurde sie von den Seufzern und den süßesten Accorden
der Flöten begleitet. Diese Musik, welche dem Melodrama anfänglich
wie eine Fessel angefügt worden war, wurde auf diese Art bald seine
ergiebigste Hilfsquelle. Man bemerkte, daß sie die Uebergänge, die
Logik der Rede ganz überflüssig erscheinen lasse."

Das Melodrama entwickelte sich auf verschiedenen Theatern, zunächst auf dem des Ambigu comique, dann auf denen der Gaité
und der Porte St. Martin. Pixérécourt schrieb für sie alle. Im
Theater de l'Ambigu hatte er große Erfolge mit Le pélerin blanc
ou les orphelins du hameau und mit L'homme à trois visages,
einer Bearbeitung von Zschokke's Abällino, die 378 Vorstellungen erlebte. In der Gaité, deren Director er von 1832—35 war, feierte
er mit Les Ruines de Babylon, in der Porte St. Martin mit La
forteresse de Danube und mit Robin Crusoé große Triumphe.

In diese theilte sich schon früh Louis Charles Caigniez
(1762 · 1842) mit ihm. Später schloß sich ihnen auch Victor
Ducange mit seinen Schauerdramen noch an, von denen Trente
ans ou la vie d'un joueur durch das Spiel Fréderic Lemaître's

eine ganz ungeheure Anziehungskraft ausübte, sowie Bauboin Dau-
bigny mit seinen Deux Sergents.

Eine dritte der damals beliebt werdenden dramatischen Formen
ist die Féerie. Sie hatte schon früher Aufnahme in der Oper
gefunden. Auch blieb die Musik dem dramatischen Feenmärchen
immer verbunden. Bernot mit seinem Siège du clocher, Martain-
ville mit seinem Pied de Mouton machten zu Anfange dieses Jahrhunderts in diesem Genre Epoche. Außer den drei obengenannten
Theatern bemächtigten sich auch der Cirque olympique, das Gymnase,
das Châtelet dieser Form.

XI.

Entwicklung der Bühne und der Schauspielkunst im 18. und 19. Jahrhundert.

Organisation des Theaters. — Verhältniß der Autoren zum Theater. — Kampf
der Autoren und Schauspieler. — Entstehung neuer Theater; die Theaterfreiheit.
— Aufhebung der letzteren unter Napoleon I. — Beschränkte Zahl der Theater.
— Vortragsweise der Schauspiele. — Der Kampf des Conventionalismus mit
der Natürlichkeitsrichtung. — Baron, Beaubourg, Quinault, Dufresne, Adrienne
Lecouvreur, Melle Gaussin, Melle Dusmenil; Granvel, Lekain; Melle Clairon,
Molé, Préville, Melle Contat, Talma, Melle Mars, Melle Duchesnois, Melle
Georges.

Zur Zeit von Ludwigs XIV. Tode gab es in Paris nur ein
einziges Theater für die Tragödie und das Lustspiel: Le théâtre de
la comédie française. Von den Kämpfen, welches dieses in Verein mit
der Académie de Musique gegen die Theater de la Foire damals führte,
hat schon berichtet werden können. Wir sahen daraus die komische
Oper siegreich hervorgehen. Doch entstand damals auch ein neues
italienisches Theater (1716), auf welchem jedoch meist, wenn schon
theilweise von Italienern, französisch gesprochen wurde.

Die Gesellschaft der Comédie française, deren Mitglieder (Sociétaires) Ludwig XIV. auf die Zahl von 27 beschränkt hatte, und welche

bis 1770 in dem seit 1688 bezogenen Theater in der Rue des fossés
St. Germain des Près verblieb, hatte schon immer eine Verfassung
gehabt, welche jedoch manche Wandlungen durchlief. Einen der wichtigsten Theile derselben bildeten die Bestimmungen, die das Verhältniß
der Gesellschaft zu den Autoren regelte. Es bot für den Fall, daß
man dem Autor sein Stück ein für allemal abkaufte, zwar keine
Schwierigkeit dar. Dies war aber längst nicht mehr die Regel, es
war vielmehr zur Ausnahme geworden. Gewöhnlich wurde, wie wir
schon fanden, der Dichter, unter bestimmten Modalitäten auf einen Antheil an der täglichen Einnahme bei den Aufführungen seines Stückes
verwiesen. Er war hierdurch ganz von der Ehrlichkeit der Schauspieler
bei der Rechnungsablegung abhängig. Man führt diesen Modus der
Autorenrechte bis auf das Jahr 1653 zurück.*) Einzelne darauf be-
zügliche Bestimmungen haben sich noch aus den Jahren 1682 und 85
erhalten; ein vollständiges Statut liegt darüber aber erst aus dem
Jahre 1726 vor, welches indeß auf den Ausgang des 17. Jahrhunderts zurückweist. Da es einen Einblick in die Organisation des damaligen Theaters gestattet, so glaube ich die wichtigsten Bestimmungen
desselben in abgekürzter Form hier mittheilen zu sollen.

I. Das Stück wird der Gesellschaft vom Autor vorgelesen, worauf sich dieser
zurückzieht. Die Gesellschaft verhandelt darüber, nimmt das Stück an oder verwirft es, nach Stimmenmehrheit oder nach Ballotage.

II. Sobald das Stück angenommen worden, vertheilt der Autor die Rollen.
Kein Schauspieler darf die Annahme verweigern.

IV. Die neuen Stücke von Schauspieler-Autoren werden nur während der
Sommermonate zur Aufführung gebracht. Die Stücke der außerhalb der Gesellschaft stehenden Dichter genießen des Vorzugs im Winter zur Darstellung zu
kommen.

V. Ein neues Stück wird abwechselnd mit einem älteren Stücke oder
einem anderen neuen Stücke bis zu seiner Absetzung gespielt.

VI. Im Winter wird ein neues Stück so lange wiederholt bis die Einnahme
zwei Mal hintereinander unter 550 Livres geblieben ist. In diesem Falle, der
chûte dans les règles, wird es abgesetzt, es gelangt in den Vollbesitz der Gesellschaft, der Autor verliert sein Recht auf die Einnahme.

VIII. Im Sommer findet dasselbe bei einer zwei Mal unter 350 Livres
gebliebenen Einnahme statt.

---

*) Siehe hierüber: Bonassie, Les auteurs dramatiques et la comédie
française à Paris. Paris 1874.

XI. Die Autoren erhalten bei fünfactigen Stücken ¹/₉ der Einnahme, abbezüglich der Tageskosten.

XII. Die Autoren der Stücke von 1—3 Acten erhalten unter derselben Bedingung ¹/₁₈ der Einnahme.

Die erste bedeutendere Modification erhielten diese Bestimmungen durch das Reglement v. J. 1757. Obschon die Veränderungen nur den Modus betrafen, waren sie tiefgehend genug. Dies läßt sich an zwei der wichtigsten Artikel erkennen. Die Höhe der Minimalsumme, welche den Autor vor der Chûte dans les règles bewahrte, wurde jetzt auf 1200 und 800 Livres erhöht. Dies erklärt sich nur theilweise aus den gestiegenen Theaterpreisen und Einnahmen, die Dichter wurden dadurch offenbar in ihren früheren Rechten geschmälert. Schon 1766 forderte aber ein Schauspieler in einem noch erhalten gebliebenen Memoire sogar die Erhöhung auf 1600 und 1000 Livres. Derselbe erweist sich im Uebrigen jedoch als ein rechtlich und billig denkender Mann, da er gleichzeitig nach einer andren Seite für die Rechte der Autoren eintrat. „Es ist nöthig — heißt es bei ihm — daß die Autorenrechte schärfer präcisirt werden und man mit Gewissenhaftigkeit den Betrag des Abonnements der kleinen Logen in Anrechnung und die Tages= und außergewöhnlichen Kosten nach ihrer wahren Höhe in Abzug bringt." Dies gewährt einen Einblick in die Uebervortheilungen, denen die Autoren damals ausgesetzt waren.

Schon im Jahre 1786 trat daher die Unzufriedenheit der letzteren offner in zwei Flugschriften: Causes de la décadence du goût sur les théâtres und: Causes de la décadence du théâtre français et moyens de le faire refleurir, augmentées d'un plan pour l'établissement d'un second théâtre, hervor. Ihnen folgten die Angriffe Mercier's, Palissot's, Francois de Neufchâteau's u. A. 1770 trat endlich eine Anzahl dramatischer Schriftsteller unter dem Vortritte La Harpe's und Sedaine's zusammen, um ihren Klagen gegen die Schauspieler Nachdruck zu geben, die hauptsächlich gegen die Insolenz der Schauspieler in dem Verhältniß zu den Autoren, sowie gegen die Willkürlichkeit, mit welcher sie die Aufführungen der Stücke ansetzten und die Einnahmen und Tagesausgaben in Anrechnung brachten, gerichtet waren. Beaumarchais fand demnach bei seinem Auftreten gegen die Schauspieler einen allgemeinen Kampf der Autoren mit

ihnen schon vor, daher es wahrscheinlich ist, daß dieser ihm über
haupt erst den Anstoß zu seinem Vorgehen gab, und seine An=
sprüche an sie für den Barbier von Sevilla nur den Vorwand
dazu dargeboten haben. Es mochte ihn reizen, sich an dem Kampf zu
betheiligen, ja sich an dessen Spitze zu schwingen, und hierdurch neue
Popularität zu erwerben. Erst im Jahre 1781 gelang es jedoch, eine
Art Vereinbarung herzustellen, durch welche die Minimaleinnahme, die
den Autor hinfort vor der chûte dans les règles sicherte, auf 2300
Livres und 1800 Livres festgestellt wurde und nach welcher der Autor bis
dahin für ein fünfactiges Stück ¹/₇, für ein dreiactiges ¹/₉, für ein
zwei= oder einactiges ¹/₁₄ der Einnahme zu beanspruchen hatte. Diese
Bestimmungen, ohnedies nicht sehr günstig für die Autoren, schützten
sie jedenfalls nicht gegen den Mißbrauch der den Schauspielern
eingeräumten discretionären Gewalt. Der Friede war daher nur
ein Waffenstillstand. Mit der ausbrechenden revolutionären Bewe=
gung wurde der Kampf wieder aufgenommen. Schon vorher waren,
und gewiß mit unter Einfluß dieser Verhältnisse das Theater der
Porte St. Martin (1781) und das des Italiens (1783), welches sich
1792 in die Opéra comique verwandelte, entstanden. 1786 nahm das
alte Marionettentheater Audinot den Namen de l'Ambigu an. Es
spielte anfangs nur Pantomimen. 1789 entstand das Theater des
Grafen Beaujolais, später das Theater du palais royal genannt, und
das der Mad. Montansier, späteres Theater des Variétés. 1790
folgte die Gründung des zweiten Theater français de la Rue Ri=
chelieu und nachdem im Jahr 1791 die Theaterfreiheit proclamirt
worden war, schossen die Theater förmlich aus der Erde hervor, so daß
ihre Zahl bis auf sechzig angewachsen sein soll. Von ihnen seien hier
nur le théâtre Molière, spätere opéra comique, le nouveau théâtre
du Marais (1791), le théâtre du Vaudeville (1792) hervorgehoben.
In diesem Jahre wurde das alte 1764 gegründete Marionetten= und
Ballettheater des grands danseurs du Roi in das Theater de la Gaité
verwandelt.

Die Revolution hatte 1791 eine Spaltung unter den Mitglieder
des Theater français hervorgerufen. Der kleinere Theil desselben
ging in Folge davon mit Talma an das Theater des Variétés amu=
santes, das nun den Namen des Theater de la République erhielt.
Die übrigen Schauspieler des alten Theater français blieben in ihrem

Gebäude, bis sie 1793 in der Nacht des 3. September sämmtlich auf=
gehoben und erst nach dem 9. Thermidor wieder freigelassen wurden.
Sie vereinigten sich dann mit ihren alten Kameraden im Theater de
la République. Nach mehreren Differenzen, die zwischen ihnen aus=
brachen, und wiederholten Umsiedelungen erhielten sie 1803 durch
Napoleon I. eine neue Verfassung, die jedoch erst im Jahre 1812 ihre
definitive Gestalt gewann, und 1808 das neuerbaute Theater in der
Rue Richelieu, welches ihm noch heute gehört. Nur unter Napoleon III.
erlitt diese neue Organisation einige nicht unwesentliche Modificationen.
Das Theater français hatte unter Ludwig XV., der im Jahre 1758
auch ihre Schulden (276,000 Livres) bezahlte, bereits eine viel höhere
Subvention (24,000 Liv. jährlich) als früher erhalten. Diese wurde
aber 1803 noch auf 100,000 Francs erhöht.*)

Durch Decret vom 20. Juli 1807 wurde die Theaterfreiheit
wieder aufgehoben, und die Zahl der damals noch in Paris bestehen=
den 27 Theater vorläufig auf 8 beschränkt: Die Oper, das Theater
Français, das Theater Feydeau (Opéra comique), das Odéon, das
Vaudeville, die Variété's, das Ambigu und die Gaité. 1808 erhielten
aber auch die Porte St. Martin und 1811 der Cirque olympique die
Erlaubniß, ihre Vorstellungen wieder aufnehmen zu dürfen.

Die Vortragsweise der Tragödie war noch immer in einem be=
stimmten Gegensatze zu der des Lustspiels geblieben, welche letztere
sich durch die Natürlichkeitsrichtung, welche das Lustspiel seit Molière
einschlug, nur noch verschärft hatte. Daß dieses sich jetzt überwiegend
der Prosa bediente, trug auch dazu bei, diesen Gegensatz noch entschie=
dener hervortreten zu lassen. Andererseits wirkte dieser veränderte
Geist des Lustspiels und des in Folge davon entstandenen bürger=
lichen Dramas auch wieder zu Gunsten der Naturwahrheit auf die
Vortragsweise der Tragödie ein. Diese Einwirkung mußte noch durch
die Vereinigung des Molière'schen Theaters mit den beiden anderen
Theatern gefördert werden. Baron war der hauptsächlichste Reprä=
sentant dieses Einflusses, der sich mit seinem Rücktritt von der Bühne
daher wieder abschwächen mußte. Von ihm sagte Marmontel: „Man
findet an ihm keinen Ton, keine Geste, keine Bewegung, die nicht die

---

*) Siehe: Régnier, Histoire du théatre français. — Febvre et Johnson,
Album de la comédie française. Paris 1879.

der Natur wäre. Er schien zuweilen fast allzuvertraulich zu werden, und doch war er jederzeit wahr. Er meinte, daß ein König in seinem Kabinet den Theaterhelden nicht spielen dürfe." Baron trat 1691 zum ersten Mal vom Theater zurück und erst 1720 wieder als Cinna auf, doch wie man behauptet in der alten Frische und Kraft, mit denen er noch neun Jahre fortwirkte.

Pierre Tronchon de Beaubourg, der ihn zunächst ersetzte, fiel in den hochtrabenden Ton der älteren Darstellungsweise zurück, was auch von Marie Anne de Chateauneuf, gen. Duclos gilt, die 1696 zur Comédie Française kam, um hier allmählich das Rollenfach der Champsmelé zu übernehmen, in dem sie dann bis 1733 thätig blieb. Dagegen nahm Quinault-Dufresne (1693—1767), welcher 1713 am Theater Français debutirte, hier später Beaubourg ersetzte und bis 1741 an ihm wirkte, die von Baron angebahnte Richtung wieder auf. Eine anziehende Persönlichkeit, eine sympathische Stimme und die überzeugende Wahrheit seines Spiels machten ihn zum gefeierten Helden der Bühne. Er schuf den Oedipe (1718), den Don Pèdre in Ignès de Castro (1724), den Orosmane in Zaïre (1732), den Glorieux des Destouches (1732), den Zamore in Alzire (1736) und fand in Abrienne Lecouvreur (1692—1730) eine Geistesverwandte. Letztere debütirte 1717 als Monime. Gleich ausgezeichnet in dem rednerischen, wie in dem mimischen Theil, verband sie Naturwahrheit mit stilvoller Schönheit. Obschon sie keinen zu großen Umfang der Stimme hatte, verfügte sie doch über einen ganz außerordentlichen Reichthum von Tönen. Keineswegs groß, war ihr Ausdruck und Spiel, wo es dessen bedurfte, doch voll Hoheit und Macht. Sie schien dann auf der Bühne zu wachsen, so daß diejenigen, die sie bisher nur im Privatleben gesehen, sie hier nicht wiedererkannten. Sie war berühmt als Eléctre, Bérénice, Hermione, Phèdre, Cornélie, Pauline, Athalie, als Isabelle in der Mère coquette, als Gräfin in l'Inconnue; als Marquise in La surprise de l'amour und so vielen andren Rollen. Sie starb nicht, wie es das Scribe'sche Drama darstellt, an Gift, sondern an einer Blutung. Neben ihr gehörte besonders Melle Desmarest der Natürlichkeitsrichtung an. Ihre Stärke lag aber im Lustspiel, besonders in den Rollen der Soubretten und Bäuerinnen. Sie war eine Nichte der Champsmelé und die Tante der Marie Anne Botel Dangeville (1714—96), welche 1730 die

Bühne betrat. Auch sie war ausgezeichnet in Soubretten= sowie in Charakterrollen, vorzüglich in denen der Koketten. Sie hatte am Theater, welches sie 1763 wegen der Intriguen von Delle Clairon ver= ließ, den Beinamen la force du naturel erhalten.

Abrienne Lecouvreur hatte die Melles Gaussin und Dumesnil zu Nachfolgern. Jeanne Cathérine Gauffein, gen. Gaussin (1711 bis 1767) war die Tochter von einem Bedienten Baron's, aber von der Natur mit allen Gaben versehen, um in ihrem Berufe zu glänzen. Sie debutirte 1731 am Theater français, wo sie bis 1763 verblieb. Ihr Ruf war mit der Zaire (1732) begründet. Ihr eigentliches Fach war das Sanfte, Elegische, Rührende. Sie besaß, wie man sagte, die Gabe der Thränen. Andromaque, Junie, Inès, Alzire, Iphigénie gehörten zu ihren Hauptrollen. Auch ihre Agnès in der Ecole des Femmes, die Constance in dem Prejugé à la mode wur= den unter vielen anderen gerühmt. Melle Clairon*) hat ihr das Charakteristische abgesprochen, Melle Dusmenil ist aber diesem Urtheil entgegen getreten. Bedeutender noch durch ihre natürliche Begabung war diese letztere selbst. Marie Françoise Marchand=Dusmenil*) (1711—1803) stammte aus guter Familie. Ihr Talent aber zog sie zur Bühne. Nachdem sie längere Zeit auf Provinzialtheatern gespielt, kam sie auch nach Paris und begründete hier (1737) durch die Cly= temnestre ihren Ruf. Die großen gewaltigen Leidenschaften bildeten das ihr eigenste Gebiet. Sie suchte hauptsächlich dadurch zu wirken, daß sie ihre Kraft für die großen, bedeutenden Momente und Scenen aufsparte, in denen sie sich dann ganz dem Dämon ihres Genies über= ließ. Athalie, Medée, Cleopâtre, Sémiramis, Merope gehörten zu ihren vorzüglichsten Leistungen. Man hat ihr öfter Ungleichheit des Spiels vorgeworfen. Das Urtheil Garrick's über sie aber lautete: „Das ist keine Schauspielerin mehr, es ist Agrippine, Sémiramis, Athalie selbst, die man sieht." Sie zog sich 1776 vom Theater zu= rück, starb aber erst 1803, leider in großem Elend.

Die Dangeville, Gaussin und Dusmenil ragten noch tief in die sogenannte Glanzperiode des Theater français herein, welche die Jahre 1740—80 umfaßt und außer von ihnen, von der Clairon

---

*) In ihren Mémoires, Edition Andrieux, Paris 1823.
**) Mémoires de Melle Dusmenil, Paris 1803.

und Contat, sowie von Lekain, Granbval, Bellecour, Préville, Molé,
Brizard, Dugazon verherrlicht wurde.

Charles François Racot Granbval (1710—84) war der
Sohn eines Organisten. Er trat an die Stelle Quinault-Dufresne's
und excellirte in den Rollen des Misanthrope, Glorieux, Homme du
jour, Manlius, Sertorius, Nicomède u. s. w., 1752 mußte er aber
die größeren tragischen Rollen an Lekain abtreten. Ueberhaupt
war er im Lustspiel bedeutender. Man hebt hier besonders die
Eleganz, Feinheit und Grazie seines Spieles hervor. Berühmt war
er in dem Fach der petits-maîtres. Auch schrieb er verschiedene
kleine Stücke für die Bühne, von der er als Schauspieler 1768 zurücktrat.

Henri Louis Cain, gen. Lekain,[*]) geb. 1728 zu Paris, gest.
1778, ist uns bereits aus dem Leben Voltaire's bekannt. Er trat
1752 zum Théatre français, nachdem man sich länger wegen des
Abstoßenden seiner äußeren Erscheinung und seiner dumpfen Stimme
gegen die Aufnahme desselben gesträubt. Er wußte aber selbst die
Natur zu besiegen und seine gemeinen Gesichtszüge durch den Ausdruck der Energie und Gewalt seines Geistes, hier zu veredeln,
dort furchtbar zu machen. Er gab immer die volle Illusion der Rolle
und der Situation, welche er darstellte, und vereinigte sich den Bestrebungen der Clairon, auf die er sonst nicht ohne Eifersucht war,
das historische Costüm in die Tragödie einzuführen, was aber erst
Talma völlig gelang. Als seine vorzüglichsten Rollen werden genannt: Orosmane, Tancrède, Mahomet, Zamore, Nicomède, Rhadamiste, Néron, Manlius, Oedipe. Melle Clairon, die ihn den größten
Schauspieler nennt, klagt, daß er oft zu gedehnt und declamatorisch
gesprochen habe.

In einem dramaturgischen Werke vom Jahre 1747, Le comédien von Rémond de St. Albin, wird gegen die Unsitte der damaligen Schauspieler geeifert, die Stimme zu sehr zu forciren. Drei
Arten der Monotonie seien es gewesen, welche die Wahrheit der Recitation damals beeinträchtigt hätten. Das Festhalten derselben Modu-
lation, der gleichmäßige Tonfall am Schlusse des Verses und die zu

---

[*]) Mémoires de Le Kain avec des réflexions de Talma. Paris 1825 und
1874. — Siehe auch Samson, Le Kain, Talma, Melle Rachel in der Revue des
cours litter. T. III.

häufigen Wiederholungen derselben Inflexionen. Andrieux*) behauptet
daß auch Lekain und die Clairon anfangs den Fehler des Forcirens
der Stimme gehabt, denselben jedoch später überwunden hätten.

Claire Josephe Hippolyte Legris de Latude, gen. Clairon,
1723 geboren, 1801 gestorben, von dunkler Herkunft, wendete sich
nach einer im Elend verlebten Kindheit, schon mit 13 Jahren der
Bühne zu. Nachdem sie längere Zeit als Sängerin und Soubrette
die Provinz durchzogen, debütirte sie 1743 als Phèdre im Theater
français. Wie groß ihre natürlichen Anlagen immer waren, so hatte
sie doch ihre Erfolge weit mehr noch dem Studium und der Kunst
zu verdanken. Sie erreichte weder die schöne Natürlichkeit der Lecouvreur, noch die einzelnen genialen Momente der Dumesnil, aber
ihr Spiel war durchdachter, abgetönter, harmonischer, nur daß es
nicht ganz frei von Gemessenheit und Berechnung war. Sie verließ
wegen einer erlittenen Kränkung noch in der vollen Kraft des Talentes die Bühne (1762). Larive und Melle Raucourt waren ihre vorzüglichsten Schüler.

Jean Claude Gille, gen. Colson de Bellecour (1725—78),
anfänglich Maler, widmete sich später der Bühne und debütirte 1750
am Theater français, von dem er Lekain damals sogar vorgezogen
wurde. Er mußte die ersten tragischen Rollen jedoch bald an letzteren
abtreten und sich auf das ihm eigenthümlichere Feld der heiteren und
komischen Charakterrollen zurückziehen. Er hatte besonders große Erfolge als Chevalier à la mode und als joueur. An seine Stelle
trat 1760 François René Molé (1734—1802). Er gefiel außerordentlich im Philosophe sans le savoir, in Les fausses infidélités,
so wie später in Le Philinte de Molière und dem Vieux célibataire,
sowie in dem Fach der petits-maîtres. Er wurde Mitglied des
Instituts, eine Ehre, die Molière versagt blieb, und hinterließ Memoiren, die Etienne in seine Mémoires sur l'art dramatique (1825)
aufgenommen hat.

Pierre Louis du Bus, gen. Préville (1721—99) betrat 1743
die Bühne auf einem der Theater de la Foire, übernahm dann die
Leitung des Lyoner Theaters und wurde 1752 Mitglied des Theater
français, welches er erst 1786 verließ. Ludwig XV., der letzteres

---

*) In dem Vorworte zu den Memoiren der Clairon.

schon zur Aufnahme Lekains genöthigt hatte, befahl auch die Préville's mit den an den Herzog von Richelieu gerichteten Worten an:
„Ich habe Schauspieler genug für die Herren meiner Kammer, diesen
will ich aber für mich haben." Préville war ein großer Charakterdarsteller von außergewöhnlicher Gestaltungskraft, durch die er sich
in die verschiedensten Persönlichkeiten zu verwandeln vermochte. Er
war gleich ausgezeichnet als Mascarille, wie als Baron Hartley
(Eugénie), als Scapin, wie als Bourru bienfésant, als Michaud (Partie
de chasse), wie als Turcaret. Garrick, der ihm befreundet war,
nannte ihn das verhätschelte Kind der Natur. Seine Memoiren
wurden Paris 1813 edirt.

Jean Baptiste Britard, gen. B r i z a r d (1721 — 91) wollte ursprünglich Maler werden, vertauschte aber diesen Beruf mit dem des
Schauspielers. Er debütirte 1757 am Theater français, von dem er
erst 1786 zurücktrat. Er spielte die großen tragischen Charakterrollen:
Oedipe, Lear, den alten Horace mit ebenso ergreifender Wahrheit
und schöner Natürlichkeit, wie den Henri IV. in der Partie de Chasse
oder den Père de famille und den Dupuis.

Den letztgenannten Darstellern ging Louise Contat (1760—
1813) zur Seite, eine Schülerin der Melle Préville. Sie spielte von
1776 bis 1808 am Theater Français nach einander die Rollen der
großen Koketten, der Soubretten und Mütter. Ihren größten Triumph
errang sie als Susanne in Figaro's Hochzeit. Vorzüglich war sie
auch in Marivaux' Stücken.

Die Aufnahme des ernsten, in Prosa geschriebenen Familiendramas und die Richtung, welche Diderot der schauspielerischen Darstellungskunst durch den Hinweis auf das bisher vernachlässigte malerische Moment der dramatischen Action und auf das jeu de théâtre
gab, hatte um diese Zeit eine Veränderung in der Spielweise bewirkt,
die nun realistischer und dabei lebensvoller und malerischer geworden
war. Dies gab besonders dem Zusammenspiel eine größere Beweglichkeit und dem stummen Spiel eine größere Bedeutung. Ohne diese
Spielweise, die durch Beaumarchais beträchtlich gefördert worden war,
würde man an die melodramatischen Stücke der Kaiserzeit, zu denen,
wie ich glaube, Mercier den Uebergang bildet, wohl schwerlich gedacht
haben. Wie geringschätzig man über letztere auch urtheilen mag,
so eröffneten sie der Schauspielkunst doch ganz neue Wege und Ziele

26*

und bereiteten den Uebergang zu der spätern sogenannten romantischen Schule und überhaupt zu den Formen des neuesten Dramas vor.

Zunächst aber nahm unter dem Einflusse der Revolution und des Kaiserreichs das classische Drama und die rhetorische Darstellungs= weise wieder einen neuen Aufschwung. Zu den Darstellern dieser Periode und Richtung, die hauptsächlich Talma und später Delle Mars vertritt, gehören auch Dazincourt, Dugazon, Monval, Fleury, St. Prix, St. Fal, Larive, Lafon, Damas und die Melles Raucourt, Duchesnois und Georges, welche letztere aber eine gegensätzliche Stellung einnimmt.*)

François=Joseph Talma, am 15. Januar 1763 zu Paris ge= boren, ebendaselbst am 19. October 1826 gestorben, Sohn eines Zahn= arztes, studirte in London, wohin sein Vater übersiedelt war, zu= nächst Chirurgie, wendete sich aber schon hier der Bühne zu, indem er Mitglied eines kleinen daselbst befindlichen französischen Theaters wurde. Nach Paris zurückgekehrt studirte er unter Molé, Fleury, Dugazon am Conservatoire. Am 21. November 1787 trat er als Seïde im Mahomet zum ersten Mal im Theater français auf, ohne jedoch sonderlich zu gefallen. In Carl IX. von Chénier wurde ihm gleichwohl die Titelrolle anvertraut, weil St. Fal wegen der revo= lutionären Tendenz dieses Stückes, sich die Rolle zu spielen geweigert. Wir wissen mit welchem Erfolg er sich dieser Aufgabe entledigte. Dieser stieg, ihm zu Kopf. Als man die Vorstellungen des Stücks abbrechen wollte, suchte er dies mit Heftigkeit zu verhindern und da es ihm nicht gelang, verließ er mit noch einigen Gesinnungsgenossen das Theater français um ein neues Theater, le second théâtre français de la Rue Richelieu zu gründen. Neben seinem sich rasch entwickelnden Talente trug seine politische Gesinnung wohl auch mit zu den stürmischen Erfolgen, die er von nun an erzielte, bei. Er hauchte dem Repertoire des alten classischen Theaters eine neue Seele ein, eine Seele voll Feuer und Leidenschaft, voll künstlerischer Be= geisterung und einem sicheren Gefühl für Schönheit und Maß. In ihm erhob er sich zu seinen größten und vollendetsten Leistungen. Auch ist es ihm wohl hauptsächlich beizumessen, daß die durch das Familiendrama schon fast zur Seite geschobene classische Tragödie und

---

*) Eine vollständige Liste der Mitglieder des Theater français findet man in Régnier's Geschichte des französischen Theaters.

ihre Formen für längere Zeit wieder herrschend wurden, was später mit
dazu beitrug, daß das sich entwickelnde romantische Drama, welches im
Melodrama auf die bedenklichsten Abwege gerathen war, eine künstleri-
schere Form gewann. Doch creirte Talma auch viele neue Rollen, von
denen hier nur der Othello des Ducis (1792) der Néron des Legouvé
(1794), der Pharan im Abufar des Ducis, der Aegisthe des Lemerier
(1797), der Marigny in den Templiers (1805), der Leicester in der Maria
Stuart des Lebrun (1820), der Danville in der Ecole des viellards,
der Charles VI. des De la Ville (1826) hervorgehoben seien. In
seinen Réflexions sur Le Kain et sur l'art du théâtre hat Talma
sein dramaturgisches Glaubensbekenntniß niedergelegt. Er ist zwar von
einzelnen seiner Zeitgenossen, z. B. von Mad. de Staël sehr überschätzt
worden, gleichwohl darf er unbedenklich der erste tragische Darsteller
der Revolutionszeit, des Kaiserreichs und der Restauration genannt
werden. An Einwürfen gegen sein Spiel hat es freilich auch nicht
gefehlt. Der rednerische Theil soll zu emphatisch gewesen sein und in
den ruhigeren Partien zur Monotonie geneigt haben, wozu seine
dunkle, wenig biegsame Stimme mit beigetragen habe. Sein Vortrag, voll Feuer und Energie, sei im Ganzen doch mehr das
Ergebniß des berechnenden Studiums, als der unmittelbare Ausfluß
eines genialen Geistes gewesen. Er habe mehr zur Bewunderung
aufgefordert, als gerührt oder erschüttert. Doch wird andererseits
schöpferische Gestaltungskraft an ihm gerühmt, wie er z. B. dem
Hamlet des Ducis alle in dessen Bearbeitung verloren gegangenen Züge des Shakespeare'schen verliehen und das stumme Spiel
zu einer bis dahin unbekannten Höhe entwickelt haben soll. Am
19. October 1826 wurde er der Bühne durch eine schmerzhafte
Krankheit entrissen. Ganz Paris trauerte um den Verlust. Nahe an
100 000 Menschen sollen sich nach dem Père la chaise begeben haben,
ihm die letzte Ehre dort zu erweisen. Die Comédie française war
drei Tage geschlossen.

Françoise Hippolyte Boutet-Monvel, gen. Melle Mars, geb.
am 9. Februar 1779 zu Paris, ebendaselbst am 20. März 1847 gestorben, war die Tochter des Schauspielers Monvel und der Schauspielerin Salvetat, sowie eine Schülerin der Louise Contat. Sie trat
schon als Kind im Theater Montasier, später im Feydeau auf. 1799
wurde sie Mitglied des Theater français. Sie entwickelte in jugend-

lichen Rollen so viel Liebreiz, Anmuth, Geist und eine so tiefe, zum
Herzen sprechende Innigkeit, daß sie in kurzem der erklärte Liebling
des Publikums wurde. Ihren ersten Triumph errang sie in Le sourd-
muet de l'Abbé de l'Epée. Sie war vorzüglich in den Lustspielen
Molière's und Marivaux', als Victorine in Le philosophe sans le
savoir, als Suzanne in Figaro's Hochzeit, in Delavigne's l'Ecole
des viellards und Les enfants d'Edouard in Le more de Venise
von Alf. de Vigny, in Hernani und Angelo von Victor Hugo, als
Louise de Vignerolles u. s. w. Melle Mars begann mit jugendlichen
Liebhaberrollen. Trotz der Trefflichkeit ihrer Leistungen hielt man anfänglich ihr Talent für beschränkt, doch sollte sie bald ihre Trefflichkeit
auch im Fach der Koketten und Soubretten, sowie als Heroine des modernen Dramas zeigen. Sie war ein Liebling Napoleon's. Ludwig
XVIII. ließ ihr dies aber so wenig, wie Talma, entgelten, sondern
garantirte beiden ein jährliches Einkommen von 30 000 Francs.

Cathérine Joséphine Rafin, genannt Duchesnois, wurde am
5. Juni 1777 zu St. Saulvei geboren. Sie war von niedriger Herkunft, diente anfangs als Näherin, dann als Hausmädchen. Mit zwanzig
Jahren ging sie zur Bühne. Ihre Erfolge trieben sie nach Paris,
wo sie eine Schülerin von Melle Raucourt wurde und durch den Einfluß Legouvé's Aufnahme am Theater français erhielt. Sie debütirte
1802 mit großem Succeß als Phèdre. Andere Triumphe folgten,
die aber von Geoffroy, dem Kritiker des Journal de l'Empire (späteren
Journal des Débats) heftig bestritten wurden, der ihr Melle Georges
entgegenstellte. Auch unterlag sie zunächst in diesem Streite, in dem
die Schönheit ihrer Gegnerin obsiegte, doch überließ ihr diese schon
1808 das Feld, indem sie nach Rußland auf Gastspiele ging. Melle
Duchesnois war von der Natur in ihrer äußeren Erscheinung wenig
begünstigt. Sie übte all ihren Zauber nur durch die tiefe Innigkeit
ihres Spiels und ihre volle, wohltönende Stimme aus. Man tadelte
aber an ihr das Spielen mit larmoyanten, schluchzenden Tönen. Noch
lange glänzte sie neben Talma, Larive und Lason in der Tragödie
da sie erst 1833 die Bühne verließ. Sie starb zwei Jahre später.

Marguerite Georges Weymer, gen. Georges, am 23. Februar
1787 zu Bayeux geboren, sand auf Empfehlung von Melle Contat
noch etwas früher als die Duchesnois Aufnahme am Theater français, wo sie in den heroischen Rollen des classischen Dramas durch

Gewalt des Ausdrucks und durch Schönheit glänzte. Sie verließ, wie wir sahen, dasselbe 1808, um nach Rußland zu gehen. Zwar trat sie nach ihrer Rückkehr wieder in ihre frühere Stellung ein, allein ein unruhiger Wandertrieb, der sie zu Kunstreisen in die Provinz verleitete, gab die Veranlassung zu einem Bruche, welcher sogar die Entziehung ihrer Pension zur Folge hatte. Dies verschaffte ihr aber die Freiheit, an ein anderes Pariser Theater zu gehen. Sie wählte zunächst das Odéon, später die Porte St. Martin, wo sie im Verein mit Schauspielern wie Frédéric Lemaitre, Bocage, Marie Dorval u. A. und unter dem Einflusse der Dichter der das romantische Drama einleitenden Stücke und dieser letzteren selbst eine neue Epoche der Schauspielkunst in's Leben rief, in welcher sich erst die volle Kraft ihres schauspielerischen Naturells, das Feuer und die Gewalt des leidenschaftlichen Ausdrucks, dessen sie mächtig war, völlig entfalten konnten. Sie starb 1867.

Die Einrichtung der Bühne, sowie das Decorations- und Maschinenwesen hatten inzwischen natürlich auch große Veränderungen erfahren, zum Theil, weil die Zwecke des Dramas andere und mannichfaltigere geworden waren. Die verschiebbaren Coulissen und rollbaren Hintergründe waren aus Italien in Frankreich eingeführt worden. Sie kamen zunächst in der Oper und in den pièces à machines zur Anwendung, wo es das Problem der Verwandlung bei offener Scene zu lösen galt. Beim Schauspiel wurden sie wahrscheinlich erst nach der Vertreibung der Zuschauer von der Bühne eingeführt. Die freiere, natürlichere, malerischere Spielweise, zu der Diderot und nach ihm Beaumarchais und Mercier hingedrängt hatten, nöthigte auch zu einer reicheren Ausbildung des Requisiten- und Comparsenwesens. Auch die Beleuchtung war allmählich vervollkommnet worden. Erst 1782 bei der Uebersiedelung des Theater français ins Odeon, wurde aber die Beleuchtung mit Lichtern durch Lampen verdrängt. Quinquet war der Erfinder der letzteren.

Die Musik war bei der Oper schon seit länger ins Orchester verlegt worden. Beim Schauspiel fand dies ebenfalls, doch wohl erst nach der Verdrängung der Zuschauer von der Bühne statt.

Der Einfluß der Kritik auf das Theater mußte sich in dem Zeitalter des kritischen Geistes um so mehr geltend machen, als das Theater von den Franzosen immer als eine sehr wichtige Angelegen-

heit aufgefaßt und behandelt wurde. Die Zahl der in dem vorliegenden Zeitraum in Frankreich darüber erschienenen historischen, theoretischen und kritischen Schriften ist eine ganz ungeheure. Kein Volk besitzt eine so reiche Literatur über das Drama und das Theater, wie die
Franzosen. Fast jeder bedeutende Dramatiker, fast jeder bedeutende
Publicist, selbst die Philosophen beschäftigten sich mit der Theorie
des Dramas, mit der Kritik des Theaters. Ich habe daher auf die
bedeutendsten Werke schon hinweisen können, zu denen noch Du Bos,
mit seinen Réflexions critiques sur la poésie et sur la peinture, gezählt werden muß, die einen großen Einfluß ausübten und viele Mal
aufgelegt wurden. Hier seien nur noch einige Worte über den Antheil der Journale und periodischen Schriften angefügt. Zu der offiziellen Gazette und dem Mercure galant, welcher unter verschiedenen
Namen (Mercure de France, Mercure français) durch das ganze
Jahrhundert fortbestand, war das Journal des savants (von 1665 an)
und, 1731—34, Le nouvelliste du Parnasse des Abbé Desfontaines getreten, welcher von 1735 seine Observations sur les écrits
des modernes erscheinen ließ und zu dieser Zeit einen bedeutenden
Einfluß ausübte. Elie Cathérine Fréron, der 1749 mit seinen Lettres
sur les écrits du temps debutirt hatte, gründete 1754 L'année
littéraire, welche nach seinem Tode (1776) von seinem Sohne bis
1790 fortgeführt wurde. Daneben übten das Journal encyclopé-
dique (1760—73), das Journal de Paris (1777—1811) und das
Journal français eine große Wirkung aus. In der zweiten Hälfte
des Jahrhunderts war eine besondere Form der Kritik in den Mé-
moiren und Correspondenzen entstanden. Von ihnen verdienen die
Mémoires secrètes von Bachaumont, die Correspondance littéraire von Grimm und die Correspondance littéraire secrète von
Métra besonders hervorgehoben zu werden. Auch Le Repertoire
du théâtre français, in dem sich Fréry vernehmen ließ, Les annales
dramatiques, Le Journal historique von Collé und l'Almanach
des spectacles seien erwähnt. Unter dem Kaiserthum aber ergriff
Geoffroy, nachdem er länger in der Année littéraire thätig gewesen war, in dem 1800 gegründeten Journal de l'empire, nach-
maligem Journal des Débats das kritische Scepter. Er war ein
geistvoller aber einseitiger Vertheidiger des akademischen Classicismus. Daneben waren der Publiciste und die Décade philosophique

hervorgetreten. Letztere, die von Ginguené gegründet worden war und an der Männer wie Say, Duval, Andrieux mitwirkten, bestand von 1794 bis 1807.

Es erübrigt nun noch auf die Bedeutung, welche die kleineren Theater für die Entwicklung der Schauspielkunst inzwischen gewonnen, hinzuweisen. Hier blühten zu Anfang des 19. Jahrh. am Théâtre des Variétés Brunet, Tiercelin, Potier, die beiden Baptiste, Lepeintre, Odry und die Me^{lles} Flore, Pauline, Jourdheuil; am Theater de l'Ambigu: Tentin und Marty, sowie die Me^{lles} Levèsque und Bourgeois; an der Porte St. Martin Me^{lle} Guérian, eine zweite Favart. — Die Bedeutung dieser und verschiedener anderer Nebentheater tritt aber erst in der nächsten Periode entschiedner hervor.

XII.
Die französische Tragödie im 19. Jahrhundert.

Einwirkungen der Restauration. — Einfluß Shakespeare's und Schiller's. — Delavigne. — Sein Compromiß mit den Romantikern. — Die übrigen classischen, sich zum Theil den Romantikern zuneigenden Dichter. — Entstehung der romantischen Schule. — Antheil der Melobramatiker daran. — Kirchliche Richtung der ersten Romantiker. — Shakespeare, der Ausgangspunkt der systematischen Romantiker. — Die Ausgabe der Shakespeare'schen Dramen von Guizot und dessen Schrift über Shakespeare. — Die Shakespearebewegung. — Victor Hugo. — Cromwell und die neue romantische Doctrin. — Hernani und Marion de Lorme. — Le Roi s'amüse und Lucrèce Borgia; Höhepunkt des Victor Hugo'schen Drama's. — Alexandre Dumas; Soulié; Sue; Balzac. — Die Melobramatiker Felix Pyat; Anicet Bourgeois; d'Ennery. — Merimée. — Alfred de Vigny. — Die Ausläufer der classischen Richtung: François Ponsard. — Uebergang zum socialen Drama.

Die academisch-classische Form der Tragödie der Franzosen, hatte, nachdem sie von dem bürgerlichen Drama schon etwas zur Seite gedrängt worden war, wie wir gesehen, unter dem Einflusse der Republik und des Kaiserreichs, die beide nach römischem Vorbild gemodelt wurden, wieder so an Ansehen gewonnen, daß das empfindsame und dabei auf Naturwahrheit ausgehende Drama davor zurückweichen mußte und theils unter der Einwirkung der Mercier'schen

Doctrinen, theils unter dem des demokratischen Geistes der Zeit und des eindringenden romantischen Geschmacks ganz neue Wege einschlug und im Melodrama eine ganz neue und dabei volksthümliche Form gewann.

Es stand zu erwarten, daß die nach dem Sturze des Kaiserreichs eintretende Reaction hierin eine Veränderung bewirken würde. Dies war zunächst aber doch nicht der Fall. Das Melodrama entwickelte sich eben so ruhig weiter, wie vorerst die academisch-classische Tragödie am Theater français noch herrschend blieb, was sich in Bezug auf letztere theils daraus erklärt, daß der Geschmack der Gebildeten sich wieder seit länger für dieselbe entschieden hatte und sie eine mächtige Stütze und Förderung in der Academie fand, theils aber auch daraus, daß die Reaction einerseits nicht mächtig genug war, die durch die Revolution und das Kaiserreich ins Leben gerufenen Veränderungen wieder ganz zu beseitigen, und, wo sie dieses versuchte, nicht an die Zustände und Lebenserscheinungen der Zeit Ludwigs XVI., sondern an die Ludwigs XIV. anknüpfte. Wäre man doch von gewisser Seite am liebsten bis auf das Mittelalter zurückgegangen, um eine neue Herrschaft der Kirche und Religion inauguriren zu können. Die classische Tragödie wurde daher von der Restauration, von dem neuen Königthume ebenfalls wieder begünstigt, und Alles, was man von ihr verlangte, war, an die Stelle der imperialistischen Neigungen und Tendenzen, royalistische treten zu lassen.

Die Einflüsse, unter denen sich das Melodrama entwickelt hatte, und die schon unter dem Kaiserreich nicht ohne alle Einwirkung auf die classische Tragödie geblieben waren, machten sich jetzt um so entschiedener auf diese geltend, als die sensationellen Erfolge des Melodramas noch dazu aufforderten. Auch war durch die Anregungen, welche Ducis, Letourneur (in den Vorreden zu seiner Uebersetzung der Shakespeare'schen Dramen), Arnaud de Bacular (in den drei Vorreden zu seinem Trauerspiel Le comte de Cominges), Mercier (in seinem Essai sur l'art dramatique und durch seine Bearbeitungen von Romeo und Julie (Les tombeaux de Verone) [1774] und des Timon von Athen gegeben hatten, der Shakespeare'sche Einfluß nun stärker hervorgetreten. Schiller begann gleichfalls in Aufnahme zu kommen. Nachdem Lamartellière 1792 mit der Bearbeitung von dessen Räubern, Robert, chef de brigans, und

Chénier mit der des Don Carlos vorangegangen waren, brachte nun Mercier auch noch Jeanne d'Arc und Philippe II, sowie später (1809) Benjamin Constant eine zusammenziehende Bearbeitung der Wallenstein= Trilogie in ein einziges Stück von 5 Akten auf die Bühne. So unglücklich dieser letzte Versuch auch ausfiel, in dem die Einheit der Zeit und des Orts wieder peinlich beobachtet war, so verdient er doch deshalb Hervorhebung, weil sich darin der Einfluß des deutschen vom romantischen Geiste erfüllten Dramas auf das classische recht deutlich erkennen läßt.[*] Von der weittragendsten Wirkung auf den Umschwung in literarischen Dingen aber waren die hierauf gerichteten Schriften von Frau v. Staël: De la littérature (1800) und De l'Allemagne (1810). „Shakespeare, heißt es in jener, ist der Begründer einer ganz neuen Literatur, das macht, weil er kein Nachahmer war, weil er ganz ursprünglich ist." Ein Bruch mit der Vergangenheit wird hier schon als nothwendig angekündigt, eine literarische Revolution schon in Aussicht genommen. „Wenn man den natürlichen Widerstand be= siegen will — liest man an einer andern Stelle — welchen die fran= zösischen Zuschauer für das haben, was sie das deutsche oder eng= lische Genre nennen, so wird man mit Gewissenhaftigkeit alles bis ins kleinste zu überwachen haben, was gegen die Feinheit des Ge= schmacks irgend verstoßen kann. Man wird kühn in der Auffassung, besonnen in der Ausführung sein müssen." Gleichzeitig trat Lemercier in seinem Cours analytique für Shakespeare ein und 1814 wurden die Schlegel'schen Vorlesungen über dramatische Kunst und Literatur ins Französische übertragen. Natürlich blieben diese Ansichten nicht ohne Anfechtung. Wie früher La Harpe und später Marie Joseph Chénier, so trat jetzt Geoffroy in dem Journal des Débats, so traten überhaupt die Academiker wieder gegen Shakespeare und den englischen und deutschen Einfluß auf. Das Theater français, ganz unter der Herrschaft der die classischen Formen und Regeln vertheidi= genden Puristen, schloß sogar die vom romantischen Geiste irgend beeinflußten Dichter der classischen Richtung hartnäckig aus, trieb sie aber hierdurch in das feindliche Lager der kleinen Theater, die ihre Stücke mit Genugthuung zur Aufführung brachten. Dies geschah

---

[*] Eine vollständige Uebersetzung der Schiller'schen Dramen lieferte Barante, Paris 1821.

unter Andrem auch mit Delavigne's Vêpres siciliennes (1819) und
mit dessen Paria (1821), obschon dieser Dichter sich damals noch ganz
zu den classischen Regeln bekannte.

Jean François Casimir Delavigne*) am 4. April 1793 zu
Havre geboren, am 11. Dez. 1843 zu Paris gestorben, darf als der bedeutendste tragische Dichter dieser Richtung und Periode bezeichnet werden.
Auch veranschaulicht seine Entwicklung am besten die jetzt entstehenden
Einwirkungen, welche das classische Drama von dem sich entwickelnden
romantischen Drama erfuhr, dem es auch schließlich erliegen sollte.
Casimir studierte im Lycée Napoléon zu Paris. Schon früh zeichnete er sich durch einige größere Gedichte, die ihm die Anerkennung
der Academie eintrugen, als Verskünstler aus. 1819 errang er im Odeon
mit seinen Vêpres siciliennes einen durchgreifenden Erfolg. Er hatte
sich darin Corneille und Racine zum Vorbild genommen. Die Stärke
seiner Darstellung liegt in der Entwickelung zarter Empfindungen,
wogegen der darin aufgeworfene Conflict zwischen der Pflicht des
Sohnes und der des Freundes, zwischen Patriotismus und Liebe
allzu ausgeklügelt erscheint. Der Dichter häuft darin die Verwicklungen, um die Lösung derselben weiter und weiter hinauszuschieben.
Es spielt hier etwas von der quälenden Spannung vieler älterer spani-
nischer Stücke herein, woran man Anstoß am Theater français nehmen
mochte, was aber das Stück dem Odeontheater gerade wieder annähern mußte. Der Kritik empfahl es sich am meisten durch die
sorgfältige Behandlung des Verses und durch die treffliche Zeichnung
des Gouverneurs, einem überaus gelungenen und ansprechenden Bilde
französischer Ritterlichkeit. Nachdem 1820 vom Odeon auch noch ein
Lustspiel, Les comédiennes, mit nur geringem Erfolge gegeben worden war, erwarb Delavigne hier noch einen um so reicheren mit
seinem Paria. Doch ist der darin behandelte Conflict zwischen Liebe
und kindlicher Pflicht, zwischen Humanität und Standesvorurtheil nicht
genug vertieft; er bewegt sich zu sehr im Abstracten, um ein lebendiges Interesse erwecken zu können. Hier ist Racine noch entschiedner
sein Vorbild gewesen. Das Hauptgewicht ist auf die Ausführung
der ganz lyrisch behandelten Chöre gelegt, die in der That von St.
Beuve den Chören der Athalie dicht an die Seite gestellt worden

---

*) Siehe Julian Schmidt, a. a. O. I. 164. — Royer, a. a. O. V. 50.

finb. Sein nächstes Stück, das Luſtſpiel L'école des vieillards er=
öffnete ihm 1823 das Theater français, auf dem dann fünf Jahre
ſpäter noch ein anderes, im Geſchmack der Spanier, aber ſtreng nach
den Regeln geſchriebenes Luſtſpiel: La Princesse Aurélie mit nur
mäßigem Erfolge gegeben wurde. Die Senſation, welche zu dieſer
Zeit die neue romantiſche Schule erregte, blieb nicht ohne Einfluß
auf ihn. Sein Marino Faliero, in dem er eine Mittelſtellung zwi=
ſchen den beiden feindlichen Doctrinen einzunehmen ſuchte, fand daher
am Theater français keine Aufnahme, dagegen an der Porte St. Mar=
tin einen großartigen Erfolg. Hier zeigt ſich jener Einfluß haupt=
ſächlich in der Verbindung komiſcher und tragiſcher Elemente, in
der des Rührenden mit dem pomphaft Heroiſchen. Das Stück
erhielt im Druck eine Vorrede, in welcher der Dichter ſein neues
dramaturgiſches Glaubensbekenntniß darlegt. „Ich bin von der Hoff=
nung durchdrungen — heißt es darin — einen neuen Weg eröffnet
zu haben, auf dem die Autoren, die meinem Beiſpiele folgen, mit mehr
Kühnheit und Freiheit, als früher ſich werden bewegen können. Die
natürlichſte Philoſophie lehrt uns Toleranz, warum ſollten unſre Ver=
gnügungen hiervon eine Ausnahme machen. Die Geſchichte unſrer
Zeit iſt an Lehren ſo reich geweſen. Die Menſchen haben daraus
neue Bedürfniſſe geſchöpft, man muß etwas wagen, um ſie befriedigen
zu können. Es ſoll mir nicht an Kühnheit, dieſer Aufgabe zu ge=
nügen, fehlen. Von Achtung für die alten Dichter erfüllt, die unſre
Scene mit ſo vielen Meiſterwerken geziert haben, erachte ich die ſchöne
und biegſame Sprache, die ſie uns vererbt, als ein heiliges Vermächt=
niß. Inzwiſchen haben aber auch ſie ſämmtlich Neuerungen eingeführt
und je nach den Sitten, Bedürfniſſen und Beſtrebungen ihres Jahr=
hunderts, verſchiedene Wege nach einem und demſelben Ziele verfolgt.
Man ahmt ihnen alſo in einem gewiſſen Sinne nur nach, indem man
ihnen nicht ganz zu gleichen ſucht.“ Die Puriſten ſchrieen über Ver=
rath. Auch war dieſer Uebertritt in das feindliche Lager, obſchon
nur in der Abſicht geſchehen, deſſen Verfechter zu ſich herüberzu=
ziehen, entſcheidend für den Sieg der Romantiker. Die Julirevolution,
deren Schlachtgeſang Delavigne in der Pariſienne anſtimmte, machte
ihn kühner. Hatte er ſich in Marino Faliero von Byron anregen laſſen,
ja, war er dieſem darin ſogar in Vielem gefolgt, ſo gewannen jetzt
auch die Romane Walters Scott's noch Einfluß auf ihn. Seinem

Ludwig XI. liegt sichtlich dessen Quentin Durward zu Grunde. Zum
ersten Male zeigt sich daher auch bei ihm eine individuellere Cha=
rakteristik, ein lebendigerer Sinn für das Malerische und das Costüm
der Zeit. Er fand dafür die Zeichnung und Farben bei Walter Scott
zwar schon vor, besaß aber nicht dessen Feinheit, um sie in ebenbür=
tiger Weise benutzen und anwenden zu können. Er zielte vielmehr theil=
weise auf Wirkungen hin, wie sie das an der Porte St. Martin in
Blüthe stehende Melodrama zu verfolgen pflegte. Besonders schwach
zeigte er sich in der Erfindung, daher bei ihm fast alle entlehnten, aber
dabei veränderten Züge schwächer als in seinen Vorbildern erscheinen.
Nichtsdestoweniger errang sein Ludwig XI., der 1832 auf dem Thea=
ter français gegeben wurde, einen großen Erfolg, zu dem das vorzüg=
liche Spiel des Schauspielers Ligier in der Titelrolle wesentlich bei=
·trug. Schon im Jahre 1830 hatte das Theater français, dem Drange
der Zeit nachgebend, mit Alexandre Dumas' Henri III das roman=
tische Drama bei sich zugelassen und dieses hierdurch gewissermaßen aner=
kannt. — In dem Vorwort zu dem 1833 folgenden Enfants d'Edouard
weist Delavigne auf Shakespeare als seine Quelle und sein Vorbild
hin. Er hatte sich aber darin, wie schon der Titel andeutet, nur auf
die Darstellung einer Episode aus dessen Richard III. beschränkt und das
Hauptgewicht auf das seinem Talente besonders zusagende rührende
Element derselben gelegt. Es ist das vorzüglichste Werk des Dichters
und hat sich bis jetzt ununterbrochen auf der französischen Bühne erhalten.
Es fesselt durch den Gegensatz des Furchtbaren und Rührenden, durch
die Grazie des Stils und der Sprache, durch das Colorit der Dar=
stellung und das Interesse der Handlung. Es folgten: das Prosa=
lustspiel Don Juan d'Autriche (1835), Une famille du temps de
Luther (1836), ein düsteres Zeitgemälde, welches noch viele der Vor=
züge des Dichters zeigt, das politische Lustspiel La popularité, (1838)
La fille du Cid (1839) und die Oper Charles VI. (1843), die er zusam=
men mit seinem Bruder Germain geschrieben hat. Sie ist von Halevy
componirt worden.

Delavigne gehörte noch zu den dramatischen Dichtern, die in
ihrem Beruf eine heilige Aufgabe erkannten. Mehr als die ihm
mangelnde Kraft hat ihn dies wohl auch vorsichtig und zaghaft in dem
gemacht, was er seine dramatischen Neuerungen nannte. Er konnte
daher weder die Puristen, noch die Romantiker völlig befriedigen,

wenn ihm auch beide ihre Achtung nicht zu versagen vermochten. Dies sprach sich unter Anderem in den Gedächtnißreden aus, welche ihm St. Beuve und Victor Hugo, der an seine Stelle trat, in der Academie widmeten. Letzterer sagte: „Obschon das Gefühl für das Schöne und Ideale hoch in ihm entwickelt war, so wurde doch der Trieb des schriftstellerischen Ehrgeizes bei ihm in dem, was er bisweilen Großes und Hohes zeitigt, durch eine Art natürlicher Zurückhaltung gehemmt und begrenzt, die man ebensowohl loben, wie tadeln kann, je nachdem man in den Werken des Geistes dem Geschmack, welcher Maß hält, oder dem Genie, welches unternimmt, den Vorzug giebt, die aber als eine liebenswürdige anmuthige Eigenschaft, sich in seinem Charakter als Bescheidenheit, in seinen Werken als Vorsicht darstellt." Die Werke Casimir Delavigne's sind viele Mal aufgelegt worden. Vapereau giebt als die besten Ausgaben die von 1843, 1845 und 1851 an. Sein Bruder Germain, der ebenfalls Vieles, besonders in Gemeinschaft mit Scribe für das Theater geschrieben, hat auch einen Abriß von dem Leben seines Bruders veröffentlicht.

Neben den tragischen Dichtern der classischen Richtung, die noch aus der früheren Periode in diese Zeit hereinragen, traten mit verschiedenen anderen jetzt noch die folgenden auf: Guillaume Viennet (1777—1868) mit den in die Jahre von 1813—25 fallenden Tragödien Cloris, Sigismond, Les Peruviennes u. s. w.; Constantin Royon (gest. 1828) mit Phocion (1817) und La mort de César (1825); Pierre Antoine Lebrun (1785—1873) der Uebersetzer von Schiller's Maria Stuart (1820), deren Erfolg als erster Triumph des romantischen Dramas (hohen Stils) in Frankreich angesehen wird, mit den noch in classischer Form, doch mit romantischen Anwandlungen gedichteten Tragödien Coriolan, Ulysse und Pallas, fils d'Evandre; Lucien Arnault, der Sohn Antoine Vincent's, mit Regulus (1822), Le dernier jour de Tibère (1828) und Cathérine de Médicis aux états de Blois, welche wegen der Concessionen an die Romantiker große Angriffe erfuhr; Etienne Jouy (1764—1846) der Dichter der Opern Die Vestalin, Ferdinand Cortez u. s. w., einer der entschiedensten Verfechter des Classicismus, dessen Tragödie Sylla einen bedeutenden Erfolg hatte; Alexandre Guiraud (1788—1847) mit den Macchabées, die 1822 im Odeon

seinen Ruf begründeten, mit Comte Julien und Virginie; Alexandre
Soumet mit Clytemnèstre und Saul, die noch ganz im Stile des
classischen Dramas gehalten sind, wogegen Jeanne d'Arc (1825) und
Elisabeth de Farnese, beide Nachahmungen Schiller'scher Dichtungen,
dem romantischen Drama sich nähern. Schon 1816 hatte sich Soumet
in seinem Schriftchen: Les scrupules littéraires de Madame de
Staël für das Studium des fremden, besonders des deutschen Theaters
ausgesprochen. Am kühnsten nach dieser Seite ging er in dem mit
Belmontet geschriebenen Fête de Néron (1829) vor. Seine späteren
Stücke schrieb er in Gemeinschaft mit seiner Tochter Melle d'Alten=
heim. Soumet kann in der That als einer der ersten Dichter der
romantischen Schule angesehen werden, die jetzt bereits diesen Namen
erworben hatte und große Triumphe feierte. Die Keime zu ihr haben
wir schon seit lange verfolgt. Wir fanden sie, wenn auch noch fast
unmerklich, bereits in den Lustspielen des La Chaussée, etwas stärker
in den Rührdramen Diderot's und Beaumarchais, liegen. Früher
und entschiedener freilich traten sie im Romane hervor, der dem ro=
mantischen Drama immer zur Seite oder voranging. Prevost, Rousseau,
Bernardin de St. Pierre sind hierfür Beweise. Im Drama hat der
freien Entwicklung dieses Elements noch lange das Ansehen des
classischen Dramas, seiner Theorie, Regeln und Formen entgegen=
gewirkt. La Chaussée hatte noch nicht gewagt den Alexandriner auf=
zugeben. Rousseau und Beaumarchais hielten immer noch fest an der
Einheit des Orts und der Zeit. Auch Ducis zwängte seine Bearbei=
tungen Shakespeare'scher Stücke, Saurin den Beverley, selbst Mercier
den Barnevelt in die Enge der letzteren ein. Auch sie beschwerten
sich noch fast alle mit der Fessel des Alexandriners. Wohl war ein
großer Schritt dadurch vorwärts geschehen, daß Diderot das male=
rische Element der dramatischen Action und Darstellung betonte und
zu einer neuen Forderung für den Dichter und Schauspieler machte.
Erst die melodramatischen Dichter aber warfen die Fesseln des
classischen Dramas ganz von sich ab. Wie roh, materiell und gewalt=
sam die Mittel auch waren, welche sie anwendeten und die Wirkungen,
die sie erstrebten, so wird man ihnen dies eine Verdienst doch nicht
absprechen können. Das Melobrama war zwar gewiß nicht die ein=
zige Quelle, aus welcher die neue romantische Schule geschöpft, wohl
aber hat sie viel zu ihrem Entstehen mit beigetragen. Daß ein enger

Zusammenhang zwischen beiden besteht, der sich schon darin äußerlich darstellt, daß die Dichter der romantischen Schule ihre ersten
Triumphe auf den Theatern der Melodramatiker feierten und immer
wieder zu diesen zurückkehrten, geht aus den gemeinschaftlichen Arbeiten
beider, wie z. B. Dumas des Aelteren mit Anicet Bourgeois, genügend
hervor. Sogar der zu den Romantikern übergegangene classische Dichter
Soumet schrieb Melodramen. Der Name „Romantisch", der, wie es scheint,
in Frankreich zuerst von Letourneur und von Sismondi gebraucht worden
ist, wurde später von Frau von Staël aus Deutschland neu eingeführt.

Ueber das Wesen des Romantischen habe ich mich Bd. I, II, S. 379
schon aussprechen können. Die besondere Form erhielt es in Frankreich
aber zunächst durch die philosophischen Ideen des 18. Jahrhunderts,
welche ja auch die Entfesselung des Gemüthslebens zur Folge hatten
und zu jener Umwälzung führten, von deren Nachwirkungen Frankreich und Europa noch heute erzittern, sowie durch die Reaktion,
welche letztere wieder hervorrief und die ebenfalls ihre und zwar auf
die Wiedererweckung des kirchlichen Geistes gerichteten Doctrinen hatte.
Auch hier also bewahrheitete sich, daß das Romantische nicht immer
dieser zweiten Richtung angehören muß. Vielmehr werden wir
einen Theil der epochemachendsten französischen Romantiker an der
Spitze des geistigen Fortschritts, an der Spitze neuer umgestaltender
Bewegungen stehen und ihre Werke von dem Geiste derselben bewegt
und durchdrungen sehen; daneben freilich auch wieder andere, welche
in der Flucht aus dem politischen und dem socialen Leben überhaupt
das einzige Heil, die einzige Rettung suchten. Dies war es z. B. was
neben ihrer poetischen Kraft, den von diesem idyllisch romantischen
Geiste erfüllten Schriften Bernardin de St. Pierre's eine so große
Macht über die Gemüther in einer Zeit geben mußte, in welcher die
Genußmenschen plötzlich von der Bangigkeit vor den Gefahren ergriffen wurden, mit denen die durch die Entartung des Cultur-
lebens herbeigeführten Mißverhältnisse drohten. Aus diesen Zuständen ist wohl auch die Erscheinung eines Schriftstellers wie Jean
Pierre Claris de Florian (1755—94) und seines ungeheuern Erfolgs zu erklären.*)

---

*) Florian schrieb unter Anderem die lieblichen Hirtendichtungen Galatée
und Estelle, und eine Reihe kleiner, zum Theil ebenfalls eine poetische Hirten-
welt spiegelnder Stücke, von denen sich Les deux billets, Le bon ménage und Le

Erst zu Anfang dieses Jahrhunderts schlug aber das, was man als französische Romantik bezeichnen kann, eine kirchliche Richtung ein. Zunächst ohne es selbst recht zu wollen. Chateaubriand schwankte, als er seinen Atala schrieb, noch zwischen Materialismus und Christenthum. Die innere Zerrissenheit seines Helden spiegelt die eigene. Doch nur zwei Jahr später schon trat er mit seinem Génie du Christianisme hervor, in welchem dann allerdings die religiöse Wiedergeburt der Welt von ihm anstrebt wurde.

Eine geistige Verwandtschaft mit diesem größten der Romantiker Frankreichs und durch ihn mit den Führern der kirchlichen Reaction, zeigte auch anfänglich der Kreis von Dichtern, welcher zunächst seinen Mittelpunkt in dem Salon der Gebrüder Deschamps*) fand, und zu dem unter anderen nicht nur Alfred de Vigny, Nodier, Victor Hugo, sondern auch Dichter, die früher her gemäßigten classischen Richtung angehört hatten, wie Soumet und Giraut, oder auch Pichot (der Mitherausgeber der Uebersetzung der Shakespeare'schen Dramen) zählten. Es war dieser Zusammenhang, welcher einzelne von ihnen sogar den Salons der vornehmen Gesellschaft empfahl und ihnen Eingang in dieselben verschaffte. Auch dürfte die religiöse, kirchliche Tendenz, welcher die hervortretendsten Mitglieder der sogenannten romantischen Schule damals noch huldigten, nicht wenig zu ihrem Sieg über den Classicismus beigetragen haben.

Der Ausgangspunkt des romantischen Dramas war jene kirchliche Tendenz aber nicht. Dieser Ausgangspunkt war vielmehr Shakespeare, welcher überhaupt das Feldgeschrei der ganzen neuen literarischen Bewegung wurde. Der von der deutschen und englischen Literatur ausgehende Einfluß war nämlich inzwischen in seinen Wirkungen immer allgemeiner, er war durch die Dichtungen Goethe's, durch die Walter Scott's und Byron's bedeutend verstärkt worden. Alexandre Soumet trat 1816 in seinen: Les scrupules de Madame de Staël offen für die Nachahmung der fremden Dramatiker, besonders der

---

bon père besonders auszeichneten. Seine Werke sind vielmals aufgelegt, zum Theil auch von G. Förster, Queblinburg 1827—29, übersetzt worden.

*) Emile Deschamps zeichnete sich hauptsächlich durch Uebersetzungen spanischer, deutscher und englischer Gedichte aus. Auch war er als Herausgeber der Muse française von Bedeutung, welche zunächst das Organ der romantischen Schule bildete.

deutſchen, ein. Rémuſat ſprach ſich 1820 unumwunden für die Nothwendigkeit einer Neugeburt der dramatiſchen Dichtung in ſeinem Auf-
ſatz: Révolution du théâtre*) aus „Geſtehen wir nur — ruft er auch
an einem andern Orte — daß das tragiſche Syſtem, in welchem
Corneille und Racine ſich auszeichneten, ſeine Kraft verloren hat, und
unſren Bedürfniſſen nicht mehr entſpricht." — Von entſcheidender Wirkung aber war die Ausgabe der Oeuvres complètes de Shakeſpeare,
welche Guizot im Verein mit Barante und Pichot veranſtaltete und die
epochemachende Schrift des erſten: Essai sur la vie et les ouvrages de
Shakespeare.*) Die neue Ausgabe der Shakeſpeare'ſchen Dramen war
zwar im Grunde nur eine neue Auflage der Ueberſetzungen Letourneurs
— aber revidirt, verbeſſert und vervollſtändigt. Ihre Wirkung erhielt
zudem einen außerordentlichen Nachdruck durch die Guizot'ſche Schrift,
welche hauptſächlich gegen das Vorurtheil auftrat, daß es Shakeſpeare
an Kunſt und ſeinen Werken an Einheit geſehlt habe. „Nie, heißt es
hier unter andrem, hat Shakeſpeare ohne Kunſt geſchrieben, er hat
nur ſeine eigene gehabt, die es in ſeinen Werken zu entdecken gilt.
Man ſuche die Mittel auf, deren er ſich bediente und die Ziele, die
er damit erſtrebte. Erſt dann wird man ſein Syſtem wahrhaft erkannt haben, erſt dann wird man wiſſen, ob es für uns noch weiter
zu entwickeln iſt. Die Einheit des Eindrucks, dieſes höchſte Geheimniß
der dramatiſchen Kunſt, iſt die Seele der großen Schöpfungen dieſes
Dichters und der Gegenſtand ſeines unabläſſigen Strebens, wie es der
Zweck aller Regeln eines jeden Syſtems iſt. Die ausſchließlichen
Parteigänger des claſſiſchen Syſtems haben geglaubt, daß ſich die
Einheit des Eindrucks nur mit Hilfe der drei Einheiten erreichen laſſe;
Shakeſpeare hat ſie mit anderen Mitteln erreicht."

1821 ließ ſich Nodier, 1823 Henri Beyle, unter dem Pſeudonym
Stendhal, in einer Schrift Racine et Shakespeare, in einem ähnlichen,
gegen die alte Schule gerichteten Sinne vernehmen. „Die Romantiker.
heißt es hier, rathen niemand, Shakeſpeare unmittelbar nachzuahmen.
Worin man ihm folgen muß, iſt nur die Art, die Welt, in welcher
wir leben, zu betrachten und aufzufaſſen."

Dieſe Bewegung erſchien jetzt bereits ſo ſtark und geſahr-

---

*) Neu abgedruckt in Passé et présent, par Mr. de Rémusat. Paris 1847.
I. 140.

**) 1852 neu aufgelegt unter dem Titel: Shakespeare et son temps.

drohend, daß sich die Academie 1823 öffentlich gegen die Neurer erklärte und ein neues vernichtendes Urtheil gegen Shakespeare aussprach. Das Journal des Débats nahm für die Puristen, Le conservateur littéraire und le Globe für die neue Schule Partei. Nodier, St. Beuve, Rémusat, Alfred de Vigny, Magnin gehörten neben den Gebrüdern Deschamps und Victor Hugo zu ihren bedeutendsten Vorkämpfern.

Nodier hatte anfangs geglaubt den neuen dramatischen Messias der Schule in Lemercier zu finden, welcher in seinen neuesten Dramen den neuen Ansichten huldigte, sie fand ihn aber, wenn auch vielleicht nicht in einer völlig genügenden, so doch in einer ungleich größeren Kraft.

Victor Marie Hugo,*) Sohn eines Offiziers, der sich unter dem Kaiserreich bis zum General aufgeschwungen hatte, wurde am 26. Februar 1802 zu Besançon geboren. Seine Kindheit verlief unter den wechselndsten, gegensätzlichsten Eindrücken, da sein Vater fast un- mittelbar nach seiner Geburt nach Elba und dann nach Calabrien versetzt wurde, wo er unter andern mit der Bekämpfung des Räuber- hauptmanns Fra Diavolo beauftragt war. Die Romantik der hier in sich aufgenommenen Eindrücke ward aber schon 1809 unterbrochen, da die Mutter zum Zweck der Erziehung der Söhne mit diesen jetzt nach Paris übersiedelte, ein Aufenthalt, der 1811 wieder mit Madrid vertauscht wurde, wo der Vater inzwischen zum Majordomus des Palastes ernannt worden war. Auch hier war aber kein Bleiben. Schon 1812 mußte Victor der Mutter auf's Neue nach Paris folgen, wo er dem Wunsche des Vaters gemäß, zum Offizier ausgebildet werden sollte. Doch waren dies nicht die einzigen Gegensätze, unter deren Einwirkung sich die Seele des mit seltenen Eigenschaften, beson- ders mit einer überaus erregbaren und leicht entzündlichen Phantasie be- gabten Knabens entwickelte. Von fast größerer Bedeutung hierfür war der tiefgehende Gegensatz, welcher sich später zwischen seinem, im Dienste der Revolution und des aus ihr hervorgegangenen und von ihren Ideen durch- tränkten Kaiserthums zu Ansehen gekommenen Vater und seiner Mutter

---

*) Victor Hugo raconté par un témoin de sa vie (theils von ihm, theils von Mbme. Hugo). Paris 1863. 2 v. — Vaperau. Année littéraire. (Berichtet über die einzelnen Werke.) — Julian Schmidt, a. a. O. II. 315. — Théâtre de Victor Hugo. Paris, Hachette 1872. 4 Bde., welche sämmtliche Vorreden und den Abbruck der gerichtlichen Verhandlungen, welche einzelne Stücke hervorriefen, enthalten und mit Noten versehen sind.

entstand, einer sich mit leidenschaftlicher Begeisterung dem wiederauf=
stehenden Königthum und der Kirche anschließenden Vendéerin — ein
Gegensatz, der sich allmählich zu einem völligen Zwiespalt entwickeln
sollte. Von beiden Seiten blieben Eindrücke in der Seele Victor Hugo's
zurück, doch mußten zunächst die ihm von seiner Mutter zukommenden
vorherrschen. Dem Haß gegen das Kaiserthum blieb er fast durch sein
ganzes Leben treu, nur nach seinem Bruch mit dem Königthum, nach
der Julirevolution erfuhr dies insofern eine Aenderung, als er die
Person Napoleon's, die als Erscheinung und Capacität durch ihre
Größe seine Bewunderung erregte, nun vom Kaiserthum trennte. Zu
jener Zeit aber war er noch ganz von den royalistischen und kirchlichen
Gesinnungen seiner Mutter und Chateaubriand's ergriffen. Sie wur=
den in ihm durch die Ereignisse der Zeit und die endliche gerichtliche
Trennung der Eltern nur noch genährt und gestärkt. Sein Vater
machte von dem Rechte Gebrauch, ihn der Leitung der Mutter ganz
zu entziehen und übergab ihn dem Collège de Louis le Grand zur
weiteren Ausbildung, doch sollte grade dieser Zwang, verbunden mit
seiner Abneigung zur Mathematik, ihm die militärischen Studien noch
völlig verleiben, wogegen seine poetischen Anlagen, die sich bereits früher
geregt hatten, jetzt stärker hervortraten. So war schon 1816 ein noch
ganz in den academischen Regeln und Formen befangenes Trauerspiel
entstanden, welches die Rückkehr der Bourbons feierte. 1819 waren
zwei seiner Oden von der Académie des jeux floraux zu Toulouse
preisgekrönt worden, die ebenfalls wieder den Royalismus verherrlichten,
so daß er bei Erscheinen seiner Odes et ballades (1822) sich bereits
einer sehr glänzenden literarischen Stellung erfreute. Die royalistische
kirchliche Partei hatte ihn auf ihren Schild gehoben; Chateaubriand, der
poetische Heerführer derselben, ihn als das enfant sublime gefeiert, er
selbst aber sich an die Spitze einer neuen literarischen Fraktion gestellt, in=
dem er den Conservateur littéraire (1819—21) gründete. Sein damaliges
poetisch literarisches Glaubensbekenntniß ist in der Vorrede zu den Odes
et ballades niedergelegt, worin es noch heißt: „Die Geschichte ist nur
dann poetisch, wenn man sie von der Höhe der monarchischen Ideen
und des religiösen Glaubens betrachtet."

Der Beifall, welcher den Dichter umrauschte, dem als Lyriker
unbestritten der nächste Platz neben Chateaubriand und Lamartine
eingeräumt wurde, trieb ihn zunächst zwar immer noch weiter in diese

Richtung hinein, doch lange vor der Julirevolution erscheint er beträchtlich ernüchtert und es ist keine leere Phrase, wenn er, sich nun
zum ersten Male rückhaltlos zu den entgegengesetzten Ansichten be-
kennend, sagt: „Meine alte royalistisch-katholische Ueberzeugung ist
seit 10 Jahren mit dem fortschreitenden Alter mehr und mehr durch
die Erfahrung dahingeschwunden. Es blieb wohl noch immer etwas
davon in meiner Seele zurück, doch ist es kaum mehr, als eine religiöse, poetische Ruine.“

Victor Hugo's erste, noch vor diese Zeit fallenden Dramen
sind schon allein Beweise dafür. In Cromwell tritt er zwar noch
schwach für das Königthum ein; in Hernani läßt er es schon in einem
schwankenden Lichte erscheinen, in Marion de Lorme aber ganz herun-
tergekommen und kläglich. Es war also keineswegs erst die Hernani
verkürzende und Marion de Lorme hindernde Theatercensur, welche
Victor Hugo das Königthum in einem ungünstigeren Lichte zeigte.
Man würde sie vielmehr gar nicht gegen ihn anzuwenden nöthig gehabt haben, wenn diese Stücke nicht schon so Vieles enthalten hätten,
was royalistische Ohren unsanft berühren mußte.

Als Victor Hugo das Drama ernster in's Auge zu fassen begann, feierte gerade das Melodrama durch eine ganz neue Art der
Bühnen- und Schauspielkunst seine Triumphe. Die Dichter, die sie
doch selbst erst ins Leben gerufen hatten, ordneten ihr sich bald unter,
und kamen zum Theil in Gefahr, hierdurch in eine ähnliche Stellung zu ihr zu gerathen, wie einst die Canevasdichter zu den Stegreifspielern. Es war daher von keiner geringen Bedeutung, daß die vom
Theater français zurückgewiesenen, in einem freieren Tone schreibenden,
dem romantischen Einflusse etwas nachgebenden classischen Dichter
Raum neben ihnen gewannen. Besonders auf einen Geist von
so tiefem und feinem Formgefühl, wie Victor Hugo konnte diese
doppelte Einwirkung sicher nicht gleichgiltig bleiben. Doch stand
dieser Dichter ganz augenscheinlich unter ihr nicht allein, sondern
zugleich unter dem Einfluß der großen Dichtungen Shakespeare's,
Walter Scott's, Byron's, Schiller's, sowie der älteren spanischen
Dramatiker, wenn er diese auch nur überwiegend nach ihren theatralischen Wirkungen aufgefaßt haben mag. Julian Schmidt begrenzt dies
sogar noch enger mit den Worten: „In der Methode seiner drama-

tischen Poesie haben ihn Shakespeare und Schiller bestimmt, den romantischen Inhalt hat er aus Calderon genommen."

Die Tragödie Cromwell, mit welcher Victor Hugo 1827 hervortrat und die schon ihrer Länge wegen nicht für die Bühne bestimmt sein konnte, würde ohne die Bedeutung des Autors und ohne den Anhang, den dieser bereits sich erworben hatte, schwerlich eine größere Wirkung auszuüben vermocht haben. Auch ist diese mehr, als der Dichtung, der ihr vorausgeschickten Einleitung zuzuschreiben, in der er den Bestrebungen der romantischen Dramatiker zuerst einen bestimmten lehrhaften Ausdruck gab, und welche zugleich ein leidenschaftlicher Absagebrief an die Doctrin des academisch classischen Dramas war, worin besonders die Lehre von der Einheit des Orts und der Zeit und ihren verderblichen Wirkungen bloßgelegt wurde. „Legen wir den Hammer an diese alten Theorien, Poetiken und Systeme! — ruft der Dichter hier aus. — Brechen wir diese alten Gerüste ab, welche die Façade der Kunst maskiren! Es giebt weder Regeln, noch Modelle, oder vielmehr es giebt keine anderen Regeln, als die allgemeinen Gesetze der Natur, die sich auf die Kunst im Ganzen beziehen, und die besondern Gesetze, welche für jedes einzelne Werk aus den Lebensbedingungen jeder einzelnen dichterischen Individualität entspringen. Jene sind ewig und innere, sie bleiben, diese sind veränderlich, sie sind äußere und gelten nur für den einzelnen Fall." Nach ihm hat das Drama die Natur und Wahrheit zu suchen, aber nicht diese allein; schon weil es keine absolute Realität zu geben vermag. Die Kunst ist ihm vielmehr eine Verbindung des Idealen und Realen. Ihre Wahrheit müsse daher auch noch eine andere, als die bloße Naturwahrheit sein. Das Drama soll die Natur spiegeln, aber nicht spiegeln schlechthin, weil es dann gegen die Natur nur zurückstehen würde, der Spiegel muß ein concentrischer Spiegel sein, der aus einem beleuchteten Punkte einen leuchtenden, aus einem leuchtenden eine Flamme macht. Das Wesen des Dramas soll nicht das Schöne, sondern das Charakteristische sein. Was der Dichter zu vermeiden hat, sei das Gemeine, von ihm müsse er die Natur und ihre Wahrheit befreien. Dies soll hauptsächlich dadurch geschehen, daß er sein Bild ganz von Localfarbe erfüllt erscheinen läßt, die aber nicht eine nur äußerliche hervorgebrachte, oberflächliche sein darf, sondern eine aus dem Herzen der Dichtung kommende, alles durchdringende sein muß. Ein zweites

Mittel ſieht er hierzu in der Anwendung des Verſes, doch mache
dieſer es niemals allein. Vielmehr erſcheint ihm nichts ſo gemein, als
die conventionelle Eleganz und Schönheit des Ausbrucks. Alles Ge-
künſtelte ſei zu vermeiden. Der unmittelbarſte, der natürlichſte leicht-
hin vom Komiſchen zum Tragiſchen übergehende Ausbruck ſei auch der
ſchönſte. Das romantiſche Drama insbeſondre müſſe eine Verbindung
des Idealen mit dem Realen, des Ernſten und Heiteren, des Erhabenen
und des Grotesken, die Seele unter dem Körper, die Tragödie unter
der Komödie ſein.

Wie man über die Bedeutung dieſer Lehre auch denken mag, ſo iſt
zwiſchen ihr und der Anwendung, welche der Dichter von ihr in dem
vorliegenden Werke gemacht, doch noch ein bedeutender Unterſchied.
Man wird von ſeinem Cromwell unmöglich einen Rückſchluß auf den
Werth dieſer Lehre machen dürfen. Schließt ſie doch keineswegs die
Forderungen der inneren Einheit, der Harmonie eines folgerichtigen
Aufbaus, einer geſchloſſenen Struktur von ſich aus. Cromwell aber iſt
ein chaotiſches Werk, deſſen Theile nur loſe und äußerlich mit einander
verbunden ſind und in keinem ebenmäßigen Verhältniſſe zu einander
ſtehen. Die beabſichtigte Verbindung des Erhabenen mit dem Grotesken iſt hier keine organiſche, vielmehr ſind dieſe Gegenſätze meiſt
ganz willkürlich an einander geſchweißt. Wo ſie aber auch innerlicher
verbunden erſcheinen, iſt dies doch ſelten für den Zweck der Darſtellung und für die Situation charakteriſtiſch, daher das, was der
Dichter darin charakteriſtiſch nennen würde, nicht ſelten in das, was
er doch gerade vermeiden will, in's Gemeine, wie das, was er grotesk
nennen würde, ins Läppiſche und Poſſenhafte fällt.

Victor Hugo behandelt in dieſem Drama den inneren und äußeren Kampf, welchen Cromwell in ſeinem ehrſüchtigen Streben nach der
Krone zu durchkämpfen hatte; doch wird dieſer uns nicht in einer ſich
ſteigernden, der Kataſtrophe unaufhaltſam zudrängenden und durch ſie
zu endgiltiger Entſcheidung kommenden Handlung, ſondern in einer
Reihe breit ausgeſponnener, zum Theil gar nicht zur Sache gehörender, zum Theil aus dem Stile der Darſtellung fallender Epiſoden
vorgeführt, in denen das Geſchichtliche meiſt nur einen anekdotiſchen
Charakter hat. Cromwell muß jeden Schritt, den er nach ſeinem
Ziele vorwärts gemacht, wieder zurückthun und trotz der mannichfachen
Situationen, die wir an der Hand des Dichters durchlaufen, befinden

wir uns am Schlusse genau auf demselben Punkte, von welchem wir
ausgingen. Cromwell hat zwar, vom Zufall begünstigt, alle gegen
ihn geplanten Listen durchkreuzt, doch nur, indem er sich immer wieder den Schein zu geben wußte, als ob er der Krone entsage. Aufgegeben ist zuletzt aber ebensowenig, wie die leidenschaftliche Begier, der
feste Entschluß immer wieder nach derselben zu greifen. Der Dichter läßt
uns selbst keinen Zweifel darüber. Das letzte Wort seines Stücks ist
der heimliche Gedanke Cromwells — „Wann werde ich König sein?"

Die bedeutendste Einwirkung auf sie hat ohne Zweifel Walter
Scott ausgeübt. Die Scenen Cromwell's mit seiner Frau und seiner
Tochter und die zwischen dem Nekromanten Manasse und Cromwell
erinnern aber auch an verwandte Scenen in Schiller's Wallenstein, den Victor Hugo wohl nur aus französischen Bearbeitungen
kannte. Die Volks- und Verschwörungsscenen des letzten Akts weisen
endlich auf Shakespeare's Julius Cäsar hin. Doch ist der französische
Dichter überall hinter seinen Vorbildern zurückgeblieben, so daß man
von seinem dramatischen Talente, trotz mancher werthvollen Einzelheiten hier noch keine zu große Meinung gewinnen konnte. Gleichwohl
rief das Erscheinen des Werks eine mächtige Erregung, eine enra-
girte Parteiung hervor. Die Puristen schlossen sich fester zusammen
und erklärten den ketzerischen Neuerungen den Krieg. Die Romantiker
noch verstärkt aus der studentischen Jugend, nahmen sogar äußerlich
mit ihren wallenden Lockenköpfen, ihren bebänderten Spitzhüten eine
herausfordernde Haltung an.

Inzwischen war es Alexander Dumas gelungen, seinem in romantischem Geiste, mit einer ungleich glücklicheren theatralischen Verve
und in einer lebendig bewegten, farbenreichen Prosa geschriebenen
Drama Henri III. Eingang auf dem Theater français zu verschaffen und einen großen Erfolg damit zu erringen (1829). Ihm
folgte Victor Hugo mit seinem Hernani (1830). Er ist ebenfalls
wieder in Alexandrinern geschrieben, der Dichter erscheint aber als
ein völlig anderer darin. Er hat sich diesmal in der Führung der
Intrigue, in der ausgeklügelten Spitzfindigkeit der Situationen, das
alte spanische Drama zum Vorbild genommen. Von letzteren dürften
sogar einige direct für dasselbe entlehnt worden sein. Das Geschichtliche hat, wie bei den spanischen Dichtern, auch hier eine sehr willkürliche, phantastische Behandlung erfahren, die vorzugsweise auf

den scenischen und schauspielerischen Effect berechnet erscheint, doch fehlt hier das Tiefsinnige, welches dort das Willkürliche der Erfindungen mildert und bedeutungsvoll macht. Obschon die Handlung auch hier noch hie und da etwas Sprung- und Episodenhaftes zeigt, so erscheint sie im Ganzen doch ungleich geschlossener. Die Entwickelung drängt in spannender Weise der Katastrophe zu. Die Charaktere, wenn sie auch mehr, als wünschenswerth, den Situationen und ihren Effekten untergeordnet erscheinen, nehmen ein selbständigeres und dramatischeres Interesse in Anspruch. Auch ist der Charakter und die Struktur der Viktor Hugo'schen Dramen hier schon in der Hauptsache festgestellt. Jeder Akt bildet ein in sich abgeschlossenes und doch nach dem beabsichtigten Totaleindruck des Ganzen gestimmtes Gemälde von einem ganz eigenthümlichen Colorit, wodurch er sich wirkungsvoll von den übrigen abhebt, sich doch mit ihnen ergänzend, was durch das Spannende der Handlung gefördert wird.

Marion de Lorme war mit Hernani schon im Jahre 1829 und zwar noch früher, als dieser entstanden. Sie sollte jedoch erst später und nach mancherlei Widerstande zur Aufführung kommen. Die Anhänger der classischen Doctrin übten nicht nur auf das Theater français, auf die Presse, auf die Censur ihren Druck und Einfluß aus, eine Deputation der Academie reichte 1829 auch noch ganz unmittelbar eine Petition gegen die Neuerer bei Carl X. ein. Durch die Censur hatte man zwar das Verbot der Marion de Lorme erlangt, Carl X., welcher den Dichter sogar für den hierdurch erlittenen Schaden durch eine Erhöhung seiner Pension von 3000 auf 6000 fr. entschädigen wollte, was von Victor Hugo aber abgelehnt wurde, weigerte sich jedoch in ähnlicher Weise gegen Hernani vorzugehen. „In Dingen der Literatur," erwiderte er den Petenten, „habe ich nur, sowie Jeder von Ihnen, meine Herren, meinen Platz im Parterre." Hernani kam also am 26. Februar 1830 im Theater français zur Aufführung. Das Publikum war aufs Höchste gespannt. Beide Parteien standen einander zum Kampfe gerüstet gegenüber. Erst der vierte Akt schlug durch. Der fünfte entschied den Sieg für den Abend zwar vollständig, doch sollte derselbe noch heftig bestritten werden. Die zweite Aufführung bezeichnet einen der tumultuarischesten Abende des Theater français, er wurde vielleicht nur

von dem der ersten Aufführung des Germanicus im Jahr 1817 über=
troffen. Damals entsprang aber der Kampf politischen Motiven, es war
eine Schlacht zwischen Bonapartisten und Royalisten, die mit Fäusten
und Stöcken geschlagen wurde und sich auf die Straße mit übertrug.
Heute war der Kampf jedoch nur ein ästhetischer. Die Stöcke waren
verschwunden, die Fäuste aber geblieben. Der Sieg fiel den Roman=
tikern zu; was sich in den nächsten Vorstellungen wiederholte, bis der
Widerstand der Puristen endlich erstarb. Hernani hatte 54 Vor=
stellungen hinter einander. Die classische Tragödie und Doctrin hatte
eine Niederlage erlitten, von der sie sich bis jetzt nur einmal, aber
blos vorübergehend erholte.

Hernani ou l'honneur castillan behandelt, wie der Titel schon an=
deutet einen der hauptsächlichsten Gegenstände des altspanischen Dramas.
Drei der hervorragenden Persönlichkeiten des Stücks werden in verschie=
dener Weise von dem starren Begriff der castilianischen Ehre bewegt.
Alle drei: Don Ruy Gomez de Silva, ein stolzer hochsinniger Edelmann,
Hernani, der geächtete Bandit, der aber ebenfalls einem hohen Hause
entstammt, und der König Don Carlos, späterer Carl V., verlangen
nach dem Besitz der schönen Donna Sol, welche Don Gomez verlobt
ist, des Königs Liebe zurückweist, dem vom Gesetze verfolgten Hernani
aber in Noth und Verderben zu folgen entschlossen ist. Es ist diese
Liebe, welche bei diesen drei Männern mit dem Begriffe der Ehre in
Conflict geräth, was sowohl die bösen Leidenschaften, wie die guten
Neigungen ihrer Seele entbindet. Der König fällt in die Hände Her=
nani's, der ihn zum Zweikampf fordert und da er dessen sich weigert,
von diesem, der ihn zu morden verschmäht, im Stolze der Uebermacht
freigegeben wird. Hernani fällt in die Hände des Don Gomez,
dessen Ehre er aufs tiefste verletzt hat, der ihn aber nichtsdestoweniger,
weil er, bevor er dies wußte, ihn seines Schutzes versichert hatte, mit
Gefahr seines Lebens gegen den König vertheidigt. Dieser, in dessen
Gewalt endlich beide gefallen sind, der aber inzwischen Kaiser ge=
worden ist, will nicht minderen Edelmuth zeigen. Er nimmt beide
zu Gnaden auf, bestimmt Gomez, dem Besitze von Donna Sol zu ent=
sagen, und vereinigt hierauf Hernani mit dieser. Hernani, der seine
Freiheit von Don Gomez nur durch das Versprechen erkauft hatte, Rache
an dem König zu nehmen, sobald aber dieses geschehen und Gomez
hierzu das verabredete Zeichen geben würde, sich selber zu tödten —

Hernani wird in der Hochzeitsnacht, da er seine schöne Braut eben umfangen will, durch dieses Zeichen, den unheimlichen Ton eines Horns, an sein unseliges Versprechen plötzlich gemahnt. Er löst nach schwerem Kampfe, indem er sich vergiftet, seine verpfändete Ehre ein. Donna Sol folgt seinem Beispiel und auch Don ˙Gomez giebt sich, seine unbarmherzige That zu sühnen, den Tod.

Das Melodrama hatte längere Zeit durch den möglichst starken Gegensatz von Tugend und Laster, von sittlichem Adel und sittlicher Verworfenheit zu wirken gesucht, dabei aber jedes in individueller Getrenntheit darzustellen geliebt. Obschon es bei Victor Hugo an solchen reinen Gegensätzen gleichfalls nicht fehlt, suchte er doch die Stärke seiner Darstellung vorzüglich darin, daß er diese Gegensätze auch noch in eine und dieselbe Persönlichkeit verlegt und ihr tragisches Schicksal nicht nur aus dem Widerspruche mit der Welt, sondern zugleich aus diesem inneren Widerspruche entwickelt. Ja, er erblickte den höchsten Triumph der Kunst gerade darin, hierdurch die sittliche Häßlichkeit, die ungeheuerliche Verworfenheit zum Mittelpunkte des Interesses seiner Darstellung zu machen. Dies geschah in noch gemäßigter Weise in seiner Marion de Lorme und erreichte seinen Gipfel in Le Roi s'amuse, denen Lucrecia Borgia und Marie Tudor hierin nur wenig nachstehen.

Die Verbindung des Häßlichen mit dem Schönen wird auch schon in der Vorrede zu Cromwell berührt. „Dieser Flecken — heißt es hier — soll nichts andres als die unabtrennliche Bedingung der eigentlichen Schönheit sein. Dieser starke Farbenauftrag, welcher nahe beleidigt, ist aus einer gewissen Ferne gesehen, ganz unerläßlich für die Wirkung des Ganzen. Nehmt das Eine hinweg und ihr vernichtet das Andre. Alles Eigenthümliche beruht nur hierauf.“ Erst in dem Vorworte zu Le Roi s'amuse aber formulirt er die Lehre vom Häßlichen in ihrer vollen Schärfe und treibt sie nun weit über die Grenzen ihrer Berechtigung hinaus. „Nehmt die häßlichste, abstoßendste, vollständigste Mißbildung — liest man hier — stellt sie so auf, daß sie am schärfsten hervortritt, auf die tiefste, verachtetste Stufe der menschlichen Gesellschaft, beleuchtet dies elende Geschöpf von allen Seiten durch die niedrigsten Contraste, und gebt ihm dann eine Seele, werft in diese Seele das reinste Gefühl, welches dem Menschen gegeben ist, das Gefühl eines Vaters — was wird geschehen? Dies

hohe Gefühl, durch gewiffe Bedingungen erwärmt, wird vor euren
Augen diefes herabgewürdigte Wefen verwandeln, das Kleine wird
groß, das Mißgeftaltete fchön werden." Dies war es denn auch was,
Victor Hugo nur auf eine andere Weife in Lucrezia Borgia darftellen
wollte, in welcher der Mutterliebe eine ähnliche Rolle zugefallen ift.
Doch auch fchon in Marion be Lorme war es in zwar milberer, dafür
aber faft noch anftößigerer Form verfucht, hier wo die käufliche Liebe
eines fchönen Weibes plötzlich vom Zauber der echten, wahren, felbft-
lofen Liebe berührt wird und diefes in dem tragifchen Conflicte der
letzteren mit der früheren Verworfenheit untergeht. Wenn es aber fchon
fraglich ift, ob in einer Courtifane eine folche Reinheit der Empfindung
überhaupt möglich, fo muß doch jedenfalls das Mittel, welches fie zur
Rettung ihres Geliebten ergreift, gerade bei ihr als ein fehr zweideu-
tiges Opfer erfcheinen. Nur ein reines Weib würde, wenn überhaupt,
daffelbe darbieten dürfen, um damit vollen Glauben finden zu können.
Ein anderer Fehler des Stücks ift, daß der Dichter das Hauptmotiv mit
einem zweiten verknüpfte, das in feiner Behandlung faft noch einen
größeren Raum, als das erfte einnimmt, und ihm doch in gar nichts
verwandt ift, ich meine das Duellmotiv. Nichtsdeftoweniger bezeichnet
Marion be Lorme im dramatifchen Sinne einen großen Fortfchritt des
Dichters. Der Conflict entwickelt fich mit größerer dramatifcher Kraft.
Das Colorit ift energifcher, harmonifcher, ftimmungsvoller.

Victor Hugo erzählt, daß er nur bis zum Sturze der Regierung
Carl X. an der Veröffentlichung diefes Stücks behindert worden fei,
das eigene Gefühl ihn aber beftimmt habe, diefelbe noch weiter zu ver-
zögern, weil man fonft leicht eine gehäffige Anfpielung auf den geftürz-
ten König darin hätte finden können, an die er niemals gedacht habe.
Diefe Rückficht war dem Dichter allerdings um fo mehr geboten, als
Carl X. fich gegen ihn immer wohlwollend verhalten hatte. Auch
follte Victor Hugo nur zu bald die Erfahrung machen, daß das neue
Regime der Freiheit der Theater keine größere Sicherheit bot, obfchon fie durch die Charte gewährleiftet war. Das am 22. November 1832 zur Aufführung gelangte Drama, Le Roi s'amuse wurde
unmittelbar barauf verboten.

Der Dichter proteftirte in der geharnifchten Vorrede zu diefem
Stück gegen diefen ungefetzlichen Gewaltact, zugleich aber auch gegen
den wider daffelbe erhobenen Vorwurf der Unfittlichkeit, der ihm

nicht nur von der Regierung, sondern auch von einem Theile der Kritik und des Publikums gemacht wurde.

„Das Theater — heißt es hier — ist wie man nicht genug wiederholen kann, in unseren Tagen von der weittragendsten Bedeutung, einer Bedeutung, die sich mit der zunehmenden Civilisation nur noch steigern wird. Das Theater ist eine Tribüne. Es ist eine Kanzel. Es spricht laut und vernehmlich. Wenn Corneille sagt:

,Pour être plus qu'un Roi, tu te crois quelque chose —'

so wird Corneille zum Mirabeau. Wenn Shakespeare sagt:

,To die, to sleep —'

so wird er zum Bossuet. — Der Autor dieses Dramas weiß, welch große und ernste Sache die Bühne ist; er weiß, daß das Drama, ohne die Grenzen der Kunst verlassen zu müssen, eine nationale, sociale, humanitäre Mission zu erfüllen hat. Er fragt mit Strenge und Besonnenheit nach der philosophischen Tragweite seines Werks, weil er sich verantwortlich dafür weiß und nicht will, daß die seinen Stücken lauschende Menge ihn eines Tages für das, was er ihr vorträgt, zur Rechenschaft ziehe. Auch der Poet hat eine Verantwortung für die ihm vertrauenden Seelen und der Autor hofft immer nur Scenen auf der Bühne zu entwickeln, welche erfüllt von guten Lehren und Rathschlägen sind. Er wird immer gern den Sarg in den Banketsaal bringen, die Orgien von Todesgesängen unterbrechen und die Kapuzen neben den Masken erscheinen lassen. Was aber die Krankheit und das Elend betrifft, so wird er sie niemals im Drama ausbreiten, ohne auf das Abstoßende dieser Nacktheiten den Schleier einer tröstenden Idee zu werfen. Er wird Marion de Lorme nicht auf der Bühne erscheinen lassen, ohne die Courtisane durch etwas Liebe zu reinigen, noch den mißgestalteten Triboulet ohne das Herz eines Vaters, noch die schreckliche Lucrezia ohne das Gefühl einer Mutter. Laßt durch das Ganze nur eine sittliche, mitleidweckende Idee gehen und es giebt nichts Häßliches und Abstoßendes mehr. Das verächtlichste Ding, wenn ihr es mit einer religiösen Idee verbindet, wird heilig und rein. Hängt Gott an den Galgen, so habt ihr das Kreuz.“

Victor Hugo mag von diesen Absichten erfüllt gewesen sein, doch ging er sicher bei Verfolgung derselben weit über das Ziel. Er mag in der dichterischen Erregung sich in die Ueberzeugung hineingeredet haben, nie andre als ästhetische und moralische Wirkungen zu erstreben, doch war er dann wenigstens in einer gewissen Selbsttäuschung befangen. Nur zu oft hat er sie, vielleicht ohne sich dessen deutlicher bewußt zu werden, der theatralischen Wirkung zum Opfer gebracht. Er ist ein Meister des dramatischen Colorits, wie er dem

französischen Drama überhaupt erst den von Diderot geforderten
Zauber der Farbe und das durch sie zu erreichende Stimmungsvolle
gegeben hat, selbst hierbei ist er aber nicht immer in künstlerischer Weise
zu Werke gegangen. Nur zu häufig erscheint er berechnend darin.
Er hat Farbe und Stimmung nicht selten zur Hauptsache gemacht und
ihnen die Handlung untergeordnet. Wohl hat er scenische Wirkungen
erzielt, die man vorher auf der französischen Bühne nicht kannte und
den Kreis derselben mächtig erweitert. Auch war er der Erste nicht,
der diese Wirkungen um ihrer selbst willen suchte, aber er ist hierin
weiter, als vor ihm irgend ein Dichter von seiner Bedeutung gegangen.
Ich will, um dies zu erhärten, mich nur auf ein einziges Beispiel berufen. Der Effect jener in die Liebestrunkenheit Hernani's herein-
klingenden Todesmahnung durch den Ton des verhängnißvollen
Hornes hat sowohl in Le Roi s'amuse, wie in Lucrezia Borgia
wieder sein Seitenstück gefunden. Dort klingt in den Rachejubel
Triboulets, der den König todt unter seinen Füßen zu haben glaubt,
der lebensfrohe Gesang desselben, ihn plötzlich mit einer dunklen,
schrecklichen Ahnung erfüllend, herein. Hier wird das Bacha-
nal der todtgeweihten Gäste Lucrezia Borgia's plötzlich von
den unheilverkündenden Todesgesängen der Mönche unterbrochen,
welche den arglosen Uebermuth derselben in Entsetzen und Grausen
verkehren.

Le roi s'amuse und Lucrezia Borgia bezeichnen die Höhepunkte
des Victor Hugo'schen Dramas. In ihnen erscheint er als Meister
der dramatischen Technik und, wie schon gesagt, des dramatischen
Colorits. Auch wird man, wie viel gegen die Richtung, die er dem
neuesten Drama gegeben, auch einzuwenden ist — denn gewiß haben
seine Grundsätze und Ansichten nicht nur den berechneten Bühneneffect, sondern auch die sociale Tendenz, mit dem Scheine berechtigter
Factoren umkleidet, so daß das sociale und socialistische Drama vielfach an ihm angeknüpft hat, — doch nicht vergessen dürfen, daß er
den bildsamen dramatischen Elementen, die im Melodrama roh und
ungestaltet verstreut lagen, eine künstlerische und ideale, so wie überhaupt dem Drama eine freiere Form und einen neuen Inhalt gegeben,
der zwar zuweilen von einem romanhaften Charakter, aber von ihm in
seinem dramatischen Kerne ergriffen worden ist; sowie daß er endlich
ganz neue dramatische Probleme aufgeworfen, ganz neue und jeden-

falls ergreifende Conflicte und nicht blos große Ungeheuerlichkeiten, sondern auch große Schönheiten entwickelt, ja fast alle seine Nach= folger an poetischer Stimmung, an poetischen Intentionen übertroffen hat. Hätte er aber auch kein Verdienst weiter als das, welches ihm Niemand bestreiten wird, den Conventionalismus des alten classischen Dramas gebrochen und die Bahn für etwas Lebendiges, Eignes und Freies geöffnet zu haben, so würde ihn dies schon allein zu einer be= deutenden Erscheinung in der Entwicklung des französischen Dramas machen. Alphonse Royer, ein Altersgenosse des Dichters*) sagte, um diese Bedeutung ins Licht zu stellen: „Ich wollte nur, daß diejenigen, welche den Untergang jener Epoche der tödtlichsten Langeweile und der Unfähigkeit noch immer bedauern, zu sechs Monaten Phocion oder Pertinax verurtheilt würden."

Die Absicht, welche Victor Hugo mit seiner Lucrèce Borgia ver= verfolgte, hat er zum Theil selbst in den Worten dargelegt:

„Was ist diese Lucrèce Borgia? Nehmt die moralische Verworfenheit, wie ihr sie euch häßlicher, abstoßender, vollständiger nicht denken könnt, bringt sie dahin, wo sie am stärksten hervortreten muß, in das Herz eines Weibes, das mit allen Vorzügen physischer Schönheit und fürstlicher Größe ausgestattet ist, die dem Verbrechen seinen Schwung geben, und mischt dieser moralischen Ungeheuer= lichkeit ein reines Gefühl, ja das reinste Gefühl, dessen das Weib fähig ist, das Gefühl einer Mutter bei, stellt in eurem Ungeheuer eine Mutter dar und es wird interessant, ja dieses Geschöpf, das zuvor nur Grauen erregte, wird Mitleid erwecken, diese häßliche Seele — sie wird vor euren Augen fast schön werden."

Man sieht, Lucrèce ist dem Triboulet des Roi s'amuse in einer bestimmten Beziehung verwandt, sie steht in einem bestimmten Gegen= satze zu diesem. Doch wird man zu berücksichtigen haben, daß wenn Victor Hugo hier, wie in noch verschiednen andren Stücken, das Häß= liche durch das Gute zu verschönern sucht, er doch keineswegs das Häßliche selbst für etwas Schönes ausgiebt. Vielmehr wird bei ihm das Gute immer zur Nemesis an der Verworfenheit, und die Ver=

---

*) Er wurde 10. Septbr. 1803 geboren, gehörte der liberalen und roman= tischen Richtung an, widmete sich nach 1830 der dramatischen Carrière, leitete eine Zeit lang das Odéon und wurde endlich General=Inspector der schönen Künste. Er schrieb verschiedene Romane, Comödien und Operndichtungen, sowie die Histoire universelle du théâtre, auf die hier vielfach verwiesen ist. Auch machte er sich durch eine Uebersetzung der Dramen Alarcons verdient.

worfenheit zum Würgengel des Glücks, nach welchem das ihr beige=
mischte Gute vergeblich ringt. Das Liebesglück Marion's, das Vater=
glück Triboulet's, die Muttersehnsucht der Lucrèce — sie alle gehen
an der Verworfenheit dieser Personen zu Grunde, die sich gegen sie
rächend erhebt.

Le Roi s'amuse hatte bei seiner ersten und einzigen Vorstellung
keinen Erfolg, Lucrèce Borgia, welche 1833 zur Aufführung kam,
einen um so größeren. Sie ist in Prosa geschrieben, was wohl
der Grund, daß hier noch der letzte Rest vom rhetorischen Pathos
der alten classischen Tragödie verschwunden ist und die Rede ganz
auf die Handlung bezogen, ganz aus den Charakteren und Situatio=
nen entwickelt erscheint.

Auch die in demselben Jahre erschienene Marie Tudor und der
1835 nachfolgende Angelo sind in Prosa geschrieben. Sie zeigen
eine ähnliche Gedrungenheit der dramatischen Structur; wie sie über=
haupt viele Vorzüge der Lucrèce theilen, ohne dieselbe doch ganz
zu erreichen. Besonders sind in Marie Tudor die seltsamsten theatra=
lischen Effecte gehäuft. Mit der Geschichte hatte der Dichter es ja
schon immer so genau nicht genommen. Er hielt sich mit Vorliebe an
die anecdotischen Ueberlieferungen und glaubte in diesen die größere
poetische Wahrheit zu finden. In Marie Tudor hat sich derselbe der
Willkür seiner Phantasie aber ganz überlassen. Von der fanatischen
Katholikin ist — wie Julian Schmidt schon gesagt — nichts mehr
übrig geblieben, sie ist zu einer Art gekrönter Buhlerin geworden, gegen
deren trotzige Schamlosigkeit selbst Marion noch eine Heilige zu nennen
ist. Sie hatte daher im Odeon nur einen getheilten Erfolg. Bemer=
kenswerth ist hier wieder die Vorrede.

„Es giebt zwei Arten, die Menge im Theater zu erregen — heißt es
darin — durch das Große und durch das Wahre. Das Große ergreift die
Masse, das Wahre den Einzelnen. — Das, was die Größe Shakespeare's aus=
macht, ist, daß er immer beides zugleich ins Spiel setzt, so verschieden es auch
von einander ist, denn die Klippe des Wahren ist das Kleine, die der Großen
das Falsche. In allen Werken Shakespeares giebt es aber Großes, das wahr,
und Wahres, das groß ist. Im Mittelpunkt aller seiner Schöpfungen liegt zu=
gleich der Durchschnittspunkt des Wahren und Großen, und wo diese zusammen=
treffen, ist die Kunst immer vollkommen. Shakespeare und Michel-Angelo schei=
nen geboren worden zu sein, das seltsame Problem zu lösen, welches aufzuwerfen
allein schon absurd erscheint — immer in der Natur zu bleiben, indem man über

sie hinausgeht. Shakespeare übertreibt die Proportionen, aber er hält die Beziehungen inne. So ist Hamlet so wahr, wie ieder von uns, aber viel größer.
Das macht, weil Hamlet kein Einzelner, wie wir, sondern der Mensch überhaupt
ist. In den beiden Worten: wahr und groß, ist alles enthalten. Die Wahrheit
schließt die Sittlichkeit, das Große, das Schöne ein. Es ist das, was sich der
Autor immer zum Zweck gesetzt, wenn er es auch niemals erreicht .hat. Was ist
es z. B., was er in Marie Tudor verwirklichen wollte? Es ist dies: Eine Königin, welche ein Weib ist. Groß als Königin, als Weib aber wahr."

Es ist als ob Victor Hugo in seinen Dramen immer, in Marie
Tudor aber noch mehr als in allen übrigen, nicht das, was an seinen
Lehrsätzen wahr, sondern was an ihnen paradox ist, hätte beweisen
wollen. Er treibt in ihnen das Wahre über sich selbst bis zum Paradoxen hinaus.

Der Mißerfolg im Odeon bestimmte den Dichter doch wieder an
das Theater français zu gehen. Daß die Rolle der Caterina Bragadini
in Angelo hier in die Hände der Melle Dorval, die der Tisbe in die
von Melle Mars gelegt worden war, mußte bei dem Talent und der
Eifersucht dieser beiden ausgezeichneten Künstlerinnen viel zum Erfolge
des Stückes beitragen, in welchem der Dichter „in zwei ernsten und
schmerzlich bewegten Gestalten, die in der Gesellschaft stehende und
die von ihr ausgeschlossene Frau darstellen, dabei die eine gegen den
Despotismus, die andere gegen die Verachtung schützen und zugleich
zeigen wollte, welche Prüfungen die Tugend der einen zu bestehen
hat und mit wie viel Thränen die andre von ihrem Schmutze sich
waschen muß, indem in den Seelen derselben die Empfindlichkeit der
Gattin durch die Pietät der Tochter, die Liebe zum Manne durch die
Liebe der Mutter, der Haß durch die Hingebung, die Leidenschaft
durch die Pflicht besiegt wird."

Ruy Blas (1837) war der letzte dramatische Erfolg Victor Hugo's.
Er handelt von der Liebe eines Lakaien zu einer Königin, eines Lakaien
freilich, in dem etwas Größeres schlummert, der sein Auge auf die
Reize einer Königin wirft und in Folge einer Intrigue, welche die Ent-
ehrung der letzteren zum Zwecke hat, im Gewand eines Edelmanns an
den Hof kommt, eine bedeutende Rolle hier spielt und so die Gunst der
Königin wirklich erwirbt. Die Idee ist bizarr und phantastisch, die
Ausführung theilweise glänzend, theilweise barock. Frédéric Lemaitre

führte am Odeon das anfangs bestrittene Drama einem glänzenden Erfolge zu.

Mit seinem letzten dramatischen Werke: Les Burgraves (1843) erlitt der Dichter dagegen eine entschiedene Niederlage. Er muß zwar noch zwei Tragödien, Torquemada und Les jumeaux, geschrieben haben, da sie von dem Buchhändler Lacroix bereits angekündigt wurden, sie sind aber bisher nicht erschienen. Daß Victor Hugo sich nur vor dem Beifall der seinen Burgraves unmittelbar folgenden Lucrèce Ponsard's von der Bühne zurückgezogen haben sollte, hat wenig Wahrscheinlichkeit. Hatte er doch schon lange einen noch größeren Rivalen im eigenen Lager zur Seite und die Siege, deren sich dieser grade jetzt in rascher Folge zu erfreuen hatte, dürften ihm wohl noch bedenklicher erschienen sein. Jedenfalls wollte er seinen wohl erworbenen Ruhm nicht durch neue Versuche wieder aufs Spiel setzen.

Alexandre Dumas*) wurde am 24. Juli 1803 zu Villers Cotterets geboren. Afrikanisches Blut rollte in seinen Adern, da sein Vater, der republikanische General Alexandre Davy Dumas, der Sohn des Marquis Davy de la Pailleterie und einer Negerin, Tinette Dumas, war. Alexandre verlor den Vater sehr früh und erhielt eine nur mittelmäßige Erziehung. 1823 wendete er sich nach Paris, wo er durch die Empfehlungen seiner Mutter eine Secretariatsstelle bei dem Herzog von Orleans erhielt. Nebenbei widmete er sich hier aber auch noch den Studien und schriftstellerischen Versuchen. 1825 trat er mit ein paar Theaterstücken, 1826 mit einem Bande Novellen hervor, 1827 aber begründete er seinen Ruf durch den mit ungeheurem Erfolge im Theater français zur Aufführung gelangten Henri III.

Dumas huldigte den romantischen Doctrinen, doch nur weil diese seinen phantastischen Hängen besonders entsprachen und er in der Romantik die Poesie der Zukunft sah. Eine Phantasie von ungewöhnlicher Stärke, eine überaus thätige Erfindungs- und Combinationskraft, ein hoch ausgebildetes Anempfindungsvermögen, das ihn befähigte, sich rasch in alle Situationen, Zustände und Zeiten zu versetzen, ein großes Talent für das Malerische, Stimmungsvolle, eine seltene Kraft des leidenschaftlichen Ausdrucks — das waren die Eigenschaften

---

*) Seine Memoiren. — Fitzgerald, Life and adventurer of A. Dumas. London 1873. — Julian Schmidt, a. a. O. II. S. 440. — Royer, a. a. O. V. S. 106. Théâtre complète de Alexandre Dumas. Paris 1841 und 1846.

und Fähigkeiten mit denen Alexandre Dumas seine literarische Carrière eröffnet hatte. Victor Hugo ging, wenn nicht immer von reinen,
so doch von starken poetischen Antrieben aus; er vergriff sich zwar
oft in den Zielen, die er dann aber immer für künstlerische und
poetische hielt. Dumas überließ sich dagegen unbefangen dem In-
stinkte seiner Natur, und den Eingebungen seiner Phantasie und
seines Talentes. Für ihn gab es im Wesentlichen nur zwei Zwecke
der Poesie: den Effekt und den Gewinn. Sie setzten vor allem andren seine Erfindungs- und seine Gestaltungskraft ins Spiel. Doch
verschwendete er das Gewonnene wieder eben so spielend und leicht,
wie er es gewonnen hatte, so daß er trotz seiner großen Einnahmen sich lange in einem steten Wechsel von Reichthum und Armuth
befand. Er war für jeden zu Hause, der seine Hilfe ansprach und wer
ihm einmal aus der Noth geholfen, besaß fürs ganze Leben in ihm
einen opfermüthigen Freund.

Christine, in welcher er die Geschichte Monaldeschi's behandelt hat,
war früher geschrieben, als Henri III. Sie schließt sich mehr noch als
dieser an das academische Schema an, daher sie auch noch in Versen geschrieben ist. Der Alexandriner, ohnehin eine tragische Fessel, war dies
für Dumas mehr als für irgend einen andern Dramatiker. Das Stück
wurde 1830 im Odeon gegeben, es fiel aber trotz des Spiels von Melle
Georges in der Titelrolle durch. Nichtsdestoweniger hat Dumas den Vers
noch verschiedene Male anzuwenden versucht, so in Charles VI. chez
ses grands vaisseaux und in Caligula (1837) ꝛc. Letzterer gehört sogar
zu den bedeutendsten dramatischen Leistungen des Dichters. Der Stoff
dieses Stücks sagte seinem Talente besonders zu. Die Schilderung der
Zustände der römischen Kaiserzeit fand die entsprechenden Farben in den
afrikanischen Elementen seiner Natur. Diese brachen auch in den frühesten
seiner wilden, vom Melodrama und Byron beeinflußten Prosadramen,
in Antony (1831), Térésa (1832), Angèle (1834) zuweilen hervor, in
denen moderne Stoffe mit der heftigsten Leidenschaftlichkeit, mit der rücksichtslosesten Kühnheit, ja Frechheit, aber mit einer seltenen Kraft und
Wahrheit der Farbe behandelt sind. Das große theatralische Talent
des Autors war ganz außer Zweifel gestellt. Ueberwiegt in Henri III.
noch das Epische, so zeigt sich hier, trotz des romanhaften, abenteurlichen
Inhalts, im Aufbau, der Anordnung, der spannenden Entwicklung der
Handlung die dramatische Kraft des Autors. Das Ganze läuft aber

immer nur auf erregende, spannende, marternde Unterhaltung hinaus. Zweifelsucht, Unglaube, wilde, auf Lebensgenuß bringende, egoistische Leidenschaft sind die Haupttriebfedern der vorgeführten Begebenheiten.

Noch mehr im Charakter des Melodramas und zum Theil mit Dichtern desselben zusammengearbeitet, daher auch meist an der Porte St. Martin, der Brutstätte der ausschweifendsten Form dieser Gattung zur Aufführung gebracht, sind Richard d'Arlington (1831), La tour de Nesle (1832), Cathérine Howard (1834), Don Juan de Marana (1837) und Louis Bernard (1843.) Den Richard d'Arlington schrieb Dumas mit Goubaux, den Tour de Nesle mit Gaillardet. Letzterer beschuldigte Dumas sogar der widerrechtlichen Aneignung.

In diesen Stücken war die Einheit der Zeit und des Orts völlig aufgegeben. Der Dichter theilte dieselben daher in Tableaux. Die in ihnen angehäuften Gräuel übersteigen zum Theil alle Vorstellung. Im Tour de Nesle feiert die Gemahlin Ludwig X. mit ihren beiden Schwestern die wüstesten Orgien, zu denen sie jedesmal drei junge fremde Cavaliere aufgreifen läßt, die nach dem Genuß ausschweifend- ster Lust in den Fluß gestürzt werden.

Es läßt sich denken, wie verwildernd Stücke dieser Art, die da- mals in großer Menge von zum Theil nicht unbedeutenden Talenten entstanden, und die ihnen voraus und zur Seite laufenden vom glei- chen Geiste beseelten Romane auf die Phantasie, den Geschmack und die Sitten einwirken mußten. Schon 1831 schrieb daher Goethe an Zelter: „Das Häßliche, das Grausame, das Nichtswürdige mit der ganzen Sippschaft des Verworfenen in's Unmögliche zu überbieten, ist ihr satanisches Geschäft; denn es liegt dem ein gründliches Studium alter Zeiten, vergangener Zustände, merkwürdiger Verwicklungen und unglaublicher Wirklichkeiten zu Grunde, so daß man ein solches Werk weder leer, noch schlecht finden kann.“

Im Don Juan de Marana, welchen der Dichter ein Mystère nannte, erhebt sich dieser sogar zu einer poetischen Idee. Der gute und der böse Engel streiten sich um die Seele des Helden. Im Grunde ist aber der Stoff doch nur um der melodramatischen Effekte willen ergriffen, welche Dumas demselben zu entlocken gewußt.

Daneben liefen eine Anzahl von Lustspielen her, die zum Theil unter dem Einflusse Scribe's entstanden und auf die ich an anderer Stelle zurückkommen werde.

Schon durch seinen Henri III. hatte Dumas die Aufmerksamkeit
des Herzogs von Orleans in höherem Grade erregt. Er war rasch
in der Gunst desselben und hierdurch auch in der des Hofes gestie=
gen. Dies gab unter Anderem die Veranlassung, daß er den Herzog
von Montpensier 1846 nach Spanien begleitete. Nach seiner Rückkehr
gründete er in Paris ein eigenes Theater, le théâtre historique, auf
welchem er eine ganz neue Art Stücke zur Darstellung bringen lassen
wollte, die er durch Dramatisirung seiner Romane zu gewinnen hoffte.
Bereits im Jahre 1831 hatte er im Odeon ein Stück aufführen lassen,
Napoléon Bonaparte ou trente ans de l'histoire de France, welches
als erster Versuch dieser neuen Gattung angesehen werden darf. Es
besteht zwar nur aus 6 Akten, die aber die Länge von zwei bis drei
Stücken haben und eben so gut auf 40 Akte erweitert werden könnten,
da sie nur einige wenige, fast willkürlich aus dem Leben des großen
Kaisers gerissene Scenen enthalten. Erst im Jahre 1845 war aber
Dumas auf die Idee gekommen, seine Romane in dieser Art dramatisch
auszubeuten. In diesem Jahre wurden Les trois mousquetaires in
5 Akten und 12 Tableaux im Theater de l'Ambigu, 1847 La reine
Margot in 5 Akten und 17 Tableaux und der Chevalier de Maison
rouge, 1848 Monte Christo in 5 Akten und 12 Tableaux an zwei
Abenden gegeben, denen dann Le chevalier d'Harmetal und La
jeunesse des mousketaires folgten. 1847 trat Dumas auch noch
mit einer Bearbeitung von Schiller's Kabale und Liebe, Intrigue et
amour, sowie mit denen des Shakespeare'schen Hamlet und der
Schiller'schen Räuber, Le comte Herman, hervor.
   So groß die Zugkraft seines Theaters auch war, so überstiegen
bei der glänzenden Ausstattung, die er seinen Stücken gab, die Aus=
gaben doch noch die Einnahmen. Die Revolution von 1848 erschöpfte
daher seine Mittel und nöthigte ihn, sein Theater zu schließen. In
ununterbrochener Folge erschienen neben seinen zahlreichen Romanen
aber fort und fort neue Theaterstücke, von denen Melle de Chamblay
(1868) das letzte ist. Man kennt im Ganzen 60 Stücke von ihm.
Die Leichtigkeit, Frische, Natur und Energie seiner Darstellung, die
unerschöpfliche Erfindungskraft, machen ihn bei all seinen Fehlern auf
dem Gebiete des Dramas zu einer der bedeutenderen Erscheinungen
seiner Zeit. Seine Werke sind dreimal so umfangreich, als die Vol=
taire's, den man bis dahin für den fruchtbarsten der Schriftsteller

Frankreichs gehalten. Freilich hat Eugène Mirecourt in seinen Schriften Sur le mercantilisme littéraire und Fabrique de romans, Maison A. Dumas & Cie. (1845) ihm die Autorschaft vieler unter seinem Namen erschienenen Werke bestritten. Anicet Bourgeois, Auger, Bocage, Conailhac, Nerval werden unter seinen Mitarbeitern genannt. Dagegen arbeitete er aber auch wieder viel für Journale. Er selbst hat deren verschiedene begründet. Während des italienischen Feldzugs war er sogar als Berichterstatter thätig. 1867 gründete er dann noch ein neues Theater, le grand théâtre parisien, das aber nur kurzen Bestand hatte. Von hieran ging der Stern seines Glücks dem raschen Niedergang zu. Er starb in einem fast kindischen Zustand am 5. December 1870, während der Belagerung von Paris, in dem Dörfchen Puys bei Dieppe.

Dumas und den Melodramatikern vielfach verwandt war Melch. Fréd. Soulié, geb. am 28. Dec. 1800 zu Blois. Er hatte die Rechte studiert, war eine Zeit lang Advocat, ging dann in's Steuerfach über, wurde vorübergehend Dirigent einer Tischlerei, um endlich eine Anstellung als Unterbibliothekar am Arsenale zu finden. Er trat zuerst mit einem Bande Gedichte hervor (1824). Sein frühestes Drama ist die Tragödie Roméo et Juliette (1828). Obschon er den Stoff Shakespeare entnommen hat, bewegt sie sich noch in den Geleisen der classischen Formen. Schon in seinem nächsten Stücke, Christine à Fontainebleau (1829) steht er aber auf dem äußersten Flügel der romantischen Neuerer, die er alle an Unwahrscheinlichkeit und Ungeheuerlichkeit zu überbieten sucht. Den Fall desselben hatte er mehr noch den schlechten Versen, als dem Inhalte zuzuschreiben. Gleichwohl erlangte er mit seinem nächsten Drama, La famille de Lusigny (1831), das er mit Hector Bossange geschrieben hatte und mit dem er die lange Reihe seiner Prosadramen eröffnete, Einlaß in das Theater français.

Der Erfolg war ein entschiedener, wurde aber noch von dem seiner Clotilde im nächsten Jahre übertroffen. Er arbeitete nun besonders viel für die Boulevardtheater. Von diesen meist abenteuerlichen romanhaften Stücken wird La closerie de Genéts (1846) als das beste bezeichnet, jedenfalls hatte es großen Erfolg. Bemerkenswerther noch ist seiner socialistischen Tendenz wegen das Drama L'ouvrier. Soulié gehört zu den Begründern der industriellen Schriftstellerei, beson-

bers auf dem Gebiete des Romans, wo er vergiftend gewirkt hat.
Er starb 1847 zu Bièvre unweit Paris.

In ähnlichem Geist sind die Dramen des ihm an Phantasie,
Energie, Farbe und Leidenschaft noch weit überlegenen Eugène
Sue, geb. 1804, gest. 1859, die, wie Les mystères de Paris (1845)
und Le juif errant (1846), zum Theil nur dialogisirte Bearbeitungen
seiner Romane sind. Als das beste derselben darf wohl Mathilde be=
zeichnet werden.

Auch Honoré de Balzac (1799—1850) der sich selber mit zu
den größten Philosophen und Dichtern zählte, mag seiner übrigen
Bedeutung wegen genannt werden, obschon mit Ausnahme von La
Marâtre und Mercadet seine Bühnenstücke nicht eben viel Glück mach=
ten. In jener stellt er den Kampf zweier Frauen dar, Schwiegermutter
und Schwiegertochter, welche eine verbrecherische Leidenschaft für den=
selben Mann gefaßt haben, einen Kampf, der sich unter den Augen
der Gatten beider entwickelt. Dieses geißelt mit Glück das Streber=
thum jener Zeit.

Aus gleichem Grunde sei hier Lamartine's Toussaint Louver-
ture (1850), ein Drama erwähnt, welchem nach seinen Motiven
und Absichten ein sehr hoher Platz eingeräumt werden müßte,
wenn es dramatisch nur einigermaßen bedeutender wäre oder doch
wenigstens eine größere Wirkung ausgeübt hätte. Der Dichter wollte
darin die Idee der Sclavenabschaffung popularisiren, daher er be=
müht war, demselben eine volksthümliche Behandlung zu geben und es
für die Porte St. Martin bestimmte. Lamartine besaß aber keine
dramatische Ader.

Zu den bedeutendsten Dichtern der Porte St. Martin und des
Melodramas der späteren Zeit überhaupt, das immer mehr auf un=
geheuerliche Erfindungen ausging und durch die Häufung von Gräueln
und Schrecken, durch schreiende Contraste und ausschweifende socia=
listische und pessimistische Grundsätze zu wirken suchte, gehören endlich,
außer den aus der früheren Periode noch herüberragenden Schrift=
stellern dieser Art: Felix Pyat, Anicet Bourgeois und Adolphe d'Ennery.

Felix Pyat, geb. 4. Oct. 1810 zu Vierzon (Cher) hatte sich
schon als Journalist einen Namen gemacht, als er 1832 mit dem Drama:
Une révolution d'autrefois, seine Bühnencarrière auf dem Odeon
eröffnete. Es wurde seiner politischen Anspielungen wegen schon am

folgenden Tage verboten, was Phat's Popularität nicht wenig gefördert haben mag. Einen ungeheuren Erfolg errang er 1841 mit den Deux serruriers an der Porte St. Martin. Seine revolutionären, socialistischen Tendenzen traten aber noch offner in Diogène (1846) und in Le chiffonier de Paris (1847) hervor. Vom Jahre 1848 an widmete er sich fast ganz der socialistischen Propaganda.

Auguste Anicet-Bourgeois, am 25. December 1806 zu Paris geboren, gab schon früh seiner Neigung zum Theater nach. Bereits 1825 wurde von ihm ein Melodrama, Gustave ou le Napolitain, an der Gaité gegeben. Er gehört zu den fruchtbarsten Bühnenschriftstellern der Zeit und war keineswegs blos im Melodrama, sondern auch im Lustspiele und besonders dem Vaudeville thätig. (Von ihm ist z. B. das bekannte Passé minuit.) Er hat den größten Theil seiner Stücke im Verein mit andern Dichtern geschrieben, eine Gewohnheit, die immer mehr überhand nahm, und von Scribe zu einer förmlichen Industrie ausgebildet worden war. Auch Dumas hat Anicet-Bourgeois' Talent zu benutzen verstanden. Zu seinen hauptsächlichsten Mitarbeitern gehören außerdem: Masson, Gaudichot, d'Ennery (mit dem er unter Anderm Jeanne Hachette, La dame de St. Tropez und Le médicin des enfants schrieb), Paul Féval, Victor Ducange, Lockroy, Pixérécourt, Maillan, Labiche und Vanderburch.

Royer, welcher ihm freilich von der Schule her freundschaftlich verbunden war, glaubt, daß wenn er nur in der Form auf der Höhe des Inhalts gestanden hätte, er sicher im modernen Theater unmittelbar neben Alexandre Dumas zu stellen sein würde. Derselbe Autor veranschlagt die Zahl seiner Bühnenwerke auf 300, die er in 4 Kategorien theilt: in historische oder pseudohistorische Stücke, in Herzensbeziehungen behandelnde Stücke (pièces intimes), in pittoreske Melodramen und in Feerien. Er hebt von den ersten Perrinet Leclerc, La Vénitienne, L'impératrice et la juive, Jeanne Hachette, Le temple Salomon; von den zweiten Marianne, La dame de St. Tropez, Le médecin des enfants, Marthe et Marie; von den dritten La bouquetière des Innocents, Les mystères du carneval, La dame de la halle, La fille du chiffonier; von den letzten Les fugitifs, La prière des naufragés hervor. Bourgeois zeichnete sich durch dramatische Verve, durch eine freie und frische Natürlichkeit und wo es ihm gerade gut schien durch muntere Scherzhaftigkeit aus, die freilich nicht

selten in's Derbe fiel. Daneben fehlte es leider auch nicht an den
Fehlern und Auswüchsen der Zeit, der Richtung und des Genres.

Adolphe d'Ennery, geb. 17. Juni 1811 zu Paris, von jübi=
schen Eltern abstammend, zeichnete sich gleichfalls in der Verbindung
des Schrecklichen mit dem Lächerlichen, des Rührenden mit dem Ab=
stoßenden aus, wobei er das Schreckliche mehr in die Handlung, das
Lächerliche in die Reden der Handelnden legte. Auch er war von
ganz außerordentlicher Fruchtbarkeit, auch er arbeitete meist in Gemein=
schaft mit Anderen. Bourgeois' ist hierbei schon gedacht worden.
Grangé, Maillan, Dugué, Paul Foucher, Lemoine, Dumanoir, zählen
noch außerdem zu seinen vorzüglichsten Mitarbeitern. Er cultivirte
die verschiedensten Genres. Les bohémiennes de Paris und Marie
Jeanne gehören zu seinen wirksamsten Stücken.

Von höheren Intentionen, von wahrhaft poetischen Antrieben gingen
dagegen Prosper Merimée und Alfred de Vigny bei ihren dramatischen
Versuchen aus. Obschon die Stärke Prosper Merimée's (am
28. Sept. 1803 geb.) auf den Gebieten des Romans, der Archäologie
und der Geschichte liegt, so hat er doch seinen Ruf durch eine Samm=
lung dramatischer Dichtungen begründet, mit der es ihm die damalige
literarische Welt zu mystificiren gelang. 1825 veröffentlichte er näm=
lich Le théâtre de Clara Gazal, eine Reihe von dramatischen Scenen,
die er für das Werk einer spanischen Dichterin ausgab. Gewiß hatte
diese Mystification mit Theil an ihrem Erfolge und den Wirkungen,
welche sie ausübten. Sie waren so groß, daß man Merimée als
den Mazeppa neben Victor Hugo als den Carl XII. der Armee der
Romantiker stellte. Als Dramatiker ungleich bedeutender aber ist
Alfred Victor de Vigny, am 27. März 1799 auf dem Schlosse
Loches in der Tourraine geboren. Er wurde für die militärische Lauf=
bahn bestimmt. 1817 trat er in die königliche Garde ein, nahm
jedoch 1828 als Kapitän seinen Abschied, um fortan seinen literarischen
Neigungen ausschließlich leben zu können. Er gehörte dem Des=
champs'schen Kreis an und zeichnete sich als einer der entschiedensten
Gegner der academischen Regelmäßigkeit, des classischen Conventio=
nalismus aus. Obschon ein Anhänger des Romanticismus theilte
er doch nicht dessen Ausschreitungen. Bei aller tiefen Innerlichkeit
seines Wesens legte er hiezu ein viel zu großes Gewicht auf die künst=
lerische Aus= und Durchbildung der Form. Zwar war seine Weltan=

schauung, wie die so vieler Dichter der Zeit, vom Skepticismus an-
gekränkelt, doch erkannte er nichtsdestoweniger die wahre Aufgabe des
Dichters in dem Kampfe für das Ideale, der aber zugleich ein Kampf
mit der Gesellschaft sei, und deren materialistische Bestrebungen sich
dem Idealismus überall feindlich entgegenstellten. De Vigny trat
zuerst mit einer Bearbeitung des Shakespeare'schen Othello auf,
welche 1829 mit großem Beifall zur Aufführung kam, wie er überhaupt zu den größten Verehrern und Bahnbrechern dieses Dichters
gehört. Ihr folgte 1831 im Odeon seine Maréchale d'Ancre, die
es jedoch über einen Achtungserfolg nicht hinausbrachte. Erst 1835,
durch seinen Chatterton, begründete er in dieser Dichtungsform seinen
Ruf. Er hatte darin Gelegenheit, seine Kunst der psychologischen Motivirung in glänzender Weise zu entfalten. Doch waren es immer noch
mehr die Eigenschaften des Novellisten, als die des Dramatikers, die
man bewunderte. Das rührende Drama lebte in diesem Stücke gewissermaßen neu auf. Ein junger Poet, der sein Talent und seinen
Fleiß in einem unfruchtbaren Streben erschöpft, macht die ihm die Anerkennung versagende Welt hierfür verantwortlich. Er wird von Verzweiflung darüber und von der unglücklichen Liebe zu dem Weibe eines
rohen egoistischen Mannes, das der Brutalität desselben erliegt, zum
Selbstmord getrieben. — Auch Alfred de Vigny arbeitete hier auf starke
und peinliche Gemüthserregungen hin, nur in ungleich feinerer Art, als
die Melobramatiker, ja als die meisten Dichter der sogen. romantischen
Schule. Auch lagen hier schon die Keime des socialen, wenn schon nicht
socialistischen Dramas, ja selbst des Ehebruchsdramas, das bald eine so
große Rolle spielen sollte. Die pièces intimes der Dumas, Soulié,
Balzac, Sue, Bourgeois, d'Ennery haben gleichfalls schon diesen
Charakter, so daß man sie größtentheils als Anfänge des modernen socialen Dramas bezeichnen und in größerem Umfange auf das
alte sentimentale bürgerliche Familiendrama zurückführen kann. Der
Unterschied zwischen ihnen und diesem liegt nicht nur in den Veränderungen, welche die Gesellschaft seitdem erfahren hatte, sondern auch
darin, daß man die Charaktere und ihre Situationen und Zustände
jetzt nicht mehr einfach aus der Naturanlage und dem Charakter der
handelnden Personen und deren einseitigen Richtungen, sondern zugleich aus den Zuständen, Vorurtheilen, Uebergriffen der Gesellschaft
zu entwickeln und diese dafür verantwortlich zu machen strebte, obschon es

wie wir gesehen, auch früher dafür nicht an einzelnen Beispielen
fehlte. Erscheint dieses neueste Drama auch vielfach mit der Tragödie
und dem zu dieser einen gewissen Gegensatz bildenden Melodrama,
sowie dem romantischen Drama verbunden und verwachsen, so glaube
ich es doch ebenso, wie früher das sentimentale bürgerliche Drama, aus
dem es sich ja in Wechselwirkung mit dem Lustspiele hauptsächlich ent=
wickelt hat, erst mit diesem letzteren zur Darstellung bringen zu sollen.

Alfred de Vigny bildet den Uebergang zu einer Gruppe von
Dichtern, welche zwar die tieferen poetischen Antriebe und die feineren
künstlerischen Intentionen mit ihm theilen, ja noch schärfer als er pro=
nonciren, sich aber durch verschiedene Merkmale von ihm unterscheiden,
so daß sie von Julian Schmidt theils als die Realisten der roman=
tischen Schule bezeichnet, theils schon den Dichtern des socialen Dra=
mas zugerechnet worden sind, während sie Royer in den Begriff
der Ecole de la fantaisie zusammengefaßt hat. Ich meine Alfred de
Musset, Octave Feuillet, Léon Gozlar und George Sand. So sehr die=
selben aber auch wieder von den eigentlichen Schriftstellern des socialen
Dramas dadurch unterschieden sind, daß bei ihnen die dichterische Phan=
tasie eine so große Rolle spielt, und sie bei aller socialer Tendenz über=
wiegend ästhetische Absichten verfolgen, so möchte ich doch auch sie
und ihre Werke lieber in Verbindung mit diesem und dem Lustspiele
zur Darstellung bringen, da sie eine Art Mittelstellung zwischen ihnen
einnehmen und zum Theil zu beiden gehören.

Die classische Tragödie, wenn auch sehr auf die Seite gedrängt,
hatte inzwischen nicht völlig aufgehört. Wie sehr sich die Anhänger
der alten academischen Doctrin noch regten, welchen Einfluß sie noch
immer ausübten, beweisen die Processe, welche Victor Hugo im Jahre
1837 anstrengen mußte, um das Theater français zu zwingen, den
gegen ihn eingegangenen Verpflichtungen in Bezug auf die Ausführung
der von ihm erworbenen Stücke nachzukommen. Es ergiebt sich nämlich
aus den (bei Hachette mitgetheilten) Verhandlungen vor dem Tribunal
de Commerce, daß das Theater français trotz dem großen Erfolge des
Hernani und trotz der neuen Verträge, welche der Dichter hinsichtlich der
Wiederaufnahme der Vorstellungen desselben abgeschlossen hatte, dieses
Stück seit 1830 nicht mehr zur Aufführung brachte, ja daß es dem Dich=
ter mit seiner Marion de Lorme und seinem Angelo, nach deren Besitz
dieses Theater doch erst so eifrig gestrebt hatte, ähnlich erging; was alles

mit auf den Einfluß der Academie und der academischen Schriftsteller zurückgeführt werden muß. Denn wenn auch politische Motive hierbei noch mitwirkend waren, so stützte man sich bei Geltendmachung derselben doch hauptsächlich auf die Führer der academischen und hierdurch offiziellen Literatur. So glänzend der Sieg war, den Victor Hugo bei dieser Gelegenheit wieder erkämpfte, so sollte dem classischen Drama doch bald ein Succurs von der Schauspielkunst in der Erscheinung von Melle Rachel kommen, welche im Sommer 1838 in den Horatiern debütirte. Sie war es, welche jenem Drama plötzlich ein neues Leben, eine neue Seele und den poetischen Talenten der Zeit neue Impulse für dasselbe gab. Selbst in dem Lager der Gegner machte sich der classische Einfluß jetzt wieder geltend, was sich z. B. an der 1843 im Theater français zur Aufführung gelangten Judith von Frau von Girardin (Delphine Gay) nachweisen läßt, die doch so lange zu den Romantikern zählte. Wogegen eine andere Tragödie derselben Dichterin, Cleopâtre (1847), nach einem Romane Théophile Gautier's, wieder veranschaulicht, von wie kurzer Dauer der Aufschwung dieses neuen Classicismus war, da sie bereits wieder stark an den Ton der Victor Hugo'schen Dramen anklingt.

François Ponsard war der Mann, in dem man diesen Aufschwung jubelnd begrüßt, von dem man die Regeneration des classischen Drama's so siegessicher erwartet hat. Am 1. Juni 1814 zu Vienne (Isère) geboren, erhielt er hier seine erste Erziehung. Er setzte dann seine Studien in Lyon weiter fort, worauf ihn sein Vater nach Paris sandte, sich zur advocatorischen Praxis dort auszubilden. Obschon er sich mit Gewissenhaftigkeit diesem Wunsche gefügt, suchte er nebenbei, dem schon früh in ihm erwachten Hange zur Poesie nun doch zu genügen. Er übersetzte so unter Anderem den Manfred von Byron, den er jedoch auf seine Kosten ediren mußte, weil er dafür keinen Verleger gefunden hatte. Erst in Vienne, wohin er inzwischen zurückgekehrt war, ist die Tragödie Lucrèce dann entstanden. Er sandte sie nach Paris, wo es einem seiner Freunde, den Director des Artiste, Achille Riccaut, die Rachel dafür zu interessiren, gelang. Am 22. April 1843 wurde dieselbe mit großem Erfolge gegeben. So berechtigt dieser auch war, so erfüllten sich die daran geknüpften sanguinischen Erwartungen doch nicht. Schon Ponsard's Vorliebe für Byron hätte Bedenken erregen sollen. In der That war er nur ein Eklektiker, der

das Schöne überall nahm, wo er es fand und dem es dabei, wenn
auch nicht an Geschmack, so doch an dramatischer Kraft gebrach. Schon
das zweite Stück Ponsard's, Agnès de Meranie, welches den Kampf
Philipp August's mit der Kirche behandelt, die dessen zweite Ehe für
ungiltig erklärt und ihn zur Wiederaufnahme seiner verstoßenen ersten
Gemahlin zwingen will, hatte nicht den erträumten Erfolg. Auch
Charlotte Corday, so viel Fleiß auf das geschichtliche Studium und
die sprachliche Ausführung darin verwendet erscheint, was bei der Kritik
auch große Anerkennung gefunden, errang nur einen Achtungserfolg.
In der That ist diese Dichtung, besonders in ihrem ersten Theile, kaum
etwas mehr, als eine rhetorisch glänzende Darlegung jener Studien.
Nur erst vom vierten Akte an gewinnt sie an dramatischem Ausdruck
und Leben. Ponsard wendete sich nun dem Lustspiele zu, von dem er
erst 1866 in seinem Lion amoureux, einem Pendant zur Charlotte
Corday wieder zurückkehrte. Die Aufnahme war eine kühle. Kälter
noch war aber die des Galiléi im folgenden Jahr. Nur wenige Mo=
nate später, am 13. Juli 1867, starb der Dichter in Passy.

Man hat Ponsard den Begründer der Ecole du bon sens ge=
nannt. Auch hat er durch die kühle Besonnenheit und das Maßvolle
der Behandlung zur Ernüchterung von den Exaltationen der romanti=
schen Schule viel beigetragen. An Nachfolgern hat es ihm auch
nicht gefehlt. Will man dies Schule nennen, so ist dieselbe wenigstens
nicht von zu langer Dauer gewesen, und der Triumphe, die sie errungen,
sind wenige.

St. Ybars folgte mit seiner Virginie (1845), Autran mit La
fille d'Eschyle (1848), Jules La Croix mit Le testament de César
(1849) und in Gemeinschaft mit Auguste Maquet mit Valérie.
Letztere errang besondren Erfolg durch ein Kunststück der Rachel,
welche an einem und demselben Abende die Messalina und deren
Zwillingsschwester, die Courtisane Lycisca, spielte, wobei zu bemerken
ist, daß die Dichter die Messaline als eine tugendhafte Fürstin
dargestellt haben, welche das Opfer einer verhängnißvollen Aehnlich=
keit wird. Auch die mit großem Beifall aufgenommenen Uebersetzungen
des Sophokleischen Oedipe roi von Jules La Croix und der Antigone
von Paul Meurice und Auguste Vacquerie, sowie die Bearbeitungen
der Alceste und der Medea des Euripides von Hippolyte Lucas fallen
in diese Zeit.

Die romantische Schule hatte in ihren bedeutendsten Vertretern den Idealismus mit dem Realismus zu verbinden gesucht. Sie war gescheitert, weil es ihrem Idealismus an Reinheit, ihrem Realismus an Wahrheit gefehlt hatte und die Verbindung beider durch ihn nur eine nothdürftige, äußerliche gewesen war. Der neue Classicismus war in dem Versuch, den alten abstracten, conventionellen Idealismus wiederherzustellen, noch unglücklicher gewesen, weil man jetzt vor Allem nach Leben, nach unmittelbarem Zusammenhang mit den Interessen der Gegenwart und nach dichterischer Eigenthümlichkeit verlangte. Diesem Idealismus trat nun ein eben so einseitiger, eben so äußerlicher Realismus gegenüber, dem es zwar nicht an Talent, nicht an dem Scheine großer Naturwahrheit, nicht an bedeutenden scenischen Wirkungen, dafür aber nicht selten an poetischer Wahrheit gebrach; der zwar durch lebendiges Interesse zu fesseln wußte, nur daß dieses Interesse auf außer der Kunst liegende Zwecke gerichtet war. Man wollte damit neben der ästhetischen Wirkung auf den Zuschauer, eine umgestaltende auf die gesellschaftlichen Zustände ausüben, die man deshalb nicht schwarz genug darstellen konnte.

Die neuen philosophischen und naturwissenschaftlichen Ansichten, der Pessimismus und der Materialismus, waren, wie im vorigen Jahrhundert, die Ausgangspunkte dieser das Drama beherrschenden Tendenzen. Wie damals wurde es auch jetzt wieder verhängnißvoll für dieses und für die Dichtung überhaupt, daß diejenigen, welche die gesellschaftlichen Zustände und zwar in so pessimistischer Weise darstellten, sowohl hierdurch, wie durch ihre Theilnahme an den wahren Uebeln derselben, sie zunächst nur noch verschlimmern mußten. Schon Voltaire und Beaumarchais hatten sich neben ihren poetischen Bestrebungen an den finanziellen Speculationen und an den Genüssen und Lüsten der Zeit, die sie geißelten, betheiligt, aber sie erniedrigten deshalb die Dichtung doch noch nicht selbst zur Speculation, sie machten die Frivolität, die Libertinage, doch nicht die Prostitution zum Gegenstande ihrer Darstellung. Jetzt aber, da die Dichtung und zwar besonders die dramatische, fast ganz zu einer Sache der Industrie und Speculation gemacht worden war, brachte man diejenigen Mittel mit Vorliebe in Anwendung, die am sichersten großen und allgemeinen Beifall brachten, Sensation erregten und hierdurch große vorher nie gekannte, nie geahnte Gewinne versprachen. Das Publikum tried so die Dichter, die Dichter trieben das Publikum in die immer dreister hervortretenden pessimistischen und socialistischen Anschauungen hinein. Der Geist des Dramas wurde immer skeptischer, frivoler und cynischer Diese dramatische Industrie ging vom Lustspiele aus; von einem Dichter jedoch, welcher noch keinen so extremen Lebensanschauungen, sondern einem gemäßigten Epikuräismus und dem Behagen eines zu Ansehen und Reichthum emporgekommenen Bürgerthums huldigte.

XIII.
Das Lustspiel und das sociale Drama, sowie ihre Nebenformen seit dem Kaiserreich.

Scribe. — Melesville, Bayard, Legouvé, Dumanoir. — Die dem Classischen zuneigende Richtung: Delavigne; Ponsard. — Die romantischen vom Lustspiel zum socialen Drama den Uebergang bildenden Dramatiker: Alfred de Musset; Octave Feuillet; Georges Sand; Léon Gozlan. — Der Naturalismus und die sociale Tendenz im Drama; das Ehebruchs- und das Prostitutionsdrama. — Alexandre Dumas d. j. — Theodore Barrière. — Emile Augier. — Victorien Sardou. — Henri Meilhac und Ludovic Halévy. — Emile Erckmann und Alexandre Chatrian. — Der Zola'sche Naturalismus.

Noch tief in die vorliegende Periode ragen, wie ich bereits angedeutet, die unter dem Kaiserreich blühenden Lustspieldichter herein, sowie andererseits wieder die Anfänge mehrerer der ihr wesentlich zugehörenden Dichter noch in die letzten Jahre des Kaiserreichs fallen. Sie begannen ihre dramatische Laufbahn aber meist mit den kleineren Gattungen der ein- und zweiaktigen Vor- oder Nachspiele und des Vaudeville.

Augustin Eugène Scribe, geb. 24. December 1791, war ein Pariser Kind. Für den Beruf des Advokaten erzogen, ging er wie so viele seiner Standesgenossen aber bald zur Bühnenthätigkeit über. Schon 1811 schrieb er in Gemeinschaft mit Germain Delavigne, dem älteren Bruder Casimirs, das Vaudeville Le dervis*), das noch

------

*) Sie schrieben auch später noch vielfach zusammen. La sonnambule (1819), L'herétière (1822) und Le diplomate (1827) gehören zu ihren gemeinsam gearbeiteten Stücken.

in demselben Jahre zur Aufführung kam, aber eine Niederlage erlitt. Sein erster Erfolg fällt mit Une nuit de la garde nationale, in das Jahr 1815. Es wurde von dem des Solliciteur (1817) noch über= troffen. La sonnambule war dann der erste Versuch, die Sentimen= talität in das Vaudeville einzuführen, das bisher einen durchaus heiteren und leichten Charakter gehabt. Mit Philibert marié wurde 1820 das neue Theater du Gymnase eingeweiht. Der Erfolg erhob sowohl dieses, wie ihn auf die Woge des Tages. Ein Vertrag zwischen beiden war die Folge davon, durch den sich der Dichter auf eine Reihe von Jahren verbindlich machte, für kein anderes als dieses Theater zu schreiben.*)

Mit dem sensationellen Erfolge des Lustspiels Michel et Christine war dann der Ruf des Dichters für immer begründet. Auch eine Reihe kleiner, eigens für die eben aufblühende kindliche Leontine Fay geschriebener Stücke, wie La petite soeur, Le mariage enfantin ꝛc. fanden die glänzendste Aufnahme. Daneben suchte Scribe den Geist des Marivaux'schen Lustspiels in Stücken wie L'heretière, La haine d'une femme und Le jeune homme à marier neu zu beleben, ver= schmähte aber auch das burleske Genre nicht, in dem er sich durch L'ours et le Pascha und La demoiselle et la dame großen Beifall erwarb. Eine Menge, zum Theil reizender Genre= und Sittenbilder vervollständigten die Galerie dieser kleinen Stücke, in welchen der Dichter das reiche, vielseitige Talent seines heiteren und fruchtbaren Geistes entfaltete. Im Jahre 1826 versuchte er sich aber auch in den größeren Formen, vielleicht angeregt durch den Erfolg, den Casimir Delavigne mit seiner Ecole des vieillards (1823) erzielt hatte.

Bertrand et Raton ou l'art de conspirer, welches das Prototyp einer ganzen Reihe ähnlicher Stücke wurde, ist unter dem Namen Mi= nister und Seidenhändler auch auf deutschen Bühnen bekannt geworden. In Frankreich hatte es einen ganz außerordentlichen Erfolg und Julian

---

*) Das Theater des Gymnase, welches zwischen 1824—30 den Namen des Theaters de Madame erhielt, spielte Comédies, comédies-vaudevilles und vaude-villes. Scribe schuf für dasselbe die comédie d'intrigue und de sentiment, dits du Gymnase. Diese Stücke erschienen zum Theil als Répertoire du théâtre de Madame 1828—29 und als Répertoire du Gymnase dramatique 1830. — Später wurden hier auch die Dramen des jüngeren Alex. Dumas', Sardou's, Meilhac's und Halevy's gegeben.

Schmidt hält es für eines der besten Stücke des Dichters. In der
That sind Rantzau, der vom politischen Ehrgeiz ergriffene Seiden=
händler Raton Burkenstaff und dessen Sohn Erik vortrefflich gezeich=
net. Auch entfaltet sich hier die quellende Erfindungskraft Scribe's
in einer Fülle der behaglichsten und fesselndsten Situationen. Kaum
minder glücklich erscheint die Knüpfung und Lösung der Verwicklung
darin. Daß Scribe ein Stück von so heiterem Charakter an einen
so tragischen Vorgang wie das Ende Struensee's anknüpfte, kann
nicht gerade Wunder nehmen, da es demselben nie Ernst mit der Ge=
schichte war, sondern er diese fast immer nur als Mittel zum Zweck
behandelte. Sollte sie seinen Darstellungen doch meist nur einen be=
stimmten Hintergrund, seinen Erfindungen einen bestimmten Anhalt,
seinen Situationen ein bestimmtes Colorit und seinen Charakteren ein
bestimmtes Costüm geben.

Man hat Scribe den Dichter der reichen, emporgekommenen
Bourgeoisie genannt und behauptet, daß er überall „das Interesse über
die Leidenschaft" habe siegen lassen. Ich habe es aber nicht in solchem
Umfang bestätigt gefunden, wennschon nicht zu leugnen ist, daß er
vor allem seinem Publikum zu gefallen strebte, welches zum großen
Theil aus den Besitzenden und Reichen bestand. Von einem indu=
striellen Schriftsteller, wie er bei seinem großen Talente doch war, würde
man etwas Anderes kaum zu erwarten gehabt haben. Doch fehlt es
ihm keineswegs völlig an Stücken, die einer entgegengesetzten Lebens=
anschauung huldigen. Zu ihnen gehört Le mariage d'argent, welches
gerade gegen das materialistische Interesse gerichtet ist, das damals
die Pariser Gesellschaft zu beherrschen begann. Die Macht der Geld=
männer fand nicht mehr, wie im vorigen Jahrhundert ein Gegen=
gewicht im Adel und in der Geistlichkeit. Die Julirevolution vollzog
sich vielmehr ganz unter ihrem Einflusse.

Geringeren Erfolg als die beiden vorgedachten Stücke hatte das
die wechselseitige Förderung und Concurrenz der Geld= und Stellen=
jäger geißelnde Lustspiel: La cameraderie ou la courte échelle; nicht
sowohl, wie Royer meint, weil die Freundschaft von Leuten, die sich
nur der Erreichung egoistischer Ziele willen zusammen finden, auf
keiner sittlichen Idee beruht, als weil sich zu Viele im Publikum unan=
genehm davon berührt fühlen mußten. Doch hat sich der Dichter auch
zu Uebertreibungen verleiten lassen, welche durch ihre Unwahrschein=

lichkeit die Wirkung zerstörten. Nur zu häufig brachte Scribe die Wahrheit seiner Darstellung dem einzelnen scenischen Effekte zum Opfer, was sich in besonders auffälliger Weise in dem Lustspiel: La Calomnie (1840) zeigt. Er wendet sich hier gegen die Scheu vor der öffentlichen Meinung, welche der Verleumdung und Lästerung überall Thor und Riegel öffnet.

Dasselbe Jahr brachte dem Dichter aber auch einen seiner größten Erfolge durch das dem deutschen Publikum hinlänglich bekannte: Un verre d'eau. In keinem seiner Stücke vielleicht erscheint seine Virtuosität in der Führung der Intrigue in so glänzendem Licht, in keinem tritt aber auch die Methode seiner Compositionsweise, treten die Maschinerie und die Drähte, an denen seine Figuren gehen, so offen hervor, wie hier. Nicht nur die Geschichte, auch die Fehler, Gebrechen und Uebelstände, welche er zu geißeln vorgiebt, sind hier von ihm nur als Mittel zur Unterhaltung ergriffen und dadurch gewißermaßen der Nachsicht des Zuschauers empfohlen worden, was überhaupt seinen Darstellungen nicht selten etwas Frivoles, Schillerndes giebt. Es ist dieses Verhalten, welches, wie ich glaube, dem Dichter hauptsächlich jenen Vorwurf eingetragen, der poetische Vertheidiger der Grundsätze des damals emporgekommenen reichen Bürgerthums gewesen zu sein, so daß Julian Schmidt von ihm sagen konnte: „Scribe kann sich, da er selbst in den Sünden seines Zeitalters befangen ist, die Ehrlichkeit nicht anders denken, als mit einer gewissen tölpelhaften Unwissenheit verbunden." Wenn er sich dieselbe aber auch vielleicht ganz anders denken konnte, so hat er sie doch jedenfalls sehr oft, dem Publikum zu Gefallen, in dieser Art dargestellt. Auch ist wohl die Behauptung zu weitgehend, daß Scribe nur das Bürgerthum seiner Zeit darzustellen vermocht habe, daß seine geschichtlichen Figuren im Grunde nichts weiter als costümirte Notare, Advocaten und Bankiers seien, wenn es auch richtig ist, daß in der Schilderung der letzteren erst seine Stärke liegt und er für eine höhere, idealere Auffassung des Lebens wenig Sinn hatte und alles bei ihm einen bürgerlichen Anstrich gewann.

Auch das Jahr 1840 brachte wieder eines der gegen die Auswüchse des damaligen Gesellschaftslebens gerichteten Stücke: La passion secrète. Hier sehen wir eine Frau, um eine verbrecherische Liebe zu ersticken, sich in die Leidenschaft des Börsenspiels stürzen, wodurch sie in eine verzweifelte Lage geräth, die sich zwar schließlich zum Besseren wendet, nicht aber ohne in ihr eine nachdrückliche Lehre zurück zu lassen. 1841 folgte Une chaîne, das sorgfältigst gearbeitete Stück des Dichters. Die Motivirung ist hier eine tiefere, wahrere. Auch ist es weniger ein Intriguen- als ein Sittenstück und dürfte eigentlich schon dem neuesten socialen Drama zugezählt werden, da es gegen das Unsittliche der von der französischen Gesellschaft approbirten Form der Ehe gerichtet ist. Das Weib, welches hierdurch die Liebe weder vor, noch in der Ehe kennen zu lernen Gelegenheit hat, findet und sucht sie, obschon durch die Fesseln der letzteren gebunden, so doch durch den Reiz des Verbotes gerade verlockt, nun außer derselben. Scribe hat mit großer Wahrheit die Leidenschaft seiner Heldin, Louise, geschildert, welche letztere nur dadurch vor dem drohenden Abgrund bewahrt bleibt, weil Emeric, ein junger Künstler, der diese Leidenschaft in ihr entzündete, im entscheidenden Moment vor der Verführung zurückscheut. Er weigert sich, ihr auf dem gefährlichen Wege weiter zu folgen, um sich des schwärzesten Undanks gegen Louise's Gatten, seinen Wohlthäter und einen ehrenhaften würdigen Mann nicht schuldig zu machen. Dieser Mangel an Leidenschaft und Entschlossenheit verwandelt die Liebe Louise's in Verachtung. — Die Franzosen bewunderten damals die edelmüthige Entsagung Emeric's, die Deutschen aber nahmen Anstoß an dem unbefriedigenden Schlusse des Stücks. Dagegen fand bei diesen schon damals ein verwandtes, der Scribe'schen Chaîne noch vorausgegangenes Stück, Le fabricant, des Emile Souvestre (1806—54) viel Anklang, der sonst zu jenem in einem gewissen Gegensatz steht, insofern er sich seine Helden meist aus den besitzlosen Classen wählte — ein fast schon socialistischer Zug.

Von den späteren Stücken Scribe's fanden besonders Adrienne Lecouvreur (1849); Bataille de Dames (1851); Les contes de la Reine de Navarre (1851) und Les doigts de fée (1858) großen Beifall. Sie sind von ihm sämmtlich mit Legouvé gearbeitet worden. Ich vermag jedoch nicht zu sagen, welcher Antheil ihm daran zukommt. Da sie aber zu den wirkungsvollsten und besten Stücken Legouvé's gehören, wird man denselben wohl nicht unterschätzen dürfen. In Adrienne Lecouvreur, als welche die Rachel große Triumphe feierte, hatten sich die Dichter sogar den melodramatischen Stücken genähert, in denen sich Scribe auch schon früher versucht hatte. Die Scenen des letzten Aktes sind auf die quälendsten pathologischen Wirkungen,

auf den äußersten und peinlichsten Realismus der Darstellung berech=
net. Dies verdient um so mehr hervorgehoben zu werden, als der
Gegenstand in der geschichtlich überlieferten Form nicht dazu auf=
forderte, sondern es nur auf Erfindung beruht.

Scribe machte sich außer durch seine Lustspiele und Vaudeville's
auch noch durch seine Operndichtungen beliebt und berühmt. In ihnen
nimmt er in diesem Jahrhundert unbestritten die oberste Stelle ein.
Er erhob die Operndichtung erst wieder zu höherer Bedeutung. Die
Texte zu La dame blanche, La muette de Portici, Fra Diavolo,
Le maçon et le serrurier, La neige, Le domino noir, La juive,
sind genügende Beweise dafür. — Scribe war der fruchtbarste und ge=
feiertste Lustspieldichter dieses Jahrhunderts. Er beherrschte längere
Zeit die Theater aller Völker Europa's. Obschon ihm die Unterhal=
tung als Hauptzweck der Bühne galt und er sich nur selten zu höheren
Zielen erhob, es daher auch mit Inhalt und Form, besonders mit der
Wahrheit und Folgerichtigkeit der Charakteristik und Motivirung, nicht
allzu genau nahm, hat er sich hierdurch doch niemals verleiten lassen,
den Geschmack, das Gefühl, den gesunden Menschenverstand in allzu
gröblicher Weise zu verletzen. Mit einer reichen, glücklichen Erfindungs=
kraft, mit einem leichtbeweglichen, heiteren Geiste begabt, hat er immer
gesucht, das, was man künstlerischen Geschmack und Anstand nennt,
in seinen Darstellungen zu wahren. Sie sind nie ohne Geist, Anmuth
und Feinheit. Auch hat er dem Aufbau der Handlung, der Entwick=
lung und Behandlung der Situation und Scene stets große Auf=
merksamkeit zugewendet. Er hatte sich allerdings eine gewisse Methode,
ein gewisses Schema dafür ausgebildet, was die Production sehr er=
leichterte und ihn auch zu mancherlei Wiederholungen in der Cha=
rakteristik, in den Situationen und Effecten verleitet haben mag. Durch
das Zusammenwirken mit Anderen, durch die dramatische Compagnie=
schaft, die er in Aufnahme und zu hoher Ausbildung brachte, ist
dies ohne Zweifel gefördert worden. Er hat in die dramatische Pro=
duction das Princip der getheilten Arbeit eingeführt und sie zu einer
Sache der Industrie und Speculation gemacht. Doch fand er hierin
in seinen Nachfolgern, welche aus den materialistischen Tendenzen der
Zeit dazu neue Antriebe schöpften, die gelehrigsten Schüler, so daß er
heute darin gegen sie fast nur wie ein unschuldiges Kind erscheint. In=
dessen wußte schon er, sein Talent und seinen Ruf ziemlich rücksichts=

los auszubeuten. So las er z. B. in späterer Zeit keinem Theater
eines seiner Stücke unter 1000 Fr. pro Act vor, abgesehen von seinen
übrigen Autorenrechten. Royer erzählt, daß als man einmal unter
Véron in der Oper ein Ballet gegeben, dessen Schluß nicht befriedigt
hatte, dieser Scribe bei einer Begegnung im Foyer gefragt habe,
wie man dem abhelfen könne. Nichts leichter als das, habe Scribe
geantwortet. Schreiben Sie mir einen Bon von 1000 Fr. auf die
Theatercasse, so will ich es Ihnen sagen. Véron habe geschrieben,
Scribe das Geld erhoben, seinen Vorschlag gemacht und das Stück
sei en vogue gekommen.

Zu den Mitarbeitern Scribe's gehören Germain Delavigne,
Mélesville, Dupin, Poirson, Brazier, Carmouche, Bayard, Xavier,
Legouvé, Saintine, Dumanoir, Masson, Lemoine, Vanderburch, Roger,
Desverger, Mazares, Moreau, St. Georges, Lockroy.

Joseph Duveyrier, geb. 1787, gest. 1865, schrieb unter dem
Namen **Mélesville**. Er eröffnete 1815 seine dramatische Carrière
mit Melodramen, ging aber später zum Lustspiel und Vaudeville
über, wobei er sich Scribe vielfach associirte. Er war unter anderem
an dessen Petite Soeur und an Valérie betheiligt. Auch mit Brazier,
Carmouche und Bayard arbeitete er wiederholt. Den deutschen
Theatern ist er besonders durch Michel Perrin, Elle est folle, Le chevalier de St. Georges bekannt, als Operndichter durch Zampa. Er
hat an 300 Stücke theils allein, theils in Gemeinschaft mit Anderen
geschrieben.

Jean François Alfred **Bayard**, geb. 17. März 1796 zu Cha-
rolles, gest. 19. Febr. 1853, erreicht zwar den vorigen nicht ganz an
Fruchtbarkeit, obwohl man auch ihm an 200 Stücke zuschreibt, übertrifft ihn jedoch an Talent, von dem er freilich einen ziemlich leichtfertigen Gebrauch gemacht hat. Seine Charakterdarstellungen begnügen
sich meist mit der Oberfläche der Erscheinungen, welche er schildert. Wie
Scribe und Mélesville schrieb auch er viel mit anderen Autoren für
verschiedene Theater, zumeist für das Gymnase, das Vaudeville, das
Palais royal und die Variétés. Zu seinen besten Stücken gehören
La reine de seize ans, Le fils de famille und Le gamin de Paris.
Das letzte wurde 463 Mal hintereinander gespielt. Auch Les premières armes de Richelieu und Le mari à la campagne erfreuten

sich großer Beliebtheit, sowie der schon in's Possenhafte fallende Père de la débutante (an welchem Théoulon Mitarbeiter war.)

Bayard war nach Scribe der beliebteste Lustspieldichter der Zeit. Letzterer widmete seinem Freund und Mitarbeiter in der von Bayard's Familie veranstalteten Ausgabe auserwählter Stücke des Dichters (Théâtre. Paris 1855—59. 12 vol.) eine Vorrede. Es heißt u. A. darin: „Bayard war noch aus der Schule Dancourt's und Picard's, die immermehr ausstirbt. Das Falsche und Rührselige findet leichtere Nachahmung. Man sieht es am Drama, welches aus ihnen besteht. Daher es auch deren so viele giebt. Die Wahrheit und Heiterkeit dagegen sind selten. Diese aber werden gerade von der Comödie ver- langt, daher diese jetzt immer seltener wird."

Erneste Wilfried Legouvé, ein Sohn des Tragikers der Revo- lutionszeit, wurde am 15. Februar 1807 zu Paris geboren. Er be- gann seine poetische Carrière bereits 1827. Sein Name ist, wie wir fanden, mit einigen der beliebtesten Stücke Scribes verbunden. Außer- dem hatten besonders noch sein Louise de Lignerolles, durch das Spiel der Mars und seine Tragödie Medée, durch das Spiel der Ristori, große Erfolge. Für die letztere schrieb er auch das kleine Lustspiel Un jeune homme qui ne fait rien.

François Pinel Dumanoir, 31. Juni 1806 in Guadeloupe ge- boren, hat meist mit andern Dichtern zusammen gearbeitet. Besonders gefielen von ihm Le vicomte de Letorières und Jeanne qui pleure et Jeanne qui rit. Seine Ecole des agneaux trug ihm die goldene Medaille von Seiten des Staatministeriums ein.

Neben diesen verschiedenen Dichtern und ihren Arbeiten liefen die Lustspiele der sich ihnen zum Theil annähernden classischen Drama- tiker her, zuerst Casimir Delavigne's: Les comédiens (1820), L'école des vieillards (1825), La Princesse Aurélie (1828) und La popularité (1838). Les comédiens sind eine Art von satirischem Ge- legenheitsstück, welches gegen die beschränkten Kunstansichten der Schau- spieler des Theater français gerichtet ist, die seinen Vêpres siciliennes die Aufnahme verweigert hatten. L'école des vieillards ist nach einem englischen Stücke der Annah Cowley: School for the grey beards, welchem eine optimistische Auffassung der Convenienzheirath zu Grunde liegt. Ein alter reicher Schiffsrheder heirathet eine junge, schöne und geistreiche Frau, welche sich für sein Alter durch eine verschwenderische

Haushaltung und eine Menge Anbeter zu entschädigen weiß. Der alte Herr sonnt sich in ihrem Glanze, erträgt all ihre Launen und da sie sich in den Stunden der Gefahr als treu und redlich bewährt, haben sie beide auch scheinbar Recht so zu thun. Das Stück, welches in dem entschiedensten Gegensatze zu dem von langer Hand her vorbereiteten und schon stärker hervortretenden Ehebruchsdrama steht, fand durch Talma und die Mars in den beiden Hauptfiguren eine vortreffliche Ausführung und in Folge davon eine glänzende Aufnahme. — La princesse Aurélie ist eine Art Intriguenstück im Stile der spanischen. Eine junge Fürstin, die einen ihrer Unterthanen liebt, weiß durch List die Einwilligung ihrer drei Vormünder zu ihrer Verbindung mit diesem zu erlangen. Auch hier sind die beiden Hauptfiguren trefflich gelungen, während die der Vormünder im Stile der Comedias de figuron allzu chargirt sind.

In diesem, den Formen des alten classischen Lustspiels huldigenden Geiste dichteten auch noch De la Ville, Casimir Bonjour, Camille Doucet und anfänglich Augier, so wie später Ponsard und seine Nachfolger. Ponsard errang besonders mit seinem L'honneur et l'argent (1853) einen der größten Erfolge.

Keiner der vielen Schüler Scribe's, welche das reine Lustspiel pflegten, hat auch nur annähernd seine Bedeutung wieder erreicht. Die meisten arbeiteten nur für die oberflächlichste Unterhaltung. Des größten Erfolgs erfreuten sich hierin später Emile de Najac, Meilhac, Halévy, Eugène Labiche, Edmond Gondinet und Hennequin. Im Ganzen wurde aber das reine Lustspiel, wie dies schon aus den Klagen Scribe's in dem Vorwort zu Bayard's Lustspielen erhellt, jetzt von dem socialen und empfindsamen Drama immer mehr zur Seite gedrängt. Ehe ich mich jedoch der Betrachtung des letzteren zuwende, wird es nöthig sein, jener Gruppe romantischer Dichter noch zu gedenken, welche sowohl dem einen, wie dem andern mit angehörend, gleich den vorerwähnten, der clasischen Richtung angehörenden Dichtern, eine ganz exclusive geistige Stellung einnehmen; wie ja das gemeinschaftliche Kennzeichen derselben eben die sich vornehm abschließende, in Form, Inhalt und Ausführung sich gleichmäßig geltend machende geistige Eigenthümlichkeit ist. Bei keinem von ihnen tritt dieser Zug jedoch in so ausgeprägter, distinguirter Weise hervor, als bei dem ihnen allen hierin voranstehenden Alfred de Musset, der sich ge-

wiffermaßen als Haupt dieser Gruppe darstellt. Ich kann demselben hier
freilich nicht die eingehende Würdigung zu Theil werden lassen, die
er nach seiner Bedeutung auf dem Gebiete des Romans und seiner
Wirkung auf die höheren Lebenskreise seiner Zeit verdient. Als Dramatiker ist er trotz seiner großen, aber wohl nur ephemeren Erfolge,
eine zwar glänzende, aber keineswegs bedeutende Erscheinung. Alfred
de Muffet wurde am 11. Dec. 1810 in Paris geboren. Nachdem er
seine Studien im Collège Henri IV. glänzend absolvirt hatte, schloß
er sich der Richtung der Romantiker an, die sich um Deschamps
und Victor Hugo gruppirten. Er sog voll Begier den sie beherrschenden Geist in sich ein, der seine jugendlich brausende Seele berauschte.
1819 trat er mit seinen Contes d'Espagne et d'Italie hervor, in denen
sich schon die glänzenden Seiten seines reichen Geistes ankündigten.
Durch die Grazie des Ausdrucks, die Feinheit der Beobachtung und
Empfindung und den Reiz des Pikanten, ja Schlüpfrigen, machten sie
damals das größte Aufsehen. Der Erfolg riß den jungen Dichter in
den Strom des gesellschaftlichen Lebens, dessen Liebling er wurde. Er
lernte dasselbe mit all seinen verführerischen Reizen, doch auch zum
Theil in seiner abstoßenden Verworfenheit kennen. Es wurde der
Gegenstand seiner Darstellung, die durch den Zauber einer quellenden
und wohl auch noch künstlich erhitzten Phantasie, durch das pikante Gemisch von Verachtnng und Bewunderung, das sich darin für seinen
Gegenstand aussprach, entzückte und aufs unwiderstehlichste anzog.
Seine Dichtung, so unmittelbar sie erschien, war trotz der Fruchtbarkeit seiner Phantasie doch nicht selten das Werk der Berechnung. Wie
fast allen Romantikern der Zeit, war es auch ihm vor Allem um
Wirkung zu thun. Nur auf dem Grunde des Häßlichen, des Lasters
und der Verworfenheit, schien ihm das Schöne und Edle zu seiner
vollen Wirkung kommen zu können. Die Wirkungen des Grauenhaften
und Schrecklichen erschienen ihm sogar ästhetisch bedeutender, als die
des schlechthin Guten zu sein. So pessimistisch er wirklich auch selbst
durch das Leben geworden sein mag, dürfte er, um originell zu erscheinen, sich in diese sittliche Krankheit der Zeit doch noch künstlich hin-
eingearbeitet haben. „Ihre Originalität, sagt Julian Schmidt von den damaligen französischen Romantikern, mit besonderer Beziehung auf Muffet,
ist schließlich nichts Anderes, als eine krankhafte Umkehr des Idealismus". Muffet wurde der erklärte Dichter der vornehmen und elegan-

ten Pariser Gesellschaft. Je exclusiver diese war, um so mehr mußte
die geistige Exclusivität ihres Dichters sie ansprechen. Die Demi-
Monde, die ihr nachahmte und so viele Beziehungen und Berührungspunkte mit ihr hatte, theilte diese Bewunderung. Daß Musset aber
auch in einem bestimmten Umfange populär werden konnte, liegt in
der Natur des französischen Geistes, welcher nun einmal die Form
über alles schätzt und den die seine Verbindung von graziöser Natürlichkeit und pretiöser Gewähltheit, von Skepticismus und Epikuräismus, von Weltverachtung und Cultus der Sinnlichkeit, von Empfindsamkeit und von Sinnenfreude besonders anziehen mußte. Die elegante, glänzende Form trug überhaupt nicht wenig bei, das in vielen
dieser Dichtungen unter Blumen verborgen liegende Gift zu verbreiten.
Die theils ganz unmittelbare, theils noch künstlich erworbene Eigenthümlichkeit dieses Dichters ist nun auch seinen dramatischen Dichtungen eigen, in denen es ihm wohl vor Allem darum zu thun war,
seinen eignen Weg zu gehen. Dies läßt sich selbst noch in den
Titeln, unter dem er sie später veröffentlichte, erkennen: Un spectacle
dans un fauteuil (1832—34) und Les comédies injouables (1838).
Es waren, für die Lectüre einer auserwählten Gesellschaft, für den
Salon geschriebene Phantasiestücke in dramatischer Form, bei denen
er sich weder durch die Regeln, noch durch die Tradition beengen
lassen wollte. Sie erschienen zum großen Theil zuerst in der Revue
des deux mondes. Zu ihnen gehören: A quoi rèvent les jeunes
filles; Andréa del Sarte; Les caprices de Marianne; On ne badine
pas avec l'amour; Fantasio und Lorenzaccio. Byron und die älteren spanischen Dichter haben sichtbar darauf eingewirkt, wie überhaupt
die letzteren jetzt wieder sehr von den Dramatikern zu Rathe gezogen
wurden. Besonders das Ehebruchsdrama hat von hier aus große
Anregungen erhalten. Bei Musset hat daran aber auch noch
das eigne Leben, vor allem die Liebe Antheil gehabt, da diese
Stücke zum Theil in die Zeit der glühenden Leidenschaft des Dichters für George Sand fallen. Sie sind von überwiegend ernstem
Charakter, zum Theil von einer fesselnden Dämonie. Einige haben
die Form des Proverbes, dem er sich später mit Vorliebe zuwendete und für dessen geistvollsten, graziösesten Vertreter er gilt. Der
Werth dieser genrebildlichen Productionen liegt in der reizvollen, geistreichen und nicht selten naturalistisch kühnen Darstellung, in der Schärfe

der ihr zu Grunde liegenden Lebensbeobachtung, in der Feinheit der Zeichnung und Farbe. Es sind mehr geistreiche Studien, als abgeschlossene Bilder zu nennen, doch auch noch als solchen fehlt es ihnen zuweilen an Ernst und Vertiefung. So trübe und weltschmerzlich die Stimmung derselben oft ist, scheint der Dichter doch selbst noch mit dieser wie mit seinem Gegenstande zu spielen. Die Natur und Wahrheit leidet zuweilen unter dem Raffinement der Darstellung, die aber immer geschmackvoll ist.

Die Schauspielerin Allan war die erste, welche bei ihrer Anwesenheit in St. Petersburg auf den Gedanken kam, diese geistreichen Spiele zur Aufführung zu bringen. Der Ruf dieser Darstellungen drang nach Paris, wo sie dieselben bei ihrer Rückkehr einführte. Das elegante Proverbe La caprice machte den Anfang und brachte die Gattung en vogue. Il faut qu'une porte soit ouverte ou fermée; Il ne faut jurer de bien und Le chandelier brachten neue Triumphe. Da es keinen Anstoß erregt hatte, im Chandelier den Ehebruch als den normalen Zustand behandelt zu sehen, so wagte man sich nun auch mit Andréa del Sarte hervor, bei dem man sich bereits im vollen Ehebruchsdrama befand. Es folgten: On ne saurait penser à tout; Les caprices de Marianne, Bettine (von Alex. Dumas neu überarbeitet) Lorenzaccio, die nach Massinger's Picture oder nach der diesem zu Grunde liegenden Novelle gearbeiteten Barberine und Carmosine. Man hat Musset öfter mit Marivaux verglichen und Théophile Gautier sagte sogar bei Gelegenheit seiner Besprechung des Chandelier: Et l'on se plaignait de la disette de comédies, tandis que l'on avait sous la main des volumes de pièces où la finesse de Marivaux s'allie au caprice de Shakespeare. Allein diese Aehnlichkeiten, wenn sie überhaupt hier bestehen, würden dann doch nur einzelne Seiten dieser verschiedenen Dichter treffen, aber nichts von der Eigenthümlichkeit eines jeden von ihnen aussagen. Paul Lindau hat eine Charakteristik Musset's gegeben.

Ein Musset verwandter Geist, ohne doch dessen Glanz, dessen Genialität und Kühnheit ganz zu besitzen, ist Octave Feuillet. Am 11. August 1812 zu St. Lô (Manche) geboren, der Sohn eines höheren Beamten, vollendete er seine Studien im Collège Louis le Grand zu Paris. Als Schriftsteller trat er zuerst in Gemeinschaft mit P. Boccage und Albert Aubert und unter dem Pseudonym De-

firé Hazard mit dem Romane Le grand vieillard (1845) hervor; als
Dramatiker fast um dieselbe Zeit mit La nuit terrible. Das Drama
der französischen Romantiker ging überhaupt fast immer vom Romane
und der Novelle aus, die ihm daher auch vorausliefen. Feuillet an-
fänglich vom Theater freundlich aufgenommen, sollte bald mit der
Sprödigkeit desselben zu kämpfen haben, was ihn bestimmte, dem von
Alfred de Musset gegebenen Beispiel zu folgen und seine Stücke nur
für den Druck zu schreiben. So erschien unter anderem sein Lustspiel
La crise, welches erst 1854 zur Aufführung kam, schon 1848 in der
Revue des deux mondes. Seine bis dahin vollendeten dramatischen
Arbeiten wurden gesammelt unter den Titeln: Scènes et comédies und
Scènes et proverbes (1853 und 1856) herausgegeben. Das Aufsehen,
welches besonders die zweite dieser Sammlungen erregte, erschloß ihm aufs
Neue die Bühne. Von den Proverbes erhielten besonders La partie
des dames; Le fruit défendu; Péril en demeure; La fée; Le pour
et le contre und Le cheveu blanc viel Beifall. Feuillet hat darin
die Sprache fast noch künstlicher ausgebildet als Alfred de Musset,
seine Grazie war affectirter, unter dem blitzenden Schmuck seines
Dialogs fehlt es nicht an falschen Brillanten. Er behandelte darin
ähnliche, von Pessimismus, Skepticismus und sinnlichem haut-goût erfüllte Stoffe, die er aber zu mildern suchte, indem er über die
von ihm enthüllten unheimlichen Reize ein sittliches Mäntelchen warf,
um seine Darstellungen der bürgerlichen Moral gegenüber haltbar zu
machen. Die raschen Bekehrungen des Lasters zur Tugend werden
aber immer etwas Bedenkliches haben, theils weil sie der Wahrheit
widersprechen, theils weil sie die Versuchung verstärken. Von diesem
Geiste sind besonders La crise, Dalila (1851), sowie die späteren La
tentation und La redemption erfüllt. In La crise stellt der Dichter
den Satz auf, daß selbst die tugendhafteste Frau nicht leben könne,
ohne von der verbotenen Frucht gekostet zu haben. Doch bleibt der
psychische Ehebruch hier noch verschüchtert auf der Schwelle des physischen stehen. Es ist ein erweitertes Proverbe, doch nur von drei
Personen gespielt. In Dalila ist der Dichter zu zeigen bemüht, daß
die Verworfenheit der Halbwelt auch in der Ganzwelt zu Hause ist.
In Rédemption handelt es sich endlich um das in Aufnahme gekommene Thema der sittlichen Wiederherstellung einer gewerbsmäßi-
gen Courtisane durch die Liebe. In diesen Dichtungen finden wir

Feuillet also schon ganz auf dem Gebiete des socialen Dramas, auf dem er nun fast immer verblieb. Wie die Dramen so vieler der neuesten französischen Dramenbichter haben auch die Octave Feuillet's meist ein zu starkes novellistisches Interesse. Der tiefe Unterschied einer dramatischen und novellistischen Composition ist ihnen bei allem sorgfältigen Studium der Bühne und bei allem technischen Geschick in der Behandlung der einzelnen Scene, nicht immer ganz aufgegangen. Doch verführte wohl auch der in der Dichtung jetzt überhandnehmende industrielle Geist noch dazu, so daß man sogar die Stoffe der eignen Novellen und Romane zu dramatisiren und scenisch auszubeuten begann. Auch die Feuillet'schen Stücke Redemption; Le clef d'or; Le cheveu blanc; La partie des dames; Le roman d'un jeune homme pauvre u. A. sind auf diese Weise entstanden. Das letzte (1858) gehört nichtsdestoweniger zu den besten des Dichters. Es erscheint freier von blendenden theatralischen Effecten und wenn es auch etwas zu sehr auf Rührung hinarbeitet, nimmt es doch das Interesse in gesünderer Weise in Anspruch. In Montjoie feiert dagegen der crasseste Egoismus schließlich ein ähnliches Bekehrungsfest, wie die Buhlschaft in La Redemption. In La belle au bois dormant konnte die romantische Ader des Dichters am freiesten zum Durchbruch gelangen. Julie de Trécoeur (1869) ist ein erneuter Versuch im Ehebruchsdrama von dunklem Colorit. Feuillet würde in seinen späteren Dramen dem neuesten socialen Drama schon zugerechnet werden müssen, wenn er den Realismus der Darstellung nicht mit einem, wenn auch etwas hohlen Idealismus, den Skepticismus mit der bürgerlichen Moral zu versöhnen gesucht hätte und nicht noch mehr auf ästhetische Wirkungen, als auf die Umgestaltung der socialen Verhältnisse ausgegangen wäre.

Dieser letzten Tendenz huldigte dagegen, trotz der größeren Tiefe ihrer poetischen Antriebe, die den beiden eben vorgeführten Dichtern doch in vielen anderen Beziehungen, besonders in der zur Romantik, so geistesverwandte Aurore Dudevant, geb. Dupin, genannt George Sand*). Am 5. Juli 1840 zu Paris geb. und am 8. Juni 1876 auf Schloß Nohant gestorben, entstammte sie väterlicherseits einem der vielen Liebesverhältnisse des Marschalls Moritz von Sachsen.

---

*) Ihre Selbstbiographie Histoire de ma vie. Paris 1854.

Ihr Vater war Offizier, galant und leichtlebig, ihre Mutter von nie=
derer Herkunft und dunkler Vergangenheit, in ihren Sitten und Lebens=
anschauungen ebenso plebejisch, wie ihre Großmutter von väterlicher
Seite aristokratisch und exclusiv. Da ihr Vater früh starb, so war
Aurora zwischen den widersprechenden Einfluß dieser zwei Frauen ge=
stellt, was die Selbständigkeit ihres feurigen, romantisch gestimmten,
zur Excentricität geneigten Geistes nur fördern konnte. Es war nicht
sowohl Liebe, wie der Trieb nach Unabhängigkeit, was sie 1822 zur
ehelichen Verbindung mit dem Baron Dudevant trieb, einer Ehe, der
jede sittliche und Glück verheißende Grundlage fehlte. Die neuen
Fesseln wurden ihr aber bald unerträglicher noch, als die alten, zu=
mal ihr Gatte kein Verständniß für die romantischen Ideale ihres
excentrischen Geistes hatte. Sie ging mit Zustimmung desselben nach
Paris (1831). Das Leben, das sie hier führte, mußte endlich eine
völlige Trennung (1836) herbeiführen. Das Verhältniß, welches sie
hier sofort zu Jules Sandeau gewann, gab aber auch den Anlaß zur
Eröffnung ihrer literarischen Carrière. Schon 1831 gaben beide den
gemeinsam gearbeiteten Roman Rose et Blanche heraus. Aurora,
die sich damals der Sitte ihres Geschlechts ganz zu entbinden suchte
und sogar die weibliche Tracht mit Männerkleidern vertauschte, hatte
hierbei den von ihrem Freunde abgeleiteten männlichen Schriftsteller=
namen George Sand gewählt, dem sie fürs ganze Leben treu bleiben
sollte. Sie erwarb ihm rasch einen bedeutenden Ruf, der sich fast
mit jedem der vielen Romane steigerte, die sie von nun an ebirte.
Auf dem Gebiet des Romans liegt überhaupt ihre Stärke. Hier ent=
wickelte sie Eigenschaften, die sie zu den ersten Dichtern dieser Dich=
tungsform stellen. Doch fehlte es ihr auch hier nicht an Angriffen.
Das Wort Chateaubriand's: „Das Talent George Sand's hat einige
seiner Wurzeln in der Corruption" — hat ein vielfaches Echo ge=
funden. Der Widerspruch, daß man ihre Schriften fort und fort in
Bezug auf die Sittlichkeit anklagte, sie selbst aber grade die Sittlich=
keit derselben betonte, findet seine Erklärung in ihrem Begriffe vom
Sittlichen selbst. Beide Theile haben in einem bestimmten Umfange
recht. In vielem, worin George Sand aber ursprünglich Recht
hatte, gerieth sie durch Einseitigkeit und Uebertreibung ins Un=
recht. Dies gilt besonders von ihren Anschauungen des Verhältnisses,
in welchem das Weib zum Leben steht, des Verhältnisses zwischen

den beiden Geschlechtern. Auf ihre leicht entzündliche und tief erreg-
bare Seele hatten gerade die kühnsten Dogmen der gewagtesten Phi-
losopheme den mächtigsten Einfluß gewonnen, daher sie auch so rasch
von den socialistischen Ideen ergriffen und zu einer so leidenschaftlichen Vertreterin derselben wurde. Je größer aber die Wirkungen
waren, die ihre Schriften ausübten, um so gefährlicher mußten die
Irrthümer werden, mit denen sie sich behaftet zeigten, zumal sie dieselben mit dem Schein der unanfechtbarsten Wahrheit zu umgeben
suchte und durch den poetischen Zauber, mit dem sie dieselben um-
webte, so einschmeichelnd zu machen verstand. Eine Tugend aber bewahrte sie immer. Sie war niemals frivol. Es handelte sich ihr
immer um Ueberzeugungen. „Wenn sie sich auch fast überall auf dem
Gebiete der Sinnlichkeit bewegt" — sagt Julian Schmidt unter
Anderem von ihr, — „so geht sie doch nie auf eigentlichen Sinnen-
reiz aus. Was sie lehrt, ist häufig sehr unsittlich — aber die Form
ihrer Darstellung ist es nicht. — Wo sie lebt und empfindet, verleugnet sie nicht den Gott, der über die Herzen richtet. Sie besitzt,
was unsere Romantiker Ironie der Bildung nannten, d. h. sie weiß
ihr Auge frei zu machen von den Bildern, die ihre Phantasie erfüllen."
Am reinsten erscheint sie in ihren Dorfgeschichten. Besonders in
François le Champi und La mare du diable hat sie wahre Muster
der Gattung geschaffen.

Die Licht- und Schattenseiten ihrer Romane mußten umsomehr
auf ihre dramatischen Dichtungen übergehen, da diese zum Theil Bearbeitungen derselben sind, wie z. B. François le champi, Cadio,
Mauprat, Le marquis de Villemer, in allen aber das novellistische
Interesse vorherrscht. Obschon sie dem Theater an zwanzig Werke
geschenkt,[*] fehlt ihnen fast allen die eigentliche dramatische Ader. Auch
haben, trotz ihrer vielen Vorzüge, nur einige einen entschiedenen Erfolg auf der Bühne gehabt, nämlich: François le champi (1849),
Claudie (1851), Le mariage de Victorine (1851), Mauprat (1853)
und Le marquis de Villemer (1864) besonders das letzte.

Auch Léon Gozlan, geboren 1. Septbr. 1803 zu Marseilles,
gestorben 14. Septbr. 1866 zu Paris, gehört noch zu den von Alfred

---

[*] Théâtre de Nohant. Paris 1864 und Théâtre complet de George Sand
1866—67. 4. vol. Ein Theil erschien zuerst in der Revue des deux mondes.

be Muffet infpirirten und ihm geiftesverwandten Dichtern. Auch er
ging, wie fie, erft vom Romane zum Drama über, auch er verfuchte
fich fowohl im Proverbe wie im focialen Drama, auch bei ihm über=
wog im letzteren noch die äfthetifche, auf die Kreife der eleganten
Welt berechnete Abficht. Die Noth hatte ihn 1828 in die fchrift=
ftellerifche Carrière getrieben. Erft 1842 betrat er aber die Bühne.
Die Fehler, welche fein erftes Stück, La main droite et la main
gauche, zeigt, find auch all feinen fpäteren Dramen noch eigen: Häu=
fung von Unwahrfcheinlichkeiten, problematifche Charaktere, die er be=
nutzte, um zu neuen frappirenden Contraft=Situationen und Conflicten
gelangen zu können. Obfchon feine Stücke keineswegs alle die günftige
Aufnahme des erften fanden, blieb er doch der darin eingefchlagenen
Richtung treu, die ihren Höhepunkt in dem Livre noir erreichte. Un=
gleich gefälliger erfcheint er noch im Proverbe, in dem er manches
überaus Frifches, Anmuthiges, ja felbft Glänzendes fchuf, wie Le lion
empaillé; Une tempête dans un verre d'eau und Dieu merci le couvert est mis. Auch diefe Gruppe hat noch einige Nachfolger gehabt, von
denen François Coppée, geb. 1843 zu Paris, hier genannt werden mag

Die Februarrevolution bezeichnet, wie in der Entwicklung des
franzöfifchen Lebens überhaupt, auch eine Art Abfchnitt in der Ent=
wicklung des franzöfifchen Dramas. Sie gab den Grundfätzen des
Socialismus eine größere Verbreitung, deffen Keime zwar fchon im
vorigen Jahrhundert gelegt, erft jetzt zu einer üppigen Saat auf=
fchoffen. Der neue Cäfarismus, wie fehr er diefelben auch zu be=
kämpfen fuchte, mußte andrerfeits mit ihnen doch wieder rechnen.
Daneben erftarkte unter dem Einfluffe der fortfchreitenden Natur=
forfchung die materialiftifche Weltanficht immer mehr. Sie führte
in Verbindung mit dem fteigenden Raffinement der Genußfucht zur
Blafirtheit, in Verbindung mit den focialiftifchen Anfchauungen und der
aus ihnen emporfchießenden Unzufriedenheit zum Peffimismus. Alles
das wurde von der induftriellen Schriftftellerei, die ihm zum Theil
auch felbft mit verfiel, in fpeculativer Weife benützt und ergriffen.

Die realiftifche Darftellungsweife war für das Drama fchon feit
Diderot in Aufnahme gekommen. Sie war aber damals noch fchwäch=
lich. Sie hatte fich zwar vom Idealen nicht losgefagt, ohne fich doch
mit diefem durchdringen zu können. Die Romantiker hatten dann an
die Stelle des fchönen Ideals eine Art Idealifirung des Häßlichen

gesetzt. Man war hierzu theils durch das Verlangen nach neuen, starken Contrasten, nach sensationellen Conflicten, theils durch das unter dem Einfluß der Naturwissenschaften wachsende Streben nach Naturwahrheit, besonders aber durch die materialistischen und pessimistischen Lebensanschauungen gedrängt worden. Dies Alles forderte zugleich immer stärker zu realistischer Darstellung auf.

Dieser Realismus der Darstellung, der schon deshalb vorzugsweise nach der Seite des Häßlichen neigte, weil, das Häßliche schön darzustellen, durch den darin enthaltenen Widerspruch, durch das Paradoxe der Aufgabe, ein pikantes Interesse erregte, verband sich nun noch mit dem der socialen und socialistischen Tendenz.

Das Ehebruchs-, ja selbst das Prostitutionsdrama war schon vor Jahrhunderten den Italienern und Spaniern bekannt. Schon sie glorificirten Räuber und Buhldirnen, doch freilich aus andren Beweggründen. Damals war es die Kirche, welche in der Rehabilitation derselben ihre Triumphe feierte. Jetzt aber wurde die sittliche Verworfenheit für die ausschließliche Folge der mangelhaften Einrichtnngen, der mißbrauchten Vorrechte, der engherzigen Vorurtheile der Gesellschaft erklärt, sie wurde in ihrem Untergange als Opfer derselben dargestellt und selbst mit der Glorie des Märtyrerthums umgeben. Die Natur und die Lebenswahrheit war das große Wort der Dichter geworden — wie aber stand es um diese Wahrheit? Royer in seiner Geschichte des Dramas hat ernstlich dagegen Protest erhoben, daß die Schilderungen, welche die französische, welche insbesondere die Pariser Gesellschaft in den Romanen und Dramen der neuesten realistischen Schule gefunden, der Wahrheit wirklich entsprächen. Wenn aber die Schilderung auch keine einseitige sein sollte, so ist die Beleuchtung, in die jene Gesellschaft in diesen Romanen und Dramen gerückt erscheint, doch noch um vieles bedenklicher. Das Bild, welches die Dichter von ihr entworfen, mußte, um gerade von dieser selbst wieder so enthusiastisch aufgenommen werden zu können, ihr doch in einem, wenn auch gewiß nur beschränkten Umfange, zugleich aber auch in einer ihr immer noch schmeichelnden Weise entsprechen. Ganz wie im vorigen Jahrhundert wurde auch jetzt wieder Erscheinungen und Lehren von denen zugejubelt, gegen die sie doch grade in so gefahrdrohender Weise gerichtet waren. Ahnungslos, wie die Gäste der Lucrezia Borgia folgen sie der Einladung ihrer Dichter, berauschen sie sich an den Genüssen, die diese ihnen bieten, schlürfen sie das ver-

führerische Gift ein und brechen darüber in Jubel aus, während sich
heimlich zu ihrem Untergang alles schon vorbereitet. Ganz wie im
vorigen Jahrhundert theilen auch heute die Dichter, welche die Gesellschaft
auf's Heftigste angreifen, die gefährlichsten Neigungen und Leidenschaften
derselben, die Gewinn- und Genußsucht. Nicht wie im vorigen Jahrhundert, der wenn auch oft mißverstandene Gedanke der Humanität,
nicht wie man heute es vorgibt, das Streben nach Natur- und Lebenswahrheit, noch die neuen socialistischen Weltverbesserungsträume führen
den meisten der heutigen Dichter die Feder — mehr als dies alles
ist es das Streben nach sensationellem Erfolg, nach dem Gewinn, den
dieser nothwendig abwirft, nach dem Genuß, den dieser verspricht.
Die dramatische Dichtung ist zur Industrie, ist zur Speculation geworden. Die zeitbewegenden Ideen werden von dieser ebenso ausgebeutet, wie das Talent, und nur um so mehr, je größer das letztere
ist, mag es nun in halber Selbsttäuschung oder mit vollem Bewußtsein geschehen.

Bei dieser verhängnißvollen Richtung, in welche das französische
Drama gerathen, wurde ihm aber wenigstens das noch zum Heile, was
seiner Entwicklung so lange hinderlich gewesen war: das den Franzosen
innewohnende starke Gefühl für die Form. Die industrielle Speculation
konnte ihre Zwecke immer nur dann erreichen, wenn sie dieses Gefühl
und seine Forderungen in einem bestimmten Umfange achtete. Hierdurch
erscheint das französische Drama doch vor dem tiefen Sinken bewahrt,
von welchem das deutsche bei der allzugroßen Gleichgiltigkeit für die
Form heute bedroht ist. Die alten Formen des Dramas freilich sind
auch in Frankreich so gut wie verschwunden. Aber das Formgefühl verlangte nach einem Ersatz und wenn dieser den wesentlichen
Forderungen des Dramas auch nur wenig entspricht, so hatten die
früheren Formen diesen doch gleichfalls nur wenig entsprochen, so entspricht er, wie diese, doch wenigstens dem Begriff, welchen man gerade
vom Wesen des Dramas hatte und hat. Das läßt sich genügend an
der sorgfältigen Behandlung der Sprache, an der feinen Führung des
Dialogs und der Scene, an der wirkungsvollen Gruppirung und
Bewegung der Charaktere dieses neuesten Dramas erkennen.

Alexandre Dumas, der Sohn, am 28. Juli 1824 geboren,
wird gewöhnlich als derjenige bezeichnet, welcher diese neueste Epoche
des Dramas eröffnete, deren Anfänge sich freilich, wie wir gesehen,

viel weiter zurück verfolgen lassen. Nachdem er seine Studien im
Collège Bourbon in glänzender Weise beendet, debutirte er 1846
nicht minder glänzend als Schriftsteller mit seinen Aventures de
quatre femmes et d'un perroquet. Er besaß nicht die Phantasie
seines Vaters und vermied es daher in dessen Manier mit diesem zu
wetteifern. Er suchte und fand vielmehr seine Stärke in der Schärfe
der Lebensbeobachtung und in der frappirenden Treue der Wiedergabe.
Auch suchte er sich ein eigenes Gebiet dafür aus. Nicht die Romantik
der ritterlich=höfischen Vergangenheit, sondern das unmittelbare Leben
der mit leidenschaftlicher Hast nach Gewinn und Genuß ringenden
Gegenwart. Die Kreise der sogenannten Halbwelt wurden vorzugs=
weise seine Domäne. Auch er begann mit Romanen und ging dann
von diesen zur Bühne über, ja seine beiden ersten epochemachenden
Dramen: La dame aux camélias (1852) und Diane de Lys (1853)
sind nur Bearbeitungen der 1848 und 1851 unter gleichen Titeln von
ihm erschienenen Romane. Schon Palissot in seinen Courtisanes (1775)
behandelte das Thema der Camelienbame, aber in einer die Courtisane
völlig preisgebenden Weise. Victor Hugo suchte den Gegenstand in
eine etwas höhere Sphäre zu heben und das tragische Mitleid für
ihn in Anspruch zu nehmen. Scribe folgte dem Beispiel, indem er
denselben in seinem Melobrama Dix ans de la vie d'une femme
wieder ganz herab in die Niedrigkeit drückte und was den Realismus
der Darstellung betrifft kaum hinter Dumas und seinen Nachfolgern zu=
rückgeblieben ist. Erst Dumas wagte es aber, ihn mit dem Heiligenscheine
des gesellschaftlichen Märtyrerthums zu umgeben, indem er ihn zugleich
als ein Opfer des Edelmuths und der Ausschweifung untergehen ließ.
Doch drängt sich die Tendenz noch nicht allzusehr vor, sie erscheint
ganz in der Darstellung aufgegangen, die Verhältnisse sind sogar mit
einer gewissen Unparteilichkeit dargestellt. In der Technik, in der
Zeichnung der Charaktere zeigte der Dichter zugleich eine Meisterschaft,
die eines besseren Gegenstandes würdig gewesen wäre. — Diane de
Lys bezeichnet keinen künstlerischen Fortschritt. Die Darstellung der
gesellschaftlichen Laster, die hier in eine höhere Sphäre verlegt er=
scheinen, ist rücksichtsloser. — Ausgezeichnet durch die Feinheit der
Beobachtung der Zustände, Allüren, Gewohnheiten, Laster der der
Corruption verfallenden und schon verfallenen Kreise der höheren Ge=
sellschaft ist Le demi monde (1854) — ein Titel, welcher einer

ganzen Kategorie des socialen Dramas den Namen gegeben hat. Auch
entschädigt der Dichter hier durch die frische, duftige Blüthe, die
in Marcelle dem sumpfigen Boden entsproßt, auf welchem sich seine
Darstellung wieder bewegt. — Hatte Dumas bisher die Genußsucht
in den Verhältnissen beider Geschlechter und die ihr entspringenden
gesellschaftlichen Auswüchse zum hauptsächlichsten Gegenstande der Dar=
stellung gemacht, so brachte er in La question d'argent (1858) eine
andere Seite des heutigen Lebens, die er dort nur nebenbei mit berührt
hatte, die Geldspeculation mit ihren verderblichen Wirkungen, zu
lebendiger Anschauung. Doch verlor er sich hier und da zu sehr ins
Doctrinäre dabei. · Le fils naturel (1858) nimmt dann das Thema
Diderots in einem andern und ungleich bedeutenderen Sinn wieder auf.
„Il nous faut - heißt es in der Vorrede — peindre à larges traits
non plus l'homme individu, mais l'homme humanité, le retremper
dans ses sources, lui indiquer ses voies, lui découvrir ses
finalités." Jedenfalls ist es dasjenige Stück des Dichters, welches
von Seiten seiner Lebensanschauung noch am meisten befriedigt. Ihm
folgte (1859) Le père prodigue, welcher einen Zwiespalt der Urtheile
hervorrief, und L'ami des femmes, der zugleich den stärksten Angriffen
von Seiten der Moral und manchem Tadel von Seiten der ästhetischen
Kritik zu begegnen hatte. Dumas bekennt, daß er das, was er darin
auszusprechen beabsichtigte, nicht voll zum Ausdruck gebracht habe:
„L'action était au dedans et les théories dehors, faute capitale au
théâtre." La femme de Claude erlitt eine Niederlage; wogegen
Monsieur Alphonse (1873) trotz des Abstoßenden der Hauptfigur
einen neuen Erfolg erzielte. Größer war derjenige, welchen Dumas
mit Mad. de Girardin in Le supplice d'une femme errang. Auch
L'etrangère 1877, in welcher Dumas das Thema des Ehebruchs
mit den abenteuerlichsten Begebenheiten und Situationen verknüpfte,
fand vielen Beifall, sein neuestes Stück La Princesse de Bagdad
zwar zunächst eine Niederlage, der aber ein großer Succeß folgte.
Dumas hat in den Vorreden zu seinen Dramen (Théâtre complet
1868) seine dramaturgischen Ansichten niedergelegt, welche durch
ihren socialistischen Beigeschmack großes Aufsehen, doch auch viel=
fachen Widerspruch erregten.

Der erste, welcher in bedeutenderer Weise sich dem von Dumas
gegebenen Beispiele anschloß, war Théodore Barrière, geb. 1823 zu

Paris. Sein eigentlicher Beruf war die Kupferstecherkunst. Sie verschaffte ihm eine Anstellung im französischen Kriegsministerium. Nebenbei widmete er sich jedoch literarischen Arbeiten. 1843 trat er im Palais Royal mit Rosière et nourrice auch als Dramatiker auf. Nachdem er sich theils allein, theils in Gemeinschaft mit Andern, wie Paujol, Clairville, Bayard, Marc Fournier in fast allen Gattungen, (Vaudevilles, Verslustspielen, Melodramen) versucht, schrieb er unter dem Einfluß des ersten Erfolgs Alexander Dumas' mit Lembert-Thiboust: Les filles de marbres, in einem gewissen Gegensatz zur Dame aux camélias, insofern er der glorificirten käuflichen Liebe, diese in ihrer wahren Gestalt, in der ganzen egoistischen Kälte, in der ganzen abschreckenden Verworfenheit ihres schmählichen Gewerbes darstellte. Barrière glaubte ohne Zweifel die Sittlichkeit zu fördern, indem er der Welt das Laster in seiner wahren Gestalt vor Augen stellte, aber nicht nur, daß er das Publikum hierdurch allzusehr mit demselben vertraut machte, liegt es auch in der Natur der dramatischen Darstellung, daß er gleichwohl ein gewisses, wenn auch unheimliches Interesse dafür erregen mußte. Der Erfolg dieses Stück bestimmte ihn nach und nach alle Gebrechen und Laster an den theatralischen Pranger zu stellen. Dies geschah zunächst auf ungleich mildere Weise in Les parisiens de la décadence (1854) und in satirischer, hier und da selbst ans Possenhafte streifender Form in Les faux bonhommes (1856), welches die gesellschaftliche Médisance zum Gegenstand hat, und ganz allgemein für sein bestes Stück erklärt wird und einen ungeheuren Erfolg errang. Dieses veranlaßte den Dichter zu dem ungleich schwächern Gegenstück Les fausses bonnes femmes (1857). — Es fehlt den Dramen Barrière's, die sich auf fast fünfzig belaufen, keineswegs an Vorzügen, an trefflichen Einzelheiten, fein und lebendig gezeichneten Figuren, allein die Sucht, nur nach den Flecken und Schwächen der Gesellschaft zu spähen, mußte ihn einseitig machen und der Beifall, der ihm von derselben Gesellschaft gezollt wurde, welche er zu geißeln beabsichtigte, hätte ihn belehren sollen, daß diese sich weit weniger beschämt, als geschmeichelt fühlte, ihre Fehler und Schwächen theils in so ergreifender, theils in so lustiger Weise dargestellt zu sehen.

Bedeutender noch ist Emile Augier, geb. am 17. Sept. 1820 ein Enkel Pigault Lebrun's, dessen Andenken er in der Vorrede zu seinem Cigue ein Denkmal gestiftet. Er war zum Advokaten ausge-

bildet worden, ging aber schon früh zur Literatur über. Wir sahen ihn
bereits im Gefolge Ponsard's seine dramatische Carrière (1834) mit dem
eben genannten Stück beginnen. Dasselbe hat aber schon eine sociale
Tendenz, insofern es gegen den egoistischen Indifferentismus, gegen
die Blasirtheit, das vorzeitige Greisenthum der damaligen jeunesse
dorée gerichtet ist. Es wurde als ein Versuch der Rückkehr zur alten
Sittencomödie begrüßt. Ihm folgten Un homme de bien (1845),
L'aventurière (1848), Gabrielle (1849), Diane (1852) und Philiberte
(1853). Besonders L'aventurière und Gabrielle hatten große Erfolge.
In jenem fand es viel Beifall, die Tugend durch die Verheißung eines
nicht ausbleibenden Lohnes ermuntert zu sehen. In diesem übte es
einen sensationellen Erfolg aus, daß der Dichter für die Heilighaltung der
Ehe eintrat und der Geliebte dem Gatten wieder einmal geopfert wurde.
La Pierre de Touche (1853) ist dasjenige Stück, in welchem eine Wandlung sichtbar wird, die sich in dem Dichter vollzogen. Es ist in Gemeinschaft mit Sandeau geschrieben*) und das erste seiner in Prosa
gearbeiteten Stücke. Der Erfolg desselben wurde noch weit durch denjenigen des mit demselben Dichter geschriebenen Lustspiels: Le gendre de
Monsieur Poirier (1856) übertroffen, welches mit Geist die Schwächen
und Thorheiten des heruntergekommenen Adels und des reich gewordenen Bürgerthums satirisch beleuchtet. Es zeichnet sich durch dramatische Kraft, gesunden, behaglichen Humor und vortreffliche Charakterzeichnung aus. Zwischen beiden Stücken innen liegt Le mariage
d'Olympe (1855), in welchem der Dichter sich auf das Gebiet des
Dumas'schen Demimonde-Dramas begab, obschon es gegen dasselbe gerichtet ist. Er klagt sogar die Autoren derartiger Stücke geradezu an,
durch falsche blendende Ideen die jungen Mädchen auf Abwege zu
locken, die von den Paradoxien derselben nur zu leicht ergriffen würden, und durch deren bereitwillige Anwendung große Damen zu werden
hofften. Augier war dagegen in seinem Stücke bemüht, zu erweisen, daß
das Laster, wenn es sich auch einmal vorübergehend über sich selbst erhebt, doch immer wieder in seine Tiefe zurücksinken wird. Die Buhl-
dirne Olympe wird durch ihre Heirath nur für kurze Zeit rehabilitirt,

---

*) Jules Saudeau, am 19. Februar 1811 geboren, dessen ich schon wegen
seines Verhältnisses zu George Sand gedacht, hat sich außer durch seine vielen
Romane auch noch durch das Drama Mademoiselle de la Seiglière ausgezeichnet.

sie fällt, dem Zuge ihrer Natur folgend, nur zu rasch in ihr früheres Lasterleben zurück. — In Les lionnes Pauvres, 1858 mit Foussier*) geschrieben, ist der gewerbmäßige Ehebruch, die Prostitution in der Ehe, zum Gegenstande der verurtheilenden Darstellung der Dichter gemacht. Sie scheinen von der Gefährlichkeit der Versuche, die Tugend durch den Anblick des Lasters zu stärken, und von der ästhetischen Verwerflichkeit solcher Darstellungen gar nichts geahnt zu haben. Sie glaubten sich hinlänglich durch die im Stücke ausgesprochene Moral: „Die Frau, welche anfängt zu nehmen, endet damit, zu fordern" geschützt. Die Angriffe, welche sie gleichwohl erfuhren, bestimmten sie, in der Vorrede zu diesem Stück für die Freiheit und das Recht des dramatischen Dichters auf derartige Darstellungen einzutreten. — In den Effrontés, welche 1861 auf dem Theater français mit sensationellem Erfolge zur Darstellung kamen, wurde der Einfluß der Geldmänner auf die Journalistik gegeißelt, dem Ehebruch war nur eine Nebenrolle darin zugefallen. Welchen Eindruck aber mußte es ausüben, wenn der Bankier Charrier seinem Sohne den Rath ertheilt, immer nur eine verheirathete Frau zu seiner Geliebten zu machen, weil dies billiger und für sein Geschäft weniger compromittirend sei. Die Prostitution in der Ehe wurde hier also schon als eine gesellschaftliche Usance benuncirt. Das Stück wirkte aber nicht nur durch seine Kühnheit, sondern auch durch die lebensvolle Kraft seiner Charakterzeichnung. Besonders hatte die Figur des Journalisten Giboyer darin angesprochen. Augier benutzte die rasch erworbene Popularität derselben zu dem Titel eines späteren Stücks: Le fils de Giboyer (1862), es verdiente ihn aber auch um seiner innern Verwandtschaft mit dem früheren willen. Denn hier handelt es sich um den Mißbrauch, welchen die Kirche von der Presse und diese von der Religion macht. Es übertrifft alle frühern Arbeiten des Dichters an Kühnheit und wurde hierdurch zu einem Ereigniß, welches einen großen Zwiespalt der Meinungen hervorrief. In Maître Guérin (1864) lebte die Figur des Bantier Charrier wieder auf, um hier zum Mittelpunkte der Handlung zu werden. In Paul Forestier (1868) aber hat das Ehebruchsdrama eine neue Gestalt, ein neues

*) Edouard Foussier, 23. Juli 1824 geboren, schrieb außer verschiedenen anderen Stücken mit Augier, wie La ceinture dorée (1850) auch einige selbständige, darunter Héraclite et Démocrite (1850) und Une journée d'Agrippa d'Aubigné (1855).

Interesse gewonnen. Nicht die Frau, der Mann ist hier der schuldige
Theil, der um einer Geliebten willen die Gattin verläßt. In diesem
Fall will aber Augier glauben machen, daß eine Wiederherstellung
möglich sei. Paul kehrt reuig zurück und betheuert, geheilt worden
zu sein. Einen Zweifel kann aber selbst der Dichter am Schlusse nicht
unterdrücken, indem er Pauls Gattin sagen läßt: Warum nun sollt'
er mich lieben, da er mich früher nicht lieben gekonnt? — Das Stück,
welches wieder in Versen geschrieben ist, riß besonders durch die darin
entwickelte Kraft der Leidenschaft zur Theilnahme hin. — Einen der
größten Erfolge errang der Dichter in neuester Zeit durch Les Four-
chambault (1878). Die Darstellung ist hier lichtvoller, sympathischer.
Besonders mußte die Franzosen das Gemisch von Märtyrerthum, von
edler, elegischer Resignation und aufwallender Ritterlichkeit im Charakter
Bernard's sehr ansprechen. Die Scene zwischen den beiden Brüdern
übte eine elektrische Wirkung aus. Die Handlung gipfelt in der Forderung, welche Bernard's Mutter an letzteren stellt, den Urheber ihrer
und seiner Schmach, weil es sein Vater, von dem ihm drohenden Untergange zu retten, einer Forderung, welcher sich Bernard nach schwerem Kampf endlich fügt. — Augier gehört ohne Zweifel zu den bedeutendsten Erscheinungen des heutigen französischen Theaters, er ist
vielleicht die bedeutendste und zugleich die erfreulichste. Eine Sammlung seiner Dramen erschien unter dem Titel Théâtre, Paris 1857, in
6 Bänden. Im Jahre 1876 begann eine zweite vollständige Ausgabe.
(Théâtre complet.)

Mit Octave Feuillet, Dumas, Augier, theilte sich besonders noch
Sardou in die Erfolge auf dem Gebiete des Lustspiels und Dramas
ja er überflügelte sie durch die größere Fruchtbarkeit seines Talents
zuletzt alle.

Victorien Sardou*), am 7. Sept. 1831 zu Paris geboren,
studierte zunächst Medicin, widmete sich aber bald den historischen
Studien, und weil es ihm hierzu an Geld fehlte, der journalistischen
Thätigkeit. Dies führte ihn auch zum Theater. Es gelang ihm 1854
ein Stück: La taverne des étudiants zur Aufführung zu bringen.
Die Niederlage, die es ihm zuzog, aber schüchterte ihn ein. Erst 1859

---

*) Gottschall, Porträts und Studien. (Leipzig 1874.) — Lindau, Gegen-
wart. 1876. 4 u. 5.

wagte er sich wieder mit einem neuen Stücke hervor und obschon er
auch mit diesem nicht glücklich war, errang er doch noch in demselben
Jahre mit Les premières armes de Figaro einen durchschlagenden
Erfolg. Die dramatische Thätigkeit des Autors ward nun eine rastlose. Von den vielen Stücken, welche in raschester Folge entstanden,
seien nur Monsieur Garat; Les pattes de mouches; Le chapeau
de paille d'Italie hervorgehoben. Vor allem aber waren es Nos
intimes (1861), mit denen er seinen Ruf als Dramatiker für immer
begründete und sich in die Reihe der damals gefeiertsten Dichter erhob.
Er, der so lange von den Theatern achselzuckend Zurückgewiesene, schrieb
ihnen nun die Bedingungen vor. Sardou behandelte in Nos intimes
einen ähnlichen Vorwurf, wie Barrière in Les faux bonhommes,
aber mehr noch im Geiste der früheren Sittencomödie. Erst gegen
den Schluß hin schlägt er darin den Ton der neuen Schule an, den
er jedoch durch Rührung zu mildern sucht. Der Ehebruch spielt hier
vorerst nur auf dem geistigen Gebiet eine Rolle. Cécile, die Frau
Caussade's, bleibt wie Royer sich ausdrückt, in der idealen Periode
der ehebrecherischen Liebe stehen. — Ein neuer Triumph wurde dem
Dichter mit seiner Famille Benoîton zu Theil, der, immer mit
Beifall, La perle noire, Les ganaches (1862) und Les vieux garçons
(1865) vorausgegangen waren. — Sardou wirft in seinen Stücken die
verschiedensten gesellschaftlichen Fragen auf. Er ist unerschöpflich an
neuen Gesichtspunkten. Es entgeht ihm keine der Blößen, welche die
Gesellschaft sich giebt, keine der geheimen Wunden, an denen sie leidet.
Er ist in dieser Beziehung einer der vielseitigsten und dabei erfindungs-
reichsten Dichter. Und doch sind seine Erfindungen nicht selten allzu
berechnet, worunter die Wahrscheinlichkeit der Situationen oft in bedenklicher Weise zu leiden hat. Auch laufen fast alle seine Stücke zuletzt darauf hinaus, dem Thema des Ehebruchs, dem Verhältnisse
der beiden Geschlechter eine neue, pikante, ja sensationelle Seite abzugewinnen. „Que cherches tu, o célibataire" — heißt es in dem
gegen den Egoismus des Junggesellenlebens gerichteten Stück — La
femme sans l'épouse et sans la mère, le mariage sans ses périls
et le ménage sans sa cuisine. Eh bien! voilà un monsieur qui
a la bonté de se marier pour toi et de te préparer tout cela."
In Séraphine wird die dem Laster zum Deckmantel dienende Frömmelei
gegeißelt. Seraphine ist nicht nur eine heimliche Sünderin, sondern

will auch, um sich vor Entdeckung eines frühern Fehltritts zu sichern, ihre unter einem Vorwande bisher in ihrem Hause lebende Tochter, ein schönes liebenswürdiges Mädchen, in einem Kloster begraben. Der Vater derselben vereitelt jedoch diesen Plan, indem er die Tochter entführt. Dies hat einen Conflict zwischen Seraphine's Gatten und Yvonne's Vater zur Folge, der seine Lösung durch die Liebe eines jungen Mannes zu letzterer findet. Auf ungleich raffinirtere Effecte, doch mit nicht geringerem Talent arbeitet der Dichter in seiner Fernande hin, deren Inhalt zum Theile dem Diderot'schen Romane Jacques, le fataliste, entnommen ist, wie man denn gegen Sardou überhaupt nicht selten den Vorwurf des Plagiats erhoben. In der That machte er von dem Molière'schen Grundsatz, sein Eigenthum überall zu nehmen, wo er es finde, einen freien Gebrauch. Fernande ist gegen die Anmaßung der Männer gerichtet, das Recht der Leichtfertigkeit für sich allein in Anspruch zu nehmen und die fleckenloseste Reinheit der Gattin zu fordern. Fernande, obschon ein edelmüthiges Weib, ist nicht fleckenlos. Ein früherer Fehltritt wird zur Waffe einer durch sie um den Besitz des Geliebten gekommenen Nebenbuhlerin. Die ausgeklügelte Rache der Gräfin Clotilde entspringt aber nicht sowohl, wie der Dichter es vorgiebt, ihrer Leidenschaft, als seinem eignen Raffinement. Trotz der entsetzlichen Kälte, mit der er Clotilde sie durchführen läßt, weiß er durch die Consequenz, mit der es geschieht, durch das Spannende seiner Combinationen zu interessiren und zu fesseln. Das Stück ist seinem Inhalte nach vielleicht das quälendste, seiner Technik nach aber eines der vollendetsten des Dichters.

Ihm folgten mit immer gleichem Erfolge Ferréol, Maison neuve (1866), Nos bons villageois (1866), La haine (1870), Andréa und Dora (1877). In Dora handelt es sich um eine wesentlich andere Form der ehelichen Untreue, die durch den politischen Beigeschmack nur noch pikanter gemacht worden ist. Es ist hier der Einfluß behandelt, welchen die galanten Frauen der Halbwelt auf die Politik zu gewinnen wissen. Dora steht in dem Verdacht eines solchen Gewerbes. Die Entwicklung und Lösung des Conflicts ist aber nicht ohne Künstlichkeit und schwächt die Wirkungen des Stücks beträchtlich ab. Ueberhaupt ist dieser neuesten, der Naturwahrheit angeblich huldigenden Schule und insbesondere Sardou der Vorwurf zu machen, daß es ihren Stücken meist an Wahrheit, Kraft und zwingender Folge-

richtigkeit der seelischen Motive gebricht. Dies erklärt sich bei ihm
nicht nur aus dem Streben nach sensationellen Wirkungen, sondern
auch aus der Hast, mit welcher er arbeitet. Soll er doch auf keines
seiner Stücke mehr als sechs Wochen verwendet haben. Die Rasch=
heit und Leichtigkeit der Production ist aber nur dann ein Verdienst,
wenn sie Vorzügliches hervorbringt. Dagegen erscheint Sardou als
ein Meister in der Behandlungsweise eines personenreichen und reich=
bewegten scenischen Ensembles. Er hat den von Diderot geforderten
malerischen Realismus der dramatischen Action zu einer ungeahnten
Ausbildung gebracht. An geistreicher Leichtigkeit, an charakteristischer
Mannichfaltigkeit, an malerischem Leben ist er in der Composition,
Erfindung und Führung derartiger Scenen wohl unübertroffen.
Aber auch hier zeigt sich zuweilen ein Raffinement, welches besonders
der Klarheit der Exposition einiger seiner Stücke, wie z B. in Ferréol,
nachtheilig geworden ist. Zola*), welcher die dramatische Produktion
Sardou's sehr niedrig schätzt, glaubt — was er auch schon von Scribe
behauptet — daß der Grund seiner Mängel hauptsächlich darin liege,
die Charaktere über die Handlung vernachlässigt zu haben. „Die
Handlung — heißt es bei ihm — beherrscht, ja sie vernichtet alles."
Aber nicht die Handlung, sondern der Mangel an wahrer Handlung,
die Sardou nur zu oft durch eine auf den Effect der einzelnen Situation,
der einzelnen Scene gerichtete, gesuchte und raffinirte Combination von
Motiven und Begebenheiten ersetzt, so wie letzteres selbst ist die Quelle
der Fehler, die er ihm und nicht ohne Grund vorwirft, indem er
sagt: „Man fühlt, wie er in jedem seiner Werke den festen Boden
unter sich verliert, es ist immer irgend eine unannehmbare Intrigue,
irgend ein falsches und dabei übertriebenes Gefühl, oder irgend eine
außergewöhnliche Complication von Verhältnissen darin, welche zuletzt
nur durch irgend ein magisches Wort aufgelöst wird."

Schließlich beanspruchen hier noch die fruchtbaren Vaudeville= und
Operetten=Dichter Henri Meilhac und Ludovic Halévy durch
ihre Frou Frou einen Platz, in der sich auch sie und mit großem
Erfolge auf das Gebiet des realistischen Ehebruchs=Dramas gewagt.
Sie haben dem Gegenstande durch die fast rührende Naivetät ihrer
Heldin eine poetische Seite abzugewinnen gewußt.

---

*) In seiner Abhandlung: Le naturalisme au théâtre im 4. Bande der
Annales du théâtre von Edouard et Edmond Stoullig. Paris 1879.

Dagegen machten die berühmten Roman- und Dorfgeschichten-
schreiber Emile Erckmann und Alexandre Chatrian in ihrem Juif
polonais (1869) den Versuch, dem realistischen Drama eine volksthümliche Richtung zu geben. Leider wählten sie hierzu einen criminalistischen Vorgang, wodurch sie es auf das Gebiet des Melodramas
hinüberdrängten.

Da der Roman schon seit dem vorigen Jahrhundert dem Drama
immer die Richtung anwies und ihm wohl auch seinen Inhalt mit
gab, so läßt sich aus dem Geiste, welcher die neuesten Romane, die
Romane Flaubert's, Daudet's und Zola's, beseelt, sowie aus den ungeheuren Wirkungen, welche sie ausüben, aus den Forderungen, welche
der im Naturalismus der Darstellung vorgeschrittenste von ihnen,
Zola, in dem schon obenerwähnten Artikel über den Naturalismus
der Bühne ausspricht und aus den Aussichten, die er auf das Drama
der Zukunft eröffnet, schließen, daß die naturalistische Richtung des
Dramas noch keineswegs ihren Höhepunkt erreicht hat.

Zola verwirft den Naturalismus Sardou's, weil dieser ein zu
oberflächlicher Beobachter sei, er verwirft den Naturalismus Alexandre
Dumas', weil dieser, obschon ein besserer Beobachter, der Erfindung
einen zu großen Raum in seinen Arbeiten gestatte, um zur Auflösung
der darin gestellten Probleme gelangen zu können, ja selbst der Naturalismus Augier's ist ihm noch ungenügend, obschon er diesen als Beobachter der Natur und der Wirklichkeit sehr hoch schätzt, weil er nicht den
Muth besitze, ganz mit der Convention des Theaters zu brechen. Zola
meint es in der That mit der Naturbeobachtung ernster und peinlicher,
als alle seine Vorgänger, aber er will die Kunst zu einem psychologischen Experimentirfelde machen, ihn interessirt die Krankheit mehr,
als die Gesundheit, die Wahrheit mehr als die Schönheit, die ihm
ein bloßes Accidens der ersteren ist, auch giebt es für ihn keine andre
Wahrheit, als die der Wirklichkeit, er wendet den durch die Naturwissenschaft abgeleiteten Begriff der Natur, auf den der künstlerischen
Anschauung von der Natur und dem Leben an, er will von der Kunst,
die sich doch ganz auf dem Boden der Phantasie bewegt, die Phantasie selbst ausgeschlossen wissen, er will, daß bei einer Thätigkeit, die
weil sie von der Wirklichkeit in einer bestimmten Weise absehen muß,
an gewisse Conventionen, die freilich darum keine willkürlichen sein
dürfen, gebunden ist, von aller Convention abgesehen werde. Die

Wirklichkeit zu verständnißvollerer Anschauung zu bringen, als diese
es selbst zu thun vermag, erscheint ihm als die einzige Aufgabe aller
Kunst, als ob dies ohne Phantasie, ohne Convention irgend möglich,
als ob damit das eigentliche Gebiet des Schönen schon irgend berührt
wäre. Zola mag ein sehr großer Kenner der Natur sein, er mag die
Fähigkeit, seine Beobachtungen in vollster gegenständlicher Treue wieder
zu geben, in höchstem Grade besitzen, aber seine Theorie beweist, daß
er von der Kunst doch einen falschen Begriff hat. Wenn er daher
gleichwohl ein großer Künstler sein sollte, so ist er es jedenfalls
im Widerspruch mit seiner Theorie; was überhaupt das Tröst=
liche bei dieser ganzen Richtung für die weitere Entwicklung des
Theaters ist: — das große Talent, das Genie wird auch auf diesem
Wege außerordentliche und epochemachende Erscheinungen ins Leben
rufen.

XIV.

Das Bühnenwesen und die Schauspielkunst vom Sturze des ersten Kaiserreichs an bis auf unsere Tage.

Bedeutung der kleinen Theater für die Entwicklung der Schauspielkunst. —
Wechselwirkung derselben mit dem Theater français. — Die Privilegien des
Odeon, der Gaîté, des Vaudeville und der Porte St. Martin im Jahre 1806. —
Das Privileg des Gymnase. — Berühmte Schauspieler in den zwanziger Jahren
des Jahrhunderts. — Verzeichniß der seit 1813—1880 ins Theater français auf=
genommenen Societäre, mit Hervorhebung derjenigen, welche sich von den kleinen
Theatern aus entwickelten. — Bedeutende Schauspieler und Schauspielerinnen,
mit Ausnahme der noch lebenden: Joanny, Lemaître, Mde. Dorval, Bocage,
Mélingue, Ligier, Melle Rachel, Laferrière, Melle Guyon, Lafont, Rose=Chéri,
Arnal, Vernet, Bouffé, Virginie Déjazet, Leontine Fay, Samson, Bressant,
Suzanne und Augustine Brohan. — Der Naturalismus der Bühne. — Grenze
desselben. — Die Theaterfreiheit. — Verzeichniß der 1878 in Paris bestehenden
Theater. — Bestand der Mitglieder des Theater français am 1. Januar 1879.
— Got, Delaunay, Coquelin Aîné, Febvre, Madelaine Brohan, Melle Favart,
Melle Croizette, Sarah Bernhardt. — Die Literatur über das Drama und das
Theater. — Kritische Zeitschriften. — Verzeichniß der im Jahre 1878 die Pariser
Theaterkritik regelmäßig ausübenden Journale und Schriftsteller.

Die Uebersiedlung der Comédiens français aus dem Odeon nach
der Rue Richelieu wurde von den älteren Mitgliedern derselben nicht

ohne Besorgniß angesehen. „Sagen wir es nur frei heraus — heißt
es z. B. in den Réflexions sur l'art théatral des Schauspielers
Molé — daß ein so ernstes Schauspiel, wie die Tragödie, nicht in
das lärmendste Viertel der Hauptstadt gehört, in dem alle Arten von
Vergnügungen zusammenfließen. Ich wünsche Melpomene nicht von
Müssiggängern umlagert zu sehen, die mehr der Zuschauer, als des
Schauspiels wegen in das Theater gehen. Das Faubourg St. Germain, ihre alte Domäne, war die geeignete Heimath für sie, hier, wo
die Universität ihr treue Liebhaber zuführte. Seit sie diese verloren,
hat sie es nur noch mit Unbeständigen zu thun."

Auch traten nur kurze Zeit später schon Klagen über den ge-
sunkenen Zustand des Theaters und des Schauspielwesens hervor. Sie
sind hauptsächlich gegen den verderblichen Einfluß der Melodramen-
und Vaudeville-Theater gerichtet. Dies zeigt sich z. B. in einer unter
dem Titel Des grands et des petits théatres de la capitale 1816
in Paris erschieneuen anonymen Schrift, sowie in Ricorb's Quelques réflexions sur l'art théâtral, sur la cause de sa décadence etc.,
welche letztere damals ein gewisses Aufsehen gemacht haben muß, da
sie in wenigen Jahren sechs Auflagen erlebte. Ricord macht für
das Sinken der Bühne aber nicht blos die Nebentheater, sondern auch
den veränderten Geist des Publikums verantwortlich, welches es aufgegeben habe, Kritik zu üben und jeder Mittelmäßigkeit Beifall zu
spenden bereit sei, sowie auch den Umstand, daß am Theater français
die Anciennetät den Einfluß der Schauspieler begründe, und den Mißbrauch, welchen hiervon mittelmäßige Schauspieler zu machen ver-
ständen. Das letztere habe unter anderem zur Folge, daß den größeren
Talenten, die sie zu fürchten hätten, die Aufnahme an diesem Theater
erschwert werde. Die Nebentheater, wie sie auch sonst immer beschaffen sein mochten, mußten freilich eben darum, was Ricord hierbei
übersah, der Entwicklung der Schauspielkunst förderlich werden, da
sie es ja waren, die diese größeren Talente nun bei sich aufnahmen
und ihnen zum Theil einen ganz neuen, oder doch erweiterten Wirkungskreis eröffneten.*) In der That sollte das Theater français nur zu

---

*) So brachte z. B. das Odeon in demselben Zeitraum, in welchem das
Theater français nur 61 neue Stücke aufgeführt hatte, (während der 10 Jahre
des ersten Kaiserreichs) deren 184 zur Darstellung (S. Paul Morel et Georges
Monval, L'Odéon. Paris 1876. p. 266).

bald ebenso wie seine bedeutendsten dichterischen, so auch seine bedeutendsten schauspielerischen Kräfte an diesen Theatern suchen und zwar
nicht blos bei dem von der Regierung subventionirten und ihm näher
stehenden Odeon und dem wenigstens zeitweilig vom Hofe begünstigten Gymnase, sondern auch bei den übrigen, der Privatspeculation
überlassenen Theatern. Ja es war unter letzteren sogar um 1800
eine dem ausgesprochenen Zwecke der Ausbildung junger schauspielerischer Talente gewidmete Bühne, Le théâtre des jeunes élèves, entstanden, dem schon eine ähnliche Unternehmung, Le théâtre des jeunes
artistes, vorausgegangen war. Auch sollten in der That von diesen
beiden Theatern eine Menge bedeutender Talente der Folgezeit ausgehen, wie Firmin, Fontenay, Desprez, Lemonier, Monrose, Grévin,
Deschamps, die Gebrüder Lefêvre, Lepeintre, Rosa Dupuis, Adèle
Lemonnier, Delle. Pauline, Virginie Déjazet, Melle. Cuisot u. A. So
geschah denn lange schon von den so geschmähten Theatern aus etwas
Aehnliches, wie das, was Ricord in der oben berührten Schrift als
das wichtigste Heilmittel vorschlug, nämlich in den drei größten Städten
des Landes je ein Theater zur Ausbildung neuer schauspielerischer
Kräfte zu gründen.

Wohl ist es wahr, daß der Schauspieler, welcher die Schule der
Vaudeville- und Melodramentheater durchlief, seinem Talent und seinen
natürlichen schauspielerischen Instincten fast ganz überlassen blieb, daß
hier gerade das fast völlig vernachlässigt wurde, was am Theater
français bisher vor Allem geschätzt worden war, die Correctheit, Reinheit und formale Schönheit des Tons und der Rede, der schauspielerische Anstand, die Gewähltheit des Ausdrucks und Vortrags, sowie
die Harmonie des Ensembles. Dafür war aber hier die schauspielerische Individualität jedes Zwanges entbunden, der Empfindung und
Leidenschaft, dem Humor und der Laune der freieste Spielraum
gegeben, sie konnten in Situationen, die man bisher noch nicht auf
der Bühne gesehen, Töne anschlagen, die man bisher hier noch niemals gehört, sie durften ihnen einen Ausdruck geben, der tiefer, mächtiger ergriff, als es am Theater français noch jemals geschehen war.
Wohl hatte man Recht über den verderblichen Einfluß der Spiele,
denen das Talent sich hier dienstbar zu machen hatte, auf Geschmack,
Phantasie und Sitten zu klagen, aber es ist nicht weniger gewiß, daß
sich auf diesem Wege eine lebensvollere, die Natur in das ihr ver-

kümmerte Recht einsetzende, mit dem alten hohlen conventionellen Formalismus der Ueberlieferung brechende Spielweise ausbildete, die sich später
auch zu edleren Zwecken verwenden ließ, ja, daß sie sich vielleicht einzig
auf diesem Wege ausbilden konnte. Wie naturalistisch roh und geschmacklos diese Spiele, trotz der Anpreisungen, die ihnen von andrer
Seite zu Theil wurden, in vieler Beziehung zunächst auch gewesen
sein mögen — und noch 1821 stimmte Ricord in Les fastes de la
comédie française das alte Klagelied an — so vermochten einzelne dieser
Theater doch schon damals selbst in classischen Stücken mit dem
Theater français den Kampf aufs Erfolgreichste aufzunehmen, so fand
schon zu dieser Zeit eine Georges, welche zu den bedeutendsten Erscheinungen des letzteren gehört hatte, hier in Darstellern wie Lemaistre
und der Dorval ebenbürtige Talente.

Wohl trug hierzu bei, daß Viele von diesen Talenten, ehe sie an
die Nebentheater kamen, die Schule des mit dem Theater français zu-
sammenhängenden Conservatoire de Declamation durchlaufen hatten,
welches zu seinen Lehrern die bedeutendsten Schauspieler des letzteren
zählte; daß das Mutterinstitut also einen gewissen Einfluß auf die
Nebentheater ausübte, daß zwischen den Vaudeville- und Melodramen-
theatern und dem Theater français das Odeon und das Gymnase
eine Mittelstellung einnahmen, welche den Uebergang von ersteren zu
letzterem erleichterte, und daß fast alle Schauspieler von bedeutenderem
Talent nach der Ehre geizten, Mitglieder des Theater français zu
werden, was sie bestimmen mußte, demselben ihre Spielweise in einem
bestimmten Umfange anzunähern. Das letzte wurde neuerdings durch
die Dichter des höheren Stils noch gefördert, welche mit ihren vom
Theater français abgewiesenen Werken zu den kleinen Theatern herüber-
kamen und hier freundliche Aufnahme fanden, sowie durch die Stücke
der fast gleichzeitig hervortretenden Dramatiker der romantischen Schule.
Auch war, wie wir wissen, das Odéon längere Zeit die Heimstätte des
Theater français gewesen. Es hatte von 1782 bis 1789 sogar diesen
Namen geführt, den es zwar dann mit dem Namen des Theater de
Nation (1794), des Theater de l'Egalité und des Odéon (1796) vertauschte. Nach dem Brande von 1797 neu aufgebaut erhielt es 1808
zunächst den Namen des Théâtre de l'Impératrice et la Reine, bis es
nach dem Sturze Napoleons I. wieder den des Odéon neu annahm.

Aus einer Verordnung des Ministers des Innern v. 8. Juni 1806 geht hervor, daß dieses Theater als ein Annex des Théâtre français, doch nur für das Lustspiel angesehen wurde. Sein Repertoire sollte enthalten, erstlich, die Comödien und Dramen, welche besonders für dasselbe gearbeitet waren, und zweitens, die Comödien, welche bisher auf dem Theater des Italiens, bis zu dessen Umwandlung in die Opéra comique, gespielt worden waren. Das Théâtre du Vaudeville war dagegen damals auf die kleinen mit Couplets nach bekannten Melodien untermischten Stücke und auf die Parodien beschränkt, das Théâtre de la Gaîté auf Pantomimen, Harlekinaden und Farcen, das Théâtre de la Porte St. Martin aber auf das Melodrama. Indessen suchten diese Theater ihre Befugnisse, sobald es nur thunlich schien, zu erweitern. Auch neue Theater mit neuen Privilegien traten hervor. Unter ihnen verdient das 1820 privilegirte Theater des Gymnase, welches im folgenden Jahr den Namen Théâtre de Madame erhielt und bis 1830 fortführte, zunächst unsere Aufmerksamkeit. Obschon sichtlich begünstigt, da ihm alle Stücke des Theater français und des Odeon zu spielen erlaubt waren, erhielt diese Befugniß doch die wunderliche Einschränkung: „sobald sie auf nur einen Akt zurück= geführt worden sind“, wie sein Privileg sich überhaupt nur auf die einaktigen Stücke erstreckte. So wurde die Sache den Privilegien zum Opfer gebracht und diese miteinander zu versöhnen gesucht! Welchen Mangel an Einsicht in das Wesen derselben verräth aber nur diese eine Verordnung bei denen, welche über die Entwicklung der drama= tischen Kunst zu entscheiden hatten! Zum Glück verfügte das Gymnase über Dichter, welche diesen Verhältnissen gewachsen waren und der kleinen Form einen entsprechenden Inhalt zu geben verstanden. Auch gelang es ihm bald, sein Privileg in dem Maße zu erweitern, daß es eine ganz neue Aera des französischen Lustspiels begründen konnte.

Die glänzenden Kräfte, welche dieses Theater gleich beim Entstehen zu vereinigen wußte, hatten sich aber sämmtlich auf den kleinen Neben= theatern, denen sie von ihm nun entrissen wurden, entwickelt und aus= gebildet, sie gehörten bis dahin hauptsächlich dem Theater des Vaude= ville an. Perlet, Bouffé, Gontier, Clozel, Ferville, Lafon, Lesueur, Geoffrey, Arnal, sowie die Delles Leontine Fay (später Mad. Volnys), Allan, Rose Chéri, Déjazet, glänzten hier in

den Stücken Scribe's, Bayard's und ihrer Mitarbeiter*). Ihnen zur
Seite gingen am Théâtre du Vaudeville: Jenny Vertpret,
Suzanne Brohan, die D^{elles} Albert, Wilmen, Fargueil
und die Schauspieler Lepeintre ainé, Taigny, Bolnys; am
Boulevard du Temple: Philippe, Joly, Mad. Perrin; am
Boulevard Montmartre: Obry, Lefèvre, Bandare und die
D^{elles} Magozzi, Drouville, Flore und Bautrin; am Théâtre
de la Gaîté: Fresnois, Dufresne, Bressant, Delaunay,
Melle Bourgeois und Adèle Dupuy; an der Porte St. Martin:
Frédéric Lemaitre und Melle Dorval, denen Bocage, Ligier,
Melingue, Provost nachfolgten, am Odéon: Victor, Joanny,
Bernard, Arnaud, Samson und die D^{elles} Delia, Petit
Anaïs und Fleury.

Um die Bewegung zu veranschaulichen, welche zwischen den verschiedenen Theatern von Paris andauernd stattfand, mag das Verzeichniß der vom Jahre 1813 bis 1880 am Theater français ein-
getretenen Societäre folgen, von denen diejenigen, welche von einem
der Nebentheater kamen, mit Sternchen bezeichnet worden sind.

Cortigny, *Monrose der Vater, Baudrien, *Firmin, *Desmousseaux, St.
Eugène, Grandville, Meubjaud, St. Aulaire, *Samson, David, *Périer, *Joanny,
*Armand Dailly, *Ligier, *Beauvallet, *Guiaud, *Geffroy, *Régnier, *Provost,
*Guyon, *Brindeau, Leroux, *Maillart, Got, *Delaunay, *Maubant, Monrose
*Bressant, Anselme Bert, Talbot, Coquelin ainé, Eugène Provost, *Frédéric
Fevre, *Thiron, *Monnet Sully, *La Roche, *Barré, *Worms, *Coquelin cadet,
Mlles Dupont, Régnier, *Touzez, Parabol, Mante, *Desmousseaux, Menjaud,
*Brocard, *Hervey, Valmonsez, *Anaïs Aubert, *Plessy, *Roblet, *Rachel,
*Augustine Brohan, *Melingue, Denain, Rebecca Félix, Judith, Bonval, Natalie,
Madelaine Brohan, *Delphine Fix, *Favart, *Dubois, *E. Guyon, Fignac,
*Jouffain, Victoria Lafontaine, *Edile Riquer, Ponsin, *Dinah Felix, Reichem-
berg, *Croizette, *Sarah Bernhardt, *Blanche Barretta, *Broisat, *Samary.

Da die Zahl der Societäre eine gesetzlich beschränkte war, aber
nicht für das Bedürfniß der Darstellungen ausreichte, so gab es
neben ihnen immer noch eine größere Zahl von nur zeitweilig engagirten
Mitgliedern (Pensionnaires) aus denen dann zum Theil die neuen
Societäre gewählt wurden. Auch hier figuriren noch viele Namen

---

*) Siehe über einzelne von ihnen Manne et Ménétrier, Galérie historique
des acteurs français. Paris 1877.

von Darstellern, die aus den kleinen Theatern hervorgingen, wie Lemaitre, Bouffé, Bocage, Duparay, Faure, Mirecourt, Volny, Mad. Volny (Leontine Fay) u. A.

Deutlicher noch wird die Wechselwirkung, welche zwischen den verschiedenen Pariser Theatern bestand, aus der Betrachtung des Ent-wicklungsganges einiger der berühmtesten ihrer Darsteller und Dar-stellerinnen hervorgehen.

Jean Bernard Brisebarre, gen. Joanny, geb. 2. Juli 1775, gest. 5. Jan. 1849, ging aus dem Theater des jeunes artistes hervor Er debutirte 1797 am Theater de la République, 1807 am Theater français, wo er jedoch damals noch keine Aufnahme fand und zu weiterer Ausbildung in die Provinz ging. 1819 kehrte er nach Paris zurück und ging an's Odéon, um 1826 als Sociétaire im Theater français aufgenommen zu werden. Man hat viel gegen seine Spiel-weise einzuwenden gehabt, die zu naturalistisch befunden wurde; jeden-falls gehört er zu den bedeutendsten Darstellern der Zeit. Er ergriff durch die Gewalt und Wahrheit des Ausdrucks. Victor Hugo, Alfred de Vigny und Alexander Dumas verdanken ihm zu nicht geringem Theil die Erfolge ihrer ersten Stücke. Prociba in den Vêpres Siciliennes, der Herzog von Guise in Henri III., Ruy Gomez in Hernani, Tyrrel in Die Söhne Eduard's und der Quäker in Chatterton gehören zu seinen bedeutendsten Leistungen.

Frédéric Lemaitre, am 21. Juli 1798 zu Havre geboren, ein Talent ersten Ranges, voll Feuer und Energie, mit einer außer-ordentlichen schauspielerischen Verve, einer staunenswürdigen Ausdrucks-fähigkeit begabt, die ihn nicht selten zum Mißbrauch derselben ver-leitete, ging wie ein Meteor über fast alle Bühnen der Hauptstadt und übte fast auf jeder derselben eine neue fascinirende Anziehungs-kraft aus. Nur am Theater français vermochte er nicht Wurzel zu fassen. Obschon er seine Studien unter Lafon am Conservatoire ge-macht, fehlte es ihm hierzu doch an der nöthigen formalen künstlerischen Bildung. Er verdankte seine Wirkungen fast immer nur seiner poetisch beanlagten Natur, der Sicherheit seines schauspielerischen Instinkts und der Dämonie, der proteusartigen Mannigfaltigkeit seines schau-spielerischen Ausdrucks. Er ging vom Cirque Olympique ans Odéon, vom Odéon an die Porte St. Martin, von hier zum Theater Ambigu, zurück ans Odéon, an die Folies dramatiques, die Variétés,

die Renaissance, das Ambigu, die Porte St. Martin, bis er 1842, doch
nur für kurze Zeit, auch am Theater français noch Aufnahme fand,
dann dieses rastlose Wanderleben aber von Neuem begann. Selbst
nachdem er die Stimme verloren, hörte er nicht auf, am Theater in
pantomimischen Rollen zu wirken. Von der Unzahl bedeutender Partien,
in denen er seiner Zeit zur Bewunderung hinriß, sei nur der Maréchal
d'Ancre, Robert Macaire, Edgar (in la fiancée de Lamermoor) Othello,
Richard d'Arlington, Ruy-Blas, Mephistopheles, der Chiffonier, Toussaint
l'Ouverture und Paillasse in Marie Jeanne hervorgehoben. Er starb
am 26. Jan. 1875*).

Gleichzeitig blühte die ihm geistig verwandte und durchaus eben=
bürtige Marie Dorval. Auch ihr wohnte ein so richtiges instinctives
Gefühl, eine so große Anempfindungsfähigkeit inne, daß sie sich in
jeden Charakter, in jede Situation, wie fremd sie ihr bis dahin auch
waren, einzuleben vermochte. Sie war weder schön, noch besonders
anmuthig, auch hatte ihre Stimme an sich nichts gerade Glänzendes.
Sie verdankte alle ihre Wirkungen nur der Tiefe, Feinheit, Gewalt
und Wahrheit der Empfindungen und Leidenschaften, welche sie dar=
stellte und dem Ausdruck, welchen sie ihnen zu geben vermochte. Sie
excellirte als Adèle d'Hervey in Antony, als Marion de Lorme, als
Ketty Bell in Chatterton, als Catarina Bragadini in Angelo, als
Marie Jeanne in dem gleichnamigen Stücke von d'Ennery auf den
verschiedensten Bühnen, besonders an der Porte St. Martin.

Pierre Martinien Tousez, genannt Bocage, geboren 1801 zu
Rouen, gestorben 1863, gehört ebenfalls der naturalistischen Schule
an. Obschon von der Natur nur wenig begünstigt, wußte er, kraft
der ihm innewohnenden genialen Begabung, selbst diese Mängel im
Interesse des Rollenfachs zu verwenden, das er erwählt, zur Dar=
stellung der unheimlichen, finsteren, dämonischen und sardonischen Cha=
raktere. Ihm boten besonders die Dumas'schen Stücke einen überaus
fruchtbaren Wirkungskreis, doch auch die Victor Hugo's, b'Ennery's u. s. w.
Er spielte im Ambigu, in La Gaîté, im Odéon, der Porte St. Martin
und im Theater français, das er jedoch bald wieder mit der Porte St.
Martin vertauschte. — Später als er und Lemaitre betrat Mélingue
die Bühne; eine echte Künstlernatur und ein Hauptrepräsentant

---

*) Duval, Frédéric Lemaître et son temps. Paris 1876.

der späteren Stücke des älteren Dumas: des Montechristo, des Conte Hermann, des bösen Engels in Don Juan be Marana; doch auch Benvenuto Cellini von Paul Meurice und Soulié's Bossu gehören zu seinen berühmtesten Rollen.

Nicht minder bedeutend war Pierre Ligier, geboren 1797 zu Bordeaux und ebendaselbst 1872 gestorben. Er erwarb an der Porte St. Martin seinen Ruf als Richard III. und als Marino Faliero. Von 1831—52 war er Mitglied des Theater français und errang hier durch Rollen wie Ludwig XI., Carl V., Gloster, Triboulet, Tibère, Nicomède neue Triumphe. Er beherrschte die Rede aufs Vollkommenste, alle Nuancen des sprachlichen Ausdrucks standen ihm frei zu Gebote, für jede Empfindung fand er in Ton und Geberde den entsprechenden Ausdruck. Seine Auffassung, wie seine Erscheinung waren immer bedeutend und charakteristisch. Bei letzterer wurde er noch durch seine ausdrucksvolle Gesichtsbildung unterstützt.

Eine ganz exceptionelle epochemachende Erscheinung war die der Elise Rachel. Am 28. Februar 1820 zu Mumpf im Canton Aargau geboren, die Tochter eines jüdischen Hausirers, sang sie seit 1830 mit ihrer älteren Schwester Sarah in den Pariser Kaffeehäusern für's Geld. 1833 widmete sie sich dem Theater, wobei es ihr, Aufnahme im Conservatoire zu finden, gelang. Sie spielte dann kurze Zeit am Gymnase, wo sie durch ihre tiefe, ausdrucksvolle und zum Herzen dringende Stimme und ihr schönes, seelenvolles, leuchtendes Auge außergewöhnliches Aufsehen erregte. 1838 debütirte sie als Camille in den Horatiern im Theater français. Ihr großes tragisches Talent, welches sofort zu einem Sturme begeisterter Bewunderung hinriß, rief nicht nur eine neue Epoche der Schauspielkunst, sondern auch des Dramas ins Leben. Die classische Tragödie, die das ihr eigenste Gebiet war und blieb, feierte in ihrer Darstellung neue Triumphe, durch die Gewalt ihres hier rührenden, dort dämonischen Ausdrucks, durch den stilvollen Abel ihrer Rede und das an die Antike gemahnende Maß ihrer Bewegungen. Sie war unvergleichlich als Emilie, Hermione, Roxane, Athalie und Phèdre, als Lucrèce (von Ponsard) und als Adrienne Lecouvreur. Diese war aber die einzige moderne Rolle, in der sie sich ganz auf ihrer Höhe gezeigt. Leider verfiel sie der jetzt immer mehr um sich greifenden Sucht, die Kunst, um ihrer materiellen Erfolge willen, auszubeuten, deren Opfer sie wurde. Nach verschiedenen

Kunstreisen nach England, Deutschland und Rußland, entschloß sie sich auch Amerika aufzusuchen, was ihrer Gesundheit verderblich wurde. Sie kehrte den Tod im Herzen nach Europa zurück, spielte am 23. August 1855 zum letzten Mal in Paris und starb am 3. Januar 1858 auf ihrer Besitzung bei Cannes.

Der Aufschwung, welchen die classische Tragödie durch die Rachel genommen hatte, war nur ein kurzer. Auch das romantische Drama trat jetzt zurück. Die Zukunft gehörte dem aus dem Familiendrama und dem Drame intime sich entwickelnden gesellschaftlichen Drama, welchem die schauspielerischen Talente der Zeit auch besser entsprachen.

Laferrière und D^elle Guyon dürften den Uebergang zu dieser neuesten Phase der Schauspielkunst am besten vertreten; Laferrière, der in den jugendlichen Heldenrollen der Pièces intimes, z. B. als Arthur de Savigny in Teresa und als Chevalier de Maison rouge, sowie in Ponsard's l'Honneur et l'Argent glänzte und Melle Guyon, welche in d'Ennery's Marianne und als Marthe in Annicet's Marthe et Marie große Triumphe feierte. Emile Honorine Guyon, geboren am 2. October 1821 zu Brazey-en-plaine, debütirte 1840 am Theater der Renaissance, nachdem sie das Conservatoire besucht hatte, worauf sie längere Zeit am Ambigu und der Porte St. Martin spielte, um zuletzt, 1858, für das Fach der großen tragischen Rollen im Theater français einzutreten.

Auch Lafon war einer der frühesten und ausgezeichnetsten Vertreter des neuen Dramas. Er nahm jedoch seinen Ausgang vom Vaudeville, in dem er seit 1822 an den Theatern der Rue de Chartres, der Nouveauté's und des Vaudeville glänzte. Er war ursprünglich Chirurg an der Marine und hatte als solcher zwei Reisen nach Indien mitgemacht, ehe er die Bühne betrat. 1839, am Theater des Variétés begründete er als Chevalier de St. Georges seinen Ruf, den er am Gymnase in den Stücken des jüngeren Dumas, Octave Feuillet's und Sardou's noch erweiterte, die seinem reichen Talent erst das geeignete Feld zu voller Entfaltung boten.

Zu dieser Zeit errang auch Rose Maria Cizos, genannt Rose-Chéri, geboren 1824 zu Etampes, ihre Triumphe. Auch sie ging vom Vaudeville und Lustspiele aus. So sehr sie in diesen gefiel, gewann auch sie erst im gesellschaftlichen Drama ihre volle Bedeutung.

Clarisse Harlowe, Manon Lescaut, Philiberte, Antoinette (in Augier's Gendre de M. Poirier), Suzanne (in Demi Monde) Albertine (im Père prodigue) gehören zu ihren Meisterleistungen. Dauernd eine Zierde des Gymnase war sie eine der genialsten Darstellerinnen ihres Fachs, in dem sie kaum wieder erreicht wurde. Sie starb 1861, noch in der Blüthe ihrer Kunst und der Jahre.

Von den vielen ausgezeichneten Darstellern des Vaudeville's und Lustspiels sei zunächst Etienne Arnal, geboren am 1. Februar 1794 zu Meulon, hervorgehoben, einer der genialsten und zugleich unruhigsten Schauspieler auf diesem Gebiete. Er begann auf dem Theater des Pariétés, ging dann an das der Rue Chartres, hierauf an's Gymnase, das Vaudeville, Palais Royal, an die Bouffes parisiens, um zuletzt zum Gymnase und Vaudeville wieder zurückzukehren. Er war ein Komiker ersten Ranges und doch eigentlich kein bedeutender Charakterdarsteller. Er trat fast nie aus seiner eigenen Natur und Persönlichkeit heraus, allein diese war in ihrer Art fascinirend. Eine ihm ganz eigenthümliche Dummdreistigkeit und Tölpelhaftigkeit machte ihn in Rollen, wo diese angebracht waren, unwiderstehlich. Er starb am 7. December 1872 zu Genf.

Ungleich bedeutender vom künstlerischen Gesichtspunkte aus war Vernet, einer der glücklichsten und schärfsten Beobachter der Lebenserscheinungen der unteren Classen, deren Charaktere er mit ebenso vieler Wahrheit als Laune und Phantasie darzustellen wußte.

Marie Bouffé, geb. am 4. Sept. 1800 zu Paris, war Schauspieler mit Leib und Seele. Von Hause aus Juwelier, vermochte er dem Reize der Bühne bald nicht mehr zu widerstehen; er trat zum Theater de la Gaîté, das er später mit dem Theater des Nouveautés vertauschte, bis er im Gymnase das geeignete Feld seiner Thätigkeit fand. Er war bewundernswerth in der feinen Verbindung des Komischen mit dem Ernsten, Rührenden, ja Ergreifenden, und in der Fähigkeit, alle Stände und Alter zur Darstellung zu bringen. Wie er schon als ganz junger Mann das hinfällige Alter mit täuschender Wahrheit nachzuahmen vermochte, riß er im Alter noch das ganze Theater bei Darstellungen junger Burschen zu bewundernden Beifall hin.

Virginie Déjazet, geb. am 30. Aug. 1798 zu Paris, gehört zu den theatralischen Phänomenen. Fast noch im kindlichen Alter feierte sie ihre ersten Triumphe am Vaudeville als Fee Rabotte in La belle

au bois dormant. 1821 errang sie sich und Scribe in dessen Petite
soeur und Le Mariage enfantin epochemachende Erfolge. Dieselben
setzten sich in Bonaparte à Brienne, in der Rolle des Großherzogs
(in L'audience des princes), in Les premières armes de Richelieu,
in Le commis et la grisette, in Le Vicomte de Letorières, in Les
premières armes de Figaro und unzähligen anderen Rollen bis in
ihr hohes Alter fort. Die Theater de la Bourse, des Nouveautés,
des Palais royal, der Variétés und das von ihr selbst gegründete
Theater Déjazet waren die Schauplätze ihrer Triumphe. Trotz ihrer
Beliebtheit war das letzte Unternehmen von keiner Dauer. Sie mußte
in der Provinz Ersatz für die hierbei erlittenen Verluste suchen. Im
Jahre 1874 wurde sogar zum Besten der 76jährigen Künstlerin, welche
durch ihren Witz, ihre Laune, ihre Keckheit, ihren Geist und die wunder=
bare Fähigkeit, die stärksten Zweideutigkeiten sagen zu können, ohne
damit je zu verletzen, ganz Paris so viele Jahre erheitert, entzückt
und hingerissen hatte, eine Benefizvorstellung gegeben, welche über
67,000 Fr. einbrachte.

Auch Leontine Fay verdient hier einen Platz. Geboren 1811,
debütirte sie mit 5 Jahren in Frankfurt und riß 5 Jahre später die
Zuschauer des Gymnase schon zur Bewunderung hin. 1829 heirathete
sie den Schauspieler Joly, gen. Volnys. Mit diesem wurde sie auch
Mitglied des Théâtre français, zog sich aber sehr bald vor den Eifer=
süchteleien ihrer Colleginnen zurück. 1834 ging sie nach Rußland,
wo sie sich bald eine ausgezeichnete gesellschaftliche Stellung eroberte.
Sie glänzte durch den Geschmack, die Feinheit und Wahrheit, durch
die Schalkhaftigkeit, den oft bis zur tollsten Ausgelassenheit gehenden
Uebermuth ihres Spiels, und durch die rührende Naivetät, mit welcher
sie diesen zu verbinden verstand.

Joseph Isidor Samson, am 2. Juli 1793 zu St. Denis ge=
boren, wird zu den vorzüglichsten Darstellern der Molière'schen, Beau=
marchais'schen und Scribe'schen Lustspiele gezählt. Er empfing seine
Bildung am Conservatoire, ging von hier nach Rouen und trat 1819
beim Odeon ein, zu dessen Zierden er länger gehörte. 1827 wurde er
Mitglied des Theater français, 1836 Professor am Conservatoire, als
welcher er sich ebenfalls große Verdienste erwarb. Sein Repertoire
soll an 250 Rollen umfaßt haben. 1864 zog er sich ins Privatleben
zurück und starb 30. März 1871 zu Anteuil.

Jean Baptiste Prosper Bressant, der berühmte Darsteller der
Liebhaberrollen, wurde am 24. Oct. 1815 zu Chalons s. S. geboren.
Er war ursprünglich Schreiber bei einem Advocaten, bis ihn die Nei=
gung zur Bühne ergriff. Vom Theater des Variétés, auf dem er
1835 seine schauspielerische Laufbahn begann, ging er für längere Zeit
nach Petersburg, bis er plötzlich im Gymnase wieder auftauchte und
hier große Erfolge errang. 1854 trat er als Sociétaire beim Theater
français ein, obschon dieses ihm finanziell seine bevorzugte Stellung
am Gymnase nicht aufzuwiegen vermochte. Er war einer der vorzüg=
lichsten Darsteller seines Fachs und glänzte hauptsächlich in den Lust=
spielen Scribe's, Bayard's, Legouvé's und Alexander Dumas' d. Ä.
Eine Specialität von ihm waren die Proverbes, von denen nicht wenige
für ihn und die geistvolle und schöne Arnould Plessy (geb. 7. Dec.
1819 zu Metz) geschrieben worden sind. Letztere war besonders be=
rühmt in den Lustspielen Marivaux', so wie später in Augier's Dramen.
Bressant heirathete eine Melle Dupont vom Theater des Variétés.
Eine seiner Töchter wurde die Gemahlin des Fürsten Michael Kot=
schoubey.

Auch Suzanne Brohan, eine Zierde des Vaudeville und
Gymnase, und nur vorübergehend am Theater français, sowie ihre
Tochter Augustine glänzten im Lustspiel. Letztere, am 2. Dec. 1824
zu Paris geboren, errang schon mit 13 Jahren am Conservatoire einen
Preis, nur zwei Jahre später debütirte sie als Dorine im Tartüffe
im Theater français und wurde hier sofort aufgenommen. In ihr
gewann besonders das Molière'sche Lustspiel wieder eine bedeutende
Vertreterin. 1868 zog sie sich ins Privatleben zurück, doch glänzt
ihr Name am Theater français in den Leistungen ihrer jüngeren
Schwester, Madelaine, noch fort.

Bereits 1857 klagte Théophile Gautier, der bekannte Feuilletonist
der Presse, wieder über den Verfall des Theaters und der Schauspiel=
kunst, welcher herbeigeführt worden sei durch die Bevorzugung des Baude=
ville und den immer mehr um sich greifenden Naturalismus der Bühne.

„Was dem neueren Theater -- heißt es hier unter Anderem —
hauptsächlich fehlt, ist die Idealität, die Poesie. Die Prosa hat gänz=
lich von ihm Besitz genommen. Es giebt für die Phantasie auf ihm
keinen Raum. Die Schauspieler spielen in den Kleidern, die sie auf
der Gasse tragen, mit derselben Nase, denselben Manieren, die sie im

Privatleben zeigen, was wenig unterhaltend ist. Ein bräunlicher Sa=
lon und ein gelblicher, das ist alles, wessen die Bühne bedarf. Ich
gestehe, daß ich auch einmal gern einen rothen oder einen himmel=
blauen Salon sehen möchte und daß der schwarze oder braune Rock
des ersten Liebhabers mich manchmal nach dem rothgestreiften Mäntel=
chen der neapolitanischen Bedienten des alten Lustspiels verlangen
läßt. Ist denn das heutige Costüm so angenehm für das Auge, um
es fortwährend auf dem Theater zur Schau zu stellen?"

Um wie viel realistischer und naturalistischer ist nicht seitdem noch
die Bühne geworden, freilich — was Gautier vielleicht etwas damit
ausgesöhnt haben würde — um wie viel malerischer zugleich, und doch
wie wenig entspricht selbst noch das Geleistete den heute von den haupt=
sächlichsten Vertretern des Naturalismus aufgestellten Forderungen.
Es ist aber immer beträchtlich und läßt sich besonders deutlich an dem
Einfluß erkennen, welchen die auf Naturwahrheit dringende Richtung
auf das Decorations=, Costüm=, Comparsen=, Requisiten= und Beleuch=
tungswesen der Bühne ausgeübt hat.

Man vergleiche z. B. die Bühnenanweisungen in dem S. 149
erwähnten Mémoire de plusieures décorations aus dem Jahre 1673,
nach welchem der ganze Bühnenapparat für die Tragödie Cinna in
einem Zimmer mit vier Thüren, einem Fauteuil und zwei Tabourets
bestand, mit der Ausstattung, welche heute einer kleinen Bluette, wie
„Am Klavier" an unsern Theatern zu Theil wird, um mit dem mög=
lichst vollen Scheine der Wirklichkeit in einem malerischen Sinne zu
täuschen.

Es entstanden so unter Anderem die geschlossenen Zimmerdecora=
tionen, die eine täuschendere perspectivische Behandlung zulassenden
durchbrochenen Hintergründe, die freier und kühner behandelten,
mannichfaltigere Gruppirung und malerischere Anschauungen ver=
mittelnden Versatzstücke, Coulissen und Suffiten.

Es ist jedoch leicht zu erkennen, daß zwischen den Decorationen,
möchten sie der Wirklichkeit noch so täuschend nachgeahmt sein, und
dieser letzteren selbst, ein Unterschied bleibt, der sich schon allein aus
der Differenz der gemalten und der wirklichen Perspective, die hier
zur Anschauung kommen muß, erklären würde. Die Naturwahrheit
der Bühne kann also nie, wenn sie auch wollte, so weit gehen, die
Täuschung völlig vergessen zu machen, welche sie anstrebt, daher sie

auch niemals selbst der letzte und eigentliche Zweck der scenischen
Darstellung, sondern immer nur ein Mittel sein kann, diesen Zweck
zu erreichen, und nur insofern sie das ist, insofern sie wirklich zu
einer Quelle neuer ästhetisch-dramatischer Wirkungen wird, hat sie
überhaupt auf der Bühne einen berechtigten Platz. Die Bühne, insofern sie ein Spiegel des Lebens sein soll, wird freilich in ihren Darstellungen diesem auch ähnlich sein müssen, aber doch nur in dem
worauf es bei diesen Darstellungen wesentlich ankommt, oder was
dazu dient, dieses in bedeutenderer oder wirksamerer Weise hervortreten zu lassen. Zu der Forderung der Naturwahrheit tritt also
nicht nur diese andere, ästhetische, hinzu, sondern letztere ist auch die
maßgebende; ihr ist jene andern jederzeit unterzuordnen.

Dies ist es aber gerade, was die heutige Bühne häufig verkennt,
wie die Natürlichkeitsrichtung überhaupt in Gefahr schwebt, die Bedeutung dieser beiden Forderungen mit einander zu verwechseln. Eine
andere ist ihr aber auch noch aus dem materiellen, speculativen Geiste
der Zeit und der von diesem wieder ins Leben gerufenen Theaterfreiheit erwachsen.

Schon 1849 wurde das Verlangen nach dieser wieder sehr laut.
Doch wurde diesmal dem Uebel durch die Besonnenheit einflußreicher
Schriftsteller noch vorgebeugt. Ein Artikel St. Beuve's: De la
question des théâtres,*) ist dafür sicher von großer Bedeutung gewesen. 1863 trat die Theaterfreiheit aber doch wieder ins Leben
und rief eine Menge neuer Theaterunternehmungen hervor. Im Jahre
1878 gab es, die Theater de la Banlieue und des Quartier ungerechnet,
in Paris 28 Theater: die Académie de Musique, die Comédie française,
die Opéra comique, das Odeon, das Theater italien, das Theater
lyrique, das Theater Ventadour, das Gymnase, das Vaudeville, das
Palais Royal, die Variétés, die Gaîté, die Matinées internationales
de Melle Marie Dumas, die Porte St. Martin, die Renaissance, das
Theater historique et du Châtelet, die Bouffes parisiens, das Ambigu comique, die Folies dramatiques, die Nouveautés, das Theater
Taitbout, l'Athénée comique, das Theater Cluny, die Menus plaisir,
das Theater du Château d'eau, das dritte Theater français, die Fan-
taisies parisiennes (früher Beaumarchais), die Folies Marigny.

---

*) Erschienen im Constitutionel, auch abgedruckt im 1. Theile der 2. Aus-
gabe der Causeries du lundi.

Das Theater français behauptete vor wie nach seinen do-
minirenden Rang. Auch hat es unter Napoleon III. große Ver-
schönerungen erfahren und gehört seinen Einrichtungen nach zu den
schönsten Theatern der Hauptstadt. Am 1. Januar 1879 zählte es
folgende Mitglieder:*) a) Sociétaires. Got, Delauney, Meubant,
Coquelin aîné, Febvre, Thiron, Mounet Sully, La Roche, Barré
Worms, Coquelin cadet, Madelaine Brohan, Melle Favart, Melle
Jouaissin, Melle Riquer, Dinah Felix, Melle Reichemberg, Melle Croizette, Sarah Bernhardt, Melle Barretta, Melle Broisat, Melle Sa-
mary. b) Pensionaires: Garraud, Prudhon, Boucher, Martel,
Joliet, Dupont-Vernon, Ballet, Davrigny, Silvain, Roger, Mazure,
Truffier, Volny, Trouchet, Reney und die Damen Granger, Lloyd,
Marie Martin, Bianca, Dublay, Fayolle, Thénard, Frémaux, Martel.

Obschon diese Namen eine Menge außergewöhnlicher Talente bezeichnen, so liegt doch die Stärke des heutigen Theater français vornehmlich im Ensemble; auch tritt dabei die Tragödie beträchtlich gegen
das moderne Drama und gegen das Lustspiel zurück. Nur einigen
dieser Darsteller soll hier ein kurzer Blick noch vergönnt werden.

Jules Edmond Got, am 1. October 1823 zu Lignerolles geboren, trat 1841 ins Conservatoire ein, wo er unter Prevost's Leitung mehrere Preise im Lustspiel erhielt. Zum Militär einberufen,
diente er 1844 in der Cavallerie. Noch in demselben Jahre trat er
zunächst als Pensionär ins Theater français, dessen Societär er seit
1850 geworden. Er begründete seinen Ruf mit Rollen wie Sganarelle, Trissotin, Figaro und errang neue Triumphe im neuesten Lustspiel und Dramen, z. B. als Giboyer, Poirier, Mercadet u. s. w.
1866 wurde sein Gastspiel am Odeon als André Lagarde in Augier's
Contagion geradezu epochemachend, so daß er mit besonderer Bewilligung des Kaisers eine Reise mit diesem Stück und einer von ihm
hierzu gebildeten Truppe in die Provinz unternahm. Er gehörte zu
den Darstellern der Comédie française, welche 1871 während der Belagerung in London spielten, was ihm bei seiner Rückkehr beinah das
Leben gekostet hätte.

Louis Arsène Delaunay, geboren 21. März 1826, studirte
ebenfalls am Conservatoire, betrat dann zuerst am Odeon die Bühne,

---

*) Nach dem Album von Febvre et Johnson. Paris 1880.

wurde jedoch schon 1848 am Theater français aufgenommen. Er
war einer der glänzendsten Vertreter der Liebhaberrollen, ausgezeichnet
durch Wärme, Eleganz und natürliche Grazie. Er excellirte zunächst
im Lustspiel, später erwies er sich nicht minder bedeutend im Drama.
Noch heute vertritt er sein Fach mit großen Erfolgen. Er war unübertrefflich in den dramatischen Spielen Alfred de Musset's, besonders als Perbican in On ne badine pas avec l'amour, als Valentin
in Il ne faut jurer de rien, als Celio in Les caprices de Marianne. Als Valère, Horace, Clitandre zeichnete er sich im Molière-
schen Lustspiele aus; als Hernani, Paul Forestier, Gaston de Presle
(in Le gendre de Mr. Poirier), als Gerard (in Le fils du giboyer)
neben vielen anderen Rollen des neuesten Dramas.

Benoist Constant Coquelin, wurde am 23. Januar 1841 zu
Boulogne-sur-mer geboren. Er studirte am Conservatoire und debutirte 1860 an der Comédie francaise, an der er sofort Aufnahme fand.
Sein Marquis von Mascarille, sein Figaro (in Figaro's Hochzeit)
sein Thomas Diafoirus, sein Herzog Septmonts in der Etrangère,
sein Aristide Fressard im Fils naturel sind ebensoviele Meisterleistungen.
Man rühmt an ihm die feinste Verbindung von Kunst und Natur.

Frédéric Febvre, geboren am 20. Febr. 1834 zu Havre, ist
einer der vielseitigsten Schauspieler des heutigen Theater français.
Er begann schon mit 16 Jahren seine dramatische Laufbahn in seiner
Vaterstadt, wendete sich dann nach Paris, wo er hintereinander an
den Bühnen des Ambigu, des Theater Beaumarchais, der Porte St.
Martin, des Vaudeville und des Odeon gewirkt, bis er 1866 in der
Rolle Philippe II. in Don Juan D'Autriche am Theater français
debutirte und Aufnahme fand. Zu seinen vorzüglichsten Rollen gehören Almaviva, Tartüffe, Bernard (in Melle de Seiglière) und Mirabeau (in La jeunesse de Mirabeau).

Mabelaine Brohan, die jüngere Tochter Suzanne's, debutirte
1850 am Theater français als Marguerite in den Contes de la
reine de Navarre. Sie war seit dieser Zeit eine der größten
Zierden desselben, gleich ausgezeichnet durch Schönheit, Geist und
Talent, sowie durch die Innigkeit ihrer reizvollen Stimme. Zu den
vielen Rollen, in denen sie Triumphe gefeiert hat, gehören in erster
Reihe die Suzanne in Figaro's Hochzeit, die Eliante im Misantrope,
Mademoiselle de Seiglière, die Marianne in Les caprices de Marianne.

Eine noch größere schauspielerische Verve, eine größere Vielseitigkeit der Gestaltungskraft zeichnete Marie Pingaut, gen. Favart,
aus. Eine Schülerin Samson's am Conservatoire debutirte sie 1848
am Theater français, dessen Mitglied sie 1854 wurde, nachdem sie
in der Zwischenzeit am Theater des Variétés engagirt gewesen war.
Sie war gleich bewundernswerth in Scribe's Une chaine, wie in
Le Mariage de Figaro, in Adrienne Lecouvreur wie im Fils du
giboyer, in Un supplice d'une femme wie im Polyeucte. Eine
besondere Specialität waren ihre Leistungen in den Stücken Alfred
de Musset's, in denen sie neben Delaunay glänzte.

Auch Sophie Croizette nimmt jetzt eine hervorragendere Stellung
am Theater français ein, auf dem sie 1870 debütirte und dem sie
seit 1873 als membre sociétaire angehört. Sie studirte von 1867
unter Bressant am Conservatoire und begründete ihren Ruf als
Antoinette in Le Gendre de Mr. Poirier und als Cathérine in
L'Etrangère. Ihren größten Triumph aber errang sie bis jetzt als
Blanche de Chelles in der Sphinx. Geist, Schönheit, Tiefe und
Innigkeit des Empfindungsausdrucks machen sie zu einer der interessantesten Erscheinungen der heutigen Bühne. Wie ihre Freundin
Sarah Bernhardt ist sie zugleich noch Malerin und Schriftstellerin,
diese zeichnet sich noch überdies in der Bildhauerei aus.

Sarah Bernhardt wurde im Kloster Grandchamps zu Versailles erzogen, studirte dann am Conservatoire, betrat an der Porte
St. Martin die Bühne, glänzte sowohl hier, wie am Odeon, bis sie
1872 am Theater français Aufnahme als Sociétaire fand. Sie ist
ohne Zweifel die genialste Schauspielerin des heutigen Frankreich, eine
Schauspielerin von großem Stile zugleich, von einem hohen Selbst-
gefühle erfüllt, das jeden Vergleich, jede Unterordnung unter eine
andere Größe ihres Gebiets, auf ihre Eigenthümlichkeit trotzend, stolz
von sich ablehnt. Ebenso groß, wie ihre Gestaltungskraft, ist die
Dämonie der Leidenschaft, mit der sie ihre Gestalten erfüllt. Von
einem brennenden Streben nach Ruhm und Gewinn beseelt, ist sie
wie ihre Vorgängerin die Rachel nach Amerika gegangen, um diese in
ihren Erfolgen zu überbieten. Doña Sol in Hernani, Mademoiselle
de Belle Isle, Doña Maria in Ruy Blas, Miß Clarkson in
l'Etrangère, Phèdre, Alkmène im Amphytrion und Berthe de
Savigny in der Sphinx zählen zu ihren vielen Triumphen.

Obschon das französische Drama in letzter Zeit etwas von der Höhe herabgeglitten ist, welche es früher in der Literatur dieses Landes einnahm, so steht es hier doch noch heute in höherem literarischen Ansehen, als in allen übrigen Ländern. Dies läßt sich recht deutlich an der Menge der auch in diesem Jahrhundert wieder über beide erschienenen Schriften erkennen, auf deren wichtigste ich im Laufe dieser Darstellung schon hinweisen konnte. Besonders ist der Geschichte des Dramas und des Theaters eine immer steigende Aufmerksamkeit zugewendet worden und zwar nicht blos in den die ganze Poesie oder Literatur umfassenden Werken, sondern auch in einer Menge von Specialschriften, die oft auf den sorgfältigsten und eingehendsten Untersuchungen beruhen. Fängt man doch jetzt sogar an, die Geschichten einzelner Theater, selbst der Provinz, zu gesonderter Darstellung zu bringen. So erschienen erst in den letzten Jahren von Adolf Favre: Les Clercs du Palais, von Adolphe Jullien: Le théâtre de Madame de Pompadour und La comédie à la cour de Louis XVI.; von Eugène d'Ariac: Le théâtre de la foire; von Emile Campardon: Les Spectacles de la foire; von Frédéric Favre: Histoire du Théâtre français en Belgique, von Gomourt: Madame Pompadour et le théâtre des petits appartements; von Arthur Heulhard: La foire de St. Laurent; von Georges Lecoq: Le théâtre de St. Quintin; von Bonassins: Les acteurs dramatiques et la comédie française, sowie Les spectacles français et la comédie française und Histoire administrative du théâtre français. Nicht minder verdient hier Erwähnung, was auf dem Gebiete kritischer Ausgaben älterer dramatischer Schriftsteller und hiermit verbunden auf dem der Biographie dieser letzteren geschehen ist. Nur allein in den Jahren 1875—78 erschienen noch von Ed. Fournier: Les Oeuvres complètes de Beaumarchais; von L. Moland: Colin d'Harville, Théâtre, sowie Théâtre de Lafontaine; von Georges d'Heylli: Théâtre de Marivaux, sowie Oeuvres de Regnard; von L. Moland: Théâtre de la Révolution, Choix de pièces; von Fournier: Théâtre de Marivaux; von L. Moland: Théâtre de Picard. — Auch an theatralischen Werken hat es, wie wir gesehen, in dieser Zeit nicht gefehlt. Am reichsten aber entwickelte sich die Kritik und die theatralische Statistik, jene in einer ungeheuren Menge von Zeitschriften, diese in einer immerhin beträchtlichen Zahl von Almanachen, Annalen ꝛc.

Von ersteren müssen zuerst die 1818 entstandenen beiden Journale Le conservateur und La Minerve française erwähnt werden. Beide gingen jedoch schon 1820 ein, weil sie sich nicht der jetzt wieder ein= geführten Censur unterwerfen wollten. Jenes war das Organ von Chateaubriand, Lamartine und Fiévée; dieses das von Benj. Constant, Jouy, Etienne. 1819 folgte der Constitutionel, an welchem S. Beuve sich in so bedeutender Weise als kritische Autorität bewährte. Seine hier veröffentlichten kritischen Aufsätze sind in den Causeries du lundi enthalten. Gleichzeitig traten Victor Hugo und Soumet mit Le conservateur littéraire hervor, welcher bis 1828 bestand; 1820 die bis 1829 bestehenden Annales de la littérature. De Quincy, Rémusat. Nodier u. A. gehörten zu ihren Mitarbeitern. Ihnen reihte sich 1824—31 Le Globe, gegründet von Pierre Leroux und Dubois, an; 1825 die Revue brittanique und die von Guizot, Rémusat und Broglie gegründete Revue française (1830), 1826 aber der Figaro, an welchem Jules Janin*), Paul Lacroix, Alphonse Royer, Gozlan, Alphonse Carré und seit der Julirevolution auch Sandeau und George Sand kritisch=literarisch betheiligt waren. Er ging 1833 ein, erstand aber 1837 in veränderter Form. Eine der bedeutendsten literarischen Zeitschriften der ersten Hälfte dieses Jahrhunderts war ferner die Revue de Paris. Von Véron 1829 gegründet, bestand sie bis 1845. Die geistvollsten Schriftsteller der Zeit, Benj. Constant, Lamartine, Delavigne, St. Beuve, De Vigny, De Musset, Scribe, Alex. Dumas, Sue u. v. a. waren an ihr betheiligt. Auch die Revue des deux Mondes, welche sie endlich verdrängen sollte, trat in diesem Jahre ins Leben. Sie gewann aber erst unter Buloz vom Jahre 1831 an eine festere Gestalt. Sie schlug eine freisinnige, doch fest am Constitutionalismus festhaltende, und dabei philosophisch = vornehme Richtung ein, in ihren Spalten die Elite der französischen Schriftsteller vereinigend. About, Augier, Balzac, Barbier, Chasles, Dumas, Feuillet, Eug. Delacroix, Forçade, Th. Gautier, Gozlan, A. Geoffrey, Guizot, Pierre Leroux, Littré, Loménie, Magnin, Merimée, Musset, Nisard, Nodier, G. Sand, Sandeau, Sue rc. rc. gehörten zu ihren Mitarbeitern. — 1835 folgte die Nouvelle Minerve, welche bis 1838 bestand, und an welcher Charles Comte, Lemercier und Odilon Barrot

---

*) Von Jules Janin erschien 1879 eine Auswahl der Critiques dramatiques.

arbeiteten, 1836 wurden die beiden großen Blätter La Presse und Le siècle gegründet. Bei jener waren die literarischen Interessen hauptsächlich durch Théophile Gautier und Alexandre Dumas, bei diesem durch Desnoyers vertreten. — Von 1841—49 gaben Pierre Leroux, G. Sand und Louis Viardot die Revue indépendante heraus. M. de Villemésant rief 1854 den neuen Figaro ins Leben, welcher eine so wichtige Rolle in der Journalistik zu spielen bestimmt war. Im Jahre 1878 aber übten, nach den Annales du Théâtre von Ed. Noël und Edm. Stoullig, 58 größere Journale in Paris die Theaterkritik aus, von denen ein großer Theil erst inzwischen entstanden war. Hier folgt die Liste derselben mit Angabe der darin die Kritik damals ausübenden Schriftsteller:

1) Journale, welche Besprechungen der Neuigkeiten am Tage nach der Aufführung bringen:

Assemblée Nationale.; L. Stapleaux.
Bulletin français; Armand Silvestre.
Charivari; Pierre Véron.
19. Siècle; Bréban.
Entr' acte; Achille Denis und Bourgeat.
Evènement; Albert Wolff.
Figaro; Auguste Vitu.
France; Henri de Lepommeraye.
Gaulois; François Oswald.
Gazette de France; Dancourt (Adolphe Racot).
Lanterne; Pourcelle.
Liberté; Punch (Gaston Bassy).
Marseillaise; Edmond Lepelletier.
National; Edm. Stoullig.
Paris-Journal; Henri de Pène.
Petit Caporal; Jules Amigues.
Petit Journal; Emile Abraham.
Petit Moniteur; Gustave Claudin.
Petit National; Edm. Stoullig.
Petit Parisien; Lucien Debroas.
Petite Presse; Vitor Cochinet.
Rappel; Henri Maret.
Soir; Alphonse Defère (M. Duchemin).
Soleil (Jules Guillemot),
Télégraphe; Louis Ulbach.

Temps; Lereboullet.

Voltaire; Raoul Toval (Raoul Toché).

2) Journale, welche in Feuilletons und wöchentlich darüber berichten.

Constitutionel; Hippolyte Hostein.

Défense; Paul de Margaliers (Paul d'Arlhac).

19. Siècle; Henri Fouquier.

Estafette; Armand Silvestre.

François; Louis Moland.

Indépendance Belge; Alexandre de Lavergne u. Gaston Bérardi.

Journal des Débats; Clément Caragual.

Journal officiel; Alphonse Daudet.

Liberté; Albert Delpit.

Messager de Paris; Eugène Tassin.

Monde; Benet.

Moniteur universel; Paul de St. Victor.

National; Théodore de Banville.

Nord; Gustave Bertrand.

Ordre; Jacques Amigues.

Patrie; Eduard Fournier.

Pays; Georges Maillard.

Presse; Jules Cleretin.

République française; Jean Gustave Bertrand.

Siècle; de Biéville.

Temps; Francisque Sarcey.

Union; Daniel Bernard.

Voltaire; Emile Zola.

Courrier d'État; Edm. Stoullig.

Illustration; Savigny (Henri Lavoix).

Monde illustré; Charles Monselet.

Journal illustré; Darcourt (Ch. Réty).

Paris-Théâtre; Félix Jahyer.

Revue Théâtrale; Edm. Benjamin und Paul Ginisty.

Univers illustré; Gérôme (Kaempfen).

3) Revues.

Correspondant; Victor Fournel.

Revue des deux Mondes; F. de Lagenevais.

Revue politique et littéraire; Maxime Gaucher.

Revue de France; Edouard Thierry.

Druck von Emil Herrmann sen. Leipzig.

Geschichte
des
neueren Dramas.

Von

Robert Prölß.

Zweiter Band.

Zweite Hälfte.
Das neuere Drama der Engländer

Leipzig,
Verlag von Bernhard Schlicke
(Balthasar Elischer).
1882.

Druck von Emil Herrmann senior in Leipzig.

Inhalt.

Das neuere Drama der Engländer.

I.

Entwicklung der Sprache und des nationalen Geistes.

Angelsächsische Eroberung. — Einwirkung des Christenthums. — Angelsächsische Literatur. — Die Normännische Eroberung. — Kampf der französischen und angelsächsischen Sprache. — Die neue englische Sprache. — Nationalcharakter. — Der englische Geist in der Poesie. — Chaucer. — Einfluß der Italiener. — Die Reformation.

Die Bewohner der britischen Inseln gehörten zur Zeit der römischen Besitzergreifung einem der celtischen Zweige des indo-germanischen Stammes an. Schon damals scheinen jedoch, sowohl in Schottland, wie in Irland, scandinavische Elemente eingedrungen gewesen zu sein, auf welche Warton *), in Uebereinstimmung mit anderen Forschern, die daselbst herrschenden religiösen Anschauungen, sowie die von Skalden verbreiteten Sagen und Dichtungen und verschiedene Städte- und Menschennamen zurückgeführt hat.

Die Stärke der Stammeseigenthümlichkeit der Anwohner war eine so große, daß ihre Sprache von der der Römer nicht zu verdrängen war, daß sie von dieser nur einen kaum merklichen Einfluß erfuhr. Wenige Wörter der späteren Sprachen des Landes weisen unmittelbar auf die Invasion der Römer zurück.

Letztere blieben aber nicht die einzigen Eroberer desselben. Vielmehr waren sie es nur zu bald selbst gegen neue Eindringlinge vom Norden und vom Süden her zu vertheidigen genöthigt; dort gegen Picten und Scoten, hier gegen die raublustigen Angriffe der Sachsen. Die Bewegung, welche die germanischen Völker damals ergriff, nöthigte

---

*) The history of English poetry from the close of the 11th century to the commencement of the 18th century. London 1840.

die Römer, den lästig gewordenen Besitz wieder aufzugeben. Die
Briten, von den Scoten bedrängt, riefen nun selbst die auf der cym-
brischen Halbinsel und an der Elbemündung angesessenen Völker,
Jüten, Angeln und Sachsen, zu Hülfe, welche, in großen Massen dann
nachdrängend, nach hundertfünfzigjährigem, hartnäckigen Kampfe sich
zu Herren Britanniens machten und dessen Bewohnern ihre Sitten und
Sprache und ihre religiösen Gebräuche aufdrängten. Die angelsächsische
Sprache selbst erfuhr dabei nur geringe Veränderungen. Blos die
Namen der Flüsse, Berge und Städte und einige Bezeichnungen von
Geräthschaften des häuslichen Lebens weisen auf celtischen Ursprung
zurück. Auch ihre Gesänge brachten die neuen Herren ins Land, die
sich nun längere Zeit durch bloße mündliche Ueberlieferung lebendig
erhielten und noch weiter ausbildeten.

„Ein einziger Stamm der Germanen" — heißt es bei Bernhard
ten Brink — „erklomm in jener frühen Zeit eine höhere Stufe epischer
Dichtung, eine Stufe, die in der Mitte liegt zwischen der in einzelnen
Völkern lebenden Epik und dem Epos, wie es im höchsten Sinne bei
den Griechen, unter weniger günstigen Bedingungen und daher weniger
menschlich schön, jedoch ebenso kräftig, sich in Frankreich entwickelt
hat. Dieser Stamm war derselbe, der Britannien eroberte".*) Die
Beowulfsage, von den Angeln nach England herübergebracht, fand
hier den günstigsten Boden zu ihrer Entwicklung, die erst durch die
Einführung des Christenthums unterbrochen wurde. Lange nachdem
dieses bereits bei den Iren Wurzel gefaßt, ward es gegen Ausgang
des 6. Jahrhunderts durch römische Missionäre auch bei den englischen
Stämmen eingeführt.

Um der christlichen Lehre eine raschere Verbreitung zu geben,
hatte die römische Kirche sich die doppelte Aufgabe gestellt, die alten,
aus dem Geiste des Heidenthums zur Entwicklung gekommenen Cul-
turen zu vernichten und eine neue, dem Geist des Christenthums, wie
sie dieses verstand oder aufzufassen für nützlich fand, entsprechende
Cultur an deren Stelle zu setzen. Das erste war freilich das Leichtere,
nahm aber doch in den von der römisch-griechischen Bildung beherrsch=
ten Ländern eine ungleich größere Kraft, ungleich mehr Zeit in An=
spruch, als bei den germanischen Völkern, deren Bildungszustand noch

---

*) Geschichte der englischen Literatur. I. Th. S. 21. Berlin 1877.

ein sehr niedriger war. Auch entsprach der geistige Gehalt der christlichen Lehre durch seine Beziehung auf das Gemüthsleben dem vorherrschenden Zug dieser Völker. Wenn daher in Spanien die Vernichtung der römisch-griechischen Bildung lange für die fast ausschließliche Aufgabe der Kirche von der Geistlichkeit angesehen werden konnte, vermochte diese hier umgekehrt in um so größerem Umfange der zweiten jener beiden Aufgaben sich zuzuwenden. Wie sehr dies jedoch von der Individualität der mit der Ausbreitung der christlichen Lehre beauftragten Missionäre und von der Natur und dem Charakter der einzelnen germanischen Stämme abhängig war, läßt sich aus dem Vergleiche dieser Verhältnisse im damaligen England mit denen des benachbarten Irland erkennen. Während das hier ungleich früher eingedrungene Christenthum einen mönchisch-ascetischen, wenn auch dabei auf Unabhängigkeit bringenden Charakter gewonnen hatte, und in Gebet, Fasten, Arbeit, Enthaltsamkeit und Buße den einzigen Beruf des ganz nur auf das Jenseits gerichteten Lebens sah, bildete sich bei den angelsächsischen Bewohnern Englands eine freiere und doch dabei innerliche Auffassung des Christenthums aus, welche über der Sorge für das Jenseits die dem Menschen von der Natur gegen das diesseitige Leben auferlegten Pflichten, keineswegs vernachlässigen ließ, sondern sich mit der Entwicklung jeder Art von Cultur, besonders aber der von Wissenschaft und Literatur vertrug, ja selbst dazu aufmunterte.

Gewiß hatten die von Italien ausgesendeten Missionäre hierbei ein hervorragendes Verdienst, kaum minder aber auch die eigenartige Natur des angelsächsischen Volkes, bei welchem der Geist des Christenthums so rasch tiefe Wurzeln schlug, während es sich dem mechanischen Gottesdienst der finstern irischen Mönche, die ebenfalls das Land im Bekehrungseifer durchzogen, mit Ausnahme von Northumberland, fast allenthalben verschloß.

So wurde denn England früher als andere Länder der Sitz einer neuen Bildung, die sich von hier auch auf sie übertragen sollte. Denn als die Kenntniß der klassischen Literatur in fast allen Ländern Europas, selbst in Italien, abzusterben begann, ward sie von Angeln und Sachsen, die sie doch selbst in Rom erst erworben und von gelehrten Ausländern zugetragen erhalten hatten, weiter gepflegt und mit glücklicher Begabung zu eigenen Schöpfungen verwendet, so daß sie die Lehrer ihrer Lehrer zu werden vermochten. Eine Menge

1*

Klöster und Abteien entstanden, welche jede Art der Wissenschaft pflegten, jede Art der Cultur zu fördern suchten. Von ihnen wurden vor allen Canterbury und York berühmt. Dort war Erzbischof Theodor aus Tarses, hier Bischof Eckbert um die Pflege der lateinischen und griechischen Sprache bemüht. Die Werke der Griechen und Römer wurden mit Eifer in fernen Ländern gesammelt. Auch Weremouth, Malmesbury, St. Albans, Yarrow, Worcester und Westminster zeichneten sich hierin aus.

Von den Männern, welche auf diese Weise unter kirchlichem Einflusse eine neue Literatur zu begründen, eine neue Dichtung ins Leben zu rufen versuchten, mögen nur Ceolfrid, Beda und Alkuin genannt werden. Mit Alkuin, den, wie bekannt, Karl der Große zu seinem Bildungswerke herbeirief, neigte die Blüthe der angelsächsischen Dichtung sich schon dem ihr durch die Invasionen der Dänen drohenden und dann auch bereiteten Untergang zu. Alfred vermochte nur dem südwestlichen Theil des angelsächsischen Reiches die volle Selbständigkeit zu erhalten. Doch wurde nach geschlossenem Frieden die Culturarbeit mit neuem Eifer, aber in einem andern, wenn auch nicht minder bedeutendem Sinne begonnen. Jetzt kam die Prosa zur Ausbildung, was die Verdrängung des Lateinischen als Geschäfts- und Gerichtssprache vorbereitete. Kaum minder wichtig, weil für die Stärke, die die Entwicklung des nationalen Geistes gewonnen, schon damals Zeugniß ablegend, aber war: daß hier, ebenfalls wieder zuerst von allen Ländern Europas, sich eine Art von Geschichtschreibung in der Nationalsprache zu entwickeln begann. Allein auch diese Blüthe starb während der Kämpfe hin, welche die Angelsachsen aufs Neue, zuerst mit den Dänen, denen sie endlich doch völlig erlagen, sodann mit diesen gemeinsam mit einem neu heranbringenden gewaltigen Gegner, den Normannen, geriethen. Die Schlacht bei Hastings, 1066, machte Wilhelm den Eroberer, den Herzog der Normandie, zum Herren des Landes.

Die Normannen, ein norwegischer Volksstamm, hatten durch ihre räuberischen Einfälle in Frankreich sich endlich den gesetzlich zuerkannten Besitz jenes nach ihnen benannten Herzogthums ertrotzt. Mit dem Christenthum nahmen sie aber auch die Cultur und Sprache der unterworfenen Landstriche an, jedoch nicht, ohne den beiden letzteren den Stempel ihres Geistes aufzudrücken. Er wurde sogar zu einem Ferment in dem Bildungsproceß des französischen Geistes überhaupt,

deſſen glänzendſte Vertreter ſie wurden. Sie riefen den ritterlichen
Geiſt jener Zeit, eine neue ritterliche Dichtung ins Leben. Die Seele
jener geiſtigen Bewegung, aus welcher die Kreuzzüge hervorgingen,
die Hauptſtützen der römiſchen Kirche, gründeten ſie in der Kloſter-
ſchule zu Bec der ſcholaſtiſchen Wiſſenſchaft eine neue Centralſtätte.
Sie wurden aber auch die Wecker des nationalen Bewußtſeins im
franzöſiſchen Volk.

Seit lange hatten Beziehungen zwiſchen der Normandie und
England beſtanden. Die wißbegierige engliſche Jugend ſtudirte in
Bec, die Söhne des engliſchen Adels gewannen ihre Ausbildung am
Hofe von Rouen. Die Eroberung des alſo befreundeten Landes mußte
den Normannen um ſo leichter werden, als ſie daſelbſt als Vertreter
des Intereſſes der Kirche erſchienen. Normänniſch-franzöſiſche Biſchöfe,
Aebte und Mönche zogen mit ihnen hier ein; ein normänniſch-fran-
zöſiſcher Adel drängte den heimiſchen aus ſeinem Beſitz; die normänniſch-franzöſiſche Sprache wurde bei Hofe, auf den Burgen und nur
zu bald auch in den Gerichtshöfen, ja ſelbſt im Parlamente geſprochen,
eine normänniſch-franzöſiſche Bildung ſchlug in dem eroberten Land
ihren Sitz auf.

So vollſtändig dieſe Unterwerfung und Beſitzergreifung aber auch
war, ſo erhielt ſich doch neben dem eingedrungenen das angelſächſiſche
Element. Noch lange blieb die angelſächſiſche Sprache ganz unver-
miſcht neben der fremden beſtehen. Eine angelſächſiſche Volkspoeſie
lief neben der normänniſch-franzöſiſchen her. Ja, als ſich allmählich
die beiden Völker einander näherten, ſich mit einander verbanden und
ihre Sprache mit einander verſchmolz, war es der Geiſt des Angel-
ſächſiſchen, der dabei obſiegte.

Macaulay*) hält die Ertheilung der Magna Charta für den
Ausgangspunkt jener Verſöhnung. Mit der ertrotzten Gründung eines
neuen Parlaments unter Heinrich III. aber ward ſie erſt vollſtändig.
Damals beſtanden die beiden Sprachen noch getrennt von einander,
da dieſer Fürſt ſeine Proclamation vom 18. October 1258 zugleich
in franzöſiſcher und engliſcher Sprache veröffentlichen ließ. Aber der
Charakter beider hatte ſich doch ſchon verändert. Bereits unter

---

*) Die Geſchichte Englands ſeit der Thronbeſteigung Jacobs II. 2. Aufl.
Leipzig 1856.

Eduard III. wurde in den lateinischen Schulen das Französische durch
das Englische ersetzt. 1362 trat dieses wieder als Gerichts- und
Parlamentssprache an die Stelle des ersteren. Unter Richard II.
wurde die Kenntniß der französischen Sprache von den Gebildeten
schon merklich vernachlässigt, und mit dem Anfang des 14. Jahrhunderts war die Verschmelzung beider eine vollständige. Am Ende dieses
Jahrhunderts war das Englische sogar Hofsprache geworden. Deutsch
ist im Englischen fast jede concretere Bezeichnung, mit Ausnahme der
dem Hof- und Staatsleben angehörenden Gegenstände, französisch sind
dagegen fast alle Abstracta; deutsch ist die Flexion und Betonung der
Wörter, französisch dagegen die Wortfolge. Aus französischen Wörtern
allein vermag man im Englischen schwer einen Satz zu bilden, was
doch aus deutschen Wörtern in größerem Umfange geschehen kann.
Man nimmt an, daß fünf Achtel des gegenwärtigen Sprachschatzes
der englischen Sprache deutschen Ursprungs sind.

Die Stärke und Kraft der angelsächsischen Stammeseigenthümlichkeit ergiebt sich hieraus allein. Doch wird man bei der Verschmelzung beider Völker das franco-normännische Element darum noch
nicht zu gering anschlagen dürfen. Die ausgezeichneten Eigenschaften
des normännischen Stammes verbürgen dies hinlänglich. Auch waren
beide Völker ja nur verschiedene Zweige eines und desselben Stammes,
und was die Sprache betrifft, so wird man den Vorsprung zu berücksichtigen haben, den die Entwicklung des französischen Geistes, der
französischen Dichtung damals vor der englischen voraus hatte. Daher
auch die sich von nun an entwickelnde englische Literatur lange unter
dem Einfluß der französischen blieb, ohne auf diese vorerst eine beträcht-
liche Rückwirkung ausüben zu können.

Dagegen eilten die Engländer in der Entwicklung des nationalen
Geistes allen neueren Völkern Europas voraus. Er ging bei ihnen
verstärkt aus den Eroberungskriegen ihrer Könige in Frankreich, aus
den Kämpfen der letzteren mit dem Adel, wie aus denen der beiden
Rosen hervor. Die Freiheiten des Volkes waren davon nur wenig
berührt worden. So groß die Macht seiner Fürsten auch war, so
fand sie in den Rechten des Parlaments, sobald sie diese zu beschränken oder zu vergewaltigen versuchte, doch ihre Schranke. Es
hat England durchaus nicht an gewaltthätigen Regenten gefehlt. Ihre
Uebergriffe wurden aber immer zurückgewiesen, wo es sich nicht blos

um das Recht und die Freiheit des Einzelnen, sondern um die Rechte
und Freiheiten der ganzen Nation handelte. Der Einzelne freilich
blieb ihrer Willkür dafür um so schutzloser überlassen.

Drei Grundrechte waren es, welche die Nation gegen den aus=
gedehnteren Mißbrauch des Königthums schützten: Das Recht der
Gesetz= und das der Steuerbewilligung, sodann die Befugniß, die
Räthe und Beamten der Krone für die Ausübung der Gesetze ver=
antwortlich zu machen. Macaulay legt noch überdies ein großes Ge=
wicht auf die Verfassung des erblichen englischen Adels, welche ge=
währleiste, daß diesem fortwährend neue Mitglieder aus dem Volke
gewonnen würden, während viele seiner Mitglieder dafür wieder zu=
rück in das Volk träten. „Jeder Gentleman konnte Pair werden.
Der jüngere Sohn eines Pairs aber war nur ein Gentleman."

Als bei den übrigen Völkern die beschränkten Monarchien des
Mittelalters sich mit Hülfe stehender Heere in unbeschränkte ver=
wandelten, war es England allein, welches kraft seines Rechtes der
Steuerverweigerung, bei sich dies verhinderte, die Volksfreiheiten rettete
und die der Monarchie gezogenen Schranken aufrecht erhielt. Zweierlei
kam ihm zu Statten dabei: die insulare Lage des Landes, welche es
erleichterte, sich zu seiner Sicherheit nach Außen mit einer die innere
Freiheit nicht bedrohenden Seemacht begnügen und von der Errichtung
eines stehenden Heeres absehen zu können, sowie der Wohlstand, dessen
die Nation seit Heinrich III. genoß.

Die Poesie entwickelte sich, wie schon angedeutet, zunächst nach
den in den Lais, Romanen und Novellen gegebenen französischen Vor=
bildern. Die nationale Eigenthümlichkeit aber wahrte auch hierbei ihr
Recht. Später trat noch die romantische Stoffwelt der Araber, Spanier,
Italiener dazu. Mit phantasievoller Stofffreude ergriff der englische
Geist die Mannichfaltigkeit der auf ihn eindringenden fremden Welt,
die er bald mit Humor, bald mit sittlichem Ernst, lange nur unbe=
holfen, meist aber mit einem scharfen Blick für das Detail der Natur
und der Wirklichkeit zu einem bald nur schlicht bürgerlichen, bald aber
auch höheren und dabei sinnigen Ausdruck brachte. „Der Engländer
liebt es — sagt ten Brink (a. a. O. 410) — aus dem Vollen zu
schöpfen. Der Lärm des Lebens, die Fülle des Thatsächlichen ver=
wirrt ihn nicht, sie reizt im Gegentheil seine geistige Spannkraft. Er
liebt es, sich in einem Labyrinth zu orientiren, sich im Ueberfluß häus=

lich einzurichten. Nur auf breitester, realistischer Grundlage gedeiht
seine Kunst. Seine Lebensweisheit beruht auf einer ausgedehnten
Reihe von Einzelbeobachtungen, sein Staatsrecht auf Präcedenzfällen,
seine Politik ist ganz Tradition."

Chaucer ist derjenige Dichter Englands, welcher in der Anlehnung
an das Fremde die nationale Eigenthümlichkeit zuerst zu einem freieren
und bedeutenderen, ja in Bezug auf das Volksthümliche fast muster-
giltig zu nennenden Ausdruck brachte. Ein Kenner des klassischen
Alterthums sowohl, wie der damaligen französischen und italienischen
Literatur, die er in ihrer Heimath selber studirt, bearbeitete er verschiedene ihrer Dichtungen und übte besonders durch seine von
Boccaccios Decamerone angeregten und unvollendet gebliebenen Canterbury Tales (um 1393), einem ganz aus englischem Geiste geborenen
Werke voll frischester Lebensbeobachtung und ächtem und dabei quellenden
Humor, eine außergewöhnliche, nachhaltende Wirkung aus. Sammel-
werke dieser Art erschienen schon früher in England, so The process of
the sevyn sages und die englischen Gesta romanorum, doch keines
von einer ähnlichen Kraft der Farbe, keines von dieser zwar ganz
naiven und realistischen, aber dabei künstlerischen Gestaltungskraft,
keines das sich den Fesseln der Scholastik in gleichem Umfang ent-
rungen hätte. Chaucer hatte dem englischen poetischen Geiste damit eine
neue Bahn eröffnet, eine neue Richtung gegeben. Keiner seiner unmittelbaren Nachfolger hat ihn auf seinem Wege aber nur annähernd
erreicht, weder Gower noch Occleve, noch der ihm an Talent und
an umfassender literarischer Bildung noch am nächsten stehende Lydgate,
der ebenfalls wieder als Bearbeiter eines Boccaccio'schen Werkes erscheint, aber nicht eines volksthümlich nationalen, sondern, mit Beihülfe einer französischen Uebertragung, des in lateinischer Sprache
geschriebenen: De casibus virorum et feminarum illustrium. Chaucer
eilte in seinem Lande der Zeit um mehr als ein Jahrhundert voraus.
Selbst die Nachahmungen italienischer Dichter verlieren sich wieder
und wenn sich auch hier und da ein von dorther kommender Einfluß, wie z. B. in verschiedenen der damals erscheinenden bukolischen
Dichtungen zeigt, kommt er meist nur von den in lateinischer Sprache
geschriebenen Werken dieser Art und ist dabei fast immer durch Frankreich vermittelt.

Unter Heinrich VIII. tritt zwar directer Einfluß national italienischer Dichtung in den Sonetten Lord Surrey's wieder hervor, welche eine reichere Nachfolge aus der englischen Aristokratie hatten. Allgemeiner aber wird das Studium der italienischen Sprache erst um die Mitte des 16. Jahrhunderts. Jetzt erscheint fast gleichzeitig mit Chaucer's Canterbury tales, Gower's Confessio amanti, Lydgate's Troy-book in neuen prachtvollen Ausgaben eine ganze Reihe italienischer grammatischer Werke, wie Principal rules of the italian grammar with a dictionarie for the better understanding of Boccase, Petrarche and Dante, gathered into this tongue by William Thomas.*) Ihnen folgten Uebersetzungen italienischer Novellensammlungen, welche neben den schon früher erwähnten ähnlichen Werken und den alten Sagenbüchern La morte d' Arthur und The seven wise masters die hauptsächlichsten Quellen der romantischen Dramen der Shakespeare'schen Zeit bildeten. Als früheste nennt Warton (III. 382.) The hundred mery tayles (1557), eine Bearbeitung der unter dem Titel: Les cent nouvelles, um 1500, in französischer Sprache erschienenen Novellensammlung, welcher 1566 William Paynter's: Palace of pleasure folgte, der 60 Novellen von Boccaccio und eine große Zahl anderer von Bandello enthält, denen aber zum Theil nur die Bearbeitungen des Franzosen Belleforest zu Grunde liegen. Gleichzeitig erschienen „Certaine tragicall discourses by Geffraie Fenton" ebenfalls dem Italienischen nachgebildet, sowie 1571 The forest von Thomas Fortescue, welcher einer spanischen Bearbeitung italienischer Novellen folgte. Ihm reihte sich 1580 eine Uebersetzung Bandello'scher Novellen von W. W., 1585 George Whetstone's Heptameron, 1587 die Tragical tales von Turberville, 1589 The Chaos of histories, 1596 The Orator von Alexander Sylvain an.

Die Ursachen, warum das Vorbild Chaucer's unmittelbar so geringe Nachfolge hatte, lagen zum Theil in den kirchlichen Verhältnissen der Zeit. Nachdem schon Roger Baco auf das Studium der Natur, als eine der wichtigsten Quellen menschlicher Erkenntniß, hingewiesen hatte und energisch für eine Reform der Kirche aufgetreten war, wurde letztere von Wikleff wieder aufgenommen. Er forderte energisch zu einer Reini-

---

*) Siehe darüber: Thomas Warton, History of English poetry from the close of the 11th century to the commencement of the 18th century. London, 1840. III. p. 874.

gung der christlichen Glaubenslehre von menschlichen Zusätzen auf,
verwarf verschiedene ihre Glaubensartikel und bahnte auf diese Weise
bereits eine Reformation der Kirche an, wobei er auch außerhalb
Englands zahlreiche Anhänger fand. Die Hierarchie setzte zwar die
Verwerfung seiner Lehre bei der Universität Oxford durch, wagte
jedoch nicht, ihn in seiner Stellung als Geistlicher anzutasten, theils
wegen seines Anhangs im Volk, theils wegen des Schutzes, den ihm
die Regierung zu Theil werden ließ, weil er zugleich als Verfechter
der nationalen und der königlichen Rechte gegen die Anmaßungen des
päpstlichen Stuhles und des Klerus auftrat. Seine Lehre wirkte auch
nach seinem Tode (1384) noch fort, wie die von Huß ausgehende
Bewegung ja wesentlich auf ihr mit beruht, daher die Verurtheilung dieses letzteren auf dem Concile zu Constanz (1415) zugleich
mit einer Verurtheilung der Lehre Witleff's verbunden war. Trotz der
Verfolgungen, welchen die Anhänger derselben (Witlefiten und Loll-
harden) jetzt ausgesetzt waren, hielten sie doch an ihr fest, so daß die
später von Luther ausgehende Reformation bereits vielfach den Boden
für sich bereitet fand. Doch gelang es der englischen Geistlichkeit um
so mehr, den sich in diesen Bewegungen ankündigenden Geist einer
neuen Zeit in Kirche und Wissenschaft vorerst zurückzudrängen und
ihm die aufgefundenen neuen Quellen der Erkenntniß abzugraben,
als die gerade damals ausbrechenden Kämpfe der beiden Rosen ein
noch bringenderes Interesse heraufbeschworen. Wie rasch und tief man
durch diese Bemühungen, welche durch die Trägheit der Mönche und
Geistlichen nicht wenig begünstigt wurden, wieder in's tiefere Mittelalter zurücksank, läßt sich aus der Thatsache erkennen, daß unter der
Regierung Heinrich's V. die Universität von Cambridge, um die öffentlichen Gebete und Epistel anfertigen zu können, einen Italiener, Namens
Cajus Auberius, anstellen mußte und die Universität Oxford 1468
dem Bischof von Lincoln, Chadworth, für seine Bemühungen um die
Wiederherstellung des lateinischen grammatikalischen Unterrichts dankte,
welcher seit länger an dieser Anstalt darnieder gelegen habe und
ganz vergessen gewesen sei.*) Natürlich gab es auch Ausnahmen. Doch
fing man erst gegen Ende des 15. Jahrhunderts die Bibliotheken
wieder mit griechischen und römischen Schriftstellern zu bereichern an.

---

*) Warton a. a. O. II. 554.

Auch traten auf's Neue einzelne Ueberſetzungen griechiſcher Werke in's La=
teiniſche und lateiniſcher Schriften in's Engliſche hervor. Mit Ende
des Jahrhunderts aber kamen die claſſiſchen Studien allgemeiner in
Aufnahme. Etwas ſpäter machte ſich Wolſey um die Hebung derſelben
durch die Gründung der Schule von Ipswich verdient. Auch errichtete
er Lehrſtühle für Rheotrik, humaniſtiſche Wiſſenſchaft und für griechiſche
Sprache zu Oxford. Heinrich VIII berief den in Tübingen lehrenden
Robert Wakefield für griechiſche und für orientaliſche Sprachen nach
Cambridge, wo dieſe Fächer bisher vernachläſſigt waren. Doch wurden
dieſe Neuerungen ſelbſt noch damals von der Geiſtlichkeit heftig be=
bekämpft, beſonders das Studium der griechiſchen Sprache, was ge=
legentlich ſogar in der Gegenwart des Königs geſchah.

Inzwiſchen wirkte Vieles zuſammen, was die Herrſchaft der
römiſchen Kirche brechen mußte und der Entwicklung des neuen Geiſtes
zu Hülfe kam. Zunächſt die Blüthe von Handel und Gewerbe, die
ſich unter der geordneten ſtraffen Regierung Heinrich's VII. entwickelt
hatte und der Wohlſtand, den ſie unter der Einwirkung der Entdeckung
Amerika's wieder zur Folge hatte. Sodann der erweiterte Geſichts=
kreis, der ſich den erſtaunten Blicken durch dieſes, die Autorität der
Ueberlieferung mächtig erſchütternde Ereigniß, ſowie durch die Ent=
deckung einer untergegangenen hochentwickelten Cultur eröffnete. Endlich
aber auch die auf ganz neue Ziele hinarbeitende, das Verhältniß
des Menſchen zur Welt in einem ganz neuen Lichte auffaſſende huma=
niſtiſche Weltanſicht und Lehrmethode, die ſich der alten ſcholaſtiſchen
feindlich gegenüberſtellte, und die Seele von einem auf ihr laſtenden
Drucke, das Auge wie von einer Binde befreite. Denn all dies zu=
ſammen mußte das Lebensgefühl jedes Einzelnen und ſein individuelles
Selbſtgefühl, daher auch das Nationalgefühl, durch das ſich der Einzelne
mit den Andern zu einer beſtimmten Stammesgemeinſchaft verbunden
wußte, auf's Mächtigſte erregen und ſteigern, ſowie den Unternehmungs=
geiſt beflügeln und ihm neue und höhere Ziele anweiſen.

Es würde unter dieſen Umſtänden kaum eines weiteren äußeren
Anſtoßes bedurft haben, damit die alten reformatoriſchen Ideen auf
dem Gebiete der Kirche in England erwachten, jedenfalls aber iſt es
nicht zu verwundern, daß als die in Deutſchland hervortretende refor=
matoriſche Bewegung auch zu ihm jetzt herüberdrang, ſie hier der
Gemüther ſich im Sturme bemächtigen konnte. Heinrich VIII., der

wegen seiner anfänglich gegen die Reformation eingenommenen Haltung von Leo X. den Titel Vertheidiger des christlichen Glaubens erhalten hatte, würde allein um seiner Liebe zu Anna Boleyn willen wohl kaum bis zu einem Bruche mit der katholischen Kirche geschritten sein, wenn er sich hierbei nicht in Uebereinstimmung mit einem großen Theil der Nation gewußt, wenn dieser Bruch sich nicht hierdurch zu einer noch weiteren Stärkung der königlichen Gewalt hätte benutzen lassen. Allerdings gerieth dieser Fürst, indem er die kirchliche Macht mit der weltlichen in sich zu vereinigen suchte, in eine Zwischenstellung, welche ihn die beiden feindlichen Parteien abwechselnd zu bekämpfen nöthigte, ohne die eine oder andere doch ganz befriedigen zu können; ein Kampf, der sich auch unter seinen Nachfolgern noch fortsetzte, in welchem das Selbst- und das Freiheitsgefühl, der nationale Geist des Volkes aber nur weiter erstarkte. Mitten in diesem Kampfe wurde nun auch das neue nationale Drama der Engländer geboren. Von ihm theils gehemmt, theils gefördert, entwickelte es sich zwar zu einer von keiner andern Nation wieder erreichten Bedeutung und Blüthe, fand aber auch nach einer nur allzukurzen Herrlichkeit in ihm zuletzt seinen Untergang.

––––––––

II.
Anfänge des nationalen weltlichen Dramas.

Quellen und Einflüsse des neuen englischen Dramas. — Erste Keime eines weltlichen Dramas. — Anfänge des Lustspiels. — John Heywood. — Nachahmungen und Uebersetzungen lateinischer und italienischer Lustspiele. — Dramen mit kirchlicher Tendenz. — Nicholas Udall. — Anfänge der Tragödie. — John Bale. — Populäre Geschichtswerke. — Thomas Sackville und Thomas Norton — Das gelehrte Drama. — Richard Edwards. — Erneuter Einfluß der Italiener. — John Still. — Die ersten Historien. — Das Lustspiel.

Das neue weltliche Drama hat sich in England aus zwei verschiedenen Quellen unter noch mannichfachen anderen Einflüssen und Einwirkungen entwickelt. Diese Quellen waren das mittelalterliche Drama in seinen verschiedenen Formen und das alte classische griechisch-römische Drama. Die übrigen Einflüsse kamen ihm theils von dem Geiste der Renaissance, theils von dem der Reformation. Wie aber

der reformatorische Geist nur noch dazu diente, den nationalen
Geist des englischen Volkes weiter zu kräftigen, so überwog in jenem
Bildungsprocesse sein Einfluß auch wieder denjenigen der Renaissance, so waren die Formen des heimischen mittelalterlichen Dramas
doch noch maßgebender dabei, als die des altclassischen und des diesem
nachgebildeten romanischen Dramas.　Gewiß würde es möglich gewesen sein, auch ohne Einfluß der Renaissance, nur aus den Formen
des mittelalterlichen Dramas, ein neues, dem neuen Geiste der Zeit
entsprechendes. weltliches Drama zu schaffen, wie ja in ihm die
Keime dazu schon seit länger mehr und mehr sichtbar wurden.　Nie
aber würde es dann die Gestalt gewonnen haben, in der es uns
heute vorliegt und die es in Shakespeare's Händen gewonnen hat.　In
einem wie starken Gegensatz selbst noch dessen Drama zu dem der
Alten und zu dem Drama der romanischen Völker steht, so ist es der
Renaissance doch mehr, als man auf den ersten Blick vielleicht anzunehmen bereit ist, verschuldet.　Es ist eine vielverbreitete Meinung,
daß das mittelalterliche Drama der Engländer sich nur in den Formen
der Miracle- und Moralplays, der pageants und höfischen Festspiele
entwickelt und es ihm trotz des realistisch volksthümlichen Zugs, der mehr
und mehr in den verschiedenen Formen desselben hervortrat, an rein
weltlichen realistischen Spielen gefehlt habe, wie wir sie bei Italienern und Franzosen in den Farsen doch vorfanden; wenn man
dafür auch keine weiteren Gründe hat, als den Mangel an jeder
historischen Ueberlieferung.　Doch sind selbst die Nachrichten, die wir
von den höfischen Festspielen, den Interludes, haben, so unbestimmt
und so kärglich, daß wir über Form und Charakter dieser Spiele kaum
etwas Bestimmteres aussagen können.　Es ist keineswegs ausgemacht,
daß sie alle ausnahmlos von einem allegorischen Charakter gewesen sein
müssen.　Dagegen ist es bezeugt, daß schon um die Mitte des 13. Jahrhunderts Professions-Schauspieler in den Städten, ja selbst in Abteien
und Klöstern spielten, daß zu Heinrich's VI. Zeit, als die Moralplays
doch erst im Entstehen begriffen waren, schon Histrionen das Land
durchzogen.　Sollten diese wirklich nur immer Miracleplays gespielt
haben?　Sollten die Players und Interludentes Richard III., die
players of interludes Heinrich's VIII. und seiner Barone immer nur
allegorischen Charakters gewesen sein?　Denn damals hielten sich schon
die Lords Ferrer, Clinton, Oxford, Buckingham und der Herzog von

Northumberland solche Spieler, welche zugleich das Recht in fremden Häusern zu spielen und im Lande herumzureisen besaßen, und auch der Spieler der Städte Coventry, Wycombe, Milend, Wyneborne, Kingston, Esser wird damals gedacht.

1303 war den Geistlichen allerdings schon verboten worden, Mirakelspiele zu spielen. Doch nicht nur, daß diese Verbote nicht allenthalben befolgt wurden, sehen wir auch noch die Bürgergilden, die Parish-Clerks, die Choristers und Chorknaben mit dafür eintreten, und den Erwerbsschauspielern gelegentlich das Recht derartige Stücke zu spielen absprechen, was z. B. aus einer Eingabe der Choristers von St. Paul in London an Richard II. im Jahre 1378 hervorgeht, in der diese den König ersuchen „unwissenden und unerfahrenen Personen die Darstellung von Stücken der heiligen Schrift zu ver- bieten, da solches zum großen Nachtheil der Geistlichkeit geschehe, welche große Summen auf diese für das bevorstehende Weihnachtsfest vorbereitete Darstellung verwendet hätte".

Schon frühe zeigten die englischen Miracle- und Moralplays, sowie auch die Pageants weltliche, realistische Elemente. Die heiligen und die allegorischen Figuren gewannen eine immer realistischere und naturalistischere Ausführung. Auch das Stoffgebiet der Miracleplays wurde durch die Aufnahme der Legende erweitert, bei der man der geschichtlichen vor der biblischen allmählich den Vorzug gab. Die allegorischen Figuren der Moralplays aber gewannen immer mehr die Gestalt von wirklichen Individuen. Auch mischten sich hier unter die allegorischen, wie dort unter die heiligen Gestalten solche des wirklichen Lebens mit ein. Dies alles weist offenbar auf ein Drängen zum weltlichen Drama hin, das sich auf diese Weise schon allein aus dem kirchlichen Drama hätte entwickeln können. Gleichwohl entsteht hier die Frage, ob es diese Richtung nur unter dem Einfluß des ver- änderten Geistes der Zeit und in Folge eines nach entschiedenerer dramatischer Entwicklung verlangenden Dranges oder noch mit unter der Einwirkung eines schon seit länger nebenherlaufenden weltlichen Dramas einschlug?

Ich will nicht darnach fragen, wie die Stücke beschaffen sein mochten, welche nach Bischof Bale, Robert Boston zur Zeit Eduard II. (1307—27) geschrieben hat, und die ersterer bereits Tragödien und Comö- dien nennt, mit welchen Namen er auch seine eigenen, den Uebergang zum historischen Drama bildenden Stücke bezeichnet. Ich will nur darauf hinweisen, daß die ganz weltlich realistischen Interludes des John Heywood, von denen die ersten spätestens 1520 geschrieben sind, Stücken wie Tom Tyler and his wife (1578), in denen allegorische und realistische Figuren sich mischen und in denen sich hierdurch ein Uebergang vom allegorisch mittelalterlichen in's realistisch-weltliche Drama darzustellen scheint, lange vorausgingen.

Trat Heywood mit seinen ganz realistischen, schwankartigen Stücken erst in Folge eines solchen Ueberganges, oder trat er schon vor diesem, dann nur scheinbaren, Uebergange als Schöpfer einer ganz neuen Gattung oder als der Verbesserer einer besondern Art schon lange nebenherlaufender Spiele auf? Warum auch sollte es nicht neben den uns durch Ueberlieferung bekannt gewordenen mittelalterlichen Spielen, dergleichen weltliche Spiele gegeben haben, die sich als Stegreifspiele der Ueberlieferung vielleicht völlig entzogen oder als Kunstübungen verachteter Histrionen einer solchen Beachtung nicht werth befunden wurden. Spiele dieser Art konnten ja schon durch fremde Schauspieler herübergebracht worden sein. Lange vor Heinrich VII., von dem es bekannt ist, daß er eine Truppe französischer Schauspieler an seinen Hof brachte, dürften diese hier schon Verdienst und Erwerb gesucht haben.

Wie es sich aber auch hiermit verhalten mag, so steht so viel doch fest, daß mit dieser Art Stücken das neue weltliche Drama der Engländer begann und dieses also ebensowenig wie das der Italiener und das der Franzosen von der Tragödie seinen Ausgang nahm. Lustspiele sind freilich die schwankartigen Dialoge John Heywood's noch nicht. So gering der dramatische Werth derselben aber auch heute erscheinen möchte, in dem Verhältnisse zu ihrer Zeit müssen sie immer als bedeutende Erscheinungen begrüßt werden. Es sind die ersten entschiedenen Kundgebungen eines dem Mittelalter abgewendeten Geistes auf dem Gebiete des Dramas in England, von denen wir wissen; um so bedeutender als sie der Unterhaltung des Hofes zu dienen bestimmt waren. Wenn sie zunächst auch keine weitere Folge gehabt haben sollten, müssen sie doch, nach Allem, was uns bis jetzt darüber bekannt, als der Ausgangspunkt des Lustspiels der Engländer betrachtet werden.

John Heywood, in London geboren, erhielt seine Erziehung zu

Oxford. Thomas Moore, der an dem frischen, begabten, von Witz, Lebenslust und Humor überströmenden Gesellen großes Behagen fand, empfahl ihn der Gunst seines Königs. Er war der Liebling Heinrich's VIII., nicht minder der seiner Tochter Maria. Noch von Eduard VI. ward er geduldet. Dagegen hielt er bei Elisabeth's Thronbesteigung es doch für gerathen, den heimathlichen Boden zu fliehen. Er starb 1565 im freiwilligen Exil zu Malines. Nicht nur sein Witz und seine uner- schöpflichen Späße, auch sein Talent zur Musik machten ihn zur Seele der Unterhaltung. Seine damals berühmten Epigramme, (man zählt deren über 600) erwarben ihm den Namen des Epigrammatikers. Man kennt sechs Plays oder Interludes, die ihm mit voller Sicher- heit zuzuschreiben sind. Von ihnen scheint das älteste The merry play between the pardoner and the frere, the curate and neigbour Pratte zu sein, welches auf ein Ereigniß des Jahres 1521 anspielt. Es wurde erst 1533 gedruckt.*) Der Vorgang ist folgender. Ein Pfarrer hat einem Ablaßkrämer und einem Mönch den Gebrauch seiner Kirche gestattet, jenem um Reliquien darin feil zu bieten, diesem um eine Fastenpredigt zu halten. Sie gerathen jedoch, sich hierdurch gegenseitig Concurrenz machend, mit einander in Streit. Von Worten kommt es zu Schlägen. Vergeblich sucht der Pfarrer den Zwist zu schlichten. Er muß den Nachbar zu Hülfe rufen, was zwar die Einig- keit der Streiter, doch nur zum Nachtheil der Vermittler herbei- führt, da sie nun selbst das Object der gemeinsamen Prügelwuth der ersteren werden und endlich froh sind, mit heilen Knochen davonzu- kommen. Man sieht, es ist äußere, wenn auch noch rohe, Bewegung genug in dem unmittelbar aus dem Leben gegriffenen Schwank. Das rednerische Element überwiegt zwar noch immer. Die Gespräche sind aber nicht mehr blos auf verschiedene Personen vertheilte Reden oder Monologe. Es ist doch eine Art von dramatischem Leben darin. — The play of the weather (ebenfalls 1533 gedruckt**) besteht nur theilweise aus Personen des wirklichen Lebens, zum Theil ist das Personal der Mythologie entnommen. Die realistische Behandlung ist aber gewahrt. Phöbos, Saturn, Aeolos und Phoebe, als privilegirte göttliche Wetter-

---

*) In den Percy society Publications v. XX von Fairholt, sowie in Hazlitt's edition of Dodsley's old plays v. I 1874 enthalten.
**) In der Chiswick press abgedruckt.

macher verklagen einander bei Zeus, weil einer dem andern in's
Handwerk pfuscht. Zeus ruft die Menschen als Zeugen auf. Vertreter
aller vom Wetter besonders abhängenden Gewerbe eilen herbei. Es
ist der Widerspruch der Interessen und das Ungereimte in den Forderungen der Menschen an die Natur, was hier zu Tage tritt und vom
Dichter in seiner derben lustigen Weise gegeißelt wird. In gleichem
Geist sind ferner: The merry play between Johan Johan, the hus-
bande, Tyb, hys wife, and Sir Jhon, the priest (1533)*); The four
P's (nämlich the palmer, pardoner, 'potacary and pedler)**) nicht
vor 1543 gedruckt; The play of love und The dialogue of wit and
folly***) gehalten.

Es sind nur wenig Stücke bekannt, die sich der Form und Manier
Heywood's unmittelbar anschließen, so Rastell's Dialogue of Gentliness
and nobelitie und Bulleyn's Death. Seine realistische Darstellungsweise wirkte aber gewiß noch auf verschiedene erhalten gebliebene,
von fremden Mustern angeregte und ihnen nachgebildete Stücke mit
ein, wie auf das 1530 veröffentlichte Calisto and Meliboea,
den 1537 aufgeführten Thersites, auf Udall's, wahrscheinlich um
1540 entstandenen, vom Miles gloriosus beeinflußten Roister Doister
und das Interlude of Jack Juggler (gegen 1545), welchem die
Andria des Terenz zu Grunde liegt. In diesen Stücken zeigt sich
zum ersten Male der Einfluß des classischen und romanischen Dramas
auf das englische, zugleich aber auch, in welchem eigenthümlichen, dem
nationalen Charakter entsprechenden Sinne dasselbe hier aufgefaßt wurde.

Doch macht sich der Einfluß des ersteren auch noch in anderen,
zum Theil früheren Erscheinungen bemerkbar. Schon bei den Festen,
welche 1514 gelegentlich der Ratification des Friedenvertrags in Greenwich gefeiert wurden, kam ein in lateinischer Sprache verfaßtes Interlude mit zur Darstellung. 1520 wurde ebendaselbst vor dem König
ein Lustspiel des Plautus in lateinischer Sprache zur Aufführung
gebracht. 1529 erschien die lateinische Comödie Acolastus von Palsgrave,†) die 1540 auch noch in's Englische übertragen wurde. 1530

---

*) In der Chiswick press abgedruckt.
**) In Dodsley's Select old plays I. und in Ancient British drama I. enthalten.
***) In den Percy soc. publ. XX. von Fairholt.
†) John Palsgrave, ein Gelehrter, der zur Zeit Heinrich VII. u. Heinrich VIII.
blühte, machte sich durch seine Bemühungen um die grammatikalische Ausbildung

folgte eine Ueberſetzung der Andria unter dem Titel: „Terence in Englysh."

Der Einfluß, den das claſſiſche Drama hiernach bisher in England gewonnen hatte, iſt freilich gering. Dies erklärt ſich aber nicht
nur ¹aus der demſelben widerſtrebenden nationalen Eigenthümlichkeit,
ſondern auch aus der noch immer nur wenig verbreiteten Kenntniß
desſelben. Doch dürften wohl manche der unter ihm noch entſtandenen
Werke verloren gegangen ſein. Die geringe Zahl die von den durch
die kirchliche Bewegung beeinflußten Dramen erhalten geblieben iſt,
läßt auch hierauf zurückſchließen.

Im Jahre 1527—28 wurde in Gray's Inn vor Wolſey ein Stück
gegeben, welches nach Hall Anſpielungen auf die Verſchwendung des
Hofs, nach Holinſhed aber religiöſe Anzüglichkeiten enthielt und die
Verhaftung des Autors, John Roo, zur Folge hatte. Wogegen faſt
gleichzeitig von einem andern, von John Rightwiſe, dem Vorſteher der
Chorknaben von St. Pauls verfaßten und vor Heinrich VIII., Wolſey
und dem franzöſiſchen Geſandten in Greenwich zur Aufführung gebrachten Stücke berichtet wird, in welchem Luther mit ſeiner Frau dem
Gelächter preisgegeben wurde. Im Jahre 1533 erfolgte das erſte
Verbot aller Art Bücher und Spiele, welche Anzüglichkeiten auf die
kirchlichen Streitigkeiten und Doctrinen enthielten. Daß dieſem Verbote nicht allenthalben Folge geleiſtet wurde, geht aus den Wiederholungen desſelben hervor. 1543 wurde es ſogar zum Parlamentsbe-
ſchluſſe erhoben. Mit der Thronbeſteigung der Maria wurden dieſe
und andere Erlaſſe noch bedeutend verſchärft. Dies alles weiſt darauf
hin, daß damals eine bedeutende Zahl religiöſer Tendenzſtücke entſtanden ſein mußten, die aber faſt alle untergegangen ſind. Die
Bale'ſchen Stücke, auf die ich ſofort etwas näher eingehen werde und
einige wenige Namen, wie der John Huss des Ralph Ratcliff und
De papatu von Uball ſind Alles, was davon erhalten geblieben iſt.*)

Nicholas Uball, um 1506 in Hampſhire geboren, trat 1520 in
das Corpus Chriſti College in Oxford ein. 1532 war er mit Leland
an einem Pageant zur Einzugsfeier der Königin Anna Boleyn be-

---

der franzöſiſchen Sprache verdient; ſein L'Eclaircissement de la langue française erſchien 1530.

*) Aus ſpäterer Zeit exiſtirt Free Will, a tragedy in which is set forth the
devlish devise of the popish religion von Henry Cheeke. 4to. No date.

theilt. Um 1534 war er als Hauptlehrer an der Schule von Eton,
später an der von Westminster angestellt, 1553 erhielt er das Rectorat
von Celborne auf der Insel Wight, von wo er 1555 an die Schule
in Winchester zurückkehrte, wo er 1566 starb. Er soll noch mehrere
Comödien, wahrscheinlich für Schulzwecke verfaßt haben, am berühmtesten ist er durch seinen Ralph Royster Doyster und durch seine
Uebersetzung der Paraphrase über das neue Testament von Erasmus
geworden. Ralph Royster Doyster wird als das erste englische Lustspiel angesehen, weil er, obschon auf Grund lateinischer Ueberlieferung
und nicht ohne schulmeisterliche Pedanterie, doch in einem volksthümlichen Sinne geschrieben ist. Die Figuren sind sämmtlich dem englischen Volksleben entnommen.

Die Anfänge der Tragödie fallen nicht nur in eine spätere Zeit,
sondern ihr Entwicklungsgang ist auch ein andrer. Früher als in
den übrigen Ländern hatte sich, wie wir gesehen, eine nationale Geschichtsschreibung in England entwickelt. Historische Elemente traten
schon früh in die Pageants, öffentlichen Festspiele und, wenn auch
zunächst nur in legendärer Form oder im Sinne der Allegorie, in die
Mirakelspiele ein. Der älteste Versuch historische Ereignisse zu selbständiger dramatischer Darstellung zu bringen, liegt in dem Hox-Tues-
day-spiel vom Jahre 1416 vor, welches den Sieg der Männer von
Coventry über die Dänen feierte. Es war jedoch kein eigentliches
Drama, sondern ein pantomimisches, von einzelnen Reden unterbrochenes
Festspiel. Der 1529 in Chester zur Aufführung gekommene Kinge
Robert of Cicylie nähert sich dagegen dem historischen Drama schon
an; denn obschon der Stoff ganz legendenhaft ist, erscheint darin das
Hauptgewicht doch auf den Charakter des Helden und auf ein wahrhaft dramatisches Moment seiner Charakterentwicklung gelegt. Robert
von Cilcien hält sich für mächtiger selbst noch als Gott. Ein Engel
nimmt, während er schläft, seine Gestalt an, usurpirt seinen Thron
und behandelt den König als seinen Narren. Dieser kommt hierdurch
in einen solchen Zustand der Erniedrigung, daß er die Hunde des
Schloßhofs beneidet. In dieser Gestalt muß er den Engel-König auch
nach Rom begleiten, wo neue Prüfungen seiner harren, bis er endlich
gebessert in sein Königreich wieder eingesetzt wird.

Um diese Zeit wurde vor Wolsey auch eine lateinische Tragödie,
Dido, von dem schon früher erwähnten John Rightwise, gespielt. Es

2 *

ist das erste Zeichen des Einflußes der classischen Studien auf das
Gebiet des ernsten Dramas. Doch wissen wir nicht, ob und in wie
weit darin schon eine Nachahmung römischer oder griechischer dramatischer
Muster vorliegt. Bale gedenkt einer Reihe von Comödien und Tragö-
bien, welche Ralph Rabcliffe (gest. balb nach 1553) für die von
ihm 1538 zu Hitchin in Hertfordshire gegründete Schule geschrieben
und die er noch selber gesehen hatte. Außer der schon berührten
„Tragödie" The burning of John Huss erwähnt er folgende als
Comödien bezeichneten Stücke Dives and Lazarus, Patient Griseldis,
The friendship of Titus and Gesippus und Chaucer's Melebee, sowie
die als Tragödien bezeichneten Job's afflictions, The delivery of
Susannah, Jonas und The Fortitude of Judith. Sie wurden niemals
gedruckt und wir wissen nichts von ihrer Beschaffenheit, allein es
scheint, daß einige davon sich dem weltlichen Drama noch entschiedener
genähert haben, als Bale's eigene Stücke. Gewiß waren es nicht die
einzigen Schulcomödien der Zeit. Auch Henry Barker, Lord Morley,
(gest. 1556), soll nach Bale unter Heinrich VIII. verschiedene „Tragödien und Comödien" geschrieben haben, von denen uns aber nicht
einmal die Namen mehr vorliegen.

John Bale, dessen dramatische Arbeiten theilweise erhalten
geblieben sind, wurde 1495 zu Suffolk geboren. Er empfing seine Erziehung in einem Kloster von Norwich, bezog dann das St. John's
College zu Cambridge und wurde hier Protestant. Er gehört zu den
dem Papstthum feindlichsten Schriftstellern der Zeit. Seine Schriften
haben fast durchgehend einen polemischen Charakter, selbst einige seiner
dramatischen Werke, was schon aus den Titeln derselben „Upon both
Marriages of the king;" „Of the impostures of Thomas Beckett;"
„The treacheries of the papists und Corruptions of the divine laws"
hervorgeht. Ein Günstling Cromwells, der ihn gegen die katholische
Geistlichkeit schützte, floh Bale nach dem Sturze desselben nach Holland. Von Eduard VI. zurückberufen, wurde er mit dem irischen
Bischofssitze von Ossory belehnt. Die Thronbesteigung der katholischen
Marie nöthigte ihn aber auf's Neue zur Flucht. Unter Elisabeth wieder
zurückgekehrt, verlebte er seine letzten Jahre friedlich als Pfründner
zu Canterbury, woselbst er auch starb (1563.) Man kannte schon
immer vier von ihm noch erhaltene Mirakelspiele: The three Laws
of nature, Moses and Christ; God's Promises; John the Baptist's

preaching in the wilderness und The temptation of Christ. Erst
1838 aber ist von Payne Collier auch noch ein Manuscript The
kinge Johan, a play in two parts, entdeckt und durch den Druck veröffentlicht worden. Es ist das merkwürdigste, der aus jener Zeit
erhalten gebliebenen englischen Stücke und bildet nach dem, was wir bis
jetzt von letzteren wissen, den Uebergang vom Miracle= und Moralplay
zum historischen Drama. Es ist darin der Versuch gemacht, einen
geschichtlichen Stoff, der zugleich ein vaterländischer war, in einer auf
den damaligen politischen Zustand berechneten und dabei doch an die
Formen des mittelalterlichen Dramas anknüpfenden Weise zur Darstellung zu bringen. Neben den historischen Figuren treten demzu-
folge auch allegorische Gestalten, wie die Englands, der kaiserlichen
Majestät, des Adels, des Verraths, der bürgerlichen Ordnung, der
Wahrheit, und endlich als Spaßmacher (vice), die des Aufruhrs mit
darin auf. Indem Bale sich dabei von fremder Einwirkung fernhielt
und in diesem Sinne ganz national erscheint, behandelt er den Untergang des schwächlichen Königs Johann in seinem Kampf mit der
Kirche in einer Weise, welche die Sache der Reformation zu festigen
und zu fördern strebt.

Wenn dieses Stück, wie es scheint, auch keine unmittelbare Nachfolge gehabt haben sollte, so ist es in der Entwicklungsgeschichte
des englischen Dramas doch von großer Bedeutung, nicht nur, weil
es den Grund zu den späteren dramatischen Historien legte, sondern
weil sich auch hier, soweit wir es beurtheilen können, zum ersten Male
im ernsten Drama der Geist einer neuen Zeit in energischer Weise
ankündigte, der an die Stelle der kirchlichen Auffassung von der Welt
und vom Leben die historische setzte und so den Bruch mit dem alten
kirchlichen Drama vollzog.

Dies hing ohne Zweifel mit der weiteren Entwicklung der nationalen Geschichtsschreibung zusammen. Der historische Sinn, das na-
tional=historische Interesse mußte in letzter Zeit nicht wenig durch
Werke wie Fabyan's Chronicle of Concordance of histories (1485)
und Hall's Chronicle gefördert worden sein. Jetzt (1559) trat noch
das historische Reimwerk The mirrour of magistrates hinzu, dessen
hauptsächlichster Mitarbeiter Sackville, Lord Buckhurst war, und das
mit ihnen und der 1577 erschienenen Chronik von Holinshed zu den

wichtigsten Quellen der historischen Dramen der Shakespeare'schen
Zeit gehört.

Thomas Sackville, Lord Buckhurst, Earl von Dorset*),
1536 zu Withyme in Suffex geboren, empfing seine Ausbildung zu
Oxford und Cambridge. Durch seine Mutter, eine Tante Anna Boleyn's, machte er eine glänzende Carrière im Staatsdienst. Durch
seinen Mirrour of magistrates erwarb er beträchtlichen Dichterruhm.
1567 wurde er von der Königin Elisabeth zum Ritter geschlagen.
Später war er Gesandter in Frankreich. Auch als Ueberbringer des
Todesurtheils an Maria Stuart, an dem er jedoch selbst keinen Antheil hatte, wird er genannt. Von nun an häuften sich Ehren über
Ehren auf ihn. 1599 ward er zum Lord-Großschatzmeister des Reiches
erhoben, eine Würde, welche von Jacob I., der ihn auch noch zum
Earl von Dorset ernannte, auf Lebenszeit bestätigt wurde (1603).
Fünf Jahre später, am 19. April 1608, starb er zu Whitehall. Tho-
mas Sackville ist für die vorliegende Darstellung hauptsächlich durch
die von ihm in Gemeinschaft mit Thomas Norton verfaßte Tragödie
Gorboduc wichtig, die, nach der zweiten Ausgabe, auch unter dem
Titel Ferrex and Porrex**) bekannt ist, insofern sie für die erste
rein weltliche Tragödie der Engländer gilt.

Thomas Norton***), 1532 zu Sarpenhoe in Bedfordshire geboren, gehörte ebenfalls zu den bedeutenderen Männern der Zeit. Er
war ein ausgezeichneter Rechtsgelehrter, als welcher er sich die Gunst
des Großschatzmeisters Burleigh gewann, der ihm auch eine Rathsstelle
der City von London vermittelte, in der er sich große Verdienste erwarb. Er starb 1584 in seinem Geburtsort. Es scheint, daß Norton
welchen Sackville schon kennen lernte, als er noch in London am
Inner Temple studirte, es war, der den Plan zu der Tragedy of
Gorboduc lieferte, da ihm auf dem Titelblatt der ersten Ausgabe (1565)
die drei ersten, Sackville nur die zwei letzten Acte zugeschrieben werden.
Die Bearbeitung selbst bietet keinen individuellen Unterschied dar. Ob-

---

*) Biographia dramatica. London, 1782. — Ward, a. a. O. I. 107. Klein,
a. a. O. II. 237.

**) Collier, II. 481. — Ward, a. a. O. I. 107. — Klein, a. a. O. II. 296.

***) Klein, a. a. O. II. 296. Das Stück ist abgedruckt in Dodsley's old
plays I. und in Ancient. British drama I.

schon nach römischen Vorbildern gearbeitet, hat diese Dichtung durch
den vaterländischen Stoff doch einen nationalen Charakter gewonnen.
Diese Doppelnatur stellt sich auch noch dadurch symbolisch dar, daß
dem jeden Akt abschließenden antiken Chor, ein diesem vorausgeschickter
englischer Dumb-show (Stummspiel) gegenübersteht. Der Dumb-show
war ein pantomimischer Auszug der äußeren Handlung des Akts, welcher
demselben in ähnlicher Weise voranging, wie das Argument oder der
Introito des spanischen Dramas. Der Inhalt der Tragödie, welche
1561 zum ersten Male vor Elisabeth in Whitehall gespielt wurde,
mithin eine noch frühe Arbeit der Dichter war, ist aber folgender.
Gorboduc, König von Britannien, theilt bei Lebzeiten sein Reich zwischen
seine Söhne, Ferrex und Porrex. Diese gerathen in Streit. Der
jüngere tödtet den älteren Bruder, die Mutter aber rächt diesen Mord
des geliebteren Sohnes in dem Tode des ersteren. Das Volk empört
sich darüber. Vater und Mutter werden erschlagen. Der Adel erhebt
sich rächend wider das Volk. Da es jedoch an einem rechtmäßigen
Thronerben fehlt, zerfällt auch er wieder unter sich. Die Parteien
gerathen in Kampf. Es ist ein Chaos, welches zuletzt Alles zu ver-
schlingen droht. — An äußerer Handlung fehlt es also gewiß nicht.
Den ungeheuren Stoff dramatisch zu bewältigen, würde es eines gigantischen Dichters bedurft haben. Sackville und Norton machten hierzu
aber nicht einmal den Versuch. Vielmehr sind sie allem, was äußere
Handlung und was Conflict heißt, wie Klein schon richtig bemerkt hat,[*]
vorsichtig aus dem Wege gegangen. Die tragischen Vorfälle werden
fast sämmtlich in langen Reden nur referirt. Die Stärke der Dichter
liegt einzig in der sprachlichen Behandlung dieser letzteren, welche ein
gewisses stylvolles Pathos zeigen. Der richtige Blick dafür läßt sich
schon aus der Wahl des Versmaßes erkennen. Gorboduc war nämlich
auch dadurch epochemachend, daß er das erste in Blankversen (fünffüßigen
reimlosen Jamben) geschriebene Drama ist, ein Versmaß, daß man
den Italienern entlehnte und welches von Surrey bereits in seiner
Uebersetzung des zweiten und vierten Buches der Aeneide (1557) angewendet worden war. Es ist ohne Zweifel dem Wesen des Dramatischen am angemessensten, weil es dem individuellen, charakteristischen
Gedanken- und Empfindungsausdruck die größte Freiheit gestattet und

---

[*] Geschichte des englischen Dramas. II. Bd. S. 238.

doch der dramatischen Sprache einen stylvolleren Charakter verleiht, als es der Prosa möglich ist.

Mit der Regierung Elisabeth's begann überhaupt eine glücklichere Zeit für die Entwicklung der dramatischen Production. Die theatralischen Lustbarkeiten bildeten bald die Lieblingsunterhaltung der Königin und der Großen des Reichs, sie wurden von letzteren gegen die städtische Obrigkeit nicht selten in Schutz genommen und fehlten bei keinem Fest.

Es kann daher auch nicht Wunder nehmen, daß uns nun plötzlich eine ziemliche Zahl erhalten gebliebener Stücke oder doch Namen derselben entgegentritt, obwohl beides nur von der Gunst des Zufalls abhängig war und wir hieraus durchaus nicht auf den Umfang und die Beschaffenheit der dramatischen Production der verschiedenen Epochen des uns vorliegenden Jahrhunderts zu schließen berechtigt sind. Sind doch die meisten uns erhalten gebliebenen Namen verloren gegangener Stücke ausschließlich den aufgefundenen Rechnungen der Hoffestlichkeiten (Accounts of the revels)*) entnommen, welche bei ihrer Unvollständigkeit gewiß über einen nur kleinen Theil der damaligen dramatischen Production und noch dazu in höchst dürftiger Weise Aufschluß geben. Bemerkenswerth aber ist, daß eine größere Zahl dieser Namen uns auf die rein weltliche Natur der durch sie bezeichneten Dramen zu schließen gestattet, die aber wohl weniger vom Gurboduc, als, wie dieser ja selbst erst, von den jetzt bekannter werdenden Seneca-Dramen beeinflußt worden sein dürften.

Schon 1559 war Jaspar Heywood, der Sohn des uns bekannten John Heywood, mit einer Uebersetzung der Troas, 1560 mit der des Thyestes, 1561 mit der des Hercules furens hervorgetreten. 1563 folgte Alexander Nevyle mit Oedipus, 1566 John Stubley mit Medea und mit Agamemnon. In diesem Jahre wurde die Aufmerksamkeit aber auch auf Euripides hingelenkt, dessen Phönizierinnen unter dem Namen Jocasta in einer Uebersetzung von Gascoigne und Kinvelmarsh aufgeführt wurden. Seneca, Plautus, Terenz blieben aber in diesem Jahrhundert die classischen Vorbilder und die höchsten Sterne am Himmel des damaligen Gesichtskreises der dramatischen Kunst. Be-

---

*) Man findet die Auszüge davon bei Collier, a. a. O.

merkenswerth ist, daß fast alle diese sogenannten Uebersetzungen den Charakter mehr oder minder freier Bearbeitungen haben.

Nach Puttenham's Urtheil (Art of poetry, 1556) soll neben Lord Buckhurst sich besonders Maister Edward Ferrys in der Tragödie und der Earl of Oxford und Maister Edwards in der Komödie hervorgethan haben. Von den beiden ersten ist uns aber nicht einmal der Name eines ihrer Stücke erhalten geblieben. Von Edwards zwar die zweier Stücke, von denen das einzig vorhandene, Damon and Pythias, aber kein Lustspiel ist, sondern eine Tragödie mit glücklichem Ausgang, die von ihm als tragicomedy bezeichnet worden ist.

Neben dem Gorbobuc wurde im Jahre 1561 auch noch eine Tragödie „Julius Sesar“ bei Hof gespielt. 1563 begegnet man hier einem Stücke von Edwards, 1564 einer Vorstellung von Uball's Ezechias, einem biblischen Stücke, welches in King's College zu Cambridge vor der Königin aufgeführt wurde. 1566 wird einer Vorstellung von Palamon and Arcyte von Edwards in Christchurchhall zu Oxford gedacht.

Richard Edwards, 1523 in Sommersetshire geboren, 1566 gestorben, war längere Zeit Lehrer am Corpus Christi College zu Oxford. Unter Eduard VI. gehörte er zu den Gentlemen von Lincoln's Inn, unter Elisabeth aber erhielt er das Amt eines Vorstehers ihrer Kapellknaben. Thomas Twin nennt ihn die Blüthe des Königreichs, den Phönix der Zeit. Auch Webbe in seinem Discourse of English poetry (1586) Puttenham und Meres (in Palladis Tamia) sind voll seines Lobes. Damon and Pithias *), das einzige Stück, das man von ihm heute kennt, behandelt den Stoff der Schiller'schen Bürgschaft und ist in gereimten Versen von ungleicher Länge geschrieben, giebt aber keine besonders hohe Vorstellung von der dramatisch-poetischen Fähigkeit dieses Dichters. Auch ist es kaum wahrscheinlich, daß er im Lustspiele wesentlich Besseres geleistet habe, da die dem Stücke eingemischten komischen Figuren und Scenen einen sehr niedrigen Begriff davon geben. Ward nennt es eines der plumpsten älteren Stücke des englischen Theaters. Palamon und Arcite soll freilich entschieden besser gewesen sein.

---

*) 1571 gedruckt. — In Dobsley's Old plays I. und in Ancient British Drama I. enthalten.

Auch der „lamentable tragedy, mixed full of pleasant mirth, containing the life of Cambises etc." von Thomas Preston mag hier noch gedacht werden, schon weil Shakespeare durch Falstaff in seinem Heinrich IV. darauf angespielt hat.

Inzwischen begann auch der Einfluß der italienischen Dichtung sich im Drama geltend zu machen. Schon 1562 bezieht sich Arthur Brooke in seiner metrischen Bearbeitung der Bandello'schen Novelle von Romeo und Julia auf ein Theaterstück, das auf der englischen Bühne damals gespielt worden sei und denselben Gegenstand dargestellt habe. Möglicherweise war es eine Bearbeitung von Luigi Groto's Hadriana. Daß man damals italienische Dramen in England schon kannte, dürfte aus einem Lustspiel von Thomas Rychards, Misogonus*), hervorgehen, dessen Entstehungszeit Collier aus inneren Gründen in das Jahr 1560/61 verlegt und welches nicht nur in Italien spielt, sondern auch in der Art der älteren italienischen Stücke durchweg in Stanzen, doch vierzeiligen, geschrieben ist. Die Bearbeitung von Ariosto's I suppositi unter dem Titel Supposes**) von George Gascoigne (geboren um 1537, gest. 1577), dem wir schon als Uebersetzer begegneten, setzt es aber ganz außer Zweifel. Ward bezeichnet die Supposes als das erste Beispiel eines in Prosa geschriebenen englischen Lustspiels. Indessen war ja schon Palsgrave's ursprünglich lateinisch geschriebene Comedy „Acolastus" in englische Prosa übertragen worden.

Zu den unter italienischem Einfluß gedichteten und uns bekannt gewordenen Dramen, die in diese Periode fallen, gehören noch ferner die Tragödien Tancred and Gismunda und Promos and Cassandra.

Tancred and Gismunda***), im Inner Temple vor Königin Elisabeth 1568 gespielt, wurde nach der 30., dem Boccaccio nacherzählten Novelle in Paynters Palace of Pleasure von fünf Gentlemen jener Anstalt, von denen nur der Name R. Wilmots aus der Widmung bekannt geworden ist, ursprünglich in gereimten Versen verfaßt. Erst 1592 hat letzterer sie allein in Blankversen umgearbeitet. Sie ist ihrer Form nach ganz nach den Vorbildern Seneca's behandelt und

---

*) Bei Collier, welcher das Manuscript entdeckt, ausführlich behandelt.
**) Abgedruckt in Hawkin's Origin of the English Drama III.
***) In Dodsley's Old plays II.

mit langen Reben und Chören versehen. Dem Promos and Cassandra*)
von George Whetstone liegt dasselbe Thema wie Shakespeare's
Measure for measure und zwar die Novelle des Giraldi Cinthio zu
Grunde, die Whetstone auch selbst in sein Heptameron of Civil Dis-
courses aufnahm, der aber erst 1582, d. i. vier Jahre später, als das
Drama im Drucke erschien. **)

In einem bedeutsamen Gegensatz zu diesen, unter fremdem Einfluß
stehenden und mehr oder weniger von ihm beherrschten Stücken stand
das in demselben Jahre mit den Supposes erschienene und ganz unmittelbar aus dem englischen Volksleben entwickelte Lustspiel Gammer
Gurton's Needle***) Dies ist um so bemerkenswerther, als der Verfasser, John Still, geb. 1543 zu Grantham in Lincolnshire, ein
Gelehrter war und es für seine Schüler geschrieben hatte, die es zu
Christ College in Cambridge, wo er damals als Lehrer wirkte, vor
der Königin Elisabeth aufführten. Obschon in Versen geschrieben, ist
es doch in einem sehr niedren und was schlimmer ist in einem sehr
breiten Tone gehalten. Der schulmeisterliche Pedantismus schlug wohl
dem Dichter dabei ins Genick. Er knüpfte an den Vorfall an, daß
ein altes Weib, Gammer Gurton, beim Flicken der zerissenen Hosen
ihres Knechtes, Hodge, die Nadel, die sie im Gesäß derselben stecken
gelassen hat, verloren zu haben glaubt. Dieser muthmaßliche Verlust
setzt nach und nach das ganze Haus, ja selbst die Nachbarschaft in
Bewegung, nicht am wenigsten Hodge, welcher die Hose schon wieder
am Leibe hat und mit ihr die Nadel, nach der er gleichwohl auf's
Eifrigste sucht. Es kommt zu wechselseitigen Anklagen, Beschuldigungen
und Teufelsbeschwörungen, bis ein Reinigungseid, der auf Hodge's
Sitzleder abgelegt wird, das Geheimniß ans Licht bringt, weil dieser

---

*) In the six old plays, on which Shakespeare has founded his Measure
for measure etc.

**) Es haben sich noch verschiedene Namen von Stücken erhalten, welche
hierdurch auf italischen Ursprung zurückweisen, aber verloren gegangen sind, so
Cloridon and Radiamanta (1511), Theagines and Chariclea (1572), Pedor and
Lucia und Herpetulus, the blue knight, and Perobia (1573), Phaedrastus (1574),
Phigon and Lucia (1574), The paynter's daughter (1576), Three sisters of Mantua (1579), The history of the duke of Millayn and the Marques of Mantua
(1579), The history of Ariodante and Ginevra (1582) etc.

***) Es wurde erst im Jahre 1575 gedruckt und findet sich in Dodsley's Old
plays II.

unter dem Stiche der ihm dabei tief in das Fleisch bringenden Nadel laut aufschreien muß.

Es gehört fast selbst wieder in ein Lustspiel, daß Still, der mit 23 Jahren ein derartiges Stück für seine Schüler geschrieben hatte, als Vicedirector der Universität Cambridge, sich 1582 an demselben Ort, wo er es einst aufführen ließ, der Darstellung eines englischen Stücks vor der Königin widersetzte und auf der Darstellung eines lateinischen Stückes bestand. Er starb 1608.

Das volksthümliche, nationale Drama entwickelte sich also ungestört neben dem gelehrten und vom Ausland beeinflußten Drama weiter fort. Ja letzteres beförderte selbst dessen fernere Ausbildung noch. Zunächst freilich war die nationale Eigenthümlichkeit einer der hauptsächlichsten Gründe, daß das Drama zur Zeit noch so überaus unbeholfen blieb. Die Dichter vermochten sich um so weniger frei und harmonisch in den klassischen Formen zu bewegen, als sie dieselben meist auf die complicirten Stoffe der italienischen, französischen oder auch heimischen Novellen und Sagen und der chronikalischen Geschichtsbücher anwendeten und nach einer eigenthümlichen Ausdrucksweise dabei rangen. *)

Dies zeigt sich besonders auffällig in einem Stücke, welches erst 1587 vor der Königin Elisabeth in Greenwich zur Aufführung kam: The misfortunes of Arthur.**) Es wurde ebenfalls wieder von gelehrten Dichtern verfaßt, und zwar von nicht weniger als von acht Mitgliedern der Gray's inn society, unter denen sich kein Geringerer als der berühmte Francis Bacon befand. Als Hauptdichter aber wird Thomas Hughes bezeichnet. Der Stoff ist dem alten Gedichte Morte d'Arthur entnommen; die Behandlung und Form schließt sich aber fast noch enger an die classischen Regeln, als der alte Gorboduc, an. Auch hier finden wir wieder den Gegensatz von Chören und Dumb-shows. Ehebruch und Incest bilden die Verbrechen,

---

*) Doch fehlte es auch nicht an Stücken, die antike Stoffe behandelten. So wurde 1568 Orestes, 1571 Iphigenia, Ajax and Ulysses und Narcissus zur Aufführung gebracht, 1573 Alcmoeon. Quintus Fabius, Mamillia, Timocles, Perseus and Andromeda; 1576 Mutius Scaevola, Titus und Gesyppus, 1579 The Four Sons of Fabius, Alucius und Scipio Africanus, 1580 Pompey und endlich 1584 Agemennon and Ulysses, die aber sämmtlich verloren gegangen sind.

**) Abgedruckt in Collier's Five old plays.

welche den tragischen Untergang Arthurs und seines Sohnes Mordred
herbeiführen. Bemerkenswerth ist, daß das Stück von dem Geiste
Gorlois eröffnet wird, welcher Sühne für den an Arthur's Vater be=
gangenen Mord fordert. Ward erinnert hierbei an die Eröffnungs=
scene von Seneca's Thyestes, der auch wohl die Quelle des ähn=
lichen Eingangs der Spanischen Tragödie war. Das Seneca=Drama
stand dem Dichter überhaupt bei der Behandlung seines Werkes vor
Augen. Andrerseits dürften aber einige Einzelheiten des letzteren auch
wieder auf Shakespeare's Hamlet eingewirkt haben. Es ist bis auf
die Chöre der beiden ersten Acte in Blankversen geschrieben, diese da=
gegen in gereimten achtzeiligen Stanzen. Die Sprache erhebt sich
zuweilen zu bedeutender Höhe. Auch ein Gefühl für dramatischen
Ausdruck macht sich bemerkbar, dem der Rhythmus des Verses
untergeordnet erscheint. Der Gedanke bindet sich nicht an die Vers=
zeile. Er greift oft frei von einem Vers in den anderen über.

Die Misfortunes of Arthur vermitteln unter den erhalten ge=
bliebenen Stücken gewißermaßen den Uebergang von dem Bale'schen König
Johann zu den vaterländischen Historien. Von ihnen mögen an dieser
Stelle zunächst die folgenden fünf in Betracht gezogen werden: The
famous victories of Henry V.; The troublesome Reigne of King
John; The true chronicle history of King Leir; The true history
of Richard III. und Sir Thomas More. Obschon sie vielleicht gleich=
zeitig mit Stücken derjenigen Dichter, welche ich im nächsten Abschnitte
als Vorläufer Shakespeare's vorführen werde, oder selbst später als
diese entstanden sind, gehören sie der Form ihrer Behandlung und
der dramatischen Entwicklungsstufe nach, auf welcher sie stehen, wohl
einer früheren Epoche an; wie ja auch bisher neben den neueren Formen
des Dramas noch immer die alten Interludes, Moralplays, Allegorien
nebenher liefen, worauf ich noch später zurückkommen muß.

The famous victories of Henry V. erschienen zuerst 1594 im Druck,
müssen aber, nach Collier, schon 1588 gegeben worden sein, weil Tarle=
ton, welcher in diesem Jahre starb, noch darin spielte. Collier weist
sogar (a. a. O. III. 70.) auf die Möglichkeit hin, daß es bereits 1583
geschah. Der Dichter behandelt darin das wilde Treiben Heinrichs
vor seiner Thronbesteigung, die Veränderung, die diese in seinem
Charakter hervorrief, sowie seine ruhmvollen Siege in Frankreich.
Das Stück umfaßt daher so ziemlich den ganzen Zeitraum von

Shakespeare's Heinrich IV. und Heinrich V. Es ist ohne jede Eintheilung in Scenen und Acte in einer gemeinen Prosa geschrieben,
die hier und da, beabsichtigt oder nicht, in das jambische Versmaß
übergeht, daher der Herausgeber es wohl auch so gedruckt hat, als
ob es durchgehend in Verse getheilt wäre. Wahrscheinlich hat sich der
Setzer nur an die Zeilreihen des Manuscriptes gehalten, was auch bei
einigen älteren Ausgaben Shakespeare'scher Stücke stellenweise zu beobachten ist. So roh dieser älteste Henry V. hiernach erscheint, so
glaubt man doch, daß Shakespeare nicht nur im Allgemeinen zu seiner
Dichtung von ihm angeregt worden sei, sondern auch einzelne Stellen
desselben nachgeahmt habe. Er würde, nachdem, was wir davon kennen,
sich als die erste englische, in Prosa geschriebene Tragödie darstellen
wenn Stephan Gosson nicht berichtete, daß schon vor 1579 Prosadramen dargestellt worden seien. Das Beispiel Lilly's, welcher seine
Prosadramen spätestens 1582 zu schreiben begann, brachte die Prosa
beim Drama wohl erst in größere Aufnahme.

The troublesome reigne of King John. in two parties, erschien
1591 im Druck. Dieses Drama ist theilweise in Prosa und in Versen
geschrieben, die besonders im ersten Theile häufig gereimt sind. Man
nimmt verschiedene Autoren an und erklärt die Aehnlichkeit mit dem
Shakespeare'schen Stück theils aus dem treuen Anschluß an die gemeinsame Quelle (die Holinshed'sche Chronik), theils folgt man der
Annahme Tieck's, daß das ältere Stück dem Shakespeare'schen zu Grunde
liege. Dieser hielt es sogar für eine frühere Arbeit des Dichters, was
aber keine Zustimmung fand. Benützt hat aber dieser es sicher, wie
sehr die Behandlung und der Geist beider Stücke von einander auch
abweichen. Das Shakespeare'sche Stück hat z. B. die Prosa ganz von
der Darstellung ausgeschlossen. K. Elze sagt mit Recht,*) daß sich der
ältere King John zu dem Shakespeare'schen Werke wie ein roher Holz-
schnitt zu einem vollendeten Oelgemälde verhalte und unsern Haupt-
und Staatsactionen sehr nahe komme.

The true chronicle history of King Leir and his three daugh-
ters, Gonorill, Ragan and Cordella**) beruht, gleich dem Shakespeare'-

---

*) Einleitung zu König Johann in der Ausgabe der Shakespeare'schen
Dramen von der deutschen Shakespeare-Gesellschaft. I. S. 123.

**) Ebenso wie die vorigen Stücke in Steevens Six old plays. Ersteres auch
bei Tieck, Altenglisches Theater übersetzt.

schen „Lear", auf der Chronik des Holinsheb. Die alte Fassung schließt
sich aber noch enger an diese an und giebt wie sie dem Conflicte einen
glücklichen Ausgang. Die Episode mit Gloster, die Figuren Kent's
und des Narren, sowie Lear's Wahnsinn fehlen dem älteren Stücke. Es
läßt sich nicht mit Sicherheit sagen, daß Shakespeare ihm irgend etwas
verdankt, obwohl Tieck darin ebenfalls eine Jugendarbeit dieses Dichters
erkennen wollte. Es wurde 1593 im Henslowe'schen Theater gegeben,
was nicht ausschließt, daß es beträchtlich früher entstanden ist. Der
Eintrag in die Buchhändlerlisten stammt aus dem Jahre 1594. Ein
Druck ist erst von 1605 bekannt.

Diesen chronikalischen Stücken würde noch The life and death
of Henry I., sowie The first part of the contention of the two
famous houses of York and Lancaster und The true tragedie of
Richard duke of York and the death of good King Henry VI.
zugefügt werden müssen, wenn das erste erhalten geblieben und es hin=
sichtlich der letzten entschieden wäre, daß darin wirklich zwei von
dem Shakespeare'schen Heinrich VI. zweiter und dritter Theil verschie=
bene Stücke zu erblicken seien, da sie noch immer von Einigen für
frühere und entstellte Versionen von diesen gehalten werden, daher
ich auf sie noch zurückkomme. Ein noch überdies erhalten gebliebenes
Stück, The true tragedy of Richard III. (1594), ist aber jedenfalls
von dem Shakespeare'schen Drama verschieden, da der Gang der Ent=
wicklung ein wesentlicher anderer ist.

The tragedy of Sir Thomas More,[*] obwohl gleichfalls auf ge=
schichtlicher Grundlage (Holinsheb's Chronik) beruhend, nimmt den vor=
genannten Stücken gegenüber doch eine etwas gesonderte Stellung ein,
weil darin das Hauptgewicht auf die Charakterentwicklung des Helden
gelegt ist. Bemerkenswerth ist es noch deshalb, weil es ein Spiel im
Spiele enthält, und zwar eine Moralität. Auch ist es eines der frühesten
Beispiele des englischen Theaters von der Benützung zeitgeschichtlicher
Ereignisse für die Bühne. Wenn es, wie man vermuthet, um 1590
geschrieben sein sollte, so würde Marlowe in seinem Massacre of Paris
allerdings fast gleichzeitig einzeitlich noch viel näher liegendes, aber doch
nicht, wie hier, dem politischen Leben des eigenen Landes angehörendes

---

[*] Abgedruckt in Shakesp. soc. publ. v. J. 1844.

Ereigniß behandelt haben. In letzterem ist französischer Einfluß ganz unverkennbar, da schon ein Jahr früher (1589) in Frankreich La double tragédie du Duc et du Cardinal de Guise aufgeführt worden und im Druck erschienen war, in welchem derselbe Gegenstand dargestellt wird. Ueberhaupt waren derartige Stücke damals in Frankreich sehr in Aufnahme gekommen. Auch läßt sich der Einfluß, den die französische Bühne jetzt auf die englische auszuüben begann, noch aus den um 1594 im Druck erschienenen Uebersetzungen zweier Garnier'scher Stücke von Thomas Kyd und der Gräfin Pembroke erkennen.

Viel spärlicher als von der Tragödie sind aus dieser Periode die Nachrichten von der Comödie. Seit Still's Gammer Gurton's needle bis zu den Lustspielen Lilly's sind nach Collier von allem, was auf diesem Gebiete etwa entstanden ist, nichts als sechs Namen übrig geblieben, nämlich: As plain, as can be (1568), Six fools (1568), Jack and Jill (1565), Panecea (1575), The story of the Collier (1577) und The history of error (1577); doch ist es nicht einmal ausgemacht, daß man es dabei durchgehend mit Titeln von Lustspielen zu thun hat. Dagegen finden sich in den Theatrical Remembrancer (London 1788) noch einige andere Stücke als Lustspiele verzeichnet, die sogar theilweise im Druck erschienen, als: The longer thou livest, the more foule thou art (4to no date) und 'Tis good sleeping in a whole skine, beide von dem zu Elisabeths Zeit lebenden W. Wager; sowie The tyde tarieth no man (4to 1576) von G. Wapul.

III.
Die dramatischen Vorläufer Shakespeares.

Die Begründer des nationalen englischen Dramas. — Lilly und der Euphuismus. Seine Romane und seine Hofcomödien. — Thomas Kyd und die Spanish tragedy. — Nationaler und poetischer Geist der Zeit. — Die Playwrights und ihre Stellung in der Literatur und Gesellschaft. — George Peele. — Robert Greene. — Christopher Marlowe. — Thomas Lodge. — Thomas Nash. — Henry Chettle und Anthony Munday. — Anonyme, Shakespeare zugeschriebene Stücke. Das bürgerliche Trauerspiel. — Das gelehrte Drama. — Die Moral-Plays und höfischen Allegorien. Die Masken.

Die hier bisher in Betracht gezogenen Dichter des neuen weltlichen englischen Dramas hatten fast immer nur das Aeußere der dramatischen

Form in Betracht gezogen, ohne dabei in das innere Wesen derselben tiefer zu bringen. Selbst noch so war es zum Theil in höchst dürftiger, oder wo reicher und lebensvoller, so doch in meist plumper, ja roher Weise geschehen. Der epische Stoff hatte bei Uebertragung in diese soge= nannte dramatische Form von Innen heraus keine wesentliche Umge= staltung erfahren. Es war, wenigstens bei der Tragödie, mehrentheils bei dem bloßen Bericht der Begebenheiten, welche ihn bildeten, geblie= ben, nur daß dieser jetzt auf verschiedene daran mehr oder weniger betheiligte Personen vertheilt war und in einem emphatischeren, rhe= torischeren und von allgemeinen Betrachtungen unterbrochenen Tone zum Vortrag gelangte, Betrachtungen, welche noch dazu weniger von den Personen, welche sie darlegten, ausgingen und deren Charakteren und Situationen entsprachen, als vom Dichter angestellt wurden, der sie ihnen seinen besonderen Zwecken gemäß nur in den Mund gelegt hatte.

Jetzt aber trat eine Reihe von Dichtern hervor, welche theils mittelbar, theils ganz unmittelbar eine große Veränderung in der dramatischen Behandlung der Stoffe herbeiführten, den dramatischen Kern, die dramatischen Motive darin aufsuchten, um sie in ihrer Dar= stellung zur Entwicklung zu bringen, und so, wenn auch noch in sehr unvollkommener Weise, in das Wesen der Sache selbst drangen. Es ist wohl kein Zweifel, daß sie hierzu durch das eingehendere Studium der classischen, italienischen und französischen Dramatiker angeregt worden waren. Glücklicherweise verloren sie dabei nichts von ihrer Selbständigkeit und übten hierdurch einen großen Einfluß auf die neben ihnen heranwachsenden jüngeren Dramatiker, unter ihnen auf keinen Geringeren als Shakespeare, aus, daher sie wohl auch der Ehre zu würdigen sind, als die Vorläufer dieses großen Dichters bezeichnet und in gesonderter Darstellung von allen übrigen ihm vorausgehen= den Dramatikern vorgeführt zu werden.

Der erste, dem wir hier zu begegnen haben, ist John Lilly (auch Lyly, Lily, Lylly, Lylie geschrieben).*) Obschon seine dramatische

---

*) Siehe Collier, a. a. O. III. 172. — The dramatic works of John Lilly by F. W. Fairholt. 2 v. — Fr. Bodenstedt, Shakespeare's Zeitgenossen. Berl. 1860. III. S. 1. — Hense im Jahrb. der Shak. Ges. VII. und VIII. John Lilly and Shakespeare. — Ward, a. a. O. I. 151. - Klein, a. a. O. II. S. 479. — Taine. (a. a. O.) II. — Gätschenberger, Gesch. der engl. Liter. Wien 1862. II. 17.

Bedeutung keine zu große ist, hat man ihn doch selbst als Dramatiker über sein Grab hinaus hochgeschätzt; was sogar noch von denen geschehen ist, die sich zugleich über ihn lustig machten. Noch 1632 heißt es auf dem Titel der Six court-comedies, welche Edward Blount von ihm auf's Neue herausgab: Written by the only rare poet of that time, the wittie, comical, factiously-quick and unparalleled John Lilly, master of arts. Obwohl Lilly mit seinen dramatischen Dichtungen, schon weil sie Hofcomödien sind, noch mehr aber durch die besondere Form, die er ihnen gegeben, eine gesonderte Stellung in der Entwicklung des englischen Dramas einnimmt und eine ganz exclusive Erscheinung in ihr ist, hat er auf sie doch einen nicht zu unterschätzenden Einfluß ausgeübt; nicht nur durch die Eigenthümlichkeit seiner Geschmacksrichtung und seiner sprachlichen in den Begriff des Euphuismus gebrachten Ausdrucksweise, welche für länger ganz allgemein in die Mode kam und wie den Ton der vornehmen Welt, so auch den der Literatur und des Dramas vielfach bestimmte, sondern auch durch die Behandlung, welche durch ihn der Dialog und die einzelne Scene erfuhr.

John Lilly, um 1554 zu Kent geboren, erhielt seine Ausbildung am Magdaleine College zu Oxford, welches er 1559 bezog. Von hier wendete er sich zunächst nach Cambridge, später nach London, wo es ihm, eine Stellung bei Hofe zu gewinnen, gelang (1566). Als witziger, poetisch beanlagter Kopf scheint er sich bald hier bemerkbar gemacht zu haben und von dem damaligen Master of revels bei der Ausrichtung der höfischen Feste benutzt worden zu sein, da er in einem an die Königin Elisabeth im Jahre 1576 gerichteten Bittschreiben daran erinnert, daß er bereits 10 Jahre im Dienste der Königin mit der Aussicht lebe, zum Master of revels ernannt zu werden, was man ihm zwar nicht bestimmt versprochen, wohl aber zu hoffen gegeben habe. Dieses Gesuch blieb eben so unberücksichtigt, als ein zweites v. J. 1597. Die Stelle war inzwischen wieder besetzt worden. Der Ruhm, welchen der Dichter kurze Zeit nach seinem ersten Bittschreiben erwarb, scheint zwar seine Stellung bei Hofe vorübergehend verbessert zu haben, ohne ihn doch an das Ziel seiner Wünsche zu bringen; zur Zeit dieses zweiten Gesuchs war derselbe aber wohl auch schon wieder verblaßt.*)

---

*) 1577 war Sir Thomas Benger noch Master of the revels. Thomas Bla-

Er starb 1606, persönlich ziemlich vergessen, da die früheren Historiker nicht einmal über das Jahr seines Todes Auskunft zu geben wissen, obschon sein Name noch im Munde aller Gebildeten lebte.

Lilly begründete seinen Ruf durch seinen 1579 erschienenen „Euphues, die Anatomie des Witzes, sehr ergötzlich für alle Herren zu lesen und nothwendig sich zu eigen zu machen, worin die Freuden, welche dem Witz in der Jugend durch die Gefälligkeiten der Liebe folgen, und das Glück, welches er im Alter durch die Vollendung der Weisheit erntet, dargestellt sind." Der Erfolg dieses Buchs rief 1581 eine Fortsetzung desselben: Euphues and his Englands, hervor. Als Romane sind beide Werke nur unbedeutend. Das Begebenheitliche darin bildet eigentlich nur den Vorwand der Darstellung, durch welchen der Dichter Gelegenheit findet, sich über verschiedene Verhältnisse des Lebens, besonders über die der beiden Geschlechter in geistreicher, witziger und origineller Weise auszusprechen und hierdurch Einfluß auf die Entwicklung des gesellschaftlichen Geistes und seiner Umgangsformen zu gewinnen. Letzteres gelang Lilly in dem schon oben gedachten, ungewöhnlichen Maße. Daß er den Ton, welchen er in die Mode brachte, auch völlig erfunden habe, ist, wie schon seit länger erkannt worden, allerdings irrig. Wenn Bodenstedt aber im Allgemeinen zwar richtig bemerkt, daß der Conversationston der höheren Gesellschaft sich derselben nicht von Einzelnen außer ihr aufzwingen lasse, sondern überall von dieser selbst ausgehe, so ist doch dabei zu erinnern, daß auch die höheren Stände immer wieder von Einzelnen beherrscht werden und der Geschmack und die Mode daher auch von diesen, sei es direct oder indirect, mit bestimmt werden. Jedenfalls aber hatte der von Lilly in die Mode gebrachte Ton und Geschmack auch noch andere Quellen als die seines Geistes. Er war ein Product der aus der Renaissance hervorwachsenden höfischen Bildung, die sich in Italien früher als in allen übrigen Ländern entwickelt hatte, die aber hier, in dem Lande, in das sie später, als in die meisten der anderen Länder gedrungen war, früher, als sonst irgendwo, jenen gespreizten und überladenen, zu-

---

grabe, der ihn schon seit 1573 vertreten hatte, wurde erst 1578 zu diesem Posten ernannt. Das Bittschreiben mag diese Verzögerung herbeigeführt haben. 1581 findet man Ed. Tilney auf diesem Posten, der, wie es scheint, demselben bis 1597 vorstand.

nächst aber zugleich noch plumpen Ton angenommen zu haben scheint, dem Lilly ebendeshalb, wie ich glaube, nur eine verfeinerte, gefälligere Form, einen durchgeistigteren Ausdruck zu geben suchte. Der Euphuismus war wenigstens früher, als der Gongorismus und der Marinismus der Spanier und Italiener, und als die précieux und précieuses der Franzosen. Ein der Renaissancebildung entsprungener gewählter und gezierter höfischer Ton ging ihnen jedoch allen bei all diesen Völkern voraus.

Italienische Bildung kam erst in den Tagen Elisabeth's am englischen Hofe in Aufnahme. Erst unter ihr gewann dieselbe Einfluß auf den Ton und die Unterhaltung der vornehmen englischen Welt. Es ist anzunehmen, daß das Ergebniß vorerst nicht ein allzuglänzendes sein konnte, und daher auch mehr als wahrscheinlich, daß der Euphuismus Lilly's, wenn auch ohne Zweifel ein Auswuchs der Renaissancebildung, so doch zugleich ein Versuch war, den durch sie zu seiner Zeit am englischen Hofe in Aufnahme gebrachten Ton zu verfeinern: dies geschah denn freilich in einer mehr gesucht-künstlichen als künstlerischen Weise. Neben den vielen Gedanken- und Begriffsspielereien, den Wortspielen und Antithesen, den künstlichen Verschränkungen des Ausdrucks, dem Prunken mit leerem und falschem Wissen, dem Irrlichteriren in den Gebieten einer obscuren phantastischen Naturlehre und der gesuchten, oft ins Geschmacklose fallenden Bildlichkeit muß an den Darstellungen dieses Schriftstellers für seine Zeit nichts so sehr in Erstaunen setzen, als die im Einzelnen daneben hervortretende und scharf damit contrastrirende Leichtigkeit, Klarheit, Einfachheit, Kürze, ja Eleganz seiner Sprache und ihres Ausdrucks. Lilly ist in der That nicht nur der Schöpfer einer pretiösen, geschraubten, sondern auch der einer leichtflüssigeren und eleganteren Behandlung der Sprache. Indem er den höfischen Conversationston auf diese doppelte Weise zu erhöhen suchte und ihn in dieser Gestalt in die Literatur einführte, verband er aber diese zugleich mit dem Leben, wenn auch zunächst nur mit den exclusiven höfischen Kreisen desselben. Da aber seine Dichtung durch jene doppelten Eigenschaften eine größere Ausbreitung fand und selbst von den besseren Volksklassen aufgenommen wurde, so gewann er hierdurch auch einen bedeutenden Einfluß auf die Sprache des Volks, was zu einer Hebung der volksthümlichen Dichtung nothwendig beitragen mußte. Wie groß der Einfluß Lilly's in dieser Be-

ziehung war, beweisen nicht nur die neben und nach ihm auftretenden
volksthümlichen dramatischen Dichter, die er fast alle bald mehr bald
minder beeinflußte, sondern auch jener bekannte Ausspruch, den Shakespeare seinem Hamlet in den Mund gelegt hat: „Das Zeitalter wird
so spitzfindig, daß der Bauer den Hofmann auf die Fersen tritt."

Lilly hat eine ganze Reihe von Dramen geschrieben, von denen
das früheste wahrscheinlich The woman of the moon ist, da aus
einer Stelle desselben hervorgeht, daß es schon um 1580 verfaßt gewesen sein muß. Es ist in der Sprache ungleich einfacher als Euphues, daher es selbst noch vor diesem entstanden sein dürfte, und
stellt sich als eine sich auf mythologischem Gebiete bewegende Hofkomödie
dar. Wie The maid's metamorphosis ist es in Versen geschrieben. Die
darin versteckt liegende Allegorie lief ohne Zweifel auf eine Huldigung
der jungfräulichen Königin hinaus. 1597 erschien es im Druck. Viel
früher, 1584, waren dagegen, die wie alle übrigen Dramen des Dichters
in Prosa verfaßten, Alexander, Campaspe and Diogenes und Sappho
and Phao auf diesem Wege veröffentlicht worden, nachdem man sie
vorher bei Hofe und in Blackfriars gespielt. Endymion, the man in
the moon, in dem Halpin eine allegorische Beziehung auf das Verhältniß Leicester's zur Königin und zur Gräfin Sheffield gefunden
hat, erschien 1591 im Druck. Galathea, vielleicht die beste seiner
dramatischen Dichtungen, und Mydas wurden beide 1592 veröffentlicht,
Mother Bombie 1594 und Love's metamorphosis sogar erst 1601.
Außerdem sind Lilly auch noch die beiden schon früher erwähnten und
anonym erschienenen Stücke A warning for fair women (1599) und
das von Spencer beeinflußte The maid's metamorphosis (1600) zugeschrieben worden; das erste aber sicher mit Unrecht.

Es fehlt mir an Raum, auf diese Arbeiten näher hier einzugehen,
daher ich mich auf nur einige allgemeine Bemerkungen darüber beschränke.

Wie in des Dichters beiden Romanen ist ihm auch in seinen
Dramen das Begebenheitliche, die Handlung, fast stets nur das Mittel,
um Ansichten über die verschiedensten Dinge in mehr oder weniger
geistreicher Weise darlegen, um seinen Witz, seine Urtheilskraft in
einer durch die Personen, denen er sie verleiht, und durch die Situationen, aus denen sie sprechen, gehobenen Weise entfalten zu können; womit es zusammenhängt, daß seine Stücke meist so episodenreich sind
und, wie besonders Alexander, Campaspe und Diogenes, in eine

Menge kleiner Bilder zerfallen, die durch die Handlung nur lose zusammengehalten werden. Die allegorische Bedeutung, die er seinen Stoffen unterlegt, scheint dasjenige zu sein, was ihn vor Allem daran interessirte. Sie sind meist der Mythe oder Sage, doch auch der Geschichte entnommen; gleichwohl aber fast durchgehend im Conversationstone der höfischen Gesellschaft der Zeit behandelt. Man kann daher seine Stücke in gewissem Sinne schon Conversationsstücke nennen. Auch würde sich aus ihnen bereits damals ein Conversationsstück haben entwickeln lassen, wenn man im Allgemeinen nicht doch nach einer reicheren, stark und mannichfaltig bewegten Handlung verlangt hätte. Wie hoch aber Lilly sich über die anderen höfischen Dichter der Zeit erhob, wie glücklich er den Ton, welcher dieser entsprach, muß getroffen haben, geht daraus hervor, daß er selbst noch das Publicum der Volkstheater in einem bestimmten Grade zu befriedigen vermochte. Ich erkläre dies bei dem Mangel an dramatischem Leben und stofflichem Interesse hauptsächlich daraus, daß seine Stücke an Leichtigkeit und gewandter Führung des Dialogs Alles übertrafen, was bis dahin auf der englischen Bühne erschienen war. Trotz der Dunkelheit ihrer Beziehungen ihrer Vergleiche und Bilder, trotz der Gespreiztheit und Verschränkung vieler ihrer Wendungen und Ausdrücke, mußten sie durch die Klarheit, Eleganz und Prägnanz anderer Stellen doch eine große Anziehungskraft ausüben, zumal Lilly mit der höfischen Geziertheit seiner italienischen Concettimanier, welche mit den behandelten Stoffen bisweilen stark contrastirt, ein volksthümliches Element in dem Märchenwesen, mit dem er sie zum Theil durchzogen, zu verbinden gewußt, das um so mehr anheimelte, je lebensvoller, anmuthiger und poetischer er es zu gestalten verstand.

Bemerkenswerth ist ferner bei der Breite seiner Darstellungen im Ganzen die zwar nicht selten gesuchte, epigrammatische Kürze des einzelnen Ausdrucks. Der Dialog erhält hierdurch bei ihm eine Beweglichkeit, welche über den Stillstand der Handlung oft täuscht.

Nach diesem Allen kann es nicht Wunder nehmen, daß, obschon Lilly im Drama fast keine unmittelbaren Nachahmer gehabt zu haben scheint, oder diese doch kein Glück gemacht haben müssen, da uns von ihnen nur wenige Nachrichten erhalten geblieben sind, er doch und zwar auch als Dramatiker einen nicht unbedeutenden Einfluß auf die weitere Entwicklung des englischen Dramas ausgeübt hat. Die Prosa wurde zwar durch ihn darin noch nicht herrschend, wohl aber ward ihr ein bald größerer, bald geringerer Raum neben dem Verse zu Theil. Man hat zwar zunächst noch keine reinen Conversationsstücke verfaßt; noch wie er, historische oder romantische Stoffe fast ganz im Conversationston behandelt, wo aber dieser darin Platz finden konnte, nahm man denselben nun doch, wennschon in einem der Verschiedenheit der Dichter und Stoffe entsprechenden Charakter auf. Daß auch die Auswüchse und Wucherungen seines Styls und seiner Darstellungsweise vielfach Nachahmung fanden, ist schon berührt worden. Es wird sich aber zeigen, daß einzelne Dichter, insbesondere Shakespeare, auch Manches, was bei ihm nur als Auswuchs erscheint, in charakteristische Eigenthümlichkeiten, ja Schönheiten zu verwandeln verstanden.

Eine kaum weniger isolirte Stellung als Lilly nimmmt ein anderer, vielleicht etwas späterer Dichter, Thomas Kyd, ein. Doch war auch Lilly noch Zeitgenosse nicht nur Marlowe's und Greene's, sondern zum Theil selbst noch Shakespeare's. Seiner Compositions- und Darstellungsweise nach wurzelt Kyd jedoch in einer früheren Kunstepoche, als diese. Er nimmt darin eine Mittelstellung zwischen Dichtern wie Whetstone und Marlowe ein. Auch wird es seiner Zeit wohl kaum an Dramatikern gefehlt haben, die ihm an die Seite zu stellen sein würden, wenn uns die Werke derselben erhalten geblieben wären. Verschiedene der anonymen Stücke, welche man Shakespeare und anderen späteren Dichtern zugeschrieben hat, dürften nur Ueberarbeitungen älterer, zum Theil gerade hierher gehörender Dramen sei. Selbst noch ein Stück, wie Titus Andronikus, steht nach meinem Dafürhalten Kyd's Spanischer Tragödie fast näher, als irgend einem Stücke von Marlowe. Auch gehörte sie zu den gefeiertsten Dramen der Zeit. Sie erlebte mehr Auflagen als irgend ein andres und war lange eines der größten Zugstücke der Truppe des Admirals Nottingham. Noch 1632 berief sich Prynne in seinem gegen das Theater gerichteten Histriomastix auf die außergewöhnlichen Wirkungen derselben. Ich glaube, daß es diese größtentheils seinen Bühneneigenschaften und der schauspielerischen Darstellung verdankte, denn weder an dramatischer, noch an allgemein poetischer Bedeutung steht es auf einer Stufe mit den besseren Dramen Marlowe's oder Greene's, geschweige mit den Meisterwerken Shakespeare's. Gegen das aber, was wir von den

Dichtern der vorausgegangenen Periode im hiftorischen oder romantischen Drama kennen, muß Kyd's Spanische Tragödie als ein bedeutender dramatischer Fortschritt erscheinen, besonders wenn man dabei das nationalvolksthümliche Element dieses Dramas und die sich darin geltend machende Selbftändigkeit der dichterischen Individualität mit in's Auge faßt.

Von den Lebensschicksalen Thomas Kyd's*) wissen wir nichts, als daß er bald nach dem Jahr 1594 geftorben sein mag.**) In diesem Jahre erschien seine Ueberfetzung der Garnier'schen Cornélie,***) von welcher 1795 eine zweite Auflage folgte. Man kennt von ihm außerdem mit völliger Sicherheit nur noch die schon erwähnte Spanish tragedy,†) von welcher die erfte uns bekannt gewordene Ausgabe 1599 ohne Namensangabe erschien. Den Autornamen erfuhr man erft aus einer Erwähnung desselben in Thomas Heywood's Apology for actors. Eine andere in Philipp Henslowe's Tagebuch enthaltene Notiz läßt daraus schließen, daß sie 1591 gegeben wurde. Eine Stelle in Ben Jonson's Cynthia revels (1600) weift auf 1588 als Entftehungsjahr hin. Doch dürfte sie wohl noch früher entftanden sein. Außerdem werden Kyd noch zwei andere Stücke: Jeronimo first part††) und Solyman and Perseda†††) zugeschrieben. Für letzteres sprach die Aehnlichkeit der Compofitionsweise und Behandlung. In Bezug auf erfteres aber, von dem der frühefte uns bekannte Druck dem Jahr 1605 angehört, entftand die Frage, ob es früher oder später als die Spanish tragedy geschrieben worden sei, von der es sich als ein Vorspiel oder erfter Theil darftellt. Sie ift noch ebensowenig entschieden als die andere, ob Kyd der Dichter derselben ift oder nicht? Der Umftand, daß Francis Meres 1598 Kyd einen der erften tragischen Dichter der Zeit nennt, läßt annehmen, daß er noch andere Stücke als die Spanish tragedy geschrieben haben müsse. So

---

*) Collier, a. a. O. III. S. 205. — Ward, a. a. O. I. S. 169. — Klein, a. a. O. II. S. 292. — Prölß, Altenglisches Theater, Leipz. I. S. 3.

**) Nathan Drake sagt: 1595 und in Armuth.

***) Abgedruckt bei Dodsley Old plays II.

†) Abgedruckt ebendaselbft und in Hawkins Origin of the English Drama, sowie in Ancient British Drama I. Ueberfetzt von R. Koppel in Prölß, Altenglisches Theater I

††) Bei Dodsley, a. a. O. III.

†††) Bei Hawkins, a. a. O. II.

unbeholfen, geschmacklos, übertrieben und unwahrscheinlich in dieser
Vieles auch ist, so lagen in ihr doch unzweifelhaft bedeutende dramatische Motive. Dies läßt sich aus Hamlet erkennen, in welchem Shakespeare einige derselben zu einer Entwicklung gebracht, von der Kyd
allerdings keine Ahnung hatte. Auch bei ihm tritt uns der Geist
eines Gemordeten entgegen, welcher nach Rache ruft, sowie das Motiv
der Verzögerung dieser Rache und das ungeduldige Drängen darnach;
auch hier erscheint das Schauspiel als Mittel des Rachezwecks. Aber
wie wenig ist dies noch alles dramatisch benutzt! Dennoch behauptete
selbst neben Hamlet die Spanish tragedy sich lange noch auf der
Bühne; und kein Geringerer als Ben Jonson gab sich 1601 im Auftrage Henslowe's zu einer Ueberarbeitung derselben her.

Bis jetzt hatten wir in den uns bekannt gewordenen Dichtern
fast immer nur Männern in bedeutenderen oder doch angesehenen
Lebensstellungen zu begegnen, darunter einem Bischof, einem Lord, mehreren Mitgliedern von Universitäten, höheren Schulen und Collegien,
sowie Beamteten des königlichen Hofstaats. Jetzt aber stoßen wir
auf eine Gruppe von Dichtern, die, obwohl sie academische Bildung
genossen, die Bühne geradezu, sei es ganz oder doch überwiegend, zum
Lebensberufe erwählt hatten und in dauernde Verbindung mit ihr getreten, ja zum Theil selbst Schauspieler geworden waren. Schon
vor ihnen hatte das Drama trotz der gelehrten und fremden Einflüsse,
nur bald mehr und bald minder, einen volksthümlichen und nationalen Charakter behauptet. Durch diese Männer aber sollten die
Fesseln des classischen Dramas völlig wieder abgeworfen, die rohen
Keime des heimischen höher entwickelt und hierdurch das volksthümlich nationale Drama fester begründet werden.

Obschon diese zum Theil mit großem Talente begabten Dichter
vor Allem die theatralischen Wirkungen und die Kunst des Darstellers,
daher auch die Charakterzeichnung in's Auge faßten, so brauchte darunter die poetische Seite des Dramas, doch um so weniger zu leiden,
als die geistige Disposition des Volks und der Zeit, sowie der Zustand
der Bühne diese in außergewöhnlicher Weise begünstigten.

Die Blüthe von Handel und Gewerbe, welche sich unter der
Regierung Elisabeth's entwickelt hatte, rief einen Wohlstand im Lande
hervor, welcher nicht nur den Nationalgeist, sondern auch das Lebensgefühl jedes Einzelnen aufs Behaglichste steigerte. Es war die Zeit,

bie man noch lange als bie bes merry old England gepriesen. Der
Glanz bes Hofs bieser Königin, mit seinen Umzügen und Festen, mit
seinem Pomp und seinen phantastischen Schmuck spiegelte sich nicht nur in
den Vergnügungen des Adels, sondern selbst noch in den Lustbarkeiten des
Volks, wozu die wichtigsten Familienfeste und die traditionellen Volks=
feste reichlich Gelegenheit boten. Tanz, Gesang, Schaugepränge und
Mummenschanz folgten einander das ganze Jahr hindurch im bunte=
sten Wechsel vom Neujahrstage zu dem heiligen Dreikönigstage, der
Lichtmeß und Fastnacht, der Osterfeier und dem sich ihm anschließenden
Maifest, bem Pfingst= und bem Erndtefest bis zu dem fröhlichen Weih=
nachtsfest. Letzteres, Dreikönigstag, Lichtmeß und Fastnacht waren,
auch bei Hofe, besonders theatralischer Kurzweil gewidmet. Dazu war
die Zeit von poetischem Stoff wie geschwängert. Zu den heimatlichen
Mähren und Sagen, den Erzählungen und Balladen, die von den
Kriegsthaten der Väter und Vorväter berichteten und sangen, waren
aus Frankreich, Italien, Spanien und dem Oriente Tausende von
wunderbaren Geschichten und Märchen gekommen, welche die Volks=
phantasie aufs Mächtigste erregt und romantisch gestimmt hatten. Wie
hätten die aus einem solchen Volke hervorgehenden Dramatiker dies
wohl nicht ebenfalls sein sollen? Sie mußten das schon, um ihm ge=
fallen, um es mit sich fortreißen zu können, sie mußten es um so mehr,
als die noch decorationslose Bühne der nach neuen Anschauungen,
nach neuen Erregungen verlangenden Volksphantasie und Schaulust
aus ihren Mitteln neben der Kunst des Schauspielers fast nichts zu
bieten im Stande war. Auch durften die Dichter sich um so dreister
und sicherer dem Fluge ihrer Phantasie dabei überlassen, als ihnen
die des Volkes auf halbem Wege entgegenkam und das willig ergänzte,
was sie in einem bestimmten Umfange immer nur andeuten konnten.
Das war es, was der Dichter damals von seinem Publicum noch er=
warten konnte, daher er es wohl auch gelegentlich aussprach, wie
Shakespeare im Prologe zu Heinrich V.

> Diese Hahnengrube,
> Faßt sie die Ebnen Frankreichs? Stopft man wohl
> In diese Null von Holz die Helme nur,
> Wovor bei Azincourt die Luft erbebt?
> O so verzeiht. weil ja im engen Raum
> Ein krummer Zug für Millionen zeugt,
> Und laßt uns Nullen dieser großen Summe
> Auf eure einbildsamen Kräfte wirken.

Gegen diesen Geist der Lebensfreude und Schaulust, gegen diesen
phantastischen Hang der Zeit vermochte der sich daneben immer stärker
regende puritanische Geist zunächst doch noch nichts auszurichten. Er
spielte dabei nur die Rolle Malvolio's und wurde verlacht. Daher
auch Shakespeare ganz aus der Seele seines Publicums, ja des Volks=
geistes sprach, wenn er den Junker Tobias sagen ließ: „Meinst du,
weil du tugendhaft bist, solle es in der Welt keinen Wein und keine
Torten mehr geben?"

Eins aber vermochte gleichwohl der puritanische Eifer: den Schau=
spieler und Alles, was mit diesem zusammenhing, aus der sogenann=
ten guten Gesellschaft ebenso zu verdrängen, wie die Theater aus dem
Weichbild der City. Dies mußte ihm bei dem Playwright um so
leichter werden, als er sich hier durch den Kastengeist der Gelehrten
und gelehrten Dichter noch unterstützt fand, welche den erwerbsmäßigen
Bühnenschriftsteller von sich und der Literatur ausschlossen. Zur
Literatur gehörte außer der Epik und Lyrik in England längere Zeit
nur noch das Buchdrama, so lange es sich in den Formen des classi=
schen oder des academischen Renaissance=Drama's bewegte. Dies wies
der Bühnendichtung und der dramatischen Literatur überhaupt, sowie
auch dem Playwright, in England eine wesentlich andere Stellung als
die an, welche wir sie in Frankreich einnehmen sahen.

Die Bühnenschriftsteller haben indeß selber nicht wenig mit hierzu
beigetragen. Indem sie ihre Werke der Bühne ganz überließen, so daß
diese das Recht hatte, willkührlich Veränderungen an ihnen vorzu=
nehmen, ja sie sogar drucken zu lassen, begaben sie sich gewissermaßen
selbst ihres Anspruchs auf die Literatur und auf die ihnen innerhalb
derselben zukommende Stellung, besonders wenn sie bei ihrem Schaffen
den Gesichtspunkt des Bühneninteresses zu dem allein maßgebenden
oder doch vorherrschenden machten. Doch auch gesellschaftlich mußten
sie sich bei der excludirten Stellung der Schauspieler durch den engen
Anschluß an diese in eine exclusive Lage bringen. Auch war es natür=
lich, daß die von der sogenannten guten Gesellschaft ausgeschlossenen
Schauspieler wirklich zum Theil in ihren Sitten verwilderten und zu
den Klagen und Schmähungen Anlaß gaben, welche der puritanische
Eifer, freilich übertreibend und die Ausnahme zur Regel machend,
über sie ausgoß. Zudem begreift es sich leicht, daß die Dichter, welche
den Umgang der Schauspieler dem Umgang der guten Gesellschaft

vorzogen, gleichfalls die Sitten und Lebensgewohnheiten derselben annahmen, jedenfalls aber dem mißachtenden Urtheile, das diese verfolgte sich aussetzten, zumal nicht wenige von ihnen sogar zeitweilig selber Schauspieler wurden.

Diesem theils selbst verschuldeten, theils unverdienten Schicksale sollte nun gerade die Gruppe von Dichtern verfallen, die ich jetzt zu betrachten beabsichtige. Wir werden den gegen einzelne von ihnen erhobenen harten Beschuldigungen ein gerechtes Mißtrauen entgegen zu bringen haben, ihnen aber auch gewisse Zugeständnisse machen müssen. Diese Dichter sind Peele, Greene, Marlowe, Lodge, denen sich Chettle, Nash, Munday und Drayton anschließen.

George Peele,[*] von ihnen der älteste, um 1552 in Devonshire geboren, hat, wie es scheint, früher als alle andern die Bühne erstiegen. Wie Greene, nimmt auch er in seinen Dramen eine Mittelstellung zwischen Lilly und Marlowe ein. Peele studirte zu Oxford, wo er sich den Titel eines Master of arts erwarb. Obschon er sich früh der Schriftstellerei widmete, liebte er es doch seine keineswegs ausgebreitete und tiefe Gelehrsamkeit dabei sehen zu lassen. Er gehörte dem Marlowe'schen Kreise an und scheint dessen ausgelassenes Leben getheilt zu haben. Wenn er im Jahre 1593 von der Sorge, als von einer zwanzigjährigen Bettgenossin spricht, so ist dies wohl nicht in einem Sinne zu nehmen, welcher den gegen ihn erhobenen Vorwurf der Liederlichkeit rechtfertigt. Er wollte damit wohl nur sagen, daß er sich während dieser Zeit gar oft mit Sorgen niedergelegt. Dies brauchte bei den kärglichen Einnahmen der damaligen Schriftsteller aber durchaus nicht die Folge eines besoluten Lebenswandels zu sein. Daß er Schauspieler gewesen, ist keineswegs festgestellt. Ebensowenig sein Todesjahr; doch ist von ihm 1598 bereits als einem Verstorbenen die Rede. — Schon 1584 wurde sein Arraignment of Paris von den Kapellknaben der Königin bei Hofe gegeben. Es ist ein höfisches Festspiel mit der üblichen allegorischen Schmeichelei auf die Königin. Er schließt sich darin enger als irgend ein anderer der hier genannten Dichter an Lilly an. In gereimten Versen verfaßt, zeichnet es sich durch graziöse Behandlung

---

*) Collier, a. a. O. II. 191. — Klein, a. a. O. II. 542. — Ward, a. a. O. I. 203. — Gätschenberger, a. a O. II. 21. — Taine, a. a. O. II. The dramatic works of George Peele with life by A. Dice. 2ᵈ. edit. London 1829—39.

und Wohllaut derselben aus. — Hinsichtlich der chronologischen Reihen=
folge seiner übrigen dramatischen Dichtungen sind wir nicht aufgeklärt,
doch dürfte The Battle of Alcazar wohl das nächstfolgende sein. Dies
Stück ist im Style und Versmaße des Marlowe'schen Tamerlaine ge=
schrieben, der ihm sicher vorausging. Der erste Druck desselben ist aus
dem Jahre 1594, doch weiß man von einer Aufführung, die bereits
1591 stattfand. Wenn The Chronicle of Edward I.*) ebenfalls von
Marlowe angeregt und nach dessen Edward II. geschrieben worden
sein sollte, so würde das Jahr des Drucks 1591 auch das Entstehungs=
jahr davon sein müssen. Obschon es sich der Behandlung des letzteren
nähert und so wie dieses in Blankversen geschrieben ist, steht es doch
so tief unter demselben, daß kein zwingender Grund vorhanden er=
scheint, die Annahme einer früheren Entstehungszeit völlig zurückzu=
weisen. Eine 1595 erschienene Farce: The old wife's tale, welche den=
selben Stoff wie Milton's Comus (die drei Könige von Colchester).
behandelt, zeigt Peele von der Seite seines Humors und Witzes,
denen Frische nicht abzusprechen ist, doch spielt noch etwas vom Geiste
der Moralitäten in sie herein. Sie ist theils in Prosa, theils in reim=
losen Versen geschrieben. — Für das beste von Peele's dramatischen
Werken gilt aber sein biblisches Drama: The love of king David
and fair Bethsabe, with the tragedy of Absolon, 1599 gedruckt.
Collier hält es gleichwohl für überschätzt. Doch ist das Zartgefühl
bei der Behandlung des heiklen Stoffes zu rühmen. Bemerkenswerth
ist die Scene, in welcher David Urias trunken macht, wegen einer ge=
wissen Aehnlichkeit mit der Trunkenheitsscene Cassio's in Othello. Ein
fünftes nur namentlich bekanntes Stück des Dichters: The turkish
Mahomet and Hyron the fair Greek ist verloren gegangen. Drake
schließt aus einer Anspielung Shakespeare's (Pistols) auf seine Po=
pularität.

Früher als Marlowe eröffnet auch Robert Greene,**) wennschon

---

*) Der ganze Titel ist: The famous chronicle of Edward I. surnamed
Edward Longshanks, with his returne from the holy land. Also the life of
Lleuellen rebell in Wales. Lastly the sinking of Queene Elinor, who sunk at
Charingcrosse and rose again at Pottershill, now named Queenehith.
**) Collier, a. a. O. III. 147. — Klein, a. a. O. II. 381. — Ward, a. a.
O. I. 214. — Taine (a. a. O. II.) The dramatic works of Robert Greene by
Alex. Dice. Lond 2. v. 1831.

vielleicht nicht die dramatische, so doch seine literarische Carrière.
Sein Geburtsjahr kennen wir nicht, doch wurde er noch vor 1578
bachelor of arts. Collier nimmt an, daß er identisch mit demjenigen
Robert Greene ist, welcher 1576 als Caplan der Königin angestellt
war und sich 1584 im Besitz des Vicariats von Tollesbury in Essex
befand. Aus diesem Jahre kennt man den ersten Druck von ihm,
The mirror of modesty, eine Ermahnung an die Eltern, ihren Kindern eine gute Erziehung zu geben. Collier glaubt, daß Greene 1585
jene Vicariatsstelle durch den Druck seiner Moranda, the Tritameron
of Love, verloren und, nachdem er sich eine Zeit lang in Spanien
und Italien herumgetrieben, sich nach London gewendet habe, wo er
in die Gesellschaft von Marlowe und Peele gerathen sei, denen sich
1587 Thomas Nash ebenfalls anschloß. Er lebte hier ohne Zweifel
von der Schriftstellerei und verheirathete sich mit einem schönen,
liebenswürdigen Mädchen aus Lincolnshire. Man glaubt, daß Greene
die Geschichte seiner Liebe und Ehe in der Schrift „Never too late"
niedergelegt habe. Auch die ihm zugeschriebenen Groatsworth of wit
und Repentance of Robert Greene würden darüber, wie überhaupt
über sein Leben Auskunft ertheilen, wenn diese Autorschaft völlig
zweifellos wäre. Darnach würde Greene ein sehr desolutes Leben geführt und zwischen Lebensgenuß und Reue hin= und hergeschwankt
haben. Wie sein Freund Nash berichtet, ist er im Jahre 1592 in Folge
eines Gelages an unmäßigem Genuß von Rheinwein und gepökelten
Häringen gestorben. Dies steht mit jenen reuevollen Bekenntnissen
in entschiedenem Widerspruch, da er nach ihnen in Reue und von
allen Menschen in Elend und Krankheit verlassen umgekommen sein
müßte. Nash bezeichnet jedoch die Schrift A groatsworth of wit etc.
als ein armseliges, lügnerisches Pamphlet, und daß diese Beurtheilung
sich nicht auf Greene bezieht, geht daraus hinlänglich hervor, daß er
diesen gleichzeitig gegen die gehässigen Angriffe des Dichters Gabriel
Harvey in Schutz nahm, dem er die Unverschämtheit und Verläumdung seiner lügenhaften Behauptungen in's Gesicht zurückschleudert.

Man wird die von mir gegebene Schilderung der Lage, in der
sich damals im Allgemeinen der Play-wright gegenüber der öffentlichen
Meinung befand, zu berücksichtigen haben, um begreiflich zu finden,
daß die gegen Greene und seine Genossen erhobenen und ihm zum
Theil selbst in den Mund gelegten Beschuldigungen, wenn sie auch

nicht alle zutreffend waren, doch allgemein Glauben finden konnten. Das Leben eines solchen Schriftstellers lag auch für die Zeitgenossen meist in solches Dunkel gehüllt, daß Verläumbungen, selbst noch die unsinnigsten, wenn sie auf die Vorurtheile der Zeit berechnet waren, willige Aufnahme fanden. Welche Gerüchte konnten nicht noch ein Jahrhundert später über einen Schriftsteller wie Molière als Thatsachen in die Geschichtsschreibung übergehen, obschon dieser sich schon in einer ungleich geschützteren Lage befand, da er der Günstling eines der mächtigsten Fürsten Europas war und das Drama damals in Frankreich an der Spitze der ganzen schönen Literatur stand.

Robert Greene hat seinen schriftstellerischen Ruf noch mehr seinen andren literarischen Arbeiten, als seinen Dramen zu danken gehabt.*) Wir wissen nicht, wann er zuerst die Bühne mit ihnen betreten. Doch ist es jedenfalls vor 1578 geschehen. Keines seiner Dramen erschien vor 1594 (d. i. zwei Jahre nach seinem Tode) im Druck. Wir kennen von ihm fünf gedruckte Dramen: Orlando furioso; Friar Bacon and friar Bungay; Alphonsus, king of Aragon; The scottish historie of James IV., slaine at Flodden, intermixed with a pleasant comedy presented by Oboran, king of Fayeries und Georg-a-Greene, the pinner of Wakefield, sowie ein mit Lodge zusammen gearbeitetes Stück: A looking glasse for London and England. Außerdem finde ich aber von ihm in The theatrical remembrancer (als Manuscript) auch noch The history of Job erwähnt.

Dem Orlando furioso (nach Henslowe's Registern 1591 gespielt, wahrscheinlich aber mehrere Jahre früher geschrieben, 1594 gedruckt) liegt Ariosto's Rasender Roland zu Grunde. Doch hat der Dichter den daraus entnommenen Stoff mit großer Freiheit behandelt. Die erste Scene erinnert etwas an die Bewerbungsscene in Shakespeare's Kaufmann von Venedig, insofern auch hier verschiedene Prinzen um die Hand der schönen Kaiserstochter Angelica werben und sich dabei in prahlerischen Reden zu überbieten suchen. Orlando bildet natürlich ebenso wie später Bassanio dazu einen trefflichen Gegensatz, so daß sich Angelica sofort für denselben entscheidet. Die übrigen Freier drohen

---

*) Von ihnen sei hier nur seine Novelle Pandosto or the triumph of time (1588), erwähnt, später auch Dorastus and Fawnia genannt, auf welche Shakespeare sein Wintermärchen gegründet.

mit Rache. Es gelingt auch einem derselben, dem Prinzen Sacri-
pant, Orlando in eine eifersüchtige Wuth zu versetzen. Angelica wird
von ihrem Vater verstoßen, dieser selbst von den beleidigten Prinzen
mit Krieg überzogen. Die Zauberin Melissa aber legt sich in's Mittel.
Roland wird durch sie von der Unschuld Angelica's überführt und
erscheint als ihr Retter, da sie dem Flammentode eben verfallen soll.
— Der Werth des Stücks liegt in der glänzenden Ausführung des
Details. Die Sprache ist fließend und anmuthig, leidet aber an einer
Ueberfülle von Bildern und einer Menge lateinischer und italienischer
Citate.

Ungleich bedeutender, sowohl in dramatischer, als in allgemein
poetischer Hinsicht, ist The history of friar Bacon and friar Bungay *) (mit Sicherheit 1591 aufgeführt, 1594 gedruckt), ein Stück,
dem eine gleichnamige Erzählung zu Grunde liegt. Es behandelt die
Liebesgeschichte des nachmaligen Königs Eduard I., da er noch Prinz
war, und der schönen Försterstochter Margaret of Tresingham. Auf
Rath seiner Freunde wendet sich Eduard, um Margarethens Liebe zu
gewinnen, an den durch seine Zaubereien berühmten Pater Baco zu
Oxford, während sein Freund Lacy das Herz derselben erforschen und
prüfen soll. Lacy erwirbt sich aber, ohne es anfangs zu wollen, selber
ihr Herz. Der Prinz sieht das in Baco's Zauberspiegel, sieht wie
Pater Bungay die Trauung der beiden Liebenden eben heimlich vollziehen will. Auf sein Andringen wird dies durch Baco's Zauber verhindert. Prinz Eduard will Rache nehmen, überwindet sich aber und
begründet das Glück seines Freundes und seiner Geliebten. Der Reiz
des Stücks liegt in der Behandlung des Liebesidylls. Besonders die
Gestalt Margarethens tritt aufs Anmuthigste daraus hervor. Es wird
leider später von dem Zauberspuk, der zu des Dichters Zeit sich allerdings sehr wirksam erweisen mochte, allzusehr überwachsen. Obschon
das Verhältniß beider Theile, des Zaubers der Liebe zu dem Zauber
der Netromantie, kein sehr glückliches ist und die Verbindung beider
ziemlich lose erscheint, gehört dieses Stück doch zu den eigenartigsten,
volksthümlichsten und poetisch frischesten Erscheinungen der vor-Sha-
kespeare'schen Bühne.

*) In Tieck's altenglischem Theater übersetzt.

Alphonsus, king of Aragon, 1592 gespielt, 1599 gedruckt, tritt dagegen merklich zurück. Greene hat darin mit Marlowe zu wetteifern gesucht, aber nicht glücklich. The history of James IV., 1592 gespielt, 1598 gedruckt, eine fast freie, romantische Erfindung, hat von der Geschichte nur einige Namen entliehen, was das sich hinburchziehende Märchenspiel wohl auch andeuten sollte. Obgleich dieses Stück in einem verstümmelten Zustand auf uns gekommen, fesselt es selbst noch in dieser Gestalt das Interesse. Die Composition ist geschlossen, die Entwicklung der Handlung spannend, der Umschwung überraschend, um so mehr, als dabei jede Unwahrscheinlichkeit und Künstlichkeit vermieden ist, die Charaktere sind lebensvoll und zum Theil scharf individualisirt. Die Handlung aber ist diese: Jacob der Vierte von Schottland schließt aus politischen Gründen eine Ehe mit Dorothea, der schönen und liebenswürdigen Tochter des Königs von England, während er heimlich eine glühende Leidenschaft für Jda, Gräfin von Arran, nährt. Diese, die ihn zwar liebte, weist jetzt seine Huldigungen zurück, die sie bisher nur in der Erwartung geduldet, von ihm zur Gemahlin erhoben zu werden. Jacob zieht einen seiner Höflinge, Ateukin, in's Vertrauen, um den Sinn der Gräfin zu ändern. Dieser empfiehlt ihm die Ermordung der Königin an. Jacob in seiner Liebesleidenschaft giebt seine Zustimmung und beauftragt Ateukin selbst mit der Ausführung dieses Verbrechens. Die Königin, der es verrathen wird und welche anfangs ihren Gatten einer solchen That nicht für fähig hält, wird zuletzt überzeugt und ergreift in Männerkleidern die Flucht. Ateukin verfolgt sie. Es kommt zwischen Beiden zum Kampfe, Dorothea erliegt und bleibt für todt auf dem Platze. Jacob soll aber die Früchte der Unthat nicht ernten, da Jda sich inzwischen mit einem der Großen des Landes vermählte. Auch zieht jetzt der König von England mit Waffenmacht, den Tod seiner Tochter zu rächen, heran. Ein noch härterer Bedränger entsteht ihm aber aus seinem Gewissen. Dorothea, von ihren Wunden geheilt, schlichtet durch ihr Erscheinen den doppelten Kampf und tritt als Versöhnerin zwischen Vater und Gatten.

Das Stück ist offenbar eine der spätesten Arbeiten Greene's. Die Einfachheit und Reinheit der Sprache, sowie die glückliche Behandlung des Blankverses, der nur in den Volksscenen von Prosa unterbrochen ist, sprechen überzeugend dafür.

Das beste, vollendetste Werk des Dichters, das, weil es anonym erschien', sogar Shakespeare beigemessen werden konnte, ist aber George-a-Greene, the pinner of Wakefield *) (1592 aufgeführt, 1599 gedruckt). Schon Tieck erklärte', daß das Stück aus inneren Gründen von Greene fein müsse. Erst neuerbings hat man aber auch ein historisches Zeugniß dafür in einer Handschrift des Stückes gefunden, in der er auf dem Titelblatt von dem Schauspieler Juby (einem Zeitgenossen Rowley's) als der Verfasser der Dichtung bezeichnet wird. Ward rühmt mit Recht, daß es von einer Frische der Farbe sei, die man „a native English freshness" nennen könne. Es athmet den Geist der alten Balladen, den Duft der englischen Wiesen und Wälder. Der Dialog ist abwechselnd in Prosa und Blankversen geschrieben. Die letzteren zeigen mehr Leichtigkeit, mehr rhythmisches und dramatisches Gefühl als die übrigen Dramen des Dichters. Die Empörung eines Earl von Kendal gegen Eduard III. bildet die Voraussetzung der Handlung. George-a-Greene, ein einfacher Flurschütz, der sie vereitelt, ist der Held der Begebenheit. Den König verlangt, unerkannt seinen Retter kennen zu lernen. In Mariannen, der Geliebten Robin Hood's, entsteht dagegen der Wunsch, George-a-Greene von letzterem im Kampfe besiegt zu sehen, weil sie es nicht ertragen kann, durch dessen und seiner schönen Bettie Ruhm, den des Geliebten sowie ihren eigenen verdunkelt zu wissen. Robin Hood zieht wirklich mit zwei seiner Genossen zum Streite aus. George-a-Greene nimmt es jedoch allein mit allen Dreien auf. Nachdem er den letzten von ihnen niedergeworfen, bietet ihm Robin seine Freundschaft an. Sie wandern nun beide nach Brabford, wo sie mit dem verkleideten Eduard zusammentreffen, welcher eben im Begriff steht, sich der anmaßenden Forderung der dortigen Bürger zu fügen, die keinem Fremden gestatten wollen, den Stock auf der Schulter, in die Stadt einzuziehen. George-a-Greene, darüber erzürnt, befiehlt Eduard den Brabford'schen Bürgern zum Trotz den Stock auf die Schulter zu nehmen, indem er im Weigerungsfalle ihn selber mit Prügeln bedroht. Wie rasch er mit diesen zur Hand, sollen sogleich die sich widersetzenden Bürger von Brabford erproben, die aber daraus mit Genugthuung abnehmen, daß sie es mit keinem Geringeren als dem berühmten

---

*) In Tiecks altenglischem Theater übersetzt.

Flurſchützen von Wakefield zu thun haben können, weil kein Zweiter im Lande ſolche Schläge zu vertheilen im Stande ſei. Jetzt
giebt auch Eduard ſein Incognito auf und heißt George-a-Greene
ſich eine Gnade erbitten. George erſucht den König um ſeine Vermittlung bei dem ſtörriſchen Vater der ſchönen Bettie, natürlich mit
beſtem Erfolg. Dazwiſchen ſchlingt ſich als Epiſode die unglückliche
Liebe des Königs Jacob zu Jane Barley hindurch.

So anmuthig dieſe Dichtung auch iſt, ſo hat es ihrem Verfaſſer
doch nicht gelingen wollen, den Stoff im eigenſten Sinne dramatiſch
zu geſtalten. Die epiſchen und lyriſchen Elemente treten zu ſehr auseinander und in der Structur herrſchen die erſteren vor.

Ein Dichter von ungleich größerer dramatiſcher Verve, in deſſen
Adern wirkliches tragiſches Blut rollte, nur daß es ihm noch an
künſtleriſcher Durchbildung, an umfaſſenderen künſtleriſchen Anſchauungen und Zielen fehlte, daher er die tragiſchen Wirkungen auch noch
mehr in der äußeren Kraftentwicklung der Leidenſchaft, als in der
Motivirung ſuchte, war Chriſtopher Marlowe, von ſeinen Freunden,
ja ſelbſt vom Publicum auch kurzweg Kit genannt.*) Als Sohn eines
armen Schuhmachers, John Marlowe, zu Coventry im Februar 1563
geboren, empfing Chriſtoph ſeine Erziehung als Stipendiat in der
königlichen Schule zu Canterbury. 1580 bezog er als Penſionär das
Benet College zu Cambridge. Es ſcheint, daß Sir Roger Manwood,
den Marlowe in einem ſeiner Gedichte als ſeinen Wohlthäter gefeiert
hat, für ſeine Erziehung geſorgt. 1583 erwarb er den Grad eines
Bachelor of arts, 1587, d. i. alſo zu einer Zeit, da ſein Tamerlan
ſchon geſchrieben war, den des Magiſters. Es iſt daher nicht wahrſcheinlich, daß er überhaupt, oder, wie es in einem Spottgedichte der
Zeit heißt, früher als Dichter auch Schauſpieler war. Jedenfalls
übte aber das Theater eine ungeheure Anziehungskraft auf ihn aus,
daher er ſeine urſprünglich erwählte Laufbahn, wahrſcheinlich die
Theologie, bald ganz mit der dramatiſchen Schriftſtellerei vertauſchte.
Möglich, daß ſeine philoſophiſchen Anſichten auch darauf Einfluß

---

*) Collier, a. a. O. III. 107. — Klein, a. a. O. II. 607. — Ward, a. a.
O. 173. — Taine. — Prölß, altengliſches Theater 1. — The Works of Chri-
stopher Marlowe, with some account of his life von A. Dyce. London 1870.
Ulrici, Shakeſpeare's dramatiſche Kunſt. 1.

hatten. — Von keinem der Dramatiker des ganzen altenglischen Theaters hat die Geschichte ein so abschreckendes Bild überliefert als von
Christopher Marlowe. Er müßte darnach einer der ausschweifendsten,
gottlosesten Menschen gewesen sein. Zum Glück erweisen sich aber die
Quellen, aus denen diese Nachrichten geschöpft wurden, als trüb und verdächtig, so daß wir hinlänglich Grund haben, an der Aechtheit des Bildes zu
zweifeln. Ich habe an einem anderen Orte (Altenglisches Theater I.)
dargelegt, daß die Werke des Dichters keineswegs, wie man wohl
auch noch gemeint hat, unsittliche, frivole, ja atheistische Grundsätze
lehren; wodurch ich keineswegs in Abrede stellen wollte, daß er
nicht doch ein ungebundenes, von Leidenschaften durchwühltes Leben
geführt und den Freidenkern der Zeit angehört haben könne. Fällt,
in Bezug auf das Letzte, seine Ankunft in London doch gerade in die
Jahre, da Giordano Bruno mit seinen Ansichten und Lehren dort
großes Aufsehen erregte. Nirgends aber geht aus seinen Schriften
hervor, daß, wenn er auch wirklich ein Gottesläugner gewesen sein
sollte, er, wie man behauptet, zugleich noch ein Gottesschänder gewesen
sei. Vielmehr fehlt es seinen Dramen nicht an einzelnen Stellen, die
auf das Gegentheil hinweisen. Ebensowenig aber wird in ihnen dem
Machiavellismus gehulbigt, obschon man auch dieses ihm vorwarf.
Er hat ihn in seinem Juden von Malta zwar ganz ausdrücklich zur
Darstellung bringen wollen, aber nicht in einem ihn empfehlenden
Sinne. Machiavelli tritt als Prolog darin auf. Seine ersten Worte
aber verkünden es deutlich, daß Marlowe in Guise den Geist des
Machiavellismus verkörpert sah, den er auch noch später, in seinem
Massacre of Paris, in den abschreckendsten Farben dargestellt hat:

> „Obschon die Welt glaubt, Machiavell sei todt,
> Entfloh sein Geist doch nur jenseit der Alpen
> Und kommt da Guise todt von dort zurück."

Auch die Schlußworte lehnen, wenn man sie recht versteht, jede
Theilnahme des Dichters an den Grundsätzen des Barabas, des
zweiten Vertreters des Machiavellismus, ab:

> Ich komme nicht . . .
> Den Lektor in Britannien zu spielen.
> Nein, nur des Juden Trauerspiel zu zeigen,
> Der lächelnd seine Säcke strotzen sieht

Vom Gold, das er mit meinen Mitteln nur
Erworben hat.   Schenkt eure Gunſt ihm ſo
Wie er's verdient, und laßt's ihm nicht entgelten,
Daß mir er huldigt." *)

Dieſe kalte Objectivität der Darſtellung, welcher der Dichter nur
zu oft, wie die Schönheit, ſo auch, wenigſtens ſcheinbar, die Sittlichkeit
zum Opfer gebracht, hat, wie ich glaube, ſeinen Werken hauptſächlich
den Vorwurf der Unſittlichkeit zugezogen. Von der ethiſchen Welt-
anſchauung Shakeſpeare's iſt freilich bei ihm keine Spur. Hierin
ſteht aber letzterer überhaupt ganz einzig unter den Vertretern des
engliſchen Renaiſſancedramas da. In dieſer Beziehung treten hier nicht
nur alle ſeine Vorgänger, ſondern auch alle ſeine Nachfolger, obſchon
ihn doch dieſe zum Vorbilde hatten, weit hinter denſelben zurück. Dazu
kam, daß bei Marlowe das Intereſſe des Gemüths dem des Verſtandes
und der künſtleriſchen Sinnlichkeit immer ganz untergeordnet iſt. Nicht
die ideellen Antriebe des Geiſtes, ſondern die der Egoität bilden die
hauptſächlichen Hebel ſeiner dramatiſchen Conflicte; das war aber damals meiſt auch im Leben der Fall.

Selbſt wo er ſeine Conflicte einmal aus jenen zu entwickeln verſucht, gelingt es ihm immer nur nothbürftig. Doch bin ich der Meinung, daß der Mangel an ſittlicher Vertiefung ſich bei ihm hauptſächlich aus dem Mangel an pſychologiſcher Vertiefung erklärt, daher es
ihm auch weniger als ethiſcher, wie als äſthetiſcher Fehler angerechnet
werden ſollte. Handelt es ſich in allen ſeinen Stücken doch darum,
das Unzulängliche eines unbedenklichen Strebens, ſei es nach Macht,
Reichthum, Größe, Wiſſen, Genuß zur Darſtellung zu bringen und
zu zeigen, daß es früher oder ſpäter doch nur zum Untergange, ja
zu ewigem Verderben hinführe. Auch ſcheint es für die Sittlichkeit
Marlowe's, wenigſtens als Dichter, zu ſprechen, daß er ſich vom Ob-
ſcönen ferner hielt, als viele andere Dramatiker der Zeit, obſchon ſeine
Stoffe ihm doch Gelegenheit ihm zu fröhnen, boten. Nur der Jude von
Malta macht darin eine Ausnahme, aber auch hier iſt der Dichter
wenigſtens von aller Lüſternheit frei. Für den Ernſt deſſelben
ſpricht ferner, daß er gleich bei ſeinem erſten Auftreten, im Tamerlan,
ankündigt, ſich von allen Spielereien des Reimes und des Mutter-

---

*) Dieſer Prolog iſt erſt nach dem Tode Guiſe's, vielleicht ſelbſt ſpäter als
das Maſſacro of Paris geſchrieben.

wißes frei halten zu wollen. Ueberhaupt hat er sichtbar eine größere Reinheit der Form erstrebt, daher auch der Prosa nur selten Raum in seinen Stücken verstattet. Der Humor scheint die schwache Seite des Dichters gewesen zu sein. Um dies jedoch ganz beurtheilen zu können, müßte uns eines seiner Lustspiele vorliegen. Daß uns aber nur der Name eines einzigen (The maiden's holiday) hat überliefert werden können, scheint jene Annahme fast zu bestätigen.

Dagegen sind uns sieben seiner Tragödien erhalten geblieben: Tamerlan, erster und zweiter Theil, Faust, der Jude von Malta, Eduard II., die Bluthochzeit und Dido. Außerdem erschien unter seinem Namen noch die Tragödie Lust's dominion, die ihm aber, nach Collier, irrig zugeschrieben ist. Der ihm von A. Dyce beigemessene Antheil an den früher erwähnten First part of the contention between the two houses etc. und The true tragedie of Henry VI. etc. wurde von Ulrici mit guten Gründen bestritten.

Tamerlaine the great ist, wie A. Dyce dargethan, schon vor 1587 aufgeführt worden, da Alleyn noch die Titelrolle darin spielte. Nash behauptet, daß Marlowe mit diesem Stücke den Blankvers zuerst auf die Bühne gebracht, womit er jedenfalls nur die Volksbühne meinte. Dann dürften Gorboduc, The spanish tragedy und Jeronimo I. aber auch nicht früher als Tamerlaine auf dieser erschienen sein. Keines der Marlowe'schen Dramen hat einen so kühnen, gigantischen, himmel-stürmenden Zug wie sein Tamerlaine. Er eröffnete, wie man glaubt, die lange Reihe der bluttriefenden Dramen, die nun auf der englischen Bühne erscheinen sollten, doch steht uns bei der Spärlichkeit und Unsicherheit der Nachrichten nur ein ganz relatives Urtheil über diese Verhältnisse zu. Die Sprache ist glänzender, glühender, farbenpräch-tiger, bilderreicher als die seiner späteren Stücke, aber auch bomba-stischer, übersteigender und geschmackloser. Obschon die Motivirung nicht die starke Seite dieses Dramas ist, so macht sich gegen Kyd selbst noch hierin ein bedeutender Fortschritt bemerklich. Der Auf-bau ist geschlossener, die Charakteristik einheitlicher und großartiger, der Geschmack geläuterter, die Weltanschauung umfassender und ge-klärter. Der große Erfolg dieser Dichtung rief einen zweiten Theil derselben hervor, welcher den des ersten aber nicht völlig erreichte.

The tragical history of Faustus (der älteste Druck ist v. J. 1604) wird gewöhnlich in das Jahr 1588 gesetzt. Alf. van der Velde, von

dem eine Ueberſetzung vorliegt*), hat darauf hingewieſen, daß Marlowe
wahrſcheinlich das Spieß'ſche Fauſtbuch gekannt habe. Die Ausführung dieſes Stückes iſt beträchtlich gegen die großartige Conception
zurückgeblieben. Der Aufbau entwickelt ſich in einer faſt nur epiſchen
Aufeinanderfolge der Begebenheiten. Die Verbindung dieſer letzteren
iſt eine ſo loſe, daß man ſpäter mit Leichtigkeit einzelne derſelben
herausnehmen und durch andere erſetzen konnte. Es laſſen ſich zwei
verſchiedene Theile daran unterſcheiden, von denen der eine einen
ideal ſymboliſchen, der andere einen derb realiſtiſchen Charakter zeigt;
jener klingt an die alten Allegorien, dieſer an die ſpäteren Interludes an. Wiſſensdrang iſt auch hier, wie im Goethe'ſchen Fauſt, der
Grundzug. Doch iſt deſſen Streben bei Marlowe zugleich noch auf
Macht gerichtet, was bei Goethe erſt im 2. Theile hervortritt.

The famous tragedy of the rich jew of Malta (der früheſte
uns bekannte Druck iſt v. J. 1633)**) zeigt eine großartige Anlage,
mit der aber nur die Ausführung der beiden erſten Acte vollkommen
Schritt hält. Es iſt, als ob der Dichter dann plötzlich von
ſeinem urſprünglichen Plane abgewichen wäre. Das Verhältniß des
Barabas zu ſeiner Tochter Abigail gewinnt nun einen anderen Charakter. Der Dichter läßt die Motive dafür mehr errathen, als daß
er ſie vor unſern Augen entwickelte. Auch treten jetzt eine Menge
neuer Perſonen auf, von denen uns aber keine menſchlich näher gerückt wird. Aus dem Juden Barabas wird ſchließlich ein ganz ab-
ſtractes Ungeheuer. Der Einfluß, den dieſes Drama auf Shakeſpeare's
Kaufmann von Venedig ausgeübt hat, iſt übertrieben worden. Ob
und inwiefern es mit einem früheren Stücke The jew, welches verloren ging, zuſammenhing, wiſſen wir nicht.

The troublesome raigne and Lamentable death of Edward II.,
King of England, with the tragicall fall of proud Mortimer and
also the life and death of Peers Gaveston, the great Earl of Corne-
wall (zuerſt 1604 gedruckt)***) gilt faſt allgemein für das ausgebil-
detſte und reifſte Werk des Dichters. Wenn Tamerlaine von Einigen

---

*) Eine andere lieferte Wilhelm Müller. Eine franzöſiſche Ueberſetzung
liegt von F. Victor Hugo vor.

**) Ueberſetzt von Ed. v. Bülow.

***) Ueberſetzt von Ed. v. Bülow und R. Prölß, Altengliſches Theater 1.

für das grundlegende Drama des nationalen englischen Theaters angesehen wird, so darf Eduard II. wohl mit noch größerem Recht als
das Vorbild der späteren englischen Historien bezeichnet werden. Insbesondere auf Shakespeare's Richard II. hat es ganz zweifellos eingewirkt, obwohl schon die Aehnlichkeit des Stoffes eine gewisse Aehnlichkeit beider Stücke bedingen mußte. Shakespeare beschränkt sich bei
seiner Darstellung ganz auf die letzten, die Katastrophe unmittelbar
herbeiführenden Ereignisse. Marlowe's Darstellung umfaßt dagegen
die ganze Regierungszeit seines Helden. Er hat den ungeheuren Stoff
zwar nicht völlig bewältigt, doch ist das Geleistete immer sehr hoch
anzuschlagen. Marlowe's Dichtung steht an Geschlossenheit des Aufbaus, an psychologischer Tiefe, Feinheit und Kraft der Motivirung,
an Reichthum und Glanz der Charakteristik, an Hoheit der Weltanschauung, an sittlichem und patriotischem Pathos weit hinter Shakespeare zurück. Doch hatte er auch eine ungleich rohere Zeit zu schildern, fand ein ungleich weniger entwickeltes Drama, eine ungleich
weniger entwickelte Schauspielkunst vor. Die letztere hat sich ohne
Zweifel noch an den Dichtungen Lilly's, Kyd's, Greene's und Marlowe's beträchtlich gehoben. Doch hat sein Stück auch einige Vorzüge vor
dem Shakespeare'schen voraus. Die Exposition ist klarer, das Verhältniß des Königs zu seinen Günstlingen deutlicher und bedeutender.
Die Abdankungsscene, obschon ungleich einfacher und theatralisch minder
wirkungsvoll, erscheint fast natürlicher; sie ist frei von der Künstlichkeit, welche sich der Shakespeare'schen nicht ganz absprechen läßt.
Die letzten zwei Acte sind überhaupt weitaus das Beste an dem Marlowe'schen Stück.

The massacre of Paris, wahrscheinlich bald nach dem Tode des
Herzogs von Guise entstanden, kam erst am 30. Januar 1593 zur
Aufführung. Der älteste erhalten gebliebene Druck ist ohne Jahres-
angabe. Es ist, als Ganzes betrachtet, die schwächste der dramatischen
Arbeiten Marlowe's. Nur die Figur Guise's tritt bedeutend hervor.

Dido, Queen of Carthago (1594 gedruckt) ist erst von Nash nach
Marlowe's Tode beendet worden. Der Dichter hat hier zum ersten
Male die Liebe zum Hauptpathos gemacht. Er schlägt darin mit Glück
auch zartere Töne an. Selbst im Humor, wie die Figur der Amme
beweist, erscheint er hier glücklicher. Die sich eng an Vergil anschlie-
ßende Handlung ist klar und verständig entwickelt. Welchen Antheil

Nah daran hat, läßt sich, da das Ganze wie von einer Hand ge=
schrieben erscheint, freilich nicht sagen, doch macht gerade dies es wohl
wahrscheinlich, daß er nicht allzu bedeutend gewesen sein wird. Jeden=
falls legte Nash aber dabei eine große Anempfindungsfähigkeit und
Objectivität der Darstellung an den Tag.

Marlowe war ohne Zweifel das bedeutendste dramatische Ta=
lent der altenglischen Bühne vor Shakespeare. Sein früher Tod ist
bei Beurtheilung dessen, was er geleistet, noch überdies zu berücksich=
tigen. Er starb im Alter von nur 30 Jahren, nachdem er kaum 7
Jahre für die Bühne thätig gewesen war. Wenn Shakespeare in
diesem Alter gestorben wäre, würden wir durch die damals fertigen
Werke desselben von seinem genialen Dichtergeiste kaum eine viel
größere Vorstellung haben. Marlowe fiel wahrscheinlich als ein Opfer
eines seiner Liebeshändel, da er nach den Todtenregistern der Pfarr=
kirche zu Deptford daselbst am 1. Juni 1593 von einem gewissen
Francis Archer getödtet worden ist; wie es in der Ballade The atheist's
tragedy heißt durch einen mit seinem eigenen Dolch durchs Auge
geführten Stich. Beard in seinem Theatre of God's judgements fügt
noch hinzu, daß er bis zum letzten Athemzug Gotteslästerungen ausge=
stoßen und mit einem Fluche den Geist aufgegeben habe. Mit größter
Wahrscheinlichkeit haben wir es aber bei diesen Berichten mit bloßen, von
puritanischem Eifer eingegebenen Gerüchten und Verläumbungen zu thun.

Ein vierter Dichter der uns beschäftigenden Gruppe war
Thomas Lodge.*) Er gehörte einer alten Familie aus Lincoln=
shire an. Doch wurde er (1556)**) in London geboren, wo sein Vater
Lord Mayor war. 1573 bezog er die Universität Oxford, erhielt
vier Jahre später den Titel eines bachelor of arts, worauf er in Lincoln's Inn eintrat. Als Servite von Trinity College schrieb er eine
Abhandlung gegen den Wucher. Auch seine Defence of Poetry, Music and Stage-plays, die er gegen Stephen Gosson's School of Abuse
(1579) schrieb, die aber sofort verboten wurde, gehört zu seinen früheren
Arbeiten. Schon 1582 nannte ihn Gosson einen Landstreicher. 1588
trieb er sich in der That unter den Freibeutern herum, welche damals

---

*) Collier, a. a. O. III. 213. — Ward, a. a. O. I. 225. — Klein, a. a.
O. II. 364. Taine.

**) Nach Klein. Ward giebt um 1558 an.

gegen Spanien ausgerüstet wurden und seine Erzählung Rosalynde
(1590 gedruckt), welche Shakespeare's „Wie es Euch gefällt" mit zu
Grunde liegt, will er auf einer stürmischen Fahrt nach den Canarischen
Inseln geschrieben haben. Als Dramatiker trat er jedenfalls später,
als Marlowe auf. Seine Tragödie: The most lamentable and true
tragedie of Marius and Sylla (1594) ist offenbar durch dessen Tamerlan angeregt worden. Doch weicht er in der Behandlung des
Verses von Marlowe ab, da er den Reim sehr häufig gebraucht. An
dramatischer Kraft und an Kunstverständniß steht Lodge weit hinter
diesem zurück. Er besticht jedoch durch eine große Energie des Ausdrucks und durch die Lebendigkeit der äußeren Handlung. An der mit
seinem Freund Greene zusammen gearbeiteten Komödie A looking glasse
for London macht sich der Mangel an wirklicher dramatischer Gestaltungskraft fast noch fühlbarer. Auch sind dies, so viel wir wissen,
seine einzigen dramatischen Versuche. Dagegen kennt man von ihm
noch eine Menge andrer poetischer, satirischer, ja selbst wissenschaftlicher
Arbeiten. Wie es scheint von der Noth getrieben, wendete sich Lodge
nämlich später der Arzneiwissenschaft zu. 1600 practicirte er als Arzt
in Avignon, später in London. Ja, er bekleidete sogar längere Zeit
die Stelle eines Lectors der Physik an der Universität Oxford. 1603
gab er eine Abhandlung über die damals in London herrschende Seuche
heraus. 1614 trat er mit einer neuen Uebersetzung des Seneca hervor. 1625 starb er, selbst ein Opfer der Pest. Obschon für die Entwicklung des Dramas von keiner besonderen Bedeutung, hat er von
der Geschichtsschreibung doch eine gewisse und jedenfalls zu große Beachtung erfahren.

Wichtiger erscheint Thomas Nash*), weniger allerdings seiner
eignen dramatischen Thätigkeit wegen, als durch seinen Antheil an
den literarischen, auch das Theater berührenden Händeln der Zeit, in
denen er sich als ein eben so warmer, eifriger Freund, wie heftiger
Gegner bewährte. In Lovestoft (Suffolk) geboren, machte er seine
Studien in Cambridge, wo er auch 1585 den Titel eines bachelor
of arts erwarb. 1587 trat er in London als Autor auf. Bald
nach dem Tode Elisabeth's scheint er gestorben zu sein. Seine dra-

---

*) Collier, a. a. O. III. 221. — Ward, a. a. O. 229. — Klein, a. a. O.
II. 263.

matische Befähigung lernten wir schon aus seiner Theilnahme an
Marlowe's Dido kennen. Sein Summer's last will and testament*)
(1592 vor der Königin in Croydon gespielt, 1600 gedruckt) ist sein
dramatisches Hauptwerk. Es ist eine Art Moralität, die auf die Schaulust des Publicums berechnet war. Nur die Gestalt Will Summer's,
des Spaßmachers Heinrich VIII., tritt neben den allegorischen Figuren
des Stücks um so realistischer und lebensvoller hervor. Auch zeigte
der Dichter darin eine seltene Beherrschung der Sprache, sowie die
Fülle eines an Einfällen reichen Geistes und eine glänzende satirische
Kraft. Letztere hat er vielleicht noch mehr in dem Lustspiele „The isle
of dogs" an den Tag gelegt, in dessen Folge er in's Gefängniß mußte.
Von seinen Streitschriften waren Almond for a Parrat und Pierce
Pennilesse his supplication to the devil die wirkungsvollsten.

Henry Chettle,**) geb. 1564, gest. 1607, den wir schon als
Herausgeber der angeblich Greene'schen Schrift „A groatsworth of wit
etc." kennen lernten, wobei er eine etwas zweideutige Rolle gespielt,***)
war wenigstens zeitweilig zugleich Drucker und Schriftsteller und gehörte als letzterer zu den fruchtbarsten play-wrights der Shakespeareschen Zeit. Ward versichert, daß er mindestens 16 Stücke allein, 34
mit Anderen geschrieben habe. Collier hat allein aus dem Henslowe'-
sche Tagebuch zu erbringen vermocht, daß er an 28 Stücken größeren
oder geringeren Antheil gehabt haben muß. Meres in seinem Palladis
Tamia nennt ihn einen der besten Dichter von Comedies. Der Ausdruck ist aber vielleicht in einem allgemeineren Sinne gebraucht, da
Chettle mehr tragische als komische Stoffe behandelt hat.

Es wird vielleicht hier am Orte sein, etwas über das Zusammen-
arbeiten der Dichter zu sagen, dem wir jetzt beim Drama immer häufiger zu begegnen haben werden. Da die Drucke der Bühnenwerke
meist ohne Zuthun der Dichter oft erst nach ihrem Tode zu Stande
kamen und nicht selten ganz unberechtigte Speculationen von Buch-

---

*) In Dodsley's Old plays, vol IX.

**) Collier, a. a. O. III. 230. — Ward, a. a. O. I. 232.

***) Nachdem er behauptet, dieselbe dem letzten Willen des angeblichen Autors
gemäß gedruckt zu haben, sagt er in einer Rechtfertigungsschrift, daß Greene sie,
wie so viele andere Schriften, bei den Buchhändlern hinterlassen habe. Auch
muß er bekennen, sie nicht nach Greene's, sondern nach seiner eigenen Handschrift
gedruckt zu haben.

händlern waren, so können die auf den Titeln angegebenen Namen, weil sie deren Zwecken vielleicht ebenfalls dienten, nicht für durchaus zuverlässig gelten. Wie verschiedene Stücke anonym erschienen, von denen man in Schauspielerkreisen die Namen der Autoren meist gekannt haben mag, so wurden bei anderen Stücken wieder Namen auf den Titel gesetzt, die ihnen nicht zukamen, aber Käufer anlocken sollten. Wir begegneten ähnlichen Verhältnissen ja schon beim spanischen Drama. Endlich aber ließen die Bühnendirectoren die von ihnen eigenthümlich erworbenen Stücke auch vielfach überarbeiten, wodurch diese theils ganz neue Autornamen, theils wenigstens neue Mitarbeiternamen erhalten mochten. Auch erbaten jüngere Dichter den Rath, die Beihülfe, ja selbst die Erlaubniß der älteren, schon in Aufnahme gekommenen Dichter, deren Namen mit auf dem Titel ihrer Werke erscheinen lassen zu dürfen. So mögen denn nicht wenige der verschiedenen Autornamen, denen wir auf den Titeln von Stücken aus jener Zeit zu begegnen haben, auf wesentlich andere Verhältnisse hinweisen als das in unsrem Jahrhundert zu einer völligen Industrie gewordene Arbeiten in Compagniegeschäft. Gleichwohl haben damals ohne Zweifel auch schon ähnliche Verhältnisse bestanden. Gleich die erste regelmäßige Tragödie der Engländer, Gorboduc, war ein auf diese Weise entstandenes Werk. Hier war die Arbeit aber noch in der Art getheilt, daß jeder der Dichter eine bestimmte Zahl Acte, wenigstens was die Ausführung betraf, selbstständig übernahm. Schon bei The misfortunes of Arthur aber fand, wie wir wissen, ein andres Verhältniß statt. Der eine der Dichter übernahm die Einleitung, der andere die Chöre, ein paar der Uebrigen die Dumb-Shows, während der Plan und das eigentliche Stück die Arbeit eines einzigen war. Hier waren also zwar acht Personen betheiligt, die Hauptsache aber immer in nur einer Hand. Natürlich sind noch eine Menge andrer Dispositionen des Zusammenarbeitens möglich, von denen gewiß auch verschiedene bei den späteren gemeinsamen Arbeiten der altenglischen Dichter in Anwendung kamen.

Von den zahlreichen Dramen Chettle's, sind nur vier erhalten geblieben. Von ihnen gehört die Tragödie Hoffman, a revenge for a father*), ihm ausschließlich an. The Patient Grissil**) dagegen ist in

---

*) Erschien 1852 mit einer Einleitung von H. H. C. in Druck.
**) Von Collier für die Shakespeare-Gesellschaft 1841 edirt.

Gemeinschaft mit Dekker und Haugthon von ihm verfaßt worden, The death of Robert, Earl of Huntington mit Munday und The blind beggar of Bethnal Green mit John Day, unter dessen Namen es 1659 sogar allein erschien. Die Tragödie Hoffman, nach Henslowe 1602 gegeben, 1631 anonym im Druck erschienen, ist eine der grausamsten und blutigsten der englischen Bühne. Chettle wollte darin augenscheinlich Marlowe und Kyd überbieten. Einige Momente darin dürften von Shakespeare zu seinem Hamlet benutzt worden sein. Hoffman vollzieht die Rache für den an seinem Vater begangenen Mord unter mannichfaltigen Verkleidungen. List und Verstellung spielen eine hervorragende Rolle. Der Wahnsinn der Heldin bietet ein weiteres Moment der Aehnlichkeit dar. Sonst würde das Stück kaum Erwähnung verdienen. Es ist unglaublich roh, ungeschickt, ja selbst widersinnig. An der Comedy of patient Grissil (um 1600 gespielt, 1603 anonym im Drucke erschienen) schreibt Collier Chettle den Hauptantheil zu. Er glaubt, daß Dekker und Haughton nur nachträglich Aenderungen daran vornahmen. Die Charaktere sind hier besser gezeichnet. The death of Robert Earl of Huntington ist eine Fortsetzung des Munday'schen Downfall of Huntington.

Anthony Munday,*) 1553 geboren, trat 1579 zuerst schriftstellerisch auf. Es scheint, daß er in der Gesellschaft des Grafen von Oxford auch schauspielerisch thätig gewesen ist und seit 1580 für die Bühne geschrieben hat. Meres nennt ihn „the best plotter", d. i. den besten Erfinder theatralischer Verwicklungen; wogegen Ben Jonson sich über seinen literarischen Ruf lustig macht. Von seinen vielen Stücken ist außer den bereits angeführten nur noch das Lustspiel John a Kent and John a Cumber, auf welches Greene's Friar Bacon and friar Bungay eingewirkt haben soll, und zwar als Manuscript mit der Jahrzahl 1595, erhalten geblieben.**) Die beiden Dramen vom Grafen Huntington wurden 1598 gespielt und 1601 gedruckt. Sie behandeln die Geschichte Robin Hood's, des geächteten Grafen von Huntington, und lassen sich als romantische Phantasiestücke auf geschichtlichem Hintergrunde bezeichnen. Obschon ziemlich ober-

---

*) Siehe über ihn Collier's Five old plays etc., in denen beide Stücke abgedruckt sind.

**) Collier gab einen Abdruck davon in Shakesp. soc. Public. 1857.

flächlich gearbeitet, machen sich doch Züge von Geist und dramatischer
Kraft darin geltend. Auch an dem First part of Sir John Oldcastle*)
wird Chettle neben Drayton, Wilson und Hathwaye ein gewisser Antheil mit zugeschrieben.

Dieses Stück ist lange für eine Shakespeare'sche Arbeit gehalten
worden, weil es zuerst unter dessen Namen erschien. Malone stellt
jedoch die wirkliche Autorschaft ganz außer Zweifel. Von Robert
Wilson (1579—1610), dem einen derselben, der von Meres sehr
hoch gestellt wird, ist nur noch The coplers prophecy und von
Michael Drayton (1563—1631), dem berühmten Verfasser der
Baron's Wars und des Polyalbion, einer poetischen Beschreibung der
englischen Insel, den Meres als Tragödiendichter hervorhebt, sind nur
noch einige Namen von Stücken, wie Mother red-cap, das er mit Munday
zusammen geschrieben haben soll, erhalten geblieben. Coxeter behauptet
auch noch ein altes Manuscript des Merry devil of Edmonton, von
Tieck**) Shakespeare zugeschrieben, mit seinem Namen bezeichnet gesehen zu haben.

Es giebt noch eine ziemliche Menge von Stücken, welche theils
anonym, theils unter Autornamen erschienen, die später aber bestritten
wurden. Von ihnen nehmen vor Allen diejenigen unsere Aufmerksamkeit in Anspruch, welche Shakespeare zugeschrieben worden sind, sei es,
daß er dieselben ganz oder nur theilweise verfaßt haben oder sie auch
nur verändert oder überarbeitet haben sollte. Denn Stücke der letzteren Art würden in ihrer ursprünglichen Gestalt jedenfalls noch der
hier zu betrachtenden Periode angehören, erstere wenigstens insofern,
als man sie ihrer besonderen Form wegen nur für Jugendarbeiten
dieses Dichters erklärt.

Von diesen Stücken hebe ich zunächst diejenigen hervor, in denen
sich zugleich eine ganz neue Gattung des Dramas, das bürgerliche Trauerspiel, von Collier the domestic tragedy genannt, ankündigt, die auf der
englischen Bühne früher als auf jeder andern erschienen, was ein neues
Zeugniß für den nationalen, volksthümlichen Geist ablegt, unter dessen
Einflusse sich hier das neue Drama entwickelte. Bemerkenswerth ist,

---

*) Abgedruckt in Ancient British Drama I. — Von Baudissin in Tieck's
„Vier altenglische Schauspiele" übersetzt.
**) Eine Uebersetzung davon in Tieck's Altenglischem Theater. Berlin 1811.

daß dieſe neue Gattung ſich zunächſt faſt ganz auf dem criminaliſti=
ſchen Gebiete bewegte und durchgehend auf wirklichen Begeben=
heiten der Zeit beruhte. Man kennt eine ziemliche Zahl ſolcher, wohl
meiſt noch der vorliegenden Epoche angehörender Stücke, wie The
fair maid of Bristol; The stepmother's tragedy; The tragedy of
Cox of Collumpton; The lamentable tragedy of the Page of Plymouth; The tragedy of Thomas Merry;*) Arden of Feversham;
The warning for faire women; The Yorkshire tragedy und The
London prodigal. Von ihnen ſind nur die vier letzten im Druck er=
halten geblieben, die ſämmtlich Shakeſpeare zugeſchrieben worden ſind.

Arden of Feversham**) erſchien 1592 anonym. Lillo hat ſpäter
eine neue Bearbeitung desſelben verſucht, die aber erſt von John
Hoadly 1739 beendet worden iſt. Collier glaubt, daß in einem ſchon
1578 gegebenen Stück, Murderous Michael, derſelbe Stoff behandelt
oder dieſes vielleicht ſelbſt die erſte Faſſung des vorliegenden geweſen
ſei. Der dieſem Stücke zu Grunde liegende Vorfall ereignete ſich
1570 im Kent'ſchen und wurde von Holinſhed mitgetheilt. Alice, die
Gattin des Kaufmanns Arden in Feversham, wird von einer unſeli=
gen Leidenſchaft zu Mosbie, einem leichtfertigen Menſchen von ſchlech=
ten Grundſätzen, ergriffen und zum Morde ihres Gatten verleitet.
Der Dichter veranſchaulicht den Kampf, welchen das ſchwache Gemüth
dieſes Weibes gegen die an ſie herantretende Verſuchung kämpft, der
ſie jedoch nur zu raſch erliegt. Er offenbart dabei eine ungewöhn=
liche Kenntniß des weiblichen Herzens und ſtellenweiſe auch dichteriſche
Kraft. Aehnliche Verhältniſſe ſind in The warning for faire women***) wieder zur Darſtellung gebracht, von welcher 1599 ein Druck

---

*) Dieſes Stück ſcheint identiſch mit Yarrington's Two tragedies in one
zu ſein, wenigſtens findet ſich auch in dieſem die Ermordung eines Kaufmanns
Beech in London durch einen gewiſſen Thomas Merry behandelt, aber noch mit
einem andern Criminalfall, der ſich in Italien ereignet hatte, verbunden, ſo daß
die Scene abwechſelnd bald in England, bald in Italien ſpielt. Es erſchien 1601
im Druck.

**) Bei Delius' Pſeudo-Shakeſp. Dramen I. 1855 abgedruckt. Von Tieck
in Shakeſpeare's Vorſchule überſetzt.

***) Dies iſt dasſelbe Stück wie The most tragical and lamentable Murther
of Master George Sanders, merchant of London.

erschien. Das Stück ist aber jedenfalls älter. Der Vorgang soll sich
in London ereignet haben. Hier ist besonders der Gedanke bedeutend,
daß Anna Sanders nach dem von ihrem Geliebten an ihrem Gatten
vollzogenen Morde — eine Scene, welche hier und da an die Ermordungsscene Duncan's in Macbeth erinnert — sich um den Genuß
all des erträumten Glückes gebracht findet, weil der Anblick des Geliebten sie nur noch mit Schauder erfüllt. The Yorkshire tragedy
beruht auf einem Ereigniß, welches erst 1604 stattfand und sich in
Stowe's Chronicle erzählt findet. Sie wurde 1608 im Globe-
Theater gegeben und erschien in demselben Jahr unter dem Namen
Shakespeare's. Die Abfassung dieses kurzen, nur einactigen Stücks
fällt demnach schon in die Blüthezeit dieses Dichters. Um so weniger
ist wohl die Annahme gestattet, daß es ausschließlich von ihm herrühren könnte. Hat es doch nichts mit der Compositionsweise und
der künstlerischen Auffassung der in diese Zeit fallenden Werke des
Dichters gemein. Wohl aber dürfte letzterer Einfluß auf dasselbe im
Einzelnen gewonnen haben, da es in der That, was die Behandlung
der Charaktere und Scene betrifft, manche bedeutende, seiner nicht unwürdige Züge enthält. The London prodigal*) wurde schon von Lessing
als Shakespeare'sches Stück beurtheilt, aber wie man gemeint, nur aus
Vorliebe für die bürgerliche Tragödie. Später ist dieser Annahme
daher sehr widersprochen worden.

Von den übrigen Shakespeare zugeschriebenen Stücken seien nur
noch folgende hervorgehoben:

Locrine**) (1595 gedruckt, jedenfalls aber früher geschrieben), der
mit seinen Dumb-shows eher an Peele erinnert. Er gehört zu den
drei mit den Initialen W. S. bezeichneten Stücken, welche A. Dyce jedoch auf den play-wright Wentworth Smith bezogen wissen will,
was dann auch für The puritan und The life and death of Thomas
Cromwell zu gelten hätte.***) The raigne of king Eduard III.†)

---

*) Von Baudissin in Tieck's „Vier Schauspiele Shakespeare's" übersetzt.

**) In der Tauchnitz-Ausgabe der Doubtful plays of William Shakespeare
1869. In „Tieck's Altenglisches Theater" übersetzt.

***) Letzteres ebenda übersetzt.

†) In Delius' Pseudo-Shakespeare'sche Dramen. Von Baudissin in „Vier
Schauspiele Shakespeare's" übersetzt. Siehe darüber auch Herm. v. Friesen
Shakespeare-Jahrb. II.

(1596 anonym im Druck erschienen, vorher aber schon oft gegeben), nach Paynter's Palace of Pleasure und Holinshed's Chronik. — Mucedorus*) (1598 ebenfalls anonym im Druck erschienen), eine ziemlich simple Erfindung im Geschmacke der Schäferspiele. — Fair Enn**) (1631 anonym im Druck erschienen) soll nach Charles Knight eher auf Beaumont und Fletcher hinweisen, obschon es in einem in Carls II. Bibliothek gefundenen, mit Shakespeare vol. I. bezeichneten Band mit enthalten ist. — The two noble kinsmen sind in der Ausgabe von 1634 unter Fletcher's und Shakespeare's Namen erschienen. Des letzteren Antheil ist aber bestritten worden. — Dies gilt auch für The history of Cardenio (1613 öfter gespielt, und 1653 in die Londoner Buchhändlerlisten als ein Werk von Fletcher und Shakespeare eingetragen). Es behandelt die bekannte Novelle des Cervantes im Don Quixote. — The birth of Merlin or the child has found his father***) wurde 1662 als ein Werk Shakespeare's und Rowley's veröffentlicht. — The siege of Antwerp endlich erschien anonym 1600.

Ein großer Theil der Shakespeare'schen Dramen wurde erst 1623, also nach seinem Tode zum ersten Mal durch den Druck veröffentlicht. Obschon die Herausgeber, Freunde und Collegen des großen Dichters, um seine Arbeiten sehr wohl wissen konnten, ist doch die Aechtheit einzelner angezweifelt, jetzt aber so ziemlich allgemein anerkannt worden. Dagegen wurde, besonders von englischen Forschern, der auch in dieser Ausgabe noch fehlende Perikles dieser Ehre später noch würdig befunden. Die deutsche Shakespearegesellschaft hat ihn jedoch nicht in ihre Ausgabe der Werke des Dichters mit aufgenommen. Ich werde ihn gleichwohl in die Betrachtung der letzteren mit einbeziehen, ohne mich hierdurch für die entgegengesetzte Annahme erklären zu wollen.

Inzwischen wurde das gelehrte Drama auch in diesem Zeitraum noch immer gepflegt, nicht nur von den Universitäten und gelehrten Gesellschaften, wo man jetzt sogar mit Vorliebe lateinische Stücke spielte, sondern auch bei Hof, ja selbst auf der Volksbühne. Sir Philipp

---

*) Bei Delius a. a. O.
**) In Tieck's Vorschule zu Shakespeare übersetzt.
***) In der Tauchnitz-Ausgabe der doubtful plays. — In Tieck's Vorschule zu Shakespeare übersetzt.

Sidney stand zu dieser Zeit an der Spitze derer, die für die Formen des classischen Dramas gegen das romantische Drama eintraten. Er nahm, in seiner Defence of Poetry (1595 gedruckt, aber schon um 1583 geschrieben), die ihm bereits von Wetstone in seinem Vorwort zu Promos und Cassandra gemachten Einwürfe, nur noch entschiedener und ohne daß er sie vielleicht kannte, auf. Selbst noch den Dichtern des Gorboduc macht er den Vorwurf, die Einheit der Zeit und des Orts nicht genügend beobachtet zu haben. „Wenn dies aber schon gegen sie angewendet werden muß" — heißt es dann weiter — „was soll man erst von den übrigen Stücken sagen, in denen man auf der Bühne hier Asien und dort Africa und so viele andere Orte sieht, so daß der Spieler, wenn er heraustritt, immer damit beginnen muß, uns zu sagen, wo er sich eigentlich befindet, weil sonst die Darstellung nicht zu verstehen sein würde. Jetzt soll man die Bühne für einen Garten halten, weil drei Damen Blumen zu pflücken kommen. Gleich darauf würden wir sehr zu tadeln sein, wenn wir sie nicht für ein felsiges Ufer ansprechen wollten, weil wir nun plötzlich von Schiffbrüchen hören." — „Aber", wird man mir einwenden, „können wir die Geschichte wohl anders zur Darstellung bringen, welche einen Wechsel der Zeit und des Orts in sich einschließt? Wie! wißt ihr denn nicht, daß die Tragödie nicht an die Gesetze der Geschichte, sondern an die der Dichtkunst gebunden ist? Nicht gebunden der Geschichte zu folgen, sondern der Freiheit genießend, sich ihren Stoff neu zu bilden oder die Geschichte der tragischen Angemessenheit entsprechend zu gestalten?"

Die Lehren Sidney's kamen zunächst durch einen seiner Freunde, Sir Fulke Greville, Lord Brook, in zwei Dramen nach classischem Muster, Mustapha und Alaham (erst 1633 gedruckt)*), zu praktischer Anwendung. 1595 trat Lady Pembroke mit ihrer Tragödie Antony auf, einer Uebersetzung des Garnier'schen Dramas, die schon 1590 geschrieben ist, und wie wir sahen fast gleichzeitig auch Kyd mit seiner der Gräfin von Sussex gewidmeten Cornelia, denen dann Samuel Daniel mit der der Gräfin Pembroke gewidmeten Cleopatra und 1598 Samuel Brandon mit seiner Virtuous Octavia folgten. Die Gräfin Pembroke und Samuel Daniel standen zu dieser Zeit an der Spitze der classischen Richtung. Letzterer, welcher schon in der Vorrede zu seiner Cleopatra

---

*) Biographia dramatica, London 1702.

über den Barbarismus der Zeit klagte, burfte 1605 in der Apology
zu seinem Philotas, d. i. in der Blüthezeit Shakespeare's, es wagen,
von den groben Thorheiten zu sprechen, zu denen man jetzt die Unterhaltungen in den Theatern mißbrauche.

Doch auch die Moral-Plays blieben noch immer in Aufnahme.
Sie hatten, wie es scheint, durch die Angriffe der Puritaner und durch
den an den Höfen in anderer Weise in die Mode gekommenen Geschmack für Allegorie wieder an Ansehen gewonnen. Schriften, wie
die School of abuse des Stephan Gosson (1579), welcher doch selber
Dramen geschrieben hat (The Italian devise; Captain Mario; Catilina's conspiracy und das Moral-play Praise of parting) mußten
die moralische Tendenz im Drama, daher auch die Moral-plays ebenfalls fördern. Noch immer lassen sich reine Moral-plays von solchen
Spielen unterscheiden, in denen allegorische Figuren mit geschichtlichen
oder solchen des alltäglichen Lebens gemischt sind. Von jenen mögen
hervorgehoben werden Luptan's All for money; The three ladies of
London (1584); The three lords and three ladies of London (1590)
und das Robert Greene zugeschriebene Contention between Libera-
lity and Prodigality (erst 1602 gedruckt), von diesen: Appius and
Virginia of R. B. (1576); Nathanael Woob's The conflict of conscience (1581); A merry play of both pity and pleasant of Al-
byon knight; Common Conditions; The history of Sir Clyomon
and Clamydes (1599 gedruckt, aber viel früher entstanden); A knack
to know a knave (1594 gedruckt, aber schon oft gespielt); Like will
to like, quoth the devil to the collier von Ulpian Fulwel (1568
und 1587); The disobedient child von Thomas Ingeland; The play
of play. Aus einer Stelle der Tragödie „Sir Thomas Moore" geht
hervor, daß zu dieser Zeit The cradle of securitie; Hit nayle o'
the head; Impatient povery; The play of four P's; Dives and
Lazarus; Lusty Juventus; The marriage of with and wisdom;
die, wenn auch nicht alle, so doch meist zu dieser Art Spielen gehören,
noch sehr in Aufnahme waren. Die Stelle giebt zugleich einigen Aufschluß, in welcher Art diese Spiele bei den Festen damals dargestellt
wurden. Es waren keine Interludes mehr, sondern Vorspiele,
welche dem Banket jetzt vorausgingen. Doch wurden, wie wir schon
sahen, am Hofe der Elisabeth eine andere Art allegorischer Gelegen-

heitsstücke und Festspiele bevorzugt, welche später den Namen „Masken" erhielten.

Mummenschanz hatte es in England schon seit lange bei den Festen
der Großen gegeben. Es scheint jedoch, daß diese Verkleidungen v. J.
1513 an einen anderen Charakter gewannen und den Namen „masks"
erhielten. Diese Masken bestanden aber noch in nichts anderem, als
in dem plötzlichen Auftreten einer Anzahl maskirter Personen in den
Festsälen, welche die Damen ihrer Wahl zum Tanze aufforderten.
Später scheint man auch die maskirten Festumzüge Italiens nachgeahmt zu haben, da Hall erzählt, daß eines Tags, als König Heinrich VIII.
mit seinen Lords auf einem Wagen in den Palast gefahren sei, es zu
sehr unliebsamen Scenen kam. Zuletzt wurde auch noch die Dichtung bei diesen Maskenaufzügen in Anwendung gebracht, wodurch
diese in Schaustücke verwandelt wurden, bei denen Musik, Tanz,
Dichtung, Costüm und endlich auch Decorationswesen zusammen-
wirkten. Ob die Masken bei den Festen Heinrich VIII. und Wolsey's
schon zum Theil diese Beschaffenheit zeigten, wissen wir nicht. Es scheint,
daß auch sie noch zunächst den ursprünglichen tanz- und balletartigen
Charakter festhielten, da in einer Verordnung vom 16. August 1553
nicht von Masken, wohl aber von ballets gesprochen wird, bei denen
aber die Rede schon eingeführt gewesen zu sein scheint. Zu den Festen,
welche für die 1562 projectirte, aber nicht zur Ausführung gekommene
Begegnung der Königin Elisabeth mit der Königin Maria Stuart
vorbereitet wurden, waren auch allegorische Spiele, die man „Devices"
nannte, in Aussicht genommen. Sie waren hauptsächlich auf das Auge
berechnet und Masken spielten eine Rolle darin. Auch ist hier unter
anderem der Ausdruck gebraucht „Th' english Lords shall maske
with the scottishe Ladyes." Mit dem Worte „mask" scheint also
noch immer der Sinn einer bestimmten Form des Tanzes verbunden
gewesen zu sein. Im Jahre 1571 muß sich der Charakter der masks
aber bereits verändert gehabt haben. John Fortescue wird hier als
„Maître de les maskes, revelles et triumphes" bezeichnet; auch werden
besondere Masks of Janus, Apollo und der neun Musen erwähnt.
1574 heißt es von zwei Masken, daß in der einen sieben Krieger
mit einem Schiffsmeister beschäftigt gewesen seien, welche Reden zu
halten hatten, in der anderen sieben Damen, von denen die eine als
Sprecherin auftrat. Alle hatten wie gewöhnlich Fackelträger zur Seite.

·John Lilly brachte kurze Zeit später einen neuen Ton in die Unterhaltungen des Hofs und in die höfischen Spiele. Wenn auch nicht
durch ihn, so kamen doch jedenfalls um diese Zeit die Paftoralen in
Aufnahme. The maiden of May von Philipp Sibney ist vielleicht
das erste Stück dieser Art, welches als Maste bezeichnet wird. Es
wurde zu Westend in Effex vor Elisabeth aufgeführt. Paftoralcomö-
bien und allegorische Festspiele, in denen die moralische Tendenz durch
höfische Schmeichelei ersetzt worden war, kamen mehr und mehr in
die Mode. Die gesellschaftliche, höfische Lüge wurde in eine künstlerische Form gebracht. Die poetischen, mit dem Namen Masken bezeichneten Spiele kamen aber erst zu Shakespeare's Zeiten und nach
ihm zu voller Entwicklung.

***

IV. Entwicklung der Bühne und Schauspielkunst in England bis zum Tode der Königin Elisabeth.*)

Common players und Schauspieler im Dienste des Hofs, der Großen und Städte.
— Das Schauspielwesen unter Heinrich VIII. — Oeffentliche Spiele in den
Inn-yards. — Kämpfe der öffentlichen Bühne. — Schutz des Hofs und der
Großen. — Zerwürfnisse zwischen dem Geheimenrath und dem Londoner Stadt-
rath wegen der Schauspiele. — Die Truppe des Lord Leicefter. — Bildung
einer königlichen Truppe unter Elisabeth. — Entstehung der ersten öffentlichen
Schauspielhäuser. — Der Marprelate-Streit. — Beschränkungen der Londoner
Schauspiele. — Die Lordkammerherrn und die Lord-Admiraltruppe. — Alleyn und
Henslowe. — Die Londoner Schauspielhäuser unter Elisabeth. — Oeffentliche
und private Theater. — Charakter des Publicums. — Eintrittspreise. — Bühneneinrichtung. — Coftüm. — Musik. — Zeit und Dauer der Aufführungen. —
Honorar der Schauspieldichter. — Honorar der Schauspieler. — Frauenrollen.

Die erste Nachricht von Berufsschauspielern in England stammt
aus dem Jahre 1236, in welchem bei der Vermählung Heinrichs III.
mit Eleonore von der Provence eine ungeheure Menge von Histrionen
in London zusammengeflossen war, die sich durch die Darstellung selt-

---

*) Siehe darüber E. Malone, Historical account of the rise and progress
of the English stage. Basil. 1800. — Payne, Collier, a. a. O. — Hazlitt,
History of the English Drama and Stage under the Tudor and Stuart Princes
1543—1664 etc. printed for the Roxburgh library 1869. — Collier, The diary
of Philip Henslowe. London 1845. — Derselbe: Memoirs of Edward Alleyn,
London 1841.

famer „Pageants" und wunderbarer „Devises" ausgezeichnet haben .
follen. Auch werden in den Annales Burtonenses in der Zeit von
Mathew Paris und kurze Zeit später wandernde Histrionen erwähnt,
welche das Volk mit ihren Spielen unterhielten, und in einer Verordnung v. J. 1258 als Schauspieler charakterisirt, die zugleich
für das Auge wie für das Ohr darstellten und sich dabei hauptsächlich der französischen Sprache bedienten. Dagegen waren die Minstrels, welche der Hof und die Großen unterhielten, wohl ausschließlich
Sänger und Musiker. — Später (1348) unter Eduard III. werden
Ludi domini regis angeführt, worunter Warton Disguisings versteht.
Auch 1461 ist in den Rechnungen der Augustiner Canonici von Mar-
tote in Warwickshire wieder von Mimi und Lusores die Rede. Obschon der Name player erst in einer Verordnung vom Jahre 1464,
der von players of interludes, auch interludentes, erst 1466 vorkommt, so wird unter Heinrich VII. doch schon über die Ueberhandnahme der „plays" geklagt. Auch bediente man sich bereits unter Eduard IV.
der Kapellknaben zu den höfischen Unterhaltungen, die, wie Collier
meint, möglicherweise schon damals, nicht blos als Sänger, sondern
zur Darstellung von Interludes verwendet worden sein dürften. Daneben wird noch der players von Cockaile, Chelmsford, Levenham
sowie derer des Herzogs von Gloster und der City Actors gedacht.
Selbst die Namen der players Richard III. und des Herzogs von Norfolk sind erhalten geblieben.*) Minstrels gab es bis zur Zeit der Elisabeth,
unter deren Regierung sie ausstarben. Das Institut der Kapellknaben erhielt dafür eine erhöhte Bedeutung. Die dramatischen
Darstellungen waren bei Hofe unter Heinrich VII. mehr und mehr in
Aufnahme gekommen. Er selbst unterhielt zwei Gesellschaften von
Spielleuten: die players of interludes und die Gentlemen of the chapel.
Unter jenen zeichnete sich besonders John English aus. Später
traten noch die Prince's players hinzu. Gleichzeitig finden sich die
players des Herzogs von Buckingham, der Grafen Oxford und von
Northumberland, der Städte London, Coventry, Wycombe, Mile-end,
Wymborn, Minster, Kingston und Essex sowie auch French players
erwähnt. Das Amt eines Abbot of Misrule, später Lordship of
misrule genannt, wurde damals gegründet.

---

*) Siehe Collier, a. a. O. I. 30.

Zu dieser Zeit stand der player noch in geringerer Achtung als der Minstrel. Wenn man ihn aber in Zeitgedichten sogar mit Beutel=schneidern und Falschmünzern zusammengeworfen findet, so ist erstlich nicht klar, ob man unter ihnen nicht Hazardspieler verstand; sodann ist aber auch noch der Commonplayer, der sich herrenlos im Lande herum=trieb, von dem im Solde seines Herrn oder einer Stadt stehenden player zu unterscheiden. Dies geht aus verschiedenen königlichen Er=lassen hervor, die uns erhalten geblieben sind. Nur die ersteren werden hier zu den Vagabonden und Strolchen gezählt. Es spricht sich darin also keineswegs eine Verachtung des Schauspielerstandes aus. Wie wäre dies auch von einem König, wie Heinrich VIII., zu erwarten gewesen, der den Schauspielern so geneigt war und selbst verschiedene Truppen von Schauspielern unterhielt, an deren Darstellungen sich zu=weilen sogar Damen betheiligten.*) Es erklärt sich vielmehr aus der mittelalterlichen Auffassung, nach welcher jeder, der nicht gesetzlich irgend eine Herrschaft ausübte oder in dem Dienst oder Schutz einer solchen stand, für rechtlos gehalten wurde. Uebrigens bestanden die Common players auch meist nur aus Springern, Seiltänzern, Thierbändigern u. s. w.

Heinrich VIII. entfaltete im Gegensatze zu seinem haushälterischen Vater eine wahrhaft königliche Pracht, was auch der Entwickelung des Dramas zum Theil mit zu Gute kam. Er hatte neben den von die=sem übernommenen Schauspielern (the king's old players) noch eine neue Truppe (the king's players) in Dienst genommen. Neben ihnen und den childern of the chapel erschienen nun, wie bereits angedeu=tet, auch noch the gentlemen of the chapel, welche nicht weniger als 32 Mitglieder zählten. Unter ihnen blühte John Heywood, welcher den Beinamen the singer hatte und zugleich ein Meister auf dem Virginal war. Auch der berühmte Spaßmacher William Sommers glänzte um diese Zeit. Später hielten sich die Königin und der Prinz ebenfalls ihre players. Doch scheint dies alles zur Befriedigung der Unterhaltungslust seiner Hofhaltung noch nicht aus=

---

*) Zu Weihnachten 1514 wurden z. B. bei Hofe zwei Interludes darge=stellt; eins von John Englisch, der noch an der Spitze der players of interludes stand, und eines von Master Cornyshe, dem Vorsteher der Kapellknaben. In letzterem spielten zwei Damen mit. Collier glaubt, daß es Damen des Hofs waren, und führt dies auf die Sitten des damaligen französischen Hofes zurück.

gereicht zu haben, da sich dazwischen die Schauspieler der Großen
noch bei Hof producirten. Doch durften dafür die königlichen Schauspieler, sobald sie entbehrt wurden, gleichfalls im Lande herumreisen
und Vorstellungen geben. Die Schauspieler der Grafen erhielten bei
Hofe gewöhnlich 20 Sh. für die Vorstellung, die der Barone nur 10.
Später, unter Elisabeth erhöhte sich dieser Preis durch eine Extra-
vergütung noch um die Hälfte. Dem ganzen Schauspielwesen war aber
jetzt der Master of the Revels vorgesetzt, ein Name, der bei einigen
Herren von Adel noch früher als bei Hofe vorgekommen zu sein
scheint, da schon 1512 eines solchen im Dienste der Grafen von
Northumberland Erwähnung geschieht. Der Lord of Misrule war dem
Master of the Revels untergeordnet dem auch noch ein Yeoman of the
revels zur Seite stand. Was die Gehalte der Schauspieler betrifft, so
erhielten damals bei Hofe die players of interludes nur 1 £ 13 Sh. 4 ₰.
vierteljährlich, wogegen die Minstrels 4—5 £ empfingen, doch war
den ersteren noch eine Weihnachtsgratification ausgesetzt, die ihren
Gehalt verdoppelte.

Die Schauspieler der Großen spielten aber nicht nur bei Hofe und
in den Privathäusern der Reichen des Landes für's Geld, sondern
auch zur Unterhaltung des Volks in öffentlichen Häusern, wozu sich
hauptsächlich die Inn-yards darboten. Es konnte dabei in einer Stadt
wie London nicht an Unordnung fehlen, und schon frühe scheinen
dessen Bewohner sich gegen diese Aufführungen aufgelehnt zu haben.
Klagen dieser Art traten aber doch erst stärker hervor, als die religiösen Partheien sich der Bühnen zu ihrem Zwecke zu bedienen begannen.
Die frühesten amtlichen Nachrichten von solchen Beschwerden und von
den Einschränkungen, welche sie nach sich zogen, liegen in einer Vor-
merkung der Register des Geheimenraths vom 10. April 1543 .vor,
wonach mehrere Schauspieler des Lord Warbein, die den Anordnun-
gen des Lord Mayor entgegen öffentlich gespielt hatten, gefänglich
eingezogen worden waren. Auch eine Parlamentsacte vom selben
Jahre weist darauf hin, in der unter Andrem die Aufführung aller
Stücke, Interludes und Gesänge verboten wird, welche der heiligen
Schrift zuwider laufen und religiöse Gegenstände oder Doctrinen berühren. Sie wurde von Eduard VI. unter dem 6. August 1549
wiederholt und am 28. April 1551 noch bedeutend verschärft, was
genugsam beweist, wie wenig sie beobachtet wurde.

Von den Vorstellungen, welche am Hofe dieses Monarchen stattfanden, verdient ein Spiel Namens Aesop's crow insofern Hervorhebung, als ein Theil der Darsteller darin in einer Art von Masken,
als Vögel verkleidet, agirte. Eine Schrift: Beware the cat, enthält
eine Stelle darüber, welche Beachtung verdient, weil sie eine für jene
Zeit auffällige Einsicht in das Wesen der schauspielerischen Kunst verräth. Der Verfasser spricht nämlich darin gegen George Ferrers,
den Master of the Revels, die Meinung aus, daß es nicht komisch
wirken könne, Geschöpfe, welche ihrer Natur nach nicht sprächen, auf
der Bühne redend einzuführen oder ihnen eine Vernunft zu leihen
die sie in Wirklichkeit nicht besäßen. Denn wenn dies auch in einer
Erzählung zulässig sei, so vertrage die unmittelbar gegenwärtige Darstellung doch diesen Widerspruch gegen die Naturwahrheit nicht.

Mit ungleich größeren Schwierigkeiten, als bisher hatten die öffentlichen Bühnen und die Schauspieler unter der Regierung der Königin
Maria zu kämpfen. Wurde ihnen doch durch Verordnung vom 16. Aug.
1553 jede Darstellung untersagt, zu der sie sich nicht erst ausdrücklich
die Genehmigung eingeholt hatten. Es fehlte natürlich auch jetzt nicht
völlig an Ueberschreitungen des Verbots. So wurde 1555 Lord Rich
beauftragt, über die Schauspieler Erkundigungen einzuziehen, welche
vor kurzem in Essex ohne obrigkeitliche Genehmigung öffentliche Darstellungen gegeben hätten. Es mag zur Rechtfertigung ihres damals
so übel beleumundeten Standes dienen, daß das Ergebniß ein für sie
überaus günstiges war, da sie als ehrsame Haushalter und ruhige
Bürger charakterisirt wurden.

Erst mit dem Regierungsantritt der Elisabeth sollte auch für sie
wieder eine bessere Zeit kommen, obschon diese Fürstin zunächst gleichfalls
alle theatralischen Aufführungen verbot. Das war aber nur vorübergehend. Bald sollte an die Stelle dieser kurzen Feindseligkeit eine fast
leidenschaftliche Neigung wie für jede Art öffentlicher Schaustellung
auch für theatralische Lustbarkeit bei ihr treten. Der Einfluß, welchen
sie unmittelbar auf die Entwicklung des Dramas und der Schauspielkunst ausgeübt hat, war zwar kein zu bedeutender. Aber mittelbar
war er ein großer, weil sie dieser Entwicklung freien Raum schaffte,
durch ihre Theilnahme den Angriffen entgegenwirkte, denen die Bühne
jetzt mehr und mehr ausgesetzt war, und ihren Adel hierdurch anfeuerte,
ihrem Beispiel zu folgen. Bemerkenswerth ist in dieser Beziehung

der Streit, in welchen Graf Leicester, der, obschon er als das Haupt
der puritanischen Parthei angesehen wurde, doch die Vorliebe der Königin für das Theater theilte, mit dem Londoner Gemeinderath hierüber gerieth. Veranlassung gab die abschlägliche Antwort, welche der
letztere dem Lord Kammerherrn auf sein Gesuch gegeben hatte, einem
gewissen Schauspieler Holmes die Erlaubniß zur Aufführung von
Spielen und Interludes im Weichbild der Stadt zu ertheilen. Die
Folge war, daß Leicester am 7. Mai 1554 für die Hauptdarsteller seiner
Truppe: James Burbadge, John Berkyn, John Lanham, William Johnson und Robert Wylson ein königliches Patent erwirkte, welches die
Obrigkeiten des Landes bedeutete, denselben überall, auch ausdrücklich
in London, die Aufführung von „Comedies, Tragedies, Interludes und
Plays" jederzeit zu gestatten, mit alleiniger Ausnahme der Stunden des
öffentlichen Gottesdienstes oder zur Zeit ansteckender Krankheiten, vor-
ausgesetzt, daß dieselben von dem Master of the Revels die Genehmigung eingeholt hatten.

Der Londoner Gemeinderath entzog sich anfänglich diesem königl-
lichen Befehle zwar nicht, bereits am 6. Dec. 1574 erließ er aber eine
Verordnung, durch welche jener Freibrief so eingeschränkt wurde, daß
er bei strenger Ausführung derselben fast hinfällig wurde. Die Schauspieler wendeten sich daher mit einem Gesuch an den Geheimenrath,
wurden jedoch vom Gemeinderathe Punkt für Punkt in einer Weise
widerlegt, die nicht nur den Stand der Schauspieler herabwürdigte,
sondern auch für den Abel, ja selbst für die Königin, die ihn begünstigten, beleidigend war. Der Gemeinderath hatte in jener Verordnung sich hauptsächlich auf die Gefahren gestützt, welche der Bürger-
schaft in Zeiten ansteckender Krankheiten, durch die Anhäufung von
Menschen drohten, welche die Schauspiele herbeiführten, sowie auf die
anderen, welchen die Sitten durch das schlechte Beispiel der Schauspieler und ihrer Spiele ausgesetzt wären. Wogegen der Geheimerath
und die Schauspieler hervorgehoben hatten, daß letztere der Uebung
bedürften, um, falls die Königin ihre Dienste verlange, auch im Stande
zu sein, dieselbe würdig zu unterhalten. Jetzt hielt der Gemeinderath
es aber grade für unziemlich, daß die Schauspieler Stücke wie die,
welche sie dem großen Haufen darboten, vor der Königin wiederholten,
und für gefahrvoll, daß Leute, welche sich der Ansteckung von Krankheiten ausgesetzt, sich der Person ihrer Majestät in so unvorsichtiger

Weise nähern dürften. Auch sehe man nicht die Nothwendigkeit ein,
weßhalb Leute ihren Unterhalt mit Spielen verdienen sollten, da ihnen
dies doch durch andere ehrbarere und gesetzliche Fertigkeiten und Dienst=
leistungen möglich sei; es genüge durchaus, wenn sie diese Spiele nur
gelegentlich zur Erholung von der Arbeit und zur Erheiterung Andrer
ausübten.

Die Vermittlungsvorschläge, welche der Gemeinderath machte, er=
schienen den Schauspielern so wenig annehmbar, daß sie, wie es scheint,
noch in demselben Jahre sich zum Bau von drei in den sogenannten
Freiheiten von London gelegenen Theatern entschlossen: dem von Black=
friars, sowie dem „Theatre“ und dem „Curtain“ zu Shoreditch. Bis
dahin hatten vorzüglich die Innyards von Bell Savage auf Ludgate
Hill, von Croß=keys in Graciousstreet, von Bearhead und Bull in
Bishopgatestreet, vielleicht auch schon Paris=Garden zum Schauplatz
gedient, doch wurde letzterer bereits zu Heinrichs VIII. Zeit zu Thier=
hetzen verwendet.

Der Streit zwischen dem Geheimenrath und dem Londoner Ge=
meinderath erneuerte sich 1581, zu welcher Zeit ersterer wieder Dul=
dung der Schauspieler in London, mit einziger Ausnahme der Sonn=
tage verlangte. *) Ein Unfall, der sich soeben in Paris Garden bei
einer Vorstellung an einem Wochenfeiertage ereignet hatte, gab der
Municipalität aber Gelegenheit, sich auf's Neue gegen die Spiele, als
eine den Zorn Gottes herabbeschwörende Sache, zu ereifern. Auch
erreichte sie es wirklich, daß das Verbot auf die Wochenfeiertage aus=
gedehnt wurde. Möglicherweise hing es mit dieser neuen Ungefügig=
keit des Londoner Stadtraths zusammen, daß kurze Zeit später die
Königin, die bisher keine eigenen Schauspieler unterhalten hatte, eine
eigene Truppe für ihren Dienst bilden ließ (1583), bei welcher sich
unter Anderen Robert Wilson (der früher im Dienste Lord Lei=
cesters stand) und Richard Tarlton als Komiker auszeichneten.
Zwei Jahre später ermächtigte sie (nach dem Vorbilde Richards III.)
auch noch Sir Thomas Gyles, den Master of the children of St.
Paul's, Singknaben in England und Wales für ihren Dienst auszu=

---

*) Bisher hatten grade die Theatervorstellungen an Sonntagen nach
beendetem Gottesdienste stattgefunden. Nach Knight war dies auch grade der Tag,
welchen die Königin zu theatralischen Vorstellungen bei Hofe zu wählen pflegte.

heben, welche dann abwechselnd mit den Schauspielern oder Servants der Königin vor ihr spielten. Daneben wurden die players des Lord Admirals jetzt häufig zum Dienste entboten.

Die Bedeutung, welche das Theater durch dies Alles gewann, bewirkte jedoch, daß man sich desselben auch wieder in den Streitig-keiten der religiösen Factionen bediente. Um so heftiger mußten die Angriffe werden, denen es sich hierdurch mit aussetzte. Sie gingen haupt-sächlich von der puritanischen Parthei aus. Schon 1577 war der Geistliche John Northbrooke mit seinem Treatise, wherein dicing, dauncing, vaine playes or Enterludes are reproved schriftstellerisch gegen sie aufgetreten. 1579 folgte der reuig gewordene Stephan Gosson, der selbst verschiedene Stücke geschrieben, mit seiner School of Abuse. Ihm stellte sich The play of the plays entgegen, welches auf dem „Theatre" in Shorebitch gegeben wurde. Gosson antwortete mit seinem Playes confuted in five actions. 1580 erschien dann A second and third blast of retrait of plays and theatre.*) Eine besondere Schärfe gewannen aber diese Verhältnisse durch den Marpre-late-Streit, welcher von einer geheimen Gesellschaft ganz systematisch gegen die bischöfliche Kirche betrieben wurde und in welchem sogar Män-ner wie Lilly und Nash als Vertheidiger der letzteren auftraten. Er erreichte seinen Höhepunkt, als man den Martin Marprelate sogar auf die Bühne brachte, was, wie es bei Elze heißt, von den Children of St. Paul's geschehen sein soll.**) Dies führte eine Annäherung des Geheimenraths und des Londoner Gemeinraths in den Theaterange-legenheiten herbei, so daß ersterer jetzt selbst die Hülfe des letzteren gegen die Uebergriffe der Schauspieler in Anspruch nahm. Die Mar-prelate-Aufregung hatte in der That einen Character gewonnen, welcher bedenklich war. Sie wurde denn auch gewaltsam genug unterdrückt. Nachdem man die Hauptagenten entdeckt hatte, wurde Penry gehängt, Udall aber starb im Gefängniß.

Der Londoner Gemeinderath hatte es sich natürlich nicht zwei Mal sagen lassen, gegen die Schauspieler einzuschreiten. Er hatte alle

---

*) Sowohl Plays confuted in five actions wie die letztgenannten Tractate finden sich in dem oben angeführten Werke Hazlitt's, The English Drama and Stage 2c., abgedruckt.

**) Falls deren Darstellungen erst 1591 unterdrückt worden sein sollten, was aber nicht recht wahrscheinlich ist.

theatralischen Aufführungen untersagt — eine Maßregel, die zwar nur vorübergehend war, gewisse Einschränkungen aber doch hinterließ. 1591 wurden die Vorstellungen der Kinder von St. Pauls aufgehoben, deren sich der polemische Geist der Zeit ebenfalls zu bemächtigen gewußt hatte*), und um 1594 wurden in und um London alle Schauspielergesellschaften unterdrückt, mit Ausnahme derjenigen des Lord Admirals und des Lord Kammerherrn, welche letztere, wie Collier meint, wahrscheinlich aus der früheren königlichen Truppe entstanden sein dürfte, weil diese von 1592 an nicht wieder erwähnt wird, jene dagegen erst von dieser Zeit an. Diese aufs gewaltsamste in das Leben und den Stand der Schauspieler eingreifende Maßregel, welche viele von ihnen zur Auswanderung zwang, hatte für die Entwicklung der Schauspielkunst und des Dramas aber auch ihre fördernde Seite. Schon immer waren die letzteren durch die Privilegien, welche die Londoner Schauspielergesellschaften genossen, hier gleichsam centralisirt worden. Dies wurde durch jene Maßregel aber verschärft. Wir wissen kaum von irgend einem bedeutenderen play-wright, der nicht in London gelebt oder für die Londoner Theater geschrieben hätte, und obschon der Hof das Theater hier nie in dem Maße wie so lange in Frankreich beeinflußt hat, ist London für die Entwicklung des englischen Dramas doch fast noch maßgebender gewesen, als Paris für das französische. Sodann konnten die beiden privilegirten Schauspielergesellschaften nun alle wahrhaft bedeutenden schauspielerischen Kräfte an sich ziehen, was, wenn auch die Concurrenz bald wieder hervortrat, zur Entwicklung der Blüthe der Schauspielkunst und zur Hebung des Schauspielerstandes wesentlich beitragen und auf die Entwicklung der dramatischen Dichtung auf's Anregendste einwirken mußte. Wie hätte Shakespeare, der wie damals alle dramatischen Dichter nur für die Bühne schrieb, den Darstellern wohl auch sonst solche Aufgaben, wie seine Dramen sie stellen, zumuthen und sich Wirkungen davon versprechen dürfen, wenn sich dieselben nicht auf einer ganz außerordentlichen Höhe ihrer Kunst befunden hätten. Daher jene beiden Gesellschaften, selbst noch nachdem wieder andere hervorgetreten waren, längere Zeit einen das ganze Gebiet beherrschenden, mustergültigen Einfluß ausüben

---

*) Es scheint jedoch, daß dieselben bald wieder aufgenommen wurden, worauf ich später zurückkomme.

mußten. Endlich darf aber auch die Einwirkung, welche die Aus=
wanderung vieler, zum Theil tüchtiger Schauspieler nach Holland,
Dänemark, Deutschland auf die Entwicklung des Dramas dieser Länder
ausgeübt hat, nicht unterschätzt werden. Die Folgen würden aber
ohne Zweifel viel wohlthätigere gewesen sein, wenn ihr die kirchliche
Bewegung und der aus ihr hervorgehende lange Krieg nicht entgegen=
gewirkt hätte.

Im Jahre 1596, nachdem sich die Gesellschaft des Lord Kammer=
herrn auf der Bankside ein neues Sommertheater The Globe (1594)
erbaut hatte, würde sie, wenn ein von Collier entdecktes, aber ange=
zweifeltes Schriftstück authentisch wäre, um die Genehmigung zum Um=
bau des baufällig gewordenen Blackfriartheaters eingekommen sein,
ein Actenstück, welches in diesem Falle auch Aufklärung über die
Stellung Shakespeare's zu diesem Theater verbreiten würde, der sich
hier mit unter den Theilhabern desselben angeführt findet. Knight
glaubt jedoch, daß die Shakespeare'sche Truppe nicht vor 1604 am
Blackfriartheater interessirt war. 1584 spielten die Kapellnaben der
Königin darin. 1599 begegnet man ihnen hier ebenfalls wieder unter
dem Namen The children of Blackfriars, und erst 1609 findet man
sie nach dem Whitefriarstheater übersiedelt. Sie müssen demnach eine
Zeit lang, wie lange, ist ungewiß, mit der Kammerherrntruppe dort
alternirt haben.

Die Gesellschaft des Lord Admirals, an deren Spitze Ed. Alleyn
stand, folgte dem Beispiele der letzteren, indem sie unter Mitwirkung
von Philip Henslowe, dem Schwiegervater Alleyns und Besitzer
des Rose=Theaters, ein neues Theater, The fortune in Golding Lane
in Middle=Essex erbaute und, nachdem sie ihr altes, den Curtain,
aufgegeben hatte, bezog. Um diese Zeit waren wieder Klagen über
die vielen Schauspieler und die Unordnungen, die sie herbeiführten,
an den Geheimenrath gekommen, welcher unter dem 22. Januar 1600
auf's Neue die Zahl der Truppen und Theater auf zwei, die Kammer=
herrn= und die Admiraltruppe und das Globe= und das Fortune=
Theater, beschränkte. Dieser Befehl scheint aber so gut wie keine Be=
rücksichtigung gefunden zu haben, da am 31. December 1601 wegen
erneuter Klagen über die Menge der Schauspielhäuser und Spiele in
London ein neuer Erlaß ergehen mußte. Auch hielten sich außer dem
Lordkammerherrn und dem Lord Admiral damals noch verschiedene an=

bere Große Schauspieler, da z. B. die players des Earl of Pembroke und des Earl of Derby 1599 bei Hofe spielten. Collier giebt die Zahl der bis zum Tode der Elisabeth entstandenen Theater auf 11 an. Wahrscheinlich wurde noch in den meisten derselben gespielt. Es sind: Theatre (seit etwa 1570), Curtain (f. 1570), Blackfriars (f. 1576), Whitefriars (f. 1576), das Newington Theater (f. 1580), Rose (f. 1585), Hope (f. 1585), Paris Garden play-house (f. 1588), Globe (f. 1594), Swan (f. 1595) und Fortune (f. 1599). Das Red-Bull Theater in St. John Street (nicht zu verwechseln mit dem gleichnamigen Inn-yard Theater) ist erst zu Anfang der Regierung Jacob's I. entstanden.

Das Theatre war, wie alle älteren Londoner Theater, ein Holz-bau, der gegen Ausgang des Jahrhunderts baufällig und unbrauchbar geworden sein mag. Es wird zu dieser Zeit von ihm als einem ver-lassenen Hause gesprochen. — Im Curtain wurde dagegen, wie man aus einer Beschwerdeschrift weiß, 1601 noch immer gespielt, obschon die Gesellschaft des Lord Admirals sich ausdrücklich verpflichtet hatte, es niederzureißen. Die letzte Nachricht darüber stammt aus dem Jahre 1623, in welchem die Diener des Prinzen Carl darin spielten. — Blackfriars erhielt sich bis zum Jahr 1647. Es scheint nicht, daß es nach der Restauration wieder benutzt wurde. — Paris Garden war ein Amphitheater, in welchem nur ausnahmsweise dramatische Darstellungen stattfanden. Vom Ausgang des 16. Jahrhunderts an geschah es jedoch öfter. Von da an erscheint Henslowe mit Alleyn als Besitzer desselben. Später ward es von ihnen seiner ursprüng-lichen Bestimmung, den Bärenhetzen und Stiergefechten, wieder zurück-gegeben. — Das Globe-Theater war vor dem Brande von 1613 ein bloßer Holzbau, wie Collier glaubt, nach Außen ein regelmäßiges Sechseck, im Inneren rund und, mit Ausnahme der Bühne und Logen, noch unbedeckt. Die Kammerherrntruppe, die darin spielte, trat 1603 in den Dienst Jacobs I., wobei sie den Namen der King's servants erhielt. Das Patent enthält folgende Namen ihrer Mitglieder: Lau-rentio Fletcher, Wielielmo Shakespeare, Richard Bur-bage, Augustine Phillips, John Hemmings, Henry Con-dell, William Sly, Robert Armyn, Richard Cowley u. A. Das Fortune-Theater, das von demselben Baumeister gebaut worden ist, sollte im Wesentlichen dieselbe Einrichtung erhalten, über die uns der auf uns gekommene Bauvertrag einen ziemlich genauen

Aufschluß giebt, der ohne Zweifel auch über die anderen Theater in vieler Hinsicht aufklärend ist. Es sollte darnach ein viereckiger Bau von 80 Fuß im Quadrat und von 55 Fuß im Inneren werden. Es blieben also nach allen vier Seiten 12½ Fuß für die Logen, Galerien, Treppen, Gänge, die hinter der Bühne befindlichen Ankleidezimmer und sonstigen Räume frei. Es sollte ferner drei Ränge haben, der erste von 12, ·der zweite von 11, der letzte von 9 Fuß Höhe. Die Weite der Bühne sollte 43 Fuß betragen, so daß auf jeder Seite derselben ein Gang von 6 Fuß Breite frei bliebe. Die Tiefe der Bühne sollte dagegen der des Yard (ein Name, der wahrscheinlich noch von den Inn-yards beibehalten war) d. i. dem Parterre entsprechen. Das Tiring-house, nämlich der die Ankleidezimmer enthaltende Theil des Gebäudes, sollte mit Glasfenstern versehen und Bühne und Zuschauerraum durch ein eichnes Gebälk von einander geschieden sein. Bühne, Treppen, Gänge, Logen und Ankleidezimmer sollten mit Ziegeln gedeckt werden, während der Globe nur ein Strohdach hatte.

Von diesem unterschied sich das Fortune-Theater nicht nur durch die Form, sondern auch durch reichere Ornamentik. Das Dach über der Bühne, hier als the Shadow bezeichnet, wird sonst gewöhnlich the heaven genannt. Das Fortune-Theater gehörte der Gesellschaft des Lord Admirals an, welche nach Jacobs I. Thronbesteigung in den Schutz des Prinzen Heinrich und später (1612) in den Dienst des pfälzischen Churfürsten trat. Es scheint, daß es erst 1661 wieder abgebrochen wurde. — Die Rose-, Hope-, Swan- und Newington-Theater lagen dagegen auf der Bankside. Philipp Henslowe war 1591 Eigenthümer des Rose-Theaters, das er damals erneuern ließ. Es scheint ein kleines Gebäude gewesen zu sein, sich aber um 1598 noch eines guten Rufes erfreut zu haben. Das Hope-Theater ist wahrscheinlich etwas später entstanden und hat ursprünglich wohl nur zu Bärenhetzen gedient. Um 1614 wurde darin Ben Jonson's Bartholomew Fair von den Servants der Princeß Elisabeth mit großem Erfolg aufgeführt. Das Swan-Theater wurde hauptsächlich von Fechtern und Springern benutzt. Newington Butts würde dagegen um so wichtiger sein, wenn wir dem von Collier herausgegebenen Henslowe'schen Tagebuche und den Memoirs of Edward Alleyn in allen Punkten vertrauen dürften. Hiernach müßte nämlich dieses Theater in den Jahren 1594 und 1595, d. i. also während des Baues des

neuen Globe-Theaters, gleichzeitig von den beiden Truppen des Lord
Kammerherrn und des Lord Admiral benutzt worden sein und Alleyn
in Stücken gespielt haben, welche entweder mit Shakespeare'schen
Stücken identisch gewesen sind, oder in denen doch dieselben Stoffe
wie in diesen behandelt waren, als Hamlet, Taming of a Shrowe,
Andronicus, the Venesyon Comedy und Harry V.

Man findet in den Schriften der Zeit die Theater öfter als
öffentliche (public) und private (private) unterschieden; es ist aber
fraglich, ob diese Unterscheidung schon zur Zeit der Elisabeth stattfand, da man aus ihr nur ein einziges Theater kennt, das mit dem
Namen eines Private-Theaters zu bezeichnen ist, das Blackfriars-
Theater nämlich. Das Cockpit- und das Salisbury-Court-Theater,
die auch mit diesem Namen unterschieden werden, entstanden erst
später. Auch weiß man nicht mit voller Sicherheit, worin der Unterschied beider bestand. Collier glaubt auf Grund verschiedener Stellen
der Schriftsteller, daß die Private-Theater 1. kleiner als die Public-
Theater und 2. ganz bedeckt gewesen seien, wogegen die öffentlichen
Theater den dem Parterre entsprechenden Raum unbedeckt ließen;
daß 3. die Vorstellungen bei jenen bei Beleuchtung stattfanden; 4. der
Pit (wie bei ihnen das Parterre genannt wurde) mit Sitzen versehen
war, während die Zuschauer der yards stehen mußten; 5. die Zuschauer derselben gewöhnlich den höheren Classen der Gesellschaft angehörten; 6. ein Recht auf der Bühne zu sitzen hatten, was in dem
Public-Theatern zwar auch geschah, sie aber hier dem Spott des
Parterres aussetzte, und 7. die Logen in ihnen verschlossen werden
konnten. Es ist anzunehmen, daß, nachdem der Adel aufhörte, sich eigene
Spieler zu halten, derselbe zuweilen Privatvorstellungen in den kleineren, bequemer eingerichteten Theatern gab und letztere eben diesem
Zwecke entsprechend eingerichtet waren, woher dann der Name kam.

Aus zweierlei Gründen mußte das Publicum der öffentlichen
Theater in London einen von dem der unseren abweichenden Charakter
haben, zunächst weil das Theater hier ursprünglich nur für Männer
bestimmt war und anfangs nur niedere oder zweideutige Frauen sich in
die Theater hineinwagten. Ja selbst als auch ehrbare Frauen sich zum
Theaterbesuch entschlossen, geschah das zunächst, umgekehrt wie in Venedig,
meist nur maskirt. Der zweite Grund aber war, daß die Vornehmen und
Reichen sich lange entweder Schauspieler hielten oder doch die öffent-

lichen bei ihren Festen in ihren Palästen und Häusern spielen ließen.
Die Königin Elisabeth, der Hof Jacobs I. wohnte nie einer öffentlichen Vorstellung bei. Henriette Marie war die erste Person des
königlichen Hauses, welche 1634 eine öffentliche Theatervorstellung
besuchte. Elisabeth fand dafür Ersatz in den Vorstellungen, die die
Großen und die Inn of Courts ihr bereiteten, sowie in denen, die ihr die
öffentlichen Schauspieler und die Chilbren of St. Pauls, of the
Chapel, of Westminster und of Windsor in Whitehall oder in andern ihrer Schlösser gaben. Gleichwohl wurden die öffentlichen
Theater auch von den besseren Gesellschaftsklassen, ja selbst von den
Vornehmen besucht. Daß dies, besonders was die Nebentheater betrifft, auch von dem leichtfertigeren und liederlichen Theil der Londoner Bevölkerung geschah, daß sie den galanten Frauen und feilen
Dirnen vielfach zum Stelldichein dienten, daß hier Verabredungen
zu nächtlichen Ausschweifungen in benachbarten Tavernen getroffen
wurden, wird bei den Erfahrungen, welche man hierin auch heute
wieder in den Vorstadttheatern der großen Städte macht, nicht in
Verwunderung setzen können. Wäre der puritanische Geist heute so
mächtig wie damals, so würden wir ohne Zweifel auch ähnliche theils
begründete, theils übertreibende Anschuldigungen gegen die Theater,
Schauspieler und dramatischen Dichter zu hören und zu lesen bekommen.

Für die außerordentliche Verschiedenheit der öffentlichen Theater
sprechen unter Anderem auch die Eintrittspreise. Ben Jonson
giebt sie in seinem Lustspiel Bartholomew fair von 6 d bis 2½ Sh.
an. Doch gab es auch Theater, welche Plätze für 2 d, ja selbst für
1 d hatten. Es ist mit diesen und ähnlichen Angaben schwer zu vereinigen, wenn andere Schriftsteller auf einen Thürhüter hinweisen,
welcher die Platzpreise in einer Büchse in Empfang zu nehmen hatte.*)
Vielleicht, daß dies nur den Eintritt in's Haus betraf, der blos zum
Besuch des letzten Platzes berechtigte, die übrigen Plätze aber erst im
Innern gelöst wurden. Ueberhaupt hatten die Schauspielhäuser zwei
Eingänge, einen vorderen, der direct in den Zuschauerraum führte,
und einen hintern burch das Tiring house zur Bühne, der möglicherweise aber auch mit den Logen des ersten Ranges in Verbindung

---

*) So bei Deffer in seinem 1612 edirten If it be not good the devil is
in it, wo er den Schauspielern einen ehrlichen doorkeeper wünscht.

stand. Jedenfalls traten durch ihn diejenigen ein, welche Platz auf der Bühne nahmen. Es ist wahrscheinlich, daß die ersten sowie die außergewöhnlichen Vorstellungen höhere Preise hatten. Auch spricht es gewiß nicht für einen niederen Bildungsgrad der Zuschauer der öffentlichen Theater, daß so tief- und feinsinnige Stücke wie die Shakespear'schen, wenn er bei deren Dichtung auch mehr das Publicum der Privatvorstellungen, als sie in's Auge gefaßt haben wird, ihnen zum Theil doch so nachhaltig gefallen konnten. Zwar spricht Shakespeare einmal ziemlich geringschätzig von dem großen Haufen, d. i. dem Parterre und den Galerien der öffentlichen Theater, das Stück — so heißt es — gefiel dem großen Haufen nicht, es war „Caviar für's Volk" —, im Ganzen scheint sich ihm gegenüber das große Publicum aber besser bewährt zu haben, als diese Stelle erwarten läßt. Jedenfalls bewies es schon dadurch einen entschieden poetischen Sinn und eine rege Phantasie, daß es von den decorativen Mitteln der Bühne fast ganz abzusehen vermochte, selbst noch bei Stoffen, die wir heute ohne eine derartige Versinnlichung kaum noch für darstellbar halten. Denn obschon gemalte Scenerien (painted cloths) schon in den Haushaltbüchern des Hofs vom Jahr 1568 vorkommen und 1605 zum ersten Male beweglicher Scenerien, 1610 aber des Decorationswechsels bei den höfischen Festspielen gedacht wird, zu welcher Zeit Inigo Jones durch seine decorativen Arbeiten große Berühmtheit erlangte, so behielt doch die öffentliche Bühne noch längere Zeit ihre fast decorationslose Einfachheit bei.*) Sie war von drei Seiten von einem Behänge von Teppichen oder Vorhängen (arras) eingerahmt, die in der Tragödie von schwarzer Farbe gewesen zu sein scheinen. Ein Theil des mittleren, quer über die Bühne laufenden Vorhangs, welcher Traverse hieß, war verschiebbar und öffnete den Einblick in einen besonderen Raum, der möglicherweise bisweilen eine charakteristische Ausstattung darbot. Ueber dem Traverse befand sich eine Loge oder Galerie, die vielleicht rings um die Bühne lief, daher die Arras nicht die volle Höhe derselben hatten. So heißt es z. B.

---

*) Wenn Coryate 1608 schreibt, daß die Häuser (der Theater) in Venedig sehr armselig und gemein gegen die stattlichen Theater London's aussähen, so ist wohl nur von dem Schmucke des Zuschauerraums nicht von den Decorationen der Bühne die Rede.

in Perkin Warbeck von Ford: „Empfangszimmer im königlichen Schloß
mit einer Galerie, auf der Galerie erscheinen: Gräfin Crawford mit
verschiedenen anderen Damen“ und in Massinger's Großherzog von
Florenz in der 3. Scene des 2. Actes: „Chiaromonte erscheint auf
der Galerie.“ Wenn auch meist eine bloße Andeutung, wie das Her-
aushängen einer den Ort der Handlung ankündigenden Tafel, zur
Orientirung des Zuschauers beim Scenenwechsel genügte, so kamen,
wie das Tagebuch Henslowe's beweist, doch einzelne gemalte Versatzstücke in Anwendung, die man sich jedoch kaum einfach genug wird
denken können. Gewiß aber gab es eine Art von Maschinerie, welche
die Geistererscheinungen, Versenkungen, Himmelfahrten zu vermitteln
hatte. Auch scheint es, daß die Bühne einen Vorhang besaß, der
aber nicht nach den Scenen oder Acten fiel oder zugezogen wurde,
da man, wie einzelne Bühnenweisungen erkennen lassen, die Todten
hinaustrug. Die Decke der Bühne war gewöhnlich blau bemalt oder
behangen. Knight vermuthet jedoch, daß, wenn die Scene bei Nacht
spielte, dieselbe ein schwarzes Behänge zeigte.

Ein um so größerer Werth wurde schon damals auf das Costüm
gelegt, da es zu den Mitteln der Darstellungskunst des Schauspielers
gehörte, welche fast ganz allein die Illusion des Zuschauers zu unterstützen hatte. So fand sich in den Papieren Edward Alleyns*) ein
Verzeichniß folgender Kleidungsstücke, als: „14 verschiedene Clokes,
16 Gownes, 16 Antik Sutes, 17 Jerkings and dublets, 11 French
hose und 8 Venetians.“ Man wird auf die Bezeichnungen zwar keinen
zu großen Werth legen dürfen, da z. B. unter den Antik sutes das
Kleid für den „Moore in Venis“ und „Will Sommer's cote“, unter
den French hose „Pryam's hose in Dido“ und „Spangled hose in
Pericles“ aufgeführt sind. Jedenfalls beweist es aber, daß es mit der
Costümtreue übel bestellt war.

Der Tire-man (der Garderobier) war über die „apparels“ und
„properties“ der Bühne gesetzt. Dem prompter, Souffleur, auch book-
keeper und book-holder genannt, lag wahrscheinlich die Aufbewahrung
der Stücke mit ob.

Musik fehlte bei keiner der damaligen theatralischen Darstellungen,
die immer mit einem dreifachen Tusch eingeleitet wurden. Auch in

---

*) Nach Collier's Mittheilungen.

den Stücken selbst, besonders den Histories, spielen die Flourishes eine große Rolle. Doch warb auch vom Gesange vielfach Gebrauch gemacht. Es scheint, daß die Musikanten in zwei einander gegenüberliegenden Logen zur Seite der Bühne (etwa unseren Proscceniumslogen entsprechend) aufgestellt waren.

Man spielte damals meist in den Nachmittagsstunden und zwar bald nach dem Mittagsessen; in der späteren Zeit der Elisabeth nachweislich um 3 Uhr. Die Spiele sollen nach mehreren Stellen der Dramatiker (z. B. im Prologe zu Heinrich VIII.) gewöhnlich nur zwei Stunden gedauert haben. Da der Vorstellung oft noch ein jig folgte, so müßten die meisten Stücke entweder sehr gekürzt oder sehr rasch gespielt worden sein. Daß Kürzungen vorkamen, geht aus einzelnen Angaben der Schauspieldichter hervor. Nichtsdestoweniger wird man nicht annehmen dürfen, daß Stücke wie Hamlet in zwei Stunden aufgeführt wurden. Wäre die Dauer eine auch nur annähernd feststehende gewesen, so würden bühnenerfahrene Schauspieldichter, da sie ihre Stücke meist nur für das Theaterbedürfniß schrieben und zum Theil gar nicht durch den Druck veröffentlichten, wie Greene und Shakespeare, ihren Stücken unmöglich eine so ungleiche und weit über das Maß hinaus gehende Länge gegeben haben. Ben Jonson in seinem Bartholomew fair spricht von 2½ Stunden und drüber.

Vor 1600 scheint der Preis, welchen die Theaterunternehmer für ein Stück zahlten, selten 8 £ überstiegen zu haben. Um 1612 findet man öfter 12 £, in einzelnen Fällen sogar 20 und 25 £ erwähnt. Die Preisunterschiede erklären sich wohl theilweise daraus, daß die Stücke unter verschiedenen Bedingungen überlassen wurden. Sie gingen entweder ganz in das Eigenthum einer Bühne über, oder der Autor behielt sich das Veröffentlichungsrecht durch den Druck (the copy-right) vor. Auch bestand noch die Ueblichkeit von Benefizen eines zweiten und dritten Tages, auf welche der Autor möglicherweise gegen ein höheres Honorar Verzicht leisten konnte. Für Zusätze (additions) wurden 1—4 £ bezahlt. Im letzten Falle kamen sie wohl theilweisen Ueberarbeitungen gleich. Prologe und Epiloge trugen dem Autor 5 Sh. ein. In den öffentlichen Theatern wurde die Vorstellung bisweilen, vielleicht auch regelmäßig, mit einem Gebete für das Staatsoberhaupt geschlossen. So heißt es am Schlusse des Epilogs vom 2. Theile von Shakespeare's Heinrich IV.: „Meine Zunge ist müde;

und da meine Füße es auch sind, will ich euch gute Nacht sagen und so vor euch niederknieen — in Wahrheit aber, um für die Königin zu beten".

Die Schauspieler waren theils Antheilhaber (sharers) an der Einnahme des Theaters, von welcher vorher die Kosten jedenfalls abgezogen worden waren, theils wurden sie fest für eine bestimmte Zeit (meist wöchentlich) engagirt (hiredmen). Es gab Sharers, die einen halben, einen ganzen oder auch mehr als einen Antheil bezogen. Ueber die durchschnittliche Höhe der Antheile aus dieser Zeit wissen wir nichts Bestimmtes. Henslowe, der gewiß mehrere Antheile bezog, brachte für sich pro Vorstellung meist 3—4 £, einmal sogar 6 £ 7 Sh. 8 d. in Rechnung. Zu Gosson's Zeit scheint der hireling etwa 6 Sh. pro Woche verdient zu haben. Doch war dies wohl nach· den Leistungen verschieden. Besonders gut scheinen die Darsteller der Frauenrollen bezahlt worden zu sein. Bis 1608 war nach Coryate noch keine Frau auf der englischen Bühne erschienen. Das scheint auch noch lange festgehalten worden zu sein. Bisweilen scheint man die Frauenrollen in Masken gespielt zu haben, wahrscheinlich aber nur als Nothbehelf, worauf die Anspielung in Shakespeare's Sommernachtstraum hindeutet. Quince rathet hier Flute, seine Damenrolle in einer Maske zu spielen.

Ueber die bedeutendsten Darsteller der Shakespeare'schen Periode wird in einem späteren Abschnitte, so weit es der Raum gestattet, berichtet werden.

V. Shakespeare.

Seine Geburt. — Leben in Stratford. — Seine Heirath — Uebersiedlung nach London. — Muthmaßliche Gründe dafür. — Eindrücke, die ihn daselbst erwarteten. — Zustand der Bühne und sein Verhältniß dazu. — Seine geistige Unabhängigkeit und dichterische Objectivität. — Charakterisirung seines dichterischen Vermögens. — Seine Weltanschauung. — Sein Wissen und seine Kenntnisse, insbesondere die Sprachkenntniß. — Verhältniß zu seinen Zeitgenossen. — Seine Bedeutung als Schauspieler. — Entstehung und Aufeinanderfolge der Werke. — Die Lustspiele. — Die Schauspiele. — Die vaterländischen und die römischen

Historien. — Die romantischen Tragödien. — Charakteristischer Ueberblick. —
Bedeutung. — Spätere Lebensereignisse. — Rückkehr nach Stratford. — Tod. —
Ausgaben seiner Werke.

Trotz der umfassenden und eingehenden Forschungen, welche in
diesem Jahrhundert angestrengt worden sind, um die Lebensgeschichte
des größten Dramatikers aufzuhellen, läßt sich noch heute fast sagen,
was Steevens gegen Ausgang des vorigen Jahrhunderts in die Worte
zusammenfaßte: „Alles, was wir von Shakespeare mit einiger Sicher=
heit wissen, ist, daß er in Stratford am Avon geboren wurde, sich ver=
heirathete und Kinder zeugte, später nach London ging, wo er Schau=
spieler ward und Gedichte und Dramen schrieb, um schließlich nach
Stratford zurück zu kehren, sein Testament zu machen und dort zu
sterben." Wohl sind seitdem verschiedene Documente entdeckt worden, welche
einzelne Verhältnisse seines Lebens beleuchten, aber es ist um so schwerer,
weitergehende Folgerungen auf sie in Bezug auf seine Entwicklung und
seinen Charakter zu gründen, als sie zum Theil durch nachgewiesene Fälsch=
ungen verdächtig geworden sind. Kaum minder unsicher sind die Schlüsse,
die man aus seinen Werken in solcher Beziehung gezogen hat, wenn
diese auch ohne Zweifel manches Licht darüber verbreiten. Besonders
wird man sich hüten müssen, die Anschauungen der einzelnen Persönlich=
keiten, die er dargestellt hat, welches Gewicht er auf sie auch gelegt haben
möchte, mit seinen persönlichen Ueberzeugungen und die persönlichen
Ueberzeugungen, von denen seine Dichtungen wirklich durchdrungen
sind, mit denen zu verwechseln, die ihn bei seinem Handeln im praktischen
Leben leiteten. Denn was das erste betrifft, so fordert keine andere
Dichtungsform eine so objective, ganz in ihren Gegenstand aufgehende
Darstellungsweise wie die dramatische, und kaum noch ein anderer
Dichter ist dieser Forderung in dem Maße nachgekommen wie Shake=
speare. Immer hoch und frei über dem Ganzen schwebt in seinen
Dramen sein Geist, und nur aus der Darstellung des Ganzen, aus
den Beziehungen, in denen darin das Einzelne zu diesem und zu einander
steht, aus der Beleuchtung, in welche er beides gerückt, sehen wir seine
eigene Weltanschauung hervortreten. Wohl sollte man bei der Wahr=
heit, die allen seinen Dichtungen eigen ist, annehmen dürfen, daß diese
Weltanschauung ihm nicht nur momentane Ueberzeugung war, sondern
er auch im praktischen Leben fest an ihr hielt. Doch nicht nur, daß
die Weltanschauung und die ethischen Ueberzeugungen des Menschen

nicht etwas mit einem Mal Fertiges sind, sondern ebenfalls ihre Entwicklung haben, liegt es überhaupt in der Natur der Dinge, daß sich
dieselben auch noch mit dem veränderten Standpunkte verändern. Wie
die komische Weltanschauung des Dichters eine andere als die tragische
ist, wenn sie auch beide ihre Berührungspunkte und eine innere Einheit haben, so ist auch die Weltanschauung des Dichters von der des
Philosophen oder Staatsmanns, sowie überhaupt von der des praktischen
Menschen verschieden, dessen Standpunkt meist kein so freier und hoher
wie der seinige ist, und dessen Zwecke und Ziele von einer ganz anderen Ordnung, als die seinigen sind. Jedenfalls werden wir unter
den wenigen, völlig sicher gestellten Thatsachen aus Shakespeare's Leben
auch solchen zu begegnen haben, die uns belehren, daß sich bei ihm
die Anschauungen des Dichters und Menschen nicht überall vollkommen
deckten, daß sie überhaupt nicht zu allen Zeiten dieselben waren, sondern wie alles Lebendige eine bestimmte Entwicklung hatten. Doch
selbst auf diese Widersprüche, die sich theils aus der Natur des
menschlichen Geistes, theils aus den individuellen Lebensbedingungen
des Dichters erklären, wird man keine zu weit gehenden Schlüsse zu
ziehen haben.

Mit größtem Mißtrauen wird aber alles das zu behandeln sein,
was sich in der Form anecdotischer Ueberlieferung in die Lebensgeschichte des Dichters eingeschlichen hat, besonders wenn, wie es fast
durchgehend der Fall, es sich nicht bis auf die Zeit des Dichters
zurückverfolgen läßt. Das Thatsächliche, daß diesen Anecdoten, die
meist erst um die Wende des 17. zum 18. Jahrhundert aufgetaucht
sind, etwa zu Grunde liegt, wird meist — wie es bei einigen dieser
Ueberlieferungen nachweisbar ist — von anderen, uns zur Zeit unbekannten Personen nur auf ihn übertragen worden sein. Selbst bei
denjenigen Anecdoten, welche, wie die Sage von der Wilddieberei des
Dichters, eine Bestätigung durch einzelne Stellen seiner Werke zu erhalten scheinen, wird es noch fraglich sein, ob diese Stellen nicht vielleicht erst zu ihrer Entstehung und Erfindung Veranlassung gaben.
Haben es doch selbst Gelehrte nicht verschmäht, Documente zu fälschen,
um auf dem Gebiete der literarischen Forschung durch neue Entdeckungen
zu glänzen. Bemerkenswerth wenigstens ist, daß fast alle diese Anecdoten
gerade erst in der Zeit sichtbar werden, da der Sinn für die Erforschung des Lebens des Dichters erwacht war, sie desselben meist wenig

würdig erscheinen und zum Theil auch nur wenig Anspruch auf äußere
Wahrscheinlichkeit haben.

Nicholas Rowe war der erste, welcher um 1709 in seiner Shake-
speare-Ausgabe mit dem Versuch einer biographischen Skizze des Dichters hervortrat.*) Seine hauptsächlichsten Quellen, Davenant, Betterton,
Aubrey, waren sehr unsicher. Er selbst nahm es mit der Wahrheit
wohl auch nicht genau, da er sich nicht gescheut, seine Bearbeitung der
Massinger-Field'schen: The fatal dowry, unter dem Namen The fair
penitent für ein Originalwerk von sich selbst auszugeben. Doch soll
sein Verdienst um die Wiederaufnahme der Shakespeare'schen Dichtung,
um deren Textkritik und um die Erforschung des Lebens des Dichters,
zu denen er die erste bedeutendere Anregung gab, darum keineswegs
verkannt werden. Neben vielem Falschen hat er auch manches Thatsächliche an's Licht gezogen und daher auch aus sicheren Quellen
geschöpft.

William Shakespeare**), Sohn des John Shakespeare

---

*) Elze (a. a. O. 1.) theilt mit, daß in der 1694 erschienenen ersten Auf-
lage von Ludolff Bentham's „Engelländischer Kirchen- und Schulenstaat" Shakespeare noch nicht einmal erwähnt wird.

**) Kein Name hat so verschiedene Schreibweisen aufzuweisen. Man hat
deren 55 gezählt. Auch die dem Dichter selbst zugeschriebenen Unterschriften
weichen zum größten Theil voneinander ab. Der Grammatiker Koch hat (im
Jahrb. für rom. u. engl. Literatur 1865. S. 322) den Namen nach historischen
Laut- und Sprachgesetzen untersucht und sich für Shakspere entschieden. Er erklärt die Dehnung der ersten Sylbe lediglich für eine durch das Gefühl für den
Wohlklang bedingte Neuerung. Indessen findet sich der Name nicht nur in den
drei ältesten der Urkunden, die ihn enthalten, sowie in der Wappenverleihungs-
urkunde und in fast allen Quartausgaben Shakespeare geschrieben, sondern man
hat auch in der Verkürzung der Vordersylbe einen Provinzialismus zu erkennen
geglaubt, während die Aussprache der Gebildeten die Dehnung verlange. Die
erste englische Shakespearegesellschaft entschied sich für diese Schreibung, die neue
dagegen für Shakspere, die deutsche wieder für Shakespeare. (Siehe hierüber
Elze, a. a. O. S. 617.) — Malone's Shakespeare by Boswell, 1821. — Drake,
Shakespeare and his times. Paris 1838. — Knight, Studies of Shakespeare'
Lond. 1849. — Coleridge, Seven lectures on Shakespeare and Milton, 1866. —
Lord Campbell, Legal acquirements. Lond. 1859. — De Quincey, Shakespeare.
Edinb. 1864. — Halliwell, Illustrations of the life of Shakespeare 1874. —
Ward, a. a. O. I. — Shakespeare Soc. papers. — Ulrici, Shakespeare's drama-
tische Kunst. 3. Aufl. Halle 1873. — Friesen, Shakespeare-Studien, Wien 1874.

und der Mary Arden, wurde als das vorletzte von acht Kindern, mit denen die Ehe beider gesegnet war, nach dem Kirchenbuche von Stratford am 26. April 1564 getauft und, wenn, wie es in der Regel der Fall war — denn schon hier begegnen wir einem „Wenn" — die Taufe drei Tage nach der Geburt stattgefunden haben sollte, am 23. April (dem Todestage des Dichters) desselben Jahres geboren. Sein Vater gehörte einer weitverbreiteten Familie des Warwickshire an, deren Glieder Handwerker waren oder zu den bäuerlichen Landwirthen, daher auch nur zur Yeomanry zählten. Sein Großvater, Richard, war ein Farmer in Smitterfield, Pächter des Robert Arden, der einem der ältesten und angesehensten, zur Gentry zählenden Geschlechter der Grafschaft entsprungen war. Es war eine der Töchter desselben, die John 1557 heirathete; ohne Zweifel eine gute Parthie, die Wohlstand und Ansehen in's Haus brachte. Schon 1552 war John nach Stratford übersiedelt, wo er sich ansässig machte und neben der Landwirthschaft zugleich noch Geschäfte mit Wolle und Vieh und, wie einige wollen, das Gewerbe der Handschuhmacherei betrieb. Er verstand nicht nur seinen Wohlstand zu erweitern, sondern auch längere Zeit einen großen Einfluß auf die städtischen Angelegenheiten zu gewinnen, da er sich durch eine Anzahl kleinerer Ehrenämter allmählich bis zum High Bailiff (1568) emporarbeitete, eine Stellung, die er jedoch nur ein Jahr bekleidete. 1571 findet man ihn dagegen noch immer als ersten Alderman aufgeführt.

Es ist wahrscheinlich, daß William die Grammar School von Stratford besuchte, in der er in einem gewissen Umfang Latein lernen konnte. Auch läßt sich von einem so reich beanlagten Geiste, wie dem seinen, voraussetzen, daß er überhaupt jede Gelegenheit, seine Kenntnisse zu erweitern, ergriff, wenn ihn auch seine große Empfänglichkeit für alle äußeren Eindrücke und seine wunderbare Beobachtungsgabe zunächst

— Elze, W. Shakespeare. Halle. 1876. — Shakespearejahrbuch. — Guizot, Shakespeare et son temps. Paris 1852. — Mezières, Shakespeare, ses oeuvres et ses critiques. Paris 1860. — Taine, a. a. O. II. — Ausgabe von White, R. Gr. Halliwell, 1852. — Collier, 1858. — Knight, 1857—63. — Dyce, 3. Aufl. 1875. — Delius, 4. Aufl. Elberfeld 1876. — Hazlitt, Characters of Shakespeare's plays. 1817. — A. W. Schlegel, Vorles. über dramat. Kunst. 1846. — Gervinus, Shakespeare. 4. Aufl. 1873. — Kreißig, Vorles. über Shakespeare. 2. Aufl. 1873. — Prölß, R., Erläuterungen zu Shakespeare. Leipz. 1874—78.

mehr auf Natur und Leben, als auf das Studiren verwiesen haben
sollten. Doch wird er auch sicher im Gespräch und in Büchern Belehrung
gesucht und gefunden haben. Denn obschon Stratford nur ein kleines
Landstädtchen war, so fehlte es nicht an Anregung, da es von
vier Straßen durchschnitten wurde, die es mit den größeren Orten der
Grafschaft verbanden. Dazu war die Gegend reich an anmuthigen
und zum Theil romantisch gelegenen Herrensitzen, und auch an historischen Erinnerungen fehlte es nicht. Besonders waren Stadt und
Schloß Warwick mit ihnen verknüpft, dessen Grafen eine so große
Rolle in der Geschichte Englands, vor allem in den nicht weit
zurückliegenden Kämpfen der beiden Rosen gespielt. Noch waren ihre
Thaten und Schicksale gewiß im Gedächtniß der Leute und im Munde
der Minstrels, welche damals das Land noch durchzogen und mit
ihren Liedern und Sagen dem Volke die langen Winterabende ver-
kürzten. Und lange nachdem die Minstrels verschwunden waren,
erhielten sich ihre Lieder noch fort. Shakespeare bewahrte ihnen eine
fast zärtliche Neigung. Ueberhaupt waren Musik und Gesang weithin verbreitet. Wie tief die Eindrücke waren, die sie auf die junge
Seele des Dichters ausübten, hören wir aus vielen seiner Stücke
heraus. Fast immer sind aber diese Erinnerungen mit Beziehungen auf
das ländliche Leben verbunden. So z. B. in jener Stelle aus „Was
ihr wollt", welche für viele hier Platz finden mag:

> Komm, Bursch, sing uns das Lied von gestern Abend.
> Gieb Acht, Cesario, es ist alt und schlicht.
> Die Spinnerinnen in der freien Luft,
> Die jungen Mägde, wenn sie Spitzen weben,
> So pflegen sie's zu singen. S'ist einfältig
> Und tändelt mit der Unschuld süßer Liebe,
> So wie die alte Zeit.

An Beziehungen auf das ländliche Leben, auf Freud' und Leid,
Lust und Weh desselben, fehlt es seinen Dichtungen überhaupt nicht.
Sie verleihen vielen derselben einen Theil ihres naturfrischen, volks-
thümlich-poetischen Reizes. Sie lassen erkennen, daß es bei aller Ein-
falt und Naivität, mit seinen Kirchweihen, Hochzeiten und anderen
Fest- und Feiertagen, bei denen es nicht an Tanz und Spielen, an
Hahnkämpfen und Wettlaufen, an Schießen mit Bogen und Armbrust,
an Mummenschanz und allerlei anderer Kurzweil fehlte, ein fröhliches,

innerlich reiches Leben war, welches der Dichter in seiner Kindheit und Jugend durchlebte. Selber an Schauspielen war kein Mangel in Stratford. Wurde es doch in den Jahren 1569—87 nicht weniger als 24 Mal von wandernden Schauspielertruppen besucht, darunter von keinen geringeren als denen der Grafen Leicester, Warwick, Worcester und Derby, des Lord Strange und des Grafen von Essex. Mußten dieselben auf William, bei dem in ihm schlummernden seltnen Talent, nicht einen tiefen, ja überwältigenden Eindruck ausüben? Sah er hier doch vielleicht Künstler wie den älteren Burbadge und Stücke wie die alten englischen Historien und Kyd's spanische Tragödie.

Diese häufigen Spiele der Schauspieler in Stratford sprechen allein für den lebens- und schaulustigen Sinn, der damals den blühenden Ort noch belebte, in welchem nur kurze Zeit später der Wohlstand in's Sinken und der puritanische Geist zur Herrschaft kam.

Es ist unbekannt, wann Shakespeare die Schule verlassen und welchem Lebensberuf er sich zunächst zugewendet hat, wohl aber weiß man, daß vom Jahre 1578 an, wenn nicht schon früher, die Vermögensverhältnisse des Vaters zurückgingen. In diesem Jahre verpfändete derselbe ein ihm zugehöriges Gut an einen Verwandten, sich das Rückkaufsrecht jedoch vorbehaltend. Eine Erbschaft setzte ihn zwar in den Stand, von diesem Rechte Gebrauch zu machen. Der Darleiher bestritt es jedoch, was einen Proceß zur Folge hatte, der aber bald in's Stocken gerieth, weil die Mittel dazu wahrscheinlich wieder versiegten.

Es ist gesagt worden, daß Shakespeare inzwischen Schulmeister auf dem Lande gewesen sei, daß er bei einem Advocaten in der Lehre gestanden habe. Jenes ist heute so gut wie verworfen, dieses dagegen hat wegen einer Stelle in der Epistle to the gentlemen students of the two universities von Th. Nash*) und wegen der juristischen

---

*) Sie ist Greene's Menaphon (1789) vorgedruckt. Die Stelle aber heißt: It is a common practice now-a-days among a sort of shifting companions, that ran through every art and thrive by none, to leave the trade of Noverint (Noverint universi war der übliche Anfang der lateinischen Urkunden zu Shakespeare's Zeit), whereto they were born and busy themselves with the endeavours of art, that could scarcely latinize their neck-verse, if they should have need, yet English Seneca, read by candle light, yields many good sentences, as: „Blood is a beggar" and so forth; and if you entreat him far in a frosting morning,

Kenntnisse, die Shakespeare in verschiedenen seiner Dichtungen an den Tag gelegt hat, noch immer wieder Anhänger gefunden. Das Wahr=scheinlichere aber ist, daß Shakespeare zunächst seinem Vater in seinem Gewerbe beigestanden hat, was ihn ja ebenfalls in Berührung mit verschiedenen Rechtsverhältnissen bringen konnte. Insbesondere mußte er in jenem Proceß seines Vaters einen tieferen Einblick gewonnen haben, um so viel später, von London aus, diesen zur Wiederauf=nahme desselben ermuntern und bestimmen zu können. Seine Heirath mochte ihn dann aber vielleicht zu einer gewissen Selbständigkeit ge=führt haben.

Diese vorzeitige Heirath ist das Einzige, worüber wir aus dieser Lebensperiode des Dichters einige sichere Nachrichten haben, insofern eine erhalten gebliebene Urkunde aus dem Kirchenarchive zu Worcester vom 28. Nov. 1582 *) die Ermächtigung Shakespeare's enthält, die Jungfrau Anna Hathaway von Stratford, Tochter des Richard Ha=thaway, alias Gardiner de Shottery bei Stratford, nach einmaligem Aufgebot unbeanstandet heirathen zu dürfen. Obschon sich ein Trau=ungszeugniß nirgend hat auffinden lassen, so ist doch gewiß nicht zu zweifeln, daß die Ehe vollzogen ward, da Anna in allen späteren Ur=kunden, in denen sie aufgeführt wird, als die Ehefrau William Shake=speare's und ihre mit Shakespeare gezeugten Kinder als eheliche an=erkannt erscheinen. Die Eile, mit der dies zu Stande kam, erklärt sich aus der Geburt des ersten Kindes beider, Susanne, das schon am 26. Mai 1583 das Licht der Welt erblickte. Dies erscheint um so auffälliger, als Anna Hathaway, nach ihrer Grabschrift, 1556 geboren, mithin 8 Jahre älter als der damals erst im 18. Jahre stehende, aber jedenfalls körperlich wie geistig frühreife Dichter war. Doch werden wir annehmen müssen, daß er zu diesem übereilt erscheinenden,

---

he will afford you whole hamlets, I should say handful of tragical speeches. Wenn diese Stelle sich wirklich auf Shakespeare bezog, was zu glauben wohl nur das Wort hamlets in Verbindung mit a frosty morning veranlaßte, so müßte sich Shakespeare nicht nur um 1589 schon eine gewisse Berühmtheit, wenn auch nur beim Publicum, errungen, sondern auch seinen Hamlet, wennschon in einer wesentlich anderen Gestalt als in der wir ihn kennen, geschrieben und zur Auf=führung gebracht haben.

*) Bei Collier, Shakespeare-society Papers III; bei Halliwell, Life of Shake-speare und in der Dice Edition abgedruckt.

durch einen Fehltritt aber nothwendig gewordenen Schritte durch
wirklich anziehende Eigenschaften des Mädchens, wenn sie auch nur
in dem sinnlichen Reize der äußeren Erscheinung gelegen hätten, bestimmt worden ist, da materielle Vortheile darauf keineswegs Einfluß
hatten. Denn obschon Anna aus vermögender Familie stammte, war sie
von ihrem bereits im Juni 1582 (das ist also noch vor dem Zeit-
punkte, in welchem ihr Verhältniß zu Shakespeare verhängnißvolle
Folgen gehabt haben konnte), gestorbenen Vater mit noch einer anderen
Schwester im Testament ganz übergangen worden, während die übrigen
Töchter darin, kärglich genug, wenigstens mit 20 Nobel bedacht worden
waren. Auch scheint es, daß Shakespeare's Vater sich zu dieser Heirath ziemlich kühl verhalten habe, während sie von Anna's Verwandten
sichtlich gefördert wurde. Möglich, daß diese auch eine kleine Aus-
steuer bewilligten. Im Uebrigen weiß man nur, daß dieser Ehe noch
zwei Kinder, das Zwillingspaar Hamnet und Judith entsprangen,
welche urkundlich am 2. Febr. 1585 die Taufe empfingen.

Dieses Wachsthum der Familie fiel in die Zeit, da die Vermögensverhältnisse des Vaters wieder völlig zurückgingen. Am 19. Juni
1586 wurde ein Pfändungsbefehl gegen denselben erlassen, der aber,
wegen Mangel an jedem Besitz, gegenstandlos wurde. Bald darauf
erfolgte die Absetzung von dem Ehrenamte eines Aldermans, das er
also noch immer bekleidet hatte. Auch von neuen Haftsbefehlen sprechen
die Acten. Es wird jetzt ziemlich allgemein angenommen, daß Shakespeare zu dieser Zeit sich bereits in London befand. Unter den Gründen, die ihn zu diesem Schritte bestimmt haben sollen, hat man nicht
nur die bedrängte Lage seiner Familie und den sich immer stärker in ihm
regenden und nach freier Lebensäußerung ringenden dichterischen Genius, sondern auch das angebliche Unglück seiner Ehe und jene Sage
von der Wildbieberei angeführt, die er im Parke des Sir Thomas
Lucy in Hampton, einem in der Nachbarschaft liegenden Dorfe, ver-
übt haben soll.

Was das eheliche Unglück des Dichters betrifft, so weiß man dafür wenig mehr anzuführen, als die Erfahrung, daß eheliche Verbindungen, die auf einem so großen Mißverhältnisse der Jahre beruhen,
meist nicht befriedigen, ja wohl nicht selten zum Unheile ausschlagen.
Auch hat man damit einige Stellen in Shakespeare's Dramen in Verbindung gebracht, von denen sich die weitaus wichtigste aber erst in

einem der fpäteren Stücke des Dichters befindet*), fowie mit der
Lieblofigkeit, die fich gegen feine Gattin in feinem Teftamente aus-
fprechen foll.

Man wird jedoch gut thun, hieran nicht zu weitgehende Folgerungen zu knüpfen. Wie auch das Verhältniß Shakefpeare's zu feiner
Gattin gewefen fein möge — und bis zu einem wirklichen Bruche
gedieh es nicht — fo konnte es wenigftens zur Zeit, da er Stratford
verließ, kaum fchon einen folchen Grad der Unleiblichkeit erreicht haben,
um ihn gewiffermaßen zur Flucht aus feinem Haufe und von feinen
Kindern zu nöthigen. Anna konnte nach drei Jahren unmöglich den
Zauber völlig verloren haben, der fie ihm da fo begehrenswerth gemacht hatte, und am wenigften ift es einem Jüngling von der ernften,
tiefethifchen Gemüthsanlage Shakefpeare's, von feiner Feinheit des Empfindens ähnlich, das Weib, das er vor fo kurzer Zeit noch geliebt,
grade nachdem fie ihm einen Sohn, einen Erben feines Namens, ge-
fchenkt und durch eine fchwere Niederkunft in eine mitleidwürdige Lage
gerathen war, zu verlaffen. Wiffen wir doch nicht einmal mit völliger

---

*) Sie heißt:

Wähle doch das Weib
Sich einen ältren ftets! So fügt fie fich ihm an,
So herrfcht fie ficher in des Gatten Bruft.
Denn, Knabe, wie wir uns auch preifen mögen,
Sind unfre Reigungen doch wankelmüth'ger,
Unficherer, fchwanker, leichter her und hin,
Als die der Frau'n.

Viola.
Ich glaub' es, gnäd'ger Herr.

Herzog.
So wähl' Dir eine jüngere Geliebte,
Sonft hält unmöglich Deine Liebe Stand.
Denn Mädchen find wie Rofen, kaum entfaltet,
Ift ihre holde Blüthe fchon veraltet.

Es ift nicht unmöglich, daß des Dichters eigne Erfahrung in diefer Stelle
mit anklingt, wiewohl es ein fehr verfpäteter Rachklang wäre. Jedenfalls ift er
ohne jede Bitterkeit; vielmehr würde der Dichter die größere Schuld fich felber
beimeffen. Der Schluß aber zielt auf ein allgemeines Frauenfchickfal hin. Und
in der That kann auch die jüngere Frau verblühen, und verblüht fogar meift
während der ältere Mann noch in vollfter Kraft fteht.

Sicherheit, ob seine Familie ihn nicht für eine kürzere oder längere
Zeit nach London begleitet hat oder ihm doch, nachdem er sich daselbst
eine Stellung erworben, nachgefolgt ist.

Nicht minder fraglich erscheint die Flucht des Dichters vor der
muthmaßlichen Verfolgung des Sir Thomas Lucy, besonders wenn es
wahr wäre, daß Shakespeare alljährlich nach Stratford gekommen sei.
Es entspricht einem solchen Fluchtversuche sehr wenig, sich auf offener
Bühne zur Schau zu stellen, wo ihn sein vermeintlicher Gegner, der
oft in London zu thun hatte, so leicht würde haben entdecken können.

Zu was aber auch nach so unsicheren Erklärungen suchen, da
die Sorge für die Existenz seiner Familie und der Drang seines dichterischen Ingeniums dazu vollkommen ausreichend sind. Ja ich glaube
sogar aus den Thatsachen schließen zu dürfen, daß, wie groß dieser
Drang auch gewesen sein mag, doch jene Sorge das ausschlag-
gebende beider Motive gewesen ist, wenn es auch erst selbst wieder
jenen Drang und jene Fähigkeit des Dichters zur Voraussetzung hatte.
Denn durch das ganze spätere Leben desselben läßt sich, wie ich noch
näher zu berühren haben werde, das Streben verfolgen, sich und
seiner Familie einen gesicherten Besitz und eine geachtete Lebensstellung
zu erringen. Sein dichterischer Ruhm scheint ihm zuletzt doch nur
das Mittel hierzu gewesen zu sein. Nicht London, nein, das bescheи-
dene, weltabgelegene Stratford war schon in der Blüthezeit seines
poetischen Schaffens das Ziel seiner Anstrengungen. Dorthin, in den
Schooß seiner Familie, zog es ihn mitten aus den Triumphen der
Bühne wieder zurück. Und während wir ihn in seinem Testamente
aufs Sorglichste um die Sicherstellung des bürgerlichen Wohlstandes
der Seinen bemüht sehen werden, scheint er die Fortdauer seines
dichterischen Ruhms ganz aus den Augen verloren zu haben. Ohne
seine Collegen Hemminge und Condell, die sich nach seinem Tode um
die Herausgabe seiner Werke verdient machten, würde wahrscheinlich
ein großer Theil seiner Schöpfungen verloren gegangen sein.

Wenn ihm der Verfall des väterlichen Wohlstandes und die
eigne bedrängte Lage, der Hinblick auf das Wachsthum seiner Familie
aber auch dazu anspornte, das Glück auf einem neuen Wege zu suchen,
so wies diesen selbst ihm doch zweifellos nur sein Talent an, welches
dem 21jährigen jungen Mann sich gewiß längst irgendwie offenbart
haben mußte, zumal es an äußerer Anregung dazu nicht gefehlt hatte.

Es iſt keine willkürliche Annahme, daß Shakeſpeare ſchon in Stratford in Beziehung zu den Londoner Schauſpielern, welche hier ſpielten
getreten ſei, zumal einige derſelben ihm noch durch Landsmannſchaft
näher ſtanden, ja, daß er ihnen vielleicht ſchon Proben ſeines Talentes
abgelegt hatte und von ihnen zum Anſchluß aufgemuntert worden war.
Um ſo wahrſcheinlicher dieſe Vermuthungen ſind, um ſo weniger verdienen die Ueberlieferungen Glauben, welche ihn anfangs in London
als Schreiber, Drucker, Pferdejungen, Souffleurgehilfen u. ſ. w. auftreten laſſen; Annahmen, welche ebenſo ſehr ſeiner Lage, den aus ihr
erklärlichen Bedürfniſſen und Plänen, als dem Geiſt und Genie
dieſes wunderbaren Mannes entſprechen. Er, der ſchon die Bühnendichtung mehr als Mittel zum Zweck, wie als Zweck ergriffen zu
haben ſcheint, würde ſich ſchwerlich tiefer als zum Schauſpieler erniedrigt haben. Denn wie hoch er auch ſelbſt von dem Beruf der
Bühne und des Schauſpielers dachte, ſo mußte er ſich hierin doch
bald im Widerſpruch mit der bürgerlichen und geſellſchaftlichen Auffaſſung ſeiner Zeit fühlen — Empfindungen, unter denen er, nach
ſeinen Sonetten, ſchon früh nicht wenig gelitten hat. Dies findet
auch in den Anſtrengungen Beſtätigung, welche er vielleicht gleich bei
Beginn ſeiner dichteriſchen Carrière machte, ſich durch epiſche und
lyriſche, im Modegeſchmack der Zeit geſchriebene Dichtungen, die ja
auch die einzigen ſind, welche er ſelbſt durch den Druck veröffentlichte,
über die Stellung zu heben, in die ſich der play-wright, mochte er
ein noch ſo großer Dichter ſein, von der öffentlichen Meinung herabgedrückt ſand.

Es wird jetzt ſo ziemlich allgemein angenommen, daß Shakeſpeare
noch im Jahre 1585 nach London kam. Auch hege ich keinen Zweifel,
daß er ſich hier ſofort der Bühne zuwendete. Als ſelbſtverſtändlich
aber ſollte es wenigſtens betrachtet werden, daß ein Geiſt von der Tiefe
und Weite des ſeinigen in einem ſchon ſo vorgeſchrittenen Lebensalter
und auf dem ſeinem Genie eigenſten Gebiete den Sachverſtändigen
gleich bei ſeinem erſten Auftreten imponiren mußte. Auch können wir
uns den Eindruck, den er, dem nichts bedeutungslos war, der alles
mit offenen Sinnen, mit warmem Herzen und mit poetiſchem Tiefſinn
ergriff, von London empfing, kaum tief und mächtig genug vorſtellen.

Wie reich und mannichfaltig auch die Eindrücke geweſen ſein
mögen, die das ländliche Leben der Heimath auf ſeine jugendliche Seele

ausgeübt hatte — und seine Dichtungen geben das beredteste
Zeugniß davon — wie groß wir uns auch die Erfahrung vorstellen
dürfen, die er mit seinem in die Tiefe dringenden Geiste aus ihnen
geschöpft, so mußte für ihn doch die Welt, in die er hier trat,
eine völlig neue sein. War sie es doch zum Theil selbst noch für die,
welche in London geboren waren. Denn es war eine Welt, in der
sich der Geist einer neuen Zeit fast gewaltsam dem Schooße der
alten entrang, zu welcher in die theils lichten, theils durch ihre Fremd-
artigkeit verwirrenden und erschreckenden Erscheinungen jener die bald
finsteren, bald ehrwürdigen oder behaglichen Gestalten dieser herein-
ragten; eine Welt, in der sich die stärksten, mannichfaltigsten Gegensätze abstoßend berührten und feindlich bedrohten —, hier Aberglaube
und eine ihm dienende dunkle Naturforschung, eine ihn ausbeutende
Industrie, dort Freigeisterei und Machiavellismus —, hier mittelalterliche Scholastik, dort eine ihr entgegenstrebende neue Philosophie und
Wissenschaft, Baco an ihrer Spitze —, hier schmucklose karge Einfalt
der Sitte, dort Ueberfeinerung, Modesucht, Prachtliebe —, hier puritanische Strenge und Enthaltsamkeit, dort heiterer Frohsinn, Schaulust und ausschweifender Lebensgenuß —, hier eine zelotische Bekämpfung, dort Liebe und Pflege von Poesie und von Kunst, —, hier die
Gothik und der alte heimathliche, national-volksthümliche Kunstgeschmack,
dort die Bevorzugung des Fremden, die Renaissance und eine gelehrte,
höfische Kunst —, hier Katholicismus, dort Staatskirchenthum und
Puritanismus. Es war die Zeit, da der Nationalgeist durch die die
Weltmacht der Spanier brechende Vernichtung der Armada (1588),
sowie durch die Entdeckung und Colonisirung ferner Länder und mit
ihm Industrie und Gewerbe einen ungeheuren Aufschwung nahmen,
ein ungeheurer Reichthum in London, als einem der Centralpunkte
des Welthandels, zusammenfloß, eine Zeit, von deren Bedeutung auch das mit Zeugniß ablegen mag, daß damals (April 1588)
die erste englische Zeitung, der englische Mercur, entstand. Außerordentliche Erscheinungen traten auf fast allen Gebieten hervor. Nicht
Shakespeare allein glänzte damals am poetischen Himmel. Einer der
größten englischen Epiker, Spencer, trat vor ihm schon auf, dem
Dichter wie Drayton, Warner, Daniel zur Seite liefen. Daneben verbreitete Roger Bacon sein weit hinaus strahlendes Licht, erregten die
Seehelden Howard, Hawkins, Drake und Walter Raleigh das Staunen

der Welt, glänzte ein Staatsmann wie Cecil, blühten die Musiker Dowland und die beiden Morley. Dazu die Oeffentlichkeit des damaligen Lebens, welche bei der Prachtliebe des Hofs und des Adels der Schaulust des Volks die reichste Nahrung bot, zu deren Entfaltung die großen politischen Ereignisse glänzende Gelegenheit gaben, so daß das Leben gewissermaßen selbst zu einer Bühne, zu einem Schauspiel wurde, wobei die tragischen Geschicke, die sich an Maria Stuart und ihren Anhängern vollzogen und ebenfalls gleich in die ersten Jahre von Shakespeare's Uebersiedlung nach London fielen, ebenfalls eine Rolle spielten.

Kein Zweifel, daß diese Fülle der Gestalten und Eindrücke auch ihr Verwirrendes haben mußte. Shakespeare steht aber grade dadurch so hoch über allen Dichtern der Zeit, daß er bei dem umfassendsten Ueberblicke die ruhige Klarheit des Geistes niemals verlor, nie in irgend einer Einseitigkeit befangen war, sondern alle diese Erscheinungen, ihre Gegensätze und Widersprüche mit souveräner Freiheit beherrschte und sich ihrer in vollkommenster Objectivität zu seinen poetischen Zwecken zu bemächtigen verstand, daher auch der verschiedenen Formen und gegensätzlichen Richtungen, welche die dramatische Bühne ihm darbot. Denn hier stießen nicht nur die so verschiedenartigen Dramen Lilly's, Kyd's, Marlowe's und Peele's mit den älteren Historien und den neueren bürgerlichen criminalistischen Stücken zusammen, sondern auch mit den noch aus dem Mittelalter hereinragenden Allegorien und Moralplays, den Enterludes und Jigs, den Nachahmungen der Römer und Italiener und den höfischen Masken und Festspielen. Noch in der Verordnung vom Jahre 1603, in welcher Jacob I. die Truppe des Globetheaters, welcher Shakespeare angehörte, zu seinen Hofschauspielern ernannte, wurden dieselben ausdrücklich zur Darstellung von: „comedies, histories, enterludes, morals, pastorals, stage-plaies and such like" ermächtigt. Welche Varietäten der Pedantismus der Fachmänner noch überdies, jedenfalls in Anlehnung an die Italiener, geschaffen hatte (bei denen wir ähnlichen Bezeichnungen begegneten), beweist eine Stelle in Hamlet, in der von „Tragödie, Komödie, Historie, Pastorale, Pastoral-Komödie, Tragico-Historie, Tragico-Comico-Historico-Pastorale und Stegreifspielen" die Rede ist. Shakespeare ergriff von allem das, was seinem Begriffe vom Drama, den Ideen, welche er darstellen wollte, und seinen poetischen Absichten irgend entsprach. Er ahmte die Moral-

plays und Allegories darin nach, daß er seinen Dramen eine Idee
zu Grunde legte, mit der er alle seine Gestalten, nur eine jede in
einer bestimmten ihrem individuellen Charakter entsprechenden Weise
beseelte, so daß sie gleichsam zu Symbolen derselben wurden, einer
Symbolik, die aber ganz in seiner realistisch naturwahren Darstellung
aufging. Er bemächtigte sich der alten Histories und gab ihnen eine
mannichfaltige künstlerische Form. Er bildete das allegorische Märchen-
element des Lilly'schen Dramas zu so tiefsinnigen duftigen dramatischen
Gemälden, wie den Sommernachtstraum oder Sturm, aus. Er ergriff
den Euphuismus und geißelte ihn mit seinen eigenen Mitteln, die er
in einem Stücke, wie Liebes Leid und Lust, mit einer im englischen
Drama noch ungeahnten Grazie behandelte. Die Enterludes wurden
ihm zu Vorbildern für die seinen Lustspielen eingemischten derbkomischen
Scenen, die Jigs für die Narren der Lustspiele. Die Masken der
italienischen Stegreifspiele sprechen uns aus einem Stücke wie Die bezähmte Widerspenstige in einer poetisch erhöhten Form an. Selbst
von den Masken des englischen Hofes, wie von dem alten Dumbshow
hat er einen trefflichen künstlerischen Gebrauch zu machen gewußt.
Und in gleicher Weise ergriff er die Gestalten, ergriff er einzelne
Motive und Situationen der älteren Stücke, das auf das Furchtbare
ausgehende Pathos Marlowe's, die volksthümliche Lyrik Greene's, das
Volkslied und das Sonett, jedem eine neue erhöhte Form, eine neue
und tiefere Bedeutung, einen neuen überraschenden Reiz, eine neue
dramatische Wirkung gebend.

Ebenso frei wie zu den auf ihn eindringenden Erscheinungen,
verhielt er sich auch zu den literarischen Händeln, den religiösen Kämpfen
der Zeit. Kurz nach seiner Ankunft in London brachen die Marprelate'schen Streitigkeiten aus, in welche, wie wir gesehen, die Bühne
und verschiedene der Bühnendichter verwickelt wurden. Es scheint,
daß er auch ihnen fremd geblieben ist. Wir finden seinen Namen
überhaupt mit keiner dieser Streitigkeiten in Verbindung gebracht. Es
war keineswegs Mangel an Interesse und Muth, was Shakespeare
fern davon hielt. Sind seine Werke doch die sprechenden Beweise
dafür, daß es ihm nie, weder an dem einen, noch an dem andern
gefehlt. Kecker, wenn auch niemals bösartig, hat kaum noch ein andrer
Dichter die Thorheiten, Gebrechen und Einseitigkeiten seiner Zeit zu
geißeln gewagt, furchtloser keiner den Mächtigen in's Gewissen geredet

und den Schleier von ihrer Seele gerissen. Vielmehr entsprang jene
Enthaltsamkeit aus dem starken Freiheits= und Unabhängigkeitsgefühl,
das ihn beseelte; auch ward sie ihm noch durch die Objectivität seiner
Darstellung auferlegt, der es deshalb doch nie an innerer Wärme, an
Feuer der Begeisterung, an Energie und Gewalt des leidenschaftlichen
Ausdrucks gebrach. Es ist diese Objectivität, die ihn zuweilen den
seltsamsten Urtheilen ausgesetzt hat, sodaß die einen in ihm den Prote=
stanten, andre den Katholiken, diese den Skeptiker, jene den Fatalisten
erkennen wollten, während er doch ebenso wie den Aberglauben, die
Wunder= und Geistererscheinungen, das Elfen= und Märchenwesen
auch diese verschiedenen Weltanschauungen nur nach seinen dichterischen
Zwecken ergriff.

Es ist eine wiederholt ausgesprochene Ansicht, daß Shakespeare's
Schöpfungen wesentlich nur auf dem Wege unmittelbarer Eingebung,
kraft des ihm angeborenen Ingeniums, als das Werk einer höheren, aber
nur blindlings und unbewußt in ihm schaffenden Naturkraft entstanden
seien, weil man nur so die scheinbare Regellosigkeit, den vermeintlichen
Widerspruch geistiger Ueberlegenheit mit dem behaupteten Mangel an
Wissen und Bildung sich darin zu erklären vermochte. Es war die Be=
fangenheit der Anhänger des gelehrten Dramas, die in der strengen
Beobachtung der academischen Regeln, in der formalen Correctheit und
Glätte die Hauptmerkmale dramatischer Einsicht sahen, und denen das
Wissen der Schule höher stand, als die tiefsinnigsten Offenbarungen
der Weltweisheit, die diese Ansicht gefördert. Gewiß spielt bei allem
künstlerischen Schaffen, wie überhaupt bei allem menschlichen Thun,
das Unbewußte eine hervorragende Rolle und zwar um so mehr,
in je bedeutenderer Weise die Phantasie daran betheiligt ist. Denn
die Thätigkeit des Vorstellungsvermögens, daher auch der Phantasie,
fällt nie unmittelbar selbst, sondern immer nur in ihren Erfolgen in
das Bewußtsein des Menschen, auch kann er wohl einen mittelbaren,
nie aber einen unmittelbaren Einfluß auf dieselben gewinnen. Wie
groß der Antheil der Phantasie an einem Kunstwerk aber auch sein
möchte, und vielleicht kein Dramatiker besaß eine reichere, quellendere
Phantasie als Shakespeare — was ja nur der Grund ist, warum seine
Dichtungen entschiedener als andere den Eindruck des Unbewußten
ausüben — so ist es doch niemals ein Erzeugniß derselben allein.
Das Kunstwerk ist überhaupt nichts Einfaches, mit einem Mal Fertiges,

sondern etwas Zusammengesetztes, zu und bei dessen Entstehen die bewußten Thätigkeiten des Geistes, die auffassende, unterscheidende, son-
dernde, ordnend verbindende mit der Phantasie zusammen und in Eins
wirken; besonders ist daran aber noch die zwecksetzende Thätigkeit des
Willens betheiligt. Auch diese Seite des künstlerischen Schaffens, die
man gewöhnlich mit dem Namen des künstlerischen Verstandes, der
künstlerischen Reflection bezeichnet, ist kaum noch bei einem Dramatiker
in so bedeutender Weise wirksam als bei Shakespeare gewesen. Seine
Superiorität besteht eben darin, daß er beide Seiten des künstlerischen
Vermögens in so hohem Maße besaß, daß sie sich bei seinem Schaffen
in der innigsten Weise durchdrangen. Oder wer wollte läugnen, daß
er auch an umfassender Weite, an eindringender Tiefe, an durchsichtiger
Klarheit der Auffassung der Welt und des Lebens und ihrer einzelnen
Erscheinungen, daß er an beziehungsreicher Beobachtung und Ergründung der letzteren fast allen Dichtern der Welt überlegen ist und
grade nur darum seine phantasiegeborenen Werke als Ausflüsse und
Schöpfungen einer zweiten, höheren Natur erscheinen und bezeichnet
werden können?

Denn wie Alles, was Vorstellungsvermögen hervorbringt, zuletzt
immer auf äußeren Eindrücken beruht und die bewußte Thätigkeit den
ihnen entsprechenden Vorstellungen erst eine bestimmte Bedeutung verleiht, kann auch die Thätigkeit der Phantasie sich immer nur erst unter
den, wenn schon nur indirecten Einfluß dieser bewußten Thätigkeit,
unter dem Einfluß der Auffassung der Welt und des Lebens, der sorgfältigen Beobachtung ihrer Erscheinungen und dessen, was wir Bildung
und Wissen nennen, entwickeln, einer Bildung und eines Wissens, die
aber nicht blos auf schulmäßigem Wege erworben zu sein brauchen,
ja zum großen Theile auf ihm allein gar nicht gewonnen werden können.

Shakespeare's Dichtungen sind so von Zeugnissen dieser Art erfüllt, daß die Vermuthung, er müsse zeitweilig im Rechtsfache oder im
Buchdruckerwesen berufsmäßig thätig gewesen sein, nur eben darauf
beruht, daß man es nicht für möglich hielt, so intime Kenntnisse des
technischen Theils dieser Berufsthätigkeiten auf anderem Weg zu erlangen. Aber auch diese Schlußfolge ist irrig. Man würde ja dann
und mit fast größerem Recht auch behaupten müssen, Shakespeare sei zeitweilig Arzt, Forstmann, Theolog, Philosoph, Staatsmann, Soldat, ja
selbst Fürst gewesen, da er auf allen diesen Gebieten nicht minder ein-

geweiht und unterrichtet erscheint. Dieser Irrthum hängt mit dem an=
dren zusammen, daß der Dichter nur das wahrhaft lebensvoll und
erschöpfend darzustellen vermöge, was er, wenigstens annähernd un=
mittelbar durch äußere Erfahrung auch an sich selber erlebt hat —
eine Meinung, die auf einen beschränkten Begriff des dichterischen
Vermögens, auf eine zu niedrige Schätzung der dichterischen Phantasie
hinausläuft. Kann doch der Mensch unmittelbar an sich selbst immer
nur das eigne individuelle äußere Erlebniß erleben, wird ihn dieses doch
grade in den wichtigsten Fällen unfähig zu einer freieren Beobachtung
machen. Während der dramatische Dichter das individuelle Leben der
verschiedensten Menschen darzustellen hat und das Vermögen dazu
nicht nur auf der freiesten Beobachtung der äußeren Lebenserscheinungen,
sondern auch darauf beruht, sich ohne unmittelbare äußere Einwir=
kung in die Zustände der verschiedensten Menschen versetzen und
hierdurch deren Erlebnisse in sich selbst erleben zu können. Grade
derjenige große Dichter, von welchem man in neuerer Zeit jene irrige
Vorstellung von dem dichterischen Schaffen abgeleitet hat, wies am
Abend seines Lebens in einem Gespräche mit Eckermann darauf hin,
daß den Dichter wesentlich erst jene Divinations= und Anticipations=
gabe mache, welche seinem Geiste in jeder einzelnen Erscheinung gleich=
sam eine unendliche Perspective in das Wesen derselben und in ihren
Zusammenhang mit dem Weltganzen eröffnet. In jedes Menschen Seele
liegen die Keime nicht blos zu seiner, sondern zu jeder individuellen Ent=
wicklung bereit. Der Dichter besitzt nur die Kraft, dieselben nach seinen
besondern Zwecken entwickeln zu können, in einem größeren Umfange
als andere Menschen. Bis zu einem gewissen Umfang aber besitzt sie ein
Jeder von uns, da wir sonst Andren nicht nachzuempfinden, an den
dramatischen Schöpfungen die Kraft und den Zauber der Individua=
lisirung nicht zu schätzen im Stande sein würden. Sagt man z. B.
nicht selbst, daß Goethe noch glücklicher in der Darstellung der Frauen,
als der Männer gewesen sei? während ein Theil der Größe Shakespeare's
grade darauf beruht, daß er gleichbedeutend in der Darstellung beider
ist, daß er eben so vertraut mit den Leidenschaften des Ehrgeizes, der
Herrsch= und der Ruhmsucht, mit den Versuchungen war, womit diese das
Herz des starken Mannes umgarnen, um ihn von Verbrechen zu Ver=
brechen zu reißen, als mit den zärtlichen oder hochherzigen, selbstlosen
Empfindungen des Weibes, als mit all den kleinen Verwirrungen

Listen und Schlingen des weiblichen Herzens. Die ganze Scala menschlicher Leidenschaften und Thorheiten lag offen vor seinem Blick; für
jeden Zustand traf er die bezeichnende Farbe. Die Weltseele lag gleichsam selbst in seiner individuellen Seele verhüllt, und wie Prospero
vermochte auch er nach seinem Willen jede Gestalt mit den Zügen des
vollen Lebens, der vollen Wahrheit daraus hervortreten zu lassen.

Es sind in der That diese Eigenschaften und nicht Schul- oder
Fachbildung, noch reiches äußeres Erlebniß, welche den Dichter machen.
Wie werthvoll diese für ihn auch sein können, so werden sie doch erst
durch jene Eigenschaften in poetisches Leben verwandelt. Nicht sie also
haben wir zunächst und vor allem vom Dichter, insbesondere vom
dramatischen Dichter zu fordern, wohl aber Kenntniß der Welt und
des Menschen, Herzens- und Seelenbildung und hauptsächlich die Fähigkeit, sowohl die äußeren Erscheinungen, als die Vorstellungen der Phantasie zu inneren Erlebnissen in der obengedachten Weise zu machen.
Es ist uns weniger wichtig, zu wissen, auf welchem Wege er dies erreicht, als daß und in welchem Umfange er es erreicht. Was die gelehrten Dichter, als solche, erzeugten, wiegt fast alles hierin nicht
das auf, was der einzige Shakespeare geschaffen. Daher auch fast
alle neueren Philosophen sich auf ihn vor allen Dichtern zu berufen
pflegen und seine Werke in dem Maße an Anerkennung und Verbreitung
gewonnen haben, als man sie näher kennen lernte. Das Urtheil Voltaires wird heute in Frankreich nur noch belächelt, und wenn auch in
neuerer Zeit Herr von Rümelin bei uns Mode zu werden vermochte,
so wird er doch lange vergessen sein, wenn man aus Shakespeare noch
immer Erhebung, Weisheit, Genuß schöpft.

So wenig Werth es hiernach auch hat, zu wissen, in welcher Art
und von welchem Umfange die Kenntnisse Shakespeare's gewesen sind,
so geht aus seinen Dichtungen doch so viel hervor, daß er nicht nur
sehr vertraut mit den Werken der englischen Bühne war, sondern auch
das Drama des Seneca, des Terenz und des Plautus, sowie das der
Italiener, wenn schon nur in beschränkterem Umfange kannte, ja daß
er damit eine nicht unbeträchtliche Kenntniß der hervorragenderen Erscheinungen anderer Gebiete der Literatur seiner Zeit, heimischer wie
fremder, verband. Seine antiken Dramen beruhen meist auf Plutarch,
den er aus der Uebersetzung von North kannte. Ovid, den Golding
1567 übersetzt hatte, wirkte auf seine epischen Dichtungen ein. Er

felbft fpielt auf Baptifta Mantuanus an, deffen Eflogen von George
Touberville überfetzt worden waren. Chaucer, Lydgate, Gower und
Warner waren ihm nicht minder vertraut, als die alten und neuen
Balladen= und Lieberdichter, die Novellenfchätze der Italiener und
Franzofen und die epifchen Dichtungen Spencer's, Greene's, Drayton's,
vielleicht felbft Taffo's und Ariofi's, da noch zu feiner Zeit von erfterem
Ueberfetzungen von Carew (1594), und Fairfar (1600), von letzterem die
Harrington's (1591), Tofte's (1597 und 98) und Beverley's (1600) er=
fchienen. Samuel Daniel war ihm Vorbild bei feinen Sonetten, Holinfhed
die hauptfächlichfte Quelle zu feinen Hiftorien. Daß er mit ver=
fchiedenen philofophifchen Werken der Zeit bekannt war, unterliegt
keinem Zweifel. Fiel feine Ankunft in London doch gerade mit der
Anwefenheit Giordano Bruno's zufammen, die großes Auffehen erregte.
Tfchifchwitz hat nachzuweifen gefucht, daß er einzelne von deffen
Schriften gekannt haben müffe. Daffelbe wird von Montaigne be=
hauptet, ja man befitzt fogar ein Exemplar von Florio's Ueberfetzung
der Effays diefes Philofophen, das angeblich Shakefpeare's Namens=
fchrift trägt. Einzelne Stellen weifen auf eine, wenn auch vielleicht
nur flüchtige Kenntniß der Philofophen des Alterthums hin. Wie
hätten da Bacon's Schriften ihm unbekannt bleiben können! Jedenfalls
find feine eigenen Werke des tiefften philofophifchen Geiftes voll.
Doch auch auf die Kenntniß verfchiedener fachwiffenfchaftlicher Werke
weift manches in feinen Dichtungen hin. Es feien davon nur Tou=
berville's Booke of Falconrie or Hawking (1575), deffen Art of
Venerie, Gervafe Markham's Treatise on Hawking und The Gentleman's Academy (1595), Hakluyt's Voyages and Travels (1589
und 1598), The Discoverie of Witchcraft, The Anatomy of sorcerie
und The Discourse of devils and spirits (1584) fowie James',
Daemonologie (1603) hier erwähnt. Auch Herodot war fchon 1584
in Ueberfetzung erfchienen.

Das, was noch Unwiffenheit der Zeit und des Landes war, in
denen er lebte, wird man Shakefpeare nicht anrechnen dürfen, wohl
aber, daß er mit den dem Dichter und Philofophen eigenen Seher=
blick Manches erkannte, was für Andere noch in völligem Dunkel lag.
Man hat zwar in feinen Stücken manche derbe Verftöße gegen die
Zeitrechnung, gegen die geographifchen Kenntniffe und gegen die Koftüm=
treue gefunden, und ich will keineswegs läugnen, daß einzelne von

ihnen, wenn nicht auf Unwissenheit, so doch auf Nachlässigkeit und
Gedankenlosigkeit beruhen mögen. Doch hat man schon darauf hin=
gewiesen, daß sie zum Theil auch beabsichtigt waren. Zum Theil erklären
sie sich aber noch aus der Convention der Zeit. Dies gilt insbe=
sondere von dem Costüm, das damals ja auch von der Malerei, eine
so hohe Stufe diese in einzelnen Ländern erreicht hatte, mehr
oder weniger conventionell behandelt wurde. Wir haben in neuerer
Zeit in der Costümtreue eine ganz neue Quelle charakteristischer Schön=
heit, besonders der malerischen, entdeckt. Diese Schönheit scheint zwar
zunächst ein nur äußerlich realistisches Moment im Kunstwerk zu sein,
kann aber, in charakteristischer Weise verwendet, gleichwohl von tieferer
Bedeutung werden. Sie also kannte die Zeit Shakespeare's noch nicht,
und obschon er nicht nur zu den idealistischesten Dichtern gehört, sondern
zugleich dem Realismus und der Naturwahrheit auf's Entschiedenste hul=
digte, blieb er in Bezug auf Costüm doch auf dem Standpunkt seiner
Zeit stehen. Er wußte ohne Zweifel so gut wie wir, daß man zur
Zeit seines Königs Johann noch keine Kanonen gehabt, aber er nahm
keinen Anstoß daran, sie in dieses Drama mit einzuführen.

Unerheblicher noch als die Frage nach den Kenntnissen des Dich=
ters überhaupt erscheint die nach dem Umfang seiner Sprachkenntnisse.
Kommt für den Dichter doch wesentlich nur die Sprache in Betracht,
in welcher er dichtet. Diese Sprache hat aber kaum noch ein Anderer
wie er in der Gewalt gehabt. Selten bringt es ein Philosoph über
den Gebrauch von 10 000 Wörtern. Milton's Wortschatz wird auf
nur 8 000 berechnet. Shakespeare brachte 15 000 Wörter in Anwen=
dung. (Edward Holden ist nach einer andren Zählungsweise zu einem
wesentlich anderen Resultat gekommen, nach ihm fallen auf Milton
17 000, auf Shakespeare 24 000 Wörter.*)) Es erscheint hiernach über=
flüssig, zu untersuchen, in wie weit Shakespeare auch andrer Sprachen
mächtig gewesen ist. Bei der Wahrheitsliebe, die einen Grundzug
seiner Werke bildet, ist aber anzunehmen, daß er diejenigen Sprachen,
die ihm nicht in einem gewissen Umfange verständlich waren, in seinen
Dichtungen auch nicht verwendet hat. Bemerkenswerth ist eine Stelle

---

*) Siehe Elze, a. a. O. S. 449. Besonders wird hier bei Shakespeare noch
der ausgedehnte Gebrauch hervorgehoben, den er von dem lateinischen Elemente
der Sprache gemacht.

seines Kaufmann von Venedig, in welcher er über den Mangel an Sprachkenntniß spottet. Sie heißt:

> Nerissa: Was sagt ihr denn zu Faulconbridge, dem jungen Baron aus England?
>
> Porzia: Ihr wißt, ich sage nichts zu ihm, denn er versteht mich nicht. Er kann weder Lateinisch, Französisch, noch Italienisch, und ihr dürft einen körperlichen Eid ablegen, daß ich nicht für einen Heller Englisch verstehe. Er ist eines feinen Mannes Bild — aber ach! wer kann sich mit einer stummen Figur unterhalten?

Ich glaube hiernach, daß Shakespeare die drei hier erwähnten Sprachen in einem gewissen Umfange zu sprechen oder doch zu lesen verstand, was nicht ausschließt, daß er, wo es englische Uebersetzungen gab, diese bevorzugte.

Geringeren Aufschluß als über sein Wissen, seine Kenntnisse und seine Belesenheit geben uns die Werke des Dichters über seinen persönlichen Umgang. Dies hängt damit zusammen, daß er keines seiner dramatischen Werke selber edirte und den Ausgaben derselben daher die üblichen Widmungen an seine Gönner und die herkömmlichen, dem Werke vorgedruckten Lobgedichte der Verehrer und Freunde des Dichters fehlen. Shakespeare scheint beides verschmäht zu haben. In dem ersten mochte er eine Art Bettelei (denn die Widmungen wurden gewöhnlich mit einem Geldgeschenke erwidert), in dem anderen eine Art von Reclame erblicken; wie er sich ja in seinen Werken auch fast frei von der üblichen Schmeichelei seiner Zeit hielt.*) Nur seine beiden großen epischen Dichtungen, Venus und Adonis (1593) und Der Raub der Lucretia (1594), hat er selber edirt. Sie sind dem Lord von Southampton gewidmet, was Shakespeare ohne Zweifel nur als ein Zeichen der Liebe und Verehrung angesehen wissen wollte. Die Sonette sind von dem Buchhändler T. T. (Thomas Thorpe) herausgegeben und einem W. H. zugeeignet worden. Es ist ungewiß, wer darunter gemeint ist. Ein ähnliches Dunkel ist über die persönlichen Beziehungen des letztgenannten Gedichtes selber verbreitet, von dem man nicht ein-

---

*) Man kennt nur einige wenige Stellen, welche sich als Huldigungen der Elisabeth und Jacob I. darbieten, sie befinden sich im Sommernachtstraum, in Heinrich VIII. und in Macbeth.

mal mit völliger Sicherheit weiß, ob und in wie weit sie wirkliche oder blos
fictive Verhältnisse behandeln. Daß es dem Dichter gewiß nicht an Gelegenheit zu derartigen Widmungen fehlte, geht aus der Zueignung der
Herausgeber der ersten Folio an die Grafen von Pembroke und Mont-
gomery hervor, nach der diese dem lebenden Dichter große Gunst
erzeigt haben sollen. Ob Shakespeare wirklich zu Graf Leicester Beziehungen gehabt, in dessen Truppe er sogar zeitweilig gestanden und
ben er mit dieser 1585 nach den Niederlanden begleitet haben soll,
ist ungewiß. Auch das ist nur Muthmaßung, daß er zur Vermählung
des Grafen Essex, 1590, den Sommernachtstraum gedichtet habe. Für
ein Verhältniß zu diesem soll auch eine Stelle im Prolog zum 5. Akte
Heinrich V. sprechen. Nicht sicherer ist das, was man von der Gunst
in der er bei der Königin Elisabeth und bei Jacob I. gestanden, erzählt. Jene soll ihn zur Dichtung von „Die lustigen Weiber in
Windsor" veranlaßt, dieser ihm für die schmeichelhafte Prophezeiung
in Macbeth brieflich gedankt haben, was wohl beides erfunden
sein dürfte.

Ueberhaupt wird man sich, wie ich schon sagte, den unmittelbaren Einfluß, den Elisabeth auf die Entwicklung und Blüthe der
Dichtung und Bühne ausgeübt hat, nicht allzu groß denken dürfen.
So sehr sie Theater, Musik, Dichtkunst und Wissenschaft liebte, so war
ihr Geschmack und ihr Urtheil auf diesen Gebieten doch zu wenig geläutert. Daß unter ihrer Regierung der zweitgrößte Dichter der Zeit,
Spencer, verhungern konnte, spricht hierfür allein. Vielleicht, daß sie den
ersten Dichter der Nation nicht viel höher schätzte. Ihr Verhalten gegen
Lilly, der doch das Wunder eines Decenniums war, sollte bedenklich
machen. Zu ihrer Entschuldigung spricht, daß selbst die, denen man
in poetischen Dingen noch am meisten Urtheil hätte zutrauen sollen,
Shakespeare ebenfalls nicht nach seinem vollen Werthe geschätzt haben.
Der emphatische Nachruf Ben Jonson's ist kein vollwichtiger Gegenbeweis. Dergleichen Gedichte ergingen sich immer in den hochtönend-
sten Ausdrücken. Neben den Schmähschriften der Zeit liefen, wie
durch sie fast bedingt, die lobhudelndsten Anpreisungen her. Jedenfalls hielt sich Ben Jonson, selbst wenn nicht für den größeren, doch
für einen ebenso bedeutenden Dichter, daher es bei ihm auch nicht an
verkleinernden Anspielungen fehlt. Bezeichnend aber ist, daß einer
der begabtesten zeitgenössischen Dramatiker, Webster, im Vorworte zu

derselben Dichtung, in der er Shakespeare wissentlich nachahmte (seiner Vittoria Corombona) mit vollster Ueberzeugung diesen mit Heywood auf eine Linie stellte, was nicht viel besser als eine Gleichstellung Schillers' mit Kotzebue ist.

Wenn aber auch nicht nach seinem vollen Werth, so wurde doch Shakespeare von fast allen seinen Berufsgenossen hoch geschätzt und geehrt. Wir begegnen über ihn keiner misachtenden, selten einer einschränkenden, wohl aber mancher warm anerkennenden Stimme.*)

Mit fast allen hervorragenden Schauspielern und Bühnendichtern der Zeit scheint Shakespeare bekannt und befreundet gewesen zu sein. Besonders eng war sein Verhältniß zu Ben Jonson und dessen sich hauptsächlich im Wirthshaus zur Mermaid versammelnden, von W. Raleigh gegründeten Kreise. Nicht wenige Stellen der Schriftsteller der Zeit enthalten Anspielungen darauf. Fuller berichtet von Witzkämpfen, welche hier zwischen Shakespeare und Ben Jonson stattgefunden hätten, und Elze glaubt sogar, daß hier die Brut- und Geburtsstätte der Falstaffiade zu suchen sei (?). Doch mochten sich diese scherzhaften Kämpfe zuweilen auch etwas ernsthafter gestalten. So heißt es in einem 1606 erschienenen Stück, The return from Parnassus; „Few of the 'university pen plays well; they smell too much of that writer Ovid and that writer Metamorphosis and talk too much of Proserpine and Jupiter. Why, here's our fellow Shakespeare puts them all down. Ay, and B. Jonson too. O that B. Jonson is a pestilent fellow, he brought up Horace giving the poets a pill, but our

---

*) Greene dürfte vielleicht eine Ausnahme machen. In der unter seinem Namen erschienenen Schrift: A groat's worth of wit nämlich heißt es: „Eine eben aufgekommene Krähe, ein mit unsren Federn geschmückter Vogel, der sein Tigerherz in eines Schauspielers Haut gehüllt, glaubt einen Blankvers eben so gut aufblähen zu können, wie der Beste von euch und schon jetzt ein vollkommener Johannes Factotum, ja, nach seiner Meinung der einzige Bühnenerschütterer (Shake-scene) zu sein." — Chettle, der Herausgeber jener Schrift, trat später selbst wieder gegen diese Stelle ein, indem er erklärte, daß ihn seine Veröffentlichung in Betreff des einen der Angegriffenen leid sei, da er nicht nur selbst den Anstand seines Benehmens und seine Tüchtigkeit in seinem Berufe kennen gelernt, sondern ihm auch von mehreren zuverlässigen Männern die Rechtlichkeit seiner Handlungsweise bezeugt worden sei, was für seine Ehrenhaftigkeit ebenso spreche, wie die witzige Anmuth seiner Schriften für seine Kunst —" eine Erklärung die fast wie eine nothgedrungene aussieht.

fellow Shakespeare has given him a purge, that made him bewray his credit." Von dieser „purge" ist uns freilich nichts bekannt. Keine der uns vorliegenden Dichtungen Shakespeare's enthält eine darauf zu deutende Stelle. Malone glaubt, daß sie in keinem Drama, sondern in einem verloren gegangenen Epigramm oder Gedichte enthalten gewesen sein dürfte. Natürlich wird Shakespeare auch Verhältnisse zu Männern andrer geistiger Gebiete gehabt haben, zu denen man vor Allen, aber doch nur vermuthungsweise, den Sprachmeister und Uebersetzer Florio und den Architekten Inigo Jones zählt.

Eine andere Frage ist: wann Shakespeare Schauspieler wurde und welche Stellung als dieser, er einnahm? Die erste Notiz, die ihn als solchen charakterisirt datirt aus dem Jahre 1594, in welchem er, nach den Akten des Treasurer of the chamber als Mitglied der Lord Kammerherrntruppe im Verein mit Kempe und Richard Burbadge zu Greenwich vor der Königin spielte. Da diese Darsteller jedenfalls nicht allein spielten, er aber allein neben zweien der vorzüglichsten namentlich aufgeführt wird, dürfte er wohl um diese Zeit schon ein bedeutenderes Ansehen in der Truppe genossen haben, sei es durch sein Talent als Schauspieler, sei es durch den Antheil, den er an dem Besitzthum der Truppe oder an ihren Einnahmen hatte. Dies findet eine Bestätigung in dem Wortlaute des ihr von Jacob I. ertheilten Patents, das sie zu The king's players erhob, da hier in erster Reihe nicht Burbadge, sondern Lawrence Fletcher und zwischen beiden, als zweiter, William Shakespeare aufgeführt wird. Jedenfalls wurde er aber als Schauspieler von Burbadge und Alleyn überragt. Mit einiger Sicherheit wissen wir nur, daß er in Hamlet den Geist und in verschiedenen Stücken Könige spielte. So heißt es in Davies' Scourge of folly (1611):

> To our English Terence, Mr. Will Shakespeare.
> Some say good Will, which I in sport do sing,
> Had'st thou not plaid some kingly parts in sport,
> Thou had'st been a companion for a king
> And been a king among the meaner sort.

Diejenigen, welche annehmen, daß Shakespeare nur, weil der play-wright kein genügendes Einkommen hatte, Schauspieler geworden sei, und sein erworbenes Vermögen hauptsächlich hierauf zurückführen, würden ihm gleichwohl eine größere schauspielerische Kraft beizumessen

haben, weil er nur dann zu einem solchen Ergebniß hätte gelangen
können.

Die Entstehungszeit und die Aufeinanderfolge seiner dramatischen
Arbeiten ist ebenfalls noch in großes Dunkel gehüllt. Einen sehr un-
sicheren Anhalt bieten die Drucke und die Aufeinanderfolge dersel-
ben. Mindestens ungenügend dafür sind die in der Verschiedenheit der
Sprache, des Verses, des Styls und der Compositionsweise zu findenden
Merkmale.

Wenn Shakespeare in der Widmung seines 1593 erschienenen
Heldengedichtes Venus and Adonis dieses the first heir of his invention nennt, so braucht er es hierdurch doch nicht als sein erstes
Gedicht bezeichnet zu haben, sondern möglicherweise nur als das erste,
welchem die Ehre der Veröffentlichung und die Erlaubniß, es einem
Manne wie Southampton widmen zu dürfen, zu Theil wurde. Meres
in seinem 1598 erschienenen Palladis Tamia giebt folgende Stücke
des Dichters an: Die zwei Edelleute von Verona, Die Irrungen, Verlorene Liebesmüh, Gewonnene Liebesmüh (wahrscheinlich: Ende gut,
alles gut.), Sommernachtstraum, Kaufmann von Venedig, Richard II.
Richard III., Heinrich IV., König Johann, Titus Andronicus und
Romeo und Julia. Das Verzeichniß ist werthvoll, weil es wenigstens
darüber Sicherheit giebt, daß diese Stücke nicht später geschrieben
worden sein können. Es scheint aber nicht vollständig zu sein, da
Heinrich VI. und Die bezähmte Widerspenstige sich nicht darin vor-
finden. Dagegen ist es kaum glaublich, das Meres: Hamlet, Julius
Caesar und Heinrich V. weggelassen haben könnte, falls diese wirklich,
worauf, wie wir fanden, einige Notizen im Henslowe'schen Tagebuch
hinweisen, schon vorher geschrieben worden sein sollten.*)

Ulrici theilt die Werke des Dichters in vier Perioden. Er rechnet
der ersten, bis 1592 reichenden Periode: Titus Andronicus, Die beiden
Veroneser, Die Komödie der Irrungen, Verlorene Liebesmüh, die drei
Theile Heinrich VI., Perikles und alles, was dem Dichter von den
angezweifelten Dramen etwa noch angehört, zu. In die Jahre 1592—
1598 stellt er Richard II., Richard III., Ende gut alles gut, Romeo und

---

*) Henslowe giebt unter dem 9. Juni 1594 ein Stück Namens Hamlet
unter dem 27. Juni 1595 Seasar und unter dem 28. November d. J. Harry
als aufgeführt an, freilich ohne den Autor zu nennen.

Julia, Der Widerspenstigen Zähmung, Sommernachtstraum, König Johann, Kaufmann von Venedig. Die dritte bis 1606 reichende Periode
soll nach ihm Hamlet, Lear, Othello, Was ihr wollt, Wie es
euch gefällt, Viel Lärm um nichts und wohl auch noch Heinrich V.
umfassen, so daß für die vierte noch Troilus und Cressida, Julius
Caesar, Antonius und Cleopatra, Coriolan, Macbeth, Cymbeline, Wintermärchen, Sturm, Heinrich VIII. übrig bleiben. Dieser Eintheilung
wird man in der Hauptsache beipflichten können, im Einzelnen weichen
aber die Forscher in der Zeitbestimmung noch so von einander ab,
daß ich es für besser halte, die Dramen des Dichters nach den verschiedenen Gattungen in Gruppen zusammenzustellen.

Ich beginne mit den Lustspielen des Dichters. Für das früheste
wird gewöhnlich Love's labour's lost gehalten. Die Quarto von
1598 ist der älteste uns bekannte, nicht aber der erste Druck. Es
scheint ihm vielmehr eine neue Bearbeitung des Stückes zu Grunde
zu liegen. Das neuerdings von Hertzberg aufgestellte Hauptmerkmal
für die Reihenfolge der Shakespeare'schen Dichtungen, das wachsende
Vorkommen weiblicher Reim-Enden, weist diesem Stücke ebenfalls die
früheste Stelle an.*) Wie in den meisten der früheren Stücke hat der
Dichter auch hier dem Vers und der Sprache eine besondere Aufmerksamkeit zugewendet, doch nicht im dramatischen Sinne. Vom Reim und
vom Doggerelverse ist noch häufig Gebrauch gemacht. Man hat bis
jetzt eine Quelle zu diesem Stück noch nicht aufzufinden vermocht. Hertzberg weist auf das Verhältniß des Königs Thibeau zur schönen Blanche
von Castilien hin. Dagegen macht sich darin der Einfluß des damals
in die Mode gekommenen italienischen Geschmacks und des Euphuis-

---

*) Hertzberg hat das Verhältniß der weiblichen Versausgänge zu den
männlichen für folgende Stücke berechnet und danach die chronologische Reihenfolge derselben bestimmt. Liebes-Leid und Lust 4 Proc., Titus Andronicus
5 Proc., König Johann 6 Proc., Richard II. 11,39 Proc., Die beiden Veroneser
15 Proc., Kaufmann von Venedig 15 Proc., Der Widerspänstigen Zähmung
15 Proc., Richard III. 18 Proc., Wie es euch gefällt 18 Proc., Troilus und
Cressida 20½ Proc., Ende gut, alles gut 21 Proc., Othello 26 Proc., Winter-
mährchen 31 Proc., Cymbeline 32 Proc., Sturm 32 Proc., Heinrich VIII. 44 Proc.
Es läßt sich schon a priori annehmen, daß diesem Merkmal nur eine relative
Bedeutung zukommen werde, was durch die hier dargebotene Reihenfolge nur
noch bestätigt zu werden scheint.

muß überall geltend. Der Dichter ergreift aber beide mit freiem Geist,
mit Phantasie und feinem Geschmack, indem er zugleich auf ihre Auswüchse
sowie auf die des Humanismus und der höfischen Ueberfeinerung seine
Satire richtet. In Holofernes hat man den berühmten Sprach=
meister Florio erkennen wollen. Dem aufgeblasenen Pedanten ist der
prahlerische Kriegsmann, der spanische capitano, gegenübergestellt, für
den es wohl auch in England an Vorbildern nicht gefehlt haben wird.

The comedy of errors ist erst in der Folioausgabe von 1623
erschienen. Innere Gründe weisen aber auf eine frühe Entstehungs=
zeit hin. Es behandelt die Grundidee der Plautinischen Menächmen
in einer ganz selbständigen und dabei reicheren, verwickelteren Weise.
Es steht an Poesie und Vertiefung, nicht aber an Erfindung und
Witz gegen das vorige Lustspiel zurück. Das Grundthema bildet die Ab=
hängigkeit unseres Urtheils vom Sinnenschein. Die daraus entspringenden
Collisionen finden in der Zufälligkeit der Verknüpfung der Begeben=
heiten ihre glückliche Lösung. Der Dichter ist noch oft, aber in immer
neuer, beziehungsreicherer Weise auf dies Thema zurückgekommen und
hat es auf's mannichfaltigste variirt. Hier ist es noch keineswegs in
seiner vollen Tiefe, aber mit glücklicher Erfindung, lustiger Laune und
quellendem Witze ergriffen.

The two gentlemen of Verona sind ebenfalls erst in der Folio
von 1623 zum Abdruck gelangt. Die Doggerelverse sind zwar so ziem=
lich verschwunden, die Reime haben sich beträchtlich vermindert, da=
gegen nehmen die Monologe und einzelne Scenen des Lanz sich fast
noch wie Einlagen aus. Den unbefriedigenden und verletzenden Schluß
erklärt Hertzberg aus einer Fahrlässigkeit der Herausgeber, welche eine
fehlende, motivirende Stelle nicht zu ersetzen vermocht und die zerrissenen
Theile willkührlich aneinander geschweißt hätten. Als Quelle hat man
vor Allem eine Episode im 2. Buche des Schäferromans La diana ena=
morada des Montemayor bezeichnet, von der aber nur eine englische
Uebersetzung von Barth. Yonge von 1598 vorliegt. Einzelne Züge
dürften aber auch der Arcadia Sidney's und Parabosco's Viluppo
entnommen sein. Schon Tieck machte auf eine Aehnlichkeit mit dem
alten Schauspiele Julius und Hippolyta aufmerksam (bei Cohn, Sha=
kespeare in Germany abgedruckt). Sie scheint auf eine gemeinsame
Quelle hinzuweisen.

Entschiedener noch als bei den vorgenannten Stücken zeigt sich der italienische Einfluß in The taming of a shrew. Dieses Stück nähert sich in der Behandlung der Sitten- und Charaktercomödie, klingt aber dabei sehr an die burlesken Elemente der Commedia dell' arte an. Gremio wird sowohl im Stück, wie in der Bühnenweisung als Pantalon bezeichnet. Das Stück hat Vieles mit dem alten gleichnamigen Lustspiel von 1594 gemein. Ueber das Verhältniß beider weichen die Ansichten sehr auseinander. Gervinus hält das Shakespeare'sche Stück für eine Ueberarbeitung des älteren, doch spricht Vieles dafür, daß es auch selbst frühen Ursprungs ist. Jedenfalls liegt ihm noch außerdem Ariosto's Lustspiel I suppositi, wennschon vielleicht nur in der Gascoigne'schen Bearbeitung, zu Grunde. Das Vorspiel und die die Komödie umrahmenden Zwischenspiele, von denen ein Theil verloren gegangen ist, dürften durch eine Anekdote: The waking man's dreame aus der Sammlung von Richard Edward's, dem Master of the revels, angeregt worden sein. Die ältere Taming of a shrew giebt für die weitere Entwicklung derselben einen Anhalt. Das Stück, das sich trotz seiner chargirten Behandlung bei seinerer Darstellung durch seine dramatische Frische noch immer auf den deutschen Bühnen wirksam erhält, verschwand fast 200 Jahre lang von der englischen Bühne (v. 1660—1844). Garrick benützte zwar die zwischen Petruchio und Katharina spielenden Scenen zu einer dreiactigen Posse, die aber ganz farcenhaft dargestellt wurde. Erst 1844 nahm man das ächte Stück in unverkürzter Form wieder auf.

Im entschiedensten Gegensatz zu demselben steht das phantastische dramatische Märchen A Midsummernight's dream, in welchem der Dichter die Lilly'sche Hofcomödie in eine höhere Sphäre hob und in eines der anmuthigsten, tiefsinnigsten und phantasievollsten dramatisch-poetischen Gebilde verwandelte. Der Schluß weist fast darauf hin, daß es zunächst einer festlichen Gelegenheit zu dienen bestimmt war und Elze nimmt dafür das Hochzeitsfest des Grafen Essex in Anspruch. Das Stück müßte dann 1590 entstanden sein, was aber nur denkbar ist, falls eine größere Zahl der Stücke des Dichters, denen es weit überlegen erscheint, in einer früheren Zeit entstanden ist. A. Schmidt zählt den Sommernachtstraum mit Recht denjenigen Dichtungen zu, welche wie Romeo und Julia schon dicht an der Schwelle des Uebergangs von den Jugendarbeiten des Dichters zu denen seiner glänzendsten Periode stehen. Ueber die Sphäre einer bloßen Gelegen-

heitsdichtung erhebt es sich weit. Der Dichter entrollt ein Weltbild
darin, in dem classisches Heroenthum mit moderner Romantik, Allegorie und duftiges Märchenwesen mit derber Realistik verbunden und
verschmolzen erscheinen. Besonders ist noch hervorzuheben, daß auch
der musikalische und malerische Sinn des Dichters sich in der reichsten
und lieblichsten Weise hier darlegt. Es ist freilich nicht nothwendig,
daß diese Dichtung gleich die Gestalt gewonnen habe, in der sie uns
in der ersten Quarto von 1600 (?) vorliegt. A. Schmidt hält 1594 für
das Entstehungsjahr. Als Quelle der Oberonsage gilt den englischen
Forschern der französische Roman Huon de Bordeaux, den Lord
Berners 1579 übersetzte. Doch dürfte auf Shakespeare wohl Greene's
Scottish history of James (1590) eher noch eingewirkt haben. Die
Geschichte von Pyramus und Thisbe war damals ganz populär, und
die Anregung zu den Bürgerscenen mochten die dramatischen Aufführungen geben, welche die Bürgergilden der kleineren englischen Städte
bei festlichen Gelegenheiten veranstalteten.

Auch The merchant of Venice erschien 1600 im Druck,
aber zugleich in zwei Quartausgaben. Er muß jedenfalls vor 1598
entstanden sein. In Bezug auf Charakteristik, Tiefe der Gedanken,
Reichthum des Humors, Kraft und Pracht der Farbe ist dieses Stück
allen vorgenannten, selbst noch dem Sommernachtstraum überlegen.
Es ist dem Dichter aber noch nicht überall gelungen, den Realismus seiner Darstellungsweise mit der Symbolik der Dichtung ganz
zu durchdringen und die beiden Handlungen, die eine Zeit lang fast
unverbunden neben einander herlaufen, ganz mit einander zu verschränken und dramatisch zu verschmelzen. Dies ist aber das Einzige,
was dieses wunderbare Stück nicht ganz auf der Höhe seiner glänzendsten Werke erscheinen läßt. Quellen sind die alten Gesta Romanorum und die Novellensammlung Il pecorone des Giovanni Fiorentino gewesen, welche letztere der Dichter wahrscheinlich nur aus dem
Italienischen oder durch mündliche Ueberlieferung kannte. Es gab schon
ein älteres Stück: The jew, welches verloren gegangen ist, nach Gosson
aber von der Habgier weltlicher Freier (chooser) und dem blutgierigen
Sinne der Wucherer gehandelt haben soll. Dagegen hat sich eine
Ballade von dem Juden Gernutius erhalten, von der Shakespeare,
wenn er sie überhaupt gekannt, freilich nur einen einzigen Zug benutzt
haben könnte. Auch Marlowe's Jude von Malta dürfte ihm einige

kleine Züge geliefert haben. Shakespeare behandelt in diesem Stücke
wieder das Thema von der menschlichen Kurzsichtigkeit, aber in einer
tieferen Weise; insofern nämlich hier der äußere Schein mit dem Wesen
der Dinge, der Wortlaut des Gesetzes und der sittlichen Verordnungen
mit dem Geiste derselben verwechselt wird. Diejenigen, welche das
Stück als Schauspiel auffassen, haben die dichterische Absicht wohl
nicht ganz richtig erkannt. Shakespeare hat Shylock ebenso wenig wie
Antonio mit einem Scheine des Märtyrerthums umgeben oder zu
einem pathetischen Helden machen wollen. Shylock ist zwar im Ganzen
ein finsterer, Antonio ein schwermüthiger Charakter, beide sind aber
doch von ihm in eine, wenn auch nur schwache komische Beleuchtung
gerückt worden, jener mehr noch als dieser. Beide handeln sie thöricht.
Zwar droht diese Thorheit in das Tragische überzuspringen, die Lösung
aber findet im Sinne der komischen Weltanschauung statt.

All's well, that end's well leidet an der Bedenklichkeit des
Stoffes, welcher derselben Novelle des Boccaccio (in der Paynter'schen
Bearbeitung) entnommen ist, auf der schon Accolti's Virginia beruht,
die, wie Simrock und Klein darzuthun suchten, Shakespeare möglicher
Weise durch die 1788 in London auftretenden italienischen Schauspieler oder durch andere Vermittlung bekannt war. Der Stoff fordert
mehr zu einer ernsten Behandlung auf. Shakespeare wurde jedoch
durch das komische Element des Glücksumschlags angezogen. Ich vermag mich nicht ganz der Bewunderung, die dieser Arbeit von vielen
Seiten gezollt worden ist, anzuschließen. Ich finde nicht, daß es dem
Dichter gelungen sei, das Verletzende seines Gegenstandes völlig zu
überwinden. Obschon erst in der Folio von 1623 mitgetheilt, muß
diese Dichtung, falls ·sie mit dem von Meres angegebenen Love's
labour's won identisch ist, vor 1598 entstanden sein. Möglich auch,
daß sie nur eine Ueberarbeitung dieses dann früheren Stückes ist,
worauf Sprache und Styl vielfach hindeuten. Sie hat viel von der
späteren Dunkelheit des Ausdrucks und wenig von dem Glanz und
dem frischen Humor der früheren Stücke, noch weniger aber freilich
von dem Tiefsinn und der vollendeten Charakteristik der späteren Zeit.
Entscheidend für eine frühere Entstehung erscheint die Figur des Lafeu,
welche bei der, wenn auch nur einseitigen Verwandtschaft mit Falstaff,
diesem jedenfalls, als die ungleich schwächere Bildung vorausgegangen

sein wird. Beide Theile von Heinrich IV. waren aber schon 1598 auf der Bühne mit Beifall gegeben worden.

Aus diesem Grunde möchte ich auch mit Knight The merry wives of Windsor vor diese letzteren setzen. Knight stützt sich aber dabei auf eine muthmaßliche Zeitbeziehung des Stücks. Daß Meres dieses Stück nicht mit angeführt, würde kein Gegenbeweis sein, ebensowenig der Umstand, daß die erste Quarto davon erst 1602 erschienen ist. Dagegen scheint nur zu sprechen, daß der in Heinrich V. auftretende Nym wohl schon hier, nicht aber in Heinrich IV. erscheint. Es ist das einzige Shakespeare'sche Stück, das fast ganz in Prosa geschrieben ist, die auch in Heinrich V. einen sehr großen Raum gewinnt. Anregung dürfte der Dichter in Fiorentino's Pecorone und in Straparola's Piacevoli notti oder, was wahrscheinlicher ist, in einer ihnen nachgebildeten Novelle des Richard Tarlton, The two lovers of Pisa, gefunden haben. Einige auffallende Aehnlichkeiten zeigen sich noch mit der denselben Gegenstand behandelnden Tragedia Hibaldeha von einer Ehebrecherin des Herzogs Julius von Braunschweig, welche 1594 gedruckt worden ist. Hatten beide aus einer gemeinsamen uns unbekannten Quelle geschöpft, oder kannte Shakespeare das deutsche Stück, wenn auch nur aus münblicher Ueberlieferung, durch die am braunschweigischen Hofe zeitweilig angestellten englischen Comödianten? Denn nichts spricht dafür, daß der Herzog das Shakespeare'sche Lustspiel gekannt haben müsse. Es ist das einzige Stück des Dichters, welches bürgerliche Verhältnisse schildert und durchaus in einem bürgerlich-realistischen Tone gehalten ist.

Noch mehr nähert sich unsrem Conversationsstück das in eine höhere Sphäre verlegte Lustspiel Much ado about nothing. Es macht daher auch noch immer auf unseren Bühnen Glück. Der Dichter zeigt sich darin auf der vollen Höhe seines Witzes und seiner Compositionsweise. Die dichterische Laune hat ihn darin zugleich bis an die äußerste Grenze des Komischen getrieben. Scheint er schon in der Kirchenscene fast darüber hinausgegangen zu sein, so ist dies doch noch entschiedener der Fall in den Scenen Claudio's und des Prinzen im letzten Acte. Die Haltung beider hat hier etwas allzuverletzendes, als daß wir die komische Grundstimmung des Dichters noch völlig zu theilen vermöchten. Da die erste Quartausgabe 1600 erschien, so hat man die Entstehungszeit dieser Dichtung auch nicht weiter hinausrücken können. Man nimmt aber allgemein an, daß sie nur kurze Zeit früher gedichtet worden sein könne. Quelle ist Bandello's Erzählung vom Signore Timbreo di Cordova, die auch der schönen Phänicia Ayrer's zu Grunde gelegen hat. Doch hat die Episode von Ariobante und Ginevra aus Ariost auf Shakespeare wohl ebenfalls eingewirkt, vielleicht nicht direct, weil es ein älteres Stück dieses Namens gab, welches den ihr von Shakespeare entlehnten Zug schon enthalten konnte. Das Verhälniß zwischen Benedict und Beatrice und die burlesken Scenen des Stückes scheinen dagegen ganz freie Erfindungen von ihm zu sein.

Ungefähr um dieselbe Zeit ist As you like it entstanden, da es ebenfalls schon 1600 in den Buchhändlerlisten angekündigt worden ist. Doch ist keine frühere Ausgabe als die Folio von 1623 bekannt. Ganz aus romantischem Geiste geboren und doch dabei überwiegend in einem volksthümlich poetischen Tone gehalten, gehört es zu den sinn- und phantasievollsten Lustspielen des Dichters. Lodge's Rosalynde liegt ihm zu Grunde. Klein (X. S. 106) hat noch überdies auf eine gewisse Aehnlichkeit mit Lope de Vega's Las flores de Don Juan aufmerksam gemacht.

Twelfth night or What you will, welches nicht nur eine Titelähnlichkeit, sondern auch eine innere Verwandtschaft mit dem vorigen zeigt, darf wohl als das vollendetste Werk der komischen Muse des Dichters bezeichnet werden. Knight hielt es sogar für die letzte Arbeit desselben. Das von Hunter entdeckte Tagebuch John Manningham's läßt aber keinen Zweifel darüber, daß es schon 1602 (2. Februar) gegeben worden. Es ist wahrscheinlich nur kurze Zeit früher entstanden. Gedruckt wurde es erst in der Folioausgabe von 1623. Die Historie of Appolonius and Scilla in Barnaby Rich's Farewell to Militarie Profession (1881), welche auf Cinthio's achte Novelle der dritten Decade zurückweist, die mit dem uns bekannten Lustspiel Gli ingannati (um 1527) selbst wieder eine gemeinsame Quelle benutzt haben dürfte, behandelt einen ähnlichen Gegenstand. Shakespeare scheint, wie Klein dargethan hat, sowohl das letztgenannte Lustspiel, wie Gli inganni des Secchi, wenn schon vielleicht nur aus den französischen Uebersetzungen des François Juste und des Pierre l'Arivey gekannt zu haben.*) Schon Manningham wies auf letzteres hin. Wie fast immer, wo er entlehnt, beweist sich auch hier Shakespeare's Er-

---

*) Siehe hierüber den 2. Halbband dieses Werkes. S. 138 und 189.

findungs- und Gestaltungskraft am Bewundernswerthesten. Dabei
hat alles an realistischer Farbe, wie an seelischer Vertiefung und poetischer Stimmung gewonnen. Seine Kunst der Charakterzeichnung und
der Verknüpfung der verschiedensten Verhältnisse, Handlungen und
Begebenheiten durch einen gemeinsamen Grundgedanken, der sich in
ihnen in der mannichfaltigsten und unmittelbarsten Weise darstellt und
alles harmonisch zu einem einheitlichen Lebens- und Weltbilde verbindet,
erscheint hier auf ihrer vollen Höhe. Einige dieser Verhältnisse zeigen
eine Verwandtschaft mit denen der Comödie der Irrungen, andere mit
denen des Sommernachtstraums. Stellt der letztere die Abhängigkeit
unserer Empfindungen, Vorstellungen und Urtheile von den geheimnißvollen Einwirkungen der Naturkräfte auf die Phantasie dar, so werden
wir hier auf die Abhängigkeit derselben von den Vorstellungen hingewiesen, die sich mit unsern Sinneseindrücken je nach der Disposition
unsrer Gemüthslage verbinden und deren Gegenständen ihren subjectiven Werth, ihre subjective Bedeutung geben.

The Tempest wird allgemein als das tiefsinnigste und phan-
tasievollste der Lustspiele des Dichters gepriesen; denn zu diesen muß
es der Auffassung nach gerechnet werden, wenn schon die Behandlung
eine überwiegend ernste ist. Bei aller Großartigkeit ist sie zugleich
milde und anmuthig. Selbst der Humor und die Lustigkeit zeigt
hier und da einen ernsten Zug. Die letztere geht zuweilen ins Groteske über. Ja, die Figur des Caliban hat in ihrer Ungeheuerlichkeit
sogar etwas Schreckhaftes. In Bezug auf Gestaltungskraft nimmt diese
Dichtung in der Mannichfaltigkeit und Eigenthümlichkeit ihrer Figuren
eine der ersten Stellen unter seinen Werken ein. Prospero, Miranda,
Ariel, Caliban sind bewunderungswürdige Schöpfungen. Der Sturm
bildet eine Art Seitenstück zu dem Sommernachtstraum, hier und dort
eine phantastische Märchen- und Zauberwelt, und doch welcher Gegensatz! Es ist ohne Zweifel eine der spätesten Arbeiten des Dichters.
Einige haben sogar in dem Epilog diesen selbst sich von der Bühne verab-
schieden sehen wollen. Jedenfalls spielt er darin auf die im Jahre 1609
entdeckten Bermudasinseln an, und verschiedene Stellen weisen auf seine
Kenntniß der ein Jahr später erschienenen Beschreibung der Endeckungs-
reise von Silvestre Jourdan hin. 1614 scheint Ben Jonson in seiner
Bartholomew fair dagegen auf den Sturm angespielt zu haben, wenn er
von tempests and such like drolleries spricht. Dies würde zugleich von

der Art zeugen, in der man damals den Dichter verstand. Es liegt
diesem Lustspiel eine ähnliche Voraussetzung zu Grunde wie As you
like it. Handlung und Charaktere aber sind völlig verschieden. Schon
Tieck sprach von der Aehnlichkeit mit Jacob Ayrer's „Die schöne Si-
bea." Wenn Shakespeare mit ihm nicht aus einer Quelle geschöpft,
müßte er sie auf irgend eine Weise gekannt und ihr einige Züge
entlehnt haben.*)

Eine ganz exceptionelle Stellung nimmt Troilus and Cressida
ein, wie dieses Stück ja auch in der Quarto als Historie, in der
Vorrede desselben, als Comedy, in der Folioausgabe als Tragedy und
von verschiedenen Forschern als tragi-comedy bezeichnet worden ist.
Schon 1603 wurde „The booke of Troilus and Cressida, as it has
been acted by the Lord Chamberlain's men in die Buchhändlerlisten
eingetragen. Man nimmt an, daß dies ein früheres Stück als das vorliegende gewesen sei, weil die von Boman und Walley 1609 veröffentlichte Quartausgabe ein besonderes Gewicht darauf legt, daß das
in ihr enthaltene Stück „noch nie durch die Bühne breitgetreten worden sei", und das Henslowe'sche Tagebuch noch auf ein anderes den
Gegenstand behandelndes Stück von Dekker und Chettle aus dem Jahre
1599 hinweist. Hertzberg rückt seine Entstehungszeit, nach dem Procentsatz der weiblichen Endsilben, kurz nach Was ihr wollt. — Unmittelbar nach Erscheinen der ersten Quarto, vielleicht selbst noch vor
ihr, weil zu Anfang des Jahres 1609, und wahrscheinlich durch sie
veranlaßt, erschien das Stück nun aber doch auf der Bühne. Es
scheint keinen großen Erfolg erzielt zu haben, was vielleicht mit ein
Grund war, weshalb Hemminge und Condell es anfänglich in ihre
Gesammtausgabe nicht mit aufgenommen hatten. Es wurde in diese
erst nachträglich eingefügt. Auch später hat man das Stück meist
nicht nach seinem vollen Werthe gewürdigt. Dies ist erklärlich genug.
Der zwischen Ernst und Scherz schwankende, oft an's Cynische strei-
fende Ton mußte befremden; der mitten in der erregten Spannung
abbrechende Schluß mußte den Leser unbefriedigt entlassen. — Es ist
viel darüber gestritten worden, ob die Parodie, die man in diesem

---

*) Siehe hierüber und ähnliche Verhältnisse Albert Cohn, An account
of English actors in Germany and the Netherlands. London 1865, und desfel-
ben Autors Shakespeare in Germany.

Stück zu erkennen glaubt, eine vom Dichter beabsichtigte gewesen sei oder nicht? So lange man annahm, daß es unmittelbar auf Grund der Homerischen Dichtung und im Gegensatz zu dieser von ihm geschrieben worden, war man zur ersten Annahme völlig berechtigt. Allein es ist dargethan, daß Shakespeare den mittelalterlichen Bearbeitungen der Troja- und Troilussage, insbesondere Caxton's Recueyle of the Histories of Troye, (1471), Lydgate's Troy-booke und der Chaucer'schen Bearbeitung von Boccaccio's Filistrato gefolgt ist, wie ja die Troilussage erst in der nachhomerischen Zeit entstand und von den mittelalterlichen Dichtern die weitere Ausbildung und wie alle ihre Bearbeitungen antiker Sagen das romantische Costüm empfing.*) Diese Bearbeitungen haben dadurch schon selbst, wenn auch unbewußt, den Charakter von Parodien erhalten. Shakespeare's Drama mußte denselben ebenfalls annehmen, wenn er ihnen hierin auch nur ganz naiv gefolgt wäre. Indem er jedoch in seine Darstellung Züge mischte, die er dem directeren Studium der antiken Dichtung verdankte, (womit nicht gesagt werden soll, daß er die Ilias damals gekannt, da von der Chapman'sche Uebersetzung derselben bis dahin nur die ersten drei Bücher veröffentlicht waren, das Ganze aber erst 1610 erschien); indem er ferner die Helden der Sage sowohl von ihrer classischen wie von ihrer romantischen Höhe hernieder auf den Boden der Wirklichkeit zog —: konnte der parodistische Charakter des Stücks nicht mehr ein ganz unbewußter bleiben. Auch erscheint die Parodie nur zu einem bestimmten Theile gegen die Anschauung der classischen Zeit, mehr aber noch gegen die mittelalterliche Auffassung des classischen Heldenthums, ja gegen die mittelalterliche poetische Lebensauffassung überhaupt gerichtet. In dieser Beziehung dürfte man Shakespeare's Troilus und Cressida mit dem großen Roman des Cervantes vergleichen. Nur bildete bei ihm das parodistische Element blos den Hinter- oder Untergrund seines Gemäldes. Es giebt dieser Dichtung wohl mit den eigenthümlichen Charakter, die eigenthümliche Grundstimmung, aber keineswegs bestimmt es diese allein. Vielmehr glaube ich, daß Shakespeare nie an die Bearbeitung dieses Stoffes gegangen

---

*) Siehe Eitner, Die Troilus-Fabel im Shakespeare-Jahrbuch III, und Hertzberg, Die Quellen der Troilussage in ihrem Verhältniß zu Shakespeare's Troilus und Cressida, ebend. VI.

sein würde, wenn er sich nicht als ein so vortreffliches Mittel zu einem
Gegenbilde zu Romeo und Julia dargeboten hätte. Die kalt berech-
nende, nur auf die egoistische Befriedigung der Genuß= und Gefallsucht
gerichtete wetterwendische Liebe Cressida's, an der Alles, „Auge, Wange,
ihr Fuß selbst spricht", welcher „der üpp'ge Sinn aus jedem Gliede und
Gelenke blickt", bildet den entschiedensten Gegensatz zu der unbedenklichen,
sich voll und ganz hingebenden, weltvergessenen, ihre Treue mit dem Tod
besiegelnden Liebe Julia's. Wie Shakespeare diesen Gegensatz im Einzelnen durchgeführt hat, wird ein Vergleich der ersten Begegnungs=
und der Abschiedsscene in beiden Stücken erkennen lassen. Doch auch
dieser Gegensatz würde dem Dichter allein nicht genügt haben, wenn
er damit nicht zugleich eine bestimmte Seite des menschlichen Lebens
überhaupt zu ergreifendem Ausdruck zu bringen vermocht hätte. Es
handelt sich ihm hier sichtlich darum, die verwerflichen Triebfedern in
dem Streben nach dem Ruhme der Tapferkeit und der Schönheit,
und die Schmarotzer, welche diese erzeugen, im Gegensatze zu einer edlen,
treuen Liebe und ächten Ritterlichkeit nach ihrem wahren Werthe erscheinen zu lassen. Indem der Dichter hierzu einen Stoff wählte,
welcher bisher eine hochpathetische Behandlung erfahren hatte, wurde
er bei der Darstellung desselben von selbst auf den parodistischen Stand=
punkt gedrängt, und seine Kunst und Größe bewährte sich grade darin,
daß, obschon er denselben von seiner poetischen Höhe auf das Niveau
der gemeinen Wirklichkeit niederzog und sich dabei der allerrealistischesten
Mittel bediente, er denselben gleichwohl mit einem ganz neuen poetischen Geist und Gehalt zu durchdringen vermochte. Ich halte in dieser
Beziehung das Stück, bis auf den Epilog, für eines der vollendetsten
Werke des Dichters. Man hat die Frage erörtert, ob dieser Epilog
ihm auch wirklich gehöre? Es läßt sich Manches dafür und dawider
sagen. Für jenes scheint besonders die Stelle zu sprechen, aus welcher
Hertzberg die Absicht des Dichters, das Stück weiter fortzusetzen, heraus=
liest. Es ist wahr, wir werden am Schlusse ziemlich unbefriedigt entlassen. Wir wissen, von Troja völlig zu schweigen, nicht, was schließlich
mit Troilus und Cressida wird, ob ersterer Hector's Tod und die ihm
durch Diomedes widerfahrene Schmach rächen wird oder nicht? Auch Homer ist in seinem Gedichte wenig anders verfahren. Wie es sich aber
auch mit dem äußeren Abschluß verhalten möge, so bedarf die zur
Darstellung gelangte Idee selbst doch keiner weiteren Entwicklung. Das

Interesse für Cressida ist erschöpft. Sie ist ebenso wenig der Rache wie der Liebe des Troilus werth. Verachtung ist das einzige, was ihr gebührt. Eine Fortsetzung der äußeren Handlung würde also ein ganz neues ideelles Interesse gefordert haben.

Troilus und Cressida in einem gewissen Sinne verwandt ist Perikles, insofern auch er auf mittelalterlichen Darstellungen, auf einer Verschmelzung des antiken und romantischen Geistes beruht und den Charakter einer Tragicomödie, doch ohne jeden bewußten parobistischen Beigeschmack hat. Falls dieses Stück wirklich von Shakespeare herrührt, stellt es sich als das früheste derjenigen Gruppe seiner Dramen dar, die ich als Schauspiele bezeichnen möchte. Indessen wird es fast allgemein für eine bloße Ueberarbeitung eines älteren, vielleicht von John Wilkins herrührenden Stückes gehalten.*) Diese Bearbeitung wurde 1608 in die Buchhändlerlisten eingetragen und erschien ein Jahr später im Druck. Lawrence Twine's Pattern of painefull adventures wird allgemein als Quelle der darin behandelten Fabel des Appolonius von Tyrus betrachtet, welche ebenso wie die Troilussage im Mittelalter höchst populär war.

Als nächstes Stück dieser zweiten Gruppe ist Measure for measure zu nennen, welches am 26. December 1604 bei Hofe aufgeführt wurde und wahrscheinlich nur kurze Zeit früher geschrieben ist. Es gehört zu den erst in der Folioausgabe von 1623 durch den Druck veröffentlichten Dramen. Whetstone's Geschichte von Promos und Cassandra liegt ihm zu Grunde, die selbst wieder aus Giraldo Cinthio's Epitia-Novelle (in dessen Hecatomiti) geschöpft ist. Beide Dichter behandelten, wie wir wissen, den Stoff auch dramatisch. Klein macht es wahrscheinlich, daß Shakespeare mit der Epitianovelle bekannt war. Jedenfalls faßte er aber den Stoff in ganz freier und dabei großartiger Weise auf. In seinem Schauspiel sind Züge und Scenen, die zu dem bedeutendsten gehören, was er geschaffen, und Isabella zählt in ihrem ersten Theil zu seinen schönsten Frauengestalten. Es sind andrerseits aber auch wieder Stellen darin, die unsre heutige Empfindungsweise gröblich verletzen. Dies gilt unter anderem von dem nächtlichen Unterschiebungsmotive, das demjenigen ähnelt, welches, nur in milderer

---

*) Siehe Delius im Shakespeare-Jahrbuch III.

Form, schon in All's well, that end's well die glückliche Lösung bringt. Shakespeare fand es allerdings in seinem Stoffe schon vor.;

Cymbeline und The winter's tale werden der spätesten Zeit des Dichters zugerechnet. Cymbeline hat mit dem nur wenig später entstandenen „Sturm" die Aufnahme einer „Maske" gemein. Dr. Symon Forman sah, nach einer Notiz in seinem Tagebuche, das Stück um 1610 im Theater. Nach Hertzberg sprechen innere Gründe dafür daß es auch nicht viel früher geschrieben sein werde. Schon die darin verwendeten Namen weisen auf eine doppelte Quelle, eine englische und eine italienische, hin. Der ersteren scheinen die sich auf Cymbeline und seine Söhne beziehenden Verhältnisse, die Geschichte der Imogen dagegen der Ginevra-Novelle des Boccaccio entnommen zu sein, doch läßt sich nicht sagen, ob direct oder indirect. Hertzberg glaubt, daß Shakespeare die Verbindung beider Fabeln schon vorgefunden habe, woraus er die starken Anachronismen und die Widersprüche in der Behandlung der Begebenheiten zu erklären sucht. Er vermuthet, daß Shakespeare aus einem älteren Bühnenstück geschöpft oder dieses vielmehr nur überarbeitet habe. Simrock nimmt dagegen eine epische Dichtung, einen Volksroman als Shakespeare'sche Quelle an. Beide Ansichten würden sich bei einer gewissen Einschränkung noch immer vereinigen lassen. Daß der Stoff ein überwiegend epischer ist, daß das Shakespeare'sche Drama unter der Fülle desselben gelitten hat, daß es ihm keineswegs vollständig gelungen ist, ihn in die dramatische Form aufzulösen, ja daß er dies stellenweise gar nicht versuchte (z. B. in dem Monologe des Belarius, der sich als einfache Erzählung der Lebensgeschichte seiner Pfleglinge darstellt), ist wiederholt schon dargethan worden. Gegen fast kein Stück aus der Blüthe- und Reifeperiode des Dichters lassen sich so viele Einwendungen als gegen dieses erheben. Doch enthält es andrerseits bewunderungswürdige Parthien, wie das herrliche, sich vor der Höhle des Belarius abspielende Idyll und die ganze Charakterentwicklung Imogen's beweist.

Ein fast noch kühnerer Versuch, eine epische Aufgabe auf dramatischem Wege zu lösen, liegt in The winter's tale vor. Der Dichter wollte hier zeigen, wie die Handlungen der Menschen oft erst spät, in folgenden Geschlechtern gesühnt und belohnt, und wie im Weltzusammenhange selbst Frevel und Zerstörung noch Quellen und Grund

neuen Glückes, neuer gesegneter Zustände werden. Auch dieses Stück
sah Dr. Forman am 15. Mai 1611 im Globe-Theater. Auch hier
sprechen innere Gründe für eine späte Entstehungszeit. Der Stoff ist
der Erzählung Dorastus und Fawnia von Rob. Greene entlehnt.*)
Shakespeare hat ihr den glücklichen Ausgang gegeben; ich glaube jedoch, daß Greene von einer richtigeren Empfindung geleitet wurde,
wenn er Hermione nach ihrer Rechtfertigung sterben läßt. Ihr Wiedererscheinen erinnert an das der Hero in Viel Lärm um nichts.

Von den Schauspielen und Tragödien hat man gewöhnlich die historischen Dramen des Dichters getrennt, obschon sie theils den einen, theils
den andren mit zugehören. Es lassen sich dafür zwei Gründe anführen.
Erstlich unterscheiden sie sich von allen übrigen Dramen des Dichters durch
den streng historischen Charakter der sie bewegenden Ideen; sodann
hat sich der Dichter in ihnen eben deshalb mit größerer Treue an
seine historischen Quellen gebunden, was ihre Form zum Theil mit
beeinflußt und ihr den chronikalischen Charakter aufgedrückt hat. Dieser dritten als Histories bezeichneten Gruppe rechne ich aber nicht
blos die vaterländischen, sondern aus gleichem Grunde auch die römischen zu.

Für seine vaterländischen Historien fand Shakespeare bei seinem
Auftreten den Weg schon gebahnt und in der Hauptsache die Form
schon bestimmt. Es scheint, daß er sich ihnen sehr früh zugewendet
hat und seine ersten Versuche darin nur Ueberarbeitungen schon vor-
handener Muster gewesen sind. Es konnte nicht fehlen, daß er die
ihm überlieferte Form weiter ausbildete und mit seinem Geiste beseelte.
Es geschah in zwei Richtungen, indem er entweder den Schwerpunkt
seiner Darstellung in den Hauptcharakter derselben oder in die sie bewegende Grundidee legte. Dies bedingte denn auch zwei verschiedene
dem entsprechende Formen der Darstellung. Ich werde dieselben jedoch nach den in ihnen behandelten Gegenständen in Betracht ziehen,
wonach sie in zwei Abtheilungen, die vaterländischen und die römischen,
zerfallen, und nicht in der chronologischen Folge ihres nur muthmaßlichen Entstehens, sondern in der chronologischen Folge der in ihnen
behandelten historischen Ereignisse.

---

*) Sie trug in der ersten Ausgabe 1588 den Titel: Pandosto, the Triumph
of Time.

King John ist nachweislich nur die Ueberarbeitung eines früheren uns auch noch erhalten gebliebenen Stück's: The troublesome reign of king John. Elze konnte sogar sagen, daß Shakespeare gar nicht nöthig gehabt habe, auf die ihm zu Grunde liegende Quelle, Holinshed's Chronik, zurückzugehen. Da Meres 1598 dieses Stück's schon gedenkt, so würde kein Zweifel darüber obwalten können, daß es zu dieser Zeit schon geschrieben war, falls Meres nicht etwa das ältere Stück damit gemeint und hierdurch ebenfalls schon für eine Arbeit Shakespeare's erklärt hätte.*) Indeß ist man heute fast einstimmig der Meinung, daß Shakespeare, wenn überhaupt, so doch nicht der alleinige Verfasser des älteren König Johann sei und Meres daher wahrscheinlich das spätere Stück gemeint haben werde. Innere Gründe sprechen dafür, daß es ebenfalls schon zu den früheren Arbeiten des Dichters gehört, doch ist es jedenfalls später als Heinrich VI. entstanden. Ueber das ältere Stück erhebt es sich weit. Shakespeare würde diesem darin erst die geistige Einheit und dramatische Beseelung gegeben haben. Einzelne Parthien zeigen in der Charakterzeichnung schon die völlig gefestigte Hand des Dichters, der ein farbenkräftiges Bild von einer ganz nur vom Geiste des Haus-Interesses und seiner persönlichen Politik beherrschten Zeit entwarf und ihr als erfrischenden Gegensatz die volksthümliche Heldengestalt des Bastard Falconbridge gegenüberstellt.

Von Richard II. liegt eine Quartausgabe von 1597 vor. Es ist jedenfalls früher als Heinrich IV., wahrscheinlich kurz vor oder nach Richard III. entstanden, mit dem es insofern eine gewisse Verwandtschaft zeigt, als in beiden das Gewicht auf den Hauptcharakter gelegt ist. In Bezug auf Composition und dramatische Wirkung gebe ich letzteren entschieden den Vorzug. Der patriotische Geist, der es durchdringt, und der eigenthümlich poetische Reiz, von welchem die Gestalt Richard II. umwoben ist, haben aber das Stück in England mit Recht populär gemacht. Die Rechte und Pflichten der Fürsten und Unterthanen bilden den Kernpunkt der Darstellung. Aus ihnen entwickelt der Dichter den tragischen Verlauf seiner Handlung. Ein unfähiger, sich durch Verletzung seiner Pflichten in's Unrecht setzender Fürst räumt seinem, wenn

---

*) Die erste Ausgabe desselben erschien 1591 anonym, die vom Jahre 1611 trägt die Buchstaben W. Sh. auf dem Titel; die dritte von 1622 aber den vollen Autornamen: Shakespeare.

auch nur aus Klugheit von den Pflichten des Herrschers durchdrungenen und dabei fähigen Gegner ein Recht über sich ein, das er von Natur aus nicht hatte. Ueber das Verhältniß des Stücks zu Marlowe's Eduard II. hat das Nöthige schon gesagt werden können. Es gab noch einen älteren Richard II., welcher jedoch die ganze Lebensgeschichte des Königs umfaßte. Es scheint dieses Stück gewesen zu sein, dessen sich die Mitverschworenen des Essex zur Aufregung des Volks zu bedienen suchten. Shakespeare hat sich bei seiner Darstellung wohl nur an die Holinshed'sche Chronik gehalten. An einzelnen Stellen ist er sogar dem chronikalischen Tone derselben gefolgt. Doch beschränkte er seine Darstellung auf die letzte Zeit der Regierung des Königs und auf sein Zerwürfniß mit Bolingbroke.

Eine ganz andere Compositionsweise, sowie sie die meisten Werke aus der Blüthezeit des Dichters charakterisirt, begegnen wir in Henry IV. Er kann daher auch nur kurz vor seinem Erscheinen im Druck, 1598, geschrieben sein. Der Dichter hat in dem zweiten Theile des Stücks die Vorzüge des ersten nicht ganz erreicht. Dies lag zum Theil in der Natur seines Stoffs. Die Gegensätze waren hier frischere. Der Humor konnte sich freier und reiner entfalten. Beide Theile verhalten sich fast zu einander wie die sorglos heitere Jugendzeit, der das Leben ein Spiel, die Arbeit selbst nur Genuß ist, zu dem sorgen- und mühevolleren Mannesalter. Auch von diesem Stoff lagen schon ältere Stücke vor. Doch waren auch hier Holinshed's Chronik und seine eigene Phantasie die hauptsächlichsten Quellen des Dichters. Heinrich IV. ist eines der volksthümlichsten Stücke der englischen Bühne und eine der wunderbarsten dramatischen Dichtungen überhaupt. Composition, Charakteristik, Sprache, Gedankenreichthum, Humor, Witz, Ideengehalt, ethische Hoheit der Weltanschauung — Alles zeigt hier den Dichter schon auf der vollen Höhe seiner künstlerischen Entwicklung. Der Gebrauch, welchen er hier von den Gegensätzen des Heiteren und Ernsten in beziehungsreichster Fülle gemacht, ist im höchsten Sinne bedeutend. Das Verhältniß des Menschen zu Ehre und Ruhm ist hier der springende Punkt der Handlung. Sie entwickelt sich aus der individuellen Verschiedenheit, aus den charakteristischen Gegensätzen dieses Verhältnisses.

Auf Henry V., wahrscheinlich 1599 geschrieben, 1600 zum ersten Male, wenn auch nicht vollständig zum Abdruck gebracht, scheint Shake-

speare, wie die Chöre annehmen laſſen, einen beſonders hohen Werth
gelegt zu haben. Es iſt in noch engerem Sinne als die vorigen ein
patriotiſches, volksthümliches Stück zu nennen, daher es auch nur auf
der engliſchen Bühne Glück gemacht hat. Der Dichter hat ganz augen-
ſcheinlich darin die durch Richard II. eingeleitete, in Heinrich IV. fort-
geführte Handlung zu einem möglichſt glänzenden und in ſich befrie-
digten Abſchluß zu bringen geſucht. Nur erſt der Epilog weiſt auf
die neuen Kämpfe hin, welche der errungene Sieg ſchon im Keime
birgt, doch nicht als auf etwas, was als Entwicklung der hier
zum Abſchluß gekommenen Handlung zu erwarten und zu betrachten
wäre, ſondern als etwas, welches ſich nur erſt aus ſpäter eintretenben
Um= und Zuſtänden (dem „vielberathenen Regiment‟ des minderjäh-
rigen Heinrich VI.) entwickelt habe und auf der engliſchen Bühne
ſchon ſeit lange vorgeführt worden ſei.

Die Trilogie von Henry VI. gehört, ſoweit ſie dem Dichter
überhaupt zuzuſprechen iſt, jedenfalls zu den früheſten der uns erhalten gebliebenen Werke deſſelben. Der erſte Theil iſt zwar nicht
eher, als in der Folioausgabe von 1623 zum Abdruck gelangt, ſchon
Naſh weiſt aber 1592 auf ein Stück hin, welches wahrſcheinlich kein
andres als dieſes war. Es muß jedoch noch früher entſtanden ſein.
So weit auch ſchon die beiden anderen Theile bis auf wenige Stellen gegen die übrigen hiſtoriſchen Dramen des Dichters zurückſtehen, ſo tritt doch
ſelbſt gegen ſie noch der erſte Theil wieder beträchtlich zurück. In der
That hat man ſich deshalb vielfach gegen die Annahme geſträubt, daß
es Shakeſpeare geſchrieben habe. Die gewöhnliche Auskunft, daß es
nur eine Ueberarbeitung ſein möge, bot ſich natürlich auch hier an.
Sie wurde dadurch unterſtützt, daß einzelne Parthien ſich vortheilhaft
von dem Uebrigen abheben. Im Jahre 1594 erſchien indeß der zweite
Theil von Heinrich VI. anonym und mit einem Titel, welcher jeden
Zuſammenhang mit dem erſten Theile auszuſchließen ſcheint, von dem
übrigens auch die Behandlungsweiſe der hiſtoriſchen Begebenheiten
abweicht, die dort eine höchſt willkührliche, hier eine ſich faſt ängſtlich
an die hiſtoriſche Quelle anſchließende iſt und dabei auf Holinſhed, dort aber auf Hall zurückweiſt. Dieſer Titel heißt nämlich:
The first part of the contention betwixt the two famous houses
of York and Lancaster. Obſchon hier ausdrücklich auf einen zweiten Theil hingewieſen wird, erſchien doch auch dieſer wieder und

zwar nur ein Jahr später unter dem selbständigen Titel: The true
tragedy of Richard Duke of York. Wie jene erste Ausgabe erschien
auch die zweite von 1600 wieder anonym, und erst 1619, nach dem
Tode Shakespeare's, brachte eine dritte seinen Namen als den des
Autors. Die englischen Forscher halten diese beiden Stücke wegen
der Abweichungen von der Folioausgabe für Werke eines ganz anderen
Dichters, die Stücke der Folio aber für Ueberarbeitungen derselben
durch Shakespeare. Die neueren deutschen Forscher halten dagegen
jene meist für identisch mit diesen, aber für unrechtmäßige, nach flüchtigen, mangelhaften Niederschriften gedruckte Ausgaben. Auf eine
völlige Uebereinstimmung der Ansichten ist schwerlich zu hoffen, da
sich für jede derselben mancherlei anführen läßt. Der dritte Theil
Heinrich VI. enthält in der That schon sehr schöne Stellen. Die
Gestalt Richards III. erscheint hier in den wesentlichsten Zügen schon
vorgezeichnet. Gleichwohl läßt sich der ungeheure Abstand, welcher
zwischen beiden Stücken in der Kunst der Charakteristik und des
sprachlichen Ausdrucks besteht, vielleicht aus nichts deutlicher erkennen
als aus dem Vergleich des Monologs Glosters in der 2. Scene
des 3. Actes von Heinrich VI. mit dem der 1. Scene des 1. Actes
von Richard III, zumal beide größtentheils denselben Inhalt haben.

Von Richard III. liegt eine Quartausgabe v. J. 1597 ohne Autornamen, aber mit Angabe des Namens der Schauspielergesellschaft vor,
zu welcher Shakespeare gehörte. Hält man diese Ausgabe für rechtmäßig, so kann die fast auf jeder Seite abweichende Fassung der Folioausgabe von 1623 nur als eine Ueberarbeitung derselben angesehen werden. Auch ist schon 1594 von einem Stücke The true
tragedy of Richard III. die Rede. Die Fassung der Folio zeigt den
Dichter in vieler Beziehung bereits auf der vollen Höhe seiner Kunst.
In der Durchdringung der dämonisch-genialen Bösartigkeit seines Helden
mit einem sich genießenden, teuflischen Humor verräth sich die im Gefühle souveräner Freiheit, mit spielender Sicherheit schaffende Meisterschaft seiner Gestaltungskraft, seine tiefe, ja oft erschreckende Kenntniß
des menschlichen Herzens. Die Scene zwischen Gloster und Anna ist
eine der kühnsten, bewunderungswürdigsten Thaten des dramatischen
Genies. Kaum noch ein zweites Stück des Dichters zeugt von einer
gleichen Kenntniß der Bühne. Es ist nicht nur von allen seinen Historien weitaus die bühnenwirksamste, sondern auch eine der überwäl-

tigendsten Tragödien überhaupt. Nie ist das Wort: die Weltgeschichte
ist das Weltgericht in großartigerer und dabei erschütternderer Weise
dramatisch dargestellt, nie der gewissenlosen Selbstsucht der Mächtigen
auf Erden ein furchtbareres, abschreckenderes Bild entgegengehalten
worden.

Henry VIII., die letzte der englischen Historien des Dichters, nimmt
unter ihnen eine ebenso isolirte Stellung wie König Johann ein. Sie
gehört aus inneren Gründen der spätesten Dichtungsperiode desselben
an. Henry Wotton berichtet über eine Aufführung dieses Stücks am
6. Juli 1613, welche Veranlassung zu dem Brande gegeben, der das Globe-
theater damals in Asche legte. Er bezeichnet dasselbe als neu, führt
aber den Titel All is true dabei an. Seine übrige Mittheilung läßt
jedoch keinen Zweifel, daß Heinrich VIII. damit gemeint sei, der sehr
wohl jenen zweiten Titel noch führen konnte, wie ja der Dichter im
Prologe desselben möglicherweise selbst darauf anspielt, insofern er
ein großes Gewicht darauf legt, daß in dieser seiner Darstellung alles
wahr sei. Auch innere Gründe sprechen für eine späte Entstehungszeit, so die vielen weiblichen Versenden (44%), die Freiheit in der
Behandlung des Verses, die häufigen Enjambements und die Ueber-
ladung desselben mit Versfüßen. Kaum minder weist die Compositionsweise darauf hin, der es an dramatischer Concentrirung gebricht. Wie
in noch mehreren seiner späteren Werke hat der Dichter auch hier eine
eigentlich außerhalb des Dramas gelegene Aufgabe mit dramatischen
Mitteln zu lösen gesucht. Man hat, dies zu rechtfertigen, eine Auskunft in der Behauptung gefunden, daß es sich ihm hier gar nicht um
ein eigentliches Drama, sondern nur um ein historisches Gelegenheitsstück gehandelt habe. Die Doppelhuldigung, auf Elisabeth und auf
Jacob I., die es enthält, ist aber das Einzige, was diese Annahme
rechtfertigt. Eine Huldigung der Elisabeth konnte an sich freilich kein
recht schickliches Moment für ein Gelegenheitsstück sein, das Jacob I.
befriedigen sollte. Dies war höchstens möglich, wenn sie die Brücke
zu einer Huldigung dieses letzteren schlug; was zwar hier der Fall ist,
nur daß Hertzberg die Stelle mit guten Gründen für ein späteres Ein-
schiebsel erklärt. Doch findet dieser Gelehrte wieder einen Ausweg
in der Annahme, daß das Stück ursprünglich für die Vermählungsfeier der Prinzessin Elisabeth mit dem Churfürsten von der Pfalz bestimmt gewesen sein dürfte und der Dichter die Namensbeziehung hierzu

für ausreichend gehalten habe, was bei den Darstellern oder Bestellern jedoch Anstand gefunden, worauf dann in der Eile die Jacob I. huldigende Stelle von ihm noch eingefügt worden sei. Die Erklärung ist in der Hauptsache ansprechend, doch tritt ihr der Umstand entgegen, daß das Stück bei jener Vermählungsfeier nicht zur Aufführung kam. Die Form, in welcher dasselbe sich darstellt, erklärt sich auch ohnedies. Dem Dichter lag ohne Zweifel bei der Darstellung so naheliegender Ereignisse nichts so sehr am Herzen, als wahr befunden zu werden. Auch konnte er sich um so freier und sicherer in seiner Darstellung fühlen, je enger er sich seinem Gewährsmanne, Holinshed, anschloß. Zudem war sein Begriff von der dramatischen Form ein immer freierer, uneingeschränkterer geworden. Was ihn an seinem Stoffe anzog, waren die großen Schicksalswechsel, welche das Leben Buckingham's, Catharina's von Aragonien und Wolsey's darbot, war die innere tragische Verkettung derselben und wie sich aus ihr, aus diesem Gewebe von Intrigue, Arglist und Gewaltthätigkeit, wenn auch erst nach langen dazwischenliegenden Kämpfen doch endlich ein neuer segensreicher Zustand entwickelte, welcher in der Erscheinung der königlichen Elisabeth kulminirt. So kühn und freimüthig der Dichter aber auch in seiner Darstellung des Königs erscheint, so glaube ich doch nicht, daß er denselben ganz so niedrig zu schildern beabsichtigte, als es von einzelnen seiner Ausleger aufgefaßt wird. Ob The rising of Cardinal Wolsey von Munday, Drayton und Chettle und Cardinal Wolsey von Wentworth, Smith und Chettle, welche nach Henslowe's Tagebuch 1601 und 1602 zur Aufführung kamen, Einfluß auf Shakespeare geübt, wissen wir nicht. Dagegen stimmt er mit Rowley's 1605 erschienenen The famous chronicle historie of king Henry VIII. in verschiedenen Punkten überein. Einzelne Forscher glauben, daß Ben Jonson, andre daß Fletcher an dem Shakespeare'schen Drama betheiligt gewesen sei, welches erst in der Folioausgabe von 1623 im Druck erschien.

Für die drei Römertragödien: Julius Cäsar, Coriolanus und Antonius und Cleopatra war North's Uebersetzung der Lebensbeschreibungen des Plutarch die hauptsächlichste Quelle. Von ihnen ist Julius Caesar die früheste. Sie muß nach einer Stelle in Weever's Mirror of martyrs, welche offenbar auf sie anspielt, vor 1600 geschrieben sein, während sie nach einer andren Stelle in Drayton's zweiter Ausgabe von The Baron's Wars, 1603, welche die erste, 1596, noch nicht enthält,

9*

in diesem Jahre kaum schon geschrieben gewesen sein konnte. Auch
sonst spricht alles dafür, daß sie der Blüthezeit des Dichters mit
angehört, deren Werke sich durch die Kraft, die farbige Frische und den
Glanz des sinnlichen Ausdrucks, durch das Feuer, den Schwung, die
Energie der Empfindungen und Leidenschaften, die licht= und maßvolle
Fülle der zuströmenden Gedanken und Bilder auszeichnen. Man hat
nicht nur gegen den Titel des Stücks, sondern auch gegen das getheilte
Interesse der Handlung Einwendungen erhoben und gemeint, daß nach
dem Tode Cäsar's gewissermaßen ein ganz neues Stück beginne. Auf
den ersten Blick scheint dieser Einwurf nicht unberechtigt. Der Höhe=
punkt des Interesses der Handlung und der theatralischen Wirkung
ist mit dem dritten Acte erreicht. Zum größten Theil beruht jene Be=
hauptung aber darauf, daß man, vom Titel verführt, den Mittelpunkt
des Interesses in der Persönlichkeit Julius Cäsar's suchte. Hierin
irrte man freilich. Der Dichter hat ihn nach meiner Ueberzeugung
vielmehr nur in die Meinung, in die Vorstellung gelegt, die dieser
außerordentliche Mann in den Seelen seiner Zeitgenossen von sich er=
regt hatte, und die die Gemüther noch lange nach seinem Tode bis zur
Sühnung seiner Ermordung in Bewegung erhielt. Es ist diese Vorstellung
von Julius Cäsar, in welcher der Schwerpunkt des Stücks liegt, daher
sie der Dichter auch nach dessen Tod noch versinnlicht hat.

Ob Coriolan, ob Antonius und Cleopatra früher entstanden, ist
schwer zu entscheiden. 1608 wurde A book called Antony and Cleopatra
in die Buchhändlerlisten eingetragen. Es erschien aber nicht. Der
erste Druck dieser Tragödie ist vielmehr erst in der Folioausgabe von
1623 enthalten. Auch als Fortsetzung von Julius Cäsar scheint dieses
Stück sich als das näher liegende anzubieten. Dagegen weist die
Compositionsweise und die scenische Behandlung auf eine späte Ent=
stehungszeit hin. Kein Stück zeigt eine so abspringende Scenenfolge,
eine gleiche Zerissenheit der äußeren Handlung, da es nicht weniger als
38 Scenenwechsel, davon 13 in einem Acte, enthält. Wie in den mei=
sten seiner späteren Stücke wurde der Dichter auch hier mehr von all=
gemein psychologischem als von dramatischem Interesse geleitet. Nie=
mals aber ist die Genialität verkannt worden, mit welcher er die
sich hierbei gestellte spröde und schwierige Aufgabe erfaßt und aus=
geführt hat. Daher diese Dichtung auf den denkenden Leser immer
eine außergewöhnliche Anziehungskraft ausübt, so daß ein geistreicher

Erklärer des Dichters, Coleridge, behaupten konnte, seine Genialität habe sich nirgend großartiger kundgegeben, als hier.

Lediglich aus sogenannten inneren Gründen hat man Coriolan zu den spätesten Arbeiten des Dichters, in die Zeit von 1608—10, gestellt. Obschon wir keine frühere Nachricht von ihm, als die der ersten Folioausgabe haben, gehört es doch in Bezug auf Charak-teristik und Composition zu den reifsten und bedeutendsten Werken des-selben, während es sich durch Schwere und Dunkelheit der Sprache und des Ausdrucks der spätesten Dichtungsperiode annähert. Es ist unter den historischen Stücken Shakespeare's eines der bühnenwirk-samsten, was sich unzweifelhaft daraus erklärt, daß der Schwerpunkt des Interesses in den Helden desselben gelegt ist.

Von der vierten und letzten Gruppe der Shakespeare'schen Dramen, den romantischen Tragödien, erscheint Titus Andronicus als das früheste. Man hat zwar vielfach bezweifelt, daß es dem Dichter gehört. Daß weder der Eintrag desselben in die Buchhändlerlisten vom Jahre 1593, noch die Ausgabe von 1600 und die von 1611 seinen Namen enthält, würde wenig bedeuten, da Meres es ausdrücklich zu den Shakespeare'schen Dramen gezählt und auch Hemminge und Condell es in ihre Ausgabe mit aufnahmen. Man hat sich aber auch noch auf innere Gründe berufen, die schwerwiegender scheinen. Es ist nicht sowohl die Inferiorität dieses Werks, die gegen die Annahme spricht, daß Shakespeare der Verfasser desselben sei. Denn warum sollte er in seiner frühesten Dichtungsperiode nicht ein Werk geschrieben haben können, das sich wenig oder gar nicht über die bedeutenderen Arbeiten seiner Zeitgenossen erhebt und ihre Verirrungen theilt? Müßte es doch nach einer Bemerkung Ben Jonson's, die freilich so genau nicht zu nehmen sein dürfte, schon zwischen 1584 und 1589 entstanden sein.*) Wohl aber muß es befremden, daß es nicht nur in einem ganz anderen Geiste als seine übrigen Stücke geschrieben ist, sondern auch einen ganz anderen Stil und Versbau als diese zeigt. Hertzberg

---

*) Die Stelle (in seiner 1614 geschriebenen Bartholomew-Fair) heißt näm-lich: Der, welcher behauptet, daß Jeronimo und Andronicus noch immer die besten Stücke sind, wird ohne Widerrede für einen Mann gelten, dessen Urtheil beweist, daß es sich treu bleibt und in den letzten 25 oder 30 Jahren stille ge-standen hat.

wendet dagegen zwar ein, daß einzelne Momente wegen der Tiefe
und Feinheit der Naturbeobachtung, die sie verrathen, sich kaum einem
anderen Dichter als Shakespeare beimessen ließen. Besonders weist er dafür
auf die Darstellung des Wahnsinns hin. Auch rühmt er das charakteristische Colorit der Behandlung. Allein, um beurtheilen zu können, ob und
wie weit diese Vorzüge dem Dichter des Titus Andronicus zuzuerkennen
sind, müßten wir vor allem mit der Quelle desselben bekannt sein, die
man zur Zeit noch nicht nachweisen konnte. Wir wissen nur aus
Paynter (Palace of Pleasure), daß damals die Geschichte des Andronicus und der Tamora sehr populär war, daher man denn annimmt,
daß ein diesen Gegenstand behandelnder Moderoman die Quelle des
Dichters gewesen sein werde. Die Frage nach der Autorschaft dieses
Stücks ist demnach noch immer eine bestrittene. Doch halte ich es für
verlorene Zeit ihr weiter nachzugehen. Wie hoch es auch einst gehalten
worden sein mag, so wenig muthet es heute noch an. Es übertrifft
an bluttriefender Grausamkeit ebensowohl Kyd's spanische Tragödie,
wie Marlowe's Tamerlan, ohne letzteren doch an phantasievollem
Glanz zu erreichen.

Diesem finsteren Nachtstücke würde der Zeitfolge nach die licht-
vollste und sonnigste von Shakespeare's tragischen Dichtungen, Romeo and
Juliet, am nächsten stehen. Die erste Ausgabe ist vom Jahre 1597,
die Entstehungszeit aber liegt ohne Zweifel viel weiter zurück. Eine
Stelle des 1. Acts:

„Eilf Jahr ist's her, seit wir's Erdbeben hatten",

würde, wenn die Beziehung auf ein Naturereigniß dieser Art im J. 1580
zutreffend wäre, 1591 als das Entstehungsjahr der Dichtung erscheinen
lassen. Doch fehlt es auch sonst nicht an Merkmalen, die trotz der Bedeutung, welche der letzteren eigen, auf eine frühe Entstehungszeit hinweisen. A. Schmidt führt unter anderem dafür das Spiel mit Antithesen und die Ueberfülle von Bildern an, „die mehr die Phantasie,
als das Herz beschäftigen." Letzteres dient freilich mit zur Charakterisirung der Liebe, welche der Dichter hier zu schildern beabsichtigte,
einer Liebe, die mehr in der Phantasie und in der Sinnlichkeit zweier
edlen und schönen Menschennaturen, als in dem Gemüthe derselben
wurzelt. Es ist dieses auf der unwiderstehlichen Macht der Sympathie beruhende Gefühl, welches wie eine dunkle Naturgewalt den

ganzen Menschen in einem Momente, mit einem Blicke erfaßt und
ihn selbstvergessen sich einem anderen, wenn schon vielleicht nicht für's
ganze Leben, so doch mit dem vollen Einsatz des Lebens zu weihen
zwingt, welche hier Shakespeare mit einer Tiefe, Gewalt, Innigkeit,
mit einem Schwunge, einem Zauber dargestellt hat, wie vor und nach
ihm kein anderer Dichter. Allein es treten zu jenen Merkmalen noch
andere hinzu, das häufige Vorkommen des Reims und die Behandlung
ganzer Stellen in Doggerelversen. Auch haben die erheblichen Abweichungen der zweiten Quartausgabe von der ersten den Gedanken
nahe gelegt, daß dieselben auf zwei verschiedenen Bearbeitungen des
Dichters beruhen. Man hat zwar von anderer Seite die erste dieser
Ausgaben nur für eine verkürzte, verstümmelte und verderbte Fassung
derselben Bearbeitung ansehen wollen, die auch der zweiten zu Grunde
gelegen habe. Verderbt und verstümmelt ist sie gewiß. Schließt dies jedoch
schon die Möglichkeit aus, daß ihr eine andere Bearbeitung als diese
zu Grunde gelegen haben könne? Gewiß ebenso wenig, als die Behauptung der Herausgeber der ersten Folio, daß sie in den Manu-
scripten Shakespeare's fast nie einer Veränderung oder Correctur begegnet seien, die Möglichkeit ausschließt, daß dieser einzelne seiner
früheren Werke später neu überarbeitet hat; zumal derartige Ueberarbeitungen damals sehr häufig im Auftrag der Theaterunternehmer
unternommen wurden und eine Erwerbsquelle der Dichter mit bildeten.
Ich habe die beiden in Rede stehenden Quartausgaben mit einander
verglichen und gefunden, daß alle Veränderungen der späteren, soweit
sich dieselben auf Charakteristik, Motive und Begebenheiten beziehen,
durchgehend auf eine und dieselbe dichterische Absicht hinweisen und
zwar auf dieselbe Absicht, welche ich bei sorgfältiger Untersuchung
der letzteren als die vom Dichter mit seiner Darstellung überhaupt
verbundene Grundabsicht erkannt habe.*) Dies kann unmöglich ein
Zufall sein, vielmehr bestätigt es mit großem Gewichte die Annahme,
daß eine Ueberarbeitung wirklich hier vorliegt; wogegen sich freilich
nicht mit Sicherheit sagen läßt, in wie weit einzelne Abweichungen
beider Quartos auf Kürzungen oder Zusätzen beruhen. — Die Geschichte
von Romeo und Julia ist vielfach behandelt worden. Alle uns bekannten Darstellungen weisen aber, wie es scheint, · auf die Novelle

---

*) Erläuterungen der Shakespeare'schen Dramen, Leipzig 1874.

Bandello's zurück. Shakespeare folgte ohne Zweifel der englischen Bearbeitung Arthur Brooke's, The tragicall historye of Romeus and Juliet (1562)*), sowie William Paynter's Uebertragung der Boisteau und Belleforest'schen Nachbildung in den Histoires tragiques. Brooke hatte auch den Gegenstand, wie es im Vorworte seines Gedichtes heißt, unlängst schon auf der Bühne gesehen. Klein nimmt an, daß dieses ältere Stück, von dem sich keine Spur sonst erhalten hat, eine Nachahmung von Groto's Hadriana gewesen sein dürfte. Die Uebereinstimmung einer Scene Shakespeare's mit letzterer läßt in der That annehmen, daß dieser irgendwie mit derselben bekannt geworden sei. Auch hier tritt bei dem Vergleich der Dichtung mit ihren Quellen der wunderbare Reichthum und die Tiefe der Gestaltungs- und Erfindungskraft des Dichters wieder aufs Ueberraschendste hervor. Es ist immer eine ganz neue Welt, in die er uns führt, von der seine Vorgänger nie auch nur eine Ahnung gehabt. Denn nicht blos in Bezug auf Charakteristik und Sprache nimmt die vorliegende Dichtung eine so hohe Stellung unter seinen Werken ein, sondern durch die nur ihm eigenthümliche, aus der Tiefe und Fülle eines lebendigen Grundgedankens gestaltende Compositionsweise und die hiermit verbundene Kunst und Kraft der dramatischen Motivirung, die alles bis in's Kleinste zu ihm und zu einander in den beziehungsreichsten Zusammenhang bringt, so daß auch bei ihm — wie ein anderer großer Dichter es ausgedrückt hat — „ein Faden tausend Verbindungen schlägt."

Hamlet steht innerhalb dieser Gruppe der vorigen Dichtung nicht nur zeitlich am nächsten, er ist ihr auch innerlich am engsten verwandt. Wie zu Brutus und Macbeth bildet er auch einen Gegensatz, aber einen noch ungleich beziehungsreicheren, zu dem Charakter Romeo's. Dort tritt dieser Gegensatz aus einer mehr nur in den äußeren Verhälnissen der Situation liegenden Ähnlichkeit hervor, aus der an alle drei herantretenden Aufforderung oder Versuchung zu einer großen verhängnißvollen That, die das Gewissen auf's Mächtigste aufregt — hier bei aller sonstigen Verschiedenheit aus einer bestimmten Aehnlichkeit der Naturanlage. Auch Romeo zeigt wie Hamlet einen, wennschon ungleich schwächeren, Zug zur Schwermuth, die aber hier nicht wie bei diesem aus der Schwerfälligkeit, sondern aus der Ueberfülle seiner Natur entspringt.

---

*) Abgedruckt in Shakespeare's Library II.

Auch er zeigt einen gewissen Hang zur Grübelei, der aber nicht wie
bei Hamlet auf einer Betrachtung beruht, welche die Räthsel des Lebens
überhaupt zu ergründen sucht, sondern nur auf die Betrachtung der eigenen inneren Stimmung gerichtet ist. Auch er besitzt eine leicht erreg-
bare Phantasie. Sie steht aber ganz unter der Herrschaft seiner Empfindungen und Leidenschaften, deren Antriebe und Entschlüsse sie durch ihre
Vorstellungen noch zu verstärken und zu rascher unbedenklicher That fortzureißen strebt; wogegen sie bei Hamlet fast immer nur im Dienste der
Reflection steht und sich mit ihren Vorstellungen zwischen die Antriebe
seiner Empfindungen, die Entschlüsse seines Willens und ihre Ausführung drängt. Wo sie dies nicht thut, erscheint Hamlet trotz seiner
gewöhnlichen Unschlüssigkeit und Bedenklichkeit daher eben so rasch,
gewissenlos, unbedenklich im Handeln wie Romeo. Es ist das, was
er das Gefährliche in seiner Natur nennt, und das er, zu scheuen
rathet, dasselbe, was Lorenzo bei Romeo aber um so mehr fürchten
muß, weil es bei diesem der normale Zustand ist.

Hamlet ist in vieler Beziehung das bedeutendste Werk des großen
Dichters, ja der ganzen englischen Dichtung überhaupt. Es nimmt in
ihr eine ähnliche Stellung ein, wie Goethe's Faust in der deutschen.
Beide gehören darum der Weltliteratur an und bezeichnen Höhepunkte
derselben. In Hamlet rührt Shakespeare nicht nur an die tiefsten
Fragen der Menschheit, sondern er sucht sie auch in ihrem letzten
Kern zu erfassen, in dem Problem des menschlichen Willens. Nicht
ob es eine Freiheit des Willens giebt, denn diese ist ihm gewiß, sondern welches die Grenzen dieser Freiheit, welches das Maß der Ver-
antwortlichkeit des menschlichen Handelns ist — das ist die Frage,
um die es dem Dichter zu thun und auf welche auch diejenige Hamlet's
nach dem Sein oder Nichtsein hinausläuft. Zwei Mächte sind es
hauptsächlich, von denen Shakespeare das menschliche Handeln, die menschliche Willensfreiheit abhängig findet: die Bedingungen der Außenwelt,
der unwandelbar gesetzmäßige ursächliche Zusammenhang der Dinge
und die Vorstellungen mit denen unter dem Einfluß der Sinnesein-
drücke und der Empfindungen die Phantasie und Reflection den
Menschen bedrängt. Aus diesen Verhältnissen erwachsen die Conflicte,
in welche die verschiedenen Charaktere, die der Dichter in diesem
Drama uns vorführt, gerathen; aus ihnen entwickelt sich die erschüt-
ternde Handlung desselben, zu der er den Stoff der Historie of

Hamblet, der Uebersetzung einer dem Saxo Grammaticus von Belleforeſt
entlehnten und in den Histoires tragiques wieder erzählten Geſchichte
oder auch dieſen letzteren ſelber entnahm, da von jener Historie erſt
eine Ausgabe vom Jahre 1608 exiſtirt, von dem Shakeſpeare'ſchen
Drama uns dagegen ſchon eine Ausgabe von 1603 vorliegt, der
1604 eine andre nachfolgte.   Beide Ausgaben weiſen eine ähn=
liche Verſchiedenheit auf, wie jene beiden erſten Ausgaben von Shake=
ſpeare's Romeo und Julia.   Wie dieſe hab' ich auch ſie (a. a. O.)
mit einander verglichen.   Das Ergebniß war wieder daſſelbe, ſo daß
ſich auch hier die erſte Ausgabe als ein zwar verſtümmelter und ver=
derbter Abbruck, aber doch als der Abbruck einer früheren Bearbeitung
als derjenigen darſtellt, welche der zweiten Ausgabe zu Grunde ge=
legen hat.   Dieſer Vergleich, den ich in beiden Fällen nur anſtellte,
um den Abſichten des Dichters in dieſen Dramen näher zu treten,
hat wie ich glaube auch wirklich ein aufklärendes Licht über dieſelben ver=
breitet.   Ob dieſe ältere Faſſung des Shakeſpeare'ſchen Stücks iden=
tiſch mit demjenigen Stücke iſt, auf welches Naſh ſchon 1589 anzu=
ſpielen ſcheint, und welches dann möglicherweiſe daſſelbe wäre, welches
in den Jahren 1594 und 96 wiederholt von der Henslowe'ſchen
Truppe aufgeführt worden iſt, iſt ungewiß.   Zu berückſichtigen bleibt, daß
Meres Hamlet unter den 1598 bekannten Stücken Shakeſpeare's nicht
mit erwähnt und die von Naſh angezogenen Stellen nicht in den uns
bekannten Faſſungen des Shakeſpeare'ſchen Hamlet enthalten ſind.   Sie
könnten freilich, weil lächerlich geworden, hier in Wegfall gekommen
ſein.   Auch wird 1598 von Gabriel Harwey Hamlets als eines
Stückes gedacht, welches die Leute von Urtheil bevorzugten.   Es iſt
ferner von Wichtigkeit, daß der deutſche Hamlet, der ſich in einer Ab=
ſchrift vom Jahr 1710 erhalten hat, in verſchiedenen Punkten mit der
Quarto von 1603 übereinſtimmt und ſogar einige Namen, Corambus
und Montano, (der letztere ging in Othello über) mit dieſer gemein
hat und doch gewiſſe Abweichungen von ihr und der zweiten Quarto
auf eine andere Quelle als die erſte Quarto hinweiſen, wozu ich be=
ſonders das an die Hexenſcene in Macbeth und an den Prolog von
Kyd's ſpaniſcher Tragödie erinnernde Vorſpiel zwiſchen der Nacht,
Alecto, Megära und Tiſiphone, rechne.

   Othello wurde erſt 1622 zum erſten Male gedruckt.   Man hat
zwar einige Hinweiſe zu finden geglaubt, daß dieſes Stück ſchon 1602

und 1604 zur Aufführung gekommen sei, die betreffenden Schriftstücke
sind aber theils für Fälschungen, theils für verdächtig erklärt worden.
Indessen weist die außerordentliche Frische und Kraft seines Colorits
und seines Humors, sowie die glänzende Gediegenheit der Charakter=
zeichnung mit voller Entschiedenheit darauf hin, daß es noch in die
Blüthe= und Glanzzeit des Dichters fällt. Auch der Procentsatz der weib=
lichen Reimenden, 26 Proc., würde ihm nach Hertzfeld eine solche Stelle
anweisen. Othello gehört zu den Charaktertragödien des Dichters, das
Schwergewicht der Darstellung liegt in dem Hauptcharakter. Der
Glanz der anderen Figuren hat jedoch keinen Eintrag dadurch erlitten.
Der psychologischen Charakterentwicklung ist die größte Aufmerksamkeit
zugewendet. Kaum noch ein anderes Drama des Dichters zeigt eine
größere Folgerichtigkeit, eine spannendere Geschlossenheit der Compo=
sition. Wie Romeo und Julia der Codex der geschlechtlichen Liebe,
ist Othello der Codex der Eifersucht — doch derjenigen Eifersucht,
in welcher der Ehrenpunkt vorherrscht, weil sie in dem tiefen Bedürf=
niß der Werthschätzung der Welt und des geliebten Gegenstands
wurzelt. Diese wird von ihr mit vollster Ausschließlichkeit, jene in unge=
trübtester Reine gefordert. Für Othello ist aber Desdemona auch selbst
noch die Welt, in ihrer Seele glaubt er in seiner Vereinsamung mit je=
nem Gefühl endlich sicher Anker geworfen zu haben. Auf dieses Ge=
fühl baut Jago seine Intrigue, zu der der Gedanke und Trieb ihm aus
der Verbitterung über Zurücksetzung, über den tief empfundenen Mangel
an Werthschätzung, also aus einer ähnlichen, aber durch die Gemein=
heit und Arglist seiner Natur getrübten Quelle entspringt. Desde=
mona aber geht unter, weil sie dieses Gefühl in einem gewissen Sinne
verletzte und demselben hierdurch Waffen gegen sich in die Hand gab.
Sie gehört zu den poesievollsten Frauengestalten des Dichters. —
Quelle war ihm die 7. Geschichte der 3. Decade des 1. Theils von
Cinthia's Hecathommiti, von dem es damals zwar keine englische,
wohl aber eine französische Uebertragung gab.

Timon of Athens ist zwar häufig als das späteste Werk des
Dichters bezeichnet worden, wozu wohl am meisten die trübe, verbitterte
Stimmung und der Mangel an sinnlicher Frische bestimmt haben
mögen, welche ihm eigen. Auch tritt uns der Dichter in seiner
ganzen späteren Dichtungsperiode unzweifelhaft ernster entgegen. Seit
1602, dem muthmaßlichen Entstehungsjahr von Was ihr wollt, das

allerdings noch faft ganz von Lebensfrifche und Lebensfreude erfüllt
ift, hat Shakefpeare nur noch ein einziges Luftfpiel, den Sturm, und
die Tragikomödie Troilus und Creffida gefchrieben. Ein leifer Zug
von Verbitterung geht bei aller Milde und Anmuth fchon durch jenes,
ein tief ironifcher Zug dagegen durch diefe hindurch, in der die Weltverachtung das letzte Wort hat. Auch über Timon ftehen fich
hinfichtlich des Antheils, welchen Shakefpeare daran gehabt, verfchiedene Anfichten gegenüber. Jedenfalls liegt in ihm eine verderbte und
verkürzte Faffung des wirklichen Werkes vor. Die Ungleichheiten der
Behandlung find auf verfchiedene Weife erklärt worden. Am an-
fprechendften erfcheint mir die von Ulrici aufgeftellte und von Elze
vertretene Hypothefe. Sie gehen von der Annahme aus, daß der
Shakefpeare'fche Timon nur die Umarbeitung eines älteren Stücks,
das Manufcript davon aber verloren gegangen fei, fo daß die Herausgeber der Folio genöthigt gewefen wären, es aus den nur theil-
weife erhalten gebliebenen Rollen und, fo weit dies nicht möglich,
aus dem Gedächtniß der Schaufpieler, die das Stück fchon feit länger
nicht mehr gefpielt haben mochten, wiederherzuftellen. Es geht aus
diefen mühfamen Erklärungsverfuchen genügend hervor, wie unbe-
friedigend das Stück in feiner jetzigen Geftalt auf den heutigen Lefer
wirkt. Es ift, was auch einzelne enthufiaftifche Bewunderer fagen
mögen, das am wenigften gelefene Drama des Dichters. Es giebt
noch ein anderes Stück diefes Namens, welches jedenfalls früher und
ganz im academifchen Geifte und im Charakter eines Luftfpiels gefchrieben und von Dyce neuerdings veröffentlicht worden ift. Es hat
auf Shakefpeare kaum eingewirkt, da er Alles, was etwa mit feinem
Stück darin übereinftimmt, auch bei Plutarch und Lucian finden
konnte. Auch Paynter, in feinem Palace of Pleasure hat die Gefchichte
des Timon behandelt.

Macbeth und Lear find die beiden letzten der hierher gehörenden
Tragödien des Dichters. Sie zählen unzweifelhaft zu feinen gereif-
teften Werken. King Lear wird mit Recht als feine gigantifchefte
Dichtung gerühmt. Sie fteht in Bezug auf Tiefe und Weite der
ethifchen Weltanfchauung dicht dem Hamlet zur Seite. Das, was die
Grundlage der ganzen Kultur bildet und diefe mit der Natur auf's
Engfte verknüpft, die Familie und der Staat, mit den dem Einzelnen aus
dem Verhältniß zu beiden erwachfenden Pflichten und Rechten, bildet den

Gegenstand ihrer Darstellung. Aus ihnen und von dieser Grundlage aus hat Shakespeare die mächtige Handlung derselben entwickelt. Schon in Julius Cäsar, Macbeth, Hamlet und anderen Stücken bezieht der Dichter die über die sittlichen Gewaltthaten, Frevel und Entartungen empörten Elemente der physischen Natur in seine Darstellung mit ein, hier ist dies in ungleich bedeutenderem Umfange, mit ungleich größerer Wirkung geschehen. Man hat gegen den Hauptcharakter freilich Manches einzuwenden gehabt. Einige haben gemeint, daß Lear schon von Anfang an wahnwitzig, andre wenigstens, daß er bis zum Kindischen thöricht, in beiden Fällen aber unzurechnungsfähig, daher auch nicht tragisch berechtigt sei. Doch nicht nur, daß Shakespeare hierin der Sage gefolgt ist, und theils der Bedeutung vertraute, die diese in der Phantasie seiner Zeit schon gewonnen hatte, theils derjenigen, welche sie in seiner tief symbolischen Darstellung noch gewinnen mußte, verdient dieser Charakter auch eine wesentlich andre Beurtheilung. Lear ist ohne Zweifel eine groß und edel beanlagte Natur, von dem Gefühl des Herrschers und Vaters und dementsprechend von dem Bedürfniß nach Ehrfurcht und Liebe auf's Tiefste erfüllt. Obschon er aus dem natürlichen Antriebe seiner wohlmeinenden, edlen Natur die Pflichten, die ihm aus diesen Verhältnissen erwuchsen, im Allgemeinen erfüllt haben mochte, so hatte er eigentlich doch immer nur ein deutliches Bewußtsein von den ihm daraus erwachsenden Rechten gehabt, deren Beobachtung er mit Eifersucht überwachte. Gewöhnt, sich keinen Wunsch zu versagen, will er sich nun auch noch die Liebe und den Dank vorausnehmen, zu dem, wie er meint, die Kinder nach dem Tode des Vaters diesem für die Wohlthaten verpflichtet sind, die er ihnen als Erbe hinterläßt. Er greift mit dieser Vorausnahme gewissermaßen in ein Recht der Natur ein. Er will das als Recht ertrotzen, was sie im günstigen Fall nur freiwillig und nach dem gewöhnlichen Gange der Dinge auch erst dem Todten gewährt. Der Narr nennt allerdings auch dieses Verfahren noch eine Thorheit, aber diese Thorheit, die dem Gefühle und dem Bedürfniß der Liebe entsprungen, ist mehr noch als das, sie wird zugleich ein Verhängniß. Wie sie die Folge der Verblendung ist, in der Lear sein ganzes Leben befangen war, bringt sie ihm nun auch diese und die durch sie angehäufte Schuld zu deutlicherem Bewußtsein, führt sie die tragische Entwicklung derselben herbei. — Lear erschien 1608 in zwei Quartausgaben. Verschiedene Stellen in den Wahnsinnsäußerungen Edgar's weisen auf eine 1603 erschienene Schrift, Harsnet's Discovery of popisch impostors hin, gegen Ausgang des Jahres 1606 wurde das Stück in Whitehall zur Aufführung gebracht. Ja, das 1605 erschienene ältere Stück: „Die ächte Chronik-Historie von König Leir und seinen drei Töchtern" dürfte wohl ebenfalls durch den Nachsatz „wie sie in jüngster Zeit wiederholt aufgeführt worden ist", auf das Shakespeare'sche hinweisen, mit dem es nichts gemein als den Stoff hat. Wahrscheinlich ist es dasselbe Stück, welches schon 1594 erwähnt wird. Möglich, daß Shakespeare es kannte, aber entnommen hat er ihm nichts, er folgte vielmehr lediglich Holinshed's Chronik und für die Geschichte Gloster's und seiner Söhne Sidney's Arcadia. Seine Phantasie und sein Geist thaten das Uebrige, was freilich fast Alles ist.

Für Macbeth, welcher erst 1623 zum ersten Male im Druck erschien, aber 1610 bereits aufgeführt wurde, ist ebenfalls Holinshed (History of Scotland) Quelle gewesen. Selbst die Hexen fanden sich hier schon vor. Die Gewalt dieses Dramas beruht nicht nur auf der Größe des Vorwurfs und dessen Ausführung, sondern auch darauf, daß wie in Othello und Hamlet auch hier das psychologische Interesse ganz in dem dramatischen aufgeht und Gemüth, Phantasie und Geist gleichmäßig davon ergriffen werden. Diese Tragödie, deren Haupthebel die Herrschsucht, ist zugleich das ergreifendste Gemälde der Entwickelungsgeschichte des Verbrechens in einer groß und edel angelegten Natur. Sie gehört, besonders in ihrer ersten, größeren Hälfte, zu den großartigsten Schöpfungen des dichterischen Geistes.

Die Lehren, welche Shakespeare durch Hamlet den Schauspielern ertheilt, sind allgemein als unumstößliche Grundsätze anerkannt worden. Sie enthalten freilich noch nicht das ganze dramaturgische Glaubensbekenntniß des Dichters, da es nur einige beiläufig hingeworfene Bemerkungen sind; aber sie geben doch einen deutlichen Begriff von demselben. Sollte der Mann, der so tief, klar und einsichtsvoll über das Wesen der einen Kunst, die er ausübte, nachgedacht hat, sich bei derjenigen, welche seinen eigentlichen Lebensberuf bildete und in welcher er Meister war, ganz blind dem ihm angeborenen Genie überlassen haben? Es giebt keine unwahrscheinlichere, willkürlichere Annahme, und bennoch ist sie noch heute ziemlich verbreitet. Er, dessen Werke voll der tiefsten Betrachtung fast aller menschlichen Lebensverhältnisse sind,

der selbst in den Spielen der Laune, des humoristischen Uebermuths
noch immer die klarste Besonnenheit zeigt, der selbst noch das Einzelste
auf das Ganze bezieht, soll gleichwohl bei seinen Arbeiten planlos,
ohne bestimmte Ziele, ohne Grundsätze und Grundgedanken verfahren,
und alles, was darin hiergegen zu sprechen scheint, immer nur das Werk
des bloßen Zufalls, das unmittelbare Product willenloser Eingebung
sein. Obschon Shakespeare in der gedachten Scene nur eine einzige
Andeutung über sein poetisches Schaffen gemacht, gewährt sie doch
einen Einblick auch in diesen Theil seiner Kunstanschauung. Nach ihr
war ihm nämlich der Zweck des Schauspiels hauptsächlich darin gelegen, der Natur gleichsam den Spiegel vorzuhalten, der Tugend ihre
eigenen Züge, der Schmach ihr eigenes Bild und dem Jahrhundert
und Körper der Zeit den Abbruck seiner Gestalt. Auch war es vor
Allem wohl seine Zeit, seine Nation, ihre Rasse und die ihr eigenthümlichen Individualitäten, die er, wie sie allein seiner Beobachtung
unmittelbar vorlagen, zur Darstellung bringen wollte, immer aber nur,
weil er die Natur des Menschen und seines Schicksals überhaupt in
einer bestimmten Weise durch sie zu veranschaulichen gedachte. Man
hat immer an ihm die erstaunliche, von keinem Dichter übertroffene
Fähigkeit bewundert, die verschiedensten Menschen, indem er sie vorzugsweise von einer bestimmten Seite darstellt, doch jederzeit in der
ganzen Fülle ihrer individuellen Besonderheit zur Erscheinung zu
bringen und, indem er diese in ihrem innersten Kern erfaßt, sie aus
diesem heraus in der allseitigsten Beziehung zu ihren Lebenslagen empfinden, sprechen und handeln zu lassen. Nicht minder bewundernswerth
aber ist, wie er die individuelle Besonderheit der verschiedensten Menschen in jeder seiner verschiedenen Dichtungen zugleich auf das Zwang-
loseste auf ein bestimmtes Grundverhältniß der menschlichen Natur
zum Leben und zum Weltzusammenhange zu beziehen und in die durch
den davon abgezogenen Grundgedanken bedingte Beleuchtung zu rücken
und hierdurch die Natur des Menschen überhaupt in einer bestimmten,
auf sein Schicksal bezogenen Weise zur Erscheinung zu bringen verstand. Mit dieser eigenthümlichen Tiefsinnigkeit und Lebensfülle der
Darstellung verband er aber zugleich eine Breite der Lebensanschauung, daß es scheint, als ob die Individualitäten, Lebensverhältnisse
und Zustände aller Nationen und Zeiten offen vor seinem Blicke gelegen hätten und er jeder und jedem von ihnen bis ins innerste Herz,

bis auf den letzten Grund ihres Daseins geblickt habe. Doch tritt
noch ein Anderes hinzu. Diese verschiedenen Menschen, so sehr sie den
Eindruck der vollsten individuellen Besonderheit machen, so daß sie
gleichsam unmittelbar der Natur und Geschichte entnommen oder ihnen
doch Zug für Zug bis ins Kleinste nachgebildet zu sein scheinen, sind
zuletzt doch immer nur seine Geschöpfe und sich hierdurch wieder so
innig verwandt, daß an ihnen nichts so sehr in Erstaunen setzt als
ihre Originalität und Eigenthümlichkeit, die ihresgleichen kaum hat und
uns doch zugleich so vertraut ist, so überzeugend auf uns wirkt. Wie
ähnlich auch der Natur sind sie zugleich von allem, was sich in ihr
darbietet, wieder so grundverschieden und in dieser Verschiedenheit
so mit ihr überall übereinstimmend, daß man sie für die Producte
einer zweiten Natur erklärt und den Dichter in seinem poetischen
Schaffen mit dieser verglichen, ja ihr gleichgestellt hat. Daher man
z. B. von seinen Römern hat sagen können, daß kein Dichter sie wahrer
gezeichnet, obschon sie doch eigentlich nur ächte Engländer seien. Ja,
ein geistvoller Literarhistoriker unserer Tage hat sogar zu behaupten
gewagt, die Menschen Shakespeare's gehörten trotz ihrer außerordent=
lichen individuellen Verschiedenheit alle derselben Familie an. Gut
oder schlecht, roh oder zart, geistreich oder beschränkt, habe ihnen
Shakespeare allen nur einerlei Art von Geist gegeben, und dieser sei
sein eigener. Er habe aus ihnen allen Leute gemacht, die ganz unter
der Herrschaft der Einbildungskraft stehen und wie des Willens und
der Vernunft beraubt, ohne Sittlichkeit und Gewissen nur von den
Antrieben ihrer Natur im Guten und Bösen bewegt werden und, sich
dabei hart gegeneinander stoßend, dem Auge einen Einblick in das
Innerste der Natur und das geheimste Wesen des Menschen verstatten.
Denn dieses Ueberwiegen der Einbildungskraft soll, nach Taine, wie
gegen Ende des 16. Jahrhunderts der charakteristische Grundzug der
englischen Rasse, so auch derjenige Shakespeare's sein. Wenn dies
aber vielleicht für Dichter, wie Webster und Ford und selbst für Beau=
mont und Fletcher in beschränktem Umfang richtig wäre, wie es
in diesem wohl auch auf die Zeit, nicht aber blos auf England und
die englische Rasse anwendbar ist, so ist es dies doch nicht für Shake=
speare. Obschon auch er solche Naturen vielfach zur Darstellung ge=
bracht hat, fehlt es seinen Dichtungen doch ebenso wenig wie seiner
Zeit an Gestalten, welche die Eigenschaften der Besonnenheit, der

Vor- und der Umsicht und eine Zurückhaltung, eine Feinfühligkeit
des Gewissens zeigen, die kaum übertroffen ist. Shakespeare erhebt
sich gerade durch die tief ethische Grundlage seiner poetischen Weltanschauung über alle Dichter seiner Zeit und über die meisten Dichter
aller Zeiten; er ist uns gerade hierdurch, zugleich aber auch durch das
Vermögen, jede seiner der eigenen Zeit abgelauschten Gestalten in ihrem
allgemein menschlichen Kern zu erfassen und uns damit in das eigene
Herz, das eigene Gewissen, das eigene Leben zu greifen, uns in unserem eigenen Innersten zu treffen, zu rühren, zu erheben und zu er-
schüttern, ein Rathgeber in fast allen Verhältnissen, das Maß für die
sittliche Beurtheilung derselben, der Prophet und Offenbarer unserer
Schicksale und der geheimsten Lebensräthsel. Es ist eben dies, wodurch er sich aus der Enge der Anschauungen seiner Zeit zu befreien
gewußt und weit über den Gesichtskreis derselben erhoben hat; wodurch er so vertraut zu uns spricht, als ob er mit uns und in unseren
eigenen Verhältnissen geboren wäre, und wodurch er, obschon in der
Form seines Dramas den Forderungen der Bühne heute nicht mehr
entsprechend, uns doch für den größten Dramatiker der ganzen neueren
Zeit gilt. Es ist eben das, was ihm mit einem Wort seine über Zeit
und Nationen hinausreichende universelle Bedeutung giebt.

Wenn die Phantasie bei Shakespeare vorherrscht, wenn seine Werke
sich vor allem an diese wenden, so geschieht es doch nur in dem Umfange, als es in der Aufgabe der Kunst und der Dichtung liegt. Die
übrigen Kräfte des Geistes waren an seinem poetischen Schaffen darum
nicht minder betheiligt, und an Werken, welche es wesentlich mit der
Darstellung der sittlichen Seite des Menschen zu thun haben, wie die
Tragödie, hat es ihm nie an sittlichem Interesse gefehlt. Shakespeare
ist ein tief ethischer, aber freilich er ist kein moralisirender Dichter.
Seine Stücke laufen nie auf einen moralischen Gemeinplatz hinaus.
So reich dieselben auch an Betrachtungen über die moralische Natur
des Menschen und über seine sittlichen Verpflichtungen sind, so tritt
doch die ethische Bedeutung derselben hauptsächlich erst aus den Verhältnissen hervor, in welche bei ihm die Charaktere und Handlungen
zu einander gebracht sind, aus ihrer Verknüpfung und ihrem Zusammenhange, sowie aus der Wirkung des Ganzen. So sind in Richard III.
fast alle Charaktere von der tiefsten sittlichen Verdorbenheit ergriffen;
Gewissenlosigkeit ist der entscheidendste Grundzug derselben, und doch

greift der Dichter kaum noch in einem anderen Stücke mächtiger als
hier in das Gewissen des Hörers, doch ist in keinem die sittliche Ordnung, welche die Welt des Geistes beherrscht, von ihm je mächtiger
zur Darstellung gebracht worden.

Shakespeare wurde aber ebensowenig dogmatisch, so oft er auch
das Gebiet religiöser Anschauungen betrat. Er ergriff dieselben mit
derselben Freiheit wie jede andere Lebenserscheinung und mit der
Achtung, welche ihr nach ihrer Bedeutung gebührte, aber er trat nie
unmittelbar für eine derselben ein. Er maßte sich niemals an, Aufschlüsse über etwas zu geben, was jenseits der menschlichen Erfahrung
liegt. Das Schicksal des Menschen, einen so wichtigen Gegenstand
es in seinen Darstellungen bildet und einen so hohen Werth er darauf
in dieser auch legt, kommt immer nur soweit für ihn in Betracht, als
es sich schon in dem diesseitigen Leben erfüllt. Höchstens hat er die
Unsicherheit, in der sich der Mensch, nach seiner Natur, abgesehen
vom Glauben, über das Jenseit befindet, mit in den Kreis seiner
Darstellung einbezogen. Einen tiefgreifenden Gegensatz bilden in diesen
Beziehungen aber diejenigen Darstellungen, bei denen er sich auf dem
Boden der tragischen Weltanschauung bewegt, von denen, die sich auf
dem der komischen Weltanschauung entwickeln. Shakespeare schränkte
dieselben nämlich nicht, wie Taine es anzunehmen scheint, auf die
Charaktere ein, ihm war — und hierin stimmte er, vielleicht ohne es
zu wissen, mit Aristoteles überein — die Handlung das Wesentliche,
die Handlung, insofern sie sich nicht nur aus der Verschiedenheit
und Eigenthümlichkeit des Charakters der Menschen und ihren
einander widerstrebenden Willensentschlüssen, sondern zugleich, wie
im Leben, unter dem sie mit bedingenden Einflusse des ursächlichen
Zusammenhanges der Dinge überhaupt entwickelt. Das Verhältniß
des Menschen zur Welt und zum Weltganzen und des ursächlichen
Zusammenhanges beider bildet daher bei ihm erst den vollen und
wesentlichen Gegenstand der Darstellung. Es ist wohl in seinen Stücken
das Gewicht bald mehr auf das eine oder andere gelegt, und in einigen
derselben möchte es sogar scheinen, als ob er die Handlung doch nur
aus den Charakteren entwickelt hätte; in den Werken seiner Blüthezeit
und Reise jedoch stellt sich die Handlung immer nur in der Form
eines derartigen Weltbildes dar. In keinem hat aber der Dichter so
bestimmt auf jenes Verhältniß hingewiesen als in Hamlet, wo er

wiederholt die Abhängigkeit des menschlichen Wollens und Handelns von dem betont, was er hier die Fügungen des Zufalls in dem nothwendigen Zusammenhange der Dinge nennt. Auf der Auffassung und Darstellung dieses Verhältnisses und der daraus entspringenden Verknüpfungen beruht eben das, was man die Weltanschauung dieses Dichters zu nennen pflegt. Sie ist in jedem Stück insofern eine andere, als es in jedem eine besondere Seite, einen besonderen Theil dieses Verhältnisses zu veranschaulichen gilt. Doch giebt es für ihn noch überdies einen doppelten Standpunkt, von denen jeder eine andere Art der Betrachtung von Menschen und Dingen bedingt: den komischen und den tragischen. Obschon Shakespeare trotz der Forderung der Puristen sehr häufig ernste und heitere Elemente, und zwar in den stärksten Gegensätzen miteinander verband, was ohne Zweifel ebensowenig aus Unkenntniß ihrer Forderungen, als aus Unfähigkeit, diesen zu entsprechen, geschah, da sie in einzelnen Fällen von ihm ja beobachtet worden, so hielt er doch fast durchgehend fest an diesem Gegensatze des Komischen und des Tragischen, und nur im Cymbeline und in dem Winter-märchen scheint er den Versuch gemacht zu haben, auch noch sie mit-einander zu verbinden, ein Versuch, der dann aber nicht ganz glücklich gelöst worden wäre. Schon als Humorist mußte Shakespeare die Verbindung des Ernsten und Heiteren lieben. Er wußte, daß der Contrast beider eine Quelle ganz eigenthümlicher poetischer Schönheiten sei, daß eins das andere in seinen ästhetischen Wirkungen verstärken und also auch eine ganz eigenthümliche Art des Tragischen und des Komischen aus ihm entspringen könne. Er hielt aber zugleich dafür, daß die Wirkung eines Kunstwerks eine einheitliche, daher auch entweder eine komische oder eine tragische sein müsse und das Heitere dem Ernsten nur in solcher Art beigemischt werden dürfe, um im Ganzen entweder eine nur komische oder nur tragische Wirkung hervorzubringen. Dies war nur möglich, falls sich selbst noch das Ernste unter den komischen, das Heitere unter den tragischen Gesichtspunkt stellen ließ, was allerdings unter Umständen der Fall ist und von Shakespeare immer erstrebt, wenn auch vielleicht nicht immer in voller Reinheit erreicht worden ist. Denn nicht immer ist es leicht, ihm unbeirrt in dieser Auffassung zu folgen, was, wie wir gesehen, zu einer schwan-kenden Beurtheilung einzelner Charaktere und Scenen in seinen Stücken geführt hat. Er erreichte es überhaupt nur dadurch, daß er

10*

die Welt in der Tragödie nur unter dem sittlichen, in der Komödie lediglich unter den der praktischen Zweckmäßigkeit stellte. Wenn er das Unsittliche in den Kreis der komischen Behandlung zog, geschah es nur wegen der mit ihm etwa verbundenen praktischen Unzweckmäßigkeit; nur diese sollte von ihm in die komische Beleuchtung gerückt werden, daher seine komische Muse auch von jeder frivolen Behandlung des Sittlichen bewahrt blieb.

Man hat viel über die Regellosigkeit, die Verworrenheit, das Abspringende und den Mangel an Einheit in den Compositionen Shakespeare's geklagt. Taine, ein so großer Bewunderer des Dichters er ist, spricht trotz der einsichtigen Beurtheilung, die dieser auch hierin von einzelnen seiner Landsleute, besonders von Guizot, erfahren, seinen Werken sogar jede eigentliche Organisation und Entwicklung, jede tiefere und allmählich vorbereitende Motivirung ab. Nach seiner Meinung habe Shakespeare sich begnügt, einen chronikalischen Bericht oder eine Novelle beliebig in Scenen und Acte zu theilen und diesen dann einzeln die dialogisch-dramatische Form zu geben. Nichts ist jedoch irriger. „Shakespeare — hatte Guizot dagegen sehr richtig gesagt — hat nichts ohne Kunst geschrieben. Er hat jedoch seine eigene gehabt; man muß sie in seinen Werken entdecken, die Mittel erforschen, deren er sich dabei bediente, und die Ziele, die er erstrebte". Shakespeare's Compositionsweise war allerdings eine von der des classisch-academischen Dramas völlig verschiedene. Es gab keine fertige Schablone für ihn, nach welcher er hätte arbeiten können, da er die Form stets aus der Idee, welche ihn leitete, und aus dem Stoffe, durch den er sie zu veranschaulichen gedachte, in einer durch sie bedingten Weise zu entwickeln strebte, wie die Seele den Leib; daher auch die Form der verschiedenen Dramen des Dichters sehr von einander abweicht. Zwei Hauptformen habe ich aber doch schon hervorheben können. Die eine war dadurch bedingt, daß er das Hauptgewicht seines Grundgedankens in die Persönlichkeit eines oder auch zweier Individuen legte. So reich er auch noch in diesem Falle die Handlung gestalten mochte, so war dann doch alles auf diese Persönlichkeiten als den gemeinschaftlichen Mittelpunkt bezogen. Dies ist z. B. in Othello, Hamlet, Coriolan, Macbeth, Richard III, Romeo und Julia der Fall. In anderen Stücken liegt dagegen der Schwerpunkt der Darstellung außerhalb seines Stücks, in der Seele des Dichters selbst. Alles, wie lose es auch zum Theil äußerlich miteinander verbunden erscheint, wie getrennt es nebeneinander herläuft, ist hier innerlich durch den den Dichter bei seiner Gestaltung leitenden Grundgedanken, der sich in allen Theilen in mannigfaltiger Weise darlegt, verbunden. Beispiele dafür sind: Der Kaufmann von Venedig, Viel Lärm um Nichts, Heinrich IV., Was ihr wollt u. s. w. Wobei es aber geschehen kann, daß eine Persönlichkeit Alles an Bedeutung, wie in Lear, so überragt, daß die anfangs getrennt nebeneinander herlaufenden Begebenheiten sich allmählich zu einer einzigen miteinander verschränken und in dieser auslaufen. Der den Dichter leitende Grundgedanke ist aber niemals ein abstracter; er geht vielmehr stets ganz unmittelbar aus einem bestimmten Verhältniß des Menschen zur Welt hervor, welches der Dichter in möglichst reicher und bedeutender Weise in einem bald mehr, bald weniger complicirten Vorgange zur Darstellung zu bringen bemüht ist. Es wird in seinen besten Werken kaum eine Scene, eine Figur, einen Zug geben, der nicht irgendwie dazu in Beziehung steht. Insofern ist in ihnen nichts Zufälliges, Willkürliches oder Disparates. Es ist eine müßige Frage, ob der Dichter auch alle diese Beziehungen im Einzelnen beabsichtigt, ob er um sie alle auch nur gewußt habe? Von der Absicht im Ganzen erfüllt, wird er sich in Bezug auf das Einzelne seinem Ingenium, seiner Phantasie wohl haben überlassen können. Hier mag Bewußtes und Unbewußtes, wie in jedem ächten Kunstwerke, vielfach durcheinander und zusammen geflossen sein.

Allein dieser inneren Einheit entspricht bei ihm nicht immer die äußere, der inneren strengen Folgerichtigkeit des Zusammenhangs und der Motivirung nicht immer die Wahrscheinlichkeit im äußeren Zusammenhang der Begebenheiten. Hier stört manches Unverbundene, manches Sprunghafte, manches Disproportionale in den Verhältnissen der einzelnen Theile, manche den äußeren Zusammenhang unnöthig unterbrechende Episode. Ob der Dichter dies nicht noch mehr oder ganz hätte vermeiden sollen, ist eine Frage, die wohl aufwerfbar ist. Jedenfalls ist es das, was uns heute die unveränderte Darstellung seiner Werke so sehr erschwert. Wer wie in dem academischen Drama das architektonische Kunstprincip der dramatischen Composition zu Grunde gelegt sehen will, wird an Shakespeare's Dramen, ihrer äußeren Form nach, Manches auszusetzen finden. Wer aber, wie er, der freien malerischen Schönheit huldigt, deren Princip von der Natur und dem lebendigen Zusammenhange und Wechselwirken ihrer Er-

ſcheinungen abgeleitet iſt, den wird er in ſeinen bedeutendſten Werken
ſelbſt noch nach dieſer Seite in hohem Maße befriedigen.

Denn das mächtige Gefühl für das Maleriſche iſt ein weiteres
die Werke dieſes Dichters auszeichnendes und in der Entwicklung des
Dramas epochemachendes Moment. Shakeſpeare dichtete, indem er
für das Ohr ſchrieb, immer zugleich für das Auge. Wollte er doch
immer nur den ganzen Menſchen aus dem vollen Reichthum ſeiner
Beziehungen, den vollen inneren und äußeren Zuſtand deſſelben zur
Darſtellung bringen. Ob er uns in der Mitternachtsſtunde auf die
unheimlich ins Meer hinausragende Klippe des Walls von Helſingör
oder auf das von Lebensluſt überfließende Feſt der Capulets in Verona,
ob auf die neblige Haide, wo der ſiegreiche Macbeth den ihn verſuchenden
Hexen begegnet, oder in die duftigen von Mondſchein übergoſſenen
Gärten der Porzia nach Belmont verſetzt, wo Lorenzo und Jeſſica
liebeburſtig die Töne der Muſik in ſich ſaugen, ob wir mit Titania
den Tänzen der Elfen in betäubender Sommernacht lauſchen oder
mit Jachimo im Dämmerlichte des traulichen Schlafgemachs vor der
in der Blüthe der Unſchuld prangenden Schönheit der ſchlummernden
Imogen ſtehen — immer fühlen wir uns ganz in die Situation,
welche der Dichter darſtellen wollte, verſetzt, ganz von der ihr eigenthümlichen Atmoſphäre umwoben. Shakeſpeare war ſein eigener
Decorationsmaler. Die damals ſo ärmlichen Mittel der Bühne hätten
ihm doch nicht genügt, und ſein Publikum hatte genug Phantaſie, um
ſich an ſeinen Worten genügen zu laſſen. Er hat dem Drama erſt
das dramatiſche Colorit, die maleriſche Stimmung gegeben, in einer
Mannichfaltigkeit und Vollendung, die noch nicht übertroffen worden
iſt, wenn die, welche hierin bei ihm in die Schule gingen, auch neue
Farben und Töne hinzugebracht haben.

Im letzten Decennium des 16. Jahrhunderts ſcheint Shakeſpeare
die Londoner Bühne völlig beherrſcht zu haben. Von da an wurde
ihm der Beifall des Publikums von andern bedeutenden, wenn ihm
auch in faſt allen Beziehungen untergeordneten Talenten ſtreitig gemacht. Der Einfluß, den er auf ſie und die unmittelbar nachlebenden
Dichter ausgeübt, war ein ganz außerordentlicher, wenn ſie ſich auch
alle nur an die einzelnen großen Eigenſchaften ſeiner Werke hielten
und für die Bedeutung derſelben im Ganzen ſo gut wie kein Ver-
ſtändniß beſaßen.

Schon früh arbeitete Shakespeare darauf hin, den Wohlstand und das Ansehen seiner Familie zu heben. Hiermit hängt es ohne Zweifel zusammen, daß er (1597) seinen Vater veranlaßte, den Streit mit den Lamberts, seinen Verwandten, wegen des ihnen verpfändeten Guts wieder aufzunehmen, wozu er ihm vielleicht sogar das Geld noch vorgestreckt hat. Aus gleichem Grunde sehen wir ihn gleichzeitig um die Wappenverleihung an denselben bemüht. In diesem Jahre erwarb er auch nachweislich in Stratford das Grundstück New-place. Ob er, wie man behauptet, die Mittel dazu der Liberalität des Grafen Southampton verdankte, ist mindestens ungewiß. Seit dieser Zeit findet sich sein Name öfter in den Acten seiner Vaterstadt vor. Alle Nachrichten dieser Art legen Zeugniß für die Geschäftsumsicht des Dichters ab, entsprechen aber nicht sämmtlich dem Begriffe hoher und vornehmer Denkungsart, die man von ihm aus seinen Schriften gewinnt. So ließ er z. B. eine Forderung von £ 1. 16 sh. für Salz von einem anscheinend dürftigen Manne gerichtlich eintreiben. Auch nahm er im Gegensatz zu seinem königlichen Kaufmann Antonio für ausgeliehene Gelder den hohen Zins von 10%, was damals zwar gesetzlich war, aber von Vielen für Wucher gehalten wurde. Aus dem Jahre 1602 liegen urkundliche Nachweise von drei neuen Grundstückserwerbungen in Stratford vor. 1605 erwarb er die Hälfte der Stratforder Zehnten. In diesem Jahre findet sich Shakespeare noch unter den Darstellern des Volpone verzeichnet. Es ist der letzte Nachweis dieser Art über ihn. Auch ist es nicht unwahrscheinlich, daß er den Schauspielerberuf früher als den Londoner Aufenthalt aufgab und seine Uebersiedlung nach Stratford erst allmählich erfolgte, so daß er längere Zeit abwechselnd einen Theil des Jahres in Stratford, den anderen in London verbracht haben mag. Es ist ungewiß, wann er sich von London und ob er sich dann ganz von der Bühne zurückzog. Noch 1612 erwarb er daselbst ein Haus.

In Stratford hatte sich inzwischen Vieles verändert. Der fröhliche Geist, der es zur Zeit seiner Kindheit und Jugend belebte, hatte einer strengen, puritanischen Enthaltsamkeit weichen müssen. Selbst Shakespeare's Familie war von diesem neuen Geiste ergriffen. Sein Dichterruhm konnte daher seinem bürgerlichen Ansehen daselbst nur wenig nützen. Auch sehen wir ihn, obschon man sich gelegentlich seines Einflusses in London bediente, mit keiner der städtischen Ehrenstellen

betraut. Er mußte in der That auf seinen Dichterruhm sehr Verzicht
geleistet haben, um sich unter diesen Verhältnissen in Stratford wohl
fühlen zu können. Ganz war aber die Verbindung mit seinen poetischen Freunden nicht abgebrochen. Noch kurz vor seinem Tode scheint
er von Ben Jonson und Drayton besucht worden zu sein. Man hatte
es sogar mit seinem Tod in Verbindung gebracht, insofern er an den
Folgen der mit ihnen getheilten Tafelfreuden gestorben sein sollte.
Halliwell hat jedoch dargethan, daß er an einem contagiösen, wahrscheinlich typhösen Fieber gestorben ist. Dieses Ereigniß fand am
23. April 1616, seinem muthmaßlichen Geburtstag und scheinbar dem
Todestage des Cervantes statt. Letzterer starb allerdings ebenfalls am
23. April 1616 — die Zeitrechnung war aber damals in Spanien
eine andere als in England, dort rechnete man noch nach dem alten,
hier nach dem neuen Stil. Cervantes starb demnach 10 Tage später
als Shakespeare.

Shakespeare's Testament hat wegen der seltsamen Bestimmung,
die es in Bezug auf seine Gattin enthält (er vermachte derselben
nichts als das zweitbeste Bett), viel von sich reden gemacht. Man
fand darin eine neue Bestätigung des mißlichen Verhältnisses beider
Gatten. Dies ist zu weitgehend. Knight hat nachgewiesen, daß Shakespeare's Wittwe einen gesetzlichen Anspruch auf den Nachlaß ihres
Gatten besaß und daß dieses Vermächtniß daher nur als ein darüber
noch hinausgehendes Legat, als ein Andenken an den Verstorbenen zu
betrachten war. Den Affectionswerth dieses Geschenks kennen wir
nicht. Im Ganzen war Shakespeare's letzter Wille hauptsächlich darauf
gerichtet, eine Art Fideicommiß für seine Familie zu gründen. Die
Fürsorge für den Bestand und das Ansehen derselben sollte jedoch nur
eine kurze Wirksamkeit haben. Des Dichters einziger Sohn war schon
zwanzig Jahr vor ihm gestorben. 1623 folgte ihm seine Gattin, 1649
seine älteste, seit 1607 mit dem Arzte Hall verheirathete Tochter, der
ihr bereits 1635 im Tode vorausgegangen war. Judith, die zweite
Tochter des Dichters, welche sich nur wenige Wochen vor dem Tode
desselben mit dem Weinhändler Quiney vermählt hatte, segnete 1661
das Zeitliche. Mit Elizabeth Bernard starb 1669 aber bereits die
Nachkommenschaft des großen Dichters aus.

Die Zeit verlor in Shakespeare ihren größten Geist. Gleichwohl
lassen sich so gut wie keine Spuren von dem Eindruck entdecken, den

dieses Ereigniß damals hervorbrachte; das schöne Denkmal, das ihm
Ben Jonson in dem Gedichte To the memory of my beloved Master
William Shakespeare and what he left us gestiftet, ist erst 7 Jahre
nach dessen Tode geschrieben worden, da es unter dem Bilde des Dichters
erschien, welches die erste Folioausgabe, vom J. 1623, ziert. Diese
Ausgabe selbst ist ein noch schöneres Denkmal, welches ihm von seinen
beiden früheren Collegen und Freunden, Hemminge und Condell,
errichtet wurde, die sich hierdurch ein großes, nie genug anzuerkennendes
Verdienst um die Nachwelt erworben haben.*) Denn in dieser Ausgabe
erschienen zum ersten Male die folgenden Stücke gedruckt, die sonst
vielleicht dem Untergange verfallen gewesen sein würden: The comedy
of errors; The two gentlemen of Verona; All's well, that end's
well; As you like it; What you will; The tempest; Measure for
measure; Cymbeline; The winter's tale; Henry VI.; King John;
Macbeth; Othello; Timon; Julius Caesar; Antonius and Cleopatra;
Coriolanus; Troilus and Cressida; Henry VIII. — Ben Jonson
sagte übrigens noch an anderer Stelle (in seinen Discoveries „De
Shakespeare nostrat.") von diesem: Er war ein Ehrenmann, offen
und frei, mit außerordentlicher Phantasie begabt, voll trefflicher Gedanken und seiner Ausdrücke, die ihm mit solcher Leichtigkeit zuflossen,
daß es manchmal nöthig gewesen wäre, denselben Einhalt zu thun.
Er besaß einen glänzenden Witz, aber nicht ganz die Macht, ihn zu

---

*) 1632 folgte die zweite, 1663 die dritte und 1685 die vierte Folioausgabe.
Die erste Oktavausgabe der Gesammtwerke ist die von Rowe, 1709. Es war
zugleich der erste Versuch einer kritischen Textrevision. Diese Aufgabe wurde
mit besserem Erfolg 1725 von Pope weiter fortgesetzt. Ihm folgten auf diesem
Wege: 1733 Theobald, 1747 Warburton, 1753 Blair, 1765 Samuel Johnson.
Ein entschiedener Fortschritt zeigte sich in den 1768 und 1773 erschienenen Capbell'
und Johnson-Steeven'schen Ausgaben. Von den unzähligen späteren seien
Malone, 1790; Reed, 1803; Collier, 1842; Hazlitt, 1851; Halliwell, 1852; Knight,
1857; Dyce, 1875; Clark and Wright, 1863; die Variorum Edition von Furness,
Philad. 1871; und die kritische Ausgabe von Delius, Elberf. 4. Aufl. 1876, hervorgehoben. Die älteste deutsche Uebersetzung ist die von Wieland und Eschenburg
von 1762—1806; die vorzüglichste die Schlegel-Tieck'sche von 1797 an, welche in
der revidirten Ausgabe der Deutschen Shakespearegesellschaft, die den Ergebnissen
der Textkritik entsprechende Verbesserungen und sehr werthvolle Einleitungen und
Noten enthält.

zügeln. Aber er machte seine Fehler durch seine Vorzüge vergessen.
Es war immer mehr an ihm zu loben, als zu verzeihen.

Die volle Bedeutung des großen Dichters wurde ebensowenig
von seiner Zeit, wie von den zunächst folgenden Zeiten erkannt.
Er überragte hierzu dieselben zu sehr. Heute aber verehrt, bis auf
vereinzelte Ausnahmen, in ihm die Welt den Gipfel dessen, was das
Drama aller Völker und Zeiten hervorgebracht hat, wie sich an dem
Geist seiner Werke das dramatische Genie fast aller neueren bedeutenden Dramatiker entzündete.

VI.

Die zeitgenössischen und nachlebenden dramatischen Dichter Shakespeare's bis zum Ausbruch der Revolution in England.

Ben Jonson. — George Chapman. — Thomas Dekker. — John Marston. —
Thomas Middleton. — Thomas Heywood. — Samuel Rowley. — Henry Por-
ter, John Cool, George Wilkin. — John Fletcher und Francis Beaumont. —
John Webster. — John Forb. — Philipp Massinger. — James Shirley. —
William Rowley. — Richard Brome. — Cyril Tourneur, Nathanael Field,
Thomas Randolph, William Cartwright, John Suckling, Thomas Nabbes u. A.
— Masken. John Milton.

Von allen neben Shakespeare aufstrebenden dramatischen Dichtern
gebührt Ben Jonson in mehr als einer Beziehung der erste Platz.
Er begann nicht nur seine dramatische Laufbahn früher als die meisten
von ihnen, er war nicht nur Shakespeare, so weit es nachweisbar ist,
enger und länger als irgend ein anderer befreundet, er gehört auch
unstreitig zu den größten und gefeiertsten Talenten der Zeit, indem er
zugleich durch die Eigenart seines Geistes einen entschiedenen Gegensatz zu jenem größten Dramatiker bildet und hierdurch der Gründer
einer ganz eigenen, neuen Richtung im Drama geworden ist. Dies
hat zur Folge gehabt, daß er von Vielen weit überschätzt, ja Shakespeare ganz unmittelbar gegenübergestellt wurde, andererseits aber unter
dem Ruhme, dem Glanze und der Bedeutung dieses letzteren, wie alle
mit ihm aufstrebenden Talente, auch wieder zu leiden hatte; was aller-

bings erst in dem Maße mehr und mehr geschah, als jene Bedeutung mehr und mehr erkannt und gewürdigt ward.

Benjamin oder kurzweg Ben Jonson*) wurde am 11. Juni 1573 in Westminster zu London geboren. Sein Vater, der Geistlicher war und unter den Verfolgungen der Königin Maria sein ganzes Vermögen eingebüßt hatte, starb kurz vor seiner Geburt. Seine Mutter, die sich wahrscheinlich in bedrängter Lage befand, heirathete nur zwei Jahre später einen Maurermeister, der sich in einem bestimmten Umfange Ben's Erziehung mit annahm. Dieser wurde zunächst in eine Privatschule geschickt, dann in Westminster untergebracht, wo sich der berühmte Philologe Camben seiner aufs fürsorglichste annahm, dem er daher auch jederzeit eine lebhafte Dankbarkeit bewahrt hat. Ob er, wie Fuller behauptet, auch das John's College zu Cambridge bezog ist ungewiß. In seinen Schriften deutet nichts darauf hin. Es ist auch nicht ausgemacht, ob und wie lange er seinen Stiefvater in seinem Beruf unterstützt hat, obschon ersteres meist als eine erwiesene Sache behandelt wird. Ben Jonson war von einer überaus starken Constitution, groß und kräftig, dabei muthig und abenteuerlustig — es bedarf daher keines weiteren Grundes, seine Theilnahme an dem niederländischen Krieg zu erklären. Noch spät blickte er mit Genugthuung auf seine Thaten im Felde zurück, besonders auf einem jener damals im Kriege üblichen Zweikämpfe, den er bei jener Gelegenheit im Angesicht beider Heere zur Ehre der britischen Waffen siegreich durchfochten hatte. Auch nach seiner Rückkehr nach London, wo er sich nun sehr bald dem Theater und zwar dem Green curtain in Shoreditch, sei es auch als Schauspieler oder nur als play-wright zugewendet zu haben scheint, fand er, wennschon nur nothgedrungen, Gelegenheit, seine Tapferkeit zu erproben. Er ward in ein Duell verwickelt und hatte dabei das Glück und das Unglück, seinen Gegner, den Schauspieler Gabriel Spencer, zu töpten (1598), was ihn ins Gefängniß brachte

---

*) Whalley's Life und Notes in seiner Edition der dramatischen Werke des Dichters v. J. 1750. — Gifford, desgleichen in seiner Ausgabe v. 1816. — Cunningham, Notes in B. Jonson's Conversations with Drummond. — Hazlitt, Lectures on the dramatic literature of the age of Elizabeth. — Ulrici a. a. O. I. — Taine a. a. O. II. — Mezières, Contemporains et successeurs de Shakespeare, Paris 1864. — Graf Baudissin, Ben Jonson und seine Vorschule, so wie die Uebersetzungen Tieck's.

und sogar mit dem Galgen bedrohte. Ob sein in diese Zeit fallender
Uebertritt zum Katholicismus mit seiner Begnadigung zusammenhängt,
ist unbekannt. Kurze Zeit später verheirathete er sich.*) Das erste,
uns von ihm bekannt gewordene Drama, Every man in his humour
wurde 1598 im Globe = Theater zur Darstellung gebracht, und auch
Shakespeare spielte darin. Es hat sich hieran die Anecdote geknüpft,
daß dieser ihn gegen die Meinung seiner Collegen zuerst auf der Bühne
eingeführt habe. Aber bereits im Jahre 1596 wurde das Stück auf
dem Rose=Theater gespielt. Whalley und Gifford glauben, daß es
zwei verschiedene Bearbeitungen waren und das ältere Stück in Italien
spielte. Allerdings existiren zwei verschiedene Versionen davon. Da
aber die Personen der ersten Quartausgabe (1601), die mir übrigens
unbekannt ist, noch immer italienische Namen enthält und darin als
Schauplatz der Handlung Florenz bezeichnet erscheint, so ist es noch
fraglich, ob die Bearbeitung vor oder nach der ersten Aufführung im
Globe=Theater stattgefunden hat.

Die Sittenschilderung war übrigens im Wesentlichen hier wie
dort englisch. Es war immer schon London, das in der florentini=
schen Verkleidung zur Darstellung kam. Bei einem Stücke, dessen
Werth fast nur in der Sittenschilderung liegt, würde die Uebertragung
auf ein so völlig anders geartetes Land sonst wohl kaum denkbar ge=
wesen sein. Dramatisch ist dasselbe von nur geringer Bedeutung.
Es zerfällt in den ersten Acten in eine Menge nur lose miteinander
verbundener Scenen. Erst im vierten Acte verknüpfen sich die darge=
stellten kleinen Vorfälle miteinander, in ziemlich künstlicher Weise jedoch.
Die Entwicklung ist etwas unbeholfen. Unter den humours verstand
der Dichter die schrullenhaften Auswüchse der Charaktereigenthümlich=
keit, die das gesellschaftliche Leben der Zeit hervorbrachte und welche
theils in vorgefaßten Meinungen, theils in der Mode= und Originali=
tätssucht wurzelten. Ben Jonson charakterisirt das Stück selbst fol=
gendermaßen (Act III. Sc. II). Cob. What is that humour? Some
rare thing, I warrant. Cash. Marry I'it tell thee, Cob. 'tis a
gentlemanlike monster, bred in the special gallantry of our time
by affectation; and fid by folly. Von den bizarren Käuzen, welche

---

*) Payne Collier in Memoirs of the principal actors etc. — glaubt schon
1594. 1599 starb ihm ein Sohn.

Jonson hier vorführt, ist unter anderem Brainwood, ein Diener, von
der Marotte besessen, unter allerlei Verkleidungen Mystificationen und
Verwirrungen herbeizuführen. Er übernimmt hierdurch gewissermaßen
die Rolle, die der Dichter unsichtbar bei der Führung der Handlung
zu spielen hätte, sichtbar in dieser selbst. Dies würde mit Humor und
Satire ausführbar gewesen sein, erscheint aber hier als bloßer
Nothbehelf, um nur die Handlung in Gang zu bringen und eine
Verwicklung, sowie deren Lösung herbeizuführen. Die Vorzüge des
Stücks liegen in der lebendigen Sitten- und Charakterschilderung und,
wenn diese auch nicht immer eine dramatische ist, in der Kunst dieselbe wirkungsvoll in Scene zu setzen, wodurch der Schauspielkunst
eine Menge neuer contrastirender und dankbarer Aufgaben gestellt
wurden. Allein diese Lebendigkeit der einzelnen Scene kann über den
Mangel an eigentlicher Handlung doch nicht ganz täuschen. Am bedeutendsten im dramatischen Sinne sind noch die Eifersuchtsscenen
Kitely's, von denen die eine (III. Act, II.) gewissermaßen ein komisches Seitenstück zu der berühmten Scene König Johann's mit Hubert
bildet.

Der Erfolg dieses Stücks rief das 1599 ebenfalls auf der Shakespeare'schen Bühne erscheinende Gegenstück: Every man out of his
humour hervor, dessen erster Druck 1600 erschien. Es zeigt viele
Vorzüge des vorigen, ohne es doch in frischer Natürlichkeit zu erreichen. Daß auch in ihm die Personen wieder zum großen Theil
italienische Namen haben, scheint für die spätere Ueberarbeitung jenes
ersten Stücks noch zu sprechen. Mehr als in diesem ist hier noch
die Handlung nur Mittel zum Zweck der satirischen Sittenschilderung.
Die Aufnahme war eine sehr günstige. Ben Jonson begründete mit
diesen Stücken das satirische bürgerlich-gesellschaftliche Lustspiel, die
Sitten- und Charakterkomödie in England.

Obschon das Henslowe'sche Tagebuch annehmen läßt, daß Jonson
zu dieser Zeit auch für diesen noch thätig war, so finden wir hier doch
kein weiteres Stück mehr namhaft gemacht als die 1600 vor der
Königin in Blackfriars von den Kappelknaben zur Aufführung gebrachten
Cynthia revels.*) Der erste Druck ist von 1601. Es ist gegen die

---

*) Einige der damaligen Darsteller: Nath. Field, Th. Day, Unterwood und
Rob. Baxter glänzten später als Schauspieler.

Verfeinerung und die Affectation der höfischen Sitten gerichtet. Asotus will Höfling werden und muß sich zu diesem Zwecke all die fremd=ländischen Moden anzueignen suchen, welche sich damals in das Leben des englischen Hofs eingeschlichen hatten. Er erlangt darin ein Stärke, daß ihm schließlich bei dem Turnier der Galanterie alle Höflinge unterliegen. Das Ganze schließt in der Art der höfischen Masken. Die Satire hat hier ein allegorisch= phantastisches Gewand angelegt. Schon in den früheren Stücken suchte der Dichter mehr, gewissen vom Leben abgezogenen Begriffen, in der Art der späteren Moralitäten, eine reale Gestalt zu geben, als daß er das volle individuelle Leben der Wirklichkeit unmittelbar zum Gegenstand der Nachahmung machte. Die Figuren haben hierdurch zum Theil einen maskenartigen Charakter erhalten. Von dem anmuthigen Scherz, dessen sich der Dichter dabei häufig fähig zeigt, mag die Einkleidung des Prologs ein Beispiel geben. Drei Kinder kommen, sich den schwarzen Mantel streitig zu machen, welchen der Darsteller des Prologs zu tragen pflegte. Endlich entscheidet das Loos. Während sich der glückliche Gewinner drapirt, nimmt eines der verlierenden Kinder die Gelegenheit wahr, den Inhalt des Stücks zu verrathen. Vergeblich suchen es die beiden anderen zu unterbrechen; sie fallen ihm in die Rede, sie halten ihm den Mund zu, der Kampf um den Mantel erneuert sich, wobei es nicht an satirischen Bemerkungen auf Dichter und Zuschauer fehlt. Dekker und Marston, die nach den Angaben Henslowe's bisher öfter mit Ben Jonson zusammen gearbeitet haben müssen, fühlten sich besonders ge=troffen davon, so daß sie sich dazu hinreißen ließen, eine dramatische Satire dagegen zu schreiben. Jonson, der davon Kunde erhielt, suchte sie zu beschwichtigen. Da dies nicht gelang, kam er ihnen mit seinem Poetaster zuvor, der ihrem nun nachhinkenden Angriffe im Histriomastix die Spitze abbrach. Marston und Dekker wurden darin als Crispinus und Demetrius dem Gelächter preisgegeben. Doch war dieses Stück in der Hauptsache gegen gewisse Schattenseiten des damaligen Militär= und Rechtswesens gerichtet, was Jonson auch noch von dieser Seite manche Ungelegenheit zuzog. Der Poetaster wurde 1601 ebenfalls von den königlichen Kapellknaben in Blackfriars gegeben. Der erste Druck ist von 1602.

In diesem Jahre schrieb Jonson auf Veranlassung Henslowe's auch die Zusätze zu Kyd's Spanischer Tragödie.

Die Thronbesteigung Jacobs I. gab ihm Veranlassung, eines jener allegorischen Festspiele zu dichten, welche man Masken nannte, und in denen er besonderen Ruhm erwarb. Sir Robert Spencer hatte ein solches bei ihm zu den Festen bestellt, mit denen er den Besuch des Königs zu feiern gedachte. Der Erfolg zog andere Bestellungen dieser Art nach sich. 1604 folgten The Penates, 1605 spielte sogar die Königin Anna selbst mit ihren Damen in Jonson's Masque of Blackness. Von hier an wurde er regelmäßig mit diesen Spielen betraut, bei deren Ausführung sich ihm Inigo Jones mit seinen Künsten verband.

Die Ungelegenheiten, welche der Poetaster ihm zugezogen, waren vielleicht Ursache, daß er sich für einige Zeit vom satirischen Lustspiel zurückzog und der Tragödie zuwendete. 1603 wurde sein Sejanus von der Gesellschaft des Globe-Theaters gegeben. Auch Shakespeare spielte darin und wird an erster Stelle genannt. Jonson hatte schon immer in seinen Stücken den Einfluß seiner gelehrten classischen Studien gezeigt. Allein er hatte dabei eine ganz volksthümliche Richtung eingeschlagen. Er trug dem Geschmack seiner Zeit dabei Rechnung und vermied es, sich allzu pedantisch den academischen Regeln unterzuordnen. Dies geschah auch noch jetzt. Obschon er sich dem Seneca, besonders in den ersten Acten, zu nähern gesucht, zeigt jene Tragödie doch eine größere Beweglichkeit der einzelnen Scene und einen gegen den Schluß hin steigenden Wechsel des Orts. Zwar spielt das Stück immer in Rom, gleichwohl hat jeder Act mindestens eine Verwandlung, der fünfte Act sogar zehn. Das Stück hatte aber nicht den gewünschten Erfolg. Es fehlt ihm der große tragische Zug, die elementare Gewalt der Leidenschaft, die individualisirende Kunst der Charakteristik, die malerisch stimmungsvolle Behandlung der Situation, an die man von den Tragödien Shakespeare's gewöhnt war und die diese so hinreißend machten. Gleichwohl hat man diese Tragödie etwas zu niedrig beurtheilt. Der Dichter entfaltet darin doch immer eine große Kenntniß der Seele und eine nicht zu unterschätzende Feinheit der psychologischen Motivirung. Der Charakter des Sejanus zeigt wahrhaft bedeutende Züge, und die große Scene im Senat, in der sich der Sturz desselben vollzieht, ist voll dramatischem Leben.

Der Conflict mit Marston und Dekker muß sich bald gegeben haben, da wir Jonson 1604 schon wieder an einem Werke des letzteren, dem Lustspiele Eastward-hoe betheiligt sehen. Sein Antheil daran ist jedoch so gering, daß dieses Stück hier ganz übergangen werden dürfte, wenn es sein Leben nicht aufs Neue in Gefahr gebracht hätte. Eine Stelle desselben hatte nämlich zur Folge, daß Chapman und Marston, welche allein als Verfasser genannt waren, wegen Majestätsbeleidigung gefänglich eingezogen wurden. Jonson, obschon er an der verdächtigen Stelle ganz unschuldig war, stellte sich der Untersuchung freiwillig. In der That waren die drei Dichter nahe daran, Nase und Ohren zu verlieren. Chapman's Beziehungen zum Hofe traten zuletzt aber rettend dazwischen. Bei dem Feste, welches Jonson seinen Freunden nach seiner Befreiung gab, zeigte ihm seine Mutter ein mit Gift getränktes Papier, welches sie entschlossen gewesen sei, ihm, falls er verurtheilt worden wäre, in sein Getränk zu mischen, um es ihm zu credenzen und zuzutrinken.

Das Jahr 1605 brachte das Lustspiel Volpone or the Fox. Es wurde im Globetheater gespielt. Man hält es fast allgemein für den Gipfel seiner dramatisch-satirischen Kunst. Es zeichnete sich gegen die früheren Lustspiele dadurch aus, daß es das Interesse einer fortlaufenden Handlung hat. Auch hier aber ist die satirische Beleuchtung derselben und die Charakteristik die Hauptsache. Jene ist ebenso grell wie diese schneidig und abstoßend. Die Wahrscheinlichkeit ist dem Effect vielfach geopfert. Man muß selbst von dem Geiste einer beißenden Satire beseelt sein, um an den dargestellten Vorgängen und Menschen Gefallen finden zu können. Von diesem Standpunkte aus ist das Stück freilich vorzüglich. Obschon in Venedig spielend, schildert es im Ganzen doch englische Menschen und Sitten, erstere in der abstracten Manier dieses Dichters. Das fremde Costüm sollte wohl nur dazu dienen, die Satire weniger verletzend und die Vorgänge etwas wahrscheinlicher zu machen.

Volpone, ein reicher venetianischer Magnifico, speculirt auf die Erbschleicherei seiner vermeintlichen Freunde und beutet, von dem Parasiten Mosca unterstützt, deren Heuchelei und Betriebsamkeit in der raffinirtesten und zugleich brutalsten Weise aus. Letzterer hofft natürlich sich die Schwäche und Schlechtigkeit beider Theile zu Nutze zu machen. Die Intrigue erreicht ihren Höhepunkt in der Scene, in welcher Corvino, welcher der Habsucht Volpone's bereits große Opfer gebracht, um dieser nicht verlustig zu gehen, auf Mosca's Rath denselben auch noch sein schönes Weib preisgeben will und dieses zu solcher

Schmach bald durch Schmeichelei, bald durch Drohungen zu bewegen
sucht. Mosca überliftet sie alle, indem er Volpone überredet, ihn zum
Schein als Universalerben in sein Testament einzusetzen, sich selbst
aber todt zu stellen, um sich an der Wuth der betrogenen Schleicher
zu weiden. Volpone geht darauf ein und genießt seiner Rache, doch nur
um sich plötzlich den Händen Mosca's und dessen Niederträchtigkeit
überliefert zu sehen. Es ist eine schauderhafte Gesellschaft, in die
uns der Dichter gebracht, und wir werden aus ihr, selbst von Seiten
der Moral, nicht eben befriedigt entlassen.

Das nächste Stück desselben, Epicoene or the silent wife, ist
zwar nicht ganz so verletzend, gehört aber derselben Richtung des
Geistes an. Es wurde 1609 von den Children of her Majesty's
revels gegeben. Der Held, Morose, ist ein Hypochonder, der kein
Geräusch um sich leiden mag und keinen Widerspruch, ja nicht einmal
eine andere Meinung neben sich duldet. Sein lebensluftiger Neffe,
der seit länger vergeblich Geld von ihm zu erpressen gesucht, schlägt
nun den Weg der List dazu ein. Er überredet den Oheim zur Heirath
mit der schönen Epicoene, die er ihm als ein Muster der Schweigsam-
keit und Duldsamkeit schildert und die ihm auch selbst so erscheint.
Morose geht darauf ein, um seinen Neffen um die Erbschaft zu bringen,
findet sich jedoch nach der Trauung an einen wahren Teufel von
Beredsamkeit, Widerspruch, Lebensluft und Verschwendung gekettet.
Epicoene stürzt alles im Hause um und erfüllt es mit Lärm, Gelagen
und Festen. Die Satire greift hier zu den stärksten Mitteln der
Farce. Morose wird aus einer Verlegenheit, aus einer Schmach in
die andere getrieben, so daß er endlich seinen Neffen um Gotteswillen
bittet, ihn von dieser furchtbaren Last zu befreien. Dieser verspricht
es, doch natürlich nur gegen angemessene Belohnung. Die heitere
Wendung des Schlusses versöhnt mit dem Ganzen. Epicoene ist gar
kein Weib, sondern ein verkleideter Bursche, und Morose muß die be-
schämende Entdeckung ziemlich theuer bezahlen.

In diese Zeit fallen nicht nur verschiedene von des Dichters
vorzüglichsten Masken, sondern auch ein wichtiger und befremdender
Schritt desselben, der Rücktritt in den Schoos der Staatskirche, über
dessen Motiv wir nicht aufgeklärt sind.

Ein neues Lustspiel, The alchymist, 1610 gegeben, erschien zwei
Jahre später im Druck und gehört zu seinen besten Arbeiten. Die

Handlung nimmt hier das Interesse stärker, als sonst in Anspruch, die Charaktere sind trefflich gezeichnet, und der moralische Zweck, den der Dichter hier, wie immer, verfolgt, tritt energischer daraus hervor. Dies hat aber trotz der farcenhaften Uebertreibung auch eine gewisse Schwere der Darstellung und einen fühlbaren Mangel an wahrhafter Heiterkeit zur Folge gehabt. Das Stück ist gegen die Ausbeutung der Leichtgläubigkeit in mannichfachen Formen gerichtet. Der Alchemist bildet den Mittelpunkt der Handlung, daneben wird der Mißbrauch, welcher mit ihr auf religiösem Gebiete getrieben wird, satirisch gegeißelt. Es ist eine auch schon für jene Zeit kühne Satire auf die Auswüchse des Puritanismus.

Im nächsten Jahr (1611) folgte, in noch entschiedenerer Anlehnung an das academische Drama, als mit Sejanus, die Tragödie Catilina, in der auch der Chor wieder eingeführt ist. Sie steht an Lebendigkeit gegen jenen zurück. Die Einheit des Orts und der Zeit ist hier dagegen noch weniger innegehalten. Die Handlung spielt theils in Rom, theils in Fesulae, der Scenenwechsel ist ein kaum minder frequenter.

Ein höchst lebendiges Sitten- und Charakterbild, voll Frische und Unmittelbarkeit, hat der Dichter in seinem 1614 im Hope-Theater zur Aufführung gelangten Lustspiele Bartholomew fair geschaffen. Er hatte schon immer der Prosa einen ziemlichen Raum in seinen Lustspielen vergönnt, The silent woman ist sogar ganz in ihr geschrieben; dies ist auch hier wieder der Fall. Der Dichter hat hier zugleich, wenigstens theilweise, die Einseitigkeit und das abstracte Wesen des Satirikers zu überwinden gewußt und mit wirklichem Humor aus dem Vollen geschöpft. Die Figuren John Littlewit's und seiner niedlichen Frau sind von einer liebenswürdigen Unmittelbarkeit. Die ungeheure Popularität, welche das Stück errang, hat es wohl aber zum Theil der diesmal harmloseren Satire auf den Puritanismus zu danken. Der Dichter hat in diesem figurenreichen Stücke eine außerordentliche Fülle der sorgfältigsten Detailstudien in lebendigster Weise seiner Darstellung eingewebt, so daß wir bis ins Kleinste mit dem Leben, den technischen Ausdrücken, den Gaunerstreichen und dem Kauberwälsch der abenteuerlichen Industrien, die er darin vorführt, vertraut werden.

Weniger glücklich war er mit seinem folgenden, im Jahre 1616

zur Aufführung gelangten Stück: The devil is an ass (der dumme
Teufel), welches erst in der Folio vom Jahre 1631 im Druck erschien,
obschon der Dichter schon damals eine Gesammtausgabe seiner Werke
begonnen hatte. Er knüpft darin gewissermaßen an das alte Moral-
play an, welches ohnedies noch immer nicht ganz ausgestorben war,
insofern er den großen und den kleinen Teufel und das Laster (Ini-
quity) in seine, übrigens ganz realistisch behandelte Farce einführte.
Sein Lustspiel hat überhaupt eine größere innere Verwandtschaft zu
den älteren Formen des Dramas, besonders jenen aus Moralplay
und Interlude gemischten Stücken, als man auf den ersten Blick glauben
möchte. So realistisch er in der Darstellung zu sein strebt und es in
einer bestimmten Weise auch ist, geht er doch meist nur von abstracten
Begriffen menschlicher Charaktereigenthümlichkeiten aus, und dem durch
die Mittel der Satire verfolgten moralischen Zweck muß sich der dichterische zum großen Theil unterordnen.

Der geringe Erfolg des letztgenannten Stückes scheint ihn für
länger der Bühne entfremdet zu haben. Erst aus dem Jahre 1625
liegt wieder ein Lustspiel, The staple of news, von ihm vor, das
ebenfalls erst in der Folio von 1631 im Drucke erschien. Der Autor
hatte aber seine ursprüngliche Frische verloren. Der Plutus des Aristophanes, dem einzelne Stellen sogar entlehnt sind, hat ihm dabei als
Muster gedient. Das Stück ist aber auch deshalb bemerkenswerth,
weil hier zum ersten Male das Getriebe eines Zeitungsbureaus zum
Gegenstande dramatischer Darstellung gemacht worden ist. Dies ist
zugleich der wirksamste Theil desselben.

In das Jahr 1613 fällt eine Reise nach Frankreich; in die Jahre
1618 und 19 seine wunderliche Fußreise nach Schottland. Er fand
hier eine sehr ehrenvolle Aufnahme und genoß so auch längere Zeit
der Gastfreundschaft des Sir William Drummond, dessen Aufzeichnungen zum Theil das Material zu des Dichters Lebensgeschichte geliefert, zugleich aber auch Veranlassung zu harten Urtheilen über beide
Männer gegeben haben. Die Verehrer Ben Jonson's glaubten ihn meist
nicht besser gegen die daraus abgeleiteten Verunglimpfungen seines
Charakters vertheidigen zu können, als daß sie die Niederschriften
Drummonds für gehässige Entstellungen der Wahrheit erklärten. Diese
Niederschriften sind jedoch erst nach Drummonds Tode veröffentlicht
worden, und es ist anzunehmen, daß sie gar nicht zu diesem Zwecke

von ihm gemacht worden sind. Auch wissen wir nicht, ob nicht ein=
zelnes darin verändert und gefälscht worden ist. Wäre dies freilich
nicht der Fall, so müßte eine Stelle wie die folgende, die Drummond
dann über einen Mann geschrieben haben würde, den er fort und fort
in dem Glauben beließ, die größte Ehrerbietung und Freundschaft für
ihn im Herzen zu tragen, allerdings den ungünstigsten Eindruck
machen. „Ben Jonson — heißt es hier nämlich — war voll Eigen=
liebe und pflegte sich selber zu loben, während er andere herabsetzte
und verurtheilte. Es wurde ihm leichter, einen Freund als einen
Witz aufzugeben. Besonders beim Trinken, welches sein Element war,
überwachte er jedes Wort und jede Bewegung mit Eifersucht. Ge=
schickt, sein wahres Wesen zu verbergen, prahlte er mit Eigenschaften,
welche er nicht besaß, und hielt nichts für gut, als was er oder einer
seiner Freunde gesagt oder gethan hatte.“ Ob dieses Urtheil von
Drummond stammt oder nicht, jedenfalls ist es nicht frei von Gehäs=
sigkeit oder Einseitigkeit. Doch gehen diejenigen wieder zu weit, welche
in den in der Drummond'schen Schrift niedergelegten Aussagen Jon=
son's über die Schriftsteller seiner Zeit durchaus nur eine Entstellung
des sittlichen Charakters des letzteren sehen wollen. Ich will davon
nur die über Shakespeare abgegebenen Urtheile in Betracht ziehen,
welche den Ausgangspunkt der Angriffe auf Drummond gebildet haben.
„Shakespeare — so läßt dieser ihn sagen — besaß nicht genug künst=
lerische Bildung, zuweilen fehlte er selbst gegen den Sinn, so wenn
er z. B. in einem Stück eine Menge Menschen auf die Bühne bringt,
welche in Böhmen Schiffbruch gelitten haben sollen, da dieses doch
100 Meilen vom Meere ab liegt.“ Dieser Einwurf, gleichviel welche
Berechtigung ihm zukommen mag, entspricht doch zu sehr den Ein=
würfen, welche Ben Jonson gegen Shakespeare in seinen Discoveries
erhoben, um an der Aechtheit derselben irgend zweifeln zu können.
„Oft — heißt es hier — verfiel er auf Aeußerungen, die lächerlich
sind; so wenn er Jemand zu Cäsar sagen läßt: ‚Cäsar, du thust mir
Unrecht!‘ und dieser antwortet: ‚Cäsar thut niemals Unrecht als mit
Grund‘ und dergleichen mehr, was sicher lächerlich ist.“ Ben Jonson
hat seiner Bewunderung für Shakespeare einen so vollen Ausdruck
gegeben, daß an der Wahrheit derselben wohl kaum zu zweifeln er=
laubt ist. Mußte er darum aber auch dessen Fehler und Schwächen
billigen, wenn dies auch nur Fehler und Schwächen in seinen Augen

gewesen wären? Er war eine so völlig von ihm verschiedene Natur, er stellte der Kunst so wesentlich andere Ziele und suchte sie auf so verschiedenem Wege zu erreichen, daß es völlig begreiflich ist, wenn er in Shakespeare wohl das große Genie, nicht aber dessen künstlerische Bedeutung zu erkennen und anzuerkennen vermochte. Läßt sich nicht heute an dem Franzosen Taine etwas Aehnliches beobachten, der bei der enthusiastischesten Bewunderung des Shakespeare'schen Genies und Geistes ihm ebenfalls das, was Ben Jonson hier Kunst nennt, nahezu abspricht? Ein Autor, der wie Ben Jonson ein so großes Gewicht auf das exacte Studium der äußeren Lebensbedingungen seiner Gestalten legte, mußte, obschon er an Fülle der psychischen Lebenswahrheit, an Tiefe der Lebensbeobachtung, an Kenntniß der inneren Vorgänge des Menschen und des Natur- und Weltzusammenhangs im Großen und Ganzen weit hinter Shakespeare zurücksteht, an dessen Verstößen gegen jene Richtigkeit, selbst wo sie intendirt gewesen sein dürfte, den größten Anstoß nehmen.

Nach seiner Rückkehr aus Schottland hatte sich Jonson verschiedenen gelehrten und poetischen Werken, unter anderen auch mehreren dramatischen Pastoraldichtungen zugewendet, die aber größtentheils bei der großen Feuersbrunst, welche London theilweise verheerte, ein Raub der Flammen geworden sind. Daneben liefen immer aufs neue Dichtungen für die Hoffeste her, welche 1619 das Laureat und 1621 seine Ernennung zum Master of the Revels zur Folge hatten, aber vielfach von dem Laster der Schmeichelei befleckt sind. Obschon seine Einnahmen jetzt sehr glänzende geworden waren, fand er doch an einem reichlichen, gastfreien Leben zu viel Geschmack, um ein Vermögen sammeln zu können. The mermaid und die Devil tavern, die Freigebigkeit gegen seine Freunde, sowie seine Bibliothek verschlangen all seine Einnahmen. Eine zweite, 1623 (nach Collier) erfolgte Heirath trug vielleicht auch dazu bei. Als er daher in seinen späteren Jahren durch die Intriguen von Inigo Jones in Ungnade bei Hofe kam, mußte er seine Zuflucht doch wieder zur Bühne nehmen. Allein seine Kraft, sogar sein Selbstbewußtsein war durch Krankheit gebrochen. Die Komödie The new Jnn (1629) erlitt ohne Rücksicht auf die früheren Verdienste und den beklagenswerthen Zustand des Dichters, der 1626 von einem Schlagfluß betroffen worden war, eine unbarmherzige Niederlage. Vergeblich hatte er in dem nur mit Wehmuth zu lesenden Epilog sich an die Nachsicht der Zuhörer gewendet. Auch die Kritik spielte eine verwerfliche Rolle dabei, wenn schon zugegeben werden muß, daß Jonson sich mit der seinen viele Feinde gemacht. Der Groll des verletzten Dichters geht aus der Titel= angabe der 1631 erschienenen Ausgabe des Stückes hervor: The new inn or the light heart. As it was never acted, but most negligently played by some the king's servants, and more squamishly beheld and censured by others the king's subjets 1629. Now at last set at liberty to the readers, his Majesty's servants and subjects to be judg'd of, 1631.

Carls I. Theilnahme für den Dichter trat plötzlich wieder, ohne daß wir den Grund davon wissen, in auffälliger Weise hervor. Als sie ihm aber durch Inigo Jones' Machinationen doch wieder entrissen worden war, fand er in dem Earl of Nottingham einen Retter und eine Stütze. Jonson schöpfte daraus Muth, mit noch einigen neuen dramatischen Arbei= ten hervorzutreten: 1632 mit The magnetic lady und 1633 mit A tale of a tub. Sie kamen beide zur Aufführung, aber erst in der Aus= gabe von 1640 in Druck. Der Erfolg des ersten Stücks scheint ein leiblicher, der des letzten aber ein bestrittener gewesen zu sein. Jenes fand in späterer Zeit viel Anerkennung. Zu diesem Rückgange seiner Production steht das unvollendet gebliebene Pastoraldrama The sad shepherd in einem überraschenden Gegensatz, wenn es wirklich, wie man allgemein annimmt, erst auf dem Krankenbette entstanden sein sollte. Das dem Prolog vom Dichter beigesetzte Datum ist aber, wie Ward schon hervorhob, kein vollgültiger Beweis dafür. Jonson hat hier seine satirischen Neigungen ganz überwunden. Er hat sein Idyll sehr glücklich mit einem volksthümlichen Märchen und einem nationalen historischen Elemente verwoben und den gelehrten Ueberlieferungen der antiken Mythologie völlig entsagt. Besonders die ländlichen Scenen zwischen Robin und Marion sind überaus anmuthig und frisch. Jonson hatte noch ein anderes Stück dieser Art, The May-lord, unmittelbar nach seiner Rückkehr aus Schottland geschrieben. Es ist ebenso, wie ein Fischeridyll, verloren gegangen. Möglich daß auch dieses, wenn schon nur theilweise, in jene Zeit fällt. In seinem Nachlasse fand man außer seinen Discoveries, seiner Grammar of the English lan= guage nur noch den Plan und Anfang zu einer vaterländischen Tra= gödie, welche die Geschichte Mortimer's, des Grafen March, behandelt. Er starb am 6. August 1637 und ward am 9. d. Mts. in der West= minster Abtei begraben, was schon allein für das Ansehen zeugt, dessen er noch immer genoß. Er hinterließ keine Familie. Weib und Kinder waren ihm im Tode vorausgegangen.

Kaum noch ein zweiter dramatischer Autor der Zeit nahm eine so geachtete gesellschaftliche Stellung ein. Nicht nur seine Gelehrsamkeit und sein vielseitiges Wissen, sondern auch eine seltene Gabe und Kunst der Unterhaltung machten seinen Umgang geschätzt und beliebt. Er hat vielleicht noch mehr durch persönlichen Verkehr, als durch seine Schriften gewirkt. Andrerseits zog ihm diese persönliche Bevorzugung und sein daraus mit entspringendes rücksichtsloses Selbstgefühl, das sich gelegentlich auch in seinen Prologen und Epilogen Luft gemacht hat, manche Neider und Feinde zu, obschon er mit den bedeutendsten Dichtern, mit Shakespeare, Drayton, Chapman und vor allen mit Beaumont und Fletcher, in freundschaftlichem Verkehr stand.

Wenn Shakespeare, obschon ein größerer Poet, zugleich ein bedeutender philosophischer Geist war, der aber ganz nur im Dienste des ersteren gestanden zu haben scheint und dessen Thätigkeit vertiefte und hob, so war Ben Jonson, obschon ein Gelehrter und ein Geist von ungewöhnlicher kritischer Kraft und Schärfe, zugleich noch ein bedeutender Poet, dem aber diese Bundesgenossenschaft nicht blos nützte, sondern auch schadete. Denn wenn sie ihn auch bestimmte, Alles, was er darzustellen beabsichtigte, bis in das Einzelnste seiner Lebenserscheinungen und seiner äußeren Lebensbedingungen in Betracht zu ziehen, so verleitete sie ihn doch auch nicht selten, diesen Detailstudien in seinen Schilderungen eine zu große Bedeutung zu geben und einen zu großen Platz einzuräumen, so daß trotz aller Lebendigkeit seiner Darstellung die dramatische Bewegung des Stücks darunter zu leiden hatte. Und während bei Shakespeare's dramatischem Schaffen alle Kräfte seines reichen Geistes im Dienste der dichterischen Phantasie standen und doch alle gleichmäßig und im höchsten Grade entwickelt auf einen gemeinsamen Zweck wirkten, war bei Ben Jonson der künstlerische Verstand die weitaus vorherrschende Kraft, der alle übrigen Fähigkeiten des Geistes untergeordnet waren, wie sie ihn an Stärke der Ausbildung und Entwicklung auch nicht erreichten. Daher konnte Shakespeare ein großer Humorist, Ben Jonson nur ein großer Satiriker sein. Darum ging jener immer von Ideen, dieser von abstracten Begriffen aus. Shakespeare war es um die Erleuchtung des menschlichen Geistes, um die Veredlung der menschlichen Natur im Allgemeinen zu thun; er suchte

dies zu erreichen, indem er zunächst und vor allem auf die Phantasie
wirkte. Ben Jonson suchte dagegen immer nur die menschliche Erkenntniß nach einer bestimmten Seite hin zu erweitern und in einem
bestimmten Sinn zu berichtigen und hierdurch ganz unmitelbar auf
die Besserung der Sitten einzuwirken.

Obschon Ben Jonson hiernach in der Totalität seines künstlerischen
Schaffens tief unter Shakespeare steht und sich nicht sowohl wie ein
Geist niedrigeren Grades, als wie ein Geist einer ganz anderen Ordnung
darstellt, darf er doch, und vielleicht eben deshalb, als eine Ergänzung
zu diesem angesehen werden. Ben Jonson hat bei den Engländern
zuerst das Sittenstück ausgebildet und entschiedener als Lilly den
Grund zu dem späteren Conversationsstück gelegt. Auch hat er vorzugsweise die Sitten und Zustände der bürgerlichen Lebenskreise,
die von Shakespeare fast ganz vernachlässigt wurden, zum Gegenstand seiner Darstellungen gemacht. Er hat daher der Prosa auch
einen größeren Raum in seinen Stücken gestattet, ja einzelne Stücke
(Bartholomew fair und The silent woman) sind ganz in Prosa geschrieben.
Durch alles dies steht Ben Jonson den späteren und neuesten Lustspieldichtern näher als Shakespeare, der nur ein einziges Mal, in The
merry wives of Windsor, ähnliche Wege gegangen ist, vielleicht sogar
erst auf Anregung Jonson's hin. Daß dieser auch in den unter dem
Namen der Masken bekannten höfischen Spielen mustergültig war, ist
dagegen für die Entwicklung des Dramas ebensowenig von Bedeutung
gewesen, wie sein glänzender Versuch in der Pastoralcomödie.

Von den Mitarbeitern Ben Jonson's verdient Chapman schon
deshalb den nächsten Platz, weil er zu seiner Zeit eine ähnliche
Schätzung erfuhr und auch eine gewisse, wennschon beschränkte geistige Verwandtschaft mit ihm zeigt.

George Chapman*), wahrscheinlich 1557 zu Hitchin in Hertfordshire geboren, vollendete seine Studien zu Cambridge, nachdem er
vielleicht auch noch Oxford besucht hatte. Einige Stellen seiner
Schriften lassen vermuthen, daß er hierauf länger in Frankreich,
Deutschland und Italien verweilte. 1594 trat er, so viel wir wissen,

---

*) The comedies and tragedies of G. Chapman (with notes and a memoir),
3 v. London 1873. — Bodenstedt, Chapman in seinem Verhältniß zu Shakespeare, Shakesp. Jahrb. I. — Ward, a. a. O. II. 1. — Mezières, a. a. O.

zum erften Mal fchriftftellerifch mit zwei in London gedruckten Hymnen
auf. 1598 fpricht Meres von ihm aber fchon als einem Dramatiker
von Ruf, der fich fowohl im Luftfpiele, wie in der Tragödie hervor=
gethan habe. Der erfte Druck eines Dramas von ihm: The blind
beggar of Alexandria, ift von demfelben Jahre. Es ift jedenfalls
früher entftanden, doch fcheint von feinen übrigen Dramen diefer Zeit
keines im Druck erfchienen zu fein, als etwa das im folgenden Jahre
gedruckte Luftfpiel: An humorous dayes myrth. Beide Stücke find
unbedeutend, nur hier und da bricht in einzelnen glänzenden Schil=
derungen das epifche Talent des Verfaffers hervor. Es fcheint, daß
feine fo berühmt gewordene Ueberfetzung des Homer ihn damals für
länger der Bühne entzog, da wir erft im Jahre 1605 wieder einer
dramatifchen Dichtung begegnen, die zwar nicht ganz von ihm herrührt,
an der ihm aber doch der hervorragendfte Antheil beigemeffen wird,
ich meine das fatirifche Sittenluftfpiel Eastward-hoe, das er im Ver=
ein mit Marfton und Ben Jonfon fchrieb. Ich habe bereits darauf
hinweifen können, in welche Gefahr es ihn brachte. Das Stück ift
voll Leben, gehört zu den beften Arbeiten des Dichters und ift eine
Satire auf den fchlechten Einfluß, welchen die höfifchen Sitten auf
das damalige Bürgerthum ausübten. Von jetzt an fcheint Chapman
trotz feiner übrigen Arbeiten*) immer von Zeit zu Zeit für die Bühne
thätig gewefen zu fein. Sein letztes noch von ihm felbft heraus=
gegebenes Drama ift Caesar and Pompey (1631). Doch wurden
noch mehrere feiner dramatifchen Dichtungen wie Alphonsus, Em=
peror of Germany und Revenge for honour lange nach feinem
1634 erfolgenden Tode (1654) veröffentlicht. Chapman ftand mit den
bedeutendften Männern der Zeit in Verbindung, mit dem Herzog von
Sommerfet, dem Prinzen Heinrich von Wales, Sir Thomas Walfing=
ham, Lord Bacon und dem Grafen von Middlefer. Für das An=
fehen, deffen er bis zuletzt genoß, fpricht auch der Umftand, daß ihm
(von Inigo Jones) ein Denkmal errichtet wurde. Gleichwohl ftarb er
in Armuth.

Chapman war, wie Ben Jonfon, für feine Zeit ein bedeutender
Gelehrter, wie diefer vereinigte er damit tiefere poetifche Antriebe, wie

---

*) 1611 erfchien feine Ueberfetzung der Ilias, welcher 1614—1615 die
Odyffee folgte.

bei diesem herrschte bei ihm der künstlerische Verstand, wenn auch in anders gerichteter Weise, vor. Aber er besaß weniger Witz, Phantasie und Gestaltungskraft, er war mehr ein episch-rhetorisches, als ein dramatisches Talent. Seine Stärke lag in dem Reichthum und der Tiefe des Gedankengehalts, in der Schönheit und Würde des Ausdrucks, der das Bildliche liebte. Hierin hat man ihn vielfach mit Shakespeare verglichen, von dem er sonst freilich durch eine tiefe Kluft getrennt ist. Auch war es wohl nur dies, was Webster veranlaßte, ihn seines „hohen und vollen Styls" willen zu rühmen und, wenigstens scheinbar, noch über Shakespeare zu stellen. Webster, der doch gerade in dem excellirte und Shakespeare näher als irgend ein anderer Dichter der Zeit trat, was Chapman fehlte, in der Energie des charakteristischen dramatischen Ausdrucks und der vorwärts drängenden dramatischen Bewegung.

Wie Ben Jonson strebte zwar auch Chapman, trotz seines Gelehrtenthums, darnach, so lebendig wie möglich in seiner Darstellung zu sein, was ihm freilich nicht in demselben Maße gelang, und noch consequenter, als jener, entnahm er wohl eben deshalb seine Stoffe, selbst noch in der Tragödie, dem Leben der eigenen oder doch dieser möglichst nahe liegenden Zeiten. Sein 1607 erschienener Bussy d'Ambois, seine 1613 nachfolgende Tragödie: The revenge of Bussy d'Ambois spielen unter Heinrich III. von Frankreich; The conspiracy and the tragedy of Byron wurde nur sechs Jahre nach der Hinrichtung dieses letzteren, 1608, veröffentlicht. Die mit Shirley gedichtete Tragödie: Chabot, Admiral of France, 1635 geschrieben; 1639 gedruckt, behandelt eine nur etwa 50 Jahre zurückliegende Begebenheit. Einer früheren Zeit gehört dagegen sein Alphonsus, Emperor of Germany an.*) Die einzige im Alterthum spielende Tragödie ist Caesar and Pompey. Der Mangel an dramatischem Leben in diesen Stücken, die überwiegend rhetorisch-epischen Charakters sind, möchte fast glauben lassen, daß Chapman von dem dramatischen Geiste Shakespeare's keine tieferen Anregungen empfangen habe. Die Behandlung des Stoffes

---

*) Elze, in seiner Ausgabe dieses Stücks, glaubt aus den deutschen Stellen derselben den Schluß ziehen zu sollen, daß Chapman hier einen Deutschen zum Mitarbeiter gehabt. Ward hält es sogar für eine bloße Ueberarbeitung eines deutschen Stücks.

schließt sich zuweilen fast noch der des Gorbobuc an. Von seinen Lustspielen sind nur noch All fools (1605 gedruckt) und May-day (1611 gedruckt) Zeit- und Sittenschilderungen in der Manier Ben Jonson's. Obschon sie Eastward-hoe nicht ganz erreichen, sind sie doch mit Recht von allen seinen übrigen Arbeiten am meisten geschätzt worden. Monsieur d'Olive und The gentleman Usher, beide 1606 gedruckt, sind romantische Lustspiele mit historischer Grundlage. The widow's tears aber liegt die Matrone von Ephesus des Petronius zu Grunde. Mit Shirley endlich schrieb Chapman noch ein Lustspiel The ball, an welchem ihm jedoch nur ein geringer Antheil zukommen dürfte. Im Ganzen zeigte derselbe, ebenso wie Ben Jonson, ungleich mehr komisches als tragisches Talent, wenn auch in dem glänzenden rhetorisch-poetischen Vortrag seiner Tragödien das liegt, was man, besonders zu seiner Zeit, so hoch an ihm schätzte.

Detter und Marston, Mitarbeiter und Gegner Ben Jonson's zugleich, stehen an allgemein poetischer und geistiger Bedeutung gegen den fast immer von größeren Intentionen ausgehenden Chapman entschieden zurück.

Thomas Detter*), der das Geschäft der Mitarbeiterschaft im großen Style betrieb, was auf eine gewisse Beliebtheit seines Namens am Theater schließen läßt, wurde um 1570 zu London geboren. 1597 erscheint er in den Tagebüchern Henslowe's und Alleyn's als playwright. 1638 hören die Nachrichten über ihn auf. Wahrscheinlich ist er nicht viel später gestorben. Von seinen erhalten gebliebenen Stücken ist das Lustspiel: The shoemaker's holiday or the gentle craft (1600 gedruckt) das früheste. Es ist eine Sittencomödie, deren Stoff dem damaligen Londoner bürgerlichen Leben entnommen ist, in dessen Schilderung seine Stärke liegt. Der Held derselben, Simon Eyre, ist eine seiner gelungensten Gestalten. Das Ganze ist von der ausgiebigsten Heiterkeit. — Old Fortunatus (ebenfalls 1600 gedruckt) ist ein erneuter Versuch auf dem von Marlowe in seinem Dr. Faustus beschrittenen Wege, die alten deutschen Volksbücher für die Bühne nutzbar zu machen. Wogegen sein Satiro Mastix (1602 gedruckt) die persönliche Satire auf die dramatische Form übertrug. Die Absicht,

---

*) Biographia dramatica. I. — The dramatic works of Thomas Dekker, with notes and a memoir. London 1873. — Ward, a. a. O. II. 37.

den Poetaster des Ben Jonson (seine Streitigkeiten mit diesem wurden
schon früher berührt) mit dessen eigenen Waffen zu schlagen, ist aber
nicht recht erreicht. — The honest whore (in zwei Theilen, von denen
der erste 1604, der zweite erst 1630 gedruckt worden), an welcher
nach einer Notiz von Henslowe Middleton betheiligt gewesen sein soll,
wovon der Titel des Drucks aber keine Mittheilung macht, hat zu
seiner Zeit, trotz der diesen Stücken anhaftenden Mängel und Roh-
heiten einen verhältnißmäßig großen Erfolg gehabt. Die beiden Theile
haben übrigens keinen äußeren Zusammenhang. Es sind zwei ganz
verschiedene Stücke mit ähnlicher Handlung und verwandter Moral.
Um diese recht eindringlich zu machen, hat Dekker das Laster in seiner
vollen Nacktheit und mit dem äußersten Realismus zur Darstellung
gebracht. — Zu den von ihm allein herrührenden Stücken gehören
ferner die Tragicomödien If it be not, the devil is in it (1612 gedruckt) und Match me in London (1631 gedruckt), sowie das Lustspiel The wonder of a kingdom (1636 gedruckt). Von den mit
anderen Dichtern zusammengearbeiteten Stücken seien hier folgende angeführt, die zum Theil später noch berührt werden müssen. Mit
Chettle und Haughton das Lustspiel: The patient Grissil (1603), mit
Middleton (nach Henslowe) The whore of Babylon (1607 gedruckt),
welches seiner politischen Zeitfarbe wegen Beachtung verdient, sowie
The roaring Girl; mit Webster The famous history of Sir Thomas
Wyat (1607 gedruckt), welches von Dyce nur für eine Bearbeitung
der älteren Lady Jane von Dekker, Chettle, Webster, Smythe und
Heywood gehalten ward, sowie die beiden Lustspiele Westward-hoe
und Northward-hoe (beide 1607 gedruckt); mit Massinger: The virgin
martyr (1622 gedruckt); mit Ford: The witch of Edmonton; mit
Haughton und Day: The spanish Moor's tragedy or Lust's dominion, welches schon 1600 gespielt wurde. Dieses Stück klingt vielfach
an Marlowe's Jew of Malta an, daher es ihm wohl auch beigemessen
worden. Es erschien erst 1657 im Druck.

Dekker war ohne Zweifel ein Schriftsteller von Talent, dem es
jedoch an Bedeutung der Auffassung von Kunst und Leben, sowie
an Sammlung des Geistes gebrach. Ob er durch einzelne Züge auch
oft überrascht, ist er doch nicht fähig gewesen, ein einziges Werk zu
schaffen, das im Ganzen befriedigt. Sein Hauptvorzug ist die Unmittelbarkeit und Frische der Auffassung der einzelnen Lebenserschei-

nungen, die er oft mit überzeugender Treue und nicht ohne Energie
des Ausdrucks oder komische Kraft der Behandlung wiedergiebt.

John Marston*), um 1585 geboren und, falls nicht eine
Namensverwechslung vorliegt, 1634 gestorben, war ein kampflustiger
Geist, doch scheint die Quelle dieser Streitlust in den besseren Eigenschaften seiner Natur gelegen zu haben, die gegen alles, was er für
unsittlich und unanständig in der Literatur hielt, reagirte. The scourge
of villanie (1598) ist, so viel uns bekannt, die früheste von ihm veröffentlichte Schrift. Noch in demselben Jahre folgte eine Reihe Satiren
in der Manier Hall's, mit dem er gleichfalls in Streit gerieth. Er
dürfte schon längere Zeit für die Bühne thätig gewesen sein, als er
1601 mit seiner Tragödie Antonio and Mellida, two parts, hervortrat (der erste Druck ist v. J. 1603). Sie bot, besonders im zweiten
Theile, durch das Uebergreifende und Schwülstige des Ausdrucks und
die bluttriefende Wüstheit der Vorgänge, denen Kyd's spanische Tragödie und Shakespeare's Titus Andronikus zum Vorbild gedient haben
mochte, Ben Jonson den trefflichsten Stoff zur Satire. Es folgten:
The insatiate countess (wahrscheinlich 1603 zum ersten Male gedruckt),
eine der rücksichtslosesten Darstellungen weiblicher Schamlosigkeit, aber
wie immer bei Marston mit moralischer Tendenz, und The wonder of
women or the tragedy of Sophonisba (1606 gedruckt). Auch Marston war in der Komödie glücklicher, als in der Tragödie. Seines
Antheils an Eastward-hoe hat schon gedacht werden können. In
seinen Malcontent, der 1604 im Druck erschien und auf der Bühne
großen Erfolg hatte, soll Webster einige Stellen eingefügt haben. Es
mag sein, daß die Kraft und Energie des dramatischen Ausdrucks und
der dramatischen Bewegung, welche dieses Stück vor anderen Arbeiten
Marston's auszeichnen, auf Webster's Einfluß zurückzuführen ist. Ihm
folgte 1605 The Dutch courtesan, welches eines jener anstößigen
Themen behandelt, an denen die englische Bühne so reich ist. Es
zeichnet sich durch lebensvolle Charakteristik aus und wird für Marston's bedeutendstes Werk gehalten. — Parisitaster or the fawn (1606
gedruckt) bildet eine Art Seitenstück zum Malcontent, erreicht diesen

---

*) Biographia dramatica I. — The works of John Marston with notes and
some account of his life. By J. V. Halliwell. 3 v. Lond. 1856. — Ward, a.
a. O. 52.

aber nicht. Beiden liegen novellistische Stoffe mit historischem Colorit
zu Grunde. — In What you will (1607), einem Intriguenstück, nahm
Marston Gelegenheit, seinem Grolle auf Hall einen satirisch = dramati=
schen Ausdruck zu geben.

Wenn man der Bescheidenheit, die Marston in seinen Prologen
und Epilogen zur Schau trägt, vertrauen dürfte, so würde er ein
deutliches Gefühl von den Schranken seines Talentes gehabt haben.
Auch er hat immer nur durch Einzelnes, nie durch das Ganze zu
befriedigen vermocht. Seine mit Webster und Middleton gearbeiteten
Stücke, die in eine etwas spätere Zeit fallen, werde ich noch bei diesen
zu berühren haben.

Thomas Middleton*), wahrscheinlich 1570 in London geboren,
studirte an der Universität Cambridge. Es scheint, daß er sich eine
Zeit lang am Krieg gegen Frankreich und die Niederlande betheiligte.
1593 gehörte er zu den Mitgliedern von Gray's Inn. Als Dramatiker
findet man ihn erst um 1599 erwähnt. Er arbeitete öfter mit Dekker
und W. Rowley zusammen und wurde häufig von der Stadt London
mit dem poetischen Theile der von ihr auszurichtenden pageants betraut,
was 1620 zu seiner festen Anstellung als Chronolog und Dichter
derselben führte. Er starb 1627.

Die früheste von ihm bekannte dramatische Dichtung scheint das
mit Rowley gearbeitete romantische Lustspiel The old law zu sein,
welchem ein ähnlicher Gegenstand wie Shakespeare's Maß für Maß
zu Grunde liegt. Sollte dieses die Anregung dazu gegeben haben, so
müßte es freilich später entstanden sein, als jetzt allgemein angenommen
wird (1599). Auch das romantische Lustspiel The Phönix (1607 ge=
druckt) behandelt wieder ein verwandtes Thema. Ihm liegt die Novelle
La fuerza de la sangre des Cervantes zu Grunde. Sie hat ihm in
Verbindung mit La gitanilla desselben Dichters auch Veranlassung zu
einem zweiten mit Rowley gearbeitetem Stücke The Spanish gipsy, unsere
Preciosa, (1633 gedruckt) gegeben, welches sich durch gute Führung der
Handlung und ·lebendige Darstellung auszeichnet. Auch More Dissem-
blers besides women (vor 1623) gehört zu den besseren romantischen

---

*) The works of Thomas Middleton. With some account of the Author
and Notes. By A. Dyce. 5 vol. Lond. 1843. — Ward, a. a. O.. II. 67. —
Dodsley's Old plays.

Komödien der Zeit. Die mit Rowley gedichteten Tragikomödien A fair quarrel und The changeling (das erste 1617, das zweite 1623 gedruckt) zeigen, besonders das letzte, ebenfalls bedeutende Züge.

Gegen diese Arbeiten steht die von Middleton allein gedichtete Tragödie Women beware women (1637 gedruckt) beträchtlich zurück. Auch die Tragicomödie The witch, welche die Rache Rosamundens an Alboin behandelt, ist nur durch das darin aufgenommene Hexenmotiv von Interesse, welches in einzelnen Stellen an die Behandlung desjenigen in Macbeth erinnert, wodurch die Frage entstanden ist, ob einer von ihnen, und welcher, von dem anderen beeinflußt war. Charles Lamb hat es richtiger vorgezogen, statt der Aehnlichkeit die Verschiedenheit beider Motive und ihrer Behandlung ins Licht zu setzen. Ein drittes hierher gehöriges Stück, das freilich in sehr veränderter Form auf uns gekommen sein dürfte, ist The mayor of Queenborough. Es behandelt im älteren chronikalischen Style einen Vorgang aus der Eroberung von Kent durch Hengist und Horsus. Die Hauptfigur, der Mayor of Queenborough, ist jedoch eine erfundene, komische Figur. Es fehlte Middleton für das Tragische sowohl an Tiefe und Feinheit der Empfindung, wie an Dämonie der Leidenschaft. Dagegen ist er frei von allem Bombast.

Am glücklichsten erscheint er im reinen Lustspiel, besonders in der Sittencomödie der Zeit. Hier zeichnet sich gleich Michaelmas term (1601 gedruckt) durch lebensvolle Frische aus. Dies gilt auch von A trick to catch the old one (1608 gedruckt). Von ihm hat Massinger einige Züge zu seinem New way to pay old debts geliehen. Es ist gegen den Wucher gerichtet. Die Charakteristik ist trefflich und die Intrigue nicht ohne Originalität. Schon hier macht sich aber eine gewisse Frivolität und Rohheit in der Behandlung geltend, was noch entschiedener in A mad world, my masters (1608 gedruckt) hervortritt, nur daß man in diesem Stück durch die originelle Erfindung und den lustigen und lebendigen Vortrag versöhnt wird. Diese drei Lustspiele gehören jedenfalls zu dem Frischesten und Lustigsten, was die Sittencomödie der Zeit hervorgebracht hat. Allerdings liegt ihr Werth, wie es das Genre bedingt, mehr in der Lebendigkeit des Vorgangs, als in der Bedeutung der einzelnen Charaktere. Ihnen zunächst steht noch ein viel späteres Stück dieser Art: No wit, no help like a woman's. Es wurde 1638 aufgeführt, erschien aber erst

1657 im Druck. — Auch das mit Detter zusammengearbeitete Lust-
spiel: The roaring Girl (1611 gedruckt) verdient hier noch lobende
Hervorhebung. Es zeichnet sich besonders durch die dem wirklichen
Leben entnommene Gestalt der Mary Frith aus, deren Tugend über
die widerwärtigsten, sie bedrängenden Verhältnisse siegt. Wogegen
Blunt, Master Constable (gedruckt 1602) und A chaste maid in
Cheapside und Anything for a quiet life als verfehlte Versuche in
dieser Gattung bezeichnet werden müssen.

Wie die meisten Dramatiker dieses Zeitraums liebte es auch Middleton, zwei oder mehrere Motive und Fabeln durcheinander zu schlingen. Wie die meisten dieser Dichter wußte aber auch er nichts von
der Kunst Shakespeare's, dieselben durch einen gemeinsamen Grundgedanken, der in ihnen in verschiedener Weise zur Darstellung kommt,
innerlich zu verbinden, sie lassen es sich vielmehr fast immer an dem
bloßen äußeren Contraste derselben und an der Kunst der äußeren
Verknüpfung genügen.

Ein ganz eigenthümliches Werk der dramatischen Muse Middleton's ist A game at chess, welches 1624 zur Aufführung kam. Es
ist als ein kühner Versuch zu bezeichnen, die Zeitgeschichte in satirischer Form zur Darstellung zu bringen und ein allegorisch-politisches
Lustspiel in Anknüpfung an die alten Moral-plays zu begründen. Die
höchsten Personen des Staats sind darin als Schachfiguren auf die
Bühne gebracht, um die von Jacob I. unter dem Einfluß des spanischen Gesandten und späteren Grafen Gondemar geplante spanische
Heirath in einer eben so greifbaren, als dem Nationalhasse entsprechenden Weise zu geißeln. Es wurde im Juni des genannten Jahres mit
Genehmigung des Master of the Revels neun Tage hintereinander im
Globe-Theater gegeben, bis der spanische Gesandte davon erfuhr und
ein Verbot der Darstellung erwirkte, indem er sich auf einen Erlaß
Jacobs I. bezog, durch welchen die Vorführung irgend eines neueren
christlichen Königs auf der Bühne untersagt worden war. Autor und
Darsteller mußten vor dem Geheimrath erscheinen. Sie kamen indeß
mit der Furcht und einem Verweise davon. Die Politik des Hofes
war damals bereits ins Schwanken gekommen. Das Verhältniß zu
Spanien gewann schon in den nächsten Monaten einen gespannten
Charakter, und im März des folgenden Jahres ward ihm von England

der Krieg erklärt. Der white duke in Mibbleton's Spiele, Buckingham, war so wie hier auch im Leben der Sieger.

Obschon sich die vorgenannten Dichter sämmtlich durch eine gewisse Leichtigkeit der Production auszeichneten, wurden sie doch weit
an Fruchtbarkeit wie an Erfindungskraft von einem ihrer Rivalen
übertroffen, den man deshalb den Lope de Vega der englischen Bühne
genannt hat, obschon er diesen weder in jenen Eigenschaften, noch,
nach dem was wir davon kennen, an dichterischem Talent und Glanz
des Geistes erreichte. Den 1500 Stücken, die der Spanier geschrieben,
vermochte Thomas Heywood nach seiner eigenen Angabe doch nur
120 gegenüberzustellen. Selbst diese waren nicht ausschließlich von ihm.

Thomas Heywood*), wahrscheinlich um 1570 in Lincolnshire
geboren, war von guter Familie. Nach einer Anspielung, die er machte,
war er im Peterhouse College zu Cambridge erzogen. 1596 findet sich
sein Name in der schwankenden Orthographie Henslowe's in dessen
Tagebuche erwähnt. 1598 wird seiner als Schauspieler und Theilhaber von dessen Truppe gedacht. In diesem Jahre erschien auch ein
Stück von ihm: War without blows and love without suit. Auch
The four Prentices of London, obschon erst 1615 gedruckt, kann nach
der Dedication nicht viel später geschrieben sein. Dies findet durch
die Simplicität der Darstellung seine Bestätigung. Der erste Druck
eines Dramas von ihm ist aus dem Jahre 1600: Edward IV.; 1605
folgte: The trouble of Queen Elizabeth. Jenes enthält des Königs
Abenteuer mit dem Gerber von Tamworth, sein Liebesverhältniß zur
schönen Mistreß Shore, ihr Emporkommen und ihren Fall, die Belagerung Londons durch den Bastard Falconbridge und die helden-
müthige Vertheidigung dieser Stadt. Heywood hatte den Stoff verschiedenen Balladen entnommen. Seine Darstellung ist schlicht, aber
volksthümlich; kunstlos, ja hier und da fast roh, aber sehr glücklich
auf die Wirkung der Bühne berechnet. Das zweite Stück, welches
auch noch den Titel trägt: If you know not me, you know nobody,

---

*) The dramatic works of Th. Heywood, now first collected with notes and
a memoir of the author, 1874, sowie die von Barron, Field and Collier für die
Shak. Soc. herausgegebenen Spiele Heywood's. Schon 1637 erschien eine Sammlung Pleasant dialogues and dramas. — Siehe auch über ihn Specimens of
Charles Lamb. — Hazlitt, Lectures on the dramatic literature etc. — Retrospective Review, Lond. 1825. 126. — Ward, a. a. O. — Mezières, a. a. O.

besteht aus zwei Theilen, von denen der erste das Leben Elisabeth's unter der Königin Maria bis zu ihrer Thronbesteigung, der zweite von da bis zum Untergange der spanischen Armada enthält. Dieser steht gegen den ersten zurück. Bemerkenswerth ist die Anwendung, die Heywood in dieser volksthümlichen Historie vom Chor und von dem alten Dumb-show machte.

Zu den früheren Stücken des Dichters, so weit wir sie kennen, (es sind im Ganzen nur 23 von ihm erhalten geblieben), gehören zwei seiner besten: A woman killed with kindness und The fair maid of the exchange, beide 1607 gedruckt. Doch ist jenes, welches schon 1603 zur Aufführung kam, diesem noch weit überlegen. Es bewegt sich auf dem Gebiete des Familiendramas, dem geeignetsten für das besondere Talent dieses Dichters. Wie in fast allen Stücken, welche die englische Bühne damals in dieser Gattung hervorgebracht, bildet der Ehebruch auch hier das Hauptmotiv. Der Dichter enthebt aber seinen Gegenstand der criminalistischen Sphäre, der er bisher fast immer verfallen war. Der beleidigte Gatte sucht seine Rache nur darin, seinem Weibe durch Güte ihre Schuld zum Bewußtsein zu bringen und diese durch Reue sühnen zu lassen. Er verbannt sie aus seiner und seiner Kinder Nähe und weist ihr ein einsames Landhaus zum Aufenthalt an, das er mit dem größten Comfort für sie aus-stattet. Hier erliegt die Bereuende der Qual ihres Gewissens und der Erinnerung an das verscherzte Glück. Dem Tode nahe, schickt sie nach ihm, der sie immer noch liebt, um seine Verzeihung zu erlangen, und stirbt unter seinen Thränen und seinem Segen. Die Ausführung dieses gefühlvollen, nicht ohne Raffinement entworfenen Dramas ent-hält wirkliche Schönheiten und bedingt ergreifende Wirkungen. Der Uebergang von dem alten criminalistischen bürgerlichen Drama zu dem späteren rührenden Familiendrama war also hier schon gefunden. Selbst das moderne Ehebruchsdrama liegt bereits hier in der Knospe. Es ist aber von einer gesünderen Luft noch umweht. — The fair maid of the West, 1817 aufgeführt, ist eine romantische Komödie in zwei Stücken, die unter der Zweitheiligkeit der Handlung leidet, der es an innerer Einheit gebricht. Es liegt darin ein Intriguenstück vor, welches einzig auf scenische Wirkung berechnet erscheint. Der Dichter ist un-bekümmert, ob seine Motive psychologisch genügend begründet sind. Er nähert sich in der Behandlung The four prentices. — The fair

maid of the exchange (1607 gedruckt), vielleicht nach einer alten
Ballade gemacht, hat troß des romanhaften Inhalts einen mehr bürgerlichen Charakter. Dies ist wohl der Grund, warum es zu seiner Zeit
so großen Beifall gehabt. Das schöne Mädchen von der Börse erscheint von drei Brüdern umworben. Das Herz derselben gehört
aber aus Dankbarkeit bereits einem Anderen, dem Krüppel Frank, der
sie aus den Händen frecher Räuber errettet hat. Frank ist dem einen
der Brüder aufs engste befreundet. Eine hochherzige Natur, entsagt
er für ihn seiner Liebe, ja er überredet denselben sogar, seine Brüder
die ihn zum Vertrauten gemacht, zu überlisten und sich in seiner Gestalt die Hand des schönen Mädchens zu gewinnen. — The English traveller, erst 1633 gedruckt, stellt sich als Gegenstück zu A woman killed
with kindness dar, steht aber, obschon es ihm nicht an wirksamen
Einzelheiten fehlt, an sympathischem Interesse und psychologischer Bedeutung dagegen zurück. — The wise woman of Hogsdon (1638
gedruckt) gehört dagegen zu den frischesten, bestgearbeiteten Stücken des
Dichters und überhaupt zu den besten Sittencomödien der Zeit. —
Auch A challenge for beauty, welchem ein romantischer Stoff zu
Grunde liegt, ist nicht ohne Vorzüge, was auch von den mit Richard
Brome gearbeiteten The late Lancashire witches, besonders aber von
dem romantischen Drama The royal king and the loyal subject gilt
Dieses behandelt ein ähnliches Thema wie Fletcher's Loyal subject,
aber in einer ganz davon unabhängigen Weise.

Einen außerordentlichen Erfolg scheint The rape of Lucrece gehabt
zu haben. Es erschien zuerst 1609 im Druck, 1638 folgte bereits die
fünfte Auflage davon. Eine eigenthümliche Stellung nehmen endlich
die vier cyklischen unter den Titeln: The golden — the silver —
the brazen and the iron Age erschienenen Stücke ein. Die drei
ersten entstanden viel früher, als das vierte. Der Druck des ersten
ist von 1610, der des zweiten und dritten von 1613; das vierte, zwei-
theilige erschien aber erst 1632. Der Dichter sagt in dem Vorwort
zu letzterem, daß diese Spiele oft und mit nicht wenig Beifall von
zwei Gesellschaften zugleich auf einer Bühne gespielt worden seien und
oftmals drei verschiedene Theater gefüllt hätten. Er stellte sich darin
die Aufgabe, die ganze griechische Mythologie dramatisch vorzuführen,
von den Kämpfen Saturns an bis zur Zerstörung von Troja. Wir
würden sie heute als Ausstattungsstücke bezeichnen, was damals bei
12*

der decorationslosen Bühne freilich nicht möglich war, immer aber
scheinen sie hauptsächlich auf die Schaulust des Volkes berechnet gewesen zu sein. Der Dichter entwickelt darin eine reiche Kenntniß seines
Gegenstands, ohne doch je mit seinem Wissen lästig zu werden, und
indem er immer unterhaltend bleibt, schlägt er dabei doch einen der
Sache würdigen Ton an, wie Heywood überhaupt, trotz seiner Productivität, der Sprache und dem Ausdruck große Aufmerksamkeit zu-
wandte. Der erste Theil enthält die Geschichte Jupiters und Saturns;
der zweite: die Liebesgeschichte Jupiters zu Alkmene, die Geburt des
Herkules und den Raub der Proserpina; der dritte: den Tod des
Nessus, die Geschichte Meleagers, die von Jason und Medea, die
Aphrobite's im Netze Vulcans und die Thaten und den Tod des Herkules; der vierte: die Belagerung und den Untergang Trojas. —
Das Lustspiel A maidenhead well lost (1634 gedruckt) soll nur deshalb erwähnt werden, weil Massinger ihm einige Züge zu seinem
Greateduke of Florence entlehnt haben soll. — Von den vielen an-
deren Schriften des Dichters aber mag nur noch seine Apology for
actors genannt werden.

Lamb nennt Heywood einen prose-Shakespeare. Dies ist zu
viel und zu wenig. „Seine Stücke seien ebenso natürlich wie rührend;
man vermisse aber den Poeten darin, der Shakespeare über die Natur
erhebe. Heywood's Charaktere, seine Landedelleute seien direct dem
Leben entnommen, die besten ihrer Art, aber doch nur dieser Art.“
Indessen scheint mir der Vergleich mit Shakespeare nicht recht am
Platze zu sein. Diese Dichter gingen von zu verschiedenen Antrieben
aus und hatten dabei zu verschiedene Ziele im Auge. Sie schrieben
zwar beide für die Bühne, aber für Shakespeare war die Bühne nur
Mittel zum Zweck, für Heywood war sie der Endzweck; daher, obschon
sie beide Schauspieler waren, dieser in Shakespeare dem Dichter nur
nützen, in Heywood aber auch schaden konnte. Wir sahen, worin
Shakespeare den Zweck der Bühne fand, für Heywood ging er fast
schlechthin in der Bühnenwirkung auf.

Er war ein Mann von großem Talent, zuletzt aber doch nur der
play-wright im gewöhnlichen Sinne des Worts, obschon die sprachliche Behandlung seiner Dramen beweist, daß er hierin über diesen
hinausgehen wollte. Er nimmt ohne Zweifel unter den play-wrights
dieser Art eine hervorragende Stellung ein, aber er gehört doch noch

zu ihnen. Sein Ehrgeiz war nur auf die Wirkung seiner Stücke im
Theater gestellt. Der Ruhm in der Literatur ließ ihn — wenigstens
behauptete er es — gleichgültig. Wie seine Apology for actors beweist, ein begeisterter Vertheidiger der Bühne gegen die wider dieselbe erhobenen Vorwürfe, mußte er auch für ihre Nützlichkeit, für
ihre moralischen Wirkungen eintreten. Da ihm die ganze Welt ein
Theater war, so erschien es ihm widersinnig, das Theater negiren zu
wollen. „He that denyes then, theaters should be — heißt es am
Schluß seines Vorworts — He may as well deny a world to me."
Er faßt daher bei all seinen Stücken die moralische Absicht auf das
gewissenhafteste ins Auge. Da sich aber die scenische und die moralische Wirkung nicht immer decken, und erstere ihm doch noch darüber
ging, und es ihm vor allem um Erregung, Erheiterung, Rührung,
Erschütterung der Zuschauer durch die schauspielerische Darstellung zu
thun war, so kamen diese beiden Tendenzen oft in Conflict miteinander, wodurch seine Moral nicht selten zweideutig und schillernd erscheint. Die schauspielerische Situation und die Wirkung derselben auf
das Gemüth war das, worin sein Talent sich am stärksten zu äußern
vermochte. Die volksthümliche Wahl und Behandlung der Stoffe, die
Natürlichkeit und Frische der Ausführung und des Vortrags sind weitere Vorzüge seiner Dichtung.

Heywood gehörte unter Jacob I. der Truppe des Grafen von Worcester
an, ging auf dessen Wunsch in die der Königin Anna über, nach deren
Tode er in die Dienste des Grafen zurück trat. Schauspieler mit Leib
und mit Seele mußte ihn die Revolution aufs empfindlichste treffen.
Das mit William Rowley zusammen gearbeitete Schauspiel Fortune
by land and by sea (erst 1655 gedruckt) dürfte wohl eine seiner
letzten dramatischen Dichtungen gewesen sein. Für seine letzte literarische
Arbeit überhaupt hält man das Life of Ambrosin Merlin. 1648 scheint
er noch in London gelebt zu haben, dann aber bald gestorben zu sein.

Samuel Rowley war ebenfalls Schauspieler. Er gehörte
anfangs der Henslowe'schen, später der Truppe des Prinzen Heinrich von
Wales an. Von seinen Lebensschicksalen wissen wir übrigens nichts;
von seinen dramatischen Arbeiten sind außer einigen Namen nur zwei
erhalten geblieben: When you see me, you know me or the famous
chronicle of king Henry VIII., with the birth and virtuous life

of Edward, Prince of Wales und The noble soldier*). Das erste erschien bereits 1605 im Druck und hat wegen der Aehnlichkeit einiger Stellen mit Shakespeare's Heinrich VIII. die Forscher zur Untersuchung der Prioritätsfrage hingelenkt. Diese Aehnlichkeiten sind jedoch zu äußerlicher Natur, um ihnen ein besonderes Gewicht beilegen zu können. In der Hauptsache sind Auffassung und Behandlung beider Stücke doch zu verschieden. So spielt der Narr des Königs, Will Summer, in dem Rowley'schen Stück eine bedeutende Rolle, und auch den nächt=lichen Incognito=Wanderungen des letzteren ist ein großer Raum hier ertheilt. The noble soldier ist ein Intriguenstück. Es wurde erst 1634 gedruckt. Elze glaubt, daß der Autor schon ein Jahr früher gestorben sei.

All die vorgenannten Dichter, zu denen noch Henry Porter mit seiner lustigen Comödie: The two angry women of Abington (1599 gedruckt), John Cooke mit seinem satirischen Sittenlustspiel Green's tu quoque or the city gallant**) (um 1599) und George Wilkin mit seinem Familien=Drama Miseries of an enforced marriage***) (1607 gedruckt, aber jedenfalls früher geschrieben) zu zählen sind (auch die anonymen Stücke Life of Jack straw [1593], Grim, the collier of Croyden†) [um 1599], die Historie Look about you [1600] und Wily beguiled [1606 gedruckt] gehören hierher), begannen ihre dramatische Laufbahn noch unter der Regierung der Elisabeth. Ward nahm hieraus Veranlassung, die zeitgenössischen Dramatiker Shakespeare's und Ben=Jonson's in Elisabetheische und Nach=Elisabetheische zu theilen. Obschon diese Eintheilung zum Theil nur von einer äußerlichen Be=deutung ist, treten an den meisten der der zweiten Gruppe angehörenden Dichter doch Merkmale hervor, welche wirklich auf den veränderten Geist der Zeit zurückgeführt werden müssen.

Dies läßt sich gleich an den Werken derjenigen beiden Dichter deutlich erkennen, welche gewöhnlich als die bedeutendsten Erscheinungen dieser Gruppe bezeichnet werden, an Beaumont und Fletcher.††)

---

*) K. Elze hat es mit einem Vorwort herausgegeben (Dessau u. Lond. 1874).

**) Abgedruckt in Dodsley's Old plays.

***) Desgleichen.

†) Desgleichen.

††) Seward's Edition of the works with a preface. Lond. 1750. — Whalley Colman edition. Lond. 1811. — Dyce edition. 1846. — Donne, Essays on the

Jene an ihnen hervortretenden Merkmale aber sind: der größere Einfluß,
den jetzt die spanische Dichtung und der sie beseelende ritterlich-höfische
Geist auf das englische Drama gewinnt, und der zügellosere Ton, der
daneben in diesem Platz greift und ein allgemeines Sinken der Sitten
voraussetzen läßt.

Graf Baudissin hat in seinem „Ben Jonson und seine Schule"
die genannten beiden Dichter der letzteren zugerechnet. Indessen beweisen
die Werke derselben, daß der Einfluß Shakespeare's auf sie doch noch
ein größerer war. Auch folgten fast alle Dramatiker der Zeit wenigstens
darin dem Beispiele des letzteren, alles, was die Bühne ihnen darbot,
in einer ihrer besonderen dichterischen Individualität, ihren besonderen
dichterischen Zwecken entsprechenden Weise zu ergreifen und zu benutzen.
Das individuelle Moment dürfte zwar bei Beaumont und Fletcher nicht
gerade als ein besonderes stark ausgeprägtes zu bezeichnen sein, weil
Beaumont, wie es scheint, nie oder nur ausnahmsweise allein für
die Bühne gearbeitet hat, die ausschließlichen Arbeiten Fletcher's sich
aber durch keine tieferen Merkmale von den gemeinsamen Arbeiten
beider unterscheiden und in diesen wieder der Antheil eines jeden von
ihnen nicht zu bestimmen ist.

Beaumont scheint mit Jonson noch enger als Fletcher befreundet
gewesen zu sein. Jonson hat es selbst ausgesprochen, daß er Beaumont bei seinen Arbeiten zu Rathe gezogen und seinem Urtheile völlig
vertraut habe; wogegen Beaumont in einem Jonson gewidmeten Gedichte wieder erklärte, diesem all seine Kunst zu verdanken, woraus
man nun schloß, daß Beaumont die Jonson, Fletcher die Shakespeare
verwandtere Natur gewesen und hiernach der Antheil eines jeden an
ihren gemeinsamen Werken zu bemessen sei. Auch glaubte Seward,
der Herausgeber derselben, nachweisen zu können, daß unter ihnen
einige (wie Nice valour und The woman-hater) seien, welche sich von
allen von Fletcher allein gearbeiteten Stücken dadurch unterschieden,
daß in ihnen gewisse in der Art Jonsons, von menschlichen Eigenschaften und Charaktereigenthümlichkeiten abgeleitete Begriffe personi-

Drama. — Coleridge Literary remains. — Hazlitt, Lectures. — Dryden (a. a. O.)
Essay on poetry. — Ward, a. a. O. II. 155. — Rapp, Studien über das englische Theater. — Kannegießer, Uebersetzungen. — Baudissin, Ben Jonson und
seine Schule, Uebersetzungen.

ficirt erscheinen. Allein dieser Beispiele sind doch zu wenige, um derartige Schlüsse darauf gründen zu können, zumal ein weiterer Vergleich keine Merkmale zur Unterstützung dieser Auslegung hat auffinden lassen. Vielmehr ist man, je näher man die Werke beider in Betracht gezogen ,auch mehr und mehr zu der Ueberzeugung gekommen, daß ihr längeres enges Zusammenleben sie geradezu in geistige Doppelgänger verwandelt haben müsse. Hierzu kam, daß die Objectivität der damaligen dramatischen Dichter das Hervortreten besonderer subjectiven Merkmale hinderte und die Gewohnheit des gemeinsamen Arbeitens die Fähigkeit ausbilden mußte, sich dabei der Anschauungs=, Empfindungs= und Ausdrucksweise des Andern so viel wie möglich anzupassen. Neuerdings glaubt zwar Mr. Fleay[*] ein äußeres Merkmal für die Unterscheidung beider Dichter in der mehr oder minder häufigen Anwendung der weiblichen Versenden gefunden zu haben, deren sich nach ihm Beaumont ungleich seltener, als Fletcher bedient haben soll. Die ganze Frage gehört aber zur Zeit noch der Kritik der Fachmänner an.

John Fletcher, der ältere von Beiden, ein jüngerer Sohn Richard Fletcher's, der nacheinander Präsident des Benet's College zu Cambridge, Geistlicher zu Rye (in Suffex), Decan von Peterborough, Bischof von Bristol und später von London war, wurde 1579 in Rye geboren. 1596 starb ihm der Vater, der seine Familie, trotz seiner hohen Stellung, in zerrütteten Vermögensverhältnissen hinterließ. Seine Ausbildung hatte John in Benet's College erhalten. Wann er wieder ganz nach London zurückgekehrt ist, wissen wir nicht. Das erste uns erhalten gebliebene Denkmal seiner schriftstellerischen Thätigkeit ist aus dem Jahre 1607, ein Widmungsgedicht zu Jonson's Volpone; das früheste uns von ihm bekannt gewordene Stück: The woman-hater aus demselben Jahre. Daß dieses zum größten Theile von Beaumont herrühre, ist zur Zeit bloße Annahme. Jedenfalls war dieser daran mit betheiligt. Beide waren einander damals schon länger in Freundschaft verbunden, die bis zur Gütergemeinschaft gegangen sein soll, was aber wohl durch die Verheirathung Beaumonts (1613) eine Veränderung erfuhr. Auch hinderte diese Freundschaft sie nicht, in ein intimes Verhältniß zu Ben Jonson zu treten. Nach Beaumont's Tode scheint Massinger

---

[*] On metrical tests as applied to dramatic poetry in den Transactions der New Shakesp. Soc.

deſſen Stelle bei Fletcher erſeßt zu haben. Dieſe theilten ſogar miteinander das Grab. Doch auch mit Rowley und Shirley trat Fletcher
in enge Verbindung. Ueberhaupt war er bei ſeinen Berufsgenoſſen
im hohen Grade beliebt. Die Beſcheidenheit, Geradheit und Ehrenhaftigkeit ſeines Weſens, die Gabe der Unterhaltung, die er in reichſtem
Maße beſaß, die gute Kameradſchaft, welche er einhielt, ſeine Abneigung gegen alle literariſchen Händel und Intriguen, hatten zur Folge,
daß er weder Feinde, noch Neider beſaß. Er ſtarb 1625, im Auguſt.

Francis Beaumont, um 1586 zu Grâce-Dieu in Lincoln-
ſhire geboren, gehörte ebenfalls einer angeſehenen Familie an. Sein
Vater bekleidete das Amt eines Richters. 1596 bezog er mit ſeinen
Brüdern Broadgate Hall zu Orford, 1600 wurde er Mitglied des
Inner Temple, als welches er 1613 mit einer Maske zu den Ver-
mählungsfeierlichkeiten der Prinzeſſin Eliſabeth betraut ward. Schon
früh hatte er ſich der Schriftſtellerei und der Bühne zugewendet. The
woman-hater iſt auch ſein früheſtes Stück; obſchon ſein Antheil daran
von Einigen auf Grund der Thatſache beſtritten worden, daß die erſte
Ausgabe 1648 nur unter Fletcher's Namen erſchien und erſt die zweite
(von 1649) auch ſeinen Namen enthält. Dies iſt jedoch um ſo weniger
von Wichtigkeit, als erſt der unzweifelhaft von Beiden geſchriebene
Philaster (1608) einen entſchiedenen Erfolg hatte. Beaumont war
1606 durch den Tod ſeines älteſten Bruders zu Vermögen gekommen,
1613 heirathete er eine junge Dame von Rang und von Reichthum.
Nur wenige Jahre aber ſollte er im Genuß dieſes Glückes verbleiben,
dem er bereits am 6. März 1616 durch den Tod wieder entriſſen
wurde. Ueber die Bedeutung ſeines Antheils an dem poetiſchen Schaffen
der Freunde kann nach dem Urtheil Ben Jonson's kein Zweifel
ſein. Welcher Art derſelbe jedoch war, wiſſen wir nicht.

Die Werke Fletcher's laſſen ſich in ſolche theilen, die er allein,
und in ſolche, die er mit Anderen, vorzüglich mit Beaumont verfaßte.
Die einen und anderen zerfallen in Tragödien und Tragicomödien und
in reine Luſtſpiele. Jene ſind durchgehend romantiſchen Charakters, ſelbſt die auf geſchichtlicher Grundlage. Dieſe ſind zwar auch
meiſt romantiſch, zum Theil aber auch ganz realiſtiſche Sitten- und
Charakterſchilderungen der Zeit. Nur die leßteren laſſen ſich unmittelbar auf das Beiſpiel und den Einfluß Ben Jonson's zurückführen. Sie ſpielen meiſt in England und London, nur einzelne in

Frankreich oder Italien. Doch selbst sie unterscheiden sich von den Ben Jonson'schen Arbeiten dieser Art darin, daß Beaumont und Fletcher, wie überhaupt, so auch noch hier, der Prosa nur einen geringen Raum gestatteten. Bemerkenswerth ferner ist, daß sie am Scenenwechsel zwar durchgehend festhielten, denselben jedoch innerhalb der einzelnen Afte meist nur auf zwei und drei Verwandlungen einschränkten. Mehr als 5 Verwandlungen finden sich bei ihnen, wie ich glaube, nie vor, während Ben Jonson deren zuweilen, wie wir gesehen, bis zu zehn anwendete.

Die romantischen Dramen Fletcher's stehen vielfach unter spanischem oder unter Shakespeare'schem Einfluß, daneben wirkt der der Italiener noch fort. Die geschichtlichen Dramen sind meist der älteren Geschichte entnommen und weisen auf römische und griechische Schriftsteller hin, so der Bonduca auf Tacitus, The Bloody brother auf Herodian und Seneca's Thebais, The False one, worin sich die Liebe Cäsar's zu Cleopatra behandelt findet, auf Plutarch und Suetonius ꝛc.

Der spanische Einfluß ging damals aber noch weniger vom Drama als vom Roman und von der Novelle aus; ja Ward meint sogar, daß ersterer jetzt noch kaum nachweisbar sei. Doch deutet The Island Princess jedenfalls auf ein spanisches Stück, La Conquista de las Moluccas des Melchior de Leon, The double marriage wenigstens wahrscheinlich auf ein solches zurück. Ob The maid in the mill wirklich nur nach der Bandello'schen Novelle, die auch Lope de Vega's Quinta de Florencia zu Grunde liegt, oder nach letzterer gedichtet ist, dürfte ebenfalls zweifelhaft sein. Daß Fletcher hier unter Lope de Vega geblieben, ist noch kein Gegenbeweis, da er in demselben Stück bei Benutzung eines Motivs aus Romeo und Julia noch ungleich tiefer unter Shakespeare erscheint. Gewiß wenigstens war das Stück Lope de Vega's früher, als das von Fletcher und Rowley geschrieben.

Von Shakespeare finden sich außer vielen zerstreuten Anklängen noch Motive in Philaster aus Hamlet und Was ihr wollt, in Cupid's revenge und The two Kingsmen aus dem Sommernachtstraum, in The coxcomb und The noble gentleman aus Was ihr wollt, in letzterem und in Rule a wife and have a wife aus der Widerspenstigen, in The Sea voyage aus dem Sturm u. s. w.

Gerade aus der Benutzung solcher Züge läßt sich der große Abstand beider von Shakespeare erkennen. Sie besaßen weder die Fein-

heit noch die Kraft und Tiefe der dramatischen Motivirung dieses
Dichters und blieben ebenso sehr in der Entwicklung der einzelnen
Charaktere wie in der Kunst der Verknüpfung und Composition
hinter demselben zurück. Am wenigsten aber hatten sie einen Begriff
von der Tiefe und Hoheit seiner Kunstauffassung und seiner ethischen
Weltanschauung. Sie sind unstreitig größere Poeten und Künstler
als Heywood, doch ist es auch ihnen fast immer nur um möglichst
wirkungsvolle Darstellung des einzelnen Falles, nicht wie Shakespeare
um Offenbarung einer bestimmten Seite des Weltzusammenhanges,
des Menschenschicksals in der Darstellung eines bestimmten einzelnen
Falles zu thun. Ihnen genügt es, daß die Gestalten, welche sie vorführen, einander mit einer bestimmten äußeren Nothwendigkeit verbunden
erscheinen; selbst dies ist nur in einem bestimmten Umfang der Fall,
so daß den neben dem Hauptmotive herlaufenden Nebenmotiven zuweilen diese Nothwendigkeit des äußeren Zusammenhangs fehlt, wie
z. B. dem Quacksalber- und Clownmotiv in The fair maid of the
mill, welches den Charakter eines bloßen Zwischenspiels hat. Wogegen bei Shakespeare jede Figur zugleich, mit einer inneren und äußeren,
ja zuweilen mit einer noch größeren inneren, als äußeren Nothwendigkeit
an ihrem jeweiligen Platze steht und alle Motive der Handlung innerlich durch einen sie beseelenden Grundgedanken aufs engste und einheit-
lichste verbunden erscheinen. Shakespeare muthet uns dann und wann
etwas viel in den Voraussetzungen zu, wobei er sich aber theils darauf
berufen konnte, sie in seinen Quellen schon vorgefunden zu haben,
theils der Kraft der symbolischen Bedeutung vertrauen mochte, welche
bei ihm Alles durch jene ideelle Durchdringung erhält. Dagegen ist
bei ihm die innere Verknüpfung der einzelnen Glieder seiner Handlung
immer von einer zwingenden Nothwendigkeit, wie seine Charakterentwicklung von der überzeugendsten psychologischen Folgerichtigkeit, was wohl
bei Beaumont und Fletcher bisweilen, aber durchaus nicht immer und
in gleichem Maße der Fall ist. Ihre Stärke liegt in der Erfindung
und Ausführung der einzelnen Situationen, in dem Glanz, den sie
über sie, wie über die daran betheiligten Gestalten zu verbreiten, und
mit dem sie nicht selten die Schwäche der Motivirung zu verdecken
wissen. Sie stehen Alles in Allem genommen zwar hoch über Heywood, aber diesem immer noch näher als Shakespeare. Ihre Weltanschauung ist eine reichere, weitere, phantasievollere, ihre Kenntniß

des menschlichen Herzens eine tiefere und vielseitigere als Heywood's, sie sind künstlerisch durchgebildeter, als er, aber ihre Moral ist eine ungleich unsicherere und schwankendere, und was die Behandlung des Verhältnisses der beiden Geschlechter betrifft, bei der es ihnen zuweilen nicht an einer Feinheit und Zartheit, einer Anmuth und Würde fehlt, die an Shakespeare zu reichen scheinen, so bereiten sie uns andrerseits darin schon ganz auf das vor, was die noch brutaleren und schamloseren Lustspieldichter Carls II. ihrem Publicum darbieten durften.

Die Zahl der Gestalten, Verhältnisse und Situationen, welche die Werke der beiden Dichter, besonders diejenigen Fletcher's, enthalten ist eine so große, daß man auf den ersten Blick geneigt ist, sie hierin für ebenbürtig mit Shakespeare zu erklären. Bei näherer Untersuchung aber zeigt sich, daß es weder in Bezug auf Mannichfaltigkeit, Verschiedenheit und Originalität, noch in Bezug auf das Detail der Ausführung, auf die einzelnen Züge und Beziehungen wirklich der Fall ist. Es erscheint dann alles, selbst noch das Beste, nur wie ein matter Abglanz von ihm.

Von Heywond ist freilich so viel verloren gegangen, daß wir ihn nach dem erhalten Gebliebenen vielleicht nicht völlig gerecht zu beurtheilen im Stande sind. Von Fletcher kennen wir dagegen fast Alles, was er auf dem Gebiete des Dramas hervorgebracht haben mag. Von den Beaumont und Fletcher mit voller Sicherheit angehörenden Stücken kommen auf letzteren allein nicht weniger als folgende fünfundzwanzig: Die Pastorale The faithful shepherdess (1610 gedruckt); die Tragödien Bondeca und Valentinian, beide mit geschichtlichem Hintergrund und vor 1619 entstanden, The double marriage, nach einem spanischen Motiv und nach 1619 entstanden, und The prophetess, 1622, mit geschichtlichem Hintergrund; die Tragicomödien: The loyal subject, 1618, The mad lover, vor 1619, The Island princess, 1621, A wife for a month, 1624, alle unter spanischem Einfluß, The humorous lieutenant, vor 1625, The custom of the country, spanische Quelle, vor 1628, Women pleased, 1625, The fair maid of the inn, 1626 aufgeführt; die romantischen Lustspiele: Wit without money, 1614, The pilgrim, 1621, Love's sure, 1622—23, The chances, vor Aug. 1625, The Spanish curate, 1622 (die letzten vier nach spanischer Quelle), The sea-voyage, 1622, The elder brother (nach Aug. 1625), dem eben-

falls ein spanisches Motiv zu Grunde liegt; und die Sittencomö-
bien: The beggar's bush, 1622, The wild goose chase, 1625, Monsieur Thomas, 1625, und The woman's prize or the tamer tamed, 1633.

Mit Beaumont arbeitete Fletcher folgende Stücke zusammen: Die
Tragödien: Thierry and Theodoret, vor 1616 (nur muthmaßlich),
The maid's tragedy, vor 1610, Cupid's revenge, um 1612; die
Tragikomödien: Philaster, um 1608, A king and no king, um
1612, The honest man's fortune, um 1613, The knight of Malta, The
faithful friends (nur muthmaßlich); die romantischen Lustspiele:
The woman hater (?), 1607, The coxcomb, um 1612; die Sittencomödien: The knight of the burning pestle, um 1612, durch Don
Quichotte angeregt, The scornful lady, um 1612, Wit at several
weapons, vor 1616, The captain, um 1613, The little french lawyer (?),
nach 1616, und das Moral-play: Four plays in one, vor 1616.

An folgenden Stücken soll Fletcher noch überdies mit anderen
Schriftstellern gearbeitet haben. Die Lustspiele The noble gentleman
und The night walker sind wahrscheinlich in der Hauptsache von ihm,
nach seinem Tode aber von Shirley erst zu Ende geführt worden. Dieses
kam nach August 1625, jenes 1626 zur Aufführung. Auch die romantischen Lustspiele The nice valour und Love's pilgrimage dürften auf
diese Weise entstanden sein. Die Tragödie The false one, nach 1619,
die Tragicomödie The maid of the mill, um 1623, hatten William
Rowley, die Tragicomödie The queen of Corinth, 1623, und die
Tragödie The bloody brother, 1625, muthmaßlich Middleton, The
laws of Candia aber Ben Jonson und Middleton, die Tragicomödie
The lover's progress, nach Aug. 1625, jedenfalls Massinger zu Mitarbeitern. An der Tragicomödie The two kinsmen soll Shakespeare
betheiligt gewesen sein.

Ich muß mich begnügen, nur die bedeutendsten Stücke hiervon zu beleuchten, auf die Ueberschätzung anderer hinzuweisen und das oben ausgesprochene allgemeine Urtheil an einigen Beispielen zu erläutern.

Philaster or love lies a bleeding gehört zwar den frühesten
Stücken der Dichter an, zeigt aber schon die hauptsächlichsten Vorzüge
derselben, das glänzende Pathos einzelner Situationen und Charaktere,
in ungewöhnlichem Maße. Auch hatte es sich eines bedeutenden Erfolgs zu erfreuen. Philaster ist ein abgeschwächter Hamlet, und
Bellario spielt die Rolle der Viola mit schließlicher Resignation.

So hart die Dichter gegen das edle Mädchen erscheinen, so nachsichtig erweisen sie sich gegen die bösen Elemente des Stücks, den König und Pharamund. Das Hauptgewicht ist auf die Scenen zwischen Bellario, Philaster und Arethusa gelegt, die in der That manches Schöne, aber auch viele Anklänge an die verwandten Scenen in Was ihr wollt enthalten.

The maid's tragedy stellt sich als einer der kühnsten Versuche der Dichter dar, außergewöhnliche Charaktere in außergewöhnlichen Lagen mit psychologischer Tiefe und mit Energie des dramatischen Ausdrucks vorzuführen. Evadne ist heimlich die Buhle des Königs von Rhodus, der sie seinem eben siegreich zurückkommenden Feldherrn Amintor vermählt, um das Verhältniß mit ihr unter dem Deckmantel der Ehe fortsetzen zu können. Die Dichter versuchen es, glauben zu machen, daß Evadne hierbei einzig vom Ehrgeiz geleitet sei, sie will keinem geringeren Mann als dem höchsten des Reichs angehören. Es ist aber schwer zu begreifen, welche Befriedigung der Ehrgeiz aus einem Verhältniß zu ziehen vermöchte, das er wegen der Schande, mit der die Kundwerbung droht, geheim halten muß; noch schwerer, wie ein Herz, welches die Schande doch scheut, zugleich mit unerhörtem Trotz die frechste Schamlosigkeit zur Schau tragen kann. Die Dichter wurden vielleicht durch die Situation gereizt, ein in ihrer Schamlosigkeit fast heroisches Weib dem Manne, welchem es seinem vermeintlichen Ehrgeize opfert, in der Brautnacht mit eherner Stirn seine schauderhafte Lage enthüllen und sich mit höhnendem Stolze den erträumten Umarmungen desselben entziehen zu lassen. Es kann nicht geläugnet werden, daß, die Voraussetzungen zugegeben, diese Scene mit phantasievoller Kraft durchgeführt und ein ganz eigenthümlicher, unheimlicher Reiz der Stimmung und Farbe darüber gebreitet erscheint, allerdings ganz auf Kosten Amintor's, der zu einer kläglichen Rolle verurtheilt ist, damit das Spiel eine Zeitlang fortgesetzt werden kann. Dagegen ist die Scene Evadne's mit dem ihr ins Gewissen redenden Bruder eine schwächliche Nachahmung derjenigen Hamlet's mit seiner Mutter. Die sich in Evadne vollziehende Wandlung ist nach dem Vorausgegangenen kaum glaublich, jedenfalls sinkt sie dabei ästhetisch viel tiefer, als sie sich moralisch erhebt, zumal wir später erfahren, daß diese Wandlung nur der Herbeiführung neuer, grauenvoller Situationen zu dienen hat. Die Ermordungsscene des Königs ist scheußlich und nur möglich durch die unbegreifliche Haltung, die dieser dabei

beobachtet. Die Dichter haben bei allem Aufwand an Kraft die beabsichtigte tragische Wirkung nicht zu erreichen vermocht, weil es den
Motiven an innerer Wahrheit und Einheit fehlt. Nichts destoweniger
gehört dieses Stück zu den glänzendsten Leistungen derselben auf dem
Gebiete der Tragödie.

Fast noch mehr leidet das ebenfalls im großen Style angelegte
Drama A king and no king an dem Fehler, bedeutende Wirkungen
mit falschen Mitteln und nur um ihrer selbst willen erzielen zu wollen.
Das Thema bildet hier die Geschwisterliebe. Arbaces liebt seine Schwester
Iberia mit rücksichtsloser, rasender Leidenschaft. Wir müssen mit ihm
alle Stadien der Blutschande und ihrer Gewissenskämpfe durchlaufen,
um schließlich mit ihm zu entdecken, daß beides nur in der Einbildung
geschah, daß Iberia gar nicht seine Schwester ist und daher Beide,
obschon ihrer Handlungsweise, ihren Entschlüssen nach schuldig, de facto
doch unschuldig sind. Nur Dichter, denen es vor allem auf die
augenblickliche Wirkung ankam, konnten sich so in der Wahl der Mittel
vergreifen und indem sie sittlich zu sein glaubten, die Sittlichkeit so
gröblich verletzen.

Aehnlich ist es mit Cupid's revenge beschaffen. Hier haben die
Dichter ein Motiv aus dem Sommernachtstraum mit einem anderen
aus den Bacchen verbunden. Cupido nimmt Rache dafür, daß König
Leontius von Lycien, von seiner Tochter Hidaspes und seinem Sohne
Leukippus hierzu aufgereizt, dessen Altäre niedergerissen hat. Er be-
rückt erstere, daß sie in Liebe zu einem häßlichen Zwerg entbrennt, und
letzteren, daß er von einer heftigen Leidenschaft für eine Courtisane
erfaßt wird. Aus diesem doppelten Liebeswahnsinn entwickeln sich
dann die tragischen Ereignisse, in denen das ganze Königshaus
untergeht.

Sehr beliebt und berühmt waren lange The scornful lady und
The wild goose-chase. Sie sind jedoch weit überschätzt worden. Die
rohe, lascive Behandlung des Verhältnisses der beiden Geschlechter,
der in so vielen Lustspielen der Dichter, wie in Monsieur Thomas, The
costum of the country, Women pleased, The beggar's bush, The maid
of the mill, The captain ꝛc., ein so großer Raum vergönnt ist, stößt
auch hier aufs heftigste ab. Die Gespräche, die Mirabel in The wild
goose-chase mit Rosalaura und Lillia-Bianca führt, übersteigen heute
glücklicher Weise allen Glauben. Hierdurch sind selbst noch zwei sonst

vorzügliche Arbeiten, wie Rule a wife and have a wife und The
humorous lieutenant verunstaltet worden. Sie zeichnen sich beide
durch glückliche Erfindung origineller und wahrhaft komischer Situationen aus. Jenes kennt man aus Schröder's maßvoller Bearbeitung:
Stille Wasser sind tief. Im Originale ist Margarita eine auf den
Lustspielboden übertragene Evadne. Sie sucht in der Ehe nichts als
den Deckmantel für ein zügellos ausschweifendes Leben. Vortheilhaft
hebt sich dagegen die Behandlung des in eine höhere Sphäre gehobenen romantischen Stoffs von Wit without money ab. Es gehört
mit The chances, The spanish curate und The elder brother zu den
gelungensten Arbeiten Fletchers im feineren Lustspiel, dem diese Stücke
sämmtlich allein angehören.

Von den ernsten Stücken sollen schließlich noch hervorgehoben
werden die Tragicomödien The loyal subject und The lover's progress. Das Pathos in The loyal subject, die Lehnstreue, ist in
dem Helden Archas allerdings auf die Spitze getrieben. Spanischen
Ursprungs, ist es in der Behandlung der Dichter fast noch spanischer
als spanisch geworden; wogegen es dem Charakter von Archas' Sohne,
Theodore, in seinem widersetzlichen Trotz, zu sehr an Verstand und
Haltung fehlt. Das Stück, reich an einzelnen Schönheiten und an
psychologischem Interesse, wird von The lover's progress, weit übertroffen,
welches sich ebenso sehr durch die Vorzüge, als durch die Fehler der
Dichter auszeichnet. Die nächtliche Scene zwischen der keusch und
edel angelegten Califta, der Gattin des trefflichen Cleander, mit dem
für sie in leidenschaftlicher Liebe erglühenden Freunde des letzteren,
Lisander, ist von großer Gewalt und ein ergreifendes Gegenstück zu
der obenberührten Scene in The maid's tragedy. Das erstmalige
Erscheinen Cleander's ist von bedeutender Wirkung; die Wiederholung
aber erscheint als ein Mißgriff und der durch den Fall des fliehenden
Lisander veranlaßte Pistolenschuß als ein bloßer theatralischer Knall-
effect. Auch überreden die Dichter uns nicht, daß Califta aus dieser
Scene rein hervorgehe. Schon daß sie, wenn auch ohne jede sträfliche
Absicht, Lisander diese nächtliche Zusammenkunft gewährt, entspricht
der behaupteten Keuschheit und Reinheit ihrer Natur keineswegs.
Schon hierdurch hat sie ihre Gattenpflicht gröblich verletzt und die
Ehre ihres Hauses aufs empfindlichste bloßgestellt. Diese Zusammen-
kunft ist aber nicht ohne Folgen, da sich durch sie wenn schon kein

physischer, so doch ein psychischer Ehebruch vollzieht. Lisander geht schließ=
lich doch mit ihrem Herzen hinweg. Die Art, wie der Dichter die Kata=
strophe herbeiführt, zeigt wieder aufs deutlichste den Unterschied zwi=
schen der Motivirung bei Shakespeare und Fletcher. Der Zufall im
Dienste des Dichters muß alles hier thun. Die Geistererscheinung,
welche dem Cleander sein nahes Ende verkündet, fällt wie ein Deus ex
machina in das Stück. Sie hat einzig den Zweck, eine unheimliche
Situation herbeizuführen, welche das völlig Undramatische und Un=
tragische dieses angekündigten Todes verdecken soll. Der arme Cleander!
Er muß und aus keinem anderen Grunde sterben, als weil die Dichter
seines Todes bedürfen. Nur deshalb muß auch Leon, welcher ihn
tödtet, hierbei wie ein Unsinniger handeln. Wie äußerlich und plump
ist das Schwertmotiv, welches Lisander'n in den Verdacht des Mordes zu
bringen hat! Wie schillernd die schließlich aus dem Stück hervortretende
Moral, das gleichwohl mit zu dem Bedeutendsten gehört, was Fletcher
geschaffen. Stand Shakespeare schon hoch über seiner Zeit und deren
Empfindungs= und Anschauungsweise, wie viel mehr über denjenigen
Beaumont's und Fletcher's. Für diese war er zu hoch, zu ehrbar und
streng in den Forderungen der Sittlichkeit. Sie aber waren die ächten
Kinder von dieser Zeit. Sie beschönigten dieselbe mit ihrer laxen Moral.
Sie huldigten ihren Auswüchsen, indem sie dieselben zu geißeln schienen.
Sie hüllten die Frivolität derselben in ihren glänzenden Dichtermantel
und schlugen ihn gelegentlich auf, um sie in ihrer hier reizvollen, dort
abschreckenden Nacktheit zu zeigen. Je mehr sie dafür bekränzt und
gefeiert wurden, um so mehr mußte Shakespeare zurücktreten. Aus
diesem Grunde wurden auch nach der Restauration Fletcher und Beau=
mont wieder höher als Shakespeare geschätzt. Es ist wohl kein Zweifel,
daß diese Dichter im Leben strenger in den Forderungen der Sittlich=
keit waren, als in ihren Dichtungen, hier galt ihnen diese aber oft
kaum mehr, als ein traditionelles und conventionelles Requisit der
Bühne. Sie stehen hierin zwischen Shakespeare und den Lustspiel=
dichtern Carls II. und erscheinen gegen diese um ebenso viel sittlicher
als unsittlicher gegen jenen.

Fast gleichzeitig mit ihnen betrat **John Webster***) als Dichter

---

*) Siehe die Edition Works of J. Webster by Dyce 1871 und die der
Dramatic Works of J. W. by Hazlitt 1857. Bodenstedt, Shakespeare's Zeit=

die Bühne. Von seinen Lebensverhältnissen hat sich keine weitere
Nachricht erhalten, als die sich aus den Widmungen seiner Dramen
etwa entnehmen läßt. Wir kennen weder sein Geburts=, noch sein
Todesjahr. In der Widmung zu seinem 1624 erschienenen Festspiel:
Monument of honour etc. nennt er sich einen Merchant tailor und
Free-born of the merchant tailor's company, woraus man geschlos=
sen, daß er der Sohn eines Merchant tailor dieses Namens in London
gewesen sei. In Henslowe's Tagebuche wird 1601 eines Stückes
Guisse und 1602 eines anderen Seser's fall, beide von Webster, ge=
dacht. An letzterem sollen noch Munday, Drayton, Middleton be=
theiligt gewesen sein. 1604 erschien der mit Marston zusammenge=
arbeitete Malcontent. Die ältesten der uns von ihm bis jetzt bekannt
gewordenen Drucke gehören dem Jahre 1607 an. Es sind: die Tra=
gödie Sir Thomas Wyatt und die Lustspiele Westward-ho und North-
ward-ho, alle drei zusammen mit Dekker gearbeitet. Westward=ho
wurde schon 1605 gegeben. Aus dem Jahre 1612 stammt das erste
der uns von ihm allein erhalten gebliebenen Dramen, die Tragödie
The white devil or Vittoria Corombona. Erst 1623 erschien seine
Duchess of Malfi im Druck, gleichzeitig mit dem Lustspiel The devil's
law-case. Eine dritte ihm allein angehörende Tragödie, Appius and
Virginia, wurde sogar erst 1654, wahrscheinlich nach des Dichters
Tode edirt. Ob Webster wirklich an dem unter seinem und Rowley's
Namen erschienenen A cure for a Cuckold betheiligt war, ist keineswegs
festgestellt.

Ich halte Webster für das größte, aber auch wildeste dramatische
Talent dieses Zeitraums. Obschon er von Shakespeare nicht gerade
hoch gedacht zu haben scheint, kein Dichter derselben ist diesem in der
Gestaltung einzelner Charaktere, in der Kraft des dramatischen Colorits und des dramatischen Ausdrucks so nahe gekommen wie er. Ob=
schon die meisten seiner Charaktere sich durch die sittliche Unbe=
denklichkeit, durch eine geniale Verachtung der Scham, durch trotzige
Gewissenlosigkeit auszeichnen und er hierdurch sowohl das sittliche
wie das ästhetische Gefühl oft aufs rücksichtsloseste verletzt, ist er doch

genossen, mit der Uebersetzung der Duchess of Malfi. — Ward, a. a. O. — Donne,
a. a. O. — R. Prölß, Altenglisches Theater II, welches auch eine Uebersetzung
der Vittoria Corombona enthält.

frei von Lüsternheit und Frivolität. Er mag zwar hier und da das
sittliche Gefühl sogar nur des theatralischen Effects wegen verletzt haben,
im Ganzen geht aber durch seine Dichtungen ein fast strenger sitt=
licher Zug. In der Entwicklung der Charaktere und Handlung er=
scheint er meist folgerichtiger als Beaumont und Fletcher, wenn er
auch in der Organisation seiner Stücke nicht gerade musterhaft ist
und durch zu breite Ausführung des Nebensächlichen den Fortschritt
der Handlung oft hemmt, ja selbst unterbricht. Ausgezeichnet in der
Schilderung der Sitten, wird er dabei oft zu breit und verweilt mit
Vorliebe bei ihren Schattenseiten, den Lastern und Auswüchsen, die
er nicht zu verschönern oder zu verhüllen, sondern noch zu verhäß=
lichen sucht und in ihrer ganzen Scheußlichkeit der Verachtung preis=
giebt. Er fällt hierbei nur zu oft ins Geschmacklose, selbst ins
Skurrile. Man hat gesagt, daß er auf die Monstrositäten Marlowe's
und Kyd's zurückgegriffen habe, und in der That ist er ihnen in der
Neigung zu dämonischen, unheimlichen, schreckhaften und grausigen
Charakteren und Situationen verwandt, aber er ist ungleich farben=
reicher und übertrifft sie in der Kunst der Individualisirung, in der
Energie und Dämonie des Ausdrucks, in der dramatischen Bewegung
der Scene und in der Kenntniß der menschlichen Natur. Dagegen
ist sein Pathos enger und einseitiger als Fletcher's. Er besitzt nicht
die Anmuth, das Schönheitsgefühl dieses Dichters. Es fehlt seinen
tragischen Darstellungen, mit Ausnahme von Appius und Virginia,
an Licht. Es sind Nachtstücke, und er that, wie die letzten Worte
Lodovico's in Vittoria Corombona beweisen:

„Dies Nachtstück malte ich — es war mein Bestes!"

sich etwas zu Gute darauf. Doch zeigen einzelne Parthien und Cha=
raktere, besonders in Thomas Wyatt, noch mehr in Appius und Vir=
ginia, daß er auch eines milderen, edleren Pathos mächtig ist. Da=
neben blitzt sein farbenreicher Humor auf. Kein Dichter kam, wie
ich glaube, in der humoristischen Behandlung bösartiger und tragischer
Charaktere Shakespeare so nahe, wie er. Es läßt sich schon hieraus
auf sein Talent zum Lustspiele schließen. Doch hat er sich darin nur
in den beiden mit Dekker gearbeiteten Stücken Eastward=ho und West=
ward=ho bewährt, wogegen er in dem von ihm allein verfaßten The
devil's law-case nur in der Gerichtsscene auf seiner gewöhnlichen

Höhe erscheint. Gerichtsscenen waren überhaupt seine Stärke, daher
man ihnen auch in den meisten seiner Stücke begegnet.

Eastward-ho und Westward-ho sind derb realistische Sitten=
gemälde aus dem bürgerlichen Londoner Leben in der Manier Ben
Jonsons. Die Leichtfertigkeit, die in demselben um sich gegriffen hatte,
ist mit der dem Dichter eigenen Rücksichtslosigkeit darin zur Darstellung
gebracht. Wir befinden uns daher zum Theil in der schlechtesten Ge=
sellschaft. Ein gesünderer Zug als durch die meisten derartigen Pro=
ductionen geht aber doch noch durch sie. So in der Scene von
Westward=ho, in welcher Justiana dem alten gräflichen Lüstling gegen=
über, das Unwürdige ihrer Lage plötzlich zu fühlen beginnt, vor sich
selber erschrickt und sich der Gefahr, in welcher sie schwebte, entzieht.
Hier erkennt man auch mit voller Sicherheit Webster's Hand.

Sir Thomas Wyatt ist in verstümmeltem Zustand auf uns ge=
kommen. Die große Gerichtsscene, so wie die der Hinrichtung Jo=
hanna Gray's und ihres Gatten vorausgehende Scene enthält große
Schönheiten. Sie sind von einem hohen und edlen Pathos erfüllt.
Dekker hätte so etwas nie zu schreiben vermocht.

Erst in Vittoria Corombona aber zeigt sich der Dichter in der
vollen Kraft seines ungewöhnlichen Talents, mit all seinen Vorzügen
und Fehlern. Das Häßlichste liegt hier neben wirklichen Schönheiten,
aber das Häßliche überwiegt. Der Dichter verschont uns selbst mit
dem Widerwärtigsten, Ekelerregendsten nicht. Er hat seiner Vorliebe
für die Schilderung der Nachtseiten des menschlichen Lebens aufs
maßloseste nachgegeben und genießt sich in der Virtuosität dieser
Schilderung. Der verwickelte romanhafte Stoff, wahrscheinlich einer
uns noch unbekannten Novelle entnommen, ist zwar vielfach in leben=
digen dramatischen Fluß gebracht. Hier und da aber fehlt es an
künstlerischer Organisation und an Kraft der dramatischen Motivirung,
besonders gegen den Schluß hin, der überhaupt zu gedehnt ist und
in ebenso unnöthiger wie zum Theil geschmackloser Weise Gräuel
auf Gräuel häuft. Das Verhältniß Flamineo's zu Zanche, der dar=
über ausbrechende Streit der Brüder, der Mord Marcello's, der Wahn=
sinn Isabella's, lauter neue, erst gegen den Schluß auftauchende Motive,
haben keinen weiteren Zweck, als Vittoria gegen ihren Bruder Fla=
mineo aufzubringen und diesen hierdurch in einen halb wahnsinnigen
Zustand zu versetzen, was Alles für den Ausgang des Stückes von

keiner Bedeutung ist, da der Tod der Geschwister ohnehin schon beschlossene Sache war und sich dieser gemäß vollzieht. Die Scene zwischen Flamineo, Isabella und Zanche fällt ins Abgeschmackte, was auch von einer früheren zwischen Flamineo und Marcello gilt. Marcello gewinnt zuletzt eine so große Bedeutung, daß die ihn treibenden Motive entschiedener hätten herausgearbeitet werden sollen. Auch die Scene mit dem Geisterbeschwörer und der ganze Geisterspuk gehört zu den Schwächen des Stücks und die Charaktere Francisco's und des Cardinals Monticelso verlieren plötzlich ihre frühere dramatische Bedeutung.

Aber mit welcher Kraft und Sicherheit sind in den ersten Acten fast alle Charaktere gezeichnet. Welche dramatische Energie der Bewegung, welche leuchtende Kraft der Farbe fesselt uns nicht in Scenen wie die große Gerichtsscene, wie die im Hause der Convertiten, ja selbst in der grausigen Wahnsinns = und Sterbescene Brachiano's. — Das Stück hatte auf der Bühne keinen Erfolg. Das Abstoßende darin überwog. Auch mochte die sittliche Strenge, mit der man darin die Laster der Zeit verurtheilt fand, nicht behagen.

Dies schien nicht in dem Maße in der Duchess of Malfi der Fall. Der Hauptcharakter erscheint hier ungleich sympathischer. Die Herzogin geht bei Befriedigung ihrer Neigungen zwar mit derselben unbedenklichen Rücksichtslosigkeit, mit demselben Ungestüm der Leidenschaft vor, wie Vittoria in der Befriedigung ihrer Lüste und ihres Ehrgeizes. Sie ist aber eine edle Natur und läßt sich darum nur zu Vergehen gegen die Klugheit und die Standesehre, nicht aber zu wirklichen Verbrechen hinreißen. Ihre Standhaftigkeit im Leiden erscheint daher als Märtyrerthum, während Vittoria's Widerstand nur vermessener Trotz ist. Die Rache der Brüder ist dagegen hier noch raffinirter und teuflischer, als die Francisco's im vorigen Stück. Das Fratzenhafte zeigt sich in der Tollhäuslerscene noch verstärkt. Die Erdrosselung der Herzogin übersteigt alle ähnlichen Gräuel der spanischen Bühne. Spanischer Einfluß zeigt sich überhaupt hier und da, z. B. in dem Echomotive am Grabe der Herzogin. Das Stück beruht auf einer Novelle des Bandello, die auch von Lope de Vega zu seinem El mayordomo de la Duquesa da Amalfi benutzt worden ist.

Appius and Virginia wird von den meisten Literarhistorikern für das beste und vollkommenste von Webster's Dramen erklärt. Es

ist ohne Zweifel die maßvollste und formvollendetste der uns von
ihm bekannt gewordenen Tragödien. Er vertritt ein durchaus edles
Pathos darin, in würdevoller, sympathischer Weise. Die Auswüchse
seines genialen Talents sind fast verschwunden, doch scheint mir, als
ob auch die Eigenthümlichkeit etwas von ihrer sonstigen Energie, von
der Kraft und Farbe des Ausdrucks eingebüßt habe.

Ein angeblich von Webster mit Ford noch zusammengedichtetes
Drama: The murther of the son upon the mother, das 1624 die
obrigkeitliche Erlaubniß zur Aufführung erhalten hatte, ist spurlos
verloren gegangen.

John Ford*) nimmt eine Mittelstellung zwischen Webster und
Fletcher ein. Er hat von ersterem den Hang zum Furchtbaren und
Grausigen, von letzterem das Gefühl für das Pathetische, Milde und
Schöne. Einer angesehenen Familie des nordwestlichen Devonshire
entstammend, ward er, der zweite Sohn Thomas Ford's, 1586 in
Ilsington geboren und am 17 April d. J. getauft. 1602 wurde er
Mitglied des Middle Temple, wobei er sich der Verwendung des Lord
Oberrichter Popham, seines Oheims mütterlicherseits, zu erfreuen
gehabt haben mag. Dem Jahre 1606 gehört das früheste von ihm
erhalten gebliebene schriftstellerische Denkmal an, das elegische Gedicht:
Fame's memorial on the Earl of Devonshire deceased. Das 1629,
also 23 Jahre später erschienene Drama, The lover's melancholy, ist
das erste Werk, das er seitdem durch den Druck veröffentlicht zu haben
scheint. Doch hat er, wie wir wissen, inzwischen manches für die
Bühne gedichtet, so mit Webster das schon erwähnte Trauerspiel A
late murther of the son upon the mother, mit Dekker The fairy
knight und The bristow merchant. 1617 wurde von ihm ein eben=
falls verloren gegangenes Stück All ill beginning has no good end
und 1615 findet sich von ihm ein Stück Sir Thomas Overbury's life
and untimely end in den Buchhändlerlisten eingetragen. Wenn er
daher sein erst 1633 durch den Druck veröffentlichtes Drama 'Tis
pity she's a whore als erste Frucht seiner Muße bezeichnet, so muß

---

*) The works of John Ford, with notes and an introduction by W. Gif-
ford and Dyce. 3 v. 1869. — Ward, a. a. O. 295. — The fortnightly review,
July 1871. — Bodenstedt, a. a. O. Uebersetzungen. — R. Prölß, Altenglisches
Theater. II. Uebersetzung von P. rlin Warbeck.

es entweder früher als all die genannten Stücke geschrieben sein, oder
er wollte sich hierdurch von allen früheren, als noch unreifen Werken
lossagen. Von den uns erhalten gebliebenen Dramen ist sonst die
mit Dekker verfaßte Tragödie The witch of Edmonton das früheste.
Es wurde 1623 gegeben. Ein Jahr später kam The sun's darling
(1657 gedruckt) zur Aufführung. 1633 erschienen neben 'Tis pity
she's a whore noch The broken heart und Love's sacrifice, 1634
Perkin Warbeck, 1638 The fancy's chaste and noble, 1639 The
lady's trial. Man glaubt, daß der Dichter nur kurze Zeit später
gestorben sei. Ford war mit fast allen bedeutenden Dramatikern der
Zeit befreundet und hatte viele Beziehungen zur vornehmen Welt, was
ihn wohl auch wiederholt zu erklären, bestimmte, daß er sich der
Schriftstellerei nur nebendei widme.

Die pathetische Darstellung von Liebe, Freundschaft, Großmuth, Ent=
sagung bildet die Stärke und Lichtseite seines Talents. Er liebt es, sich
dieselben von einem möglichst dunklen Hintergrunde abheben zu lassen
und durch den Contrast des Schrecklichen und des Rührenden zu wirken.
Er hat nur selten die geniale Unmittelbarkeit, die dramatische Energie
und die Kraft der Farbe Webster's, die Reflection macht sich dazu bei
ihm zu sehr, bald zum Vortheile, bald auch zum Nachtheile, geltend.
Er hat aber eine größere Weite des Darstellungskreises. Er erscheint
minder einseitig und ungleich sympathischer, als dieser. „Es wird kaum
möglich sein — sagt Gifford von ihm — seine leidenschaftlichen Scenen
ohne das zwar peinlichste Interesse, ohne das herzdurchschauerndste
Entzücken zu lesen." Er erreichte dies, indem er in das Entsetzen die
Empfindung des Mitleids und der Rührung zu mischen verstand und
das Furchtbare fast immer nur als den dunklen Hintergrund benutzte,
von dem sich die lichteren Gestalten und Vorgänge um so wirksamer
abheben. Dies verleitete ihn freilich zugleich, die Gegensätze immer
schroffer zu wählen; es ließ ihn nicht selten das Ganze über das
Einzelne aus dem Auge verlieren. Am schwächsten erscheint er in
den seinen Tragödien eingemischten komischen Scenen. Auch die nach
dem Geschmacke der Zeit in sie eingelegten Masken und Tänze sind
nur selten im dramatischen Sinne von ihm erfaßt und in geistvoll
poetischer Weise der Handlung einverleibt worden. Nur „Das gebro=
chene Herz" macht hiervon eine Ausnahme. Hier entwickelt sich der
Tanz aus der Handlung, er bildet ein Glied, ein Motiv derselben.

Ford legte seinen Dramen meist einen bestimmten Gedanken unter, durch den er innerlich die einzelnen Gestalten und Vorgänge miteinander verband. Er nähert sich Shakespeare hierin. Dies ist z. B. gleich in dem mit Dekker gearbeiteten Stücke: The witch of Edmonton der Fall, in dem die äußerlich lose verbundenen beiden Handlungen durch ein gemeinsames Grundmotiv in einen inneren Rapport zu einander gebracht erscheinen. Es ist dies die Leichtgläubigkeit. In beiden wird sie zur Quelle des Unheils, dort durch die unverdiente Beschimpfung, hier durch aufgezwungene Liebe. Dort wird Elisabeth Sawjer zuletzt wirklich das, was ihr die Leichtgläubigkeit anfangs nur andichtete. Hier vermag Frank den Einflüsterungen der Versuchung nicht zu widerstehen, welche ihn anfangs in der Bigamie einen Ausweg zeigte, zuletzt aber das aufgedrängte Weib zu ermorden treibt. Ford, der sich augenscheinlich wiederholt auf dem Gebiete der criminalistischen bürgerlichen Tragödie bewegt hatte, suchte hier diese in eine höhere Sphäre zu heben. Neben vielem Schönen fehlt es aber auch nicht an Abgeschmacktem und Widerlichem. Es ist anzunehmen, daß das volksthümliche sagenhafte Element des Stücks von Dekker, die pathetischen Parthien dagegen von Ford behandelt sind.

The lover's melancholy verdient nach meinem Ermessen nicht ganz den Ruf, der diesem Stück noch immer zu Theil wird. Die von Shakespeare entlehnten Motive (aus Hamlet und Was ihr wollt) sind zwar in selbständiger Weise verwendet, ohne dem Stück aber eine höhere Bedeutung gegeben zu haben. Das Rührende des es bewegenden Pathos, das es mit einem ganz eigenthümlichen Glanze durchleuchtet, hat ihm hauptsächlich einen so ausdauernden Beifall verschafft.

Dagegen ist 'Tis a pity, she's a whore, trotz des abstoßenden, einer Novelle des Bandello entnommenen Vorwurfs und der darin aufgehäuften Gräuel, dramatisch höher zu stellen. Das Thema ist die geschlechtliche Geschwisterliebe. Welche Bedenken sich vom sittlichen Standpunkte aus gegen die vorliegende Behandlung desselben auch immer erheben lassen, vom ästhetischen wird man dem Dichter eine bedingte Anerkennung doch nicht versagen dürfen. Was dort als verwerfliche Vermessenheit bezeichnet werden muß, wird hier in seiner, innerhalb eines bestimmten Umfangs, berechtigten Kühnheit zur Bewunderung auffordern. Rücksichtsloser ist der so oft schon behandelte Gegenstand wohl von keinem Dichter, selbst nicht von Calderon in

„Abſalon's Locken", aufgefaßt und dargeſtellt worden. Ich glaube,
daß Ford Shakeſpeare darin in der Dämonie der ſinnlichen Liebes=
leidenſchaft noch zu überbieten geſucht hat. Schon Bodenſtedt wies
auf die Aehnlichkeit des Paters mit Bruder Lorenzo in Romeo und
Julia hin. Doch auch der Amme iſt hier eine ähnliche leichtfertige
Rathgeberin und Kupplerin gegenübergeſtellt, und hier wie dort tritt
plötzlich ein Ehebündniß zwiſchen die welt= und pflichtvergeſſene Lei=
denſchaft der Liebenden. So viele Aehnlichkeiten können unmöglich
zufällige ſein.

Höher noch wird von den Meiſten The broken heart geſchätzt.
Das Stück iſt minder abſtoßend und enthält bedeutende Schönheiten.
Vom dramatiſchen Standpunkte laſſen ſich aber gleichwohl einige
nicht unwichtige Bedenken dagegen erheben. Es leidet an einer zu
breiten Expoſition. Erſt im dritten Acte entſcheidet es ſich, wo der
eigentliche Schwerpunkt der Darſtellung liegt. Von hier an entwickelt
ſich das Stück allerdings durch eine Reihe feſſelnder Scenen in er=
greifender und bedeutender Weiſe.

Für Ford's befriedigendſtes Werk halte ich aber doch Perkin
Warbeck, in welchem er ſehr geſchickt ein Familien= und Herzens=
intereſſe mit dem politiſchen zu verbinden und ſeinem Gegenſtand
zugleich noch ein tieferes pſychologiſches abzugewinnen gewußt hat. War=
beck iſt zwar nur das Werkzeug einer Intrigue, ſelbſt aber von der
Aechtheit ſeiner Perſon und ſeines Anſpruchs auf's innigſte und un=
erſchütterlichſte überzeugt. Er ſchöpft den Glauben daran aus dem
Adel ſeiner Natur und aus der Sympathie, die ſeine Erſcheinung und
der Glanz ſeines Pathos allenthalben erweckt, nicht am wenigſten in
dem Herzen der ſchönen Katharina Gordon, welche ſein Weib wird
und in welcher der Dichter weibliche Treue, Hingabe und Entſagung
in der glänzendſten Weiſe verherrlicht hat. Es iſt dieſer romantiſche
Glanz, dieſer ritterliche Adel, dieſe Verherrlichung weiblichen Weſens,
ſowie das glücklich geſtellte und gelöſte Problem und die treffliche
Charakteriſtik, welche dieſem Stücke immer die allgemeinſten Sympa=
thien gewinnen wird. Neben der Titelrolle und Katharina feſſelt vor
allem die feingezeichnete Geſtalt Heinrichs VII., der ſich den Shake=
ſpeare'ſchen engliſchen Königen ebenbürtig einreihen läßt. Doch auch
einige der Nebenrollen: König Jacob, Huntley, Dalzell, Stanley ver=
dienen viel Lob, nicht minder Sprache und Compoſition, welche letztere

nur durch die Parallelhandlung der am schottischen und der am engli=
schen Hofe spielenden Ereignisse in den ersten Acten etwas zu leiden hat.

Etwa gleichzeitig mit Ford trat, wie es scheint, der um zwei Jahre
ältere **Philipp Massinger*)** als dramatischer Dichter auf. Er
wurde 1584 zu Salisbury geboren und erhielt muthmaßlich mit Unter=
stützung des Grafen von Pembroke, in dessen Diensten sein Vater stand,
seine Ausbildung an der Universität Oxford, welche er 1402 bezog.
Daß, wie man glaubt, er ähnlich wie Jonson seinen Glauben gewech=
selt und zum Katholicismus übergetreten sei, ist keineswegs festgestellt.
Da er wiederholt die Standhaftigkeit im Glauben verherrlicht hat, ist
es kaum anzunehmen. Ob er jemals einen anderen Beruf als den
des Schriftstellers verfolgt, wissen wir ebenfalls nicht. Der früheste
Hinweis auf seine dramatische Thätigkeit stammt aus dem Jahre 1615.
Er ist im Henslowe'schen Tagebuche enthalten. Doch glaubt man,
daß dieselbe bereits früher begonnen habe. Ein so fruchtbarer Bühnen=
dichter er war, scheint er sich doch wiederholt in bedrängter Lage be=
funden zu haben. Zu den Dichtern, mit denen er gelegentlich zu=
sammenarbeitete, gehören Dekker, Rowley, Middleton, Fletcher. Mit
letzterem lebte er in innigster Freundschaft, wie ein Epitaph auf das
Grab beweist, welches die irdischen Reste Beider enthielt:

> Plays they did write together, were great friends
> And now one grave includes them in their ends.
> To whom on earth nothing could part beneath,
> Here in their fame they lie in spite of death.

Die Begräbnißliste der Kirche von St. Saviour enthält von des
Dichters Begräbniß den lakonischen Eintrag: March 20. 1639—40
buried Philip Massinger, a stranger. Stranger wollte hier freilich
nur sagen, daß er nicht aus dem Kirchspiele war. Auch geht aus der
Notiz, daß die Kosten des Begräbnisses sich auf 2 £ beliefen, hervor,
daß es ein sehr anständiges war. Befremdend ist dagegen der Zu=
satz: No flowers were flung into his grave. Siebenunddreißig
Stücke sind namentlich von Massinger bekannt, unter denen sich aber

---

*) Gifford's edition. 4 v. 1805. — Cunningham's edition. — Ward, a. a.
O. II. 263. — Baudissin, Ben Jonson und seine Schule. Uebersetzungen. —
Bodenstedt, Shakespeare's Zeitgenossen. Uebersetzungen. — R. Prölß. Altengli=
sches Theater. Uebersetzung des Greateduke of Florence.

die mit Fletcher und Daborn zuſammengearbeiteten noch nicht mit
befinden. 19 ſind davon erhalten geblieben. Ein großer Theil ging
mit den koſtbaren Manuſcripten zu Grunde, welche der Koch des
engliſchen Gelehrten Warburton Jahre lang zu ſeinen Paſteten verwendete.

Das früheſte jener erhalten gebliebenen Stücke, The virgin martyr, mit Dekker gearbeitet, wurde 1621 zur Aufführung gebracht und
1623 gedruckt. Auch The old law, mit W. Rowley und Middleton,
wird in daſſelbe Jahr geſetzt; es erſchien jedoch erſt 1656 im Druck.
Ihnen folgten: The bondman, 1623 aufgeführt, 1630 gedruckt: The
parliament of love, mit W. Rowley, 1623 aufgeführt, 1813 gedruckt;
The Roman actor, 1626 aufgeführt, 1629 gedruckt; The greatduke
of Florence, 1627 aufgeführt, 1636 gedruckt; The picture, 1629 aufgeführt, 1630 gedruckt; The emperor of the East, 1631 aufgeführt,
1632 gedruckt; Believe as you list, 1631 aufgeführt, 1848 gedruckt;
The fatal dowry, mit Field, 1631 aufgeführt, 1632 gedruckt; The
city madam, 1632 aufgeführt, 1659 gedruckt; The maid of honour,
1632 gedruckt; A new way to pay old debts, 1639 gedruckt; The
guardian, 1633 aufgeführt, 1655 gedruckt; The very woman, 1634
aufgeführt, 1655 gedruckt; The bashful lover, 1636 aufgeführt, 1655
gedruckt.

Maſſinger iſt mehr als irgend ein anderer der vorgenannten
Dichter Ben Jonſon dadurch verwandt, daß bei ſeinem künſtleriſchen
Schaffen die Reflection die vorherrſchende Rolle ſpielte, er vereinigte
aber damit einen romantiſchen Zug, welcher ihn Fletcher annähert,
der ſein eigentliches Vorbild geweſen iſt. Er erreicht dieſen zuweilen; ja er erſcheint ſelbſt planmäßiger, maß- und geſchmackvoller.
Eine kühle Verſtändigkeit, die hier und da bis zu proſaiſcher Nüch-
ternheit des Ausdrucks herabſinkt, wechſelt in ſeinen Werken mit ge-
künſtelter Abſichtlichkeit ab, die verbunden mit ſeiner Neigung zu
rhetoriſchem Pathos und zur Bildlichkeit des Ausdrucks die Wirkung
ſeiner meiſt gut erfundenen Stücke nicht ſelten ſchwächt. Obſchon ſeine
Stärke in der Darſtellung des Anmuthigen und Würdigen und der
feineren Gemüthsbewegungen liegt, hat er es doch geliebt, reiche,
verwickelte, von wilden Leidenſchaften erregte, grauſige Situationen
darbietende Stoffe zu wählen. Es fehlte ihm zu ihrer Darſtellung
an Unmittelbarkeit, Urſprünglichkeit und Tiefe der Motivirung, daher

er damit selten völlig zu überzeugen vermag. Es läßt sich schon
hiernach erwarten, daß der Humor nicht gerade seine Stärke ist, auch
fehlt es seinen Lustspielen bei all ihren Vorzügen an ächter Lustigkeit und naturwüchsiger Komik. Wo er sich in dieser versucht, erscheint er meist affectirt oder unbeholfen und täppisch.

The virgin martyr behandelt das Märtyrerthum der heiligen
Dorothea. Er erscheint hier sichtlich von den spanischen Autos beeinflußt. · Das Stück nimmt einen gewaltigen Anlauf, der Charakter
Dorothea's ist nicht ohne Größe, die Sprache zeugt von ungewöhnlicher rhetorischer Kraft. Im Ganzen blieb aber die Ausführung
hinter den Intentionen zurück, und das beigemischte Komische und
Grausige wirkt mehrentheils abstoßend.

The duke of Milan hat glänzende, originelle Parthien. Es ist
die Geschichte von Herodes und Mariamne auf moderne italienische
Verhältnisse übertragen. Die Voraussetzungen sind gesucht, die Entwicklung ist nicht ohne Spitzfindigkeit, dabei nicht geschlossen und
spannend genug, die Motivirung zum Theil gewaltsam und ungenügend. Massinger wendete hier mit Erfolg das Tanzmotiv an, das
Ford in seinem broken heart zu so bedeutender Wirkung gebracht
hat. Bei diesem empfängt Calantha eine Trauerbotschaft nach der
andern läßt aber, ihren Schmerz unterdrückend, den Tanz seinen
Fortgang nehmen. Bei Massinger ist es der Herzog von Mailand, der eine Unglückspost nach der andern während eines Festes
empfängt und, um dieses seiner Gattin nicht zu verderben, zu immer
noch größerer Lust auffordert, bis endlich sein Trotz, sich in völlige
Muthlosigkeit verkehrend, erliegt, womit das Fest plötzlich abbricht.
Hazlitt hat auch auf die Aehnlichkeit des Maskenmotivs in Marston's
Malcontent hingewiesen.

The bondman wird immer als eines der vorzüglichsten Stücke
des Dichters gepriesen. Die lebendige Exposition, der versöhnende,
rührende Schluß und der rhetorische Glanz der empfindungsreichen
Sprache erklären es leicht. Die Befreiung der Stadt Syrakus durch
Timoleon von den Karthagern bildet den Hintergrund, auf dem sich
die Geschichte einer hochherzig entsagenden Liebe abspielt. Wie in
dem vorigen Stücke wird man aber auch hier zu lange im Dunkel
über die Vorgeschichte desselben gehalten.

Interessanter noch ist The Roman actor. Paris, ein Schau-

spieler, vertheidigt unter dem Schutze des Kaisers Diocletian das
Theater und seine Kunst gegen die Angriffe des Senats; erregt aber
später durch den Eindruck, welchen sein Spiel auf Domitia, die Ge=
liebte des Kaisers, ausübt, die Eifersucht des Tyrannen, welcher sich
rächt, indem er eine Scene mit Paris zu spielen vorgiebt, in der er
diesen zum Schein zu erstechen hat, denselben hierbei aber wirklich
ersticht. Es ist das Motiv der alten spanischen Tragödie, welches
in dieser neuen Verwendung durch die Beziehungen zur Zeit, im
Kampfe der Bühne gegen den Puritanismus, um so wirksamer sein
mußte.

The maid of honour ist eines der bestgeführten Stücke des
Dichters. Camiola, die Heldin, widersteht in treuer Liebe zu dem in
sienesische Gefangenschaft gerathenen Maltheserritter Bertoldo, dem
Bruder des Königs von Sicilien, den ungestümen Werbungen des
Günstlings des letzteren, welcher in dessen Interesse die Auslösung
Bertoldo's verbietet. Camiola löst ihn nichtsdestoweniger aus. Ber=
toldo vergilt es ihr jedoch schlecht, da er den Verführungskünsten
der schönen Herzogin Aurelia von Siena erliegt. Camiola geht in
ihrem Schmerz in ein Kloster. Bertoldo bereut und entsagt seiner
Liebe zur Herzogin, sowie dem Entschlusse, sich von seinem Gelübbe
als Ordensritter entbinden zu lassen.

The picture war besonders beliebt. Das liegt zum Theil an
der anmuthigen Erfindung des romantischen Stoffs, welcher einer
in Paynter's Palace of Pleasure enthaltenen Novelle entnommen
ist. Mathias, ein armer Ritter, zieht seine Verhältnisse zu ver=
bessern hinaus in die Welt. Er besitzt aber ein magisches Bild,
welches die Eigenschaft hat, ihm in Bezug auf die eheliche Treue
seines zurückgelassenen schönen Weibes Auskunft zu geben. Obschon
beide einander wahrhaft lieben, laufen sie doch Gefahr, den Intriguen
der Königin Honoria von Ungarn zu unterliegen. Es gelingt dieser
nämlich, das Herz der Gattin durch falsche Berichte wankend zu
machen. Mathias bemerkt dies sofort an seinem Bilde und geräth
darüber in eine Gemüthsstimmung, welche die Königin von Ungarn
zu benutzen sucht, um seine Treue zu Falle zu bringen. Schließlich aber
geht zu seiner Beschämung die Tugend seines Weibes glänzend aus
diesen Irrungen hervor.

The fatal dowry ist immer besonders hod), wie ich jedoch mit

Ward fürchte, auch überschätzt worden. Gewiß ist das Stück reich an
einzelnen Schönheiten. Doch erscheint der Charakter Romont's zu
widerspruchsvoll, der Beaumelle's anfänglich zu widerwärtig, um
tiefer interessiren zu können. Trotz des großartigen Wurfs der Exposition und mancher einzelnen Scene macht das Ganze doch einen
etwas gekünstelten, gewaltsamen Eindruck.

Auch in das Lob des Lustspiels A new way to pay old debts
kann ich so voll nicht mit einstimmen. Der Charakter des Wucherers,
Sir Giles Overreach, mag sehr gut gezeichnet sein, aber es fehlt ihm
an komischer Kraft. Dies gilt auch von den Verabredungen der Lady
Allworth mit Frank Wellborn, sowie von der Betrügerei Marwell's,
die beide plump genug sind. Wie den meisten Stücken des Dichters,
fehlt es auch diesem an gleichmäßigem dramatischen Fluß und an
Spannung. Er wendet der Charakterzeichnung zwar große Aufmerksamkeit, aber nicht immer im Geiste des Dramas zu.

The City-Madam geißelt die Hoffahrt der bürgerlichen Emporkömmlinge. Das Stück leidet daran, daß in der Comödie selbst wieder
zu viel Comödie gespielt wird und es dieser dabei an wahrer Komik
fehlt. John Frugal, um seine Familie zu prüfen, giebt vor in ein
Kloster zu gehen und cedirt seinem heuchlerischen Bruder, jedoch nur
zum Schein, sein ganzes Vermögen. Dieser, der bisher verschwenderisch gewesen war und sich zu Grunde gerichtet hatte, wird durch
diese plötzliche Wandlung des Glücks aber geizig und hartherzig, während John's Frau und Töchter, gewitzigt durch die über sie nun verhängten Erfahrungen, ihre frühere Thorheit bereuen. Natürlich verändert das Abwerfen der von John Frugal vorgenommenen Maske
die ganze Situation.

A very woman behandelt die Unergründlichkeit des weiblichen
Herzens und den Sieg, den eben deshalb ein ausdauernder Liebesdienst
über dasselbe erringt. Es gehört bis auf die Figur der Borachia zu
den liebenswürdigsten Schöpfungen der Massinger'schen Muse.

Als eine im englischen Lustspiel dieser Zeit ganz eigenthümliche
Erscheinung ist aber schließlich The great-duke of Florence zu bezeichnen, das unserem neueren seinen Conversationsstücke näher als
irgend ein anderes derselben kommt. Spanischer Einfluß macht sich
sowohl in der übertriebenen Auffassung des Königthums und der
Unterthantreue, wie in der pretiösen Behandlung der Sprache geltend.

Der höfisch conventionelle Charakter, welchen hierdurch das Stück er=
halten hat, sowie die Schwäche der eingemischten niedrig komischen
Parthien beeinträchtigt die Wirkung dieses im Ganzen gelungenen
Versuchs, das Lustspiel in eine höhere Sphäre zu heben. Vorzüglich
ist die Exposition. La hermosa Alfreda enthält ein ähnliches, aber
anders gewendetes Motiv. Auf die Aehnlichkeit mit Heywood's A
maiden head well lost habe ich schon hinweisen können.

Ein kaum minder fruchtbarer Bühnenschriftsteller des späteren
Theils dieses Zeitraums tritt uns in James Shirley*), geboren
am 13. oder 18. Sept. 1596 zu London, entgegen. Seine erste Er=
ziehung empfing er in der Merchant Taylor's Schule, worauf er
1612 die Universität Oxford bezog. Er wendete sich dann noch nach
Cambridge, wo er Mitglied von St. Catharine Hall, Bachelor und
Master of Arts wurde. Nach beendeten Studien trat er zur römisch=
katholischen Kirche über. Nach seiner Uebersiedlung nach London
(1624) ergriff er den Beruf eines play-wright. Hier scheint er bald
in die Gunst des Hofes gekommen zu sein. Das erste uns von ihm
bekannt gewordene Stück ist Love tricks or the school of compliment (1625). Ihm folgten 1626 die Tragödie The maid's revenge, welche schon Züge bedeutenden Talents zeigte, und das Lust=
spiel The brothers; 1628 das Lustspiel The witty faire und die
Tragicomödie The wedding, in welchem Gratiana eine ähnliche Rolle
wie Hero in Viel Lärm um nichts spielt; 1629 die Tragicomödie The
faithful servant, beide sind reich an interessantem Detail; 1631 The
traitor; eine romantische Tragödie mit geschichtlicher Grundlage, in
welcher Lorenzino de' Medici die Hauptrolle spielt, ein Werk voll Kraft,
Farbe und charakteristischem Leben; sowie Love's cruelty, in welcher
der Dichter seine Kunst in der Schilderung dunkler, unheimlicher Lei=
denschaften bewährte; 1631 das Lustspiel Love in a maze; 1632
Hydepark; 1633 The bird in a cage und das mit Chapman gear=
beitete Lustspiel The ball, eine persönliche, auf die Sucht Subscrip=
tionsbälle ins Leben zu rufen (die damals sehr unglücklich ausfielen)
gerichtete Satire; ferner The young admiral, ein mit großer An=

*) The dramatic works and poems of J. Shirley by Gifford and Dyce. 6
vol. 1833. Siehe auch den Artikel darüber in der Quarterly Review. April
1833. — Ward, a. a. O. II. 309. — Dodsley's Old Plays.

muth und Leichigkeit entworfenes romantisches Lustspiel, welches wegen
seiner decenten Haltung von dem damaligen Master of Revels, als
Ausnahme, sehr belobt wurde. Daß dies Shirley's besondere Tugend
nicht war, beweist gleich sein nächstes Stück, The gamaster, nach einer
Novelle des Malespina; es erfreute sich besonderen Beifalls, namentlich
von Seiten des Königs. Ihm folgten 1634 das Lustspiel The example,
welches weibliche Tugend verherrlicht, sowie The opportunity, 1635;
The coronation, welches Fletcher zugeschrieben wurde, und The lady
of pleasure; 1636 The duke's mistress; 1638 das Lustspiel The
royal master; 1639 The gentleman of Venice und The politician;
1640 The doubtful heir; The constant maid und The humorous
courtier; 1641 der von Webster's Duchess of Malfi beeinflußte
Cardinal; 1642 The sisters und The court secret.

Eine besondere Erwähnung mögen das Miracle-play St. Patrick
for Ireland (1640), das Moral-play Honoria and Mamnon (1640),
die Pastorale Arcadia und die Maske The triumph of peace finden.
Die beiden ersten beweisen, daß diese alten dramatischen Formen,
wenn auch natürlich in veränderter Gestalt, immer noch fortlebten.
Die letzte ist deshalb bemerkenswerth, weil sie den Luxus des damaligen höfischen Lebens charakterisirt. Sie wurde dem Könige von 16
Mitgliedern der 4 Inns of Court am 3. Februar 1634 zu Whitehall
gegeben, wo diese in vier kostbaren Wagen, von zwei Wagen mit Pagen
und Musikern und 100 Gentlemen zu Pferde begleitet einzogen. Der
Einzug der Masken war also immer noch, wie zur Zeit Heinrichs VIII,
üblich (s. S. 68). Ives und Lowes hatten den musikalischen Theil,
Inigo Jones die Decoration übernommen. Die Gesammtkosten beliefen sich auf £ 20,000. Auch war diese Maske nicht ohne politische Bedeutung, da sie eine Demonstration gegen die von Prynne
in seinem Histriomastix erhobenen Angriffe auf die Bühne und ihre
Begünstigung von Seiten des Hofs bildete. Die Stimmung konnte
freilich hierdurch keineswegs gebessert werden. Man suchte zwar die
Augen gegen die mehr und mehr um sich greifende Unzufriedenheit,
so lange man konnte, zu verschließen. Der Prolog Shirley's zu den
Schwestern (April 1642) ist aber schon unter dem Eindruck der vollen
Panik geschrieben, die London damals ergriffen hatte, denn hier heißt
es bereits London is gone to York! Im September desselben Jahres
wurde die erste Parlaments-Verordnung gegen den Bestand der Theater

erlaffen, deren Schließung im ganzen Königreich hierdurch befohlen wurde. Shirley trat offen auf die Seite des Königs. Er folgte der Aufforderung feines Gönners, des Herzogs von Newcaftle, in deffen Dienfte zu treten. Der Herzog fchrieb felbft gelegentlich Dramen und Shirley war feine rechte Hand dabei. Als fich der Herzog fpäter nach dem Continente begab und die Sache des Königs dem Untergange zutrieb, fand Shir- ley Schutz bei Sir Thomas Stanley. Er widmete fich nun andren poetifchen und wiffenfchaftlichen Arbeiten, befonders grammatifalifchen Studien und Ueberfetzungen. 1646 veröffentlichte er einen Band feiner Gedichte. Auch war er an der 1647 erfchienenen Ausgabe der Werke Beaumont und Fletcher's betheiligt, zu der er eine Ein- leitung fchrieb. Die Reftauration änderte an Shirley's Lage nur wenig. Obfchon die Bühne viele feiner Stücke wieder aufnahm, wendete er ihr feine Thätigkeit nicht wieder zu, fondern friftete mit andren literarifchen Arbeiten und mit Unterrichtgeben fein Leben. 1666 wurde er durch die große Feuersbrunft betroffen, der ein Theil Londons zum Raube fiel. Er ftarb an den Folgen des Schrecks an demfelben Tage mit feiner Frau. Am 29. Oct. d. J. wurden fie auf dem Kirchhofe zu St. Giles in the Fields zufammen in basfelbe Grab gelegt.

Wäre Shirley durch die Revolution in feiner Bühnenthätigkeit nicht unterbrochen worden, fo würde die Zahl feiner Werke fich ficher verdoppelt haben. Auch fo noch gehört er zu den fruchtbarften Büh- nenfchriftftellern der Zeit. Am meiften nähert er fich Beaumont und Fletcher an, die er in der Unficherheit der Moral noch weit übertrifft. Der Einleitung zu ihren Werken nach müßte er fie noch hoch über Sha- kefpeare geftellt haben. Eine Stelle im Prolog zu feinen „Schweftern" läßt aber erkennen, daß dies wenigftens nicht immer feine Meinung gewefen ift. Hier bezeichnet er vielmehr Shakefpeare als den Höhe- punkt der dramatifchen Bühne der Engländer. So wenigftens deute ich die nachftehende Worte:

> Think what you do; you see
> What audiences we have, what company
> To Shakespeare comes, whose mirth did once beguile
> Dull hours and buskin 'd made even sorrow smile;
> So lovely were the wounds, that men would say
> They could endure the bleeding a whole day.
> He has but few friends lately, think o' that
> He'll come no more and others have his fate.

Und nun erst wird Fletcher an zweiter, Ben Jonson an dritter Stelle genannt. Auch Webster und Ford, obschon er sie hier nicht nennt, haben großen Einfluß auf seine Dichtung gehabt.

Durch zwei Eigenthümlichkeiten unterscheidet sich Shirley von all' seinen Vorgängern: er erfand seine Fabeln meist selbst und wenn er ein by-plot in die Handlung mit aufnahm, blieb es dem Hauptmotiv doch völlig untergeordnet. Er zeigt in der Wahl der Stoffe und ihrer Behandlung eine gewisse Vielseitigkeit, seine Sprache einen großen Reichthum an Bildern. Auch vereinte er die Eigenschaften des komischen, wie des tragischen Dichters in sich, wenn er auch letztere in stärkerem Grade besaß.

Auch William Rowley,*) dem wir schon wiederholt als Mitarbeiter anderer Dichter begegnet sind, mag hier noch genannt werden. Außer seinen Arbeiten mit Dekker, Heywood, Fletcher, Massinger, Webster, Ford, Day und Wilkins (hat man seinen Namen doch sogar mit dem Shakespeare's in Verbindung gebracht) kennt man von ihm allein noch folgende vier im Druck erschienene Stücke: die Lustspiele A new wonder, a woman never vext (1632), A match at midnight (1632), die Tragödie All's lost by lust (1633) und das Lustspiel A shoemaker a gentleman (1638). A woman never vext wird von Dyce für das beste Werk Rowley's erklärt, wie denn das Lustspiel sein eigentliches Feld gewesen sein mag. Malone giebt außerdem noch einige von ihm im Manuscript erhalten gebliebene Stücke an. Er blühte zur Zeit Jacobs I. 1610 wird er als ein Schauspieler der Truppe des Herzogs von York genannt. 1637 verheirathete er sich. Sein Todesjahr ist ebenso unbekannt, wie sein Geburtsjahr.

Eine ungleich größere Zahl dramatischer Arbeiten sind von einem anderen Dichter der Zeit, Richard Brome**), überliefert worden. Es sind deren 15, meist Sittencomödien, doch auch romantische Dramen. Von seinem Leben wissen wir nichts, als daß er um 1614 im Dienste Ben Jonson's stand, da er in der Einleitung zu dessen Bartholomew fair als des Dichters „man" angeführt wird. Wie lange

---

*) Siehe Dodsley's Old plays, der auch A new wonder, A woman never vext und A match at midnight abgedruckt hat.

**) The dramatic works of Richard Brome, London 1873. — Ward, a. a. O. II. S. 337.

er in diesem Verhältnisse blieb, ist ungewiß, doch wird man sich dasselbe überhaupt kaum als ein für Brome zu unwürdiges denken
dürfen, da Jonson in dem Lobgedichte, welches er dessen 1632 erschienenen The northern lass vorgesetzt hat, ihn zwar als seinen
faithful servant, zugleich aber (by his continew'd virtue) als seinen
loving friend bezeichnet. Die Ausdrücke scheinen sehr abgewogen
dabei. Es ist kaum zu zweifeln, daß das Beispiel und der Ruhm seines
Herrn das in Brome schlummernde Talent geweckt hat. Jonson nennt
sich selbst seinen Lehrer und rühmt von Brome's Stücken, daß sie die
Beobachtungen derjenigen Gesetze der komischen Kunst zeigen,

Which I, your master, first did teach the age.

Brome war in der That nur ein glücklicher Nachahmer und hatte ein
sicheres Bewußtsein von dieser Enge seines Talents. Er hielt sich nur
für einen play-maker und leistete auf den Namen eines Dichters Verzicht.
Laune und gesunder Menschenverstand sind die Eigenschaften, die er
in hohem Grade besaß. Unter seiner Bescheidenheit lag übrigens ein
gutes Theil Selbstbewußtsein versteckt; daher er in seinen Prologen und
Epilogen gern die Gelegenheit wahrnimmt, lehrhaft zu werden und
seine gelehrten Kenntnisse durch lateinische Citate zur Schau zu tragen.
Er schilderte das Bürgerthum seiner Zeit und erhob sich nur selten
über dessen geistiges Niveau, doch schlug er in einigen seiner Stücke,
wie The northern lass, The English moor (1659 gedruckt), The
love-sick court (1659 gedruckt), The queen's exchange (1657
gedruckt), The queen and concubine (1659 gedruckt) auch mit Glück
einen pathetischeren Ton an. Sie nähern sich zum Theil den romantischen Dramen Massinger's. Von seinen Sittencomödien der Zeit
seien The court beggar (1637 gedruckt), The Sparagus garden (1635
gespielt), A jovial crew or the merry beggars (1641 gespielt, 1652
gedruckt), The city wit or the woman wears the breeches (1653
gedruckt), A mad couple well match'd (1659 gedruckt) und The new
academy or the new exchange (1653 gedruckt) hervorgehoben.

So reich die englische Bühne in diesem Zeitraum schon hiernach
an dramatischen Spielen war, so liefen doch neben diesen, ihren bedeutendsten Dichtern noch eine Menge geringerer Bühnenschriftsteller
her, von denen nur folgende genannt werden sollen: Cyril Tour-

neur mit seinen auf die Wirkungen des Schrecklichen ausgehenden Dramen The revenger's tragedy*) (gedruckt 1607), The atheist's tragedy (1612) und The nobleman; Nathanael Field (um 1590 geboren, um 1640 gestorben), der Mitarbeiter an Massinger's Fatal dowry, der in Ben Jonson's Bartholomew fair unter den Kindern of the revels mitwirkte und später den besten Schauspielern der Zeit zugezählt wurde, mit seinen Woman is a weather-cock (1612 gedruckt) und Amends for ladies (1618 gedruckt); Thomas Randolph, 1605 zu Newnham (Northamptonshire) geboren, 1634 gestorben, mit seinen acabemischen, witzig satirischen Lustspielen Aristippus (1630 gedruckt), The conceited pedler (1630 gedruckt), The jealous lovers (1632 gedruckt), The Muses looking-glass**) (1638 gedruckt) und Hey for honesty, down with knavery, einer Nachbildung des Aristophanischen Plutus (1651 gedruckt): William Cartwright, nach Lloyd 1615 zu Burford (Oxfordshire), nach Wood zu Northway (Gloucestershire) 1611 geboren und 1643 als Proctor der Universität Oxford gestorben, gleich berühmt und beliebt seiner Gelehrsamkeit, Bildung und Unterhaltungskunst wegen, mit seinen phantastischen und dabei rhetorisch gekünstelten Tragicomödien: The royal slave (1636 gedruckt), The lady errant (1651 gedruckt), The siege (1651 gedruckt) und der im Jonson'schen Style geschriebenen Sittencomödie The ordinary,***) welches der Name eines Clubs in einer Londoner Taverne war; Thomas May, 1595 geboren, 1650 gestorben, der Geschichtsschreiber des langen Parlaments, mit den Tragödien Antigone (1631), Agrippina (1639) und Cleopatra (1639), sowie den Lustspielen The heir (1620 gespielt) und The old couple†) (1658 gedruckt); Jasper Mayne, 1604—1672, mit dem in Nachahmung Ben Jonson's geschriebenen Lustspiel The city match (1639); John Suckling (1608—1641) mit dem Lustspiel The goblins††) und den Tragödien Aglaura, Brenoralt und The sad one (Fragment), gedruckt 1646; Shakerley Marmion, 1602

---

*) Abgedruckt in Dodsley's Old plays.
**) In Dodsley's Old plays. Siehe hier auch den Lebensabriß.
***) Ebendaselbst, wo auch eine Notiz über sein Leben.
†) In Dodsley's Old plays, mit einer biographischen Notiz.
††) Ebendaselbst.

bis 1639, mit ben Luftfpielen The Hollands Leaguer (1632), A fine com-
panion (1633), The antiquary*) (1641); John Denham mit ber
rhetorifch=pathetifchen Tragöbie The sophy; Henry Glapthorn,
ein Nachahmer Shirley's, von bem fich nicht weniger als neun Stücke
erhalten haben, barunter Albertus Wallenstein (1639); Thomas
Nabbes, mit ben Tragöbien Hannibal and Scipio (1635 aufgeführt,
1637 gebrudt), The unfortunate mother (1640 gebrudt), ben Luft=
fpielen Coventgarden (1632 aufgeführt, 1638 gebrudt), Totenham
court (1639 gebrudt), The bride (1640 gebrudt) unb ber Maske
Microcosmus (1637 gebrudt). Auch bie Brüber Killegrew unb
William Davenant würben hier eine eingehenbere Beachtung ver=
bienen, wenn ich fie nicht in einem fpäteren Abfchnitt noch zu berühren hätte. Davenant fpielte freilich fchon unter Carl I. eine be-
beutenbe Rolle. In ben in biefe Zeit fallenben Stücken fchloß er fich
vorzugsweife Fletcher an.

Das acabemifche Drama, welches noch immer an ben Univerfi=
täten unb Inn of Courts gepflegt wurbe, hat auf bie Entwidlung
bes Dramas in biefem Zeitraum faft keinen Einfluß ausgeübt, fo baß
es hier übergangen werben kann. Dagegen mögen von ben Dichtern
ber Masken wenigftens bie bebeutenbften erwähnt werben, weil bie
Pracht unb Verfchwenbung, mit benen fie am Hof Carls I. ausge-
ftattet wurben unb bie ˙gelegentliche Betheiligung ber Königin unb
ber Herren unb Damen vom Hofe baran bei ben puritanifchen
Eiferern großen Anftoß erregten unb bie baraus entfpringenben
Collifionen zum Ausbruch ber über England hereinbrechenben Rata-
ftrophe, welche auch bie Vernichtung bes Theaters zur Folge
hatte, mit beitrugen. Ben Jonfon, Shirley, Thomas Carew,
Aurelian Townshead, Sir Afton Cokaine unb Davenant
waren bie hauptfächlichften Verforger bes Hofs mit biefen Spielen.
Eine befonbere Hervorhebung werbe aber nur ben Masken John
Milton's (1608—1674) wegen ber übrigen Bebeutung bes berühm=
ten Mannes zu Theil, ben zu würbigen indeß hier nicht ber Platz
ift. Es finb beren zwei: Arcades, wahrfcheinlich 1634 zu Ehren ber
Gräfin Derby gefchrieben unb wegen bes barin enthaltenen Lobes
ber Mufik berühmt, unb Comus zu Ehren bes Earl of Bribgewater

---

*) In Dobsley's Old plays.

in demselben Jahre verfaßt. Letztere lehnt sich der Ben Jonson'-
schen Form der Masken zwar an, geht aber weit über diese an
poetischer Bedeutung hinaus, indem sie zugleich, dem puritanischen Geist
des Dichters entsprechend, eine moralische Tendenz verfolgt. Sie feiert
den Sieg der Keuschheit in Gestalt eines schönen Mädchens, welches
von den zügellosen Geistern der Nacht, Comus und seinen Gesellen,
verfolgt wird, über die Macht der Versuchung. Auch in seinem spätesten Alter griff Milton noch einmal auf die dramatische Form zurück,
indem er das academisch-lyrische Trauerspiel Samson Agonistes schrieb,
welches die Grundlage des Händel'schen Oratoriums Samson wurde.

VII.

Entwicklung der Bühne und Schauspielkunst von der Thronbesteigung Jacobs I. bis zur Restauration*).

Verwandlung der Adelstruppen in königliche unter Jacob I. — Sinken des histo-
rischen Dramas. — Politische Beschränkungen der Bühne. — Freierer Ton in
Bezug auf die gesellschaftlichen Verhältnisse. — Die verschiedenen Schauspieler-
truppen Londons. — Schriften gegen die Bühne. — Der Histriomastix von
William Prynne. — Verurtheilung des letzteren. — Die französische Truppe unter
Floribor. — Untergang des altenglischen Theaters. — Gegenanstrengungen der
Schauspieler. — Robert Cox und seine Monodramen. — William Davenant. —
Theatereinrichtungen unter den ersten Stuarts. — Frauenrollen. — Nachrichten
über einzelne Schauspieler: Richard Burbage, John Hemminge, Henry Condell,
William Kempe, John Lovin, Joseph Taylor, Nathaniel Field, Edward Alleyn.

Jacob I. hatte schon in Schottland Gelegenheit genommen, seine
Neigung für das Theater, trotz des Anstoßes, den dieselbe bei den
Anhängern der schottischen Kirche erregte, öffentlich kundzugeben. Wenn
er die im Jahre 1599 in Edinburg auftretenden englischen Schau-

---

*) Siehe darüber Malone, Historical Account of the Stage ꝛc. Basel 1800.
— Collier (a. a. O.) — Derselbe, Memoirs of the principal actors in the plays
of Shakespeare 1846. — Derselbe, The diary of Philip Henslowe 1848. —
Derselbe, Memoirs of Edward Alleyn 1841. — Derselbe, The Alleyn papers
1843. — Hazlitt, The English drama and stage 1869.

spieler auch nicht selbst dahin berufen haben sollte, so hat er ihnen
doch jede Förderung zu Theil werden lassen. Auf seiner Reise nach
England, 1603, bildeten theatralische Vorstellungen einen wesentlichen
Theil der Festlichkeiten, die ihm der Adel bereitete. Am 7. Mai dieses
Jahres hielt er seinen Einzug in London. Die Theater hatten bei
dieser festlichen Gelegenheit ihre Vorstellungen seltsamer Weise unterbrochen oder unterbrechen müssen; vielleicht, weil es hierzu erst der
Bestätigung ihrer Privilegien durch den neuen König bedurfte. Schon
am 9. d. Mts. wurde ihnen diese ertheilt und nur zehn Tage später
die Lord Chamberlainstruppe in die der players of the king's majesty
verwandelt. „Laurentio Fletcher" und „Willielmo Shakespeare" scheinen
damals an der Spitze derselben gestanden zu haben, da sie in dem
Patente in erster Reihe genannt sind, erst dann folgen die Namen
von „Richard Burbage, Augustine Philipps, John Hemmings, Henry
Condell, William Sly, Robert Armyn und Richard Cowlye". Noch
in demselben Jahre wurden die Schauspieler des Grafen Worcester
in die of the Queen's Majesty verkehrt, wogegen die Admiralstruppe,
an deren Spitze jetzt außer Alleyn auch Thomas Downton und
Edward Juby standen, in den Dienst des Prinzen Heinrich und nach
dessen Tode in den des Churfürsten von der Pfalz trat*). Jene
spielte zunächst in Blackfriars und im Redbull-Theater in John's
Street, diese im Fortune- und Curtain-Theater. Eine vierte Truppe
ward aus den königlichen Kapellknaben gebildet, die nun den Namen
der Children of her Majesty's revels erhielten. Sie wurden unter
die Oberaufsicht Samuel Daniel's gestellt und Edward Kirman beauftragt, das Institut noch zu erweitern. Nach dem Tode der Königin
gingen sie in den Dienst von Elizabeth, der Queen of Bohemia,
Gemahlin des Pfalzgrafen, über. Anfänglich spielten sie im Blackfriars-Theater, wenn die players des Königs dieses mit dem Globe-
Theater vertauschten, später siedelten sie nach Whitefriars über.

Diese Verwandlung der Adelstruppen in königliche darf aber nicht
bloß aus der Neigung des Hofes zum Theater erklärt werden, es lag
ihr zugleich, wie ich glaube, eine politische Absicht zu Grunde. Einem

---

*) Sie bestand noch außerdem aus Thomas Towne, William Byrde, Samuel
Rowley, Charles Massy, Humphrey Jeffes, Edward Colbrande, William Parre,
Richard Pryore, William Stratford, Francis Grace, John Shanke.

auf seine königliche Gewalt so eifersüchtigen Fürsten, wie Jacob, konnten
die Wirkungen, welche die Bühne auf die Ansichten und Meinungen
der Menschen auszuüben geeignet ist, nicht entgehen. Was lag da
näher, als sich derselben in seinem Interesse zu bemächtigen? Gewiß
aber mußte es dann klüger erscheinen, dies auf dem Wege von Wohlthaten
und einer scheinbar freiwilligen Abhängigkeit, als auf dem des Zwanges
durch gehässige Einmischungen und aufgedrungene Verordnungen zu
erreichen. Auch mochte man hierdurch den Angriffen der Puritaner auf
die Bühne am besten eine Rücksicht auferlegen zu können glauben, besonders wenn man zugleich den Grund zu gerechter Beschwerde so viel
wie möglich entfernte. Auf Beides scheinen zwei Verordnungen mit
berechnet gewesen zu sein, die man damals erließ. Nach der einen
sollte fortan keine Person im Reiche mehr die Berechtigung haben,
diejenigen, welche sich unter ihren Schutz stellten, der unmittelbaren
Verfolgung durch die allgemeinen Gesetze des Landes zu entziehen;
was natürlich auch auf die im Lande etwa noch herumziehenden
Schauspieler des Adels Anwendung hatte. Die zweite v. J. 1605
aber untersagte den Schauspielern hinfort den Gebrauch des Namens
Gottes, Christi und des heiligen Geistes, wie überhaupt jede Profanation der heiligen Schrift auf der Bühne. Inzwischen trugen jene
Veränderungen doch auch die Gefahr in sich, daß Beschwerden gegen
die Bühne zu Beschwerden gegen den Hof wurden und die Feindseligkeit gegen diesen in den Angriffen auf die Bühne eine bequeme Handhabe fand; was sich in der Folge verhängnißvoll genug erweisen
sollte. Kaum minder verhängnißvoll zeigte sich aber auch der höfische
Einfluß auf die Entwicklung des Dramas. Obschon dieses im Ganzen
die volksthümliche Form und den volksthümlichen Ton bewahrte, gewann doch mehr und mehr ein Geist in ihm Raum, welcher den Anschauungen eines Fürsten entsprach, der sich für einen unmittelbar von
Gott eingesetzten Stellvertreter desselben auf Erden betrachtete. Eine
freiere Auffassung der großen historischen Charaktere und Ereignisse,
der großen politischen Leidenschaften ward im Drama nun immer
seltener. Das historische Drama, im strengen Sinne des Worts, starb
mehr und mehr ab. Nur Shakespeare, Ben Jonson, Chapman, Heywood, Webster haben noch einige Dramen in diesem Sinne und Geiste
geschrieben. Ford's Perkin Warbeck ist wohl der letzte größere Versuch darin. Daß dieses Absterben ein nothgedrungenes war, geht unter

Anderem aus einer Verordnung Jacobs I. hervor, welche den Dichtern
verbot, irgend einen chriſtlichen König der neueren Zeit auf die Bühne
zu bringen.

Wagte es aber ein Dichter wie Middleton doch, dieſe Verord=
nung auf dem Wege allegoriſch=ſatiriſcher Darſtellung oder der An=
ſpielung zu umgehen, ſo ſetzte er ſich großen Gefahren aus. Sein
Game at the chess war nicht das einzige Stück, welches Verbote und
Ahnbungen nach ſich zog. So wurde 1617 ein Stück, welches den
Marſchall b'Ancre zum Gegenſtand hatte, unterſagt, am 11. Juli 1631
die Aufführung eines Maſſinger'ſchen Stückes beanſtandet, welches die
Entthronung des Königs Sebaſtian von Portugal durch Philipp II.
behandelte, und 1638 erregte eine Stelle in beſſen The king and the
subject:

> Monies? We'll raise supplies what way's we please
> And force you to subscribe to blanks in which
> We'll mulct you as we shall think fit. The Caesars
> In Rome were wise, acknowledging no laws,
> But what their sword did ratify, the wives
> And daughters of the senators bowing to
> Their wills as deities

das Mißfallen des ſich getroffen fühlenden Carls I. in dem Grabe,
daß er daneben bemerkte „This is too insolent and to be chan-
ged". Ein Vergleich der Maſſinger'ſchen Dramen mit denen Shake=
ſpeare's wird deutlich die veränderte Lage des Dichters in dieſer
Beziehung erkennen laſſen. Es war daher nur zu natürlich, daß der
den Anſchauungen Jacobs I. und Carls I. verwandte Geiſt der da=
maligen ſpaniſchen Dichter und Dramatiker, mit ſeinen überſtiegenen
Begriffen von Königthum und Unterthanstreue, einen großen Einfluß
auf das damalige engliſche Drama gewann. Dies wurde noch durch
die engen Beziehungen gefördert, welche der engliſche Hof längere Zeit
mittelſt des Grafen Gondomar mit dem ſpaniſchen unterhielt. Viel
trug aber auch der Einfluß der franzöſiſchen Dichter bei, die jetzt eben=
falls ſehr von Spanien beſtimmt wurden.

Für dieſe Einſchränkungen, welche das engliſche Drama damals
auf politiſchem und hiſtoriſchem Gebiete erfuhr, erhielt es aber einen
Erſatz in der Freiheit, mit der es ſich auf dem des bürgerlichen
Lebens, beſonders in Bezug auf die geſchlechtlichen Verhältniſſe be=

wegen durfte. Hier ließ man jede Rücksicht auf die Beschwerden
der puritanischen Eiferer fallen, die man auch selbst in einem ge=
wissen Umfange der Verspottung mit preisgab. Doch scheint es lange
nicht zu offenen Zerwürfnissen zwischen ihnen und dem Hofe darüber
gekommen zu sein. Immerhin mußten sie einen im Jahre 1617 pro=
jectirten und bereits patentirten Theaterbau in Blackfriars zu hinter=
treiben; wogegen der Versuch des Londoner Gemeinderathes, die Spiele
daselbst überhaupt zu unterdrücken, an dem Widerstande des Königs
scheiterte, welcher das Mißvergnügen der puritanischen Partei auch
noch durch die am 24. Mai 1618 erlassene Declaration erregte, welche,
ohne Rücksicht auf ihre Gegenvorstellungen, die lawful plays, mit Aus=
nahme der bull= und bearbaitings, interludes and bowlings, im ganzen
Königreiche auch Sonntags und Wochenfeiertags nach beendetem Gottes=
dienste gestattete. Ob die puritanische Partei bei den Tumulten die
Hand mit im Spiele hatte, welche die Lehrbuben Londons an der
Fastnacht des Jahres 1616 herbeiführten, indem sie den alten Gebrauch,
an diesem Tage einen Sturm auf die Freudenhäuser der Stadt zu machen,
auch auf das Cockpit=Theater mit ausdehnten, ist nicht zu erkennen.

Der Brand des Globe=Theaters im Jahre 1613 hatte einen
Neubau desselben zur Folge gehabt. Es scheint, daß die königliche
Truppe inzwischen das Hope=Theater bezogen hat. Später wurde es
von den Schauspielern der Lady Elizabeth benutzt, die, bald darauf
in den Dienst ihres Gatten übergingen, während sie selbst nach
dem Tode der Königin die Children of her Majesty's revels über=
nahm. 1615 war auch noch die Truppe des Prinzen Charles entstanden,
bei der sich John Daniel auszeichnete. Fünf Jahre später, als das
Globe=Theater, am 15. December 1621, brannte das Fortune=Theater
ebenfalls ab. Zu dieser Zeit bestanden fünf Theater=Gesellschaften in
London*). Aus der Liste des Sir George Buc, der 1610 Tilney im
Amte eines Master of the Revels gefolgt war, geht hervor, daß
Shakespeare jetzt nur noch wenig bei Hofe gespielt wurde. Von 88
Vorstellungen des Jahres 1621 fallen auf ihn nur vier.

Am 27. März 1625 bestieg, nach dem Tod seines Vaters, Carl I.
den englischen Thron. Obschon ungleich liebenswürdiger, geistvoller,

---

*) Auch Prynne giebt 1633 noch fünf Gesellschaften und eine im Entstehen
begriffene an.

gebildeter, als dieser und in seinem Privatleben geradezu musterhaft, besaß er doch Eigenschaften, die ihm bei dem überspannten Begriffe vom Königthum, den auch er von demselben ererbt hatte, verhängnißvoll wurden: die Neigung zu Heimlichkeit und zu Wortbrüchigkeit. Wie sein Vater war auch er ein Feind des Puritanismus, hing aber nicht wie dieser mit pedantischer Ausschließlichkeit der bischöflichen Hochkirche an, sondern neigte vielmehr unter dem Einflusse seiner Gemahlin, einer französischen Prinzessin, dem Katholicismus zu.

Unmittelbar nach seiner Thronbesteigung bestätigte Carl I. die den Schauspielern von seinem Vater ertheilten Bestallungen*). Er besaß auch mehr Kunstsinn als dieser, liebte nicht nur das Theater, sondern suchte überhaupt alle Künste zu fördern, worin er sich mit der Neigung seiner Gemahlin begegnete. Wenn diese sich gelegentlich selbst mit ihren Damen an den höfischen Festspielen und Masken betheiligte, so führte sie damit nicht gerade eine Neuerung ein. Schon vor ihrer Ankunft in England war dies unter der Königin Anna üblich gewesen. So wurde 1617 bei Hof eine Maske gespielt, an welcher neun Damen vom höchsten Range betheiligt waren. Allerdings aber wurden die Aufführungen dieser Art jetzt immer häufiger, reicher und kostspieliger.

Im Jahre 1629 kam endlich der schon 1613 patentirte Neubau eines Theaters in Blackfriars zur Ausführung. Er wurde das Salisbury=Court=Theater genannt und zunächst von den Children of the king's revels bezogen, später aber von der Truppe des Prinzen Charles benutzt**). In diesem Jahre erschien auch eine französische Schauspielertruppe in London, welche Frauen zu Mitgliedern hatte, und Veranlassung gab, daß solche zum erstenmal auf der Londoner Bühne erschienen. Sie spielte zuerst in Blackfriars, dann im Redbull, zuletzt im Fortune, wurde aber bei großem Andrang jedes Mal ausgepfiffen,

---

*) Die King's servants bestanden damals aus John Hemmings, Henry Condell, John Lowen, Joseph Taylor, Richard Robinson, Robert Benfield, John Shanks, William Rowley, John Rice, Edward Swanston, George Birch, Richard Sharpe und Thomas Pollard.

**) Dieselbe bestand um 1632 aus William Browne, Ellas Worth, Andrew Keynne oder Cane, Mathew Smith, James Sneller, Henry Gradwell, Thomas Bond, Richard Fowler, Edward May, Robert Huyt, Robert Stafford, Richard Godwin, John Wright, Richard Fouch, Arthur Savill und Samuel Mannery, von denen die sechs letzten weibliche Rollen spielten.

was wohl auf puritanischen Einfluß zurückgeführt werden darf, der
sich in seiner Feindseligkeit gegen die Bühne jetzt auch in anderer Weise
geltend machte. Schon 1625 war dem Parlamente ein Tractat über
Bühnenspiele (Treatise of Stage-plays) überreicht worden, um die
Aufmerksamkeit desselben auf den Mißbrauch der Theater zu lenken
und zum Einschreiten dagegen aufzufordern. Es war eine mit einem
großen Aufwand von Gelehrsamkeit geschriebene Schrift, die aber keinen
weiteren Erfolg hatte, als das erneute Verbot der Spiele an Sonntagen. 1631 wurde von den Churchwardens und Constables of
Blackfriars an Bischof Laud eine Bittschrift gerichtet, welche auf Abstellung der durch die Theatervorstellungen in Blackfriars veranlaßten
Uebelstände und Unordnungen antrug. Collier theilt aus diesem Jahr
auch noch einige Schriftstücke mit, aus denen hervorgeht, daß der Lord
Bischof von Lincoln, welcher in seinem Hause Sonntags eine Theatervorstellung abhalten ließ, und mehrere Edelleute, die an ihr Theil
nahmen, zu kirchlichen Strafen verurtheilt wurden. Ungleich folgen-
reicher aber wurde die Veröffentlichung einer anderen von langer Hand
vorbereiteten, trotz ihrer Umfänglichkeit von Gelehrsamkeit strotzenden
Schrift gegen die Bühne, der Histriomastix, the player's scourge
von William Prynne, einem utter barrister (außer den Schranken
plaidirenden Advokaten) von Lincoln's Inn (1632). Dieses Buch ist
systematisch in Theile (Acte und Scenen) geordnet, die dann und wann
durch einen „Chorus“ von Betrachtungen unterbrochen werden. Obschon im Ganzen in einem ruhigen, trockenen Tone gehalten, nimmt
der Verfasser doch gelegentlich einen um so wirksameren emphatischen,
eifernden Aufschwung. So sehr er in der Literatur über das Theater
bewandert war, so wenig scheint er sich um die dramatische Literatur,
besonders die seines Landes und seiner Zeit selbst gekümmert zu haben.
Nachdem er alles angeführt, was gegen und für das Theater und
Drama geschrieben worden, und jenes zu erhärten, dieses zu widerlegen gesucht, gelangt er endlich zu dem Schlusse, daß die Bühnenschriftstellerei dem Christenthum zuwider und die schauspielerische Thätigkeit unrecht und schandbar sei. Es war klar, daß zu einer Zeit, da
das Theater fast ganz unter dem unmittelbaren Schutze des Königs
und Hofes stand, die Verurtheilung desselben auch diese mit treffen
mußte. Dies schien aber besonders noch mit folgenden Stellen der
Fall, die sich zunächst nur auf die früher erwähnten französischen

Schauspielerinnen bezogen, aber auf die bei Hof spielenden Damen, an ihrer Spitze die Königin, zugleich ein beleidigendes Licht warfen. Sie lauteten: Some French women or monsters rather in Michaelis term 1629 attempted to act a French play at the playhouse in Blackfriars, an impudent, shameful, unwomish, graceless, if not more than whorish attempt" — sowie: „and dares then any christian woman be so more than whorishly impudent as to act, to speak publiquely on stage (per chance in man's apparell and cut hair) in presence of sundrie men and women?" Diese Stellen, dem Hofe denuncirt und als Majestätsbeleidigung aufgefaßt, wurden die Veranlassung zu einer Klage, wegen welcher Prynne vor die Stern= kammer gefordert wurde.

Man hat zwar behauptet, Prynne habe an eine Beleidigung der Königin nicht gedacht. Aber ebensowenig wie ein Mann seines Be= rufs in Zweifel sein konnte, daß sein ganzer Angriff auf das Theater als eine Beleidigung des Hofs aufgefaßt werden mußte, konnte er darüber in Zweifel sein, daß jene Stellen in einem solchen Sinne wenigstens gedeutet werden könnten. Gewiß ist nicht anzunehmen, daß Prynne, der Allem nachgegangen, was je gegen das Theater gesagt worden ist, von den höfischen Spielen gar nichts gewußt habe. Es war ihm sicher ebenso gut bekannt, daß die Königin und ihre Damen sich gelegentlich daran betheiligten, als daß erstere die französische Truppe, welche Prynne so großen Anstoß gab, in ihren besonderen Schutz genommen hatte. Auch war die Spannung zwischen dem Hof und der puritanischen Partei damals schon eine zu große, als daß man das Prynne'sche Buch lediglich als einen Angriff auf die Bühne ansehen könnte. Denn damals hatte sich Carl I. mit dem Parlamente, das er dreimal aufgelöst und seit März 1629 nicht wieder berufen hatte, bereits ganz überworfen. Er führte trotz der nur eben gewähr= leisteten und zum Gesetz erhobenen Petition of rights eine ganz abso= lutistische Regierung, schrieb willkürlich Steuern aus und ließ sie ge= waltsam eintreiben, errichtete Gerichtshöfe, welche nach willkürlich zum Gesetze gemachten Verordnungen richteten.

Der Proceß, welcher Prynne jetzt gemacht wurde, war nur ein weiterer Schritt auf diesem abschüssigen Wege der Willkür. Denn wenn dieser mit seinem im puritanischen Eifer geschriebenen Buche den König und die Königin auch wirklich zu treffen beabsichtigt hätte, würde es

doch immer noch klüger gewesen sein, die Miene anzunehmen, als ob
man es gar nicht bemerkte, oder es doch unter seiner Würde hielte,
davon Notiz zu nehmen. Die über Prynne verhängte Strafe war
ebenso grausam wie willkürlich. Sein Buch wurde vom Henker verbrannt, er selbst zum Verlust beider Ohren, zu einer Geldbuße von
£ 5000 — und zu lebenslänglichem Gefängniß verurtheilt. Längere
Zeit schien es, als ob man mit dieser Verurtheilung den oppositionellen
Geist nur habe schrecken, sie aber nicht zur Ausführung bringen
wollen. Ja, man erwartete schon allgemein die Begnadigung, als
plötzlich, im Mai 1634, das Urtheil mit größter Härte vollzogen ward.
Prynne wurde an zwei verschiedenen Tagen, mit je einem seiner Ohren
an den Schandpfahl genagelt, öffentlich ausgestellt und dann von demselben abgeschnitten. Wie so Viele, welche in diesen Jahren eine willkürliche grausame Behandlung erfuhren, wurde auch er erst durch das
lange Parlament wieder befreit, in dem er dann als unversöhnlicher
Gegner des Königsthums wirkte.

Es fehlt in den Dramen und Prologen der Zeit nicht an Anspielungen auf dieses Ereigniß. Die dramatischen Dichter standen dann
immer auf Seiten des Königs, da sie in Prynne den erklärten Feind
ihres Berufs sahen. Wie sehr sich Einzelne von ihnen hierbei von
einem kleinlichen, unedlen Eifer hinreißen ließen, beweist die Widmung
an Master William Prynne, welche Shirley seinem A bird in a cage
vorgesetzt hat. Auch sahen wir schon, in welche Kosten die Gentlemen
der verschiedenen Inns of Court sich warfen, um gegen Prynne und die
von ihm, als einem Beamten derselben, ausgegangene Beleidigung des
Königs durch Ausrichtung der auch wieder von Shirley geschriebenen
Maske The triumph of Peace öffentliches Zeugniß abzulegen.

Die theatralischen Vergnügungen des Hofs wurden überhaupt
mit noch gesteigertem Glanze fortgesetzt. Im Frühling 1635 kam auch
die französische Schauspielergesellschaft unter Floridor wieder — wie
es scheint auf besonderen Wunsch der Königin; wenigstens erfreute
sie sich des Schutzes derselben in dem Maße, daß Sir Herbert, der
Master of the Revels, auf die übliche Abgabe verzichtete, die ihm in
der Regel für die Erlaubniß-Ertheilung zufiel, weil er sich hierdurch
die Königin, seine Gebieterin, zu verpflichten gedachte. Ob diese Spieler,
welche diesmal nicht nur bei Hofe, sondern auch öffentlich mit großem
Beifall auftraten, wieder Frauen mit sich geführt, wissen wir nicht.

Daß ihrer nirgend Erwähnung geschieht, ist bei der Zufälligkeit und Dürftigkeit der uns von all diesen Dingen gewordenen Nachrichten aber ebensowenig ein Gegenbeweis, als der Beifall des Publikums, da die puritanische Partei durch das an Prynne vollzogene Urtheil wohl etwas eingeschüchtert worden war. Jedenfalls spielten am 21. December d. J. die Damen der Königin die französische Pastorale Florimène.

Auch eine spanische Truppe erschien, wir wissen jedoch nicht mit welchem Erfolge. Gleichzeitig spielten noch folgende englische Truppen in London: Die King's Servants unter Lowen und Taylor im Globe- und Blackfriars-Theater; die Queen's Servants unter Christopher Beeston im Cockpit zu Drury-Lane*), die Prince's players unter Joseph Moore und Andrew Kane im Fortune-Theater zu Golding-Lane; die Children of the Revels unter William Blagrave im Red-bull und die Salisbury-Court-Company unter Richard Heton. Etwas später erwarb Beeston das Privileg, selbständig eine Schauspieler-gesellschaft bilden zu dürfen, welche unter dem Schutze des Königs und der Königin stand, sich aber gewöhnlich mit dem Namen von „Beeston's boys" bezeichnet findet. Henry Turner wurde für ihn an die Spitze der Queen's Servants gestellt. 1640 ging Beeston wegen Widersetzlichkeit seines Amtes verlustig. An seine Stelle trat Davenant.

Am 6. Januar 1642, dem Tage, an welchem Carl I. durch sein wortbrüchiges und gewaltthätiges Verfahren im Parlamente den Bruch zwischen sich und diesem zu einem unheilbaren machte, fand die letzte theatralische Vorstellung bei Hofe statt. Man gab zu Whitehall The scornful lady. Nur der Prinz aber war anwesend. Die letzten Ein-zeichnungen Sir Herberts datiren vom Juni d. J. Sie lauten:

„Erhalten von Mr. Kirke für ein neues Stück, welches ich wegen der darin enthaltenen Zoten und Unanständigkeiten beanstandet habe . £ 2
Erhalten von Mr. Kirke für ein anderes Stück, The Irish Rebellion genannt, am 8. Juni 1642 . . . . £ 2

---

*) Es gehörten damals zu ihnen: William Sherlock, John Summer, George Stutfield, William Allen, Hugh Clerke, Robert Axen, Anthony Turner, Michael Bowyer, John Page, Ezechiel Fenn, Theophilus Bird, Richard Perkins und wahrscheinlich Christopher Goad, William Robinson und Wilbraham.

Hiermit endet meine Erlaubnißertheilung zur Aufführung von Theaterstücken, denn der Krieg begann im August."

Am 22. September fand das erste Gefecht statt. Bereits im März
hatte sich Carl I. aus London entfernt. Er war nach York über-
gesiedelt. Am 2. September hatte das Parlament die erste Verordnung
gegen die dramatischen Spiele erlassen. Sie lautete:

> „Da der betrübende Zustand des in Blut getauchten Irlands und die
> trostlosen Verhältnisse Englands, welchem der Bürgerkrieg mit einer Wolke
> von Blut droht, alle Mittel aufbieten heißen, den Zorn Gottes zu dämpfen
> und abzuwenden, der sich in diesen Gerichten verkündet, und deshalb Fasten und
> Beten, die sich oft heilsam dagegen erwiesen, auch unlängst und noch jetzt wieder
> angeordnet worden sind, die öffentlichen Vergnügungen sich mit diesen Be-
> drängnissen aber ebensowenig vertragen, wie Bühnenspiele mit der Zeit der
> Buße, da diese eine ernste und fromme Feierlichkeit ist, jenes aber Unter-
> haltungen sind, denen nur zu oft der Charakter lasciver Lustigkeit und des
> Leichtsinns eigen, so ist es von den versammelten Lords und Gemeinen des
> Parlaments für zuträglich erkannt und verordnet worden, daß, so lange die
> traurigen Ursachen und das Bedürfniß der Kasteiung andauern, Bühnenspiele
> nicht mehr stattfinden sollen, sondern verboten sind."

Die Schauspieler hatten auch selbst das Gefühl, daß ihre Zeit
jetzt vorüber sei, daß diese mit der Sache des Königs stehen oder
fallen werde. Ein großer Theil ergriff zu ihrer Vertheidigung die
Waffen. Die übrigen zogen sich meist von London zurück. Ganz
scheinen die Spiele zwar nie aufgehört zu haben. Wie sehr der Schau-
spielerstand aber damals zu leiden hatte, geht aus folgenden 1643
erschienenen Schriften hervor: „Certaine propositions offered to the
consideration of the honourable houses of parliament" und „The
actors' remonstrance or complaint for the silencing of their profession and banishment from their several play-houses". 1646 scheinen
die Spiele aber doch schon wieder so hervorgetreten zu sein, daß eine
neue verschärfte Verordnung gegen dieselben nothwendig wurde (22. Oct.).
Sie war von der äußersten Strenge. Gleichwohl schreckte auch sie
von Versuchen nicht ab, so daß schon am 9. Februar 1647 ein dritter
Erlaß erfolgte, welcher bestimmte, daß alle Theater niederzureißen und
alle Spieler als Strolche zu behandeln seien, so zwar, daß jede erste
Uebertretung mit öffentlicher Peitschung, jede Wiederholung aber als
Rückfall eines Unverbesserlichen bestraft würde. Jeder Zuschauer wurde
in die Buße von 5 Sh. verurtheilt. Nichtsdestoweniger dauerten auch

jetzt die Uebertretungen fort. 1649 fanden heimliche Darstellungen
von Schauspielen in den Häusern der Vornehmen in London statt.
Lord Hatton und Lady Holland scheinen dieselben hauptsächlich begünstigt zu haben. Der junge Schauspieler Goffe, welcher im Blackfriars-Theater Frauenrollen gespielt, war der Arrangeur dieser Spiele
und vermittelte die Einladungen an die Schauspieler und Zuschauer,
was nicht ohne Gefahr war. Das Verlangen nach theatralischer Lustbarkeit war ein so großes und allgemeines, daß die Behörden demselben endlich, wenn auch in beschränktester Weise, Rechnung trugen
und bei besonderen festlichen Gelegenheiten, sowie während der Jahrmärkte, die Aufführung einer Art Farcen gestatteten, die nur von einem
einzigen Darsteller vorzutragen waren. Ein gewisser Robert Cox erwarb darin eine große Berühmtheit. 1672 erschien bei Kirkman eine
Sammlung derartiger Spiele unter dem Titel The wits or sport
upon sport (1809 neu aufgelegt). Es sind meist Scenen aus Fletcher'-
schen Stücken. Sie waren es vielleicht auch die Cromwell bei dem
Hochzeitsfeste seiner Tochter Frances geduldet, während er Shakespeare
streng in die Acht erklärte. 1656 aber erlangte William Davenant die Erlaubniß zur Einführung seiner musikalisch-declamatorischen
Unterhaltungen, welche den Uebergang zur Restauration des Theaters
bildeten.

Die Theaterverhältnisse und Bühneneinrichtungen waren unter
den beiden ersten Stuarts im Wesentlichen noch die früheren geblieben.
Die Häuser gehörten noch immer Privatpersonen an, welche für Dar-
leihung derselben bestimmte Antheile von den Einnahmen bezogen, und
die Schauspieler spielten wie früher theils auf Antheile (sharers), theils
wurden sie zeitweise honorirt (hired men). Im Jahre 1635 hatte
z. B. Cuthbert Burbage 3½ Antheile, Mrs. Robinson, die Wittwe
Winifried Robinson's, mit ihrem Sohne William ebenfalls 3½ Antheile,
die Wittwe Condell und Taylor aber je zwei. Wahrscheinlich bezogen
sie diese Antheile abgesehen von ihren etwaigen Leistungen als Schauspieler; als solche erhielten sie wohl, wie alle anderen auf Antheil
spielenden Schauspieler, je nach ihrer Brauchbarkeit, einen halben oder
ganzen Antheil oder auch darüber.

Was die Scenerie betrifft, so wurden bei Hofe und wahrscheinlich auch bei den Vornehmen nicht nur die Masken, sondern auch einzelne Schauspiele mit Decorationen und scenischen Verwandlungen zur

Darstellung gebracht. Auf den öffentlichen Bühnen kamen sie aber nur in beschränktester Weise zur Anwendung. Man scheute sie hier schon der Kosten wegen.

Frauenrollen wurden auf den öffentlichen Bühnen bis zuletzt von Knaben und jungen Männern gegeben. Wenn hier auch Frauen aufgetreten sein sollten, worauf ein paar Schriftstellen hindeuten, so ist es sicher nur ausnahmsweise geschehen. Unter den Namen der angestellten Schauspieler begegnen wir auch nicht einem Frauenmann, Robinson, Burt, Clun und Hart — der spätere berühmte Heldenspieler — zeichneten sich in der letzten Zeit als Darsteller weiblicher Rollen aus.

Ueber die Entwicklung der Schauspielkunst liegen nur dürftige Nachrichten vor, so sorgfältige Forschungen auch über die äußeren Lebensschicksale einzelner Schauspieler angestellt worden sind. Man wird wohl nicht fehlgreifen, wenn man annimmt, daß auch die Darsteller mehr und mehr von ihrem großen Styl einbüßten und eine mehr genrehafte, porträtartige Kunst an die Stelle desselben trat. Die Gelehrten haben sich bei den Forschungen auf diesem Gebiete fast ganz auf die Darsteller der Shakespeare'schen Dramen, der Shakespeare'schen Zeit beschränkt. Collier hat ihnen ein ganzes Buch gewidmet. Die Grundlage dazu bot die Folioausgabe der Shakespeare'schen Dramen von Hemminge und Condell, welche ein Verzeichniß jener Spieler enthält. Man findet hier folgende Namen. William Shakespeare, Richard Burbage, John Hemmings, Augustin Phillips, William Kempe, Thomas Poope, George Bryan, Henry Condell, William Sly, Richard Cowly, John Lowine, Samuel Croß, Alexander Cooke, Samuel Gilburne, Robert Arnim, William Ostler, Nathan. Field, John Unterwood, Nicholas Tooley, William Ecclestone, Joseph Taylor, Robert Bensield, Robert Goughe, Richard Robinson, John Shankes, John Rice. — Collier bemerkt jedoch, daß einige Weglassungen nachweisbar sind, wie ja z. B. der Name Lawrence Fletcher's fehlt.

Richard Burbage war der Sohn des dem Warwickshire entstammenden Schauspielers James Burbage. Als Schauspieler kommt sein Name zuerst 1588 beziehentlich seiner Darstellung in den Seven deadly sins vor. Wenn die von Collier producirte, aber angezweifelte Funeral Elegy on the death of the famous actor Richard Burbage ächt wäre, so würde er Hamlet, Romeo, Prinz Heinrich, Antonius, Macbeth, Brutus, Shylock, Lear, Perikles, Othello von Shakespeare,

Eduard II. von Marlowe, Antonio in Marston's Antonio and Mel-
liba, Vendice in Cyrill Tourneur's Revenger's Tragedy, Brachiano
in Webster's White Devil, Frankford in Heywood's A Women killed
with Kindneß, Philaster in Beaumont und Fletcher's gleichnamigem
Drama und Marston's Malcontent gegeben haben. Hiervon abgesehen
wissen wir wenigstens mit Sicherheit, daß er Hamlet, Richard III.,
Herzog Ferdinand in der Duchеß of Malfi und in Ben Jonson's
Every man in his humour, Sejanus, Volpone, Epicoene, Alchymist
und Catilina gespielt. In der Hauptsache dürften aber die Angaben
der Funeral Elegy zutreffend sein, da Burbage ganz allgemein neben
Alleyn als der größte Darsteller seiner Zeit gerühmt wird und Flecknoe, der ihn freilich selber nicht sah, doch viel von ihm aus dem
Munde der Zeitgenossen gehört hat, seine Proteusnatur als Schauspieler besonders hervorhebt. Auch Richard Baker berichtet von ihm
als einem Darsteller „as no age must ever look to see the like".
Die hier genannten Rollen dürften daher nur einen Bruchtheil seines
Repertoires bilden. In jener Elegie aber heißt es unter anderem
von ihm:

> How did his speech become him, and his pace
> Suit with his speech and every action grace
> Them both alike, whilst not a word did fall
> Without just weight to ballast it with all,

sowie:

> Oft have I seen him play his part in jest
> So lively, that spectators and the rest
> Of his sad crew, whilst he but seem'd to bleed
> Amazed thought even then he died in deed.

Burbage gehörte zu den Hauptbesitzern des Globe- und des Black-
friars-Theaters. Er erwarb ein Vermögen, das ihm an 300 £ Re-
venuen gewährte und starb im März 1618—19 (wahrscheinlich am 13.,
da er am 16. begraben wurde) wie Chalmers sagt an der Pest,
nach Collier's Vermuthung aber in Folge eines Schlagflusses in seinem
Hause in Holywell Street zu London.

John Heminge (auch Hemming, Hemmings geschrieben) stammte
ebenfalls aus dem Warwickshire. Er betrieb neben seinem Schauspielerberuf ein Krämergeschäft. Zuletzt scheint er Mitbesitzer der beiden
Theater gewesen zu sein, da er seinen Erben Antheile an ihnen hinter-

15*

ließ. Er starb 1630 in Albermansbury. Von seiner Schauspieler-
thätigkeit wissen wir nichts, als daß er in den meisten Stücken Ben
Jonson's mitgewirkt hat. Jedenfalls gehörte er lange zu den hervorragenderen Darstellern des Globe-Theaters und verdient schon allein
wegen seines Antheils an der Herausgabe der Werke Shakespeare's
eine dankbare Erinnerung.

Dies gilt auch von Henry Condell (auch Cundall geschrieben).
Von seinen Lebensverhältnissen wissen wir nur, daß er später ebenfalls
Antheil an beiden Theatern gehabt. Auch besaß er ein Landhaus in
Fullham, in welchem er 1627 im December gestorben ist. In Web-
ster's Ducheß of Malfy gab er den Ferex, die einzige Rolle, welche
uns namentlich von ihm bekannt worden ist. Auch in den Stücken
Ben Jonson's und in den Deadly Sins wirkte er mit.

William Kempe war der Nachfolger Tarlton's im Fache
der Clowns und erreichte diesen als unübertrefflich gefeierten Komiker
sehr rasch in der Gunst des Publikums. Man glaubt jedoch, daß die
gegen die Extempore's der Narren gerichtete Stelle im Hamlet sich auf
ihn bezogen habe, der damals vorübergehend die Truppe des Globe-
Theaters verlassen hatte. Er spielte unter Anderem den Dogberry in
Viel Lärm um Nichts und den Peter in Romeo und Julia. Auch
in Ben Jonson's Every man in his humour wird er als Darsteller
angeführt. Eine besondere Berühmtheit errang er im Vortrag der
Tanzlieder und Jiggs. Er scheint 1609 bereits todt gewesen
zu sein.

John Lowin (Lowine, Lowye, Lowen), 1576 geboren, gehörte
wahrscheinlich um 1602 zu den Schauspielern des Grafen Worcester,
doch muß er nur kurze Zeit später zur Truppe des Königs getreten
sein, da er 1604 hier als Darsteller von Marston's Malcontent aufgeführt wird. Er spielte die Titelrolle im Volpone, den Mammon im
Alchymisten, den Morose in The silent woman, den Bosola in der
Ducheß of Malfi, sowie in Sejanus und Catilina. Auch Falstaff,
Heinrich VIII. und Hamlet soll er gegeben haben. 1619 wird er als
Dritter der Gesellschaft und später als Haupt derselben genannt. In
der Revolution verlor er sein ganzes Vermögen und suchte durch literarische Arbeiten sein Leben zu fristen. Er gehört zu den Heraus-
gebern der Beaumont-Fletcher'schen Werke. 1658 starb er als Gast-
wirth zu Brentford.

Nicht minder berühmt war sein 1585 zu London geborener College
Joseph Taylor. Er taucht zuerst bei der Truppe der Prinzessin
Elizabeth auf. 1613 stand er an deren Spitze. Wahrscheinlich hatte
er bei Henslowe begonnen. Etwas später erscheint er an der Spitze
der Truppe der Prinzen Heinrich und Charles. Zur königlichen
Truppe kann er vor 1619 nicht getreten sein, da er in diesem Jahr,
aus welchem ein Mitgliederverzeichniß vorliegt, noch nicht mit aufge=
führt wird. 1622 spielte er aber bei ihr den Ferdinand in der Ducheß
of Malfi. Man rühmt ihn als Hamlet, Jago, Arbaces (King and no
King). Mit Lowen und Swanston stand er längere Zeit an der Spitze
der königlichen Truppe. Er war Theilhaber des Globe=Theaters und
erhielt 1639 das Amt eines Yeoman of the revels. Auch er verlor
in der Revolution sein Vermögen und war ebenfalls an der Heraus=
gabe der Beaumont=Fletcher'schen Werke betheiligt. 1653 soll er zu
Richmond gestorben sein.

Nathaniel Field, den wir als Dichter schon kennen lernten,
begann seine theatralische Laufbahn bei den Children of the Revels.
Er gehörte hier zu den Darstellern von Cynthia's Revels, des Poe=
taster, der Epicoene und von Bartholomew fair. Auch wird er anfangs
als einer der vorzüglichsten Darsteller von Frauenrollen gerühmt.
1619 gehörte er noch zur königlichen Truppe. Von da an verliert
sich fast jede Spur von ihm. Chapman preist ihn als Bussy d'Am=
bois. Später gehörte Othello zu seinen vorzüglichsten Rollen. Er
starb im Februar 1632. Auch Gough, Cook und Robinson
zeichneten sich und zwar zunächst in weiblichen Rollen aus. Letzteren
lobte Ben Jonson in seinem The devil an ass. Später excellirte er
im Fach der Charakterrollen. Er spielte z. B. den Cardinal in The
Ducheß of Malfi.

Weniger noch wissen wir von den Lebensschicksalen der Schau=
spieler der übrigen Truppen mit Ausnahme Alleyn's, über welchen
Collier ein ganzes Buch veröffentlicht hat, das aber über seine schau=
spielerische Thätigkeit nur wenig Aufschluß giebt. Edward Alleyn
war am 1. September 1566 in London geboren, wo sein Vater ansässig
war. Wann er zur Bühne kam, wissen wir nicht, wohl aber, daß er
um 1592 bereits eines hohen Rufes als Schauspieler genoß, da zu
dieser Zeit Thomas Nash in seinem Pierce Pennyleß von ihm sagt:
„Nicht Roscius, noch Aesopus, diese vorchristlichen bewunderten Schau=

spieler, können den wunderbaren Ned Allen in ihren Darstellungen
übertroffen haben." Er reiht ihn den berühmtesten Schauspielern der
Zeit, Tarlton, Knell, Bentley, an. Sonst wissen wir nur, daß er in
Greene's Orlando furioso, in Marlowe's Juden von Malta und in
dessen Tamerlan die Titelrollen gespielt. Er gehörte der Truppe des
Lord Admirals an und stand schon lange an der Spitze derselben, als
diese in die Dienste des Prinzen Heinrich trat. Durch seine Bekannt=
schaft mit Henslowe und seine Verheirathung mit dessen Stieftochter
Joan Woodward wurde er in die Theaterspeculationen dieses Mannes
gerissen, mit dem er sich associirte. Er errichtete mit ihm das Fortune=
Theater, besaß Antheile an noch verschiedenen anderen Theaterunter=
nehmungen, in späterer Zeit sogar am Blackfriars. Im Jahre 1598
scheint er sich vorübergehend von der Bühne zurückgezogen zu haben,
mit der Eröffnung des Fortune=Theaters aber tritt er wieder als
Darsteller auf. Zu dieser Zeit hatte er bereits ein beträchtliches Ver=
mögen erworben, das er immer wieder zu neuen Unternehmungen
verwendete. 1606 baute er das neue Theater von Paris Garden.
Auch in Dulwich kaufte er sich in demselben Jahre noch an. Ob er
schon damals an die Errichtung des Collegs daselbst dachte, ist ebenso
ungewiß, als, was ihn zu dieser Unternehmung bestimmte. Daß er
durch abergläubische Furcht dazu veranlaßt worden sei, ist jedenfalls
nur eine Fabel. Wohl aber stand dieses Unternehmen im Zusam=
menhang mit seinem Rücktritt von der Bühne, der bei Henslowe's
Tode (Anfang 1616) schon länger vollzogen war, ohne daß wir genau
wissen zu welcher Zeit. Allein dieser Tod riß ihn auch wieder für
einige Zeit in die Theatergeschäfte. Mit der Gründung von Gob's
Gift College hat sich Alleyn ein unsterbliches Verdienst erworben, sie
gab seinem glänzenden Leben einen ruhmvollen Abschluß. Er starb
hochgeehrt am 25. November 1626.

VIII.
Entwicklung des Dramas von der Restauration bis zum Schlusse des 17. Jahrhunderts.

Restauration der Stuarts. — Veränderter Zeitgeist. — Einfluß der neuen Naturwissenschaft und Philosophie auf denselben. — Libertinage des Hofs und der höheren Gesellschaftsclassen. — Wiederaufnahme des Theaters. — Verordnung in Bezug auf Sittlichkeit der Bühnenspiele. — Aufnahme der Frauen und nächste Folge davon. — Der Anstand in der Tragödie gegenüber der begünstigten Unzüchtigkeit des Lustspiels. — Ursachen davon. — Die Bildung der players of the king unter Killegrew und der players of the Duke of York unter Davenant. — Einführung der Bühnendecoration. — Das Repertoire. — Adaption älterer Stücke, insbesondere Shakespeare'scher. — Urtheile über Shakespeare. — Französische Uebertragungen und Bearbeitungen. — Die Bühnendichter der Restauration. — William Davenant. — Thomas Killegrew. — John Wilson. — John Dryden; der Reim im Drama; die heroical plays. Essay on poesy; die Frauen im Drama; Schwanken zwischen dem altenglischen und dem französischen Drama; Ansichten über das Lustspiel; Vertheidigung der Unsittlichkeit in diesem; Parteikampf der Zeit; Dryden als Tory; politische Stücke der Zeit; die Prologe und Epiloge; Dryden unter den Whigs; sein Tod; sein Charakter als Dichter. — George Etherege. — Buckingham und The rehearsal. — Thomas Shadwell. — Aphra Behn. — Edward Ravenscraft. — William Wycherley. — Thomas d'Urfey. — John Crowne. — Ellanah Settle. — Nathanael Lee. — Thomas Otway. — Thomas Southern. — John Banks. — William Congreve. — Collier und die puritanische Reaction.

Am 30. Januar 1649 war Carl I. ein Opfer seiner auf einer zu hohen Meinung von seinen königlichen Rechten beruhenden Wortbrüchigkeit gefallen; hierdurch aber zugleich von der republikanischen Partei mit der Gloriole des Märtyrerthums verklärt und zu einem Gegenstande, wenn nicht der Bewunderung, so doch des Mitleids gemacht worden. Oliver Cromwell führte England mit seinem eisernen, durch religiösen Eifer und strenge Sittenreinheit ausgezeichneten Regiment, vermöge der ihm innewohnenden außergewöhnlichen Regenten- und Feldherrneigenschaften auf eine Höhe des Ruhms und der Macht, die ihm wieder eine achtunggebietende, ja gefürchtete Stellung im Rathe der Völker verschaffte. Auch würde sein Streben, eine neue Dynastie zu begründen, bei der Nation auf keinen unüberwindlichen Widerstand gestoßen sein, wenn sich ihm hier sein ihm sonst überall blindlings folgendes Heer gefügiger gezeigt hätte. Diesem aber war schon der

bloße Name, der bloße Begriff des erblichen Königthums auf's Tiefste
verhaßt. So begnügte er sich denn mit dem Titel eines Lordprotec-
tors und mit dem Zugeständnisse, seinen Nachfolger selbst bestimmen
zu können, der dann natürlich sein Sohn war. Des Vaters Eigenschaften hatten sich aber nicht auf diesen vererbt. Er war aus
weicherem Stoffe gemacht und theilte nicht einmal seinen Ehrgeiz.
Alle aufstrebenden, machtsüchtigen Elemente des Heers und des Staats
vereinigten sich daher rasch zu seinem Sturze, dem er jedoch, nach
einer Regierung von nicht ganz neun Monaten, durch freiwillige Ab-
dankung noch zuvorkam (25. Mai 1659). Die nun zwischen dem Heere
und dem Parlamente ausbrechenden Zerwürfnisse führten zu einer Mili-
tärdictatur, welche die Auflösung des letzteren, zugleich aber auch den
Abfall der unter Monk in Schottland stehenden Truppen zur Folge
hatte. Monk zog auf London und knüpfte Unterhandlungen mit den
in Frankreich weilenden Stuarts an. Er berief nach der alten Verfassung ein Parlament, welches unter der Bedingung einer bis auf
nur wenige Ausnahmen allgemeinen Amnestie, Carl II. auf den blut-
besprißten Thron seines Vaters berief. Seine Rückkehr gab dem
Lande ein völlig verändertes Ansehen. Hier, wo seit Jahren der Ernst
und die nur von religiösen Gesängen unterbrochene Stille eines Bet-
hauses geherrscht, trat die lange zurückgehaltene Freude und Lebenslust
wieder allenthalben und nur zu bald in zügellosester Weise hervor.
Es war, als ob das alte merry England aus tiefem Schlafe zu
neuem Leben erwacht wäre. „Tausende — heißt es bei Macauley —
standen bei der Landung des neuen Königs auf den Klippen von
Dover, und kaum war einer darunter, der nicht vor Freude geweint
hätte. Seine Reise nach London war ein ununterbrochener Triumphzug. Ueberall wehten Fahnen, wurden die Glocken geläutet, ertönte
Musik. Wein floß zu seiner Begrüßung in Strömen, dessen Rückkehr
als eine Gewähr für Frieden, Ordnung und Freiheit begrüßt wurde."
Sie ward wie ein Nationalfest gefeiert. Denn der Puritanismus,
welcher bei Beginn der Revolution das Panier der Freiheit gegen die
Anmaßungen der Hochkirche und gegen die absolutistische Willkür des
Königthums ergriffen hatte, war nur zu bald in der Enge und Einseitigkeit seiner Lebensanschauungen selbst wieder zu einer Tyrannei
geworden, welche um so unerträglicher erschien, je mehr sie in das
Leben der Familie, in das des Einzelnen eingriff, die natürlichsten

Forderungen zu unterdrücken und jede freiere individuelle Entwicklung zu hindern suchte. Das Leben der Nation war zu einer ebenso trüb=sinnigen wie fanatischen Andachts= und Bußübung geworden, bei welcher die Heuchelei nur zu bald als Schmarotzer erschien, zu einer Arbeit ohne Genuß, zu einem Kampfe ohne Erholung, zu einer Ver=leugnung alles irdischen Glücks aus Furcht vor dem drohenden Jen=seit. Dies war ohne Zweifel nur möglich, weil es einer bestimmten Seite des englischen Naturells, des englischen Geistes entsprach: dem ernsten Zuge zur Sittlichkeit, dem tiefen Verlangen nach religiöser Er=hebung. Daneben wohnte diesem aber auch ein Drang nach heiterem Lebensgenuß, nach sinnenfreudiger Lebensäußerung inne, der sich wohl vorübergehend, aber nicht ganz, wohl bei Einzelnen, aber nicht bei Allen unterdrücken ließ. Hatte diese Lebenslust doch schon unter den ersten Stuarts zum Theil einen so ausschweifenden Charakter gewon=nen, daß dessen Bekämpfung durch den Puritanismus als eine Wohl=that erscheinen konnte. Um so stärker mußte sie aber jetzt, nach so langer, unnatürlicher Unterdrückung hervortreten, um so leichter mußte sie nun in ausschweifende Wege gerathen. Der Gegensatz und der Kampf der Parteien trugen das ihrige mit dazu bei. Zwar hatten die Patrioten unter den Puritanern auf eine Aussöhnung mit den Cavalieren gedrungen, um das Reich vor Zerfall zu bewahren. Der Frieden wurde aber von den Rundköpfen in ungleich ehrlicherer Ab=sicht als von diesen geschlossen, die so Vieles zu rächen hatten. Carl II. selbst war zwar weder rach= noch machtgierig. Er war ein viel zu leichtfertiger Genußmensch dazu. Er theilte wohl die Ansicht seines Vaters von der Unbeschränktheit des von Gott unmittelbar eingesetzten Königthums und hatte in seiner plötzlichen wunderbaren Berufung zur Macht gewiß nur einen unmittelbaren Eingriff der Gottheit er=blickt. Allein er besaß keinen anderen Ehrgeiz, als unbeschränkt im Genuß seines Lebens zu sein. Als man ihm in Versailles die Krone wieder entgegenbrachte, hatte ihn nichts so sehr aufgeregt als die Gold=sendung, welche man ihm zu seiner standesgemäßen Ausstattung über=mittelt hatte, durch die er sich plötzlich der Dürftigkeit mit all ihren Verlegenheiten enthoben sah, ja die ihm die Aussicht auf vollsten Lebens=genuß eröffnete. Er rief seine ganze Familie herbei, sich mit ihm an dem von Golde strotzenden Koffer zu weiden. Ohne die Einflüste=rungen und Aufreizungen seiner Umgebung würde er daher schwerlich

daran gedacht haben, seine dem Parlamente gemachten Zusagen zu
brechen, so lange man ihm nur unbeschränkt die Mittel zur Verschwendung und zur Befriedigung seiner Lüste bewilligt hätte. Eine schwache,
den Einflüssen seiner Umgebung leicht unterworfene Natur, bot er
der Rache und dem Hasse der Cavaliere aber willig die Hand, ließ
er die Richter seines Vaters vor Gericht ziehen, rädern und viertheilen,
den modernen Leichnam Cromwells aus der Gruft reißen und schän-
den, billigte er alles, was zur Verfolgung und Verhöhnung der Puritaner und ihres Glaubens beitragen konnte.

Zu dem Umschwunge, der sich auf diese Weise in der Lebensauffassung eines großen Theils der Nation vollzog, trug aber auch die
neue Wissenschaft nicht unwesentlich bei, die sich inzwischen mitten in
den Kämpfen der Zeit entwickelt hatte und nun die menschliche Erkenntniß auf bisher ganz unbeachtet gelassene Quellen zurückzuführen,
den Handlungen der Menschen noch ganz andere Triebfedern, als die
der Religion und Sittlichkeit unterzulegen suchte und hierdurch den
Autoritätsglauben auf fast allen Gebieten erschütterte.

Hermann Hettner hat in geistvoller Weise (in seiner Literaturgeschichte des 18. Jahrhunderts) darauf hingewiesen, in wie engem
Zusammenhange während der letzten Jahrhunderte die Literatur der
verschiedenen Völker Europa's stand, von welchem Einfluß auf sie die
Entwicklung der Cultur überhaupt war, und wie bei diesem Processe
der Wechselwirkung die Völker einander ablösten. Daß England gerade
jetzt für länger die Führerschaft darin übernahm, schreibt er hauptsächlich dem protestantischen Geiste zu, der sich hier damals energischer,
als sonst irgendwo regte und von dem religiösen auf alle Gebiete
des geistigen Lebens übertrug. Dies hatte eine neue Naturwissenschaft,
eine neue Erfahrungsphilosophie, eine neue Form materialistischer
Weltanschauung, den Skepticismus und Sensualismus zur Folge.

Bacon und Newton waren die Begründer der neuen Naturwissenschaft, Hobbes und später Locke die dieser neuen Philosophie. Bacon
hatte die Sinnesbeobachtung und das auf sie gegründete Urtheil für
die wahre Quelle aller menschlichen Erkenntniß erklärt und dabei die
strengste Sonderung dieser wissenschaftlichen Erforschung der Wahrheit
von dem religiösen Glauben und dessen überlieferten dogmatischen
Wahrheiten zum Gesetze gemacht. Auch ist es sicher auf diesem Wege
nur möglich, zu einer von Vorurtheilen freien Erkenntniß zu gelangen,

nicht weniger gewiß aber zugleich, daß, wie streng man beide Gebiete
auch auseinander zu halten sucht, die Ergebnisse der wissenschaftlichen
Erforschung nie ohne allen Einfluß auf das Gebiet des religiösen
Glaubens sein werden. Die Entdeckungen des Copernikus und des
Newton gaben der Menschheit einen ganz anderen Begriff von der
Entstehung und dem Zusammenhange der Welt und ihrer Erscheinungen, als derjenige war, den man den Traditionen der heiligen
Schrift entnommen hatte. An die Stelle der Alchemie trat das natur-
wissenschaftliche Experiment, an die der Astrologie die astronomische
Beobachtung. Wahrsagerei, Geisterbeschwörungen und Hexenglauben
wurden verdrängt. Dafür wurde es Mode, Chemie und Physik zu
treiben, um durch sie die letzten Räthsel des Lebens zu lösen. Carl II.
selbst unterhielt ein chemisches Laboratorium und nahm an dem Fortschritt dieser Wissenschaft fördernden Antheil. Die Patentirung der
Royal Society (15. Juli 1662) bezeichnet Hettner als dieses Fürsten
ruhmvollste That. Es war zugleich die für das absolutistische Königthum in England verhängnißvollste, insofern die neue Wissenschaft die
Geister allmählich von allen noch aus dem Mittelalter in die neue
Zeit hereinragenden Vorurtheilen loslösen mußte. Dies würde sich
gleich an dem ersten der von dem Boden dieser neuen Wissenschaft
ausgehenden Philosophen haben erkennen lassen, welcher die Seele für
eine bloße Function des Körpers, Tugend und Sittlichkeit für nichts
als eine verfeinerte Form des Egoismus erklärte und den religiösen
Ueberzeugungen eine nur subjective Bedeutung zusprach, wenn diese
neue Lehre den Feinden und Verächtern des Puritanismus und dem
Hange zu Lebensgenuß und zu Sinnenlust nicht besonders entsprochen
hätte. Wie sollten die Anhänger des Throns aber eine Weltansicht
für gefährlich halten, welche wenn auch gewiß nicht das Königthum
von Gottes Gnaden lehrte, so doch das absolutistische Königthum als
beste aller Regierungsformen empfahl? Carl I. hatte freilich sofort
gegen eine Auffassung Argwohn geschöpft, welche alles Recht und alle
Gewalt der Fürsten aus nichts als einem bloßen Vertrage derselben
mit ihren Unterthanen herzuleiten beflissen war. Er hatte ohne
Zweifel die Folgerungen geahnt, welche kühne und unzufriedene Geister
darauf gründen konnten. So weitsehend waren aber weder Carl II.
noch die Cavaliere und Räthe seines Hofs. Sie sahen nichts von den
Gefahren, mit denen diese Lehre den Mißbrauch der Gewalt bedrohte,

sondern ließen sich von ihr eher noch mehr in die abstürzenden Wege der Frivolität und der Unsittlichkeit drängen. Und wenn sie die Gefahr auch gesehen hätten, würde die Versuchung doch stärker gewesen sein. Das „après nous le déluge" ist schon lange, ehe es gesprochen wurde, der Grundsatz von Leuten ihres Gleichen gewesen.

Es ergiebt sich aus diesem allen, daß es zum Hervortreten der Frivolität und Libertinage jener Zeit des Beispiels des Königs nicht erst bedurft hätte, daß vielmehr eine außerordentliche sittliche Kraft und seltene Regenteneigenschaften von Seiten dieses Fürsten nöthig gewesen wären, um diesem Hange und Drange der Zeit Einhalt zu thun. Gewiß aber ist, daß die Persönlichkeit und das Beispiel des Königs, daß die rücksichtslose Entartung seines Hofs und seiner nächsten Umgebung die Libertinage der Zeit erst auf die hohe Stufe ausschweifender Rohheit trieb, die um so gefährlicher wurde, als sie mit zum guten Tone der Gesellschaft des high life gehörte und sich daher aller Scham und aller Rücksichtsnahme entschlug.

Diese Entartung tritt uns denn auch mit derselben Schamlosigkeit aus dem Drama der Zeit entgegen, nicht nur weil dieses seinem Wesen nach ein Spiegel der Zeit und des Lebens ist, sondern auch weil es seit lange schon eine derartige Richtung eingeschlagen hatte und das Theater sich durch die Verhöhnung der Sittlichkeit an dem Puritanismus rächen zu können glaubte.

Schon Cromwell hatte es für politisch geboten gehalten, der Neigung des Volks nach dramatischen Spielen und Schaustellungen, wenn auch nur in beschränktestem Umfange, nachzugeben. Er würde, da er gelegentlich selbst nicht den Scherz der Possenreißer verschmähte, wohl noch durchgreifender hierin verfahren sein, wenn er das Urtheil seines Heers nicht gescheut hätte. Das Theater war mit der königlichen Sache aber so verschmolzen gewesen, daß die Wiederaufnahme desselben damals noch als Verrath an der Sache der puritanisch-republikanischen Freiheit gegolten haben würde. Sie war nur auf Um- und Schleichwegen herbeizuführen, was von Davenant mit seinen musikalisch-dramatischen Aufführungen geschah, zu denen er sich Cromwell's Erlaubniß zu verschaffen gewußt. Sie wurden am 21. Mai 1656 in Rutland House mit The first day's entertainement at Rutland house by declamations and music after the manner of the ancients eröffnet. Diese Darstellung bestand aus einer instrumentalen Einleitung,

einem Prolog, einer von Musik unterbrochenen Rede und Gegenrede
zwischen Diogenes und Aristophanes über den Nutzen und Schaden
moralischer Schaustellungen; einem Gesangsintermezzo und einer aber-
mals von Musik unterbrochenen Rede und Gegenrede eines Parisers
und eines Londoners über den Vorrang ihrer Vaterstädte, einem Gesangsintermezzo und Epilog. Das Ganze war mit Decorationen ausgestattet, die Musik von Ch. Coleman, Henry Lawes und George
Hudson. Der Erfolg dieser Darstellung machte Davenant aber kühner,
so daß die zweite Darbietung, welche den Titel des Siege of Rhodos
trug, schon ein in Reimversen von ungleicher Länge geschriebenes, mit
Decorationen ausgestattetes und mit melobramatischer Instrumentalbegleitung und Gesängen versehenes Schauspiel ist. Es waren jedenfalls nicht · die einzigen theatralischen Versuche in dieser Zeit. So
werden von Davenant selbst noch zwei ähnliche Stücke wie der Siege
of Rhodos erwähnt, nämlich The cruelty of the Spaniards in Peru
und Sir Francis Drake. Das erste wurde noch unter Cromwell, der
es aus Haß gegen die Spanier zugelassen haben soll, das zweite 1659
gegeben. Carl II. fand bei seinem Einzug in London bereits drei
Schauspielergesellschaften vor. Rhodes, der Souffleur des alten Black-
friars-Theaters, der inzwischen Buchhändler gewesen war, dabei aber
immer eine Verbindung mit den noch übrigen Schauspielern der alten
Zeit unterhalten hatte und von dem auch der junge Betterton die
ersten theatralischen Anregungen empfing, hatte von Monk die Erlaubniß erworben in Cockpit zu Drury Lane ein Theater zu eröffnen. Eine
zweite Truppe spielte unter William Beeston in Salisbury Court;
eine dritte im Redbull, Johnstreet, wie es scheint unter John Rogers.
Auch wurde diesen Truppen auf Empfehlung des Generals Monk
zunächst weiter zu spielen verstattet. Sir Henry Herbert, als Master
of the Revels, ertheilte hierzu die Erlaubniß.

Nichts beweist klarer, daß das Schauspiel auch ohne den Einfluß
des Hofs dem leichtfertigen, unsittlichen Hange der Zeit gehuldigt und
denselben gefördert haben würde, als daß diese drei Theater im folgenden Jahre wegen Mißbrauchs der Bühne zu scandalösen Darstellungen auf Befehl des Königs aufgelöst werden konnten. Es mag
dies allerdings in der Hauptsache nur im Interesse von Thomas Killegrew und William Davenant geschehen sein, die nun mit der ausschließlichen Concession zu theatralischen Vorstellungen in London be-

traut wurden. Auch daß diesen nun selbst noch auf's Dringlichste an=
empfohlen ward, sich aller profanirenden und obscönen Aufführungen
zu enthalten und die älteren Stücke von anstößigen Stellen zu reinigen
(Decret vom 21. August 1660), dürfte so ernst nicht zu nehmen sein,
da besonders Killegrew als eine sehr wenig hierzu geeignete Persön=
lichkeit erscheinen mußte. Man braucht, um dies zu erkennen, nur
einen Blick auf das von ihm, wahrscheinlich schon vor der Restaura=
tion geschriebene Lustspiel The parson's wedding zu werfen, welches
am 11. October 1664 und, wie Pepys sagt, trotz seines obscönen In=
halts bloß von Frauen auf seiner purificirten Bühne gespielt wurde.

Killegrew's Parson ist nämlich ein Nichtsnutz, der sich mit einer
Mrs. Wanton verheirathet hat, die bisher von einem Capitän unter=
halten wurde. An seinem Hochzeitstage trunken gemacht, wird er mit
einer alten häßlichen Vettel zu Bett gelegt und, von dem als Con=
stable verkleideten Capitän wegen Ehebruchs aufgehoben, vor einen
als Richter fungirenden Springinsfeld, Wild, geführt, der sich indeß
mit Mrs. Wanton vergnügt hat, die schäkernd auf seinem Schoße sitzt.
Eine Komödie, die sich in dieser Art weiter entwickelt, konnte wohl
leicht an Raffinement und Witz, kaum aber an Obscönität und Ge=
meinheit übertroffen werden.

Bemerkenswerth ist in dem an Killegrew und Davenant ertheilten
Patent die ihnen auferlegte Verpflichtung, die Frauenrollen hinfort
von Frauen spielen zu lassen, weil die Darstellung derselben durch
Männer anstößig befunden wurde. In der That hätte die Aufnahme
der Frauen auf der Bühne zur Verfeinerung derselben beitragen können
und sollen. Leider stellten sich aber gleich in der nächsten Zeit nur
die Gefahren und Unzuträglichkeiten, welche dieselbe mit sich brachte,
durch den schamlosesten Mißbrauch derselben heraus — ein Punkt,
den ich noch öfter zu berühren haben werde, der aber durch die aus=
schließliche Besetzung eines Stückes wie The parson's wedding durch
Damen allein schon hinreichend beleuchtet ist. Und doch wurde die
Bühne damals noch keineswegs zur Aufnahme derartiger Stücke durch
den Geschmack des Publikums im Allgemeinen gedrängt oder auch
nur ermuntert. Sowohl das Killegrew'sche Stück, wie der im ähn=
lichen Geiste geschriebene Wild gallant Dryden's und Etheredge's:
She wou'd, if she cou'd hatten anfangs mit dem Widerspruche des=
selben zu kämpfen. Es ist demnach kein Zweifel, daß das Theater

dem doch an eine derbe Kost schon gewöhnten Publikum damals die
ausschweifendsten Stücke zu Gunsten der Minorität oder der Darstellerinnen aufzwang. Denn schon 1667 war die Unsitte eingerissen, daß
die Herren von Stande sich in die Ankleidezimmer der Damen drängten
und der Toilette derselben mit ihren anzüglichen, unzüchtigen Reden
beiwohnten, was endlich ein Verbot des Königs zur Folge hatte, das
aber rasch außer Kraft trat, weil beide Parteien ihre Rechnung nicht
dabei fanden. Ueberhaupt ist es fraglich, ob Carl II. hierbei für die
Sittlichkeit eintrat oder in dem Gebahren der vornehmen Herren nur
einen Eingriff in seine Souveränitätsrechte erblickte. Letzteres war
sicher zwei Jahre später der Fall, als über die Besteuerung der Schauspielhäuser im Parlamente verhandelt wurde und John Coventry die
Frage aufwarf: Ob das Interesse des Königs am Theater nicht mehr
auf Seiten der Schauspielerinnen als der Schauspieler liege? Carl II.
war nicht der Mann, der seine Verhältnisse zu Maitressen zu verschleiern suchte. Er empfing seine Minister bei ihnen, zeigte sich mit
ihnen öffentlich im Theater und entblödete sich nicht, Vertraulichkeiten
hier mit ihnen zu tauschen. Allein eine Kritik seiner Vergnügungen
traf ihn an seiner empfindlichsten Stelle. Eine strenge Ahndung schien
unerläßlich, und es war sein eigner Sohn, der Herzog von Monmouth,
welcher den Rächer des beleidigten Vaters spielte, dem lecken Redner
Nachts von Miethlingen auflauern und die Nase bis auf die Wurzel
abschneiden ließ.

Um diesen Verhältnissen völlig gerecht zu werden, ist jedoch anzuerkennen, daß Tragödie und Schauspiel unter Carl II. sich
eines größeren äußeren Anstands als früher zu befleißigen strebten
und Dryden dies wesentlich auf den Geschmack des Hofs zurückführt.
Es ist also immer möglich, daß die Sittlichkeitsvorschriften dieses
Fürsten, welcher den Ton des Hofs von Versailles auf den von St.
James übertragen wollte, aber es freilich nur zu einer Karikatur dabei
brachte, weil es ihm ganz an der Größe und Würde gebrach, welche
Ludwig XIV. auszeichneten, sich nur auf das ernste Drama, besonders
die Tragödie bezog. Denn schon von Alters her hat das Lustspiel
den Freibrief auf frechen Uebermuth, auf cynische und obscöne Behandlung der geschlechtlichen Verhältnisse besessen. Hatten es die Griechen doch so mit den Zoten des Aristophanes zu einer Zeit noch gehalten,
da sich die Frauen bereits in den Zuschauerraum eingedrängt hatten,

die Römer mit den Unzüchtigkeiten ihrer Komiker, mit dem Schmutze
ihrer Atellanen, den Nacktheiten der Pantomimen. So sah die Blüthe
der italienischen Gesellschaft den frechen Spielen eines Bibbiena und
eines Machiavelli zu, und der edle Ariost nahm ebenso wenig Anstoß
daran, dergleichen zu schreiben, als der schamlose Aretin. Auch in
Frankreich war es derselbe Dichter, welcher die classische Tragödie begründete, welcher den frivolen Eugène schrieb, auch hier waren es
die höchsten und gelehrtesten Männer, welche der einen und dem anderen unmittelbar nach einander an demselben Tage ihren Beifall
zollten. Ja Mairet durfte auf seinen Duc d'Ossone als auf ein Beispiel der Verfeinerung des Theaters hinweisen, welches er den Damen
hierdurch zugänglich mache. Was aber einzelne der zwischen Shakespeare und der Restauration liegenden englischen Dichter im Lustspiel
an freier, cynischer und schamloser Behandlung der geschlechtlichen
Verhältnisse geleistet, konnte kaum übertroffen werden. Ist es wohl
da zu verwundern, wenn die Dichter der vorliegenden Periode gleiche
Freiheiten als ein durch Tradition gewährleistetes Recht in Anspruch
nahmen, alle ihre Vorgänger an Schamlosigkeit noch zu überbieten
suchten und sich durch den Tadel, den sie gelegentlich fanden, nur zu
noch stärkerem Widerspruche gereizt, wie von dem Beifalle, der ihnen
andrerseits gezollt wurde, zu immer größerer Frechheit ermuntert fühlten? Es war dies um so erklärlicher, als, worauf ich noch später
zurückkommen muß, dieser bei fast allen Völkern wiederkehrende freche
Ton zum großen Theil mit auf der Theorie, die man sich vom Lustspiel gebildet hatte, beruht; was, wie ich glaube, bei der Beurtheilung
der englischen Lustspieldichter dieser Periode zu wenig in's Auge gefaßt worden ist.

Killegrew, welcher, nach den Angaben des Souffleurs Downe, die
Schauspieler des Redbull engagirt hatte, spielte mit ihnen, die nun
den Namen der Königlichen Truppe erhielten, vorläufig, bis 1663, in
dem Theater in Verestreet bei Clare-Market, worauf er im April d. J.
mit ihnen das neue Royal-Theatre in Drury Lane eröffnete. Davenant hatte dagegen die Truppe von Rhodes engagirt, mit der er unter
dem Namen der Schauspieler des Herzogs von York zunächst im Cock-
pit-Theater zu Drury Lane und im Salisbury Court-Theater Vorstellungen gab, im Mai 1662 aber sein neues Haus in Portugal-Street
bei Lincoln's-innfields bezog. Beide strebten eine Reform der englischen

Bühne nach den in Paris erhaltenen Eindrücken an. Sie führten in Nachahmung der Franzosen nicht nur die Frauen, sondern auch die Bühnendecoration auf dem englischen Theater ein. Andrerseits standen sie aber auch noch unter dem Einflusse des früheren oder, wie man es jetzt im Unterschiede von dem ihren nannte, des altenglischen Theaters, nach dessen Mustern der größte Theil ihrer eigenen Stücke gearbeitet war. Auch blieben sie auch darum noch abhängig von dem- selben, weil sie bei dem Mangel an neuen, nach französischen Mustern gearbeiteten Dramen mit ihrem Repertoire fast ganz auf die alten Stücke angewiesen waren. Obschon sie den Scenenwechsel im Acte festhielten und die Verwandlung bei offener Scene als neues Reiz- mittel einführten, schien es doch nicht möglich, alle älteren Stücke ohne Veränderung mit den neuen scenischen Mitteln zur Darstellung zu bringen. Man hielt sich daher vorzugsweise an die, welche sich hierzu eigneten, und unterwarf andere einer Ueberarbeitung. Fletcher, Mas- singer, Ben Jonson, Shirley kamen vor allen anderen wieder in Auf- nahme. Doch auch Shakespeare wurde gleich von Anfang an wieder herangezogen. 1661 wird dessen Hamlet erwähnt; 1662 Maß für Maß, unter dem Titel Law against lovers in der Bearbeitung Dry- den's, sowie Romeo und Julia, 1663 Othello und Heinrich IV., 1664 Macbeth, Heinrich VIII. und Lear, 1667 die bezähmte Widerspänstige unter dem Titel Sauny, the Scot, eine Prosabearbeitung Lacy's; 1672 Macbeth von Davenant, 1678 Titus Andronicus von Ravenscroft und Timon of Athens or the manhater von Shadwell, 1679 Troilus and Cressida or truth found too late von Dryden, 1680 Romeo und Julia in römischem Gewande unter dem Titel Cajus Marius von Otway, 1681 Richard II. unter dem Titel The italian usurper, Lear von Tate und Heinrich VI. von Crowne, 1682 Cymbeline unter dem Titel The injured princess von Durfey, 1692 der Sommernachts- traum als Oper unter dem Titel The fairy queen, 1696 der Kauf- mann von Venedig unter dem Titel The Jew of Venice von Gran- ville, 1700 Measure for Measure or beauty the best advocate von Gildon und Richard III. von Cibber u. s. f. Also meist Ueberarbei- tungen, zum Theil sehr geschmackloser Art. Doch weichen dieselben nicht immer in so lächerlicher Weise von den Originalen ab, wie der von Davenant und Dryden bearbeitete, 1667 zur Aufführung ge- brachte Tempest, nun auch The enchanted island genannt, von dem

Dryden, der ihn bewundert, das Verdienst fast ganz Davenant zuschreibt. Hier findet sich neben Caliban auch noch Sycorax vor;
Hippolyto (Ferdinand), als ein Mann, der noch nie ein Weib sah,
und neben Miranda eine Schwester Dorinda, die, wie sie, in
völliger Abgeschlossenheit aufgewachsen und in völliger Unwissenheit
über den Unterschied der Geschlechter erhalten worden ist. Die schöne
Scene zwischen Ferdinand und Miranda erhält nun einen ganz lächerlichen und lüsternen Anstrich. 1673 wurde der Sturm auch als Oper
behandelt, worunter man sich freilich nicht das vorstellen muß, was
heute mit diesem Namen ·bezeichnet wird. Melobramatische Instrumentalbegleitung, eingeflochtene Gesänge und Tänze, gereimte Verse,
Aufzüge und decorativer Prunk genügten, ein Schauspiel zur Oper zu
machen. Dies war ein Jahr früher auch schon mit Macbeth geschehen.
Der Sturm hatte in dieser Gestalt einen ganz ungeheuren Erfolg, nach
Hamlet den größten, den um diese Zeit ein Stück auf der Londoner
Bühne errungen. Dies rief 1674 sogar eine Parodie The mock tempest von Duffet hervor. — In Macbeth erscheint bereits im ersten
Acte außer Banquo's Geist auch der von Duncan, wie jener nur von
Macbeth, wird dieser nur von Lady Macbeth gesehen. — In Romeo
und Julia erhielt die erste Bearbeitung einen glücklichen Ausgang, der
aber nicht allgemein ansprach; das Stück wurde demgemäß abwechselnd mit glücklichem und unglücklichem Ausgang gegeben. Auch eine
Counteß Paris spielte darin eine Rolle, vielleicht als Mutter des
Grafen. — Shakespeare wurde also, wenn auch in veränderter Gestalt,
fast durch das ganze Jahrhundert gegeben, was ohne Zweifel ein
Verdienst der Schauspielkunst war, da Hart, Betterton und Mrs. Barry
die hervorragenden Rollen in seinen Stücken zu ihren bewundertsten
Leistungen zählten. Zwischen 1682 und 1700 scheint jedoch eine merkliche Abnahme des Interesses dafür eingetreten zu sein. Dies erklärt
sich zum Theil aus den erregten politischen Verhältnissen der Zeit,
welche in den 80 er Jahren das Theaterinteresse überhaupt sehr beeinträchtigten. Die Bewunderer des Dichters klagten aber fort und fort
über Vernachlässigung desselben. Auch mochte sich die Kenntniß des
Publikums fast ganz nur auf die verkümmerten Bühnenbearbeitungen
beschränken, an denen der Dichter nur zu oft auf den trivialen Standpunkt
seiner Bearbeiter herabgezogen erscheint. Sie hatten zum Theil so
große Veränderungen erlitten, daß die Bearbeiter sie für Originalwerke

ausgeben konnten. Eines der wunderlichsten Beispiele hiervon ist
Otway's Cajus Marius, auf den ich später zurückkomme. Selbst
Männer von Fach citirten damals veränderte Stellen, als ob sie von
Shakespeare selber herrührten. Welche Urtheile zugleich über Shakespeare damals gewagt werden durften, läßt sich aus einzelnen Bemerkungen Pepy's erkennen, welcher um 1662 den Sommernachtstraum
als das dümmste und lächerlichste Stück, das er jemals gesehen, Was
ihr wollt aber als überaus schwächlich bezeichnet. Heinrich VIII. war
ihm eine aufgepuffte Armseligkeit, Othello unbedeutend gegen die Stücke
der Neuzeit, Macbeth konnte ihm heute gefallen, morgen stieß er ihn
ab, je wie er gerade gelaunt war. Urtheile, welche wohl ganz im
Sinne der eleganten Welt waren und von Rymer in A short view
of tragedy; with some reflections on Shakespeare (1693) noch weit
überboten wurden. Hier heißt es unter Anderem über Othello: „in
dem Wiehern eines Pferdes, in dem Knurren eines Kettenhundes liegt
noch ein Sinn, hier ist noch ein lebendiger Ausdruck erkennbar und,
wie ich sagen möchte, mehr Menschliches, als dies nur zu oft in den
tragischen Tiraden (flights) Shakespeare's der Fall. Scenen, wie die
zwischen Othello und Jago gehören in das Bereich derer, welche die
Welt auch bestimmt hat, dem Harlekin und Scaramuccio nachzulaufen.
Die Idee des Stücks ist monströs, die Ausführung unharmonisch
und schmutzig. Statt Mitleid oder irgend eine tragische, vernünftige
Leidenschaft zu erregen, erfüllt es nur mit Schrecken und Abscheu.
Wenn ein Vorgang, wie der in Othello, oder ein Stück unverbaute
und übel zugerichtete Geschichte sich auf der Bühne frech den heiligen
Namen der Tragödie beilegen darf — ist's dann ein Wunder, daß
das Theater sittenlos ist und immer tiefer herabsinkt und der alte
Ruf, die Würde der Dichtkunst in Verachtung verfällt?"

Allein diese Urtheile wurden doch weit überwogen von dem begeisterten Lobe eines Dichters, der in der Literatur damals den größten Einfluß ausübte, von dem Lobe Dryden's in seinem Essay on
dramatic poesy. Nach ihm war Shakespeare von allen neueren, vielleicht selbst von allen älteren Dichtern derjenige, welcher den umfassendsten Geist hatte. „Alle Bilder — heißt es hier unter Anderem —
welche er je von der Natur empfangen, waren jederzeit unmittelbar
gegenwärtig in seinem Geist; er hatte nicht nöthig, sie mühsam und

auf gut Glück wieder hervorzuarbeiten. Wenn er etwas beschreibt, so
sieht man es nicht nur, man fühlt es zugleich. Diejenigen, welche
ihm Mangel an Schulbildung vorwerfen, ertheilen ihm gerade hierdurch das größte Lob. Er wußte schon alles von Natur aus und
bedurfte nicht erst der Bücher, um in dem der Natur zu lesen; er
wendete das Auge nach innen und fand sie da, in sich selbst: Ich
sage nicht, daß er sich überall gleich sei, wäre er das, so würde ich
ihm selbst noch unrecht thun, wenn ich ihn den größten Menschen
vergliche. Er ist zuweilen geschmacklos und flach, sein Witz artet
zuweilen in's Zweideutige aus, sein Ernst schwillt nicht selten zum
Bombaste an, aber er ist jederzeit groß, sobald sich ihm die Gelegenheit dazu darbietet. — Wenn ich Jonson mit Shakespeare vergleichen
wollte, so würde ich jenen den correcteren, diesen den schöpferischeren
Dichter (the greater wit) nennen müssen. Shakespeare war der Homer
oder Vater unserer dramatischen Dichter, Jonson der Virgil, das
Muster eines durchgebildeten Schriftstellers. Ich bewundere diesen,
aber ich liebe Shakespeare."

Es läßt sich schon hiernach erwarten, daß der Einfluß des französischen Dramas noch längere Zeit ein beschränkter blieb, daß er nur
ganz allmählich an Kraft gewann. Directe Uebersetzungen treten überhaupt zunächst nur vereinzelt auf. Auch hier finden wir meist ganz
freie Bearbeitungen, die sich für selbständige Erzeugnisse ausgeben.
Die Uebertragungen von Mrs. Philips, Pompey (1663) und Horace
(1667) von Corneille (1671 erschien letzterer auch von Cotton übersetzt), gehören zu den frühesten Erscheinungen dieser Art in dem vorliegenden Zeitraum. Sie scheinen jedoch nicht auf dem öffentlichen
Theater, wohl aber bei Hofe dargestellt worden zu sein, wo der sittenstrenge und theaterfeindliche Evelyn 1668 den Horace der selbst von
ihm als virtuous bezeichneten Verfasserin sah. Ein neuer Beweis, daß
Carl II. das im französischen Geschmack gehaltene ernste Drama begünstigte. Dagegen wurde 1667 eine Uebersetzung von Corneille's
Heraclius, der auch schon 1664 von Lodovic Carlell übersetzt worden
war, in Lincoln Innfields gegeben. Ihnen folgte in demselben Jahre
Dryden's Sir Martin Marr-all, eine Bearbeitung von Molière's Etourdi,
1668 Davenant's The man's the master nach Jodelet und L'héritier
ridicule von Scarron, 1670 Medbbourne's Tartuffe or the French

puritan*) und Betterton's Amorous Widow nach Molière's George
Danbin, 1671 Ravenscroft's The Citizen turned Gentleman or Mamamouchi nach Molière, 1673 Wycherley's Country wife, in welchem
Motive aus Molière's Ecole des maris verarbeitet sind. Um diese
Zeit tritt auch im ernsten Drama der französische Einfluß entschiedener
hervor, um später aber wieder etwas nachzulassen, was bei Betrachtung der einzelnen hervorragenderen Dichter noch etwas weiter ausgeführt werden wird.

Bei dem durchaus höfischen Charakter, welchen das englische
Drama in dieser Periode seiner Entwicklung gewann, kann es nicht
Wunder nehmen, daß es zum guten Tone gehörte, sich darin zu versuchen, und wir daher einer Menge von Dilettanten zumeist aus den
höheren Ständen, darunter nicht wenigen Frauen unter den dramatischen Dichtern begegnen. Doran (in seinen Annals of the English
stage etc.) theilt die Bühnendichter der bis zum Ausgang des Jahrhunderts reichenden Periode in Schauspieler - Dichter, in Vornehme
Dichter, die er auch Amateurs nannte, in Dichter von Beruf und in
Dichterinnen ein. Zu ersteren rechnet er Betterton, Medbourne, Jevon,
Mountfort, Carlile, Joseph Harris, George Powell, Doggett und Cow-
ley Cibber; zu den Amateurs die Herzöge Buckingham und Newcastle,
George Digby, Graf von Bristol, Wilmot, Graf von Rochester, den
Grafen von Caryll, Lord Orrey, Viscount Falkland, Lord Lansdawn,
genannt Granville, Sir Samuel Tuke, Sir William Killegrew, Sir
Robert Staphylton, drei Howards: Edward, James und Robert, Sir
Lodovic Carlell, Sir Francis Jane, Major Porter, Sir George Ethe-
rege und Sir Charles Sedley, Rhodes, Revet, Nevil Payne, Tom
Rawlins, Saunders, Wilson, Higdon, Duffet, Gould, Peter Motteux,
Charles Hopkins, Boyer; zu den Berufsautoren: Davenant, Dryden,
Lee, Cowley, Shadwell, Flecknoe, Settle, Crowne, Ravenscroft, Wycherley, Otway, D'Urfey, Banks, Rymer, Tate, Brady, Southerne, Con-
greve, Cibber, Dilke, Vanbrugh, Gildon, Farguson, Dennis und Rowe;
zu den Dichterinnen: Mrs. Philips, Mrs. Aphra Behn, Mrs. Manley,
Mrs. Cockburne und die Schauspielerinnen Mrs. Pix und Mrs. Centlivre. Es läßt sich aber leicht erkennen, daß diese Eintheilung ihre

---

*) 1717 folgte eine Bearbeitung dieses Stücks von Cibber unter dem Titel
The Non-Juror und 1768 Bickerstaffe's Hypocrite.

Unzuträglichkeit hat, daß der Begriff des Berufsdichters einzelne der übrigen Kathegorien nicht ausschließt, der Begriff der Amateurs sich mit dem der vornehmen Dichter nicht vollständig deckt und die Begriffe der Liebhaber und der Berufsdichter nicht streng auseinander zu halten sind. Ich will also hiervon ganz absehend die bedeutendsten Erscheinungen des ganzen Gebiets nach ihrer chronologischen Folge etwas näher in Betracht ziehen, wodurch· es zugleich am Besten möglich sein wird, in Kürze ein Bild von der Entwicklung des Dramas der vorliegenden Periode zu geben.

Davenant und Killegrew gehören auch noch deshalb an die Spitze dieser Darstellung, weil sie als Gründer der neuen englischen Bühne nicht übergangen werden dürfen.

William Davenant*), der Sohn eines Weinhändlers, wurde Ende 1605/6 zu Oxford geboren. ʹ Eine Anecdote macht ihn sogar zu einem Sohne Shakespeare's, der an der schönen Wirthin der Crowne taverne ein allzubegehrliches Gefallen gefunden habe. William soll sich auf diese vermeintliche Ehre, welche ihn als den Erben des großen Dichtergenies erscheinen ließ, mit Preisgebung der mütterlichen Ehre sogar nicht wenig eingebildet haben. Er studirte in Lincoln's College, kam als Page in den Dienst der Herzogin Richmond, wodurch er später in den von Lord Brooke trat. Nach der Ermordung des letzteren zog er durch seine Gedichte und Schauspiele die Aufmerksamkeit von Endymion Porter und Henry Jernyns auf sich, zu denen er ebenso wie zu John Suckling ein freundschaftliches Verhältniß gewann. Dies brachte ihn in Verbindung mit dem Hof, an dem er nach Ben Jonson's Tode als Laureat und Hofpoet eine begünstigte Stellung einnahm. 1641 wurde er im Parlamente beschuldigt, die Armee zum Abfall verleitet zu haben. Er rettete sich durch die Flucht, kehrte aber bald nach England, zur Vertheidigung der Sache des Königs zurück. 1643 wurde er während der Belagerung von Gloucester für bewiesene Tapferkeit zum Ritter geschlagen. Der unglückliche Gang der Ereignisse nöthigte ihn aber bald auf's Neue, sein Vaterland zu verlassen. Er wendete sich nach Frankreich und schloß sich hier dem

---

*) The dramatic works of Sir W. Davenant, with memoir and notes. 5 vols. 1872. — Siehe über ihn auch die Abhandlung Elze's im Shakespearejahrbuch v. 1869, sowie Malone (a. a. O.) 348. — Ward, a. a. O. II. 359.

Prinzen von Wales und der Königin Mutter an. Hier begann er auch die epische Dichtung Gondibert, die später so viel Aufsehen erregte. Im Jahre 1650, mit einer Sendung nach Virginien betraut, gerieth er in englische Gefangenschaft. Er wurde zunächst nach der Insel Wight, dann nach dem Tower gebracht. Nach einer Ueberlieferung soll er sein Leben und seine Freiheit dem Edelmuthe zu danken gehabt haben, den er vor einiger Zeit gegen zwei in seine Hände gerathene Aldermen der Stadt York geübt hatte. Wahrscheinlicher ist, daß er sie der Verwendung Milton's geschuldet. Es muß ihm gelungen sein, sich hierauf in London einen gewissen Einfluß zu schaffen, um an die Wiederaufnahme des Theaters denken und hierzu von Cromwell die Erlaubniß erhalten zu können. Das ihm von Carl II. verliehene Theaterprivileg sollte er ungleich kürzere Zeit, als Killegrew genießen, da er bereits am 17. April 1668 verschied. Er liegt in der Westminsterabtei unweit der Ruhestätte Ben Jonson's begraben, zu dessen Epitaph: „O rare Ben Jonson!" das seine: „O rare Sir William Davenant!" das Pendant bildet.

Die älteren, vor der Restauration entstandenen dramatischen Dichtungen Davenant's nehmen wahrscheinlich nachstehende Reihenfolge ein: Alcoine, king of the Lombards nach einer Novelle Bandello's (gedr. 1629), später von ihm auch noch in Prosa bearbeitet; The cruel brother (gest. 1627, gedr. 1630); The just italian (gedr. 1630). In diesen drei Tragödien, von denen The cruel brother die schlechteste ist, spielen Wollust und Grausamkeit die hauptsächlichsten Rollen. Eine, allerdings nur ganz äußerliche, Nachahmung Webster's und Ford's ist dabei unverkennbar. Den Masken The temple of love und The triumphs of the prince d'Amour folgten die Lustspiele: The platonic lovers und The wits (1636), die zu ihrer Zeit sehr gefielen. Die Tragödie The unfortunate lovers näherte sich der Manier Fletcher's an und zwar in den pathetischen Stellen nicht ohne Glück. Auch The faire favourite, Distresses und das Lustspiel News of Plymouth gehören noch dieser Zeit an. Von den ersten Versuchen in Rutland house ist schon oben die Rede gewesen. The siege of Rhodos wurde von Davenant später auch noch zum wirklichen Schauspiel in zwei Theilen ausgearbeitet (1661). Auch sie sind wieder in Reimversen von ungleicher Länge geschrieben. Davenant legte hierdurch den Grund zu denjenigen Spielen, die man etwas später mit dem Namen von

heroic dramas bezeichnete. Eine Anlehnung an die Franzosen ist
unverkennbar. 1662 erschien Davenant's Ueberarbeitung von Shakespeare's Measure for Measure unter dem Namen Law against Lovers.
Motive aus Viel Lärm um Nichts, insbesondere die Figuren Benedict's und Beatrice's, sowie Musik und Gesang fanden Eingang darin,
Auch zu diesen „Adaptions", wie man sie später genannt, gab dieser
Dichter das Beispiel. Zu ihnen gehört noch das Drama The rivals,
welches eine Ueberarbeitung der Fletcher'schen Two noble kinsmen
ist. Es wurde 1664 mit großem Erfolge gegeben und 1668 gedruckt.
In The play-house to be let, welches, wie es scheint, schon 1665 gegeben, aber erst 1673 gedruckt wurde, war der Versuch zu einer neuen
Art dramatischer Unterhaltungen gemacht. Nach einem den ersten Act
bildenden Vorspiel, welches Verhältnisse der Bühne und seines Theaters
zum Gegenstand hatte, bringt der zweite Akt eine Bearbeitung von
Molière's Cocu imaginaire, welches fingirter Weise von einer französischen Gesellschaft in gebrochenem Englisch dargestellt wird, der dritte
und vierte Act aber die Darstellungen von Davenant's älteren musika-
lisch-declamatorisch-pantomimischen Unterhaltungen Sir Francis Drake
und The cruelty of the Spaniards in Peru, während der letzte mit
einer kurzen Tragödie, die Liebe Cäsar's und Antonius' zu Cleopatra
behandelnd, schließt. Nur einen Monat vor dem Tode des Dichters
erschien auch noch das schon früher erwähnte, halb in Prosa geschriebene
Lustspiel The man's the master. Seine übrigen Stücke scheinen erst
nach Davenant's Tode gegeben worden zu sein, zuerst die mit Dryden
unternommene Bearbeitung des Tempest (1668). Sodann, wie es
scheint 1672, sein zur Oper bearbeiter Macbeth, von dem Steevens
sagt, daß fast jede Schönheit der Shakespeare'schen Dichtung verdorben
oder unterdrückt worden sei. Anders lautet freilich Dryden's Urtheil
über die Davenant'schen Bearbeitungen, der in seinem Vorworte zum
Sturm von ihm sagt: „Er besaß eine so rasche Einbildungskraft, daß
er mit Allem, was man ihm gab, sofort einen gefälligen, überraschenden
Gedanken zu verbinden wußte, und diese raschen Einfälle waren, im
Widerspruche mit einem alten lateinischen Sprichworte, nicht seine wenigst glücklichen. Ebenso schnell wie seine Phantasie war, waren ihre
Erzeugnisse ungewöhnlich und neu. Er brauchte von keinem Andren
zu borgen, denn seine Erfindungen waren so eigenthümlich, daß sie
schwer aus dem Kopf eines Andren hätten hervorgehen können.

Seine Verbesserungen waren besonnen und einsichtsvoll. Auch war er gegen seine eigenen Arbeiten strenger als gegen
die eines Andren und verwendete auf die Ausführung derselben doppelt die Arbeit und Mühe, die er zum Entwurfe gebraucht hatte."
Verglichen mit den Dichtungen, besonders den Bearbeitungen Davenant's
muß dieses Urtheil des oft so scharfsichtigen Dryden uns heute freilich
sehr übertrieben erscheinen.

Thomas Killegrew, 1611 zu Henworth geboren, kam früh
an den Hof, wo er zunächst als Page in den unmittelbaren Dienst
Carl I. trat. Er scheint sich demselben besonders durch sein Temperament und seine heitere Laune empfohlen zu haben, da er den Beinamen The king's jester trug. Ein treuer Anhänger der Stuarts,
schloß auch er sich dem Sohn seines früheren Gebieters während
seines Exils in Paris an. 1651 wurde er von diesem mit einer Sendung nach Venedig betraut. Er benahm sich hier aber so schlecht, daß
er die Stadt auf Befehl des hohen Raths verlassen mußte, worauf
er sich längere Zeit in Italien herumtrieb, wo der größere Theil
seiner dramatischen Arbeiten entstanden sein mag, da nur die beiden
Tragicomödien The prisoners und Claricilla schon früher (1641)
gedruckt waren, alle übrigen: The princess, The pilgrim, Cicilia and
Clorinda (2 parts), Thomaso (2 parts) und The parson's wedding
aber erst 1664 in einer Gesammtausgabe erschienen. Von all diesen
Stücken scheinen nur Claricilla und The parson's wedding gespielt
worden zu sein. Nach der Restauration erhielt Killegrew das Amt
eines Groom of the bed-chamber und stand in so hoher Gunst bei
dem König, daß sich verschiedene Anecdoten von dem Freimuthe erhalten haben, den er sich gegen diesen herausnehmen durfte. Es ist
wiederholt in Zweifel gezogen worden, welcher von den Killegrews,
er oder sein Bruder Henry das Patent zur Errichtung eines Theaters
erhielt. Wenn es aber schon unwahrscheinlich ist, daß letzterer, der
zwar auch ein Schauspiel: The conspiracy, jedoch schon um 1638
geschrieben hatte, nach der Restauration aber als Kaplan im Dienste
des Herzogs von York stand und später Rector von Wheathamsted
wurde, ein derartiges Amt übernommen haben könnte, so wird die
Frage doch auch durch den Umstand entschieden, daß unmittelbar nach
dem Tode Thomas Killegrew's, welcher am 19. März 1682 zu White-

hall erfolgte, die beiden Schauspielertruppen The king's servants und
The duke of York's players zu einer einzigen vereinigt wurden.

Zu den Ersten, welche die neue Bühne mit Stücken versorgten,
gehörte John Wilson. Von seinen Lebensschicksalen wissen wir
nur, daß er von Geburt ein Schotte und später längere Zeit Secretär
des Herzogs von York in England und hierauf Recorder von Londonderry
war. Auch in Dublin verbrachte er mehrere Jahre, den Schluß
seines Lebens aber in England, wo er 1696 zu London starb. Seine
dramatischen Dichtungen scheinen fast alle vor seiner Uebersiedlung
nach Irland geschrieben worden zu sein. Sein Andronicus Commenius war bereits 1664, The projectors waren 1665 im Drucke erschienen, The cheats schon vor 1663 gegeben worden. Nur Belphegor
or the marriage with the devil gehört wahrscheinlich einer späteren Zeit
an, da es erst am 13. October 1690 licensirt und im nächsten Jahre gedruckt
wurde. Wilson hatte sich ganz nach Ben Jonson gebildet und besaß
auch die hervorstechenden Eigenschaften desselben. The Cheats, welche
sehr beliebt waren, sind eine überaus witzige Satire auf den Mißbrauch der Leichtgläubigkeit, die Figuren des astrologischen Charlatans
Mopus und des dissentistischen Geistlichen Scruple sind trefflich gezeichnet. In The Projectors bildet die Sucht, auf außergewöhnlichem
Wege schnell reich zu werden, den Gegenstand der Verspottung. Die
vorzüglich durchgeführte Figur des Geizhalses Suckdry ist zum Theil
dem Plautus entlehnt, die Scene des 3. Aktes, in welcher die Frauen
ihre Rechte verfechten, erinnert an Aristophanes. In Andronicus
Commenius lieferte die Geschichte schon einen so romantisch abenteuerlichen Stoff, daß es keiner weiteren Zuthat des Dichters bedurfte. Er hat sich streng an die Geschichte gehalten und in seinem
Helden, sowie in Manuel Gestalten voll dramatischem Leben geschaffen.
Der Stoff zu Belphegor ist einer Novelle Machiavelli's entnommen,
in welcher es heißt: „Da es in der Hölle bemerkt wurde, daß die,
welche hineinkamen, die Schuld immer ihren Weibern beimaßen, so
kamen die Teufel überein, daß einer von ihnen die Gestalt eines
Menschen annehmen und, allen menschlichen Bedingungen unterworfen,
ein Weib freien und mit ihr 10 Jahre verheirathet sein sollte, um
dann zurückzukehren und getreuen Bericht zu erstatten." Ein ähnliches
Thema war schon mit großem Erfolge in Green, the collier of
Croydon behandelt worden. Belphegor war weniger glücklich. —

Wilson's Arbeiten zeichnen sich durch männliche Kraft und geistige Gesundheit aus. Seine Stärke liegt in der Charakterführung, doch
muß er wohl selbst nur eine niedrige Meinung von seinem Talente
gehabt haben, um es der Bühne so bald ganz entziehen zu können.

Fast gleichzeitig mit ihm trat derjenige Dichter hervor, welcher
das Drama der ganzen Epoche durch die Stellung, die er sich in der
Literatur geschaffen, beherrschte. John Dryden*), am 9. August
1631 zu Oldwinkle bei Oundle in der Grafschaft Northampton, der
Sohn des Erasmus Dryden, Esqr., in vermöglichen Verhältnissen geboren, erhielt seine Erziehung in Westminster, wo er bereits Proben
seiner außergewöhnlichen Begabung ablegte. 1649 siedelte er nach Cambridge über, wo er 1653 den Grad eines Bachelor of Arts erwarb.
Auf den Tod Cromwell's dichtete er 1658 die Heroic stanzas on the
late Lord Protector und erregte damit großes Aufsehen. Nur zu bald
sollte er aber mit erneuten Kundgebungen seines Talents auch das
Schwankende seines Charakters offenbar werden lassen, indem er in
seiner Astraea Redux die Rückkehr Carl II. ebenso dithyrambisch verherrlichte und auch die Krönung desselben mit dem Jubelgedichte,
Panegyric to his Majesty on his coronation, feierte. Inzwischen
wird man den allgemeinen Umschwung der Zeit zu berücksichtigen
haben, der etwas so Fortreißendes hatte, daß nur eine starke Natur
ihm zu widerstehen vermocht haben würde. Der Lohn sollte nicht
ausbleiben. 1662 wurde Dryden zum Mitgliede der Royal society
ernannt. Im nächsten Jahr begann er seine Laufbahn als Bühnendichter. Macaulay hat es wahrscheinlich zu machen gesucht, daß Dryden
bei dem ihm mangelnden Talente, wohl nur durch die Aussicht
auf Erwerb hierzu bestimmt worden sei, da keine Dichtungsgattung zu
jener Zeit hierin so viel Chancen geboten habe. Allein die Beispiele,
die er dafür anführt, gehören schon einer etwas späteren Zeit an. **)
Ich glaube kaum, daß Davenant oder Killegrew damals, wo sie noch
nicht einmal ihre neuen Häuser bezogen hatten, so große Opfer dafür
zu bringen im Stande waren, und bin vielmehr überzeugt, daß Dryden

---

*) Walter Scott's edition of Dryden's works. — Samuel Johnson, lives
of the most eminent poets. II. Lond. 1782. — Ward, a. a. O. II. 496. —
Hettner, a. a. O. 3. Aufl. I. 84. — Taine, a. a. O. III. S. 42.

**) Das Honorar nämlich, das Otway (1676) für seinen Don Carlos, Shad-
well (1688) für seinen Squire of Alsatia bezog.

sich auch hier mehr von dem Zuge und Tone der Zeit bestimmen
ließ; zudem es, wenn man Form und Charakter seines ersten Stücks
in Betracht zieht, nicht unwahrscheinlich ist, daß er es aus Gefälligkeit für Killegrew geschrieben habe, dessen Unternehmen er vielleicht durch dasselbe zu fördern gedachte. Es verdient wenigstens Beachtung, daß er es, trotz seines besonderen versificatorischen Talents, in
Prosa geschrieben und, trotz seiner Neigung zum Heroischen, den Ton
der niederen Posse gewählt hat. In der That giebt Dryden's Wild
gallant Killegrew's Parson's wedding an Obscönität nichts nach. Obschon er damit dem Geschmack der Zeit zu entsprechen glaubte, wurde
derselbe doch so wie dieser von einem Theile des Publikums wie der
Kritik anfangs abgelehnt.

Sowohl dem Wild gallant (1663), wie dem ein Jahr später folgenden Lustspiel The rivals ladies, welches in Versen, zum Theil selbst
in Reimen geschrieben ist, liegen spanische Stücke zu Grunde, die
Dryden vielleicht nur aus französischen oder italienischen Bearbeitungen
kannte. In der Widmung an Lord Orrery*) spricht er sich eingehend
über die Bedeutung des Reims im Drama, insbesondere in der Tragödie aus. Ward schreibt dem Lord, ich weiß nicht mit welchem
Rechte, das zweifelhafte Verdienst zu, dem englischen Drama den Reim
wieder zurückgegeben zu haben, da sein frühestes Stück 1664 auf der
Bühne erschien, Davenant, wie wir gesehen, den Reim aber schon in
seinem Siege of Rhodos, der musikalischen Unterhaltung, wie dem
Schauspiele, anwendete. Der Vortheile, welche der gereimte Vers vor

---

*) Roger Boyle, Earl of Orrery, 25. April 1621 geboren, ein bedeutender
Staatsmann, der sich große Verdienste um die Restauration der Stuarts erworben und eine hohe Stellung in Irland bekleidete, widmete sich auch gelegentlich
der dramatischen Poesie, wie Dryden sagt, nur, wenn er von der Gicht niedergeworfen und hierdurch den Geschäften entzogen wurde. Er hat 8 Dramen geschrieben (Henry V., 1664 aufgef., 1668 gedr; Mustapha, 1665 aufgef., 1667
gedr.; The black Prince, 1667 aufgef., 1669 gedr.; Tryphon, 1668 aufgef., 1672
gedr.; Gazman, 1671 aufgef., 1693 gedr.; Herod, 1694 gedr.; Mr. Anthony,
1690 gedr. und Altemira, 1702 geschrieben), die sämmtlich 1739 gesammelt erschienen und zu der Gattung der sogen. heroischen Dramen gehören. Die großen
Lebenserfahrungen und die seltene Menschenkenntniß dieses Mannes konnten für
seine Dichtung nicht werthlos sein. Im Uebrigen liegen ihre Vorzüge aber nur in
der Versification, da ihm die wirklichen Eigenschaften eines dramatischen Dichters,
ja eines Dichters überhaupt abgingen.

dem Blankvers voraus habe, sollen nach Dryden so viele sein, daß
es ihm an Zeit fehlte, sie alle zu nennen. Die wenigen, welche er
namhaft macht, weisen aber auf das geringe Gefühl und Verständniß
dieses Dichters für das eigentlich Dramatische hin. Ihm war nämlich
der Reim besonders deswegen von so großem Werth, weil er das
Gedächtniß beim Lernen unterstütze, weil er die Schönheit der Gegensätze des Dialogs hebe und endlich die Phantasie bei ihrer Thätigkeit
binde, begrenze und regulire. Der Reim war, wie es scheint, das Erste,
worin Dryden die Franzosen unmittelbar nachahmte. Er kommt auf
die Bedeutung seiner Anwendung im Drama noch öfter zurück. Zunächst in der Widmung zu seinem Indian Emperor or the conquest
of Mexico (1665), einer Fortsetzung der Indian Queen von Robert
Howard*), die beide in gereimten Versen, dem jetzt als das heroische
bezeichneten Versmaß, geschrieben sind. In noch ausführlicherer Weise
geht er in dem Essay on dramatic poesy (1668) darauf ein, wo er,
nach der darin beobachteten Methode, alles, was sich dafür und dawider sagen läßt, zusammenstellt. Das Endergebniß ist, das letzteres
immer nur nicht die Unzweckmäßigkeit des Reimes, sondern die Unzu-
länglichkeit der Dichter beweise. Uebrigens fordert er ihn nur für die
Tragödie und das heroische Drama und auch für dies nicht ausschließlich, da er daneben den Blankvers zulassen will. In dem seinem
Conquest of Granada vorausgeschickten Essay: Of heroical plays
(1670), faßt er seine Ansicht darüber nochmals zusammen: „Wer bei
dem Blankverse stehen bleibt — heißt es hier — schlägt seine Wohnung zwischen zwei Wirthshäusern im freien Felde auf. Er verzichtet
einerseits auf die Natürlichkeit, welche die Prosa darbietet, ohne doch
andrerseits die letzte Vollendung der Kunst erreicht zu haben." Daß
Shakespeare, Jonson und Fletcher trotz des Blankverses als höchste
Muster gelten, ist ihm kein Gegenbeweis. Er weiß es ihnen vielmehr
Dank, den Nachlebenden hierdurch etwas hinterlassen zu haben, worin

---

*) Sir Robert Howard (1626—1698) war der begabteste der drei damals
für das Theater dichtenden Gentlemen dieses Namens. Seine Meinung von sich
überstieg freilich sein Talent noch um Vieles, so daß er wiederholt der Verspottung anheimfiel, vor Allem in Buckingham's Rehearsal und in Shadwell's Impertinents. Selbst Dryden griff ihn wegen seiner Vorrede zu The duke of Lerma
(1668) an. Von seinen sieben Stücken haben das gegen den Puritanismus gerichtete Lustspiel The committee und The Indian Queen viel Beifall gefunden.

diese sie noch übertreffen können. Insbesondere dem heroischen Drama soll jetzt nach ihm der Reim unentbehrlich sein. Da es, wie das heroische Epos, Liebe und Ehre in der phantasievollsten Weise darzustellen habe, so bedürfe es seiner, um die Sprache über die gewöhnliche Wirklichkeit zu erheben. Im Indian Emperor (1665), der sich eines außerordentlichen Erfolgs zu erfreuen hatte, erscheinen diese Ansichten bereits zur Anwendung gebracht. Doch wird den Forderungen der Franzosen in Bezug auf die Einheit des Orts hier noch nicht Rechnung getragen.

Auch in der nach dem Romane Artamène ou le grand Cyrus der Mad. de Scudéry verfaßten Tragicomödie Secret love or the married queen (1667) findet noch ein häufiger Scenenwechsel statt. Hier suchte Dryden zu zeigen, auf welche Weise eine charakteristische Anwendung vom Reimverse, Blankverse und der Prosa in einem und demselben Drama zu machen sei. Er, der in seinen Widmungen so oft den schamlosesten Schmeichler gemacht, spielt hier den Enthaltsamen, doch soll diese Enthaltsamkeit zuletzt nur auf eine um so derbere Schmeichelei hinauslaufen. Andere nähmen die Gelegenheit wahr, dem König ihre Arbeiten zu widmen. Er wage es nicht, obschon der König selbst dieses Drama als „sein Stück" zu bezeichnen geruht habe. Doch könne er es nun umsoweniger einem der Unterthanen desselben widmen, sondern halte es auch ohne Widmung demjenigen geweiht, dessen Stunden tagtäglich dem Wohl seines Volkes geweiht seien. (!) Das Stück ist auch dadurch merkwürdig, daß es auf acht Damenrollen nur drei Männerrollen enthält. Es steht hierin nicht allein. Man suchte ganz allgemein, die Damen so viel als möglich in's Spiel zu bringen. Sie erscheinen als der Mittelpunkt des ganzen Theaterinteresses. Daher auch die Geschmacklosigkeit, Stücke zuweilen nur von Damen spielen zu lassen. Dies geschah nicht nur mit Stücken von possenhaftem und frivolem Inhalt, um die Frivolität derselben noch stärker und pikanter hervortreten zu lassen, sondern auch mit ernsten Stücken im großen Styl, wie Philaster, was z. B. 1672—73 geschah. Mrs. Marshall sprach bei dieser Veranlassung den Prolog in Männerkleidern.

In demselben Jahre erschien der mit Davenant zusammengearbeitete Tempest und Sir Martin Marr-all or feigned innocence. Dryden hatte in letzterem des Herzogs von Newcastle Uebersetzung des Molière'schen Etourdi (1653) und Motive von Quinault's L'amour indiscret benutzt. Es scheint, daß er hauptsächlich für den Schau-

spieler Nokes geschrieben war, der die Titelrolle vortrefflich spielte.
Auch der 1668 zur Aufführung gelangte Mock Astrologer ist nach
französischen Vorbildern (dem Feint astrologue des jüngeren Corneille
und dem Dépit amoureux von Molière) entstanden. Die Vorrede legt
Verwahrung dagegen ein, daß man die Benutzung fremder Stücke selbst
noch dann als literarischen Diebstahl betrachte, falls dieselben, wie hier,
eine totale Umbildung im Geiste der englischen Bühne erfuhren. „Ich bin
so eingebildet zu sagen — fährt er fort —, daß nichts, was ich entlehnte,
verloren hat, sondern ich stets alle Mühe aufwendete, es zu höherer
Ausbildung zu bringen; denn unser Theater ist unvergleichlich merkwürdiger in dem, was dem Drama zur Zierde gereicht, als das französische oder spanische." Eine Bemerkung, die freilich in dem entschiedensten Widerspruche mit den Urtheilen der späteren und heutigen
Kritik steht, welche gefunden, daß vielmehr fast alle Adaptionen der
englischen Bühne jener Zeit, die Dryden's nicht ausgenommen, lediglich
als Vergröberungen und Herabziehungen der Urbilder erscheinen. Dies
hängt mit dem ethischen Charakter und den ästhetischen Anschauungen
der damals für sie arbeitenden Schriftsteller zusammen, besonders mit
ihrem Begriffe vom Wesen des Lustspiels. Dryden selbst klagt in dem
Vorworte zum Mock Astrologer über die Gesunkenheit des letzteren in
England, aber er schreibt dies keineswegs der Unsittlichkeit desselben,
sondern nur der Neigung zur Karikatur und Grimasse zu, die er theils
auf die Nachahmung der französischen Stücke, theils auf den Mangel
an ächtem Humor zurückführt, wovon er selbst den, nach ihm, vorzüglichsten englischen Lustspieldichter, Ben Jonson, nicht freisprechen kann.
Gegen den Vorwurf der Unsittlichkeit vertheidigt er es dagegen durch den
Hinweis auf das Lustspiel der übrigen Völker. Er verwirft die Forderung, daß im Lustspiele die Tugend zu belohnen, das Laster zu be-
strafen und dieses nur verächtlich, nicht aber belustigend darzustellen
sei. Dies will er in beschränkter Weise nur für die Tragödie gelten
lassen, die es mit der Darstellung furchtbarer Verbrechen zu thun
habe. Sie habe den Zweck, zu unterrichten, die Comödie wolle nur
unterhalten und belustigen. Ihr genüge es, das Laster, das mehr
Thorheit als Verbrechen hier sei, lächerlich zu machen. — Dryden über-
sieht nur, daß gerade hierin die meisten Lustspieldichter der Zeit fehlten,
daß sie durchaus nicht die Thorheit, sondern das sittlich Verwerfliche,
Strafbare zum Gegenstand ihrer Darstellung machten und diese Dar-

stellung hierdurch frivol wurde. Er meinte es sicher so ernst mit der
Kunst, als es ihm bei seinem Charakter möglich war, der ihn noch
immer zu den sittlicheren Bühnendichtern stellt. Was aber konnte selbst
noch von ihm erwartet werden, der die ausschweifendsten, sittenlosesten
Männer der Zeit, einen Rochester und Sedley, nicht nur zu seinen
Freunden zählte, sondern sie auch öffentlich pries, der jenen in der
Widmung zu seiner Marriage à la mode als das Muster der feinen
Lebensart und der Zuverlässigkeit des Charakters, diesen in der Wid-
mung zu Love in a nunnery wegen seines natürlichen Adels und
Wohlwollens lobte und mit Tibull verglich, ja der es sich in seiner
Apology for heroic plays and poetic licence (1674) zum Stolze
und Ruhme anrechnete, mit dem verrufensten aller Lustspieldichter der
Zeit, mit Wycherly, durch Freundschaft verbunden zu sein. Es ist kein
Zweifel, daß diese Dichter alle an der cynischen und leichtfertigen Behandlung des Unsittlichen und Obscönen keinen Anstoß nahmen, daß
sie darauf als auf ein Recht des Lustspieldichters bestanden und jeden
dagegen erhobenen Einwand zurückwiesen. Es war im Grunde nur
die äußerste Consequenz der ästhetischen Theorie, welche erklärte, daß
der komische Dichter die moralische Häßlichkeit, die Laster der Menschen und Zeit in einer ergötzlichen Weise zur Darstellung zu bringen
habe. Wie hoch erhebt sich auch in dieser Beziehung Shakespeare über
alle seine Vorgänger und unmittelbaren Nachfolger, z. B. in einem
Stücke wie Was ihr wollt, für welches das Zeitalter Dryden's freilich
so wenig Verständniß hatte, daß Pepys ein herabsetzendes Verdict über
dasselbe aussprechen konnte.

Dryden betrachtete damals das englische Drama dem französischen
zwar noch weit überlegen, sein Essay on dramatic poesy, das Beste,
was er über das Drama geschrieben und was zu jener Zeit wohl
überhaupt über das Drama geschrieben worden ist, läßt aber deutlich
erkennen, daß man mit dem Drama der übrigen Völker neuerer Zeit*),
insbesondere mit dem der Franzosen und ihren Theorien, vor allem
mit denjenigen Corneille's nicht nur auf's genaueste bekannt war, sondern
auch verschiedene Geschmacksrichtungen nebeneinander herliefen, von
denen die eine den Alten, die andere den Neueren, jene den französischen

---

*) Eine spanische Schauspielergesellschaft hatte, wie Dryden sagt, London
kürzlich die Calderon'schen Dramen vorgeführt.

Dramen, diese den englischen den Vorzug gab. Er personificirte
dieselben in seinem dialogisch behandelten Essay durch die Personen
Neander's, Crites', Eugenius' und Lisidejus', in denen man ihn
selbst, Sir Robert Howard, Lord Buckhurst und Sir Charles Sedley
hat erkennen wollen. Die Vorzüge und Nachtheile einer jeden dieser
Ansichten waren auf's objectivste in's Licht gestellt. Neander behält
aber schließlich das Wort, indem er dem englischen Drama einen grö=
ßeren Reichthum an Phantasie und eben darum auch eine größere
Kunst zuspricht.

Schon in dem 1669 erschienenen Tyrannic Love or the royal
martyr ist Dryden jedoch dem Corneille'schen Drama näher getreten.
Dieses Stück ist ganz in gereimten Versen geschrieben, was ihm einen
rhetorischen, ja sentenziösen Charakter verliehen hat, da sich die zwei
Reimzeilen nicht selten zu einem sentenziösen Ausspruch verbinden und
abrunden. Der Dichter, der sich von Massinger's Virgin martyr be=
einflussen ließ, erklärt, bewußtermaßen einen lehrhaften Zweck damit
verfolgt zu haben, um einigen hochgestellten Personen gefällig zu sein;
doch sei er auch selbst zu der Einsicht gekommen, daß es nicht nur
der Geistlichkeit zu überlassen sei, der Frömmigkeit ein Beispiel zu
geben, sondern die Poesie hierzu ebenso sehr ein Recht, wie eine Ver=
pflichtung habe. Nichtsdestoweniger war diesem Stücke, welches das
Märtyrerthum der heiligen Catharina behandelt, der Vorwurf der
Profanirung und Irreligiosität zu Theil geworden. Dryden verthei=
digt sich dagegen und in der Hauptsache mit Recht. Die affectirte
Dunkelheit der Ausdrucksweise, deren er sich darin befleißigt hatte, um
tiefsinnig zu erscheinen, zog ihn aber im Einzelnen auch noch den
Vorwurf der Hohlheit zu.

1670 folgte The conquest of Granada in zwei Theilen, deren
Stoff dem Roman Almaside der Demois. de Scudéry entnommen ist,
Dryden glaubte darin das heroische Drama nach Corneille'schem Muster
auf seine Höhe gebracht zu haben. Zum ersten Male hatte er den
Scenenwechsel völlig vermieden, dagegen von Gesang, Tanz und Musik
wieder eine beschränkte Anwendung gemacht, sich aber in dem Stre=
ben nach Erhabenheit und nach dem Wunderbaren durch Verstiegen=
heit, Bombast und Geschmacklosigkeit so viele Blößen gegeben, daß
es dem Herzog von Buckingham leicht werden mußte, darauf eine

Satire zu schreiben, wozu die anmaßende Haltung des Dichters *) und der Beifall, welchen er fand, noch überdies aufforderte.

Das frivole Lustspiel The marriage à la mode (1672) war das erste Stück, welches dem Gelächter folgte, das von Buckingham's Rehearsal (auf den ich später zurückkomme) erregt worden war. Es ist Rochester gewidmet, der ebenfalls eine feindliche Stellung gegen ihn eingenommen und Crowne zu begünstigen begonnen hatte. Er hoffte sich ihn durch Schmeichelei zurückzugewinnen, wie es scheint, aber ohne Erfolg. Das gleichzeitig erschienene Lustspiel Assignation or love in a nunnery erfuhr in seiner Anstößigkeit eine Ablehnung. Das folgende Jahr brachte Amboyna or the cruelties of the Dutch to the English merchants. Es ist der Zeitgeschichte entnommen und gehört zu den Stücken mit politischer Tendenz, die später so sehr in Aufnahme kommen sollten und bei der Abhängigkeit der Theater vom Hof fast immer im Sinne der königlichen Partei geschrieben waren die den Hauptbestandtheil des Theaterpublikums bildete. The state of Innocence and fall of men (1675), von Dryden als Oper bezeichnet, entzog sich durch den dem Milton'schen Paradise lost entnommenen Stoff der Darstellung auf der Bühne, es kam nie zur Aufführung. Der gleichzeitige Aureng-Zebe aber darf als der letzte Versuch Dryden's im heroischen Drama betrachtet werden. Er war bühnenmüde, als er es schrieb. Die letzten Jahre hatten ihm schlimme Erfahrungen gebracht. Doch war dies nur eine vorübergehende Mißstimmung. Schon drei Jahre später (1678) trat er wieder mit seinem All for love or the world will be lost hervor, in welchem er gewissermaßen mit Shakespeare zu wetteifern wagte. Es behandelt den Stoff von Antonius und Cleopatra. Vom Standpunkt der neuen Bühne ließ sich mit Recht gegen das Shakespeare'sche Stück Manches einwenden. Auch hatte Dryden all seine Kraft zusammen genommen. Während er, wie er sagt, in seinen früheren Arbeiten immer nur dem Publi-

---

*) So heißt es z. B. in dem Epiloge des Stücks:

If love and honour now are higher rais'd,
'Tis not the poet but the age is prais'd.
Wits now arriv'd to a more high degree,
Our native language more refin'd and free,
Our ladies and our men now speak more wit
In Conversation, than then poets did.

tum zu gefallen gestrebt, suchte er hier, sich selber genug zu thun. Es ist das beste Stück, das er geschrieben, und die von ihm selbst hervorgehobene Scene zwischen Antonius und Ventidius wirklich bedeutend. Dryden hatte sich in diesem Stück vom Reim wieder losgesagt, um Shakespeare näher zu treten. Er fand jetzt die Muster der Alten, denen die Franzosen gefolgt, in ihrer Regelmäßigkeit doch wieder zu klein, um der englischen Bühne genügen zu können. Auch die Einheit des Orts war wieder aufgegeben, selbst noch im einzelnen Acte; ja Dryden glaubte sogar, daß es das englische Drama in noch gesteigerterem Maße verlange. In der That ist der Scenenwechsel gegen Shakespeare ein sparsamer.

Den Einwürfen, welche man gegen das Stück in Bezug auf Indecenz erhoben, macht er das Zugeständniß, daß es allerdings gewisse Handlungen gebe, die, so natürlich sie seien, doch nicht dargestellt werden dürften und allzu grobe Obscönitäten auf der Bühne auch in Worten vermieden werden sollten. Der dichterische Ausdruck müsse eine Art anständiger Bekleidung unserer Gedanken sein, wie es Hosen und Unterröcke für unsere Glieder sind. Doch dürfe man hierin nicht zu weit gehen, wenn man nicht in Affectation und Ziererei verfallen wolle. Er erinnert dabei an eine Bemerkung Montaigne's, welcher sagte: „Wir sind jetzt nichts mehr als eitel Ceremonie geworden. Die Form beherrscht uns in dem Umfange, daß wir darüber das Wesen der Sache verlieren Wir halten uns an die Aeste an und lassen Wurzel und Stamm dabei fahren. Wir haben den Damen zu erröthen gelehrt, wenn sie von dem nur sprechen hören, was sie sich doch auszuüben nicht scheuen. Wir wagen es nicht mehr unsere Glieder zu nennen, zögern aber nicht den ausschweifendsten Gebrauch von ihnen zu machen. Der Anstand verbietet uns, erlaubte und natürliche Dinge mit Namen zu nennen; und wir folgen ihm auch. Die Vernunft verbietet uns, unrechte und schlechte Dinge zu thun, aber niemand glaubt ihren Worten." Dies klingt alles sehr wahr und sehr richtig und beweist auf's Neue, wie sehr die Dichter bei ihrer brutalen und unzüchtigen Behandlung der geschlechtlichen Verhältnisse und der Sittenlosigkeit im Rechte zu sein glaubten. Sie legten es aber auf eine ganz irrige und verderbliche Weise aus, indem sie Natürlichkeit und Wahrheitsliebe mit Frechheit und Zügellosigkeit verwechselten und diese mit jenen bemäntelten.

17*

Das Jahr 1679 brachte das satirische Lustspiel The kind keeper or Mr. Limberham, welches der beredteste Beweis dafür ist. Dryden hat Etherege, Wycherly und Aphra Behn darin noch zu überbieten gesucht. Es wurde, angeblich seiner Unzüchtigkeit wegen, nach der dritten Aufführung unterdrückt. Langbaine, der es für das beste Lustspiel der Zeit erklärt, behauptet dagegen, daß es nur geschehen sei, weil die Satire zu einflußreiche Leute getroffen habe. Dryden selbst giebt als Grund dafür an: es habe von dem Laster, das es zu geißeln beabsichtigte, allzuviel ausgesagt. Er verwahrt sich jedoch gegen die Behauptung, daß die Satire persönlich gewesen sei. Man glaubte nämlich in der Figur des Limberham Züge von Lawderdale und Shaftesbury zu erkennen. Für das Studium der Sittengeschichte der Zeit ist es noch heute von Interesse, so verwerflich es auch vom ästhetischen Standpunkt erscheint.

Oedipus, mit Lee zusammen gedichtet, welcher im nächsten Jahre erschien, beruht auf den Darstellungen des Sophokles und des Seneca. Er ist von den englischen Beurtheilern meist überschätzt worden. Hier ist zwar der Scenenwechsel im einzelnen Acte vermieden, doch wird dem Auge nicht nur durch die Verschiedenheit der Decoration der einzelnen Acte, sondern auch durch Geistererscheinungen, Wegziehen von Vorhängen, überraschende Ausblicke und durch Aufzüge Genüge geschafft. Auch Musik und Gesang haben Aufnahme gefunden. Bis auf die Gesänge ist der Reim auch hier wieder aufgegeben. Man glaubt, daß Dryden den 1. und 3. Act, Lee das Uebrige geschrieben habe.*)

Zu Troilus and Cressida or truth found too late (1679 in das Stationer's Book eingetragen), einer freien Bearbeitung des Shakespeareschen gleichnamigen Stückes, welches Dryden für eine noch unreife Jugendarbeit des Dichters hielt, wurde er durch den Wunsch bestimmt, „die trefflichen Gedanken und bewunderungswürdigen Züge zu retten,

---

*) Dieses Stück scheint Veranlassung zu einem Streite mit dem Royal Theatre gegeben zu haben, gegen welches sich Dryden verpflichtet gehabt haben soll, für einen bestimmten Antheil an den Einnahmen jährlich drei Stücke zu liefern. Dryden ließ nämlich das vorliegende Stück, vielleicht weil Lee Mitarbeiter daran war, von der Truppe des Herzogs von York darstellen, die seit 1671 ihr neues Theater in Dorset Garden bezogen hatte. Indessen wurden von dieser auch schon The tempest, Sir Martin Mar-all und Limberham gegeben, was später auch noch mit Troilus and Cressida und The spanish friar geschah.

die unter einem Haufen von Kehricht (rubbish) darin verschüttet lägen“;
was fast wie ein Urtheil aus Voltaire's Munde klingt. Die Engländer
haben daher wenig Ursache, sich über diesen zu beschweren, der das,
was ihr vielbewunderter Dryden schon vor ihm von einem Stücke
gesagt, nur auf alle Stücke des Dichters ausdehnte. Die Aenderungen
mußten hiernach sehr große sein. Zu der letzten Scene des britten
Acts, zwischen Hector und Troilus, die von Langbaine für ein Meister=
stück erklärt wurde, soll Betterton die Anregung und Idee gegeben haben;
sie ist jedoch ganz in dem schwächlichen Geiste Dryden's. Dies gilt
auch von dem Schlusse des Stücks, der ein völlig anderer geworden.
Cressida wird nämlich nicht untreu, sondern giebt sich nur auf Calchas'
Rath den Schein, als ob sie die Liebe des Diomedes erwidere. Troilus
vertraut diesem Schein. Cressida tödtet sich, angeblich um ihre Un=
schuld zu erweisen, thatsächlich aber, um dem Dichter zu einem un=
glücklichen Schluß zu verhelfen, dem alles Tragische fehlt. Troilus
tödtet hierauf den Diomedes, worauf er selbst von Achilles erschlagen
wird. Aller Aufwand von Fleiß und dem, was Dryden für Kunst
galt, sollte nur dazu dienen, den tiefen Abstand zu zeigen, der zwischen
ihm und Shakespeare besteht. Er war nicht fähig, die Intentionen
dieses Geistes in ihrer Tiefe zu fassen. Er hielt sich immer nur an
die Oberfläche der Erscheinungen.

Auch diesem Stücke schickte er wieder einen kritischen Aufsatz: The
grounds of criticism in tragedy voran. Obschon er darin eine
Theorie der Tragödie aufstellen wollte, kommt es über einen überaus
schwankenden Begriff nicht hinaus. Doch scheint er sich jetzt wieder
bestimmter für die drei Einheiten der Franzosen, besonders für die
Einheit oder vielmehr Einerleiheit der Handlung erklärt zu haben.
Terenz — heißt es nämlich — habe die doppelte Handlung eingeführt,
doch so, daß beide denselben Charakter gehabt, d. i. beide heiter ge=
wesen seien. Wogegen die Engländer komische und ernste Handlungen
miteinander verknüpft hätten, was er nicht billigt. Daher er auch
nicht mehr für eine unbedingte Nachahmung Shakespeare's und Flet=
cher's ist. Obschon er beide noch immer sehr hochstellt, erklärt er in
Uebereinstimmung mit Rymer jetzt doch ihre Pläne und ihre Motivi=
rungen für mangel= und fehlerhaft. Den Unterschied beider aber findet
er darin, daß Shakespeare mehr darauf ausgegangen sei, Schrecken
(terror), Fletcher dagegen Mitleid (compassion) hervorzurufen. Mit

diesen theoretischen Auslassungen steht die vorliegende Dichtung in großem Widerspruch. Denn nicht nur ist der Scenenwechsel im Act darin wieder aufgenommen, sondern es wechseln auch ernste mit komischen Scenen und in Folge dessen auch Vers und Prosa, was in dem nächsten Stücke, The Spanish friar (1681), ebenfalls wieder festgehalten ist.

Inzwischen war die politische Erregung durch die Unfähigkeit, das Schwanken, die Uebergriffe der Regierung stärker hervorgetreten. Schon die Heirath des Königs mit einer Katholikin, der Prinzessin Katharina von Portugal, hatte Mißtrauen erregt, der Verkauf der Festung Dünkirchen und der schmähliche Ausgang des unpopulären Kriegs mit den Holländern das Nationalgefühl aber auf's Tiefste verletzt. Die puritanische Partei erhob wieder dreister das Haupt. Doch auch die Royalisten, ja selbst das Cavalier-Parlament wurden von diesem Geiste ergriffen und zerfielen in Parteien. Es erhob sich ein Sturm, der sich zwar wieder legte, nachdem Clarendon zum Opfer gefallen war und Carl II. durch eine Scheinallianz mit Holland und Schweden denselben beschwichtigt hatte, der aber jeden Augenblick wieder hervorbrechen konnte. Und hierzu bereitete der König selbst die Gelegenheit vor, indem er heimlich die Interessen und die Würde des Staats an Frankreich verkaufte, nur um die anglikanische Kirche zu Gunsten des Katholicismus und die Freiheiten der Nation zu Gunsten seiner Unbeschränktheit im Innern zu stürzen und zu unterdrücken. Dies war der Sinn des im Jahre 1670 abgeschlossenen geheimen Vertrags von Dover. So geheim derselbe auch gehalten wurde, so vorsichtig Carl II. auf Rath Ludwigs XIV. in der Sache verfuhr, so mußten die damit verbundenen Absichten doch in dem Maße hervortreten, als man sie zur Ausführung zu bringen suchte. Die Duldungserklärung, welche der König erließ, führte alle patriotischen und freisinnigen Parteien zusammen. Das Parlament erzwang nicht nur die Rücknahme derselben, sondern auch ein Gesetz, welches alle Katholiken vom Staatsdienste ausschloß. Der König appellirte an's Volk. Die Parteien der Whigs und der Tories entstanden. Mit ihnen ein Kampf, der mit abwechselndem Glück und mit allen Mitteln des Parteigeistes, Corruption der Justiz, Denunciantenwesen und Justizmorden, geführt wurde.

Dryden stand auf der Seite der Tories und widmete sein Talent ihrem Dienste. 1681 trat er mit seinem Absalon und Achitophel, einer satirischen, gegen die Partei des Herzogs von Monmouth und Shaftesbury gerichteten Dichtung hervor, welche großes Aufsehen erregte und der ein zweiter Theil von Tate folgte, dem Dryden gleichfalls nicht fremd war. Unmittelbar darauf veröffentlichte er einen noch heftigeren Angriff auf die Whigpartei unter dem Titel Medal, Satire against sedition, die schon den Charakter einer Denunciation hatte.

Wie wenig Dryden aber noch damals mit den geheimsten Absichten Carls II. vertraut war, beweist die schon angeführte Tragicomödie The Spanish friar, beweist die 1682 von ihm veröffentlichte Streitschrift Religio Laici, da beide für die anglikanische Kirche gegen die Dissenters und Papisten eintraten. Noch in demselben Jahre muß sich aber hierin ein Umschwung in ihm vollzogen haben, da er noch innerhalb desselben in seinem Duke of Guise die Sache des Herzogs von York verfocht, die allgemein für die des Katholicismus angesehen wurde und angesehen werden mußte. Doch vermied er noch jede Erklärung hierüber, vielmehr spricht sich stellenweise darin, wie auch schon in The Spanish friar, sogar eine gewisse Verachtung der Religion und Priester aus *).

Es waren nicht die einzigen politisch gefärbten Stücke, die damals auf der Londoner Bühne erschienen. Nur einige seien davon hervorgehoben: Sir Barnaby Whig von D'Urfey; The city heiress von Aphra Behn; The princess of Cleve; The loyal brother von Southern; Venice preserved von Otway; The royalist von D'Urfey; The Round heads von Aphra Behn; The City politics und The English friar von Crowne. Auch Dryden's Oper Albion and Albanius (1685), welche Carl II. und Jacob II. verherrlichte, gehört mit hierher. Es war natürlich, daß, so lange die Tories am Ruder waren, diese Stücke immer in ihrem Geiste gehalten waren. Die Whigs begnügten sich mit dem Zischen. Auch als an sie die Reihe zu herrschen kam, machten

---

*) Es sind Nachklänge seiner früheren Anschauungsweise. Eine der stärksten Stellen seiner religiösen Libertinage ist folgende aus dem Mock astrologer:

Is not love without a priest and altars?
The temples are unanimate and know not
What vows are made in them; the priest stands ready
For his hire and cares not what hearts he couples.
Love alone is marriage!

sie nur selten von der Bühne Gebrauch, um ihre Gegner anzugreifen oder zu bemüthigen. Besonders bemächtigte sich der Parteigeist aber der Prologe und Epiloge, die damals eine so große Rolle spielten, daß es Dichter, wie Haines, und Schauspieler, wie Nelly Gwyn gab, die wesentlich durch sie einen Ruf hatten. Sie spielten damals überhaupt eine große Rolle in den Theatern, und da sie sich oft auf Verhältnisse der Bühne, öffentliche und private Angelegenheiten, auf die Sitten und politischen Zustände der Zeit bezogen, so hat man sie wohl der Parabase der alten attischen Comödie verglichen. Auch an Obscönitäten waren dieselben sehr reich, in welchem Falle man sie der drastischeren Wirkung wegen gern jungen, pikanten Schauspielerinnen in den Mund legte. Dryden zeichnete sich auch in diesen Dichtungen aus.

Er hatte, wie wir gesehen, sich schon in verschiedener Weise in die Gunst des neuen Königs zu setzen gesucht*). Es schien ihm aber doch nöthig, um seiner Sache sicher zu sein, auch vor dem letzten Schritte nicht zurückzuschrecken, sondern dem Beispiele Jacob's zu folgen und sich offen für den Katholicismus zu erklären. Nach den Angriffen, die Dryden sich nur wenige Jahre früher auf diesen erlaubte, ist es kaum zulässig, seinen Uebertritt auf andere Beweggründe zurückzuführen. Die Jahresrente von £ 100, die ihm der König aussetzte, will ich jedoch lieber auf sein berühmtes zur Verherrlichung des katholischen Glaubens verfaßtes Gedicht The hind and the panther (1687) setzen, welches die Parodie The city mouse and country mouse nach sich zog. Dryden sollte die errungenen Vortheile nicht lange genießen. Er war in diesem Falle nicht wie der Goethe'sche Oranien so klug gewesen, nicht klug zu sein. Schon 1688 war es mit dem grausamen Regimente Jacobs II. zu Ende. Dryden's Laureat und sein Jahres-

---

*) Was, wie das Vorwort zu The Spanish friar beweist, nicht ohne Kampf geschah: It has been a confessor and was almost a Martyr for the Royal cause. But having stood two tryals from its enemies, one before it was acted (die Aufführung wurde zu hintertreiben gesucht) another in the representation and having acquitted in both, 'tis now to stand the public censure in the reading. We only expected bare justice in the permission to have it acted and that we had after a severe and long examination. — — In the representation itself it was persecuted with so notorious a malice by one side, that it procur'd us the partiality of the other."

gehalt gingen auf den Whigiftifchen Dichter Shadwell über, den Dryden
durch feine Satire Flecknoe zu vernichten gedacht hatte. Mehr als je
auf die Gunft des Publikums, weil auf die Honorare der Bühne
angewiefen, fuchte er fich auch in die neuen Verhältniffe wieder zu
fchmiegen. Sein Prolog zu Don Sebastian, king of Portugal (1790)
wendet fich an die Großmuth des Siegers:

> The British nation is too brave to show
> Ignoble vengeance on a vanquish'd foe —

ein Gefühl, das er doch felbft fo wenig gezeigt hatte. Auch fehlt es
dem Stücke nicht an zeitgemäßen demokratifch gefärbten Tiraden. Es
folgten noch die Bearbeitung des Amphitryon (1690) und die Tra=
gödien Cleomenes, a Spartan hero und The love tryumphant (1693),
womit fich der Dichter kluger Weife von der Bühne verabfchiedete,
denn feine Erfindungskraft fchien erfchöpft. Er wendete fich nun haupt=
fächlich der Ueberfetzungskunft zu, in der er Vorzügliches leiftete. Sein
letztes Werk find die Fables, ancient and modern (1700), fie ent=
halten unter den Originalftücken auch feine fpäter von Händel kom=
ponirte Ode Alexander's feast or the power of music (von Rammler
1770 in's Deutfche überfetzt). Er ftarb am 1. Mai 1700. Trotz
feiner politifchen Vergangenheit ehrte man den Dichter im Tode ganz
nach dem Ruhme, den er in feiner beften Zeit im Leben genoß. Er
wurde in der Weftminfterabtei mit großem Pompe begraben. Seine
Gegner fanden ein Jahr fpäter Entfchädigung in einer Satire A de-
scription of Mr. Dryden's funeral (1701).

Bei all feiner Charakterlofigkeit als Menfch, wie als Dichter, übte
Dryden doch einen ungeheuren Einfluß auf den Gefchmack und die
Literatur feiner Zeit aus. Dies war nur möglich, weil diefe felbft fo
charakterlos war. Nicht nur feine Einleitungen und Vorreden wurden
mit gläubigem Ohre aufgenommen, auch feine gelegentlichen münd=
lichen kritifchen und theoretifchen Auslaffungen galten für Orakel=
fprüche. Es war befonders in Will's Coffeehouse, wo er einen feften
Sitz, im Winter am Kamin, im Sommer auf dem Balcon des Haufes
hatte, wo ihnen andächtig gelaufcht wurde. Das Anathem, welches
faft am Schluß feines Lebens Jeremias Collier gegen die Bühne und
Bühnendichter und ihre Unzüchtigkeit fchleuderte, war auch gegen ihn
gerichtet. Er geftand in feinem Prologe zu Fletcher's Pilgrim auch

zu, gegen die Sittlichkeit verstoßen zu haben, machte nun aber dafür die Sittenlosigkeit des Hofes, welcher er doch so lange geschmeichelt, verantwortlich. Lange vor Collier jedoch hatte sein Gewissen ihm gelegentlich dasselbe gesagt.*) Die Versuchung, der leichtfertigen tonangebenden Gesellschaft zu gefallen, war aber größer. Noch in seinem Amphitryon klingt der alte unzüchtige Ton weiter fort, und nach seiner Absetzung vom Laureate erschien ihm Congreve als der einzige Mann, der statt seiner des Lorbeers würdig gewesen wäre:

> Oh that your braws my laurel had sustain'd
> Well had J been deposed if you had reign'd!
> The father had descended for the son,
> For only you are lineal to the throne.

Ja er stellte ihn hier (in den Widmungsgedichten zum Double-Dealer) sogar auf eine Linie mit Shakespeare

> This is your portion, this your native share.
> Heaven, that but once was prodigal before,
> To Shakespeare gave as much; he could not give him more.

Congreve hat daher auch wieder von Dryden ein anmuthenderes Bild entworfen, als es der heutige Geschichtsschreiber zu thun vermag. Er nennt ihn human, bescheiden, mitfühlend, versöhnlich und wohlwollend; er rühmt sein ausgebreitetes Wissen, sein nie versagendes Gedächtniß, seine quellende Unterhaltung. Mild in der Beurtheilung der Werke Anderer, sei er immer zugänglich für berechtigten Tadel der eigenen gewesen.

---

*) Dies beweist die 1686 erschienene Ode: To the pious memory of Mrs. Anne Killegrew:

> O gracious God! how far have we
> Profaned thy heavenly gift of poesy!
> Made prostitute and profligate the muse
> Debased to each obscene and impious use,
> Whose harmony was first ordained above
> For tongues of angels and for hymns of love!
> Oh wretched we! why were we hurried down
> This lubric and adulterate age
> Nay added for pollutions of our own
> To increase the steaming ordures of the stage.
> What can we say to excuse our second fall?

Der gegensätzliche Charakter, welchen in diesem Zeitraum das ernste Drama im Verhältniß zu dem Lustspiel gewann, erklärt es auch, daß beide in der Production sich mehr und mehr von einander absonderten und einzelne Schriftsteller hervortraten, welche entweder nur das eine oder das andere pflegten. Zu ihnen gehört auf dem Gebiete des Lustspiels George Etherege*), geb. um 1636, gest. um 1694. Er hat das traurige Verdienst mit seinen drei Lustspielen The comical revenge or love in a tub (1664) halb in Reimversen, halb in Prosa, She wou'd, if she cou'd (1668) und The man of mode or Sir Fopling Flutter (1676) derjenige gewesen zu sein, welcher die frivole, unzüchtige Sittencomödie wieder in die Mode gebracht. Er galt als das Muster eines Gentleman, was freilich auf wenig mehr als einen Roué und Libertin hinauslief, da er dem Kreise des Herzogs von Buckingham, des Lord Rochester und des Charles Sedley**) angehörte, von denen besonders letzterer brutale Schamlosigkeit der Sitten und Genialität des Lasters mit einer gewissen Bildung des Geistes und mit Eleganz der Erscheinung zu verbinden verstand. Etherege hatte demnach volle Gegenheit, die Sittenverderbniß der Zeit zu studiren, auch besaß er genügendes Talent, das Abstoßende auf eine gefällige Weise zur Darstellung zu bringen. Dryden rühmte noch nach seinem

---

*) The works of Sir George Etherege 1735. — Biographia dramatica. — Doran, a. a. O. — Ward, a. a. O.

**) Charles Sedley (1639—1701) hat ebenfalls mehrere Stücke, Lustspiele und Tragödien geschrieben, von denen das erste The mulberry Garden (1668) noch am meisten gefiel. Hier soll seiner nur zur Charakterisirung des damaligen Lebens der höheren Stände gedacht werden. Dieser Liebling der vornehmen Damen entblödete sich nämlich nicht, 1663 mit mehreren seines Gelichters im angetrunkenen Zustand sich öffentlich ganz zu entkleiden und durch die obscönsten Bewegungen einen Auflauf zu veranlassen und den Pöbel dabei in schamlosester Weise zu belustigen und zu insultiren. Sir Charles wurde in Verhaft genommen und vor Gericht gestellt, auch in eine Geldstrafe verurtheilt, wobei er sagte, „ daß er nicht geglaubt habe, der Erste zu sein, der zahlen müsse, for easing himself a posteriori. In späteren Jahren spielte er zum Nachtheile des Königthums eine große Rolle im Parlament. Jacob II. hatte als Herzog von York Sedley's Tochter zu seiner Concubine und sich diesen dadurch zum unversöhnlichen Feinde gemacht, so daß derselbe einst sagte: Ich hasse die Undankbarkeit. Der König hat meine Tochter zur Gräfin gemacht, und ich werde nicht eher ruhen, bis ich seine Tochter (die Herzogin von Oranien) zur Königin gemacht habe.

Lobe an ihm das vornehme, gefällige Wesen (courtship). Sein erstes
Stück begegnete zwar anfangs einer Ablehnung. Dafür sprach das
zweite umsomehr an, welches, wie der Titel schon andeutet, die komischen Zwischenfälle behandelt, welche eine junge Frau an dem beabsichtigten Ehebruch hindern. Sein letztes Stück, The man of the Mode,
widmete er trotz der Indecenz desselben der Herzogin von York, in
deren Diensten und Gunst er stand. Man rühmt darin die glückliche
Zeichnung der Roués und Modenarren.

George Villiers, Herzog von Buckingham geb. 1627, gest.
1688, muß hier als Verfasser und Urheber des satirischen Lustspiels
The rehearsal genannt werden, an dem er jedoch auch noch Butler,
den Dichter des Hubibras, sowie Martin Clifford und Dr. Sprat zu
Mitarbeitern gehabt haben soll. Das Stück, wie es heißt, schon 1663
begonnen, was nicht recht wahrscheinlich ist, da zu dieser Zeit noch gar
kein Grund zu seiner Abfassung vorlag, kam erst 1771 zur Aufführung.
Es soll anfänglich gegen Howard gerichtet gewesen, dann aber noch
mehr auf Dryden gewendet worden sein, der in der Figur des Bayes
darin dem Gelächter preisgegeben erschien. Die Satire ist theilweise
recht gut, doch schießt der Dichter seine Pfeile auch nicht selten über
das Ziel. Das Ganze leidet an Länge oder ist doch für die Länge
nicht erfindungsreich genug. Das, was Dryden hier hauptsächlich zum
Vorwurf gemacht wird, zu viel reden und zu wenig handeln zu lassen,
ist auch der Fehler des Satirikers. Gleichwohl hatte das Stück einen
bedeutenden und unglaublich ausdauernden Erfolg, da es durch das
· ganze 18. Jahrhundert gegeben und selbst noch in diesem am 22.
Januar 1819 noch einmal aufgenommen wurde, was sich theils daraus
erklärt, daß die Kunst des Schauspielers der persönlichen Satire noch
einen größeren Nachdruck zu geben wußte, theils aber auch daraus, daß
man dieselbe den jeweiligen Modedichter und Modeschauspieler anzupassen
suchte. Das gereimte heroische Drama wurde aber nicht unmittelbar durch
· diese Satire verdrängt. Dryden schrieb noch vier Jahre später seinen
Aureng-Zebe, der bis 1721 gegeben wurde (auch The conquest of
Granada wurde noch 1709 wieder aufgenommen), John Crowne
seinen Charles VIII. (1675) und The destruction of Jerusalem (1579),
Settle seinen Ibrahim (1677), Lee Nero (1675) und Sophonisba
(1676), Otway den Alcibiades (1675) und Don Carlos (1676). Dryden
rächte sich anfangs nicht für den Spott. Er fand dazu aber auch

noch später Gelegenheit. In seinem Absalon und Achitophel überant=
wortete er Buckingham in der Figur des Zimri der Verspottung.
Buckingham war ein Mann von Geist und Talent, allein er vergeu=
dete beides. Unter seinem Namen erschien noch das Lustspiel The
chances (1682), eine Bearbeitung des gleichnamigen Beaumont=Flet=
cher'schen Stückes, und die Farce The battle of Sedgemore, ein kurzes,
gegen den Grafen von Feversham, den Befehlshaber der königlichen
Truppen, gerichtetes Pamphlet.

Thomas Shadwell*), geb. 1640 zu Lauton Hall in Norfolt,
wurde zur Rechtscarrière erzogen, doch gab er sich bald dem Hange
zur schriftstellerischen Thätigkeit hin, die ihn schon früh zur Bühne
führte. Anfänglich mit Dryden befreundet, schloß er sich diesem und
Crowne sogar zur Bekämpfung Settle's und seiner Empreß of Marocco
(1673) an, auch schrieb Dryden noch 1679 einen Prolog zu The Wi=
dow von Shadwell. Die Verschiedenheit ihrer politischen Ansichten
aber trennte sie dann. Dryden's Duke of Guise gab die erste Veran=
lassung zur Feindseligkeit. Shadwell schrieb dagegen Some reflections
on the pretended parallel in the play called the Duke of Guise.
Dryden erwiderte und erregte einen solchen Sturm gegen Shadwell
und Hunt, daß letzterer fliehen mußte, ersterer aber noch in seinem
Bury fair (1684) sagt, seines Lebens damals nicht sicher gewesen und
mehrere Jahre in der Ausübung seiner Thätigkeit behindert worden
zu sein. Einen neuen Anlaß gaben die Satiren Absalon und Achi=
tophel und Medal. Shadwell trat dagegen mit seinem Medal of
John Bayes (1681) auf. Dryden rächte sich in The second part of
Absalon and Achitophel, noch mehr aber in seinem Mac Flecknoe
or a satire on the blue protestant poet T. S., durch welchen er den
abtrünnigen Freund zu vernichten glaubte. Shadwell wurde aber
dafür von seiner Partei nur um so höher gehoben. Auch hatte er
bereits solche Erfolge auf der Bühne errungen, daß diese Angriffe sich
machtlos erweisen mußten. Die Verfolgungen aber, die er von der
königlichen Partei erfuhr, wurden ihm, wie wir schon sahen, unter der
nächsten Regierung auf Kosten Dryden's vergolten. Er erhielt dessen
Stelle als Hofdichter und Laureat. Doch genoß er der Ehre nur

---

*) The dramatic works of Th. Shadwell, with memoir. 4 vol. 1720. —
Biographia dramatica. — Ward, a. a. O.

kurze Zeit, da er bereits 1692 zu Chelsea starb. Seine Gebeine ruhen
in der Westminsterabtei. — Shadwell war ein Mann von großer
Ehrenhaftigkeit, Zuverlässigkeit und Treue. Sein lebhafter Geist und
sein sprühender Witz machten seinen Umgang und seine Unterhaltung
gesucht. Rochester sagte von ihm, daß, wenn alles was er geschrieben
verloren ginge und alles gedruckt würde, was er gesprochen, seine
Werke die aller anderen Dichter an Humor und Witz übertreffen
würden. Ein großer Verehrer Ben Jonson's, den er über alle anderen
Dichter stellte, ging er auch selbst dessen Wege. Da es schon bei
seinem Vorbilde nicht an Anstößigkeiten und Obscönitäten fehlt, so
kann es nicht in Verwunderung setzen, daß wir ihnen auch bei ihm,
dem Zeitgenossen eines Wycherley, wieder begegnen. Er war ein Lebe-
mann, der den Scherz in allen Formen liebte, der Flasche gern zusprach und wegen seiner Corpulenz öfter verspottet wurde. Auch er
hat fast nur das Lustspiel, die Sitten= oder besser die Unsittencomödie
gepflegt. Nur die Tragicomödien The royal shepherdess (1669), The
libertine (1672), eine Bearbeitung des Don Juan und The man-hater
(1678), eine Adaption des Shakespeare'schen Timon, sind davon aus-
zunehmen. Er eröffnete seine Bühnenlaufbahn mit einer Nachbildung
der Molière'schen Fâcheux unter dem Titel The sullen lovers or
the impertinents (1668). In The humourists (1679) und in Epsom
Wells (1675) lehnt er sich am entschiedensten an Ben Jonson an.
The virtuous (1676) zeigt die Virtuosität des Dichters auf dem Gebiete der Indecenz. In den Figuren des Snarl und der Lady Gim-
crack wird die unter dem Scheine der Ehrbarkeit ihr Wesen treibende
Libertinage gegeißelt. A true widow (1679), The woman captain
(1680) und The Lancashire witches and Teagne a Divelly the
Irish priest (1681) sind die weiteren dramatischen Gaben des Dichters.
Das letzte Stück gab Anlaß zu Angriffen. Man fand eine Herabsetzung der Geistlichkeit und des Katholicismus darin. Hauptsächlich
erregte die Figur des Smerk großen Anstoß, so daß der größte Theil
dieser Rolle unterdrückt werden mußte. Besonders hoch aber wurde
der Squire of Alsatia (1688) geschätzt, in welchem der Dichter Motiven
aus den Adelphi des Terenz und des Plautinischen Truculentus eine
ganz eigenthümliche Ausbildung gegeben hatte. Es errang einen ungeheuren Erfolg und brachte dem Autor an seinem dritten Tage die
höchste Einnahme, die man bisher kannte, £ 130, ein. Dieser Erfolg

erklärt sich zum Theil aus der localen Tendenz des Stücks, welches den Mißbrauch, der mit den sogen. Freiheiten von London getrieben wurde, satirisch beleuchtet. Alsatia war nämlich der Spottname von Whitefriars, einem Platze, welcher ein Asylrecht für die vom Gesetze Verfolgten besaß. Der Squire von Alsatia aber ist ein junger Mann aus reicher Familie, welchen die spitzbübischen Freibürger des Orts, auf ihre Gerechtsame trotzend, in ihre Falle gelockt und hier festhalten und ausbeuten, bis er zuletzt mit Gewalt ihren Klauen wieder entrissen wird. Die Darstellung ist überaus lebensvoll und dabei volksthümlich. Ungleich schwächer erscheinen dagegen Bury fair (1689) und Amorous Bigot (1691), welches wieder Angriffe auf den Katholicismus enthält. Dies ist auch in The scowerers (1691), dem letzten zu Lebzeiten des Dichters gegebenen Stücke der Fall, der einer der wenigen Whigistischen Schriftsteller ist, welche damals die Bühne zu diesem Zwecke gebrauchten. Das erst nach seinem Tode (1692) erschienene Lustspiel The volunteers or the Stock jobbers gehört zu seinen besseren Arbeiten, leider aber auch zu den indecenteren.

Shadwell litt an dem Hauptfehler der Lustspieldichter seiner Zeit. Er besaß zu wenig eigentliche dramatische Gestaltungskraft. Es fehlt seinen Stücken an Handlung und seiner Handlung an tieferem Interesse. Seine Charaktere, wie lebensvoll sie immer erscheinen, sind dies doch selten im dramatischen Sinne. Auch hat er sich bei ihrer Darstellung nur an die schlechteste Seite des damaligen Lebens gehalten. Dichter dieser Art, wie talentvoll sie immer sein möchten, haben ihren Lohn mit dem Beifall ihrer Zeit dahin.

Einen kaum minder bedeutenden Einfluß auf das Repertoire der damaligen Bühne, und zwar auf demselben Gebiete wie er, gewann Aphra Behn*). Sie trug nach Kräften zur Entsittlichung derselben bei, was doppelt verwerflich an einem Weibe ist, das in seiner Natur doch einen so starken Schutz dagegen finden könnte. Es ist nur damit ein wenig zu entschuldigen, daß sie bereits früh in ein abenteuerliches Leben gerissen ward. Aphra Jonson (1642—89) war aus guter Familie. Ihr Vater, der eine Anstellung als Generalstatthalter in Surinam erhielt und sich mit seiner Familie dahin einschiffte, starb auf der Reise dahin. Die Mutter blieb gleichwohl mit ihren Kindern

---

*) Plays written by the late ingenious Mrs. Behn (Reprint) 4 vol. 1871.

für längere Zeit in Westindien, wo Aphra ein phantastisches abenteuerliches Leben führte. Sie gerieth hierdurch in ein intimes
Verhältniß zu dem afrikanischen Prinzen Oroonoko, der hier in der
Sclaverei lebte, und hat in einer Novelle die Schicksale desselben, seine
unglückliche Liebe und sein grausames Ende in sehr anziehender Weise
geschildert. Nach England zurückgekehrt, heirathete sie einen holländi-
schen Kaufmann, Behn, der ihr nach dem phantastischen Leben, das
hinter ihr lag, umsoweniger genügen konnte, als sie wegen ihres
Talentes und ihrer Schönheit in die frivolen schöngeistigen Kreise der
Londoner eleganten Gesellschaft und des Hofes gezogen wurde, deren
Sitten und Anschauungen sie rasch zu den ihren machte und in
Schrift und Leben auf's Rücksichtsloseste bethätigte. Der Mann findet
leichter in seiner Natur und den äußeren Verhältnissen Hülfsquellen
und Anhalte, sich sittlich wieder aufzurichten, der Frau ist dies um
Vieles schwerer gemacht, auch scheint es nicht, daß Aphra das Be-
dürfniß dazu empfand. Sie sank sogar zur politischen Spionage herab
zu welcher sie Carl II. erniedrigte. Dies hinderte aber nicht, daß
Männer wie Dryden und Southern ihr in Freundschaft ergeben
waren und ihr Talent verehrten. Ihr erstes Stück war das Lustspiel
The amourous prince (1671) nach einer Novelle des Cervantes, dem
noch in demselben Jahre das ernste Drama The forced marriage
folgte. Von den 18 Stücken, die man von ihr kennt, mögen die
Tragödie Abdelazer or the moore's revenge nach Marlowe's Lust
dominion (1677), Sir Patient Fancy, eine nicht ungeschickte, aber sehr
indecente Bearbeitung von Molière's Malade imaginaire, die von dem
Mibbleton'schen A mad world, my masters! beeinflußte City heiress,
von der sie selbst im Vorwort die loyale, torriistische Gesinnung rühmt,
The lucky chance or an alderman's bargain, eines ihrer bestgearbeiteten, aber auch indecentesten Stücke hervorgehoben werden. The
younger brother or the amourous Jilt (1696), welches erst nach
ihrem Tode gegeben wurde, war ihr letztes Stück.

So sittenlos und obscön die Stücke Aphra Behn's zum großen
Theile auch sind, so wurde sie hierin doch noch durch Dichter wie
Ravenscroft und Wycherley übertroffen. Besonders bezeichnet Letzterer
den Gipfel alles dessen, was das englische Theater an Schamlosigkeit
hervorgebracht hat. An brutaler Rohheit der Sprache und Gesinnung
hat zwar selbst er im Einzelnen Fletcher und Webster kaum übertreffen

können, aber im Ganzen zeigt sich ein großer Unterschied zwischen ihnen. Erst hier begegnen wir der völligen Abwesenheit sittlicher Grundsätze, ja der geflissentlichen Verhöhnung derselben.

Edward Ravenscroft, der mit dem Lustspiel Mamamouchi 1672 die Bühne betrat, hat wegen verschiedener seiner Bearbeitungen Shakespeare'scher Dramen schon genannt werden können, hier sei nur noch einer anderen Adaption desselben, The italian husband (1697), gedacht, weil ihr dasselbe Stück zu Grunde liegt, welches wir beim italienischen Theater aus Cicognini's Il tradimento per l'onore kennen lernten. Dagegen verlangt das immerhin bedeutende Talent, welches die Arbeiten Wycherley's zeigen, ein etwas näheres Eingehen auf ihn.

William Wycherley*) wurde 1640 zu Cleve in Shropshire geboren. Sein aristokratischer, der königlichen Sache ergebener Vater schickte ihn zur Erziehung nach Frankreich, wo er den Glauben wechselte und den Grund zu seiner leichtfertigen Lebensauffassung legte. Nach England heimgekehrt studirte er länger in Oxford, kehrte in den Schoß der anglikanischen Kirche zurück und ging nach vollendeten Studien nach London, um am Temple seine juristische Carriere zu eröffnen, die er jedoch bald mit dem freien Stande eines vornehmen Herrn und Genußmenschen vertauschte und, dem Zuge seines Talents und der Mode der Zeit folgend, gelegentlich auch für die Bühne schrieb. Wycherley behauptete später, sein erstes Stück schon mit 19 Jahren geschrieben zu haben. Macaulay hat aber das Unrichtige dieser Angabe nachgewiesen. Sein Love in a wood or St. James park (1672) ist eine Sittencomödie im Geschmacke des Etherege, eine Mischung von Eleganz und Rohheit, von Ehrbarkeit und Depravation. Er hatte damit einen großen Erfolg. Man sagt, daß die Herzogin von Cleveland, die Maitresse des Königs, die ihre Günstlinge von der Straße aufzulesen pflegte, ihn bei dieser Gelegenheit zum ersten Male sah und an seinem frechen Witz und seiner feinen und vielversprechenden Erscheinung solches Gefallen fand, daß sie ihm zur Anknüpfung näherer Bekanntschaft im Vorüberfahren lächelnd ein vertrauliches und aufmunterndes: Du, Hurensohn! zugerufen habe. Wycherley, der

---

*) Wycherley's ꝛc. Plays by Leigh Hunt. Diese Ausgabe veranlaßte den berühmten Essay Macaulay's über „Die vier großen Lustspieldichter der Restaurationszeit."

diesen Wink verstanden, habe sich rasch in die Fesseln der schönen
Herzogin gefügt, der er noch in demselben Jahr sein im Druck er-
scheinendes Stück widmete. Sein zweites Lustspiel The Gentleman
dancing master (1672) ist aus Motiven von Calderon's El maestro
de danzar und Molière's Ecole des femmes zusammengesetzt. Taine
nimmt die schon vor ihm gemachte Bemerkung auf, daß die damaligen
englischen Dichter die fremden Motive, die sie ergriffen, fast immer
vergröberten. Er will daraus auf eine Inferiorität des englischen
Geistes überhaupt, besonders dem französischen gegenüber schließen. Allein
er vergißt, was die französischen Dichter ihrem Publikum bis zu Corneille
und Molière zugemuthet hatten, und daß man selbst noch diesen den
Vorwurf machte, die Motive der Spanier, die sie behandelten, vergröbert zu haben. Ueberhaupt halte ich es nicht ganz für richtig, zu
glauben, daß Wycherley und die bedeutenderen damaligen englischen
Lustspieldichter, wenn sie fremde Motive ergriffen, die fremden Dichter
immer nur nachahmen und deren Stücke auf die englische Bühne übertragen wollten. Dies ist zwar von andrer Seite vielfach geschehen, doch
lag ihnen selbst nicht selten mehr daran, die Sitten des englischen Lebens
soweit sie dieselben interessirten, zur Darstellung zu bringen und da es
ihnen an dramatischer Erfindung fehlte, ergriffen sie hierzu die Erfindungen anderer, also lediglich als Mittel zum Zweck. Ich muß selbst
bei der Beurtheilung eines Schriftstellers wie Wycherley immer auf's
Neue betonen, daß seine frivolen, brutalen Darstellungen nur zum
Theil auf der Frivolität und Brutalität der Zeit und des Dichters
beruhten, zum Theil aber auch aus einem falschen Begriffe vom Wesen
und Zwecke des Lustspiels hervorgingen. Es ist daher auch nicht
richtig, aus diesen Lustspielen einen Schluß auf die allgemeine Verdorbenheit der Zeit und der damaligen englischen Gesellschaft zu ziehen.
Die Dichter stellten eben nur das dar, was sie davon kannten oder
was sie für die vermeintlichen Zwecke ihrer Darstellung gebrauchen
konnten. Die Kreise, in denen Zucht und Sitte herrschte, und deren
gab es selbst damals, kannten sie nur in den seltensten Fällen, weil
diese sich gegen sie abschlossen und letzteres sie gerade noch zur gelegentlichen Verspottung von Zucht und von Sitte reizen mochte. Wycherley's Dancing Master führt uns gewiß in die schlechteste Gesellschaft.
Wenn aber Macaulay von dem Lustspiele dieser Zeit, deren frechster
Vertreter Wycherley zweifellos ist, überhaupt sagt: Wir finden

uns durch dasselbe in eine Welt versetzt, in welcher die Frauen ausschweifenden, frechen und fühllosen Männern gleichen und in welcher die Männer zu schlecht für irgend einen anderen Aufenthalt als das Pandämonium oder die Norfolkinsel sind. Wir sind mit Stirnen von Bronce, Herzen von Mühlsteinen und von vom Feuer der Hölle entzündeten Zungen umgeben —" so läßt er (abgesehen noch davon, in wie weit dies alles auf die einzelnen Stücke anwendbar ist) doch ganz unberührt, in welche Beleuchtung, in welchen Contrast sie vom Dichter gestellt sind, um sie, worauf es diesem, selbst hier noch, wesentlich ankam, wenn auch nicht der Verachtung, so doch dem Gelächter preiszugeben. Auch vergißt er, wenn er von den schlechten Eigenschaften Wycherley's spricht, allzusehr dessen Vorzüge, obschon er sie an anderen Stellen wohl anerkennt. Die Wahrheit ist aber doch, daß beide immer Hand in Hand bei ihm gehen und letztere jene ebenso mildern, wie jene diese entstellen und beschmutzen. Es ist in Wycherley etwas von dem genialen Uebermuthe und der komischen Kraft der italienischen Komiker der Renaissancezeit, die ihm an Unzüchtigkeit nichts nachgeben, ein Gemisch von dem Geiste, der in den Spielen Bibbiena's, Machiavelli's und Aretin's herrscht. Wie sie, schrieb auch er für ein Publikum, das nicht zu verderben war, weil es vom Leben schon völlig verdorben worden; zumal der ehrbare Theil der Gesellschaft hielt sich dem Theater, besonders dem Lustspiele, fern*). Die Aehnlichkeit mit den Prosacomödien jener italienischen Dichter tritt besonders in seinem Lustspiel The country-wife (1673) hervor. Auch begründete erst dieses Stück seinen Ruf, denn das erste erlitt zunächst eine Niederlage.

---

*) Es geht aus Pepys' Notizen hervor, daß das Bürgerthum einen anderen Geschmack hatte, als die höfische Gesellschaft. Es scheint, daß auf ersteres besonders die Ausstattungsstücke berechnet waren und daß dieses es war, welches sich länger gegen die allzu indecenten Stücke auflehnte. Bei einem Besuch des Siege of Rhodes war das ganze Haus full of citizens. „There was hardly — setzt Pepys, der Sohn eines Schneiders, mit Geringschätzung hinzu — a gallant man or woman in the house". Und Cobbes bemerkt, daß die Damen nicht unmaskirt in ein neues Stück zu gehen wagten, weil dies mit ihrem guten Ruf sich nicht würde vertragen haben. Die meisten gingen überhaupt nicht eher, als bis man über den Inhalt beruhigt war. Diejenigen aber, welche die Neugier trieb, gingen maskirt. Im Gegensatze also zu Venedig, wo nur die öffentlichen Frauen maskirt erschienen. Es führte aber auch in London zu Mißbräuchen, welche zuletzt eine Abstellung dieser Sitte herbeiführten.

Auch hier hat Wycherley zum Theil fremde Motive, aus Molière's Ecole des maris, entlehnt. Ein Mann, der sich für einen Castraten ausgiebt, um sich leichter in das Vertrauen der Ehemänner zu schmeicheln, bildet den Mittelpunkt dieses Stücks. Den Frauen giebt er zu ihrer Befriedigung um so realere Beweise von seiner unverkümmerten Manneskraft. Die Satire auf die ehelichen Zustände der Zeit konnte nicht beißender, aber auch nicht frecher und unzüchtiger sein. Glücklicherweise wird sie nicht ganz so weit, als man gewöhnlich annimmt, getroffen haben. Der Plain dealer (1674), der einen zwar anfangs bestrittenen, dann aber um so andauernderen Erfolg hatte und in dem wieder Motive aus Molière's Misanthrope benutzt worden sind, ist das letzte Stück des Dichters. Der Grund, weshalb er sich so rasch, mitten in seinen Triumphen von der Bühne zurückzog, ist nicht völlig aufgeklärt. Wahrscheinlich hängt es mit seiner bald nach der Darstellung von The Country wife erfolgten Heirath mit der Gräfin Drogheda zusammen, deren Eifersucht möglicherweise jeden Verkehr mit der Bühne zu verhindern suchte. Als ihm nach dem Tode derselben ihr Vermögen bestritten ward, gerieth der leichtfertige und verschwenderische Mann auch noch in Schulden und hierdurch in solche Noth, daß er seinen Verleger um ein Darlehn von 20 £ angehen mußte. Auch jetzt sehen wir ihn aber keinen Versuch machen, sich durch erneute Bühnenthätigkeit wieder emporzuarbeiten. Er mußte in's Fleetgefängniß wandern, wo er sieben Jahre lang schmachtete, bis er das Mitleid Jacobs II. erregte, welcher seine Schulden bezahlte und ihm einen Jahresgehalt von 200 £ aussetzte. Macaulay erklärt diesen Zwischenfall aus Wycherley's Rücktritt in die katholische Kirche. Durch den Tod seines Vaters, der sich ganz von ihm zurückgezogen haben mußte, gelangte er wieder zu einigem Vermögen und mit 75 Jahren ging er, um wie Jonson's Morose, seinen Neffen zu beeinträchtigen, auch noch zum zweiten Mal eine Ehe ein. Er starb im December 1715 und ward in der Gruft der St. Paulskirche begraben.

Man wird Wycherley nicht allzusehr für die Sittenlosigkeit der damaligen englischen Bühne verantwortlich machen dürfen, obschon er sie auf ihren Gipfel gebracht. Dazu war seine Thätigkeit eine zu kurze. Von den vier Stücken, welche er ihr gegeben, haben eigentlich nur zwei bedeutendere Erfolge gehabt. Zwischen seinem letzten und Congreve's erstem Stücke liegen fast zwanzig Jahre, und die Bühnendichter die ihm sonst in Frivolität am nächsten stehen, haben mit Ausnahme

D'Urfey's ihre Bühnenlaufbahn alle früher, als er begonnen. Erst 1718, wurde nach 30 jähriger Pause sein Love in a wood wieder aufgenommen. Dagegen erhielten sich sein Country-wife und sein Plaindealer fast durch das ganze vorige Jahrhundert. Letzterer erhielt 1765 eine neue Ueberarbeitung durch Isaac Bickerstaff.

Thomas D'Urfey*) (1630—1723), der besonders als lyrischer Dichter damals sehr in Aufnahme kam — seine Balladen, Sonette, Lieder erschienen in 6 Bändchen unter dem Titel Pills to purge melancholy — war zwar nur ein Bühnenschriftsteller im gewöhnlichen Sinne des Worts, aber als solcher ebenso beliebt, wie als Gesellschafter. Er hat sich in allen Gattungen von Spielen versucht und bei fast allen bedeutenderen Dichtern Anleihen gemacht. Von seinen 31 Stücken, so beliebt sie seiner Zeit waren, war aber im dritten Viertel des vorigen Jahrhunderts schon kein einziges mehr auf der Bühne. Er debutirte mit der Tragödie The siege of Memphis (1676). Sein letztes Werk war die Pastoral-Oper Ariadne (1721).

Es erscheint nun eine Reihe von Dichtern, welche, wenn sie auch nicht alle ausschließlich die Tragödie pflegten, doch in ihr hauptsächlich ihre Stärke fanden. Von ihnen ist der früheste John Crowne, der Sohn eines höheren Beamten in Nova Scotia in Amerika. Nach England gekommen, um sich hier einem Lebensberufe zu widmen, entschied er sich bald für die schriftstellerische Carrière. 1671 trat er mit seinem ersten Drama, der Tragödie Juliana, hervor, der ein Jahr später Charles VIII. of France und 1675 eine Uebersetzung der Racine'schen Andromache folgte, welche sehr schwach war. Er gewann sich die Gunst Rochester's, der ihn bei Hofe empfahl, wo in demselben Jahre seine Maske Calisto gespielt wurde. Schon mit Charles VIII. hatte sich Crowne, trotz des Rehearsal, für das heroische Drama und den Reimvers entschieden, 1677 trat er mit einem erneuten Versuche in diesem hervor, dem zweitheiligen Drama The destruction of Jerusalem by Titus Vespasian. An Schmeichelei scheint er mit Dryden gewetteifert zu haben, da es z. B. in der Widmung dieses Stücks an die berüchtigte Herzogin von Portsmouth heißt: „Ich befestige das Bild von Ew. Herrlichkeit an das Thor dieses jüdischen Tempels, um das Gebäude zu heiligen." Crowne gehörte daher auch damals

---

*) Baker's Biographia dramatica.

selbstverständlich zu den Dichtern der Tories. Nicht wenige seiner
Stücke zeigen eine entsprechende Tendenz. In der Tragödie begün=
stigte er unter dem Einflusse Corneille's bald die antiken Stoffe.
Thyestes (1681), Darius (1688), Regulus (1694), Caligula (1698),
sind ihre Gegenstände. Dem Autor fehlte es an Poesie und an dra=
matischer Gestaltungskraft, um dieselben wirkungsvoll behandeln zu
können. Die Liebe sollte das dichterische Deficit decken und spielte
eine meist wenig zur Sache gehörige Rolle dabei. Seine Tragödien,
obschon zu ihrer Zeit ziemlich geschätzt, gehen selten über den Werth
rhetorischer Exercitien hinaus. Von seinen Lustspielen hat besonders
Sir Courtly Nice or It cannot be (1685) viel Beifall gefunden. Er
entlehnte dazu Motive aus Moreto's Puod esser. Der Hauptcharakter,
ein geckenhafter Landjunker, war eine Lieblingsfigur des damaligen
Theaters, die bald conventionell wurde, hier aber noch voller Leben
ist. Auch Crowne hatte sie schon vorher in seinen Country Wits (1675)
mit Glück angewendet. The English friar (1690) ist eine freie Be=
handlung der Grundidee des Tartuffe und wie jenes gegen die Whigs
gerichtet; sein letztes Lustspiel, The married beau (1694), nach einer
Novelle des Cervantes (in Don Quijote). Von all seinen Stücken
erhielt sich nur Sir courtly Nice längere Zeit auf der Bühne; er
wurde noch 1781 neu aufgenommen. Crowne starb um 1703.

Ein verwandtes, noch viel einseitiger der Tragödie zugewendetes
Talent war Elkenah Settle*), geb. 1648 zu Dunstable in Bed=
fordshire. Er trat 1671 mit der Tragödie Cambyses auf. Schon
sein zweites Stück, The Empress of Marocco (1673), errang einen so
großen Erfolg, daß es den Neid seiner Nebenbuhler erregte. Es er=
schienen kritische Bemerkungen darüber, die Dryden, Shadwell und
Crowne zugeschrieben wurden. Letzterer bekannte sich später zu dem
größten Theile derselben. Settle nahm Gelegenheit, sich zu rächen,
indem er gegen Dryden's Absalon und Achitophel und dessen Medal
schrieb, was sich auch mit daraus erklärt, daß er damals der Whig=
partei angehörte. In diese Zeit fällt The female prelate (1689),
worin er die Geschichte der Päpstin Johanna behandelt hat. Später
trat er jedoch zu den Tories über und schrieb nun in ebenso maßloser
Weise für das Königthum und den Katholicismus wie früher gegen

---

*) Biographia dramatica.

dieselben, so daß er nicht nur ein panegyrisches Gedicht auf die Krönung Jacobs II. verfaßte, sondern etwas später selbst noch den scheußlichen Oberrichter Jefferies in schamloser Weise verherrlichte. Dies mußte nach dem Siege der Whigs verhängnißvoll für ihn werden. Er kam nun so in seinen Verhältnissen herunter, daß er für einen Budenbesitzer des Bartholomewmarkts Possen schrieb und auch selbst darin auftrat. Endlich erhielt er ein Unterkommen in Charter-house, wo er 1723 starb. Von seinen dramatischen Arbeiten, er schrieb bis zuletzt für's Theater, haben sich 17 Stücke erhalten. Sie sind meist romantischen Inhalts. Ich hebe von ihnen nur noch den in heroischen Versen geschriebenen Ibrahim, the illustruous Bassa (1677), die Bearbeitung des Pastor fido (1677), die von Beaumont und Flet-cher's Philaster (1695) und sein Lustspiel The city ramble (1711) hervor, zu dem er Motive aus Fletcher's Knight of the burning pestle und aus dessen The coxcomb benutzte. Er war damals so schlecht accreditirt, daß er, um den Erfolg dieses Stückes nicht in Frage zu stellen, es unter fremdem Namen veröffentlichte. The ladies' tryumph (1718), ein burleskes Ausstattungsstück mit Musik, das er als komische Oper bezeichnete, ist das letzte seiner noch vorhandenen Werke.

Ein ungleich größeres Talent trat in Nathanael Lee*) hervor, den ich schon bei Besprechung Dryden's mit zu berühren hatte. Als Sohn eines Geistlichen 1650 zu Hatfield geboren, erhielt er eine gute und dabei freisinnige Erziehung. Er studirte zu Cambridge und ging nach beendeten Studien nach London, sein Glück bei Hofe zu machen. Da ihm dies aber nicht gleich gelang, versuchte er sich auf der Bühne als Schauspieler. Seine erste Rolle war Duncan in Macbeth. Ob-schon ein ausgezeichneter Vorleser, erwies er sich doch als ein unge-schickter Darsteller, und da er von einem ungestümen Zuge seiner Natur an einem langsamen Emporarbeiten verhindert wurde, gab er die Schauspielerei ebenso rasch wieder auf, als sie von ihm ergriffen worden war. Es wurde nun ein Versuch als dramatischer Dichter gemacht. Lee besaß ohne Zweifel ungewöhnliche poetische, ja selbst dramatische Anlagen. Er wäre vor allen anderen Dichtern der Zeit zum Tragiker berufen gewesen. Auch hier aber ward ihm sein Unge-

---

*) The dramatic Works of Nath. Lee. 3 vols. 1734. — Hettner, a. a. O. — Taine, a. a. O.

stüm wieder verhängnißvoll, das alles im Fluge erobern wollte. Es
hinderte ebenso sehr seine künstlerische Durchbildung, wie die seines Charakters. Es fehlte ihm an Ebenmaß, Ruhe und Würde. Blindlings
griff er in alle Höhen und Tiefen. Mit demselben Feuer, mit dem
er sich in die dichterische Begeisterung warf, welches aber doch nur
eine krankhafte, überfliegende Hitze war und ihn häufiger zu Bombast
und Geschmacklosigkeit, als zur Erhabenheit und zur Schönheit führte,
stürzte er sich in die Genüsse des Lebens und zerstörte hierdurch frühzeitig Körper und Geist. Er verfiel so allmählich in Wahnsinn, von
dem er zwar zeitweilig geheilt wurde, doch ohne seine frühere Kraft
zur Thätigkeit zurückgewinnen zu können. Im Winter 1603 wurde er er-
froren auf der Straße gefunden und in St. Clement Danes begraben.

Lee hat ausschließlich Tragödien geschrieben. Fast all seine Stoffe
sind der alten Geschichte entlehnt. So Nero (1675), Sophonisba or
Hannibal's overthrow (1676), Gloriosa or the court of Augustus
(1676), The rival queens or Alexander the great (1677), Theodosius (1680), Lucius Iunius Brutus (1681), Constantine the great
(1684). Nur Caesar Borgia (1680), The princess of Cleve (1689)
und The massacre of Paris (1690) sind davon ausgenommen. Marlowe, Shakespeare und Fletcher waren ihm in Bezug auf den sprachlichen Ausdruck Muster. Er glaubte sie aber alle übertreffen zu können,
obschon es bei ihm über ein Schwanken zwischen der altenglischen und
der neufranzösischen Compositions- und Behandlungsweise niemals
hinauskam. Die Ursprünglichkeit und Genialität des Dichters sprang
aber im Einzelnen aus all seinen Arbeiten hervor. Mrs. Siddons
war voll Bewunderung für ihn. Hettner vergleicht ihn mit Grabbe.
Ein Beurtheiler der Retrospective Review aber wendet auf ihn die
Worte des Polonius an, indem er sagt, daß in seiner Dichtung viel
Wahnsinn, aber in seinem Wahnsinn Methode sei. In seinen ersten
Arbeiten schloß er sich Dryden's heroischem Drama an. Nero ist zum
Theil, Sophonisba ganz in Reimen geschrieben. Mit The rival queens
ging er jedoch zum Blankverse über. Geistererscheinungen, Aufzüge,
Musik und Gesang spielten nach Dryden's Vorgang auch bei ihm eine
Rolle. Dem Gegensatze wilder, flammender Leidenschaft und duldender,
rührender Milde hat er große Wirkungen zu entlocken verstanden. Dies
ist besonders in dem letztgenannten Drama und in Theodosius, einem
farbenreichen Gemälde von Liebe und Wollust, der Fall, in dem sich

derselbe Stoff wie in Massinger's Emperor of the East behandelt findet.

Größere Anerkennung fand bei sorgsamerer Verwendung einer ursprünglich minder bedeutenden Begabung ein andrer Dichter der Zeit der wieder das ganze Gebiet, Lustspiel und Tragödie, zu umfassen strebte, aber nur der letzteren seinen Ruf verdankt. Thomas Otway*) wurde 1651 zu Trotting in Sussex geboren. Er erhielt seine Erziehung zu Winchester und Oxford. Nach seines Vaters, des Oberpfarrers von Wolbebing, Tode, der nichts hinterließ, aller Unterstützung beraubt, wendete er sich nach London, und hier wie Lee der Bühne, erst als Schauspieler, dann als Dichter, zu. Sein Talent und seine persönlichen Eigenschaften empfahlen ihn der leichtfertigen vornehmen Gesellschaft. Er erwarb sich die Gunst des Grafen von Plymouth, eines Sohnes des Königs, welcher ihm eine Stelle in der Armee vermittelte. Dieses Verhältniß war jedoch von nur kurzer Dauer, worauf er sich wieder der Bühne und dem früheren Wohlleben zuwendete. So groß seine Einnahmen waren, so rasch verschwanden sie auch. Das Ausbleiben von Erfolgen zog später die Anhäufung von Schulden nach sich, und nachdem er so zwischen Genuß und Noth längere Zeit auf- und niedergeschwankt, gerieth er zuletzt in eine so klägliche Lage, daß er am 15. April 1685 im Armenhause zu Towerhill sein Leben beschloß. Er begann seine Laufbahn als dramatischer Schriftsteller 1675, in demselben Jahre wie Lee, mit der Tragödie Alcibiades, ebenfalls einem Versuche im heroischen Drama, aber einem sehr schwächlichen, der ziemlich spurlos vorüberging. Desto größeren Erfolg errang er ein Jahr später mit seinem Don Carlos, der auch noch in gereimten Versen geschrieben ist. Er sagt, daß er damit mehr Beifall, als mit irgend einem seiner späteren Stücke gefunden habe. 1677 folgte eine Bearbeitung von Racine's Titus und Berenice, sowie die Posse The cheats of Scapin nach Molière, die sich lange auf der Bühne erhielt. 1678 brachte das Lustspiel Friendship in fashion, ein sehr abstoßendes Stück, das aber gleichwohl gefiel. Seines Cajus Marius (1680), in welchem er Shakespeare's Romeo und Julia verarbeitet hat, ist schon gedacht worden. Es ist eine der geschmacklosesten Adaptionen

---

*) The works of Th. Otway with notes and life. 3 vols. 1728; sowie die Ausgaben von 1812 und 1813.

und eines der keckſten Plagiate. Ganze Scenen, wie die Scene zwiſchen der Amme, Julia und ihrer Mutter, die Gartenſcene, Julia's
Monolog vor der Rückkehr der Amme, die Abſchiedsſcene, der Monolog
vor dem Schlaftrunke u. ſ. w. ſind im römiſchen Gewande in daſſelbe
mit übergegangen. Das Stück wurde erſt durch die Wiederaufnahme
der ächten Tragödie am 11. September 1744 von der Bühne verdrängt. Ein Fortſchritt lag wenigſtens darin, daß es Otway zur
Wiederaufnahme des Blankverſes beſtimmt hatte. In demſelben Jahre
erſchien auch The orphan, ein Stück, das er für die berühmte Schauſpielerin Mrs. Barry geſchrieben haben ſoll, welche die Monimia ſpielte.
Es iſt die Geſchichte der Liebesleidenſchaft zweier Brüder für ein und
daſſelbe Mädchen. Caſtalio vermählt ſich der Monimia heimlich und
verabredet mit ihr die erſte nächtliche Zuſammenkunft. Polydor, der
das letztere erlauſcht hat, ohne doch von erſterem zu wiſſen, nimmt
ſeine Stelle ein. Dies iſt nur möglich, weil die Zuſammenkunft im
Dunkeln ſtattfindet und Monimia nicht an Polydor's Stimme die
Verwechslung bemerkt. Eine überaus künſtliche Vorausſetzung. Natürlich wird der Verrath ſchließlich entdeckt. Caſtalio erſticht ſeinen
Bruder, Monimia nimmt in Verzweiflung Gift, und auch Caſtalio
macht ſeinem Leben ein Ende. Das Stück iſt auf große ſchauſpieleriſche und theatraliſche Effekte berechnet und wurde noch in dieſem
Jahrhundert wieder auf's Neue gegeben. Das folgende Jahr brachte
ein Luſtſpiel The soldier's fortune, es iſt ziemlich grob und
poſſenhaft, gefiel jedoch ſo, daß Otway eine Fortſetzung ſchrieb: The
atheist or the second part of the soldier's fortune (1684), welche
jedoch durchfiel. Um ſo größer war der Beifall, welcher dem Dichter
für die Tragödie Venice preserved or a plot discovered (1682) gezollt
wurde. Sie war gegen die Whigs geſchrieben und die chargirte Figur
des Antoni, wie der Prolog andeutet, darauf berechnet, Shaftesbury
verächtlich zu machen*), den er auch ſchon in Cajus Marius ange-

---

*) Die Stelle lautet:

Next is a senator that kept a whore,
In Venice none a higher office bore.
To lew'dness ev'ry night the leacher ran;
Show me, all London, such another man,
Match him at another Creswell's if you can.

griffen hatte. Die venetianische Verschwörung vom Jahre 1618 bot
hier den Stoff. Der erste Act klingt stark an Othello an. Jeffrei
hat Belvidera, die Tochter des Senators Priuli, entführt und geheirathet, wofür er von diesem eine schmachvolle Behandlung erfährt.
Aus Rache tritt er einer Verschwörung bei, die gegen den Senat gerichtet ist. Belvidera entlockt ihm das Geheimniß und überredet, um
ihren Vater zu retten; ihren Gemahl zum Verrathe. Den Verschwö-
rern wird der Proceß gemacht. Auch Jeffrei's Freund, Pierre, wird
mit Tode bedroht. Die Reue erwacht. Jeffrei versucht, Pierre zu retten,
und da ihm dies nicht gelingt, ersticht er sowohl ihn, wie sich selbst.
Belvidera stirbt aus Gram in den Armen des Vaters. Obschon die
Motivirung Manches zu wünschen läßt und Jeffrei eine ziemlich klägliche Rolle spielt, so gehört dieses Stück doch zu den besten der Zeit.
Es ist mehr dramatische Bewegung, mehr Farbe, mehr tragische Spannung darin, als in irgend einem Stücke Dryden's. Dabei ist die Behandlung würdiger und geschmackvoller, als gewöhnlich. Die Scene
zwischen Antoni und der Concubine Aquilina im 5. Act erscheint zwar
als überflüssige, ja ungehörige Einlage, ist aber an sich eine zwar
groteske, doch überaus bittere Satire, und was Charakteristik und Ausdruck betrifft, ein kleines Meisterstück ihrer Art. Mit Recht sagt Taine,
daß dieser Dichter um ein Jahrhundert zu spät kam. Seine Zeit
konnte sein Talent nicht in der rechten Weise zur Entwicklung bringen.
Dies gilt auch für Lee.

Nicht minder bemerkenswerth ist der nur wenige Jahre später
auftretende Thomas Southern*). 1660 in Dublin geboren, erhielt er auch hier seine erste Erziehung, bezog aber dann, nach Gildon,

---

Mutter Creswell war eine bekannte Londoner Kupplerin. Man kann überhaupt
aus den Prologen und Stücken der Zeit die Namen aller hervorragenden Subjecte
dieses schmählichen Gewerbes, als Jenny Cromwell, Mother Mosely, Mother
Gifford, Mother Temple kennen lernen. Wycherley widmete sogar seinen Plain
Dealer einer derartigen Person, Mylady B.... d. i. Bennet. Mother Creswell hielt
übrigens auf Reputation. Sie verordnete in ihrem Testamente, daß ihr ein
Prediger gegen 10 £ Honorar eine lobende Leichenrede halten solle. Es soll
sich auch einer gefunden haben, welcher aber nur sagte: She was born well, she
lived well and she died well, for she was born with the name of Creswell,
she lived in Clerkenwell and she died in Bridewell.

*) Biographica dramatica. — Samuel Johnson, a. a. O.

mit 17 Jahren die Universität Oxford. Nach London gekommen schloß
er sich der königlichen Partei an, und sein Persian prince or loyal
brother, mit dem er 1682 die Bühne betrat, wurde als eine Huldigung
des Herzogs von York ausgelegt. Unter dessen Regierung trat er
vorübergehend in die Armee ein. Nach der Absetzung Jacobs II.
widmete er sich wieder der Bühne, auf welcher er verschiedene große
Erfolge feierte. Von seinen zehn Stücken sind Isabella or the inno-
cent adultery (1694) und Oroonoko (1696) weitaus die bedeutendsten.
Sein letztes Stück war Money's mistress (1726). Dies war auch
der Grundsatz, welchem er selber im Leben gehuldigt. Kein Bühnendichter der Zeit soll von seinen Arbeiten so große Revenüen wie er bezogen haben. Seine Spartan Dame wurde ihm allein vom Buchhändler
mit 150 £ bezahlt, und als ihn Dryden eines Tages nach dem Erträgniß eines seiner Stücke fragte, soll er erwidert haben, daß er sich
schäme, dasselbe zu nennen — in der That betrug es nicht weniger
als 700 £, während Dryden es nie über 100 £ gebracht hatte.
Allerdings soll er sich dabei sehr undelicater Mittel bedient haben,
indem er z. B. die Liberalität seiner Gönner in der Weise miß-
brauchte, daß er ihnen seine Freibillets zu den ersten Vorstellungen
zu enormen Preisen verkaufte. Kein Wunder, daß er, der ebenso
sparsam mit seinem Gelde, wie mit seinen Kräften umging, und obschon
er mit der Welt zu leben wußte, doch keins von beiden in ausschweifenden Genüssen vergeudete, es zu ansehnlichem Vermögen und zu einem
hohen und geachteten Alter brachte. Er starb 1746, 86 Jahre alt.

Southern war im Lustspiele weniger glücklich, als in der Tragödie,
obschon er ebenso viel Stücke von der einen wie von der anderen
Gattung geschrieben. Er war auch weniger lasciv, wie andere Dichter,
obschon er gelegentlich in ihren Ton mit einstimmte. Isabella ist sein
vorzüglichstes Werk. Es behandelt ein ähnliches Sujet wie Müllner's
Neunundzwanzigster Februar und wie Tennyson's Enoch Arden. Es
ist ein Rückgriff auf das Familiendrama, das hier von Southern in
seinem sentimentalen Kerne ergriffen, aber bis auf nur einige kurze,
zumeist komische Scenen, welche in Prosa behandelt sind, in Blankversen geschrieben worden ist. Isabella, im Wahne, daß ihr Gatte
Biron gestorben, läßt sich von dessen Bruder Carlos, einem Vorläufer
von Franz Moor, zu einer zweiten Ehe mit Villeroy drängen. Er
wußte, daß sein Bruder nicht todt war, sondern in Sclaverei schmachtete,

hatte aber ein Interesse daran, ihn für tobt gehalten zu wissen und sich an Villeroy zu rächen. Biron kehrt zurück, wird im Auftrag seines Bruders ermordet, Isabella tödtet sich selbst, und Carlos verfällt dem Gerichte. Die Motivirung ist etwas künstlich und schwächlich. Die Rolle der Isabella aber eine so große und dankbare schauspielerische Aufgabe, daß sie von allen bedeutenden Darstellerinnen dargestellt worden ist. Noch im Jahre 1830 wurde daher das Stück wieder neuaufgenommen. Auch Oroonoko hielt sich so lange. Er hatte dies theils dem rührenden Elemente, welches sich auch hier wieder in der unglücklichen Liebe des in Gefangenschaft schmachtenden Mohrenfürsten zeigt, theils der gegen den Sclavenhandel gerichteten Tendenz zu danken. Southern hat in der That das Verdienst, auf die Schmach dieses Gewerbes zuerst hingewiesen, zuerst einen Abscheu gegen dasselbe hervorgerufen zu haben. Der Gegenstand ist, wie ich schon andeutete, der Novelle Aphra Behn's entnommen, welcher wahre und selbst mit erlebte Begebenheiten zu Grunde lagen.

John Banks, welcher seine dramatische Laufbahn noch einige Jahre früher, 1677 mit The Rival kings, begann, kann schon deshalb nicht ganz übergangen werden, weil er von Lessing ausführlich besprochen worden ist und sein Essex or the unhappy favourite (1685), der die Veranlassung dazu gab, lange zu den beliebtesten Stücken der englischen Bühne gehörte und auch wirklich für seine Zeit manches Verdienstliche hat. Jedenfalls ist er das beste Stück dieses Dichters. Banks gehörte den Mitgliedern von New-Inn an und hat der Bühne acht Stücke, ausschließlich Tragödien, gegeben, von welchen die letzte, Cyrus the great, aus dem Jahr 1696 ist. Man kennt mit Sicherheit weder Geburts- noch Todesjahr von ihm, obschon er in Westminster begraben liegt. Doch glaubt man, daß er um 1706 bereits tobt war.

Die politisch-religiöse Erregung der achtziger Jahre entzog der Bühne fast alles Interesse, sowohl bei dem Publikum, wie bei den Dichtern. Es trat in dieser Zeit kein Talent von einiger Bedeutung auf ihr weiter hervor. Desto reger wurde die dramatische Production nach beendeter Krisis. 1693 trat Congreve, 1696 traten Colley Cibber und Granville, 1697 Vanbrugh, 1698 Farquhar, 1600 Mrs. Centlivre und Rowe als Autoren auf. Von ihnen kann nur Congreve hier eine nähere Betrachtung zu Theil werden, weil die Wirksamkeit der übrigen fast ganz in den nächsten Zeitraum fällt.

William Congreve*), nach Wilson am 5. April 1670 zu Bardsy bei Leeds in Yorkshire geboren**), stammte aus einer alten Familie des Staffordshire, die ihre Vorfahren bis auf die Zeit der normannischen Eroberung zurückverfolgt hat. Er erhielt seine Ausbildung auf der Schule zu Kilkeny, bezog dann die Universität von Dublin worauf er sich 1688 nach London wandte und, um die Rechtswissenschaft hier zu studiren, Mitglied des Middle-Tempel wurde. Congreve gehörte den frühreifen Talenten an, wenn es auch nicht ganz zutreffend ist, daß er sein erstes Stück, The old batchelor, welches erst 1693 zur Aufführung kam, schon mit 17 Jahren geschrieben hat. Er selbst sagt darüber in seiner Vertheidigung gegen die Anschuldigungen Collier's: „Wie Mehreren bekannt, wurde das Stück ein paar Jahre früher, als es dargestellt worden, geschrieben. Ich hatte damals von der Bühne noch keinen rechten Begriff. Ich schrieb es während der langsamen Genesung von einer Krankheit zu meiner Zerstreuung." Man hat in dieser Vertheidigung nur den Versuch erblicken wollen, der Welt einen übertriebenen Begriff von seinem Talent beizubringen. Ich glaube das nicht. Sie dürfte vielmehr der Wahrheit ziemlich entsprechen, da das Stück durchaus noch den Eindruck der dilettantischen Arbeit eines geistreichen und hochbegabten Menschen macht, der von der Form und dem Zwecke des Dramas noch keinen rechten Begriff hat. Wie schwach in der Composition und in Bezug auf das eigentlich Dramatische auch seine übrigen Stücke sind, so ist zwischen dem Old batchelor und dem in demselben Jahre mit ihm auf der Bühne erschienenen Double-Dealer hierin der Unterschied doch ein bedeutender. Dryden, dem er das Stück zu lesen gegeben und der ihm einiges zu ändern rieth, um dasselbe bühnengemäßer zu machen, betheuerte, nie ein so vortreffliches erstes Stück bisher gesehen zu haben. Er hätte hinzusetzen können, daß die darin entwickelte Menschenkenntniß bei

---

*) Wilson, Memoirs of the life of Congreve. 1730. — Sam. Johnson, a. a. O. — Macaulay, Essays, Comic dramatists of the restauration. — The works of W. Congreve by Leigh Hunt 1840. — Ward, a. a. O. II. 582. — Hettner, a. a. O.

**) Ward giebt nach Johnson und Macaulay 1672 an.

Congreve's Alter nicht nur in Staunen, sondern zugleich in Schrecken
setze. Der Old batchelor besteht aus mehreren lose miteinander verbundenen, schwankartigen Vorfällen, die durch die Conversation breit
auseinander gezogen sind und einander in willkürlicher Weise verdrängen, so daß die Nebenhandlungen die Haupthandlung ganz überwachsen haben und die Hauptfigur gegen die Nebenfiguren zurücktritt.
An Handlung und dramatischem Interesse ist es sehr arm. Die den
mittleren Klassen der Gesellschaft entnommenen und zum Theil chargirten Figuren sind mit festen Strichen entworfen und treten in
vollster Lebendigkeit und Bestimmtheit hervor. Doch hat keine eine
wirklich dramatische Entwicklung, daher sie auch trotz des Aufwandes
von Witz und glücklichen Einfällen allmählich ermüden, was insbesondere von Sir Joseph Witall und Captain Bluffe gilt. Macaulay
sagt, daß, obschon die Schriften Congreve's keineswegs rein wären,
man, von Wycherley kommend, doch den Eindruck von ihnen gewänne,
das Schlimmste überstanden zu haben, daß man sich einen Grad
weiter von der Restauration fühle und den Nadir der Verwilderung
des Nationalgeschmacks und der Sitten überschritten habe. Ich finde
den Unterschied zwischen beiden aber nur darin, daß Congreve, besonders in seinen übrigen Stücken, ungleich eleganter ist, und besser
als Wycherley das Leben der vornehmen Kreise zu schildern versteht.
Dieser ist kecker und frecher in seinen Entwürfen, derber und brutaler in
der Ausführung. Seine Satire gewinnt aber zuweilen einen energischen,
an das Gebiet des Tragischen streifenden Ausdruck, wie in der Scene
des Plain Dealer, in welcher sich dieser in brutaler Weise an dem
Verrathe seiner früheren Geliebten rächt. In solchen Momenten zeigt
sich bei Wycherley immer etwas von einer zwar rohen, doch bedeutenden dramatischen Kraft, weshalb wohl auch Dryden gerade „The
satire wit and strength of manly Wycherley" rühmt. Bei Congreve
erscheint dagegen alles glätter, kühler, gefälliger, selbst noch das Nieder-
trächtigste, was sich z. B. an Maskwell und Mirabel, an Sir Sampson
Legend und Mrs. Touchwood beobachten läßt. Nicht daß es ihm an
Kraft des Ausdrucks gefehlt hätte. Sie geht z. B. der Scene zwischen
Mrs. Touchwood und Maskwell in The double dealer und der
ersten Begegnung des alten und jungen Sampson in Love for Love
nicht ab. Wenn aber Congreve auch äußerlich Vieles glättet und gefälliger zu machen suchte, so ist seine Darstellung häufig fast noch

schamloser und empörender, als die brutalere Wycherley's, schon weil
die des letzteren meist um vieles chargirter und luftiger ist, und sich in
niederen Kreisen bewegt. Congreve's vornehme Damen scheinen fast
alle die Schule der Bordells durchlaufen zu haben, seine jungen
Mädchen fast alle schon dafür reif zu sein. Dabei sucht er immer
den Glauben zu unterhalten, daß er ganz in den Grenzen der Wahrheit bleibt. Die Wahrheit war ja der Schild, mit dem die leichtfertigen Schriftsteller der Bühne ihre Schamlosigkeit zu vertheidigen
suchten. Auch Wycherley that es, daher er im Vorwort zu seinem
Plain dealer sich sogar selbst diesen Namen mit beigelegt hat. Allein
die Wahrheit, die sie zu beobachten vorgaben, war eine halbe. Sie
brachten immer nur die Schatten-, nicht die Lichtseite der Zeit, welche
sie schilderten, zur Darstellung. Sie kannten wohl ihre Laster, doch
nicht ihre Tugenden, oder wenn sie sie kannten, so hatten sie doch
kein Interesse dafür. In ihren Händen würden sie auch sicher nur
zweideutig geworden sein. Dies zeigt sich an Wycherley's Plain
Dealer und an Valentine und Angelica in Love for Love. Die Moral,
die sie gelegentlich äußern, ist stets eine schillernde. Doch war dies
nicht auch bei Fletcher der Fall? also vor der Restauration schon?

Congreve läugnete bei seinen Rechtfertigungen nicht, daß es Tugend
auch noch in seiner Zeit gebe, er bestritt aber, dieselbe irgend beleidigt zu haben. „Die, welche tugendhaft sind — heißt es in der
Vorrede zum Double Dealer — sollten sich durch meine Lustspiele
nicht beleidigt fühlen — da die von mir geschilderten Charactere sie
ja nur heben und besser ins Licht stellen. Die aber, welche nicht zu
den Tugendhaften gehören und doch dafür gelten wollen, würden
besser thun, sich nicht von meiner Satire getroffen zu fühlen und sich
gegen sie zu ereifern. Auch diese haben mich fälschlich angeklagt, da
ich ihnen hierdurch ja nur hätte nützen können." In diesem letzten
Satze zeigt sich der ganze Mann. Es war ihm mit seiner Schilderung
des Lasters um Besserung gar nicht zu thun. Vielmehr war er
frivol genug, es noch zur Heuchelei aufzumuntern, wenn er auch diese
dadurch mit verspotten wollte. In Mrs. Foresight und ihrer Schwester
hat er dafür schamlose Beispiele aufgestellt.

The batchelor brachte seinem Verfasser vielleicht mehr, als irgend
ein anderes Stück seinem Autor ein. Es verschaffte ihm den Beifall

und die Gunst von Lord Halifax, der ihm rasch hintereinander mehrere Staatsämter gab, mit einem Einkommen von 600 £.

Ich halte The double dealer für das im dramatischen Sinne
bestgearbeitete Lustspiel des Dichters, obschon es bei seinem ersten
Erscheinen (1694) keines besonderen Beifalls genoß. Dies lag, wie
ich glaube, wesentlich daran, daß Maskwell und Lady Touchwood
eigentlich keine Lustspielfiguren sind. Es hat etwas Beleidigendes,
eine so ausgesuchte Schlechtigkeit und Verworfenheit in das komische Licht
gestellt zu sehen. Auch fällt ihre erste große Scene ganz aus der
komischen Behandlung des Stückes heraus. Sodann spielt Melfont
eine ebenso unwahrscheinliche, als alberne Rolle, was ein Interesse
für ihn, obschon es bezweckt ist, doch nicht aufkommen läßt. Maskwell's
Charakter ist dem des Tartuffe verwandt, der bereits in verschiedenen
Varianten auf der englischen Bühne erschienen war. Er ist abgesehen von dem eben erhobenen Einwand trefflich gezeichnet.

Love for Love (1695) ist von verschiedenen Beurtheilern sehr
hoch gestellt worden. Es zeigt allerdings in hohem Maße die Vorzüge, doch auch die Schwächen des Dichters. Das dramatische Element darin ist gering, die Composition lose, die Entwicklung unbeholfen, die Motivirung theilweise unklar und schwächlich. Andrerseits
steht aber Congreve hier in seiner an Witz und geistreichen komischen
Einfällen und Wendungen unerschöpflichen Behandlung des Dialogs
schon auf der vollen Höhe. Die Schilderung der Sitten, obschon
nur von Seiten ihrer Verderbtheit dargestellt, ist ebenso fein und
mannichfaltig, wie wahr. Die Charaktere treten in individuellster
Lebendigkeit auf, vor allem der alte Sampson Legend, Mr. und Mrs.
Foresight und Tattle. Es sind Züge der ergötzlichsten Art darin von
großer Feinheit sowohl, als Kraft. Nicht selten opfert aber Congreve seinem Witz Charaktere, wie Situationen. Die ersten müssen
oft Gedanken und Einfälle des Dichters aussprechen, die zu ihrem
Charakter nicht passen, die letzteren werden durch übertriebene Aus-
dehnung der geistreichen Conversation endlich ermüdend, was z. B.
mit Valentin in den fingirten Wahnsinnsscenen der Fall ist.

Congreve wollte nach dem Erfolge dieses Stückes beweisen, daß
er nicht nur auf dem Soccus, sondern auch auf dem Kothurn zu
schreiten verstehe. Er schrieb seine Mourning bride (1697), eine Tragödie, in der er Lee noch zu überbieten strebte, ohne doch dessen tra-

gische Kraft zu besitzen. Nur in einzelnen Stellen bricht etwas davon hervor, wofür schon Johnson die kleine Scene zwischen Almeria und Leonora im Tempel, zu Anfang des zweiten Aktes, hervorhob. Das in Blankversen geschriebene Stück hatte noch einen größeren Erfolg, als Love for Love und erhielt sich bis in die neueste Zeit auf der Bühne. Das Jahr 1700 brachte aber wieder ein Lustspiel, The way of the world, das letzte des Dichters. Er hatte demselben seine ganze Kraft gewidmet, aber trotz aller Vorzüge fand es nur einen kühlen Empfang. Der Grund lag theils darin, daß die Arbeit zu fein und die Satire zu bitter war, theils aber auch in dem Abstoßenden der Charaktere und in dem Mangel an Handlung. Congreve, in seinem Vorworte, behauptet zwar, von der Wirkung noch überrascht worden zu sein, weil seine Dichtung gar nicht auf den am Theater damals herrschenden Geschmack berechnet gewesen sei. „Die Charaktere — setzt er hinzu — die man gewöhnlich in unseren Lustspielen lächerlich gemacht findet, sind meist so grobe Narren, daß nach meiner bescheidenen Ansicht, sie den seiner fühlenden und denkenden Theil des Publikums eher verletzen, als vergnügen sollten." Er habe daher sich bewogen gefunden, Charaktere zu zeichnen, welche nicht sowohl durch einen angeborenen Makel, der unverbesserlich und darum ungeeignet für die Bühne sei, als „durch einen affectirten Witz lächerlich sind, einen Witz, der gleichzeitig affectirt und auch falsch ist." In der That ist Witwould, auf den dies hauptsächlich anwendbar ist, die ergötzlichste Figur des, gegen die früheren, auch weniger indecenten Stücks, was man als Folge des Collier'schen Angriffs beurtheilt hat.

Es mag hier noch einer besonderen Eigenthümlichkeit des damaligen Lustspiels gedacht werden, die eine überwiegend formelle ist und darin bestand, daß man Gesänge in ihnen anbrachte, die bisweilen mit der Handlung unmittelbar gar nichts zu thun hatten, zuweilen aber auch zu ihr in Beziehung standen und dann auf die Verstärkung einer bestimmten Stimmung berechnet waren. Es sind Einflüsse jener von Davenant in die Mode gebrachten musikalischen Dramen, die man auch Opern genannt. Eine andere Eigenthümlichkeit boten die Aktschlüsse dar, die immer aus einigen gereimten Versen bestanden und irgend eine Lebensmaxime oder irgend einen sittlichen Gemeinplatz enthielten.

Es hat gewiß mehreres zusammengewirkt, was Congreve bestimmte

nichts mehr für die Bühne zu arbeiten. Zunächst kann es aber weder
Stolz, noch Rücksicht auf die Angriffe Colliers gewesen sein, da er
sich noch 1806 mit Vanbrugh vereinigte, um mit diesem gemeinschaft=
lich ein Theater zu leiten. Man kam zugleich überein, dieses Theater
wesentlich mit eignen Stücken zu versorgen. Der Mißerfolg des
Unternehmens war aber Ursache, daß Congreve bald wieder davon
zurücktrat, ohne etwas weiteres als die Oper Semele (1707) dafür
geschrieben zu haben. Dies widerspricht auch der Annahme Macau=
lay's, daß Congreve schon immer zwei ganz verschiedene und un=
vereinbare Zwecke verfolgt habe, nämlich den, eine Rolle in der
literarischen Welt und den, eine solche in der vornehmen Gesell=
schaft zu spielen. Der höhere Ehrgeiz habe nun eben nach kurzem
Kampfe den niederen besiegt. War dieses doppelte Streben, das ich
keineswegs läugne, aber wirklich so unverträglich mit einander? Zu
jener Zeit sicher noch nicht. Vielmehr gehörte es damals noch immer
zum guten Tone, sich in dramatischer Poesie zu versuchen, wie die
Erscheinungen Van Brugh's, Farquhar's Granville's (des späteren
Lord Lansdown) und Addison's beweisen. Was aber für einen jün=
geren Mann der vornehmen Welt als eleganter, geistiger Sport an=
gesehen werden durfte, konnte darum in vorgerückteren Jahren doch
in einem ganz anderen Lichte erscheinen. Auch trugen die moralischen
Strebungen der Zeit in ihrer ablehnenden Haltung gegen die
Bühne mit dazu bei, die dramatische Schriftstellerei nicht mehr so
hoffähig erscheinen zu lassen. Ich glaube jedoch, daß Congreve zu=
gleich" ein Sinken der dichterischen Kraft an sich wahrnahm oder
wahrzunehmen glaubte und bei der errungenen höheren gesell=
schaftlichen Stellung sich Niederlagen auf dem Theater nicht aus=
setzen wollte. Macaulay's Ansicht fußt augenscheinlich auf jenem von
Congreve gegen Voltaire gemachten Ausspruch, daß er seine Stücke
einzig zum Zeitvertreibe in müssigen Stunden geschrieben habe und
nie etwas anderes sein wollte, als ein einfacher Gentleman — ein
Ausspruch der ihm die bekannte Zurechtweisung Voltaire's zuzog: —
daß falls er wirklich nichts weiter als das wäre, dieser ihn niemals
aufgesucht haben würde. Allein dieser Ausspruch stammt aus so später
Zeit, daß es nicht thunlich erscheint von ihm auf die Auffassung seiner
Jugend zu schließen. Ganz entsagt hatte Congreve der Poesie aber auch
jetzt nicht. Wir besitzen von ihm noch eine ganze Reihe Gelegenheits=

dichtungen aus späterer Zeit. Im übrigen begnügte er sich, durch
eine reichen geistigen Gaben eine glänzende Rolle in den Boudoirs
und in der Gesellschaft zu spielen. Von seinen zärtlichen Verhältnissen sei nur das zu der ausgezeichneten Schauspielerin Bracegirdle
und zur Tochter des großen Marlborough hier erwähnt. Letzteres
soll nur platonischen Charakters gewesen sein. Es entstand in der
That erst in der Zeit, da Congreve schon von der Gicht gebrochen
und halb erblindet war. Gleichwohl hegte die Herzogin eine geradezu
abgöttische Verehrung für ihn, so daß sie nach seinem am 19. Januar
1728 erfolgten Tode ihn mit großem Pompe in Westminster begraben
und dort ein Denkmal errichten ließ.

Congreve ist, meiner Meinung nach, zwar nicht als geistvoller
Schriftsteller, wohl aber als dramatischer Dichter sehr überschätzt worden.
Er ist ausgezeichnet im Entwurfe seiner Charaktere, aber er hat es
nur wenig verstanden, dieselben dramatisch zu entwickeln. Seine
Stärke liegt zuletzt nur in der Conversation, aber bei allem Glanze
derselben fällt er auch hier aus dem dramatischen Charakter und Styl
oft heraus.

Der Abschnitt, welchen die Wende des Jahrhunderts in der Entwicklung des englischen Dramas bildet, war durch verschiedene Ursachen bestimmt. Zunächst bewirkte der Sturz der Stuarts und die
neue Herrschaft unter den Whigs einen Umschwung in dem ganzen
geistigen Leben der Nation, der auf den Geschmack der Bühne nicht
ohne Einfluß bleiben konnte. Obschon der Puritanismus durch die
Restauration unterdrückt worden war, hatte sich doch von dem Geist
desselben noch viel im Volke lebendig erhalten, mit ihm auch die Abneigung gegen die Bühne und da von dieser alles geschah, was diese
Abneigung rechtfertigen mußte, so standen ihr fast alle Leute von strenger kirchlicher Observanz und Sitte in principieller Feindseligkeit gegenüber. Es erklärt sich hieraus, warum für das große London so lange
zwei Schauspielhäuser genügen, ja warum diese zuweilen nicht einmal
neben einander bestehen konnten, sowie warum das englische Drama sich
von seinem Sturze durch die Revolution nie wieder zu einer höheren
nationalen Entwicklung zu erheben vermochte.

Eine Opposition gegen die Bühne läßt sich durch die ganze vorliegende Periode also schon darin erkennen, daß das bessere Bürgerthum
sich ihres Besuches enthielt. Sie würde offner hervorgetreten sein

wenn den Puritanern jetzt nicht eine große Zurückhaltung auferlegt
gewesen wäre und die anglikanische Kirche im Theater nicht einen
Bundesgenossen gegen sie gesehen hätte. Nur der berühmte Kanzel-
redner South richtete gelegentlich die Geißel seiner Satire auch gegen sie.
Im Geheimen aber versuchten doch Manche, wie dies Evelyn in seinem
Briefe an Lord Cornbury v. J. 1665 beweist, gegen dieselbe anzukämpfen.
„In London — heißt es darin — sind mehr schändliche und obscöne
Stücke, als in der ganzen übrigen Welt erlaubt. In Paris spielt
man nur drei, in Rom nur zwei Mal die Woche, in Florenz, Venedig
und anderen Orten nur während bestimmter Perioden des Jahres
und zwar zum Nutzen des Volks, wogegen wir täglich theatralische
Vorstellungen haben, so daß die Damen und deren Liebhaber noch
erhitzt von der Sonnabendvorstellung in die Kirche gehen und die
Ideen der Schauspiele auf Kosten der Andacht von ihren Gedanken
Besitz genommen haben." Doch ging Evelyn hier noch nicht weiter,
als die Unterdrückung der Theatervorstellungen vom Freitag zum
Sonntag zu fordern und auf eine Ueberwachung der Moralität der
Stücke zu bringen, deren leichtfertiger Mißbrauch zu einem Laster der
Zeit geworden sei.

Nach dem Siege der Whigs traten diese Angriffe aber offner
hervor, zuerst wie es scheint in der Vorrede zu dem Epos Prince Arthur (1695) von Richard Blackmore. Hier werden besonders die
Lustspieldichter verurteilt, welche die Entartung ihrer Stücke mit der
Entartung der Zeit entschuldigen, die sie doch selbst geflissentlich nähr-
ten. Der Angriff war aber zu schwach, um eine tiefere Wirkung ausüben zu können, obschon die Blackmore'sche Dichtung eine große Verbreitung fand. Um so epochemachender wurde ein Buch, welches drei
Jahre später der Geistliche Jeremias Collier gegen die Bühne
veröffentlichte, A short view of the immorality and profaneness of
the English stage (1698), und welches zwar mit der ganzen Einseitigkeit seines beschränkten kirchlichen Standpunkts, aber mit großer
Kenntniß seines Gegenstands, mit der Wärme der Ueberzeugung und
nicht ohne eine gewisse Schärfe des Geistes geschrieben ist. Collier
war ein Mann von seltner Unerschrockenheit und Kühnheit, der für
das, was er für recht und für wahr hielt, rücksichtslos eintrat und
von dem Geiste der Polemik und Streitlust erfüllt, den Kampf mit
Hartnäckigkeit führte. Sein Buch war hauptsächlich gegen die Bühnen

schriftsteller der Zeit: Dryden, D'Urfey, Congreve, Vanbrugh gerichtet,
wogegen er die des altenglischen Theaters nachsichtiger beurtheilte. Er
sah nur die Auswüchse, die Gebrechen der Bühne, war blind für ihre
Vorzüge und ihren Nutzen und rechnete ihr wohl sogar zum Verbrechen an, was ihr zum Verdienste gereichte. In der Hauptsache aber
hatte er Recht. Eine Reaction gegen die Frechheit und Unzüchtigkeit
wurde so allgemein als geboten erkannt, daß sein Buch trotz seiner
Fehler und Einseitigkeiten einen ganz außerordentlichen und nachhaltigen Eindruck machte, was sich nicht nur aus den wiederholten Auflagen desselben, sondern auch aus den vielen Streitschriften erkennen
läßt, die es hervorrief, und unter denen sich auch Blackmore's Satire
upon wit (1699) befand, die allein wieder an 20 Pamphlete zur Folge
hatte. Dryden, dem Rande des Grabes sich nähernd, äußerte sich
nicht ohne Zugeständnisse. Er gab zu, mit Recht getadelt worden zu
sein, und behauptete nur, ein milderes Urtheil verdient zu haben.
„Wenn Mr. Collier mein Feind ist, so laßt ihn triumphiren, ist er
aber mein Freund, wie ich ihm ja nie persönlich Veranlassung gegeben
habe, etwas anderes zu sein, so wird er sich meiner Reue freuen."
Doch war er überzeugt, daß in all seinen Dramen nicht so viel Un-
sittliches und Obscönes zu finden sei, als in denen Fletchers, der doch
milder beurtheilt werde. Und allerdings lag für Dryden mehr Entschuldigung in dem Zustand der Zeit, als für diesen. Es ist unrichtig,
aus den Prologen Fletchers, in denen sich dieser seiner Reinheit und
Ehrbarkeit rühmt, schließen zu wollen, daß seine Frivolitäten und
Obscönitäten damals gar nicht als solche erschienen und empfunden
worden seien. Prynne's Histriomastix allein liefert den Gegenbeweis.
Er selbst würde von seiner Reinheit gar nicht zu sprechen nöthig gehabt haben, wenn ihm dieselbe nicht abgesprochen worden wäre.

Congreve, D'Urfey, Settle, Vanbrugh traten dagegen mehr oder
weniger heftig gegen die von Collier erhobenen Anschuldigungen, gegen
seine einseitige Beurtheilung der Bühne und seine beschränkte Kunstanschauung auf. Allein anstatt sich darauf zu beschränken das Unhaltbare einzelner seiner Behauptungen darzuthun, zogen sie vor, grade
dasjenige zu entschuldigen, was mit Recht von ihm angegriffen worden
war und was sie, zum Theil ziemlich ungeschickt, zu demänteln suchten.
Collier benutzte jede Schwäche der Gegner, besonders die Congreve's
und seine satirischen Erwiderungen übten eine um so größere Wirkung

aus, je mehr man letzteren bisher wegen der Schlagfertigkeit seines Geistes und Witzes bewundert hatte.

Was diese Wirkung vermehrte, war noch der Umstand daß die Libertinage am Hofe keine Stütze mehr fand. Wilhelm III. verstand — wie es Macaulay ausgedrückt hat — seine Laster ganz zu verbergen und das Leben der Königin war von der makellosesten Reinheit. Dagegen mußte der Aufschwung, welchen die Philosophie zu dieser Zeit nahm — jene Wirkung in einem gewißen Umfange wieder aufheben, da sie die Subjectivität des Geistes von den Fesseln entband, die sie bisher unterdrückt hatten. 1690 war Locke mit seinem von langer Hand her vorbereiteten Essay concerning human understanding hervorgetreten, welcher die Grundlage einer ganz neuen Philosophie, einer ganz neuen Weltanschauung wurde, dem dann noch die Abhandlungen über bürgerliche Verfassung (treatise on government), über die Vernunft im Christenthum (on the reasonableness of christianity) und seine Gedanken über Erziehung folgten, welche bahnbrechend für politischen Liberalismus, religiöse Toleranz und aufgeklärte Erziehung wurden. Es lag hierin ein wohlthätiges Gegengewicht gegen den pfäffischen Geist des Collier'schen Buches, doch kann nicht geläugnet werden, daß durch falsche Auffassung und Auslegung der in diesen Schriften niedergelegten Ansichten, Egoität, Frivolität und Libertinage auch mit gefördert wurden. Ihrer Natur nach forderten sie aber zu einer ernsten Lebensbetrachtung auf und setzten die geistigen Kräfte der Menschheit nach den mannichfaltigsten Zielen hin in Bewegung. Mit der Subjectivität des Geistes wurde auch die des Gemüthes entfesselt, was dem sittlichen Zuge der Zeit eine größere Vertiefung, einen höheren Aufschwung verleihen konnte und auch auf die Gestalt des Dramas im nächsten Jahrhundert mit eingewirkt hat.

IX.
Entwicklung des Dramas im 18. Jahrhundert.

Kampf der alten leichtfertigen und der neuen sentimental moralisirenden Richtung. — Die Wochenschriften. — Die Wiederaufnahme des altenglischen Dramas. — Adaptionen Shakespeare's. — Einfluß und Bearbeitungen französischer und deutscher Dramen. — Colley Cibber. — Vanbrugh. — Farquhar. — Gildon; Granville; Mrs. Piç; Mrs. Manley und Mrs. Cockburn. — Mrs. Centlivre. — Nicholas Rowe. — Richard Steele. — Theobald, Aaron Hill, Ambrose Phillips. — Jos. Addison. — Rich. Savage. — Edward Young. — Fielding. — Pantomimen und Opern. — John Gay. — James Thomson. — George Lillo. — Edward Moore. — Hoadley. — Sam. Foote. — Garrick; Colman; Murphy. — Cumberland. — Kelly. — Mrs. Griffith. — Oliver Goldsmith. — Rich. Sheridan. — Bickerstaff; Dibbin. — Johnson; Whitehead; Home; Henry Jones; Henry Brooke. — Mrs. Cowley; Mrs. Lee; Mrs. Inchbald; Holcraft; Reynolds Burgoyne; Colman d. j.; Hannah More; Ireland; Holman; Lewis.

So groß die Einwirkungen waren, welche der Geist und Geschmack des Zeitalters um die Wende des Jahrhunderts erfuhren, konnten sie diese doch nicht so auf ein Mal verändern, wie es unter dem kurzen, aber strengen und unduldsamen Regimente der Puritaner geschah. Die weitere Entwicklung des geistigen Lebens in England vollzog sich vielmehr unter dem Schutze der Freiheit. Die Frivolität und Entartung der Sitten dauerten wie im Leben auch auf der Bühne noch fort, aber sie nahmen mildere Formen an und mußten gegen die Forderungen der Ehrbarkeit allmählich zurücktreten. Doch lassen sich beide Richtungen des Geistes fast noch durch das ganze Jahrhundert auf der Bühne verfolgen. — Als Collier's Buch erschien, waren Cibber und Vanbrugh eben nur aufgetreten. Erst ein Jahr später erschien Farquhar und noch ein Jahr später Mrs. Centlivre, die sämmtlich und mit Ausnahme Cibbers auch dauernd, der alten leichtfertigen, ja frechen Auffassung des Lebens im Lustspiele huldigten. Auch die Stücke Wycherley's, Etherege's, D'Urfey's und Aphra Behn's erhielten sich noch lange auf der Bühne fort. Erst in der zweiten Hälfte des Jahrhunderts mußten sie hierzu dem veränderten Geiste gemäß überarbeitet werden. Selbst nachdem Cibber und Steele den Versuch gemacht hatten, das Lustspiel in eine reinere Sphäre zu heben und dem Verhältnisse der beiden Geschlechter, der Liebe und Ehe, eine größere Innigkeit, mehr Adel und Würde zu geben, blieb der Ton auf der Bühne im Ganzen noch ein so freier und frecher, daß die Königin

(1704) ein Verbot dagegen, sowie gegen das Tragen von Masken, unter deren Schutze die Damen sich in den Pit eingedrängt hatten, und gegen die Gegenwart von Zuschauern auf der Bühne erließ, das aber zu bald nur wieder verletzt wurde. Schon im nächsten Jahre fand Lord Garbenstone durch Vanbrugh's Confederacy Gelegenheit zu der Aeußerung: „Dies ist eines von den Stücken, welche die englische Bühne mit Schmach bedecken, obschon es nicht ohne Witz und Humor ist. Ein Volk muß aber im höchsten Grade entartet sein, damit solche Unterhaltungen bei ihm entstehen und Beifall finden können. In diesem Zustande entarteter Sitte sind wir, wie ich glaube, von keiner Nation der Gegenwart oder Vergangenheit übertroffen." Auch dem Raffinement, obscöne Stücke ausschließlich von Damen spielen zu lassen, begegnet man noch. Am 25. Juni 1705 fand eine derartige Darstellung von Congreve's Love for Love statt und die Rolle des leichtfertigen Harry Wildair war selbst noch später lange eine Lieblings- und Hauptrolle von Margaret Woffington. Auch fielen die sentimentalen und moralisirenden Dichter oft in den alten Ton wieder zurück. Beides findet sich nicht selten dicht neben einander und das, was man damals Reinheit und Sittlichkeit nannte, würde uns heute noch immer für ziemlich frivol und indecent gelten. Selbst Pope soll es nicht unter seiner Würde gehalten haben, sich mit Arbuthnot an einem der unzüchtigsten Lustspiele zu betheiligen, an Gay's Three hours after marriage, das übrigens eine kühle Aufnahme fand.

Diese andauernde Frivolität des Lustspiels erklärt sich theils aus der ablehnenden Haltung, welche der streng kirchlich gesinnte Theil der Nation nach Collier's Beispiel fort und fort gegen die Bühne behauptete, theils aber auch daraus, daß die elegante vornehme Welt, wenn schon in feineren und gefälligeren Formen, fortfuhr dem Geiste der Frivolität und zwar nicht nur auf dem Gebiete der Liebe und Ehe, sondern nun auch auf dem der Religion und der Politik zu huldigen, was durch die Sittenlosigkeit der ersten Regenten aus dem Hause Hannover und die unter ihren Staatsmännern eingerissene Corruption, noch bedeutend gefördert wurde. Doch war es immerhin eine andere Welt, welche selbst von den freiesten Dichtern dieses Jahrhunderts vorgeführt wurde; eine Welt in der zwar die Libertinage, doch sie nicht allein, sondern auch Liebe, Sittsamkeit, Ehre das Wort führten, in der es sich den Dichtern nicht mehr blos um die Prostitution der

Frauen und die Virtuosität der Männer auf dem Felde des Ehebruchs und der Verführung und um das handelte, was sie hier unter
dem „Stellen der Question" verstanden, obschon dieses letztere, wie
Farquhar und Cibber's epochemachendes Lustspiel The constant couple
und dessen Held, der durch nichts aus seinem halb gutmüthigen, halb
schamlosen Genußleben herauszuschreckende Harry Wilbair beweist, gelegentlich immer noch eine große Rolle spielt. Aber einem Wilbair steht
jetzt doch eine Angelica gegenüber, in welcher die Dichter ein sittsames
Mädchen allerdings mit ungleich geringerem Glück und Geschick, zu
schildern beabsichtigten, Dies war es überhaupt, was den Erfolgen
des neuen sentimentalen, moralisirenden Dramas zunächst noch so
hinderlich war. Wie die Komiker der italienischen Renaissancezeit
wurden auch sie, sobald sie ehrbar zu werden suchten, meist langweilig.
Dies zeigte sich besonders an den Versuchen Steele's, der doch in
anderer Weise, durch seine aufklärenden und moralisirenden Wochenschriften, dieser Richtung so förderlich wurde. Freilich war dies
zum großem Theile das Verdienst Addison's. Steele trat am 12. April
1709 mit seinem Tatler auf, der bald eine ungeheure Verbreitung
gewann. Es war zunächst blos eine Unterhaltungsschrift. Erst Addison
machte dieselbe zu einem Organe der Aufklärung und sittlichen Anregung. Er wurde die Seele derselben und drängte auch bald dazu
hin, dem Unternehmen eine höheren Ansprüchen genügende Form zu
geben. So entstand 1711 der Spectator. Er ist in seinem besten
Theile das ausschließliche Werk Addisons. Doch veränderte auch er
seine Form schon wieder im folgenden Jahre und erschien in der
neuen als Guardian (13. März 1713), der jedoch bald im Kampfe
mit Swifts torriistischen Examiner ein whigistisches Parteiblatt zu
werden drohte. Dies führte zur Trennung des politischen Theils von
dem der Unterhaltung und Belehrung gewidmeten. Es entstanden
The Englishman und The lover. Obschon auch diese bald wieder
verschwanden, blieb das Beispiel nicht ohne Nachfolge. Die Theilnahme an den geistigen Interessen der Nation war eine allgemeinere
geworden. Auch das Theater wurde nicht mehr blos als eine Sache
der Zerstreuung betrachtet. Die Kritik war ein Bedürfniß geworden.
1820 gab Steele eine Zeitschrift in zwanglosen Blättern, The theatre,
heraus. Sie war zwar nur durch eine Differenz mit dem Lord
Kammerherrn wegen der Entziehung seines Theaterpatentes entstanden,

hatte aber nebenbei auch den Zweck, die Interessen des Theaters zu vertreten und dessen Erscheinungen zu besprechen. Es war wohl der erste Versuch einer Theaterzeitung in England. Doch ging sie nur zu bald, mit der Erneuerung seines Patents, wieder ein.

Die beste Kraft sog dies neue sentimentale moralisirende Drama in England aber aus dem alten nationalen Drama, das zu dieser Zeit wieder auflebte. Selbst das bürgerliche Trauerspiel Lillo's war keine neue Erfindung. Es entstand vielmehr in Anlehnung an die bürgerliche Tragödie der Elisabethischen Zeit. Der Arden von Feversham dieses Dichters beweist es allein, doch haben auch seine übrigen dieser Gattung angehörenden Stücke denselben criminalistischen Charakter; wie sie behandeln sie sämmtlich ein verbrecherisches Ereigniß der Zeit.

Shakespeare hatte seit Fletcher's Erscheinen gegen diesen zurückstehen müssen. Dryden konnte um 1668 behaupten, daß damals am Theater auf ein Shakespeare'sches Stück zwei Fletcher'sche kamen. Von 1780 an starb das Interesse für ersteren aber noch mehr ab. Erst gegen Ausgang des Jahrhunderts wurde es aufs neue durch die Darstellungen Betterton's angeregt. 1703 wurden in Drurylane, Hamlet, Lear, Macbeth, Timon, Richard III., Titus Andronikus und der Sturm gegeben. Um 1710 giebt Gildon an, daß von 73 Stücken, in denen Betterton spielte, eben so viel Shakespeare'sche, als Fletcher'sche gewesen seien, er aber jenen den Vorzug gegeben habe. Die Arbeiten Rowe's, Pope's und Theobald's und Schauspieler wie Booth, Macklin und Wilks thaten bis zum Auftreten Garrick's das Weitere. Der ächte Shakespeare trat, wenn auch noch nicht auf der Bühne, so doch im Drucke wieder hervor. Gleichwohl konnte Seward 1750, im Vorworte zu seiner Ausgabe von Beaumont und Fletcher, noch sagen, daß selbst die besten Stücke Shakespeare's erst einer Modernisirung durch die poetischen Schneider zu unterwerfen seien, (were forced to be dressed fashionably by the poetic tailors), um auf der Bühne Eingang finden zu können*); und daß nur noch vor wenigen Jahren dessen

---

*) Ohne auf Vollständigkeit Anspruch zu machen, theile ich hier die mir bekannten Bearbeitungen Shakespeare'scher Stücke für die englische Bühne aus diesem Jahrhundert mit: Richard III. von Cibber (1700); The jew of Venice von Granville (1701), The Comical gallant nach den Merry wives of Windsor

Luftspiele mit großer Geringschätzung beurtheilt wurden. In der zweiten Hälfte des Jahrhunderts mußte aber Fletcher entschieden gegen Shakespeare zurücktreten, gegen Ende desselben war er fast von der Bühne verschwunden, während dieser im vollsten Glanze erstrahlte. Doch waren sie keineswegs die einzigen alten Dramatiker, die damals durch Neubearbeitungen wieder an's Licht gezogen wurden. Es erschienen Sammlungen, die eine Auswahl der verschiedensten älteren Dramendichter enthielten, von einzelnen auch neue Gesammtausgaben. 1744 bahnte Dodsley*) mit seinen Old plays den Weg, 1750 folgte Seward mit seiner Ausgabe der Beaumont und

---

von Dennis (1702); Love betrayed nach What you will von Barnaby (1703); The invader of his country, nach Coriolan, von Dennis (1719); Richard II. von Theobald (1719); Heinrich VI. von Betterton (1720); Julius Caesar und Marcus Brutus von Buckingham (1722); Love in a forest, nach As you like it, von Th. Johnson (1723); Humphrey, duke of Gloster, nach Heinrich VI., 2. Theil, von Ambr. Phillips (1723); Henry IV. (1723); Henry V. von Aaron Hill (1724); Marina, nach Pericles, von Lillo (1738); Romeo and Juliet, nach Otway und Shakespeare, von Cibber (1742); Papal tiranny in the reign of King John von Cibber (1746); Romeo and Juliet von Garrick (1749);· Coriolanus or the Roman matron, nach Shakespeare und Thomson (1754); The fairies, nach Summernightsdream, von Garrick (1755); The tempest von Garrick (1756); Catherine and Petruchio von Garrick (1756); The winter's tale von Garrick (1756); King Lear, eine theilweise Wiederherstellung Shakespeare's durch Garrick (1756); Antony and Cleopatra von Capel (1758); Cymbeline von Hawkins (1759); Cymbeline, eine Wiederherstellung von Garrick (1762); The two gentlemen of Verona von Victor (1762); Falstaff's wedding nach Heinrich VI, 2 Th., von Kenrick (1766); King Lear von Colman (1768); The tempest von Kemble (1790). Bei vielen dieser Bearbeitungen zeigt sich das Bestreben den Dichter selbst zu Worte kommen zu lassen. Einzelne sind sogar schon darauf gerichtet, ihn möglichst rein und selbständig zur Darstellung zu bringen. Der Schauspieler Macklin war aber der erste, welcher eine unverfälschte Darstellung eines Shakespeare'schen Stückes, The merchant of Venice, wieder durchsetzte (1741). Ihm folgte Garrick mit Macbeth (1744), Lacy mit dem Tempest (1746). Hamlet kam erst 1780, auf ausdrücklichen Wunsch, wie es heißt, mit Bannister in der Titelrolle also zur Aufführung, Lear erst 1823.

*) Robert Dodsley, 1703 zu Mansfield in Nottinghamshire geb., 25. Sept. 1764 zu Durham gest., schrieb auch selbst mehrere Stücke, die aber keinen Erfolg hatten. Reed veranstaltete 1776 eine neue Ausgabe der Old plays, die zugleich eine kleine kurze Geschichte der englischen Bühne enthielt. Collier brachte 1825 eine dritte erweiterte Ausgabe davon.

Fletcher'ſchen Dramen und Whalley mit der von Ben Jonſon, Hawkins 1773 mit The Origin of the English Drama. 1778 erſchien eine neue Ausgabe Beaumont und Fletcher's und 1779 die der Maſſinger'ſchen Dramen von Monck Maſon.

Neben dem altengliſchen Theater übte aber auch das franzöſiſche jetzt einen größeren Einfluß aus. Wenn Dryden zwiſchen dieſen beiden Einflüſſen ſchwankte, entſchied ſich dagegen der poetiſche Geſetzgeber dieſer Periode, Pope, trotz ſeiner Verehrung Shakeſpeare's, nun ganz für die Grundſätze Boileau's. Er war zugleich Vertheidiger und Muſter der franzöſiſchen Correctheit, Klarheit, Regelmäßigkeit und Eleganz des Styls. Grade die begabteſten Dramatiker der Zeit, Farquhar, Cibber, Mrs. Centlivre, Addiſon ꝛc. ſuchten und fanden ihre Anregungen vorzugsweiſe bei den Franzoſen. Nicht wenige ihrer Stücke ſind nur Bearbeitungen, wenn auch meiſt freie, franzöſiſcher Muſter. Neben Molière, von dem 1732 eine Prachtausgabe in London erſchien, war es beſonders Corneille, Racine, Voltaire, Dancourt, Regnard, Deſtouches, ſpäter auch Diderot und Beaumarchais, welche in dieſer Form Eingang auf der engliſchen Bühne fanden.*)

*) Ich gebe hier einen Ueberblick der bedeutenderen Erſcheinungen dieſer Art, ſo weit ſie mir bekannt worden ſind. The false friend, nach Dancourt's Trahison punie von Vanbrugh (1702); Love's contrivances nach Le médecin malgré lui von Mrs. Centlivre (1703); The lying lover, nach Le menteur, von Steele (1704); The squire Treloby, nach Mons. de Pourceaugnac, von Vanbrugh (1704); The gamaster, nach Le joueur des Regnard von Centlivre (1705); The confederacy, nach Dancourt's Les bourgeoises à la mode (1705), The mistake nach Le dépit amoureux und The cuckold in conceit nach Le cocu imaginaire von Vanbrugh (1706); Aesop, nach Bourſault, von Vanbrugh (1707); The beaux'stratageme, nach Dancourt, von Farquhar (1707); The distressed mother, nach Racine's Andromaque von Ambr. Phillips (1711); The victim, nach Iphigénie à Aulis, nach Racine, von Th. Johnſon (1714); The conjuror, nach Tartüffe, von Cibber (1717); Ximena or the heroic daughter, nach Le Cid, von Cibber (1719); The refusal or the ladies of philosophy, nach Les femmes savantes, von Cibber (1723); Mariamne, nach Voltaire, von Fenton (1723); Caesar in Egypt, nach Ptolomée, von Cibber (1725); The married philosopher, nach Deſtouches, von Kelly (1732); The miser, nach l'Avare, von Fielding (1732); Junius Brutus, nach Voltaire, von Duncombe (1735); Zara, nach Zaire, von A. Hill (1735); Alzira, nach Voltaire, von A. Hill (1736); Nanine, nach Voltaire, von Macklin (1748); Mahomet, nach Voltaire, von James Miller (1749); Merope, nach Voltaire, von A. Hill (1749); The Roman father, nach Corneille, von Whitehead (1750; Eugenia

Während aber die Bearbeitungen der Lustspiele fast ausnahms-
los ganz frei und voll eigenthümlicher, den englischen Sitten ent-
sprechender Erfindung waren, schlossen sich die der Tragödien meist
enger an die Originale an. Die von den Franzosen aufgestellten
Regeln wurden darin fast stets aufs strengste beobachtet. Dies mußte
auch dem Stubium der alten lateinischen und griechischen Klassiker
einen neuen Aufschwung geben. Es erschienen Uebersetzungen des
Sophokles von Franklin (1769); des Terenz von Colman (1765);
des Plautus von Thornton (1767); des Aeschylos (1777) und des
Euripides von Potter (1781 und 82). Gegen Schluß des Jahrhunderts trat auch noch der deutsche Einfluß hinzu.*)

---

nach Mad. Graffigny, von Frances (1762); The orphan of China, nach Voltaire,
von Murphy (1759); The liar, nach Corneille, von Foote (1762); No one's enemy,
nach l'Indiscret von Voltaire, von Murphy (1764); The English merchant, nach
l'Ecoassaise, von Colman (1767); Almida, nach Tancred, von Mrs. Celisia (1771);
Zobeide, nach Voltaire's Scythes, von Crabock (1772); The duel nach Le philosophe sans le savoir, von Obrien (1772); The school for rakes, nach Beaumarchais' Eugénie, von Mrs. Griffith (1772); Semiramis, nach Voltaire, von Capt.
Ayscough (1777); The spanish barber, nach Beaumarchais, von Colman (1777);
Rose and Collin und Annette and Lubin, nach Favart, von Dibbin (1778);
The chapter of accidents, nach Sedaine (1780); The heiress, nach Diderot's Pére
de famille, von General Burgoyne (1786); Richard Coeur de Lyon, nach Sedaine
von bem Vorigen (1786); False appearances, nach Boissy, von General Conbey
(1789); The widow of Malabar, nach Lemerrier, von Mrs. Starke (1790); The
school for arrogance, nach dem Glorieux des Destouches, von Holcraft (1790);
Next door neighbours, nach Le dissipateur des Destouches (1791), The Surrender
of Calais, nach Du Bellay, von Colman d. j. (1791). Daneben erschienen noch
eine Menge Uebersetzungen, die ihren Weg nicht auf die Bühne fanden, so 1779
eine Uebersetzung der Voltaire'schen Dramen und 1772 unter dem Namen von
Samuel Foote 5 Bände französischer Lustspiele.

*) Ich führe dafür die folgenden Stücke an: The disbanded officer, nach
Lessing's Minna von Barnhelm, von Johnson (1786; eine Uebersetzung erschien 1799
unter dem Titel School for honour); Werter, nach Goethe's Roman, von Reynolds
(1786); The german hotel, nach Kotzebue (Hotel Wyburg), von Holcraft (1791); Emilia
Galotti (1795. Eine Uebersetzung von Thompson erschien 1799); The stranger,
nach Kotzebue, von Thompson (1798. Ungeheurer Erfolg); Pizarro, nach Kotzebue,
von Sheridan in Prosa (1799. Ungeheurer Erfolg. 1811 erschien die 29. Ausgabe
davon. Eine metrische Uebersetzung von Ainslie erschien 1817.); The Lovers vows
aus dem Deutschen, von Mrs. Inchbald (1799); The count of Burgundy, nach
Kotzebue, von Mrs. Plumptre (1799); The reconciliation or the birthday, nach

Diese Wiederaufnahme des Alten und dieses Eindringen des
Fremden hängt damit zusammen, daß die Erfindungskraft und das
Talent der Dichter immer mehr abnahm, im ernsten Drama ungleich
mehr, als im Lustspiele, das besonders in der ersten Hälfte des Jahrhunderts immer noch einige bedeutendere Dichter besaß und erst in
den letzten Decennien ebenso abstarb, wie die Tragödie schon seit längerer Zeit. Auch hatten sie beide im Kampfe mit der seit Beginn des
Jahrhunderts in Aufnahme gekommenen italienischen Oper, und den
etwas später hervortretenden englischen Operetten, Balletpantomimen
und andern Unterhaltungsstücken einen sehr schweren Stand.

Obschon die dramatischen Dichter dieser Periode sich zum Theil
in tragische und komische würden sondern lassen, so giebt es doch
immer noch viele, welche sich sowohl in der Tragödie, wie im Lustspiel versuchten. Es scheint daher am besten, die bedeutenderen von
ihnen nicht nach Gruppen, sondern nach ihrer chronologischen Reihenfolge vorzuführen.

Der erste, dem wir begegnen, ist der seiner Zeit auch als Schauspieler berühmte Colley Cibber, dessen Bühnenthätigkeit mehr als ein
halbes Jahrhundert umfaßt. Colley Cibber*) am 6. Nov. 1671
in London geboren, war deutschen Ursprungs. Sein Vater, ein Bildhauer von Talent, hatte sich aber in London niedergelassen. Den
Namen Colley erhielt er durch seine Mutter, die einer angesehenen
Familie des Rutlandshire entstammte. Sein Onkel, Edward Colley,
mit dem dieser Name ausgestorben sein würde, gab ihm denselben als
Taufnamen. Der Knabe erhielt seine Erziehung in der Freischule zu
Grantham im Lincolnshire. 1689 bezog er Winchestercollege. Nach London gekommen, wurde er bald von der Neigung zum Theater ergriffen,

---

Kotzebue, von Dibbin (1799); Horse und Widow, nach Kotzebue (1799); Sighs or
the daughter, nach Kotzebue's Armuth und Edelsinn, von Hoare (1799); The
red crossknights, nach Schiller's Räubern, von Holman (1799. Eine Uebersetzung
war schon 1702 gedruckt, 1800 erschien die 4. Auflage davon. Holman hat
das Stück für die Bühne bearbeitet. Die Censur lehnte die Aufführung ab. Er
entschloß sich nun zu jener Bearbeitung); Of age to morrow, nach Kotzebue, von
Dibbin (1800): The wise man of the East, nach Kotzebue's Schreibepult, von
Mrs. Inchbald (1800), Joanna, nach Kotzebue's Johanna von Montfaucon (1800);
1799 erschien auch noch Goethe's Götz, von W. Scott.

*) The dramatic works of Colley Cibber Lond. 1760. Seine Apology of
my life 740. — Baker's Biogr. dram.

doch leistete er derselben Widerstand und ging seinen Vater selbst um
Fortsetzung seiner Studien an. Die Landung Wilhelm III. rief ihn
jedoch zu den Waffen. Nach beendigtem Dienst erwachte die alte Neigung aufs Neue und gewann nun die Oberhand. Er war schon mehrere Jahre Schauspieler, als er, unter dem Schutze Southern's, mit
seinem ersten Lustspiele, Love's last shift or the fool in a fashion,
einen solchen Erfolg errang, daß Vanbrugh in seinem Relapse eine
Fortsetzung dazu schrieb. Cibber rühmt sich in der Widmung desselben, ganz selbständig in der Erfindung gewesen zu sein. Es sei
keine Zeile darin, die er Lebenden oder Todten schulde. Indessen
sind diese Versicherungen nicht allzu ernst zu nehmen. Er hat manche
Anleihe gemacht, ohne sich dazu zu bekennen, wenn er auch versichert,
daß er an einer gestohlenen Muse kein größeres Gefallen zu finden
vermöge, als an einer, ihm von einem Freunde abgetretenen Geliebten.
Man hat an diesem Erstlingswerke die moralische Tendenz gerühmt,
die man darin im Gegensatze zu den damaligen Modelustspielen fand.
Allein diese Moralität ist nicht ohne einen starken Beigeschmack von
Lüsternheit. Es gehört ein starker Glaube dazu, um Loveleß, nach
dem er seine Gattin schändlich verlassen und nach Jahren in ihr nur
eine neue Geliebte zu umarmen geglaubt hat, durch die Entdeckung
sofort für gebessert halten zu können. Eine moralisirende Absicht liegt
aber jedenfalls vor. Die Ehe sollte immerhin rehabilitirt werden.
Auch tritt dabei ein Zug von Sentimentalität hervor, der schon bei
Southern zu beobachten war. Mehr als in sittlicher, wird aber in dramatischer Hinsicht ein Fortschritt noch sichtbar. Das Stück hat Handlung und diese ist dem Dichter nicht mehr blos Nebensache, er will,
daß sich der Zuschauer dafür interessire. Dabei hat Cibber gleich bei
diesem ersten Versuche ein nicht gewöhnliches Talent für dramatische
Charakteristik gezeigt. Besonders sein Modenarr, Sir Novelty Fashion,
ist eine höchst lebensvolle, originelle Figur. Cibbers Abneigung gegen
fremdes Eigenthum, schien schon in seinem nächsten, 1697 erschienenen
Stücke Woman wit or the lady in fashion verschwunden zu sein,
Er hat darin unter Andrem auch Anleihen bei Mountford's Greenwich park gemacht. Dies ist zugleich der beste Theil seines Stücks,
der später in seinem Schoolboy noch eine gesonderte Behandlung fand,
weil das Ganze abgelehnt wurde. Die Erfindung ist öfter gesucht,
die Charaktere sind weniger ansprechend, der Ton nähert sich wieder

der alten Leichtfertigkeit, ohne doch über den Witz derselben zu verfügen. Hier ist das Wort Congreve's am Platze, daß bei Cibber sich manches für witzig ausgebe, was im Grunde nicht witzig sei. Ein noch größerer Mißgriff war der nun folgende Versuch in der Tragödie: Xerxes (1699). Wogegen er mit seiner im nächsten Jahre erschienenen Bearbeitung von Shakespeare's Richard III. glücklicher war, obschon er sich große Eingriffe und Veränderungen dabei erlaubt hatte. Sie erhielt sich auf der englischen Bühne bis ;in dieses Jahrhundert. Mit Love make's a man (1700) stellte nun Cibber auch als Lustspieldichter seinen Ruf wieder her. Zwar sind hierzu wieder Motive aus andern Stücken benutzt, doch, wie fast immer bei ihm, eigenartig gestaltet, nur daß die Veränderungen nicht immer Verbesserungen sind. Das Beste im Stück ist Fletcher's Erfindung. In der Charakteristik des Carlos und des Clodio liegen Cibbers Verdienste. Mit She wou'd and she wou'd not (1703) trat er aber entschieden in die Reihe der besten Lustspieldichter der Zeit. Das Stück weist unverkennbar auf eine spanische Quelle zurück, wahrscheinlich liegt ihm ein spanisches Lustspiel zu Grunde, da es die wesentlichen Vorzüge und Schwächen eines solchen besitzt. Es ist voller Erfindung und Leben, in den Voraussetzungen aber complicirt und gesucht. Doch ist anzunehmen, daß vieles hiervon auf spanische Rechnung kommt. Das Verdienst Cibbers besteht in der frischen realistischen Behandlung, die dem Stoffe seinen ursprünglichen, poetischen Reiz zu bewahren verstand. The careless husband (1704) ist immer als Wendepunkt im Charakter des damaligen englischen Lustspiels angesehen worden. Cibber erklärt im Vorwort, darin zum ersten Mal den Versuch einer Verfeinerung desselben gemacht zu haben, um es zu einer schicklichen Unterhaltung für die höheren Lebenskreise, besonders der Damen, zu machen. Doch abgesehen, daß Steele ihm schon hierin vorausging, hat er es auch selbst noch weit mehr in dem vorigen Stück, als in diesem erreicht; welches noch immer viel Schlüpfriges und Freies enthält. Die Ehe Lord Morelove's bietet von dessen Seite nicht eben einen erbaulichen Anblick dar und wenn Cibber der Corruption auch nicht das Wort redet, läßt er ihr doch eine sehr milde Beurtheilung zu Theil werden. Die Darstellung selbst ist vorzüglich. Sprache und Charakteristik sind von einer Feinheit, die man Cibber nicht zutrauen wollte, so daß das Stück von den Gegnern des Dichters bald dem Herzog von Argyle, bald Defoe und Maynwaring (ich weiß nicht aus welchem Grunde da kein einziges Drama von ihnen vorhanden) zugeschrieben ward. Sein Lord Foppington, seine Lady Betty Modish, von ihm selbst und von Mrs. Oldfield zu erster Darstellung gebracht, gehörten lange zu den Bravouraufgaben der englischen Schauspielkunst. Es folgten die Tragikomödie Perolla and Izadora (1706), die schon erwähnte Farce The schoolboy und die Lustspiele The comical lovers und The double gallant (sämmtlich 1707). Zu den Comical lovers wurden Motive aus Dryden's Maiden queen und aus Marriage à la mode benutzt, den Double gallant liegt wie dem Lustspiele Love at a venture von Mrs. Centlivre, das französische Lustspiel Le galant double zu Grunde. Es sind leichte Bühnenarbeiten. Auch in The lady's last stake (1708) und The rival fools (1709) hat man fremde Einflüsse nachgewiesen. Ein durchgreifender Erfolg wurde von Cibber erst wieder mit seinem Nonjuror (1718) erreicht, einer freien Bearbeitung von Molière's Tartuffe, bei der er sich aber nur an den Hauptcharakter des Originals gehalten hat, der Gang der Handlung ist völlig verändert. Wie Molière hat sich auch Cibber hierdurch viele Feinde gemacht, worunter sowohl er, wie sein Ruf und das Urtheil über seine Werke gelitten hat. Seine Stellung als Theaterdirector (schon seit 1709 gehörte er zu den Patentinhabern von Drurylane) brachte ohnehin manche Anfeindungen mit sich. Sie war auch wohl der Grund der langen Unterbrechung seiner dramatischen Thätigkeit. Cibber widmete den Conjuror dem Könige, der ihm 200 Guineen als Gegengeschenk dafür sandte. Es folgten nun wieder rasch hintereinander Ximena or the heroic daughter (1719), eine Uebertragung von Corneille's Cid, das Lustspiel The refusal or the ladies of philosophy (1720), welchem Molière's femmes savantes*) zu Grunde liegen, und die Farce Hob (1720), nach Dogget's Country Wake. Die Tragödie Cäsar in Egypt (1725) ist eine Bearbeitung von Corneille's Pompée. Eine größere Beachtung verdient erst wieder sein Antheil an Vanbrugh's The provoked husband or a journey to London (1727), nicht nur, weil dieses Stück einen ungeheuren Erfolg hatte, sondern auch, weil seine Gegner Gelegenheit nahmen, bei der

---

*) Dieses Stück war 1693 schon in einer Bearbeitung Wright's The female virtuous auf die englische Bühne gebracht.

erften Vorstellung jede Scene, die sie ihm zuschrieben, auszuzischen, diejenigen aber, die sie für Vanbrughs Eigenthum hielten, mit Beifall zu überschütten. Cibber veröffentlichte das von Vanbrugh hinter= lassene Fragment zugleich mit dem von ihm vollendeten Stücke, wo= raus sich ergab, daß man Scenen, die Vanbrugh angehörten, ausge= zischt und solche die Cibber geschrieben, mit Beifall beehrt hatte. Die Gehässigkeit war also aufs Glänzendste dargethan. Cibber hatte dem Stück einen anderen Schluß gegeben, als Vanbrugh, dessen Ent= wurf mit dem vierten Acte schloß, beabsichtigt hatte. Dies machte eingreifende Veränderungen auch in den früheren Akten noch nöthig. Das Stück ist in der That zum Theil neu bearbeitet und hat unter Cibber's Händen an Decenz und Gefälligkeit entschieden gewonnen. Die Feindseligkeit, mit der Cibber zu kämpfen hatte, zeigte sich auch wieder in recht auffälliger Weise bei der ersten Aufführung seines Lustspieles Love in a riddle (1729), einer Nachahmung der mit bei= spiellosem Erfolge gegebenen Beggars opera von Gay, da es kaum zu Ende gebracht werden konnte. Er benutzte einige Motive daraus zu dem Singspiel Damon and Phillida, welches unter fremdem Namen veröffentlicht, noch in demselben Jahre eine beifällige Aufnahme fand. Cibber erwarb 1730 das Laureat und trat kurze Zeit später (1731) von der Direktion des Drurylanetheaters zurück. Als Schauspieler betrat er es noch wiederholt, als Dichter aber nur noch ein einziges Mal: mit seiner Bearbeitung des King John unter dem Titel Papal tiranny in the Reign of King John (1745). Er starb ahnungslos und bis dahin rüstig am 12. Dec. 1757 in dem hohen, durch nichts als die Entartung seiner Tochter getrübten Alter von 86 Jahren.

Cibber sagt selbst, daß wenige Menschen so viele Freunde und Verehrer, doch auch so viele Gegner als er gehabt. Unter letzteren war Pope der bedeutendste. Er griff ihn in seiner Dunciade in per= sönlichster Weise an; wogegen sich Fielding nur auf Herabsetzung seiner Werke beschränkte. Cibber antwortete mit zwei Briefen an Pope und mit seiner Apology of my life (1739), die wieder das Pamphlet The laureate mit The history of life, manners and writ= ings of Aesopus, the tragedian (1740) zur Folge hatte, worin er in gehässigster und zum Theil ganz unrichtiger Weise beurtheilt wurde. Cibber besaß ohne Zweifel großes Talent, außergewöhn=

20*

liche gesellige Eigenschaften, einen seltenen Gleichmuth und die Fähigkeit jeder Sache die angenehmste Seite abzugewinnen. Das letztere
mochte aber wohl dazu beitragen, daß er seine Pflichten als Familien-
oberhaupt allzu leicht behandelte und sich nicht in allen Verhältnissen
ganz correct benahm, wie dies z. B. aus seinem Verhalten gegen
Steele hervorgeht, als diesem das Patent von Drurylane entzogen
worden war. Es erschien damals eine Flugschrift, anonym, von
Dennis: The character and conduct of Sir John Edgar, called
by himself the monarch of the Stage and his three deputy go-
vernors (Wilks, Cibber und Booth), welche Cibber veranlaßte, in
der Daily Post 10 £ auf die Entdeckung des Verfassers zu setzen.
Was man Cibber aber auch vorwerfen konnte, die guten Eigenschaften
waren in ihm doch überwiegend, grade sie aber haben ihm, wie sein
Nonjuror beweist, die meisten Feinde gemacht. Sein gelegentlich bis
zur Rücksichtslosigkeit gehender Freimuth trug nicht am wenigsten mit
hierzu bei. Als einst ein vornehmer Herr für den damals noch un-
fertigen Schauspieler Elrington sich um eine große Rolle bei ihm
verwandte, erwiderte Cibber: „Es ist mit uns nicht, wie mit Ihnen,
Mylord. Bei Hofe mag es gleichgültig sein, wie man die Stellen
besetzt, in der theatralischen Welt ist das anders. Wenn wir hier
Leuten Rollen zuertheilen wollten, zu denen sie unfähig sind, so würden wir bald zu Grunde gehen müssen." Von Cibber als Schauspieler wird noch später die Rede sein, hier finde nur noch ein Wort
über ihn als dramatischer Dichter Platz. Als dieser nahm er zu seiner
Zeit eine bedeutende Stelle ein. Er besaß zwar nicht so viel Geist,
Feinheit und Witz als Congreve, nicht das übersprudelnde Naturell
eines Vanbrugh oder Farquhar, aber an Gefühl für das Dramatische,
an Talent, diesem einen entsprechenden Ausdruck zu geben, übertraf
er nicht nur den ersteren, sondern selbst noch die letzteren beiden. Er
hat viel fremde Motive entlehnt, das that aber auch selbst noch
Shakespeare, und ohne ihn hierin mit diesem irgend vergleichen zu wollen,
hat er dieselben in seiner Art doch fast immer ganz selbständig, und
meist mit Geist und Erfindung behandelt. Seine Moral steht zwar auf
schwachen Füßen, doch kaum auf schwächeren, als die Fletcher's. Dagegen besaß er ein großes Anstands- und Schönheitsgefühl, einen gewissen ästhetischen Tact, der ihm auch als Bühnenleiter zu Gute
kam. Obschon er den finanziellen Gesichtspunkt keineswegs vernach-

läßigte, und Operetten, Pantomimen und Ausstattungsstücke mehr
als billig begünstigte, hat er doch auf den Geschmack der Zeit vortheilhaft eingewirkt. Seine Direction bezeichnet nach beiden Seiten
hin eine Blüthezeit des Londoner Theaters.

1697 trat John Vanbrugh*) mit seinem Lustspiel Relapse
or Virtue in danger auf. Einer alten aus den Niederlanden ein-
gewanderten Familie entstammend, wurde er 1666 in London geboren. Geistig in ungewöhnlicher Weise beanlagt, zeichnete er sich
nicht nur als Dichter, sondern auch als Architekt, seinem eigentlichen
Berufe, aus. Relapse wurde, wie schon gedacht, durch Cibber's Love's
last shift hervorgerufen, dessen Figuren fast sämmtlich wiederkehren.
Vanbrugh übertrifft Cibber an Witz und komischer Kraft, er wetteifert
mit ihm an Natürlichkeit, aber es zeigt sich daneben ein Zug von
Wycherley's frechem und cynischen Geiste, so daß er sich zwar in einzelnen Scenen in eine etwas reinere Sphäre erhebt, als diesem zugänglich war, in anderen dagegen fast ebenso tief wie dieser herabsinkt. Auf die Moral seines Erstlingswerkes ist wenig Werth zu
legen. Die Darstellung des Kampfes der Tugend mit der Versuchung,
war dem Dichter sichtlich von größerem Interesse, als der ersteren
schließlicher Sieg. Sheridan bearbeitete später das Vanbrugh'sche Stück
in A trip to Scarborough und 1861 wurde sogar eine Uebersetzung
desselben in Paris als ein aufgefundenes Lustspiel Voltaire's unter
dem Titel Le Comte de Boursoufle belacht und ein Theil der
Presse damit mystificirt. Noch in demselben Jahre folgte das Lustspiel The provoked wife, welches eine außerordentlich günstige Aufnahme fand, obschon es in den Charakteren, die zwar treu nach dem
Leben gezeichnet sein mögen, ungleich abstoßender ist. Die Tugend
der Lady Brute geht sehr bedenkliche Wege, ohne daß es der Dichter
auch nur zu ahnen scheint und Lady Fancyfull, offenbar ein Gegenstück zu Lord Foppington, erreicht diesen an komischer Wirkung nicht.
In ihrer Art ist Mademoiselle, das Kammermädchen, zwar höchlichst
gelungen, um so schlimmer freilich die Art. Das Stück fand neben
dem Beifall auch Anstoß, besonders weil man in einer Scene desselben die Geistlichkeit herabgesetzt fand. Sie wurde denn auch vom
Dichter bei der Wiederaufnahme des Stücks im Jahre 1725 durch

---

*) The works of J. Vanbrugh by Leigh Hunt. 1840.

eine andere ersetzt. Die ebenfalls in demselben Jahr noch erscheinende
Bearbeitung des Boursault'schen Aesope fand dagegen nur spärliche
Anerkennung; wie Cibber glaubt, weil ein Charakter, welcher gute
Lehren ertheilt und sich also weiser dünkt als das Publikum, diesem
unbequem ist. Wogegen dieses da, wo es sich um Thorheit handle,
die Genugthuung habe, sich weiser zu finden, als der Narr, den
es verlacht und wer möchte nicht eine Veranlassung, welche ihm
schmeichelt, derjenigen vorziehen, die ihn verklagt? — Nachdem Vanbrugh 1700 auch noch die Prosabearbeitung von Fletcher's Pilgrim
gebracht, folgte 1702 das Lustspiel The false friend, nach Dancourt's
La trahison punie, 1704 die Farce The squire Treloby nach Molière's Mr. de Pourceaugnac und 1705 The countryhouse, eine
Uebersetzung aus dem Französischen. Die Veranlassung zu diesen Arbeiten hatte das Theaterunternehmen gegeben, zu welchem er 1703
die Licenz erworben hatte. Er eröffnete eine Subscription auf 30
Antheile zu je 100 £, welche dem Eigner lebenslänglich den freien
Eintritt zu den Vorstellungen sicherte. Obschon er die Theilnahme
Congreve's und Schauspieler wie Betterton gewonnen hatte, sollten sich
die an das Unternehmen geknüpften Erwartungen doch nicht erfüllen.
Es scheiterte an der Größe des neuen Hauses, des Operntheaters zu
Haymarket, die für das recitirende Drama sich nicht als geeignet er-
wies. Selbst Vanbrughs neustes Lustspiel The confederacy (1705),
nach Dancourt's Les bourgeoises à la mode, vermochte das weite
Haus nicht zu füllen. Wirklich gewann hier auch jedes Stück ein
verändertes, ungünstigeres Ansehen. Die Erträgnisse waren so schwach,
daß Congreve sich schon nach einigen Monaten wieder zurückzog und
auch Vanbrugh der Sache bald müde wurde und sein Haus und
Patent an Swiney gegen eine Entschädigung von £ 5. für jeden
Vorstellungstag überließ, die jedoch jährlich die Summe von 700 £
nicht überschreiten sollte. Inzwischen hatte er aber rasch noch The
mistake, eine Bearbeitung des Molière'schen Dépit amoureux, und
The cuckold in conceit, nach Molière's Cocu imaginaire (beide
1706) zur Aufführung gebracht. Noch in demselben Jahre wurde
er mit einer Gesandtschaft der Königin Anna an Georg I. in Hannover
betraut, erhielt dann den Posten eines Generalaufsehers des board of
works und eines Intendanten der Gärten und Wasserkünste. 1714
aber ward er noch überdies zum Ritter erhoben. Auch wird ihm der

Bau verschiedener großer Gebäude in Blentheim, Claremont und der des Greenwichhospitals zugeschrieben. Er starb am 26. März 1726 in seinem Hause zu Scotland-Yard und liegt in der Familiengruft zu St. Stephan, Wallbrook, begraben.

Seit seinem Rücktritt vom Haymarkettheater scheint Vanbrugh für die Bühne nichts mehr geschrieben zu haben, als das Fragment des von Cibber nach seinem Tode vollendeten Lustspiels A journey of London. Obschon es eine sittliche Absicht verfolgt, ist es nicht frei von Leichtfertigkeit. Vanbrugh wollte darin eine Satire auf die Stellenjäger und die Sucht der Landedelleute schreiben, ihr Glück in London zu machen und statt ihre Verhältnisse zu verbessern, dieselben hierbei zu Grunde zu richten. Sir Francis Headpiece, ein Exemplar dieser Gattung, hetzt in London nach einer Stelle herum, indeß Frau und Tochter iu die Schlingen eines Wollüstlings, sein Sohn in die einer Buhlerin fallen. Glücklicherweise gelingt es noch einem Freunde ihm die Augen zu öffnen und ihn zur Rückkehr zu seinem Landsitze zu überreden. Ueberhaupt muß anerkannt werden, daß wenn in den Darstellungen Vanbrugh's Ausschweifung und Leichtfertigkeit oft genug in gefälliger Breite zur Darstellung kommen, dies doch auch mit der anderen Seite des damaligen Lebens geschieht und daß es ihm darin nicht allein um die Zeichnung von Charakteren, Situationen und Sitten, sondern auch um deren Entwicklung in einer bestimmten Handlung und um ein Interesse der Handlung zu thun ist. Bei denjenigen Stücken, denen andere zu Grunde liegen war das freilich leicht.

Nur kurze Zeit später, als Vanbrugh, trat der ihm geistig verwandte George Farquhar*), als dramatischer Dichter auf. Auch er gehörte einer angesehenen, aber im Norden Irlands ansässigen Familie an, wo er 1678 zu Londonderry geboren wurde. 1694 bezog er die Universität zu Dublin, von der er jedoch wegen einer im Uebermuthe gemachten gotteslästerlichen Aeußerung entlassen ward, worauf er zur Bühne ging. Dieser Versuch endete aber fast in einer tragischen Weise, da er einen Collegen, den er im Spiele scheinbar zu tödten hatte, wirklich und zwar ziemlich gefährlich verwundete. Er

---

*) The works of G. Farquhar von Leigh Hunt 1840. — Cibber, a. a. O. — Baker, Biogr. dram.

wendete sich hierauf (um 1696) mit dem Schauspieler Wilks nach London, wo er sich die Gunst des Grafen Orrery erwarb, der ihm eine Leutnantsstelle in Irland vermittelte, was ihm Gelegenheit gab, sich wiederholt durch Tapferkeit auszuzeichnen. Gleichzeitig versuchte er sich aber, auf Wilks' Zureden, auch als dramatischer Dichter. Gleich mit dem ersten Stücke, dem Lustspiel Love and a bottle (1699) errang er großen Erfolg. Es war mit der vollen Rücksichtslosigkeit der leichtfertigen, übermüthigen Jugend und in offener Verhöhnung des Collier'schen Buches geschrieben, aber es war voll Witz, Erfindung, Leben und einer überaus glücklichen Lebensbeobachtung. — Etwas maßvoller erscheint The constant couple (1700). Die Libertinage tritt hier in der Person Wilbair's so unverschämt wie nur irgendwo, aber mit einer gewissen Gutmüthigkeit auf. Sie zieht sich mit ihren Ansprüchen sofort wieder zurück, wo sie Gefahr wittert, oder ernstlich zu verletzen fürchtet. Sie will nichts als Genuß und im Genusse durch nichts gestört sein. Sie glaubt für Geld alles feil, aber will auch nichts anderes, als was dafür feil ist. In ihrer Art ist diese Figur trefflich gezeichnet und Kotzebue hat sie vorzüglich in die Verhältnisse eines anderen Landes, eines anderen Jahrhunderts und eines anderen Lebensalters, in „Die beiden Klingsberg", zu übersetzen verstanden. Der junge Geck mit seiner durch nichts aus der Fassung zu bringenden Unverschämtheit, hat dem alten darin als Modell gesessen. Der ungeheure Erfolg dieser Figur auf der Bühne bewog Farquhar zu einer Fortsetzung seines Stücks in Sir Harry Wildair (1701). Wie fast alle Fortsetzungen dieser Art erreichte sie aber das frühere nicht. Schröder hat es seiner „Unglücklichen Ehe aus Delicatesse" zu Grunde gelegt, wie The constant couple seinem „Ring". — Zu dem 1702 erschienenen Inconstant benutzte Farquhar, nach seiner eigenen Angabe das Hauptmotiv aus Fletcher's Wild goose chase, sowie eine wirkliche Begebenheit. Ihm folgte die mit Motteux gemeinsam verfaßte Farce The Stage coach, eine freie Bearbeitung des französischen Stücks Les carosses d'Orléans (anonym), wogegen das in demselben Jahre zum ersten Male gegebene Lustspiel The recruiting officer ganz aus dem eignen Leben gegriffen und wieder mit einem dreisten Uebermuthe geschrieben ist. Es gefiel außerordentlich, so daß der Buchhändler Tonson ihm 15 £ für das Verlagsrecht bot. Farquhar hatte inzwischen selber ein Lustspiel auf-

geführt, in bem ihm die Rolle bes Michael Perez aus Fletcher's Rule
a wife and have a wife zu spielen beschieden war. Er heirathete
nämlich eine Dame, die ihn in dem Glauben ließ, ein großes Vermögen zu besitzen, während sie nur eine große Zuneigung für ihn im
Herzen trug. Sie hatten sich beide in einander getäuscht, und wenn
Farquhar es ihr auch nicht entgelten ließ, wurde ihm diese Verbindung
dennoch verhängnißvoll. Er gerieth in Noth, verkaufte sein Offizier-
patent und da sein nächstes Stück The twin rivals (1706) nicht ben
gewünschten Erfolg hatte, sah er sich balb in der mißlichsten Lage. Die
Aufregung warf ihn bei seiner durch wüstes Leben zerstörten Gesundheit auf ein Krankenlager, von bem er sich nicht wieder erhob.
Hier schrieb er noch The beaux' stratagem (1707), dem Vorbilde zu
Golbsmith's She stoops to conquer, welches von Vielen für sein bestes
Lustspiel gehalten wird und Garrick eine seiner Hauptrollen, Archer,
lieferte. Er starb kurze Zeit später, Ende April 1707, seine Frau
und zwei kleine Kinder, die er der Fürsorge seines Freundes Wilks
empfahl, in äußerster Dürftigkeit hinterlassend. Farquhar war ein
großes Talent, das, wenn ihm ein längeres Wirken vergönnt war,
sich vielleicht noch geläutert und zu reineren Leistungen erhoben haben
würde.

Den Werken dieser drei in ihrer Art immerhin bedeutenden
Dichter liefen die Arbeiten von Gilbon und Granville, von Mrs. Pix,
Mrs. Manley und Mrs. Cockburn zur Seite.

Charles Gilbon (1665—1724) war mehr Gelehrter, als
Dichter. Seine beiden kritischen, in bialogisch-bramatischer Form verfaßten Schriften, A comparison between the two stages und A
new rehearsal or Bayes the younger, verdienen mehr hier genannt zu
werden, als seine wirklichen Dramen, von benen The Roman's bride
revenge (1697) bas früheste ist. Auch eine Bearbeitung von Measure
for Measure mag noch erwähnt werden.

George Granville, Lord of Landsbown (1667—1735)
lebte fast ganz der Literatur und der literarischen Unterhaltung. Als
Dramatiker begegnet man bemselben zuerst 1697 mit dem Lustspiel
The she gallants. Er schloß sich darin der leichtfertig eleganten,
witzigen und witzelnden Manier Congreve's an, wogegen Heroic love
(1698) ein matter Nachklang der heroischen Tragödie Dryben's ist.
1701 erschien seine Bearbeitung bes Merchant of Venice und 1706

die Tragödie The british enchanters or No magic like love in der
Manier der damaligen englischen Oper.

Mrs. Griffith, spätere Mrs. Pix, besaß Geist und Talent. Es
ist fraglich ob sie mit Mrs. Manley und Mrs. Cockburn in Beziehung
gestanden, obschon sie in einem kleinen satirischen Stück jener Zeit,
Female wits, in der Manier des Rehearsal, gemeinsam mit ihnen
verspottet wurde. Man kennt 10 Dramen, theils Lustspiele, theils
Tragödien von ihr, von denen die Farce The Spanish wives (1696),
viel Beifall fand. Ueberhaupt war sie im Lustspiele glücklich, was
man ihren schwächlichen und dabei hyperloyalen Trauerspielen nicht
nachrühmen kann.

Mrs. Manley de la Rivière spielte eine nicht unbedeutende
Rolle in der Literatur, Politik und Gesellschaft ihrer Zeit, leider aber
keineswegs eine gute. Sie besaß große geistige Anlagen und war
ursprünglich auch tadellos in ihrem Betragen. Eine unglückliche
Ehe, die sie in den verderbtesten Theil der vornehmen Welt brachte,
erfüllte aber ihr Herz mit einer tiefen Verachtung der Menschen und
der öffentlichen Meinung. Ihren ersten Erfolg als dramatische Schriftstellerin erzielte sie 1696 mit der Tragödie The royal mischief. Er
führte ihr eine Menge Bewunderer zu, von denen sie bald in die
abschüssigen Bahnen der Ausschweifung gerissen wurde. Ihre Memoirs of the new Atlantis machten sie auch noch zu einer politischen
Persönlichkeit. Als man den Drucker und Verleger der anonym erschienenen Schrift in Verhaft nehmen wollte, war sie edel genug, sich
aus freiem Antrieb zu der Autorschaft zu bekennen. Ein Wechsel in
der Regierung entzog sie der Untersuchung. Sie wurde ein Werkzeug
des neuen Regimes, für das sie zahlreiche Pamphlete schrieb. Nach
Swifts Rücktritt vom Examiner übernahm sie die Leitung desselben,
der man Geist und Geschick nicht absprechen kann. Sie starb 1724.
Außer dem oben genannten kennt man noch drei andere Dramen von
ihr, das Lustspiel The lost lover (1696), die Tragödie Almyna
or the Arabian vow (1707), welchem die Einleitung zu den Arabischen
Nächten zu Grunde liegt, und Lucius, the first christian king of
Britain (1717), ein religiöses Drama.

Auch Catharina Trotter, spätere Mrs. Cockburn, geboren
16. Aug. 1679 zu London, gestorben 11. Mai 1749, war eine außergewöhnliche und durch ihre Schönheit berühmte Erscheinung. Ihr

frühreifes Talent bethätigte sich in der schon mit 17 Jahren veröffentlichten Tragödie Agnes de Castro; die Selbstständigkeit ihres
Charakters durch den fast gleichzeitig erfolgten freiwilligen Uebertritt
zum Katholicismus. Später wurde sie, hingerissen von Locke's Schriften, zu einem der kühnsten Vertheidiger derselben. Sie vermochte sich
jetzt bei dem katholischen Glauben nicht mehr zu beruhigen, so daß
sie wieder zurück in den Schooß der Staatskirche trat. 1708 heirathete sie den Geistlichen Cockburn mit dem sie, in glücklichster Ehe,
sich den ernstesten Studien widmete. Ihre Tragödie Fatal friendship (1708) errang einen großen Erfolg. Man kennt noch vier andere Stücke von ihr, deren letztes aber auch in diesem Jahre schon
erschien. Am 11. Mai 1749 folgte sie ihrem ihr ein Jahr früher
im Tode vorangegangenen Gatten.

Im dramatischen Sinne ungleich bedeutender war auf einem
anderen Gebiete des Dramas noch eine vierte Dame die nur wenig
später auf der Bühne erschien. Susanna Carrol, spätere Mrs.
Centlivre, geb. Freemann*) wurde um 1680 zu Holbeach in Lincolnshire geboren. Ihre Eltern starben ihr früh. Obschon sie auch
sonst noch vom Unglück vielfach heimgesucht wurde, bewahrte sie sich
doch die ihr angeborene Heiterkeit des Gemüths. Sie heirathete noch
ehe sie das Alter von 15 Jahren erreicht hatte, einen Mann der
ein Neffe von Sir Stephan Fox gewesen sein soll, dessen Namen
mir aber unbekannt geblieben ist. Er wurde ihr nur ein Jahr
später wieder entrissen. Auch ihren zweiten Gemahl, einen Capitain
Carrol, verlor sie schon früh. Er fiel nach nur 1 1/2 jähriger Ehe, das
Opfer eines Duells. Inzwischen hatte Susanne durch Selbstunter-
richt sich eine große Sprach- und Literaturkenntniß erworben. Sie
verstand Italienisch, Spanisch, Französisch, Latein und verband damit eine große Lebhaftigkeit des Geistes und einen raschen, funkelnden
Witz. Zur Bühne faßte sie bald eine große Neigung und bethätigte
sich auf ihr sowohl als Dichterin, wie als Darstellerin, das letzte, wie
es scheint, aber nie öffentlich. 1700 trat sie mit ihrem ersten Stücke,
der Tragödie The perjured husband hervor. Doch wagte sie nur
noch einmal, 1717 mit The cruel gift, den Kothurn zu besteigen.

---

*) Cibber, Lifes of british poets. — Biogr. dram. — The dramatic works
of the celebrated Mrs. Centlivre, with an account of her life. Lond. 1872.

Ihre übrigen Stücke, 17 an der Zahl, sind durchgehend Lustspiele. Ihr Talent, ihre Unterhaltungsgabe, ihr Witz brachten sie in vertrauten Umgang mit den bedeutendsten Geistern der Zeit. Steele, Rowe, Farquhar, Wilks und Mrs. Oldfield gehörten zu ihrem nächsten Umgange. Sie verheirathete sich auch noch ein drittes Mal mit einem Franzosen, Namens Centlivre und starb 1722 im 45. Jahre ihres Alters. Mrs. Centlivre nahm es bei ihrer dramatischen Thätigkeit mit dem Entlehnen fremden Eigenthums nicht zu genau, doch war sie im Einzelnen reich an Erfindung und glücklichen Einfällen. Quellende Situationskomik und lebendige Frische der Darstellung haben einzelnen ihrer Stücke eine große Wirkung gegeben*). Doch neigen fast alle zur Posse. Sie verließ sich darauf, daß die Lacher über das Unwahrscheinliche und den Mangel an Feinheit hinwegsehen würden und verrechnete sich dabei nicht. Keines ihrer Stücke hat aber einen Erfolg wie ihr Busy Body gehabt, das auch in Deutschland unter dem Titel: „Er mengt sich in Alles" auf allen Bühnen heimisch gewesen ist. Er bestimmte die Verfasserin zu einer Fortsetzung, Marplot, die aber das erste Stück nicht erreichte. Doch ist Busy body keineswegs ihre beste Arbeit. Es wird an Feinheit von The wonder und The gamaster weit übertroffen. Für die Lachlustigen war noch besonders in Basset table, Love at a venture, The man's bewitched, A wife well managed und Bold strike for a wife gesorgt.

Gleichzeitig mit Mrs. Centlivre trat Rowe, einer der bedeutendsten englischen Tragiker dieses Jahrhunderts, auf. Nicholas Rowe**) wurde 1673 zu Little Backford in Bedfordshire geboren. Sein Vater wollte ihn anfangs zu seinem Berufe erziehen, indem er ihn im Middle

---

*) Dies ist die Reihenfolge derselben: Love's contrivances, nach Motiven von Molière (1703), The bean's duel, nach Massinger's City Madam (1703), The stolen heiress, nach May's Heir (1703), The gamaster, nach Le dissipateur (1705), Love at a venture (1706), The basset table (1706), The platonic lady (1707), The busy body, nach Motiven aus Jonson's The devil an ass (1709), The man's bewitched (1710) Bickerstaff's burying und Marplot (1711), The perplexed lovers, nach dem Spanischen (1712), The wonder, a woman keeps a secret (1714), Gotham election (1715; nicht aufgeführt.), A wife well managed (1715), Bold stroke for a wife (1718), Artifice (1721).

*) Sam. Johnson, Lifes of poets. — The works of Nicholas Rowe. — Hettner, a. a. O.

Tempel die Rechte studiren ließ. Die poetischen Neigungen des Jünglings überwogen jedoch und der Tod seines Vaters, der ihn mit 20
Jahren selbständig machte, entschied seine Laufbahn. 1698 trat er mit
der Tragödie The ambitious stepmother auf, welche einer jener
orientalischen Palastrevolutionen behandelt und einige Aehnlichkeit mit
Corneille's Rodogune hat. Der große Erfolg, den er damit errang,
beseitigte in ihm jeden Zweifel an seiner Begabung, die jedoch ganz auf
die Tragödie beschränkt war. 1702 folgte sein Tamerlane, der verglichen mit Marlowe's feurigem Stück freilich auch hier noch die
Schwächlichkeit derselben fühlbar machte. Rowe, der an das alte
Drama der Engländer anknüpfen wollte, hielt sich dabei aber nur an
die Form des Ausdrucks, die er mit dem Geiste der großen französischen
Tragiker zu erfüllen suchte, ohne deren Geist doch zu haben. Gleichwohl errang er noch einige große Erfolge. Zunächst mit The fair
penitent, einer Bearbeitung der fatal dowry von Massinger, was er
verschwieg. Dies ward ihm zum schweren Vergehen angerechnet, obschon damals derartige Vertuschungen nicht gerade selten waren. Wenn
es freilich wahr wäre, was Gifford behauptet, daß Rowe ursprünglich
eine neue Ausgabe von Massinger's Dramen habe veranstalten wollen
und dies dann nur unterlassen hätte, um als der alleinige Verfasser
der schönen Büßenden dazustehen, so würde dieses Verfahren sehr
zu verurtheilen sein. Allein mir scheint es noch nicht recht erwiesen.
Rowe's Bearbeitung zeigt einige wichtige Verbesserungen. Er hat in
Calista den Charakter Beaumelle's und in Lothario den ihres Verführers bedeutend gehoben. Doch auch die Unterdrückung der komischen
Parthien thut wohl. Im Uebrigen hat freilich das Stück unter seinen
Händen viel von der ursprünglichen Kraft, Farbe und Eigenthümlichkeit eingebüßt. Der Charakter des Charolais hat gelitten. Rowe hat
die Härten desselben zu mildern gesucht, dafür aber keinen glücklichen
Ersatz geboten. Besonders schwach ist der Schluß seines Stücks.
Erst 1713 erhob er sich wieder, nach längerem Sinken und einer
längeren Pause (von 1707—13), in die seine Ausgabe der Shakespeare'schen Dramen fällt (1709) zu ähnlicher Höhe mit seiner Jane
Shore, der 1715 noch Lady Gray folgte. Es sind seine bedeutendsten
dramatischen Werke. Er nähert sich darin Shakespeare mehr an, als
sonst, was sich freilich nur in den gelegentlichen Ausbrüchen einer
wahren und starken Empfindung und in einer größeren Lebendigkeit

des sprachlichen Vortrags, der dialogischen Bewegung zeigt. Beiden
Stücken sind viel Thränen geflossen. Kurz nach Erscheinen des ersten
ward er zum Laureate erhoben, nicht lange nach dem Erfolge des
zweiten beschloß der Tod seine vom Glück begünstigte irdische Laufbahn (6. Dec. 1718).

Rowe besaß eine große literarische Bildung und Sprachkenntniß,
so wie ein feinausgebildetes Formgefühl, das sich besonders in der
Behandlung der Sprache und des Verses zeigte. Johnson rühmt an
ihm die Eleganz des Vortrags und den harmonischen Wohlklang der
rhythmischen Rede. Nach ihm erklärt sich Rowe's Ruf hauptsächlich
daraus, daß er, indem er dem Ohre schmeichelte, zugleich den Verstand
befriedigte und die Empfindung erhob. Dagegen spricht er demselben
fast ganz die Fähigkeit ab, Furcht oder Mitleid hervorzurufen, wie Pope
und Addison ihm auch im Leben das Herz absprechen. Gleichwohl ist
es gewiß, daß einzelne Scenen in The fair penitent, in Jane Gray und
besonders in Jane Shore das Publikum seiner Zeit sehr ergriffen und
gerührt haben. — Andere haben die Eigenthümlichkeit dieses Dichters
besonders darin zu finden geglaubt, daß er, der Erste, den moralischen
Endzweck des Dramas in entschiedener Weise betont habe, so daß die
meisten seiner Stücke mit einer moralischen Nutzanwendnng schlößen.
Allein dies war schon lange vor Rowe auf der Bühne üblich geworden. Selbst ein so frivoler Dichter wie Congreve konnte sich
gegen Collier auf die moralischen Gemeinplätze berufen, mit denen
bei ihm fast jeder Act seiner Lustspiele schloß. Fast alle Lustspieldichter der ersten Decenien dieses Jahrhunderts, Farquhar, Vanbrugh,
Cibber, Mrs. Centlivre, hielten an dieser Gepflogenheit fest. Wie
ihre moralischen Sätze, passen auch die Rowe's nicht immer zum Inhalt des Stücks. Letzterer hinterließ noch eine treffliche Uebersetzung
von Lucan's Pharsalon.

Nur kurze Zeit später, als er, debütirte ein andrer dramatischer
Dichter, der auf seine Zeit einen noch größeren Einfluß ausgeübt hat.
Richard Steele,[*] 1671 zu Dublin geboren, den wir bereits als
Begründer der aufklärenden, moralischen Wochenschriften kennen lernten
und auf den man gewöhnlich die Entstehung des sentimentalen Dramas

---

[*] The dramatic works of Sir Rich. Steele. Lond. 1700. — Biogr. dram.
— Ward, a. a. O. — Hettner, a. a. O.

zurückgeführt hat, studirte in Oxford, wo er sich schon im Lustspiel
versucht haben soll. Seine Neigungen führten ihn aber zunächst in
die militärische Laufbahn. Er ,trat in die Armee ein, und wurde
durch die Offenheit seines Wesens, sein frisches heiteres Naturell, und
seinen aufgeweckten, witzigen Geist sehr bald der Liebling seiner Kameraden, was ihn freilich auch zu den wildesten Excessen verleitete, aber
wie seine Schrift: The christian hero beweist, nicht ohne inneren
Zwiespalt. In diesem sittlichen Dualismus bewegte sich Steele durch
sein ganzes Leben; er suchte durch seine Schriften immer wieder gut
zu machen, was er im Handeln gegen die Gesetze der Sittlichkeit ge-
sündigt. Sein Leben bestand in Folge davon aus einem Wechsel von
Ueberfluß und von Mangel. 1702 trat er zuerst mit einem dramatischen Werke, dem gegen die Advocaten und Speculanten gerichteten
Lustspiele The funeral or grief à la mode hervor. Es ist im
Wesentlichen noch in der Manier der früheren leichtfertigen Lustspiele
geschrieben. Daneben macht sich aber ein Zug geistiger Gesundheit
geltend, der freilich ebenso wenig dazu paßt, wie die schon hier bisweilen hervortretende Neigung zur Sentimentalität. Der grade, ehrliche, offenherzige Haushofmeister Trusty war eine ganz neue Figur
auf der englischen Bühne, die unzählige Nachahmungen hervorrief.

Steele's nächstes Stück the Lying lover (1703) ist dem Corneille'schen Menteur nachgebildet, obwohl er, dessen falscher Angabe folgend, sich dafür auf Lope de Vega beruft. Der sentimentale
Theil ist das Eigenthum Steele's; er hat dem Humor und der Komik
des Stückes, das nur wenig gefiel, nicht wenig geschadet. Sein Vorwort giebt ausgesprochener Maßen schon hier die Absicht zu erkennen;
die Bühne in christlich-moralischem Sinne zu heben. „Ihre Majestät
die Königin — heißt es darin — hat jetzt die Bühne unter ihre besondere Fürsorge genommen. Es ist Aussicht vorhanden, daß sich
der Witz von seinen Ausschweifungen erhole und die Sache der Tugend
ermuthigt, das Laster dagegen der Schmach überliefert werde." Entschieden tritt · aber die moralische Absicht in dem Lustspiele The
tender husband (1704) hervor, welches er Addison widmete, der, was
hier noch verschwiegen wird, daran selbst mit gearbeitet haben soll.
Hier heißt es im Vorworte, daß jeder Angriff auf das vermieden sei,
was der bessere Theil der Menschheit für heilig und ehrenhaft halte.
Der Mißerfolg aber bestimmte ihn umsomehr, sich für länger der

Bühnenthätigkeit zu enthalten, als er um diese Zeit eine Anstellung an der London Gazette erhielt und hierdurch in die journalistische Thätigkeit gerissen wurde. Steele hat sich durch diese so um das Theater verdient gemacht, daß die Schauspieler des Drurylane bei einem Zerwürfniß mit Rich, welches mit dem Tode der Königin Anna zusammenfiel, ihn ersuchten, sich mit ihnen um die Erneuerung des Patents zu bewerben. Steele ging darauf ein. Auch ward es ihm leicht, diesen Zweck durch die Gunst des Herzogs von Marlborough zu erreichen, dessen Parthei er nützlich gewesen war. Seine politische Partheinahme war aber auch wieder der Grund, daß ihm vom Herzog von Newcastle, nach dessen Ernennung zum Lord Kammerherrn, das Patent wieder entzogen wurde. Es gelang ihm jedoch bald, durch Walpole's Vermittlung ein neues Patent zu erhalten. Steele hatte inzwischen auch seine dramatische Thätigkeit wieder aufgenommen. 1722 erschien das Lustspiel The conscious lovers von ihm, welches gegen die Duelsucht gerichtet ist. Obschon er das Stück ein moralisches nannte, zeigt sich neben den Scenen von sentimental = moralisirenden Charakter doch auch wieder viel Indecentes. So matt es uns heute erscheint, war damals der Erfolg doch ein ganz außerordentlicher. Der König sandte dem Dichter eine Börse mit £ 500. Nichts= bestoweniger kam dieser nur kurze Zeit später in seinen Verhältnissen in dem Maße herunter, daß er sich zum Verkauf seines Patents ge= nöthigt fand. Die Whigparthei, der er sein ganzes Leben gewidmet hatte, war gerade damals in Coterien zerfallen. Ein Theil seiner frü= heren politischen Freunde zog sich von ihm nun zurück. Seine Verlegen= heiten wuchsen und Krankheit that dann das Uebrige. Am 21. Sept. 1729 starb er in einem Zustand, welcher ein längeres Leben nicht wünschenswerth für ihn machte. Er hinterließ zwei unvollendete Lustspiele: The gentleman und The school of action. — Steele hatte ohne Zweifel die Absicht, die Bühne moralisch zu reformiren. Es fehlte ihm hierzu aber an Kraft. Auch war seine Natur von zu großen Widersprüchen bewegt. Seine Reform schlug daher eine falsche Richtung ein. Er hat mehr durch seine Schwächen und Fehler, als durch das damit beabsichtigte Gute auf seine Nachfolger eingewirkt. Ich bezweifle zwar nicht, daß das Rührende geeignet sei, ein ästhe= tisches Moment im Kunstwerk zu bilden und sich ebensowohl mit dem Komischen, wie mit dem Tragischen verbinden zu lassen, nur glaube

ich, daß es dann nie als der letzte Zweck desselben, nie als be=
absichtigt daraus hervortreten darf, sondern der tragischen Erhebung
und dem komischen Ergötzen zu dienen hat, auch ganz naiv dabei
auftreten muß, worin es der Schönheit gleicht, die nur dann ihren
wahren Zauber übt, wenn sie von ihrer Wirkung nicht weiß. Aehnlich
verhält es sich auch mit dem Moralischen. Das echte Kunstwerk muß
sittlich sein, doch nur weil dies seine Natur ist, nicht, um damit
lehrhaft werden zu wollen. In dem sentimentalen, moralisirenden
Lustspiel, das sich von Steele aus entwickelt hat, tritt aber das Sitt=
liche immer absichtlich, immer lehrhaft auf, selbst wenn es mit der
Natur desselben sonst gar nichts gemein hat, wodurch es nur zu oft in
Widerspruch mit dem Komischen geräth, das es schwächt und beeinträchtigt.
In der Verbindung mit dem Sentimentalen wird aber das Moralische
auch noch leicht krankhaft und schillernd und zwar um so mehr, je mehr
der Dichter darauf ausgeht, den Zuhörer zu rühren, und die Rührung
mehr auf eine Nervenerregung als auf eine geistige Läuterung ge=
richtet ist. Die Moral wird dann zweideutig und heuchlerisch, die
Empfindung falsch und verlogen. Die Wirkungen, welche erreicht
werden, sind mehr physiologischer, als psychologischer Art. Das
Publikum, beides mit einander verwechselnd, hält einen pathologischen
Zustand für den ästhetischen, die Krankheit für die Gesundheit.

Lewis Theobald, geb. 1689, gest. 1742, welcher 1708 mit
seiner Persian Princess or the royal victim auf dem Drurylane
Theater debutirte, ist, troß seiner 18 Stücke, hier eigentlich nur als
Herausgeber Shakespeare's von einiger Bedeutung. Er schrieb Lust=
spiele und Trauerspiele, von denen nur Double falsehood or the
distressed lovers (1727) hervorgehoben werden mag, weil Theobald
dieses Stück für ein von ihm entdecktes Shakespeare'sches Drama aus=
gab; ein Vorgang, der sich später mit Ireland wiederholte. Andere
haben es Shirley, Malone aber Massinger zugeschrieben.

Eine ungleich bedeutendere Rolle in den damaligen Bühnenver=
hältnissen spielte Aaron Hill. Am 10. Febr. 1684 zu Beaufort=
buildings in the Strand geboren, in der Schule von Westminster er=
zogen, trat er nach längerem Aufenthalte im Orient zuerst mit einer
Geschichte des ottomanischen Reichs auf (1709). Noch in demselben
Jahr erschien er aber auch mit der Tragödie Elfrid or the fair inconstant auf der Bühne. Er schrieb noch eine ganze Reihe von Stücken,

meist Tragödien und Adaptionen, besonders von Voltaire'schen Dramen, welche aber fast alle erst seinem späteren Alter angehören und
von denen Zara (1735) den größten Erfolg hatte. Dazwischen wendete
er sich großen industriellen Speculationen zu. Seine Dramen sind
nicht frei von Manier, da er nach einer überstiegenen ungewöhnlichen
Ausdrucksweise rang. Eine wohlwollende Natur, förderte und unterstützte
er viele Talente und verwendete die Erträge seiner Stücke meist zur
Unterstützung nothleidender Schriftsteller. Er nahm in dessen Folge
eine sehr geachtete Stellung in der literarischen Welt 'seiner Zeit ein,
starb aber zuletzt selbst in Dürftigkeit (8. Febr. 1750).

1712 erschien mit geradezu sensationellem Erfolge Ambrose
Philip's The distresssed mother auf der Bühne von Drurylane.
Philips, um 1671 geb., 18. Juni 1749 gest., eröffnete seine dramatische
Laufbahn unter dem Schutze Addisons, der zu dem vorstehenden, nach
Racine's Andromaque gearbeiteten Stücke den Epilog geschrieben und
im Spectator dem Lobe desselben zwei ganze Nummern gewidmet hat.
Auch The briton (1721) fand noch eine glänzende Aufnahme, doch
war der Erfolg kein ausdauernder. Wogegen sein drittes und letztes
Stück Humphrey, Duke of Glocester, nur eine kühle Aufnahme fand.
Ambrose Philips' dramatische Verdienste bestehen nur in der schönen
Versification. Berühmt sind auch seine Hirtengedichte.

So groß der Erfolg der Distressed mother auch war, wurde er
von dem des Cato Addison's doch noch übertroffen. Joseph Addison*), am 1. Mai 1672 in Mileston geboren, wo sein Vater die
Stelle des Rector bekleidete, erhielt seine Ausbildung in der Schule
von Salisbury und in Charterhouse. Hier ward er mit Steele
befreundet, dessen Leben das seine lange aufs Engste verbunden war.
Er war im Gegensatze zu diesem eine streng sittliche, religiöse Natur,
nicht nur in Wort und Schrift, sondern auch im Leben, dabei mit
scharfem Urtheil und einem feinen, überaus fruchtbaren Humor begabt, was allen seinen von der glücklichsten Lebensbeobachtung erfüllten Schriften, einen gewinnenden Reiz gab, selbst noch in der Satire
und in der politischen Polemik, in denen ihn nie das Gefühl für
Sitte und Anstand verließ. Seine Verdienste um die literarischen
Wochenschriften haben von mir schon berührt werden können. „Nichts

---

*) Macaulay, Essays. — The dramatic works of Addison, Glasgow 1752.

— heißt es in dem trefflichen Aufsatze Macaulays über ihn — kann
schlagender sein, als der Gegensatz zwischen dem Englishman und
dem achten Bande des Spectator, zwischen Steele ohne Abbison und
Abbison ohne Steele. Der Englishman ist vergessen, der achte Band
des Spectator enthält vielleicht die schönsten Aufsätze, sowohl ernst=
hafter, als scherzhafter Art, die wir in englischer Sprache besitzen."
Abbison gehört zu den bedeutendsten Erscheinungen der Literatur seiner
Zeit, nicht minder bedeutend war die Rolle, die er in den politischen
Parteikämpfen derselben spielte. Er schwang sich in beiden durch ein
und dieselbe Manifestation seines Geistes auf, durch das Gedicht, das
er im Auftrag Lord Godolphin's auf den Sieg von Blenheim schrieb.
Es war keineswegs seine erste poetische Veröffentlichung. Er hatte
sich schon durch verschiedene Gedichte, lateinische und englische, pathe=
tische und satirische, hervorgethan. Aber erst dieses Gedicht verlieh
ihm jene Bedeutung, die ihn zu den höchsten Stellen in der literari=
schen und politischen Welt erhob. Whig aus innerster Ueberzeugung,
widmete er dieser Partei fortan seine Feder und stieg durch die Gunst
ihres Führers allmählich bis zu dem Platze eines Staatssecretärs
empor, obschon es ihm, bei den glänzendsten Eigenschaften gesellschaft=
licher Unterhaltung, doch an einer der wichtigsten Fähigkeiten des Po=
litikers, nämlich an Rednertalente gebrach. Kaum minder einseitig
erscheint seine literarische Bildung. Sie ging fast ganz in dem Stu=
dium der römischen Dichter und in dem Boileau's, sowie der von die=
sem gepriesenen französischen Autoren auf. Macaulay macht es wahr=
scheinlich, daß Abbison auf seinen Reisen durch Italien immer nur
das interessirt habe, was in Verbindung mit seinen aus den römi=
schen Dichtern gewonnenen Anschauungen stand. Nur seine Tragödie
Cato würde davon eine Ausnahme bilden, wenn es wahr ist, daß er
zu ihr durch eine Theatervorstellung in Venedig angeregt worden ist
Tickell behauptet wenigstens, daß die vier ersten Akte in Italien ent=
standen seien, und gewiß sind sie lange vor dem fünften geschrieben
worden. Abbison hatte bereits 1707 einen dramatischen Versuch mit
der Oper Rosamond gemacht, damit auch vorübergehend einen Erfolg
erzielt und was mehr ist, durch sie die Freundschaft Tickell's gewon=
nen. Seines Antheils an Steele's Tender husband ist schon gedacht
worden. Gleichwohl zögerte er mit der Veröffentlichung seines Cato
(1713). Er wurde darin durch seine literarischen Freunde bestärkt,

21*

die, bei allem Reichthum und aller Schönheit der Sprache und Gedanken, in ihm zu wenig dramatisches Leben fanden. Anders seine politischen Freunde, die ein höchst lebendiges politisches Interesse darin zu entdecken vermeinten und ihn zur Darstellung auf der Bühne drängten. Sie hatten beide mit ihrem Urtheile Recht, der Erfolg sprach aber nur für die letzteren. Es hatte freilich nicht an Veranstaltungen dazu gefehlt. Booth's vollendetes Spiel, der Glanz der ausdrucksvollen Sprache, der sich darin offenbarende politische Geist thaten das Uebrige. Whigs und Tories lösten sich in dem Beifalle ab, da der Dichter durch Verherrlichung des politischen Parteiwesens beiden Theilen gerecht wurde. Beide fanden darin, was ihnen zusagen mußte. Doch darf der Geschmack der Zeit, der vom Dichter völlig getroffen und zu glänzendem Ausdruck gebracht worden war, nicht übersehen werden. Machte doch selbst die zopfige Uebersetzung des Stücks von Frau Gottsched in Deutschland Epoche. Ward es von Voltaire doch die einzige durchaus gut geschriebene Tragödie der englischen Bühne genannt. Es wurde ins Französische, Italienische und Lateinische übersetzt. Es bereicherte die Schauspieler von Drury Lane, denen Addison seine Tragödie zum Geschenk gemacht hatte. Es rief die anerkennendsten Urtheile *) und eine Menge Huldigungsgedichte hervor, um, als der classische französische Geschmack, wieder verdrängt wurde, ebenso sehr herabgesetzt, wie jetzt überschwänglich gepriesen zu werden. Macaulay stellt zwar den Cato noch heute über alle englischen Tragödien derselben Schule, über viele Stücke Corneille's, Voltaire's, Alfieri's, selbst über einige Racine's', ohne jedoch damit die Thatsache aufzuheben, daß er uns heute nur noch als eine zwar formglatte nnd reine, aber kühle, dürftige, academische Arbeit berührt. Die Erfolge der Distressed Mother und des Cato bürgerten die Form der französischen Tragödie für länger auf der englischen Bühne ein. Wie großen Antheil Addison's persönliche Beliebtheit und der Zauber seines Namens aber auch mit an jenem Erfolge gehabt, sollte sich an dem Lustspiel The drummer herausstellen, welches 1715 anonym auf der Bühne erschien und nach einer anfänglich ziemlich kühlen Aufnahme erst dann einen größern Erfolg gewann, als Steele nach Addison's Tode

---

: *) Der Angriff Denny's, so berechtigt in einzelnen Punkten er war, wurde damals zurückgewiesen.

(17. Juni 1719) mit der Erklärung hervortrat, daß es ein Werk dieses letzteren sei, was freilich nicht völlig ausgemacht ist. Der andauernde Beifall, den es nun hier, wie später in Frankreich und Deutschland errang, erklärt sich aus der Mischung von moralisirender Sentimentalität und Libertinage, der man einzelne Abgeschmacktheiten verzieh.

Richard Savage, dessen Geburt (10. Jan. 1697) mit einem Verbrechen zusammenhängt und dessen Leben im Gefängnisse schloß (1743); wurde von einer Dame mit einer Maske geboren, die ihn in Noth und Elend verließ. Es war Lady Maclesfield, welche sich später dazu bekannte, ihn in verbrecherischem Umgang mit Lord Rivers gezeugt zu haben*), ohne selbst noch dann irgend ein mütterliches Gefühl für ihn zu empfinden. Savage hat in dem Gedichte „The bastard“ in ergreifender Weise seine Geschichte erzählt. Sie rief die peinlichste Sensation hervor, ohne doch an seinem Schicksal etwas zu verändern. Schon mit 19 Jahren schrieb er ein Lustspiel, Woman's a riddle, welches jedoch von der Bühne zurückgewiesen wurde. Er gab es dem Schauspieler Bullock, der zugleich Bühnenschriftsteller war, und in Kurzem ein Stück, welches denselben Gegenstand behandelte, aufführen ließ, ohne Savage, welcher dagegen Protest erhob, einen Antheil an den Erträgnissen zufließen zu lassen**). Kurze Zeit später trat Savage mit einem zweiten Stück, das wie das vorige, nach spanischem Muster gearbeitet war, Love in a veil, auf, welches Johnson für ein ganz anderes, als das erste erklärt, von Anderen aber für dasselbe gehalten ward. Es hat mit dem Bullock'schen nur eine leichte Aehnlichkeit. Der Erfolg war ein mäßiger. — Ein drittes und letztes Stück, die Tragödie Sir Thomas Overbury erschien 1724 unter dem Schutze von Aaron Hill und Wilks', dem Schauspieler. Savage spielte sogar selbst darin mit, leider zum Nachtheil der Dichtung. Er hatte in ihr Gelegenheit gefunden, seine poetische Kraft zu entfalten. Sie zeigt Züge von großem Talent, errang auch entschie-

---

*) Johnson, a. a. O. — Doran, a. a. O. hat dieses Bekenntniß, ich weiß nicht aus welchem Grunde, in Zweifel gezogen.

**) Dies ist die Darstellung Johnson's, wogegen die Biogr. dram. behauptet, daß das Stück überhaupt nicht von Savage gedichtet, sondern von einer Dame, Mrs. Price, zu ihrem Vergnügen geschrieben worden, und Savage gar keinen Anspruch zu machen berechtigt gewesen sei.

den einen Achtungserfolg, ohne dem Autor doch eine dramatische Position zu verschaffen. 1777 erschien sie in neuer Bearbeitung.

Auch der durch seine Night thoughts und andere Gedichte berühmte Edward Young (1684—1765), versuchte sich in der Tragödie. Zuerst mit Busiris (1719), sodann mit The revenge (1721), mit
der er einen selbst neben Cato bedeutend zu nennenden Erfolg errang.
Doch sollte er noch von dem seines dritten Drama's The brothers
(1753) übertroffen werden, deren Ertrag er für fromme Zwecke verwendete. Heute sind diese damals gefeierten Dramen bis auf die
Namen vergessen.

Dies gilt auch nahezu von den dramatischen Arbeiten eines nicht
minder gefeierten Dichters, Fielding, obschon er vor seiner glanzvollen
Thätigkeit auf dem Gebiete des Romans einer der fruchtbarsten
Bühnenschriftsteller der Zeit und vorübergehend auch Schauspieldirector
(des Haymarkettheaters) war. Von seinen 26 Stücken hat sich eigentlich nur die burleske Tragicomödie Tom Thumb in einigem Ansehen
erhalten. Henry Fielding*) aus einer alten Familie des Somerset-
shire, wurde am 22. April 1707 in Sharpham Park bei Glastonbury
geboren. Er bezog die Schule zu Eton, dann die Universität Leyden,
konnte aber seine Studien hier nicht vollenden, weil ihn die Noth auf
den Geldverdienst anwies. Er widmete sich der Schriftstellerei für
die Bühne, was seiner Neigung zu einem flotten Leben noch weitere
Nahrung bot. Eine reiche Heirath brachte ihn in andere Verhältnisse.
Er wendete sich jetzt der advocatorischen Praxis zu und schwang sich
rasch zu einem der gesuchtesten Sachwalter London's empor. Doch
schützte ihn dies alles bei seiner verschwenderischen Lebensweise nicht vor
neuen Verlegenheiten. Er wurde hierdurch, den advocatorischen Beruf
wieder aufzugeben genöthigt, den er zunächst mit dem des Publicisten
vertauschte, um endlich auf dem Gebiete des Romans den wahren Boden
für das in ihm schlummernde Talent zu finden. Mit der Bühne hatte
er vor dieser Zeit schon völlig gebrochen. Nur wenige Jahre nach
dem Erscheinen seines bedeutendsten Werks, Tom Jones, erlag er dem
Leiden, zu denen sein wüstes Leben den Grund gelegt hatte. Am 8.
Oct. 1754 fand er in Lissabon, statt der erhofften Genesung, den Tod.

---

*) The works of Henry Fielding with an account of his life by Murphy
Lond. 1784. — W. Scott, Lifes of poets.

Fieldings erste dramatische Versuche waren erfolglos. Erst mit seinem Tom Thumb (1730) gewann er die Meinung des Publikums. Es ist eine Satire auf die Tragödien der Zeit, insbesondere auf Thomson's Sophonisba; ein Seitenstück zum Rehearsal, das erst zweiactig unter dem Namen The authors farce erschien, aber noch in demselben Jahre zu drei Acten erweitert und unter dem veränderten Titel gegeben wurde. Die übermüthige, naturwüchsige Laune dieser Burleske sprach allgemein an. Auch The coffeehouse politicians (1731), obschon ziemlich indecent, The mock-doctor (1732) und The intriguing chambermaid (1730) hatten hierdurch großen Erfolg. Hervorhebung verdient ferner Fieldings Bearbeitung des Molière'schen Avare unter dem Titel The miser (1732). Der Erfolg des Tom Thumb rief dann die Seitenstücke Pasquin (1736), Historical register (1737) und Tumble-down Dick (1737) hervor; die erste dieser Burlesken ist wieder gegen die Tragödien, die zweite gegen Walpole, die dritte gegen Rich und die durch ihn in die Mode gekommenen Pantomimen gerichtet.

Mit The necromancer or the history of Faustus von Thurmond führte Rich 1723 auf seinem Theater in Lincolns Innfields die Balletpantomime mit solchem Beifall ein,*) daß sie seitdem nie wieder ganz von der englischen Bühne verschwunden, heute jedoch auf die Weihnachtszeit eingeschränkt ist. Rich selbst war in diesem seiner Casse zusagenden Genre sehr erfindungsreich und ausgezeichnet in der Darstellung von Harlekinsrollen. Doch auch noch von anderer Seite sollte den Theaterunternehmern jetzt neuer Succurs und dem Drama eine gefährliche Gegnerschaft kommen. Im Jahre 1728 übte in demselbem Theater Gay's Beggar's opera eine solche Anziehungskraft aus, daß sie, was damals noch ein Ereigniß war, 63 Mal hintereinander gespielt werden konnte, und das Witzwort entstand, sie habe Gay rich and Rich gay gemacht.

Seit Davenant's Opern hatten die Bühnendichter fast immer in ihren Stücken, selbst im Lustspiele, um denselben noch einen besonderen Reiz zu verleihen, von der Musik und dem Gesange Gebrauch gemacht. Es kam aber damals noch nicht zu dem, was man nach späterem Begriff eine Oper zu nennen berechtigt wäre, ja mit dem stärker her-

---

*) Die Eintrittspreise wurden um ein Viertel erhöht und die Wocheneinnahmen stiegen von 600 auf 1000 £.

vortretenden Einfluß des französischen Dramas schied man die musikalischen Einlagen aus den Tragödien und Lustspielen sogar wieder
aus. Dafür gewann man einen Ersatz in der italienischen Oper. Die
Entwicklung der nationalen Musik hatte unter Beiden zu leiden. Die
Versuche, der italienischen Oper eine nationale entgegenzusetzen, waren
bisher zu schwächlich gewesen, als daß sie nicht hätten scheitern
müssen. War dies doch selbst mit Addisons Rosamund nach dem
ersten kurzen Erfolge der Fall. Gay griff bei seinem erneuten Versuch, dem er einen burlesken, durch Zeitbeziehungen pikanten Inhalt
gab, auf das alte Volkslied zurück, ja er verschmähte dazu selbst die
Spottlieder der Gasse nicht. Er soll beabsichtigt haben, die italienische
Oper damit lächerlich zu machen, allein seine Satire traf ganz wo
anders noch hin.

John Gay*), 1688 zu Exeter in Devonshire in guten
Verhältnissen geboren, wurde zum Kaufmann erzogen und erwarb als
Commis eines Londoner Geschäfts das Vertrauen der Herzogin von
Monmouth, die ihn 1712 zu ihrem Secretär ernannte. Ein Jahr
später trat er mit einem Bande Gedichte hervor, den er Pope widmete, mit dem ihn seitdem eine dauernde Freundschaft verband. Noch
in demselben Jahre erschien auch von ihm ein Lustspiel, das aber
keinen Erfolg hatte. Kurze Zeit später erhielt er eine Anstellung bei
dem Grafen Clarendon in Hannover. Er suchte sich nun durch Wid-
mungsgedichte aller Art die Gunst des englischen Hofs zu erwerben.
Es scheinen ihm auch von Seiten des Prinzen von Wales Versprechen gemacht worden zu sein. Allein diese Anstrengungen waren eben
so fruchtlos, wie die bei der Bühne. Seine mit Pope und Arbuthnot geschriebene unzüchtige Farce Three hours after marriage (1718)
ward sogar abgelehnt. Als er aber endlich nach der Thronbesteigung
des Prinzen mit nichts, als dem Titel eines Gentleman usher der
Princeß Louise abgespeist werden sollte, wies er denselben zurück, weil er
zu alt dafür sei. Man sagt, daß Swift es gewesen, der ihm zu seiner
Beggar's Opera den Anstoß gegeben, indem er einmal im Gespräche
mit ihm darauf hingewiesen, wie hübsch sich wohl eine New-gate Pasto-

---

*) Johnson, Lifes of poets ꝛc. — Biograph. dram. — J. Gay's works.
Lond. 1793. — Auch im 41. und 42. Bde. der Johnson'schen, sowie im 8. Bde.
der Anderson'schen Sammlung.

rale ausnehmen müßte. Gay griff den Gedanken auf und schrieb
seine Newgate Operette. Niemand wollte anfangs an den Erfolg
glauben, der doch dann ein so ungeheurer war. Die Beggars opera
ist eine burleske Blosstellung von Laster und Verbrechen, worin sich
die Lebensgewohnheiten der damaligen vornehmen Welt spiegelten.
Das Publikum sah darin zugleich eine Satire auf das Ministerium
Walpole und die Wirkung war eine um so pikantere, als dieser bei
der ersten Vorstellung selber mit anwesend war und sich bei jeder
Anspielung Aller Blicke auf seine Loge richteten. Walpole soll aber
klug genug gewesen sein, der Satire durch seinen Beifall die Spitze
abzubrechen, — gewiß wenigstens war er es darin, die Vorstellung
nicht zu verbieten, was indeß mit der Fortsetzung dieses Stückes geschah, welche Gay unter dem Titel „Polly" geschrieben. Dies veranlaßte ihn, dieselbe auf Subscription durch den Druck zu veröffentlichen
(1729). Er nahm jetzt mehr dafür ein, als er durch die Aufführung
gewonnen haben würde, da sie später ohne Erfolg in einer Bearbeitung Colmans gegeben ward. Dieses Mittel wendete man damals
überhaupt mit großem Erfolge gegen die Versuche an, die Censur
beim Theater einzuführen. Gay starb im December 1732 im Hause
des Herzogs von Queensberry. Die Beggars Opera rief eine ganze
Fluth von Operetten hervor, die aber sämmtlich ihr Vorbild nicht zu
erreichen vermochten. Doch hat es einzelnen nicht an Erfolgen gefehlt. Von ihnen möge nur The devil to pay von Coffey*) (1731)
genannt werden, weil diese Operette auch in der Geschichte der deutschen Oper eine Rolle gespielt.

Das Jahr 1730 bezeichnet den ersten Bühnenerfolg des berühmten Dichters der Jahreszeiten, James Thomson (geb. 11. Sept.
1700, gest. 27. Aug. 1748)**), mit der Tragödie Sophonisba, die, wie
wir sahen, von Fielding verspottet wurde. Sie verdankte diesen Succeß der Schönheit der Sprache und der Gedanken, da ihr dramatischer Gehalt nur gering ist. Sie bot den Eindruck einer moralisiren-

---

*) Charles Coffey hat noch 6 andere Operetten zwischen 1729 und 1733
geschrieben. The devil to pay ist nach einer alten Farce von Jevon, The devil
of a wife (1686). Coffey war von Geburt ein Irländer und starb 1745 in London.

**) Cibber, a. a. O. — Johnson, a. a. O. — Murdoch, Life of Th. 1803. —
Lessing, Theatralische Bibliothek und Vorrede zu Thomson's Trauerspielen. —
The works of J. Thomson 1874.

ben Vorlesung in schöner, glänzender Form bar; man bewunderte sie, aber warb nicht erschüttert. 1738 folgte Agamemnon, 1739 Edward and Eleonora, 1740 bie im Verein mit Mallet gedichtete Maske Alfred, in welcher das berühmte Rule Britannia vorkommt, 1745 Tancred and Sigismunda unb Coriolanus, ber aber erft ein Jahr nach bes Dichters Tobe (27. Aug. 1748) zur Aufführung kam. Von all biesen Dramen ift Tancred anb Sigismunda, bem eine Begebenheit aus bem Romane Gilblas zu Grunbe liegt, sein bebeutenbstes unb glücklichstes Werk bieser Art. Es hat sich hiervon allein auf ber englischen Bühne länger erhalten, was wohl bem eingemischten Rührenden zuzuschreiben ift. Die Darstellung von Ebward unb Eleonore wurde von ber eben burch Parlamentsacte eingeführten Theatercensur verboten, wie es scheint aus keinem andern Grunbe, als um ihr Dasein hierburch bemerkbar zu machen.

Thomson wurde zu seiner Zeit für einen großen Dramatiker gehalten. Auch Lessing im Vorworte zu ben Dramen besselben spricht von ihnen als Meisterwerken. Er rühmt an ihnen die Kenntniß bes menschlichen Herzens, die „magische" Kunst, jebe Leibenschaft vor unseren Augen entstehen, wachsen unb ausbrecheu zu laffen', sowie bie verständige Beobachtung ber Regeln, ba Thomson nicht sowohl im französischen, als im ursprünglichen, griechischen Sinne regelmäßig sei. Lessing, ber später gegen bie Kunstanschauung seiner Zeit so helbenhaft ankämpfte, stanb bamals noch unter bem Banne berselben. Er würde bie Tragödien Thomsons später nicht mit weniger Achtung, aber boch mit ganz anberen Augen beurtheilt haben. Jonson rühmt an Thomson im Allgemeinen bie Selbständigkeit seiner Auffassung unb seiner Ausbrucksweise. Lessing nennt ihn ben malerischesten aller Dichter. Er kannte bamals freilich Shakespeare noch nicht. Thomson's Dramen wurden von J. G. Schlegel ins Deutsche übersetzt. Lessing selbst ging einmal bamit um.

Einen ungleich größeren Einfluß auf die Entwicklung bes Dramas nicht nur seines Volks unb seiner Zeit, sondern bes neuesten Dramas überhaupt, übte ein andrer sentimentaler Dichter aus, ben man ben Begründer unb Schöpfer bes bürgerlichen Trauerspiels genannt, unb von bem auch ohne Zweifel bas neue bürgerliche Trauerspiel seinen Ausgang genommen hat, obschon er selbst zu bem seinen, wie ich

schon (S. 299) darlegte, die Anregung und die Muster bei den altenglischen Dramatikern fand.

George Lillo*), am 4. Februar 1693 zu London geboren,
betrieb in dieser seiner Vaterstadt das Gewerbe eines Juweliers. Von
strengen sittlichen Grundsätzen und tief religiösen Anschauungen erfüllt,
hatte er zwar schon immer eine Vorliebe für die Dichtkunst gehabt,
doch nur insofern sie in dem Dienst der Religion und Moral stand.
Sein erstes Stück Sylvia or the coventry burial (1730) scheint zwar
auf den ersten Blick hiermit in Widerspruch zu stehen, da es eine
Balletoper, in Nachahmung von Gay's Beggar's Opera ist, allein
Lillo benutzte schon hier die volksthümliche Form und die frische
Wirkungsart dieses Genres, um die Liebe zur Wahrheit und Tugend
zu fördern, und Haß und Verachtung gegen Lüge und Laster zu
wecken. Unter den alten Balladen, die er zu diesem Zwecke durch-
stöbert, hat sich ohne Zweifel auch diejenige befunden, welche er
seinem nächsten, noch in demselben Jahre erscheinenden und epochemachenden Stücke The London merchant or the history of George
Barnwell (1730) zu Grunde gelegt hat. Wie die bürgerliche Tragödie
des altenglischen Theaters, von der ihm sicher schon damals eine oder
die andere zu Händen gekommen war, knüpfte auch er an einen criminalistischen Vorfall, an eine wirkliche Begebenheit an. Der moralische
Zweck war auf der damaligen Bühne noch nie in so energischer, noch
nie in so einseitiger Weise in's Auge gefaßt und zum Ausdruck gebracht
worden. Es war diese Energie und Einseitigkeit, welche verbunden
mit dem nicht zu bestreitenden Talent, die Gemüther der Menschen in
Bewegung zu setzen, damals so ungeheure Wirkung ausgeübt hat. Es
half nichts, daß einige Witzlinge das Stück zu einer Tragödie für
New-Gate degradirten — und die New-Gate Opera hatte gewiß
ihren Antheil daran — es wurde, obschon erst gegen den Schluß des
Theaterjahres in Drury Lane erschienen, in der heißesten Jahreszeit
zwanzig Mal hintereinander bei dichtgefülltem Hause hier aufgeführt.
Von den tiefen Wirkungen, welche es ausübte, haben sich verschiedene
Anecdoten erhalten. Die Handlung aber ist folgende. Ein Lehrling
fällt in die Hände einer Buhlerin, die ihn seinem Lehrherrn zu be-

---

*) Cibber, a. a. B. — Biogr. Dram. — Hettner, a. a. O. — The works
of George Lillo, with an account of his life. London 1775.

rauben und seinen Oheim, den er beerben soll, zu morden, verleitet.
Das Verbrechen wird aber entdeckt und beide büßen dasselbe am
Galgen. Der Dichter suchte durch die größte Simplicität und Natur=
wahrheit der Darstellung zu wirken und erreichte auf's Vollkommenste
seinen Zweck. Die Macht der Versuchung, das Wachsthum der Leiden=
schaft, der Kampf des Gewissens, das endliche Unterliegen — das
Alles war mit einfachen, aber lebendigen, kräftigen Zügen zum Aus=
druck gebracht. Obschon die schwächlichen Uebersetzungen in Frankreich
und Deutschland nicht eine so unmittelbare Wirkung wie das Original
in England ausübten, forderten sie doch zur Nachahmung auf. Es ist
kein Zweifel, daß diese Wirkungen nur zum kleinsten Theil ästhetische
waren, daß selbst die moralischen von den physiologischen noch weit
überwogen und mit ihnen allmählich der größte Mißbrauch getrieben
wurde, indem man, was bei Lillo sicher der Fall noch nicht war, die
moralische Absicht zum bloßen Vorwande nahm, um starke Nerven=
erregungen hervorzurufen und hierdurch eine Anziehungskraft auf das
Publikum, welches sie suchte, auszuüben.

Lillo's drittes Drama The christian hero (1734) war ein Ver=
such, die moralische Tendenz in die heroische Tragödie einzuführen.
Allein dieser Anlauf auf ein höheres Gebiet hatte nicht den erhofften
Erfolg. Desto größerer wurde dem Trauerspiel The fatal discovery
(1737), unter Fielding am Haymarket=Theater, zu Theil. Es liegt
ihm ebenfalls wieder eine wahre Begebenheit zu Grunde. Ein Ehe=
paar, das sich in Noth befindet wird von einem Fremden um Aufnahme
und Nachtlager gebeten. Es kann der Versuchung nicht widerstehen,
denselben, seines Goldes wegen, im Schlafe zu morden, um hinterher
zu entdecken, daß der Gemordete der für verschollen gehaltene Sohn
der Mörder ist. Der Dichter hat auch in diesem Stück sichtlich einen
höheren Ton, als in seinem Londoner Kaufmann anschlagen wollen,
da es in Jamben geschrieben ist. Doch ist hierdurch viel von der
früheren Einfachheit und Natürlichkeit verloren gegangen und eine
gewisse Absichtlichkeit an die Stelle getreten. Auch hatte es anfangs
keinen Erfolg. Der Gegenstand mochte zu abstoßend erscheinen. Doch
lag es wohl auch an der Darstellung, da es im nächsten Jahr bei
veränderter Besetzung eine große Anziehung ausübte. — Es folgte
Marina, in gewisser Beziehung ein Gegenstück zu dem vorigen, das
mehr den Charakter des Rührstücks hat. Ein Gatte findet durch

wunderbare Fügung seine verloren geglaubte Gattin, ein Vater seine
Tochter wieder. Der romantische Stoff dieses Stücks ist dem Shake=
speare'schen Perikles entnommen. Es ist ebenfalls wieder in Jamben
geschrieben und enthält ein paar gute Scenen. Die Aufführung war
aber mittelmäßig und hatte keinen Erfolg. Es ist zu verwundern, daß
das Drurylane Theater nach dem sensationellen Erfolge des London
merchant sich Lillo so völlig entfremdet hatte. Erst nach seinem am
3. Sept. 1739 erfolgten Tode wurde hier wieder die Tragödie Elmerick
or justice triumphant, die Lillo dem Prinzen von Wales gewidmet,
doch nur auf Befehl von diesem gegeben. Erst 1759 aber kam die
gleichfalls von ihm hinterlassene Bearbeitung des Arden von Fevers=
ham, die nach seinen eignen Worten aber schon vor 1736 entstanden
war, an demselben Theater zur Aufführung. Sie wurde ein einziges
Mal hier gegeben, doch 1790 vom Coventgarden Theater in veränderter
Gestalt neu aufgenommen. George Barnwell erhielt sich dagegen bis
auf die neueste Zeit.

1741 tritt der Einfluß Richardson's auf das Drama der Zeit
in einer Bearbeitung der Pamela von Dancer hervor. So schwäch=
lich dieselbe auch war, errang sie doch einen großen Erfolg, haupt=
sächlich durch die Darstellung der Rolle des Snatter von Garrick.
Es war zugleich die Zeit der Erneuerung Shakespeares, die der
Ausbreitung des sentimentalen Dramas damals auch mit entgegen=
wirkte.

Edward Moore (gestorben 28. Februar 1757) errang mit
seinem empfindsamen Lustspiel The foundling (1748) ebenfalls nur einen
kurzen Erfolg, was man zwar noch aus der Aehnlichkeit mit Steele's
Conscious lovers erklärt hat, obschon es diesen von nicht Wenigen
vorgezogen worden ist. Mehr dürfte ihm die Satire geschadet haben, die
man darin auf einen Modeherrn fand, welche aber wohl richtiger auf
den Darsteller, als auf den Dichter zurückgeführt wird. Sein zwei=
tes Lustspiel Gil Blas (1751) erlitt sogar eine Niederlage, so daß er
anfangs sein drittes Drama: The gamester (1753) nicht unter seinem
Namen zu veröffentlichen wagte. Erst als der Erfolg völlig sicher ge=
stellt schien, trat er mit diesem hervor. Zugleich aber auch eine Oppo=
sition, die also nur der Person, nicht dem Stücke galt, obschon man
vielleicht nachträglich auch an dem Angriff auf ein Modelaster der Zeit
Anstoß genommen haben dürfte. Es wurde damals trotz der ausge=

zeichneten Darstellung Garricks als Beverley nur 12 Mal gegeben und erst 1771 neu aufgenommen. Von hier an erhielt es sich aber mit kurzen Unterbrechungen bis auf die neueste Zeit. Es liegt ihm die Yorkshiretragödie mit zu Grunde. Beverley, ein leichtfertiger junger Mann, wird von dem Spieler Stukely um sein ganzes Vermögen gebracht, kommt ins Gefängniß und vergiftet sich hier aus Verzweiflung. Eine reiche Erbschaft, die seine Familie dem Elend entreißt, soll auch auf das von den vielen und marternden Erregungen wunde Herz des Zuschauers einigen Balsam mit träufeln.

Gleichzeitig treten wieder einige bedeutendere Lustspieldichter hervor. Zunächst Dr. Benjamin Hoadley, geb. 10. Febr. 1705, gest. 10. Aug. 1737, mit The suspicious husband (1747), nach Doran dem besten Lustspiele, welches das Jahrhundert bis jetzt hervorgebracht haben soll (ein übertriebenes Lob!) und trotz des ungeheuren Erfolgs, an dem Garrick als Ranger keinen geringen Antheil gehabt, das einzige Stück des talentvollen Dichters, der sich auch als Arzt und Gelehrter durch verschiedene Schriften ausgezeichnet hat. Man hat in den Charakteren Anklänge an Fielding und Ben Jonson gefunden, das Ganze aber ist nicht ohne Originalität, höchst lebendig in der äußeren Action, wenn auch zuweilen auf Kosten der Wahrscheinlichkeit. Es hat hat sich ebenfalls bis tief in dieses Jahrhundert auf der englischen Bühne erhalten.

In demselben Jahre trat der Schauspieler Samuel Foote*) als Dramatiker auf. Einer angesehenen Familie von Cornwallis entstammend, wurde er 1719 zu Druro geboren. Er studirte in Oxford und London, gab hier bald einem unwiderstehlichen Zuge zur Bühne nach, die er 1744 als Othello betrat, aber ohne Erfolg. So richtig er seinen Beruf im Allgemeinen erkannt, so sehr hatte er sich in der Richtung, die er darin einschlug, vergriffen. Sein Talent war nur auf das Komische, ja auf das Burleske gestellt. Ein ebenso scharfer, als glücklicher Beobachter der Natur und des Lebens, besaß er zugleich die volle mimische und rednerische Ausdrucksfähigkeit, um das Beobachtete mit den eigensten, individuellsten Zügen in humori-

---

*) Cooke, Memoires of Sam. Foote. Lond. 1705. — Biogr. Dram. — Samuel Foote's dramatic Works 1778. — Eine deutsche Uebersetzung derselben, Berlin 1796—98. 4 Bde.

ftifcher, fatirifcher, burlesker und jederzeit origineller, ja genialer Weife
zur Darftellung zu bringen. Allerdings verleitete ihn diefes Vermögen
nicht nur zum fchaufpielerifchen Virtuofenthum, fondern auch noch zu
einem andren Mißbrauch deffelben, infofern niemand ficher war, von ihm
in rückfichtslofefter Weife öffentlich dem Gelächter preisgegeben zu werden.
Wenn man an ihm gerühmt hat, daß feine Satire niemals Menfchen
getroffen habe, die in der öffentlichen Meinung makellos baftanden, fo
hat man ihm andererfeits vorgeworfen, fich für die Einladung feiner
Freunde dadurch bedankt zu haben, daß er die an ihnen beobachteten
Eigenthümlichkeiten und Schwächen öffentlich an den Pranger der Ver=
fpottung ftellte. Es wird heute nicht möglich fein, fich hierüber aus
feinen Schriften ein klares Urtheil zu bilden, theils, weil es uns an
der genauen perfönlichen Kenntniß der von ihm Verfpotteten fehlt,
theils, weil die Kraft feiner perfönlichen Satire wohl noch weit mehr
in feiner fchaufpielerifchen, als in feiner dichterifchen Darftellung lag.
Letztere hing mit jener aufs engfte zufammen, was fich gleich an
feinen erften dramatifchen Verfuchen erkennen läßt. Das Haymarket=
theater fcheint damals keine Licenz zur Aufführung dramatifcher Spiele
befeffen zu haben, da Foote 1647 eine nur hieraus erklärbare neue
Art von Unterhaltungen dafelbft ins Leben rief. Er kündigte fie als
Concerte an, denen unentgeltlich noch eine Unterhaltung angefügt
werden follte, die er Diversion of the morning nannte und in welcher
er felbft die hauptfächlichften Rollen (Shuter, Cuthing, Coftallo, Miß
Moreau) fpielte. Die Unterhaltung war alfo eine, ganz auf fein
mimifches Verwandlungstalent berechnete dramatifche, die ihren be=
fonderen Reiz durch die Nachahmung ftadtbekannter Perfonen erhielt.
Der Anfang diefer Concerte war 7 Uhr Abends. Es muß aber wahr=
fcheinlich von den patentirten Theatern, Einfpruch dagegen erhoben
worden fein, da die nächfte Vorftellung in einer Form und für eine
mehr Tageszeit angekündigt wurde, durch welche deren Privilegien nicht
berührt wurden. Er lud feine Freunde diesmal Mittags 12 Uhr zu
einer Taffe Chocolade ein und hoffte dabei die Unterhaltung fo angenehm
als möglich machen zu können. Einige Monate fpäter wurde diefe
Ankündigung aber wieder dahin verändert, daß die Einladung für den
Abend und auf eine Taffe Thee geftellt war. Diefe Unterhaltungen
hatten fo großen Zulauf gefunden, daß Foote fie im nächften Jahr
wieder aufnahm und dazu ein neues dramatifches Stück: An auction

of pictures verfertigt hatte. Das Jahr 1748 brachte in derselben Weise: The knights. 1752 wurde nun auch auf dem Drurylane=Theater eine Farce, Taste, von ihm, doch ohne Erfolg gespielt, wohl nur, weil Foote, welcher damals von London abwesend war, bei der Darstellung fehlte. Denn daß die Handlung darin nur wenig interessirt, hat diese Farce mit fast allen andern Stücken des Dichters gemein — doch sprach auch die Satire nicht an, welche gegen die zur Schau getragene Tugendliebe und gegen die Sucht gerichtet war, sich porträtiren zu lassen. 1755 folgte in Coventgarben sein Englishman in Paris, in der die Mode verspottet wird, die Söhne zu ihrer Ausbildung auf Reisen zu schicken. Der Erfolg zog nicht nur eine Fortsetzung von ihm selbst, der jetzt in Coventgarben angestellt war, sondern auch eine andere von Murphy nach sich, die Drurylane brachte. Der 1757 erschienene Author wurde wegen satirischer Portraitirung eines Mannes von Ansehen und Rang unterdrückt. Eine ungeheure Anziehungskraft übten dagegen The diversions of the morning (1758) aus (wohl nur eine Ueberarbeitung des älteren gleichnamigen Stücks), weil Foote darin die berühmtesten Schauspieler seiner Zeit und ihre Manier ver= spottete, indem er in einer Scene den gleichfalls dafür außerordentlich begabten Wilkinson in der Kunst unterwies, Barry, Macklin und Sheridan zu copiren. Der Unterricht fiel auf fruchtbaren Boden, Foote sollte nur kurze Zeit später zu seinem Verdruß von Wilkinson selber aufs sprechendste und ergötzlichste copirt werden und zwar in seinem eigenen Stücke The minor (1760), einer Satire auf den Miß=brauch der Frömmelei. 1762 folgte Foote's Bearbeitung des Corneille'=schen Menteur unter dem Titel The lyar mit großem Erfolg. Das Stück hatte an Feinheit verloren, an komischer Wirkung aber gewonnen. In den 1762 erschienenen Orators gebrauchte Foote den Kunstgriff, einen Theil der im Stücke handelnden Personen in die Logen der Zuschauer zu vertheilen und diese hierdurch scheinbar selbst mit in's Spiel zu ziehen. Als eines der wirksamsten Stücke des Dichters aber erwies sich The mayor of Garatt (1763). Foote's Erfolge lagen zum Theil auch mit darin, daß er die Rollen seiner Stücke ganz auf die künstlerischen Individualitäten der Schauspieler berechnete, welche sie darstellen sollten. Er selbst errang als Major Sturgeon einen seiner größten Erfolge. 1764 brachte The patron, 1765 The commissary mit immer neuer Frische und Wirksamkeit. Selbst der Verlust eines

Beines, den ein unglücklicher Sturz vom Pferde veranlaßte, schien ihm von seinem Humor und seinem schauspielerischen Talente nichts rauben zu können. „Nun kann ich — sagte er kurz nach der Amputation — den Georg Faulker (die Rolle eines Stelzfußes in The orators) in Wirklichkeit spielen.“ Ja er wußte sich seines Gebrechens bei seinen Darstellungen sogar mit großem Glück zu bedienen, was besonders in seinem Lame lover (1770) geschah. Auch scheint jener Unfall ihm noch in anderer Weise nützlich gewesen zu sein, da er noch in demselben Jahre das Patent zur Errichtung eines neuen Theaters in Haymarket erhielt, welches 1767 eröffnet wurde. Von seinen späteren Stücken brachte ihm eines der schwächeren, The devil upon two sticks (1768), eine Satire auf Aerzte und Advocaten, die größte bekannte Einnahme, man sagt zwischen 3—4000 £ ein. Ihm folgte The maid of Bath (1771), The nabob und The bankrupt (1772). In die 1773 erschienenen Farce Piety in pattens legte er mit großem Erfolge das alte Puppenspiel ein, worin die Schauspieler der Zeit wieder verspottet wurden. Es ist hauptsächlich gegen die damals in die Mode gekommenen sentimentalen Stücke gerichtet. The cozeners (1774) enthalten eine Satire auf den Modeprediger Dodd. Das Jahr 1776 aber brachte sein letztes Stück The capuchin. Er starb am 21. October des folgenden Jahres.

Foote's Farcen und Lustspiele sind keine Meisterwerke. Die Handlung ist meistens gering. Aufbau, Motivirung und Entwicklung lassen manches zu wünschen. Aber es ist eine energische Kraft der Charakterzeichnung, eine frische Originalität der Auffassung, eine sprechende Lebenswahrheit und ein kecker, burlesker Humor darin, der etwas Unwiderstehliches hatte. Sie haben einen zu persönlichen Charakter, sie sind zu sehr in die Farbe der Zeit getaucht, um heute noch wie damals wirken und völlig verstanden werden zu können. Außer seinen 21 eigenen Lustspielen und Possen erschienen unter seinem Namen 5 Bände Uebersetzungen französischer Lustspiele (des Destouches, La Chaussée, Regnard, Dancourt, Diderot, Molière, Marivaux), von denen aber nur The young hypocrite (La fausse Agnèse des Destouches) mit Sicherheit von ihm übersetzt worden ist.

Die Farce war damals überhaupt sehr beliebt. Garrick, Colman und Murphy sind hier vor allen Andren zu nennen. Ein um so viel größerer Schauspieler David Garrick (geb. 20. Febr. 1716, gest. 20. Jan.

1779) gewesen sein mag, als Dichter steht er hinter Foote beträchtlich zurück. Man hat zwar an ihm die größere Feinheit gerühmt,
Foote ist ihm hier dagegen an komischer Kraft und Originalität überlegen.

Garrick betrat 1741 sowohl als Schauspieler, wie als Dichter
die Bühne. Sein erstes Stück, The lying lover, wahrscheinlich nur
eine Ueberarbeitung, hat sich bis jetzt auf derselben erhalten. Dies
ist auch mit Miss in her teens (1747), High life below stairs (1759)
und dem mit Colman gemeinsam verfaßten The clandestine marriage
(1766), jedenfalls dem besten seiner selbständigeren Stücke der Fall.
Von seinen 38 Bühnenarbeiten gehört ein großer Theil zu den Bearbeitungen älterer englischer und ausländischer Stücke. Seiner Verdienste um die Wiederbelebung und Wiederherstellung Shakespeare's
ist schon gedacht worden. Er machte sich um das Andenken desselben
aber auch dadurch verdient, daß er zur Feier seines 200jährigen Ge-
burtstagsjubiläums anregte. Es sollte freilich dabei nicht ohne menschliche Schwäche abgehen. Als Schauspielbirector suchte Garrick, an
dessen aufrichtiger Verehrung Shakespeare's gewiß nicht zu zweifeln
ist, aus diesem Ereignisse auch Capital zu schlagen. Sein Gelegenheitsstück, The Jubilee, welches am 14. Oct. 1769 erschien, brachte
ihm durch 90 Wiederholungen eine erkleckliche Summe ein. Es gelang zwar Garrick, einer von Foote beabsichtigten Satire vorzubeugen, es fehlte aber doch nicht an Spott von anderer Seite.

George Colman*), der Uebersetzer des Terenz, aus angesehener Familie, wurde am 28. April 1733 zu Florenz geboren, wo sein
Vater als Ministerresident lebte. Er erhielt seine Ausbildung in der
Westminsterschule und bezog dann die Universität Oxford. 1760 trat
er mit seinem ersten dramatischen Versuche, Polly Honeycombe auf,
welches die affectirte Zärtlichkeit eines alten Ehepaars der Beläche-
lung überliefert. Er hatte damit einen entschiedenen Erfolg. Durch
Beerbung eines Oheims zu großem Vermögen gekommen, wurde er
Mitbesitzer des Coventgardentheaters (1777), vertauschte aber nur ein
Jahr später die Leitung desselben mit der des Haymarkettheaters,

---

*) Some particulars' of the life of the late George Colman (von ihm
selbst verfaßt.) Lond. 1795. — Dramatic works of G. Colman 1777. 4 Bde.,
nicht vollständig.

welches unter ihm einen außerordentlichen Aufschwung nahm. Seine 27 Bühnenstücke bestehen zum Theil aus Bearbeitungen, seine selbstän= digeren Dramen aber aus Farcen, Lustspielen und Gelegenheitsstücken. Von seinen Farcen sind die besten The musical lady (1762), eine Satire auf die Musikmanie seiner Zeit, und The deuce is in him (1763), in der die platonische Liebe gegeißelt erscheint; von seinen Lustspielen The jealous wife (1761) und das mit Garrick verfaßte The clandestine marriage (1766). Während in Polly Honeycombe und in The deuce is in him die sentimentale Richtung verspottet wird, hat er sie doch etwas später selbst mit gefördert, indem er Voltaire's Ecossaise als The English merchant auf die Bühne brachte (1767). Er bearbeitete aber auch Beaumarchais' Barbier de Seville als The Spanish barber (1777). Colman gehörte zu den besseren Lustspiel= dichtern der Zeit. Er war von dem lobenswerthen Streben beseelt, dasselbe zu verfeinern und verfolgte sein Ziel nicht ohne Glück.

Arthur Murphy*), geb. 1732 in Irland, gest. 1805, begann seine Laufbahn als Bühnendichter mit der Farce The Apprentice 1756. Auch seine nächsten Stücke, The spouter (1756), The Englishman from Paris (1756) und The upholsterer (1758) gehören diesem Genre noch an. Später cultivirte er mehr das Lustspiel mit einer andauernden Neigung zum Possenhaften. Von diesen Arbeiten zeichnet sich beson= ders All in the wrong (1761) aus, das die Verwirrungen behandelt, welche die Eifersucht in einem Hauswesen anrichtet, so wie The old maid (aus demselben Jahre) und Know your own mind (1777), welches zugleich sein letztes Stück ist. Er machte sich durch die Ueber= setzung des Tacitus und Sallust verdient, gab mehrere Zeitschriften und die Werke Fieldings (1762) mit einem Lebensabriß dieses Dich= ters, sowie das Leben Samuel Johnson's (1702) und David Garrick's (1801) heraus. Vorübergehend war er auch Schauspieler in Covent= garden und Drurylane (1754—55).

Tragödien wurden von all diesen Dichtern mit Ausnahme Foote's geschrieben, doch waren es meist nur Bearbeitungen älterer englischer oder ausländischer Stücke. Selbst noch Murphy's Grecian daughter (1772), der bedeutendste und erfolgreichste dieser Versuche, lehnt sich an Belloy's Zelmire an. Entschiedner wurde die Tragödie von

---

*) Works of Murphy, 1776.

22*

Richard Cumberland*), geb. 19. Febr. 1732, gest. 7. Mai 1811,
Sohn eines Bischofs und Enkel Bentley's, gepflegt, der nicht nur verschiedene Abaptionen älterer Stücke (Timon, Bondman, Duke of Milan)
verfaßt, sondern auch drei Originaltragödien, die historischen Trauerspiele The banishment of Cicero (1661), sein Erstlingswerk, The
battle of Hastings (1778) und das bürgerliche Trauerspiel The
mysterious husband geschrieben hat. Selbst seine Lustspiele sind meist
von einem überwiegend ernsten Charakter, so daß sie dem Schauspiele sich nähern. Sie gehören sämmtlich der sentimentalen Richtung
an. Nur The summers tale (1765) macht davon eine Ausnahme,
wogegen das Lustspiel The brothers (1769), mit welchem er seinen
Ruf begründete, schon entschieden von ihr beeinflußt ist. Es wurde
von Schröder unter dem Titel „Das Blatt hat sich gewendet" für die
deutsche Bühne bearbeitet. Noch durchschlagender war der Erfolg des
West-indian (1771), der schon mehr ein Rührstück zu nennen ist.
Wie in The brothers der Captain Ironside, hat hier der irische Major
O'Flaherty viel Glück gemacht, doch bemerkt Murphy, daß ein so
treffliches Stück der Westindier auch sei, es ihm doch hier und da an
wirklicher Lebenswahrheit gebreche. Es folgten The fashionable lover
(1772), worin die Bedrängnisse eines tugendhaften Mädchens geschildert sind, dessen Unschuld und Ruf von allen Seiten bedroht ist, das
aber durch Standhaftigkeit und die Fügungen des Zufalls endlich aus
ihnen befreit und dem verdienten Glücke zugeführt wird. The car-
melite (1784) ist ein ebenfalls ganz im sentimentalen Tone gehaltenes Drama mit glücklichem Ausgang. Dies gilt auch von den gleichzeitig erschienenen The natural son, in welchem der Major O'Flaherty wieder eingeführt ist. Von den späteren Lustspielen ist The jew
(1791), wenn nicht das bedeutendste, so doch das wirkungsvollste Stück
dieses Dichters. Ein Seitenstück zu Nathan der Weise tritt es für religiöse
Toleranz und die Emancipation der Juden ein. Der Jude Shewa ist
auch auf deutschen Bühnen lange eine bevorzugte Rolle großer Charakter-
spieler gewesen. Wie dieses Stück hat sich aber auch The wheel of
fortune (1795) lange auf der englischen Bühne erhalten. Es ist noch mehr
als alle anderen Stücke Cumberlands auf Rührung und Thränen berechnet. Der Geist des Lustspiels drohte völlig in letzteren unterzugehen.

---

*) Memories of my own life. Lond. 1806.

Wenn es Cumberland's Stücken nicht an Empfindung und Erregung fehlt, so macht sich in ihnen um so mehr der Mangel an Phantasie und Gestaltungskraft fühlbar. Doch selbst die Empfindung und ihr Ausdruck sind mehrentheils schwächlich.

Cumberland spielte auch eine politische Rolle. Er war längere Zeit Geheimsecretär von Lord Halifax, dann Kronagent für Neuschottland, 1780 wurde er sogar mit einer geheimen Mission für Lissabon und Madrid betraut. Trotz dieser Stellungen und trotz seiner Bühnenerfolge starb er in Dürftigkeit.

Nächst Cumberland und den Uebersetzungen französischer weinerlicher Lustspiele wurde das sentimentale Drama in England hauptsächlich durch Kelly und Mrs. Griffith gefördert, ja Kelly ging, obschon er etwas später als Cumberland auftrat, selbst nach diesem hierin voran.

Hugh Kelly, 1739 zu Killerney Lake in Irland geboren, am 3. Februar 1777 gestorben, ging um 1760, sein Glück zu machen, nach London. Hier wurde er Schriftsteller. Sein theatralisches Debut war zugleich seine glänzendste schriftstellerische That. The false delicacy (1768) war für das sentimentale Drama, das von jetzt einen ungeheuren Aufschwung nahm, in England epochemachend und ging über alle Bühnen Europas. Auch Cumberland wurde ohne Zweifel von diesem Erfolge beeinflußt, der aber auch der einzige Kelly's blieb, obschon er dem Theater noch verschiedene andere Stücke schenkte: A word to the wise (1770), die Tragödie Clementina (1771), das Lustspiel The school for wives (1774), The Prince of Agra, Tragödie nach Dryden (1774), die Farce A romance of an hour (1774) und das Lustspiel The man of reason (1776).

Elisabeth Griffith gehört zu den angesehensten Schriftstellerinnen ihrer Zeit. Sie zeichnete sich besonders in der Novelle aus. Ihre dramatische Carrière eröffnete sie 1765 mit The platonic wife, der dann noch The double mistake (1766), The school for rakes (1772) und The times (1779) folgten. Sie fanden sämmtlich viel Beifall, den größten aber errang The school for rakes, worin sich Motive aus Beaumarchais' Eugénie behandelt finden.

Das sentimentale Lustspiel war bald so herrschend geworden, daß man dieser schwächlichen Richtung glaubte entgegenwirken zu sollen. Foote verspottete es, wie wir sahen, schon 1773 in seiner Piety in

Pattens, in welcher er im alten Balladenstyle zur Darstellung brachte, wie ein Mädchen von niederem Stande sich nur durch die Wirkungen ihrer Tugend zu Reichthum und Ehren emporschwingt. Auch Colman's The deuce is in him hatte eine gleiche Tendenz. Wichtiger noch aber waren die Versuche Goldsmith's, der sentimentalen Comödie die ächte wieder eutgegenzustellen.

Oliver Goldsmith*), der Sohn eines Dorfpfarrers, wurde am 10. November 1728 zu Killeney West in Irland geboren. Er stubierte in Dublin, wo er, wie Macaulay sagt, ein zwischen Noth und Ausschweifung getheiltes Leben führte. Nachdem er kurze Zeit Hauslehrer gewesen, nahm er noch einmal sein Rechtsstudium in Dublin wieder auf, ging dann in Leyden zu dem von Medicin und Physik über, worauf er Frankreich, die Schweiz und Italien durchzog. 1756 nach England zurückgekommen, nahm er das alte Leben hier wieder auf, und wendete sich nach manchen andren vergeblichen Versuchen, sich im Kampf mit Noth und Elend emporzuringen, der Schriftstellerei zu. Auch hier zeigte sich aber dasselbe tastende Umherschweifen, das überschnelle Ergreifen und Wiederfallenlassen. Seine wissenschaftlichen Arbeiten erscheinen meist oberflächlich, wogegen seine Essays schon den glücklichen und phantasievollen Beobachter des Lebens und seine angenehme, durchsichtige Darstellungsweise erkennen lassen. Mit dem Gedicht, The traveller, begründete er seinen Ruf und sein Vicar of Wakefield stellte ihn in die Reihe der bedeutendsten Romanciers, obschon selbst noch hier der Fehler sichtbar wird, der ihm noch mehr bei seinen Versuchen im Drama hinderlich war, der Mangel an künstlerischer Organisation. Mit diesen trat er 1768 zum ersten Male hervor. The good natur'd man, von Garrick im Drury lane Theater zurückgewiesen, wurde im Coventgarden Theater zur Aufführung gebracht. Macaulay's Darstellung erscheint bei dieser Gelegenheit nicht ganz zutreffend. Es kann durchaus nicht gesagt werden, daß dieses Stück ein schlechteres Schicksal gehabt, als es verdient hätte. Wohl wurde eine Scene des dritten Acts und vielleicht auch mit Unrecht abgelehnt, im Ganzen aber war der Erfolg kein ungünstiger für ein Stück, von dem

---

*) Works of Oliver Goldsmith by Prior, with an account of the Author's life 1836. — Forster, The life and adventures of O. Goldsmith. Lond. 1848. Macaulay's Essays.

Macaulay selber bekennen muß, daß es nicht gut entworfen sei. Es bietet allerdings einige recht spaßhafte Scenen dar und verschiedene lebensvoll ergriffene und gezeichnete Charaktere, besonders den Croaker's. Da es dem Autor aber nicht weniger als 500 £ brachte, was allerdings nur dadurch möglich war, daß es von dem Erfolg seines zweiten Stücks mit fortgerissen wurde, so liegt, wie mir scheint, kein genügender Grund zur Klage über Mangel an Theilnahme vor. Goldsmith sagt selbst im Vorworte des noch in diesem Jahre edirten Lustspiels, also noch vor dem Erfolge des zweiten: daß er dem Publikum im Ganzen für die freundliche Aufnahme des Stücks zu danken habe. Aus dieser Vorrede ergiebt sich zugleich, daß es im Gegensatz zum sentimentalen Lustspiel geschrieben ward. Es sollte ein Versuch im feineren (genteel) Lustspiele sein, das, wie es hier heißt, in England so gut wie noch unbekannt wäre. Indessen hatten Cibber und Colman sich schon mit glücklicheren Versuchen dieser Art Verdienst und Beifall erworben.

Das im Jahre 1773 erschienene zweite Stück Goldsmith's She stoops to conquer war von Colman nur widerwillig zur Aufführung gebracht worden. Er hatte es daher bis gegen den Schluß der Saison verschoben. Dennoch siegte, wie Macaulay sagt, der Genius. Parterre, Logen, Gallerien waren in einem beständigen Jubellärm des Lachens. Wenn irgend ein blind ergebener Bewunderer Kelly's oder Cumberland's zu zischen wagte, wurde er schleunig durch das allgemeine Geschrei: „Werft ihn hinaus! oder: Werft ihn hinunter!" zum Schweigen gebracht. Das klingt, als ob Kelly und Cumberland gegen ihn intriguirt, als ob sie das Coventgarden-Theater damals beherrscht hätten. Die Wahrheit ist, daß Kelly's False delicacy in Drurylane gespielt worden war und sein großer Erfolg ihn nicht davor schützte selber mit seinem A word to the wise (1770) dort durchzufallen, überhaupt keinen weiteren Erfolg zu erringen, sowie daß Cumberland's Fashionable lover trotz seinem East Indian (1771) dort gleichfalls erst kürzlich (1772) eine kühle Aufnahme gefunden hatte. Macaulay verschweigt auch, wie es sich mit jenem Erfolge und mit jenem Beifall des Publikums am ersten Vorstellungstage des Goldsmith'schen Stückes verhielt. Es war eine Kraftanstrengung der Freunde des Dichters, an ihrer Spitze Johnson, der auch schon den Prolog zu dem ersten Stücke geliefert und die Annahme des zweiten bei Colman durchgesetzt hatte, und nun bei der ersten Aufführung desselben den Applaus

dirigirte. Ohne Johnson's Einfluß würde das zweite Goldsmith'sche
Lustspiel niemals den Ruf erlangt haben, dessen es sich noch heute
erfreut. Andrerseits würde dieser Einfluß aber nicht hinreichend gewesen sein, diesen Erfolg zu so einem nachhaltigen zu machen, ohne
die Vorzüge, welche dasselbe ohne Zweifel besitzt, und ihn bis zu
einem gewissen Grade erklären und rechtfertigen.

Goldsmith erkennt die Verdienste, die sich Johnson um sein
Lustspiel erworben, in seiner Widmung desselben an diesen auch ausdrücklich an: „I have particularly reason to thank you for your
partiality to this performance." Ich selbst halte das Stück für
überschätzt. Zunächst ist es kein Orginalwerk, da ihm Ferguson's
The beaux' stratagem zu Grunde liegt. Baker findet auch einen
Zug aus Albumazar darin (einem älteren Stück, welches auch Garrick
noch in demselben Jahre zu seiner gleichnamigen Farce benutzt hat).
Gewiß ist es von einer großen, geist- und temperamentvollen Lustigkeit,
allein diese Lustigkeit hat mit viel Unwahrscheinlichkeiten erkauft werden
müssen. Goldsmith scheint dies gefühlt und geglaubt zu haben, es
durch eine etwas chargirte Darstellung minder bemerkbar machen zu
können. Allein dies konnte nur auf Kosten der Feinheit geschehen.
Das Stück ist in der That fast mehr eine anmuthige Farce, als ein
feines Lustspiel zu nennen — es ist wenig mehr als ein Lachstück.
Beide Stücke Goldsmith's sind auf die deutsche Bühne übergegangen,
das erste unter dem Titel „Zu gut ist nicht gut", das zweite als
„Irrthum in allen Ecken". Erst neuerlich ist in Frankreich und Deutschland ein erneuter Versuch mit dem zweiten in einer Bearbeitung (Hôtel
Godelot) gemacht worden, doch ohne den erhofften Erfolg.

Was Goldsmith mehr nur versucht, als erreicht hat, das moderne
Lustspiel zu einer höheren Ausbildung zu bringen, sollte einem andren,
unmittelbar nach ihm als Dramatiker auftretenden Dichter gelingen,
den man den Beaumarchais des englischen Theaters würde nennen
können, wenn er dessen Gefühl für das Malerische der dramatischen
Action und dessen Kunst des dramatischen Aufbaus besessen hätte.

Richard Lorinsley Sheridan*), war der Sohn eines Schauspielers, welcher der Bühne auch selbst mehrere Stücke geliefert

---

*) Moore, Life of R. B. Sheridan, London 1825. — Watkins, Memoirs
of Sheridan. 1817. — Sheridan's Works by P. Browne 1875.

hat.*) Schauspieler= und Dichterblut flossen demnach in seinen Adern.
Dem Parlamentsredner kam das erste, dem Schriftsteller beides zu
statten. Die Mischung erwies sich dort wie hier als eine vortreffliche.
Sein erstes Lustspiel The rivals**) begegnete 1775 im Coventgarden=
Theater einer sehr unfreundlichen Aufnahme, obschon es das außer=
gewöhnliche Talent des Autors schon deutlich erkennen ließ. Es lag
nur an der Aufführung. Nach einigen kleinen Veränderungen, zu
denen sich Sheridan herbeiließ, und mit einer etwas veränderten
Besetzung wurde es Repertoirstück. Die Scenen zwischen den alten
und jungen Absolute und diese beiden Figuren selbst sind vortrefflich.
Sheridan schrieb zu der 10. Vorstellung einen neuen Prolog, der gegen
die sentimentale Muse gerichtet ist, welche Thränenströme zum Opfer
verlange und die Komödie noch ganz in Blut zu tauchen drohe. Ein
noch ungleich größerer Erfolg wurde seiner komischen Oper The
duenna zu Theil, welche in einer Saison 75 Mal gegeben wurde.***)
1777 folgte die Farce A trip to Scarborough, eine freie Bearbeitung
von Vanbrugh's Relapse. Auch sie fand viel Theilnahme. Doch
wurden alle diese Erfolge von dem gegen die Schmähsucht und
Heuchelei im gesellschaftlichen Leben gerichteten Lustspiel The school
for scandal noch übertroffen. Es ist ausgezeichnet durch die Lebens=
wahrheit der Charakteristik und durch die humoristisch=satirische Be=
leuchtung, in welche dieselbe vom Dichter gestellt worden ist. Besonders
ergötzlich sind die Figuren von Lady Teazle und Lady Sneerwell.
Dazu fand es bei seinem Erscheinen eine vorzügliche Darstellung, die
schon allein eine große Anziehungskraft ausüben mußte. Das 1779
erschienene satirische Lustspiel The critic or a tragedy rehearsed ist,
wie der Titel schon andeutet, ein Seitenstück zum Rehearsal. Es ist
gegen die neuen Tragödiendichter, insbesondere gegen Cumberland
geschrieben, welcher in der Figur des Sir Fretful Plagiary gegeißelt
wird. Ausgezeichnet gegeben, hat es ebenfalls einen großen Erfolg
gehabt, der noch mehrere ähnliche Stücke von anderer Seite ins Leben

---

*) Thomas Sheridan verfaßte die Farce Captain O'Blunder, eine Be=
arbeitung des Shakespeare'schen Coriolan, eine Adaption des Beaumont=Fletscher'=
schen Loyal subject und eine Bearbeitung von Shakespeare's Romeo und Julie.

**) Deutsch. Leipzig 1874.

***) Deutsch von Blitz. Berlin 1872.

rief. Dazwischen fallen noch einige kleine Farcen des Dichters, wie
St. Patrick's day or the shewing lieutenant (1775), Alexandre
the great (1775) und The camp (1778). 1777 hatte Sheridan auch
einen Antheil am Drurylane-Theater erworben, den er erst 1813
wieder aufgab. In dieser Stellung hat er sich aber keines besonderen
Rufs zu erfreuen gehabt. Watkins wirft ihm geradezu vor, die
Interessen des Theaters und der Schauspieler vernachlässigt, ja ver-
wahrlost zu haben. Auch gegen die Autoren zeigte er eine gewisse
Rücksichtslosigkeit, indem er die eingereichten Manuscripte nicht nur
nicht las, sondern zum Theil auch verloren gehen ließ. Es erklärt sich
einigermaßen aus der politischen Thätigkeit, die Sheridan jetzt fast
völlig in Anspruch nahm. Bekleidete er unter Fox doch sogar die
Aemter eines Unterstaatssecretärs und eines Secretärs der Schatz-
kammer; in letzteres trat er auch nach Pitt's Tode, 1806, wieder ein.
Seine Bearbeitung von Kotzebue's Trauerspiel Pizarro (1798) ist das
einzige Werk, das er inzwischen der Bühne noch gab. Es war sein
größter Erfolg. Bis 1811 waren 29 Auflagen dieses Stückes nöthig
geworden. Fünf Jahre später, am 7. Juli 1816 trat er von der
Bühne des Lebens zurück, nachdem er zwei Jahre früher seine Schwester
Mrs. Alicia Lefanu mit dem Drama The sons of Erin als dramatische Dichterin auf der des Theaters eingeführt hatte. Er hinterließ
nach Moore noch ein dramatisches Fragment von einem abenteuerlich
romantischen Inhalt.

    Wie das Lustspiel in der zweiten Hälfte des 18. Jahrhunderts mit
der sentimentalen Richtung der Zeit, hatte die Tragödie mit der Wiederaufnahme der altenglischen Stücke zu kämpfen; beide noch überdies mit
dem in die Mode gekommenen Pantomimen, Singspielen und komischen
Opern. Von den Vertretern der letzteren mögen hier nur Isaac
Bickerstaff*) und Charles Dibbin**) genannt werden.

---

    *) Von ihm sind die Opern Love in a village (1762), Daphne and Amintor
(1765), Love in the city (1767), Lionel und Clarissa (1768), The padlock (1768),
The captives (1769), A school for fathers (1770). Die Operette Padlock hatte
53 Wiederholungen hintereinander. Bickerstaff gab der Bühne auch eine neue
Bearbeitung des Plaindealer und eine ansprechende Farce The absent man (1768).

    **) Charles Dibbin (1745—1814) zeitweilig Schauspieler, hat nicht
weniger als 47 Stücke geschrieben unter denen sich viele Opern befanden, die er
auch selbst componirte. Zu ihnen gehört Rose and Colin und Annette and

Die Tragödie vermochte diesen doppelten Kampf um so weniger zu bestehen, als sie über minder bedeutende Talente verfügte und, in der Nachahmung der französischen Muster mehr oder minder befangen bleibend, dem inzwischen wieder erstarkten Nationalgefühle nicht zu entsprechen vermochte. Die Tragödie Irene des berühmten Gelehrten Samuel Johnson war gleich nach der ersten Vorstellung (1749) von diesem wieder zurückgezogen worden. Johnson hat nie den Kothurn mehr bestiegen. William Whitehead (1715 geb.) errang mit seiner Creusa (1754) zwar einen kurzen Erfolg, der wohl auch mit beigetragen, ihn 1757 zum Laureate an Cibber's Stelle zu verhelfen — gerieth aber rasch in Vergessenheit. Glücklicher war der mit ungleich glänzenderem Talente begabte Henry Jones, welcher mit seinem Earl of Essex (1753) das Banck'sche Stück für immer von der Bühne verdrängte, sowie John Home (1724 zu Ancrum in Roxburyshire in Schottland geboren) mit seinem Erstlingswerk Douglas (1757). Die glänzende Sprache und das nationale Element dieses Stücks erwarben ihm zahlreiche Bewunderer. Man glaubte darin die wahre Bühnensprache wieder zu finden und die Scene zwischen Matilda und dem Bauer wurde von keinem Geringeren als den Dichter Thomas Grey sehr hoch gestellt. Auch hat sich diese Tragödie bis tief in unser Jahrhundert erhalten. Gleichwohl war es der einzige Bühnenerfolg dieses Dichters; all seine anderen Versuche: die Tragödien Agis (1758), The siege of Aquileja (1760), Alonzo (1773) und Alfred (1778), erfuhren bis auf The fatal discovery (1769), nur eine kühle, ablehnende Aufnahme.

Selbst das Lustspiel, das sich so lange auf einer gewissen Höhe gehalten hatte, fing nun zu siechen an. Doch begegnet man hier noch immer nennenswertheren Talenten. Dies gilt zunächst von John O'Keefe*) und Mrs. Cowley. Ersterer 1747 in Dublin geboren (gest. 1835), schrieb schon vom 16. Jahre an Theaterstücke, deren Zahl

---

Lubin, beide nach Favart, so wie Mars and Venus nach Batteux, welche 23 Mal hintereinander gegeben wurden. Erwähnung verdient auch seine History of the stage. Seine Söhne Charles und Thomas arbeiteten ebenfalls für die Bühne. Letzterer hat allein 39 Stücke; sowie zwei Bände Reminiscences (1828) geschrieben.

*) Seine Dram. Works erschienen 1798. 1826 gab er auch noch Recollections of my life heraus.

sich allmählich auf 50—60 belief. Von ihnen haben sich: The agreeable surprise (1781), The poor soldier (1783), Love in a camp (1786), The highland reel (1788), Modern antiques und Wild oats (1791), so wie Sprigs of Laurel 1793, später unter dem Titel Rival soldiers) länger auf der Bühne erhalten.

Mrs. H. Cowley machte besonders mit The runaway (1776) und The bell's stratagem (1789) viel Glück. Auch General John Burgoyne mit seiner Heiress (1786), welche jedoch vielfach an Sheridan's School for scandal erinnert und Colman d. J., den wir noch später begegnen werden mit The mountaineers (1793) und The iron chest (1796) hatten größere Erfolge zu verzeichnen. Wichtiger noch, als sie, ist aber Mrs. Eliz. Inchbald (1756—1821). Sie hatte lange als Schauspielerin auf der Bühne gewirkt, ehe sie sich, nach ihrem Rücktritt von dieser, der Schriftstellerei widmete. Sie schrieb Novellen und Bühnenstücke, welche letztere sich meist durch Frische und ächte Lustigkeit auszeichneten. Besonderen Erfolg hatten die Lustspiele I'll tell you what (1785) und Every one has his fault (1792). Ihr letztes Stück war To marry or not to marry (1805). Von jetzt ab beschäftigte sie sich mit der Herausgabe älterer und neuerer Bühnenwerke. 1806 erschien von ihr eine Sammlung von Spielen, welche allmählich 25 Bde. umfaßte. 1809 eine Sammlung von Farcen, 7 Bde., und The modern theatre, 10 Bde. Auch ihre Memoiren waren schon zur Herausgabe fertig, als sie dieselben auf Rath eines Freundes vernichtete. Dafür gab später Boaden seine Memoirs of Mrs. Inchbald, 1833, heraus. Sie gehörte auch zu den Uebersetzern und Bearbeitern deutscher Dramen, die seit Johnston's Adaption von der Lessing'schen Minna von Barnhelm, als The disbanded officer (1786) nach und nach großen Einfluß gewonnen hatten. Zu ihnen zählten auch Holcroft, Thomson, der jüngere Ch. Dibdin, Reynolds, Holman und Lewis.

Thomas Holcroft 1744 zu London geboren, der Sohn eines Schuhmachers, schwang sich vom Aufwärter zum Schauspieler und Schriftsteller auf. Als letzterer versorgte er die Bühne mit mehr als 30 Stücken, meist Uebersetzungen aus dem Französischen und Deutschen. Auch ist er einer der Hauptförderer des sentimentalen Dramas gewesen. Duplicity (1781), das einen großen Erfolg hatte, The road to ruin (1772) und The deserted daughter (1795) werden für seine besten Stücke gehalten. Hazlitt stellt besonders The way to ruin sehr hoch. Von den Uebertragungen aus dem Französischen seien The follies of a day (1784), The school for arrogance (1791) und Deaf and dumb (1801, nach Bouilly's L'abbé de l'Epée) hervorgehoben. Holcroft übersetzte ferner Goethe's Hermann und Dorothea, Lavater's Physionomik und die nachgelassenen Werke Friedrich's d. G. 1815 veröffentlichte er auch noch Memoiren von sich. Nicht minder erfolgreich war Frederic Reynolds (1765—1841), der Sohn eines Advocaten, Namens John Wilks. Er wurde zur Rechtswissenschaft erzogen, vertauschte diese aber bald mit der Schriftstellerei. Seine Bühnencarriere begann er 1786 mit seinem Werter. Ein leichtfertiges Talent, schrieb er allmählich an 100 Stücke, welche zum Theil, trotz ihrer Schwächlichkeit sehr beliebt waren. Von ihnen gehören Notoriety (1791), How to grow rich (1793) The rage (1794), Laugh when you can (1798), Will (1799) noch diesem Jahrhundert an. The rage erlangte z. B. 37 Wiederholungen. Reynold's traf den Geschmack seines Publikums und schrieb den Schauspielern dankbare Rollen, was zu einer Zeit, in der die Schauspielkunst die Dichtung völlig beherrschte, Hauptsache war. Byron spricht verächtlich von ihm und von seinem Standpunkt mit Recht.

Eine ungleich bedeutendere Erscheinung ist Matthew Gregory Lewis (1775—1818), obschon er jedenfalls schädlicher noch als Reynold's gewirkt.*) Er hatte bei längerem Aufenthalt in Deutschland sich durch die hier damals in Blüthe stehenden kraftgenialen Dramen, Räuber= und Ritterstücke, Schauer= und Gespensterromane die Phantasie verderben lassen, was seinem ungewöhnlichen Talente eine falsche Richtung gab. Nach England zurückgekehrt, wendete er die erworbenen Eindrücke zuerst auf dem Gebiete des Romans an. Sein Gespensterroman The monk, den Scott als eine ungewöhnliche Erscheinung bezeichnet und welcher auf diesen leider nicht ohne Einfluß geblieben ist, machte enormes Aufsehen. Es folgten die Dramen Village virtues (1796), The castle spectre (1797), Rolla (1799), Adelmore or the outlaw (1800), The harper's daughter eine Bearbeitung von Schiller's Cabale und Liebe (1801), Rugantino, the bravo of Venice, eine Bearbeitung von Zschokke's Abällino, Venoni

---

*) Lewis, Life and correspondence. 1839. 2 v.

(1808), und das Melodram Timour, the tartar (1811). Lewis erbte kurze Zeit später ein großes Vermögen in Jamaica, was ihn zu einer zeitweiligen Uebersiedelung dahin bestimmte (1815—1817). Kurz nach seiner Rückkehr traf ihn der Tod (1818). Ein Theil der literarischen Wirksamkeit dieses Autors fällt zwar erst in's nächste Jahrhundert, seine beiden epochemachendsten Werke The monk und The castle spectre aber in dieses. Der Erfolg dieses letzteren war ein sensationeller. Er läßt sich auf dem Gebiete der Tragödie nur noch mit dem von Sheridan's Pizarro vergleichen. 60 Mal wurde das Stück, welches ohne Zweifel einen verderblichen Einfluß auf den Bühnengeschmack und das Drama der Zeit ausübte, hintereinander gegeben. Hazlitt sagt, daß außer Mad. Radcliffe Monk-Lewis der größte Meister gewesen sei in der Kunst, das Blut gefrieren zu machen. Das englische Drama war in dem letzten Jahrzehnt fast ganz unter den Einfluß des deutschen gerathen (s. S. 302). Leider war es Kotzebue, von welchem derselbe vornehmlich ausging. Besonders hatte die Holman'sche Bearbeitung des Stranger einen unglaublichen Erfolg; doch auch die Jugenddramen Schiller's, The redcross knights (1799) von Holman und etwas später (1802) The Harper's daughter fanden viel Beifall.

Schließlich mögen noch einige Erscheinungen auf dem Gebiete des Dramas Erwähnung finden, welche für die Entwicklung desselben zwar weiter keine Bedeutung hatten, doch aber die Aufmerksamkeit der Freunde desselben verdienen: Das Pastoraldrama The gentle shepherd von Allan Ramsey, die religiösen Dramen von Hannah More*), welche 1782 erschienen und Moses in the Bulrushes, David and Goliath, Belshazzar und Daniel umfassen, und die das größte

---

*) Hannah More, 1745 in Stapleton (Gloucester) geboren, trat 1762 mit dem Schäferspiel The search after happiness als dramatische Schriftstellerin auf, mit dem sie viel Aufsehen erregte. 1763 folgte das Trauerspiel The inflexible captive. In London, wohin sie 1774 gewendet hatte, nahm Garrick fördernden Antheil an ihr. Er schrieb zu ihrem Percy (1777), den Lewis spielte, den Prolog. Das Stück fand großen Beifall, was sich von ihrer letzten weltlichen Tragödie The fatal falsehood (1779) nicht sagen läßt. Sie gerieth bald darauf in eine frömmelnde Richtung, aus der unter Andrem ihre Sacred Dramas hervorgingen. Später brach sie ganz mit dem Drama, sah auf ihre frühren Stücke mit Reue zurück und sprach vom Theater, als einer unsittlichen Anstalt, mit Abscheu. Sie starb 1733 in klösterlicher Zurückgezogenheit zu Clifton.

Auffehen erregende Tragödie Vortigern (1795), welche ihr Verfasser Samuel Ireland fälschlich für ein von ihm entdecktes Shakespeare'sches Drama ausgab. Der Betrug wurde zwar kurze Zeit später von Malone in einer besonderen Schrift aufgedeckt. Ireland fand aber selbst wissenschaftliche Parteigänger. 1779 trat Chalmers für die Aechtheit seiner Angabe ein und 1799 wurde das Stück im Drurylane-Theater zur Aufführung gebracht. Es scheint jedoch, daß Kemble, welcher den Constantius spielte, mit Ireland nur sein Spiel trieb, da er die Worte

And when this solemn mockery is over

absichtlich so hervorhob, daß das Publicum sofort im Einverständniß war und das Parterre dieselben wiederholte, was ein schallendes Gelächter zur Folge hatte. Ireland trat 1805 mit einem offnen Bekenntniß hervor und hatte die Keckheit, sich zur Entschuldigung auf seine Jugend zu berufen. Allerdings zählte er bei Erscheinen des Stücks erst 17 Jahre, die Täuschung hatte er aber bis zu seinem 27. Jahre hartnäckig aufrecht erhalten. Der Stoff dieses Trauerspiels ist übrigens derselbe, den auch schon Middleton in seinem Mayor o Queensborough behandelt hatte.

X.

Entwicklung der Bühne und des Schauspielwesens von der Restauration der Stuarts bis zum Schlusse des 18. Jahrhunderts.*)

Entwicklung der Londoner Theater. — Entwicklung der Schauspielkunst. — Unsittlichkeit der Bühne. — Nell Gwyn. — Charles Hart. — Mohun. — Betterton. — Elizabeth Barry. — Mrs. Bracegirdle. — Mountfort — Colley Cibber. — Booth. — Mrs. Oldfield — Quin. — Woodward. — Macklin. — Mrs. Pritchard. — Susanna Cibber. — Mrs. Clive. — Garrick. — Spranger Barry. — Ms. Dancer, spätere Mrs. Barry. — Mrs. Woffington. — Mrs. Bellamy. — Charles Smith. — Mrs. Abington. — Samuel Foote. — Mrs. Sibbons. — John Kemble. — Palmer. — Henderson. — Mrs. Farren. — Mrs. Jordan. — Sinken der Bühne. — Die Provinzialtheater, Dublin. — Theatereinrichtungen. — Die Spielweise. — Das Publikum. — Anmaßungen der Schauspieler. — Theaterunruhen. — Theaterpreise. — Costüm. — Einnahmen der Schauspieler. — Theaterzeit. — Theaterkritik. — Caffeehäuser, Clubs, Zeitungen. — Theaterschriften.

Ich habe schon mitgetheilt (S. 240), daß Killegrew und Davenant im Jahre 1660, auf Grund der ihnen von Karl II. verliehenen Patente, jener an der Spitze der Königl. Schauspieler des Royal-Theatre in Verestreet, dieser an der Spitze der Schauspieler des Herzogs von York das Cockpittheater zu Drurylane eröffneten und außer diesen beiden damals kein andres Theater in London bestand. 1663 siedelte Killegrew in sein neues Theater zu Drurylane, Davenant bereits ein Jahre früher in das von Incolns Inn Fields über. Killegrew war wie es scheint der Erste, welcher Damen als Darstellerinnen auf seiner Bühne einführte, da Pepys solche schon am 3. Januar 1661 bei ihm erwähnt. Davenant dürfte es nicht vor Juni desselben Jahres versucht haben. Zu dieser Zeit ist aber bei ihm von einer Mrs. Davenport und Mrs. Saunderson die Rede.

Die hauptsächlichsten Darsteller der Königlichen Truppe waren um 1663: Hart, Mohun, Burt, Clun, Lacy, Kynaston und Cartwright, sowie Mrs. Corey, die Schwestern Marshal, die Mrs. Boutel, Knox

---

*) Downes, Roscius anglicanus, 1789.] — Sam. Pepys' Diary 1825. — Cibber, Apology of my life and Observations mit dem Supplement von Anthony Aston 1722. — Backer, Biogr. dram. 1782. — Some account of the English stage Le. 1812. — Doran, Their majesties servants. 2. v. 1864. Leigh Hunt, Critical essays on the performances of the theatre 1808.

und Rutter. Die Truppe des Herzogs von York aber bestand aus Betterton, Harris, Medbourne, Underhill, Sand, Ford, Nokes, sowie aus den Damen Saunderson (spätere Betterton), Davenport, Gibbs, William und Long. Dort traten aber bald Shaterel und Mrs. Gwyn, hier Young, Norris, Smith und Ms. Shadwell hinzu.

Die Concurrenz der beiden Theater scheint Davenant zu einem Neubau in Dorsetgarden bewogen zu haben. Er starb jedoch bevor er vollendet war. Er ward von der Wittwe, von Betterton, Harris und dem jungen Charles Davenant übernommen und 1671 eröffnet. Doch wurde bald nach anderen Anziehungsmitteln gegriffen. Ausstattungsstücke und das, was man damals Opern nannte, kamen in Aufnahme. Die Concurrenz war indessen nicht der einzige Feind, mit dem man zu kämpfen hatte. Ansteckende Krankheiten unterbrachen die Vorstellungen monatelang, und am 16. Jan. 1672 brach eine jener Feuersbrünste aus, der noch so manches Londoner Theater zum Opfer fallen sollte. Diesmal traf es das Theater von Drurylane und als die Besitzer 1674 ein neues Haus eröffneten, waren sie dem Ausstattungsprunke von Coventgarden doch nicht gewachsen und begnügten sich den großen Opernvorstellungen von Macbeth, Tempest und Psyche Parodien entgegen zu stellen. Die Theatertheilnahme war im Ganzen so schwach, daß der Kampf beiden Gesellschaften mit dem Ruin drohte und sie die Vereinigung vorzogen (1682). Die Patentinhaber von Drurylane erwarben nun auch noch das der Herzoglichen Truppe. Aber selbst diese Auskunft hatte nicht den gewünschten Erfolg, so daß die Davenants ebenfalls wieder ihren Antheil an den Sachwalter Rich verkauften, der es zwar verstand, die Gewalt völlig in seine Hände zu bringen, dem aber die nöthige Sachkenntniß und die Fähigkeit für dieses schwere Geschäft völlig abgingen. Der Mißbrauch, den er mit seiner Gewalt gegen die Schauspieler trieb, rief eine Opposition derselben hervor, an deren Spitze Betterton stand und die bis an den König Wilhelm III. selbst ging. Dieser gewährte den Schauspielern, nachdem er die Kronjuristen zu Rathe gezogen, ein neues Patent, auf Grund dessen sie das Theater in Lincoln's Inn Fields wieder eröffneten. Die Concurrenz begann demnach aufs Neue. Die von Collier ausgehende, gegen die Theater gerichtete Bewegung trat noch hinzu. Die Verhältnisse wurden so mißlich, daß Betterton, der bereits alt und der Sache müde geworden war, sein Patent an Vanbrugh ver-

kaufte (1704), der sich ein eignes großes und prachtvolles Theater zu
Haymarket baute, welches er im folgenden Jahr mit einer italienischen
Oper eröffnete — wir wissen bereits mit welchem Erfolg (s. S. 310).
Schon 1706 trat er es unter den uns bekannten Bedingungen an
Owen Swiney, dem bisherigen Geschäftsführer von Rich, einem gemeinen Spekulanten, ab. Das Theater war zu dieser Zeit finanziell
so herunter gekommen, daß einer der Mitbesitzer von Drurylane seinen
Antheil bei einem Gelage verschenkte, an den Obristen Brett nämlich,
einen vermögenden Mann, der zu Rich's großem Mißvergnügen, nun
in die Verwaltung eingriff und vor Allem auf eine Wiedervereinigung
beider Gesellschaften drang. Differenzen, welche bald darauf zwischen
den Directoren und dem Lord Kammerherrn ausbrachen und zeitweilig
sogar die Schließung des Theaters zur Folge hatten, führten zu einer
Trennung von Oper und Schauspiel. Haymarket wurde unter Collier
ganz auf die Oper, Drurylane unter Swiney auf das Schauspiel beschränkt. Swiney mußte sein Patent mit den Schauspielern Cibber,
Wilks und Dogget theilen. Collier, welcher nicht reussirte, intriguirte
mit Erfolg gegen Swiney, so daß dieser sich genöthigt sah, mit ihm
seine Stellung zu tauschen (1711). Swiney zog sich bald ganz von
der Bühne zurück. Collier verkaufte seinen Antheil an Cibber, Wilks
und Dogget.

Das Drurylane-Theater war auf diese Weise ganz in die Hände
der Schauspieler gekommen und es begann eine Prosperität für dieselben und eine Blüthe des Theaters, die alle bisher gemachten Erfahrungen weit übertraf. Cibber berichtet, daß innerhalb der nächsten
20 Jahre, das Theater nie über eine Woche hinaus Schulden gehabt,
da jeden Montag sämmtliche Rechnungen beglichen wurden. Cibber
war zunächst die Seele der Direktion, in welche etwas später auch
Booth für Dogget noch eintrat.

1714 verlor Collier durch den Tod der Königin sein Patent,
welches ihm nicht wieder erneuert, sondern auf Steele übertragen
wurde (s. S. 320), der bis 1719 in diesem Verhältnisse blieb.
1720 entstand neben dem Opernhaus noch ein neues Theater zu
Haymarket, 1729 ein anderes in Goodman's Fields unter Giffard,
1732 aber vollzogen sich große Veränderungen zu Drurylane. Booth verkaufte sein Patent an Highmore, Ellis trat an die Stelle des gestorbenen
Wilks und Cibber übertrug seinen Antheil auf seinen Sohn Theophilus.

Um diese Zeit wurde in verschiedenen Blättern (The weekly Miscellany und The Grub-street Journal) für eine Reform des Theaters plaidirt. Gleichzeitig traf die Gesellschaft von Lincoln's Inn Fields, an deren Spitze jetzt der jüngere Rich stand, Vorbereitungen, um die Concurrenz von Drurylane durch den Bau eines neuen Theaters in Coventgarden zu besiegen. Es wurde 1733 eröffnet. Giffard gab Goodman's Fields auf und bezog das Theater von Lincoln's Inn Fields, dem er bis zum Schlusse des Theaters 1737 vorstand. Ein Zerwürfniß unter den Schauspielern von Drurylane führte eine theilweise Trennung derselben unter Theophilus Cibber herbei. Dies brachte das Theater in die Hände eines Unternehmers, Namens Fleetwood, welcher das Einverständniß rasch wieder herstellte, im Uebrigen sich aber unfähig erwies. Rich würde daher gegen ihn leichtes Spiel gehabt haben, wenn er nur selbst eine künstlerische Richtung verfolgt hätte. So aber suchte er das Publikum durch Ballete, Burlesken, Ausstattungsstücke und Harlekinaden an sich zu ziehen. Er selbst war trefflich in Harlekinsrollen.

1737, in welchem Jahre die Licensing-act vom Parlamente votirt, d. i. die Theatercensur eingeführt wurde, veranlaßt durch Fieldings burleske Satiren, bestanden in London sechs verschiedene Theater. Das Opernhaus, das kleine Theater in Haymarket, in dem damals eine französische Gesellschaft spielte, und die Häuser von Drurylane, Coventgarden, Lincolns Inn Fields (das noch in diesem Jahre geschlossen wurde) und das von Goodman's Fields. 1743 brach am Drurylane ein neues Zerwürfniß zwischen den Schauspielern, Garrick und Macklin an ihrer Spitze, und Fleetwood aus, welches zwar beigelegt wurde, aber auf Kosten Macklins, der nun an das Haymarkettheater ging. Fleetwood mußte aber ebenfalls abtreten. Lacy und Garrick übernahmen die Direction.

Garricks Direction am Drurylanetheater bildet einen der bedeutendsten und glänzendsten Abschnitte in der Geschichte des englischen Theaters. Er brachte nicht nur das Repertoir und die ganze Organisation der Bühne auf eine seltene Höhe, sondern rief auch eine Reform der Darstellungskunst ins Leben. Vor allem aber war er bemüht Ordnung, Anstand und Sittlichkeit auf der Bühne herzustellen. Er drang auf die gewissenhafteste Behandlung der Proben, auf Einheit und Harmonie des Ensembles.

23*

1758 entstand ein neues Theater in der Crowstreet unter Woodward und Barry. 1761 aber starb Rich, was die Direction von Coventgarden an Beard, seinen Schwiegersohn, brachte, welcher die komische Oper poussirte, die damals schon in Aufnahme gekommen war. Um diese Zeit spielte Foote im kleinen Haymarkttheater. 1766 erhielt er das Patent zum Bau eines neuen Theaters in Westminster, welches sich den Namen eines königlichen Theaters beilegen durfte, und nach seinem Tode von Colman übernommen wurde, der ein Jahr später an Beard's Stelle nach Coventgarden ging.

1776 zog sich Garrick von der Leitung des Drurylanetheaters zurück. Er hatte seinen Antheil an den jüngeren Sheridan verkauft, der auch noch Lacy's Antheil erwarb. 1783 trat King mit in die Direction ein, 1788 Kemble an seine Stelle, beide waren gleich unzufrieden mit Sheridan. 1782 trat Harrys an die Spitze von Coventgarden. 1787 eröffnete Palmer das von ihm errichtete Royalty Theatre, das sich bis 1826 erhielt. 1791 wurde das alte Drurylanetheater niedergerissen, um einem neuen Platz zu machen. Die Gesellschaft spielte inzwischen im Opernhause zu Haymarket.

Es lassen sich, wie bei Entwicklung des englischen Dramas, innerhalb des vorliegenden Zeitraums auch bei der englischen Schauspielkunst drei Perioden unterscheiden. Die erste, in welcher die alte nationale Ueberlieferung der Bühne mit dem französischen Einflusse kämpft, um diesem allmählich mehr und mehr zu erliegen; die zweite, in welcher der französische Einfluß ganz dominirt und der Formalismus sich ausbildet; die dritte, in welcher man von diesem fremden Formalismus wieder zu der nationalen Ueberlieferung und zur Natur zurückkehrte.

Wie wenig es heute auch möglich ist, sich ein deutliches Bild von der Darstellungsweise der Schauspieler zu machen, welche in diesen verschiedenen Perioden auf der Bühne glänzten, so ist doch so viel gewiß, daß sie unsrem heutigen Geschmacke, in den beiden ersten Perioden nur wenig, in der letzten aber doch nicht vollkommen entsprechen würde; obschon sie andrerseits, besonders in der Tragödie, der dramatischen Dichtung jener Zeit, um Vieles überlegen gewesen sein muß.

Die Sittenlosigkeit der Zeit spiegelt sich nicht nur in den Spielen, sondern auch in dem Leben der Schauspieler, vor Allem der

Schauspielerinnen, welche zu Carl II. Zeit den Mittelpunkt des
Theaterinteresses der Vornehmen und der Elegants und Roués der
Hauptstadt bildeten. Wurde doch z. B. Mrs Hughes nur um ihrer
Schönheit willen auf der Bühne gefeiert. Sie war die Geliebte des
Prinzen Ruprecht, den sie finanziell zu Grunde richten half, was keines=
wegs hinderte, daß später ihre mit ihm gezeugte Tochter Ruperta in
der englischen Aristokratie eine Rolle spielte. Auch Anna und Rebecca
Marshall, die Töchter eines presbyterianischen Geistlichen, wurden noch
mehr ihrer Schönheit, als ihres Talentes wegen auf der Bühne be=
wundert, wogegen in Nell Gwyn echtes Künstler= und Schauspieler=
blut floß, zugleich aber auch das hitzige Blut ihrer leichtlebigen Zeit,
so daß sie aus der Hand des Schauspielers Hart, in die von Lord
Buckhurst und von diesem in die Hände des Königs ging, der als sie
ihren mit ihm gezeugten Sohn eines Tages Bastard schalt, den sechs=
jährigen Bankert zum Grafen und später sogar zum Herzog erhob.
Dies sind nur einige Beispiele von vielen und die wenigst anstößigen.
Nell Gwyn spielte in den Jahren zwischen 1665 und 1682 fast
nur auf dem Theatre Royal mit den Unterbrechungen, welche ihr
zweiter Beruf nothwendig machte. Zu ihren Rollen gehörten Cydaria
in The Indian Emperor, Bellario in Philaster, Lady Knowell in
Sir Patient Fancy, Sunarmira in The loyal brother. Neben ihr
spielte Charles Hart, der sie auf der Bühne eingeführt hatte, und
nicht nur hier, sondern auch im Leben länger ihr Liebhaber war.
Er glänzte als Arbaces, Amintor, Rollo, Othello und Brutus, als
Mosca, Don John (in The chances) und Perez (in Rule a wife etc.)
Von ihm ist der Ausspruch, daß der Schauspieler nur dann mit An=
muth zu spielen vermöge, wenn er vergessen könne, daß er vor dem
Publikum steht. Er begann seine Künstlerlaufbahn in Verstreet und
starb im August 1683.

Michael Mohun war lange College von ihm. Er spielte
Rollen wie Volpone, Leontius (in The humorous lieutenant), Me=
lantius (in the Maid's tragedy) Mithrabates, Clytus, Cassius 2c. Lee
sagte von ihm, daß, wenn er auch noch hundert Stücke schriebe, er
darin immer eine Rolle für Mohun schreiben würde. Letzterer trat
1682, d. i. später als Hart, von der Bühne zurück.

Länger noch widerstand Edward Kynaston, der mit Frauenrollen
um 1660 begonnen hatte, sich bis 1699 in Hauptrollen auf der Bühne

bewährte und 1712 starb, den Forderungen der Zeit. Er spielte in späteren Jahren die finsteren, dämonischen Charaktere vortrefflich, einen Morat in Aureng—Zebe und Muley Moluch in Don Sebastian. Berühmt war auch sein Heinrich IV., Graf Balbwin in The fatal marriage und Freeman im The plain dealer. Doch sowohl sie, wie Harris, Nokes und der etwas spätere John Haynes, welcher 1672 das Royal Theatre betrat und hier bis 1700 thätig blieb, wurden nach dem Urtheil der Zeitgenossen von Thomas Betterton*), geb. 1638 zu London, noch weit übertroffen. Er spielte bereits 1661 den Hamlet mit der liebenswürdigen Schauspielerin Mrs. Saunderson (die später sein Weib wurde) als Ophelia. Von ihm behauptete Cibber nie eine Zeile gehört zu haben, die ihn nicht vollkommen befriedigt hätte. Othello, Percy, Macbeth, Brutus werden von ihm hauptsächlich gerühmt. Kaum minder aber sein Alexander der Große, Perikles, Richard III., Lear, Timon, Jaffier, Oedipus, Heinrich VIII. und Falstaff. Sein Repertoir war ein außerordentlich reiches, was sich schon allein aus der Länge seiner Bühnenwirksamkeit, 1659—1710, erklärt. Am 13. April gab man sein letztes Benefiz. Der Tag war lange im Gedächtniß der Londoner Theaterfreunde. Er spielte den Valentin in Love for love. Kein Platz kostete unter einer Guinee und kein Billet war zu haben. Es war eine Nacht des Triumphes, doch zugleich fast die letzte seines ruhmreichen Lebens, denn nur zwei Tage später verfiel er dem Tod, früher als seine Gattin, die 1711 als noch lebend erwähnt wird, aber die Bühne wahrscheinlich schon 1693 verließ.

Später als sie (um 1673) eröffnete Elizabeth Barry, geb. 1658, ihre glänzende schauspielerische Laufbahn. Sie galt lange für die bedeutendste tragische Schauspielerin der englischen Bühne, von der sie in demselben Jahre wie Betterton, und nur einen Tag später als dieser schied. Sie starb 1713 in ihrem 56. Jahre. Frühe verwaist, hatte sich Davenant ihrer angenommen, verzweifelte aber an ihrem Talente. Der junge Graf von Rochester war es, der dasselbe besser erkannte und dessen Bemühungen es seine weitere künstlerische Ausbildung verdankt haben soll. Als Isabella in Mustapha brach es zum

---

*) Von ihm erschien 1710 ein Lebensabriß, der gewöhnlich Gilbon zugeschrieben wird.

erſten Male in ſeinem vollen Glanze hervor. Monimia in Otway's
Orphan, Belvidera (in Venice preserved), Iſabella in The
fatal marriage, Zara in The mourning bride, Lady Macbeth, Elizabeth in Banck's' Essex, Califta in The fair penitent, Phädra, Caſ-
ſandra in Cleomenes und Robogune waren ihre bewundertſten Rollen.

Wenn aber Mrs. Barry auch alle gleichzeitigen Darſtellerinnen
weit überragte, ſo fehlte es neben ihr doch nicht an andren, theils
glänzenden, theils liebenswürdigen Talenten. Im Luſtſpiele zeichnete
ſich damals beſonders Mrs. Mountfort-Verbruggen aus, von
der Aſton ſagt, daß kein Blick, keine Geſte bedeutungslos, aber immer
leicht, anmuthig, natürlich geweſen ſei und die mit einer reizvollen
Schönheit eine unerſchöpfliche, bis zu ausgelaſſener Luſtigkeit gehende
Heiterkeit verbunden habe. Auch Cibber behauptet von ihr, daß ſie
an Mannichfaltigkeit des heitren, humoriſtiſchen Ausdrucks alle Schau-
ſpielerinnen ihres Fachs übertraf. Sie excellirte als Melantha in
Marriage à la mode, als Hilaria in Tunbridge Wells, als Nell in
The devil to pay, als Belinda in The old batchelor und als Lady
Lurewell in The constant couple. 1681 betrat ſie zum erſten Male
die Bühne, verheirathete ſich 1687 mit dem glänzenden Schauſpieler
Mountfort, der 1692 das Opfer einer verblendeten Eiferſucht fiel, und
ſchloß zwei Jahre ſpäter eine neue Ehe mit dem Schauſpieler Ver-
bruggen. 1703 trat ſie von der Bühne zurück und ſtarb 1705.

Faſt gleichzeitig mit ihr trat Mrs. Bracegirdle auf (1680).
Sie hat ſich den wohlverdienten Ruf weiblicher Tugend und Stand-
haftigkeit erworben, obſchon es ihr weder an Schönheit, Reiz und
Talent, noch an Anbetern und unter dieſen, ſo großen wie Lord Lo-
velace, und ſo gefährlichen wie Congreve fehlte. Als Schauſpielerin
glänzte ſie im feineren Luſtſpiele und was zu den oben gerühmten
Vorzügen in faſt ſchneidendem Contraſt ſteht, in ſogen. Hoſenrollen.
Congreve ſchrieb für ſie die Parthieen der Araminta, Angelica, Almeria
und Millamant. Sie ſpielte aber auch Cordelia, Ophelia, Statira,
Porzia und Iſabella (in Measure for Measure) vorzüglich. 1707
trat ſie von der Bühne zurück und lebte bis 1748 in behaglicher Zurückgezogenheit. Sie war auch die unſchuldige Urſache des frühen ge-
waltſamen Todes des unglücklichen Mountfort, den einer ihrer Verehrer irrigerweiſe für einen von ihr begünſtigten Nebenbuhler hielt
und ihn in Gemeinſchaft mit Lord Mohun in hinterliſtiger Weiſe er-

mordete; ein Vorfall, welcher vor das Haus der Lords kam, von diesem aber ungeahndet blieb, was einen Einblick in die traurige Rechts=pflege der Zeit und in die Uebergriffe des damaligen Adels gestattet.

William Mountfort (geb. 1669), der auf diese Weise einer Großes versprechenden künstlerischen Laufbahn entrissen wurde (1692), war ein vorzüglicher Darsteller tragischer Liebhaber und eleganter junger Männer im feineren Lustspiel. Er spielte Romeo, Castalio, Macduff, Young Belfont in The Squire of Alsatia, Sir Courtly Nice. 1678 betrat er zum ersten Male die Bühne in Dorsetgarden und ging 1682 zum Theatre royal über. Er schrieb verschiedene dra=matische Stücke, welche 1720 in 2 Bändchen erschienen.*)

Neben ihm glänzte auch Leigh. Einer etwas späteren Zeit aber gehören Powell, Dogget und Wilks an. Dogget war besonders wegen der Feinheit der Naturbeobachtung und der Selbständigkeit der Auffassung, welche ihn auszeichneten, geschätzt. Man rühmt seinen Jew of Venice, den er jedoch in chargirt komischer Weise darstellte; noch mehr seinen Fondlewife. Er betrat 1691 zum ersten Male die Bühne im Theatre royal, zu dem er nach kurzen Unterbrechungen immer wieder zurückkehrte. 1713 zog er sich ins Privatleben zurück und starb 1721 zu Eltham. Wilks**) ist von Geburt Irländer, kam aber früh (um 1790) nach London, wo er sich unter Betterton ausbildete. Nach Powell's Abgang, welcher sein Fach spielte, trat er an dessen Stelle. Er besaß gerade das, was diesem trotz seines großen Talentes gefehlt hatte: Fleiß, Studium, Ausdauer. Er gehörte zu den besten Darstellern im Lustspiel. Berühmt war sein Wilbair. Sein Repertoir war ein überaus reiches, da er |bis zu seinem Tode (1732) schauspielerisch thätig blieb. Er gehörte zu den Patentees von Drurylane.

Colley Cibber, dessen Leben ich in den wesentlichsten Zügen schon darlegte (S. 303), betrat fast gleichzeitig die Bühne mit ihm (1690). Er excellirte im Fache der Stutzer und Gecken. Lord Fopping-ton, Sir Novelty Fashion, Sir John Brute, Sir Courtly Nice, sowie der Justice Swallow waren kaum zu übertreffende Leistungen von

---

*) Sie enthalten: Injured lovers. Trag. (1688). Edward III. Trag. (1691); Greenwich park. Com. (1691). Successful strangers, Com. (1696). Life and death of Dr. Faustus, a Farce (1697) und Zelmane. Trag. (1705).

**) Sein Leben wurde 1732 von O'Bryan und 1788 von Curle beschrieben.

ihm. Dagegen griff er im Tragischen oft fehl. Ein Kritiker jener
Tage sagte, daß jeder Nerv, jeder Muskel an ihm gesprochen hätte
und er beredt gewesen sei, selbst wenn er schwieg. 1733 zog er sich
zwar vom Theater zurück, spielte aber noch wiederholt. Im Februar
1745 trat er das letzte Mal auf als Carbinal Panbulph in seiner
Tragödie: Papal tiranny. Den Rest seines Lebens verbrachte er im
Umgang mit den bedeutendsten Männern der Zeit und bewahrte bis
zuletzt (1757) die Haltung und die Manieren eines Gentleman und
Modeherrn. Zwei seiner Kinder widmeten sich dem ¡Theater, auf dem
ihnen aber nicht eine so glänzende Rolle, wie ihm, zu spielen beschieden war. Besonders seine Tochter, Charlotte Charke, widerstand den Versuchungen ihrer Kunst so wenig, daß sie trotz ihres
großen Talentes von Stufe zu Stufe herabsank und, von ihrem
Vater verstoßen, den sie gröblich beleidigt zu haben scheint, im Elende
starb. Sie war eine der ersten Schauspielerinnen, welche in Männerrollen auftrat. Auch sein Sohn, Theophilus, den ich noch zu berühren haben werde, verbunkelte durch sein Leben den Ruhm des
väterlichen Namens, der aber durch seine Gattin, Susanna Cibber,
neu aufglänzen sollte.

Zehn Jahre nach dem Erscheinen Cowley's war ein neuer Stern
am theatralischen Himmel aufgegangen. Barton Booth entstammte
einer eblen Familie des Lancashire. Von seinem Vater zum Geistlichen bestimmt, wurde er auf der Schule von Westminster erzogen.
Der Erfolg, den er hier bei einer Darstellung der Andria als Pamphi-
lus errang, war aber entscheidend für seine Laufbahn. Er verließ Schule
und Vaterhaus und ging nach Dublin (1698), der Heimath und Bil-
dungsstätte so vieler schauspielerischen Talente der Zeit, wo er durch
sein Spiel die Herzen der Frauen und Männer im Sturme gewann.
1701 übersiedelte er nach London, wo er in Lincoln's Inn Fields
neben Betterton und Mrs. Barry die größten Triumphe feierte. Es
war Alles einnehmend und bezaubernd an ihm: seine Erscheinung,
Haltung, Bewegung, sein Ausbruck und vor allem die Stimme.
„Booth with the silver tongue" war sprichwörtlich geworden. Doch
war der Kampf mit Betterton ein zu großer, als daß er den Gipfel
seines Ruhms sofort hätte erklimmen können. Wie groß auch das
Ansehen war, in das er sich sofort zu setzen gewußt, so fallen die
für seinen Weltruhm entscheidenden Erfolge doch erst in die Zeit, da

er mit seinem Pyrrhus in The distressed mother (1712) und mit seinem Cato (1713) die gebildete Welt Londons in einen wahren Taumel der Begeisterung riß. Er ist der bedeutendste Repräsentant, der von Frankreich beeinflußten idealisirenden Richtung der Schauspielkunst, die seit Racine, Quinault und Southern nicht ohne einen Zug des Empfindsamen war. Oroonoko, Polybore (Orphan), Tamerlan, Osmin, Brutus, doch auch Othello, Timon, Hamlet, Percy, Heinrich VIII. gehören zu seinen gerühmtesten Rollen. Obschon seine Stärke in der Tragödie lag, war er doch auch im Lustspiel in Rollen wie Young Bevil (Conscious lovers), Pinchwife (Countrywife), Heartfree (P.W.) beliebt. Booth spielte anfänglich abwechselnd in Lincolns Inn Fields, Haymarket und Drurylane; seit 1711 gehörte er aber ununterbrochen dem letztgenannten Theater an, von dem er ja auch Theilhaber wurde. 1728 zog er sich wegen Kränklichkeit ganz von der Bühne zurück und starb 1733. Er stand längere Zeit mit Mrs. Mountfort in vertrautem Verhältnisse, verband sich aber in zweiter Ehe mit Miß Santlow, welche das Londoner Publikum längere Zeit als Ballettänzerin entzückt hatte, dann aber zum Lustspiel übergetreten war.

In diese Zeit fallen auch die Triumphe von Mrs. Oldfield,[*] geb. 1683. Sie war die Tochter von Mrs. Voß, einer Tavernenbesitzerin zu St. James Market. Capitän Farquhar war der Entdecker ihres Talents, da sie ihrer Mutter bisweilen laut vorlesen mußte. Er machte Vanbrugh auf sie aufmerksam, der sie bei Rich einführte. Bei diesem begann sie denn nun, kaum 16 Jahre alt, ihre theatralische Laufbahn und mit Cibber's Lady Betty Modish begründete sie ihren Ruf. Cibber selbst bekannte ganz offen, daß der außerordentliche Erfolg dieser Rolle hauptsächlich ihrer Auffassung und Ausführung zuzuschreiben sei. Sie überraschte durch die natürliche Feinheit, mit der sie das Leben der vornehmen Welt in all seinen Nüancen wiederzugeben verstand, doch rühmte Walpole auch im Privatleben an ihr einen Tact und einen Anstand, von dem die Frauen der höchsten Gesellschaft noch zu lernen gehabt haben würden. Ihr eigentliches Feld war das Lustspiel. Lady Townley, Estifania (Rule a Wife 2c.) und Mrs. Sullen (Beaux Strategem) gehören hier zu

---

[*] Auch von ihr hat Curlle eine biographische Skizze gegeben.

ihren vorzüglichsten Rollen. Doch werden auch einige tragische
Leistungen von ihr gerühmt, wie Cleopatra und Califta. Sie hat
56 Rollen creirt. Obschon sie ein zärtliches Verhältniß, zuerst mit
Mr. Maynwaring und nach dessen Tode mit dem General Churchill
unterhielt, wurde sie doch in den vertrauten Umgang der Damen der
höchsten Gesellschaft gezogen. Man wußte, daß diese Verhältnisse aus
aufrichtiger, selbstloser Neigung entsprungen waren und sie den glän=
zenden Anerbietungen eines Herzogs von Bedford wiederholt mit
Verachtung begegnet war. 1720 trat sie von der Bühne zurück. Die
Bewunderung, die man ihr auf dieser gezollt, erhielt sich bis zu ihrem
zehn Jahre später erfolgenden Tode. Mit großem Pomp ward ihre
Leiche in dem Jerusalemzimmer des königlichen Schlosses öffentlich
ausgestellt. Das Volk zog in Strömen zu ihrem Sarg, als ob es
einer Fürstin gegolten hätte. Bei ihrer Beerdigung wurde das
Leichentuch von Männern wie Lord Harvey und Lord Delaware
getragen. Sie liegt wie Betterton und Mrs. Bracegirdle in West=
minster begraben.

Die Verluste der Bühne, so groß sie auch waren, ersetzten sich
damals rasch. 1728 trat Mrs. Clive, 1730 Woodward, 1733 Mrs.
Pritchard, 1736 Macklin und Mrs. Susanna Cibber zum ersten Male
auf. Sie leiteten eine Glanzperiode ein, die durch Mrs. Woffington
und Mrs. Bellamy, durch Barry, Foote und Garrick ihren Höhepunkt
erreichte. Quin gehörte beiden Perioden noch an.

James Quin stammte aus einer guten Familie Irlands. Er
selbst aber wurde in London geboren, wohin sein Vater schon früh
übersiedelt war. Die Mutter wurde ihm durch ein fast tragisches Schicksal
entrissen. Von ihrem ersten Gatten verlassen, den sie für todt hielt,
hatte sie sich zum zweiten Mal mit Quin's Vater verheirathet, als
jener plötzlich erschien und sie als sein rechtmäßiges Weib mit sich
fortführte. Dies hatte auch noch andere Folgen für Quin. Als un=
gesetzlich erzeugtes Kind verlor er all seine Erbansprüche, so daß er
nach dem Tode des Vaters sich plötzlich ganz auf sich selbst ver=
wiesen sah. Er wendete sich, von seinem Talente getrieben, der Bühne
zu, die er 1714 zu Dublin betrat. Mit Empfehlungen später nach
London gekommen, gelang es ihm zwar, einen Platz an Drurylane
zu erhalten, nicht aber zusagende Beschäftigung. Er ging daher (1718)
zum Theater von Lincoln's Inn Fields über, wo er sich bald, in

Rollen wie Percy, Macbeth, Falstaff, Bajazet, Maskwell, Pinchwife ꝛc. den Beifall des Publikums zu erringen verstand. Er blieb hier bis 1732 und trat 1734 wieder in Drurylane ein, das er erst nach Garrick's Auftreten verließ und mit Coventgarden vertauschte, wo er bis 1751 blieb. 1753 trat er noch einmal zum Benefiz für den Schauspieler Ryan in seiner Hauptrolle, Falstaff, auf. Ryan, dem er freundschaftlich zugethan war, bat ihn im nächsten Jahr um dieselbe Vergünstigung. Quin aber sagte: „Ich würde es gern, wenn ich dürfte, aber ich mag den Falstaff nicht stammeln lassen. Da ich Dir aber 1000 £ in meinem Testamente vermacht habe, so magst Du, wenn Du Geld brauchst, darüber verfügen und dem Vollstrecker desselben die Mühe sparen." Quin soll in allen Rollen seines Fachs vortrefflich gewesen sein, bei denen ein schlichter, natürlicher Redeton ausreichte. Für das Gefühlvolle, wie für das Energische oder Dämonische fehlte es ihm aber an Kraft des Ausdrucks und an Pathos der Empfindung und Leidenschaft. Sein Falstaff galt lange für die beste Darstellung dieses Charakters. Doch auch sein John Brute, sein Old Batchelor, der Geist in Hamlet, Volpone, Apemantus, Brutus und Gloster standen in hohem Ansehen.

Henry Woodward verfügte über eine außerordentliche komische Kraft, die unterstützt wurde von einer ebenso seltenen Ausdrucksfähigkeit und Beweglichkeit, was ihn freilich nicht selten zur Uebertreibung verleitete. Er trat 1730 in Goodmansfields auf, das er 1736 mit Drurylane und 1741 mit Coventgarden vertauschte, um 1748 wieder nach Drurylane zu gehen, wo er bis 1762 aushielt. Von hier an war er fast ununterbrochen am Coventgardentheater thätig. Der Tod (1767) schloß seine Künstlerlaufbahn erst ab. Als seine vorzüglichsten Rollen werden Captain Bobadill, Foppington, Sir Joseph Wittall, Captain Absolute, Captain Ironside, Brisk, Tettle, Witwould, Parolles, Touchstone, Marplot, Captain Flesh genannt. In Harlekinsrollen konnte nur Rich mit ihm wetteifern. Seine letzte Rolle war Stephano in The tempest.

Charles Matlin,*) dessen eigentlicher Name Charles M'Laugh war, stammte aus Irland, wo er nach Cooke 1690 zu Derry geboren worden sein soll. Sein Vater war ein Farmer von streng presbyte-

---

*) Kirkman, Life of Macklin (1799); Cooke, Life of Macklin, 1804.

rianischen Anschauungen, seine Mutter eine eifrige Katholikin. Das
Widerspruchsvolle seiner Natur lag also schon mit im Blute. Nach
einer stürmisch verlebten Jugend trat er 1725 versuchsweise in Lincolns
Inn Fields auf, erhielt aber von Rich den Rath „noch einmal grasen
zu gehen". Auch ein zweiter Versuch bei diesem, 1730, fiel nicht glücklicher aus. Erst 1734 faßte er endlich Fuß, nun aber in Drurylane,
wo er bis 1748 mit einer einzigen kurzen Unterbrechung blieb. Von
hier an spielte er nur noch mit größeren Pausen; 1781 trat er von
der Bühne zurück, doch trat er ausnahmsweise noch einige Male, zuletzt 1789 im Alter von mindestens 90, nach Cooke von 100 Jahren, in seiner Hauptrolle, Shylock, auf. Schon das Jahr vorher hatte
sein Gedächtniß so gelitten, daß er unmittelbar vor der Aufführung
dieses Stücks nicht recht wußte, um was es sich handele, aber auf der
Bühne angekommen, wachte der alte Geist in ihm auf, so daß er die Rolle
ohne Anstoß, mit Energie und mit Feuer zu Ende führte. Das letzte
Mal aber versagte die Kraft. Die Geistesgegenwart fehlte ihm völlig,
so daß er sich zu seiner Unfähigkeit bekennen und abtreten mußte.
Auf diese Weise nahm er Abschied von einer Bühne, auf der er so
viele und große Triumphe gefeiert. Er lebte gleichwohl noch lange,
da er erst 1797, nach Cooke im Alter von 108 Jahren starb. Macklin
war der erste, welcher den Shylock als ernsten Charakter darstellte.
Es war die Rolle, die ihm seinen Ruf verschaffte, aber nicht früher
als 1741. Noch heute gilt er den Engländern für den ersten Darsteller
dieses Charakters. Auch war er derjenige, welcher bei diesem Stück
zuerst wieder auf Herstellung des echten Shakespeare drang. Er spielte
die Rolle im historischen Kostüm und zwar in einem rothen Hut,
weil, wie er Pope, der ihn darum befragt hat, erklärte, die Juden
Venedigs hierzu in früherer Zeit gehalten gewesen seien. Auch sein
Mercutio wurde sehr hoch gestellt und Jago, Polonius, Malvolio,
der Geizhals, Sir Pertinax, Sir Plyant, Scrub, Peachum, Sir
Archy Macarcasm gepriesen. Macklin's Spiel hatte etwas einfach
Strenges und Männliches. Die Wahrheit stand ihm höher, als die
Schönheit. Er dachte tief über seinen Gegenstand nach, ohne dabei
ins Gesuchte oder Ausgeklügelte zu fallen. Im Ganzen war er mehr
ein verständiger, als ein genialer, mehr ein reflectirender, als ein
phantasievoller Darsteller. Er machte sich auch als dramatischer
Schriftsteller bekannt. Von seinen acht Stücken haben einige: The

suspicions husband, Love à la mode und The man of the world, sich längere Zeit auf der Bühne erhalten.

1733 trat in Bartholomew fair Mrs. Pritchard auf, doch soll sie schon vorher als Miß Vaughan gespielt haben. Sie hat ihren Weg mühsam von Unten auf gemacht, ohne doch den der Rechtschaffenheit je zu verlassen. Selbst in der Zeit ihres höchsten Glanzes hat sie nie die Bescheidenheit aufgegeben, zu der sie ihr früheres Leben erzogen hatte. So war sie allmählich eine Darstellerin ersten Ranges geworden, von einem staunenswerthen Reichthum schauspielerischer Gestaltungskraft. Sie spielte die Nell und Ophelia, Tay (in Miss in her teens) und Lady Macbeth, Lady Townley und Mrs. Beverley, Lady Betty Modish und Zara, Mrs. Oakley und Volumnia und war in jeder dieser Rollen bedeutend durch die schöne Natürlichkeit, die tiefe Wahrheit des Ausdrucks, die Würde und Innerlichkeit, was die tragischen, die Anmuth und den sprühenden Geist, die seine Ironie und die quellende Laune, was die komischen Charaktere betrifft, so daß Churchill von ihr rühmen konnte:

> Pritchard, by nature for the stage designed,
> In person graceful and in sense refined,
> Her wit, as much as nature's friend became,
> Her voice, as free from blemish as her fame,
> Who knows so well in majesty to please
> Attempered with the graceful charms of ease?

Dabei scheint Mrs. Pritchard fast immer nur kraft einer ihr gleichsam angeborenen künstlerischen Devinationsgabe geschaffen zu haben, da man von ihr behauptet, daß sie von keinem Stücke je mehr als · ihre Rolle und deren Stichworte gelesen. Sie starb noch in demselben Jahre, in dem sie sich von der Bühne zurückzog (1768.).

So ausgezeichnet Mrs. Pritchard in tragischen Rollen auch war, so hatte sie hier ihre Triumphe doch mit einer Darstellerin zu theilen, deren Tod Garrick zu dem Ausruf veranlaßte, mit ihr sterbe die Tragödie. Susanna Cibber war die Tochter eines Londoner Möbelhändlers und die Schwester von Dr. Thomas Arne, einem der damaligen Operncomponisten. Auch sie besaß musikalische Anlagen und eine überaus frische und angenehme Stimme, daher sie sich zunächst zur Sängerin ausbildete. Händel hielt so große Stücke auf sie, daß er in seinem Messias eigens für sie eine Arie componirte. Mit 20

Jahren (1732) trat sie als Sängerin im Haymarkettheater, 1736 aber zuerst als Schauspielerin auf. In diesem Jahre feierte sie noch eine Reihe glänzender Triumphe. In ihrer Stimme, in ihrem Auge lag eine solche Fülle des Zaubers, daß dies schon allein ihr Spiel in fast jeder Rolle hinreißend machte. Ophelia war ihre Meisterleistung. „Sie war, sagt der Schauspieler Wilkinson von ihr, die beste Ophelia, die man jemals gesehen. Rede, Gesang, Erscheinung, Ausdruck, alles vereinigte sich, sie darin unübertrefflich zu machen und keine Worte vermögen den schwermüthigen und zerstreuten Blick wiederzugeben, mit dem sie sagte: ‚Lord, we know what we are, but know not what we may be.'" Er stellt ihr hierin nur noch ihre Alicia zur Seite. Kaum minder vorzüglich waren aber ihre Desdemona, Anna (Richard III.), Califta, Cordelia, Julia, Lady Macbeth, Indiana, Zara, Monimia, Isabella (in Measure for measure und in The fatal marriage). Es war ein tragisches Schicksal, daß all diese Schönheit, dieser Zauber an einen physisch und sittlich so abstoßenden Menschen, wie Theophilus durch eine noch gegen den Willen seines Vaters geschlossene Ehe gebunden ward. Nachdem sie öfter mit dem Theater von Drury-lane und Conventgarden gewechselt, gehörte sie von 1753 bis zu ihrem am 30. Januar 1766 erfolgenden Tode nur noch dem ersteren an. Doch scheint sie in den letzten Jahren Krankheits halber nicht mehr aufgetreten zu sein. Auch sie liegt in Westminster begraben.

Gleich ihr begann Mrs. Clive ihre theatralische Laufbahn als Sängerin. Sie war im Lustspiele das, was Mrs. Cibber in der Tragödie war, doch in einem anderen Fache als Mrs. Pritchard. Der Geist des Soubrettenthums war in ihr verkörpert. Ihre Stimme war in diesem Sinne ganz Seele und Geist. Es sprach alles an ihr, aber die temperamentvollste Lebendigkeit, die übermüthigste ausgelassenste Laune war immer von der feinsten Anmuth gezügelt. Noch als Miß Rafter trat sie 1728 in der Oper Mithridates auf, feierte sie neben Mrs. Cibber in The beggar's opera große Triumphe, errang sie 1730 als Nell in The devil to pay, die sie creirte, einen epochemachenden Erfolg. In eigentlichen Soubrettenrollen galt sie für unübertrefflich. Doch ragte ihre Kitty in High life below stairs noch über all ihre anderen Rollen dieses Genres hinaus. Mit einer einzigen Unterbrechung spielte Mrs. Clive immer an Drury Lane. 1769 trat sie von der Bühne zurück. Wie es scheint nicht zu zeitig für ihren

Ruhm, da man in letzter Zeit der Bemerkung begegnet, daß sie zu häufig in Rollen auftrete, die für ihr Alter nicht paßten. Ueberhaupt über-nahm sie nur zu gern Rollen, die außerhalb ihres Talents lagen. Ihr Freund Walpole schrieb zu ihrer Abschiedsvorstellung den Epilog. Mit ihm blieb sie noch fort und fort in dem vertrautesten Verhält-nisse. Wie sie die Seele der meisten Stücke war, in denen sie spielte, so war sie auch die des Kreises, den sie in ihrem Hause zu Straw-berry, das ihr Walpole dicht neben dem seinen hatte einrichten lassen, versammelte. 1785 im December beschloß sie ihre sonnige irdische Laufbahn.

Das Jahr 1741 bezeichnet einen bedeutenden Abschnitt in der Entwicklungsgeschichte der englischen Schauspielkunst; in ihm trat das größte schauspielerische Talent des Jahrhunderts auf, welches zugleich berufen war, ihr eine veränderte Richtung zu geben.

David Garrick,[*]) der Sohn des Capitäns Peter Garrick, wurde in Hereford, wo sein Vater damals nur vorübergehend in Dienstangelegenheiten war, im Februar 1716 geboren. Sein Tauftag ist der 20. Februar d. J. Sein Heimathsort aber war der Geburts-ort der Mutter, die aus einem geistlichen Hause in Litchfield stammte. Sein schauspielerisches Talent zeigte sich schon sehr früh, da er bereits mit 11 Jahren unter großem Beifall gespielt. Er genoß akademische Bildung und wurde 1738 Schüler von Samuel Johnson, der damals in Litchfield lehrte. Schon im nächsten Jahre gingen beide nach Lon-don, um nach verschiedenen Richtungen hin, jeder eine Bahn des Ruhms zu beschreiten. Doch wendete sich Garrick nicht sofort zum Theater, sondern bezog vielmehr das College von Lincolns-Inn, um sich für das Rechtsfach weiter auszubilden. Erst nach des Vaters Tode gab er der Neigung zur Bühne, doch auch jetzt noch mit Vorsicht nach, nachdem er mit seinem Bruder sich für kurze Zeit im Handel versucht hatte. 1741 ging er nach Ipswich, wo er unter dem Namen Lyddal in Oroonoko als Aboan zum ersten Male öffent-lich auftrat. Noch in demselben Jahre, 19. Sept. 1741, eröffnete er seine theatralische Laufbahn in London unter Giffard am Goodman's-fieldstheater anonym mit keiner geringeren Rolle als Richard III.

---

*) D. Garrick, Dramatic works. 3 Bde. 1768 u. 1798. — Davies, Memoirs (1780). — Murphy, Life of Garrick (1779.) — Fitzgerald, Life of Garrick. 2 Bde. 1868.

Der Zettel kündigte nur ein Concert an, zwischen dessen beiden Theilen: The Life and death of Richard III., with the ballad opera of The virgin unmasked durch verschiedene Dilettanten, die Rolle Richard III. aber by a gentleman, who never appeared on any stage gegeben werden sollte, welches letztere keineswegs richtig war. Der Erfolg war ein außerordentlicher. Man sah keinen Darsteller, man glaubte Richard selbst zu sehen. Es war die Natur, aber die Natur eines Genies. Die Dämonie derselben warf in ihrer rücksichtslosen Ursprünglichkeit die ganze bisherige Bühnentradition und Convention über den Haufen. Sie riß alles im Sturm mit sich fort. Gleichwohl bedurfte es einiger Zeit, ehe der Enthusiasmus derer, die es gesehen, Gläubige fand und sich weiter verbreitete, dann aber übte das neue Phänomen eine Anziehungskraft aus, vor der Drurylane zu zittern begann, wenn sich auch Macklin und Andere das Ansehen gaben, als ob sie verächtlich darauf hinblickten. In der That hatte Niemand mehr, als er und Quin den neuen Nebenbuhler zu fürchten, dessen Auffassung und Spielweise der ihren völlig entgegengesetzt war. Nichts wird diesen Gegensatz besser charakterisiren, als das Urtheil, welches Macklin noch in späteren Jahren über Garrick fällte: „Garrick huddled all passions into strut and quickness; bustle was his favourite, in Arthur Ranger, Don John, Hamlet, Macbeth, Brute all was bustle; bustle, bustle!" Was ihm zum großen Darsteller gefehlt, sei Folgerichtigkeit, Würde, Eleganz und Majestät der Erscheinung gewesen, sowie eine Stimme, die durch das ganze Stück aushält, die Haltung und Lebensart eines Gentleman, die Kenntniß der Leidenschaften und Charaktere und die Kunst sich zu kleiden.

Garrick spielte im Coventgarden vorzugsweise Lustspielrollen, wie Fondlewife, Bayes, Witwoud, Foppington; doch auch Lear, den Geist im Hamlet, Lothario. Besonders als Bayes, den er benutzte, die Schauspieler der alten Schule, Delame, Gifford, Hale, Ryan, Quin zu parodiren, erregte er einen Sturm des Beifalls. Er war rasch von 1 £ Honorar per Vorstellung zur halben Einnahme derselben gelangt und als er 1742 in Drurylane eintrat, erwirkte er sich sofort den größten der bis dahin bekannten Gehalte von 600 £ jährlich. Hier machte sein Hamlet Furore. Coventgarden stellte ihm Quin mit Richard III. und Lear, Ryan mit Hamlet entgegen. Er besiegte sie aber beide in dem Urtheil der Kenner. Das nächste Jahr machte sein

Macbeth, 1744 sein Othello Epoche. In diesem Jahre trat ihm in
Coventgarden Sheridan*) als Hamlet und Othello gegenüber, noch ein
gefährlicherer Rival erwuchs ihm etwas später in Barry. 1745 wurde
Garrick von Sheridan, der inzwischen Director des Dubliner Theaters
geworden war, dorthin berufen. Das Publikum hatte den Genuß,
ihn hier neben dem jungen Barry und der eben so anmuthigen, wie
trefflichen Schauspielerin, Mrs. Bellamy, in Stücken wie The orphan und
The fair penitent zu sehen. Mit Barry traf er in London wieder
zusammen, aber nicht an demselben Theater. Dieser war jetzt sein
Gegner in Coventgarden. Es hinderte Garrick aber nicht, ihn, wie
den ihm feindlich gesinnten Macklin, an sein Theater zu ziehen, als er
1747 Theilhaber und leitender Direktor von Drurylane geworden war.
Er spielte mit Barry hier abwechselnd Hamlet, obschon ihm dieser
hierin den Erfolg streitig machte, und überließ ihm Othello ganz,
weil er ihn darin für überlegen hielt. Von Dauer konnte dieses
Verhältniß freilich nicht sein, obschon es von beiden Seiten lange mit
Schonung behandelt wurde. Die Rolle des Romeo scheint die Veranlassung zu einer tieferen Verstimmung und endlich zum Bruche gegeben zu haben. Garrick konnte sich nicht überwinden, die Rolle Barry
zu überlassen, wenn er auch selbst längere Zeit auf die Darstellung
Verzicht leistete. 1750 trat Barry mit Mrs. Cibber zu dem Theater
von Coventgarden über und gab am ersten Abend seines Auftretens
im Prolog die Erklärung ab, durch die Arroganz und Eigenliebe
Garricks von Drurylane vertrieben worden zu sein. Beide Darsteller
traten sich jetzt zum Wettkampf in der Rolle des Romeo gegenüber;
Barry mit Macklin als Mercutio und mit Mrs. Cibber als Julia;
Garrick mit Woodward als Mercutio und mit Mrs. Bellamy als Julia
(Barry hatte damals noch überdies Quin und Mrs. Woffington,
Garrick Mrs. Pritchard und Mrs. Clive neben sich.) Sie erzielten

---

*) Thomas Sheridan, der Vater des berühmten Parlamentsredners und Dich-
ters, wurde zu Quilca in Irland geboren. Nachdem er länger als Schauspieler
hier und in England gewirkt, schwang er sich zum Direktor des Königl. Theaters
in Dublin auf, wo er sich ein großes Verdienst durch Einführung einer straffe-
ren Disciplin erwarb. Das Concurrenzunternehmen Barry's bewog ihn zum
Rücktritt. Er begründete nun eine Academie zur Erziehung für junge Leute.
Da er nicht damit reussirte, ging er nach England, wo er theils durch Vorlesungen,
theils als Schauspieler Aufsehen erregte.

beide große Erfolge. Er neigte sich aber im zweiten Jahre entschiedener auf die Seite von Barry's Romeo, der seine Stärke in den
zarteren Partien des Stückes, vor Allem in der Garten= und Ab-
schieds§cene und der im Grabgewölbe hatte. Garrick excellirte da-
·gegen in den Momenten der Leidenschaft. Die Scene mit dem
Mönch und die Eingangs§cene des 5. Aktes waren seine Höhepunkte. Auch für Julia neigte sich das Urtheil mehr auf die Seite
von Mrs. Cibber, so trefflich Mrs. Bellamy auch in den zarteren
Scenen war. Mrs. Cibber sagte einmal, daß sie sich Garrick gegen=
über wohl vollkommen als Tochter oder Schwester, nicht aber als
Gattin oder Geliebte zu fühlen vermöge, während Barry sie im vollsten
Maße in diese Illusion zu versetzen im Stande gewesen seï. Wirklich
soll ihr Zusammenspiel in Romeo und Julia und in Oroonoko ebenso
unübertrefflich gewesen sein, wie das mit Garrick in Lear. Dies gilt
aber auch noch von ihrer Beatrice, da Garrick ein vielleicht nicht wieder
erreichter Benedict war. Dieser Wettkampf dauerte bis 1758, in
welchem Jahre Barry mit Woodward nach Irland ging. Garrick zog
sich 1663 auf zwei Jahre von der Londoner Bühne zurück, um Reisen
im Ausland zu machen. Einen Besuch in Petersburg schlug er aber mit
Beharrlichkeit ab, obschon Katharina II. ihn mit Gold aufwiegen wollte.
1765 nahm er seine theatralische Thätigkeit in London wieder auf, von der
er erst 1776 zurücktrat. Er starb drei Jahre später, 20. Jan. 1779.

Garrick gilt für den ersten Schauspieler der neueren Bühne.
Doch war dieser Ruhm zu seiner Zeit keineswegs unbestritten. Grade
seine Bedeutung rief eine ebenso große, wie heftige Gegnerschaft auf,
besonders da er eine ganz neue Richtung ins Leben rief, und er mit
bedeutenden Rivalen zu kämpfen hatte, von denen ihn fast jeder in
irgend einer einzelnen Rolle den Erfolg streitig machte, ja ihn wohl
sogar darin übertraf.

Wenn ihn aber auch Barry als Romeo, Castalio, Othello und
Jaffier besiegte und er den Orest neben ihm, den Falstaff neben Quin
und den Shylock neben Macklin gar nicht zu spielen wagte, so umfaßte sein Repertoir doch weit über 100 Rollen, so umschloß es doch
fast das ganze übrige Rollenfach dieser drei Künstler, so war er ihnen
doch fast in jeder andren mehr oder weniger überlegen. Auch war
er gleich groß im Tragischen, wie im Komischen, — wie er ja sogar
behauptete —, daß nur der ein großer tragischer Darsteller zu sein

24*

vermöge, der auch im Komischen völlig zu Hause sei. Kein Schauspieler dürfte ihn wohl in der Kraft und der Mannichfaltigkeit der
Individualisirung wieder erreicht haben. Seine Gewalt über seine
körperlichen Mittel war so groß, daß er die volle Illusion auch ohne
jede scenische Beihülfe hervorbringen und, wie Grimm behauptet, z. B.
die Scene Macbeths mit dem Dolche ohne jede Vorbereitung zu eben
so erschütternder Wirkung wie auf der Bühne, gleich darauf aber auch
wieder den lächerlichsten, aus dem Leben der Gasse gegriffenen Vorgang zu gleicher Wirkung bringen konnte. Daher ihn der Maler Car-
montelle zwischen zwei Zimmern in einer Thür stehend dargestellt hat,
mit der einen Hälfte des Gesichts entsetzt in das eine, mit der andern
heiter und lachend in das zweite hineinblickend. Wenn Garrick, wie
man erzählt, wirklich von einem brennenden Ehrgeiz und einer ver-
zehrenden künstlerischen Eifersucht erfüllt war, so muß er doch ebenso
viel Weltklugheit und Anstandsgefühl, als Macht über sich selbst besessen haben, um es größtentheils verbergen zu können. Er zog nicht
nur die bedeutendsten Darsteller an sein Theater, sondern enthielt sich
auch, so viel uns bekannt, fast jedes tadelnden Urtheils über seine
Rivalen. Er hatte für Barry nur Worte der Anerkennung. Des
ehrenden Ausrufs bei dem Tode Mrs. Cibber's ist schon gedacht worden. Quin errichtete er sogar ein ihn feierndes Epitaph. Walpole
der freilich nur scheinbar sein Freund, im Geheimen aber immer voll
Gehässigkeit gegen ihn war, hat zwar gesagt, daß er Garrick's Lob
nicht gern lese, weil es fast immer nur von ihm selbst herrühre. Auch
ein Pamphlet, welches man Foote zuschrieb, behauptet, daß er Einfluß
auf die Kritik fast aller Blätter gehabt. Man wird aber weder einem
Pamphlete besondern Glauben schenken wollen, noch einem Manne,
der in dem Empfehlungsbrief, den er Garrick nach Rom gab, zu
schreiben vermochte: „Man solle, wenn Garrick sich seiner Freundschaft
berühme, nicht aus den Augen verlieren, daß er ein Schauspieler sei",
der zwar die Gesellschaften Garricks besuchte, aber nur um hinterher
zu erklären, daß es einzig wegen der schönen Frau desselben geschehe,
die er allerdings als das Muster der guten Sitte und des feinen
Tones preist. In der That war Mrs. Garrick trotz ihrer Heiterkeit
die anmuthigste Frau und ehrbarste Gattin. Sie betrat in London
als Eva Maria Violetti die Bühne und entzückte durch ihren Tanz,
der damals noch nicht die Preisgebung weiblicher Reize und Scham,

wie heute verlangte. Auch hielt sie das Andenken ihres berühmten
Gatten nach seinem Tode in Ehren. Zweimal hielt Lord Monboddo
um sie an, doch immer vergeblich. — Garrick, der so große Verdienste
um das Schauspielwesen seiner Zeit hatte, legte auch den Grund zu
einem Pensionsfond, für den er das letzte Mal spielte, 8. Juni 1776,
als Lear.

Spranger Barry (gest. 1719), von dem eben mit bie Rede
gewesen, war der Sohn eines irischen Goldschmidts. Auf den Rath
seines Onkels ging er, nachdem er sich der Bühne gewidmet, nach
London, wo er 1746 als Othello in Drurylane auftrat und ungeheu-
res Aufsehen erregte. Er hatte von der Natur Alles erhalten, was
einen Gentleman und einen großen Schauspieler macht. Seine Erscheinung war glänzend, seine Stimme bestrickend, sein Spiel an der
geeigneten Stelle geradezu hinreißend. Er war durch und durch ein
pathetischer Schauspieler, dabei aber frei von allem Bombast, von
aller Gefühlsduselei. Sein Pathos, das immer stylvoll erschien, hatte
die wahre und tiefe Empfindung zur Quelle. Dagegen fehlte es ihm
an allem Humor, was nicht nur sein Rollenfach einschränkte, sondern
mancher seiner gepriesenen Rollen einen Theil ihrer Eigenthümlichkeit
einen Theil ihrs Zaubers geraubt haben muß. Auf ihn zielte daher
wohl hauptsächlich die oben erwähnte Bemerkung Garricks ab, daß
der große Tragiker, auch ein guter Komiker sein müsse. Auch läßt
sich in der That nicht recht begreifen, wie Hamlet oder Richard III.
ohne Humor ganz im Geiste Shakespeare's dargestellt werden könnten,
selbst Romeo nicht, wohl aber Othello und Macbeth. Als Orest galt
Barry für unübertroffen, kaum minder werden noch Timon, Macheath,
Jaffier, Castalio, Anthony, Theseus, Cato, Lusignan und Tancred gerühmt. Nach seinem glorreichen Wettkampf mit Garrick ging er 1758
mit Woodward nach Irland, um daselbst in Concurrenz mit Sheridan
und später mit Mossop[*]) ein neues Theater zu gründen. Die Riva-
lität rief einen Kampf beider Häuser hervor, in dem Woodward und
Barry das in London erworbene Vermögen völlig wieder verloren. Barry erwarb einen andren Schatz, den er nach London heim-

---

[*]) Mossop, von Geburt Irländer, begann seine schauspielerische Carriere
1749. Er ruinirte sich in dem Kampfe mit Barry und später mit Lewis. 1773
starb er in Armuth.

brachte. Miß Dancer, die er zu seiner Gattin erkor, wurde von ihm
erst zu der großen Schauspielerin ausgebildet, von der Garrick sagte,
daß sie die Heroine aller Heroinen sei. Seine Kraft war dagegen ge=
brochen. Sie nahm zwar langsam, aber stetig ab, so daß er seine
besten Rollen in die Hände eines neuen Talentes, Erasmus Lewis*),
übergehen sehen mußte. Er starb 1777.

Miß Dancer, spätere Mrs. Barry, war die Tochter eines Apo=
hekers in Bath und nur durch eine unglückliche Liebschaft wider Wil=
ten zur Bühne gekommen. Ihr erster Mann, der Schauspieler Dan=
cer, starb während Barry's Aufenthalt in Dublin. Dieser, der ihr
schlummerndes Talent erkannte, ward ihr zweiter Gemahl. Sie war
ebenso ausgezeichnet in sentimentalen tragischen Rollen (Belvidera,
Monimia) wie im Lustspiele. Ihre Beatrice und Rosalinde, ihre Lady
Townley und Bibby Tipkin erregten allgemeine Bewunderung. Nach
Barry's Tode verheirathete sie sich zum dritten Male und machte auch
noch den Namen Crawford berühmt. Es war jedoch eine unglückliche
Ehe. Sie mußte verdienen, was ihr roher, liebloser Mann durch=
brachte. 1798 erst trat sie von der Bühne zurück und starb 3 Jahre
später. Wie Garrick, liegt auch sie in Westminster begraben.

Nicht minder bedeutend und beliebt war Margaret Woffing=
ton. 1710 in ärmlichen Verhältnissen zu Dublin geboren und von der
Besitzerin einer Seiltänzerbude als Kind angenommen, durchlief sie die
Misère eines derartigen Berufs. Sie entwickelte sich schon früh auf einem
Kindertheater, das ihre Pflegemutter für sie eingerichtet hatte, zur
Schauspielerin. Mit 20 Jahren spielte sie auf der Dubliner Bühne
die Ophelia und Sir Harry Wildair. 1741 war sie bereits in Lon=
don en vogue. Unstreitig war sie eine der genialsten Schauspielerin=
nen ihrer Zeit, wenn man sie auch nicht von der Schuld freisprechen
kann, die Unsitte, Männerrollen von Frauen spielen zu lassen, in Auf=
nahme gebracht zu haben. Man wird ihr aber die Triumphe, die sie
als Harry Wildair gefeiert und die wohl nicht rein künstlerische ge=
wesen sein dürften, wegen der vollendenten Darstellung im feineren
Lustspiel, als Sylvia, Porzia, Lady Townley, Betty Modish, Lady

---

*) Er war von Dublin, wo er Mossop besiegt hatte, nach Coventgarten
gekommen, von dem er Director wurde, und an dem er bis 1809 thätig blieb.
Er starb 1818.

Randolph, so wie selbst im ernsten Drama, als Ophelia, Hermione, Jane Shore, verzeihen. 1757 wurde sie als Rosalinde mitten in der Action vom Schlage gerührt und starb 1760. Sie beschloß ihre künstlerische Laufbahn so auf demselben Theater, Coventgarden, auf dem sie dieselbe begonnen hatte. Nur von 1741—48 war sie Mitglied von Drurylane. Als Künstlerin war sie die Gewissenhaftigkeit selbst. Sie spielte bisweilen 6 Mal die Woche, aber nie unter 4 Mal. Sie sagte nie ohne Noth eine Vorstellung ab, verweigerte keine Rolle und spielte zum Benefiz selbst der niedrigsten Schauspieler. In ihrem Privatleben war sie dagegen leichtlebig, doch gutherzig. Sie zog, wie sie selbst sagte, den Umgang mit Männern dem mit Frauen vor und war längere Zeit die Geliebte Garricks.

Mrs. George Anne Bellamy*), die Nebenbuhlerin von Mrs. Woffington hatte eine abenteuerliche Jugendgeschichte, die sie endlich zur Bühne führte. 1742 machte sie ihren ersten theatralischen Versuch im Coventgarden-Theater bei Rich. Es führte zu einem Engagement. Obschon sich ihr unruhiger Geist auch in einem fortwährenden Wechsel der Theater aussprach, kehrte sie doch immer mit Vorliebe nach Coventgarden zurück. Voll Capricen und Ueberspanntheiten verlief ihr Leben in Abenteuern, worunter die Ausbildung ihres Talents und die Durchbildung der einzelnen Rollen nicht wenig litt. Nach fast dreißigjähriger Wirksamkeit trat sie 1770 nothgedrungen von der Bühne zurück, um im Elend zu enden. 1784 gab man ihr noch ein Benefiz, bei welchem sie am Schlusse in einem Lehnstuhl auf die Bühne getragen werden mußte, um dem Publikum danken zu können. Es war ein trauriger Anblick, das einst so verführerisch schöne Geschöpf, das kaum einige unverständliche Worte hervorbringen konnte, zusammengeschrumpft daliegen zu sehen, hier wo sie als Desdemona, Leonore (Revenge), Andromache, Erixena (The brothers) und Volumnia (Thomson's Coriolan) ihre Triumphe gefeiert.

Auch Charles Smith mag hier erwähnt werden, da er für den feinsten Vertreter der wahren Gentlemanrollen galt. Er begann seine Londoner Carrière 1753 im Coventgardentheater, dem er ununterbrochen bis 1774 angehörte und ging dann nach Drurylane, um beinahe einen tra-

---

*) Siehe ihre Apology of my life, 1785.

gischen Tod auf der Bühne zu finden, da ihn der Schauspieler Reddish*) in Orphan in Wirklichkeit niederstach. Er genaß jedoch von
der Wunde, zog sich 1786 in ein behagliches Privatleben zurück und
trat nur noch ein einziges Mal (1798) in seiner Hauptrolle, Charles
Surface, auf. Vorzüglich waren auch noch sein Dakly, Ford, Leon
Percy, Kitelek, Archer und Plum, doch auch Falcounbridge, Jachimo,
Hutspur, Heinrich V. werden gelobt.

Fast gleichzeitig mit ihm (1755) trat Mrs. Frances Abington
auf. Sie gehörte von 1756—1782 dem Drurylanetheater, dann dem
Conventgardentheater an, von dem sie sich 1798 ins Privatleben zurückzog. Sie starb 1815. Sie wird als eine der elegantesten Darstellerinnen, doch auch als Soubrette und in ländlichen Rollen gerühmt.
Den Mangel an Schönheit ersetzten bei ihr Anmuth und Geist, tem-
peramentvolles Leben, eine reizvolle Stimme und die Kunst einer überaus geschmackvollen Toilette.

Eine ganz exclusive Stellung nahm längere Zeit Samuel Foote
ein. Er trat 1744 in Stutzer- und Geckenrollen auf, konnte hier aber
seine großen Vorgänger um so weniger erreichen, als es ihm dazu schon
an den äußeren Mitteln gebrach. Seine gemeinen Gesichtszüge, seine
kurze untersetzte Figur verhinderten es. Ein noch weit größeres Verkennen seiner schauspielerischen Beanlagung aber war es, als er noch
in demselben Jahre als Othello mit Garrick zu wetteifern versuchte.
Er fand erst seinen eigentlichen Beruf als er 1747 mit seinen Mor-
genunterhaltungen hervortrat. Seine schauspielerische Thätigkeit ist
aber so mit seiner dichterischen verwachsen, daß ich sie in den wesentlichsten Zügen schon mit dargestellt habe.

Eine ganz neue Aera der Schauspielkunst wurde in den letzten
Decennien des Jahrhunderts von John Kemble und seiner Schwester,
Mrs. Sibbons begründet. Die Kembles bildeten eine Art Schauspieler-
dynastie auf der Londoner Bühne, sie haben dieselbe in einer Menge
weithinverzweigter Mitglieder ein halbes Jahrhundert fast völlig
beherrscht. Sarah Kemble war das älteste von zwölf Kindern, in
deren Adern sowohl von väterlicher, wie von mütterlicher Seite schon

---

*) Reddish war ebenfalls ein beliebter Darsteller der Zeit. Seine Haupt-
rolle war Edgar, doch auch sein Macduff, Posthumus und Shylock werden gelobt. Er ging Smith noch im Tode voraus, da er bereits 1785 gestorben ist.

Schauspielerblut floß. Die Eltern hatten es aber zu keinen Erfolgen gebracht. Sie hatten ihr ganzes Leben das Land durchwandert, erst durch den Einfluß der Kinder gelang es endlich dem Vater auch in London noch Fuß zu fassen. Der Großvater hatte hier aber schon unter Betterton und Booth gespielt. Sarah*) verband sich gegen den Willen ihrer Eltern mit einem armen Schauspieler der Truppe, Namens Siddons. Garrick auf sie aufmerksam gemacht, zog sie nach Drurylane, wo sie 1775 zuerst als Porzia auftrat. Die Urtheile gingen auseinander. Das Wanderleben mußte wieder begonnen werden, bis sie in Bath eine feste Anstellung fand, wo sie bei ihrer rasch anwachsenden Familie aber gleichwohl noch mit Noth zu kämpfen hatte. 1782 machte sie sich, um diesem Zustand ein Ende zu setzen, wieder nach London auf. Henderson war der erste, der ihren vollen Werth hier erkannte. „She is an actress, urtheilte er, who has never had an equal and will never have a superior." Der Beifall, der ihrer Isabella (Fatal Marriage) gezollt wurde, bestätigte dieses Urtheil. Drurylane und Coventgarden machten sie jetzt einander sich streitig, die bald ganz allgemein als die erste Schauspielerin Englands geschätzt wurde. Byron nannte sie das Ideal einer Schauspielerin. 1812 trat sie von ihrer ruhmreichen Laufbahn als Lady Macbeth zurück, einer ihrer größten Rollen, in der sie aber das Andenken von Mrs. Pritchard doch nicht ganz vergessen zu machen vermochte. Doch trat sie für wohlthätige Zwecke und auf ausdrücklichen Wunsch der Königlichen Familie noch wiederholt auf, meist als Lady Macbeth, zuletzt am 9. Juni 1819, aber als Lady Randolph. Sie starb am 8. Juni 1831. Ihre vorzüglichsten Rollen waren noch Desdemona, Belvidera, Isabella (Measure for Measure), Zara (Mourning bride), Calista, Queen Katharina, Hermione, Agnes (Fatal curiosity), Jane Shore, Aryasia (Tamerlane), Horatia (Roman Father), Elvira (Pizarro). Auch spielte sie die Gräfin Orsina in Emilia Galotti. Ihrer früheren Zeit gehört die Verirrung an, als Hamlet aufgetreten zu sein (1781).

John Philipp Kemble**), der berühmteste ihrer Brüder, geb. 2.

---

*) Beaben, Memoirs of Mrs. Siddons 1827. — Campbell, Life of Mrs. Siddons. 2 Bbe. 1837.
**) Beaben, Life of John Kemble. 1825.

Febr. 1757 zu Preston, betrat 1776 die Bühne in Wolverhampton, spielte in Manchester, Liverpool, York und von 1783 an in Drury-lane, dessen Director er 1788 wurde. 1801 trat er vom Directorium zurück und begab sich auf Kunstreisen nach Frankreich und Spanien. Nach seiner Rückkehr 1803 erward er einen Antheil am Coventgarden-theater und übernahm nach Lewis Rücktritt die Leitung desselben 1814 trat er auch hiervon zurück, spielte aber wieder von 1814—17 zu welcher Zeit er Kränklichkeits halber der Bühne für immer entsagte. Er starb am 26. Februar 1822 in Lausanne. Das Zusammenspiel der Geschwister gab ihren Darstellungen ein erhöhtes Interesse; auch konnte man sich in seiner Art kaum etwas Vollkommeneres denken. Kemble glaubte Anfangs großes Talent für das Lustspiel zu haben überzeugte sich aber bald, daß der Schwerpunkt seiner Begabung so-wohl, wie der seiner Schwester einzig in der Tragödie liege. Das läßt schon allein auf einen tiefen Gegensatz zwischen ihm und Garrick schließen. Bestimmter hebt ihn eine Bemerkung von Mrs. Crawford hervor: „Die Schule Garricks, sagte sie einst, war ganz Sturm und Leidenschaft, wogegen die Schauspieler der Schule Kembles so voller „paw" und Pausen waren, daß die Mitspieler oft glaubten, das Ge-dächtniß habe ihnen versagt, und ihnen die folgenden Worte zu-flüsterten." Dies wird auch von Tieck noch bestätigt, welcher den gro-ßen Darsteller, freilich ganz kurz vor seinem Rücktritte von der Bühne sah, (1817). „Sein Organ — heißt es hier — ist schwach und tre-mulirend, aber voll Ausdruck, und jedes Wort ist gefühlvoll und ver-ständig betont, nur viel zu sehr, und zwischen jedem zweiten und drit-ten Worte tritt eine bedeutende Pause ein. Die meisten Verse und Reden enden in der Höhe. Diese so zu sagen musikalische Deklama-tion schloß alles wahre Spiel aus, ja machte es gewissermassen un-möglich." „Kemble — heißt es an andrer Stelle — war mehr Decla-mator, als Schauspieler und so viel man ihm zugestehen muß, so ist es doch wohl unläugbar, daß Shakespeare sich jede seiner Rollen an-ders gedacht hat, daß er keine einzige so ermüdend langsam hat spre-chen lassen, daß in allen mehr Humor, Bizarrerie und eine ganz eigenthümliche Wahrheit und Natur vorherrschen müßten. Kemble im Gegentheil verallgemeinert das Individuelle, und wenn er die Selt-samkeiten seines Bildes und die wundervolle Mannichfaltigkeit der Ge-sinnungen, der Ausdrücke und der Empfindung in ein allgemeines

Element eines edlen Anstands, einer stets würdigen Geberde und eines monoton langsam klagenden, halb singenden Tones herabgezogen hat, so wählt er einige einzelne große Momente, die er mit aller Kunst und Anstrengung auf höchst überraschende Weise wieder zum Individuellen hinaufhebt.“ Man sieht, daß, obschon Kemble den Vortrag der alten französischen Schule, aus deren Fesseln ihn Garrick nur eben befreit hatte, wieder annäherte, doch noch ein Unterschied zwischen beiden war. Auch läßt sich annehmen, daß die Manier bei ihm mit dem Alter beträchtlich zugenommen hatte und es scheint, daß Mrs. Siddons davon um Vieles freier, als ihr Bruder, gewesen ist. Wie ergriffen sie von dem, was sie darstellte war, geht aus dem Umstande hervor, daß in der Scene, in der sie in Tamerlan nach einem furchtbaren Aufschrei in Ohnmacht zu sinken hat, sie zum Schrecken des ganzen Theaters einst wirklich in Ohnmacht sank. Die Rollen in denen die Geschwister vorzugsweise excellirten, bestätigen das hier Gesagte. Kemble übertraf alle Schauspieler in Römerrollen, Coriolan und Cato stehen an der Spitze seiner Leistungen, ihnen schließen sich Octavian, Heinrich V., Wolsey, Hamlet und Rollo an.

Neben diesen beiden bedeutendsten Erscheinungen in den letzten Decennien nimmt Henderson die erste Stelle ein, dem jedoch Palmer der Zeit nach vorausging. John Palmer war einer der beliebtesten Schauspieler Londons. Er wirkte hier von 1761—1798 und starb ganz unerwartet bei einem Gastspiel in Liverpool. Mrs. Barry wäre beinahe schon früher die Parze geworden, die den Lebensfaden des Künstlers durchschnitt. Es war in The grecian daughter, in der er den Demetrius spielte, den sie mit einem Dolch zu durchbohren hat und auch wirklich durchbohrte. Er hatte damals mit dem gleichen Geschick auch das gleiche Glück von Charles Smith. Palmer war ein Darsteller von ungeheurer Vielseitigkeit; er verdarb keine Aufgabe. Sein Repertoir war erstaunlich. Young Wilding war seine Hauptrolle. Capt. Flash, Capt. Absolute, Young Fashion, Joseph Surface, Volpone, Don John, Stukely, Prinz von Wales, Heinrich VIII. waren kaum minder beliebt.

John Henderson wurde 1747 zu London geboren. Er debütirte in Bath und zwar in keiner geringeren Rolle als Hamlet, zuerst anonym, dann unter einem angenommenen Namen als Richard III. und erst nachdem er sich mit Erfolg in einer ganzen Reihe anderer

bedeutender Rollen versucht, endlich als Mr. Henderson selbst. Die
Verluste, welche die Londoner Theater damals kurz nach einander
erlitten, zwang die Directoren sich nach neuen Kräften umzusehen.
So wurde denn Henderson von Colman an dessen Theater zu Hey-
market berufen, wo er sich nun auch in London den Beifall des Publikums und der Kenner erwarb. Er war zwar nicht ohne Humor,
doch neigte seine schwermüthige Natur mehr zum Tragischen, obschon
Falstaff, Giles Olverreach und Shylock zu seinen vorzüglichsten Rollen
mit zählten. Er gehörte der Schule Garricks noch an, die mit ihm
ausstarb. Seine letzte Rolle war die des Horatius im Roman Actor,
1785. Er starb nur kurze Zeit später und liegt in Westminster begraben.

Mrs. Farren, die Tochter eines wandernden Schauspieldirectors,
der früher Wundarzt in Bath gewesen war, gehörte gleichfalls zu den
interessantesten Erscheinungen der späteren Zeit. Sie trat 1769 zum
ersten Male in Wakefield als Colombine auf. Eine reizende Gestalt, voll Geist und Temperament wurde sie bald der Liebling
des Publikums. 1777 erschien sie in London. Gleich ihr erstes
Auftreten am Haymarkettheater als Miß Hardcastle nahm für sie ein.
Der Beifall steigerte sich mit jeder Rolle und erreichte mit Lady Townley den Gipfel. Drurylane gewann sie im folgenden Jahre. Beide
Theater machten sie sich einander wiederholt abspänstig. Der schwierige
Walpole nennt sie die vollkommenste Schauspielerin, die er jemals
gesehen. Das Lustspiel war ihre Stärke, doch auch in empfindsamen
Rollen war sie vorzüglich. Rosora in The barber of Sevilla, Lady
Emily Gayville in The heiress, Susanna in The follies of a day,
Indiana, Emily Tempest in The wheel of fortune gehören zu ihren
beliebtesten Rollen. Sie spielte auch Minna in The disbanded officer.
1797 wurde sie der Bühne nicht durch den Tod, sondern durch die
Berufung zu einem neuen glänzenden Leben entrissen. Graf Derby,
der schon immer mit ihr in vertrautem Umgang gelebt, erhob sie,
nur drei Wochen nach dem Tode seiner ersten Frau, zu seiner Gemahlin. Diese schnelle Heirath wirft einen Schatten auf ihren Charakter.

Eine kaum minder glänzende Erscheinung war Mrs. Dorothy
Jordan. Ihre Thätigkeit reicht noch tief in das nächste Jahrhundert.
Die Tochter eines Capt. Bland, wurde sie 1762 zu Waterford geboren.
Die Familie gerieth in Noth und Dorothy beschloß ihren eigenen Weg
zu verfolgen. Unter dem Namen Miß Frances betrat sie in Dublin

die Bühne, hatte hier aber wenig Erfolg, sie wendete sich deshalb nach London. Von Wilkinson, dessen Vermittlung sie nachsuchte, befragt, was sie denn spiele? erwiderte sie, Alles; was in der That auch der Fall war. Sie trat am Drurylane in The country girl, nach einem Witzwort des Dubliner Theaterdirectors, dem sie entlaufen war und der ihre Fahrt nach London das Ueberschreiten des Jordan genannt hatte, als Mrs. Jordan auf, spielte die Nell so gut wie Mrs. Clive, Hosenrollen so gut wie Mrs. Woffington, entzückte die Hauptstadt als Rosalinde und Viola und galt als Hyppolita für unübertroffen. 1812 zog sie sich von der Bühne zurück und starb 1815 zu St. Cloud, wie es scheint in gedrückten Verhältnissen, obschon sie die Geliebte des Herzogs von Clarence gewesen war, der, König geworden, sich auch der mit ihr gezeugten Kinder erinnerte und den Sohn zum Grafen von Münster, die älteste Tochter zum Rang einer Marquise erhob.

Die Schauspielkunst hatte allmählich die Herrschaft der Bühne errungen und die Dichtung völlig in ihren Dienst gebracht, ein Verhältniß, welches zwar immer erst bei einem Sinken des Dramas eintritt, aber nicht nur ein weiteres Sinken dieses letzteren, sondern auch endlich ihr eigenes zur Folge hat. Sie hatte sich durch Garrick von dem fremden Einflusse frei gemacht, was aber nicht an der Hand eines neuen Dramas, sondern an der der Wiederherstellung des alten, insbesondere Shakespeares, geschah. Diese Selbständigkeit lief sie aber bereits Gefahr wieder einzubüßen.

Inzwischen waren auch in andern Städten des Landes feststehende Theater entstanden, von denen Bath anfangs eine Dependenz von der Hauptstadt war, Dublin aber bald den ersten Rang einnahm und länger behauptete, wozu der Charakter dieser Stadt, als einer Art Residenz, wesentlich beitrug. Dagegen hatte sich Edinburg lange aus religiösen Bedenken der Aufnahme des Theaters verschlossen, bis es hierin dem Geiste der Zeit auch endlich nachgeben mußte. Hier war es der Wiedererwecker des alten Nationalgesangs, Allan Ramsay,[*] er mit seinem Gentle shepherd ein volksthümliches Drama ins Leben zu rufen suchte, und das erste öffentliche Theater gegründet hat.

*) Allan Ramsay wurde am 13. Oft. 1685 zu Leadshill (Lanark) in Schottland geboren und starb im Januar 1758.

Die Theater der Provinz standen zu denen der Hauptstadt in
einem ähnlichen Verhältnisse wie in Frankreich. Sie waren eine Art
Vorschule für sie, empfingen dagegen von ihnen die Dichtungen und
die Vorbilder. Auch hierin nahm Dublin weitaus die erste Stelle
ein, was auch mit darauf beruht, daß der irische Volksstamm eine
Menge dramatischer und besonders schauspielerischer Talente erzeugte.
Von ersteren seien aus dem 18. Jahrhundert nur Roger Boyle, Tate,
Farquhar, Steele, Foote, Sheridan, Murphy, Brooke, Victor, Kelly,
Coffey, Bickerstaff, Goldsmith, Cumberland, O'Keefe genannt.

Die Bühne behielt, so viele Theater auch in dem uns vorliegenden
Zeitraum erbaut worden waren, im Wesentlichen doch die alte Einrichtung bei. Zum Theil wurde bei den Neubauten nur eine Vergrößerung des Zuschauerraums und eine gesteigerte Pracht ins Auge
gefaßt, wie wir dies schon an Vanbrugh's Haymarkettheater gesehen
haben. Tieck giebt 1817*) eine Beschreibung der damaligen englischen
Bühne, welche hier Platz finden mag, weil sie mit großer Wahrscheinlichkeit auch für eine viel frühere Zeit schon paßt. Zunächst wird über
die Breite und Höhe der Bühnen geklagt, auf welchen hierdurch die
Spieler zu Pygmäen einschrumpften. „Etwas," fährt er dann fort,
„wird die Höhe der Bühne wieder dadurch ermäßigt, daß die oberen
Zwischenvorhänge viel tiefer reichen, als bei unsern Theatern. Nach
dem Schluß der Scene zu senken sie sich mit jeder Kulisse tiefer, so
daß die Hinterwand um vieles niedriger ist, als die ersten Kulissen
es sind. Durch diesen schnellen Abfall gewinnt die Bühne an Behag-
lichkeit und die große Leere des Raums wird dem Auge bedeutend
vermindert. Dazu kommt, daß, was bei der großen Breite des Theaters
zu loben ist, die zweite, dritte, vierte Kulisse viel stärker in die Scene
hineintreten, als bei uns, wodurch auch auf diese Art das Theater
enger gefaßt wird, die Spielenden auch gezwungen sind, so viel als
möglich im Proscenium sich aufzuhalten. Sehr zweckmäßig ist ferner,
daß die eigentliche Decoration, die Hinterwand, durch die vortretenden
Kulissen und die niederfallenden Zwischenvorhänge so bedeutend an
Höhe und Breite vermindert, sehr oft nur aus zwei bemalten Brettern
besteht, die sich an einander schieben. Dies hemmt die zu künstliche
Ausmalung der Decoration und wirft die Stimme des Recitirenden

---

*) Dramaturgische Blätter. 2 Bdchn. 1826.

voll und stark in das Schauspielhaus zurück. Das Einzige, was an
die alte englische Bühne erinnert, ist das Proscenium. Rechts und
links nämlich ist eine Mauer mit Pilastern, wie auch bei uns, aber
statt der Logen oben und unten oder einer leeren Verzierung, sind
rechts und links zwei große Thüren angebracht, die sich in Rollen
bewegen und in den meisten Stücken zum Eintreten und Abgehen
gebraucht werden. So kommt der Geist des Hamlet im Schlafzimmer
der Mutter links vom Zuschauer vorn im Proscenium, dicht am Orchester heraus und geht über die ganze Breite der Bühne zur gegen-
überstehenden Thüre, die sich beide öffnen und schließen, ab. Durch
diese Vorrichtung wird der Schauspieler allein schon und bei den
wichtigsten Veranlassungen ganz vor in das Proscenium gedrängt,
das Vorzüglichste muß hier geschehen und sich entwickeln und er kann
dem Vorurtheile nicht huldigen, welches jetzt so viele deutsche Bühnen
beherrscht, die Linie nie zu überschreiten, auf welche der Vorhang
niederfällt. Hier treten sie fast immer über diese Linie hinaus, da
die Architektur des Prosceniums ziemlich breit ist und der Vorhang,
wie bei uns, sich erst jenseits dieser Linie befindet. Wollte man diese
Einrichtung bei uns nachahmen, so müßte man freilich (wie es schon
immer bei den Engländern gewesen ist), die unglückliche Behausung
des Souffleurs vom Vorgrunde der Bühne entfernen."

Zu der immer wachsenden Größe der Schauspielhäuser wurde
man unter anderem auch durch die noch immer bestehende Gewohnheit,
das Publikum mit auf der Bühne Sitz nehmen zu lassen, bestimmt.
Ich berührte es schon, daß die Königin Anna diesem Unfuge zu steuern
suchte. Steele's Lying lover war das erste Stück, welches in Folge
davon auf freier Bühne dargestellt wurde, allein dies hatte keinen
Bestand. Nicht nur die Modeherren, sondern auch die Schauspieler
hatten ein zu großes Interesse daran; zunächst weil jene Einrichtung
den Verkehr zwischen beiden erleichterte, sodann weil sie den Benefi-
zianten große Vortheile brachte, da die Besucher der Bühnenplätze bei
solchen Gelegenheiten besondere Geschenke zu machen pflegten und in
der Größe derselben oft miteinander wetteiferten. Noch 1762 hatte
Garrick, dem es um Hebung der Bühne und des Schauspielerstandes
so ernstlich zu thun war, mit diesem Uebelstande zu kämpfen. Auch
erreichte er zunächst nur, denselben auf die Benefizabende einzuschränken.
Erst als er den Interessenten ein Aequivalent durch die Vergrößerung

des Zuschauerraums bot, fügten sie sich darein. Doch kamen noch
immer einzelne Fälle vor, in denen Zuschauer Platz auf der Bühne
nahmen, so z. B. noch 1804 bei Elliston's Benefiz im Opernhause.
Die von Tieck beschriebene Verengung der Hinterbühne dürfte daher
erst eine etwas spätere Neuerung sein, da die Bühnenzuschauer hinter
den Darstellern saßen*), woher es wohl auch kam, daß diese so sehr
ins Proscenium gedrängt wurden.

Das Spiel der Darsteller wurde hierdurch nicht nur beengt,
sondern mußte auch auf zwei einander entgegengesetzte Zuschauerräume
berechnet werden. Tieck berichtet von der Steifheit der Anordung und
der Bewegungen, die vielleicht noch eine Folge davon war, obschon
jetzt das Spiel nur auf den vorderen Zuschauerraum abzielte. „Am
meisten - lesen wir hier — verletzt die gezwungene Steifheit, mit
welcher die Spieler auftreten und wieder abgehen müssen. Sie dürfen
zwar in der Tiefe auftreten, aber dem Zuschauer niemals unter
keiner Bedingung den Rücken zukehren; darum gehen sie immer seit-
wärts in den Flügeln ab. Es wäre nicht zu tadeln, da die großen
Theater ziemlich breit sind, daß sie meistentheils dorther kämen und
dorthin wieder abträten, wenn es nicht mit dieser Peinlichkeit geschähe,
damit sie dem Zuschauer nur immer das volle Gesicht bieten können.
Deshalb nähern sie sich einander feierlich und gezwungen langsam und
nach einigen Reden, wechseln dann die Stellen und treten oft ganz so
einer zum andern hin, als wenn sie eben anfangen wollten, ein Menuett zu tanzen. Im Wortwechsel oder in Freudeversicherungen, ja
selbst im Zwiegespräch zweier Liebenden, suchen sie eben so allgemach
die Nähe der Kulissen zu gewinnen und Jeder entfernt sich mit einem
Seitenpas nach den letzten gesprochenen Worten."

Das Theater war in London lange zugleich ein Ort des gesellschaftlichen Verkehrs, bei dem die Damen das Hauptinteresse bildeten,
obschon dieselben bis zum Anfang des 18. Jahrhunderts meist in
Masken erschienen, oder doch während des Spiels Masken vornahmen.
Es war aber auch noch der Ort, wo sich die öffentliche Meinung über
gewisse Erscheinungen im Leben des Tages kundgeben konnte, wozu

---

*) So heißt es z. B. in einer Ankündigung: Part of the pit will be railed
into the boxes and the stage will be formed into an Amphitheatre. (März
1738) und Wilkinson erzählt, daß Mrs. Cibber als Julia in der Kirchhofsscene
vor mehr als 200 Zuschauern hinter sich auf der Bühne dagelegen habe.

die Prologe und Epiloge Gelegenheit boten. So stürmisch das Publikum in seinem Beifall war, so rücksichtslos war es in den Aeußerungen seines Mißfallens, und so viel es sich in den Prologen ꝛc. auch
selbst gefallen ließ, so bestand es doch andererseits mit großer Heftigkeit auf seinen, wenn auch nur vermeintlichen Rechten. Dies führte
nicht selten zu blutigen Tumulten, zu Insulten der Darsteller und zur
Demolirung der inneren Einrichtung der Häuser. Zuweilen entsprangen
solche Auftritte aber auch nur aus Streitigkeiten unter den Zuschauern
oder aus privaten Verhältnissen Einzelner unter ihnen zu einzelnen
Darstellern. Der Streit sprang dann wohl aus dem Parterre auf
die Bühne, Waffen wurden gezückt und an die Stelle der schauspielerischen trat die wirkliche Action. Große Unordnungen gingen endlich
noch häufig von den wartenden Dienern der Herrschaften aus, die sich
in den letzten Akten gewaltsam in den Zuschauerraum drängten, um
Theil am Schauspiel zu nehmen, worüber sich schon Dryden in einem
Epiloge beklagt. Der Unfug nahm in dem Maße zu, daß, um ihm
zu steuern, den Dienern 1699 die obere Galerie mit eingeräumt wurde.
Sie machten aber von dieser Vergünstigung oft einen so rohen Gebrauch, daß man sie ihnen wieder entzog. Dies führte zu Unruhen.
1736 stürmten die Bedienten die obere Galerie und es entstand ein
Tumult, daß die Aufruhracte verlesen werden mußte. Auch setzten sie
es zu verschiedenen Malen durch, daß jenes Recht ihnen wieder eingeräumt wurde. Erst 1780 ward es für immer beseitigt. Doch auch
von dem Uebermuthe der Jugend wurden dergleichen Ansprüche erhoben.
1721 drang ein Schwarm junger Leute in das Theater von Lincolns
Inn Fields und wenig fehlte, daß dieses niedergebrannt worden wäre.
Dies hatte die Einstellung von Wachen in die Theater zur Folge. Hierher
gehört auch unter Anderm die gewaltsame Entführung von Mrs. Bellamy
mitten aus der Vorstellung durch einen jungen Mann, der sie ins
Foyer rufen ließ, sie hier ergriff und auf seinen Armen in den bereit
gehaltenen Wagen trug. Es konnte natürlich nicht weiter gespielt werden. Rücksichtslosigkeit trat damals in allen Formen hervor, sogar
von Seiten der Schauspieler. Auf Wunsch des Königs von Dänemark
wurde 1768 Jane Shore gegeben. Mrs. Bellamy spielte die Alicia
und verletzt, daß der König bei ihrem Spiele schlief, nahm sie die
Gelegenheit wahr, sich seiner Loge bei einer Stelle zu nähern und ihm
die Worte: Oh thou false Lord! mit einer solchen Stimme zuzurufen,

daß er erschreckt davon auffuhr. Schlimmer trieb es Kitty Clive mit dem alternden Georg II., indem sie mit directer Beziehung auf ihn die Worte sprach: You are a villainously old, you are 66, you cannot have the impudence to think of living about two years. Der König begnügte sich, zu murmeln: This is a d'd wife, gerade so wie sich der König von Dänemark begnügt hatte, zu sagen: „Mit einer Frau, die solch eine Stimme hat, möchte ich nicht um die Welt verheirathet sein." Auch Georg III. lachte nur bei Parson's Extempore: „An the king were here and did not admire my scaffold, I would say to him, he has no taste." Dafür bemüthigte das Publikum nur zu oft Schauspieler und Direktoren, die ihm Abbitte leisten mußten. Es erzwang die sofortige Entlassung von mißliebig gewordenen Schauspielern und die augenblickliche Einstellung von Stücken. Setzten doch selbst die Frauen die Weglassung einer Rolle, des Bookish in Fielding's Old man taught wisdom, durch, nur weil sie von einer Bemerkung über die Superiorität der Männer beleidigt waren. Als Garrick 1754, während des Kriegs zwischen England und Frankreich es wagte, französische Tänzer in dem Ballet The Chinese festival tanzen zu lassen, brach in Gegenwart von Georg II. ein ungeheurer Sturm der Entrüstung los und da Garrick trotzdem die Wiederholung am folgenden Abende wagte, kam es zu einem völligen Kampf, in dem die Logen gegen den Pit und die Gallerien für Garrick Parthei ergriffen. Die Herren sprangen mit gezogenen Degen in den Pit herab, um fürchterlich durchgebläut zu werden, die Gallerien applaudirten, eine allgemeine Demolirung des Hauses begann, Bänke wurden zerbrochen, Stühle und Spiegel zerschlagen, Gardinen und Decorationen zerrissen — und nicht zufrieden damit, stürzte der Mob auch noch nach Garrick's Hause, um alle Fenster desselben bis unter das Dach einzuschlagen. Am Empfindlichsten aber war man gegen die Erhöhung der Theaterpreise.

In der zweiten Hälfte des 17. Jahrhunderts kostete der Platz auf der ersten Gallerie 1 s., auf der zweiten 6 b. Die Eintrittspreise für die Damen werden an einigen Orten mit 4 s. angegeben. Dies sind sicherlich Logenpreise. Andrerseits wird wieder bemerkt, daß Bürgerfrauen häufig die ersten Gallerien besuchten. Um 1700 war der gewöhnliche Platz eines Logenplatzes auf 4 s., der Platz im Pit auf 2 s. 6 b., für die erste Gallerie auf 1 s. 6 b. und für die zweite auf 1 s. normirt. Die höchste Wocheneinnahme (6 Tage) belief sich auf

500 £. Etwas später finde ich den Preis der Logen wieder au
3 ſ. 6 d. herabgeſetzt. Bei neuen oder Ausſtattungsſtücken tratenſ
die höheren Preiſe ein, damals 5 ſ. für den Platz in der Loge, 3 ſ.
im Pit, 2 ſ. erſte Gallerie und 1 ſ. zweite. Bei einzelnen Gelegen=
heiten fanden noch weitere Erhöhungen ſtatt, ſo koſtete bei dem Benefiz von Mrs. Bracegirdle der Platz im Pit und in den Logen
10½ ſ., auf der erſten Gallerie 1 Krone. (Siehe auch S. 358.)
Nach Erweiterung des Drurylanetheaters durch Garrick ſoll nach
Murphy das höchſte Erträgniß einer Vorſtellung bei gewöhnlichen
Preiſen 335 £ betragen haben. Das Jahr 1713, in welchem Cato
erſchien, brachte jedem der drei Directoren Cibber, Wilks, Dogget
1350 £ auf ſeinen Antheil ein. Es war üblich, nach jedem größeren
Stücke noch ein kleineres in Form einer Oper, Poſſe oder eines
Ballets zu geben. Seit Cibber wurde das Zugeſtändniß gemacht,
daß diejenigen, welche ſich nach dem erſten Stücke ſchon entfernten,
bei erhöhten Preiſen den Unterſchied zwiſchen dieſen und den gewöhn=
lichen Preiſen wieder zurückerſtattet erhielten.

Welcher Aufwand ſchon damals gelegentlich gemacht wurde, beweiſt die Angabe Cibber's, daß die Einrichtung und Ausſtattung von
Heinrich VIII. mit dem großen Krönungszug 1000 £ gekoſtet habe.
Dies bezieht ſich faſt nur aufs Koſtüm und doch war das Koſtüm
lange einer der ſchwächſten Punkte der engliſchen Bühne, da es meiſt
ebenſo willkürlich, als geſchmacklos war. Betterton ſpielte Alexander
den Großen im Hoftleid der Zeit. Booth trug als Cato ein geblumtes
Gewand und eine große Perrücke aus der Zeit der Königin Anna.
In Perrücke und Puder ging eben alles, Oreſtes wie Hamlet. Garrick
ſpielte den Macbeth im modernen Offiziersanzug, und Macklin war
der erſte, welcher das ſchottiſche Coſtüm bei dieſer Rolle in Anwendung
brachte, doch ohne der Zeit dabei Rechnung zu tragen. Woodward
ging als Mercutio in der Kleidung der engliſchen Landedelleute ſeiner
Zeit, und Kemble trug als Hutſpur den Hoſenbandorden. Ja ſogar
Henderſon konnte ſich noch berühmen, zehn ſeiner vorzüglichſten Rollen
in demſelben Koſtüme geſpielt zu haben. Tieck ſah von Kemble den
Poſthumus in langen gelben Beinkleidern darſtellen, die nach Art
der Huſarenhoſen geſtickt waren und im Wamms ohne Mantel (was
wie er darthut, ungefähr auf daſſelbe hinausläuft, als wenn im
modernen Koſtüm eine Rolle ohne Oberkleid, in der Weſte, geſpielt

25°

würde), mit wallonischem Halskragen und rother Schärpe. So gingen auch alle Darsteller in Othello, dieser jedoch in orientalischer Tracht. Obschon damals das römische Kostüm von Talma und Young längst adoptirt worden war, spielte Kean den Orest doch wieder in einem Anzug mit Bändern. Auch bei den Damen war es lange in Bezug auf Kostüm meist gleichgültig, welche Rolle sie spielten, ob Cleopatra, Julia oder Lady Macbeth.

Wie früher, waren auch jetzt die Schauspieler theils auf Antheile, theils auf Gehalte oder Spielhonorare gestellt. Das letztere wurde allmählich die allgemeine Form. Den besseren Schauspielern wurde noch eine Benefizvorstellung jährlich gewährt. Bei dieser wurde von der Einnahme eine bestimmte Summe für die Besitzer des Hauses in Abzug gebracht. Um 1800 betrug diese letztere 140—160 £. Sie wurde bisweilen den Darstellern erlassen, so z. B. Coot 1801, der £ 560 damals einnahm. Betterton brachte es nicht über 5 £ per Woche. Sein Benefiz von 1708 trug an der Casse nur 76 £ ein. Die ihm gemachten Geschenke aber beliefen sich auf noch 450 £. Im Jahre 1732 finde ich folgende Gagen angegeben: Cibber und seine Frau 5 £ per Abend, Mills mit seiner Frau 3 £, dabei waren ihnen 200 Vorstellungen jährlich garantirt, Johnson und Miller jeder 5 £, Harper und Griffin 4 £ jeder, Shepherd 3 £. Zu dieser Zeit wurde der sechste Antheil am Patente von Drurylane mit 1500 £ bezahlt. Garricks Honorar betrug lange 600 £ jährlich, später schätzte man sein jährliches Londoner Schauspielereinkommen auf 1000 £. Nicht weniger betrug es bei Quin. Mrs. Cibber nahm in ihrer glänzendsten Zeit für 60 Abende 600 £ ein. Die beiden Barry's brachten es zusammen auf 1500 £. Sie nahmen aber einmal in Irland für 16 Vorstellungen 1100 £ ein. Der Wunsch Mrs. Siddons ging auf den Erwerb von 10,000 £, um sich dann auf ein kleines Landgut zurückziehen zu können; ihr zweites Londoner Benefiz brachte ihr aber allein 700 £, ein Sommerausflug nach Irland 1000 £ ein, so daß bereits 1786 die ersehnte Summe erreicht war. Sie zog aber jetzt den Aufenthalt in London vor und blieb noch bis 1812 auf der Bühne.

Die Theaterstunden waren auch wesentlich andre geworden. Während man zu Dryden's Zeit noch um 3 Uhr die Schauspiele eröffnete, war schon nach dem ersten Viertel des Jahrhunderts 6 Uhr

die gewöhnliche Theaterstunde. Der Mittagsvorstellungen Foote's ist
schon gedacht worden. Ausnahmsweise kamen aber auch viel spätere
Theatervorstellungen vor. So finde ich am 18. Juni 1717 eine
Vorstellung angekündigt, welche auf ausdrücklichen Wunsch verschiedener
Damen von Stande wegen des heißen Wetters erst um 9 Uhr be=
ginnen sollte.

Die Kritik wurde damals von den Zuschauern selbst noch sehr
streng ausgeübt, wenn auch nicht immer gerecht. Für den literarischen
Ruf der Theaterdichter waren jedoch die Urtheile der literarischen
Caffehäuser, später der literarischen Clubs um vieles entscheidender.
Von jenen spielte bis Anfang des 18. Jahrhunderts Will's Caffeehaus
an der Ecke von Bow= und Russelstreet die hervorragendste Rolle,
wo Dryden das Orakel war und wo später auch Isaak Bickerstaff
thronte, dessen wunderlicher Figur sich Steele zu seinem Tatler be=
mächtigt hat. Addison zog die schöngeistige Welt aber von hier nach
Button's Caffeehause hinüber, das auf der andern Seite der Straße
lag. Auch das Chapter=Caffeehaus, in dem sich Buchhändler und
Verleger versammelten, mag hier erwähnt werden. Wichtiger ward
aber noch der von Sam. Johnson in's Leben gerufene Club, der
später seinen Namen erhielt und von welchem auch Garrick Mitglied
wurde. — Die Flugschriften und Pamphlete, welche bis zum Anfange
des 18. Jahrhunderts eine so große publicistische Rolle gespielt, wurden
von nun durch die Zeitungen in den Hintergrund gedrängt. Der
sogen. moralischen Wochenschriften und ihrer Bedeutung für die
Kritik des Theaters ist schon gedacht worden. Von den übrigen
Zeitungen seien hier aber noch folgende erwähnt: Dayly Post und
Dayly Courant (1702), London Post, Weekly Miscellany Grubstreet
Journal und The Englishman (1715), The Postman (1724) aus dem
später St. James' Chronicle entstand. London Dayly Post (1726),
welche sich 1742 in den General Advertiser und 1752 in den Public
Advertiser verwandelte, The Dramatic Censor, The public Ledger
(um 1757), The Gazetteer, The morning chronicle (1769), Morning
post (1772), St. James chronicle, Morning Herald (1780), Daily
universal regifter (1785) aus dem sich 1788 die Times entwickelte. The
evening mail 1790, The courier und The Sun (1792), The London
Review und Morning advertiser (1794). Erwähnung verdienen endlich
die vielen in diesem Zeitraum erschienenen Schriften über das Theater

und Drama, von denen außer .den schon bei den biographischen
Skizzen der Dichter und Schauspieler gedachten, hier noch die Namen folgender Platz finden mögen; Downes, Roscius Anglicanus (1789),
Samuel Pepys Diary (1825), Wright, Historia Histrionica (1699), Langbaine, Account of the dramatic poets (1691), Mist's Journal; Curll,
History of the stage (1741); Whincop, A complete list of all the dramatic poets and of all the English plays (1747); Churchill, Rosciad,
eine Satire auf die Schauspieler; The theatrical examiner (1770),
Davies, Miscellanies: Victor, History of the London and Dublin stage
3 v. 1750—71 von Oulton 1796 fortgesetzt; Roß, Theatrical biography
(1772); Baker, Biographia dramatica 2 v. (1782); Wilkinson, Memoirs
of my life (1790) und Wandering patentee or a history of the Yorkshire theatre (1795); Jackson, history of the Scottish stage (1793).

Das Drama im neunzehnten Jahrhundert.

Entwicklung einer neuen nationalen Dichtung. — Einflüsse darauf. — Die Schule
Walter Scotts, die Seeschule und Byron. — Joanna Baillie. — Melodramen
Ausstattungs- und Pferdestücke. — John Tobin; Hoole; Poole; Kenney und
Fawcett. — Coleridge; Southey; Shelley. — Hart Milman. — Sheridan Knowles.
— Maturin; Sheil. — Byron. — Robinson Planché. — Walter Proctor.
— Ms. Mitford. — Buckstone; Douglas Jerrold. — Frances Anna Kemble. —
Stirling Coyne. — Lytton Bulwer. — Browning und Elizabeth Barret; Bai-
ley. — Talfourd. — Boucicault; Tom Taylor; Palgrave Symyson. — Reade;
Marston. — Leigh Hunt. — Einführung der Theaterfreiheit; Ueberhandnahme
des französischen Geschmacks. — Richard; Tennyson; Robertson. — Gilbert;
James Byron.

Das unter den letzten Stuarts gesunkene Nationalgefühl der
Engländer war im Laufe des 18. Jahrhunderts allmählich wieder
erstarkt. Doch zeigen sich davon die Wirkungen in der Literatur
lange nur sehr vereinzelt. Sie treten entschiedener in der Lyrik und
Epik, als im Drama hervor, in dem der französische Einfluß gerade
jetzt ganz herrschend wurde. Auch sahen wir, daß weder das senti-
mental-moralisirende Lustspiel Steele's und Cibbers, noch das crimi-
nalistisch-lehrhafte Drama Lillo's hier zunächst eine größere Nachfolge

hatten, so daß der Einfluß beider in Frankreich und durch dieses in Deutschland, ja selbst in Italien fast ein stärkerer war. Das senti= mentale Lustspiel, das bürgerliche Rührstück kam besonders in Frank= reich früher als in England zu weiterer Ausbildung, obschon von hier die Anregungen dazu mit ausgingen. Anders im Romane, der eine nationale Entwicklung nach zwei verschiedenen Richtungen hin nahm, nach der Seite des Empfindsamen und nach der Seite des Humors und der Satire. Erst in der zweiten Hälfte des Jahrhunderts ge= wann das sentimentale Drama auch in England eine Bedeutung, aber zunächst nur, weil man von Frankreich jetzt aufs Neue dazu ange= regt wurde.

Inzwischen hatte man im Lustspiel trotz dieses fremden Einflusses eine gewisse Selbständigkeit gewahrt. Hier hatte man zugleich noch immer das eigene Leben, die eigenen Sitten, Thorheiten, Einseitigkeiten und Laster in Betracht gezogen. Die englischen Nachahmungen sahen daher fast durchgehend wesentlich anders, als ihre französischen Vor= bilder aus. Nicht so in der Tragödie.

Auch die Wiederaufnahme des altenglischen Dramas war eher ein Hinderniß für die Fortbildung einer nationalen Tragödie, als ein förderndes Mittel. Man ließ sich an diesen wiederentdeckten Schätzen genügen und vermißte den Mangel an Neuem nicht. Als das Be= dürfniß danach sich aber doch endlich fühlbar machte und man des conventionellen academischen Dramas müde ward, wurden die Ritter=, Gespenster= und Räuberdramen des deutschen Theaters, wurden die Dramen der Sturm= und Drangperiode, wurden die Rührdramen Kotzebues die Vorbilder der Nachahmung. Holman's Red Croßknights, Scheridan's Pizzaro und Lewis Castle Spectre waren die epoche= machendsten Dramen dieser veränderten Geschmacksrichtung im letzten Decennium des Jahrhunderts.

In Deutschland war dieser Sturm und Drang aber gerade zum Theil erst von England aus, durch Shakespeare, erregt worden. Es waren die Geburtswehen einer großen nationalen Dichtung, zu welcher sein Geist hier die Keime gelegt. Was er damals in dem Mutter= lande nicht vermochte, gelang bei dem stammverwandten Volke der Deutschen. Nicht daß er dort auf die Entwicklung einer neuen natio= nalen Dichtung ohne allen Einfluß geblieben wäre. Aber wie sich diese hier auf einem anderen Gebiete als auf dem des Dramas voll=

zog, ging sie zunächst auch von anderen Erscheinungen aus. Das
Drama wurde nun einmal in dem Lande der strengen kirchlichen Observanz und der traditionellen Vorurtheile trotz der Verehrung
Shakespeare's in einem zu zweideutigen Lichte gesehen, als daß seine
Entwicklung eine Angelegenheit von wahrhaft nationaler Bedeutung
hätte werden können. In England ging die Entwicklung der natio=
nalen Dichtung von der Wiedererweckung des alten Volksliedes, des
Nationalgesangs aus. Allan Ramsay, den wir schon als Erbauer
des ersten Theaters in Schottland kennen lernten, scheint auch der
erste gewesen zu sein, welcher sich um die Wiederaufnahme des alten
Nationalgesangs verdient gemacht hat. Er begann als Perücken=
macher, wurde dann Buchhändler, als welcher er die Circulating
libraries in Schottland begründete und gab zwei Sammlungen
schottischer Volkslieder The tea table miscellany (4 Bde. 1724) und
The evergreen (1725) heraus.*) Er und Robert Fergusson (1751—74),
der ebenfalls Lieder im schottischen Dialekte geschrieben hat, von denen
1773 eine Sammlung erschien, haben hauptsächlich auf den großen
Volksdichter des neuen Englands, auf den Schotten Robert Burns
(1759—1796), eingewirkt, dessen, den besten alten Ueberlieferungen
ebenbürtige, unmittelbar aus den ländlichen Verhältnissen seiner Heimath und seines individuellen Lebens heraus gedichteten Lieder, nächst
den etwas früher von dem Engländer Percy (1728—1811) heraus=
gegebenen Reliques of ancient English poetry eine das National=
gefühl mächtig erregende Wirkung ausübten und als die hauptsäch=
lichste Quelle zu betrachten sind, aus der sich die neue nationale
Dichtung der Engländer entwickelt hat. Es war jedoch nicht die
einzige, auch die Dichtungen Youngs und Cowpers, sowie die aesthe=
tischen Schriften Burke's und seiner Nachfolger, insbesondere Home's,
trugen mit dazu bei. Sie alle drängten zu einem Bruche dort mit dem
französischen Academismus, hier mit der Nützlichkeitsphilosophie des
18. Jahrhunderts. Burke wies insbesondere darauf hin, daß das
Schöne und Erhabene einen höheren Ursprung haben müsse, als diese
behaupte. Er stellte der von der Revolution bedrohten Gegenwart

---

*) Er dichtete auch selbst Lieder, sowie Idyllen. Sie erschienen mit seinen
dramatischen Versuchen nebst einer biographischen Skizze von Chalmers 1800 in
2 Bdn. in London.

das Mittelalter und seine Institutionen im herrlichsten, glänzendsten Licht gegenüber. Und in der That, wenn es gelang, die Dichtung ganz von den unmittelbaren Beziehungen zur Wirklichkeit loszulösen, so blieb auch nichts anders übrig, als ihr eine Richtung auf Vergangenheit oder Zukunft zu geben. Auch schlug die wiedererwachende nationale Poesie zunächst diese einander entgegengesetzten Richtungen ein. Jene, von Walter Scott ausgehend und vornehmlich von Percy und Burns, wohl auch von Shakespeare und der deutschen Dichtung beeinflußt — Scott's erste poetischen Versuche bestehen aus Uebersetzungen Bürger'scher Balladen und des Goethe'schen Götz — ist von überwiegend historischen, dabei epischen und objectiven Charakter. Sie beruht auf sorgfältigem Studium der Natur und des historischen Kostüms. Diese, von Wordsworth ausgehend, mit dem Namen der Seeschule bezeichnet, und hauptsächlich von der deutschen Philosophie, sowie von Young und Cowper beeinflußt, — hat doch einer ihrer Anhänger, Southey, eine Ausgabe des letzteren veranstaltet und eine Biographie desselben geschrieben — zeigt, sich dem Drange der Empfindung und dem Fluge der Phantasie rücksichtslos überlassend, dagegen einen überwiegend lyrischen, spiritualistischen und subjectiven Charakter. .

Byron stand zwischen beiden Richtungen. Er hat bei einzelnen seiner Dichtungen, wie Walter Scott, den Blick auf die Vergangenheit, bei andern, selbst noch bei solchen, deren Stoff dem Anfang der menschlichen Dinge entnommen ist, ganz auf die Zukunft gerichtet Man verliert aber bei ihm fast nie das Gefühl, daß er selbst in der Gegenwart steht und aus einzelnen seiner Werke tritt er mit seinen Beziehungen zu dieser, sogar in störender, wenn auch immer geistvoller Weise heraus. Die Richtung auf die Zukunft überwiegt aber bei ihm. Er tritt hierdurch der Seeschule, jedes ihrer Mitglieder weit überragend, näher als Walter Scott. Es ist unrichtig, ihn zu dessen Schule zu rechnen, da er vielmehr in einem gewissen Gegensatz zu ihm steht, es ist aber auch nicht zutreffend, diesen Gegensatz in der romantischen Natur Walter Scotts zu suchen. Byron und die Seeschule sind kaum minder romantisch, sie sind es nur in einer wesentlich anderen Weise. Was Walter Scott in die Vergangenheit, was Byron und die Seeschule in die Zukunft treibt, ist derselbe nur anders gerichtete romantische Zug in die Ferne, der freilich dort einen anderen Charakter wie hier hat, bei Walter Scott eine bestimmte Grenze, ganz bestimmte reale Gegenstände findet, bei Byron sich dagegen nicht selten, um die Räthsel des Lebens zu lösen, in das Unendliche und Unfaßbare verliert. Byron ist mehr phantastisch, als romantisch zu nennen, aber seine Phantastik selbst ist romantisch, wie ja diese dem Alten völlig abgekehrte Romantik durchaus neu und modern ist. Er hat darum auf den Geist der kommenden Zeit und der sich aus ihr entwickelnden Dichtung einen ungleich größeren Einfluß gehabt, als Walter Scott, was in noch stärkerem Maße der Fall gewesen sein würde, wenn er in England von der Aristokratie und der Kirche nicht lange Zeit als eine Art Popanz behandelt worden wäre. Er ist der Begründer des Weltschmerzes und des modernen Pessimismus in der Poesie. Was aber bei ihm die unmittelbare Aeußerung einer starken Natur und Empfindung war, wurde bei seinen Nachfolgern meist zur schwächlichen Anempfindung, mit welcher die Eitelkeit ein kokettes und gefährliches Spiel trieb. Die Natur Byrons, so stark und schön sie in ihrer ursprünglichen Anlage war, ist zerrissen und krank und sein Weltschmerz und sein Pessimismus ist nicht nur aus seiner Natur, sondern auch aus dieser Zerrissenheit und Krankheit derselben entsprungen. Aber es war doch immer die Krankheit seiner Natur, während in seinen Nachfolgern nur die fremde Krankheit weiter fortwirkte. Byron's Bedeutung als Dichter lag einerseits darin, daß er mit vollster Entschiedenheit mit dem Conventionalismus der Gesellschaft brach und die sich darunter verbergende Heuchelei, den engherzigen Egoismus in seiner vollen Blöße ans Licht zog, andererseits aber auch in einem tiefen Mitgefühl für die Menschheit und einem ebenso tiefen Schönheitsbedürfniß.

Für die Geschichte des englischen Dramas fällt der Gegensatz der hier in Betracht gezogenen beiden Schulen kaum ins Gewicht, da sich die eigentliche Schule Walter Scotts fast gar nicht auf dem Gebiete des Dramas bethätigt hat, Byron und die Seeschule aber schon wegen des Mangels an concreter Gestaltungskraft auf dem Theater nicht Fuß fassen konnten. Walter Scott's Versuche im Drama würden ohne seine übrige Bedeutung völlig vergessen sein. Halidon Hill wird von ihm selbst nur als eine dramatische Skizze bezeichnet. Es ist wenig mehr als eine romantische Erzählung in dialogischer Form, durch welche ein heroisches Pathos geht. In Auchendrane fühlt man

sich dagegen von einem wirklich tragischen Zuge ergriffen. Allein der
Dichter entfaltet sich zu sehr in der behaglichen Breite der Detail=
schilderungen, es fehlt ihm an concentrirender Kraft, an Energie in
der Entwicklung der Leidenschaften, an Individualisirung und Schärfe
in der Zeichnung der Charaktere.

Joanna Baillie, die erste bedeutende Erscheinung, der wir im
englischen Drama dieses Jahrhunderts begegnen, steht hierin zu ihm
in dem entschiedensten Gegensatz. Obschon Walter Scott den leben=
digsten Antheil an ihrer Dichtung nahm und sie zu ihm ein fast
schwesterliches Verhältniß gewann, so kann sie schon deshalb weder
seiner, noch der Byron'schen oder der Seeschule zugezählt werden, weil
sie ihnen allen mit einem großen Theil ihrer Dichtungen vorausging
und den darin eingeschlagenen Weg ganz selbständig ergriff. Einige
von ihnen gehören sogar noch dem vorigen Jahrhunderte an, da sie
bereits 1798 erschienen. Die Wirkung derselben fällt aber erst in den
vorliegenden Zeitraum. Er darf nicht unterschätzt werden, da von
diesem ersten Bande bereits 1806 die fünfte Auflage erschien. Keiner
der folgenden (1802 erschien ein zweiter, 1804 ein dritter und 1812
ein vierter Band, denen sich 1836 noch drei weitere anschlossen), hat
aber, wie es scheint, eine gleiche Theilnahme gefunden. Auf die
Bühne war der Einfluß gering. Von ihren vielen Dramen wurden
nur zwei, die Tragödie Montfort (1800) und das Drama The family
legend (1815) gegeben, dieses nur durch Einfluß Walter Scott's.
Auch wurde ein drittes The election mit ihrer Bewilligung zu einer
Oper benutzt. Schon der Titel, unter dem die ersten Bände ihrer
Dramen erschienen: A series of plays, in which is attempted to
delineate the stronger passions of the mind, deutet an, daß, obschon
die Verfasserin das wahre Element der tragischen Handlung richtig
erkannt hatte, sie bei ihren Conceptionen doch mehr von einem psycho=
logisch=poetischen, als von einem wahrhaft dramatischen Interesse ge=
leitet wurde. Man ist zwar zu weit gegangen, wenn man ihr vor=
geworfen, in jedem ihrer Dramen immer nur e i n e Leidenschaft zur
Entwicklung und Darstellung gebracht zu haben. Gewiß aber ist, daß
sie hierauf ein zu einseitiges Gewicht gelegt hat, daß bei ihr der epische
Theil des Dramas immer zu kurz gekommen ist, daß es ihren Stücken
an dramatischer Spannung fehlt.

Joanna Baillie,*) die Tochter eines schottischen Geistlichen, wurde 1762 in Bothwell bei Glasgow geboren. 1783 übersiedelte sie mit ihrem Bruder nach London, der wie ihre berühmten Ohme John und William Hunter, Lehrer der Anatomie war. Hier und in Hamstead, wo sie ein Grundstück erwarb, verbrachte sie ihr ferneres Leben. Sie starb am 23. Februar 1851. Es ist wahrscheinlich, daß der intime Verkehr mit ihrem Bruder ihrem Geiste und ihrer Dichtung die besondere Richtung gab. Das altenglische Drama blieb dabei nicht ohne Einfluß. Sie vermied die direkte Nachahmung, bediente sich aber seiner Freiheiten. Auch hat man ihr hier und da eine alterthümelnde Sprache zum Vorwurf gemacht. Diese hat etwas strenges, ohne doch kalt zu sein. Sie gewinnt nicht selten einen energischen, männlichen Ausdruck, doch fehlt es daneben nicht an den Tönen zarter und zärtlicher Empfindung. Ihre Charaktere und Situationen vermeiden das Hergebrachte. Campbell in seinem Life of Mrs. Siddons meint, daß es ihr mehr um Darstellung der menschlichen Natur, als um scenische Wirkung zu thun war. Es habe ihr weniger daran gelegen, das Auge der Zuschauer zu blenden und im Sturm ihre Sinne gefangen zu nehmen, als sie durch Wahrheit zu überzeugen und sich durch diese ihr Herz zu gewinnen. Cunningham vergleicht sie mit Flaxman. Sie sei das in der Dichtung gewesen, was dieser seiner Zeit in der Sculptur war. Sie selbst aber faßt ihre Absicht in folgende Worte zusammen (Vorrede zum ersten Theil ihrer Dramen): „Let one simple trait of the human heart, one expression of passion genuine and true to nature stand forth alone in the boldness of reality, whilst the false and unnatural around it fades away on every side like the rising exhalation of the morning." Klingt bei aller Verschiedenheit in dem dramatischen Evangelium Victor Hugo's nicht doch etwas von diesen Worten noch nach?

De Montfort ist, wie The election, eine Tragödie des Hasses. Ein Duell, in welchem Razenvelt De Montfort das Leben schenkt, steigert dies Gefühl in letzterem zur unerträglichen Leidenschaft. Die Liebe Razenvelt's zu Montfort's Schwester beschwört vollends den tragischen Conflict herauf. Ein nochmaliger Zweikampf ist die nächste

---

*) 1851 erschienen ihre gesammelten Werke. 1806 eine deutsche Uebersetzung ihrer früheren Dramen. Amsterdam und Leipzig, 3 Bde.

Folge davon. De Montfort wird von seinem Gegner wieder entwaffnet
und sinnt nun auf Rache. Er ermordet den Verhaßten, eine That,
die jedoch in den Zwischenact fällt. Auch der Tod Montfort's wird
nur berichtet. Der Mangel an Erfindung, an Spannung und das
Unsympathische des Hauptcharakters treten offen zu Tage. Die Vor=
züge liegen in der edlen, ausdrucksvollen Sprache und in der Ent=
wicklung der beiden Hauptcharaktere. In The election wollte Mrs.
Baillie offenbar ein Gegenstück zu dem vorigen Drama schaffen. Hier
überwindet sich schließlich der Haß, indem Baltimore in dem verhaßten
Freemann seinen Halbbruder erkennt. Der Family legend liegt eine
alte Familientradition zu Grunde. Um eine Fehde zwischen den
Campbells und den Macleans zum Austrag zu bringen, wird Helena,
die Tochter Argyle's, des Hauptes der Campbell, dem Maclean ver=
mählt, obschon sie bereits Sir Hubert liebt. Die Liebenden sind, um
dem Blutvergießen ein Ende zu machen, auch einverstanden, ihr Glück
zum Opfer zu bringen. Der Clan Macleans will aber von dieser
Verbindung nichts wissen. Er fordert von diesem die Auslieferung
seines Weibes. Maclean willigt mit Widerstreben darein und Helena
wird auf einem nackten Felsen im Meer ausgesetzt, jedoch von Schiffern
gerettet und von Sir Hubert in das Schloß ihres Vaters gebracht.
Hier erscheint Maclean, von den übrigen Häuptern des Clans be=
gleitet, um Helenas Tod zu melden, der angeblich auf natürlichem
Wege, an einer Krankheit, erfolgt sein soll. Argyle giebt ihnen ein
Fest, bei welchem Helena, zum Entsetzen Macleans plötzlich erscheint.
Er wird jedoch mit seinem Gefolge unbehelligt aus dem Schlosse ent=
lassen, dann aber ereilt ihn die Rache. Es entspinnt sich ein Kampf,
in welchem Maclean mit den Seinen erliegt.

Walter Scott stellte besonders Count Basil, die Tragödie der
Liebe, und Orra, die Tragödie der Furcht, sehr hoch. Jene gehört
auch gewiß zu dem Besten, was Mrs. Baillie geschrieben. Basil, ein
General Carl V., wird plötzlich von Liebe zu Vittoria, der Tochter
des Herzogs von Mantua, erfaßt. Diese erwidert sie zwar, vermag
es jedoch nicht über ihren Stolz, sich dazu zu bekennen. In dieser
Lage erhält Basil den Befehl, mit seinen Truppen nach Pavia auf=
zubrechen, wo sich eine Schlacht vorbereitet. Vittoria hält ihn jedoch
unter allerlei Vorwänden zurück. Basil kommt in Folge davon zu
spät und verfällt einer entehrenden Strafe. Er tödtet sich und Vit=

toria bekennt nun ebenfalls zu spät ihr Gefühl, indem sie an des Gemordeten
Leiche zusammenbricht. — Orra nähert sich dagegen schon in bedenk=
licher Weise den damals in Aufnahme gekommenen Schauerdramen.
Es ist vielleicht das wirksamste der Stücke Mrs. Baillies, doch sind
auch die grellsten melodramatischen Mittel dazu nicht verschmäht. Orra
liebt einen armen Edelmann. Ihr Vater hat eine andere Heirath im
Sinne und ist entschlossen ihren Widerstand auf jede Weise zu brechen.
Er zieht Rudigern, den Bösewicht des Stücks, ins Vertrauen, der selbst
unlautere Absichten auf Orra nährt. Dieser überredet ihn, seine
Tochter in einem alten Schlosse des Schwarzwalds gefangen zu
halten, bis sie den Wünschen des Vaters sich fügt. Hier geht die
Sage, daß einer ihrer Vorfahren bei der Jagd einen Ritter im Walde
ermordet habe, und dieser unbeerdigt geblieben sei, so daß dessen Geist
an einem gewissen Tage im Schlosse umgehe, um ein Glied der
Familie zu zwingen, seinen Körper in geweihter Erde zu bestatten.
Rudigern hat diese Sage benützt, um das furchtsame Gemüth Orra's
in Schrecken zu setzen und seinen und ihres Vaters Absichten gefügig
zu machen. Es wird aber auch von Theobald, ihren Geliebten, be=
nützt, um sie zu befreien. Dieser schreibt ihr, daß er in der Gestalt des
Geistes zu ihrer Rettung erscheinen werde. Der Brief fällt jedoch
in Rudigern's Hand und wird unterschlagen. Orra glaubt den von
ihr gefürchteten Geist nun wirklich zu sehen und sinkt mit einem Auf=
schrei zusammen. Wieder zum Leben erwacht, findet Theobald in ihr
eine Irrsinnige. Er will Rache an Rudigern nehmen, sie fallen jedoch
beide im Kampf. — Mrs. Baillie wollte in diesem Falle die Gespenster=
furcht und ihre gefährlichen Wirkungen in ihrem ganzen Verlaufe zur
Darstellung bringen. — Dies wird genügen, um erkennen zu lassen
daß, welches auch immer die Vorzüge der Werke Mrs. Baillie's sein'
möchten, sie als dramatische Dichterin doch zu ihrer Zeit weit über=
schätzt worden ist.

Jedenfalls aber war sie bis zum Jahre 1812 die einzige Kraft
von Bedeutung und von ernsterem Streben, welche auf dem Gebiete
des Dramas hervortrat. Die Bühne wurde, soweit sie sich nicht mit
dem alten Repertoire begnügte, ganz von Schriftstellern in Besitz ge=
nommen, welche fast nur dem Interesse der Schauspieler oder der
Bühnenleiter in gefügiger Weise dienten. Von ihnen ist Lewis der
talentvollste. Gleichwohl trug gerade er am meisten zur Verschlechterung

des Geschmacks bei, da er nicht nur, wie wir schon wissen, einer der ersten war, welche das deutsche Gespenster- und Räuberdrama auf die englische Bühne verpflanzten, sondern auch einer der ersten, Nachbildungen des französischen Melodramas, sowie eine Art von Ausstattungsstücken in Aufnahme brachte, bei denen vierfüßige Künstler ein neues Anziehungsmittel bildeten. 1805 brachte er Rugantino, den Zschokke'schen Abällino, 1809 Venoni nach Les victimes cloitrées und 1811 Timour, the tartar zur Aufführung, in welchem ein ganzes Rudel von Pferden auf der Bühne erschien. Daneben übte Kotzebue noch fort seinen Einfluß aus und nur ganz vereinzelt trat auch ein Stück von Schiller, Cabale und Liebe, unter dem Titel The harper's daughter von Lewis (1801) dazwischen mit auf. Erst 1819 (14. Dec. C. G.) folgte dessen Maria Stuart. Shakespeare blieb zwar noch immer in Kraft, mußte sich aber den Kemble'schen Bearbeitungen fügen. Im Melobrama schlossen sich Lewis besonders noch Hoole, Reynolds, Pocock und Soane, in den genannten Ausstattungsstücken außer den beiden letzteren Fawcett und Ch. Dibdin noch an. Dem Director Harris von Coventgarden gebührt das nicht beneidenswerthe Verdienst, zuerst auf den Gedanken gekommen zu sein, den Circus auf die Bühne zu übertragen. Der Colman'sche Blue beard, der 1798 bei seinem ersten Erscheinen nur wenig Anziehungskraft ausgeübt hatte, war das erste Stück, in welchem, bei seiner Wiederaufnahme 1810, mit ungeheurem Erfolg Pferde auf der Bühne erschienen. Er bewirkte jetzt 44 volle Häuser hintereinander; Pferdestücke kamen von nun an in Aufnahme. Sie wurden, schamlos genug, sogar als solche geradezu angekündigt (in dem Titel Quadrupeds with old scenes and new animals (über 50 Vorstellungen) und Quadrupeds of Quedlinburgh or the robbers of Weimar). Es fehlte natürlich auch nicht an einer Parodie: Quadrupeds or the manager's last kick (1812). Dies half aber nichts. Nur kurze Zeit später brachte Harris sogar einen Elephanten auf die Bühne, 1814 erschien in dem, dem Französischen nachgebildeten The forest of Bondy der Hund des Aubry und 1815, in Pocock's John du Bart, ein Seegefecht.

Das Lustspiel neigte immer entschiedener zur Posse. Neben einigen noch fortwirkenden Dichtern des vorigen Jahrhunderts, wie Dibdin d. J., mit The school for prejudice, 1801, Colman d. J. mit The poor gentleman, 1802, und John Bull, seinem besten Stücke, 1805,

Reynolds, O'Keefe und Morton (1764—1838) mit Speed the plough (1800), School of reform (1805), Town and country (1807) und School for grown children (1826), traten um diese Zeit noch Tobin, Hoole, Poole und Kenney hinzu.

John Tobin, 1770 zu Salisbury geboren, hatte zwar schon 1795 das Lustspiel The faro table geschrieben, dasselbe wurde aber erst 1816 in einer Ueberarbeitung unter dem Titel The guardians gegeben. Großen Erfolg hatte 1805 sein Lustspiel The honey moon nach der Idee einer Oper von Lindley (1797), sowie The curfew (1807), und The school for authors (1808). Hoole, der außer Lustspielen auch Melodramen und komische Opern schrieb, machte Glück mit seinen Farcen Killing no murder (1809) und Darkness visible (1811.) John Poole travestirte Hamlet (1811) und Romeo and Juliet (1812) und errang mit den Farcen The hole in the wall (1813) und Who is who? (1815), besonders aber später mit Paul Pry (1825) außergewöhnlichen Beifall. Er schrieb auch eine Menge anderer humoristischer Werke, von denen Pellington and Pellingtonians eine anerkennende Aufnahme fanden. James Kenney schrieb zwischen 1804 bis 1817 eine größere Zahl meist unbedeutender, aber gefälliger Stücke. Auch John Fawcett machte sich damals mit seinen Pantomimen Obi (1800), La Perouse (1801) und The enchanted island (1804) beliebt.

Im Jahre 1812 betrat Samuel Taylor Coleridge*) (geb. 20. Okt. 1772 zu Ottery St. Mary in Devonshire, gest. 25. Juli 1834 zu Highgate) ein Verehrer Goethe's, Schillers und Tieck's, Anhänger der Seeschule und Freund Robert Southey's, mit dem Drama Remorse die Bühne. Er hatte schon 1794 ein Drama The fall of Robespierre gedichtet, was aber nur ein dialogisirter geschichtlicher Auszug zu nennen ist. 1818 folgte noch das von Shakespeare's Wintermärchen beeinflußte Drama Zapoyla. Es fehlt diesen Dichtungen nicht an Schönheiten, aber sie sind fast nur allgemein poetischer Art. Der Flug seiner Phantasie reißt wohl den Hörer oft mit sich fort und der Reichthum und Glanz seiner Schilderungen und Bilder hat etwas Bestechendes und Blendendes. Es fehlt ihm jedoch an wirk-

---

*) Poetical and dramatic works 1847. 3 v. Er gab auch Lectures on Shakespeare heraus, die Aufsehen erregten.

licher dramaturgischer Gestaltungskraft, an Klarheit der Anordnung, Wahrheit und Stärke der Motivirung. In Remorse lieben zwei Brüder, Alvar und Ordonio, dasselbe Mädchen, Teresa. Ordonio hat Isidor gedungen, Alvar zu morden, doch wird dieser verschont, unter dem Versprechen, außer Landes zu gehen. Alvar kehrt aber in der Maske eines Mohren zurück und läßt ein Bild sehen, welches seine Ermordung behandelt. Ordonio schließt daraus, daß Alvar noch immer am Leben ist. Er läßt diesen verhaften und Isidor tödten. Die Gattin des letzteren erregt einen Aufstand. Sie bringt in Alvars Gefängniß, der seinem Bruder eben ins Gewissen redet und ersticht diesen der im Sterben Alvars Vergebung erfleht. Die Schwäche der Motivirung läßt sich schon aus diesem kurzen Berichte erkennen.

Auch der Coleridge befreundete und geistesverwandte **Robert Southey** (geboren 12. August 1774 zu Bristol, gestorben 21. März 1843) versuchte sich als dramatischer Dichter, ohne jedoch mit nur einem seiner Werke auf der Bühne erscheinen zu können. Von seinem Drama Wat Tyler, welches 1817 in zweiter Auflage erschien, urtheilte Byron sehr hart. „Es ist etwas zugleich lächerliches und lästerliches in diesem anmaßlichen Schreiben von allerlei Werken, zu denen er sich nur niedersetzt, um Tadel und Verderben über seine Mitmenschen zu bringen, von Wat Tyler der Apotheose Georg II. an bis zur Elegie auf Martin, den Königsmörder, die alle in seinem Schreibpult durcheinander geworfen liegen." Sicher schrieb Southey zu viel, da man seine Schriften auf 109 Bände schätzt. 1812 war er zum Hofpoeten ernannt worden.*)

Wichtiger ist hier der ebenfalls der Seeschule angehörende **Percy Bylshe Shelley***), geboren 4. Aug. 1792 zu Fieldplace im Sussex, gestorben am 8. Juli 1822 auf einer Spazierfahrt im Meere, in der Nähe von Pisa. Dieselben Vorzüge und Fehler, welche seine Dichtung überhaupt kennzeichnen: Schwung und Wärme der Empfindung, Glanz und Adel der Sprache, Mangel an Gestaltungskraft und das Spiel mit abstrakten Gedanken, zeigen sich auch in seinen dramatischen Ver-

---

*) Nach Rowe's Tode (1718) erhielt Eusden die Würde des Laureats, nach diesem (1730) Colley Cibber, hierauf (1757) Whitehead, 1785 Wharton, 1790 Pyn und 1812 Southey.

**) Works, von Forman herausgeg. 1876. 4 Bde. Uebersetzt v. Seybt 1844, theilweise von Strodtmann 1866. Die Cenci, von Adolphi (1837). Biographien von Medwin, 1847, und Middleton, 1858.

suchen, von denen keiner zur Aufführung kam. Der früheste ist das lyrische Drama Hellas. 1819 folgte sein bedeutendstes Werk dieser Art, die Tragödie Cenci, in welcher der schreckliche Stoff in der ab= stoßendsten Weise, zugleich aber mit poetischer Kraft behandelt ist. „Shelley — sagt Julian Schmidt — scheint die Absicht gehabt zu haben, die Zeit, in der eine solche That (der Vater thut seiner Tochter Gewalt an und diese ermordet den Vater dafür) möglich war, als eine Totalität des unsittlichen Wesens darzustellen." In der That scheint Shelley die Motive kaum gräßlich genug wählen gekonnt zu haben. Der Vater, ein Unhold, der nur noch in Greueln Genuß findet, wird nicht durch unnatürliche Wolluft, sondern durch das noch unnatürlichere Gelüste geleitet, die Tochter der Schande preiszugeben. Vielleicht wählte der Dichter den Hintergrund aber auch deshalb so schwarz, um die vatermörderische Tochter um so glänzender, rührender davon abzuheben. Aus diesem Grunde schrickt sie wohl auch vor dem Selbst= mord zurück. Schmidt hat hierin einen Widerspruch finden wollen. Es erschien ihm unmöglich, daß das Gewissen, welches dem Selbst= mord gegenüber so empfindlich gewesen sein sollte, bei dem Vatermord völlig geschwiegen habe. Allein zu diesem Morde wurde sie, nach des Dichters Meinung, durch die in ihr empörte Natur aufgefordert. Sie sah darin eine ihr vom Schicksal auferlegte Pflicht, der sie sich eben durch den Selbstmord entziehen wollte. Eher steht es mit diesem, nur durch die Exaltation des Geistes erklärbaren Wahne in Widerspruch, daß sie ihre That beharrlich vor dem Richter verleugnet. Ein drittes Stück Shelley's, Prometheus unbound, erschien in demselben Jahre. Auch Uebertragungen aus Calderon und aus Faust besitzt man von ihm.

Einer wesentlich anderen Richtung gehören die Dramen des Hi= storikers und Dichters Hart Milman*) (geb. 10. Febr. 1791, gest. 24. Sept. 1868) an. Das erste: Fazio (die zweite Aufl. 1816, die fünfte 1818) ist eine talentvolle Arbeit im Geiste des älteren Dramas, obschon es derselben an Ursprünglichkeit des Ausdrucks, sowie an Folgerichtigkeit und Kraft der Motivirung fehlt. Die daran geknüpften Erwartungen, sollten aber leider nicht durch die späteren Versuche er= füllt werden. The fall of Jerusalem (1820), The martyr of Antio= chia (1822) und Belshazzar (in demselben Jahre) bezeichneten keinen

---

*) Seine poetical and dramatic works erschienen London 1839. 3 Bde.

Fortschritt. Aus seinem letzten Drama Anna Boleyn trat noch überdies eine Absichtlichkeit hervor, die es um seine Wirkungen brachte.
Fazio ist eine Art Eugen Aram, ein Alchymist, der nach dem Steine
der Weisen sucht und der Versuchung nicht zu widerstehen vermag,
einen reichen Geizhals zu morden, um sich seiner Schätze bemächtigen
zu können. Seine Frau ist im Besitz des Geheimnisses und Eifersucht
macht sie zur Verrätherin desselben. Die Reue folgt dieser That auf
dem Fuße. Beide erliegen ihrem Schicksale, er dem Spruch der Ge-
rechtigkeit, sie der Verzweiflung der wieder zur Besinnung kommenden
Liebe. Das Stück hatte einen großen Erfolg, der noch drei neue
Ausgaben nöthig machte. Es wurde an drei verschiedenen Theatern
gegeben, das erste Mal (1818) jedoch ohne Milman's Genehmigung.

Gleichzeitig trat noch ein anderer Dichter als Dramatiker auf,
welcher besonders in der Tragödie als der im theatralischen und zugleich im dramatischen Sinne wirkungsvollste der ganzen Periode an-
zusehen sein dürfte: James Sheridan Knowles*) (am 12. Mai
1784 zu Cork geboren, am 30. November 1862 zu Torquay in Devonshire gestorben). Er widmete sich sowohl als Schauspieler, wie als
Dichter der Bühne. Für beide brachte er kein außergewöhnliches Talent
mit, aber er ersetzte die mangelnde Stärke der Ursprünglichkeit durch
Fleiß und durch Ausdauer. Auch unterstützten sich bei ihm ausnahmsweise der Darsteller und der Dichter. Dieser trieb jenen zu einer
tieferen Auffassung an, jener gab diesem die Richtung auf das Bühnen-
gemäße, was ihn jedoch nur selten zur Oberflächlichkeit oder zur Uebertreibung und Effecthascherei verleitete. Es erklärt sich hieraus, warum
seine Werke für die Bühne werthvoller waren, als die der meisten
dieser Zeit angehörenden und auf höhere poetische Ziele gerichteten,
mit ungleich größerem poetischen Talente und Geiste begabten Dichter.
Sein Cajus Gracchus erschien bereits 1815 im Druck, gelangte aber
erst 1823 zur Aufführung, nachdem der Dichter mit seinem Virginius
(1820) schon einen großen Erfolg erzielt hatte. Ihnen folgte William
Tell (1825), das Lustspiel The beggars daughter of Bethnal Greene
(1828), Alfred the great (1831), The hunchback (1832), The wife

---

*) Seine Dramen erschienen zuerst gesammelt 1841. 3 Bde. Eine neue Aus-
gabe 1873. Von seinen Erzählungen und Skizzen erschien 1874 bereits die 25.
Auflage.

of Mantua (1833), The daughter (1836), The love-chase und Woman's wit, sowie The maid of Mariendorpt (1838), Love (1839), John of Procida (1840), The old maid (1841), The rose of Aragon (1842), The secretary (1843). Knowles zeichnete sich sowohl im Trauerspiele wie im Lustspiele aus; doch wird er im letzteren von einzelnen seiner Zeitgenossen, wie z. B. von Jerrold an Humor, Witz und Lebensbeobachtung übertroffen. Die meisten seiner Stücke haben zu complicirte und verworrene Voraussetzungen, auch erregen sie zum Theil eine Spannung, die mit der dramatischen nichts zu thun hat. Seine Vorzüge liegen in der Wahrheit der Empfindung und in der Natürlichkeit des Ausdrucks. Er besaß die Kunst den Zuschauer ganz in die Situation seiner Charaktere zu versetzen. Seine Stärke liegt auf dem Gebiete des Familienlebens und in der Darstellung der aus ihm entspringenden Gefühle, Leidenschaften und Conflicte. Den größten Erfolg erreichte er mit seinem Hunchback, doch auch sein Virginius, William Tell, The beggar's daughter, The wife of Mantua, The rose of Aragon und The love-chase wurden sehr hoch geschätzt. Hazzlitt, der Knowles allerdings befreundet war, nannte seinen Virginius die im dramatischen Sinne beste Tragödie seiner Zeit. Macready zeichnete sich in der Titelrolle aus, Miß Fanny Kemble als Julie im Hunchback, den Sheridan selber gespielt.

Auch das Erscheinen von Charles Robert Maturin als dramatischer Dichter fällt in diese Zeit. Er war 1782 zu Dublin geboren und zum Geistlichen erzogen worden, wendete sich aber unter dem Einflusse der Dichtung Byrons zur Schriftstellerei. Seine Dichtungen leiden an dem Hange zur Uebertreibung. Sie gehen mehr auf die Erregung der Sinnlichkeit und Befriedigung der Einbildungskraft, als auf die Erhebung des Herzens und Geistes aus. Sein erstes Drama Bertram or the castle of Aldobrand (1816) machte indeß großes Aufsehen. Sowohl Scott wie Byron stellte es hoch. Coleridge und Talfourd dagegen verurtheilten es und gewiß mit größerem Recht, da es im Ganzen doch nur ein mit Geist und Talent geschriebenes Effectstück im verwilderten romantischen Bühnengeschmack der Zeit ist. Es folgten Ivan und Manuel (1817), aber ohne Erfolg. Letzteres wurde selbst von dem ihm gewogenen Byron als das absurd work of a clever man abgelehnt. In seinem letzten Drama Fredolpho

(1819) hat sich der Dichter aber völlig seinem Hange zum Maßlosen und Schreckenerregenden überlassen.

Auch der als Parlamentsredner und Agitator bekannte Richard Sheil, geb. 1793 zu Dublin, gest. 1854 zu Florenz, hatte vorübergehend sich einiger größerer Bühnenerfolge zu erfreuen. Er eröffnete die Reihe seiner Dramen mit Adelaide (1816), der 1817 The apostate und 1818 Evadne folgten. Sie zeichnen sich durch den rhetorischen Glanz der Sprache und durch rhythmischen Schwung aus, verrathen aber nirgend ein besonderes Talent für das Dramatische. Nur dem Spiele von Ms. O'Neil, die sich für ihn interessirte und besonders als Evadne vorzüglich war, hatte er jene Erfolge zu danken.

Inzwischen hatte sich auch der größte englische Dichter des ganzen Jahrhunderts dem Drama noch zugewendet. Lord George Noel Gordon Byron*) am 22. Jan. 1788 zu London geboren, durch seine Mutter dem schottischen Königshause verwandt, wurde durch die Verschwendung des Vaters, der seine stolze leidenschaftliche Gattin in dieser Bedrängniß verließ, mit dieser zeitweilig in eine gedrückte Lage gebracht. Es war der erste Widerspruch seines Lebens. Ein zweiter erwuchs ihm aus der Liebe und Heftigkeit, ja Härte der Mutter, die sich mit ihm nach Aberdeen zurückgezogen hatte, das schwächliche Kind anfangs streng überwachte und durch ihre Aengstlichkeit verzärtelte, dann aber dem Andringen der Aerzte nachgebend, es zur Stärkung seiner Gesundheit in die Hochlande schickte, wo nun der Knabe in verhältnißmäßig großer Freiheit den Einwirkungen einer wildromantischen Natur überlassen war. Hier wurde der Grund zu der sich über alle gesellschaftlichen Conventionen hinwegsetzenden und sie verspottenden Ungebundenheit seines Geistes, zu den phantastisch romantischen Hängen desselben gelegt, hier der poetische Sinn des Knaben geweckt und entwickelt, der plötzlich durch den Tod des Stammoberhaupts der Familie, mit nur erst 10 Jahren, zur Lordschaft berufen ward. Doch kostete dieser Glückswechsel ihm zunächst seine bisherige Freiheit. Er wurde

*) Thomas Moore, Letters and journal of Lord Byron. — Macauley, critical essays. — Taine a. a. O. III. — Trelawney, Recollection of Byron, 1858. — Treitschke, Historische und politische Aufsätze 1867. — Elze, Lord Byron 1870. — Byron, poetical works 1815. Dieselben von Moore mit einer biographischen Skizze und kritischen Anmerkungen 1832. — Deutsche Uebersetzung von Adrian 1830, Ortlepp, 1839; A. Böttger, 1839; Neidhart 1865 und Gildemeister 1864 u. 1867

den Händen eines Erziehers übergeben und mußte sich dem Zwang
der Schule von Harrow, sowie später von Trinity College zu Cambridge unterwerfen. Mit 19 Jahren zog er sich auf seinen Stamm-
sitz, Schloß Newstrand Abbey zu Nottingham, zurück, wo er seinen
poetischen Neigungen lebte und sich den Excentricitäten seiner Natur
überließ. Schon vorher hatte er seine ersten Gedichte, Hours of idle-
ness (1806), edirt. Eine verurtheilende Kritik Broughams rief seinen
satirischen Geist ins Feld. Er antwortete mit dem Spottgedicht English bards and Scottish reviews, 1809. Mündig geworden ging er
nach London, wo er, eine unglückliche Liebe zu ersticken, sich in den
Strudel der Ausschweifung warf. Von einer Reise, die er nach Portugal, Spanien, Griechenland und Kleinasien unternommen, brachte er
die seinen Ruf begründenden Dichtungen, The bride of Abydos, The
Corsair, Laura und die ersten Gesänge von Child Harold, heim. 1815
schloß er die für ihn so verhängnißvolle Ehe mit Isabella Milbank,
welche bereits nach einem Jahre zu einem, großen gesellschaftlichen
Scandal erregenden Bruche führte. Es war in demselben Jahre, in
dem er in die Direction des Drurylanetheaters trat. Allein die Pläne
die er etwa hieran geknüpft haben mochte, wurden bald durch die
feindselige Haltung unterbrochen, welche die vornehme Gesellschaft
Londons nach der Flucht seiner Gattin und der darauf erfolgenden
Scheidung gegen ihn annahm, und ihn 1816 sogar sein Vaterland
zu verlassen nöthigte, diesmal mit dem Entschlusse, sich für immer von
ihm zu trennen. Manfred, sein erstes dramatisches Gedicht, welches
er 1817 am Genfer See schrieb, spiegelt die tiefe Vereinsamung wieder, die Zerfallenheit mit der Welt, und den Druck eines tiefen Schuld-
gefühles unter denen damals seine Seele litt, wenn es im Uebrigen
auch keine näheren Beziehungen zu des Dichters Leben enthalten sollte.
Manfred ist eigentlich blos eine dramatische Phantasie. Der Dichter wählte
wohl nur die dramatische Form, weil er es hier ausschließlich mit inneren
Zuständen zu thun hatte, und sich mit der Schilderung des äußeren
epischen Details nicht aufhalten wollte. Ein Drama ist diese Dichtung
schon deshalb nicht, weil es darin an der Persönlichkeit eines Gegen-
spielers fehlt. Dieser ist hier die Welt und das Schicksal. Man hat
dieser Dichtung den Vorwurf gemacht, daß sie aus lauter Monologen be-
stände, aber grade das, was ihre dramatische Schwäche beweist, bildet zugleich die Stärke derselben; es ist das, was ihr ihre Eigen-

thümlichkeit giebt und durch welches die Ideen nnd der Zustand, den
er darstellen wollte, in so ergreifender Weise zur Erscheinung kommt.
An individualisirender Gestaltungskraft, an eigentlicher Charakteristik
fehlt es dabei aber fast ganz. Die auftretenden Personen sind nur
Abstraktionen wirklicher Individualitäten, selbst Manfred tritt uns mehr
wie ein noch der bestimmteren Gestaltung bedürfendes Phantasiebild,
als eine mit sicherer Hand ergriffene und fest vor uns hingestellte
reale Existenz entgegen. Aber es geht ein großer, geheimnißvoller
poetischer Zug dnrch das Ganze, dem durchgehend der Stempel der
Weihe aufgedrückt ist. Der Weltschmerz des Dichters hat hier den
ersten großen und ergreifenden Ausdruck gewonnen. — Goethe hat in
Manfred einen Einfluß seines Faust zu bemerken geglaubt; ich denke
mit Recht. Er kehrt auch noch in andern seiner Dichtungen wieder.
Julian Schmidt sieht darin mehr eine Einwirkung von Chateaubri=
and's René, dem er an Eintönigkeit gleich komme. Treitschke nimmt
an Byron überhaupt drei verschiedene Richtungen der Literatur wahr,
an denen er sich nach einander betheiligt habe. Nach ihm participirte
derselbe noch an der ästhetischen Theorie Pope's, in der er herange=
bildet worden sei, sowie an der Romantik, die durch Walter Scott
und die Seeschule vertreten war. Er selbst aber habe endlich eine
eigne neue Richtung eingeschlagen, indem er das Element der schran=
kenlos übermüthigen Subjectivität in die Poesie einführte. Gewiß be=
wegt sich der Geist des Dichters nach diesen drei Richtungen hin, doch
nicht in dem Sinne, als ob sich die eine nach und aus der andren
entwickelt und dann von dieser befreit habe. Der Entwicklungsgang
seines Dramas würde dem wenigstens widersprechen. Sein Manfred
weiß fast nichts von den Regeln Boileau's, die Pope vertrat. Doch
auch in seinem nächsten Drama, Marino Faliero, ist die Einheit des
Orts noch so wenig gewahrt, daß der letzte Act vier Verwandlungen
zeigt. Erst in seinem Sardanapal tritt Byron plötzlich für jene Regeln
ein. „Der Dichter — heißt es im Vorwort zu diesem Drama — hat
die Aristotelischen Regeln in ihre Rechte einzusetzen gesucht, da ihm
nichts einleuchtender war, als daß es bei deren Umgehung wohl eine
Poesie, doch keine dramatische geben kann. Er weiß, daß diese Ansicht
in der heutigen Literatur seines Vaterlands keinen Beifall findet, doch
huldigt er dabei nicht seiner eignen Meinung, sondern Grundsätzen,
die noch vor kurzem in der ganzen Welt als Gesetz galten." Mit

dieser Anschauung, die er in seinen späteren Dramen und zwar nicht nur in den Mysterien, sondern noch mehr in Werner wieder aufge= geben hat, hängt es wohl auch zusammen, daß er, der des Humors, Witzes und der Satire so mächtig war, diese gleichwohl von seinen tragischen Dichtungen ganz ausschloß.

v. Treitschke ist der Meinung, daß Byron Marino Faliero und I due Foscari, die er 1819 in Venedig und in Ravenna, wohin ihn die Liebe zu der schönen Gräfin Teresa Guiccioli zog, mit Sardana= palus und Cain gedichtet, nicht für England, sondern für die Italiener geschrieben habe. Dies ist aber kaum denkbar. Was hätten die Ita= liener mit diesen Tragödien in einer ihnen unbekannten Sprache wohl anfangen sollen? Auch spiegeln ja beide sein Verhältniß zur englischen Aristokratie in den Schicksalen hochbegabter Naturen ab, die wie er mit dem Undank zu kämpfen hatten, und in dem zweiten gewann noch die Sehnsucht nach dem ihn verbannenden Vaterlande einen ebenso energischen, wie rührenden Ausdruck. Beiden Stücken liegt eine be= deutende Handlung zu Grunde. Allein es ist dem Dichter nicht ge= lungen, dieselbe dramatisch und bühnenwirksam zu gestalten. Und doch war dies so dringend geboten, da der Gegenstand in dem ersten Falle etwas Abstoßendes — die Ehe eines jungen schönen Weibes mit einem am Rande des Grabes stehenden Greise — und in dem andren etwas überaus Quälendes hat. In Marino Faliero fehlt es in den ersten Akten wieder völlig an einem Gegenspieler. Der Forschritt der Hand= lung wird in ihnen von Personen herbeigeführt, die uns ganz uninte= ressant bleiben, weil es ihnen an zwingenden Motiven der Handlung fehlt. Erst im vierten Akt setzt das Gegenspiel ein. Zunächst aber mit einer Person, Lioni, die nur entfernt an der Handlung interessirt ist. Im letzten Acte treten zwar endlich die Hauptgegenspieler auf, können uns aber nun kein Interesse mehr abgewinnen. Der Gestalt der Angiolina, der Gattin des Dogen, hat der Dichter zwar große Aufmerksamkeit zugewendet; obschon sie die unschuldige Ursache des tragischen Confliktes ist, hat sie aber für die weitere Entwicklung der Handlung keine Bedeutung. Byron hat in ihr die Gestalten der Desdemona und Portia zu verschmelzen gesucht. Beiden ist sie durch die Situation verwandt. Wie Desdemona ist auch sie unschuldig. Wie aber die Keuschheit und Reinheit jener sich durch die unnatürliche Ver= bindung mit einem Manne einer fremden verachteten Race verdächtig macht, so ist dies auch wieder bei Angiolina durch ihre kaum minder unnatürliche Verbindung mit dem greisen Dogen der Fall. Wie Portia Brutus, sucht aber auch Angiolina in das Geheimniß ihres Gatten zu bringen. Marino Falicro wurde gegen den Willen des Dichters 1821 in Drurylane aufgeführt und erfuhr eine Ablehnung, die aber gewiß nicht ganz auf Rechnung des Stücks kam. Sardanapal ist in Bezug auf Conception und Charakteristik wohl bedeutender als die beiden venetianischen Dramen. Allein die Entwicklung der Charaktere ist überwiegend undramatisch. Wir lernen sie weit mehr aus ihren Anschauungen, Gedanken und Gesinnungen, als aus ihren Handlungen kennen. Die Gestalt des Helden spricht durch den Gegensatz einer durch erschlaffendes Glück erzeugten weichlichen Genußsucht und eines im Unglück hervorbrechenden Heldenmuths an.

Kain ist nach meinem Urtheil weitaus die bedeutendste der dramatischen Dichtungen Byron's. Ich halte ihn überhaupt, wenn auch nicht für das schönste, so doch für das großartigste seiner poetischen Werke. Er reiht sich den bedeutendsten Schöpfungen des dichterischen Geistes überhaupt an. Ich sehe bei diesem Urtheile natürlich von der Weltanschauung ab, welche der Dichter darin vertritt und die eine durchaus pessimistisch-weltschmerzliche, ja vermessene ist. Nie aber hat diese wieder einen so mächtigen, ja gigantischen Ausdruck gefunden. Ich habe dabei auch nicht den dramatischen Werth der Dichtung im Auge, denn dieser steht ganz gegen den allgemein poetischen zurück. Byron zeigt seine volle Stärke immer nur da, wo er sich frei auf den Schwingen der Phantasie bewegt, er verliert an Kraft, wenn er den Boden der Wirklichkeit wieder betritt und wir die lebensvollen Gestalten der letzteren von ihm fordern. Nicht nur der Flug der Gedanken hat in diesem Werke etwas titanenhaft mit sich Fortreißendes, auch die Gestalten des Lucifer und Kain ziehen in zwar nicht gerade scharf individualisirenden, aber in großen und dabei edlen Linien auf's Mächtigste an, wobei freilich zu berücksichtigen ist, daß Milton ihm hierzu vorgearbeitet hatte. Es liegt ein Zauber schwermüthiger Schönheit auf beiden, der etwas ungemein Wehseliges hat. Es ist dem Dichter gelungen, das Pathos des Kain über die Sphäre des gemeinen Egoismus hinaus zu erheben. Es ist das Schicksal der Menschheit, nicht blos das seine, das seine Seele mit diesem tiefen Schmerze, mit diesem wilden sich auflehnenden Trotze gegen Himmel und Erde und die

Ordnung der Welt erfüllt. Aber die Quelle bleibt nichtsdestoweniger die Selbstsucht, die übermüthige Subjectivität. Sie macht sich in dem unseligen Neidgefühl geltend, das seine Empfindung vergiftet und ihm zum Verhängnisse wird. Kaum noch einmal hat ein Dichter das Schicksal der Menschen und die Ordnung der Welt mit so tiefsinnigem Trotze aufgefaßt, und doch läßt sich kaum sagen, daß er das Gefühl des Lesers dabei verletzt, weil er durchaus in den Grenzen des Gegenstandes und einer ernsten großartigen Schönheit bleibt. Er hat es wunderbar verstanden uns in den Urzustand der Menschheit zurückzuversetzen, da sie noch nicht vertraut mit ihrem Schicksale war, weil ihr die Erfahrung dafür fehlte; da sie noch unter Bedingungen lebte, die das als recht und natürlich erscheinen ließen, was mit dem wachsenden Menschengeschlecht als ein Frevel gegen die Natur erkannt und empfunden wurde. Noch war der Tod nicht unter die Menschen getreten, aber die Vorstellung davon stand als eine geheimnißvolle, ungeheuerliche Bedrohung vor ihrer Seele. Kain steht ganz unter ihr und seine Seele empört sich dagegen. Gerade hierdurch aber soll er berufen werden, ihn zuerst in die Welt zu bringen und dabei zugleich eine Schuld auf sie hinzuwerfen, deren Fluch er vergeblich zu entfliehen strebt. Kaum minder bewundernswerth aber ist auch die Zartheit, mit der es dem Dichter, das Verhältniß Kain's und Adah's zu behandeln, gelang. Zweimal hat er in seinen Dramen die geschlechtliche Geschwisterliebe zur Darstellung gebracht. Beide Male mit der zartesten Rücksicht, wie das weibliche Element in seinen Dramen überhaupt durchgehend mit einer großen Weihe von ihm behandelt und fast durchgehend im verherrlichenden Lichte dargestellt worden ist. Wenn jenes Verhältniß in Manfred als unerträgliche Schuld erscheint, die aber von dem geheimnißvollen Dunkel der Vergangenheit verhüllt wird, so tritt es uns in Kain mit dem Rechte der vollen Unschuld entgegen. Konnte sich doch die Menschheit auf keinem andren Wege als auf diesem entwickeln. Der Dichter weist, indem er die beiden äußersten Fälle einander gegenüber stellt, auf die verschwimmende Grenze von Recht und von Unrecht hin.

Byron hat Kain als Mysterium bezeichnet. Er hat jedoch weder die Form, noch den Geist der älteren Dichtungen dieses Namens. Er ist, obschon er uns in den Anfang der Menschengeschichte zurückversetzt, eine moderne Dichtung im strengsten Sinne, die sich kaum wieder anders, wie als dramatische Phantasie bezeichnen läßt. Besonders zeigt dies die erste Scene des zweiten Acts, wo Kain und Lucifer den unermeßlichen Raum durchschweben; eine Fiction, die sich von allen scenischen, ja dramatischen Bedingungen losgelöst und den realen Boden völlig von sich hinweg gestoßen hat.

Auch ein zweites Mysterium Heaven and earth (1823), eine kühne Verherrlichung der weltlichen Liebe, für welche die Engel den Himmel aufgeben, und die mit der Sündfluth schließt, hat diesen Charakter und ist mehr im Sinne eines Oratoriums, als eines Dramas geschrieben.

Ganz verfehlt ist dagegen das unvollendet gebliebene Fragment: The difformed transformed (1823), auf welches der Goethe'sche Faust sichtbar eingewirkt hat. Nirgend tritt der Abstand in der Fähigkeit des Dichters, phantastische und historische Gegenstände zu behandeln, schärfer, als hier hervor.

Werner (1823) ist oft für das in dramatischem Sinne gelungenste Werk Byron's bezeichnet worden. Auch er kann keineswegs niedrig von demselben gedacht haben, da er es Goethe gewidmet hat. Es erhebt sich aber nicht wesentlich über andre romantische Dramen der Zeit, auch ist es nicht frei von einem melodramatischen Zuge. Besonders sinkt es in den beiden letzten Acten sehr tief. Das theatralisch Wirksame an diesem Stück, welches 1830, mit Erfolg in Bath zur Aufführung kam, ist wohl der Quelle des Dichters, der Novelle German's tale Kruitzner von den Schwestern Lee, zuzusprechen, da Byron selber bekennt, Charakter, Plan, ja selbst die Sprache von dieser Geschichte beibehalten zu haben. Er hat es wohl nur aus Anhänglichkeit an einen früheren Gedanken verfaßt, da er den Gegenstand schon 1815, als er Theaterdirector war, dramatisch zu bearbeiten begann.

Byron schiffte sich 1823 in Livorno nach Griechenland ein, um sich am Freiheitskampfe der Hellenen zu betheiligen. Er gab der Unternehmung auch rasch, wennschon mit großen persönlichen Opfern, einen bedeutenden Aufschwung, wurde jedoch ihr, wie der Dichtung, plötzlich am 19. Apr. 1824 durch den Tod entrissen.

Von unmittelbarer Bedeutung für die englische Bühne konnten die Byron'schen Dramen, welche nahezu den dritten Theil seiner poetischen Werke umfassen, nach dem hier Dargelegten nicht sein. Selbst

wenn sie den dramatischen Forderungen besser entsprochen hätten, würde
für sie der 1818 hervortretende James Robinson Planche, geboren
27. Februar 1776 in London, welcher ihr an 200 Opern, Farcen
und Extravaganzas gegeben hat, ein ganz andrer und bedeutenderer
Mann gewesen sein. Er trat 1818 mit der Burleske Amorosa, King
of little Britain mit Erfolg auf, machte dann mit der Oper Maid
Marian (1822, von Bishop componirt) viel Glück, richtete alte Dramen
ein, wie A woman never vex'd von Rowley, und ist als der Bearbeiter des Textes zu Webers Oberon (1826)*) auch uns von be-
sonderem Interesse. Von seinen Farcen mag Returned killed, von
seinen Feerien noch Riquet with the tuft und The white cat genannt werden. Er versuchte sich aber auch im ernsten Drama, so mit
Charles XII. (1828) und mit Queen's Mary's bowers, einer Bearbeitung von Dumas' Mousquetaires de la reine (1846). Endlich
zeichnete er sich durch mehrere Schriften auf dem Gebiete der Costüm-
kunde und Heraldik aus. Ihm reihen sich um diese Zeit Moncreiff
mit seinem Tom and Jerry und seinem Cataract of the Ganges und
Howard Payne mit seinen melodramatischen Stücken an, von denen
besonders Theresa or the orphan of Genova viel Glück machte.

1819 trat Bryan Walter Proctor (geb. 1787) mit einem Bande
Dramatic Scenes hervor, welche sich großen Beifalls erfreuten. Man
rühmte an ihnen besonders die lebensvolle Natürlichkeit. Auch das
1821 von ihm auf der Bühne erschienene Trauerspiel Mirandola
sprach durch die elegische Anmuth der Sprache und einfache Natürlichkeit allgemein an, obwohl es eigentlicher dramatischer Eigenschaften
entbehrt. Endlich mag sein Life of Kean (2. v. 1835) hier erwähnt werden.

Um jene Zeit fingen auch die Romane Walter Scott's an, durch dramatische Bearbeitungen ihren Einfluß auf die Bühne geltend zu machen.
Es erschien so The Antiquary von Terry, The heart of Midlothian
in drei verschiedenen Bearbeitungen von Dibbin, Terry und Dimond,
Kenilworth, The fortunes of Nigel von Bell, The lady of the lake

---

*) Dieser Bearbeitung lag ein älteres Stück Oberon's oath or Paladin and
Princess von Thompson (1816) zu Grunde. Im Jahre 1826 trat auch noch ein an-
deres Stück dieses Gegenstandes Oberon or the charmed horn als Concurrenzstück am
Drurylane-Theater hervor.

von Halliday, Ivanhoe u. f. w. Sie beherrschten einige Jahre fast völlig die Bühne.

Dazwischen kündigte sich 1823 im Coventgarden-Theater mit der Tragödie Julian ein neues selbständiges Talent wieder an. Es war Mary Ruffel Mitford, geb. 1789 zu Alresford in Hampshire. Kindliche Liebe hatte sie in die schriftstellerische Carrière gedrängt, insofern sie ihren Vater, einen Verschwender, durch ihre Arbeiten aus seinen mannichfachen Verlegenheiten zu reißen suchte. Sie fing mit Gedichten und Novellen an, und betrat, noch ehe sie ihr berühmtestes Werk Our village, sketches of rural character and scenery (1824—32) edirt hatte, die Bühne als dramatische Dichterin. Zwar fanden ihr Julian, The vespers of Palermo (1823) und die wie es scheint, ganz unabhängig von Byron entstandenen Two Foscari (1826) eine sehr wohlwollende Aufnahme; einen durchgreifenden Erfolg erreichte sie aber erst mit Rienzi (1828) und Charles I. Man rühmt an ihr die überzeugende Wahrheit des Ausdrucks und die Natürlichkeit des Dialogs. Der dramatische Gehalt war aber doch zu gering, um diese Stücke vor dem Untergange im Strome der gewöhnlichen Bühnen=production zu bewahren, zu deren talentvolleren Vertreter im Lustspiele Buckstone und etwas später Douglas Jerrold gehören.

J. B. Buckstone, 1802 in der Nähe von London geboren, widmete sich, ermuthigt von Kean, schon mit 19 Jahren der Bühne als Schauspieler. 1824 debütirte er am Surreytheater, 1828 ging er zum Adelphitheater über, dessen Director damals Terry war. Er schrieb hauptsächlich für das Haymarkettheater, an dem er 1837 auch einen Antheil erwarb. Buckstone gehört zu den fruchtbarsten Bühnen=dichtern der Zeit, da er über 150 Stücke Lustspiele und Schauspiele geschrieben hat, die so leichtfertig sie meist gearbeitet sind, zum Theil sehr gefielen, so The wreck a shore, The king of the Alpes, (nach Raimund), The may-queen, Isabella or the life of a wife, The dream of a dead, A husband at sight, The second daughter, Flowers of forest 2c. Er war einer der rührigsten Bearbeiter franzö=sischer Stücke, die jetzt wieder sehr in Aufnahme kamen.

Douglas Jerrold,*) 1803 in Sheerneß, Kent geboren, 1857

---

*) Eine Gesammtausgabe seiner Dramen erschien 1851—54. Sein Sohn William Blanchard Jerrold veröffentlichte auch eine Lebensgeschichte desselben. Life and Letters of D. Jerrold 1858.

gestorben, nimmt einen höheren Rang ein. Er besaß großes Talent
eine gesunde Lebensanschauung, behaglichen Humor und sprühenden
Witz. Zuerst war er Seemann, wurde dann Buchdrucker und ver=
suchte sich als solcher nebenbei in der Bühnenschriftstellerei. The
black‑eyed Susan (1829) war sein erstes Stück. Der Erfolg ge=
wann ihn dann völlig der Bühne. Es folgten The rent‑day, Nell
Gwyn, The bubbles of the day (1842), The heart of gold,
(1845), Catpaw (1850), Retired from business (1851), Time works
wonders. Jerrold war eine wohlwollende Natur, seine Satire war
jederzeit gutmüthig, er verweilte mit Vorliebe bei der besseren Seite
des menschlichen Wesens. Auch hat er Novellen, Humoresken und
Satiren geschrieben und gehörte zu den Mitarbeitern des Punch. Ein
Artikel im Athenäum vom Jahre 1854: The writings of Douglas
Jerrold, rühmt an ihm die Originalität der Erfindung und die Deli=
catesse der Ausführung. In seinen Dramen liegt die Stärke in der
leichten und anmuthigen Führung des witzigen Dialogs. Geistreiche
Causerie ist in einigen seiner Stücke, wie in Retired from business
und Time works wonders, die Hauptsache.

Nur wenige Jahre später wurden von einem jungen Mädchen,
nachdem es als Schauspielerin bereits großen Beifall gefunden, auch
noch als tragische Dichterin ungewöhnliche Erwartungen erregt.
Frances Anna Kemble, die Tochter des Schauspielers Charles
Kemble, der zeitweilig auch Director von Coventgarden war und sein
neues Theater mit Webers Oberon eröffnet hat, und von Marie Kemble,
geborene De Camp, einer zu ihrer Zeit gleichfalls beliebten Schau=
spielerin,*) betrat mit 14 Jahren (1829) die Bühne. Drei Jahre
später errang sie mit ihrem Drama Francis I. jenen Erfolg. Es ist
gleichwohl von ihr nur noch ein einziger dramatischer Versuch bekannt:
The star of Sevilla (1838), eine freie Bearbeitung eines Massinger'=
schen Stoffes. Sie ging 1834 nach Amerika, wo sie sich mit dem
Amerikaner Pierce Butler verheirathete und von der Bühne zurück=
zog, die sie jedoch im Jahre 1849 nach erfolgter Scheidung von diesem
mit Erfolg wieder betrat. Sie machte sich auch noch durch Vor=

---

*) Sie versuchte sich auch, gleich ihrem Mann, in der Bühnenschrift=
stellerei.

lesungen Shakespeare's und ihr Journal of a residence in the united states (1834) bekannt.

Stirling Coyne, von Geburt ein Irländer, Mitbegründer des Punch, gehört mit seinem Collegen Mark Lemon, geb. 1809 in London, zu den vielen Dichtern, welche das Londoner Theater damals mit Stücken versorgten. Jener schrieb hauptsächlich kleine Lustspiele und Farcen, von denen The phrenologiste (1835) das erste war, dieser schrieb farcenartige Lustspiele und Melodramen, darunter The school for tigues, The serious family, The ladies club ꝛc. In einem ganz anderen Sinne betheiligte sich Henry Taylor an der Bühnen-production seiner Zeit. Er glaubte das altenglische Drama durch selbständige Werke wieder erneuern zu können. Sein Isaac Comnenus hatte zwar 1827 eine Ablehnung erfahren, dafür errang er mit seinem zweiten Drama Van Artebilde einen um so größeren Erfolg. Sowohl Macaulay in der Edinburgh review, wie Southey lobten es sehr. Auch sein Edwin, the faire (1842) wurde noch günstig beurtheilt, wogegen seine späteren Stücke, die Verslustspiele The virgin widow (1850) und St. Clement's Eve eine nur kühle Aufnahme fanden.

Einen größeren Einfluß auf die Bühne seiner Zeit gewann ein Dichter, welcher dem historischen Roman Walter Scotts, den gesell-schaftlichen entgegenstellte und in dem sich, wenn auch in ungleich mil-deren Formen, etwas von dem die Aristokratie seines Landes vom aristokratischen Standpunkte aus angreifenden Geiste Byrons regte. Die Revolution, die er durch seine Erfolge im Romane einleitete, würde zwar ohnedies auf die Bühne nicht wirkungslos haben bleiben können; er machte aber auch den Versuch, sie auf diese direct zu übertragen. Sir Edward George Earle Lytton Bulwer*), welcher die Lauf-bahn des Dichters mit der des Staatsmanns verband, wurde, der Sohn des gleichfalls als Diplomat und Schriftsteller sich auszeich-nenden Sir Henry Lytton Bulwer, im Mai 1805 zu Hoyden Hall in Norfolk geboren. Ein frühreifes Talent dichtete er bereits mit 6 Jahren, und noch ehe er die Universität (Cambridge) bezog (1820) ver-

---

*) Siehe über ihn Alison, Essays, Bd. III. 1850. — Planche, Portraits littéraires, Bd. I. — Taine, a. a. O. — Julian Schmidt, Bilder aus dem gei-stigen Leben unsrer Zeit 1870. — Bulwer's Poetical and dramatic works. Boston, 1857.

öffentlichte er seine erste Dichtung, Ismael. Seinen poetisch=literarischen
Ruf aber begründete er 1828 mit den gegen die Schwächen und La=
ster der Aristokratie gerichteten Sittenroman Pelham or the adventures of a gentleman. 1836 trat er mit seinem ersten Versuch für
die Bühne, The duchess of Vallière, hervor, doch ohne Erfolg. Nicht
besser gelang es mit seinem im nächsten Jahre erschienenen The birth
right. Erst mit The lady of Lyons (1838), welches für sein bestes
Drama gehalten wird, erwarb er sich entschiedenen Beifall. Es ist, wie es
scheint, unabhängig von Victor Hugo's Ruy Blas, dem es ähnelt, ent=
standen. Bulwer giebt wenigstens als Quelle eine Erzählung Bellows
Mender an. Vielleicht, daß sie beide aus derselben geschöpft. Bul=
wer's Stück spielt in den bürgerlichen Kreisen zur Zeit der französi=
schen Revolution. Pauline Deschapelles ist eine reiche schöne Kokette,
an der ein von ihr verschmähter Liebhaber, Bausant, Rache zu neh=
men beabsichtigt. Der Ruy Blas des Stücks ist Claude Melnotte,
der Sohn eines Gärtners, der wie Pauline gern über seinen Stand
hinausgehen möchte, und daher die Manieren der vornehmen Welt
und nicht ohne Glück copirt. Er hat bei einem Schießen den Preis
davon getragen, was ihn den Kopf noch höher gerückt. Claude ist
heimlich in Pauline verliebt, wagt es zwar nicht, ihr zu nahen, sen=
det ihr aber täglich Blumen. Seiner bedient sich nun Bausant zu
seinem Zweck, er soll sich als Prinz bei ihr einführen, soll ihre Liebe,
ihre Hand zu gewinnen suchen, wogegen ihn Bausant mit allem, was
diesen Zweck fördern kann, unterstützen will. Claude spielt seine Rolle
mit bestem Erfolg. Er wird Paulinens Gemahl. Die Enthüllung
des Betrugs läßt aber nicht auf sich warten. Pauline ist außer sich;
Claude in seiner Liebe aber bereit, ihr jede Genugthuung zu ge=
währen und die Heirath für null und nichtig erklären zu lassen. Da
erscheint Bausant, der Pauline immer noch liebt und die Gedemüthigte
sich nun gefügig zu finden glaubt. Pauline stößt ihn aber verächtlich
zurück. Bausant nimmt eine drohende Haltung an, da stürzt Claude
zu ihrer Rettung herbei. Er will noch immer zurücktreten, aber Pauline
gerührt, gewährt ihm Verzeihung. Das Stück ist aber keineswegs
zu Ende damit. Bausant entwirft einen neuen Racheplan und Claude
muß noch einmal zum Retter Paulinens werden. Die Uneigennützig=
keit seiner Liebe muß noch eine neue Probe bestehen, ehe er sie als
Preis an sein Herz drücken und in seine Rechte eintreten darf. Ob=

schon sich besonders gegen den letzten Theil des Stücks begründete
Einwendungen machen lassen, hatte es großen Erfolg. Ein gleicher
ward dem in demselben Jahr erschienenen Richelieu or the
conspiracy zu Theil. Von seinen späteren Dramen fand aber nur
noch das Lustspiel Money (1848) größeren Beifall.

Bulwer besaß keine dramatische Kraft. Seine Stücke sind zwar
nicht ohne Geschick und mit Kenntniß der Bühne entworfen, sein Dialog ist gewandt, nicht selten selbst glänzend. Es ist aber zuweilen doch
nur der Glanz von falschen Edelsteinen. Es fehlt seinen Gedanken
an Tiefe, seiner Motivirung an Kraft. Er überredet oft mehr, als er
überzeugt und begnügt sich auf Kosten der Wahrheit und Wahrscheinlichkeit wohl auch mit dem bloßen Bühneneffecte.

Gleichzeitig mit ihm trat auf der Bühne noch ein andrer Dichter
hervor, der sich auf dem Gebiete der Lyrik und Epik einen weithin
strahlenden Ruhm erwarb: Robert Browning, geb. 1812 in Cam-
perwell. Sein erster großer Erfolg gehört jedoch dem Gebiete des
Dramas an. Sein Paracelsus (1836) erregte die größten Erwartungen. Er hat den dunklen Naturphilosophen als eine Art Faust dargestellt und seinen Gegenstand mit einer genialen Ursprünglichkeit aufgefaßt,
die durch ihre rauhe Strenge zwar abstieß, aber zugleich zu hoher
Anerkennung aufforderte. Er fand daher mehr den Beifall der Kenner, als den des Publikums. Die ein Jahr später folgende Tragödie Stafford erfüllte jedoch die Erwartungen der Freunde des Dichters nicht. Ebensowenig Sordello (1840). Dagegen erwarb ihm das
Drama The blot in the sutcheon (1843) neue Bewunderer. Dickens
nannte es das beste Stück des Jahrhunderts. Besonders sprach die
lebendige Frische der Charakteristik an. Die Composition ist aber
schwach und der Ausdruck hat nicht selten etwas Uebergreifendes.
Auch die 1846 veröffentlichte Sammlung Bells and pone granates enthält einige dramatische Stücke, an denen ein größeres Streben nach
Natürlichkeit bemerkt worden ist. Man schreibt dies dem Einfluß der
Dichterin Elizabeth Barret (1809—1861) zu, mit welcher er sich
noch in diesem Jahre vermählte. Auch sie hat sich und zwar schon
mit 17 Jahren im Drama versucht: The drama of Exile. Sie stand
dabei unter dem Einflusse von Shakespeare und Aeschylos. Von letzterem gab sie auch eine Uebersetzung des gefesselten Prometheus heraus. Später war Shelley ihr Vorbild. Ihr Hauptwerk ist Aurora

Leigh (1857), eine Dichtung welche die Schilderung des Kampfes einer edlen weiblichen Natur mit den Conventionen der Gesellschaft zum Gegenstand hat. Es erschienen 11 Auflagen davon.

Browning geistig verwandt erscheint Philip James Bailey, geb. am 22. April 1816 zu Nottingham, in seinem mit 20 Jahren gedichteten Drama Festus (1839), auf welches der Einfluß des Goetheschen Faust ebenfalls unverkennbar ist. „It is — heißt es in der Literary Gazette — an extraordinary product, out-Heroding Kant in some of its philosophy and out-Goething Goethe in the introduction of the Trinity as interlocutores in its wild plot." Doch enthält es nach diesem Beurtheiler so viele ausgezeichnete Stellen von ursprünglich poetischer Kraft, daß die Bewunderung seines Genies das Mißbehagen über die falsche Anwendung desselben überwiegt. Moir (in The Poetical litterature of the half past century) setzt ihn noch über Browning.

Auch der etwas später auftretende Thomas Noon Talfourd, geb. 26. Januar 1795 zu Doxern, gestorben 1854, ist hier zu nennen. Sein erstes dramatisches Werk, die Tragödie Jon (1835), ist wieder im Geiste des classischen Dramas geschrieben. Sie wurde 1836 in Coventgarden und später auch noch in Haymarket nicht ohne Erfolg gegeben, was auch von The Athenian captive (1836) und von Glencoe or the fate of the Macdonalds gilt, in welchem Macready sehr gefiel. Ein viertes Drama The castilian erschien erst nach dem Tode des Dichters. Heute sind diese Stücke schon so gut wie vergessen.

Unmittelbarer an das Bühnenbedürfniß schließen sich die rasch hinter einander auftretenden Dichter Boucicault, Tom Taylor, Palgrave Sympson, Reade und Marston an.

Dion Boucicault, geboren 26. December 1822 zu Dublin, trat 1841 am Coventrytheater mit dem Lustspiel The London assurance hervor. Man hat ihn den englischen d'Ennery genannt, weil er, wie dieser, das Melodrama und das Sensationsstück begünstigte. Viele seiner Stücke sind bloße Adaptionen französischer Dramen, andre dramatische Bearbeitungen von Moderomanen. Seine Voraussetzungen sind meist sehr gesucht und gemacht. Der theatralische Effect ist ihm fast immer die Hauptsache. Seine beiden erfolgreichsten Stücke sind The sea of Clenaston und The colleen bawn. Doch hat das letzte kaum einen andren Werth als possenreißerisch wirksam zu sein. Außer

dem mögen von seinen 150 Bühnenwerken noch James Pride, Louis
XI., (nach Casimir Delavigne), Faust and Margaret, Used up (nach
L'homme blasé von Duvert und Lausane), Old heads and young
arts, After dark etc. genannt werden. Natürlich ließ er sich auch
das Pariser Prostitutions= und Ehebruchsdrama nicht entgehen. In
seiner Formosa gab er der englischen Bühne ihre Cameliendame und
in Hunted Down ging das sensationelle Raffinement der Situation
so weit, daß von den vier Personen des Stücks ein Mann zwei Frauen
und die eine dieser Frauen zwei Männer hat.

Tom Taylor, geboren 1817 zu Sunderland, gehört zu den
begabteren, doch auch zu den leichtfertigsten der jetzt in Menge her=
vortretenden Uebersetzer und Bearbeiter französischer Stücke, die er
ungescheut für Originalwerke ausgab. Er schreckte vor keinem Plagiate
zurück, so daß er z. B. Victor Hugo's Le roi s'amuse unter dem Titel
The fool's revenge als eigene Arbeit erscheinen ließ und The literary
gazette einmal Stellen aus einer seiner sogenannten Originalarbeiten
mit gleichlautenden Stellen des wirklichen französischen Originals neben
einander zum Abbruck bringen konnte. Es ist nicht zu verwundern,
daß er auf diese Weise der Bühne ebenfalls über 150 Stücke, und
manches Jahr mehr als acht gab, aber es ist schwer, diejenigen zu
bezeichnen, welche ihm selbst angehören. Einige wie Victims, Still
water run deep, Our american cousin fanden auch bei der Kritik
viel Beifall. Mit Charles Reade hat er noch außerdem eine Reihe
von Stücken zusammengeschrieben, die theilweise 1854 gesammelt her=
aus kamen. Von den späteren hatten besonders Masks and faces,
Two loves and a life und White lies größeren Erfolg.

Palgrave Simpson, der Herausgeber der Blackwood review und des Fraser Magazine zeichnete sich bei seinen dramatischen
Arbeiten durch große Sauberkeit der Behandlung und geschmackvolle
Wahl des Gegenstands aus. Der Mann von literarischer Bildung
zeigt sich besonders in der Behandlung der Sprache. Er begann 1850
für die Bühne zu dichten, und hat ihr allmählich an 50 Stücke, theils
gesellschaftliche Dramen, theils Lustspiele gegeben. Darunter Second
love (nach seinem gleichnamigen Romane), Sibylla und The world
and the stage.

Auch die dramatischen Arbeiten des sensationellen Romanschrift=
stellers William Wilkin Collins, geboren Januar 1824 zu London,

verdienen hier einen Platz. Er schrieb sie theils allein, theils im Ver=
ein mit dem Schauspieler Fechter und mit Dickens, auf dessen Liebhaber=
theater zu Tavistock, sie auch zum Theil zuerst zur Aufführung kamen.
Zu ihnen gehören The frozen deep (1857); Light house, welches
einen ungeheuren Erfolg hatte, No thorough fair (1867 mit Dickens),
Black and white (1869 mit Fechter). Auch bearbeitete er einzelne
seiner Romane, wie Armadale und The new Magdalene. Wie in
diesen Romanen suchte er auch hier das Interesse durch die Kunst
einer geheimnißvollen Spannung zu erregen, in welcher er Meister ist,
ohne die übrigen dabei bedeutenderen Eigenschaften des Dramatikers
entwickelt oder höhere Ziele ins Auge gefaßt zu haben.

Eine die poetischen Zwecke des Dramas etwas mehr ins Auge
faßende Richtung schlugen John Edmund Reade und John West=
land Marston ein; jener mit seiner Tragödie Cateline (1839) der die
Dramen The deluge, The vision A record, of the pyramids und
Memmon (1842) folgten. Er suchte, wie man sieht, durch fremdarti=
gen Inhalt und fremdartiges Costüm ein neues Interesse zu erregen.
Marston, 1819 in Lincolnshire geboren schrieb vorzugsweise Familien=
stücke mit historischen oder gesellschaftlichen Hintergrund. Der erste
von ihm bekannte dramatische Versuch ist die Tragödie The patri=
cian daughter (1841). Der Erfolg bestimmte ihn noch London über=
zusiedeln, um in engere Verbindung mit dem Theater zu treten. 1844
erschien dann von ihm das Drama The heart and the world, 1849
erzielte er einen bedeutenden Erfolg mit Strathmore, einer Dichtung,
welche die Kämpfe der schottischen Loyalisten und Coventers zum
Hintergrund hat. Es folgten die Tragödie Philip of France and
Marie de Merianie (1850) und die Lustspiele Anne Blake und
Plighted troth.

Auch das einzige Drama des um die Theaterkritik seiner Zeit
verdienten Leigh Hunt*), geb. 19. Oct. 1784 zu Southgate bei London,
erregte damals großes Aufsehen. Es zeichnet sich durch dieselben Ei=

---

*) James Henry Leigh Hunt ist der Verfasser der Critical essays on the
performances of the London theaters (1808), sowie von Lord Byron and his
contemporains (1828). Er übersetzte Tasso's Aminta und gab die dramatischen
Werke der vier Lustspieldichter Wycherley, Congreve, Vanbrugh und Farquhar,
sowie verschiedene Journale heraus.

genschaften aus, die auch an seinen übrigen Dichtungen geschätzt werden, durch den milden malerischen Reiz der sprachlichen Darstellung, durch die Zartheit des Empfindungsausdrucks. Größeren dramatischen Werth hat es aber nicht.

Die Einführung der Theaterfreiheit, die eine Menge neue Unternehmungen in's Leben rief — aus den beiden privilegirten Theatern wurden allmählich 40, — hatte zur Folge, daß die dramatische Schriftstellerei immer mehr zur Industrie herabsank. Sie trat jetzt fast ganz in den Dienst der Theaterunternehmer und ihrer Speculationen. Das Theater, schon lange von dem streng kirchlich gesinnten Theil des gebildeten Publikums grundsätzlich gemieden, von den fashionablen, mit Ausnahme der Oper, geringschätzig angesehen, wurde immer mehr zu einer Sache der bloßen Unterhaltung von immer zweifelhafteren Werth. Der französische Geschmack wurde jetzt ganz wieder herrschend. Nicht wie im vorigen Jahrhundert aber war man bemüht, den Stoff, die Motive und Charaktere, die man entlehnte, mit bald mehr oder bald weniger glücklicher Erfindung in einem den Sitten des Landes entsprechenden Sinne umzubilden. Man begnügte sich meist mit einer oberflächlichen Accomodation. Daneben florirten Pantomimen, Feerien, Farcen, Operetten und Ausstattungsstücke. Selbst die Shakespeare'schen Dramen mußten sich wieder zu letzteren hergeben. Das Experimentiren begann mit ihnen aufs Neue. Hamlet oder Othello wurden, wie sie, hundert Mal hintereinander gegeben. Die Dichtung war Nebensache, die Ausstattung oder der Ruf eines Schauspielers wie Phelps oder Irving zogen allein. Nur ein großes dramatisches Genie würde im Stande gewesen sein, das Drama aus diesem Zustand des Verfalls wieder emporzureißen. Die wohlgemeinten und talentvollen Bestrebungen Macdonalds, Richard Swinburne's, Robertson's und Tennyson's reichten hierzu nicht aus.

Georg Macdonald, 1825 zu Huntley geboren, trat zuerst mit einigen dramatischen Arbeiten Within and Without (1855) und Phantastes, a fairy romance for men and women (1858) auf. Jene, ein Drama, wurde wegen der deutschen Sinnigkeit und Innigkeit, die man darin finden wollte, vielfach gepriesen; diese ein Zaubermärchen, sprach ebenfalls nur durch ihre allgemein poetischen Eigenschaften und ihre frischen malerischen Naturschilderungen an. Macdonald wendete sich aber nun ganz von der Bühne ab und fand seinen eigentlichen

Beruf auf dem Gebiete der Lyrik, der poetischen Erzählung und des
Romans. Eine Gesammtausgabe seiner Schriften erschien 1875 in
10 Bdn.

Alfred Bate R i c h a r d s, geb. 1820, der Begründer des Daily
Telegraph errang mit seinem Erstlingswerk Crösus (1845), sowie mit
den zwei Jahre später erschienenen Cromwell, der jedoch erst 1847
aufgeführt wurde, große Erfolge. Weniger sprach Vandyck, a play
of Genoa (1850) und The prisoner of Toulon an.

Algernon Charles S w i n b u r n e, geboren 5. April 1837 zu
Henley on Thames in Oxfordshire und dänischen Ursprungs, wurde
in Frankreich erzogen, studierte aber später in Eton und Oxford. Auch
er begann mit dem Drama. Doch erfuhren seine ersten Versuche
(1861) von der Kritik eine Ablehnung. Dagegen brachte die Tragödie
Atalanta in Calydon (1864)*) eine große Wirkung hervor. Sie ist
im Style des Aeschylos mit Chören geschrieben, in denen er seine
Kunst der metrischen Behandlung zu ebenso reichen, wie pathetischen Ausdrucke brachte. Dasselbe gilt von dem späteren Drama Erechtheus (1876)
Dagegen suchte er in seinem Castelard (1865)**) dem besten, Bothwell
(1874) und der Trilogie Maria Stuart der realen Bühne etwas näher
zu treten. Hier war Shakespeare sein Vorbild. Im Ganzen aber
stand er unter dem Einflusse Shelley's und Byron's. Er ist der Vertreter eines extremen politischen und religiösen Radikalismus in der
Poesie und im Drama, den er aber mit farbiger, gluthvoller Sinnlichkeit, bithyrambischen Schwung und einem seltenen Wohllaut zum
Ausdruck brachte. Der dramatische Werth dieser Dichtungen steht
weit gegen den poetischen zurück, und der Bühne würden sie selbst
noch dann fremd geblieben sein, wenn diese Sinn für phantasievollere Gestaltungen gehabt hätte. Swinburne benützte das Drama
nur als eine poetische Form, um ganz andere Ideen als eigentlich
dramatische zur Darstellung zu bringen. Auch ist er hierzu zu lyrisch gestimmt. Seine poetische Kraft, sein allgemeines Schönheits- und
Kunstgefühl ist aber so groß, daß er nichtsdestoweniger zu den
ersten der jetzt lebenden englischen Dichter zählt.

Thomas William R o b e r t s o n, geb. 1829, gest. 1870, darf wohl

---

*) Deutsch von A. Graf Wickenburg, Wien 1878.
**) Deutsch von Horn, Bremen 1873.

als das bedeutendſte der jüngſten engliſchen dramatiſchen Talente
gerühmt werden. Er zeichnete ſich ſowohl im ernſten Drama wie im
Luſtſpiele aus, wobei er dem Genre des modernen geſellſchaftlichen
Dramas huldigte. Er begann die dramatiſche Carriere 1860, begrün=
dete ſeinen Ruf mit dem Schauſpiel Society (1865), dem der noch
größere Erfolg des Schauſpieles Caste (1867) folgte. Von ſeinen Luſt=
ſpielen: Ours (1866), For Love, School (1869) und M. P. (Membre
of Parliament 1870) übte School eine kaum dageweſene Zugkraft aus,
da es mehrere hundert Mal hinter einander gegeben wurde. Sein
letztes Werk war The War. Doch zeichnen ſich ſeine Dramen mehr
durch geiſtreiches Detail und realiſtiſche Lebendigkeit der Charakteriſtik,
als durch dramatiſche Kraft in der Führung der Handlung und durch
die Kunſt der dramatiſchen Organiſation aus. Er gehört aber zu den
wenigen ſelbſtändigen Dramatikern der Zeit. Er hat nur eine einzige
Anleihe gemacht und ſich zu dieſer (L'aventurière von Augier) auch
ehrlich bekannt.

Erſt ſpät wendete ſich auch noch ein anderer bedeutender Dichter
der Gegenwart Alfred Tennyſon, geb. 1809 zu Somersby in Lin=
colnſhire, dem Drama zu, nachdem er auf dem Gebiete der Lyrik und
Epik große und gerechte Triumphe geſeiert. Allein ſeine Queen Mary
und ſein Harold begegneten nur einem Achtungserfolg. Es fehlt dieſem
ſeelenvollen, elegiſch weichen Dichter die Kraft der Leidenſchaft, die
Energie des Ausdrucks, ſowie überhaupt die dramatiſche Ader, um die
auf dieſem Gebiete zu fordernden Wirkungen hervorbringen zu können.

So iſt denn zunächſt ein neuer Aufſchwung des engliſchen Dra=
mas noch nicht abzuſehen. Indeſſen tritt das Genie oft ungeahnt in
die Welt. Hoffen wir, daß es in nicht zu ferner Zeit die Bühne
Shakeſpeare's, die größte Erſcheinung in der Entwicklung des neueren
Dramas, einem neuen, ihm ebenbürtigen Glanze entgegenzuführen komme.

XII.

Entwicklung der englischen Bühne und Schauspielkunst im neunzehnten Jahrhundert.

Entstehung neuer Theater. — Entwicklung der Verwaltung derselben. — Die At home Vorstellungen des Komiker Mathews. — Benjamin Webster am Haymarkettheater. — Aufhebung der Theaterprivilegien. Theaterfreiheit. — Folgen davon. — Darstellungsgebiete der heutigen Theater. — Angriffe auf das Theater. — Entwicklung der Schauspielkunst: Cooke. Terry. Elliston. Charles Kemble und Miß be Camp. Charles Mathews und Liston. Louise Brunton. Ms. Duncan. — Master Betty. — Ms. O'Neill. Edmund Kean. Macready. — Ms. Fanny Kemble. Charles Kean. Farren. Charles Mathews d. j. — Phelps. Irving. Ms. Fawcit. Ms. Bateman. — Byron, Boucicault. — Theaterkritik, Zeitungen und Reviews. — Theaterschriften. — Schlußbetrachtung.

Im Jahre 1800 gab es in London nur sechs Theater für dramatische Darstellungen: das unter Sheridan, Kemble 2c. 1791—94 neuerbaute Drurylanetheater, welches 129,000 £ gekostet hatte, 3600 Menschen faßte, eine Einnahme von 826 £ bei gefülltem Hause versprach, und, obschon es gegen Feuersgefahr in jeder Weise, selbst durch einen eisernen Vorhang, geschützt schien, doch bereits 1809 wieder ein Raub der Flammen wurde; das Coventgardentheater, bei welchem John Kemble 1803 von Drurylane als Director eintrat und das ebenfalls und zwar noch ein Jahr früher (1808) abbrannte; das Opernhaus in Haymarket, welches nach dem Brande des alten, von Vanbrugh erbauten, von Novosielsky errichtet worden war, und seitdem den Namen des Kings theatre, später den von Her Majesty's theatre erhielt; das kleine Haymarkettheater; das Royalty-Theatre und das Lyceum, welches, nachdem es längere Zeit als Ausstellungslocal für die bildenden Künste benutzt worden war, 1790 in ein Theater verwandelt wurde. 1802 trat an Stelle des alten Sanspareil-theatre auch noch das Adelphitheater. Es erhielt jedoch nur die Genehmigung, Burlesken, Pantomimen und Ballette zu spielen. Und 1806 entstanden der Royal Circus, das spätere Olympic Theatre, und das Surreytheatre. Wie schon seit lange wurden die beiden privilegirten Theater im hohen Sommer geschlossen und mit October wieder eröffnet.

Am Tage der Eröffnung des neuen Coventtheaters (1809) verbrannte

der Herzog von Northumberland bei dem Festessen, mit dem sie gefeiert wurde, den Schuldschein über die dazu von ihm vorgeschossenen
10,000 £. In der That bedurften die Unternehmer einer so hochherzigen Unterstützung. Der Bau hatte an 150,000 £ verschlungen
und war durch übermäßige Größe und Pracht dem Zwecke nur wenig
entsprechend. Die Unternehmer glaubten bei den bisherigen Ein-
laßpreisen nicht bestehen zu können, obschon diese erst kürzlich auf 6 s.
für die Logen und 3½ s. für die Pitplätze erhöht worden waren.
Sie verschritten zu einer weiteren Erhöhung der ersteren auf 7 s.,
der letzteren auf 4 s., indem sie zugleich eine größere Zahl Logen in
Privatlogen verwandelten, die sie zu 300 £ jährlich zu vermiethen
gedachten. Dieser Versuch stieß aber auf einen in der Theatergeschichte
ganz einzig bastehenden Widerstand. Trotz der Beliebtheit Kembles,
erhob sich fast das ganze Theaterpublikum gegen ihn, eine Bewegung,
die in der Times eine mächtige Förderin fand. Es bildete sich so
eine Parthei aus, die im Theater die Abzeichen O. P. (Old prices)
trug und Theilnehmer aus allen Ständen umfaßte. An 67 Abenden
wurden die Vorstellungen auf die verschiedenste Weise zu verhindern
gesucht, um die geforderte Preisermäßigung und die Entlassung der
fremden Tänzer und Sänger, die berühmte Catalani an ihrer Spitze,
durchzusetzen. Allerdings hatten die Gagen der Darsteller eine noch
nicht dagewesene Höhe erreicht. Sollen doch die Gehalte der Kembles
und Catalani allein an 25,575 £ jährlich betragen haben. Schon am
sechsten Abend sah sich Kemble zu der Erklärung genöthigt, daß die
Catalani entlassen sei. Zugleich kündigte er aber auch die Unterbrechung der Vorstellungen bis zur Fertigstellung der Rechnungen über den
Bau des Theaters an, wogegen die Times wieder erklärte, daß das
Publikum von dieser Rechnungsablegung in seinen Forderungen nicht
abhängig zu machen sei. Der Aufstand brach denn bei Wieder-
eröffnung des Theaters auch mit erneuter Heftigkeit aus. Man war
geradezu erfinderisch in den dabei anzuwendenden Mitteln. Endlich kam es aber doch zu einer Vereinbarung, die für Kemble nicht ganz
so ungünstig ausfiel, als man nach dieser Hartnäckigkeit des Wider-
stands hätte voraussetzen sollen. Der erhöhte Preis ward für die
Logen aufrecht erhalten, die Zahl derselben aber vermindert. Der,
Preis des Pits wurde dagegen wieder auf 3 s. 6 Pf. herabgesetzt,
die halben Preise dafür aber auf 2 s. normirt. Die Folge zeigte

daß Kemble sich ohne Noth mit dem Publikum überworfen hatte.
Das Haus war für das Theaterbedürfniß zu groß, ja diese Größe
selbst trug noch zur Verminderung des Besuchs bei, weil sie das
gesprochene Drama in der Feinheit seiner Wirkungen beeinträchtigte.
Der Besuch war in der Regel so spärlich, daß die Preise herabgesetzt
werden mußten. Auch dies aber schützte die privilegirten Theater
nicht vor dem allmählichen Niedergang. 1817 erhoffte man eine Besserung durch Weiterhinausschiebung der Theaterstunde. Man begann
jetzt statt um 6½ Uhr die Vorstellungen um 7 Uhr und versprach
die möglichste Kürze der Zwischenakte. In diesem Jahre trat J.
Kemble von der Direction des Theaters zurück. Sie wurde von
Harrys, dem Vater, und nach dessen kurz darauf erfolgendem Tode
von seinem Sohn übernommen, an dessen Stelle 1822 Charles Kemble
pachtweise trat.

Das neue Drurylanetheater, das 1812 eröffnet worden war, hatte
zunächst noch Sheridan mit zum Besitzer, der aber im nächsten Jahre
zurücktrat. 1818 wurde Stephan Kemble, ein dritter Bruder von
Mrs. Siddons, Director desselben. Die Eintrittspreise, die ebenfalls
etwas erhöht worden waren, wurden unter ihm wieder auf 5 s. für
die Logen und 3 s. für den Pit herabgesetzt. Schon 1819 ging aber
die Leitung an Elliston über.

Die schlechten Geschäfte der privilegirten Theater schreckte von
neuen Unternehmungen nicht ab. 1817 war das Coburgtheater eröffnet worden. 1821 trat an Stelle des kleinen Haymarkettheater ein
neues, welches dicht neben dem alten errichtet worden war, das nun
niedergerissen wurde. 1826 brannte das Royalty=Theater ab. Das
es ersetzende neue, welches den Namen des Royal Brunswick Theatre
erhielt, wurde unter Leitung von Percy Farren im Februar 1828 eröffnet, um nur wenige Tage später, während einer Probe, zusammen-
zustürzen und verschiedene Mitglieder desselben in seinen Trümmern
zu begraben. Daß die für das riesenhaft angewachsene London verhältnißmäßig geringe Zahl der Theater doch noch eine zu große war,
läßt sich aus dem Umstand erkennen, daß eben jetzt unter Fawcett das
Coventgardentheater vom Bankrotte bedroht war. Nur den Anstrengungen der Freunde und einiger großer Schauspieler, die unentgeltlich
Vorstellungen gaben, gelang es allmählich die Existenz desselben zu fristen. Bartley übernahm jetzt die Leitung.

Das Adelphitheater hatte inzwischen (1825) auch noch die Erlaubniß erhalten, Spektakelstücke zu spielen. 1828 übernahm der berühmte Komiker Mathews (der Vater) die Leitung desselben. Er
führte eine ganz eigne, auf sein außerordentliches mimisches Talent
berechnete Art Unterhaltungen, in sichtlicher Nachahmung Foote's, ein.
Wie dieser das Publikum zur Chocolade oder zum Thee einlud, machte
Mathews bekannt, daß er zu einer bestimmten Stunde at home sein,
d. i. eine Unterhaltung geben werde, welche darin bestand, daß er,
hinter einem grünbehangenen Tische sitzend, irgend eine Geschichte oder
einen Vorgang erzählte, und dabei mit Blitzesschnelle den verschiedenen Figuren entsprechend, Ausdruck, Geberde, Ton und Costüm wechselte. Er hatte einen unglaublichen Zulauf und erweiterte diese Spiele
indem er ein ihm ebenbürtiges Talent, seinen Schüler Yates, noch
daran mit betheiligte.

1830 war auch das Princeßtheater entstanden und 1837 übernahm Benjamin Webster das Theater am Haymarket. Im Gegensatz
zu den übrigen Theaterdirectoren strebte er ernstlich eine Hebung des
Repertoirs und der Schauspielkunst an. Er schrieb sogar 1844 einen
Preis für das beste neue Lustspiel aus, was zwar keinen Erfolg hatte.
Doch war es ihm einige der bedeutendsten der damaligen dramatischen
Dichter, wie Sheridan Knowles, Lytton Bulwer und Douglas Jerrold
an sein Theater zu fesseln und eine treffliche Truppe zusammenzu-
bringen gelungen, von der nur Macready, Wallock, der jüngere Mathews, Mrs. Glover, Mrs. Stirling, Miß Faucit genannt werden
mögen. Eine glänzende Aera hatte vorübergehend auch das Olympic-
theater unter der Direction der früheren Sängerin und dermaligen
Schauspielerin Mrs. Vestris gehabt. Sie machte es eine Zeitlang
zum Theater der vornehmen Welt. Hier glänzten die Komiker Liston
und Charles Mathews d. j., ihr späterer Mann, der die ersten Proben seines glänzenden Talentes hier zuerst öffentlich ablegte.

Von den nicht gespielten dramatischen Dichtern war eine Bewegung neu angeregt worden, welche 1845 die Aufhebung der Theaterprivilegien und die Erklärung der Theaterfreiheit zur Folge hatte.
Sie war älteren Datums, da schon im Jahre 1832 im Parlamente darüber verhandelt worden war, ob diese Maßregeln die ge-
hoffte Hebung der dramatischen Kunst und der nationalen Bühne
auch wirklich erwarten lasse. Es war ein Comité für die Untersu-

chung der Frage eingesetzt worden, welchem Sir Lytton Bulwer präsi-
birte und vor dem die als Sachverständige berufenen Charles Kemble,
Mathews d. ä. und Bartley erklärten, daß jene Maßregeln nur
noch zu weiterem und schnellerem Verfalle der Bühne und des Dramas beitragen würden. „Die Vermehrung der Schauspielhäuser, pro-
phezeihte Kemble, wird keineswegs eine Vermehrung der guten Schauspieler zur Folge haben."*) In der That war das Sinken des Dramas und
der Schauspielkunst ja zum großen Theil schon das Ergebniß der Concurrenz, welche sich die damals vorhandenen Schauspieldirectoren
machten und der falschen, verwerflichen Mittel, die sie dabei anwendeten. Wie immer aber wurde dafür nur der Geschmack des Publikums verantwortlich gemacht, den man doch hierdurch erst selbst bis
in den Grund hinein verderbt hatte. Wie sehr auch die Bühne in
London schon damals gesunken war, so datirt doch die Zeit
ihres rapiden Verfalls erst von der Erklärung der Theaterfreiheit.
Eine Menge von neuen Theaterunternehmungen tauchten auf und sanken wieder unter, deren Zahl sich zuweilen bis über 40 belief. Die
bedenklichsten Genres: Burlesken, Farcen, Pantomimen, Ballette,
Feerien, Ausstattungsstücke und Melodramen wurden am meisten gepflegt. Je nach dem Geiste der Directoren wechselten die Darstellungs-
gebiete der einzelnen Theater. 1851 nahm z. B. in Drurylane der Circus
Loisset, wenn auch nur vorübergehend, Besitz von der Stätte, an der sonst vor
Allem Shakespeare gehört wurde. Heute werden hier Opern und Weihnachts-
pantomimen gegeben. In Coventgarden, wo man im Sommer jetzt italienische Opern spielt, sucht man im Winter das Publikum durch Feerien und
Burlesken an sich zu ziehen. An nicht wenigen Theatern wurden der
Decorateur, der Maschinist, der Costümier die wichtigsten Personen.
Talente dieser Art, bei denen man es noch dazu mit dem Kunstgeschmack nicht so genau nahm, waren ja immer zu haben, darstellende
Kräfte und zugkräftige gute Dramen aber nicht. War es da nicht
so viel leichter und sicherer den Calcul auf jene, statt auf diese zu
machen? Das große Haymarkettheater hat sich allein seine Stellung,
als große Oper, erhalten. Das kleine Haymarkettheater pflegte unter
dem Schauspieler Buckstone das Lustspiel. Das Sabler's Well Theater

---

*) Report of the select committee of the house of commons on Dramatic
Literature, printed 2. Aug. 1832.

nahm unter dem berühmten Schauspieler Phelps, welcher das alte nationale Drama, besonders Shakespeare pflegte, vorübergehend eine hervorragende Stellung ein, wie vorher, ebenso vorübergehend, das Princeßtheater und jetzt unter Irwing das Royal Lyceum (1851 neu erbaut). Was dieses für die Tragödie ist, ist das Prince of Wales-
theater für das seinere Lustspiel. Auch das Globe- und das Queen's
Theater pflegen das letztere. Wogegen The Gaity, The Royalty,
Strand, Holbourne und Court Theater abwechselnd alles erfassen,
was nur irgend Erfolg verspricht. Das Adelphi Theater cultivirt
jetzt hauptsächlich das Volksstück; das Victoria, früher Coburgtheater,
sowie das Surrey- und das Standardtheater das Melodrama und
die Burleske.

Kurz nach Beginn des Jahrhunderts hatte die Bühne wieder
einen der heftigsten Angriffe von Seiten der Orthodoxie abzuwehren
gehabt. Das geschmacklose Epitaph, welches der ohnehin schon sehr
theatralisch wirkenden Statue Garrick's in der Westminsterabtei angefügt worden war*), sowie The verbal index to Shakespeare von
Twiss bildeten den Ausgangspunkt und den Vorwand dazu. Der Angriff gab an Heftigkeit und Feindseligkeit den Schriften Prynne's und
Collier's kaum etwas nach. Er erschien anonym in der Eclectic review vom Jahre 1807. „Bezeichnungen — heißt es darin in Bezug auf Shakespeare — die bis zur Blasphemie gehen und Ehren,
welche dem Götzendienste nahe kommen, sind und werden noch schamlos auf sein Andenken gehäuft in einem Lande, das sich ein christliches
nennt, und für das es in sittlicher Hinsicht ein Glück gewesen sein
würde, wenn er niemals geboren worden wäre." Aber auch sonst hat
es nie ganz an Anfechtungen dieser Art gefehlt. Besonders ertönten
1815 die Kanzeln verschiedener Zeloten davon. Wenn sie die weitere
Entwicklung der Bühne auch nicht zu unterbrechen vermochten, so haben
sie dieselbe doch sicher geschädigt. Sie unterhielten und verschärften
die Abneigung und das Vorurtheil vieler frommer oder doch kirchlich

---

*) Es heißt unter andrem darin:
    And till eternity with power sublime
    Shall mark the mortal hour of hoary time,
    Shakespeare and Garrick like twin stars will shine
    And earth irradiate with a beam divine.

gefinnter Gemüther. Gehört doch in England die Kirchlichkeit schon seit lange zum guten Ton. Andre schlugen einen Mittelweg ein, indem sie auf der einen Seite die mögliche Nützlichkeit, auf der andern den nur zu häufigen Mißbrauch der Bühne ins Auge faßten. So brachte z. B. Delyla 1832, d. i. in demselben Jahre, in welchem die Theaterfreiheit ernstlich erwogen wurde, eine Censur in Vorschlag, welche nicht von der Obrigkeit, sondern von den Poeten, Schauspielern, Schriftstellern selbst ausgeübt werden sollte. Er glaubte hierdurch das Gute erhalten, das Ungehörige ausscheiden, das Nützliche in die dramatische Literatur einführen und die Bühne auf diese Weise mit der Kanzel versöhnen zu können, da ja¹ beide, wenn auch mit andren Mitteln, dann dieselben Zwecke zu fördern streben würden.

Was. die Schauspielkunst selbst betrifft, so stand sie bei Beginn des Jahrhunderts noch immer in Blüthe. Auch jetzt wurden die Kräfte, die ihr um die Wende desselben verloren gingen und zu denen ich außer den schon Erwähnten noch Parson (1794), Farren (1795), Mooby (1798), Mrs. Abington (1798), King (1802), Mrs. Litchfield (1806), Lewis (1809) zu zählen habe, meist wieder in ebenbürtiger Weise ersetzt. Cooke, Terry, Elliston, Charles Kemble, Dowton, Mathews, Liston, sowie Louise Brunton und Miß Duncan traten in rascher Folge um diese Zeit auf. John Kemble und Mrs. Siddons aber beherrschten neben verschiedenen andren Größen des vorigen Jahrhunderts die ersten beiden Decennien der uns jetzt vorliegenden Periode fast ganz.

George Frederick Cooke*), 1756 geboren, begann bereits 1776 seine schauspielerische Laufbahn zu Brentford. 1778 trat er auch vorübergehend im Haymarkettheater zu London auf. Nachdem er auf den Bühnen der verschiedensten Städte, insbesondere denjenigen Liverpools und Dublins geglänzt, betrat er 1800 aufs Neue ein Londoner Theater, diesmal das von Coventgarden, auf dem er bis 1810 eine überaus erfolgreiche Rolle spielte. Leider hatte er sich schon früh der Gewohnheit des Trunkes ergeben,¹ die verbunden mit seiner übrigen wilden und ausschweifenden Lebensweise, seinen Körper und Geist allmählich zerrütteten; sonst würde der Kampf, den Kemble mit ihm jetzt

---

*) Dunlay, Memoirs of G F. Cooke 1813 Auch Dr. Francis Old New-York und Doran, a. a. O. II. 400.

zu kämpfen hatte, für diesen noch um vieles gefährlicher gewesen sein. So aber war Cooke zwar Kemble vielleicht an Genie, dieser ihm aber jedenfalls an künstlerischer Durchbildung und Besonnenheit überlegen. Gleichwohl wurde Kemble von seinem Rivalen zur Aufgabe verschiedener Rollen, wie Richard, Jago, The Stranger genöthigt und auch in Sir Giles Overreach war ihm Cooke überlegen. Dies hinderte Kemble aber nicht, nachdem er Mitbesitzer und Director von Coventgarden geworden war, ihn, sowie einst Garrick Barry, an seine Seite zu ziehen. Nicht Krankheit allein, auch das Schuldgefängniß unterbrach jetzt nicht selten die künstlerische Thätigkeit Cooke's, was 1810 von dem amerikanischen Schauspieldirector Cooper benutzt wurde, ihn mit sich nach Amerika hinüber zu nehmen. Er wurde mit ungeheurem Enthusiasmus empfangen. Der Zulauf war ein so großer, daß 17 Wiederholungen von Richard III. die Theaterkasse um 25,000 Dollars reicher gemacht hatten. Nichtsdestoweniger gab er seiner Verachtung gegen die Yankees überall rücksichtslos Ausdruck. Das Klima und die veränderte Lebensweise rächten sich dafür an ihm. Am 31. Juli 1812 wurde er mitten im Spiel vom Schlage getroffen und starb noch im September desselben Jahres mit vollem Bewußtsein und edler Resignation. In St. Pauls church begraben, vergriff man, sich wie es scheint, aus wissenschaftlicher Neugier an der Leiche des großen Künstlers. Man hatte dieselbe des Kopfes beraubt. Der Schädel, der in den Besitz eines seiner Freunde, des Dr. Francis, gekommen war, wurde sogar einmal im Hamlet auf der Bühne benutzt. Edmund Kean errichtete seinem großen, ihm geistesverwandten Vorgänger 1821 ein Denkmal. Cooke hinterließ Memoiren, die nicht ohne Interesse für die Theatergeschichte und für die Kenntniß seines reich beanlagten Geistes sind.

David Terry, 1829 gestorben, war ein sehr sorgfältig durchgebildeter Schauspieler. Er ging Allen in der Angemessenheit des Spieles, im Lustspiel, wie im Trauerspiel, voraus. Mr. Green im The green man und Friedrich d. Große werden als seine vorzüglichsten Rollen bezeichnet.

Robert William Elliston begann zwar erst 1791 seine schauspielerische Laufbahn, gehörte aber schon 4 Jahre früher als Cooke der Londoner Bühne (zunächst Coventgarden) an. Auch er war sowohl im Lustspiel, wie in der Tragödie bedeutend; in ersterem aber lag seine Stärke. 1808—9 war er Director des Royal Circus;

1819 übernahm er die Leitung des Olympic-Theatre. Dazwischen war
er an Drurylane engagirt, dessen Patenttheilhaber er 1819 wurde.
1826 trat er wegen Zerrüttung seiner Verhältnisse zurück.

Auch Charles Kemble, geb. 27. November 1775 zu Bracknock
in Wales, ein jüngerer Bruder Johns, trat schon 1792 zuerst in Sheffield als Schauspieler auf, gehörte aber erst seit 1797 der Londoner Bühne
an. Er verdankte die Ausbildung seines Talents dem unermüblichsten
Fleiß und dem sorgfältigsten Studium, was ihn allmählich [zu einem
wegen seiner Feinheit geschätzten Darsteller im genteelen Lustspiele
machte. Doch auch in einigen Rollen des zweiten tragischen Fachs,
wie Laertes, Cassio, Edgar, Macduff, Mercutio wird er höchlichst gelobt. Später spielte er selbst erste Rollen mit Glück. Im Lustspiel
waren Benedict und Mirabel seine vorzüglichsten Leistungen. 1806
heirathete er die reizende Soubrettendarstellerin Miß de Camp, welche
bis 1789 im Ballet geglänzt hatte und der Bühne bis 1819 erhalten
blieb. Charles war von 1802 an der Direction von Coventgarden betheiligt, die er 1818, nach dem Rücktritt seines Bruders, allein
übernahm. Später trat er mehrere Kunstreisen nach Frankreich und Deutschland an, und machte sich auch um die deutsche Musik verdient, indem
er Weber zur Composition seines Oberon veranlaßte. 1836 trat er
von der Bühne zurück, um das Amt eines Theatercensors zu übernehmen. Er starb 1854.

Charles Mathews und Liston, einander eng durch Freundschaft verbunden, wirkten beide gleichzeitig als Komiker am Haymarkettheater. Jener trat hier 1803 als Jubal zu Elliston's Jewa auf.
Seine mimische Ausdrucksfähigkeit und Verwandlungskunst habe ich
schon zu berühren gehabt. Er war aber auch in komischen Charakterrollen, ja selbst in der Darstellung gemüthvoller Charactere ganz unvergleichlich. Dagegen war die Komik Listons nicht frei von einem
schwermüthigen Zug, der ihr zwar einen besonderen Reiz gab, aber
sein Fach beschränkte. Sein Ehrgeiz war auf tragische Rollen gerichtet, während die Natur ihn doch nur zum komischen Darsteller beanlagt hatte. Liston überlebte seinen Freund und Collegen und hatte
das Glück, vor seinem Abgang von der Bühne den glänzenden Sohn
desselben auf ihr noch einführen zu können.

1807 trat auch Young am Haymarkettheater und zwar in der
Rolle des Hamlet ein. Er gehörte der Schule Kembles an und füllte

mit Erfolg die nach dessen Rücktritt entstandene Lücke aus. Wenn er dessen Vorzüge nicht in gleichem Maße besaß, so war er doch auch freier von dessen Fehlern. Er war frischer und natürlicher im Vortrag und übertraf ihn in der Lebendigkeit des Zusammenspiels. 1822 nahm er am Drurylane mit Kean den Wettkampf auf, welcher das Publikum aufs Tiefste erregte. Er war wie Kemble nur stark in der Tragödie, aber in dieser sehr vielseitig. Er spielte Jago und Guiscard, Clytus und Jachimo, Pierre und Macheath. Rienzi, den er creirte gehörte zu seinen Hauptrollen. Doch auch sein Falstaff wurde geschätzt. Er besaß einnehmende äußere Mittel, eine wohlklingende Stimme, ein ausdrucksvolles Gesicht, eine angenehme Gestalt. Seine Auffassung war jederzeit angemessen, sein Geschmack geläutert. Er verschmähte alle Kunstgriffe und jede Art der Uebertreibung.

In der Tragödie erstand Mrs. Siddons zunächst in der schönen Louise Brunton eine Rivalin, welche jedoch die Flitter der Bühne bald mit der wirklichen Grafenkrone vertauschte; ein Glück, dessen sie leider nur einen einzigen Tag genoß, da der zweite ihr Todestag war. Eine um so längere Bühnenlaufbahn hatte Miß Duncan, spätere Mrs. Davison, welche im feineren Lustspiele glänzte und von Mrs. Farren das kleine Wunder genannt wurde. Auch Ms. Kelly, Mrs. Davenport und Ms. Foote verdienen Hervorhebung.

Ein staunenswürdiges Intermezzo bot die Erscheinung des dramatischen Wunderkinds Master Betty. William Henry West Betty, von irischer Abstammung, wurde 1791 zu Shrewsbury geboren. „Ich kann nicht leben, wenn ich nicht Schauspieler werden darf“ hatte der 10jährige Knabe gesagt, nachdem er Mrs. Siddons spielen gesehen und am 11. August 1803, d. i. mit 12 Jahren, spielte er auch schon den Osmin in Zara mit solchem Erfolg, daß man ihn the infant Garrick nannte. Es war ohne Zweifel erstaunlich, einen Knaben von diesem Alter Rollen wie Romeo und Hamlet neben den Schauspielern von Coventgarden spielen und den Vergleich mit Cooke und mit Kemble herausfordern zu sehen, aber es war etwas so Widernatürliches zugleich, daß es das Castraten-Heldenthum und die Castratenliebe der großen Oper fast noch überstieg. Gleichwohl wurde alles von dem Taumel der Bewunderung fortgerissen und Master Betty hatte die Genugthuung wegen seiner Vorstellung des Hamlet sogar die Unterhaussitzung auf Antrag Pitts vertagen zu sehen und eine Einnahme von 17000 £

für 23 Abende in Drurylane zu erzielen. Allein schon 1805 kühlte
der Enthusiasmus sich ab. Die Kritik verlangte und übte ihr Recht
und 1808 zog sich Master Betty sogar vom Theater zurück, wie es
jedoch scheint nur auf Wunsch seines Vaters, da er nach dessen 1812
erfolgtem Tode die Bühne noch einmal bestieg. Master Betty war
jetzt kein Kind mehr. Der Nimbus des Wunderbaren, der ihn bisher
umgeben hatte, verflog. Er stand jetzt mit in der Reihe der übrigen
Schauspieler und hielt den Vergleich mit den bedeutendsten von ihnen
nicht aus, obschon er sich noch immer über das Durchschnittsmaß der=
selben erhob. Betty war klug genug, sich von dieser Erfahrung belehren
zu lassen. Er zog sich bald mit dem erworbenen Reichthum, den er
haushälterisch zu verwalten verstand, wieder ins Privatleben zurück
und wurde vergessen.

Von einer ganz andren Bedeutung für die weitere Entwicklung
der Schauspielkunst war das Auftreten von Miß O'Neill, Kean und
Macready, denen noch eine Reihe minder glänzender, aber sehr schätzens=
wertherer Talente, wie Mrs. Farren, Mrs. Vestris, die beiden Kealeys
Farren, Blanchard und Booth zur Seite gingen.

Am 13. Oct. 1814 trat Ms. O'Neill zum ersten Male in London
in der Rolle der Belvibera auf. Sie hatte in Dublin ihren Ruf
begründet, wo ihr die Arroganz von Ms. Walstein, die damals das
dortige Theater völlig beherrschte, dazu Gelegenheit gab. Vergebens
hatte sich Ms. O'Neil lange bemüht, daselbst auftreten zu dürfen, bis
letztere eines Tages sich aus verletzter Eitelkeit weigerte, eine Rolle zu
spielen. Der Director in seiner Verlegenheit und seinem Verdruß
nahm seine Zuflucht zu der bisher vernachlässigten Schauspielerin.
Ms. O'Neill errang einen Erfolg, der Ms. Walstein aus ihrer Stellung
vertrieb. Diese wendete sich nun nach London, wo sie kurze Zeit später
den Kampf mit der jungen Rivalin noch einmal bestehen mußte. Ms.
O'Neill hat Mrs. Sibbons wohl nie ganz erreicht; allein ihr stand
die Jugend zur Seite, gegen welche das in der Erinnerung schon ver=
blassende Bild der großen, noch vor kurzem so hochgefeierten, doch schon
gealterten Tragödin zurück treten mußte. Für den Schauspieler gilt
nun einmal vor allem das Dichterwort, daß nur der Lebende Recht
habe und von allen Herrschern der Augenblick, d. i. das unmittelbare
Gegenwärtige, der mächtigste ist. Auch waren die Urtheile der Kenner
wenigstens in Bezug auf einzelne Rollen, wie Belvidera, Isabella

(Fatal mariage), Elvira (Pizarro) und Julia getheilt. Ms. O'Neill verfügte über herrliche Mittel: eine elegante Gestalt, ein Gesicht von classischer Form und edelstem Ausdruck, eine klare, reizvolle, zum Herzen sprechende Stimme und die Macht, von all diesen Vorzügen jederzeit den zweckentsprechendsten künstlerischen Gebrauch zu machen. In ihrem Spiel war alles durchdacht, ohne daß es doch jemals kalt und beabsichtigt erschienen wäre.

Edmund Kean*), geb. am 4. Nov. 1787 zu London, stammte mütterlicherseits aus einer Familie, in deren Adern seit länger dramatisches Blut floß. Schon sein Urgroßvater, Henry Carey, schrieb für die Bühne, sein Großvater George Savile Carey war zugleich Schauspieler und dramatischer Dichter und leider ein halber Vagabund obendrein, der sein Leben mit Selbstmord geendet hatte. Auch davon sollte etwas in Edmunds Leben mit übergehen, da seine Mutter Nance Carey sittlich noch tiefer als ihr leichtsinniger Vater sank. Ging er doch selbst nur aus einem lieberlichen Verhältnisse hervor, daß sie zeitweilig mit dem Schneider Edmund Kean unterhielt. Kaum geboren verließ ihn die herzlose Mutter. Die Schönheit des Knaben erregte aber die zweideutige Theilnahme einer Schauspielerin, Ms. Tidewell, welche bald Nutzen aus derselben zu ziehen wußte. Schon mit drei Jahren fungirte der kleine Kean als Amorette in den Balletten Noverre's, was seine Mutter nicht sobald erfahren hatte, als sie sich auch schon seiner bemächtigte und mit dem Wunderkinde im Lande herumzog, das verdienen mußte, was sie verpraßte. Es war eine harte Schule, die der Knabe zu durchlaufen hatte, in die kein Lichtstrahl der Liebe, auch kaum wohl der Freude fiel. Kein Wunder, daß er sich endlich der unerträglichen Fesseln entwand.

Nachdem er eine Zeit lang als Schiffsjunge gedient nahm er das Schauspielerleben für eigene Rechnung neu auf. Sie blieb aber fort und fort eine schlechte. Die Schönheit des Kindes war längst von Kummer und Noth hinweg gezehrt worden. Kean war ein kleiner, schwächlicher, verkümmert aussehender Mensch, der weder Sympathie, noch Vertrauen zu erwecken vermochte. Er setzte vergeblich alles

---

*) Cornwall Barry, Life of Kean 1835 (deutsch Hamburg 1856). Dr. Francis, Old New-York. — Hawkins, Life of Kean 1869. Siehe auch Doran a. a. O. II. und Lewis, On actors etc. (1875).

daran, sich gegen den Strom des Lebens emporzuringen und suchte
die sinkende Kraft auf die unglücklichste Weise, durch den Genuß von
Spirituosen, wieder neu zu beleben. Zwei Triebe arbeiteten unaufhör-
lich in seiner Seele, der Zorn über die Härte des Schicksals, dessen
Hand so schwer auf ihm lag, und der Ehrgeiz, sich diesem zum Trotz
zu der Bedeutung, die er in sich fühlte, empor zu heben. Als ihn in
Guernsey der Pit als Richard III. unbarmherzig auszischte, wendete
er sich wüthend gegen das Publikum und schrie: „Unmanierliche Hunde,
still, wenn ich's befehle!" Es war der Geist seiner Rolle, der über
ihn kam und dem das Publikum sich willenlos unterwarf und ver-
stummte. Man hat Mary Chambers seinen guten Engel genannt.
Wohl war sie ein liebes, duldsames Geschöpf, die der wilde unselige
Mann an sein Schicksal gebunden — aber ein so großes Unglück,
seine Ehe mit der anmuthigen Schauspielerin für diese war, so war
sie doch auch für ihn selber kein Glück — es müßte denn darin
gefunden werden, daß die nun immer schwerer drückende Sorge, die
Kräfte des jungen Mannes zu noch gesteigerten Anstrengungen spornte.
Allein er hatte noch lange keinen Erfolg und als dieser endlich erschien,
war er dem Glück weit minder gewachsen, als bisher seinem Unglück.
Es war im Jahre 1813. Kean war in London. Der Direktor
von Drury Lane, der um sein Theater vor dem drohenden Sturze zu
sichern, neuer Kräfte bedurfte, hatte, auf ihn aufmerksam gemacht,
auch ihn mit herbeigezogen. Er wurde aber gegen alle andern zu-
rückgesetzt. Man konnte zu dem kümmerlich aussehenden und einen
unheimlich dämonischen Eindruck ausübenden, kleinen, dürftigen Mann
kein rechtes Vertrauen gewinnen. Die Unfähigkeit seiner Concurren-
ten machte aber endlich sein Glück. Sie brachte zuletzt auch noch ihn
an die Reihe. Kean entschied sich für Shylock. Man spottete fast über ein
derartiges Unterfangen. Er aber erklärte entschieden entweder diese
oder keine Rolle spielen zu wollen. Der Erfolg war ein außerordentlicher. Es war alles selbstständig und neu an ihm und doch über-
redend, überzeugend, ja überwältigend. Vieles von seiner Auffassungs-
und Spielweise in dieser und einigen seiner andern großen Rollen,
ist zur Ueberlieferung auf der Bühne geworden. Die Schauspieler
wenden noch heute gewisse Accente, Tonfälle, Pausen, Bewegungen an,
ohne zu wissen, daß es der Geist Kean's ist, der sie dabei leitet und
lenkt. Es folgten nun Hamlet, Jago, Othello und das Urtheil stand

feſt, daß man es hier mit einem Genie zu thun habe, das mit ſeinem
eignen Maße gemeſſen werden wolle, daß in ihm die Kunſt Garrick's
und Cooke's wieder auflebe, daß er wie ſie das Geheimniß und die
Macht beſitze, die Menſchen bis ins tiefſte Herz zu rühren, ſie bis
ins innerſte Mark zu erſchüttern. Obſchon Kean, wenigſtens noch zu
dieſer Zeit, ſeine Rollen mit einer Sorgfalt und Peinlichkeit ſtudirte,
wie kaum noch ein anderer Schauſpieler, übte ſein Spiel doch immer
den Eindruck unmittelbarſter Eingebung aus. Es hatte etwas
Eruptives, Dämoniſches, nur daß es, beſonders in ſpäterer Zeit, nicht
frei von einer gewiſſen Zerriſſenheit war. Macbeth, Zanga, Richard II.,
Giles Overreach, Manuel wurden noch in demſelben Geiſte geſchaffen.
Aber das Glück verſetzte ihn bald in einen an Wahnſinn grenzenden
Taumel. Er wurde übermüthig, nachläſſig, ausſchweifend. Wenn
auch ſeine Kraft noch nicht abnahm, ſo doch die Sorgfalt des Studiums.
Die Zahl ſeiner künſtleriſchen Fehlgeburten wuchs. Lear iſt faſt die
einzige große und vollendetere Leiſtung ſeiner ſpäteren Jahre. Und
grade jetzt trat neben ihm noch ein neues Talent, welches, wenn es
auch faſt alles entbehrte, was ſeine eigenthümliche Größe ausmachte,
doch alles das in höchſtem Maße beſaß, was ihm dabei fehlte: es
trat Macready auf. Kean kämpfte zwar lange mit Glück, wenn auch
nicht ohne Anſtrengung mit dem neuen Rivalen. Seit ſeinem Ausflug
nach Amerika (1820) aber war ſeine Kraft wie gebrochen. Er gerieth
in ſchlechte Geſellſchaft, ſank in ſeinen Lebensgewohnheiten immer tiefer
und ein häuslicher Scandal wendete endlich die ohnehin ſchon ins
Schwanken gekommene öffentliche Meinung ganz von ihm ab. So
kam es, daß er von dem Publikum des Coburgtheaters, zu dem er
herabgeſunken war, einen Schauſpieler wie Cobham, als Jago, ſeinem
Othello vorgezogen ſah, wofür er dem Pit am Schluſſe der Vorſtellung zwar die Worte entgegendonnerte: Ich habe in allen civiliſir-
ten Ländern, wo man die engliſche Sprache ſpricht, geſpielt, aber niemals ein Publikum von ſo rohen Beſtien gefunden wie hier," was
der elende Cobham aber benutzte, dasſelbe Publikum, das nun ihn hervorrief, als das erleuchtetſte und freiſinnigſte zu preiſen, das je über
Theater zu Gerichte geſeſſen habe. — Kean wendete ſeinem Vaterlande den Rücken und ging zum zweiten Mal nach Amerika, das ihn
eben ſo ſtürmiſch empfing, als es ſtürmiſch nach ihm wieder verlangt
hatte. Der Nimbus, der ihn aufs Neue umgab, wirkte auch auf das

Urtheil seiner Landsleute wieder zurück. Sein Wiedererscheinen in
Drurylane (1827) als Shylock zählt zu seinen größten Triumphen —
auch zeigten sich in der That all seine früheren glänzenden Eigenschaften dabei in erneuter Frische. Allein dieser glänzende Schein war
mit dem Aufgebote all seiner Kräfte erkauft. Er verfiel in ein lang-
sames Siechthum, von dem er sich nur zeitweilig wieder empor zu
raffen vermochte, so 1828 bei seinem Gastspiel in Paris, das ein neuer
Triumphzug war. In die Zeit seines allmählichen Verfalls gehört
der Entschluß seines Sohnes, dem väterlichen Willen entgegen, zur
Bühne zu gehen. 1832 brach er völlig zusammen. Der letzte Wunsch
seiner Seele war die Aussöhnung mit seinem von ihm tief beleidigten
Weibe, an dessen Seite er am 15. Mai 1833 zu Richmond starb, wo
er zuletzt als Theaterdirektor gewirkt hatte.

William Charles Macready*), der Sohn eines Schauspielers
vom Coventgardentheater, der später mehreren Provinzialtheatern vorstand, wurde am 3. März 1793 zu London geboren. Auch er kam,
jedoch unter glücklicheren Verhältnissen, bereits früh auf die Bühne.
Sein Vater, der sorglich um seine schauspielerische Ausbildung bemüht
war, behauptete schon von dem 12jährigen Knaben, daß er reif sei, classische
Helden in römischen Stücken zu spielen. Macready war längere Zeit
an der Bühne des Vaters als Schauspieler thätig, versuchte sich dann
mit Erfolg in Dublin und später (1816) im Coventgardentheater zu London,
wo damals Charles Kemble die ersten Rollen seines Fachs spielte.
Durch den Virginius (von Knowles) erhob er sich hier (1820) in die
Reihe der berühmtesten Schauspieler seiner Zeit. Er besaß nicht die
Genialität Keans, aber wenn nicht eine künstlerischer beanlagte, so
doch jedenfalls eine künstlerisch durchgebildete Natur. Was seinem
Talente an Tiefe versagt war, ersetzte es durch eine ungleich größere
Weite. Er hat nie die Erschütterungen hervorzubringen vermocht, wie
Kean, aber auch nie so fehlgegriffen wie dieser. Er befriedigte viel
gleichmäßiger in seinen verschiedenen Rollen, obschon sein Reper-
toir ein ungleich größeres war. Er hat viel mehr neue Rollen ge-
schaffen als Kean und ist dabei ungleich glücklicher gewesen, als dieser.
Sein Talent lag mehr in der Richtung Kemble's und Young's. Er

---

*) Reminiscences and selections from his diaries. London 1875. — Little-
ton, Biography of Macready (1851). — Revue brittanique, Juni 1875.

war kein eigentlicher Shakespearespieler. Jago, König Johann,
Richard II. und Cassius waren vielleicht die einzigen Rollen von diesem, in denen er vollkommen befriedigte. Seine Stärke lag im Pathetischen. Virginius, Werner, Claude Melnotte waren vorzügliche Rollen
von ihm. Er hat die Helden der Walter Scott'schen Romane auch
auf der Bühne berühmt gemacht. Das ist wohl der Grund, daß man
ihm anfänglich den sonst wenig zutreffenden Namen eines 'melodramatischen Darstellers gab. Nach dem Rücktritte Young's und dem
Tode Kean's wurde er aber als der erste Tragiker Englands selbst noch in
Rollen wie Lear, Macbeth, Coriolan gefeiert. In Paris, wo er
gastirte, ward er mit Talma verglichen, dem er wohl auch in seinem
Talente verwandt war. Als Bühnenleiter hat er sich um die Darstellung Shakespeare's große Verdienste erworben, da er zur Wiederherstellung der ächten Texte auf der englischen Bühne wesentlich beitrug. 1828 hatte er hauptsächlich aus diesem Grunde die Direction
des Haymarkettheaters übernommen. 1835 pachtete er das Theater
zu Bath, 1837 übernahm er die Leitung von Coventgarden, wobei er
jedoch so wenig prosperirte, daß er schon zwei Jahre später davon
wieder zurücktrat. Doch erregte er hier durch die Wiederaufnahme und
Inscenirung des Wintermährchens und Heinrich V. großes Aufsehen,
gab aber auch durch übermäßigen äußeren Prunk den erneuten Impuls dazu, die Meisterwerke des großen Dichters zu Ausstattungsstücken herabzusetzen. Man warf ihm Rollen- und Herrschsucht vor und
in der That hatten die Gerichte nicht selten mit darauf bezüglichen
Klagen der Schauspieler zu thun. 1849 ging er nach Amerika, wo
er schon früher einmal Ruhm und Gewinn gesucht und gefunden hatte.
Sein Auftreten am Astortheater in New-York rief eine Kabale des
dortigen Schauspielers Forrest hervor, die blutige Excesse zur Folge
hatte. Nach seiner Rückkehr spielte er noch einmal einen Cyklus seiner
berühmtesten Rollen an Drurylane, worauf er sich 1851 ins Privatleben zurückzog, doch erst am 30. April 1873 zu Cheltenham starb.
Er ist bis jetzt von keinem englischen Darsteller wieder erreicht worden.

In Macready's Zeit fällt auch das Auftreten der liebenswürdigen Fanny Kemble, (von welcher bereits früher die Rede war und
welche unter Andern die Julia in Knowles' Hunchback creirte), das von
Charles Kean, Farren und Charles Mathews b. j.

Charles Kean*), am 18. Januar 1811 geboren, studirte zu Eton.
Sein Vater wollte ihn in die militärische Carrière bringen, allein
mit diesem der Mutter wegen zerfallen, wendete er sich gegen den Willen
desselben der Bühne zu. Der Name des Vaters ward ihm hier ebenso
zur Förderung, wie zum Hinderniß. Er verschaffte ihm überall
bereitwillige Aufnahme, forderte aber zu einem Vergleiche heraus, der
ihm bei seiner nur mäßigen Begabung nicht zum Vortheil gereichen
konnte. Am Drurylanetheater, wo er 1827 zum ersten Male ohne
Erfolg auftrat, konnte er sich demnach freilich nicht halten, doch reichte
dieses Debüt immer noch hin, ihn in der Provinz zu empfehlen. Hier
und während eines dreijährigen Aufenthalts in Amerika (1830—33)
bildete er sein Talent in zuletzt schätzenswerthester Weise aus. 1833
übernahm er die Leitung von Coventgarden, wo er neben melodramatischen Stücken besonders Shakespeare pflegte und sich auch als
Schauspieler größere Theilnahme erwarb. Lewis spricht ihm jedoch
für die Darstellung der großen Shakespeare'schen Rollen die nöthige
Fähigkeit ab. Es habe ihm dazu an Beweglichkeit des Geistes und
Fruchtbarkeit der Einbildungskraft gefehlt; schon allein seine Stimme
habe dazu nicht die nöthige Energie, Fülle und Biegsamkeit, den
nöthigen Schmelz des Ausdrucks besessen. Er habe weder zu erschüt-
tern, noch zu rühren vermocht. Wenn Lewis dagegen behauptet, daß
seine Mittel „der Poesielosigkeit, Unrealität und Idealitätslosigkeit des
Melodramas" völlig entsprochen hätten, so ist mir das freilich nicht
recht verständlich. Auch im Melodrama hat der Schauspieler, wenn
schon in anderer Weise, zu rühren und zu ergreifen. Von anderer
Seite wird Charles Kean selbst noch als Hamlet gelobt. Von 1850
bis 1859 war er Direktor des Princeßtheaters, 1863 unternahm er
eine längere Kunstreise nach Australien, von der er erst 1866 zurück
kam und 1868 starb.

Auch Farren*) gehört zu den interessanteren Erscheinungen der
neueren englischen Bühne. Er wurde im komischen Fache geschätzt,
verdankte es aber mehr seinem Fleiße und Kunstgeschmack, als der
Ursprünglichkeit seines Talents. Lewis stellt ihn über Blanchard,
Dowton, Fawcett und Bartley und lobt an ihm Vornehmheit und

---

*) Cole, Life of Charles Kean. Lonb. 1860. — Lewis, a. a. O.
**) Lewis, a. a. O.

Eleganz der Ausführung. Doch muß er zugeben, daß es ihm nie oder selten gelang, das Publikum für sich zu entflammen. Er spielte alte Junggesellen, polternde Väter, gefoppte Ehemänner und alte Gecken. Er war wie Charles Kean ein besonnener, verständiger Schauspieler, besaß aber, wie es scheint, zugleich mehr Geschmack noch, als dieser.

Anders Charles Mathews, geboren 1803, in dem das schauspielerische Blut, die komische Ader des Vaters pulsirte und der einer der sympathischesten, liebenswürdigsten Schauspieler gewesen sein muß. Er war zum Architekten gebildet worden und studirte als solcher in Italien, erregte aber hier Aufsehen durch das schauspielerische Talent, das er auf den Liebhabertheatern der Aristokratie von Florenz, Rom und Neapel entfaltete. Dieser Erfolg bestimmte ihn, dem ursprünglich erwählten Beruf zu entsagen Unter dem Schutze des Komikers Liston betrat er in London an dem von Mad. Vestris geleiteten Theater Olympic 1837 die Bühne. Durch die Anmuth, die Eleganz seines Spiels, seiner Erscheinung und seines Humors bezauberte er die vornehme Gesellschaft der Hauptstadt, nicht am wenigsten Madame Vestris selbst, deren Liebhaber er so oft auf der Bühne zu spielen hatte und die schon im folgenden Jahr seine Frau wurde. Mit ihr unternahm er auch später eine Kunstreise nach Amerika, trat dann in Coventgarden und in das Lyceum ein und heirathete nach ihrem 1857 erfolgenden Tode die ebenfalls als Darstellerin beliebte Mrs. Davenport. Die komische Kraft dieses Darstellers scheint sich erst in späteren Jahren zu voller Stärke entwickelt zu haben. Man rühmt an ihm die geistige Feinheit, die Delicatesse seines Spieles, die ihn den besten Darstellern der Comédie française genähert habe. Er sand daher auch in Paris große Anerkennung. Ja in einzelnen Rollen, wie als Hawk in The game of speculation (nach Balzac's Mercadet) ist er von verschiedenen Seiten dem französischen Darsteller der Rolle, dem berühmten Schauspieler Got, sogar vorgezogen worden.

Seit Macready's Rücktritt von der Bühne ist die englische Tragödie ziemlich verwaist. Sie ist fast ganz an die Namen des Amerikaners Fechter, den wir als Bühnenschriftsteller kennen lernten, und der vorübergehend in London spielte, sowie an den Phelps' und Irwings gebunden, die ihre großen Vorgänger bei allem Talent jedoch entfernt nicht erreichten. Sie wurden in ihren Bestrebungen von Ms. Helen Fawcit, Mrs. Bateman und die Schwestern Terry unterstützt, die aber faſt noch mehr, als in der Tragödie, in dem importirten oder doch nachgeahmten franzöſiſchen Sittenſtück und im ſentimentalen Drama glänzten.

Samuel Phelps, 1806 zu Davenport geboren, rang ſich aus kümmerlichen Verhältniſſen empor. Dem Drange ſeines Talents folgend, gab er ſeinen urſprünglichen Beruf als Setzer in einer Buchdruckerei in Plymouth frühzeitig auf und widmete ſich der Bühne. 1828 bebütirte er bereits in York, kam dann nach London, ſpielte hier an verſchiedenen Theatern, wobei er beſonders in mehreren Shakeſpeare'ſchen Rollen die Aufmerkſamkeit der Theaterfreunde erregte. 1844 übernahm er die Direction des Sadler Walls Theater, an dem er nach und nach faſt ſämmtliche Shakeſpear'ſchen, ſowie noch verſchiedene andere Dramen des alten nationalen Theaters zur Aufführung brachte und ſich hierdurch großen Ruf erwarb. Seine Bearbeitungen der erſteren erſchienen auch 1853 im Druck. Mit außergewöhnlichen Mitteln für das Heldenfach ausgeſtattet, hat er in Rollen wie Macbeth, Othello, Lear zahlreiche Bewunderer gefunden, ohne die Kenner doch ganz zu befriedigen. Man klagte über Aeußerlichkeit der Auffaſſung, Uebertreibung und Manierirtheit des Ausdrucks und gedehnten, declamatoriſchen Vortrag. Jedenfalls aber war er ein Mann von Geiſt und Talent. Nachdem er die Direction des Sadler Walls Theaters aufgegeben, trat er wieder als Schauſpieler bei dem Lyceum und ſpäter bei Drurylane ein. Auch unternahm er 1859 eine Kunſtreiſe durch Deutſchland.

Irwing's Ruf nahm erſt nach Phelps' Rücktritt einen größeren Aufſchwung. Er erreicht denſelben aber weder in dramatiſcher Kraft, noch in künſtleriſcher Weihe. Er hat das ſchauſpieleriſche Virtuoſenthum in England auch noch auf die claſſiſche Tragödie übertragen, und die Dramen Shakeſpeare's zu Zugſtücken gemacht. Er entblödet ſich nicht, Hamlet oder Othello mehr als 100 mal hintereinander zu geben und dabei ſein Talent ebenſo auszubeuten, wie den Ruhm dieſes Dichters.

Miß Helen Fawcit war eine Schauſpielerin von wirklicher dramatiſcher Geſtaltungskraft, deren Erſcheinung und Spiel eine außergewöhnliche Anziehungskraft ausübten, ſie wurde aber der Bühne leider

zu früh durch ihre Verheirathung mit dem Schriftsteller Martin *) entrissen. Nur ausnahmsweise trat sie noch einige Male und zwar wie
Mrs Siddons meist als Lady Macbeth (neben Phelps in der Titelrolle) auf.

Kate Josephine Bateman, 1842 in Baltimore geboren, gehörte
der Londoner Bühne zwar nur vorübergehend an, war aber in neuerer
Zeit eine der bedeutendsten Erscheinungen derselben. Sie entstammte
einer Schauspielerfamilie von Ruf. Schon mit ihrem 11. Jahr
betrat sie die Bühne. Als Schauspielerin von Fach debütirte sie
aber erst 1859. Sie erwarb sich nun rasch einen weithin reichenden Ruf, der sie 1863 auch zu einem Engagement am Adelphitheater nach England führte. Sie trat hier in Mosenthal's De-
borah als Leah auf und errang mit dieser Rolle einen so sensationellen Erfolg, daß sie dieselbe über 100 Mal wiederholen mußte,
doch auch als Evangeline (in einem nach Longfellow's Gedichte bearbeiteten Stück), als Julia in Sheridan Knowles' Hunchback, als
Pauline in Bulwer's Lady of Lyons, als Julia und Lady Macbeth
fand sie verdiente Bewunderung. 1865 kehrte sie nach America zurück,
wo sie bald darauf einen Bruder des Geschichtsschreibers Crowe heirathete, sich für zwei Jahre ganz von der Bühne zurückzog, dann aber
zu erneuten Triumphen auf dieselbe zurückkehrte.

Auch den übrigen Theatern fehlte es vorübergehend nicht an
einzelnen glänzenden und anziehenden Erscheinungen. Am Prince of
Wales Theater wurden in neuester Zeit besonders Mrs. Witton,
Ms. Lydia Foote und die Schauspieler Have und Dewer geschätzt, am Queenstheater Mrs. Henriette Hobson und die Schauspieler Ryder, Vezin und Rignald, am Haymarket Theater Ms.
Hill und Ms. Kendal, eine Schwester des Dichters Robertson.
Schließlich mögen auch noch Henry James Byron und Boucicault
erwähnt werden. Ersterer hat sich freilich mehr durch seine Burlesque

*) Theodor Martin, 1816 zu Edinburg geboren, seit 1846 in London als
Anwalt thätig, hat sich als Uebersetzer Goethe'scher Balladen und Lieder (1858),
sowie seines Faust (1862) und einiger Oehlenschläger'schen Dramen, Correggio
(1854) und Aladdin (1857), bekannt gemacht. Seine Bearbeitung von König
René's Tochter machte auf der englischen Bühne viel Glück. Sein Hauptwerk
aber ist The life of his royal highness the Prince consort [1874; deutsch Gotha
(1876)].

Extravaganzas, einer Eigenthümlichkeit des englischen Theaters, als durch schauspielerische Thätigkeit seinen Ruf· erworben. Viele seiner dramatischen Compositionen sind wie schon die Namen (Fra Diavolo, Aladdin, The Lady of Lyons, Mazeppa Travestie, Lucia di Lamermoore, Freischütz, Little Don Giovanni) erkennen lassen, von parodistischem und travestierendem Charakter. Sie übten zum Theil im Strand-, Haymarket- und Prince of Wales-Theater eine ungeheure Anziehungskraft aus.

Dion Boucicault, den ich schon als Bühnendichter vorgeführt habe, besaß eine bedeutende komische Kraft. Schon lange vor dem Major O'Flaharty hatte der irische Volkscharakter den englischen Lustspieldichtern zum Stichblatt gedient. Boucicault war ein trefflicher Darsteller dieser Art Rollen, worin er große Vorgänger, wie z. B. Moody und Johnston gehabt. Nicht minder glücklich war er selbst bis in die letzte Zeit seines Bühnenwirkens in der Darstellung von Naturburschen, dummen und vorlauten Jungen und jugendlichen Gecken, wobei ihm sein Kindergesicht sehr zu statten kam.

Die Theaterkritik war zu einem stehenden Artikel der Tages- und Wochenjournale geworden; doch auch die literarisch-politischen Reviews befaßten sich, besonders was die dramatischen Dichtungen betrifft, oft in eingehender Weise damit. Von den ersteren seien hier nur noch: The Standard, Telegraph, Star, Globe, Record, Pall-Mall Gazette, Traveller, Daily Telegraph, London Journal, Echo — von letzteren The European magazine, Old monthly magazine, Edinburgh review, London review, Westminster-review, Saturday review, Forthnightly review, Leader, Athenäum, Revue britannique, Literary gazette, Quarterly review, Blackwood magazine, London reader genannt.

Die theatergeschichtlichen und theaterkritischen Werke dieses Zeitraums aufzuführen, gebricht es natürlich an Raum. Die Shakespeareliteratur allein macht es völlig unmöglich. Auf das Wichtigste hat indeß schon im Laufe dieser Darstellung, theils im Text, theils in den Anmerkungen, hingewiesen werden können, so auf die Geschichtswerke Collier's, Ward's, Doran's, denen hier noch W. Hazlitt, Viewof the English Stage (1818), Oultons Fortsetzung der History of the stage von Victor von 1795—1817 (1818) Bernard, Retrospections of the stage (1830), Genest, Account of the English stage von 1660 bis

1830 (1832), The dramatic writers of Scottland von Ralston Ing-
lis (1869), The works of the british dramatists von John S. Keltie,
Dramatists of the present day, ein Abbruck von Abhandlungen des
Athenäums (1871), erwähnt werden mögen, so auch das eine frühere
Phase des englischen Schauspielerwesens beleuchtende Werk Genée's:
Shakespeare's Dramen in Deutschland (1868)*) und Rapp's Studien
über das englische Theater. Sehr verdient haben sich die englischen
Literaturforscher um neue Ausgaben der älteren Dramatiker gemacht,
von denen jedoch die wichtigsten bereits Erwähnung gefunden haben.
Dem Gelehrten Alexander Dyce gebührt hier vor Allen die höchste
Anerkennung. Neuerbings sucht man auch den Dramatikern der Re-
staurationszeit eine ähnliche Ehre zu Theil werden zu lassen. Es sei
hiervon wenigstens einer Sammlung gedacht, die 1872 unter dem Titel:
Dramatists of the restauration begonnen wurde.

Das Sinken der dramatischen Kunst, der Dichtung sowohl, wie
der schauspielerischen Darstellung, wurde nicht nur von den meisten
ihre Beurtheiler erkannt, sondern von einigen derselben wurde auch
ihre Wiedererhebung ernster ins Auge gefaßt. Bemerkenswerth dafür
erscheint mir ein im Jahre 1872 im 132. Bande der Quarterly Review erschienener Artikel The drama in England. Der Verfasser schreibt
den Verfall des letzteren ganz einseitig den Folgen der Theaterfreiheit zu, welche in England die Bühne völlig der Speculation
überliefert habe und künstlerische Gesichtspunkte bei der Leitung derselben kaum aufkommen lasse; wogegen er den besseren Zustand der
vorzüglicheren Theater von Frankreich und Deutschland den Subven-
tionen von Höfen 2c. beimißt, welche denselben hier zu Theil würde,
eine Einrichtung, die er jedoch für England nicht als zulässig erachtet,
weil nach seiner Meinung die Unterstützung einzelner Theater von
Seiten des Staats, ein Unrecht gegen die übrigen Theater sei. Er
schlägt daher den Zusammentritt reicher Kunstfreunde aus dem Publikum zur Hebung einzelner Bühnen vor und glaubt, daß in der Wahl

---

*) Er machte sich auch durch ein populär gehaltenes Werk über Shakespeare
„Shakespeare's Leben und Werke" (1871) und durch die Auffindung einer noch
unbekannten früheren Ausgabe von Marlowe's Eduard II. vom Jahre 1594 in
der Landesbibliothek zu Kassel (Nationalzeitung 1876), verdient, die von mir
auf Seite 54, ebenso wie die Ausgabe von 1598 übersetzt worden ist, was ich
hierdurch berichtige.

eines von dieser Idee völlig erfüllten und mit der nöthigen Sachkenntniß ausgestatteten Direktors einzig und allein das Heil der Bühne
der Zukunft zu suchen und zu finden sein werde.

Dem letzten Punkte stimme ich zwar vollkommen bei, doch liegt
grade in ihm die hauptsächlichste Schwierigkeit. Große Talente, sei
es dichterische oder schauspielerische, wird zwar keine Einrichtung, daher
auch der beste Bühnenleiter nicht zu schaffen vermögen, wohl aber
wird er die Talente, welche die Zeit ihm darbietet, in zweckmäßiger
Weise benützen, fördern, entwickeln und in gemeinsame, auf höhere
Ziele gerichtete Bahnen lenken und von falschen zurückhalten können.
Wo aber sind solche Männer zu finden und wenn es deren auch giebt,
ist es wohl wahrscheinlich, daß sie gewählt werden? Inzwischen hat
der Verfasser jenes Artikels auch ganz übersehen, daß schon lange vor
Erklärung der Theaterfreiheit in England die patentirten Theater die
Wege der gemeinen Bühnenspeculation einschlugen und daß von Deutsch-
land und Frankreich nicht nur die subventionirten Theater, sondern
selbst einzelne Speculationstheater länger eine mehr künstlerische Richtung verfolgten, sowie daß die ersteren in dem künstlerischen Theil der
Verwaltung meist sehr unabhängig gestellt sind und sich gleichwohl der
Speculation, wenn auch nicht alle völlig, so doch alle in größerem
Umfange enthielten. Ich glaube, daß diese Thatsachen wohl Beachtung
verdient hätten, weil sie auf noch einen anderen, von mir schon wiederholt berührten, Grund des Verfalles der dramatischen Kunst und des
Theaters in England hinweisen. Es läßt sich nämlich hier nicht so
wie in Deutschland und Frankreich auch eine Speculation auf das
künstlerische Interesse am Drama, auf einen von künstlerischen Ideen
bestimmten Kunstgeschmack gründen. Das Theater und das Drama
stehen in England bei weitem nicht so allgemein in Achtung und künst-
lerischem Ansehen, als in den beiden andern Ländern, weil ihnen hierzu der kirchliche Rigorismus, das kirchliche Vorurtheil bei einem
großen Theile der Nation und grade bei dem der sogenannten Gebildeten hindernd im Wege steht. Ich habe bei der Betrachtung der Entwicklung des englischen Dramas und Theaters immer wieder aufs
Neue auf Thatsachen, die dieses Urtheil bestätigen, hinweisen müssen,
wenn es aber noch irgend eines Beleges dafür bedürfte, so würde er
darin zu finden sein, daß die von dem Verfasser des vorliegenden Artikels so wohlgemeinte Aufforderung zur Hebung des englischen

Dramas doch ganz wirkungslos blieb. In England sind doch sonst immer Summen und große Summen bereit, wenn es einen nationalen Zweck zu fördern gilt. Wie kommt es, daß man sich grade hier so zugeknöpft zeigt? Es ist freilich nicht zu verschweigen, daß die englische Bühne, durch die Entwicklung, welche auf ihr das Drama unter den Stuarts und in neuester Zeit wieder unter dem Einflusse des französischen Sitten- oder wie ich lieber sagen möchte des Corruptionsstücks nahm, die feindliche Haltung der Kirche in England in einem bestimmten Umfange herausgefordert, ja selbst gerechtfertigt hat. Bemerkenswerth ist aber doch, daß sich diese Feindseligkeit gegen den frivolen Geist in der Kunst nur auf das Theater beschränkt, daß man ihn in der Malerei, in der Sculptur, im Romane und in der Lyrik ganz unbehelligt läßt, und selbst noch auf dem Theater gegen die Oper eine größere Duldung, ja Anerkennung, als gegen das gesprochene Drama beweist. Es ist, als ob sich hierin eine Eifersucht der Kanzel gegen die Bühne zeigte, als ob man nicht sowohl gegen die Sittlichkeit der letzteren, als gegen das Darstellungsmittel des Dramas, die gesprochene Rede, gleichviel ob davon eine unsittliche oder sittliche Anwendung gemacht wird, ereiferte.

Es trat aber noch etwas anderes hinzu, was überhaupt ein Sinken des Geschmacks an allen Theatern, nicht nur an denen Englands, herbeigeführt hat; der auf materiellen Gewinn und materiellen Genuß gerichtete haftige Zug der Zeit, welcher die idealeren Bedürfnisse des Geistes bei den meisten Menschen nicht aufkommen läßt, sowie die hiermit in Zusammenhang stehende Vertheuerung des Lebens, welche bei der Verschiebung der Vermögensverhältnisse grade vorzugsweise diejenigen von dem Theatergenusse so gut wie ausschließt, welche ihrer Bildung nach idealere Bedürfnisse noch haben und ideellere Interessen noch pflegen.

Was den Zustand der heutigen englischen Bühne um so viel tiefer stellt, als den der französischen und der deutschen, ist hauptsächlich der Mangel an einem nach künstlerischen Grundsätzen geordneten Repertoir. Es ist dabei weniger deprimirend, daß man auf den der Speculation ganz offen huldigenden Bühnen ein Ausstattungsstück, eine Feerie, ein Melodrama, ein banales Lustspiel zwei oder drei Hundert Mal hintereinander giebt, als daß dies auch auf den Theatern, die künstlerische Absichten zu verfolgen hätten, von den ersten Künstlern

der Nation mit einzelnen ihrer classischen Stücke geschieht. Es ist
dies einer der sichersten Belege, daß diese Theater kein eigentliches
Publikum haben, daß kein allgemeineres Bedürfniß für ein nach wahrhaft
künstlerischen Absichten geleitetes Theater vorhanden ist. Daher ich
auch glaube, daß ein Aufschwung der Bühne in England erst
dann wieder stattfinden könne, wenn man das Theater wieder allgemeiner als eine nationale Angelegenheit zu betrachten beginnt, wenn
man die nationale Bedeutung des Theaters und Dramas wieder allgemeiner erkennt und öffentlich anerkennt. Erst dann scheinen mir hier
die Bedingungen zu einer neuen Entwicklung des nationalen Dramas
gegeben. Es ist möglich, daß der Impuls hierzu von einem neuen
großen dramatischen Talente ausgehen wird. Es ist aber auch möglich, daß, wie im vorigen Jahrhundert in Deutschland die Anstrengungen, eine nationale Bühne zu gründen, der vollendenden That des
Genies erst noch vorausgeht.

Fehler im 3. Halbband.

S. 20, Z. 7 u. 9 v. o. lies: rencontre statt recontre.
„ 38, „ 1 v. o. „ Dichtern statt Dichter.
„ 39, „ 17 v. o. „ liebenswürdigen statt lebenswürdigen.
„ 40, „ 13 v. u. „ Baro statt Barv.
„ 99, „ 21 v. o. „ heureuse statt heureux.
„ 102, „ 4 v. u. „ Scudéry statt er.
„ 104, „ 4 v. u. „ Sie statt Er.
„ 131, „ 16 v. o. „ Eriphyle statt Erisphile.
„ 131, „ 18 v. o. „ Wendung statt Handlung.
„ 135, „ 7 v. u. „ des in diesem Sinne statt des.
„ 160, „ 8 v. o. „ intitulée statt intutilé.
„ 160, „ 23 v. o. „ médecin statt medicin.
„ 162, „ 7 v. o. „ gerieth statt geriethen.
„ 179, „ 18 v. o. „ von statt zwischen.
„ 181, „ 9 v. o. „ Bonenfont statt Bouenfont.
„ 182, „ 15 v. o. „ Pont statt Port.
„ 185, „ 18 v. u. „ inavvertito statt inavertito.
„ 191, „ 4 v. u. „ Absicht des Dichters statt Absicht.
„ 222, „ 5 v. o. „ n'y a statt n'y.
„ 224, „ 16 v. o. „ devineresse statt devineresse.
„ 277, „ 1 v. u. „ Thiriot statt Thiériot (auch S. 289).
„ 319, „ 14 v. u. „ 1698 statt 1708 (ist eine spätere Ausgabe).
„ 362, „ 5 v. o. „ wurde statt wurden.
„ 457, „ 12 v. o. „ 1829 statt 1819.
„ 458, „ 17 v. o. „ denen statt dem.
„ 469, „ 12 v. o. „ entgegenstellten statt darstellten.

Berichtigungen im 3. Halbband.

S. 41, Z. 6 v. o. lies: Malherbe statt Chapelain.
„ 473, „ 7 v. o. fällt Le chapeau de paille aus.

Fehler im 4. Halbband.

S. 13, Z. 4 v. u. lies: Die Spiele der Ployers statt bie Ployers.
„ 13, „ 4 v. u. „ ber statt die.
„ 15, „ 15 v. o. „ ber schriftlichen statt ber.
„ 19, „ 9 v. u. „ Sicilien statt Cilicien.
„ 99, „ 24 v. o. „ Interludes statt Enterludes.
„ 102, „ 19 v. o. „ wes des statt wes.
„ 156, „ 8 v. u. „ sed statt sid.
„ 157, „ 4 v. u. „ Kapellknaben statt Kappellknaben.
„ 159, „ 4 v. u. „ voll von statt voll.
„ 163, „ 12 v. u. „ Reise Jonson's statt Reise.
„ 165, „ 15 v. o. „ dürften statt dürfte.
„ 178, „ 6 v. u. „ 1617 statt 1817.
„ 226, „ 8 v. o. „ Frauennamen statt Frauenmann.
„ 241, „ 7 v. o. „ sie statt sie auch.
„ 244, „ 8 v. o. „ selbst bann statt selbst.
„ 249, „ 14 v. u. „ Claricilla statt Claracilla.
„ 253, „ 1 v. o. „ im Drama voraus statt voraus.
„ 268, „ 9 v. u. „ die letztere statt dieselbe.
„ 271, „ 12 v. o. „ scowrers statt scowerers.
„ 272, „ 8 v. u. „ jilt statt Jilt.
„ 278, „ 12 v. o. „ No puede ser statt Puod esser.
„ 292, „ 2 v. o. „ seine statt eine.
„ 324, „ 2 v. u. „ Dennis' statt Denny's.
„ 335, „ 7 u. 8 v. u. „ mehr (vor) berührt statt vor: Tageszeit.
„ 351, „ 2 v. u. „ Lond statt Le.
„ 355, „ 8 v. o. „ dieses statt des.
„ 364, „ 7 v. u. „ Flasch statt Flesch.

CPSIA information can be obtained
at www.ICGtesting.com
Printed in the USA
BVHW041435241218
536331BV00015B/930/P